中華人民共和國國務院批准的重大文化出版工程

國家文化發展規劃綱要的重點出版工程項目

新聞出版總署列為「十一五」、「十二五」國家重大工程出版規劃之首

国家出版基金项目
NATIONAL PUBLICATION FOUNDATION

ISBN 978-7-229-10258-6

中華大典

天文典

重慶出版集團
重慶出版社

《中華大典》工作委員會

主　任：柳斌傑　金人慶

副主任：李　彦　于永湛　鄔書林　張少春　李衛紅　周和平　陳金泉　李静海

委　員：張小影　伍　傑　朱新均　吴尚之　孫　明　王家新　徐維凡　劉小琴　毛群安　遲　計　曹清堯　彭常新　王志勇　潘教峰　姜文明　王　正　石立英　安平秋　陳祖武　詹福瑞　戴龍基　宋焕起　孫　顒　陳　昕　魏同賢　王建輝　朱建綱　高紀言　莫世行　段志洪　李　維　何學惠　甄樹聲　馮俊科　譚　躍　羅小衛　王兆成

《中華大典》編纂委員會

《中華大典》前言

《中華大典》是運用我國歷代漢文古籍編纂的一部大型工具書。其目的是爲學術界及願意瞭解中國古代珍貴文化典籍的人士提供準確詳實、便於檢索的漢文古籍分類資料。

中國是世界文明古國之一，幾千年來纂寫和聚集的文化典籍浩如烟海。我國歷代都有編纂類書的優良傳統，具有代表性的《永樂大典》等大多已佚失，現存《古今圖書集成》編就距今也已數百年。爲了適應今天和以後研究和檢索的需要，一九八八年海内外三百多位專家學者和各古籍出版社同仁倡議，在已有類書的基礎上，用現代科學方法編纂一部新的類書《中華大典》。

國務院在關於編纂《中華大典》問題的批覆中指出，編纂《中華大典》「是我國建國以來最大的一項文化出版工程」。本書所收漢文古籍上起先秦，下迄清末，約三萬種，達七億多字，分爲二十四個典，近百個分典，内容廣博，規模宏大，前所未有。

《中華大典》的編纂工作堅持科學態度和百花齊放、百家争鳴方針。儘量採用古精校精刻本，優先採用我國建國後文獻學和考古學的優秀成果。對傳統文化中重要的不同學派的資料，兼收並蓄。運用現代圖書分類的方法，對收集到的資料，精選、精編，力求便於檢索、準確可信。

這項工作從開始起就受到中共中央、國務院和有關部門的重視和支持。國家主席江澤民、國務院總理李鵬分别爲《中華大典》題詞。江澤民的題詞是：「同心同德群策群力認真編好中華大典爲建設有中國特色的社會主義服務」。李鵬的題詞是：「繼承和弘揚民族優秀傳統文化」。全國政協主席李瑞環、國務委員李鐵映也作了重要指示，要求抓緊辦理。一九九〇年五月，國務院批准《中華大典》爲國家重點古籍整理項目。一九九二年九月，正式成立了《中華大典》工作委員會和《中華大典》編纂委員會，召開了《中華大典》工作、編纂會議。自此，《中華大典》的編纂工作由試點轉入正式啓動，逐步鋪開。

編纂《中華大典》，學術性很强，工作量很大，工程十分艱巨，全賴廣大專家學者和全國各有關高等院校、科研院所、圖書館、出版單位的鼎力支持與積極參與。大家本着弘揚中華民族優秀文化的心願，發揚奉獻精神，克服各種困難，團結協作，給這部巨大類書的出版提供了根本保證。在此謹表示誠摯的謝意。

對本書的批評與建議，我們將十分歡迎。

《中華大典》編纂委員會

一九九七年四月

二〇〇六年十一月修訂

《中華大典》編纂通則

一、性質：《中華大典》（以下簡稱《大典》）是對漢文古籍（含已翻譯成漢文的少數民族古籍）進行全面的、系統的、科學的分類整理和匯編總結的新型類書，是在繼承歷代類書優良傳統、考慮漢文古籍固有特點的基礎上，借鑒和參照近代編纂百科全書的經驗和方法編纂而成。編纂《大典》的目的，是爲學術界及願意瞭解中國古代珍貴文化典籍的人士提供各種分門別類的、準確詳細的古代漢文專題資料。

二、規模和體例：《大典》所收古籍的時限，上自先秦，下迄辛亥革命。全書共收各類漢文古籍三萬餘種，七億多字。全書體例，着重汲取清代《古今圖書集成》所採用的經目和緯目相交織這一統一框架結構的模式，同時參照現代科學的學科、目録分類方法，並根據各類學科內容的實際情況，一般將每一大類學科輯爲一典，也有將幾個相關學科共輯爲一典的。對各典名稱，均以現代學科命名，對於所收入的各種古籍資料，亦儘可能納入現代科學分類體系之中。

三、經目：大典共分二十四個典，即哲學典、宗教典、政治典、軍事典、經濟典、法律典、教育典、語言文字典、文學典、藝術典、歷史典、歷史地理典、民俗典、數學典、物理化學典、天文典、地學典、生物學典、醫藥衛生典、農業典、林業典、工業典、交通運輸典、文獻目録典。典以下以分典、總部、部、分部分級，分部之下的標目根據各學科特點由各典自行擬定。

四、緯目：共設置九項緯目，用以包容各級經目的具體内容：

①題解：對有關學科的名稱、概念、涵義、特點等作總體介紹的資料。

②論説：有關理論部分的資料。

③綜述：有關學科或事物的系統性資料，凡有關學科或事物的性狀、制度、範疇、特點及學科地位、發展情況等具體内容均編入此緯目中。

④傳記：有關人物的傳記資料。

⑤紀事：有關學科或事物的具體活動或事例的資料。

⑥著録：重要人物或文獻的有關著作資料，如專集介紹、序跋、藏書題記，以及有關著作的成書經過、版本源流等。

⑦藝文：有關屬於文學欣賞性的散文或韻文。

⑧雜録：凡未收入以上各緯目，而又有較高參考價值的資料，均入雜録。

⑨圖表：根據有關經目的内容需要，圖與表附於相關專題之下，或集中匯總於某級經目之後。

《大典》以内容分類安排各級緯目，各級緯目的正文，一般以原書爲單位，按時代順序排列。每一條資料前標明出處，包括書名或作者名、篇名或卷次，以利讀者核對原書。

五、書目：每分典後附有該分典所收書之書目，書目包括書名、作者、時(年)代、版本等内容。時代以成書時代爲準，成書時代不詳者，以作者主要活動時代爲準，並遵從歷史習慣。

六、版本：《大典》在選用版本時儘量採用古人的精校精刻本，亦採用學術界通用的近、現代整理圈點本及現代學者校點整理本。

七、校點：爲儘可能保存古籍原貌，《大典》祇對底本中明顯的脱、訛、衍、倒進行勘正。古本中的避諱字一般不作改動，祇對缺筆字補足筆畫。後人刻書時避當朝人諱而改動的字，據古本改回。《大典》採用新式標點法。

一九九六年八月

二〇〇六年十一月修訂

《中華大典·天文典》編纂委員會

主　編：江曉原

副主編：鈕衛星　董煜宇　陳志輝　宋神秘　周　元

編　委：江曉原　鈕衛星　董煜宇　陳志輝　宋神秘　周　元

吳　慧　汪小虎　馬偉華　李　輝　任　杰　孫萌萌

葉　璐　楊　凱　張　楠　靳志佳　陳月兒　胡　晗

錢　驌　姚妙峰　趙鳳翔　周利群　周霄漢　潘澍原

魏劉偉　王宏晨　潘　鉞　楊澤嵩　李月白

《中華大典·天文典》總序

江曉原

《天文典》下設分典三：曰《天文分典》《曆法分典》《儀象分典》。茲略述與此三分典有關之基本概念，並根據近年新出研究成果，澄清若干常見之誤解。

天文·天學·天文學

「天文」一詞，今人常視爲「天文學」之同義語，以之對譯西文astronomy一詞，即現代意義上的天文學。然而古代中國「天文」一詞並無此義。古籍中較早出現「天文」一詞者爲《易經》。《易·彖·賁》云：

觀乎天文，以察時變；觀乎人文，以化成天下。

又《易·繫辭上》云：

仰以觀於天文，俯以察於地理。

「天文」與「人文」、「地理」對舉，其意皆指「天象」，即各種天體交錯運行而在天空所呈現之景象。這種景象又可稱爲「文」。《説文》九上：「文，錯畫也。」「天文」一詞正用此義。茲再舉稍後文獻中，更爲明確之典型用例二則，以佐證説明之。《漢書》卷九九《王莽傳下》：

十一月，有星孛於張，東南行，五日不見。莽數召問太史令宗宣，諸術數家皆謬對，言天文安善，群賊且滅。莽差以自安。

張宿出現彗星，按照星占學理論本是凶危不祥之天象，但諸術數家不向王莽如實報告，而詭稱天象「安善」以安其心。又《晉書》卷十三《天文志下》引《蜀記》云：

明帝問黃權曰：天下鼎立，何地爲正？對曰：當驗天文。往者熒惑守心而文帝崩，吴、蜀無事，此其徵也。

也以「天文」指天象，火星停留於心宿是具體事例。

「天文」既用以指天象，遂引伸出第二義，用以指稱仰觀天象以占知人事吉凶之學問。《易·繫辭上》屢言「在天成象，在地成形，變化見矣」，「仰以觀於天文，俯以察於地理，是故知幽明之故」，皆已隱含此意。而最明確之論述如下：

是故天生神物，聖人則之；天地變化，聖人效之。天垂象，見吉凶，聖人象之；河出圖，洛出書，聖人則之。

河圖、洛書是天生神物，「天垂象，見吉凶」是天地變化，「聖人」則之效之，乃能明乎治世之理。故班固在《漢書》卷三十《藝文志·數術略》「天文二十一家」後云：

天文者，序二十八宿，步五星日月，以紀吉凶之象，聖王所以參政也。

班固於《藝文志》中所論各門學術之性質，在古代中國文化傳統中有極大代表性。其論「天文」之性質，正代表了此後兩千年中國社會之傳統看法。

「天文」在古代中國人心目中，其含義及性質既如上述，可知正是今人所説的「星占學」，應該用以對譯西文astrology。故當初以「天文學」對譯西文astronomy，恐非考慮周全之舉。不過現既已約定俗成，自不得不繼續沿用耳。

歷代官史中諸《天文志》，皆爲典型星占學文獻，而其取名如此，正與班固的用法相同。此類文獻中最早見於《史記》，名《天官書》，尤見「天文」一詞由天象引伸爲星占學之脈絡——天官者，天上之星官，即天象也，亦即天文。後人常以「天文星占」並稱，正因此之故，而非如某些現代學者所理解，將「天文」與「星占」析爲二物。

現代意義上之天文學，是否曾經從古代中國之星占學母體中獨立出來？考之古代中國大量相關歷史文獻，答案衹能是否定的。儘管古代中國星占學活動中當然使用了具有現代意義的天文學工具——事實上世界各古老文明中的星占學無不如此。

理解此事的路徑之一，可如下述：中國古代雖不存在現代意義上之天文學，但確實使用了天文學工具以服務於星占學。設有人使用電腦算命，其算命活動之性質，爲僞科學無疑，不得視之爲「電腦技術」也；此算命之人，亦不得視之爲「電腦工程師」也。同理，今日研究中國古代相關文獻及古人之相關活動，亦不必強行將星占學認定爲天文學，將星占學家認定爲天文學家。

基於以上所述各種情況，筆者在拙著《天學真原》等書中，①特以「天學」一詞，指稱中國古代「使用了天文學工具之星占學活動」，以避免造成概念之混淆。蓋因古代中國天學，就其性質或就其功能而論，皆與現代意義上之天文學迥異，如想當然而使用「天文學」一詞，即可能導致錯覺，以爲中國古代「使用了天文學工具之星占學活動」是現代天文學之早期形態或初級階段，而這絶非事實——此種早期形態或初級階段，在古代世界即或有之，也僅見於希臘。「天學」一詞之上述用法，二十年來已漸被學術同行認同採納。

曆法真義及其服務對象

今人常言「天文曆法」，但曆法之用途究竟何在？也許有人會馬上想到日曆（月份牌）——曆法，曆法豈非編制日曆之方法乎？此言固不算錯，但編制日曆，實爲曆法中之極小一部分功能。

今人談論「曆法」時，其實涉及三種事物：

其一爲曆譜，即現今之日曆（月份牌），至遲在秦漢竹簡中已可見到實物。

其二爲曆書，即有曆注之曆譜，如在具體日子上注出宜忌（「宜出行」、「諸事不宜」之類）。此物在先秦也已出現，逐漸演變爲後世之「皇曆」及清代之「時憲書」。

其三爲曆法，其文獻通常在歷代官修史書之《律曆志》中保存下來。總計有近百種曆法曾在中國古代行用或出現過，時間跨度近三千年。

許多「好心」之人，希望中國古代文化遺産中多一些「科學」色彩，遂喜歡將中國曆法稱爲「數理天文學」。此言亦不算錯，但此「數理天文學」服務於何種對象？欲知此事，須先瞭解古代中國曆法之大致情形。

欲知中國古代曆法之大致情形，可以一部典型曆法，唐代《大衍曆》（公元七二七年修成）爲例，其中包括如下七章：

「步中朔」章六節，主要爲推求月相之晦朔弦望等内容。

---

① 江曉原：《天學真原》，遼寧教育出版社，一九九一、一九九二、一九九五、二〇〇四、二〇〇七；洪葉文化事業有限公司（中國臺灣），一九九五；譯林出版社，二〇一〇。

「步發斂」章五節，推求二十四節氣與物候、卦象的對應，包括「六十卦」、「五行用事」等神秘主義内容。

「步日躔」章九節，討論太陽在黄道上之視運動，其精密程度，遠遠超出編制曆譜之所需，主要爲推算預報日月交食提供基礎。

「步月離」章二十一節，專門研究月球運動。因月球運動遠較太陽運動複雜，故篇幅遠大於上一章，其目的則同樣是爲預報日月交食提供基礎——祇有將日、月兩天體之運動同時研究透徹，才可實施對日月交食之推算預報。

「步軌漏」章十四節，專門研究與古代授時有關之各種問題。

「步交會」章二十四節，在前「步日躔」、「步月離」兩章基礎上，給出推算預報日月交食之具體方案。

「步五星」章二十四節，以數學方法分别描述金、木、水、火、土五大行星之運動。

很容易看出，這樣一部典型曆法，其主要内容，是研究日、月及金、木、水、火、土五大行星這七個天體——古代中國稱爲「七政」——之運動規律；而其主要功能，則是提供推算上述七天體任意時刻天球位置之方法及公式。至於編制曆譜，特其餘緒而已。

那麼古人爲何要推算七政在任意時刻之位置？

以前最爲流行之説，謂中國古代曆法是「爲農業服務」——指導農民種地，告訴他們何時播種、何時收割等等。許多學者感到此説頗能給中國古代曆法增添「科學」色彩，故樂意在各種著作中遞相轉述。

但是祇要稍一思考即能發現問題。姑以上述《大衍曆》爲例，祇消做最簡單之統計，就能發現「曆法爲農業服務」之説何等荒謬。

姑不論農業之歷史遠早於曆法之歷史，在尚未發明曆法時，農民早就種植莊稼了，那時他們靠什麼來「指導」？我們且看曆法所研究之七個天體中，六個皆與農業無關：五大行星和月亮，至少迄今人類尚未發現它們與農業有任何關係；祇剩下太陽確實與農業有關。但對於指導農業而言，根本用不著將太陽運動推算到「步日躔」章中那樣精確到小時和分鐘。事實上，祇要用「步發斂」章中内容，給出精確到日的曆譜，在其上注出二十四節氣，即足以指導農業生産。

整部《大衍曆》共一百零三節，「步發斂」章祇五節（其中還包括了與農業無關的神秘主義内容），换言之，整部曆法中祇有不足百分之五的内容與指導農業有關。《大衍曆》爲典型中國古代曆法，其他曆法基本上亦爲同樣結構，也就是説，「曆法爲農業服務」之説，其正確性不足百分之五。

那麽中國古代數理天文學其餘百分之九十五以上内容，究竟是爲什麽服務呢？答案是——爲星占學服務。

因在古代，衹有星占學需要事先知道被占天體之運行規律，特别是某些特殊天象之出現時刻和位置。比如日食被認爲是上天對帝王之警告，必須事先精確預報，以便在日食發生時舉行盛大禳祈儀式，向上天謝罪；又如火星在恒星背景中之位置，經常被認爲具有險惡不祥之星占學意義，星占學家必須事先推算火星運行位置。

故中國古代之曆法（數理天文學），主要是爲星占學服務。古波斯《卡布斯教誨録》中有云：「學習天文的目的是預卜凶吉，研究曆法也出於同一目的。」此一論斷，對於古代諸東方文明而言都完全正確。

儀象與古代中國人之宇宙

儀象者，在中國古代本爲二物：儀用以測量天球坐標，象用以模擬古人心目中之宇宙，演示古人所見之天象。

古人測量天球坐標之事，容易理解，其原理、操作等與現代天文臺上所運作之儀器，本質上完全一樣——衹是現代使用了望遠鏡、電腦等工具以增加精度而已。但古人對於宇宙之認識，則與現代有極大不同，故須在此稍論述之。

「宇宙」一詞，今日已成通俗詞彙（日常用法中往往衹取空間、天地之意），其實是古代中國原有之措詞。《尸子》（通常認爲成書於漢代）云：「四方上下曰宇，往古來今曰宙。」此爲迄今在中國典籍中所見與現代「時空」概念最好之對應。

以往一些論著談到中國古代宇宙學説時，有所謂「論天六家」之説，謂蓋天、渾天、宣夜、昕天、穹天、安天。其實歸結起來，真正有意義者至多僅《晉書·天文志》中所言「古言天者有三家，一曰蓋天，二曰宣夜，三曰渾天」三家而已。

欲論此三家之説，先需對宇宙有限無限問題有合理認識。

國人中至今仍有許多人相信宇宙爲無限（在時間及空間上皆如此），因爲恩格斯曾有如此斷言。然而恩格斯之言，是遠在現代宇宙學科學觀測證據出現之前所説，與這些證據（其中最重要之三者爲宇宙紅移、3K 背景輻射、氦豐度）相比，恩格斯所言衹是思辨結果。在思辨和科學證據之間，雖起聖人於地下，亦衹能選擇後者。

現代「大爆炸宇宙模型」，建立於科學觀測證據之上。在此一模型中，時間有起點，空間也有邊界。如一定要簡單化地在「有限」和「無限」之間作選擇，那就衹能選擇「有限」。此爲現代科學之結論，到目前爲止尚未被推翻。

有些論及中國古代宇宙理論者，凡見古人主張宇宙爲有限者，概以「唯心主義」、「反動」斥之；而見主張宇宙爲無限者，必以「唯物主義」、「進步」譽之。若持此種標準以論古人對宇宙之認識，必將陷入謬誤。

古人没有現代宇宙學之觀測證據，當然衹能出以思辨。《周髀算經》明確陳述宇宙直徑爲八十一萬里。漢代張衡作《靈憲》，其中所述天地直徑爲「二億三萬二千三百里」之球體，並謂：

過此而往者，未之或知也。未之或知者，宇宙之謂也。宇之表無極，宙之端無窮。

張衡將天地之外稱爲「宇宙」，但他明確認爲「宇宙」爲無窮——當然也衹是思辨結果，在當時他不可能提供科學證據。而作爲思辨結果，即使與建立在科學觀測證據上之現代結論一致，亦衹能視爲巧合而已，更毋論其未能巧合者矣。也有明確主張宇宙爲有限，如漢代揚雄《太玄·玄摛》中爲宇宙所下定義爲：「闔天謂之宇，辟宇謂之宙。」天與包容於其中之地合稱爲「宇」，自天地誕生之日起方有「宙」。此處明確將宇宙限定在物理性質之天地内。此種觀點最接近常識及日常感覺，雖在今日，對於未受過足够科學思維訓練者而言，亦最容易接納。

若在中國古籍中尋章摘句，當然還可找到一些能够將其解釋爲主張宇宙無限之語（比如唐柳宗元《天對》中幾句文學性詠歎），但終以主張宇宙有限者爲多。

大體上，對於古代中國天文學、星占學或哲學而言，宇宙有限還是無限，并非極端重要之問題。而「上下四方曰宇，往古來今曰宙」之定義，則可以被主張宇宙有限、主張宇宙無限、主張宇宙有限無限爲不可知等各方所共同接受。

李約瑟《中國科學技術史·天學卷》中，爲「宣夜説」專設一節。李氏熱情讚頌此種宇宙模式，謂：

這種宇宙觀的開明進步，同希臘的任何説法相比，的確都毫不遜色。亞里士多德和托勒密僵硬的同心水晶球概念，曾束縛歐洲天文學思想一千多年。中國這種在無限的空間中飄浮著稀疏的天體的看法，要比歐洲的水晶球概念先進得多。雖然漢學家們傾向於認爲宣夜説不曾起作用，然而它對中國天文學思想所起的作用實在比表面上看起來要大一些。①

① 李約瑟：《中國科學技術史》第四卷「天學」（注意此爲二十世紀七十年代中譯本之分卷法，與原版不同），科學出版社，一九七五，頁一一五至一一六。

然因李氏之大名，遂使「宣夜説」名聲大振。從此它一直沐浴在「唯物主義」、「比布魯諾(Giordano Bruno)早多少多少年」之類的讚美歌聲中。姑不論上引李氏話中，至少有兩處技術性錯誤，①更重要者是李約瑟對「宣夜説」之評價是否允當。

「宣夜説」之歷史資料，迄今衹見《晉書·天文志》中如下一段：

> 宣夜之書亡，惟漢秘書郎郗萌記先師相傳云：天性了無質，仰而瞻之，高遠無極，眼瞀精絶，故蒼蒼然也。譬之旁望遠道之黄山而皆青，俯察千仞之深谷而窈黑，夫青非真色，而黑非有體也。日月衆星，自然浮生虚空之中，其行其止皆須氣焉。是以七曜或逝或住，或順或逆，伏現無常，進退不同，由乎無所根繫，故各異也。故辰極常居其所，而北斗不與衆星西没也。攝提、填星皆東行，日行一度，月行十三度，遲疾任情，其無所繫著可知矣。若綴附天體，不得爾也。

衹需略微仔細一點考察這段話，即可知李氏高度讚美「宣夜説」實出於他一厢情願之想象。首先，這段話中並無宇宙無限之含義。「高遠無極」明顯是指人目之極限而言。其次，斷言七曜「伏現無常，進退不同」，卻未能對七曜運行進行哪怕最簡單的描述。造成這種致命缺陷的原因被認爲是「由乎無所根繫」，這就表明，此種宇宙模式無法匯出任何稍有積極意義之具體結論。

「宣夜説」因根本未能引導出哪怕衹是非常初步的數理天文學系統——即對日常天象之解釋和數學描述，以及對未來天象之推算預言。從這個意義上看，宣夜説（昕天、穹天、安天等説更毋論矣）完全不能與蓋天説和渾天説相提並論。故真正在古代中國産生過重大影響及作用之宇宙模式，實爲蓋天與渾天兩家。

關於蓋天説，情形頗爲複雜，此處僅能依據近年新出研究成果，略述其概要如次：②

《周髀算經》所述蓋天宇宙模型基本結構爲：天與地爲平行平面，在北極下方大地中央矗立著高六萬里、底面直徑爲

---

① 李約瑟兩處技術性錯誤爲：一、托勒密的宇宙模式衹是天體在空間運行軌跡的幾何表示，並無水晶球之類的堅硬實體。二、亞里斯多德學説直到十四世紀纔獲得教會的欽定地位，因此水晶球體系至多衹能束縛歐洲天文學思想四百年。參見江曉原：天文學史上的水晶球體系，《天文學報》二十八卷四期（一九八七）。

② 江曉原：《周髀算經》——中國古代唯一的公理化嘗試，《自然辯證法通訊》十八卷三期，一九九六。
江曉原：《周髀算經》蓋天宇宙結構考，《自然科學史研究》十五卷三期，一九九六。
江曉原：《周髀算經》與古代域外天學，《自然科學史研究》十六卷三期，一九九七。

二萬三千里之上尖下粗的「璿璣」。天之平面中，在此處亦有對應之隆起。

蓋天宇宙爲一有限宇宙，天與地爲兩平行之平面大圓形，此兩大圓平面直徑皆爲八十一萬里。

蓋天宇宙模型亦爲中國古代僅有的一次公理化嘗試，此後即成絶響。

與蓋天説相比，渾天説之地位要高得多——事實上它在中國古代占統治地位，是「主流學説」無疑。但奇怪的是它卻没有一部象《周髀算經》那樣系統陳述其學説的著作。

通常將《開元占經》卷一中所引的《張衡渾儀注》視爲渾天説的綱領性文獻，這段引文很短，全文如下：

渾天如雞子。天體（這裡意爲天的形體）圓如彈丸，地如雞子中黄，孤居於内。天大而地小。天表裡有水，水之包地，猶殼之裹黄。天地各乘氣而立，載水而浮。周天三百六十五度又四分度之一，又中分之，則一百八十二分之五覆地上，一百八十二分之五繞地下。故二十八宿半見半隱。其兩端謂之南北極。北極乃天之中也，在正北，出地上三十六度，然則北極上規徑七十二度，常見不隱；南極天之中也，在南入地三十六度，南極下規徑七十二度，常伏不見。兩極相去一百八十二度半强。天轉如車轂之運也，周旋無端，其形渾渾，故曰渾天也。

此爲渾天説的基本理論。其内容遠不及《周髀算經》中蓋天理論豐富。在渾天説中，大地及天之形狀皆爲球形，此點與蓋天説相比大大接近現代結論。但渾天之天有「體」，即某種實體（類似雞蛋之殼）。

然而球形大地「載水而浮」之設想造成了很大問題。因在此模式中，日月星辰皆附著於「天體」内面，而此「天體」之下半部分盛著水，這就意味著日月星辰在落入地平線之後都將從水中經過，這與日常的感覺難以相容。於是後來又有改進之説——認爲大地懸浮在「氣」中，比如宋代張載《正蒙·參兩篇》謂「地在氣中」，這當然比讓大地浮在水上要合理一些。

以今日眼光觀之，渾天説初級簡陋，與約略同一時代西方托勒密（Ptolemy）精緻的地心體系（注意，渾天説也完全是地心的）無法同日而語，與《周髀算經》之蓋天學説相比也大爲遜色。然而這樣一個學説爲何竟能在此後約兩千年間成爲主流？

原因在於：渾天説將天和地形狀認識爲球形。這樣至少可以在此基礎上發展出一種最低限度之球面天文學體系——渾儀、渾象即服務於此一體系。而祇有球面天文學，方能使對日月星辰運行規律之測量、推算成爲可能。蓋天學説雖然有其數理天文學，但它對天象的數學説明和描述俱不完備（例如《周髀算經》中完全未涉及日月交食與行星運動）。

今日全世界天文學家共同使用之球面天文學體系，在古希臘時代就已完備。中國古代固已有球面天文學，惜乎始終未能達到古希臘水準。其中最主要之原因，在於渾天宇宙模型中，大地之尺度與天球之尺度相比，爲一比二，而在古希臘模型中此一比例爲一比二萬三千四百八十一（現代天文學所知比例當然更爲懸殊）。换言之，在古希臘宇宙模型中，大地尺度經常可以忽略（將大地視爲一個點），這種忽略爲球面天文學體系中許多情形下所必須——而這樣的忽略在古代中國渾天説中絶無可能。

古代天學之科學遺產及學術意義

今人常言中國古代天學留下了「豐富遺産」、「寶貴遺産」，但這些遺産究竟是何物，到今日還有何用，應如何看待，皆爲頗費思量之問題，且很少見前賢正面討論。

我們可以嘗試將中國天學遺産分爲三類：

第一類：可用以解決現代天文學問題之遺産。

第二類：可用以解決歷史年代學問題之遺産。

第三類：可用以瞭解古代中國社會之遺産。

此種分類，基本上可以將中國天學遺産全部概括。以下通過具體案例稍論之。

中國古代天學第一類遺産，先前已得到初步收集整理，即收録於《中國古代天象記録總集》一書中之天象記録，凡一萬餘條。① 此爲中國古代天學遺産中最富科學價值之部分。古人雖出於星占學目的而記録天象，但它們在今日卻可爲現代天文學所利用——因天體演變在時間尺度上通常極爲巨大，雖千萬年祇如一瞬，故古代記録即使科學性、準確性稍差，仍然彌足珍貴。

二十世紀四十年代，金牛座蟹狀星雲被天體物理學家證認出係公元一〇五四年超新星爆發之遺跡，這次爆發在中國古籍中有最爲詳細之記載。隨著射電天文學勃興，在蟹狀星雲、公元一五七二年超新星、公元一六〇四年超新星遺跡中都發

① 此書爲全國衆多科研單位大量科學工作者協同工作，查書十五萬餘卷，歷時三年（一九七五至一九七七）所得的成果。至一九八八年由江蘇科學技術出版社出版。

現了射電源。天文學家於是形成如下猜想：超新星爆發後可能會形成射電源。

但超新星爆發極爲罕見，如以太陽系所在之銀河系爲限，兩千年間歷史記載超新星僅十四顆，公元一六〇四年以來至今再未出現。故欲驗證上述設想，不可能作千百年之等待，衹能求之於歷史記載。當時蘇聯天文學界對此事興趣濃烈，因西方史料不足，乃求助於中國。

於是席澤宗於一九五五年發表《古新星新表》，①充分利用中國古代天象記録完備、持續、準確之巨大優勢，考訂了從殷商時代到公元一七〇〇年間共九十次新星和超新星之爆發記録。《古新星新表》一發表即引起美、蘇兩國高度重視。兩國都先對該文進行報導，隨後譯出全文。

事實上，隨著天體物理學飛速發展，《古新星新表》的重要性遠遠超出當時想象之外。此後二十多年中，世界各國天文學家在討論超新星、射電源、脈衝星、中子星、X射線源、γ射線源等最新天文學進展時，引用該文達一千次以上。國際天文學界著名雜誌之一《天空與望遠鏡》上出現評論稱：「對西方科學家而言，可能所有發表在《天文學報》上的論文中最著名的兩篇，就是席澤宗在一九五五年和一九六五年關於中國超新星記録的文章。」而美國天文學家斯特魯維（O. Struve）之名著《二十世紀天文學》中，唯一提到中國天文學家的工作即《古新星新表》。一篇論文受到如此高度重視，且與此後如此衆多新進展聯繫在一起，這在當代堪稱盛況。

此即中國古代天學史料被用以解決現代天文學問題之典型例證。

類似例證還有筆者用中國古代星占學史料解決困擾國際天文學界百餘年之「天狼星顏色問題」，②茲不具述。

中國天學留下之第二類遺産，可用以解決歷史年代學問題。

因年代久遠，史料湮没，某些重要歷史事件發生之年代，或重要歷史人物之誕辰，至今無法確定。所幸古人有天人感應之説，相信上天與人間事務有著神秘聯繫，故在叙述重大歷史事件發生或重要人物誕生死亡時，往往將當時特殊天象（如日月交食、彗星、客星、行星特殊位置等）虔誠記録下來。有些此類記録得以保存至今。依靠天文學家之介入，此種古代星占學天象記録，竟能化爲一份意外遺産——借助現代天文學手段，對這些天象進行回推計算，即可能成爲確定歷史事件年代

---

① 載《天文學報》三卷二期（一九五五）。

② 江曉原：中國古籍中天狼星顏色之記載，《天文學報》三十三卷四期（一九九二）。

之有力證據。

此種應用近年最爲成功的例證，即筆者所領導之研究小組，借助國際天文學界當時最先進之星曆表軟體，推算出武王伐紂確切年代，並成功重現當時一系列重大事件之日程表。① 結論爲：周武王牧野克商之戰，發生於公元前一〇四四年一月九日清晨。

類似例證，還有筆者所領導之研究小組利用日食記録，推算出孔子誕辰之確切日期：②公元前五五二年十月九日。

其實解決現代天文學問題，或解決歷史年代學問題，僅僅利用了中國天學遺産中之一小部分。中國古代留下大量「天學秘笈」，以及散佈在中國浩如煙海之古籍中的各種零星記載。這部分遺産數量最大，如何看待和利用也最成問題。

這第三類中國天學遺産，可用以瞭解古代中國社會。

中國古代並無現代意義上之天文學，有的衹是「天學」——此天學不是一種自然科學，而是深深進入古代中國人精神生活。日食、月食、火星、金星或木星處於特殊位置等等，更不用説一次彗星出現，凡此種種天象，在古代中國人看來都不是科學問題，而是哲學問題，神學問題，或是一個政治問題。

由於天學在中國古代有如此特殊之地位（此一地位，其他學科，比如數學、物理、煉丹、紡織、醫學、農學之類，根本無法相比），因此它就成爲瞭解古代中國人政治生活、精神生活和社會生活之無可替代的重要途徑。古籍中幾乎所有與天學有關之文獻，皆有此種價值及用途。具體案例，在筆者所著《天學真原》中隨處可見，兹不縷述。

中國天學這方面遺産之利用，將隨歷史研究之深入和拓展，比如社會學方法、文化人類學方法之日益引入，而展開廣闊前景。

故《天文典》之編纂，其重要意義之一，即爲我們繼承、利用上述各類中國古代天學遺産，提供一種集大成之史料庫。

二〇一〇年九月二十八日

於上海交通大學科學史系

① 江曉原、鈕衛星：《國語》伶州鳩所述武王伐紂天象及其年代，《自然科學史研究》十八卷四期（一九九九）。江曉原、鈕衛星：以天文學方法重現武王伐紂之年代及日程表，《科學》五十一卷五期（一九九九）。

② 江曉原：孔子誕辰：西元前五五二年十月九日，《歷史月刊》（中國臺灣）一九九九年第八期。此文曾被國內多種報紙雜誌轉載。

中華大典·天文典

儀象分典

#《中華大典·天文典·儀象分典》編纂人員名單

主　編：江曉原

副主編：董煜宇　鈕衛星

參與編纂和校對人員：

周利群　潘　鉞　楊澤嵩　王宏晨　陳志輝
靳志佳　陳月兒　胡　晗　李月白　宋神秘
侯　琨　于　偉　劉萌萌　何　磊　李　郵
吕慧雲　烏雅汗　薛佳玥

《中華大典·天文典·儀象分典》編纂説明

一、《中華大典·天文典·儀象分典》以《中華大典》的編纂宗旨爲依據，匯編從先秦到清末中國古天文儀器方面的資料性文獻，以供天文學、科學史工作者及一般讀者參考和檢索。

二、《儀象分典》主要收録中國古天文儀器的相關資料，其編纂目標是與《曆法分典》、《天文分典》有機地結合在一起，成爲中國古代天文學的完整資料性文獻。《儀象分典》收録的主要内容包括中國古代觀測儀器、天象演示儀器、時間測量儀器的製作、使用記録和描述以及與天文工作相關的記述。

三、經目：《儀象分典》下設觀測儀器總部、演示儀器總部、時間測量儀器總部等三個一級經目。各總部根據内容需要下設若干「部」作爲二級經目。觀測儀器總部主要收録中國古代重要的天文觀測儀器的製作、使用及相關知識，下設圭表部和渾儀部。演示儀器總部主要收録中國古代天象演示儀器的製作、使用及有關知識。時間測量儀器總部主要收録與中國古代時間測量儀器的製作、使用有關的知識，下設日晷部和漏刻部。

四、緯目：本分典在二級經目下設題解、論説、綜述、傳記、紀事、著録、藝文、雜録、圖表等緯目。各緯目含義和所收内容服從《中華大典》「編纂通則」的規定，并遵循按需而設的原則。

五、《儀象分典》收録資料的範圍上起先秦，下訖清末。因各代存世資料分布不均，因此明代以前盡量收全，明代以後特别是清中後期的資料則收録最具代表性的内容。

六、所收資料一依底本，並改正明顯的脱、訛、衍、倒。異體字改爲通用字，缺筆的避諱字直接改正。補出或改正的正確字用〔 〕標出，原文錯字用（ ）標出。對古籍的省略處，用【略】標出。本書採用新式標點。

七、資料標明出處，包括朝代、作者、書名。對卷帙浩繁、編制複雜之巨著，則兼標卷次及篇名，以利讀者查核。對古籍卷次的書寫方式，亦依《中華大典》凡例。全書之末附主要引用書目。書目包括書名、作者（編者）、時（年）代、版本等内容。

八、本書爲集體編纂。《天文典》總主編江曉原負責全域工作，《儀象分典》主編江曉原、副主編董煜宇、鈕衛星負責具體的組織編纂工作，周利群、陳志輝、王宏晨、陳月兒、潘鉞、楊澤嵩、李月白、胡晗、靳志佳等參與了具體的編纂工作。其工作程式是：首先由分典主編提出全書編纂大綱，確立本分典經緯目設置，擬定收録之書目，與各部主編商定選材之原則和收録之内容；然後各總部負責人將相關内容編纂至各經緯目之下，形成初稿；校對人員核對原書，對初稿進行標點；最後分典主編對全書進行統稿。

九、由于各種主客觀條件的限制，本書的編纂肯定不能盡善，其中錯誤難免，望學術界同行不吝批評指正。

儀象分典

目録

觀測儀器總部

圭表部

題解

唐・虞世南《北堂書抄》卷一四九　土圭測景，《周禮》云：大司徒以土圭之法測土深，正日景，以求地中。日南則景短多暑，日北則景長多寒，日東則景夕多風，日西則景朝多陰。

宋・陳祥道《禮書》卷五二　土圭五寸，以致日，以土地。致日度景，至不夏日至之景尺有五寸，冬日至之景文有三尺。土，猶度也，建邦國以度其地而制其域。

宋・朱熹《儀禮經傳通解》卷三五　以土圭度日景，觀分寸長短，以制其域所封也。鄭司農説以玉人職曰：土圭尺有五寸，以致日，以土地，以求地中，故謂之土圭。

宋・朱申《周禮句解》卷五　土圭量日景之圭，掌土圭之法，以致日景。土圭長尺五寸，以量日景，立八尺之表，夏至則景尺五寸，冬至則景大三尺。

清・李光地《月令輯要》卷一　土圭測景原《周禮・地官・司徒》，以土圭之法測土深，正日景，以求地中。日南則景短多暑，日北則景長多寒，日東則景夕多風，日西則景朝多陰。日至之景尺有五寸，謂之地中。天地之所合也，四時之所交也，風雨之所會也，陰陽之所和也。

清・張廷玉等《駢字類編》卷七〇　圭表《新論》：二儀之大，可以章程測也。三綱之動，可以圭表度也。

清・黄叔琳《文心雕龍輯注》卷五　揆景，晉《天文志》鄭衆説土圭之長尺有五寸，以夏至之日，立八尺之表，其景與土圭等，謂之地中。桓譚《新論》：二儀之大，可以章程測也。三綱之動，可以圭表測也。

清・張玉書等《佩文韻府》卷四七　圭表《宋史・律曆志》：觀天地陰陽之體，以正位辨方，定時考閏，莫近于圭表。《新論》：二儀之大，可以章程測也。三綱之動，可以圭表度也。《小學紺珠》薛季宣云：今之爲晷漏者，其法有四：銅壺、香篆、圭表，輥彈。裴廷裕授孫儲邠州節度使，制明鏡利劍，高謝塵埃，止水秋山，居爲圭表。崔嘏授蕭鄴監察御史，制御史府居朝廷之中，傑出他署，蓋以圭表百吏糾繩四方。蔣防惜分陰賦，每正中而圭表，常懼減于毫芒。影表《宋史・律曆志》和峴等以圭表銅臬，暨羊頭秬黍，累尺制律。又《天文志》沈括上渾儀、浮漏、圭表三議。《樂典》周又《宋史・太宗紀》，淳化三年九月，羣臣上尊號曰：法天崇道明聖仁孝文武皇帝，凡圭表終不許。兩表《唐書・天文志》樹圭表，南北相距十里，其崇皆數十里。置大炬于南表之端，而植八尺之木于其下，則當無影。試從南表之下仰望北表之端，必將積微分之差，漸與南表參合。表首參合，則置炬于其上，亦當無影矣。

清・江永《禮書綱目》卷七一　土圭以致四時、日月，封國則以土地。以致四時、日月者，度其景至不至以知其行得失也。冬夏以致日，春秋以致月，土地猶度地也。封諸侯以土圭度日景，觀分寸長短以制其域所封也。鄭司農説以玉人職曰：土圭尺有五寸，以致日，以土地，以求地中，故謂之土圭。

論説

漢・佚名《周髀算經》卷上　榮方復歸，思之，數日不能得。復見陳子曰：「方思之以精熟矣。智有所不及，而神有所窮，知不能得。願終請説之。」自知不敏，避席而請説之。陳子曰：「復坐，吾語汝。」於是榮方復坐而請。陳子説之曰：「夏至南萬六千里，冬至南十三萬五千里，日中立竿無影。」臣鸞曰：南戴日下立八尺表，表影千里而差一寸，是則天上一寸，地下千里。今夏至影有一尺六寸，故知其萬六千里。冬至影一丈三尺五寸，則知其十三萬五千里。此一者天道之數。言天道數一，悉以如此。周髀長八尺，夏至之日晷一尺六寸。晷，影也。此數望之從周。而周官測景，尺有五寸。蓋出周城南千里也。記云：「神州之土方五千里。」雖差一寸，不出畿地之分，失四和之實，故建王國。髀者，股也。正晷者，句也。以髀爲股，以影爲句。句股定，然後可以度日之高遠。正晷者，日中之時節也。正南千里，句一尺五寸。正北千里，句一尺七寸。候其影，使表相去二千里，影差二寸。將求日之高遠，故先見其表影之率。日益南，晷益長。候句六尺，候其影使長六尺者，欲令句股相應，句三、股四、弦五，句六、股八、弦十。即取竹，空徑一寸，長八尺，捕影而視之，空正掩日，以徑寸之空視日之影，髀長則大，矩短則小，正滿八尺也。捕猶索也。掩猶覆也。而日應空。掩若重規。更言八尺者，舉其定也。又日近則大，遠則小，以影六尺爲正。由此觀之，率八十寸而得徑一寸。以此爲日髀之率。故以句爲首，以髀爲股。首猶始也。股猶末也。句能制物之率，股能制句之正。欲以爲總見之數，立精理之本。明可以周萬事，智可以達無方。所謂「智出於句，句出於矩」也。從髀至日下六萬里而髀無影。從此以上至日，則八萬里。臣鸞曰：求從髀至日下六萬里者，先置南表晷六尺，上十之爲六十寸。以兩表相去二千里乘，得十二萬里爲實。以影差二寸爲法，除之，得日底地去表六萬里。求從髀至日八萬里者，先置表高八尺，上十之爲八十寸。以兩表相去二千里乘之，得十六萬爲實。以影差二寸爲法，除之，得從表端上至日八萬里也。若求邪至日者，以日下爲句，日高爲股。句、股各自乘，并而開方除之，得邪至日，從髀所袤至日所十萬里。袤，此古邪字。求其數之術曰：以表南至日下六萬里爲句，以日高八萬里爲股，爲之求弦。句、股各自乘，并而開方除之，即邪至日之所也。臣鸞曰：求從髀邪至日所法：先置南至日底六萬里爲句，重張自乘，得三十六億爲句實。更置日高八萬里爲股，重張自乘，得六十四億爲股實。并句、股實得一百億爲弦實。開方除之，得從王城至日十萬里。今有十萬里，問徑幾何？曰，一千二百五十里。八十寸而得徑一寸，以一寸乘十萬里爲實。八十寸爲法，即得。以率率之，八十里得徑一里。十萬里得徑千二百五十里。法當以空徑爲句率，竹長爲股率。日去人爲大股，大股之句即日徑也。其術以句率乘大股，股率而一。此以八十里爲法，十萬里爲實。實如法而一，即得日徑。故曰，日徑千二百五十里。臣鸞曰：求以率八十里得徑一里，十萬里得徑千二百五十里法，先置竹孔徑一寸爲千里作大句，更置邪去日十萬里爲股。以句千里乘股十萬里，得一億爲實。更置日去地八萬里爲法。除實得日徑千二百五十里。故云日徑也。

臣淳風等謹按：夏至王城望日，立兩表相去二千里，表高八尺。影去前表一尺五寸，去後表一尺七寸。舊術以前後影差二寸爲法，以前影寸數乘表間爲實。實如法得萬五千里爲日下去南表里。又以表高八十寸乘表間爲實。實如法，得八萬里爲表上去日里。仍以表寸爲日高，影寸爲日下。待日漸高，候日影六尺，用之爲句。以表爲股。爲之求弦，得十萬里爲邪表數目。取管圓孔徑一寸，長八尺，望日滿簡以爲率。長八十寸爲一，邪去日十萬里，日徑即千二百五十里。以理推之，法云天之處心高於外衡六萬里者，此乃語與術違。句六尺，股八尺，弦十尺，角隅正方自然之數。蓋依繩水之定，施之於表矩。然則天無別體，用日以爲高下。術既隨平而遷，高下從何而出。語術相違，是爲大失。又按二表下地，依水平法定其高下。若北表地高則以爲句，以間爲弦。置其高數，其影乘之，其表除之，所得益股爲定間。若北表下者，亦置所下，以法乘、除，所得以減股爲定間。又以高、下之數與間相約，爲地高、遠之率。求遠者，影乘定間，差法而一，所得加影，日之遠也。求高者，表乘定間，差法而一，所得加表，日之高也。求邪去地者，弦乘定間，差法而一，所得加弦，日邪去地。此三等至皆以日爲正。求日下地高下者，置戴日之遠近，地高下率乘之，如間率而一，所得爲日下地高下。形勢隨殺與表間同，可依此率。若形勢不等，非代所知。率日徑求日大小者，徑率乘間，如法而一，得日徑。此徑當即得，不待影長六尺。凡度日者，先須定二矩水平者，影南北立句齊高四尺，相去二丈。以二弦候牽於句上，并率二則擬爲候影。句上立表，弦下望日。前一則上畔，後一則下畔，引則就影，令與表日參直。二至前後三四日間，影不移處，即是當以候表，並望人取一影亦可，日徑影端表頭爲則。然地有高下，表望不同，後六術乃窮其實。第一，後高前下術。高爲句，表間爲弦。後復影爲所求率，表爲所有率，以句爲所有數。所得益股爲定間。第二，後下術。以其所下爲句，表間爲弦。置其所下，以影乘表除，所得減股，餘爲定間。第三，邪下術，依其北高之率高其句影，令與地勢隆殺相似，餘同平法。假令髀邪下而南，其邪亦同，不須別望。但弦短與句股不得相應。其南里數亦隨地勢，不得校平。平則促。若用此術，但得南望。若北望者，即用句影南下之術，當北高之地。第四，邪上術。依其後下之率下其句影，此謂迴望北極以爲高遠者，望去取差亦同南望。此術弦長，亦與句股不得相應。唯得北望，不得南望。若南望者，即用句影北高之術。第五，平術。不論高下，周髀度日用此平術。故東、西、南、北四望皆通。近遠一差，不須別術。第六術者，是外衡。其經云四十七萬六千里。半之，得二十三萬八千里者，是外衡去天心之處。心高於外衡六萬里爲率，南行二十三萬八千里，下校六萬里約之，得南行一百一十九里，下校三十里。一百一十九步，差下三十步，則三十九步太平步，差下十步。以此爲準，則不合有平地。地既不平而用術尤乖理驗。且自古論晷影差變，每有不同。今略其梗概，取其推步之要。《尚書考靈曜》云：「日永影尺五寸，日短一十三尺。日正南千里而減一寸。」張衡《靈憲》云：「懸天之晷，薄地之儀，皆移千里而差一寸。」鄭玄注《周禮》云：「凡日影於地，千里而差一寸。」王蕃、姜岌因此爲說。按前諸說，差數並同，其言更出書，非真有此。以事考量，恐非實矣。謹案宋元嘉十九年歲在壬午，遣使往交州度日影，夏至之日影在表南三寸二分。《太康地理志》，交趾去洛陽一萬一千里，陽城去洛陽一百八十里。交趾西南望陽城、洛陽，在其東北，較而言之，今陽城去交趾近於洛陽去交趾一百八十里，則交趾去陽城一萬八百二十里，而影差尺有八寸二分，是六百里而影差一寸也。況復人刪迂迴，羊腸曲折，方於鳥道，所較彌多。以事驗之，又未盈五百里而差一寸，明矣。千里之言，固非實也。何承天又云：「詔以土圭測影，考校二至，差三日有餘。從來積歲及交州所上，檢其增減，亦相符合。」此則影差之驗也。周禮大司徒職曰：「夏至之影尺有五寸。」馬融以爲洛陽，鄭玄以爲陽城。《尚書考靈曜》：「日永影一尺五寸。」鄭玄以爲陽城日短十三尺。《易緯通卦驗》：「夏至影尺有四寸八分，冬至一丈三尺。」劉向《洪範傳》：「夏至影一尺五寸八分。」是時漢都長安，而向不言測刪處所，若在長安，則非晷影之正也。夏至刪長一尺五寸八分，冬至一丈三尺一寸四分。向又云「春秋分長七尺三寸六分」，此即總是虛妄。《後漢曆志》：「夏至影一尺五寸。」後漢洛陽冬至一丈三尺。自梁天監已前並同此數。幾景初，夏至影一尺五寸。幾初都許昌，與穎川相近。後都洛陽，又在地中之數。但《易緯》因漢曆舊影，似不別影之，冬至一丈三尺。晉姜岌影一尺五寸。宋都建康在江表，驗影之數遥取陽城，冬至一丈三尺。宋大明祖沖之曆，夏至刪一尺五寸。宋都秣陵遥取影同前，冬至一丈三尺。後魏信都芳注《周髀四術》云（按永平元年戊子是梁天監之七年也），見洛陽測影，又見公孫崇集諸朝士共觀祕書影，同是夏至之日以八尺之表測日中影，皆長一尺五寸八分，雖無六寸，近六寸。梁武帝大同十年，太史令虞劇以九尺表於江左建康測夏至日中影，長一尺三寸二分。以八尺表測之，影長一尺一寸七分强。冬至一丈三尺七分，八尺表影長一丈一尺六寸二分弱。隋開皇元年，冬至影長一丈二尺七寸二分。開皇二年，夏至影一尺四寸八分。冬至長安測，夏至洛陽測。及王邵《隋靈曜志》，冬至一丈二尺七寸二分，長安測也。開皇四年，夏至一尺四寸八分，洛陽測也。冬至一丈二尺八寸八分，洛陽測也。大唐貞觀二年己丑五月二十三日癸亥夏至，中影一尺四寸六分，長安測也。十一月二十九日丙寅冬至，中影一丈二尺六寸三分，長安測也。按漢、魏及隋所記夏至中影或長或短，齊其盈縮之中，則夏至之影尺有五寸爲近定實矣。以《周官》推之，洛陽爲所交會，則冬至一丈二尺五寸亦爲近矣。按梁武帝都金陵，去洛陽南北大較千里。以尺表令其有九尺影，則大同十年江左八尺表夏至中影長一尺一寸七分。若是爲夏至八尺表千里而差三寸强矣。此推驗即是夏至影差升降不同，南北遠近數亦有異。若以一等永定，恐皆乖理之實。

漢·佚名《周髀算經》卷下 凡八節二十四氣，氣損益九寸九分、六分分之一。冬至晷長一丈三尺五寸，夏至晷長一尺六寸。問次節損益寸數長短各幾何？

冬至晷長丈三尺五寸。小寒丈二尺五寸，小分五。大寒丈一尺五寸一分，小分四。立春丈五寸二分，小分三。雨水九尺五寸三分，小分二。啓蟄八尺五寸四分，小分一。春分七尺五寸五分。清明六尺五寸五分，小分五。穀雨五尺五寸六分，小分四。立夏四尺五寸七分，小分三。小滿三尺五寸八分，小分二。芒種二尺五寸九分，小分一。夏至一尺六寸。小暑二尺五寸九分，小分一。大暑三尺五寸八分，小分二。立秋四尺五寸七分，小分三。處暑五尺五寸六分，小分四。白露六尺五寸五分，小分五。秋分七尺五寸五分。寒露八尺五寸四分，小分一。霜降九尺五寸三分，小分二。立冬丈五寸二分，小分三。小雪丈一尺五寸一分，小分四。大雪丈二尺五寸，小分五。凡爲八節二十四氣，二至者寒暑之極，二分者陰陽之和，四立者生、長、收、藏之始，是爲八節。節三氣，三而八之，故爲二十四。氣損益九寸六分、六分分之一。損者，減也。破一分爲六分，然後減之。益者，加也以小分滿六得一，從分。冬至、夏至爲損益之始。冬至晷長極，當反短，故爲損之始。夏至晷短極，當反長，故爲益之始。此爽之新術。

南朝梁·沈約《宋書》卷一二《律曆志中》 太史令錢樂之、兼丞嚴粲奏曰：

太子率更令領國子博士何承天表更改《元嘉曆法》，以月蝕檢今冬至日在斗十七，以土圭測影，知冬至已差三日。詔使付外檢署。以元嘉十一年被勅，使考月蝕，土圭測影，檢署由來用偉《景初法》，冬至之日，日在斗二十一度少。檢十一年七月十六日望月蝕，加時在卯，到十五日四更二唱丑初始蝕，到四唱蝕既，在營室十五度末。《景初》其日日在軫三度。以月蝕所衝考之，其日日應在翼十五度半。又到十三年十二月十六日望月蝕，加時在酉，到亥初始食，到一更三唱蝕既，在鬼四度。《景初》其日日在女三。以衝考之，其日日應在牛六度半。又到十四年十二月十六日望月蝕，加時在戌之半，到二更四唱亥末始蝕，到三更一唱食既，在井三十八度。《景初》其日日在斗二十五。以衝考之，其日日應在斗二十二度半。到十五年五月十五日望月蝕，加時在戌，其日月始生而已，蝕光已生四分之一格，在斗十六度許。《景初》其日日在井二十四。考取其衝，其日日應在井二十。又到十七年九月十六日望月蝕，加時在子之少，到十五日未二更一唱始蝕，到三唱蝕十五分之十二格，在昴一度半。《景初》其日在房二。以衝考之，則其日日在氐十三度半。凡此五蝕，以月衝一百八十二度半考之，冬至之日，日並不在斗二十一度少，並在斗十七度半間，悉如承天所上。

又去十一年起，以土圭測影。其年《景初法》十一月七日冬至，前後陰不見影。到十二年十一月十八日冬至，其十五日影極長。到十三年十一月二十九日冬至，其二十六日影極長。到十四年十一月十一日冬至，其前後並陰不見。到十五年十一月二十一日冬至，十八日影極長。到十六年十一月二日冬至，其十月二十九日影極長。到十七年十一月十三日冬至，其十日影極長。到十八年十一月二十五日冬至，二十一日影極長。到十九年十一月六日冬至，其三日影極長。到二十年十一月十六日冬至，其前後陰不見影。尋校前後，以影極長爲冬至，並差三日。以月蝕檢日所在，已差四度。土圭測影，冬至又差三日。今之冬至，乃在斗十四間，又如承天所上。

南朝梁・沈約《宋書》卷二三《天志文一》 《周禮》：「日至之景，尺有五寸，謂之地中。」鄭衆説「土圭之長，尺有五寸。以夏至之日，立八尺之表，其景與土圭等，謂之地中，今潁川陽城地也。」鄭玄云：「凡日景於地千里而差一寸，景尺有五寸者，南戴日下萬五千里也。」以此推之，日當去其下地八萬里矣。日邪射陽城，則天徑之半也。天體圓如彈丸，地處天之半，而陽城爲中，則中春秋冬夏，昏明晝夜，去陽城皆等，無盈縮矣。故知從日邪射陽城爲天徑之半也。

以句股法言之，傍萬五千里，句也，立八萬里，股也，從日邪射陽城，弦也。以句股求弦法入之，得八萬一千三百九十四里三十步五尺三寸六分，天徑之半，而地上去天之數也。倍之，得十六萬二千七百八十八里六十一步四尺七寸二分，天徑之數也。以周率乘之，徑率約之，得五十一萬三千六百八十七里六十八步一尺八寸二分，周天之數也。減《甄耀度》、《考異郵》五十五萬七千三百一十二里有奇。一度凡千四百六里百二十四步六寸四分十萬七千五百六十五分之萬九千三十九，減舊度千五百二十五里二百五十六步三尺三寸二十一萬五千一百三十分之十六萬七百三十分。

唐・魏徵等《隋書》卷一七《律曆志中》 第三，勘氣影長驗。

《春秋緯命曆序》云：「魯僖公五年正月壬子朔旦冬至。」今以甲子元曆術推算，得合不差。《宋書》元嘉十年，何承天以土圭測影，知冬至已差三日。詔使付外考驗，起元嘉十三年爲始，畢元嘉二十年，八年之中，冬至之日恒與影長之日差校三日。今以甲子元曆術推算，但是冬至之日恒與影長之符合不差。詳之如左：

十三年丙子，
天正十八日曆注冬至，
十五日影長，
即是今曆冬至日。

十四年丁丑，
天正二十九日曆注冬至，
二十六日影長，
即是今曆冬至日。

十五年戊寅，
天正十一日曆注冬至，
陰，無影可驗，
今曆八日冬至。

十六年己卯，
天正二十一日曆注冬至，
十八日影長，
即是今曆冬至日。

十七年庚辰，
天正三日曆注冬至，
十月二十九日影長，
即是今曆冬至日。

十八年辛巳，
天正十三日曆注冬至，
十(二)日影長，
即是今曆冬至日。

十九年壬午，
天正二十(九)(五)日曆注冬至，
陰，無影可驗，
今曆二十二日冬至。

二十年癸未，
天正六日曆注冬至，
三日影長，

即是今曆冬至日。

于時新曆初頒，賓有寵於高祖，劉暉附會之，被升爲太史令。二人協議，共短孝孫，言其非毁天曆，率意迂怪，焯又妄相扶證，惑亂時人。孝孫、焯等，竟以他事斥罷。後賓死，孝孫爲掖縣丞，委官入京，又上，前後爲劉暉所詰，事寢不行。仍留孝孫直太史，累年不調，寓宿觀臺。乃抱其書，弟子輿櫬，來詣闕下，伏而慟哭。執法拘以奏之。高祖異焉，以問國子祭酒何妥。妥言其善，即日擢授大都督，遣與賓曆比校短長。先是信都人張胄玄，以算術直太史，久未知名。至是與孝孫共短賓曆，異論鋒起，久之不定。

至十四年七月，上令參問日食事。楊素等奏：「太史凡奏日食二十有五，唯一晦三朔，依剋而食，尚不得其時，又不知所起，他皆無驗。胄玄所剋，前後妙衷，時起分數，合如符契。孝孫所剋，驗亦過半。」於是高祖引孝孫、胄玄等，親自勞徠。孝孫因請先斬劉暉，乃可定曆。高祖不懌，又罷之。俄而孝孫卒，楊素、牛弘等傷惜之，又薦胄玄。上召見之，胄玄因言日長影短之事，高祖大悦，賞賜甚厚，令與參定新術。劉焯聞胄玄進用，又增損孝孫曆法，更名《七曜新術》，以奏之。與胄玄之法，頗相乖爽，袁充與胄玄害之，焯又罷。至十七年，胄玄曆成，奏之。上付楊素等校其短長。劉暉與國子助教王頍等執舊曆術，迭相駁難，與司曆劉宜，援據古史影等，駁胄玄云：

《命曆序》僖公五年天正壬子朔旦日至，《左氏傳》僖公五年正月辛亥朔日南至。張賓曆，天正壬子朔冬至，合《命曆序》，差《傳》一日。張胄玄曆，天正壬子朔，合《命曆序》，差《傳》一日；三日甲寅冬至，差《命曆序》二日，差《傳》三日。成公十二年，《命曆序》天正辛卯朔旦日至。張賓曆，天正辛卯朔冬至，合《命曆序》。張胄玄曆，天正辛卯朔，合《命曆序》；二日壬辰冬至，差《命曆序》一日。昭公二十年，《春秋左氏傳》二月己丑朔日南至，準《命曆序》庚寅朔旦日至。張賓曆，天正庚寅朔冬至，並合《命曆序》，差《傳》一日。張胄玄曆，天正庚寅朔，合《命曆序》，差《傳》一日；二日辛卯冬至，差《命曆序》一日，差《傳》二日。宜案《命曆序》及《春秋左氏傳》，並閏餘盡之歲，皆須朔旦冬至。若依《命曆序》勘《春秋》三十七食，合處至多；若依《左傳》，合者至少，是以知《傳》爲錯。今張胄玄信情置閏，《命曆序》及《傳》氣朔並差。

又宋元嘉冬至影有七，張賓曆合者五，差者二，亦在前一日。張胄玄曆合者三，差者四，在後一日。元嘉十二年十一月甲寅朔，十五日戊辰冬至，日影長。張賓曆合戊辰冬至，張胄玄曆己巳冬至，差後一日。十三年十一月己酉朔，二十六日甲戌冬至，日影長。張賓曆癸酉冬至，差前一日，張胄玄曆合甲戌冬至。十五年十一月丁卯朔，十八日甲申冬至，日影長。二曆並合甲申冬至。十六年十一月辛酉朔，二十九日己丑冬至，日影長。張賓曆合己丑冬至，張胄玄曆庚寅冬至，差後一日。十七年十一月乙酉朔，十日甲午冬至，日影長。張賓曆合甲午冬至，張胄玄曆乙未冬至，差後一日。十八年十一月己卯朔，二十一日己亥冬至，日影長。張賓曆合己亥冬至，張胄玄曆庚子冬至，差後一日。十九年十一月癸卯朔，三日乙巳冬至，影長。張賓曆甲辰冬至，差前一日，張胄玄曆合乙巳冬至。

又周從天和元年丙戌至開皇十五年乙卯，合得冬夏至日影一十四。張賓曆合得者十，差者四，三差前一日，一差後一日。張胄玄曆合者五，差者九，八差後一日，一差前一日。天和二年十一月戊戌朔，三日庚子冬至，日影長。張賓曆合庚子冬至，張胄玄曆辛丑冬至，差後一日。三年十一月壬辰朔，十四日乙巳冬至，日影長。張賓曆合乙巳冬至，張胄玄曆丙午冬至，差後一日。建德元年十一月己亥朔，二十九日丁卯冬至，日影長。張賓曆丙寅冬至，差前一日，張胄玄曆合丁卯冬至。二年五月丙寅朔，三日戊辰夏至，日影短。張賓曆己巳夏至，差後一日，張胄玄曆庚午夏至，差後二日。三年十一月戊午朔，二十日丁丑冬至，日影長。張賓曆合丁丑冬至，張胄玄曆戊寅冬至，差後一日。六年十一月庚午朔，二十三日壬辰冬至，日影長。張賓曆合壬辰冬至，張胄玄曆癸巳冬至，差後一日。宣政元年十一月甲午朔，五日戊戌冬至，日影長。兩曆並合戊戌冬至。開皇四年十一月己未朔，十一日己巳冬至，日影長。張賓曆合己巳冬至，張胄玄曆庚午冬至，差後一日。五年十一月甲寅朔，二十二日乙亥冬至，日影長。張賓曆甲戌冬至，差前一日，張胄玄曆合庚辰冬至。七年五月乙亥朔，九日癸未夏至，日影短。張賓曆壬午夏至，差前一日，張胄玄曆合癸未夏至。十一月壬申朔，十四日乙酉冬至，日影長。張賓曆合乙酉冬至，張胄玄曆丙戌冬至，差後一日。十一年十一月己卯朔，二十八日丙午冬至，日影長。張賓曆合丙午冬至，張胄玄曆丁未冬至，差後一日。十四年十一月辛酉朔旦冬至。張賓曆合十一月辛酉朔旦冬至，張胄玄曆十一月辛酉朔，二日壬戌冬至，差後一日。建德四年四月大、乙酉朔，三十日甲寅，月晨見東方。張賓曆四月大、乙酉朔，三十日甲寅，月晨見東方，張胄玄曆四月小、乙酉朔，五月大，甲寅朔，月晨見東方。宜案影極長爲冬至，影極短爲夏至，二至自古史分可勘者二十四，其二十一有影，三有至日無影。

見行曆合一十八，差者六。旅騎尉張胄玄曆合者八，差者一十六，二差後二日，一十四差後一日。又開皇四年，在洛州測冬至影，與京師二處，進退絲毫不差。周天和已來案驗並在後。更檢得建德四年，晦朔東見；張胄玄曆，五月朔日，月晨見東方。今十七年，張賓曆閏七月，張胄玄曆閏五月。又審至以定閏，胄玄曆至既不當，故知置閏必乖。見行曆四月、五月頻大，張胄玄曆九月、十月頻大，爲胄玄朔弱，頻大在後晨，故朔日殘月晨見東方。

唐・魏徵等《隋書》卷一九《天文志上》 晷影

昔者周公測晷影於陽城，以參考曆紀。其於《周禮》，在《大司徒之職》：「以土圭之法，測土深，正日景，以求地中。日至之景，尺有五寸，則天地之所合，四時之所交。百物阜安，乃建王國。」然則日爲陽精，玄象之著然者也。生靈因之動息，寒暑由其遞代。觀陰陽之升降，揆天地之高遠，正位辨方，定時考閏，莫近於茲也。古法簡略，旨趣難究，術家考測，互有異同。先儒皆云：「夏至立八尺表於陽城，其影與土圭等。」案《尚書考靈曜》稱：「日永，景尺五寸；日短，景尺三寸。」《易通卦驗》曰：「冬至之日，樹八尺之表，日中視其晷景長短，以占和否。夏至景一尺四寸八分，冬至一丈三尺。」《周髀》云：「成周土中，夏至景一尺六寸，冬至景一丈三尺五寸。」劉向《鴻範傳》曰：「夏至景長一尺五寸八分，冬至一丈三尺一寸四分，春秋二分，景七尺三寸六分。」後漢《四分曆》、魏《景初曆》、宋《元嘉曆》、大明祖沖之曆，皆與《考靈曜》同。漢、魏及宋，所都皆別，四家曆法，候影則齊。且緯候所陳，恐難依據。劉向二分之影，直以率推，非因表候，定其長短。然尋晷影尺丈，雖有大較，或地域不改，而分寸參差，或南北殊方，而長短維一。蓋術士未能精驗，馮古所以致乖。今删其繁雜，附於此云。

梁天監中，祖暅造八尺銅表，其下與圭相連。圭上爲溝，置水，以取平正。揆測日晷，求其盈縮。至大同十年，太史令虞𠠎，又用九尺表，格江左之影。夏至一尺三寸二分，冬至一丈三尺七分，立夏、立秋二尺四寸五分，春分、秋分五尺三寸九分。陳氏一代，唯用梁法。齊神武以洛陽舊器，並徙鄴中。以暨文宣受終，竟未考驗。至武平七年，訖干景禮始薦劉孝孫、張孟賓等於後主。劉、張建表測影，以考分至之氣。草創未就，仍遇朝亡。周自天和以來，言曆者紛紛復出。亦驗二至之影，以考曆之精粗。

及高祖踐極之後，大議造曆。張胄玄兼明揆測，言日長之瑞。有詔司存，而莫能考決。至開皇十九年，袁充爲太史令，欲成胄玄舊事，復表曰：「隋興已後，日景漸長。開皇元年冬至之影，長一丈二尺七寸二分，自爾漸短。至十七年冬至影，一丈二尺六寸三分。四年冬至，在洛陽測影，長一丈二尺八寸八分。二年夏至影，一尺四寸八分，自爾漸短。至十六年夏至影，一尺四寸五分。其十八年冬至，陰雲不測。元年、十七年、十八年夏至，亦陰雲不測。《周官》以土圭之法正日影，日至之影，尺有五寸。鄭玄云：『冬至之景，一丈三尺。』今十六年夏至之影，短於舊五分，十七年冬至之影，短於舊三寸七分。日去極近，則影短而日長；去極遠，則影長而日短。行內道則去極近，行外道則去極遠。《堯典》云：『日短星昴，以正仲冬。』據昴星昏中，則知堯時仲冬，日在須女十度。以曆數推之，開皇以來冬至，日在斗十一度，與唐堯之代，去極俱近。謹案《元命包》云：『日月出內道，琁璣得其常，天帝崇靈，聖王初功。』京房《別對》曰：『太平日行上道，升平日行次道，霸代日行下道。』伏惟大隋啓運，上感乾元，影短日長，振古希有。」是時廢庶人勇，晉王廣初爲太子，充奏此事，深合時宜。上臨朝謂百官曰：「景長之慶，天之祐也。今太子新立，當須改元，宜取日長之意，以爲年號。」由是改開皇二十一年爲仁壽元年。此後百工作役，並加程課，以日長故也。皇太子率百官，詣闕陳賀。案日徐疾盈縮無常，充等以爲祥瑞，大爲議者所貶。

又《考靈曜》、《周髀》、張衡《靈憲》及鄭玄注《周官》，並云：「日影於地，千里而差一寸。」案宋元嘉十九年壬午，使使往交州測影。夏至之日，影出表南三寸二分。何承天遥取陽城，云夏至一尺五寸。計陽城去交州，路當萬里，而影實差一尺八寸二分。是六百里而差一寸也。又梁大同中，二至所測，以八尺表率取之，夏至當一尺一寸七分强。後魏信都芳注《周髀四術》，稱永平元年戊子，當梁天監之七年，見洛陽測影，又見公孫崇集諸朝士，共觀祕書影。同是夏至日，其中影皆長一尺五寸八分。以此推之，金陵去洛，南北略當千里，而影差四寸。則二百五十里而影差一寸也。況人路迂迴，山川登降，方於鳥道，所校彌多，則千里之言，未足依也。其揆測參差如此，故備論之。

後晉・劉昫等《舊唐書》卷三五《天文志上》 日晷：《周禮》大司徒，常「以土圭之法測土深，正日景，以求地中。日東則景夕多風，日西則景朝多陰。日至之景尺五寸，謂之地中，天地之所合也，四時之所交也，風雨之所會也，陰陽之所合也。然則百物阜安，乃建王國焉」。鄭氏以爲「凡日景於地，千里而差一寸」。「景尺有五寸者，南戴日下萬五千里，地與星辰四游升降於三萬里之中，是以半之，得地之中焉」。鄭司農云：「土圭之長尺有五寸，以夏至之日立八尺之表，其景適與土圭等，謂之地中。今潁川陽城爲然。」

謹按《南越志》：「宋元嘉中，南征林邑，以五月立表望之，日在表北，影居表南。交州日影覺北三寸，林邑覺九寸一分，所謂開北户以向日也。」交州，大略去洛九千餘里，蓋水陸曲折，非論圭表所度，惟直考實，其五千乎！開元十二年，詔太史交州測景，夏至影表南長三寸三分，與元嘉中所測大同。然則距陽城而南，使直路應弦，至於日下，蓋不盈五千里也。測影使者大相元太云：「交州望極，纔出地二十餘度。以八月自海中南望老人星殊高。老人星下，環星燦然，其明大者甚衆，圖所不載，莫辨其名。大率去南極二十度以上，其星皆見。乃古渾天家以爲常没地中，伏而不見之所也。」

又按貞觀中，史官所載鐵勒、迴紇部在薛延陁之北，去京師六千九百里。又有骨利幹居迴紇北方瀚海之北，草多百藥，地出名馬，駿者行數百里。北又距大海，晝長而夕短，既日没後，天色正曛，煮一羊胛纔熟，而東方已曙。蓋近日出入之所云。凡此二事，皆書契所未載也。

開元十二年，太史監南宫説擇河南平地，以水準繩，樹八尺之表而以引度之。始自滑州白馬縣，北至之晷，尺有五寸七分。自滑州臺表南行一百九十八里百七十九步，得汴州浚儀古臺表，夏至影長一尺五寸微强。又自浚儀而南百六十七里二百八十一步，得許州扶溝縣表，夏至影長一尺四寸四分。又自扶溝而南一百六十里百一十步，至豫州上蔡武津表，夏至影長一尺三寸六分半。大率五百二十六里二百七十步，影差二寸有餘。而先儒以爲王畿千里，影移一寸，又乖舛而不同矣。

今以句股圖校之，陽城北至之晷，一尺四寸八分弱；冬至之晷，一丈二尺七寸一分半；春秋分，其長五尺四寸三分。以覆矩斜視，北極出地三十四度四分。凡度分皆以十分爲法。自滑臺表視之，高三十五度三分。差陽城九分。自浚儀表視之，高三十四度八分。差陽城四分。自武津表視之，高三十三度八分。差陽城九分。雖秒分稍有盈縮，難以目校，然大率五百二十六里二百七十步而北極差一度半，三百五十一里八十步而差一度。樞極之遠近不同，則黄道之軌景固隨而遷變矣。

自此爲率，推之比歲朗州測影，夏至長七寸七分，冬至長一丈五寸三分，春秋分四尺三寸七分半。以圖測之，定氣長四尺四寸七分。按圖斜視，北極出地二十九度半。差陽城五度三分。蔚州横野軍測影，夏至長二尺二寸九分，冬至長一丈五尺八寸九分，春秋分長六尺四寸四分半。以圖測之，定氣六尺六寸三分半。按圖斜視，北極出地四十度。差陽城五度二分。凡南北之差十度半，其徑三千六百八十里九十步。自陽城至朗州，一千八百二十六里百九十六步，自陽城至蔚州横野軍，一千八百六十一里二百一十四步。北至之晷，差一尺五寸三分，自陽城至朗州，差七寸二分，自陽城至横野軍，差八寸。南至之晷，差五尺三寸六分。自陽城至朗州，差二尺一寸八分，自陽城至横野軍，差三尺一寸八分。率夏至與南方差少，冬至與北方差多。又以圖校安南，日在天頂北二度四分，北極高二十度四分，冬至影長七尺九寸四分，定春秋分影長二尺九寸三分。差陽城十四度三分，其徑五千二十三里。至林邑國，日在天頂北六度六分强，北極之高十七度四分，周圓三十五度，常見不隱，冬至影長六尺九寸，其徑六千一百一十二里。假令距陽城而北，至鐵勒之地亦十七度四分，合與林邑正等，則五月日在天頂南二十七度四分，北極之高五十二度，周圓一百四度，常見不隱。北至之晷四尺一寸三分，南至之晷二丈九尺二寸六分。定春秋分影長九尺八寸七分。北方其没地纔十五度餘，昏伏於亥之正西，晨見於丑之正東，以里數推之，已在迴紇之北，又南距洛陽九千八百一十里，則五月極長之日，其夕常明，然則骨利幹猶在其南矣。

又先儒以南戴日下萬五千里爲句股，邪射陽城爲弦，考周徑之率以揆天度，當一千四百六里二十四步有餘。今測日影，距陽城五千餘里，已居戴日之南，則一度之廣，皆宜三分去二，計南北極相去纔八萬餘里，其徑五萬餘里，宇宙之廣，豈若是乎？然則王蕃所傳，蓋以管窺天，以蠡測海之義也。

古人所以恃句股之術，謂其有徵於近事。顧未知目視不能遠，浸成微分之差，其差不已，遂與術錯。如人游於大湖，廣不盈百里，而覩日月朝夕出入湖中。及其浮於巨海，不知幾千萬里，猶覩日月朝出其中，夕入其中。若於朝夕之際，俱設重差而望之，必將小大同術而不可分矣。

夫横既有之，縱亦宜然。假令設兩表，南北相距十里，其崇皆數十里，若置火炬於南表之端，而植八尺之木於其下，則當無影。試從南表之下，仰望北表之端，必將積微分之差，漸與南表參合。表首參合，則置炬於其上，亦當無影矣。又置火炬於北表之端，而植八尺之木於其下，則當無影。試從北表之下，仰望南表之端，又將積微分之差，漸與北表參合。表首參合，則置炬於其上，亦當無影矣。復於二表之間，相距各五里，更植八尺之木，仰而望之，則表首環屈而相會。若置火炬於兩表之端，皆當無影。夫數十里之高與十里之廣，然則邪射之影與仰望不殊。今欲求其影差以推遠近高下，猶尚不可知也；而況稽周天積里之數於不測之中，又可必乎！假令學者因二十里之高以立句股之術，尚不知其所以然，況八尺之木乎！

林邑國，北極高十七度四分。冬至影在表北六尺九寸。定春秋分影在表北二尺八寸五分，夏至影在表南五寸七分。

安南都護府，北極高二十六度六分。冬至影在表北七尺九寸四分。定春秋分影在表北二尺九寸三分，夏至影在表南三寸三分。

朗州武陵縣，北極高二十九度五分。冬至影在表北一丈五寸三分。定春秋分影在表北四尺三寸七分半，夏至影在表北七寸七分。

襄州。恒春分影在表北四尺八寸。

蔡州上蔡縣武津館，北極高三十三度八分。冬至影在表北一丈二尺三寸八分。定春秋分影在表北五尺二寸八分，夏至影在表北一尺三寸六分半。

許州扶溝，北極高三十四度三分。冬至影在表北一丈二尺五寸三分。定春秋分影在表北五尺三寸七分，夏至影在表北一尺四寸四分。

汴州浚儀太岳臺，北極高三十四度八分。冬至影在表北一丈二尺八寸五分。定春秋分影在表北五尺五寸，夏至影在表北一尺五寸三分。

滑州白馬，北極高三十五度三分。冬至影在表北一丈三尺。定春秋分影在表北五尺三寸六分，夏至影在表北一尺五寸七分。

太原府。恒春分影在表北六尺。

蔚州横野軍，北極高四十度。冬至影在表北一丈五尺八寸九分。定春秋分影在表北六尺六寸三分，夏至影在表北二尺二寸九分。

宋·歐陽修等《新唐書》卷三一《天文志一》 中晷之法。初，淳風造曆，定二十四氣中晷，與祖沖之短長頗異，然未知其孰是。及一行作《大衍曆》，詔太史測天下之晷，求其土中，以爲定數。其議曰：

《周禮》大司徒，「以土圭之法測土深。日至之景，尺有五寸，謂之地中」。鄭氏以爲「日景於地，千里而差一寸」。「尺有五寸者，南戴日下萬五千里，地與星辰四游升降於三萬里内，是以半之，得地中。今潁川陽城是也」。宋元嘉中，南征林邑，五月立表望之，日在表北，交州影在表南三寸，林邑九寸一分。交州去洛，水陸之路九千里，蓋山川回折使之然，以表考其弦，當五千乎。開元十二年，測交州，夏至，在表南三寸三分，與元嘉所測略同。使者大相元太言：「交州望極，纔高二十餘度。八月海中望老人星下列星粲然，明大者甚衆，古所未識，迺渾天家以爲常没地中者也。大率去南極二十度已上之星則見。」又鐵勒、回紇在薛延陀之北，去京師六千九百里，其北又有骨利幹，居瀚海之北，北距大海，晝長而夜短，既夜，天如曛不暝，夕胹羊髀纔熟而曙，蓋近日出没之所。太史監南宫説擇河南平地，設水準繩墨植表而以引度之，自滑臺始白馬，夏至之晷，尺五寸七分。又南百九十八里百七十九步，得浚儀岳臺，晷尺五寸三分。又南百六十七里二百八十一步，得扶溝，晷尺四寸四分。又南百六十里百一十步，至上蔡武津，晷尺三寸六分半。大率五百二十六里二百七十步，晷差二寸餘。而舊説王畿千里，影差一寸，妄矣。

今以句股校陽城中晷，夏至尺四寸七分八氂，冬至丈二尺七寸一分半，定春秋分五尺四寸三分，以覆矩斜視，極出地三十四度十分度之四。自滑臺表視之，極高三十五度三分，冬至丈三尺，定春秋分五尺五寸六分。自浚儀表視之，極高三十四度八分，冬至丈二尺八寸五分，定春秋分五尺五寸。自扶溝表視之，極高三十四度三分，冬至丈二尺五寸五分，定春秋分五尺三寸七分。上蔡武津表視之，極高三十三度八分，冬至丈二尺三寸八分，定春秋分五尺二寸八分。其北極去地，雖秒分微有盈縮，難以目校，大率三百五十一里八十步，而極差一度。極之遠近異，則黄道軌景固隨而變矣。

自此爲率推之，比歲武陵晷，夏至七寸七分，冬至丈五寸三分，春秋分四尺三寸七分半，以圖測之，定氣四尺四寸七分，按圖斜視，極高二十九度半，差陽城五度三分。蔚州横野軍夏至二尺二寸九分，冬至丈五尺八寸九分，春秋分六尺四寸四分半，以圖測之，定氣六尺六寸二分半。按圖斜視，極高四十度，差陽城五度三分。凡南北之差十度半，其徑三千六百八十八里九十步。自陽城至武陵，千八百二十六里七十六步，自陽城至横野，千八百六十一里二百十四步。夏至晷差尺五寸三分，自陽城至武陵，差七寸三分，自陽城至横野，差八寸。冬至晷差五尺三寸六分，自陽城至武陵差二尺一寸八分，自陽城至横野，差三尺一寸八分。率夏至與南方差少，冬至與北方差多。

又以圖校安南，日在天頂北二度四分，極高二十度四分。冬至晷七尺九寸四分，定春秋分二尺九寸三分，夏至在表南三寸三分，差陽城十四度三分，其徑五千二十三里。至林邑，日在天頂北六度六分强，極高十七度四分，周圓三十五度，常見不隱。冬至晷六尺九寸，定春秋分二尺八寸五分，夏至在表南五寸七分，其徑六千一百一十二里。若令距陽城而北，至鐵勒之地，亦差十七度四分，與林邑正等，則五月日在天頂南二十七度四分，極高五十二度，周圓百四度，常見不隱。北至晷四尺一寸三分，南至晷二丈九尺二寸六分，定春秋分晷五尺八寸七分。其没地纔十五餘度，夕没亥西，晨出丑東，校其里數，已在回紇之北，又南距洛陽九千八百一十五里，則極長之晝，其夕常明。然則骨利幹猶在其南矣。

吴中常侍王蕃，考先儒所傳，以戴日下萬五千里爲句股，斜射陽城，考周徑之率以揆天度，當千四百六里二十四步有餘。今測日晷，距陽城五千里已在戴日之南，則一度之廣皆三分減二，南北極相去八萬里，其徑五萬里。宇宙之廣，豈若是乎？然則蕃之術，以蠡測海者也。

古人所以恃句股術，謂其有證於近事。顧未知目視不能及遠，遠則微差，其差不已，遂與術錯。譬游於大湖，廣袤不盈百里，見日月朝夕出入湖中；及其浮於巨海，不知幾千萬里，猶見日月朝夕出入其中矣。若於朝夕之際，俱設重差而望之，必將大小同術，無以分矣。

横既有之，縱亦宜然。又若樹兩表，南北相距十里，其崇皆數十里，置大炬於南表之端，而植八尺之木於其下，則當無影。試從南表之下，仰望北表之端，必將積微分之差，漸與南表參合。表首參合，則置炬於其上，亦當無影矣。又置大炬於北表之端，而植八尺之木於其下，則當無影。試從北表之下，仰望南表之端，又將積微分之差，漸與北表參合。表首參合，則置炬於其上，亦當無影矣。復於二表間更植八尺之木，仰而望之，則表首環屈相合。若置火炬於兩表之端，皆當無影矣。夫數十里之高與十里之廣，然猶斜射之影與仰望不殊。今欲憑晷差以推遠近高下，尚不可知，而況稽周天里步於不測之中，又可必乎？十三年，南至，岱宗禮畢，自上傳呼萬歲，聲聞於下，時山下夜漏未盡，自日觀東望，日已漸高。據曆法，晨初迨日出差二刻半，然則山上所差凡三刻餘。其冬至夜刻同立春之後，春分夜刻同立夏之後。自岳趾升泰壇僅二十里，而晝夜之差一節。設使因二十里之崇以立句股術，固不知其所以然，況八尺之表乎！

原古人所以步圭影之意，將以節宣和氣，輔相物宜，不在於辰次之周徑；其所以重曆數之意，將欲恭授人時，欽若乾象，不在於渾、蓋之是非。若乃述無稽之法於視聽之所不及，則君子當闕疑而不議也。而或者各封所傳之器以術天體，謂渾元可任數而測，大象可運算而闚。終以六家之説，迭爲矛楯，誠以爲蓋天邪，則南方之度漸狹；果以爲渾天邪，則北方之極寖高。此二者，又渾、蓋之家盡智畢議，未能有以通其説也。則王仲任、葛稚川之徒，區區於異同之辨，何益人倫之化哉。凡晷差，冬夏不同，南北亦異，先儒一以里數齊之，遂失其實。今更爲《覆矩圖》，南自丹穴，北暨幽都，每極移一度，輒累其差，可以稽日食之多少，定晝夜之長短，而天下之晷，皆協其數矣。

宋・朱熹《儀禮經傳通解》卷二八　《周禮・大司徒》：以土圭之灋測土深，正日景，以求地中。日南則景短多暑，日北則景長多寒，日東則景夕多風，日西則景朝多陰。深，尺鴆反。　土圭，所以致四時日月之景也。測，猶度也。不知廣深，故曰測。故書求爲救，杜子春云：當爲求。鄭司農云：測土深謂南北東西之深也。日南謂立表處大南近日也，日北謂立表處大北遠日也，景夕謂日昳景乃中立表處大東近日也，景朝謂日未中而景中立表處大西遠日也。玄謂晝漏半而置土圭，表陰陽，審其南北。景短於土圭謂之日南，是地於日爲近南也。景長於土圭謂之日北，是地於日爲近北也。東於土圭謂之日東，是地於日爲近東也。西於土圭謂之日西，是地於日爲近西也。如是，則寒暑陰風偏而不和，是未得其所求。凡日景於地，千里而差一寸。日至之景，尺有五寸，謂之地中。天地之所合也，四時之所交也，風雨之所會也，陰陽之所和也。然則百物阜安，乃建王國焉。制其畿，方千里而封樹之。景尺有五寸者，南戴日下萬五千里，地與星辰四遊升降於三萬里之中，是以半之得地之中也。畿方千里，取象於日一寸爲正樹。樹木溝上，所以表助阻固也。鄭司農云：土圭之長，尺有五寸。以夏至之日，立八尺之表，其景適與土圭等，謂之地中，今潁川陽城地爲然。

宋・朱熹《儀禮經傳通解》卷二九　凡建王國，大司徒以土圭之灋測土深，正日景，以求地中。日南則景短多暑，日北則景長多寒，日東則景夕多風，日西則景朝多陰。深，尺鴆反。　土圭所以致四時，日月之景也。測，猶度也。不知廣深故曰測。故書求爲救，杜子春云：當爲求。鄭司農云：測土深謂南北東西之深也，日南謂立表處大南近日也，日北謂立表處大北遠日也，景夕謂日昳景乃中立表處大東近日也，景朝謂日未中而景中立表處大西遠日也。玄謂晝漏半而置土圭，表陰陽，審其南北。景短於土圭謂之日南，是地於日爲近南也。景長於土圭謂之日北，是地於日爲近北也。東於土圭謂之日東，是地於日爲近東也。西於土圭謂之日西，是地於日爲近西也。如是，則寒暑陰風偏而不和，是未得其所求。凡日景於地，千里而差一寸。日至之景，尺有五寸，謂之地中。天地之所合也，四時之所交也，風雨之所會也，陰陽之所和也。然則百物阜安，乃建王國焉，制其畿方千里而封樹之。景尺有五寸者，南戴日下萬五千里，地與星辰四遊升降於三萬里之中，是以半之，得地之中也。畿方千里，取象於日一寸爲正。樹，樹木溝上，所以表助阻固也。鄭司農云：土圭之長尺有五寸，以夏至之日立八尺之表，其景適與土圭等，謂之地中，今潁川陽城地爲然。今按：自唐以來，以浚儀岳臺晷景爲地中。

宋・朱熹《五經語類》卷六五 或問：《周禮》以土圭之法測土深，正日景，以求地中。日南則景短多暑，日北則景長多寒，日東則景夕多風，日西則景朝多陰。鄭注云：日南謂立表處太南近日也，日北謂立表處太北遠日也，景夕謂日昳景乃中，立表處太東近日也，景朝謂日未中而景已中，立表處太西遠日也。曰：景夕多風，景朝多陰，此二句鄭注不可曉，疑説倒了。看來景夕者，景晚也，謂日已過午而景猶未中，蓋立表近北則取日遠，午前長而午後短也。景朝者，謂日未中而景已中，蓋立表近南，則取日近午，前景短而午後景長也。【略】

《周禮注》云：土圭一寸折一千里，天地四游升降不過三萬里。土圭之影尺有五寸，折一萬五千里，以其在地之中，故南北東西相去各三萬里。問：何謂四遊？曰謂地之四遊升降不過三萬里，非謂天地中間相去止三萬里也。春遊過東三萬里，夏遊過南三萬里，秋遊過西三萬里，冬遊過北三萬里。今曆家算數如此，以土圭測之皆合。僴曰：譬以大盆盛水，而以虚器浮其中，四邊定四方，若器浮過東三寸，以一寸折萬里，則去西三寸。亦如地之浮於水上，蹉過東方三萬里，則遠去西方三萬里矣。南北亦然。然則冬夏晝夜之長短，非日晷出没之所爲，乃地之遊轉四方而然爾。曰然。（用之）曰：人如何測得如此？恐無此理。曰：雖不可知，然曆家推算其數皆合，恐有此理。沈僴録《地官・大司徒》

土圭之法，立八尺之表，以尺五寸之圭横於地下，日中則景蔽於圭，此乃地中爲然，如浚儀是也。今又不知浚儀果爲地中否？問：何故以八尺爲表？曰：此須用勾股法算之。南北無定中，必以日中爲中，北極則萬古不易者也。北方地形尖斜，日長而夜短，骨里幹國煮羊胛骨熟，日已出矣，至鐵勒，則又北矣。極北之地人甚少，所傳有二千里松木，禁人斫伐，此外龍蛇交雜不可去。金人起處有鴨緑江，傳云天下有三處大水：曰黄河，曰長江，并鴨緑是也。若以浚儀與潁川爲中，則今之襄漢、淮西等處爲近中。

嘗見季通云：日晷有差，如去一千里則差一寸，到得極星却無差。其初亦自曉不得，後來仔細思之，日之中各自不同。如極東處，日午以前須短，日午以後須長。極西處，日午以前須長，日午以後須短，所以有差。故《周禮》以爲日北則景長多寒，日南則景短多暑，日東則景夕多風，日西則景朝多陰，此最分曉。極星却到處視之以爲南北之中了，所以無差，如凉傘然，中心却小，四簷却濶，故如此。某初疑其然，及將《周禮》來檢看，方見得決然是如此。

宋・王應麟《玉海》卷五《圭景》 周土圭 八尺表 識景規

《通卦驗》云：冬日至立八尺之表，日中視其晷，是以知用八尺表以晝漏半度景也。

日至之景，尺有五寸，鄭氏注云：南戴日下萬五千里，地與星辰四遊升降於三萬里之中，是以半之，得地之中。正義：《三光考靈曜》云云，又曰：周公攝政四年，欲求土中，營王城，故以土圭度景。馮相氏冬夏致日，注：冬至景丈三尺，夏至景尺五寸。典瑞土圭以致四時，日月封國則以土地。注：以致四時日月者，度其景至不至，以知其行得失也。冬夏以致日，春秋以致月，土地猶度地也。封諸侯以土圭，度日景，觀分寸長短以制其域所封也。鄭司農説以求地中，故謂之土圭。疏：《通卦驗》：冬至立八尺之表，晝漏半度之表，北得丈三尺景。若春秋致月之法，亦於春秋分，於十五日而望夜漏半而度之。日景一寸，其地千里，則一分百里。封諸侯，無過五百里已。下止可言分，不合有寸也。

土方氏掌土圭之瀍以致日景，以土地相宅而建邦國都鄙。玉人土圭尺有五寸以致日。注：度景至不。疏：言土圭者，謂度土地遠近之圭。云致日者，於地中立八尺之表，於中漏半夏至日，表北尺五寸景與土圭等，冬至日丈三尺爲景。至若不依此，皆爲不至，故云度景至不也。但景至與不至，皆由君政得失而來，度之者若不至，使君改德教也。云夏日至之景尺有五寸冬日至之景丈三尺者，皆《通卦驗》文。《大司徒》亦云：夏日至之景，尺有五寸，謂之地中。

度地封諸侯，日景一分，地差百里，五等諸侯取五分景以下。匠人建國，水地以懸，置槷以懸，眡以景爲規。識日出之景與日入之景，晝參日中之景，夜考極星，以正朝夕。注：於所平之地置八尺之臬，以懸正之。眡景以正四方，日出入之景，其端則東西正也。又爲規識之，爲其難審也。自日出而畫其景端，又至日入既則爲規，測景兩端之中規之規之交乃審也。度兩交之間，中屈之以指臬，則南北正疏。以繩懸之，於柱之四角四中，以八繩懸之，其繩皆附柱，則其柱正矣，然後眡柱之景。《天文志》云：夏日至，立八尺之表。《通卦驗》亦云：立八神，植八尺之表，臬即表也。必八尺者，案：《考靈曜》曰：從上向下八萬里，故以八尺爲法也。於四角四中，故須八神，神即懸也。槷，古文臬。槷，柱也。注引《爾雅》在地者謂之臬。極星謂北辰。《易氏解》曰：夏至日在南陸，躔東井，去極六十六度有奇，而景尺有五寸。冬至日在北陸，躔牽牛，去極一百十六度有奇，而景丈有三尺。春分日在西陸，躔於婁。秋分日在東陸，躔於角，去極九十一度有奇，而其景均焉。日出於東，景在西，則識出景之端。日入於西，景在東，則識入景之端。兩端既定，中屈其所量之繩，而兩者相合，則地中可驗。又慮所規不正，復以出入之景與日中之景三者相參，故曰參慮所參。或偏復以日中之景，與極星之度兩者相考，故曰考。《詩・定之方中》注：揆日出入以知東西南，視定北準極以正南北。疏：《公劉》傳曰：考其日影是也，《公劉》：既景迺岡，相其陰陽。其術則匠人云云。屈橫度之繩，即可以知南北。經傳未有以定星正南北者，故箋以定爲記時。《隋志》：周公測晷景於陽城，以參考曆紀。唐調露元年十一月十一日，於陽城得土圭，長丈二尺七寸。先儒皆云：夏至立八尺表於陽城，其景與土圭等。《尚書考靈曜》曰：日永景尺五寸，日短景丈三尺。《易緯通卦驗》曰：冬至之日植八尺之表，日中視晷景長短，以占和否。夏至景一尺四寸八分，冬至一丈三尺。《周髀》云：成周土中夏至景一尺六寸，冬至一丈三尺五寸。《世説》注引《周髀》云：夏至北方六千里，冬至南方十三萬五千里，日中立表則無影矣。劉向《洪範傳》曰：夏至景一尺五寸八分，冬至一丈三尺一寸四分，春秋二分景七尺三寸六分。其法治地，使平規而圓之，立表其中，至尺寸之差，蓋由南北殊方，高下異勢，衆説不得而一也。漢、魏及宋所都，皆別四家曆法。候景則齊緯候所陳恐難依，據劉向二分之景，直以率推，非四表候定其長短。漢《四分》，魏《景初》，宋《元嘉》《大明曆》，皆與《考靈曜》同。《考靈曜》《周髀》《靈憲》及鄭玄注《周官》並云日景於地千里而差一寸，案：宋元嘉十九年壬午，使使往交州測景，夏至出表南三寸三分，何承天遥取陽城，云夏至一尺五寸。計陽城去交州萬里而景實差一尺八寸二分，是六百里而差一寸也。後魏信都芳注《周髀》四術，謂金陵去洛南北畧當千里，景差四寸，則二百五十里而差一寸也。唐開元中，太史測景五百二十六里二百七十步而差二寸五釐，則康成之言未可據也。司馬光《日景圖》曰：日行黄道，每歲有差，地中當隨而轉移，故周在洛邑，漢在潁川、陽城，唐在汴州、浚儀。而《唐志》猶取陽城日晷以爲法，與漢志不同。易氏謂大司徒所謂特四時測景之法，堯之授時以中星驗日景，獨於仲夏言敬致，即致日也。致日於尺有五寸之景，即求中之法也。使天度可以尺寸求，則南北可分長短，而東西何以取信？土圭土其地者，做王國之法定東西南北之勢而已。盧、肇云：周公之爲政也，土圭致晷，周髀作則。即句股筭法。吴王蕃因鄭衆、鄭玄之言，用句股之術以求天之里數。《月令》正義鄭注《考靈耀》云：地蓋厚三萬里，春分之時地在當中，自此地漸漸而下，至夏至之時，地下遊萬五千里，地之上畔與天中平，至夏至之後地漸漸而上，至秋分地正當天之中央，自此地漸漸而上至，冬至上遊萬五千里，地之下畔與天中平，自冬至後地漸漸而下。此是地之升降於三萬里之中，天旁行四表之中，冬南、夏北、春西、秋東，皆薄四表而止，地亦升降於天之中。冬至而下，夏至而上，夏日道上與四表平，下去東井十二度爲三萬里。鄭四遊之極元出《周髀》之文。《考靈曜》云：正月假上八萬里，假下十萬四千里。鄭注云：夏至日與表平，冬至之時日下至於地八萬里，上至於天十一萬三千五百里。《周髀筭經》曰：陳子曰夏至南萬六千里，冬至南十三萬五千里，日中立竿測影。周髀長八尺，夏至之日晷一尺六寸。髀者，股也。正晷者，句也。從髀至日下六萬里而髀無影，從此以上至日則八萬里，日光外照徑八十一萬里，周二百四十三萬里。冬至日晷丈三尺五寸，夏至日晷尺六寸。冬至長，夏至短，日晷損益寸差千里。大司徒疏：武王遷鼎於洛，欲以爲都，周公又度景求地中。案《書傳》云：四年建侯衛，五年營成周，封諸侯，但正四方，不求土中。《晏子春秋》：古之立國，南望南斗，北戴樞星。聘禮注：宫必有碑，所以識日景，引陰陽也。《續漢曆志》：曆數之生也，乃立儀表以校日景。景長而日遠，天度之端也。日發其端，周而爲歲，然其景不復四周，千四百六十一日而景復初。黄帝羲和占日。堯敬致正仲夏。《續漢志記》稱大撓作甲子，隸首作數。二者既立，以比日表。

宋・鮑雲龍《天原發微》卷一下　唐賈公彦曰：周公營洛，求地中，置五表，潁川陽城置中表，度景處古迹猶存。中表南千里置一表，中表北千里置一表，中表東西各千里置一表，此正日景以求地中也。又按朱子言：今人都不識土圭，康成亦悮，圭尺是量表影底，尺長一尺五寸，以玉爲之，夏至立表，表景長短，以玉圭量表，景恰一尺五寸，此便是地之中。晷長則表景短，晷短則表景長。冬至後表景長一丈三尺餘，今地中與古已不同，漢陽城是地之中，宋朝岳臺是地之中，今在浚儀舊開封縣。唐開元十二年，遣使天下候景，南距林邑，北距横野，中得浚儀之岳臺，應南北弦居地之中。大周建國定都於汴，樹圭、置箭，測岳臺晷刻居中，晷正則日至氣應得之矣。陸象山云：孔壺爲漏，浮箭爲刻，日有十二辰、八干、四維，歲有十二月，二十四氣，以土圭測日景，以磁石辨方位，而二十四位於是乎正。日行有南北，晝夜有長短，而二十有一箭於是乎立。岳以南三徙之而箭不同者，六岳以北三徙之而箭亦六。干維之間，或前、或後或兩屬，磁鍼所指，或以爲午，或以爲午之三分、丙之七分，或以爲丙午之間，要必有一定之説。相其陰陽，自周公以來則然矣，學者所當攷。

宋・陽枋《字溪集》卷七　天高地廣土圭測景

緯書《括地象》云：極之廣長皆二百三萬餘里，南北二百三萬一千五百里，東西二百三萬一十里。《廣雅》云：自地至天一百一萬餘里，周天三百六十五度四分度之一，爲一百七萬餘里，徑三十五萬餘里。東方七宿七十五度，南方七宿一百二十度，西方七宿八十度，北方七宿九十八度四分度之一，每度二千九百二里，此大約也。又言天圓南北，如《括地象》之數，而增多二千里七十五步，東西增多五百里七十一步，從地至天一百一萬六千七百八十七里半，下度地之厚亦如之。周天積一百七萬十三里，徑三十五萬千九百七十里，其度數相傳必有所自，廣高則不可執。《周髀》云：夏至之日，地與星辰東南遊萬五千里，下降亦然，至秋分還復冬至之日。地與星辰西北遊萬五千里，上升亦然，至春分還復，進退不過三萬里。《括地象》又曰：天左動起於牽牛，地右動起於畢。《通卦驗》曰：冬日至樹八尺之表，日中視其晷。鄭康成曰：晝漏半而置土圭。賈氏曰：冬至夏至皆可以爲之。康成云：夏至日景尺五寸，冬至日景三尺也。唐韋述《集賢註記》云：開元十二年，遣太史往南安測候日景。冬至日景七尺九寸四分，夏至日景三尺三寸二分，蔚州横野軍冬至日景一丈五尺八寸九分，夏至二尺二寸九分，此二州爲中土。南北之極以是推之，則夏至地中乃得二尺七寸九分半。

元・趙友欽《革象新書》卷二　古者立八尺之表，以驗四時、日景短長。地中夏至午景在表北約一尺六寸，地中冬至午景在表北約一丈三尺。南至交廣，北至鐵勒等處，驗之俱各不同。蓋午日偏南，朔方之景，四時皆長於地中。南國則較短，戴日之下，直而無景。迆邐南去，景在表南，啓開北户以向日，非特測於南北，亦當測於東西。帝堯之時，分命羲和之官，宅於四方是也。古者測景，欲求一寸所差里數，終未爲真，蓋道路迂廻，難量直徑。是以一寸千里之説，猶自難憑。案：千里差寸本非實測，不徒道路迂迴難量直徑也。《隋書・天文志》劉焯云：《周官》「夏至日景尺有五寸」，先儒以爲景千里差一寸，南戴日下萬五千里，今文、愛之州表北無景，計無萬里，南遇戴日，是千里一寸，非其實差。表高八尺，似失之短，蓋表短則景短，差難覺，表長，差數易明。至元已來，表高四丈，誠萬古之定法也。所謂土圭者，自古有之，然地平不在天半地上，天多早晚，太陽與人相近，則景移必疾，日午與人相遠，則景移必遲。世間土圭均畫而已，豈免午侵巳未，而早晚時刻俱差。陽城地中，差已如是，若以八方偏地表景驗之，土圭之不可準尤爲顯然。偏東者早景疾而晚景遲，午景先至。偏西者早景遲而晚景疾，午景後期。偏北者少其晝而景遲，偏南者多其晝而景疾。案：《周禮》言日東景夕，日西景朝。《周髀》立晝夜異處，加四時相及之算，謂東西距地中四分圓周之一。則地中景正日加午東方，已過午後，而加酉爲景夕，西方尚在午前，而加卯爲景朝。自卯至午，自午至酉，皆四時也。環東西一周，隨其方而各有子、午、卯、酉，故月入闇虚，天下盡同。東西異地之時刻不同，測月食時刻可以知東西地度，此言偏東早景疾而晚景遲，偏西早景遲而晚景疾，殊謬。凡時刻由赤道度而景移，在地平乃早晚景移遲，近午景移疾，愈南則遲者愈遲，疾者愈疾。近夏至亦遲者愈遲，疾者愈疾。此反言之，由未測驗，徒憑胸臆言也。土圭尺有五寸，乃地中夏至日午之景，此云世間土圭均畫，則又非《周禮》之土圭矣。蠻越短景，南指而子午反復，則又訛逆甚矣。

元・脱脱等《宋史》卷四八《天文志一》　熙寧七年七月，沈括上《渾儀》、《浮漏》、《景表》三議。《景表議》曰：

土圭　《周官》大司徒以土圭之法正日景，以求地中。而馮相氏春夏致日，秋冬致月，以辨四時之敍。漢之造曆必先定東西，立晷儀，唐詔太史測天下之晷，蓋校定日景，推驗氣節，必先乎此也。宋朝測景在浚儀之岳臺，崇寧間姚舜輔造《紀元曆》，求岳臺晷景，冬至後初限六十二日二十二分。蓋立八尺之表，俟圭尺上正八尺之景去冬至多寡日辰，立爲初限，用減二至，得一百二十日四十二分爲夏至後初限，以爲後法。蓋冬至之景，長短實與歲差相應，而地里遠近古今亦不同焉。中興後，清臺亦立晷圭，如汴京之制，冬至必測驗焉。《統天曆》、《開禧曆》亦皆以六十二日數分爲冬至初限，而議者謂臨安之晷景當與岳臺異。或謂當立八尺之表，俟圭景上八尺之景在四十九日有奇，當用四十九日五分爲臨安冬至後初限，用減二至限，得一百三十三日有奇爲夏至後初限。參合天道，其法爲密焉。然土圭之法本以致日景，求地中，而表景不應，災祥繫焉。占家知之，而亦不能知其所以然也。

元・脱脱等《宋史》卷七四《律曆志七》　岳臺日晷：岳臺者，今京師岳臺坊，地曰浚儀，近古候景之所。《尚書・洛誥》稱東土是也。《禮》玉人職：「土圭長尺有五寸以致日。」此即日有常數也。司徒職以圭正日晷，「日至之景，尺有五寸，謂之地中。」此即是地土中致日景與土圭等。然表長八尺，見於《周髀》。夫天有常運，地有常中，曆有正象，表有定數。言日至者，明其日至此也。景尺有五寸與圭等者，是其景晷之真效。然夏至之日尺有五寸之景，不因八尺之表將何以得，故經見夏至日景者，明表有定數也。新曆周歲中晷長短，皆以八尺之表測候,所得名中晷常數。

元・脱脱等《宋史》卷七六《律曆志九》 皇祐圭表

觀天地陰陽之體,以正位辨方、定時考閏,莫近乎圭表。宋何承天始立表候日景,十年間,知冬至比舊用《景初曆》常後天三日。又唐一行造《大衍曆》,用圭表測知舊曆氣節常後天一日。今司天監圭表乃石晉時天文參謀趙延乂所建,表既欹傾,圭亦墊陷,其於天度無所取正。皇祐初,詔周琮、于淵、舒易簡改製之,乃考古法,立八尺銅表,厚二寸,博四寸,下連石圭一丈三尺,以盡冬至景長之數,面有雙水溝爲平準,於溝雙刻尺寸分數,又刻二十四氣岳臺晷景所得尺寸,置於司天監。候之三年,知氣節比舊曆後天半日。因而成書三卷,命曰《岳臺晷景新書》,論前代測候是非、步算之法頗詳。既上奏,詔翰林學士范鎮爲序以識。琮以謂二十四氣所得尺寸,比顯德《欽天曆》王朴算爲密。今載氣之盈縮,備採用焉。

小雪,皇祐元年己丑十月十九日戊寅。

新表測景長一丈一尺三寸五分,王朴算景長一丈一尺三寸九分,新法算景長一丈一尺三寸四分小分四十八。

二年庚寅十月二十九日癸未。雲霧不測。

三年辛卯十月十日戊子。

新表測景長一丈一尺三寸,王朴算景長一丈一尺四寸七分,新法算景長一丈一尺二寸九分小分九十八。

大雪,元年己丑十一月四日癸巳。雲霧不測。

二年庚寅十一月十五日戊戌。

新表測景長一丈二尺四寸五分半,王朴算景長一丈二尺四寸五分,新法算景長一丈二尺四寸四分小分二十五。

冬至,元年己丑十一月十九日戊申。

新表測景長一丈二尺八寸五分,王朴算景長一丈二尺八寸六分,新法算景長一丈二尺八寸五分。

二年庚寅十一月三十日癸丑。

新表測景長一丈二尺八寸四分,王朴算景長一丈二尺八寸六分,新法算景長一丈二尺八寸五分。

三年辛卯十一月十二日己未。雲霧不測。

小寒,元年己丑十二月四日癸亥。

新表測景長一丈二尺四寸,王朴算景長一丈二尺四寸八分,新法算景長一丈二尺四寸小分十五。

二年庚寅閏十一月十五日戊辰。雲霧不測。

三年辛卯十一月二十七日甲戌。

新表測景長一丈二尺三寸七分,王朴算景長一丈二尺四寸八分小分二十六。

大寒,元年己丑十二月十九日戊寅。雲霧不測。

二年庚寅十二月一日甲申。

新表測景長一丈一尺一寸七分,王朴算景長一丈一尺四寸四分,新法算景長一丈一尺一寸八分小分四十。

三年辛卯十二月十二日己丑。雲霧不測。

立春,二年庚寅正月六日甲午。雲霧不測。

二年庚寅十二月十六日己亥。雲霧不測。

三年辛卯十二月二十七日甲辰。

新表測景長九尺六寸七分半,王朴算景長一丈一寸五分,新法算景長一丈六寸八分小分七。

雨水,二年庚寅正月二十一日己酉。雲霧不測。

三年辛卯正月二日甲寅。

新表測景長八尺一寸半分,王朴算景長八尺五寸,新法算景長八尺九寸小分七十六。

四年壬辰正月十二日己未。

新表測景長八尺一寸二分半,王朴算景長八尺六寸一分,新法算景長八尺一寸二分小分一十八。

驚蟄,二年庚寅二月七日甲子。

新表測景長六尺六寸三分,王朴算景長六尺八寸五分,新法算景長六尺六寸三分小分三十九。

三年辛卯正月十七日己巳。

新表測景長六尺六寸五分,王朴算景長六尺八寸五分,新法算景長六尺六寸五分小分六十八。

四年壬辰正月二十八日乙亥。雲霧不測。

春分，二年庚寅二月二十三日己卯。

新表測景長五尺三寸五分，王朴算景長五尺二寸七分，新法算景長五尺三寸四分小分七十七。

三年辛卯二月四日乙酉。雲霧不測。

四年壬辰二月十四日庚寅。

新表測景長五尺三寸一分，王朴算景長五尺二寸七分，新法算景長五尺三寸小分七十三。

清明，二年庚寅三月八日乙未。

新表測景長四尺二寸，王朴算景長三尺八寸九分，新法算景長四尺一寸八分小分六十一。

三年辛卯二月十九日庚子。雲霧不測。

四年壬辰二月二十九日乙巳。

新表測景長四尺二寸二分，王朴算景長三尺九寸六分，新法算景長四尺二寸一分小分八十五。

穀雨，二年庚寅三月二十三日庚戌。雲霧不測

三年辛卯三月四日乙卯。

新表測景長三尺三寸，王朴算景長二尺九寸六分，新法算景長三尺二寸九分小分八十六。

四年壬辰三月十五日庚申。

新表測景長三尺三寸二分半，王朴算景長三尺一寸，新法算景長三尺三寸一分小分一十六。

立夏，二年庚寅四月九日乙丑。

新表測景長二尺五寸七分，王朴算景長二尺三寸，新法算景長二尺五寸六分小分二十八。

三年辛卯三月十九日庚午。

新表測景長二尺五寸七分半，王朴算景長二尺三寸，新法算景長二尺五寸七分小分四十二。

四年壬辰三月三十日乙亥。

新表測景長二尺五寸八分半，王朴算景長二尺三寸四分，新法算景長二尺五寸八分小分四十四。

小滿，二年庚寅四月二十四日庚辰。

新表測景長二尺三分，王朴算景長一尺八寸六分，新法算景長二尺三分小分五十一。

三年辛卯四月五日乙酉。

新表測景長二尺三分半，王朴算景長一尺八寸六分，新法算景長二尺三分小分五十二。

四年壬辰四月十六日辛卯。雲霧不測。

芒種，二年庚寅五月九日乙未。

新表測景長一尺六寸九分，王朴算景長一尺六寸，新法算景長一尺六寸半分小分九十七。

三年辛卯四月二十一日辛丑。

新表測景長一尺六寸七分，王朴算景長一尺五寸九分，新法算景長一尺六寸七分小分八十四。

四年壬辰五月二日丙午。

新表測景長一尺六寸八分半，王朴算景長一尺六寸，新法算景長一尺六寸八分小分二十。

夏至，二年庚寅五月二十五日辛亥。

新表測景長一尺五寸七分半，王朴算景長一尺五寸一分，新法算景長一尺五寸七分。

三年辛卯五月七日丙辰。雲霧不測。

四年壬辰五月十七日辛酉。

新表測景長一尺五寸七分，王朴算景長一尺五寸一分，新法算景長一尺五寸七分。

小暑，二年庚寅六月十一日丙寅。雲霧不測。

三年辛卯五月二十二日辛未。

新表測景長一尺六寸九分半，王朴算景長一尺六寸，新法算景長一尺六寸九分小分七十五。

四年壬辰六月三日丙子。雲霧不測。

大暑，二年庚寅六月二十六日辛巳。

新表測景長二尺四寸，王朴算景長一尺八寸五分，新法算景長二尺四分小

分九十七。

三年辛卯六月七日丙戌。

新表測景長二尺二分太，王朴算景長一尺八寸五分，新法算景長二尺四分小分二十四。

四年壬辰六月十九日壬辰。

新表測景長二尺五分，王朴算景長一尺八寸七分，新法算景長二尺六分小分五十三。

立秋，二年庚寅七月十一日丙申。

新表測景長二尺五寸九分，王朴算景長二尺二寸九分，新法算景長二尺五寸九分小分五十一。

三年辛卯六月二十三日壬寅。

新表測景長二尺六寸一分半，王朴算景長二尺三寸三分，新法算景長二尺六寸二分小分七十三。

處暑，二年庚寅七月二十七日壬子。雲霧不測。

三年辛卯七月九日丁巳。

新表測景長三尺三寸六分，王朴算景長三尺，新法算景長三尺三寸六分小分六十五。

四年壬辰七月十九日壬戌。雲霧不測。

白露，二年庚寅八月十三日丁卯。雲霧不測。

三年辛卯七月二十四日壬申。雲霧不測。

四年壬辰八月五日丁丑。雲霧不測。

秋分，二年庚寅八月二十八日壬午。雲霧不測。

三年辛卯八月九日丁亥。

新表測景長五尺三寸八分，王朴算景長五尺二寸一分，新法算景長五尺三寸八分小分六十九。

四年壬辰八月二十日壬辰。雲霧不測。

寒露，二年庚寅九月十三日丁酉。雲霧不測。

三年辛卯九月二十四日壬寅。

新表測景長六尺六寸七分，王朴算景長六尺八分，新法算景長六尺六寸七分小分八十八。

四年壬辰九月六日戊申。

新表測景長六尺七寸三分半，王朴算景長六尺九寸一分，新法算景長六尺七寸四分小分八十四。

霜降，二年庚寅九月二十八日壬子。

新表測景長八尺一寸六分，王朴算景長八尺四寸五分，新法算景長八尺一寸四分小分七十。

三年辛卯九月十日戊午。雲霧不測。

四年壬辰九月二十一日癸亥。

新表測景長八尺二寸，王朴算景長八尺五寸六分，新法算景長八尺一寸九分小分六十六。

立冬，二年庚寅十月十四日戊辰。

新表測景長九尺八寸半分，王朴算景長一丈一寸，新法算景長九尺八寸一分小分二十五。

三年辛卯九月二十五日癸酉。

新表測景長九尺七寸九分，王朴算景長一丈一寸，新法算景長九尺七寸八分小分六十三。

四年壬辰十月六日戊寅。

新表測景長九尺七寸六分，王朴算景長一丈一寸，新法算景長九尺七寸六分小分一十。

元·郝經《續後漢書》卷八四　晷影

初，周公於陽城測晷影，以考曆紀。故於《地官·大司徒》著其法，曰：以土圭之法，測土深，正日景，以求地中。日南則景短多暑，日北則景長多寒，日東則景夕多風，日西則景朝多陰。日至之影，尺有五寸，謂之地中，天地之所合也，四時之所交也，風雨之所會也，陰陽之所和也，乃建王國，制畿甸，正明堂，頒制度焉。鄭玄謂日景於地千里而差一寸，尺有五寸者，南戴日下萬五千里。地與星辰四游升降於三萬里中，是以半之，得地中。故周公測之於陽城，今潁川陽城是也。王蕃因之，合渾天儀黄赤道立論考度爲句股之説，並剥陸績之象以遵渾儀。曰：前儒舊説，天地之體，狀如鳥卵。天包地外，猶殼之裹黄也。周旋無端，其形渾渾然，故曰渾天。周天三百六十五度五百八十九分度之百四十五，半覆地上，半在地下。其二端謂之南極北極，北極出地三十六度，南極入地三十六度，兩極相去一百八十二度半彊。繞北極徑七十二度常見不隱，謂之上規；繞南極七十二度常隱不見，謂之下規。赤道帶天之紘，去兩極各九十一度少彊。黄道，日之所行也，半在赤道外，半在黄道內，與赤道東交於角五少弱，西交於奎十四少彊。其赤道外極遠者，去赤道二十四度，斗二十一度是也；其入赤道内極遠者亦二十四度，井二十五度是也。日南至在斗二十一度，百一十五度少彊是也，日最南，去極最遠，故景最長。黄道斗二十一度出辰入申，故日亦出辰入申。日晝行地上百四十六度彊，故日短；夜行地下二百一十九度少弱，故夜長。自南至之後，日去極稍近，故景稍短；日晝行地上度稍多，故日稍長；夜行地下，度稍少，故夜稍短；日所在度稍北，故日稍北，以至於夏至，日在井二十五度，去極六十七度少彊，是日最北，去極最近，景最短。黄道井二十五度出寅入戌，故日亦出寅入戌。日晝行地上二百一十九度少弱，故日長；夜行地下百四十六度彊，故夜短。自夏至之後，日去極稍遠，故景稍長；日晝行地上度稍少，故日稍短；夜行地下度稍多，故夜稍長；日所在度稍南，故日出入稍南，以至於南至而復初焉。斗二十一，井二十五，南北相應，四十八度。春分日在奎十四少彊，秋分日在角五少弱，此黄赤二道之交中也，去極俱九十一度少彊。南北處斗二十一井二十五之中，故景居二至長短之中。奎十四角五出卯入酉，故日亦出卯入酉。日晝行地上、夜行地下俱百八十二度半彊，故日見之漏五十刻、不見之漏五十刻，謂之晝夜同。夫天之晝夜，以日出没爲分；人之晝夜，以昏明爲限。日未出二刻半而明，日入二刻半而昏，故損夜五刻以益晝，是以春秋分漏晝五十五刻。三光之行，不必有常術。術家以算求之，各有同異。故諸家曆法，參差不同。《雒書甄曜度》《春秋考異郵》皆云周天一百七萬一千里一度爲二千九百三十二里七十一步二尺七寸四分四百八十七分分之三百六十二，陸績云天東西南北徑三十五萬七千里，此言周三徑一也。考之徑一不啻周三，率周百四十二而徑四十五，則天徑三十二萬九千四百一里一百二十二步二尺二寸一分七十一分分之十。《周禮》：日至之景，尺有五寸，謂之地中。鄭衆説：土圭之長，尺有五寸。以夏至之日，立八尺之表，其景與土圭等，謂之地中，今潁川陽城地也。鄭玄云：凡日景於地，千里而差一寸。景尺有五寸者，南戴日下萬五千里也。以此推之，日當去其下地八萬里矣。日邪射陽城，則天徑之半也。體圓如彈丸，地處天之半，而陽城爲中，則日春秋冬夏昏明晝夜去陽城皆等，無盈縮矣，故知從日邪射陽城爲天徑之半也。以句股法言之，旁萬五千里，句也；立八極萬里，股也；從日射陽城，弦也。以句股求弦法入之，得八萬一千三百九十四里三十步五尺三寸六分天徑之半，而地上去天之數也。倍之得十六萬二千七百八十八里六十一步四尺七寸二分，天徑之數也。以周率乘之，徑率約之，得五十一萬三千六百八十七里六十八步一尺八寸二分，周天之數也。減《甄曜度》《考異郵》五十五萬七千三百一十二里有奇，一度凡千四百六里二十四步六寸四分十萬七千五百六十五分分之萬九千四十九。減舊度千五百二十五里二百五十六步三尺三寸二十一萬五千一百三十分分之十六萬七百三十分，黄赤二道相與交錯，其間相去二十四度，以兩儀推之，二道俱三百六十五度有奇，是以知天體圓如彈丸也。而陸績造渾象，其形如鳥卵，然則黄道應長於赤道矣。績云天東西南北徑三十五萬七千里，然則績亦以天形正圓也。而渾象爲鳥卵，則爲自相違背，蕃之説亦詳矣。後世以爲天不可以里數齊。原注：唐僧一行及近世諸家之説也。滑臺之晷，異於扶溝；扶溝之晷，異於武津。武陵横野，安南林邑，按圖視極，與陽城不同。雒陽尺五之景，爲極長之晝。回紇鐵勒之北，地形尖斜，晨夕常明，骨利幹則夜，天如爊羊，胛適熟而日已出。岱宗之上與山下高下相形，二十餘里而夜漏差三刻，日景隨地遠近高低而爲長短，固不得以句股里數測其中也。乃爲覆短圖，原注：僧一行制。出入黄道凡三十六。究九道之增損，南自丹穴，北暨幽陵，每極移一度，輒累其差。稽日食之多少，定晝夜之長短，天下之晷，皆協其數，則又詳於蕃矣。蓋璣衡所以經天，圭表所以維地，創于伏羲，備于周公。八尺之表，以銅爲之，尺五之圭，以玉爲之，猶夫銅儀與玉衡也。植表卧圭，景臨圭上，適長一尺五寸，故爲地中，以豫州之陽城當之。東西南北各五千里，取其大率也。其遐邊極徼，西北之尖斜，東南之虧缺，皆所不計。必究其中，本之司徒之土圭，兼按王蕃之句股，合以後世之覆短，測驗之法備矣。由約至詳，由常至變，數術所以精窮也。

明・宋濂等《元史》卷五二《曆志一・授時曆議上》 驗氣

天道運行，如環無端，治曆者必就陰消陽息之際，以爲立法之始。陰陽消息之機，何從而見之？惟候其日晷進退，則其機將無所遁。候之之法，不過植表測景，以究其氣至之始。智作能述，前代諸人爲法略備，苟能精思密索，心與理會，則前人述作之外，未必無所增益。

舊法擇地平衍，設永準繩墨，植表其中，以度其中晷。然表短促，尺寸之下所爲分秒太、半、少之數，未易分別。表長，則分寸稍長，所不便者，景虛而淡，難得實景。前人欲就虛景之中考求真實，或設望筩，或置小表，或以木爲規，皆取表端日光下徹圭面。今以銅爲表，高三十六尺，端挾以二龍，舉一橫梁，下至圭面，共四十尺，是爲八尺之表五。圭表刻爲尺寸，舊寸一，今申而爲五，釐毫差易分。別創爲景符，以取實景。其制以銅葉，博二寸，長加博之二，中穿一竅，若針芥然，以方闔爲趺，一端設爲機軸，令可開闔，榰其一端，使其勢斜倚，北高南下，往來遷就於虛景之中，竅達日光，僅如米許，隱然見橫梁於其中。舊法以表端測晷，所得者日體上邊之景，今以橫梁取之，實得中景，不容有毫末之差。

地中八尺表景，冬至長一丈三尺有奇，夏至尺有五寸。今京師長表，冬至之景七丈九尺八寸有奇，在八尺表則一丈五尺九寸六分；夏至之景一丈一尺七寸有奇，在八尺表則二尺三寸四分。雖晷景長短所在不同，而其景長爲冬至，景短、爲夏至，則一也。惟是氣至時刻考求不易，蓋至日氣正，則一歲氣節從而正矣。劉宋祖沖之嘗取至前後二十三四日間晷景，折取其中，定爲冬至，且以日差比課，推定時刻。宋皇祐間，周琮則取立冬、立春二日之景，以爲去至既遠，日差頗多，易爲推考。《紀元》以後諸曆，爲法加詳，大抵不出沖之之法。新曆積日累月，實測中晷，自遠日以及近日，取前後日率相埒者，參考同異，初非偏取一二日之景，以取數多者爲定，實減《大明曆》一十九刻二十分。仍以累歲實測中晷日差分寸，定擬二至時刻于后。

明・羅洪先《念庵文集》卷一〇　日晷辨

日晷本元太史郭守敬圭表制也。余嘗入司天臺觀之，卧石圭，刻尺寸以爲瑱，樹銅表南端，高四十尺，爲室表。北霤中以候景，室闇則景愈明，而候視審。表高則景愈長，而尺寸別。蓋本土圭之制，五倍以數以變通之。今世所傳日晷，以木爲簡六，南端立表，北畫時刻，持之對日視晷，不必定方位而設者，即其遺意也。嘉靖乙巳春，予祔亡弟造夫圳嶺大墓山，取以測時。是時爲立春節，日入酉初初刻。將晡，視其景在戌之終，竊疑焉。畢葬，取《元史》考之，北極出地之度有多寡，夏至測日之景有短長，是地之勢與日之行皆有南北參錯也。因悟曰：世人但知減表之盈虧以合日之異行，而不知變表之短長以准極之相去。極之相去有遠近，則地勢不同；地勢不同，則表之則當變。於變表之中加以盈虧，而後日之晷刻可得而測也。今世所傳，亦曰本之守敬云爾。守敬，邢臺人，表在大都。大都，今京師也。取京師之表，行之四方，其謬何疑？於是即大都北極出地四十度之數爲舊表之數，則十分之而取其八分、六分、五分，通爲四表，以合二分、二至之日行，而測其景，以定晷刻，無弗驗者。乃知守敬之制，得之變通，世人之謬，失之執泥故也。明年，如毘陵，語之荆川。荆川精於曆數者，聞予，驚曰：「兄聰明善悟若此，胡不究曆法乎？」將强以授。予應曰：「程子有言：某那得許多工夫。」二笑而罷。他日語之，人多不解。或又索予表以測日，予曰此非吉州也，慙而止。後十年，龍山劉子問日晷，出其制以告，不甚解，乃爲之辯，復詳其制遺之。

舊制：夏至後表一寸，春分與立秋後表八分，在下穴。立冬後表五分，秋分與立春後表六分，在上穴。夏表準今木工尺正一寸，今以京師當之，爲四十分强。西安四十少，登萊、太原三十八少，濟南三十七少，大名三十六，東平三十五、六，嵩山三十五，開封三十四大强，河南三十四大弱，漢中三十三半强，揚州三十三，武昌、成都三十一半，衡山二十五，吉安二十三半，雷州二十六，瓊州十九半，自長安以下夏至表皆從京師四十分中得數，又十分之以爲寸，其三表又劑分而遞減之。如雷州二十，正當京師四十之半。其夏至表准木工尺之五分，如此則春分當四分，秋分當三分，立冬當二分半，他准此。蓋以木工尺之五分，又十分之取八分、六分、五分三表，此減表法。又按《周禮》日東景夕多風，日西景朝多陰，則知東西二地朝夕表又有增減，近東減卯辰增申酉，近西減申酉增卯辰，長短准此以漏。木簡長七寸，博二寸，中高長五寸五分，博一寸。畫時刻，南起午，北迄寅、戌，往來數之。五寸五分之內，午四分，巳、未五分，辰、申一寸，卯、酉三寸，寅、戌五分，午四畫之，往來數得八刻，寅戌一畫餘刻之半，他時皆八畫之準，八刻其分寸準，木工尺不復減。或疑木工尺有短長，以何爲準？解之曰：即以一尺之分寸畫刻，取一寸四十分之，視所在之地當直多少，折爲表之分寸，無不準。知四倍土圭者，皆可盈縮爲之。當南端畫中外爲上穴，內爲下穴，以立表。四周下陷爲水渠取平，渠深二分，徑三分。外爲廓竅，其復下以藏表。

明・朱載堉《律曆融通》卷四　晷景

縣象著明，尺表之驗可推；動氣幽微，寸管之候不忒。推律候氣，立表測景，蓋治曆之本也。自漢太初至於劉宋元嘉上下數百年間，冬至皆後天三日，而司馬遷、落下閎、京房、劉歆、揚雄、賈逵、張衡、蔡邕、劉洪、姜岌之徒，素號精於律曆，皆所未達，何哉？至何承天立表測景，始知其誤。然則觀天地之高遠，在陰陽之消長。以正位辨方，定時考閏，莫近乎圭表，而推步晷景乃其至要也。元許衡等造《授時曆》，亦憑晷景爲本，而於曆經不載推律步晷之術，是爲缺略。《晉志》漸臺四星主晷漏律吕事，今以律吕晷漏名篇，蓋取諸此，補《大統》之缺也。唐一行曰：日行有南北，晷漏有長短，然二十四氣晷差徐疾不同者，句股使然也。直規中則差遲，與句股數齊則差急，隨辰極高下，所遇不同。如黄道漏刻，此乃數之淺者，近代且猶未曉。按：自《大衍》而後，各家步晷之術雖異，大槩不過以距二至。日分自乘爲實，增損定率，或乘或除，加減二至恒晷爲所求晷而已。今用北極出地度數，兼弧矢、句股二術以求之，庶盡其源。又隨地形高下立差以盡其變，前此所未有也。

明・邢雲路《古今律曆考》卷六三　驗氣

程子曰：曆法主於日，日一事正，則其餘可推。此格言也。故古之造曆者，惟候日晷進退，以驗陰陽消息之機，是爲曆本。舊法擇地平衍，設水準繩墨，植表其中，以度中晷。然表短促，尺寸之下所爲分秒太少，之數未易分別。表長則分寸稍長，所不便者，景虚而淡，難得實景。前人欲就虚景之中考求真實，或設望筩，或置小表，或以木爲規，皆取表端日光下徹圭面。元郭守敬以銅爲表，高三十六尺，端挾以二龍，舉一横梁，下至圭面，共四十尺，是爲八尺之表五。圭表刻爲尺寸，舊寸一，至是申而爲五釐，毫差易分。别創爲景符，以取實景。其制以銅葉博二寸，長加博之二，中穿一竅，若針芥然。以方框爲趺，一端設爲機軸，令可開闔，楮其一端，使其勢斜倚，北高南下，往來遷就於虚景之中。竅達日光，僅如米許，隱然見横梁於其中。舊法以表端測晷，所得者日體上邊之景。兹以横梁取之，實得中景，不容有毫末之差。地中八尺表，景冬至長一丈三尺有奇，夏至尺有五寸。元京師長表冬至之景七丈九尺八寸有奇，在八尺表則一丈五尺九寸六分，夏至之景一丈一尺七寸有奇，在八尺表則二尺三寸四分。雖晷景長短所在不同，而其景長爲冬至，景短爲夏至，則一也。惟是氣至時刻考求不易，蓋至日氣正，則一歲氣節從而正矣。劉宋祖冲之嘗取至前後二十三四日間晷景，折取其中，定爲冬至，且以日差比課推定時刻。宋皇祐間，周琮則取立冬、立春二日之景，以爲去至既遠，日差頗多，易爲推考。紀元以後諸曆，爲法加詳，大抵不出冲之之法。守敬積日絫月，實測中晷，自遠日以及近日，取前後日率相埒者參考同異，以取數多者日差分寸定擬二至時刻，最爲詳密。

明・邢雲路《古今律曆考》卷六七　測日

置冬夏二至前後距所相對之日，以圭表所測正午晷景日日識之，計取甲子日期以相連，或前或後，二日之景相減爲法，仍以前後日之相對者各一日之景相減爲實，實如法而一。冬至景前多後少爲減差，後多前少爲加差。夏至景前少後多爲減差，後少前多爲加差。皆加減相距日得數，半之，加半日刻，命起日算外滿百刻爲日餘，以發斂收之爲時刻及分。假如元世祖至元十四年丁丑歲冬至，其年十一月十四日己亥景長七丈九尺四寸八分五釐五毫，至二十一日丙午，景長七丈九尺五寸四分一釐，二十二日丁未景長七丈九尺四寸五分五釐。以己亥丁未二日之景相較，餘三分五毫爲晷差，進二位爲實，再以丙午丁未二日景相較餘八分六釐爲法，除實得三十五刻，用減己亥距丁未八日，是八十刻餘七百六十五刻折取其中加半日五十刻共得四百三十二刻半。百約爲日，得四日餘，以發斂收之，得辰初三刻。日命初起，己亥日算外，得癸卯日辰初三刻，爲丁丑歲冬至。若以甲子計之，是三十九日三十二刻半，就爲此歲氣應。此取至前後四日景，他倣此。周琮論至前後日景差少，不若取立冬立春二日之景，以爲去至日遠，日差頗多，易於推考爲是。然而古今所測冬夏至景分秒有不同者，則各代尺分不同，非景之故也。

明・徐光啓等《崇禎曆書》卷一〇〇　表測二分

舊以圭表測冬至，非法之善也。蓋表景長短之差上應太陽南北之行，顯則俱顯，微則俱微，二至前後三日内，太陽一日南北行，爲天度六十分之一。設表長一丈，冬至兩日之景約差一分三十秒，準此細求之，應差一秒，爲六刻七分。然而圭上一秒之差，人目不能無誤，且景符之光線較濶，不止數秒。一秒得六刻有奇，如差三秒即爲二十刻矣，又安所得準也？新法獨用春秋二分，蓋是時太陽一日南北行二十四分，景差一寸二分，縱令測差一二秒，算不滿刻，所差無幾，較二至爲最密。

明・孫瑴《古微書》卷一　日永景尺五寸，日短一十三尺。一作景尺三寸。日正南，千里而減一寸。

按《周髀》：夏至南萬六千里，冬至南十三萬五千里，日中立竿測影，此二者天道之數。周髀長八尺，夏至之日晷一尺六寸。髀者，股也。正晷者，勾也。正南千里勾一尺五寸，正北千里勾一尺七寸，日益表南晷日益長。候勾六尺，即取竹空徑一寸，長八尺，捕影而視之，空正掩日，而日應空之孔。繇此觀之，率八十寸而得徑一寸，故以勾爲首，以髀爲股，從髀至日下六萬里而髀無影。從此以上至日則八萬里。若求邪至日者，以日下爲勾，日高爲股，勾股各自乘，并而開方除之，得邪至日。從髀所旁至日所十萬里，以率率之，八十里得徑一里，十萬里得徑千二百五十里，故曰日晷徑千二百五十里。

《隋志》祖暅推地中，其法曰：先驗昏旦，定刻漏，分辰次，乃立儀表於準平之地，名曰南表。刻漏上水，居日之中，更立一表於影末，名曰中表。夜依中表以望北極樞，而立北表令參相直。三表皆以懸，準定乃觀。三表直者，其立表之地即當子午之正。三表曲者，地偏僻，每觀中表以知所偏。中表在西，則立表處在地中之西，當更向東求地中。若中表在東，則立表處在地中之東也，當更向西求地中。取三表直者爲地中之正。又云宋元嘉十九年，使使往交州測影，夏至之日影出表南三十二分。何承天遥取陽城，云夏至一尺五寸，計陽城去交州路當萬里，而影實差一尺八寸二分，是六百里而差一寸也。後魏信都芳稱梁天監之七年見洛陽測影，又見公孫崇集諸朝士共觀祕書影。同是夏至日，其中影皆長一尺五寸八分。以此推之，金陵去洛陽北畧當千里而影差四寸，則二百五十里而影差一寸也。

《唐志》僧一行作《大衍曆》，其議曰：《周禮・大司徒》以土圭之法測土深，日至之景尺有五寸，謂之地中。鄭氏以爲日景於地千里而差一寸，尺有五寸者，南戴日下萬五千里。地與星辰四游升降於三萬里内，是以半之得地中，今潁川陽城是也。開元十二年，測交州夏至在表南三寸三分，與元嘉所測畧同。使者大相元太言交州望極纔高二十餘度，八月海中望老人星，下列星粲然明大者甚衆，古所未識，迺渾天家以爲常没地中者也，大率去南極二十度已上之星則見。又鐵勒回紇在薛延陀之北，去京師六千九百里。其北又有骨利幹，居瀚海之北，北距大海，晝長而夜短。既夜，天如曛不暝，夕胹羊髀纔熟而曙，蓋近日出没之所。太史監南宫説擇河南平地，設水準繩墨植表而以引度之。自滑臺始，白馬夏至之晷尺五寸七分。又南百九十八里百七十九步，得浚儀岳臺晷尺五寸三分。又南百六十七里二百八十一步，得扶溝晷尺四寸四分。又南百六十里百一十步，至上蔡武津，晷尺三寸六分半。大率五百二十六里二百七十步晷差二寸餘，而舊説王畿千里影差一寸，妄矣。其北極去地雖秒分微有盈縮，難以月較，大率三百五十一里八十步而極差一度。極之遠近異，則黃道執景固隨而變矣。若令距陽城而北至鉄勒之地，亦差十七度四分，與林邑正等，則五月日在天頂南二十七度四分，極高五十二度，周圓百四度，常見不隱。北至晷四尺一寸三分，南至晷二丈九尺二寸六分，定春秋分晷五尺八寸七分，其没地纔十五餘度。夕没亥西，晨出丑東，較其里數，已在回紇之北。又南距洛陽九千八百一十五里，則極長之晝其夕常明，然則骨利幹猶在其南矣。今測日晷距陽城五千里，已在戴日之南，則一度之廣皆三分減二。南北極相去八萬里，其徑五萬里，宇宙之廣豈若是乎？十三年南至岱宗，禮畢，自上傳呼萬歲，聲聞於下。時山下夜漏未盡，自日觀東望，日已漸高。據曆法，晨初迨日出差二刻半，然則山上所差凡三刻餘。其冬至夜刻同，立春之後，春分夜刻同。立夏之後，自岳趾升泰壇僅二十里，而晝夜之差一節。設使因二十里之崇以立勾股術，固不知其所以然，況八尺之表乎？今更爲覆矩圖，南自丹穴，北暨幽都，每極移一度，輒累其差，可以稽日食之多少，定晝夜之長短，而天下之晷皆協其數矣。

清・梅文鼎《曆算全書》卷六　問：冬夏致日以土圭，求日至之景是也。而春秋又以致月，其説何如？

按日行黃道，有南至、北至，月亦有之。月之北至，則陰歷是也。月之南至，則陽歷是也。夫月之陰陽歷，隨時變遷，而必於春秋測之，何耶？凡言至者，皆要其數之所極，則必有中數以爲之衷。如日道有南至，有北至，相差四十七度奇，而其中數則赤道也。月有陰歷，有陽歷，出入於黃道各六度弱，而其中數則黃道也。夫黃道之在冬夏既自相差四十七度奇，則已無定度，又何以爲月道之中數乎？惟春秋二分之黃道與赤道同度，則其東出西没及過午之度，並與赤道無殊，於此測月，可得陰陽歷出入黃道之真度矣。假如二分之望月在其衡，春分之望，月必在秋分之宿度；秋分之望，月必在春分之宿度。則日没於酉正而月出於卯正，日出於卯正而月没於酉正，其出没方位必居卯酉正中，與日相等。然而或等焉，或不等焉，或有時而出没於酉正卯正之南，則知其在陽曆也，有時而在卯正酉正之北，則知其在陰曆也。又此時日之過午也，必與本處之赤道同高，即冬夏二至日執高度折中之處。則月亦宜然。然而月之過午，或有時而高於日度，則知其在陰曆也。有時而卑於日度，則知其在陽曆也。若月之出没在卯酉之正而不偏南北，月之過午一如日軌之度而略無高卑，則爲正當交道而有虧食，故曰：惟春秋可以測月也。

康成註曰：冬至日在牽牛，景丈三尺，夏至日在東井，景尺五寸，此長短之極，此言冬夏致日也。又曰：春分日在婁，秋分日在角，而月弦於牽牛、東井，亦以其景知氣至，此言春秋致月也。

賈疏云：春分日在婁，其月上弦在東井，圓於角，下弦於牽牛。秋分日在角，上弦於牽牛，圓於婁，下弦於東井。鄭并言月弦於牽牛、東井，不言圓，望義可知也。按此賈疏增成鄭義，足與愚説相爲發明。蓋但以日軌爲主，則春秋致月亦致日之餘事。即於兩弦立説，亦足以明。若正言致月之理，則必將詳攷其交道出入之端與夫陰陽歷遠近之距，則兼望言之，其理益著也。

問：陰陽歷之法於兩弦亦可用乎？曰：可。凡冬夏至表景既有土圭之定度，夏至尺五寸，即土圭之定度也。冬至景丈三尺，蓋亦以土圭之度，度之而知。則月亦宜然。而今測月景每有不齊，則交道可知。

假如春分日在婁而月上弦於東井，秋分日在角而月下弦於東井，則是月所行者夏至日道也，其午景宜與土圭等。又如春分日在婁而月下弦於牽牛，秋分日在角而月上弦於牽牛，則是月行冬至日道也。其午景宜與土圭所度冬至長景等，而徵之所測，或等焉，或不等焉。其等於定度者必月交黃道之度也，其短於定度者必月在日道之北而爲陰歷也，其長於定度者必月在日道之南而爲陽歷也，是故兩弦亦可以測陰陽歷也。然則陰陽歷之變動若此，又何以正四時之叙？曰日道之出入赤道也，距遠至二十四度。月道之出入黃道，最遠止六度。距二十四度，故景之進退也大。夏至尺五寸，冬至一丈三尺，相去懸絶。距止六度，故景之進退也小。陰歷陽歷之月景，所差於日景者不過尺許而已。假如月上下弦在東井，而景更短於土圭，其爲夏至之陰歷，更無可疑。即使是陽歷，而景長於土圭，其長不過尺許，無害其爲夏至之黃道也。又如月上下弦在牽牛，景加長於土圭所定之度，其爲冬至之陽歷已成確據。即使是陰歷而景短於土圭所定之度，其短亦不過尺許，無損其爲冬至之日道也。夫兩弦之月道既在二至之度，則日躔必在二分，而四叙不忒。故曰：舉兩弦立説，亦足以明也。

清·李光地《榕村語録》卷一四 土圭之法一段鄭注，恐理之不可通。夏至日道入赤道北二十四度，北距嵩高，弧背九度餘。夏至日道下直衡岳，晷無影。從嵩高至衡岳，夏至日道圜天之弧背，以弧矢術求弦，得衡岳距地中弦徑約九度餘。從陽城至衡岳，地平鳥道相去約二千五百里。夫止二千五百里，而一則尺五寸，一則無影，是百六十餘里景已差一寸矣。則鄭注所云千里而差一寸，恐未然也。又鄭注謂：景短者，中表之南千里景短一寸。景長者，中表之北千里景長一寸。如此則日下無景，當在極南萬五千里之外，而衡岳之遠陽城，不能萬五千里，昭昭矣。又言景夕者東表日昳，中表景乃中。景朝者西表日未中，而中表景已中。如此，則極東之地，日出方及三五尋丈，日景已中。極西之地，日入未及三五尋丈，日景方中。若果地體方平，四際彌天，則信如所云矣。不然，如鷄子裹黃之喻，地在天中，不過成形之大耳。彈丸浮寄，四際距天至遠，四際距天之遠若一也，則去日安能有遠近之殊乎？雖日之出也，極東先見，及其入也，極西先昏，然隨其處各有曉、午、昏、暮，安知日東者不以吾爲景朝乎？日西者不以吾爲景夕乎？且此尺有五寸，東西直比，一帶中日景皆如是也，何以定其爲東西之中乎？吾謂日南則景短多暑，謂從此中表而南之地，則當景短之時，盛暑不堪。若今廣州，夏時炎赫倍於他州，蓋景短即夏至，非短於尺有五寸之謂也。日北則景長多寒者，謂從此中表而北之地，則當景長之時隆寒不堪。若今塞外，冬時凛栗亦倍。蓋景長即冬至，非長於尺有五寸之謂也。日東則景夕多風者，謂從中表而東之地，則景夕之時多風。蓋東地多水，多水則多風。若吾州，午後即海風揚也。風起於夕，故以景夕言之。日西則景朝多陰者，謂從此中表而西之地，則景朝之時多陰。蓋西地多山，多山則雲氣盛，若柳子厚所謂庸蜀之南恒雨少日是也。陰霾於朝，故以景朝言之。如此則寒暑陰風偏而不和，是未得其所求天地之所合者，地中與天中氣合也。合則四時交而無多暑多寒之患，合則風雨會而無多風，合則陰陽和而無多陰。何以定之？以驗寒暑陰風於五土而知，惟此爲不偏也。然特就中國九州而奠其四方之中耳，若論大地之中，當在南戴赤道下之國，則未知其何如也。然則冲和所會，無水旱昆蟲之災，無凶饑妖孽之疾，兆民之衆，含生之類，莫不阜安，是乃王者之都也。日至之景尺有五寸謂之地中者，非謂必日景尺有五寸乃爲地中。是言地中之處，其景尺有五寸，蓋用以爲標識也。光坡。

鄭康成謂：立八尺之表，惟洛陽陽城影一尺五寸，每千里差一寸。陽城之北以漸而長，南以漸而短，短至廣州一萬五千里，則表影全無矣。今考洛陽出北極二十三度有奇，廣州出極三十五度，以成數要之，只差十一度。以今所製營造尺量之，每二百里差一度，止得二千二百里。即以古尺二百五十里差一度算之，亦止得二千七百五十里，安得一萬五千里耶？

清·張廷玉等《明史》卷二五《天文志一》 若表臬者，即《考工》匠人置槷之法，識日出入之影，參諸日中之影，以正方位。今法置小表於地平，午正前後累測日影，以求相等之兩長影爲東西，因得中間最短之影爲正子午，其術簡甚。

極度晷影

宣城梅文鼎曰：極度晷影常相因。知北極出地之高，即可知各節氣午正之影。測得各節氣午正之影，亦可知北極之高。然其術非易易也。圭表之法，表短則分秒難明，表長則影虛而淡。郭守敬所以立四丈之表，用影符以取之也。日體甚大，豎表所測者日體上邊之影，横表所測者日體下邊之影，皆非中心之數，郭守敬所以於表端架横梁以測之也。其術可謂善矣。但其影符之制，用銅片鑽鍼芥之孔，雖前低後仰以向太陽，但太陽之高低每日不同，銅片之欹側安能俱合。不合，則光不透，臨時遷就而日已西移矣。須易銅片以圓木，左右用兩板架之，如車軸然，則轉動甚易。更易圓孔以直縫，而用始便也。然影符止可去虛淡之弊，而非其本。必須正其表焉，平其圭焉，均其度焉，三者缺一不可以得影。三者得矣，而人心有粗細，目力有利鈍，任事有誠僞，不可不擇也。知乎此，庶幾晷影可得矣。

西洋之法又有進焉。謂地半徑居日天半徑千餘分之一，則地面所測太陽之高，必少於地心之實高，於是有地半徑差之加。近地有清蒙氣，能升卑爲高，則晷影所推太陽之高，或多於天上之實高，於是又有清蒙差之減。是二差者，皆近地多而漸高漸減，以至於無。地半徑差至天頂而無，清蒙差至四十五度而無也。

崇禎初，西洋人測得京省北極出地度分：北京四十度，周天三百六十度，度六十分立算，下同。南京三十二度半，山東三十七度，山西三十八度，陝西三十六度，河南三十五度，浙江三十度，江西二十九度，湖廣三十一度，四川二十九度，廣東二十三度，福建二十六度，廣西二十五度，雲南二十二度，貴州二十四度。以上極度，惟兩京、江西、廣東四處皆係實測，其餘則據地圖約計之。又以十二度度六十分之表測京師各節氣午正日影：夏至三度三十三分，芒種、小暑三度四十二分，小滿、大暑四度十五分，立夏、立秋五度六分，穀雨、處暑六度二十三分，清明、白露八度六分，春、秋分十度四分，驚蟄、寒露十二度二十六分，雨水、霜降十五度五分，立春、立冬十七度四十七分，大寒、小雪二十度四十七分，小寒、大雪二十三度三十分，冬至二十四度四分。

清·汪紱《參讀禮志疑》卷下　日南景短，日北景長，日東景夕，日西景朝，是八尺之臬之景。夏至景短，冬至景長，亦是此八尺之臬之景。土圭長尺五寸，以夏至之日午樹臬測之，其景之長如土圭，則爲土中。自土中而北，則去日漸遠，而景漸長，五百里而長及一寸。自土中而南，則去日漸近而景漸短。亦五百里而短一寸。自土中而東，則午漏而景已斜。自土中而西，則午漏而景未正。此以日景測地之四方也。夏至日景最短，土中只尺五寸。此後以漸而長，至冬至而最長。冬至後又以漸而短，至夏至而最短。此由日之在天，夏則行南陸而去中國近，冬則行北陸而去中國遠也。此以日景測天之四時也。《堯典》寅賓出日，以春分卯中而日出卯位，其景正西指酉也。敬致以夏至，日中午刻而景正指子也。寅餞納日以秋分，酉中而日入酉位，其景正東指卯也。此以四方正四時也。臬八尺，法中人之身，人參天地爲三才也。土圭尺五寸，兼三才，而五之法五行也。

清·秦蕙田《五禮通考》卷一八四　《周禮·地官·司徒》以土圭之灋測土深，正日景，以求地中。日南則景短多暑，日北則景長多寒，日東則景夕多風，日西則景朝多陰。注：土圭，所以致四時、日月之景也。鄭司農云：測土深，謂南北東西之深也。玄謂晝漏半而置土圭，表陰陽，審其南北。景短於土圭謂之日南，是地於日爲近南也。景長於土圭謂之日北，是地於日爲近北也。東於土圭謂之日東，是地於日爲近東也。西於土圭謂之日西，是地於日爲近西也。如是，則寒暑陰陽偏而不和，是未得其所求。凡日景於地，千里而差一寸。疏：案《玉人職》云：土圭尺有五寸，度土之深，深謂日景長短之深也。正日景者，夏日至晝半表北得尺五寸景，正與土圭等，即地中。故云正日景以求地中也。中表景得正時，東表日已跌矣。晝漏半已得夕景，故云景夕。中表景得正時，西表日未中，仍得朝時之景，故云景朝。日至之景尺有五寸，謂之地中。天地之所合也，四時之所交也，風雨之所會也，陰陽之所和也，然則百物阜安，乃建王國焉。制其畿，方千里而封樹之。注：鄭司農云：土圭之長尺有五寸，以夏至之日立八尺之表，其景適與土圭等，謂之地中，今潁川陽城地爲然。

《隋書·天文志》劉焯云：《周官》夏至日影尺有五寸，張衡、鄭玄、王蕃、陸績先儒等皆以爲影千里差一寸，言南戴日下萬五千里，表影正同，天高乃異。考之算法，必爲不可。寸差千里，亦無典説。明爲意斷，事不可依。今交、愛之州表北無影，計無萬里，南過戴日，是千里一寸非其實差。

《舊唐書·天文志》案：貞觀中，史官所載鐵勒、回紇部，在薛延陁之北，去京師六千九百里。又有骨利幹居迴紇北方，瀚海之北，北距大海，晝長而夕短。既日没後，天色正曛，煮一羊胛纔熟，而東方已曙。開元十二年，太史監南宮説擇河南平地，以水準繩，樹八尺之表，而以引度之。始自滑州白馬縣，北至之晷尺有五寸七分。自滑州臺表南行一百九十八里百七十九步，得汴州浚儀古臺表，夏至影長一尺五寸微強。又自浚儀而南百六十七里二百八十一步，得許州扶溝縣表，夏至影長一尺四寸四分。又自扶溝而南一百六十里百一十步，至豫州上蔡武津表，夏至影長一尺三寸六分半。大率五百二十六里二百七十步影差二寸有餘，而先儒以爲王畿千里影移一寸，乖舛而不同矣。

李氏光地曰：土圭條所謂地中及東西南北之偏，就九州以内言之耳。如今南方多熱，北方多寒，近海處多風，近山處多陰，故惟中州氣候爲得其正，而其日景則夏至之日適與土圭齊，故取以爲準，是日景以土中而定，非土中因日景而得也。經云正景以求地中，所謂求者，猶標識之義耳。景短多暑，言景短時多暑也。景長多寒，言景長時多寒也。景夕多風，言景夕時多風也。景朝多陰，言景朝時多陰也。景短謂夏，景長謂冬，景夕謂午後，景朝謂午前。

又曰：日南則景短多暑，謂從此中表而南之地，則當景短之時，盛暑不堪。若今廣州，夏時炎赫，倍于他州。蓋景短即夏至，非短于尺有五寸之謂也。日北則景長多寒者，謂從此中表而北之地，則當景長之時，隆寒不堪。若今塞外，冬時凜栗亦倍。蓋景長即冬至，非長于尺有五寸之謂也。日東則景夕多風者，謂從中表而東之地，則景夕之時多風，蓋東地多水，多水則多風，若吾州午後即海風揚也。風起于夕，故以景夕言之。日西則景朝多陰者，謂從此中表而西之地，則景朝之時多陰。蓋西地多山，多山則雲氣盛，若柳子厚所謂庸蜀之南恒雨少日是也。陰霾于朝，故以景朝言之。如此，則寒暑陰風偏而不和，是未得其所求。天地之所合者，地中與天中氣合也。合則四時交而無多暑多寒之患，合則風雨會而無多風，合則陰陽和而無多陰。何以定之？以驗寒暑陰風於五土而知，惟此爲不偏也。然則沖和所會，無水旱昆蟲之災，無凶饑妖孽之疾，兆民之衆，含生之類，莫不阜安，是乃王者之都也。日至之景尺有五寸謂之地中者，非謂必日景尺有五寸乃爲地中，是言地中之處其景尺有五寸，蓋用以爲標識也。

蕙田案：必求地中者，王者處中以御天下，即用是得各方定節氣時刻率之也。

又案：寒暑陰風之偏，及四時天地交合，陰陽風雨和會，一皆實驗。先驗其偏，後求之而得其中也。求字之義甚實，李安溪謂求猶標識，初以其説爲然，細案之，語意乃非也。午後多風午前多陰之説亦未確，大概東方多風，西方多陰爾。古人用土圭測黄赤二道，猶今之測北極高下也，寒暑進退、晝夜永短因之而隨地不同。合《堯典》《周禮》觀之，古人測里差極詳，測非獨夏至。夏至日中景最短，以最短爲度，及其長若干，皆用是度之。《周髀》有七衡以正十二中氣，必由於實測，然後立爲準的也。

《春官·典瑞》土圭以致四時、日月，封國則以土地。注：以致四時日月者，度其景至不至。冬夏以致日，春秋以致月。土地，猶度地也。鄭司農説以《玉人職》曰：土圭尺有五寸，以致日，以土地，以求地中，故謂之土圭。疏：冬至立八尺之表，晝漏半度之表，北得丈三尺景。又《大司徒》云：日至之景尺有五寸，謂之地中，是其景至也。若不依此，或長或短，則爲不至也。

《夏官·土方氏》掌土圭之灋，以致日景。注：致日景者，夏至景尺有五寸，冬至景丈三尺，其間則日有長短。以土地相宅，而建國都鄙。注：土地又度地，知東西南北之深而相其可居者。宅，居也。

《考工記》玉人土圭尺有五寸，以致日，以土地。注：致日度景至不。夏日至之景尺有五寸，冬日至之景丈有三尺，土猶度也，建邦國，以度其地，而制其域。疏：於地中立八尺之表，中漏半。夏至日表北尺五寸景，與土圭等。冬至日丈三尺，爲景至。若不依此，皆爲不至。故云度景至不也。匠人建國，注：立王國若邦國者。水地以縣，注：於四角立植而縣以水，望其高下。高下既定，乃爲位而平地。疏：植即柱也。柱四畔縣繩以正柱。柱正，然後去柱遠，以水平之法遥望柱，高下定即知地之高下，然後平高就下，地乃平也。置槷以縣，眡以景。注：於所平之地中央樹八尺之臬，以縣正之，眡之以其景，將以正四方也。疏：槷亦謂柱也。欲取柱之景，先須柱正，當以繩縣而垂之於柱之四角，四中以八繩縣之，其繩皆附柱，則其柱正矣。爲規，識日出之景與日入之景。注：日出日入之景，其端則東西正也。又爲規以識之者，爲其難審也。自日出而畫其景端，以至日入，既則爲規測景，兩端之内規之，規之交乃審也。度兩交之間，中屈之以指臬，則南北正。疏：以繩規取景之兩端，一匝則景之遠近定，遠近定則東西乃審。晝參諸日中之景，夜考之極星，以正朝夕。注：日中之景，最短者也。極星謂北辰。

蕙田案：土圭尺有五寸，合乎地中夏日至之景。凡建邦土地悉用之者，蓋以是爲法而度其方之日景短長。過乎土圭，則其地近北。不及土圭，則其地近南。而南北氣候不同，可就土圭知之，猶今之測北極高下也。土圭所度，即八尺槷之景也。晝識景，夜考極，蓋定南北西東及隨時隨地昏旦刻分，故曰：以正朝夕。槷與土圭合而爲用，舉其一則兩者可見。土圭知景短景長矣，景朝景夕何以定？注家但云案漏，特其一法耳，今又能驗諸月食，於理尤確。環地南北之度，有北極高下爲準，而東西之度，即周禮所謂景朝景夕者，非有法推之，何以確鑿言之若是乎？《周禮》之法，惜乎不傳，宜以今日測驗補之。

《宋史·天文志》沈括上《景表議》曰：步景之法，惟定南北爲難。古法置槷爲規，識日出之景，與日入之景。晝參諸日中之景，夜考之極星。極星不當天中，而候景之法取晨夕景之最長者規之，兩表相去中折以參驗，最短之景爲日中。然測景之地，百里之間，地之高下東西不能無偏。其間又有邑屋山林之蔽，倘在人目之外，則與濁氛相雜，莫能知其所蔽。而濁氛又繫其日之明晦風雨，人間烟氣塵坌變作不常。臣在本局候景，入濁出濁之節，日日不同，此又不足以考見出没之實，則晨夕景之短長未能得其極數。參考舊聞，别立新術。候景之表三，其崇八尺，博三寸三分，殺一以爲厚者。圭首剡其南使偏鋭。其趺方厚各二尺，環趺刻渠受水以爲準，以銅爲之。表四方志墨以爲中刻之，綴四繩，垂以銅丸，各當一方之墨。先約定四方，以三表南北相重，令趺相切。表别相去二尺，各使端直。四繩皆附墨，三表相去左右上下以度量之，令相重如一。自日初出，則量西景三表相去之度，又量三表之端景之所至，各别記之。至日欲入，候東景亦如之。長短同，相去之疎密又同，則以東西景端隨表影規之，半折以求最短之景。五者皆合，則半折最短之景爲北，表南墨之下爲南，東西景端爲東西。五候一有不合，未足以爲正。既得四方，則惟設一表，方首，表下爲石席，以水平之，植表於席之南端。席廣三尺，長如九服。冬至之景，自表趺刻以爲分，分積爲寸，寸積爲尺。爲密室以棲表，當極爲霤，以下午景使當表端。副表併趺崇四寸，趺博二寸，厚五分，方首，剡其南，以銅爲之。凡景表景薄不可辨，即以小表副之，視景墨而易度。

《元史·天文志》：正方案，方四尺，厚一寸。四周去邊五分爲水渠。先定中心，畫爲十字，外抵水渠。去心一寸，畫爲圓規。自外寸規之，凡十九規。外規内三分畫爲重規，徧布周天度。中爲圓，徑二寸，高亦如之。中心洞底植臬，高一尺五寸，南至則減五寸，北至則倍之。凡欲正四方，置案平地，注水於渠，眡平，乃植臬於中。自臬景西入外規，即識以墨影，少移，輒識之，每規皆然，至東出外規而止。凡出入一規之交，皆度以線，屈其半以爲中，即所識與臬相當，且其景最短，則南北正矣。復偏閲每規之識，以審定南北。南北既正，則東西從而正。然二至前後，日軌東西行，南北差少，即外規出入之景，以爲東西，允得其正。當二分前後，日軌東西行，南北差多，朝夕有不同者，外規出入之景或未可憑，必取近内規景爲定，仍校以累日，則愈真。又測用之法，先測定所在北極出地度，即自案地平以上度，如其數下對南極入地度，以墨斜經中心界之。又横截中心斜界爲十字，即天腹赤道斜勢也。乃以案側立，懸繩取正。凡置儀象，皆以此爲準。

圭表以石爲之，長一百二十八尺，廣四尺五寸，厚一尺四寸，座高二尺六寸。南北兩端爲池，圓徑一尺五寸，深二寸。自表北一尺與表梁中心上下相直，外一百二十尺，中心廣四寸，兩旁各一寸，畫爲尺寸分，以達北端。兩旁相去一寸爲水渠，深廣各一寸，與南北兩池相灌通以取平。表長五十尺，廣二十四寸，厚減廣之半，植於圭之南端圭石座中，入地及座中一丈四尺，上高三十六尺。其端兩旁爲二龍，半身附表，上檠横梁，自梁心至表顛四尺，下屬圭面，共爲四十尺。梁長六尺，徑三寸，上爲水渠以取平。兩端及中腰各爲横竅，徑二分，横貫以鐵，長五寸，繫線合於中，懸錘取正，且防傾墊。案：表短則分寸短促，尺寸之下，所謂分秒太半少之數未易分别。表長則分寸稍長，所不便者，景虚而淡，難得實影。前人欲就虚景之中考求真實，或設望筩，或置小表，或以木爲規，皆取端日光，下徹表面。今以銅爲表，高三十六尺，端挾以二龍，舉一横梁，下至圭面，共四十尺，是爲八尺之表五。圭表刻爲尺寸，舊一寸，今申而爲五，釐毫差易分别。

景符之制，以銅葉，博二寸，長加博之二，中穿一竅，若針芥然。以方框爲趺，一端設爲機軸，令可開闔。榰其一端，使其勢斜倚，北高南下，往來遷就於虚梁之中。竅達日光，僅如米許，隱然見横梁於其中。舊法以表端測晷，所得者日體上邊之景。今以横梁取之，實得中景，不容有毫末之差。至元十六年己卯夏至晷景，四月十九日乙未景一丈二尺三寸六分九釐五毫。至元十六年己卯冬至晷景，十月二十四日戊戌，景七丈六尺七寸四分。闚几之制，長六尺，廣二尺，高倍之。下爲趺，廣三寸，厚二寸，上框廣四寸，厚如趺。以板爲面，厚及寸。四隅爲定，撑以斜木，務取正方。面中開明竅，長四尺，廣二寸。近竅兩旁一寸分畫爲尺，内三寸刻爲細分，下應圭面。几面上至梁心二十六尺，取以爲準。闚限各各長二尺四寸，廣二寸，脊厚五分。兩刃斜閷，取其於几面相符，著限兩端，厚廣各存二寸，銜入几框。俟星月正中，從几下仰望，視表梁南北以爲識。折取分寸中數，用爲真景。又於遠方同日闚測取景數，以推星月高下也。

《明史·天文志》宣城梅文鼎曰：極度晷影常相因，知北極出地之高，即可知各節氣午正之影。測得各節氣午正之影，亦可知北極之高。然其術非易易也。圭表之法，表短則分秒難明，表長則影虚而淡。郭守敬所以立四丈之表，用景符以取之也。日體甚大，竪表所測者，日體上邊之影，横表所測者，日體下邊之影，皆非中心之數。郭守敬所以於表端架横梁以測之也，其術可謂善矣。但其影符之制，用銅片鑽針芥之孔，雖前低後仰以向太陽，但太陽之高低每日不同，銅片之欹側安能俱合？不合則光不透，臨時遷就，而日已西移矣。須易銅片以圓木，左右用兩板架之，如車軸然，則轉動甚易。更易圓孔以直縫，而用始便也。然影符止可去虛淡之弊，而非其本。必須正其表焉，平其圭焉，均其度焉，三者缺一不可以得影。三者得矣，而人心有粗細，目力有利鈍，任事有誠僞，不可不擇也。知乎此，庶幾晷影可得矣。西洋之法又有進焉，謂地半徑居日天半徑千餘分之一，則地面所測太陽之高必少於地心之實高，於是有地半徑差之加。近地有清蒙氣，能升卑爲高，則晷影所推太陽之高或多於天上之實高，於是又有清蒙差之減。是二差者，皆近地多，而漸高漸減，以至於無。地半徑差至天頂而無，清蒙差至四十五度而無也。

《新法算書》定南北線，本法用地平經緯儀，取最近北極一星，測其東西行所至兩經度，中分之，即正北方也。用句陳大星，西名小熊尾第一，夏至子時在極東，冬至子時在極西。用句陳第五星，西名小熊尾第三，冬至酉時在極西，卯時在極東。用此即定線，一夕可得。若無本器，用兩表之法。兩表者，一定表，其體與地平爲垂線；一游表，其直邊亦與地平爲垂線。先以二表與星相望，參直成一線。若星漸移而東，則遷游表隨東，至不復東而止，移西亦如之。末從定表望兩游表，各以直線聯之，成三角形。平分其角，作南北正線。

西史第谷欲究極日躔行度之理，造大渾儀，測諸經緯度分。每渾儀所測之緯度高於所算太陽之緯度，乃知真高在視高之下，因悟差高之緣，蓋清蒙之氣所爲也。清蒙之氣者，地中游氣時時上騰，入夜爲多，水上更多，其質輕微，略似澄清之水。其於物體不能隔礙人目，使之隱蔽，却能映小爲大，升卑爲高，故日月出入，人從地平上望之，比于中天則大，星座出入，人從地平上望之，比于中天則廣。此映小爲大也。定望日時，地在日月之間，人在地平，無兩見之理，而恒得兩見。或日未西没而已見月食于東，日已東出而尚見月食於西，或高山之上，見日月出入，以較算定時刻每先昇後墜，此升卑爲高也。清蒙之氣有厚薄，有高下，氣盛則厚而高，氣減則薄而下。厚且高則映像愈大，升像愈高。薄且下則映像不甚大，升像亦不甚高。其所繇厚且高者，若海若江湖水氣多也。或水少而土浮虛，此氣能令輕塵上升，亦厚且高也。地勢不等，氣勢亦不等，故受蒙者其勢亦不等。欲定日躔月離五星列宿等之緯度，宜先定本地之清蒙差。清蒙之本性能昇物象，令高于實在之所不能，偏左偏右，故其差恒在緯度不在經度。

凡七政之視差有二，一爲地半徑差，一爲清蒙氣差。地半徑差，月最大，日金水次之，火木土則漸遠漸消。恒星天最遠，地居其中，止于一點，故絶無地半徑差，而獨有清蒙之差。清蒙地氣去人甚近，故不論天體近遠，但以高卑爲限。星去地平未遠，人目望之，星爲此氣所蒙，不能直射，人目必成折照，乃能見之。一經轉折，人之見星必不在其實所，即星體在地平之下，人所目見乃在其上也。迨升度既高，蒙氣已絶，則直射人目，是爲正照。雖星月之間微有濕氣，不能爲差也。試用一星，於地平近處測其去北極之度，迨至子午圈上又測之，即兩測必不合。或用兩星于地平近處，測其距度，逮至子午圈上又測之，即兩測亦不必合，此其證也。此氣晴明時有之，人目所不見而能曲折相照，升卑爲高，故名清蒙。若雲霧等濁蒙，直是難測，不論視差矣。

覲承案：測景直推至清蒙氣差，比地半徑差爲更盡矣。正唯如此，則立表測量亦第能得其大分耳。圭撮芒渺之間，安能使之須眉畢現也哉？故後世雖立法更密，測望更精，而天道幽元，必非人力所能窮竟者。觀象者但當順天以求合，而不能爲合以驗天。西法雖善，千百年後，安能保其無纖毫差謬也？

江氏永曰：凡徹體之物，如氣，如水，如玻璃、水晶，皆能變物之形。遠可使近，小可使大，直可使曲，深可使淺，卑可使高，遠鏡其顯者也。插篙於水，置錢於盂，無不可驗。是以日月出地與將入地視徑加大，蒙氣映之故也。不唯加大而已，更能升之使高，實未出地而已出地也，雖已入地而猶未入也。故日食於高卑、南北、東西三差之外，更有清蒙氣差，清蒙徑差，此爲帶食言之也。有此二差，則旦暮日食，以東西差加減之，而當食者，蒙氣或升之而不食矣。其不當食者，或升之而見食矣。視徑加大，則能變食限與加時早晚、食分多少矣。此非臺官所能豫定，必隨方測候而後可知。前史有書當食不食，不當食而食者，其故或由此與？

蕙田案：《隋書》姜岌言地有遊氣，故參伐在旁，則其間疏在上，則其間數日晨夕近地，故色赤而大。無遊氣則色白，大不甚矣。宋沈括言在本局候景，入濁出濁之節日日不同，蓋皆以近地之氣能變易實體，而謂之遊氣，謂之濁氛，日日有之，且厚薄無常，隨地不等也。西法辨別其間有清蒙、濁蒙，濁蒙則全無準，清蒙尚可得其準差。要之，既爲氣差，詎能一定，隨各地厚薄之常較驗爲法可也。

右測景之法

《舊唐書·天文志》開元十二年詔：太史交州測景，夏至影表南長三寸三分。測影使者大相元太云：交州望極纔出地二十餘度，以八月自海中南望老人星殊高。老人星下，環星燦然，其明大者甚衆，圖所不載，莫辨其名。大率去南極二十度以上，其星皆見，乃古渾天家以爲常没地中伏而不見之所也。陽城北至之晷一尺四寸八分弱，冬至之晷一丈二尺七寸一分半，春秋分其長五尺四寸三分，以覆矩斜視北極出地三十四度四分。凡度分，皆以十分爲法。自滑臺表視之，高三十五度三分。差陽城九分。自浚儀表視之，高三十四度八分。差陽城九分。自武津表視之，高三十三度八分。差陽城九分。雖秋分，稍有盈縮，難以目校，然大率五百二十六里二百七十步而北極差一度半，五百二十一里八十步而差一度。樞極之遠近不同，則黃道之軌景固隨而遷變矣。自此爲率推之，比歲朗州測影夏至長七寸七分，冬至長一丈五寸三分，春秋分四尺三寸七分半。以圖測之，定氣長四尺四寸七分。案：圖斜視北極出地二十九度半。差陽城五度二分。蔚州横野軍測影夏至長二尺二寸九分，冬至長一丈五尺八寸九分，春秋長六尺四寸四分半。以圖測之，六尺六寸三分半。案：圖斜視北極出地四十度。差陽城五度二分。凡兩北之差十度半，其徑三千六百八十里九十步。自陽城至朗州一千八百二十六里百九十六步，自陽城至朗州横野軍一千八百六十一里二百一十四步。北至之晷差一尺五寸三分，自陽城至朗州差七寸二分，自陽城至横野軍差八寸。南至之晷差五尺三寸六分，自陽城至朗州差二尺一寸八分，自陽城至横野軍差三尺一寸八分。率夏至與南方差少，冬至與北方差多。又以圖校安南日在天頂北二度四分，北極高二十度四分，冬至影長七尺九寸四分。定春秋分影長二尺九寸三分。差陽城十四度三分，其徑五千二十三里。至林邑圖日在天頂北六度六分强，北極之高十七度四分。周圜三十五度，常見不隱。影長六尺九寸，其徑六千一百一十二里。假令距陽城而北至鐵勒之地亦十七度四分，合與林邑正等，則五月日在天頂二十七度四分。北極之高五十二度，周圜一百四度，常見不隱。北至之晷四尺一寸三分，南至之晷二丈九尺二寸六分。定春秋分影長九尺八寸七分。北方日没地纔十五度餘，昏伏於亥之正西，晨見於丑之正東，以里數推之，已在回紇之北。又南距洛陽九千八百一十六里，則五月極長之日，其夕常明，然則骨利幹猶在其南矣。一行因脩《大衍圖》，更爲覆矩圖。林邑圖北極高十七度四分。冬至影在表北六尺九寸，定春秋分影在表北二尺八寸五分，夏至影表南五寸七分。安南都護府北極高二十六度六分。冬至影在表北七尺九寸四分，定春秋分影在表北二尺九寸三分，夏至影在表南三寸三分。朗州武陵縣北極高二十九度五分。冬至影在表北一丈五寸三分，定春秋分景在表北四寸七分，夏至影在表北七寸七分。襄州。恒春分影在表北四尺八寸。蔡州上蔡縣武津館北極高三十三度八分。冬至影在表北一丈二尺三寸八分，定春秋分影在表北五尺二寸八分，夏至影在表北一尺三寸六分半。許州扶溝北極高三十四度三分。冬至影在表北一丈二尺五寸三分，定春秋分影在表北五尺三寸七分，夏至影在表北五尺四寸四分。汴州浚儀太岳臺北極高三十四度八分。冬至影在表北一丈二尺八寸五分，定春秋分影在表北五尺五寸，夏至影在表北一尺五寸三分。滑州白馬北極高三十五度三分。冬至影在表北一丈三尺，定春秋分影在表北五尺三寸六分，夏至影在表北一尺五寸七分。太原府。恒春秋分在表北六尺。蔚州横野軍北極高三十度。冬至影在表北一丈五尺八寸九分，定春秋分影在表北六尺六寸三分，夏至影在表北二尺二寸九分。

《唐書·天文志》：凡晷差冬夏不同，南北亦異。先儒一以里數齊之，遂失其實。今更爲覆矩圖，南自丹穴，北暨幽都，每極移一度，輒累其差，可以稽日食之多少，定晝夜之長短，而天下之晷皆協其數矣。

《元史·天文志》：四海測景之所凡二十有七，東極高麗，西至滇池，南踰朱崖，北盡鐵勒。司天之官遵而用之，靡有差忒。南海北極出地一十五度，夏至景在表南長一尺一寸六分，晝五十四刻，夜四十六刻。衡嶽北極出地二十五度，夏至日在表端無景，晝五十六刻，夜四十四刻。嶽臺北極出地三十五度，夏至晷景長一尺四寸八分，晝六十刻，夜四十刻。和林北極出地四十五度，夏至晷景長三尺二寸四分，晝六十四刻，夜三十六刻。鐵勒北極出地五十五度，夏至晷景長五尺一分，晝七十刻，夜三十刻。北海北極出地六十五度，夏至晷景長六尺七寸八分，晝八十二刻，夜一十八刻。大都北極出地四十度太强，夏至晷景長二尺三寸六分，晝六十二刻，夜三十八刻。上都北極出地四十三度少，北京北極出地四十二度强，益都北極出地三十七度少，登州北極出地三十八度少，高麗北極出地三十八度少，西京北極出地四十度少，太原北極出地三十八度少，安西府北極出地三十四度半强，興元北極出地三十三度半强，成都北極出地三十一度半强，西涼州北極出地四十度强，東平北極出地三十五度太，大名北極出地三十六度，南京北極出地三十四度太强，河南府陽城北極出地三十四度太弱，揚州北極出地三十三度，鄂州北極出地三十一度半，吉州北極出地二十六度半，雷州北極出地二十度太，瓊州北極出地一十九度太。

《明史·天文志》：地居天中，其體渾圓，與天度相應。中國當赤道之北，故北極常現，南極常隱。南行二百五十里則北極低一度，北行二百五十里則北極高一度。以周天度計之，知地之全周爲九萬里也。以周徑密率求之，得地之全徑爲二萬八千六百四十七里又九分里之八也。凡北極出地之度同，則四時寒暑靡不同。崇禎初，西洋人測得京省北極出地度分。北京四十度，周天三百六十度度六十分，立算下同。南京三十二度半，山東三十七度，山西三十八度，陝西三十六度，河南三十五度，浙江三十度，江西二十九度，湖廣三十一度，四川二十九度，廣東二十三度，福建二十六度，廣西二十五度，雲南二十二度，貴州二十四度。以上極度惟兩京、江西、廣東四處皆係實測，其餘則據地圖約計之。又以十二度度六十分之表測京師各節氣，午正日影夏至三度三十三分，芒種、小暑三度四十二分，小滿、大暑四度十五分，立夏、立秋五度六分，穀雨、處暑六度二十三分，清明、白露八度六分，春秋分十度四分，驚蟄、寒露十二度二十六分，雨水、霜降十五度五分，立春、立冬十七度四十七分，大寒、小雪二十度四十七分，小寒、大雪二十三度三十分，冬至二十四度四分。

蕙田案：古人憑土圭測景，知各方分至啓閉之景，則知北極出地高下，而各方氣候不同，以土圭知之矣。唐以後漸詳於測，北極與二十四氣所得晷景互相參稽。唐至元皆據古度法，較今度所差不多也。《唐志》言五百三十餘里差一度，今徑直計之，定爲二百五十里。所用者八寸舊尺，若十寸尺則二百里而差一度，里數不同，覈實則一。

又案：以上北極高度即南北里差。

《明史·天文志》：東西偏度以京師子午線爲中，而較各地所偏之度。凡節氣之早晚，日食之先後，胥視此。蓋人各以見日出入爲東西，爲卯酉，以日中爲南，爲午。而東方見日早，西方見日遲，東西相距三十度則差一時，東方之午乃西方之巳，西方之午乃東方之未也。相距九十度則差三時，東方之午乃西方之卯，西方之午乃東方之酉也。相距一百八十度，則晝夜時刻俱反對矣。東方之午乃西方之子。西洋人湯若望曰：天啓三年九月十五夜，戌初初刻望月食，京師初虧在酉初一刻十二分，而西洋意大里雅諸國望在晝不見。推其初虧在巳正三刻四分，相差三時二刻八分。以里差計之，殆距京師之西九十九度半也。故欲定東西偏度，必須兩地同測一月食，較其時刻。若早六十分時之二，則爲偏西一度。遲六十分時之二，則爲偏東一度。節氣之遲早亦同。今各省差數未得測驗，據廣輿圖計里之方約畧條列，或不致甚舛也。南京應天府、福建福州府並偏東一度，山東濟南府偏東一度十五分，山西太原府偏西六度，湖廣武昌府、河南開封府偏西三度四十五分，陝西西安府、廣西桂林府偏西八度半，浙江杭州府偏東三度，江西南昌府偏西二度半，廣東廣州府偏西五度，四川成都府偏西十三度，貴州貴陽府偏西九度半，雲南雲南府偏西十七度。右偏度載《崇禎新書》，未暇分測，度數實多未確，存之以備考訂云。

蕙田案：以上東西偏度即東西里差。

右測日景求地中以定里差。

清·鄭方坤《經稗》卷七　土圭地中

土圭條所謂地中及東西南北之偏，就九州以内言之耳。如今南方多熱，北方多寒，近海處多風，近山處多陰，故惟中州氣候爲得其正，而其日景則夏至之日適與土圭齊，故取以爲準。是日景以中土而定，非土中因日景而得也。經云「正日景以求地中」，所謂求者，猶標識之義耳。解者穿鑿附會，要歸於臆説，不可行也。景短多暑，言景短時多暑也。景長多寒，言景長時多寒也。景夕多風，言景夕時多風也。景朝多陰，言景朝時多陰也。景短謂夏，景長謂冬，景夕謂午後，景朝謂午前。又按：自古天地道里日月晷景之説多矣，至於今日西曆之家其説彌詳。蓋以爲地在天中，只一彈丸，四方上下，去天之數皆均，其四表極處，非能與天相際也。所謂天圓地方者，言其動静之性耳。實則地亦圓體，如卵裹黄，上下周圍與天度相應，其地氣寒暑則以去日遠近爲差。赤道之下正與日對，其地最熱，其景則四時常均，無冬夏短永。兩極之下去日最遠，其地最寒，其景則短者極短，長者極長。正當兩極之處，以半年爲晝，半年爲夜。惟二極與赤道相去之間，當日南北軌之外，起二十三度，至四十度許，其地不寒不熱，温和可居，其景則與冬夏進退，長短之極皆無過十之七，此氣之平而數之中也。環地上下皆有國土人居，各以戴天爲上，履地爲下，南北東西，隨處改觀，午夜晨昏，每每相反。蓋皆負氣而生，麗陽而明，周游環匝，初無定位，其名有亞細亞、甌羅巴、利未亞、亞墨利加四大洲，今之九州及四夷之地，皆亞細亞國土也。其所記親歷各州風土山川，寥廓荒忽，雖不可盡信，然其實測晷景見諸施行者頗爲信而有徵，其理蓋不可誣。今以其説考之，則中國九州正當黄道北軌，距赤道二十四度之外。起於廣州夏至戴日之下，迤邐而北，至于夏至，去日十六度許，則今直隸也。自此復出塞而北，風氣漸寒，晝夜短永，漸踰其度。自廣州趙海而南，則氣漸酷熱，而晝夜之刻漸無短永矣。故惟九州之内風氣和，時刻平，而洛又其中之中也。是以天地四時之所交合，陰陽風雨之所和會。昔之達者，其知之矣，而周公豈欺我哉？或曰：此以言南北暑寒則可矣，東西風陰之理亦可得聞歟？曰：由前之説，則環處於地者迭爲東西，未可以先儒日出入午前午後之説拘之也。蓋九州之域，西則多山，而東際海，近山則多陰，濱海則多風，驗之閩蜀之地可見。然則《周禮》之風陰亦就九州言之，明洛邑之爲中耳。其所以風，所以陰，恐山水之爲，而非日出入朝暮之故也。《周官筆記》。

清·嵇璜等《皇朝通志》卷五七 圭表

舊製觀象臺，下設晷影堂，南北平置銅圭於石臺，長一丈六尺二寸，濶二尺七寸，周以水渠，南端植銅表，高八尺。上設横梁，用影符以取中景。

本朝加表二尺，上端施銅葉，中穿圓孔，徑二分。午正日影自圓孔透圭面成橢形，南界爲日體上景，北界爲日體下景，中心爲中景。

京師夏至景二尺九寸四分八釐，冬至景一丈九尺九寸四分，以次贏縮。北端設立圭，高三尺五寸，冬至景上立圭，二尺七寸四釐。

日影表

木質立表，高八寸，上施墜線平表，長二尺七寸。中銜銅尺，三角施螺柱。以指南針盤九十度對表候影正時，自立表下量之，視影之長短以定節氣時刻。

綜　述

漢·鄭玄注、唐·賈公彦疏《周禮注疏》卷一〇 以土圭之灋測土深，正日景，以求地中。日南則景短多暑，日北則景長多寒，日東則景夕多風，日西則景朝多陰。土圭，所以致四時日月之景也。云測猶度也，不知廣深故曰測。故書求爲救，杜子春云：「爲求」。鄭司農云：「測土深，謂南北東西之深也。日南謂立表處大南近日也，日北謂立表處大北遠日也。景夕謂日跌景乃中，立表之處大東，近日也。景朝謂日未中而景中，立表處大西，遠日也。」玄謂晝漏半而置土圭，表陰陽，審其南北。景短於土圭謂之日南，是地於日爲近南也。景長於土圭謂之日北，是地於日爲近北也。東於土圭謂之日東，是地於日爲近東也。西於土圭謂之日西，是地於日爲近西也。如是則寒暑陰風偏而不和，是未得其所求。凡日景於地，千里而差一寸。【略】疏：「以土至」「多陰」〇釋曰：「案《玉人職》」云「土圭尺有五寸」。周公攝政四年，欲求土中而營王城，故以土圭度日景之法測度也。度土之深，深謂日景長短之深也。正日景者，夏日至，晝漏半，表北得尺五寸景，正與土圭等，即地中，故云「正日景以求地中」也。「日南則景短多暑」者，周公度日景之時，置五表。五表者，於潁川陽城置一表爲中表，中表南千里又置一表，中表北千里又置一表，中表東千里又置一表，中表西千里又置一表。今言日南景短多暑者，據中表之南而言，亦晝漏半，立八尺之表，表北得尺四寸景，不滿尺五寸，不與土圭等，是其日南，是地於日爲近南。景短多暑，不堪置都之事北。云「日北」者，據中表之北表而言，亦晝漏半，表北得尺六寸景，是地於日爲近北，是其景長多寒之事也。云「日東則景夕多風」者，據中表之東表而言，亦於晝漏半，中表景得正時，東表日已跌矣，是地於日爲近。亦晝漏半已得夕景，故云景夕多風。云「日西則景朝多陰」者，爲中表之西表而言，是地於日爲近西。亦於晝漏半中表景得正時，西表日未中乃得朝時之景，故云日西則景朝多陰。此經皆未得所求耳。【略】〇注「土圭至」「一寸」。釋曰：案《馮相氏》云「冬夏致日，春秋致月」，皆以土圭度之。是以《冬官考工記》云：「土圭尺有五寸以致日」，鄭云：「土圭，所以致四時日月之景也」。云「測猶度，不知廣深，故曰」測者，廣深喻遠近。以經云測土深，故鄭云廣深也。鄭司農云「測土深謂南北東西之深也」者，先鄭據經云日南、日北、日東、日西，皆以土圭測度之，先鄭又云「日南謂立表處大南，近日」云云，先鄭之意，日於地中而在南，故以南表爲近日，北表爲遠日。日出東方而西流，故以東表爲近日，西表爲遠日。云「景夕謂日跌景乃中」者，於晝漏半，東表日跌，中表景乃中。又云「景朝謂日未中而景中」者，亦於晝漏半，西表日未中，而中表景乃中也。玄謂「晝漏半而置土圭表陰陽審其南北」者，後鄭釋景長短之意。度景之法，冬至夏至，皆可爲之。皆據晝漏半者，以取日正午乃得其端直也。云「表陰陽」者，東方西方是陰陽，故别云審其南北也。又云「景短於土圭謂之日南，是地於日爲近南」，云後鄭之義與先鄭不殊。更云「是地於日爲近南」已下者，先鄭云近日遠日，恐人以爲南方東方地高爲近日，北方西方地下爲遠日，有此地高下之嫌，故後鄭增成先鄭之義，取云是地於日爲近北，於日爲近東，於日爲近西。四方之表，皆去中表千里而云。是立表之處，其地於天下之日爲近南、爲近北、爲近東、爲近西也。云「如是則寒暑陰風偏而不和，是未得其所求」者，此言對下經地中是陰陽風雨和會，爲得所求也。云「凡日景於地千里而差一寸」者，案《三光考靈耀》云「四游升降於三萬里中」，下云「日至之景尺有五寸，謂之地中」。則是半三萬里而萬五十里與土圭等，是千里差一寸，筭法亦然。言此者，欲見經日南日北之等，皆去中表千里爲術，景長景短皆差一寸耳。知表皆高八尺而以晝漏半者，以其《通卦驗》云：「冬日至，樹八尺之表，日中視其晷」。是以知用八尺表，而以晝漏半度景也。日至之景尺有五寸，謂之地中，天地之所合也，四時之所交也，風雨之所會也，陰陽之所和也。然則百物阜安，乃建王國焉，制其畿方千里而封樹之。景尺有五寸者，南戴日下萬五千里。地與星辰四遊升降於三萬里之中，是以半之得地之中也。畿方千里，取象於日一寸爲正。樹，樹木溝上，所以表助阻固也。鄭司農云：「土圭之長尺有五寸，以夏至之日立八尺之表，其景適與土圭等，謂之地中。今潁川陽城地爲然」。疏：「日至」至「樹之」〇釋曰：上經置五表於四方，四表未得所求，今於中表夏日至亦晝漏半立八尺之表，表北得景尺有五寸，景與土圭等，謂之地中。於此地中之所，「天地之所合也」者，天地不合，萬物不生；

天地配合，萬物乃生，故《樂記》云「天地訢合」是也。「四時之所交也」者，即《尚書》所云「宅南交」，孔云：「言夏與春交」。舉一隅以見之，則秋與夏交、冬與秋交、春與冬交可知，故云四時所交也。『風雨之所會也』者，風雨所至會合人心，謂若昭四年左氏申豐云「冬無愆陽，夏無伏陰」，是其陰陽和也。「然則百物阜安」者，摠結上句所合已下，然尤如是。阜，盛也。如是四事得所，則百物盛安也。「乃建王國焉」者，建，立也。於此盛安之處，乃立王之國城焉。「制其畿方千里」者，王畿千里，以象日月之大。中置國城，面各五百里。「制畿界而封樹之」者，於畿封之上而作深溝，土在溝上，謂之爲封，封上樹木以爲阻固，故云「而封樹之」。○注：「景尺」至「爲然」。○釋曰：云「景尺有五寸」者，欲釋經景尺有五寸得地中之意。云：「南戴日下萬五千里」者，景一寸差千里，故於地中尺五寸景，去南戴日下萬五千里。云「地與星辰四游升降於三萬里之中」者，《考靈耀》文。言四游升降者，春分之時，地與星辰復本位；至夏至之日，地與星辰東南游萬五千里，下降亦然；至秋分還復正；至冬至，地與星辰西北游亦萬五千里，上升亦然；至春分還復正。進退不過三萬里，故云地與星辰四游升降於三萬里之中。是以半之得地之中也。云畿方千里，取象於日一寸爲正」者，鄭注《王制》「象日月之大，亦取晷同」，此云取象於日一寸爲正，不言象日月之大者，略不言之矣。云一寸爲正者，即是景一寸地千里，與《王制》注「晷同」一也。案《元命包》云「日圓，望之廣尺，以應千里」，故鄭注《王制》云「象日月之大」也。又案《考靈耀》曰：「從上臨下八萬里，天以圓覆，地以方載」。《河圖括地象》曰：「天不足西北，地不足東南。西北爲天門，東南爲地户。天門無上，地門無下」。又云：「極廣長，南北二億三萬二千五百里，東西二億三萬三千里」。又云：「天左動，起於牽牛。地右動，起於畢」。《廣雅》云：「天圓，南北二億三萬三千五百里七十五步。東西短，減四步。周六億十萬七百里二十五步。從地至天，億一萬六千七百八十七里半。下度地之厚，與天高等」。《天度》云「東方七宿七十五度，南方七宿百一十二度，西方七宿八十度，北方七宿九十八度四分度之一，四方三百六十五度四分度之一度，二千九百三十二里。二十八宿間相距，積百七萬九百一十三里，徑三十五萬六千九百七十里」。鄭司農云「潁川陽城地爲然」者，潁川郡陽城縣是周公度景之處，古跡猶存，故云地爲然也。案《春秋左氏》，武王克商，遷九鼎於洛邑，欲以爲都，不在潁川地中者，武王欲取河洛之間形勝之所，洛都難不在地之正中，潁川地中仍在畿内。若然武王已遷鼎於洛，欲以爲都，周公又度景求地中者，武王雖定鼎訖，周公更度之者，所以審慎故。案《書傳》云「四年建侯衛，五年營成周」，建侯衛者，在《尚書·康誥》封康叔是也。案《康誥》云：「惟三月，哉生魄，周公初基，作新大邑于東國洛，四方之民大和會」。注云：「岐鎬之域處五岳之外，周公爲其於政不均，故東行於洛邑，合諸侯，謀作天子之居。四方民聞之，同心來會，樂即功作，効其力焉。是時周公居攝四年也」。又案《召誥》「惟三月丙午朏」，注云：「是時周公居攝五年。越三日戊申，大保朝至於洛，卜宅。厥既得卜，則經營之」。若然，洛邑在攝政四年初爲基止，至五年，乃正營之也。

漢·鄭玄注、唐·賈公彥疏《周禮注疏》卷四一

土圭尺有五寸，以致日，以土地。致日，度景至不。夏日至之景尺有五寸，冬日至之景丈有三尺。土猶度也。建邦國以度其地，而制其域。○景度，待洛反。下注同。【疏】「土圭」至「土地」。○釋曰：言「土圭」，謂度土地遠近之圭，故云土圭。○注「致日」至「其域」。○釋曰：云「致日，度景至不」者，於地中立八尺之表，於中漏半，夏至日，表北尺五寸，景與土圭等。冬至日，丈三尺，爲景至。若不依此，皆爲不至，故云度景至不也。但景至與不至，皆由君政得失而來。度之者，若不至，使君改德教也。云「夏日至之景，尺有五寸，冬日至之景，丈三尺」者，皆《通卦驗》文。《大司徒》亦云「夏日至之景，尺有五寸」，謂之地中。云「土猶度也。建邦國以度其地，而制其域」者，此度地封諸侯，日景一分，地差百里，五等諸侯，直取五分景，已下無取尺寸之義也。

【略】

匠人建國，立王國若邦國者。○【疏】注「立王」至「國者」。○釋曰：《周禮》單言國者，據王國；邦國連言，據諸侯。經既單言國，鄭兼言邦國者，以其下文有王及諸侯城制，明此以王國爲主，其中兼諸侯邦國可知。下文又有都城制，則此亦兼都城也。○水地以縣，於四角立植，而縣以水，望其高下。高下既定，乃爲位而平地。○【疏】注「於四」至「平地」。○釋曰：此經説欲置國城，先當以水平地，欲高下四方皆平，乃始營造城郭也。云「於四角立植而縣」者，植即柱也。於造城之處，四角立四柱而縣，謂於柱四畔縣繩以正柱。柱正，然後去柱，遠以水平之法遥望，柱高下定，即知地之高下。然後平高就下，地乃平也，乃後行下以景正四方之事。置槷以縣，眡以景。故書「槷」或作「弋」，杜子春云：「槷當爲弋，讀爲杙」。玄謂槷，古文「臬」假借字。於所平之地中央，樹八尺之臬，以縣正之，眡之以其景，將以正四方也。《爾雅》曰：「在牆者謂之杙，在地者謂之臬」。○槷，魚列反，注臬同。弋，以職反，下杙同，劉杙音予則反。○【疏】「置槷」至「以景」。○釋曰：此經説既得平地，乃於中營治也。云「置槷」者，槷亦謂柱也。云「以縣」者，欲取柱之景，先須柱正。欲須柱正，當以繩縣而垂之於柱之四角四中，以八繩縣之，其繩皆附柱，則其柱正矣。然後眡柱之景，故云「眡以景」也。○注「故書」至「之臬」○釋曰：「玄謂槷，古文臬假借字」者，今之槷，從木，執聲之省者也。古之槷，爲臬法字，故《尚書·康誥》云「女陳時臬」，臬法字，亦得爲槷柱之字，故云假借字也。云「於其所平之地中央，樹八尺之臬以縣正之」者，《天文志》云「夏日至，立八尺之表」，《通卦驗》亦云「立八神，樹八尺之表」，故知樹八尺之臬，臬即表也。必八尺者，按《考靈曜》曰：「從上向下八萬里，故以八尺爲法也」。彼云八神，此縣，一也。以於四角四中，故須八神，神即引也，向下引而縣之，故云神也。云「眡之以其景，將以正四方也」者，即下云「爲規，識日出日入之景」是也。引《爾雅》「在牆者謂之杙，在地者謂之臬」者，證此臬是在地樹之者也。○爲規，識日出之景與日入之景。日出日入之景，其端則東西正也。又爲規以識之者，爲其難審也。自日出而畫其景端，以至日入，既則爲規測景兩端之内規之規之交，乃審也。度兩交之間，中屈之以指臬，則南北正。○爲其，于僞反。度，待洛反。【疏】注「日出」至「北正」。○釋曰：云「日出日入之景，其端則東西正也」者，謂於前平地之中央立表訖，乃於日出之時畫記景之端，於日入之時又晝記景，以繩測景之兩端，則東西正矣。云「又爲規以識之者，爲其難審也」者，謂此經爲規識日出與日入之景者，爲景兩端長短難審，故爲規規景也。云「自日出而晝其景端，以至日入」者，還是景之兩端耳。云「既則爲規測景兩端之内規之規交，乃審也」者，謂於中臬以繩取景之兩端，一匝，則景之遠近定遠近定，則東西乃審。云「度兩交之間，中屈之以指臬，則南北正。」必中屈指臬，則南北，正者，兩交間，正謂兩景端之半，度景兩間，中屈之以指臬，則南北正。必中屈之者，於夏日全中漏半，於臬南向北所度之處，於東西景端亦相當，故須中屈之也。」

宋・王安石《周官新義》卷二 以土圭之灋測土深，正日景，以求地中。日南則景短，多暑；日北則景長，多寒；日東則景夕，多風；日西則景朝，多陰。日至之景尺有五寸，謂之地中。天地之所合也，四時之所交也，風雨之所會也，陰陽之所和也。然則百物阜安，乃建王國焉。制其畿，方千里而封樹之。

凡建邦國，以土圭土其地而制其域，諸公之地封疆方五百里，其食者半。諸侯之地，封疆方四百里，其食者參之一。諸伯之地，封疆方三百里，其食者參之一。諸子之地，封疆方二百里，其食者四之一。諸男之地，封疆方百里，其食者四之一。凡造都鄙，制其地域而封溝之。以其室數制之，不易之地家百晦，一易之地家二百晦，再易之地家三百晦，乃分地職，奠地守，制地貢，而頒職事焉，以爲地灋而待政令。

宋・王安石《周官新義》卷一三 土方氏掌土圭之灋，以致日景，以土地相宅而建邦國。都鄙以辨土宜土化之灋，而授任地者，王巡守則樹王舍。

宋・王昭禹《周禮詳解》卷九 以土圭之灋測土深，正日景，以求地中。日南則景短，多暑；日北則景長，多寒；日東則景夕，多風；日西則景朝，多陰。日至之景尺有五寸，謂之地中。天地之所合也，四時之所交也，風雨之所會也，陰陽之所和也。然則百物阜安，乃建王國焉。制其畿，方千里而封樹之。深，尺鳩反，景或作影。璣衡所以經天也，土圭所以緯地也，兩者皆用土焉。土之爲物，陽精之純，致一以通乎天地者，莫太乎是矣。圭之爲物，剡其首以象物之生，平其下以象物之植，承順乎天而以生萬物者，土也，故以土圭求之。土圭之法，所以度天之高，四方之廣，與土之深。舉測土深，則天與四方從可知矣。正日景以求地中者，日至之景尺有五寸，謂之地中。以土圭正日景之長短，候其景，適與土圭等，所以求地中而建王國也。夫天之高，土之深，四方之廣，其所以正之者，以日景而已。于夏日至晝漏午之時，立八尺之表，其景短而不滿于尺有五寸，則知其爲日南矣。多暑則以其火勝之，其景長而過于尺有五寸，則知其爲日北矣。多寒者以其水勝之，其日中之景若夕景者，知其爲日東矣。多風者以其木勝之，其日中之景若朝景者，知其爲日西矣。多陰者以其金勝之，言東多風則知多陰之爲雨，言西多陰則知多風之爲陽，亦互見也。多陽、多暑、多陰、多寒、多風、多雨，皆非地中，未可以建王國也。日至之景尺有五寸謂之地中者，蓋地與星辰東南遊萬五千里，日景一寸差千里，是萬五千里適當尺有五寸之景也。土圭長尺有五寸，而日至之景合焉，故謂之地中。以其地中，故天地、四時、風雨、陰陽皆得其正矣。夫天不足西北，地不足東南，有餘不足皆非天地之中，惟得天地之中，然後天地于是乎合，故曰天地之所合也。土播于四時，所以生長收藏，萬物一時之氣不至，則偏而爲害。惟得天地之中，然後四時于此而交通，故曰四時之所交也。風以散之，雨以潤之，偏于陽則多風，偏于陰則多雨，惟得天地之中，然後陰陽和而風雨以序而至，故曰風雨之所會也。獨陰不生，獨陽不成，陰陽之和不成，則反傷之形。惟得天地之中則無愆，陽伏陰，陰陽于此調而不乖，故曰陰陽之所和也。合以體言，交以序言，會以時言，和以氣言。天地合，四時交，風雨會，陰陽和，如此則無乖戾之氣，無疾癘之災。有生者遂，有形者育，則萬物以之而阜安，以之建王國，適其所矣。書曰：王來紹上帝，自服于土中。且曰：其作大邑，其自時配皇天，蓋洛邑非特地中，亦天之中也。王者位乎天地之中，以中德而紹上帝，以中道而配皇天。紹上帝者王之事也，配皇天者皇之事也。先王所以建國于天地之中，者意亦微矣。夫先王建國非適爲百物阜安而已，亦爲四方之至者。道里均焉而經不言者，其然易知故也。

宋・王昭禹《周禮詳解》卷二九 土方氏掌土圭之灋，以致日景，以土地相宅，而建邦國都鄙。以辨土宜土化之灋而授任地者，王巡守則樹王舍。相去聲。大司徒以土圭之法測土深，正日景，以求地中。凡建邦國以土圭土其地，而土方氏掌土圭之法以致日景。以土地相宅而建邦國都鄙，則輔成司徒建造之而已。大司徒掌土宜之法，而土方氏亦辨土宜土化之法而授任地者，則輔相司徒草人任土糞種之事而已。司徒草人所掌止於王畿，而土方氏所掌則盡於四方，故名官以土方氏焉。相宅而建邦國都鄙，則邦國賴之以有其居，此豫之利建侯之事也。辨土宜土化之法而授任地者，則萬民之賴以有其宅，此臨之容民之事也。故巡狩使樹王舍，邦國都鄙有其民居，有其民宅，然後上得保其居，而安其宅故也。

宋・俞庭椿《周禮復古編》 以土圭之法測土深，正日景，以求地中。日南則景短，多暑；日北則景長，多寒；日東則景夕，多風；日西則景朝，多陰。日至之景尺有五寸，謂之地中。天地之所合也，四時之所交也，風雨之所會也，陰陽之所和也。然則百物阜安，乃建王國焉。制其畿，方千里而封樹之。凡建邦國以土圭，土其地而制其域。諸公之地封疆方五百里，其食者半。諸侯之地封疆方四百里，其食者參之一。諸伯之地封疆方三百里，其食者參之一。諸子之地封疆方二百里，其食者四之一。諸男之地封疆方百里，其食者四之一。凡造都鄙制其地域而封溝之，以其室數制之。不易之地家百晦，一易之地家二百晦，再易之地家三百晦。

匠人建國，匠人營國，載之《考工》，雖成周之舊，亦其遺制也。置槷爲規，皆以測景、正朝夕，其與土圭之法相表裏矣。而土圭之法乃在司徒之職，於建邦造都非類也，與舜命官之意戾矣。是不惟戾於有虞氏之官制也，與大宰之六典、小宰之六職皆相扞格，豈以成周設官俱無特操如此耶？司空執度度地量地、制邑，於《王制》可以知其職。匠人建國，匠人營國，於《考工》可以遡其舊也。若以司徒考之，此皆强附而曲取於經，於傳誠無以爲據依也。大概司徒以地名官，而司空之名則習以爲百工之官，而凡曰土地之事，於是悉歸地官焉。故其屬與其職悉雜司空之篇，而司空之篇既出於誦説之譌，附於彼則闕於此，至盡亡其官與其屬。今取大司徒之不應職者歸之司空，而司空之屬豈不昭然，如故物之復其主耶？故曰：司空之篇未嘗亡也。釋造都鄙制地域者，曰《王制》曰：凡居民量地以制邑，度地以居民，地邑民居必參相得。援引是已，惜乎習矣而不察也。

宋·林之奇《尚書全解》卷一　宅嵎夷曰暘谷　宅南交　宅西曰昧谷　宅朔方曰幽都

此所以奠方隅也。蓋作歷之法，必在候日月之出没、星辰之躔度。欲候日月之出没、星辰之躔度者，必先準定四面方隅之地爲表識。東曰嵎夷，西曰昧谷，南曰南交，北曰幽都。四方既定，然後可以候日月之出没，測星辰之運行，而歷象之法自此起矣。古者設爲土圭之法，以測日景。土圭之景七尺五寸，景之中也。日至之景尺有五寸，短之至也。丈有三尺，長之至也。其法必於地中之所，日中之時，施圭以度焉。日南則景短多暑，日北則景長多寒，日西則景夕多風，日東則景朝多陰。據此下文有「日中日永，宵中日短」，則是以土圭測日景之法，於堯時已有之矣。欲求天地之中者，苟不先立土圭以測日景、準定四方之地，則何以定天地之中？此蓋作歷之始也。嵎夷，青州之嵎夷也，在正東，故東曰嵎夷。南交，孔氏云：夏與春交，王氏云：南方相見之時，陰陽之所交也，故曰南交。此説不然，於東西曰嵎夷，曰昧谷，皆地名也，不應於南方獨言其萬物相見之時，其説爲不類。蓋南交即交趾也。

宋·黄倫《尚書精義》卷一　申命羲叔，宅南交，平秩南訛，敬致。日永星火，以正仲夏，厥民因，鳥獸希革。

按《周禮》，司徒以土圭之法測土深，日至之影尺有五寸。鄭司農云：土圭之長尺有五寸，夏至之日立八尺表於陽城，其影與土圭等。按：《臨曜》稱日永，景尺五寸。日短，景丈三尺。《通卦驗》曰：夏至一尺四寸八分，冬至一丈三尺。《周髀》云：成周土中夏至一尺六寸，冬至一丈三尺五寸。劉向《洪範傳》曰：夏至一尺五寸八分，冬至一丈三尺一寸四分，春秋二分七尺三寸六分。《隋志》云：劉向二分之景，直以率推，非因立表，其説非也。《隋志》曰：日去極近則景短而日長，去極遠則景長而日短，日行内道則去極遠。無垢曰訛，化也，萬物化育也。且如禾稻之屬，春則苗，夏則實，自無而忽爲有，自幽而忽爲明，此訛之義也。向非東作以滋其萌，則其所謂訛者，天亦不能自爲之矣。天之春夏秋冬，即人之作訛成易也。天人一致，唯深造者於此而得之。其曰敬致者，一歲事功，莫大於夏。夏能結實，秋則成熟矣。當其實也，則防水旱之變，謹蟊螣之傷，勿使稂莠以敗其力，勿使蔓草以害其功。是夏時之訛既至，吾當謹其至而致其力也。此所以獨異於東作、西成、朔易，而以敬致一語綴之歟？

宋·林岊《毛詩講義》卷二　北度日出日入以正東西之説也，所謂揆之以日者，孔之正義曰：此度日出日入，謂度其影也。故《公劉》傳曰：考於日影是也。其術則《匠人》云：水地以縣，置槷以縣，視以影，爲規，識日出之影與日入之影。晝參諸日中之影，夜考之極星以正朝夕。注云：於四角立植而縣，以水望其高下，高下既定，乃爲位而平也。賈曰：四角四柱繩以正柱，柱正去遠，以水平之法望而知地高下。平高就下，乃於所平之地中央樹八尺之臬，於此柱之四角四中以八繩縣正之，繩皆附柱，爲正視之，以其影將以正四方也。日出日入之影，其端則東西正也。賈曰：以繩測景之兩端，又爲規以識之者，爲其難審也。自日出而晝其影端，以至日入，既則爲規，測影兩端之内規之。規之，交乃其審也。賈曰：以繩取景之兩端，一匝則遠近定，東西審度。兩交之間中屈之以指臬，則南北正也。日中之影，最短者也。極星謂北辰也，是揆日瞻星，以正東西南北之事也。如匠人注度日出日入之影，不假於視，定視極而東西南北皆知之。此傳度日出入，以知東西、視定極、以正南北者。《考工》之文止言以正朝夕，無正南北之語，故規影之下别言。考之極星，是視極乃南北正矣。但鄭因屈横度之繩，即可以知南北故。細言之，與此不爲乖也。朱氏曰：植八尺之臬，而度其日出入之景，以正東西。又參日中之景，以正南北也。賈疏：《周禮·天官》又云水平之法在地，曰槷。以繩縣於槷上，然後從旁以水望縣，即知地之高下而平之。又云置槷以縣者，既平得地，欲正其東西南北之時，先於中正一槷，恐槷下不正，先以縣正之。乃視以景，謂於槷端向日出晝之，以至日入，即得景爲規識之。規之交處東西正，兩交之間，中屈之，以指槷知南北。又晝參日中之景，夜考北極之星，乃審其説，尤明。又疏：匠人曰，《天文志》：夏日至立八尺之表，大司徒日至之景尺有五寸，在上臨下最短，本鄭注日中之景最短者也。然則匠人之臬所以平地、正四方，求一城、一國之中，而大司徒之土圭求天下地中之法歟？賈疏尤詳，曰：周公攝政四年，欲求土中而營王城。以土圭尺有五寸者，度日景，夏日至晝漏半，表北得尺五寸景，正與土圭等，即地中。其度日景之時置五表，潁川、陽城置一表，爲中中表。南千里又一晝漏半得尺四寸，爲短中表。北千里又一晝漏半，得尺六寸，爲長中表。東千里又一晝漏半，中表景得正之時，東表日已昳矣，故云景夕多風。中表西千里又一晝漏半，中表景得正之時，西表日未中，仍得朝時之景，故云景朝多陰。不堪置都，冬至、夏至皆可度日，馮相冬夏致日，《考工》土圭尺有五寸以致日。凡景一寸則地千里，日景於地而差一寸，潁川、陽城地中而定洛者，通在畿千里之内也。武王遷九鼎於洛，欲取河洛之間形勝之所。周岐鎬在五嶽之外，欲均其政，東行洛邑，謀天子之居。宫室通言也，若別言之，則宫爲廟室，爲居室。君子將營宫室，宗廟爲先，廄庫爲次，居室爲後。諸侯蓋爲衛城，其城文公於中營宫室也，榛、栗、椅、桐、梓、漆六木，大栗小榛籩實，餘四木其長大可伐以爲琴瑟，言豫備也。郭璞曰：椅即楸也。疏理白色而生子椅，梓實而桐皮桐梧桐漆木有液，黏黑可飾器物，皆琴瑟之材也。種用者於十年之後升彼漕虚，地有故墟，高可登望。《左氏》晉侯登有莘之墟，望楚丘與堂邑，測日景於山與京，如「既景乃岡」是也。

宋・葉時《禮經會元》卷二下　王畿

《詩》曰：「商邑翼翼，四方之極，邦畿千里，維民所止」。蓋王畿，天下之本，所以觀萬國而示儀，總八方而爲極也。人知有極，則東西南北於是乎求中，而不容有所偏倚也。人知所止，則先後遠近於是取中，而不敢有過不及也。聖人爲民立極，立中道以爲標準，可不於王畿千里之地而先正其本乎？是故司徒建國必求地中，測之以土圭，正之以日景，南北東西必揆其中，朝夕長短必眡其中，寒暑風陰必度其中，測其土深欲其淺深得中也，正以日至期其長短得中也。古人立土圭以測日景，必先測其土地之深，然後立土圭焉。土圭之制，尺有五寸，日景短而不滿，則知其爲南矣，地近南則多暑。日景長而過圭，則知其爲北矣，地近北則多寒。日景如夕之時，則知其爲東矣，地近東則多風。日景如朝之時，則知其爲西矣，地近西則多陰。土圭致日之法，當以冬夏，以其短長之極也。日至之景尺有五寸，則與土圭等矣，是謂地中。既得其中，則天地合而四時交，風雨會而陰陽和，然則萬國阜安，乃建王國焉。不特此爾，匠人建國，水地以取其中，置槷以視其正，晝參諸日景，夜考諸極星。匠人雖未必合周人之制，其求爲中則一也。至於建諸侯邦國，則以土圭土其地而制其域，亦以求邦國之中。不言中者，承上文爾。鄭司農惑於地中之説，謂今潁川陽城地爲然。彼徒見周人營洛謂之土中，不知洛書爲中，乃取其四方朝貢道里均爾。如以洛爲土中，然後建國，則豐鎬果爲不中乎？而況陽城之地去洛亦遠，此果謂之土中，周人胡不都陽城邪？若專以王畿爲地中，則侯國皆不中矣。天地四時果不交合乎陰陽風雨，果不和會乎？案：《春官・典瑞》掌土圭以致四時，封國則以土地，《夏官》土方氏掌土圭之法，以土地相宅，而建邦國都鄙。《考工記・玉人》亦曰：土圭尺有五寸，以致日，以土地，則是王畿之外，邦國都鄙無不以土圭求地中。蓋中在天地間，不容以定名也。以一家觀之，一廳則有一廳之中，一室則有一室之中，中無往而不在也。故一家有一家之中，一國有一國之中，天下有天下之中，先王建國亦隨其地而求其中爾。天地陰陽之氣，豈以一方而遂窮邪？聖人財成輔相天地之道，亦豈有一方而不中邪？中之爲道，不特建國爲然也。辨方正位，則方位之中有中。體國經野，則國野之中有中。設官分職，則官職之中有中。王畿之内，無一而不爲中也。不然，則《周官》六典之首，何以總謂之以爲民極也歟？

宋・易祓《周官總義》卷七　以土圭之灋測土深，正日景，以求地中。日南則景短，多暑；日北則景長，多寒；日東則景夕，多風；日西則景朝，多陰。日至之景尺有五寸，謂之地中。天地之所合也，四時之所交也，風雨之所會也，陰陽之所和也，然則百物阜安，乃建王國焉。制其畿，方千里而封樹之。凡建邦國以土圭土其地，而制其域。諸公之地，封疆方五百里，其食者半。諸侯之地，封疆方四百里，其食者參之一。諸伯之地，封疆方三百里，其食者參之一。諸子之地封疆方二百里，其食者四之一。諸男之地封疆方百里，其食者四之一。

此所謂土其地者，特依倣王國之法，以定東西南北之勢，然後爲之制其小大廣狹之封。如是而已，非謂百里至五百里而別測日景之長短。

宋・易祓《周官總義》卷二九　匠人建國，水地以縣，置槷以縣，眡以景。爲規，識日出之景與日入之景，晝參諸日中之景，夜攷之極星，以正朝夕。

匠人建國，主王國而言也。大司徒之建國，以土圭之灋測土深，以正日景。日至之景尺有五寸，謂之地中，此則贊大司徒求地中而已。水地以縣，置槷以縣者，此二縣字有先後之序。先於造成之處以求平地，於四旁立四柱，以繩縣之。

其繩附柱不偏，量其四旁適均，則其地平矣。方於中立八尺之表，表即槷也。復以繩縣之，其繩附柱不偏，而後眂表之景。又於四旁之地爲規圜之勢，晝以識之。日出於東，其景在西，則識其出景之端。日入於西，其景在東，則識其入景之端。景之兩端既定，中屈其所量之繩，而兩者相合，則地中可驗。又慮其所規之不正也，復以出入之景與日中之景三者相參，故曰參。又慮其所參之或偏也，復以日中之景與極星之度兩者相考，且極星之度何與於日中之景，凡以驗日景之中而已。蓋夏至日在南陸，躔於東井，去極六十六度有奇，而其景尺有五寸。冬至日在北陸，躔於牽牛，去極一百一十六度有奇，而其景丈有三尺。春分日在西陸，躔於婁。秋分日在東陸，躔於角，去極九十一度有奇，而其景均焉。觀日躔去極之遠近以驗四時，攷四時日影之短長以求地中，則東西可正。故曰：以正朝夕。朝夕，東西也。經所謂行人之儀，不朝不夕。記所謂爲朝夕，必因日月。是已東西既正，然後度日景。兩交之間，屈其繩之半以指槷，而求合乎規圜之勢，則南北亦正矣。

宋·王與之《周禮訂義》卷一五 以土圭之灋測土深，尺鴆反。正日景，以求地中。日南則景短，多暑；日北則景長，多寒；日東則景夕，多風；日西則景朝，多陰。日至之景，尺有五寸，謂之地中。

史氏曰：虞以璿璣玉衡齊七政，求天之中。周以土圭正日景，求地之中。中於天地者爲中國，先王之建國所以致意焉。然必以玉爲之，以其温潤廉潔，受天地之中氣，以類而求類也。

鄭康成曰：土圭所以致四時日月之景測，猶度也。不知廣深，故曰測。〇鄭司農曰：測土深，謂南北東西之深。〇王氏曰：土圭之法，所以度天之高，四方之廣，測土之深。舉測土深，則天與四方可知矣。

鄭鍔曰：凡地之遠近里數，侵入則謂之深。土圭尺有五寸耳，日景於地，千里而差一寸。尺有五寸之土圭，則可以探一萬五千里。而地與星辰四游升降於三萬里之中，故以半三萬里之法而測之也。愚嘗聞土圭測日之法於師，今載於此。冬夏二至，晝漏正中，立一表以爲中，東西南北各立一表，其取中表皆以千里爲率，其表則各以八尺爲度。於表之傍立一尺五寸之土圭焉，日南者，南表也。晝漏正而中表之景已與土圭等，其南方之表則於表南，得一尺四寸之景，不及土圭之長，是其地於日爲近南，故其景短。南方偏乎陽，則知其地之多暑。日北者，北表也。晝漏正而中表之景已與土圭等，其北方之表則於表北得一尺六寸之景，有過乎土圭之長，是其地於日爲近北，故其景長。北方偏乎陰，則知其地之多寒。日東者，東表也。晝漏正而中表景正矣。東表之景已昳，是其地於日爲近東，故晝而得夕時之景也。箕者，東方之宿。箕星好風，則知其地之多風。日西者，西表也。晝漏正而中表景正矣，西表之景猶未中，是其地於日爲近西，故晝而得朝時之景也。畢者，西方之宿。畢宿好雨，故知其地之多陰。陰雖未必雨，然陰則雨意也。凡此皆偏於一方，非建王國之所也。

愚案：此即發明疏說。考之《洛誥》，但言卜。河朔黎水、澗水、瀍水，惟洛食而已，未聞置四表於千里之外。疏又謂今潁川陽城縣，周公度景之處，古跡猶存。不知四方立表之跡，果何地乎？此未足信也。日月之行，分同道也。至相過也，景晷相過，則有可候之理，故致日必以冬夏。今建國測景，只於夏至而不於冬至，以冬至景長三尺，過於土圭之制，未若夏至之日晝漏之半。立八尺之表，表北尺有五寸，正與土圭等，則爲地中，故於此時植之，以表測之以圭。假如表北得尺四寸，是地於日爲近南，景短於表。南爲陽粵地，常多暑假。如表北得尺六寸，是地於日爲近北。景長於表北爲陰，胡地常多寒。正中時表其景已昳，是地於日爲近東，先夕景也。東近海卑下，故多颶風。正中時表其景未中，是地於日爲近。西猶朝景也，西則近山幽陰，故多積雪。多者不得夫氣之中，而偏勝之。謂日南日北，蓋假借言之。以證必如下文地中，斯無偏勝之患。若以四表而驗中表之正，萬一與土圭不協，四方相去各千里而遥，必非頃刻所能取會。苟失其時，地中何時而可求邪？

宋·王與之《周禮訂義》卷五七 掌土圭之灋，以致日景，以土地相息亮反。宅，而建邦國都鄙。

黄氏曰：地形廣遠，不可度量，故有土圭之法，今《九章》猶有鉤股存焉。〇鄭鍔曰：冬夏至潁川陽城晝漏半，立八尺之表，夏至於表北得尺五寸之景，冬至於表北得丈三尺之景，皆爲地中，此建國所用也。若建諸侯國，則不用此，何則？景一寸差千里，一分則百里，封侯國之大者不過五百里，何取於土圭之寸耶？亦取其分而已。若建小國，又取其分以爲小分也，一分百里，男國也，亦大都也。二分二百里，子國也。若小都五十里，則爲小分五分。大夫二十五里則爲小分二分半，所謂建邦國都鄙也。〇鄭康成曰：土地猶度地，知東西南北之深，而相其可居者宅居也。〇李嘉會曰：知其風土以相國君居民之所宅，蓋宅里所居，必陰陽納藏，風氣合聚，如《禹貢》所云「四隩既宅」是也。

鄭鍔曰：土方氏所掌與大司徒以土圭正日景，馮相氏之致日致月不同。大司徒建王國，而用土圭以測土深，求天地之中。馮相氏欲知四時之氣，土方氏專建諸侯之國，不過用土圭以度其地之遠近廣狹而已。

以辨土宜土化之灋，而授任地者。

黃氏曰：所謂景短多寒、景長多暑、景朝多陰、景夕多風，土宜土化，由是而有其法焉。〇鄭康成曰：土宜謂九穀稙稺所宜也，土化地之輕重糞種所宜用也，任地者載師之屬。〇劉氏曰：謂授其地以任其耕種者。

鄭鍔曰：大司徒有土宜之法，草人有土化之法，用是法以授夫。任地之人，則非特治王畿千里之地有法，而治諸侯之地亦有法，何患職貢之不供哉？

王昭禹曰：大司徒以土圭之法測土深，正日景，以求地中。凡建邦國以土圭土其地，而土方氏則輔成司徒建國之事而已。大司徒掌土宜之法，而土方氏亦辨土宜土化之法。則輔相司徒草人，任土糞種之事而已。司徒草人所掌止於王畿，而土方氏所掌則及於四方。

宋·王與之《周禮訂義》卷七八　匠人建國

鄭鍔曰：梓匠、輪輿皆工之巧，而梓人與輪輿只能爲器爲車而已。至於爲工而從事於斧斤者，匠也。攻木攻土無所不能，是以謂之匠。〇陳用之曰：大司徒以土圭之法求地中，主天地之中而言焉。匠人建國，水地眡景，晝參夜考，又將求王國之中。

水地以縣。音玄。

趙氏曰：縣者，謂於造城之處四角立四柱，於柱四畔垂繩以正柱，柱正然後去柱，遠以水平之法望柱，高下定即知地之高下，然後平高就下，地乃平也。蓋地高則柱高，柱高則映於水之影短。水地者，於柱四角之中掘地貯水，以望柱也。〇毛氏曰：謂於地之四邊掘而爲溝，以圍繞之，而注水於其中。水之淺深相似不偏，則雖不平，高下依水，以爲平矣。然水所注須臾乾焉，故既依水以得其平，又以繩依水而縣之。水雖乾而繩存，則不復資於水也，以繩爲正足矣。此縣宜以繩相牽連，而縣於水之上也。

鄭鍔曰：天下之至平莫如水，將以知地之高下，則用水而視之。天下之至直莫如繩，將以知槷之邪正，則用繩而視之。謂之水地以縣者，既度地而築之，未知其高下，乃用水以望之也。然水可以望高下必以繩，而驗之用水以平地。立柱以懸繩觀水矣，而又觀繩，則平與直皆可知也。

置槷魚列反。以縣，眡以景。

毛氏曰：水地之縣，求地之平也。既得平矣，宜辨方以正東西南北之所在。正之如何，置槷以縣而已。〇鄭鍔曰：八尺之表謂之槷，槷與書所謂臬司之臬同，皆法也。八尺之表，則法之所在也。夫立槷以致日景而正四方，槷或不正，則景從而差。先王垂其繩以正其槷，而後眡其所致之景焉。上言水地以縣，以依水而橫縣之也。此言置槷以縣，則直縣之而已。〇趙氏曰：唯置槷平直，則冬至夏至日出入景或尺五寸，或一丈三尺，皆可眡矣。置水於地，置槷於地，必假繩而後正，故皆以縣焉。〇陳用之曰：謂之水，與司徒所謂土其地者同。以測其土之深，故謂之土。以求諸水之平，故謂之水。

爲規，識日出之景與日入之景。

毛氏曰：識謂記之也，此申明上文眡景之義。大抵平地宜以水，水在地而近人，審之爲易。辨方宜以日，日在天而遠人，審之爲難。故置縣槷以致其景，而眡之也。然日不暫停，晷亦隨之。槷雖能致其景，而又隨其出入之景而規識之。如是，則日雖在槷，而槷所以得之者，規畫之識而已。此言規，猶輪人之言矩其陰陽也。矩與規方圓不同，皆爲刻畫之稱。〇鄭鍔曰：記景之法必畫爲規者，蓋規圓而矩方，惟因其圜，然後中屈之。〇鄭康成曰：度兩交之間，中屈之以指槷。規之交處，則東西正也。於兩交之間中屈之，指槷又知南北正也。〇易氏曰：又於四旁之地爲規圜之勢，畫以識之。日出於東，其景在西，則識其出景之端。日入於西，其景在東，則識其入景之端。景之兩端既定，中屈其所量之繩，而兩者相合，則地中可驗。

宋·王應麟《六經天文編》卷下　圭景

鄭司農曰：測土深，謂南北東西之深也。日南，謂立表處大南近日也。日北，謂立表處大北遠日也。景夕，謂日跌景乃中立表處大東近日也。景朝，謂日未中而景中立表處大西遠日也。土圭之長，尺有五寸。以夏至之日，立八尺之表，其景適與土圭等，謂之地中。今潁川陽城地爲然。康成曰：晝漏半而置土圭表陰陽，審其南北。景短於土圭，謂之日南，是地於日爲近南也。景長於土圭謂之日北，是地於日爲近北也。東於土圭謂之日東，是地於日爲近東也。西於土圭謂之日西，是地於日爲近西也。如是則寒暑陰風，偏而不和，是未得其所求。凡日景於地千里而差一寸，景尺有五寸者，南戴日下萬五千里，地與星辰四遊升降於三萬里之中，是以半之得地之中也。畿方千里，取象於日一寸爲止。

疏曰：馮相氏云，冬夏致日春秋致月，皆以土圭度之。是以《冬官·考工記》云：土圭尺有五寸，以致日。《三光考靈耀》云：四遊升降於三萬里中下。云：日至之景尺有五寸，謂之地中。則是半三萬里而萬五千里，與土圭等，是千里差一寸，算法亦然。言此者欲見經日南日北之等，皆去中表千里。爲術景長景短，皆差一寸。《通卦驗》云：冬日至樹八尺之表，日中視其晷，是以知用八尺表而以晝漏半度景也。景一寸差千里，故於地中尺五寸景去南戴日下萬五千里。《考靈耀》言：四游升降者，春分之時地與星辰復本位。至夏至之日，地與星辰東南游萬五千里，下降亦然。至秋分還復正。至冬至地與星辰西北游亦萬五千里，上升亦然。至春分還復正。進退不過三萬里，故云地與星辰四游升降於三萬里之中，是以半之得地之中也。《元命包》云：日圓望之廣尺，以應千里。故鄭注《王制》云：象，日月之大也。《考靈耀》曰：從上臨下八萬里，天以圓覆，地以方載。《河圖括地象》曰：天不足西北，地不足東南。西北爲天門，東南爲地户。天門無上，地户無下。又云：極廣長南北二億三萬一千五百里，東西二億三萬三千里。又云天左動起於牽牛，地右動起於畢。《廣雅》云：天圜南北二億三萬三千五百里七十五步，東西短減四步，周六億十萬七百里二十五步。從地至天，億一萬六千七百八十七里半，下度地之厚與天高等。《天度》云：東方七宿七十五度，南方七宿百一十二度，西方七宿八十度，北方七宿九十八度。四分宿之一四方三百六十五度四分，度之一度二千九百三十二里。二十八宿間相距積百七萬九百一十三里，徑三十五萬六千九百七十里。　易氏曰：鄭氏之説本於《考靈耀》，謂土圭之法。以一分當百里，以一寸當千里，日景於地凡千里而差一寸。故於潁川陽城之地，置一表爲中表，又於中表之四面各去千里而置四表。晝漏半則各參以土圭之景，以驗南北東西。其景皆有一寸之差，其説果可從乎？殊不知大司徒所謂日南日北日東日西者，特四時測景之灋。如夏至日在南，陸躔於東井，景長尺有五寸，故曰日南則景短多暑。冬至日在北，陸躔於牽牛，景長丈有三尺，故曰日北則景長多寒。秋分日在東，陸躔於角，其景常候，以夕，故曰日東則景夕多風。春分日在西，陸躔於婁，其景常候以朝，故曰日西則景朝多陰。四時之間春秋不可致日，故日景不言尺寸之度。冬至日景雖言尺寸之度，而實過於土圭之制。惟夏至之日景長，尺有五寸，正與土圭等，所以求地中。昔堯之敬授人時，皆以中星驗日景，而獨於仲夏，言敬致，致即致日也。致日於尺有五寸之景，此即求中之法。地中既正，是以因其日之東南西北，而知天地於此乎。合因其景之長短朝夕，而知四時於此乎。交多風多陰得其序，而知風雨於此乎。會多寒多暑得其序，而知陰陽於此乎。和以至百物阜安，又造化冲和之氣，其應然也。匠人建國主王國而言也。大司徒之建國，以土圭之灋測土深，以正日景。日至之景，尺有五寸，謂之地中。此則贊大司徒求地中而已。

水地以縣，置槷以縣者，此二縣字有先後之序。先於造城之處以水平地，於四旁立四柱，以繩縣之，其繩附柱不偏，量其四旁適均，則其地平矣。方於中立八尺之表，表即槷也。復以繩縣之，其繩附柱不偏，而後眂表之景，又於四旁之地爲規圜之勢，畫以識之。日出於東，其景在西，則識其出景之端。日入於西，其景在東，則識其入景之端。景之兩端既定，中屈其所量之繩，而兩者相合，則地中可驗。又慮其所規之不正也，復以出入之景，與日中之景三者相參，故曰參。又慮其所參之或偏也，復以日中之景與極星之度兩者相攷，故曰考。且極星之度何與於日中之景，凡以驗日景之中而已。蓋夏至日在南，陸躔於東井，去極六十六度有奇，而其景尺有五寸。冬至日在北，陸躔於牽牛，去極一百一十六度有奇，而其景丈有三尺。春分日在西，陸躔於婁，秋分日在東，陸躔於角，去極九十一度有奇，而其景均焉。觀日躔去極之遠近以驗四時，攷四時日景之短長以求地中，則東西可正，故曰以正朝夕。東西既正，然後度日景兩交之間，屈其繩之半以指槷，而求合乎規圜之勢，則南北亦正矣。　王氏曰：以日景正其朝，則地之中得矣。以極星正其夕，則天之中得矣。《書》曰：自服于土中。又曰：其自時配皇天，則洛邑非特地之中，亦天之中矣。《大衍曆議》曰：宋元嘉中，南征林邑。五月立表望之，日在表北。交州影在表南三寸，林邑九寸一分。交州去洛水陸之路九千里，蓋山川回折使之然，以表考其弦，當五千乎。開元十二年，測交州夏至在表南三寸三分，與元嘉所測畧同。使者大相元太言，交州望極纔高二十餘度。八月海中望老人星下列星粲然，明大者甚衆，古所未識，乃渾天家以爲常没地中者也。大率去南極二十度已上之星則見。太史監南宫説擇河南平地設水準繩墨，植表而以引度之。自滑臺始白馬，夏至之晷尺五寸七分。又南百九十八里百七十九步得浚儀岳臺，晷尺五寸三分。又南百六十七里二百八十一步得扶溝，晷尺四寸四分。又南百六十里百一十步至上蔡武津，晷尺三寸六分半。大率五百二十六里二百七十步晷差二寸餘。而舊説王畿千里影差一寸，妄矣。吴王蕃考先儒所傳，以戴日下萬五千里爲句股，斜射陽城考周徑之率，以揆天度，當千四百六里二十四步有餘。今測日晷距陽城五千里，已在戴日之南，則一度之廣皆三分減二。南北極相去八萬里，其徑五萬里，宇宙之廣豈若是乎？然則蕃之術，以蠡測海者也。《隋・天文志》曰：先儒皆云夏至立八尺表於陽城，其影與土圭等。案《尚書考靈耀》稱，日永景尺五寸，日短景尺三寸。《易通卦驗》曰：夏至景一尺四寸八分，冬至一丈三尺。《周髀》云：成周土中夏至景一尺六寸，冬至景一丈三尺五寸。劉向《鴻範傳》曰：夏至景長一尺五寸八分，冬至一丈三尺一寸四分，春秋二分景七尺三寸六分。後漢四分歷、魏景初歷、宋元嘉歷、大明祖沖之歷，皆與《考靈耀》同。漢魏及宋所都皆别，四家歷法候景則齊。且緯候所陳，恐難依據劉向二分之景直以率推，非因表候定其長短。《考靈耀》、《周髀》、張衡《靈憲》及鄭玄注《周官》並云日影於地千里而差一寸。宋元嘉十九年壬午，使使往交州測影，夏至之日影出表南三寸二分，何承天遥取陽城云夏至一尺五寸，計陽城去交州路當萬里而影實差一尺八寸二分，是六百里而差一寸也。又梁大同中二至所測，以八尺表率取之，夏至當一尺一寸七分。彊後信都芳注《周髀》四術稱永平元年戊子，當梁天監之七年，見洛陽測影，又見公孫崇集諸朝士共觀祕書影，同是。夏至日其中影，皆長一尺五寸八分。以此推之，金陵去洛南北略當千里，而影差四寸，則二百五十里而影差一寸也。王朴曰：古者植圭於陽城，以其近洛也。蓋尚慊其中，乃在洛之東偏。開元十二年，遣使天下候影，南距林邑，北距横野，中得浚儀之岳臺，應南北弦居地之中。

元・梁益《詩傳旁通》卷二　樹八尺臬

樹，立也。臬，法也。《周禮・地官・大司徒》以土圭之法測土深，去聲。正日景，以求地中。日至之景尺有五寸，謂之地中。景，居影切。鄭司農曰：土圭之長尺有五寸，以夏至之日立八尺之表，其景適與土圭等，謂之地中。

元・梁益《詩傳旁通》卷一　考日景

地官司徒以土圭之法測土深，去音下同。正日景，以求地中。日南則景短多暑，日北則景長多寒，日東則景夕多風，日西則景朝多陰。鄭衆曰：測土深，謂南北東西之深也。日南謂立表處太南，近日也。日北謂立表處太北，遠日也。景夕謂日昳待結切。景乃中，立表處太東，近日也。景朝謂日未中而景中，立表處太西，遠日也。鄭玄曰：晝漏半而置土圭表，陰陽審其南北。景短於土圭謂之日南，是地於日爲近南也。景長於土圭謂之日北，是地於日爲近北也。東於土圭謂之日東，是地於日爲近東也。西於土圭謂之日西，是地於日爲近西也。如是則寒暑陰陽偏而不和，是未得所求。凡日景於地，千里而差一寸云。景如字。

元・張理《易象圖説》外篇卷下　《周禮・大司徒》以土圭之法測土深、正日景，以求地中。日南則景短多暑，日北則景長多寒，日東則景夕多風，日西則景朝多陰。日至之景尺有五寸，謂之地中。天地之所合也，四時之所交也，風雨之所會也，陰陽之所和也，然則百物阜安，乃建王國焉。

右言度地中、建王國之制。土圭，以玉爲之，長一尺五寸，測土深度日景，長短之深也。昔周公度土中於潁川陽城，立八尺之表以夏至之日晝刻半表，北得景長一尺五寸，與土圭等，求得地中，以爲中表。中表南千里又置一表爲南表，夏至晝刻半表北景長一尺四寸，不及一寸，爲景短，其地多暑。中表北又置一表爲北表夏至晝刻半表北景長一尺六寸，過一寸，爲景長，其地多寒。中表東千里又置一表爲東表，其地近日，夏至晝漏半已得夕景，故多風。中表西千里又置一表，其地遠日，夏至晝漏半始得朝景，故多陰。如是則寒暑陰風偏而不和，惟陽城土中陰陽風雨和，會爲得中也。日景於地，千里而差一寸者，案《三光考靈耀》云：四游升降於三萬里之中，日至之景尺有五寸，爲地中，則是半三萬里而萬五千里，與土圭等，是千里而差一寸也，算法亦然。

匠人建國水地以縣，置槷以縣眡以景。識日出之景與日入之景，晝參諸日，中之景。夜考之極星，以正朝夕。營國方九里，旁三門，國中九經九緯，經涂九軌，左祖右社，面朝後市，市朝一夫。

右言建國正位之法。水地以縣者，於建國之處四角立柱而懸之以水，準平其地之高下也。置槷以縣眡其景者，槷，臬也，古字通。立八尺之臬於地中，於臬之四角四中縣八引而垂之。其引皆附於柱，則柱正矣。然後於日出日入之時，眡柱之景而識其端，則東西正矣。又晝參日中之景，夜考之極星，則南北亦正，而朝夕正矣。此辨方之法也。

明・丘濬《大學衍義補》卷八六　大司徒以土圭之法測土深、正日景，以求地中。日至之景尺有五寸，謂之地中。天地之所合也，四時之所交也，風雨之所會也，陰陽之所和也。然則百物阜安，乃建王國焉。制其畿方千里，而封樹之。

鄭玄曰：土圭，所以致四時日月之景也。

凡建邦國，以土圭土其地，而制其域。

臣按：洛誥所謂自服於土中，蓋以洛邑在周時爲中國之中，四方道里適均，故於此宅中圖治，以定四海之民也。作《周禮》者，見其中於中國，故爲天地所合，四時所交，風雨所會，陰陽所和之説。蓋盛稱華夏之地居地勢之中，得天氣之正時。序正而寒暑不過甚，風雨時而收穫有定期。非若偏方僻壤，節候不正，而時氣之大寒大暑，物生不常，而收穫之或早或晚也。中國皆然，而洛邑乃其要會焉，故爲此説耳。雖然自三代以前則洛爲中國之中，以今天下觀之，則南北袤而東西蹙，則其所謂中者，蓋在荆襄之間也。朱子曰：豈非天旋地轉，閩浙反爲天地之中？閩浙在東南海盡處，難以爲中。朱子蓋以聲明文物通論天下，非論地勢也。

土方氏掌土圭之法，以致日景，以土地相宅，而建邦國都鄙。

鄭玄曰：致日景者，夏至景尺有五寸，冬至景丈三尺，其間則日有長短。土地，猶度地。知東南西北之深，而相其可居者宅居也。

臣按：大司徒凡建邦國，以土圭度其地。而土方氏掌土圭之法，以土地相宅，而建邦國都鄙。蓋大司徒掌建邦國，乃國家之大事。辨方正位體國經野，其事非一。而用土圭以致日景，以求地中，特其中之一事爾。大司徒總其凡，土方氏專其事，有事之時用其所職，以輔相司徒也。

匠人建國水地以縣，音玄。置槷以縣，眡以景爲規，識日出之景與日入之景。晝參諸日中之景，夜攷之極星，以正朝夕。

匠人營國方九里，旁三門，國中九經南北之道爲經。九緯，東西之道爲緯。經涂九軌，左祖右社，面朝後市，市朝一夫。

鄭玄曰：國中，城内也。經緯，謂涂也。經緯之涂皆九軌，積七十二尺。

王昭禹曰：先王建國，必先於辨方正位，是以匠人置槷眡景必正地中，以天地之所合、四時之所交、風雨之所會、陰陽之所和，於是乎建王國也。然其置槷必先水地以懸，使所直之臬必平而直，然後可以正日景也。水莫動則平，可因之以望高下之勢。繩垂之而墜，可用之而正曲直之形。以繩取其直，又以水取其平，然後於所平之地置臬也。《爾雅》曰：在地者謂之臬，所謂槷，則臬也。於所平地之中央立八尺之表，以縣正之，以眡日景，將以正四方也。於晝漏半又參諸日中之景。夜又攷之極星，以北辰所居者，天之中故也。又曰：左人道之所向，右地道之所尊。言祖則宗可知，言社則稷可知。朝者，義之所在。於朝言面，則知市之在所。背於市言後，則知朝之在所。先朝者，官吏之所會。市者，商賈之所聚。一夫百畝之地，然後足以容之。臣按：匠人既曰建國，又曰營國，蓋作而立之。謂建，言其始也。周圍而治之，以丈尺其小大，謂之營，言其終也。所謂置槷者，疏家謂，以水平地。於四角立四柱，於四柱畔懸繩以正柱，以水望其高下，即知地之高下，然後平高就下，而地乃平。殆今世所謂水平也與。

明·丘濬《大學衍義補》卷九二 《周禮》：大司徒以土圭之灋測土深、正日景，以求地中。日南則景短多暑，日北則景長多寒，日東則景夕多風，日西則景朝多陰。日至之景尺有五寸，謂之地中。

鄭玄曰：土圭，所以致四時日月之景也。凡日景於地，十里而差一寸。

賈公彦曰：案土人職云，土圭尺有五寸。周公欲求土中以營王城，故以土圭度日景之法測土之深，謂日景長短之深也。正日景者，夏曰至晝漏半，表北得尺五寸，景正與土圭等即地中。故云正日景，以求地中也。昔者周公度日景之時，置五表。五表者，於潁川陽城置一表爲中表，中表南千里又置一表，中表北千里又置一表，中表東千里又置一表，中表西千里又置一表。

臣按：大司徒以土圭之法測土深，以正日景，專以求地中也。而馮相氏致日以辨四時之叙，始專以考天象焉。大抵天道運行如環，無端。治歷者苟不即其陰消陽息之際，以爲立法之始，則何從而見其消息之機乎？惟於其日晷進退之際而候之，則其機將有不可遁者矣。候之之法，在植表測景，以究其氣之始至。而用以合其所布之筭，兩無差異則歷之本立矣。夫自周立表於陽城，漢人造歷必先定東西，立晷儀。唐詔太史測天下之晷，凡十三處。宋測景則於浚儀之岳臺。元人測景之所二十有七。舊説表八尺長，夏至之景尺有五寸，千里而差一寸。唐一行已嘗駮議八尺之表。表痺景促，古今承用，未之或革。元郭守敬所謂表五倍其舊，懸施橫梁。每至日中，以符竅夾測。橫梁之景折取中數，又隨所至之處，而立表測景。考北極出地高下，夏至晷景長短，晝夜刻數多寡，然後用之以推驗，其法可謂精密矣。

明·王應電《周禮傳》卷二上 以土圭之灋測土深、正日景，以求地中。日南則景短，多暑；日北則景長，多寒；日東則景夕，多風；日西則景朝，多陰。日至之景，尺有五寸，謂之地中。天地之所合也，四時之所交也，風雨之所會也，陰陽之所和也。景，古影字。

土圭之灋，以玉爲之，其長尺有五寸。夏至日正中時，樹八尺之表，以候日景。景有長短偏側，每一寸爲若干里，則地之中邊大小皆可得而知。然地有高卑，則日景隨而異。猶今步天者，北極出地之度數，每州多寡各不同。必先測土之深淺，然後可正以土圭。故先曰測土深也。求地中者，取天中心與地中心相對，謂之地中。天之中心，東西以日升没之正中定之，南北以各出地上九十一度，下當嵩高之處是也。然無以知之，故以夏至日行當晝漏，午時正中之刻，其景之所射尺有五寸，而得之。蓋夏至日行去天中心南十一度，每度爲一千二百五十里，其景下射于八尺之表，却得尺有五寸之景。使日行正當天之中，即無景之可得矣。此求地中之灋也。或據釋氏之説，以葱嶺爲地中者，蓋地西北有餘，東南不足。故據輿地而論，誠爲正中。殊不知東濱大海，地雖若不足，水獨非地乎？以此知爲夷人一偏之見。若以日景求之，則天地之正中皆得。聖人之道，所以爲大中至正也。地在日之南，則景短于尺五寸。南方屬火，故多暑。地在日之北，則景長于尺五寸。北方屬水，故多寒。地在日之東，則當日正中時而景已過，故曰景夕。東方屬木，故多風。地在日之西，則當日正中時而景尚早，故曰景朝。西方屬金，故多陰。唯地之正中，則日至之景尺有五寸，與土圭合。西北地高天不足，東南地下地不滿。中則天地平，故曰天地之所合。此以高下言也。南則多暑，北則多寒，四時皆偏。中則四時正，故曰四時之所交。此以南北言也。東則多風，西則多陰，風雨不時。中則風雨時，故曰風雨之所會。此以東西言也。凡地高及西北爲陽，地下及東南爲陰。中則陰陽不愆，故曰陰陽之所和。四語本六合分言，不必別爲訓釋。

明·王圻《續文獻通考》卷二〇一　正之影，亦可知北極之高，然其術非易易也。圭表之法，表短則分秒難明，表長則影虛而淡。郭守敬所以立四丈之表，用影符以取之也。日體甚大，豎表所測者，日體上邊之影，横表所測者，日體下邊之影，皆非中心之數。郭守敬所以於表端架横梁，以測之也。其術可謂善矣。但其影符之制，用銅片鑽鍼芥之孔，雖前低後仰以向太陽，但太陽之高低每日不同，銅片之欹側安能俱合？不合則光不透，臨時遷就，而日已西移矣。須易銅片，以圓木左右用兩板架之，如車軸然，則轉動甚易。更易圓孔，以直縫而用，始便也。然影符止可去虛淡之弊，而非其本。必須正其表焉，平其圭焉，均其度焉，三者缺一不可以得，影三者得矣。而人心有粗細，目力有利鈍，任事有誠僞，不可不擇也。知乎此庶幾，晷影可得矣。西洋之法，又有進焉。謂地半徑居日天半徑千餘分之一，則地面所測太陽之高必少於地心之實，高於是有地半徑差之加。近地有清蒙氣，能升卑爲高，則晷影所推太陽之高或多於天上之實。高於是，又有清蒙差之減，是二差者皆近地多而漸高漸減，以至於無。地半徑差至天頂而無清蒙差，至四十五度而無也。崇禎初，西洋人測得京省北極出地度分北京四十度，周天三百六十度，度六十分立算。下同。南京三十二度半，山東三十七度，山西三十八度，陝西三十六度，河南三十五度，浙江三十度，江西二十九度，湖廣三十一度，四川二十九度，廣東二十三度，福建二十六度，廣西二十五度，雲南二十二度，貴州二十四度。以上極度惟兩京、江西、廣東四處皆係實測，其餘則據地圖約計之。又以十二度，度六十分之表，測京師各節氣午正日影。夏至三度三十三分，芒種小暑三度四十二分，小滿大暑四度十五分，立夏立秋五度六分，穀雨處暑六度二十三分，清明白露八度六分，春秋分十度四分，驚蟄寒露十二度二十六分，雨水霜降十五度五分，立春立冬十七度四十七分，大寒小雪二十度四十七分，小寒大雪二十三度三十分，冬至二十四度四分。

明·王樵《尚書日記》卷一　度其景至否，以知其行得失也。〇附土圭之法。朱子曰：大司徒以土圭求地中，今人都不識土圭，鄭康成解亦誤。圭只是量表影底尺，長一尺五寸，以玉爲之。夏至後立表，視表影長短，以玉圭量之。若表影恰長一尺五寸，此便是地之中。晷長則表影短，晷短則表影長，冬至後表影長一丈三尺餘。今之地中與古已不同。漢時陽城是地之中，本朝岳臺是地之中，已自差許多。問：地何故有差？曰：想是天運有差，地隨天轉而差。今坐於此，但知地之不動爾，安知天運於外，而地不隨之以轉邪？天運之差，如古今昏旦中星之不同是也。〇又曰《周禮》注云：土圭一寸折一千里，天地四游升降不過三萬里。土圭之影尺有五寸，折一萬五千里，以其在地之中，故南北東西相去各三萬里。問：何謂四游？曰：謂地之四游升降，不過三萬里，非謂天地中間相去止三萬里也。又曰：然則冬夏晝夜之長短非日晷出没之所爲，乃地之游轉四方而然爾。〇又曰：土圭之法，立八尺之表，以尺五寸之圭横於地下，日中則影蔽於圭，此乃地中爲然，如浚儀是也。今又不知浚儀果爲地中否。問：何故以八尺爲表？曰：此須用勾股法算之，南北無定，中必以日中爲中，北極則萬古不易者也。

明·柯尚遷《周禮全經釋原》卷七　土圭以致四時、日月，封國則以土地，珍圭以徵守，以恤凶荒，牙璋以起軍旅，以治兵守，璧羨以起度，駔圭璋璧琮琥璜之渠眉疏。璧琮以斂尸，穀圭以和難，以聘女，琬圭以治德，以結好，琰圭以易行，以除慝。

釋曰：土圭測景之圭，致亦測也。土，度也。以之測天時，則致日月於四時而知其景之長短。以之度地域，則建國以封諸侯而知其域之廣狹。珍圭即鎮圭。

明·柯尚遷《周禮全經釋原》卷八　冬夏致日，春秋致月，以辨四時之叙。

釋曰：致者，至也。致日、致月，以土圭立表以度其至否。冬至日在牽牛，景長丈三尺，長至也。夏至日在東井，景長尺五寸，短至也。日者，實也，必於長短極時致之，故以冬夏春分日在婁，月上弦於東井，圓於角，下弦於牽牛。秋分日在角，月上弦於牽牛，圓於婁，下弦於東井。月者，闕也，必以長短中時致之。故以春秋日之長短，月之盈虧，以四時致之，罔有差忒，是之謂辨四時之叙。王氏曰：此皆以土圭立表，以度其至否。典瑞云：土圭以致四時、日月者，此也。

明·柯尚遷《周禮全經釋原》卷一〇　土方氏掌土圭之灋，以致日景，以土地相宅而建邦國都鄙，以辨土宜土化之灋而授任地者，王巡守則樹王舍。相，息亮反。

釋曰：土方氏掌邦國土地之事，領司空土圭土宜土化之灋，以施邦國之政者也。故土圭長尺五寸，致日景者立八尺之表。夏至則景尺五寸，冬至則景丈三尺，土地猶度地也。以此土圭度地勢，而相其可居者，以建諸侯之邦國、公卿之都鄙也。土宜謂九穀所宜，土化謂糞種所用，授任地者，謂授諸侯任地之官與？草人而令其耕種也，樹王舍，若掌舍設梐枑之時，則於外周匝而樹爲藩籬也。

王氏曰：大司空凡建邦國，以土圭土其地，而土方氏掌土圭之灋，以土地相宅而建邦國、都鄙，則輔相司空建國之事而已。大司空掌土宜之灋，而土方氏亦以土宜土化之灋而授任地者，則輔相司空草人任土糞種之事而已。司空草人所掌止於王畿，而土方氏所掌則主於四方邦國，故名官以土方氏焉。

明・柯尚遷《周禮全經釋原》卷一二 以土圭之灋測土深，正日景，以求地中。日南則景短多暑，日北則景長多寒，日東則景夕多風，日西則景朝多陰。

釋曰：此建王國也。王國必建於天地之中，豈洛邑既成，乃作《周禮》與？土圭長尺有五寸，其灋所用，下可以測土深，上可以正日景。測景者，凡日月之行分同道也。至，相過也。景晷相過，則有可候之理，故致日必以冬夏。今測景建國必以夏至者，以冬至景長三尺，未若夏至之日晝漏之半。立八尺之表，北尺有五寸，正與土圭等，則爲地中。故於此時植之以表，測之以圭。苟立表之地大南近日，則景短不及五寸，其地多暑。立表之地大北遠日，則景過尺五寸，其地多寒。立表處太東近日，則日中時其景已如夕，其地多風。立表處太西遠日，則日中時其景尚如朝，其地多陰。凡此皆未得其中，故寒暑陰風偏而不和也。凡日景在地，千里而差一寸。

明・王志長《周禮注疏删翼》卷七 以土均之灋辨五物、九等，制天下之地，征以作民賦，以令地貢，以斂財賦，以均齊天下之政。註：均，平也。五物，五地之物也。九等，騂剛赤緹之屬。征，税也。民職，九職也。地貢，貢地所生，謂九穀。財謂泉穀，賦謂九賦及軍賦。

以土圭之灋測土深，正日景，以求地中。日南則景短多暑，日北則景長多寒，日東則景夕多風，日西則景朝多陰。註：土圭所以致四時、日月之景也。鄭司農云：測土深，謂南北東西之深也。玄謂晝漏半而置土圭，表陰陽，審其南北。景短於土圭謂之日南，是地於日爲近南也。景長於土圭謂之日北，是地於日爲近北也。東於土圭謂之日東，是地於日爲近東也。西於土圭謂之日西，是地於日爲近西也。如是，則寒暑陰風偏而不和，是未得其所求。凡日景于地，千里而差一寸。

浚儀王氏曰：《隋志》：周公測晷景於陽城，以參考歷紀。先儒皆云夏至立八尺表於陽城，其景與土圭等。《尚書考靈曜》曰：日永景盡五寸，日短景尺三寸。《易緯通卦驗》云：冬至之日植八尺之表，日中視晷景長短以占和否。《周髀》云：成周土中夏至景一尺六寸，冬至一丈三尺五寸。劉向《洪範傳》曰：夏至景一尺五寸八分，冬至一丈三尺一寸四分，春秋二分景七尺三寸六分。漢魏及宋所都皆別四家歷法，候景則齊緯候所陳，恐難依據。劉向二分之景直以率推，非因表候定其長短。《考靈曜》《周髀》《靈憲》及鄭玄注《周官》并云日景於地千里而差一寸。按：宋元嘉十九年壬午，使使往交州測景，夏至出表南三寸三分。何承天遥取陽城，云夏至一尺五寸。計陽城去交州萬里，而景實差一尺八寸二分，是六百里而差一寸也。後魏信都芳注《周髀》四術，謂金陵去洛南北畧當千里，景差四寸，則二百五十里而差一寸也。唐開元中太史測景五百二十六里一百七十步而差二寸五釐，則康成之言似未可據。又按司馬光《日景圖》曰：日行黄道，每歲有差，地中當隨而轉移。故周在洛邑，漢在潁川陽城，唐在汴州浚儀，而《唐志》猶取陽城日景以爲法，與《漢志》不同。

日至之景尺有五寸，謂之地中。天地之所合也，四時之所交也，風雨之所會也，陰陽之所和也。然則百物阜安，乃建王國焉。制其畿，方千里而封樹之。註：景尺有五寸者，南戴日下萬五千里，地與星辰四游升降於三萬里之中，是以半之得地之中也。畿方千里，取象於日，一寸爲正樹。樹木溝上，所以表助阻固也。鄭司農云：土圭之長尺有五寸，以夏至之日立八尺之表，其景適與土圭等，謂之地中，今潁川陽城地爲然。

疏《考靈曜》「文言四游升降」者，春分之時，地與星辰復本位。至夏至之日，地與星辰東南游萬五千里，下降亦然。至秋分還復正，冬至地與星辰西北游，亦萬五千里，上升亦然，至春分還復正。進退不過三萬里，是以半之，得地之中也。〇《月令》正義：《考靈曜》云：一度二千九百三十二里千四百六十一分里之三百四十八，周天百七萬一千里，是天圓周之里數也。以圍三徑一言之，直徑三十五萬七千里，此二十八宿周廻直徑之數也。然二十八宿之外，上下東西，各有萬五千里，是謂四游之極，謂之四表。據四表之內，并星宿內，總有三十八萬七千里。然則天之中央上下正中之處十九萬三千五百里，地在於中，是地去天之數也。〇鄭注《王制》：象日月之大，亦取晷同。此云取象於日，一寸爲正，即是景一寸地千里，與《王制》注晷同一也。按《元命包》云：日圓望之廣尺，以應千里。〇幼清吴氏曰：土圭之法，不見于他經。鄭氏謂周公居洛，營邑于土中。七年，使成王居之。夫成王未嘗與周公居洛也，犬戎之難，平王始遷居焉。今指洛邑謂王畿，成王居之，豈不謬乎？王居何必地中，堯都平陽，舜居蒲阪，文王居鎬，非地中也。《周書·召誥》有「王來紹上帝，自服於土中」之語，土中謂道里均耳。使周公以土圭測景求地中，書載營洛事甚詳，豈得不言？學者知成王未居洛，則知地中之説爲非。〇愚按六典乃周公詳勒治平之書，故六官起語皆曰惟王建國云云。蓋言帝王均平四海，因革百王制作，詳備應若此耳，非必當年一一已試之實録也。讀《周禮》者，涵詠其位天地育萬物之心量可爾，舉而措之，損益潤色，自有妙用。句櫛字比，推求得失，何益於作者之意乎？嘗考詩序，成王居洛邑，遷殷頑民於成周，復還歸處西都，則周公營洛之後，安見成王不居洛邑？成王即未居洛，亦無害其爲土圭測景之可以建王畿也。不以文害辭，不以辭害志，寧止讀詩之法哉？

清·朱鶴齡《尚書埤傳》卷一　林之奇曰：《周禮》冬夏致日，《左傳》居卿以底日，漢《天文志》云日有黄道，一曰光道。黄道北至東井，去北極近；南至牽牛，去北極遠。夏至日行東井近極，故晷短。立八尺之表而晷景長一尺五寸八分，冬至至于牽牛遠極，故晷長。立八尺之表，而晷景長一丈三尺一寸四分，晷景者所以知日之南北也。春秋分日至婁、角，去極中而晷中。立八尺之表，而晷景長七尺三寸六分，此日去極遠近之差，晷景長短之制也。王應麟曰：刻之長短由日出之蚤晚，景之長短由日行之南北，此出方氏《禮記解》。朱子曰：致日考日中之景，如《周禮》土圭之法，今人都不曉土圭，鄭康成解亦誤。圭只是量表景底尺，長一尺五寸，以玉爲之。夏至立表，視表景長短，以玉圭量之。若表景恰長一尺五寸，此便是地之中。本朝岳臺是地之中，王應麟曰：唐《律歷志》測景在浚儀岳臺。今祥符縣西九里有岳臺。已自差許多。問：地何故有差？曰：想是天運有差，地隨天轉而差。天運之差，如古今昏旦中星之不同是也。問：何故以八尺爲表？曰：此須用句股法算之。南北無定中，必以日中爲中，北極則萬古不易。

清·朱鶴齡《尚書埤傳》卷一二　自服土中

《周禮·大司徒》以土圭之法測土深，正日景，古影字。以求地中。日南則景短，多暑；日北則景長，多寒；日東則景夕，多風；日西則景朝，多陰。日至之景尺有五寸，謂之地中。日景移一寸則差千里。疏云：周公置五表，測日景。中表在潁川陽城，去中表千里外，四方合置一表，表皆長八尺。凡正日景，必以夏日至晝漏中。中表之北，景長一尺五寸。東表在日之東，晝漏中已得夕景。西表在日之西，晝漏中仍得朝時之景。南表在日之南，晝漏中表北景只四寸。北表在日之北，晝漏中表北景一尺六寸。

清·李光坡《周禮述注》卷七　以土圭之灋測土深，正日景，以求地中。日南則景短多暑，日北則景長多寒，日東則景夕多風，日西則景朝多陰。

土圭所以致四時日月之景也。土深者，夏日入地中淺，冬日入地中深，春秋則適均。以土圭之灋進退四時日景，知其淺深也。正日景者，晝漏半而置土圭，表陰陽，審其南北也。土圭之灋，下可以測土深，上可以正日景，故用以求地中也。餘解見下文。

〇日至之景尺有五寸，謂之地中。天地之所合也，四時之所交也，風雨之所會也，陰陽之所和也。然則百物阜安，乃建王國焉。制其畿，方千里而封樹之。

註曰：樹樹木溝上，所以表助阻固也。鄭司農云：土圭之長尺有五寸，以夏至之日立八尺之表，其景適與土圭等，謂之地中，今潁川陽城地爲然。坡聞之兄曰：鄭註恐理之不可通也。夫夏至日道入赤道北二十四度，北距嵩高弧背九度餘。夏至日道下直衡岳晷無景，從嵩高至衡岳，夏至日道圜天之弧背，以弧矢術求弦，得衡岳距地中弦，徑約九度餘。從陽城至衡岳，地平鳥道相去約二千五百里。夫止二千五百里而一，則尺五寸一無景，是百六十餘里景已差一寸矣。則鄭註所云千里而差一寸，恐未然也。又鄭註謂：景短者，中表之南，千里景短一寸。景長者，中表之北，千里景長一寸。如此，則日下無景，當在極南萬五千里之外。而衡岳之遠陽城，不能萬五千里，昭昭矣。又言景夕者東表，日昳中表，景乃中。景朝者西表，日未中，而中表景已中。如此，則極東之地日出方及三五尋丈，日景已中。極西之地日入未及三五尋丈，日景方中。若果地體方平四際彌天，則信如所云矣。不然如雞子裹黄之喻，地在天中，不過成形之大耳彈丸，浮寄四際，距天至遠。四際距天之遠若一也，則去日安能有遠近之殊乎？雖日之出也，極東先見，及其入也，極西先昏。然隨其處各有曉午昏暮，安知日東者不以吾爲景朝乎？日西者不以吾爲景夕乎？且此尺有五寸，東西直此一帶中，日景皆如是也。何以定其爲東西之中乎？吾謂日南則景短多暑，謂從此中表而南之地，則當景短之時，盛暑不堪。若今廣州，夏時炎赫倍于他州，蓋景短即夏至，非短于尺有五寸之謂也。日北則景長多寒者，謂從此中表而北之地，則當景長之時，隆寒不堪。若今塞外，冬時凛慄亦倍。蓋景長即冬至，非長于尺有五寸之謂也。日東則景夕多風者，謂從中表而東之地，則景夕之時多風，蓋東地多水，多水則多風。若吾州午後即海風揚也，風起于夕，故以景夕言之。日西則景朝多陰者，謂從此中表而西之地，則景朝之時多陰。蓋西地多山，多山則雲氣盛，若柳子厚所謂庸蜀之南恒雨少日是也。陰霾于朝，故以景朝言之。如此則寒暑陰風偏而不和，是未得其所求。天地之所合者，地中與天中氣合也。合則四時交而無多暑多寒之患，合則風雨會而無多風，合則陰陽和而無多陰。何以定之？以驗寒暑陰風于五土而知，惟此爲不偏也。然特就中國九州而奠其四方之中耳，若論大地之中，當在南戴赤道下之國，則未知其何如也。然則沖和所會，無水旱昆蟲之災，無凶饑妖孽之疾，兆民之衆，含生之類，莫不阜安，是乃王者之都也。日至之景尺有五寸謂之地中者，非謂必日景尺有五寸乃爲地中，是言地中之處，其景尺有五寸，蓋用以爲標識也。此二節皆正位之事。

清·李鍾倫《周禮纂訓》卷五 以土圭之灋測土深，正日景，以求地中。日南則景短多暑，日北則景長多寒，日東則景夕多風，日西則景朝多陰。

注：土圭所以致四時，日月之景也。測，猶度也。不知廣深，故曰測。測土深，謂南北東西之深也。日南，謂立表處太南近日也。日北，謂立表處太北遠日也。景夕，謂日昳景乃中，立表之處太東近日也。景朝，謂日未中而景中立表處太西遠日也。晝漏半而置土圭，表陰陽，審其南北。景短於土圭謂之日南，是地於日爲近南也。景長於土圭謂之日北，是地於日爲近北也。東於土圭謂之日東，是地於日爲近東也。西於土圭謂之日西，是地於日爲近西也。凡日景於地，千里而差一寸。

疏：鄭云：不知廣深故曰測者，廣深喻遠近。云日南謂立表處太南近日云云者，日於地中而在南，故以南表爲近日，北表爲遠日。日出東方而西流，故以東表爲近日，西表爲遠日。云表陰陽者，東方西方是陰陽，故別云審其南北也。云日景於地千里而差一寸者，《三光考靈耀》云四遊升降於三萬里中，下云日至之景尺有五寸謂之地中，則是半三萬里，而萬五千里與土圭等。周公度日景之時，置五表。五表者，於潁川陽城，置一表爲中表，中表南千里又置一表，北千里又置一表，東千里又置一表，西千里又置一表。日南景短多暑者，據中表之南而言。晝漏半立八尺之表，表北得尺四寸，景不滿尺五寸。日北者據中表之北而言，亦晝漏半表。北得景尺六寸，日東據中表之東，晝漏半中表景得正時，東表日已昳，是晝漏半已得夕景。日西爲中表之西，晝漏半中表，景得正時西表，日未中仍得朝時之景，此經皆未得所求耳。

日至之景尺有五寸，謂之地中。天地之所合也，四時之所交也，風雨之所會也，陰陽之所和也。然則百物阜安，乃建王國焉。制其畿，方千里而封樹之。

注：景尺有五寸者，南戴日下萬五千里，地與星辰四遊升降於三萬里之中，是以半之得地之中也。畿方千里，取象於日一寸爲正。司農云：土圭之長尺有五寸，以夏至之日立八尺之表，其景適與土圭等，謂之地中，今潁川陽城地爲然。

疏：然則百物阜安者，總結上句所合已下，然猶如是訓。家君子曰：此所謂地中及東西南北之偏，就九州以内言之耳。如今南方多暑，北方多寒，近海處多風，近山處多陰，故惟中州氣候爲得其正。而其日景則夏至之日與土圭齊，故取以爲準。是日景以土中而定，非土中因日景而得也。經云正日景以求地中者，求之爲言，猶標識之義耳。景短多暑，謂景短時多暑也。景長多寒，言景長時多寒也。景夕多風，言景夕時多風也。景朝多陰，言景朝時多陰也。景短謂夏，景長謂冬，景夕謂午後，景朝謂午前。自古天地道理日月晷景之説多矣，至于今日西歷之家，其説彌詳。蓋以爲地在天中止一彈丸，四方上下去天之數皆均，其四表極處非能與天相際也。所謂天圓地方者，言其動静之性耳。實則地亦圓體，如卵裹黄，上下周圍與天度相應。其地氣寒暑則以去日遠近爲差，赤道之下正與日對，其地最熱，其景則四時常均，無冬夏短永。兩極之下取日最遠，其地最寒，其景則短者極短，長者極長，正當兩極之處，常以半年爲晝，半年爲夜。惟二極與赤道相去之間，當日南北軌之外，起二十三度至四十度許，其地不寒不熱，温和可居。其景則與冬夏進退，長短之極皆無過十之七，此氣之平而數之中也。環地上下皆有國土人居，各以戴天爲上，履地爲下，南北東西隨處改觀，午夜晨昏每每相反，蓋皆負氣而生，麗陽而明。周游環匝，初無定位，其名有亞細亞、歐羅巴、利未亞、亞墨利加四大洲。今之九州及四夷之地，皆亞細亞國土也。其所記親歷各洲風土山川寥廓荒忽，雖不可盡信，然其實測道里晷景見諸施行者頗爲信而有徵，其理蓋不可誣。今以其説考之，則中國九州正當黄道北軌，距赤道二十四度之外，起於廣州夏至戴日之下，迤邐而北，至於夏至去日十六度許，則今直隸也。自此復出塞而北風氣漸寒，晝夜短永漸踰其度。自廣州越海而南，則氣漸酷熱而晝夜之刻漸無短永矣。故惟九州之内，風氣和，時刻平，而洛又其中之中也。是以天地四時之所交合，陰陽風雨之所會和，昔之達者，其知之矣，而周公豈欺我哉？或曰：此以言南北寒暑則可矣，東西風陰之理亦可得聞與？曰：由前之説，則環處于地者迭爲東西，未可以先儒日出日入午前午後之説拘之也。蓋九州之域，西則多山而東際海。近山則多陰，濱海則多風，驗之閩蜀之地可見。然則《周禮》之風陰亦就九州言之，明洛邑之爲中耳。其所以風，所以陰，恐山水之爲，而非日出入朝暮之故。家茂夫叔父申言之曰：夏至日道下直，衡岳晷無景，北距嵩高，弦徑九度餘。陽城衡岳地平鳥道相去約二千五百里，去止二千五百里。一則尺五寸一無景，是百六十餘里景已差一寸矣。況晷景之移，視日斜豎以爲遲速，非可以平率定乎？則鄭注所云千里而差一寸，恐未然也。又云：景夕者，東表日跌中表景乃中。景朝者，西表日未中而中表景已中。如此，則極東之地日出方及三五尋丈日景已中，極西之地日昃將及三五尋丈日景方中。夫地在天中不過成形之大耳彈丸，浮寄四際，距天之遠若一。雖日之出也，極東先見，及其入也，極東先昏然。南北有常，東西無定，各隨其處自爲曉午昏暮，安知日東者不以吾爲景朝乎？日西者不以吾爲景夕乎？且此尺有五寸東西，直此一帶中日景皆然，又何以定其爲東西之中乎？愚謂日南謂從此中表而南，日北謂從此中表而北，東西皆然。景短即夏至，非短於尺有五寸也。景長即冬至，非長於尺有五寸也。東地濱海則多風，而風起於夕，故以景夕言之。西地多山則雲氣盛，故多陰而陰霾於朝，則以景朝言之。惟洛邑，天地之所合也，四時之所交也，則無多寒多暑之患。風雨之所會也，則無多風。陰陽之所和也，則無多陰。何以定之？以驗寒暑陰風於五土，而惟此爲不偏也。然特就中國九州而奠其四方之中耳。若論大地之中，當在南戴赤道下之國，則未知其何如也。日至之景尺有五寸謂之地中者，非謂日景尺有五寸乃爲地中也，是言地中之處其景尺有五寸也。夏至日道北距嵩高十二度，而家茂夫叔父言九度餘者，十二度以天體之圜言之，九度餘以徑直言之，四分之而得三分有奇也。晷景之移視日斜豎以爲遲速者，日斜照則晷景移速，日直照則晷景移遲。晷景移速者，地相去不甚遠，而景長景短之差至多也。晷景移遲者，地相去有至遠，而景長景短之差不多也，皆以日之斜豎有異故也。言此者明晷景之移，既有遲速，則不可以千里而差一寸之定例律之也。此建王國之事。

清・方苞《周官集注》卷三　以土圭之灋測土深，正日景，以求地中。日南則景短，多暑；日北則景長，多寒；日東則景夕，多風；日西則景朝，多陰。

土圭所以致四時日月之景也，土深謂地形之高下。舊説周公營洛于陽城，置中表，四面各置一表，距中表皆千里，于晝漏半驗之。景短于中表，其地于日爲近南。景長于中表，其地于日爲近北。中表景得正時，東表日已跌，是謂景夕。西表日尚未中，是謂景朝。

日至之景尺有五寸，謂之地中。天地之所合也，四時之所交也，風雨之所會也，陰陽之所和也。然則百物阜安，乃建王國焉。制其畿方千里，而封樹之。

土圭長尺有五寸，以夏至之日立八尺之表，其景適與土圭等，謂之地中，潁川陽城皆然。樹木溝上，所以表助阻固也。〇河間王氏曰：西北多山，東南多水，惟地中平壤，爲天地之所合。北極下半歲爲晝夜，赤道下一歲再冬夏，惟地中爲四時之所交。日東近海多風，日西連山恒雨，惟地中乃風雨之所會。日南近日多暑，日北遠日多寒，惟地中乃陰陽之所和。〇于王畿曰封，樹者規方千里，包高山大陵，不可以溝限。惟起封界樹木以表之，故造都鄙則曰封溝，以室數計畝制地其域狹也。篇首總言制邦國都鄙之畿疆曰溝封，後分言制都鄙之地域則曰封溝者，邦國封疆廣狹不齊，地勢所宜或可溝、或止起封界，與都鄙計畝制域封必以溝者異也。

凡建邦國，以土圭土其地而制其域。諸公之地封疆方五百里，其食者半。諸侯之地封疆方四百里，其食者參之一。諸伯之地封疆方三百里，其食者參之一。諸子之地封疆方二百里，其食者四之一。諸男之地封疆方百里，其食者四之一。

土其地者，度穀土之多少也。制其域者，兼所包山林川澤也。必以土圭土其地者，知境内東西南北之高下，然後可以計穀土之多寡，定國邑之面勢也。《詩》曰：「揆之以日，作于楚室」，是以土圭定國邑也。又曰：「景山與京」，是以土圭度四野也。

清・江永《周禮疑義舉要》卷二　周都洛邑，欲其無遠天室，而四方入貢道里均。人謀則武王已遷鼎，鬼謀則周公、召公先卜河朔黎水，再卜澗東瀍西，以審定之。所謂土中者，合九州道里形勢而知之，非先制尺有五寸之土圭，度夏至景與圭齊而後謂之土中也。既定洛邑，樹八尺之表，景長尺有五寸，是爲土中之景，乃制土圭以爲法，他方度景亦以此土圭隨其長短量之。是景以土中而定，非土中因景而得也。賈疏謂周公審慎者近之。漢時天學未明，所謂《考靈曜》者，漢人妄作。見日行有南北、寒暑、進退，求其故不得，遂爲四游之説。又謂升降于三萬里中，鄭氏意地中半于三萬里，遂謂景常以千里差一寸。其説甚謬。景之差，日近天頂則少，遠天頂則多，本非平差，何得限以千里差一寸？唐大史監南宫説自滑臺至上蔡、武津分地節節測之，謂大率五百二十六里有奇晷差二寸餘，斥舊説之妄，見《唐書·天文志》，可考也。

經文本謂測景以建王國，則當時惟于東都王城測之，至漢儒乃謂潁川陽城爲然。陽城，今登封縣，在洛之東南。此別有其故，蓋黄赤道閒之，緯度古闊而今漸狹。漢時王城夏至日稍偏南而景微長，必進至陽城然後合土圭也。然《唐志》言陽城景尺四寸七分八釐，則漢時宜更短于此，漢唐人之言未知孰得其真。測景惟能知南北之差，若東西，則隨人所居而移。經謂「日東則景夕，日西則景朝」者，言其理當如是，非真能同時立表知其東表日已昳西表日未中也。西法則東西里差以月食時刻先後定之，疏立五表之説亦同。

清·李鍇《尚史》卷九四　周以土圭致日。土圭者，尺有五寸，大司徒以土圭之灋測土深，正日景，以求地中。日南則景短多暑，日北則景長多寒，日東則景夕多風，日西則景朝多陰。日至之景尺有五寸，謂之地中。《周禮》。

康成注：晝漏半而置土圭，表陰陽，審其南北。景短于土圭，謂之日南，地于日爲近南也。景長于土圭，謂之日北，地于日爲近北也。東于土圭，謂之日東，地于日爲近東也。西于土圭，謂之日西，地于日爲近西也。凡日景于地，千里而差一寸。景尺有五寸者，南戴日下萬五千里，地與星辰四遊升降于三萬里之中。是以半之，得地之中也。賈公彦疏：周公度日景之時，置五表于潁州陽城。置一表爲中表，中表南千里置一表，北千里置一表，東千里置一表，西千里置一表。中表之南晝漏半，立八尺之表，表北景得尺四寸，不滿尺五寸，不與土圭等，是地于日爲近南，景短，多暑。中表之北亦晝漏半，表北得尺六寸景，是地于日爲近北，景長，多寒。中表之東亦于晝漏半，中表景得正時，東表日已昳矣，是地于日爲近東，晝漏半已得夕景，故云「景夕，多風」。中表之西亦于晝漏半，中表景得正時，西表日未中，仍得朝時之景，故云：「景朝，多陰」。南戴日下萬五千里者，景一寸差千里，地中尺五寸，景去南戴日下萬五千里也。地與星辰四遊升降者，《考靈耀》文言春分之時，地與星辰復本位。至夏至，地與星辰東南遊萬五千里，下降亦然，至秋分還復正。至冬至地與星辰西北遊，亦萬五千里，上升亦然，至春分還復正。進退不過三萬里，是以半之，得地之中也。

按：日行之道曰黄道，恒星之天曰天體，黄道與恒星之天相錯而推移焉。是以當堯之時，春分日在昴，昏星中。夏至日在張，昏心中。秋分日在房，昏虚中。冬至日在虚，昏昴中。而《月令》則春分日在奎，昏弧中。夏至日在井，昏亢中。秋分日在角，昏牛中。冬至日在斗，昏壁中。《漢志》則春分日在婁，昏柳中。夏至日在井，昏氐中。秋分日在角，昏牛中。冬至日在牛，昏奎中。所以然者，歲差之謂也。蓋天有三百六十五度四分度之一，歲有三百六十五日四分日之一。天度四分之一而有餘，歲日四分之一而不足。故天漸差而西，歲漸差而東也。古歷簡易，未立差法。漢洛下閎知以八百年當差一度，至晉虞喜立歲差，以五十年退一度爲太過，何承天倍其年又不及。至隋劉焯，取中數七十五年，唐一行《大衍歷》定爲八十三年，宋《紀元歷》定爲七十八年，尤爲最密。故測日者止可倚晷景之短長以度去極之差，不可膠恒星之度數以晝分至之限也。然則《漢志》所謂黄道北至東井、南至牽牛、東至角、西至婁者，特一時之定程，要非天體之妙微也。

又按：天之樞爲南北兩極，其北極由地上常見之天以至南極百八十度，南極由地下常隱之天以至北極，亦百八十度分。兩極而中晝之，各九十度，曰赤道。赤道者，東西建標，南北定緯，術者所由立算，而天實無所謂赤道者也。黄道則斜絡天腹，半出赤道南，半出赤道北。其南當午距赤道二十三度半强而止，其北當子距赤道亦如之，而東西則與赤道交于卯酉。是故春分日當兩道之交，則晝夜平，寒暑均。八尺之表而晷景長七尺三寸六分，過此則循黄道而漸出赤道北，至夏至造其極故晝長多暑。八尺之表晷景長尺五寸八分，秋分又當兩道之交，故晝夜又平，寒暑又均。八尺之表晷景長七尺三寸六分，過此則循黄道而漸出赤道南，至冬至造其極，故晝短多寒。八尺之表晷景長丈三尺一寸四分，此晷景長短之所由，四時寒暑之所以變也。天運左旋無所遊移，此體中立無所偏薄。鄭氏雜取緯書，以爲夏至地與星辰東南遊萬五千里，冬至地與星辰西北遊萬五千里，地與星辰四遊升降于三萬里之中。其説支離，非周土圭之舊灋乎？

清·鄂爾泰等《欽定授時通考》卷九　《周禮·地官》以土圭之法測土深，正日景，以求地中。日南則景短多暑，日北則景長多寒，日東則景夕多風，日西則景朝多陰。

注：土圭所以致四時日月之景也。晝漏半而置土圭，表陰陽，審其南北。景短于土圭謂之日南，是地于日爲近南也。景長于土圭謂之日北，是地于日爲近北也。東于土圭謂之日東，是地于日爲近東也。西于土圭謂之日西，是地于日爲近西也。集説陳氏仁錫曰：其景短于土圭，則其地在日南而多暑。其景長于土圭，則其地在日北而多寒。景夕謂日中，時景已如夕也。如此，則其地多風。景朝謂日中，時景尚如朝也。如此，則其地多陰。

又日至之景尺有五寸，謂之地中。天地之所合也，四時之所交也，風雨之所會也，陰陽之所和也。然則百物阜安。

注：土圭之長尺有五寸，以夏至之日立八尺之表，其景適與土圭等，謂之地中。集説：陳氏仁錫曰：以其地當天地之中，故曰合。交者，四時皆協其候也。會者，風雨以序而至也。和者，陰陽調而不乖也。百物阜安，有生者遂，有形者育。

清・鄂爾泰等《欽定周官義疏》卷九 以土圭之灋測土深，正日景，以求地中。深，試蔭反。景，音影，本或作影，非。注：故書求爲救，杜子春云：當爲求。

正義：鄭氏康成曰：土圭所以致四時日月之景，測猶度也，不知廣深故曰測。鄭氏衆曰：測土深，謂測東西南北之深也。

案：測土深不可以淺深言，蓋惟覆矩之法可以從高測下，然以目之所見爲止。若地面之下，無術以測其淺深也。土圭之法乃求地中，自四邊嚮内規方千里，以爲王畿。又自王畿嚮内，以至將建王城之地，而置表測景，以漸而進，故曰土深。猶士冠禮設洗直東榮南北，以堂深也。若建王城，欲知地之高下，以制溝渠而測土之淺深，則用匠人水地之法。自近及遠，遞移其表，雖數十百里可馴致也。

日南則景短多暑，日北則景長多寒，日東則景夕多風，日西則景朝多陰。日至之景尺有五寸，謂之地中。天地之所合也，四時之所交也，風雨之所會也，陰陽之所和也。

正義：鄭氏康成曰：晝漏半而置土圭，表陰陽，審其南北。景短於土圭謂之日南，是地於日爲近南也。景長於土圭謂之日北，是地於日爲近北也。東於土圭謂之日東，是地於日爲近東也。西於土圭謂之日西，是地於日爲近西也。如是，則寒暑陰風偏而不和，是未得其所求也。賈疏：度日影之時置一表爲中表，又於中表之東西南北各千里各置一表。南表於晝漏半得尺四寸景，是地於日爲近南，景短多暑。北表於晝漏半得尺六寸景，是地於日爲近北，景長多寒。東表於晝漏半，中表景得正時已得夕景，是地於日爲近東而多風。西表於晝漏半，中表景得正時仍得朝時之景，是地於日爲近西而多陰。鄭氏衆曰：土圭之長尺有五寸，以夏至之日立八尺之表，其景適與土圭等，謂之地中，今潁川陽城地爲然。日南謂立表處太南近日也，日北謂立表處太北遠日也，景夕謂日昳景乃中，立表處太東近日也，景朝謂日未中而景中，立表處太西遠日也。案：經文本謂測景以建王國，則當時宜於東都王城夏至測之，而景長尺有五寸。至漢儒乃謂潁川陽城爲然，何也？蓋黄道赤道間之緯度古濶而今狹，周初測景於王城，與土圭合。至漢時緯度漸狹，夏至日稍偏南而景微長，必進至陽城然後合土圭。朱子曰：今海邊漳泉諸郡極多風，每如期而至。如春必東風，夏必南風，又西北邊多陰，非特山高障蔽之。自是陽氣至彼已衰，如蜀地有漏天，言其多雨，如天漏然也。王氏與之曰：日月之行，分同道也。至，相過也。景晷相過，則有可候之理，故致日必以冬夏。今建國測景，只於夏至而不於冬至，以冬至景長三丈，過於土圭之制，未若夏至之景尺有五寸，與土圭等顯而易見，故於此時植表以測之。案：土圭以量景，因地中夏至景長尺有五寸，故制圭如之，非先爲尺有五寸之圭，以候與圭相等之景也。

案：土圭，所以致日景而辨分至定四方者也。以長短之極察之，則知二至。以二至之中度之，則知二分。以二分出入之景揆之，則知東西。以午中之景正之，則知南北。故辨分至、定四方，皆由此也。所謂地中者有二，有形之中，有氣之中。主於形言，天之包地，如卵裹黄，皆圓體也。天地既圓，則所謂地中者乃天中也。此惟赤道之下、二分午中、日表無影之處爲然。以氣而言，必陰陽五行沖和會合，乃可謂中。以《周髀》之説推之，二極之下晝夜極偏，其地大寒。赤道之下晝夜常均，其地大暑。中國當赤道北，寒燠温凉，四序循環無偏勝，而洛邑又其中之中者，以其得天地之中氣，故謂之地中。經謂天地之所合者，地之中氣與天之中氣合也。合故四時交而無多暑多寒之患，合故風雨會而無多風之患，合故陰陽和而無多陰之患。蓋四時風雨寒暑皆天地爲之，其交其會其和皆天地之合爲之也。然則日至之景尺有五寸謂之地中者，乃言地中之處。其景尺有五寸，用此以爲標識耳。西北多山，東南多水，惟地中平壤，爲天地之所合。北極下半歲爲晝夜，赤道下一歲再冬夏，惟地中爲四時之所交。日東返海多風，日西連山恒雨，惟地中乃風雨之所會。日南近日多暑，日北遠日多寒，惟地中乃陰陽之所和。景朝、景夕，當以鄭、賈之説爲近理。蓋天包地，如卵裹黄。地周之度，與天相應，每二百五十里而差一度。南北異緯，東西異經，如夏至日中，此處景正時，迤東則景必晡迤西則景必早。自二百里以外漸差漸遠，每三十度而差一時。有在此處爲午而迤東爲酉迤西爲卯者，今中國經度不同之地，節氣交會皆有早晚之殊，此得之實測，非懸揣也。

存異：鄭氏康成曰：凡日景於地，千里而差一寸。賈疏：案《三光考靈曜》云：四游升降於三萬里之中。經云：日至之景尺有五寸，謂之地中。則是半三萬里而萬五千里與土圭等，是千里差一寸，算法亦然。景尺有五寸者，南戴日下萬五千里，地與星辰四游升降於三萬里之中，是以半之，得地之中也。賈疏：四游升降者，春分之時，地與星辰復本位，至夏至之日，地與星辰東南游萬五千里，下降亦然。至秋分還復正，至冬至地與星辰西北游，亦萬五千里，上升亦然，至春分還復正。進退不過三萬里，故云地與星辰四游，升降於三萬里之中，是以半之，得地之中也。

清·嵇璜等《續通志》卷九八　晷景短長

《周禮·大司徒》以土圭之灋測土深，正日景，以求地中。日南則景短多暑，日北則景長多寒，日東則景夕多風，日西則景朝多陰。日至之景尺有五寸，謂之地中。天地之所合也，四時之所交也，風雨之所會也，陰陽之所和也。然則百物阜安，乃建王國焉。制其畿，方千里而封樹之。土方氏掌土圭之灋，以致日景，以土地相宅，而建國都鄙。《周髀算經》：日運行處極北，北方日中，南方夜半，日在極東。東方日中，西方夜半，日在極南。南方日中，北方夜半，日在極西。西方日中，東方夜半。凡此四方者，天地四極四和，晝夜易處，加四時相及。然其陰陽所終，冬至所極，皆若一也。極下不生萬物，北極左右，夏有不釋之冰，中衡左右，冬有不死之草。夏長之類，此陽彰陰微，故萬物不死。五穀一歲再熟，凡北極之左右，物有朝生暮穫。《後漢書·律歷志》：日道發南，去極彌遠，其景彌長，遠長乃極冬乃至焉。日道斂北，去極彌近，其景彌短，短近乃極夏乃至焉。二至之中道齊景，正春秋分焉。黄道去極，日景之生，據儀表也。冬至晷景丈三尺，小寒丈二尺三寸，大寒丈一尺，立春九尺六寸，雨水七尺九寸五分，驚蟄六尺五寸，春分五尺二寸五分，清明四尺一寸五分，穀雨三尺二寸，立夏二尺五寸二分，小滿尺九寸八分，芒種尺六寸八分，夏至尺五寸，小暑尺七寸，大暑二尺，立秋二尺五寸五分，處暑三尺三寸三分，白露四尺三寸五分，秋分五尺五寸，寒露六尺八寸五分，霜降八尺四寸，立冬丈四寸二分，小雪丈一尺四寸，大雪丈二尺五寸六分。按：《後漢志》注《易緯》所稱晷景長短不與相應，今列之於後，至與不至，各有所候，以參廣異同。冬至晷長一丈三尺，當至不至，則旱多温病。未當至而至，則多病暴逆心痛，應在夏至云云。是《緯》意重在占驗，非測景之正，且其所云「至與不至」者，尤爲踈舛。以今術考之，日躔盈縮古今微差之故，一在黄赤大距度，一在最高行。然必歷年之久，始及一度，斷無數年内忽至忽不至之理。測景之術至爲微眇，表短則分秒難明，表長則影虚而淡。又地半徑差之加，清蒙氣差之減，古人未有算術，是以晷景小有更變。占家不解，遂強爲當至不至、未當至而至之占耳。《唐書·天文志》：宋元嘉中，南征林邑，五月立表，望之，日在表北。交州景在表南三寸，林邑九寸一分。交州去洛，水陸之路九千里，蓋山川回折使之然。以表考其弦，當五千乎？開元十二年，測交州夏至在表南三寸三分。鐵勒、回紇，在薛延陀之北，去京師六千九百里，其北又有骨利幹，居瀚海之北，北距大海，晝長而夜短。既夜，天如曛不暝，夕胹羊髀纔熟而曙。太史監南宫説擇河南平地，設水準繩墨，植表而以引度之。自滑臺始，白馬夏至之晷尺五寸七分。又南百九十八里七十九步，得浚儀嶽臺，晷尺五寸三分。又南百六十七里二百八十一步，得扶溝晷尺四寸四分。又南百六十里百一十步，至上蔡武津，晷尺三寸六分半。大率五百二十六里二百七十步，晷差二寸餘。今以句股校陽城中晷，夏至尺四寸七分八氂，冬至丈二尺七寸一分半，定春秋分五尺四寸三分。滑臺冬至丈三尺，定春秋分五尺五寸六分。浚儀冬至丈二尺八寸五分，定春秋分五尺五寸。扶溝冬至丈二尺五寸五分，定春秋分五尺三寸七分。上蔡武津冬至丈二尺三寸八分，定春秋分五尺二寸八分。比歲武陵晷夏至七寸七分，冬至丈五寸三分，春秋分四尺二寸七分半。以圖測之，定氣四尺七分。蔚州横野軍夏至二尺二寸九分，冬至丈五尺八寸九分，春秋分六尺四寸四分半。以圖測之，定氣六尺六寸二分半。自陽城至武陵千八百二十六里七十六步，自陽城至横野軍千八百六十一里二百一十四步。又以圖校，安南日在天頂北二度四分，冬至晷七尺九寸四分，定春秋分二尺九寸三分，夏至在表南三寸三分，其徑五千二十三里。至林邑日在天頂北六度六分彊，冬至晷六尺九寸，定春秋分二尺八寸五分，夏至在表南五寸七分，其徑六千一百一十二里。距陽城而北至鐵勒之地，則五月日在天頂南二十七度四分，北至晷四尺一寸三分，南至晷二丈九尺二寸六分，定春秋分晷九尺八寸七分。其没地纔十五餘度，夕没亥西，晨出丑東，校其里數已在回紇之北。又南距洛陽九千八百一十五里，則極長之晝其夕常明，然則骨利幹猶在其南矣。凡晷差冬夏不同，南北亦異，今更爲覆矩圖。南自丹穴，北暨幽都，每極移一度，輒累其差，可以稽日食之多少，定晝夜之長短，而天下之晷皆協其數矣。《元史·天文志》南海夏至景在表南長一尺一寸六分，晝五十四刻，夜四十六刻。衡嶽夏至日在表端無景，晝五十六刻，夜四十四刻。嶽臺夏至晷景長一尺四寸八分，晝六十刻，夜四十刻。和林夏至晷景長三尺二寸四分，晝六十四刻，夜三十六刻。鐵勒夏至晷景長五尺一分，晝七十刻，夜三十刻。北海夏至晷景長六尺七寸八分，晝八十二刻，夜一十八刻。大都夏至晷景長二尺三寸六分，晝六十二刻，夜三十八刻。

臣等謹案：《周禮》土圭之灋與唐之覆矩圖，皆因地體渾圓，準驗其南北東西里差。《堯典》命羲和，言宅嵎夷、宅南交、宅西、宅朔方，宅本作度，即四方測景。朱子云：宅字古與度字通，見《周禮注》等書者非一，宅嵎夷之屬皆謂度日景於此，此說與《周禮》測日南日北日東日西合爲一義。人所居附於地，目先察遠，皆直至其處。地雖圓體，百里、數十里不足見其圓，而目之直注，四望皆天，似地與天際而平。不知地在天中，人目四望所見之星辰，與仰觀所見之星辰并距地絶遠。又不知因目直注，四望如一，即以爲平。其平乃目於所見繩直而不氣固而內行，故終古不墜。凡自上而墜於下者，隨大氣下行，遇地之實體乃止。如又下行至地之中心，必不得或過矣。天之至下，不在地體之周，而在地徑之半。人立於地體外周，戴天皆上，履地皆下。《陰陽大論》黄帝問曰：地之爲下否乎？岐伯曰：地爲人之下，太虛之中者也。帝曰：馮乎？岐伯曰：大氣舉之也。《大戴禮記》：單居離問於曾子曰：天圓而地方，誠有之乎？曾子曰：天之所生上首，地之所生下首。上首謂之圓，下首謂之方。參嘗聞之夫子曰：天道曰圓，地道曰方。盧辯注云：道曰方圓耳，非形也。梅文鼎云：以渾天之理徵之，地之正圓無疑也。所疑者，地既渾圓，則人居地上，各以所居之方爲正。遥觀異地，皆成斜立，其人立處，皆當傾跌，而今不然，豈非首載皆天，足履皆地，初無欹側，不憂環立歟？梅氏所謂不憂環立，推原其故，惟「大氣舉之」一言足以蔽之。各方之天頂則隨其人之環立而異，北極之下，以北極爲天頂，而赤道適準乎地平。南極之下，以南極爲天頂，而赤道亦適準乎地平。其處日過赤道，而出於地上爲晝，環行漸高，至二十餘度則又漸下，而入於地下爲夜。氣候常寒而無暑，故《周髀》言極下不生萬物。又言北極左右，夏有不釋之冰。又言物有朝生暮穫，舉北以該南，南極左右亦如是也。赤道之下以赤道爲天頂，而南北極適準乎地平。氣候兩暑而無寒，中土春秋分，彼方皆氣炎正夏。中土冬夏至，彼方皆氣平，如春秋分。日出没於地，雖漸南漸北，上下皆半周天，故無永短之異。《周髀》言中衡左右，冬有不死之草。又言五穀一歲再熟，中衡即赤道也。《唐書》稱覆矩圖可以稽日食之多少，定晝夜之長短。其察晷景也，兼論日在天頂若干度，及日出地上日没地下若干度。《元史》夏至所測衡嶽則已無景，南海景在表南一尺六寸，北海景在表北六尺七寸八分。南自南海，夏至晝五十四刻，至北海晝八十二刻，北自北海夏至夜十八刻，至南海夜四十六刻，晝夜永短，相差二十八刻。惟地體渾圓，故人居其周。所戴之天頂隨南北東西而移，黄赤道之高下即隨其南北之遠近而殊，而日食分數晝夜增損悉因之。夏日永而地愈北愈增，冬日短而地愈南愈損，此皆實測而得者也。東西加時，史志未詳載，設以地之圓周四分之，就人所居之方爲中。其正東、正西與中央相距四分圓周之一，中表景正日加午，東方必過午後而加酉爲景夕，西方必在午前而加卯爲景朝。自卯至午，自午至酉，皆四時也。故《周髀》言天地四極四和，晝夜異處，加四時相及。步算家測月入闇虛，天下盡同也。而東西各地相距，視其遠近以察其時刻，則至不同。由是言之，《周禮》日南景短，日北景長，言乎南北里差以是準之也。日東景夕，日西景朝，言乎東西里差以是準之也。

臣等又案：漢人相傳，日景於地千里而差一寸，其說疎舛。《隋書·天文志》：劉焯云：《周官》夏至日景尺有五寸，張衡、鄭玄、王蕃、陸績先儒等皆以爲景千里差一寸，言南戴日下萬五千里，表景正同天高，乃異考之算法，必爲不可。寸差千里亦無典説，明爲意斷，事不可依。今交、愛之州，表北無景，計無萬里，南過戴日，是千里一寸非其實差。

清·嵇璜等《清文獻通考》卷二五八 重製圭表，置銅圭於石臺，長一丈六尺二寸，寬二尺七寸。周以水渠，南端植銅表，高一丈。上端施銅葉，中穿圓孔，徑二分。午正日景自圓孔透圭面成橢形，南界爲日體上景，北界爲日體下景，中心爲中景。

京師夏至景二尺九寸四分八釐，冬至景一丈九尺九寸四分，以次贏縮。北端設立圭高三尺五寸，冬至景上立圭二尺七寸四釐。

臣等謹按：迎日推筴，肇自上古，而土圭測景詳於成周。宋元嘉時何承天立表候晷，後代仍之。前明於觀象臺下設晷影堂，南北平置銅圭，於石臺南端植銅表，上設横梁，用影符以取中景。

本朝因其制，惟銅表舊高八尺，今加二尺焉。

紀事

漢・佚名《三輔黄圖》卷五　又有銅表高八尺，長一丈三尺，廣尺二寸，題云：「太初四年造」。

南朝梁・沈約《宋書》卷二《武帝紀中》　八月，扶風太守沈田子大破姚泓於藍田。王鎮惡剋長安，生擒泓。九月，公至長安。長安豐全，帑藏盈積。公先收其彝器、渾儀、土圭之屬，獻于京師；其餘珍寶珠玉，以班賜將帥。執送姚泓，斬于建康市。謁漢高帝陵，大會文武於未央殿。

唐・李延壽《南史》卷一《宋紀上》　始義熙九年，歲、鎮、熒惑、太白聚東井，至是而關中平。九月，帝至長安。長安豐稔，帑藏盈積，帝先收其彝器、渾儀、土圭、記里鼓、指南車及秦始皇玉璽送之都；其餘珍寶珠玉，悉以班賜將帥。遷姚宗于江南，送泓斬于建康市。謁漢長陵，大會文武於未央殿。

唐・李延壽《北史》卷七四《袁充傳》　充復表奏隋興以後，日景漸長，曰：「開皇元年，冬至日影一丈二尺七寸二分，自爾漸短。至十七年，冬至影一丈二尺六寸三分。四年冬至，在洛陽測影，一丈二尺八寸八分。二年，夏至影一尺四寸八分，自爾漸短。至十六年，夏至影一尺四寸五分。《周官》以土圭之法正日影，日至之影尺有五寸。鄭玄云：『冬至之影一丈三尺。』今十六年夏至之影，短於舊影五分，十七年冬至之影，短於舊影三寸七分。日去極近，則影短而日長；去極遠，則影長而日短。行内道，則去極近；外道，則去極遠。《堯典》曰：『日短星昴，以正仲冬。』據昴星昏中，則知堯時仲冬，日在須女十度。以曆數推之，開皇已來冬至，日在斗十一度，與唐堯之代，去極並近。謹案《春秋元命包》云：『日月出内道，琁璣得常，天帝崇靈，聖王相功。』京房《别對》曰：『太平日行上道，升平行次道，霸世行下道。』伏惟大隋啓運，上感乾元，影短日長，振古未之有也。」上大悦，告天下。將作役功，因加程課，丁匠苦之。

唐・魏徵等《隋唐》卷六九《袁充傳》　充性好道術，頗解占候，由是領太史令。時上將廢皇太子，正窮治東宫官屬。充見上雅信符應，因希旨進曰：「比觀玄象，皇太子當廢。」上然之。充復表奏隋興已後，日景漸長，曰開皇元年冬至日影一丈二尺七寸二分。自爾漸短，至十七年冬至影一丈二尺六寸三分，四年冬至，在洛陽測影一丈二尺八寸八分。二年夏至，影一尺四寸八分。自爾漸短，至十六年夏至，影一尺四寸五分。《周官》以土圭之法正日影，日至之影尺有五寸。鄭玄云：冬至之影一丈三尺，今十六年夏至之影短於舊影五分，十七年冬至之影短於舊影三寸七分。日去極近則影短而日長，去極遠則影長而日短。行内道則去極近，外道則去極遠。《堯典》云：日短星昴，以正仲冬。據昴星昏中，則知堯時仲冬日在須女十度。以歷數推之，開皇已來冬至日在斗十一度，與唐堯之代去極並近。謹案《春秋元命包》云：日月出内道，琁璣得常，天帝崇靈，聖王祖功。京房《别對》曰：太平日行上道，升平行次道，霸世行下道。伏惟大隋啓運，上感乾元，影短日長，振古未之有也。上大悦。

明・宋濂等《元史》卷一〇《世祖紀七》　太史令王恂等言：「建司天臺于大都，儀象圭表皆銅爲之，宜增銅表高至四十尺，則景長而真。又請上都、洛陽等五處分置儀表，各選監候官。」從之。

明・宋濂等《元史》卷一五八《許衡傳》　（許衡）以集賢大學士兼國子祭酒，教領太史院事，召至京。衡以爲冬至者曆之本，而求曆本者在驗氣。今所用宋舊儀，自汴還至京師已自乖舛，加之歲久，規環不叶。乃與太史令郭守敬等新製儀象圭表，自丙子之冬日測晷景，得丁丑、戊寅、己卯三年冬至加時，減《大明曆》十九刻二十分，又增損古歲餘歲差法，上考春秋以來冬至，無不盡合。

明・韓邦奇《苑洛志樂》卷一九　十四，雜尺，趙劉曜渾天儀、土圭，尺長於梁法尺四分三釐，實皆晉前尺一尺五寸。

十五，梁朝俗間尺，長於梁法尺六分三釐。

於劉曜渾儀尺二分，實比晉前尺一尺七分一釐。梁武鐘律緯云：宋武平原送渾天儀、土圭，云是張所作。驗渾儀銘題是光初四年，鑄土圭是光初八年，並是劉曜所制，非張衡也。制以爲尺長，今新尺四分三釐，短俗間尺二分，新尺謂梁法尺也。

明・申行時等《明會典》卷一七六　其觀象臺分定四面，每面天文生四人，專視凡本監觀星有盤，係洪武十七年造。又渾天、璿璣、玉衡、簡儀，俱正統四年造。十一年奏准簡儀修刻黄道等度，圭表、壺漏俱如南京舊制。又造晷影堂，以便窺測。

清·張廷玉等《明史》卷二五《天文志一》 正德十六年，漏刻博士朱裕復言：「晷表尺寸不一，難以準測，而推算曆數用南京日出分秒，似相矛盾。請敕大臣一員總理其事，鑄立銅表，考四時日中之影。仍於河南陽城察舊立土圭，以合今日之晷，及分立圭表於山東、湖廣、陝西、大名等處，以測四方之影。然後將内外晷影新舊曆書錯綜參驗，撰成定法，庶幾天行合而交食不謬。」疏入不報。嘉靖二年修相風杆及簡、渾二儀。七年始立四丈木表以測晷影，定氣朔。由是欽天監之立運儀、正方案、懸晷、偏晷、盤晷諸式具備於觀象臺，一以元法爲斷。

清·孫承澤《元朝典故編年考》卷四 建司天臺

十六年，太史令王恂請建司天臺於大都。儀象、圭表皆銅爲之，增銅表至四十尺，測影長而真。又請上都洛陽等五處分置儀表，各選監候官從之，因勅郭守敬由上都抵南海測影。

清·李鍇《尚史》卷九四 周以土圭致日。土圭者尺有五寸，大司徒以土圭之灋測土深，正日景，以求地中。日南則景短多暑，日北則景長多寒，日東則景夕多風，日西則景朝多陰。日至之景尺有五寸，謂之地中。《周禮》

康成注：晝漏半而置土圭，表陰陽，審其南北。景短于土圭謂之日南，地于日爲近南也。景長于土圭謂之日北，地于日爲近北也。東于土圭謂之日東，地于日爲近東也。西于土圭謂之日西，地于日爲近西也。凡日景于地，千里而差一寸。景尺有五寸者，南戴日下萬五千里，地與星辰四遊升降于三萬里之中。是以半之，得地之中也。賈公彦疏：周公度日景之時，置五表于潁州陽城，置一表爲中表。中表南千里置一表，北千里置一表，東千里置一表，西千里置一表。中表之南晝漏半，立八尺之表。表北景得尺四寸，不滿尺五寸，不與土圭等。是地于日爲近南，景短多暑。中表之北亦晝漏半，表北得尺六寸景，是地于日爲近北，景長多寒。中表之東亦于晝漏半，中表景得正，時東表日已昳矣。是地于日爲近東，晝漏半已得夕景，故云景夕多風。中表之西亦于晝漏半，中表景得正時，西表日未中，仍得朝時之景，故云景朝多陰。南戴日下萬五千里者，景一寸差千里，地中尺五寸，景去南戴日下萬五千里也。

清·允祹等《清會典》卷八六 御製璣衡撫辰儀，徑六尺，設於觀象臺上。○測日圭表，立表高一丈，平案長一丈六尺二寸。末植立表，長三尺五寸，設於臺下晷影堂。

清·允祹等《清會典則例》 一測日圭表，平案長一丈六尺二寸，立表高八尺。上設横梁，用影符以取中影。西法立表加高二尺，上端安銅片，中開圓孔，徑二分。午正日光自圓孔射至平案，成橢圓形。南界爲日體上邊之影，北界爲日體下邊之影，中心爲中影。

京師夏至影長二尺九寸四分，冬至影長一丈九尺九寸四分。因案長不及長影之數，又於北端設立表，高三尺五寸。冬至之影，上立表二尺七寸有四釐。

清·阿桂等《平定兩金川方略》卷七 哈薩克、布嚕特鄂罕、土爾扈特咸先後歸命内屬，土圭測影，至於日入之部。桄矣，晊矣，古未有也。

清·嵇璜等《清文獻通考》卷二五八 重製圭表，置銅圭於石臺，長一丈六尺二寸，寬二尺七寸，周以水渠。南端植銅表，高一丈上，端施銅葉，中穿圓孔，徑二分。午正日景自圓孔透圭面成橢形，南界爲日體上景，北界爲日體下景，中心爲中景。

京師夏至景二尺九寸四分八釐，冬至景一丈九尺九寸四分，以次贏縮。北端設立圭，高三尺五寸。冬至景上立圭二尺七寸四釐。

臣等謹按：迎日推筴，肇自上古，而土圭測景，詳於成周。宋元嘉時何承天立表候晷，後代仍之。前明於觀象臺下設晷影堂，南北平置銅圭。於石臺南端植銅表，上設横梁，用影符以取中景。

本朝因其制，惟銅表舊高八尺，今加二尺焉。

清·英廉等《日下舊聞考》卷四六 影堂南北平置銅圭於石臺，長一丈六尺二寸，濶二尺七寸，周以水渠。南端置銅表，高八尺。上設横梁，用影符以取中景。

本朝加表二尺，上施銅葉，中穿圓孔，徑二分，午正景。自孔透圭面成橢形，南爲上景，北爲下景，中爲中景。

京師夏至景二尺九寸四分八厘，冬至一丈九尺九寸四分，以次盈縮。北端設圭高三尺五寸，冬至上立圭二尺七寸四厘，並無銅人。《春明夢餘録》謂銅人捧箭以候日中，蓋以銅漏與日表混而爲一耳。

藝文

隋·袁充《奏日影漸長表》（明·梅鼎祚《隋文紀》卷八） 袁充字德符，陳郡陽夏人，寓居丹陽，仕陳，散騎常侍。入隋，歷拜秘書令。江都弑逆，以謟佞并誅。

奏日景漸長表開皇初，大議造曆，張胄玄兼明揆測言：「日長之瑞，有司莫能考決。」至開皇十九年，充爲太史令，欲成胄玄舊事，復上表。是時，晉王廣初立爲太子，充奏深合時宜。因改元仁壽，取日長之意。百工並加程，課皇太子率百官陳賀。

隋興已後，日景漸長。開皇元年，冬至之景長一丈二尺七寸二分。自爾漸短，至十七年冬至，景一丈二尺六寸三分。四年冬至，在洛陽測景長一丈二尺八寸八分。二年夏至，景一尺四寸八分。自爾漸短，至十六年夏至，景一尺四寸五分。其十八年冬至，陰雲不測。元年十七年、十八年夏至，亦陰雲不測。《周官》以土圭之法正日景，日至之景，尺有五寸。鄭玄云：「冬至之景，一丈三尺。今十六年夏至之景短於舊五分。十七年冬至之景，短於舊三寸七分。日去極近，則景短而日長；去極遠，則景長而日短。行内道則去極近，行外道則去極遠」。《堯典》云：「日短星昴以正仲冬」。據昴星昬中，則知堯時仲冬日在須女十度。以曆數推之，開皇以來，冬至日在斗十一度，與唐堯之代去極俱近，謹案：《元命包》云：「日月出内道璇璣，得其常。天帝崇靈，聖王相功。」京房《別對》曰：「太平日行上道，升平日行次道，霸代日行下道。伏惟大隋啓運，上感乾元，景短日長，振古稀有。《元命包》上傳有「春秋」二字，初作相末句，振古未之有也。

唐·范榮《測景臺賦》（宋·李昉等《文苑英華》卷五〇） 大聖崇業，萬象潛通。據河洛之要，創造化之功。建以黄壤，亘以紫宫，右輔伊闕，左連轘嵩。銀臺比而可擬，瀛壺方而詎同？掩扶桑於日域，包蓬萊於海濛。式均霜露之氣，以分天地之中。於是仰玄穹之文，俯黄壤之理，下壓坤德，上羅乾緯。垂形象物，既不假於玉衡；司刻探玄，何必邀於銅史？其細也，難究其妙也。若此斯豈光陰而若易徙？且夫聖不可測，道實兼致。天地與能，幽靈必契。囊括衆巧，網羅羣藝。自然而來，疇能比計。今來古往，時移道替。滋歲月以成朽，覺風塵之漸異。人有代兮俗疑没，地有形兮無制。零落空階，莓苔古砌。頽墉邐迤，但覺蕭條；高阜荒凉，寒城蕪翳。攀聖迹而難企，感吾徒而流涕。猗歟成周系聖纂極，君少臣政，流言更逼。自陜卜洛，其儀不忒。公敷其化，人盡其力。惠而不費，功成事息。欽聖德之微臭，豈賦者之能識？

唐·佚名《測景臺賦》（宋·李昉等《文苑英華》卷五〇） 瞻彼古臺，揆日爰設。載徵經始之旨，將測運行之節。天地之心可見，風雨之交既別。玉律匪先，土圭是揭。以徵陰陽之短長，以察浮驂之晷轍。不然者，焉可以酌其數於高空，建中天而有截詳？厥周典詢諸日官，以寒暑爲假，以陰陽爲端。且俯接神州，迥當嵩嶺。憑累土之增，構運孤標之直影。矧因高以垂範，異尋虚而捕景。分至有度，知王者之迎長盈縮。不僁念志士之思，永巏嵯霄聳。昭明有融，九層一驗，萬寓攸同。彰宣精而示下，表無私而得中。況復圭植于臺，日生于海，當呈象以委照，必澄霞而賦彩。兩童之辯，猶惑太史之占。斯在上千里，而是馳下寸，晷而未改。嗟夫悠也、久也，玄之又玄。昇大明而赫矣，顧崇址而巋然。是以分北陸、識南躔，審以作程，定此而會。期率土中以舉正，因兹而仰辨均天，唯彼玄德。我后是則普觀端景，知立表於天中，潛測末光思勞躬於日昃。至若視朔興紀書雲，立規浮箭司辰，且於室内建木滅影。出《淮南子》。或在天垂，豈比夫兹臺之特立，平四氣而正兩儀？

宋·鄭剛中《北山集》卷一九 至日

寒風已是識新陽，昨夜千林不禁霜。七日欲知天道復，丈三先看土圭長。

宋·滕珙《經濟文衡》前集卷七 論土圭測天地之説

答胡用之

此段謂天地四游，升降不過三萬里。

《周禮》注：土圭一寸，折一千里，天地四游，升降不過三萬里。土圭之影，尺有五寸，折一萬五千里，以其在地之中，故南北東西相去各三萬里。問：「何謂四游」？曰：謂地之四游，升降不過三萬里，非謂天地中間相去止三萬里也。春游過東三萬里，夏游過南三萬里，秋游過西三萬里，冬游過北三萬里。今歷家筭數如此，以土圭測之，皆合。某曰：譬如大盆盛水，而以虛器浮其中，四邊定四方。若器浮過東三寸，以一寸折萬里，則去西三寸。亦如地之深於水上蹉過東方三萬里，則遠去西方三萬里矣。南北亦然。然則冬夏晝夜之長短，非日晷出没之所爲，乃地之游轉四方而然爾？曰：然用之，曰：人如何測得如此？無此理。曰：雖不可知，然歷家推筭其數皆合，恐有此理也。

宋・王應麟《玉海》卷三 皇祐岳臺晷景新書浚儀太岳臺

國史志，翰林學士范鎮序。曰：「觀天地陰陽之體，以正位辨方定時，考閏莫近乎圭表。何承天始立表候日景，十年間知冬至比舊用景初曆常後天三日。唐一行造大衍曆，用圭表測，知舊曆。氣節後天一日。今司天監圭表，石晉趙延義所建，表既欹傾，圭亦墊陷，天度無所取正。皇祐初，詔周琮、于淵、舒易簡改制之。改古法，立八尺銅表，厚二寸，博四寸，下連石圭一丈三尺，以盡冬至景長之數。面有雙水溝爲平準，於溝雙刻尺寸分數，又刻二十四氣。岳臺晷景所得尺寸，置於司天監，候之三年，知氣節比舊曆後天半日，書成三卷，名曰：《岳臺晷景新書》。其論前代測候是非，步算之法頗詳。琮謂：二十四氣所得尺寸，比欽天曆王朴算爲密。五代司天考王朴曆法，測岳臺之中晷，以辨二至之日夜而晷漏實矣。

元・楊恒《高表銘》（元・蘇天爵《元文類》卷一七） 聖人修政，惟農是本。農之所見，時則爲準。過與不及，民安究之？動措由中，聖人授之。時在於天，術何以得？制器求之，乃見天則。日月周運閏餘，歲成盈虛消息，在表斯徵。分至既辨，氣序乃會。朔晦一定，弦望由對。爰演新歷，用詔民時。百工允治，庶績用熙。表中以正，圭平以直。不言而喻，與時偕極。天德芒芒，參以明焉；民生皞皞，振以興焉。惟昔八尺，景促分密。爲用雖可，每艱辨折。聖皇御極，百度維新。乃五其昔，其用益神。表高之法，先哲匪憚其巔，景虛取的是患。表梁上陳景符，下依符竅，得梁景辰精微，揆月有方，闕几是映。几限容光，圭表交應。器術之密，推步之精，歷古於今，斯畢其能。上天之載，無聲無臭；聖皇儀型，在其左右。仁民育物，以對天祐。眉壽萬年，寶兹悠久。

明・楊士奇、黄淮《歷代名臣奏議》卷二七八 太史令錢樂之、兼丞嚴粲奏曰：太子率更令領國子博士何承天表更改元嘉曆法，以月蝕檢今冬至日在斗十七，以土圭測影，知冬至已差三日。詔使付外檢署，以元嘉十一年被勑使考月蝕。土圭測影檢署由來，用偉景初法，冬至之日，日在斗二十一度少檢。十一年七月十六日，望月蝕，加時在卯，到十五日四更二唱丑初，始蝕到四唱蝕，既在營室十五度末景初。其日，日在軫三度。以月蝕所衝考之。其日，日應在翼十五度半。又到十三年十二月十六日，望月蝕，加時在酉，到亥初始食，到一更三唱蝕既，在鬼四度景初。其日，日在女三，以衝考之。其日，日應在牛六度半。又到十四年十二月十六日，望月蝕，加時在戌之半，到二更四唱亥末始蝕，到三更一唱食既，在井三十八度景初。其日，日在斗二十五，以衝考之。其日，日應在斗二十二度半。到十五年五月十五日，望月蝕，加時在戌。其日，月始生而已蝕，光已生四分之一格，在斗十六度許景初。其日，日在井二十四考取其衝。其日，日應在井二十。又到十七年九月十六日，望月蝕，加時在子之少。到十五日未二更一唱始蝕，到三唱蝕十五分之十二格，在卯一度半景初。其日在房二，以衝考之，則其日日在氐十三度半。凡在五蝕，以月衝一百八十二度半考之，各至之日，日並不在斗二十一度，少並在斗十七度半間，悉如承天所上又去十一年。起以土圭測景，其年景初法十一月七日冬至前後，陰不見影。到十二年十一月十八日冬至其十五日，影極長。到十三年十一月二十九日冬至其二十六日，影極長。到十四年十一月十一日冬至其前後，並陰不見。到十五年十一月二十一日冬至十八日，影極長。到十六年十一月二日冬至，其十月二十九日，影極長。到十七年十一月十三日冬至，其十日，影極長。到十八年十一月二十五日冬至二十一日，影極長。到十九年十一月六日冬至，其三日，影極長。到二十年十一月十六日冬至，其前後，並陰不見影。尋校前後，以影極長爲冬至，並差三日。以月蝕檢日所在，已差四度，土圭測影，冬至又差三日。今之冬至乃在斗十四間。又如承天所上又承天法，每月朔望及絃皆定大小餘於推交會時刻，雖審，皆用盈縮，則月有頻三大，頻二小，比舊法殊爲異，舊日蝕不唯在朔，亦有在晦及二日。《公羊傳》所謂「或失之前，或失之後」，愚謂此一條自宜，仍舊員外散騎郎皮延宗又難承天。若晦朔定，大小餘紀首值，盈則退一日，便應以故歲之晦爲新紀之首。承天乃改新法，依舊術不復。每月定大小餘如延宗所難，太史所上有司奏，治歷改憲，經國盛典，爰及漢魏，屢有變革。良由術無常，是取協常。時方今皇猷載暉，舊域光被，誠應綜覈晷度，以播維新。承天曆術，合可施用。宋二十二年，普用元嘉曆。詔可。

雜録

晉·郭璞《葬書》 土圭測其方位，玉尺度其遠邇。土圭所以辨方正位，其制見于《周禮》。玉尺所以度量遠邇，其數生于黃鍾。今臺司度日影以定候，多用此制也。

北周·甄鸞《五經算術》卷下 經云：僖公五年春，王正月辛亥朔日，南至。案：此乃《左氏傳》文，後文公六年、又兖公二十七年，兩條皆稱傳與經別，此作「經云」，誤也。南至，冬至也。冬至之日，南極至。案：此三字似有舛誤。《周髀算經》云：日夏至在東井極内衡，日冬至在牽牛極外衡也。一歲一内極、一外極。故謂之日南至也。日中之時景最長，以是表之，案：此句有舛誤，當作「以景度之」。知其南至。周官以土圭度日景，以求地中夏至之日景。尺有五寸，冬至之日立八尺之木以爲表，度而知之。公既視朔，遂登觀臺以望雲氣而書禮也。凡分至啓閉，必書雲物爲備故也。案：此下或援經而不列算，或僅有題，題之下即淳風注，似唐時正文已殘缺矣。

唐·瞿曇悉達《開元占經》卷五 日晷影

許慎《説文》曰：晷，日景也。劉熙《釋名》曰：晷，規也。如規畫也。《周禮·地官·司徒》曰：以土圭之法，測土深、正日景，以求地中。日南則景短、多暑，日北則景長、多寒。日東則景夕、多風，日西則景朝、多陰。日至之景，尺有五寸，謂之地中。天地之所合也，四時之所交也，風雨之所會也，陰陽之所和也。按：土圭者，非削土爲其圭，象訓爲度也。置圭度景，謂之土圭。日南則景短多暑者，謂夏至，日躔南方井宿也。日北則景長多寒，謂冬至，日躔北方斗宿也。日東則景夕多風者，謂秋分，日躔東方角宿也。故秋分祭月也。日西則景朝多陰者，謂春分，日躔西方婁宿也。故春分祭朝日也。古來天圖，春秋二分，並交婁角也。諒知夕者秋分之異名，朝者春分之別號。景長稱南至，景短稱北至。今日南則景短，日北則景長者，先論日躔宿也，後論日躔景也。《周髀》曰：周髀長八尺，其勾之損益一寸千里。張衡《靈憲》曰：懸天之晷、薄地之儀，皆移千里差一寸。

鄭司農曰：土圭之長，尺有五寸。以夏至日立八尺表，其景適與圭等，謂之地中。今潁川陽城地爲然。按晉《太康地記》曰：河南陽城縣，是謂土中。夏至景尺有五寸，所以爲候也。《南越志》曰：南景在日之南，五月立表望之，日在表北、景在表南。交州日景較北三寸、林邑九寸一分也。鄭玄曰：凡日景於地千里而差一寸，景尺有五寸者，南戴日下萬五千里也。《洪範·五行傳》曰：日月之行，則有冬有夏，而爲寒暑。若南失節晷，過而長則爲寒，退而晷短，則爲燠。人君急則晷進疾，而寒舒則晷退遲而燠。故曰：急恒燠。若一曰晷長爲潦，晷短爲旱，奢者爲扶扶者。邪臣進、正臣踈，君子不足，奸人有餘。《漢書·天文志》曰：冬至日南極，晷長南不極，則温爲害。夏至日北極，晷短北不極，則寒爲害。故書曰：日月之行，則有冬有夏也。故治變于下，日月運於上矣。

《易緯》曰：日冬至，人主不出宫室，寢兵聽樂，日擊黃鍾之磬，公卿大夫列奏音侍，則陰陽之晷如度。故夏至之禮，如冬至之禮。又曰：冬至之日，樹八尺之表，日中視晷，晷如度者，則其歲美，人民和順。晷不如度者，則其歲惡，人民多僞言，政令爲之不平。晷進則水，晷退則旱。進一尺二寸則月蝕，退則日蝕。月食則正王臣之行，日蝕則正人主之道。又曰：冬至晷長一丈三尺，按：《周髀》曰：長三尺五寸。劉向曰：長一丈一尺四寸。何承天長一丈三尺，祖暅銅表長一丈三尺。今曆景長一丈二尺七寸五分。當至不至，則旱多温病。未當至而至，則多病暴逆心痛。應至夏至。《易緯》曰：小寒晷長一丈二尺四分，按：《周髀》長一丈二尺五寸小分五，何承天長一丈二尺四寸八分，祖暅長一丈二尺四寸三分，今曆景長一丈二尺二寸八分。當至不至，先小旱後大水，丈夫多病喉痺。未當至而至，多病身熱，來年麻不熟。《易緯》曰：大寒晷長一丈一尺八分，按：《周髀》長一丈一尺五寸一分小分四，何承天長一丈一尺三寸四分，祖暅長一丈一尺二寸，今曆景長一丈一尺一寸五分。當至不至，則先大旱後大水，麥不成，病厥。未當至而至，多病，上氣嗌腫。《易緯》曰：立春晷長一丈一寸二分，按：《周髀》長一丈五寸二分小分三，何承天長九尺九寸一分，祖暅長九尺八寸，今曆景長九尺六寸二分。當至不至，兵起，麥不成，病瘧疾。未當至而至，多病，熛疾。《易緯》曰：雨水是今曆啓蟄也。晷長九尺一寸六分，按：《周髀》長九尺五寸三分小分二，何承天長八尺二寸八分，祖暅長八尺一寸七分，今歷景長八尺七寸。當至不至，旱，麥不熟，多病，心痛。未當至而至，多病蕘。《易緯》曰：驚蟄是今歷雨水也。晷長八尺二寸，按：《周髀》長八尺五寸四分小分一，何承天長六尺七寸二分，祖暅長六尺六寸二分，今曆景長六尺五寸四分。當至不至，則霧，稚禾不穗，老人多病疾瘧。未當至而至，多病癰疽脛腫。《易緯》曰：春分晷長七尺二寸四分，按：《周髀》長七尺五寸五分，劉向長七尺二寸六分，何承天長五尺三寸九分，祖暅長五尺三寸七分，今曆景長五尺三寸三分。當至不至，先旱後水，歲惡，禾不熟，多病痺。未當至而至，多病疢身癢。《易緯》曰：清明晷長六尺二寸八分，按：《周髀》長六尺五寸五分小分五，何承天長四尺二寸五分，祖暅長四尺二寸五分，今曆景長四尺三寸四分。當至不至，菽豆不熟，多病疾瘧振寒。未當至而至，多病暴死。《易緯》曰：穀雨晷長五尺三寸二分，按：《周髀》長五尺五寸六分小分四，何承天長三尺三寸五分，祖暅長三尺二寸六分，今曆景長三尺三寸。當至不至，水物雜揉，羊不蕃，多病疾瘧振寒霍亂。未當至而至，老人多病瘟氣腫。《易緯》曰：立夏晷長四尺三寸六分，按：《周髀》長四尺五寸七分小分四，何承天長二尺五寸，祖暅長二尺五寸三分，今曆景長二尺四寸九分。當至不至，旱，五穀傷，牛畜病。未當至而至，多病頭痛腫嗌喉痺。《易緯》曰：小滿晷長三尺四寸，按：《周髀》長三尺三寸八分小分二，何承天長一尺九寸七分，祖暅長一尺九寸九分，今曆景長一尺九寸八分。當至不至，多凶言，有大喪，先水後(早)〔旱〕，多病筋急痺痛。未當至而至，多病熛氣嗌腫。《易緯》曰：芒種晷長二尺四寸四分，按：《周髀》長二尺五寸九分小分一，何承天長一尺六寸九分，祖暅長一尺六寸九分，今曆景長一尺六寸四分。當至不至，多凶，主國有枉令。未當至而至，多病厥頭眩病。《易緯》曰：夏至晷長一尺四寸八分，按：《周髀》長一尺六寸，劉向長一尺五寸八分，何承天長一尺五寸，祖暅長一尺五寸，今曆景長一尺四寸九分。當至不至，國有大殃，旱，陰陽並傷，草木夏落，有大寒。未當至而至，多病肩腫。《易緯》曰：小暑晷長二尺四寸，按：《周髀》長二尺五寸九分小分一，何承天長一尺六寸九分，祖暅長一尺六寸九分，今曆景長一尺六寸四分。當至不至，先小水後旱，有兵，多病泄注腹病。未當至而至，多病膨□。《易緯》曰：大暑晷長三尺四寸，按：《周髀》長三尺五寸八分小分一，何承天長一尺九寸七分，祖暅長一尺九寸七分，今曆景長一尺九寸七分。當至不至，外兵來，年饑，多病筋痺胸痛。未當至而至，多病脛痛惡氣。《易緯》曰：立秋晷長四尺三寸六分，按：《周髀》長四尺五寸七分三，何承天長二尺五寸，祖暅長二尺五寸五分，今曆長二尺四寸九分。當至不至，暴風爲災，來年歲不稔。未當至而至，多病疾瘧上氣咽腫。《易緯》曰：處暑晷長五尺三寸二分。按：《周髀》長三尺五寸六分小分四，何承天長三尺二寸五分，祖暅長三尺二寸六分，今曆景長三尺三寸。當至不至，國多淫合，兵起，麥不熟。未當至而至，病脹身熱不汗。《易緯》曰：白露晷長六尺二寸八分，按：《周髀》長六尺五寸五分小分五，何承天長四尺二寸五分，祖暅長四尺二寸五分，今曆景長四尺。當至不至，多病疽泄。未當至而至，多病水腹閉疝瘕。《易緯》曰：秋分晷長七尺二寸四分，按：《周髀》長七尺五寸五分，劉向長七尺二寸六分，何承天長五尺三寸九分，祖暅長五尺三寸七分，今曆景長五尺三寸三分。當至不至，草木復榮，多病温悲心痛。未當至而至，多病胸脇腹痛。《易緯》曰：寒露晷長八尺二寸，按：《周髀》長八尺五寸四分小分一，何承天長六尺七寸二分，祖暅長六尺六寸七分，今曆景長六尺五寸四分。當至不至，來年穀不成，畜鳥獸被殃，多病疝瘕腰痛。不當至而至，多病熱中。《易緯》曰：霜降晷長九尺一寸六分，案：《周髀》長九尺五寸二分小分二，何承天長八尺三寸八分，祖暅長八尺一寸七分，今曆景長八尺七寸。當至不至，百物大耗，來年多大風，人病腰痛。未當至而至，多病胸脇肢䐽。《易緯》曰：立冬晷長一丈一寸二分，按：《周髀》長一丈五寸二分小分二，何承天長九尺九寸一分，祖暅長九尺八寸，今曆景長九尺六寸三分。當至不至，地氣不藏，立夏寒，早旱晚水，萬物不成。未當至而至，多病臂掌痛。《易緯》曰：小雪晷長一丈一尺八分，按：《周髀》長一丈一尺五寸一分小分四，何承天長一丈一尺三寸四分，祖暅長一丈一尺三寸，今曆景長一丈一尺一寸四分。當至不至，來年黍麥不熟，多肘腋病。未當至而至，亦爲肘腋痛。《易緯》曰：大雪晷長一丈二尺四分，按：《周髀》一丈一尺五寸小分五，何承天長一丈二尺四寸八分，祖暅長一丈二尺四寸三分，今曆景長一丈二尺二寸八分。當至不至，温氣泄，夏蝗生，大水，多病少氣五疽小腫。未當至而至，多病癪疽，應在芒種。

宋·李昉等《太平御覽》卷四　晷

《釋名》曰：日晷，規也，如規畫也。

《説文》曰：晷，日影也。

《周禮·地官》曰：大司徒以土圭之法測土深，正日景以求地中。日南則景短多暑，日北則景長多寒，日東則景夕多風，日西則景朝多陰。日至之景尺有五寸，謂之地中。天地之所合也，四時之所交也，風雨之所會也，陰陽之所和也。土圭，所以致四時日月之景。測，猶度也，不知廣深故曰測。鄭司農云：測土深，謂南北東西之深也。日南，謂立表處，太南近日。日北，謂立表處，太北遠日。景夕，謂日昳景乃中，立表處太東近日。景朝，謂未中而景中，立表處太西遠日。鄭玄謂晝漏半，而置土圭表陰陽，審其南北焉。景短於土圭，謂之日南，是地於日爲近南。景長於土圭，謂之日北，是地於日爲近北。東於土圭謂之日東，是地於日爲近東。西於土圭謂之日西，是地於日爲近西。如是則寒暑、陰陽、風雨，偏而不和。是未得其所求，凡日景于地，千里而差一寸。

《易通卦驗》曰：冬至晷長丈三尺。鄭玄注曰：晷者，所立入地表陰也，丈三尺長之極。春分晷長七尺二寸四分，夏至晷長尺有四寸八分，秋分晷長二寸四分。又冬至日樹八尺之表，日中視其晷，晷如度者，則歲美、人民和順。晷不如度者，則歲惡、人民爲僞言、政令不平。晷進則水，晷退則旱。

《晉太康記》曰：河南陽城縣是爲土中，夏至之景尺有五寸，所以爲候。

《南越志》曰：日南至月，立表望之，日在北景居南。

《山海經》曰：長留之山，其神白帝少昊居之。是神也，主司反景。日西入則景反東照，言司察之也。

《淮南子》曰：都廣，南方山名。衆帝所自上下，日中無景，蓋天地之中。日中時立表無晷，故曰地中。

《風土記》曰：鄭仲師以爲夏至之日，立八尺之表，景尺有五寸，謂之地中。一云陽城，一云洛陽。鄭康成謂移一寸於千里，景尺五寸於南戴日下萬五千里。然則千里寸景已課不效，交州大抵去洛九千餘里，蓋水陸曲，非論景度徑意也。推直考實其五千乎？昔交州主簿李士孫悚云已常立表効景，景在表南。豈古郡以日南爲名者，其斯義乎此郡？又有比景縣，北比二字既相似，音又相近，加以蠻土舌軟聲淺，事在可疑。

宋・樂史《太平寰宇記》卷一七二上 《周禮・司徒》以土圭之法測土深，正日景以求地中。日南則景短多暑，日北則景長多寒，日東則景夕多風，日西則景朝多陰。日至之景，尺有五寸，謂之地中，天地之所合也，四時之所交也，風雨之所會也，陰陽之所和也，然則百物阜安，乃建王國。李淳風曰：今洛陽告成縣以土圭測天地之中也。然則四夷之距推此可知焉。

宋・程顥、程頤《二程遺書》卷二下 極須爲天下之中、天地之中，理必相直。今人所定天體，只是且以眼定。視所極處不見，遂以爲盡然。向曾有於海上見南極下有大星十，則今所見天體蓋未定，雖似，不可窮然。以土圭之法驗之，日月升降不過三萬里中。故以尺五之表測之，每一寸當一千里。然而中國只到鄯善莎車已是一萬五千里，若就彼觀日，尚只是三萬里中也。天下之或寒或暖，只緣地形高下，如屋陰則寒，屋陽則燠，不可言於此所寒矣，屋之西北又益寒。伯淳在澤州嘗三次食韭黄：始食懷州韭，次食澤州，又次食并州，則知數百里間氣候争三月矣。若都以此差之，則須争半歲。如是則有在此冬至，在彼夏至者，雖然又没此事，只是一般爲冬爲夏而已。

宋・王安禮《靈臺秘苑》卷三 土圭影

九州之大，必有所中。前古法制無聞，惟《周禮・大司徒》以土圭之法測土深淺，正日景以求地中。日南則景短多暑，日北則景長多寒，日東則景夕多風，日西則景朝多陰。日之景尺有五寸，謂之地中。四時之所交，風雨之所會也，陰陽之所和也，然則萬物阜安，建王國焉。匠人建國，水地以平，四直繫繩，以景爲規。識日出之景與日入之景，晝考日中之景，夜考中星，以正朝夕。梁祖景爍錯綜經法，先驗昏旦定刻漏，乃立儀表於准平之地，名曰南表。中更立一表於南表景末，名曰中表。夜依中表以望北樞，樞而立北表令參相直，皆以繩準定。若表直者，乃立表之地即當子午之正。每看中表以知所偏，中表在東則立表之處在地中之東。其西亦如之。取三表相直者，爲地中之正。又於二分之日，候日始東方半體見時，乃立表於中表之東，名曰東表。待日入西方半體，乃立表於中表之西，名曰西表。皆令中表與日參直，東西二表朝夕皆要與日相直。若三表影直，即是南北之中也。若中表差南，則直表處在卯酉之南；差北，則卯酉之北。進退南北，求三表直東西，則地居卯酉之中正也。測景一寸，即地之一千里也。影尺有五寸者，南戴日下，萬五千里也。以潁川之陽城爲地之中。所謂土圭之表尺，有五寸立八尺之表。夏至影適與土圭等，謂之地中。漢儒日入表盡測影，冬至長一丈且三尺一寸四分，夏至一尺五寸八分，春秋二分著七尺三寸六分。始著於書，而餘氣並未有論。

宋・李如箎《東園叢説》卷上 土圭測景

洛陽陽城縣，舊屬河南府，今屬許州，周公測景以求地中之處也。其測景之法，蓋表八尺以立於其地，又爲土圭，長尺有五寸，卧於表之北。夏至之日日正中時，表景與土圭齊，謂之地中，乃於此建王國焉。若表立於此地之南則景長，其地多暑。立於此地之北則景短，其地多寒。立於此地之東則其地夕，多風。立於此地之西則其地朝，多陰。《周禮》稱日南日北日東日西者，指陽城日景而言也。南北之景率千里而差一寸，惟陽城晷景尺有五寸，爲地中也。

宋・葉時《考工記解》卷下 土圭尺有五寸，以致日以土地。

土圭，夏至冬至測日之用也。土地者，土猶度也。視日景之東西南北，以度其地也。大司徒所言建邦國者，即此是也。致日者，以日至者視之，其長短可以坐而致也。書曰敬致，即此致字。

宋・葉廷珪《海録碎事》卷四上 土圭測景

度天地之所合，四時之所交，風雨之所會，陰陽之所和，百物阜安，乃建王國焉，所謂建土圭以測景得天地之中。《周禮》。

宋·朱申《周禮句解》卷三　以土圭之灋測土深、正日景，土圭長一尺五寸，其法用之。下可以測土深，上可以正日景。深，去聲。以求地中。地中見下文注。日南則景短多暑，夏至日正中時，立八尺之表，以侯日景，以土圭量之。其景短於土圭，則其地在日南，而多暑。日北則景長多寒，其景長於土圭，則其地在日北，而多寒。日東則景夕多風，景在表之東，是地在日東也。景夕，謂日中時其景已如夕時也。如此，則其地多風。日西則景朝多陰，景在表之西，是地在日西也。景朝，謂日中時，其景尚如朝時也。如此，則其地多陰。凡此四者，皆非地中也。蓋地近南則多暑，近北則多寒，東方近海故多風，西方多山故多陰也。日至之景尺有五寸，謂之地中。夏至日正中時，量以土圭，其日景長一尺五寸，與土圭合，乃地中也。天地之所合也，以其地當天地之中，故曰合。四時之所交也，四時於此，而交通。風雨之所會也，風雨以序而至。陰陽之所和也，陰陽調，而不乖。然則百物阜安，有生者，遂有形者育。乃建王國焉。則其地可以建立邦國焉。制其畿，此王國之畿也。方千里而封樹之。王畿地方千里，不特溝封之，且樹木以爲固也。凡建邦國，上言建王國，此言建諸侯之國。以土圭度其地而制其域。日景移一寸則差千里，故建諸侯之國，亦以土圭度之。制其域者，境界皆有營域，封圻也。

宋·章如愚《群書考索》卷五六　土圭表附玉人之事，以玉爲圭，而曰土圭者，用以土其地，其長尺五寸。非惟建王國用，土圭諸侯之國亦用，以土其地，但正四方不求地中也。《周官·大司徒》曰：以土圭之法測土深、正日影，以求地中。日南則景短多暑，日北則景長多寒，日東則景夕多風，日西則景朝多陰。日至之景，尺有五寸，謂之地中。鄭康成曰：景短於土圭謂之日南，是地於日爲近南也。景長於土圭謂之日北，則地於日爲近北也。東於土圭謂之日東，是地於日爲近東也。西於土圭謂之日西，是地於日爲近西也。凡日影於地千里，而差一寸。陳禮書曰：先儒謂天地相距八萬里，其升降也，不過三萬里之中。日景於表移一寸則於地差千里。張衡、《周髀》之説皆然。惟宋何承天曰：六百里而差一寸也。後魏信都芳曰：千里而差四寸，則二百五十里而差一寸也。典瑞以土圭致日月四時。《玉人》曰：土圭尺有五寸，以致日月，以土地。《馮相氏》曰：春夏致日，秋冬致月，以辨四時之序。古者土圭必植五表，地中植中表，千里而南植南表，千里而北植北表，東西二表相去亦如之。以四表明中表之正，以中表定四方之中。鄭司農云：夏至之日立八尺之表，其影適與圭等，謂之地中是也。王昭禹曰：土圭横植於地，於圭之端立表，以表端之日影與土圭相齊，无過不及，然後見地之中。疏曰：度景之法必於夏至，爲漏半爲之取日正午，乃得其端直。《周禮圖》云：日南則景短多暑，據中土圭之南土圭而言也。夏晝漏晝，土圭在南，得尺四寸景，不論尺五寸不與圭等是也。於日爲近南也，故云日南則景短多暑。日至之景，尺有五寸，謂之地中。日北則景長多寒，據中土圭之北土圭而言也。冬晝漏半，土圭在北，得尺六寸景，過於尺五寸，不與土圭等是也。於日爲近北也，故云日北則景長多寒。日西則景朝多陰者，據中土圭之西土圭而言之，是於日爲近西也。夏晝漏半中土圭景得正時，土圭在西者，日未中乃得朝時之景，故曰日西則景朝多陰。日東則景夕多風者，據中土圭之東土圭而言之是也，於日爲近東也。夏晝漏半中土圭景得時正土圭在東者，日已昳矣，乃得夕時之景，故云日東則景夕多風。周公度日景，置五圭於潁川陽城。置一土圭爲中，中土圭之南千里置一土圭，中土圭之北千里置一土圭，東去千里置一土圭，西去千里置一土圭，爲五圭。天地相距八萬里，先王立八尺之表以度日景，天地之升降不過三萬里之中，自地以至日不過二萬五千里。以尺有五寸土圭測之，蓋日景於圭差一寸則差千里。先王以四表明中表正之，以中表定四方之中。在地則無道里，遠近之不均；在天則無寒暑；風雨陰陽之不和。萬物得極其高大故至於阜，得其宜由其道故至於安，然後建王國焉。匠人所謂晝參諸日景、夜攷諸極星，蓋如此也。易巽爲風，言東多風，蓋風之所屬者東方也。五行傳以風屬中央，失之矣。隋志曰：先儒皆云夏至立八尺表於陽城，周潁川地也。景與圭等。《尚書攷靈曜》曰：日永景尺伍寸，日短景尺三寸。《易通卦驗》曰：冬至之日植八尺之表，日中視其晷景長短，以占和否。夏至景一尺四寸八分，冬至一丈三尺。《周髀》云：成周土中，夏至景一尺六寸，冬至景一丈三尺五寸。劉向《洪範論》曰：夏至景長一尺五寸八分，冬至一丈三尺一寸四分，春秋二分景七尺三寸六分。後漢魏宋之歷皆與《攷靈曜》同，然或地域不改而分寸參差，或南北殊方而長短難一，蓋術士未能精驗也。梁天監中祖常造八尺銅表，其下與土圭相連，圭上爲溝，置水以取平，正揆測日景。大同中，太史令用九尺表，格江左之景。陳氏惟用梁法。至隋開皇十九年，袁充表曰：隋興以後日景漸長。又曰太平日行上道，升平行次道，覇代行下道。今景短日長，振古希有。上曰：景長之慶，天之祐也。宜取日長之意，改元仁壽，百工作役，並加程課，以日長故也。《隋志》。唐儀鳳四年，姚元辨奏於陽城測影臺，依古法立八尺表，夏至日中測景正與古法同。調露元年，於陽城周公測影所得，圭長一丈二尺七寸。開元十二年，命太史南宮説等馳傳往安南、蔡蔚等州，測候日影，還與一行校之。一行以南北日影校量，大約南北極相去纔八萬餘里。其餘州測影尺寸如左：林邑國北極高十七度，安南都護府北極高二十一度六分，其餘州皆不同。至海中南望老人星下，衆星燦然，皆古所未名。《會要》。

水平法按匠人建國之制，水地之垂，置槷以垂眡以景。夫槷，則表也。司徒言土圭而不言表，匠人言表而不言土圭，互文以見也。水地以縣，則旁植四木，而縣繩焉。以水望其高下，所以求地之平。既縣以繩而取其直，又以水而取其平，然後於所平之地置槷焉。於所平之中央立八尺之表，以懸正之，眡日景之出入，將以求四方之正。眡其出入之景，可正東西而已。又爲規以度兩交之間，以求其南北，則四方於是乎正，然猶以爲未也。又書參諸日中之景，互考諸極星，以正朝夕。四方正焉，朝夕皆正，然後可以建王國。

致日之法，日在東井而北近極星，則晷短，故立六尺表，而景尺六寸。日在婁而中，日在牽牛而南近極星，則晷長，故立八尺表而景丈三尺。日在角而中於極星則星中，故立八尺表而景七尺三寸八分。

致月之法，立春春分月循青道，春分在東井員於角下，弦在牽牛。立夏夏至南從赤道。立秋秋分月循白道，秋分上弦在牽牛，員於婁下弦東井。立冬冬至北從黑道。《總論漢書》謂：日有中道，月有九行。中道者，黃道也。北至東井，南至牽牛，東至角，西至婁。夏至日在東井，而北近極星，故晷短。故立八尺之表，而景尺五寸八分。冬至日在牽牛，而南遠極星，則晷長。故立八尺之表，而景丈三尺。春分日在婁，秋分日在角，去極中而晷中。故立八尺之表，而景七尺三寸六分。日陽也，陽用事，日則進。而北晝進而長，陽勝，故爲溫爲暑。陰用事則日退，而南晝退而短，陰勝故爲涼爲寒。日失節於南則晷過而長爲常寒，日失節於北則晷短爲常燠。此四時致日之法也。月之九行在東西南北，有白赤黑之道，各二而出於黃道之旁。立春春分月循青道，而春分上弦在東井員於角，下弦於牽牛。立秋秋分月循白道，而秋分上弦在牽牛員於婁，下弦於東井。立冬冬至北從黑道，立夏夏至南從赤道。古之致月不在立春立秋，而常在二分。不在二分之望，而在弦者，以月得陰陽之平故也。然日之與月，陰陽尊卑之辨，若君臣也。君居中，而佚臣旁行而勢。君近臣則威損，臣遠君則勢盛。威盛與君異，勢盛與君同。月遠日則其光盈，近日則其光闕。未望則出西，既望則出東。則日有中道，月有九行之說，蓋是言也。

宋・黃震《黃氏日抄》卷三七　地

天地四游升降不過三萬里，土圭之影尺五寸，折萬五千里，以其在地之中，故南北東西相去各三萬里。此主黃道相去遠近而言，天之高則未可知也。土圭以玉爲之，量表影底。天地中與古不同，周公定豫州爲天地之中，漢時陽城是中，本朝嶽臺是中。想天運有差，地隨天轉而差。天運之差，如古今昏旦中星不同是也。

宋・陳友仁《周禮集說》卷七　掌土圭之灋，以致日景；以土地相宅，而建邦國。都鄙以辨土宜。土化之灋，而授任地者，王巡守則樹王舍。相，息亮反。

鄭氏曰：致日景者，夏至景尺有五寸，冬至景丈三尺，其間則日有長短。土地猶度地知東西南北之深，而相其可居者。宅，居也。土宜，謂九穀植稺所宜也。土化地之輕重，糞種所宜用也。任地者，載師之屬。王氏曰：大司徒凡建邦國，以土圭土其地，而土方掌土圭之法，以土地相宅而建邦國。都鄙則輔相司徒建國之事而已。大司徒掌土宜之法，而土方氏亦辨土宜土化之法，而授任地者，則輔相司徒草人任土糞之事而已。司徒草人所掌止於王畿，而土方氏所掌則及於四方，故名官以土方氏焉。

宋・潛說友《咸淳臨安志》卷一二　測驗渾儀所

臺上有渾儀，下有土圭長一丈五尺，表長八尺。並准尺。堂有刻漏，惟土圭以石爲之，餘皆銅。

宋・胡宏《皇王大記》卷二三　《宮室》曰：《周禮》土方氏掌以土圭之法，測土深、正日景，以求地中。日南則景短多暑，日北則景長多寒，日東則景夕多風，日西則景朝多陰。日至之景尺有五寸，謂之地中，天地之所合也，四時之所交也，風雨之所會也，陰陽之所和也。然則百物阜安，乃建王國焉。匠人建國，水地以縣，置槷魚制。以縣，眡以景爲規，識日出之景與日入之景。晝參諸日中之景，夜考之極星，以正朝夕。

宋・王應麟《漢制考》卷一　日至之景，注：鄭司農云：土圭之長尺有五寸，以夏至之日，立八尺之表，其景適與土圭等，謂之地中。今潁川陽城地爲然。疏：潁川郡陽城縣，是周公度景之處，古跡猶存。

王朴曰：古者植圭於陽城，以其近洛也，蓋尚歉其中，乃在洛之東偏。開元十二年，遣使天下候影，南距林邑，北距橫野，中得浚儀之岳臺，應南北弦居地之中。司馬公曰：日行黃道，每歲有差，地中當隨而轉移，故周在洛邑，漢在潁川陽城，唐在汴州浚儀。

元・毛應龍《周官集傳》卷六　土圭以致四時日月，封國則以土地，珍圭以徵守、以卹凶荒。

鄭鍔曰：欲知天時，則植之以觀春秋冬夏之景。冬至日在牽牛，景長丈三尺；夏至日在東井，景長尺五寸，則日之行可知。春分日在婁，秋分日在角，而月弦於牽牛東井，則月之行可知。謂之致者，植土圭於此而使景自至。此則以致四時日月也。欲知地理則植之以觀東西南北之象，以一寸之量知千里之遠，以一分之景知百里之近。封建諸侯則以此知其地之廣狹。故封國即以之而度其地，謂之土地者，以其度地也。劉氏曰：聖人既立羲和之官，歷象日月，敬授人時。又作璇璣以齊七政，未以爲信也。乃以玉作土圭，以致日月四時之景，必與歷象璇璣行度符合，然後寒暑分至不差。

元・葛邏禄乃賢《河朔訪古記》卷下　測影臺在登封縣東南二十五里天中鄉告成鎮，周公測影臺石蹟存焉。告成即古嵩州，陽城之墟，是爲天地之中也。臺高一丈二尺，周十六步，可容八席。《周禮・大司徒》：以土圭之法測土深、正日景，以求中，廼建王國焉。日至之景尺有五寸，謂之地中。唐開元十一年，詔太史監南宫説以石立表。宋大中三年，汜水令李偃重建增崇七尺。國朝至元十六年，太史令郭守敬奏設監候官十有四員，分道測景。十八年，奉勅於古臺之北築臺高三十六尺，中樹儀表，上爲四銅環，規制極精緻，命有司營廨舍門廡。又於古臺新臺南建周公之廟，以祀之其碑，則河南憲史李用中譔文也。臺西，則天中觀云。

明・楊士奇、黄淮《歷代名臣奏議》卷二七九　初，李淳風造歷定二十四氣，中晷與祖沖之短長頗異，然未知其孰是。及一行作大衍歷，詔太史測天下之晷，求其土中，以爲定數。其議曰：《周禮・大司徒》以土圭之法測土深，日至之景尺有五寸，謂之地中。鄭氏以爲日景於地千里而差一寸，尺有五寸者，南戴日下萬五千里。地與星辰四游升降於三萬里内，是以半之得地中。今潁川陽城是也。宋元嘉中，南征林邑，五月立表望之，日在表北。交州影在表南三寸，林邑九寸一分。交州去洛水陸之路九千里，蓋山川回折使之然，以表考其弦，當五千乎？十二年，測交州夏至，在表南三寸三分，與元嘉所測畧同。使者大相元太言交州望極纔高二十餘度，八月海中望老人星，下列星粲然，明大者甚衆，古所未識，乃渾天家以爲常没地中者也。大率去南極二十度以上之星，則見。又鐵勒回紇在薛延陀之北，去京師六千九百里。其北又有骨利幹，居瀚海之北，北距大海，晝長而夜短，既夜天如曛，不暝夕胹羊髀纔熟，而曙盖近日出没之所。

明・邵寶《容春堂集》前集卷一〇　測影臺考

按：《周禮》以土圭之法測日景，凡立五表。其中表在陽城，即今登封東南告縣舊治是也。予至其地有二臺存焉，其南一臺琢大石爲之，上狹下濶，高丈餘，廣半於高，中樹一石碑，刻曰：周公測景臺。臺北三丈所復有一臺，約高三丈餘，壘塼爲之。其北之中爲缺道，深廣二尺許，下列石爲道，直達于北約五丈許。石上爲二小渠，渠側刻尺寸甚精密。最北一石爲二小竅，以出水。詢其土人，云：故老相傳爲量天尺，又以爲銅壺滴漏。考之縣志，此名觀星臺，亦周公所築。然予見其刻尺寸所書，特今文耳。恐非出於周公。況歷代律書言尺度者，亦未嘗言及。陽城測星臺尺，蓋不可信。恐惟石臺乃周公遺跡，所謂觀星臺者，則後人因而建耳。且其地嘗置金昌府治，又嘗置告縣治。建斯臺者，豈其時邪？又按禮疏四方之表，各去中表千里。予以禹跡圖考之，南表當在郢之北，東表當在遼之東，北表當在肅之北，西表當在華之西南、終南山之東。今其地，不知亦有遺跡在否。姑記兹臺之制，以備參考。

明・孫瑴《古微書》卷二　至元太史郭守敬，乃創爲簡儀、仰儀及圭表景符、正方案、大明殿燈漏，皆古人所未及者。又勝國四海測景之所，凡二十有七，東極高麗，西至滇池，南踰朱崖，北盡鐵勒，亦古人所未又爲者也。又所傳西域儀象，亦多與古渾天合。

明・邢雲路《古今律曆考》卷七二　今司天亦測日晷，每節氣閫，監官向圭表測日景畢，各畫一押，既而上疏入告曰測矣。試問其晷長若干，作何布筭，皆曰不知也。既不知則不如不測，測日景且不知，又安望其測月與五星？夫人病無法耳。今余法既立，且纖悉備至，有法可循，即無難可致。若疇人於此，而猶泄泄然，諉之曰我不能也，則吾不知之矣。

清・姚之駰《元明事類鈔》卷一　高表

元葉世奇《草木子》：前代立八尺之表，以量日影，則晷影短而尺寸易差。元立四丈之表於二丈折中開竅，以量日影，故影長而尺寸無毫杪之失。元楊桓《高表銘》：惟昔八尺，景促分密。爲用雖可，每艱辨析。聖皇御極，百度維新。乃五其昔，其用益神。

清・田雯《古歡堂集》卷三七　測景臺，周公營洛邑所築。晉《天文志》曰：《周禮》日至之景尺有五寸，謂之地中。鄭衆曰：土圭之長尺有五寸，以夏至之日立八尺之表，其景與土圭等，謂之地中。今潁川陽城是也。箕山上有許由墓廬，巖有盧鴻一宅。

清・馬驌《繹史》卷二三上　地貢以斂財賦，以均齊天下之政。以土圭之瀍測土深、正日景，以求地中。日南則景短多暑，日北則景長多寒，日東則景夕多風，日西則景朝多陰。日至之景尺有五寸，謂之地中。天地之所合也，四時之所交也，風雨之所會也，陰陽之所和也。然則百物阜安，乃建王國焉。制其畿方千里，而封樹之。凡建邦國，以土圭土其地而制其域。諸公之地封疆方五百里，其食者半。

清·陳元龍《格致鏡原》卷二 測日表《易遁卦驗》：冬至之日植八尺之表，日中視其晷，影長短以占和否。夏至景一尺四寸八分，冬至一丈三尺。《隋書》：梁天監中祖暅造八尺銅表，其下與土圭相連，圭上爲溝，置水以取平正，揆測日景。先立表於準平之地，名曰南表。更立一表於南表影末，名曰中表。以望北極樞而立北表，令參相直。至大同中太史令虞劇，又用九尺表格江左之景。《羣書考索》：唐儀鳳四年，姚元辨奏於陽城測影臺，依古法立八尺表，夏至日中測景，正與古法同。《唐書》：大史監南宮説擇河南平地設水準繩墨植表，而以引度之大率五百二十六里二百七十步，晷差二寸餘，而舊説王畿千里影差一寸，妄矣。《博古圖》：周官置槷書，以參諸日中之景。槷，即表也。有器形若大盤上蟠雙螭，而仰其首於兩螭間。又出一筩中通上下，是爲表座。中通所以植槷無欹，側以取其端焉。又器作三圜筩相合，爲一體。措之地則一筩端立，可以立表。《周官》所謂槷者，是其所以爲測日之具也。《玉堂閑話》：上元日竪一丈之竿，候日午影至七尺，其年大稔。九尺或一丈，有水。五尺，歲旱。三尺，大旱。《百工譜》：日圭有方者，有圓者，有懸而隙日影者，有注水針方向者。《荆楚歲時記》：晉魏間，宫中以紅線量日影，冬至後日影添長一線。

清·張英等《淵鑒類函》卷三六九 旁取其正中所當之、刻之、度之、分之、杪之數。舊表公尺謂夏至之景尺有五寸，千里而差一寸。唐一行已嘗駁議，八所爲表，五倍其舊懸，施横梁。每至日中，以竅夾測横梁之景，折取中數，與舊表殊。

清·江永《禮書綱目》卷五三 土圭尺有五寸，以致日。致日度景至否，夏日至之景尺有五寸，冬日至之景丈有三尺。《考工記·玉人》。《典瑞》：土圭以致四時日月。以致四時日月者，度其景至不至，以知其行得失也。冬夏以致日，春秋以致月。《春官》。

清·朱軾、蔡世遠《史傳三編》卷八 （許衡）與太史令郭守敬新製儀象圭表一本。天道自然之數，可以施之永久。十七年，歷成，賜名授時，頒之天下。六月，以疾丐還帝，以其子師可

清·嵇璜等《清通志》卷二三 之分其地平無度數，則器總歸於無用矣。考古圭表之法，其圭原偏而向地。平其表，更偏而離天頂，又離正南北之線，故仁以勾股之法修正之。庶幾可免夫乖舛也已。

圖表

漢·佚名《周髀算經》卷上《日高圖》

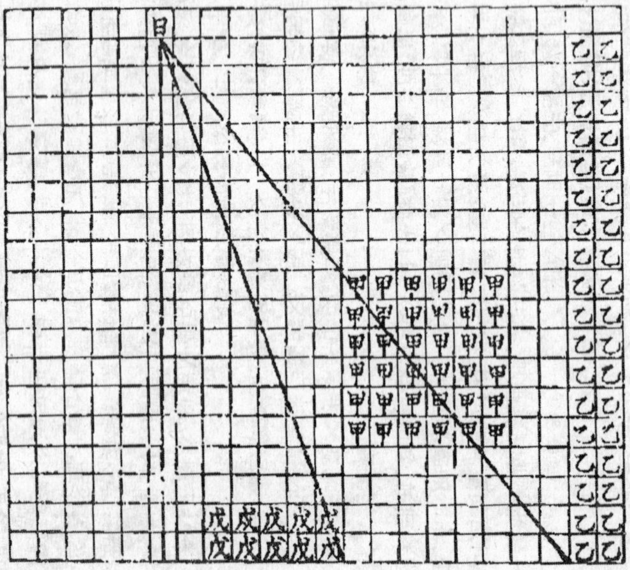

日高圖

黄甲與黄乙其實正等。以表高乘兩表相去爲黄甲之實。以影差爲黄乙之廣而一，所得則變得黄乙之袤，上與日齊。按圖當加表高，今言八萬里者，從表

以上復加之。青丙與青己其實亦等。黄甲與青丙相連，黄乙與青己相連，其實亦等。臣鸞曰：求日高法，先置表高八尺爲八萬里爲表，以兩表相去二千里爲廣，乘表八萬里得一億六千萬里，爲黄甲之實。以影差二寸爲二千里爲法，除之，得黄乙之表八萬里，即上與日齊。此言王城去天名曰甲，日底地上至日名曰乙。上天名青丙，下地名青戊。據影六尺，王城上天南至日六萬里。王城南至日底地亦六萬里。是上下等數。日夏至南萬六千里者，立表八尺於王城，影一尺六寸。影寸千里。故王城去夏至日底地萬六千里也。

法曰：「周髀長八尺，句之損益寸千里。句謂影也。言懸天之影，薄地之儀，皆千里而差一寸。故曰極者，天廣表也。言極之遠近有定，則天廣長可知。今立表高八尺以望極，其句一丈三寸。由此觀之，則從周北十萬三千里而至極下。」謂冬至日加卯、酉之時若春、秋分之夜半。極南兩旁與天中齊，故以爲周去天中之數。

榮方曰：「周髀者何？」

陳子曰：「古時天子治周，古時天子謂周成王時。以治周居王城，故曰，昔先王之經邑，奄觀九隩，靡地不營。土圭測影，不縮不盈。當風雨之所交，然後可以建王城。此之謂也。此數望之從周，故曰周髀。言周都河南，爲四方之中，故以爲望主也。髀者，表也。因其行事，故曰髀。由此捕望，故曰表。影爲句，故曰句股也。

唐・房玄齡等《晉書》卷一八《律曆志下》

中節	日行所在度	日行黄道去極度	日中晷影	晝漏刻	夜漏刻	昏中星	明中星
冬至十一月中	斗二十一少	百一十五度	丈三尺	四十五	五十五	奎六弱	亢二少强
小寒十二月節	女二少	百一十三强	丈二尺三寸	四十五八分	五十四二分	婁六半强	氐七强
大寒十二月中	虚五半弱	百一十太弱	丈一尺	四十六八分	五十三二分	胃十一太强	心半
立春正月節	危十太弱	百六少弱	九尺六寸	四十八六分	五十一四分	畢五少弱	尾七半弱

（續　表）

中節	日行所在度	日行黄道去極度	日中晷影	晝漏刻	夜漏刻	昏中星	明中星
雨水正月中	室八太强	百一强	七尺九寸五分	五十八分	四十九二分	參六半弱	箕半
驚蟄二月節	壁八强	九十五强	六尺五寸	五十三三分	四十六七分	井十七少弱	斗初少
春分二月中	奎十四少强	八十九少强	五尺二寸五分	五十五八分	四十四二分	鬼四	斗十一弱
清明三月節	胃一半	八十三少弱	四尺一寸五分	五十八三分	四十一七分	星四太	斗二十一半
穀雨三月中	昴二太	七十七太强	三尺二寸	六十五分	三十九五分	張十七	牛六半
立夏四月節	畢六太	七十三少弱	二尺五寸二分	六十二四分	三十七六分	翼十七太	女十少弱
小滿四月中	參四少弱	六十九太	尺九寸八分	六十三九分	三十六一分	角太弱	危太弱
芒種五月節	井十半弱	六十七少弱	尺六寸八分	六十四九分	三十五一分	亢五太	危十四强
夏至五月中	井二十五半强	六十七强	尺五寸	六十五	三十五	氐十二少弱	室十二强
小暑六月節	柳三太强	六十七太强	尺七寸	六十四七分	三十五三分	尾一太强	奎二太强
大暑六月中	星四强	七十	二尺	六十三八分	三十六二分	尾十五半强	婁三太
立秋七月節	張十二少	七十三半强	二尺五寸五分	六十二三分	三十七七分	箕九太强	胃九太弱
處暑七月中	翼九半	七十八半强	三尺三寸三分	六十二分	三十九八分	斗十少	畢三太
白露八月節	軫六太	八十四少强	四尺三寸五分	五十七八分	四十二二分	斗二十一强	參五少强
秋分八月中	角五弱	九十半强	五尺五寸	五十五二分	四十四八分	牛五少	井十六少强

（續 表）

中節	日行所在度	日行黃道去極度	日中晷影	晝漏刻	夜漏刻	昏中星	明中星
寒露九月節	亢八半弱	九十六太强	六尺八寸五分	五十二六分	四十七四分	女七太	鬼三少强
霜降九月中	氐十四少强	百二少强	八尺四寸	五十三分	四十九七分	虚六太	星三太
立冬十月節	尾四半强	百七少强	丈	四十八二分	五十一八分	危八强	張十五太强
小雪十月中	箕一太强	百一十一弱	丈一尺四寸	四十六七分	五十三三分	室三半弱	翼十五太
大雪十一月節	斗六	百一十三太强	丈二尺五寸六分	四十五五分	五十四五分	壁半强	軫十五少强

宋·蘇頌《新儀象法要》卷下　右渾儀圭表一。舊法渾儀、圭表各爲一器，故渾儀不能測晷景之長短，土圭亦不能驗七政之行度。今以二器合爲一法，其制於渾儀下安圭座，面與水趺中心相結，各爲水溝通流，以定平準。圭長一丈三尺，爲日行晷之南北。於圭面分尺寸，兩旁列二十四氣，自圭面上與陰緯環面與直，距望筒之半爲表之高表，高八尺，故自陰緯環面及望筒之半，至鰲雲之下，亦高八尺。常於午正以望筒指日，令景透筒竅至圭面，以竅心之景指圭面之尺寸爲準。望筒所以上考時刻、五星留逆徐疾、日道昇降、黃道去極遠近，圭面所以下候二十四氣、晷景之長短。二法相參，則氣候與上象相合，考正歷數，免有差舛。

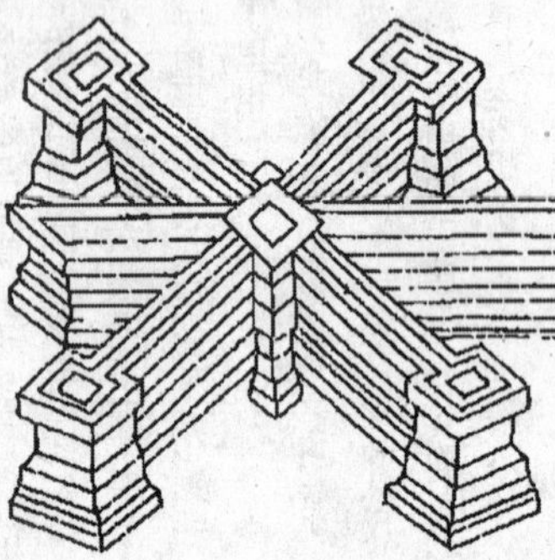

渾儀圭表

宋·陳祥道《禮書》卷三六

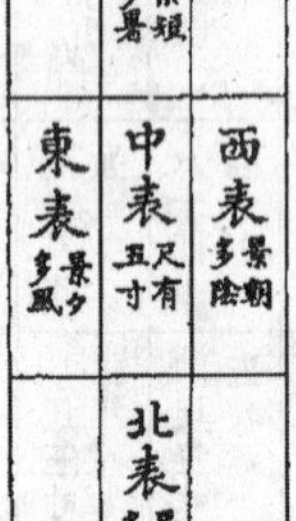

測景圖

土圭尺有五寸

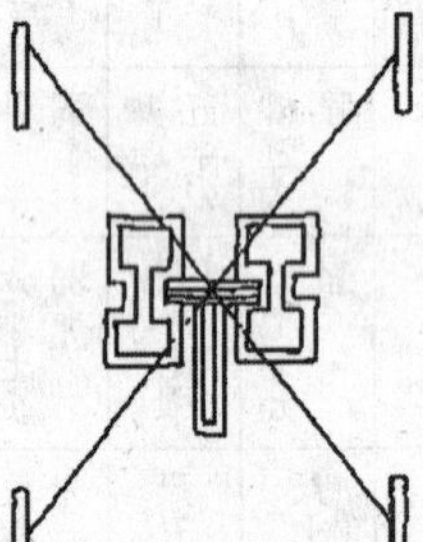

水平法

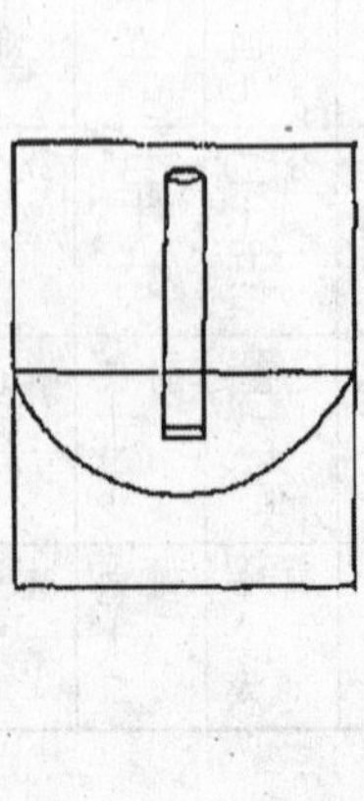

爲規識日法

測景

東表景夕多風　西表景朝多陰　南表景短多暑

北表景長多寒　中表尺有五寸

土圭尺有五寸

《周官·大司徒》曰：以土圭之法測土深，正日景，以求地中。日南則景短多暑，日北則景長多寒，日東則景夕多風，日西則景朝多陰。日至之景尺有五寸，謂之地中。玉人曰：土圭尺有五寸，以致日，以土地。馮相氏曰：冬夏致日，春秋致月，以辨四時之序。匠人曰：晝參諸日景。鄭康成曰：晝漏半而置土圭，表陰陽，審其南北。景短於土圭謂之日南，則地於日爲近南也。景長於土圭謂之日北，則地於日爲近北也。東於土圭謂之日東，則地於日爲近東也。西於土圭謂之日西，則地於日爲近西也。如是則寒暑陰風偏而不和，是未得其所求。凡日景於地，千里而差一寸。又曰：景尺有五寸者，南戴日下萬五千里，地與星辰四遊升降於三萬之中，是以半之而得地之中。鄭司農曰：夏至之日立八尺之表，其景適與土圭等，謂之地中，今潁川陽城地爲然。傳曰：冬至日置八神樹，八尺之表，日中視其景如度者，歲美人和。晷不如度者，歲惡人僞。神讀如引，八引者樹杙於地。四維四中，引繩以正之。晷進則水，晷退則旱。進尺二寸，則月食。退尺二寸，則日食。

古者土圭必植五表，地中植中表，千里而南植南表，千里而北植北表，東西二表相去如之。先儒謂天地相距八萬里，其升降也不過三萬里之中。日景於表移一千，則於地差千里。故於相距准表之度而表八寸，以升降之半准土圭之度而圭尺有五寸。是以夏至日在東井，地升而南遊萬五千里，則去日近矣。故晝漏以半，景尺五寸。冬至日在牽牛，地降而北遊亦萬五千里，則去日遠矣。故晝漏以半，景丈三尺，盖有所傳然也。至日以冬夏，而《書》特於夏言敬致，《大司徒》特於夏求地中者，測景以夏爲正也。所謂日南則景短多暑日北則景長多寒日東則景夕多風日西則景朝多陰者，於日爲近南，則南表之北得景尺四寸，其地多暑。於日爲近北，則北表之北得景尺四寸，其地多寒。於日爲近東，則晝漏以半日已夕矣。其地多風，於日爲近西，則晝漏以半，日未中矣，其地多陰。先王以四表明中表之正，以中表定四方之中。在地則無道里遠近之不均，在天則無寒暑風陰雨之不和，萬物得極其高大。故至於阜得其宜，由其道，故至於安然，後以建王國焉。《匠人》所謂「晝參諸日景，夜考諸極星」，盖如此也。《易》言巽爲風，《禮》言東多風，盖風之所屬者，東方也。《五行傳》以風屬中央，失之矣。

爲規識日法

匠人建國，水地以縣。立王國若邦國者，於四角立植而縣以水，望其高下。既定，乃爲位而平地。置槷以縣，眡以景。於所平之地中央樹八尺之槷，以懸正之。眡其景，將以正四方也。爲規，識日出之景與日入之景。日出日入之景，其端則東西正也。又爲規以識之者，爲其難審也。自日出而晝其景端，以至日入，既則爲規，測景兩端之內，規之交乃審也。度兩交之間，屈之以指臬，則南北正。晝參諸日中之景，夜考之極星，以正朝夕。日中之景，最短者也。極星謂北極。正義曰：於造城之處四角立四柱，於柱四畔縣繩以正柱。柱正然後去柱，遠以水平之法遥望柱高下，平高就下也。置槷以縣者，欲取柱之景，先須柱正。欲取柱正，當以繩縣而垂之於柱之四角四中，以八繩縣之。其繩皆附柱，則其柱正矣，然後眡以景。

水地以縣，則旁植四木而縣繩焉。以水望其高下，所以求地之平。置槷以縣，眡以景，則中植一槷而懸繩焉。眡其出入之景，將以求四方之正。眡其出入之景，可以正東西而已。又爲規以度兩交之間，以求其南北，則四方於是乎正。然猶以爲未也，又晝參諸日中之景，夜考諸極星，以正朝夕。四方與朝夕皆正，然後可以建國。

宋·楊申《六經國》卷三 以土圭測土深，正日景，以求地中。日南則景短多暑，謂立表處太南近日也。日東則景夕多風，謂日昳景乃中，立表處太東近日也。日北則景長多寒，謂立表處太北遠日也。日西則景朝多陰，謂日未中而景中，立表處太西遠日也。

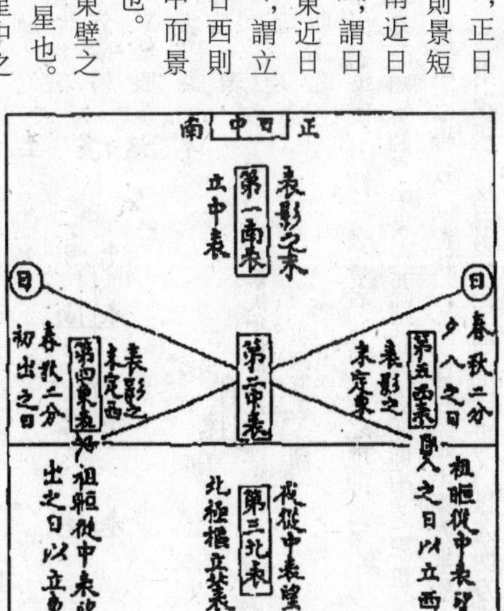

公劉相陰陽圖

營室謂之定，在東壁之西，《月令》十月之昏星也。於定星之昏，正四方星中之時，以此時而作楚丘之宫廟。又度以日影而營表其位，正其東西南北而作楚丘之宫室。

元·黄鎮成《尚書通考》卷一〇《周官·大司徒》曰：以土圭之法測土深，正日景，以求地中。日南則景短多暑，日北則景長多寒，日東則景夕多風，日西則景朝多陰。日至之景尺有五寸，謂之地中。天地之所合也，四時之所交也，風雨之所會也，陰陽之所和也。然則百物阜安，乃建王國焉。

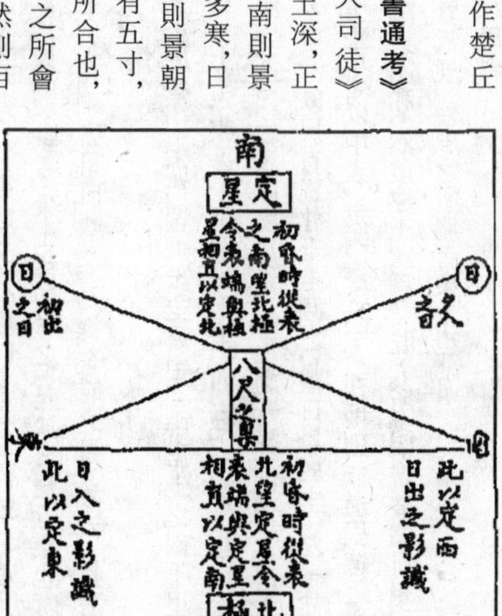

楚丘揆日景圖

鄭司農云：日南謂立表處大南，近日也。日北謂立表處大北，遠日也。景夕謂日昳景乃中，立表處大東，近日也。景朝謂日未中而景中，立表處大西，遠日也。鄭玄謂晝漏半而置土圭，表陰陽，審其南北。景短於土圭謂之日南，是地於日爲近南也。景長於土圭謂之日北，是地於日爲近北也。東於土圭謂之日東，是地於日爲近東也。西於土圭謂之日西，是地於日爲近西也。凡日景於地，千里而差一寸。景尺有五寸者，南戴日下萬五千里，地與星辰四遊升降於三萬里之中，是以半之得地之中也。畿方千里，取象於日，一寸爲正。鄭司農云：土圭之長尺有五寸，以夏至之日立八尺之表，其景適與土圭等，謂之地中，今潁川陽城爲然。度景之法必於夏至，晝漏半爲之，取日正午，乃得其端直。

陳祥道曰：先儒謂天地相距八萬里，其升降也不過三萬里之中。日景於表移一寸，則於地差千里。張衡《周髀》之説皆然。惟宋何承天曰：六百里而差一寸。後魏信都芳曰：千里而差四寸，則二百五十里而差一寸也。

《考索》曰：古者土圭必植五表，地中植中表，千里而南植南表，千里而北植北表，東西二表亦如之。以四表明中表之正，以中表定四方之中。

王昭禹曰：土圭橫植於地，於圭之端立表，以表端之日景與土圭相齊，無過不及，然後見地之中。

《周禮圖》曰：日南則景短多暑，據中土圭之南土圭而言也。夏晝漏半，土圭在南，得尺四寸景，不滿尺五寸，不與圭等，是於日爲近南也。故云日南則景短多暑，日北則景長多寒，據中土圭之北土圭而言也。夏晝漏半，土圭在北，得尺六寸景，過於尺五寸，不與土圭等，是於日爲近北也。故云「北則景長多寒，日西則景朝多陰」者，據中土圭之西土圭而言之，是於日爲近西也。夏晝漏半，中土圭景得正時，土圭在西者日未中，乃得朝時之景。故曰「日西則景朝多陰，日東則景夕多風」者，據中土圭之東土圭而言之，是於日爲近東也。夏晝漏半中，土圭景得正時，土圭在東者日已昳矣，乃得夕時之景，故云「日東則景夕多風」。

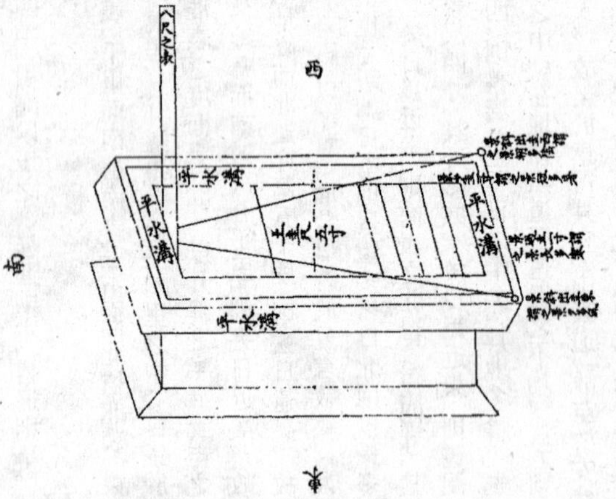

祖暅圭表之圖

周公度日景，置五圭於潁川陽城，置一土圭爲中。中土圭之南千里置一土圭，中土圭之北千里置一土圭，東去千里置一土圭，西去千里置一土圭爲五圭，天地相距八萬里。先王立八尺之表以度日景，天地之升降不過三萬里之中，自地以至日不過一萬五千里。以尺有五寸土圭測之，蓋日景於圭，差一寸則差千里。先王以四表明中表，正之以中表，定四方之中。在地則無道里遠近之不均，在天則無寒暑風雨陰陽之不和，然後建王國焉。匠人所謂「晝參諸日景，夜考諸極星」，蓋如此也。易巽爲風，蓋風之所屬者東方也。

愚按：立表必八尺者，以天地相距八萬里，千里則一寸，萬里則一尺，渾儀衡簫亦然。

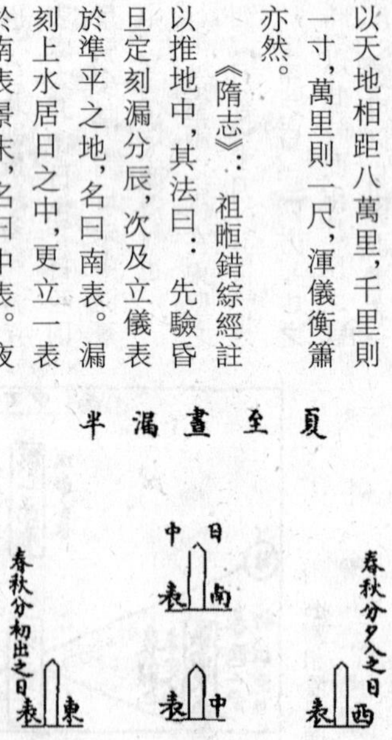

祖暅五表之圖

《隋志》：祖暅錯綜經註以推地中，其法曰：先驗昏旦定刻漏分辰，次及立儀表於準平之地，名曰南表。漏刻上水居日之中，更立一表於南表景末，名曰中表。夜依中表以望北極樞而立北表，令參相直。三表皆以懸準定，乃觀三表直者，其立表之地即當子午之正。三表曲者地偏僻，每觀中表而知所偏。中表在西則立表處在地中之東也。當更向西求地中，取三表直者爲地中之正。又以春秋二分之日旦，始出東方半體，乃立表於中表之東，名曰東表。令東表與日及中表參相直，是日之夕，日入西方半體，又立表於中表之西，名曰西表。亦從中表西望西表，及日參相直，乃觀三表，三表直者即地南北之中也。若中表差近南，則所測之地在卯酉之南。中表差在北，則所測之地在卯酉之北。進退南北，求三表直正東西者，則其地處中，居卯酉之正也。

梁天監中祖暅造八尺銅表，其下與圭相連，上爲溝，置水以取平正，揆測日景求其盈縮。

又《考靈曜》、《周髀》、張衡《靈憲》及鄭玄注《周官》並云日景於地千里而差一寸。案：宋元嘉十九年壬午，使使往交州測景。夏至之日，景出表南三寸二分。何承天遥取陽城云夏至一尺五寸，計陽城去交州路當萬里，而景實差一尺八寸二分，是六百里而差一寸。又梁大同中，二至所測以八尺表率取之，夏至當一尺一寸七分彊。後魏信都芳注《周髀》四術，稱永平元年戊子當梁天監之七年，見洛陽測景，又見公孫崇集諸朝士共觀秘書景。同是夏至日，其中景皆長一尺五寸八分，以此推之，金陵去洛南北略當千里，而景差四寸，則二百五十里而景差一寸也。況人路迂回，山川登降，方於鳥道，所校彌多，則千里之言未足依也。

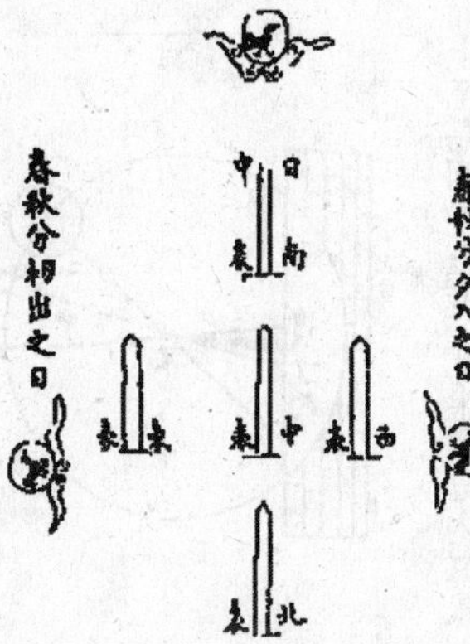

召誥土中圖

明·胡廣等《書經大全·圖説》《周禮·大司徒》云：以土圭之法測土深，正日影，以求地中。日南則影短多暑，日北則影長多寒，日東則影夕多風，日西則影朝多陰。日至之影尺有五寸，謂之地中，乃建王國焉。

明·王應電《周禮圖説》卷下 大司徒以土圭之灋測土深，正日景，尺有五寸謂之地中。凡建邦國，以土圭土其地而制其域。

土圭

典瑞：土圭以致四時、日月，封國則以土地。

明·章潢《圖書編》卷一二四 定北方之宿營室星也，此星昏而正中，夏正十月也。建亥月小雪中氣之時。於是時可以營制宫室，故謂之營室。衛爲狄所滅，文公徙居楚丘，營立宫室，樹八尺臬而度其日出入之景以定東西，又參日中之景以正南北也。

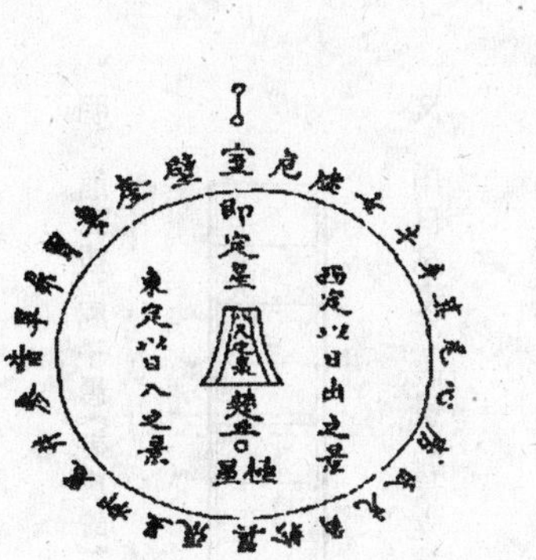

楚丘定之方中圖

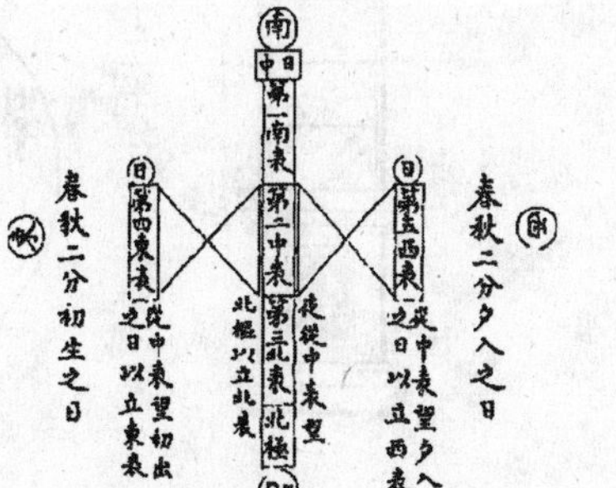

公劉相陰陽圖

歷代立八尺之表以量日景，故表短而晷景短，尺寸易以差。元朝立四丈之表，於二丈折中開竅以量日景，故表長而晷景長。尺寸縱有毫秒之差，則少矣。元朝立簡儀，爲圓室一間，平置地盤二十四位於其下，屋背中開一圓竅以漏日光，可以不出户而知天運矣。古法以五表求地中，以今思之，惟用一表。其表與人齊高，當午日中晝其短景於地以爲指，北準繩置窺筒於表首，隨準繩以窺北極。若見北極，當筒心則其處爲得東西之正，或窺見北極之東，則其地偏東；窺見北極之西，則其地偏西矣。既得東西之正，乃於二分之前十日內，就其處置壺漏定十二時，以兩日午中短景求與時參合，於春分前二日或秋分後二日日正當赤道之際，於卯酉中刻視其表景，畫地以定東西準繩。若卯酉兩景相直而不偏，平衡成一字，則南北正中矣。兩景或曲而向南，則其地偏南。或曲而向北，則其地向北矣。此法蓋以午景與北極定東西之偏正，又以東西之景定南北之偏正，測驗之最精者也。

明·熊三拔、周子愚《表度説》 如圖，甲乙爲表，丙乙丁爲地平面，戊爲日輪。立甲乙表任意長短，與丙乙丁地平面爲直角。今日輪在戊，爲表東，其光必過甲表端，表端景必在表西丁，則乙丁爲直景。

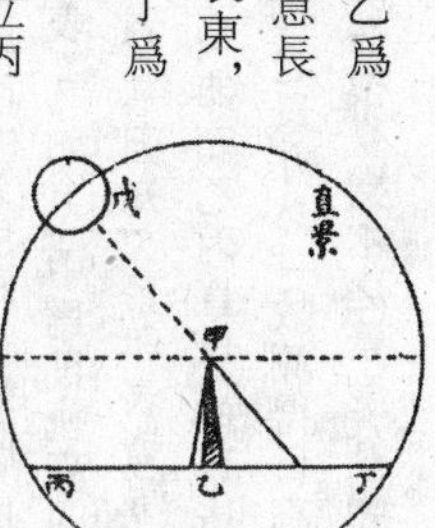

如上圖。甲乙爲墻，丙丁爲表，戊爲日輪。立丙

丁表于甲乙墻之平面，爲横表與地平平行。令日輪在戊，其光過表端，表端景必在己，而丁己爲倒景。

其二曰，直景與倒景之比例。表與二景之比例皆在日輪出入上下度分也。令立二表相等，取兩種景，日出地平，則倒景表無景，其端正對日光故也，而直景之表有無窮景，無數可量，其景與地平平行故也。如下二圖。甲爲表，乙爲日軌，出地平于直景，見甲表，爲無窮景，與地平爲平行線，故不能交于地平。（其故見《幾何原本》卷之一。）次見倒景之表，甲正對日軌出地平之乙，故無景。

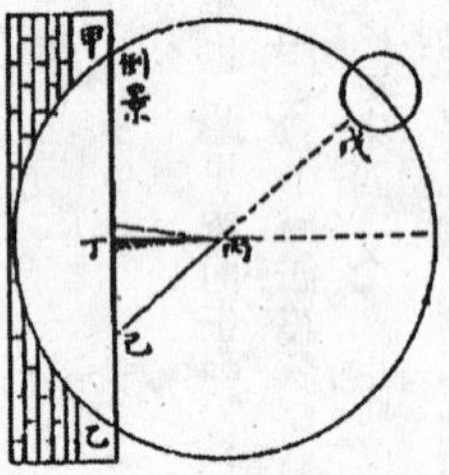

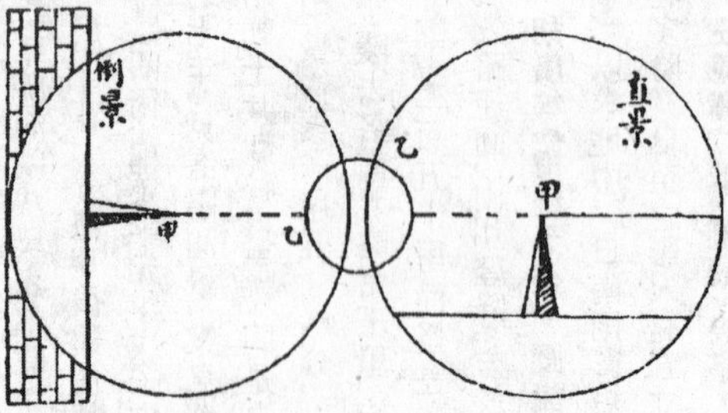

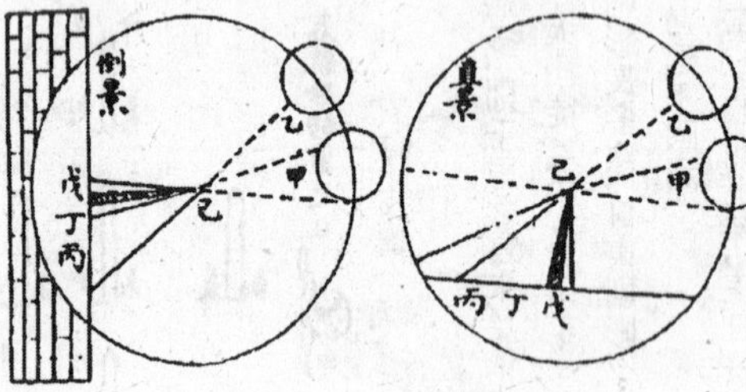

其三曰，日軌既出地平，漸向天頂而上至高四十五度，此半象分内二景，一消一長。直景漸消，顧大于表，倒景漸長，顧小于表。日過四十五度而上，直景亦消而小于表，倒景亦長而亦大于表，試如上圖，甲爲日軌在四十五度以下到丙，而丙戊大于戊己表，其到丁，而丁戊小于戊己表也。若乙爲日軌，在乙四十五度以上，其直景到丁，而丁戊小于戊己表，倒景到丙，而丙戊大于戊己表矣。又日向天頂而上，非獨所立表之直景漸消，而山岳樓臺樹木之景亦然。

其四曰，日軌高四十五度爲半象限，即二景得相遇，其長皆與表等，如上，甲爲日軌高四十五度，即丙丁二景之表等，因知二景與表皆等，蓋日軌在甲，表景必在乙，即顯乙丙直景，倒景皆與丙丁兩表等矣。諸物之景亦然。故測得日高四十五度，此際量得山岳樓臺樹木之景度分，即得物高度分也。

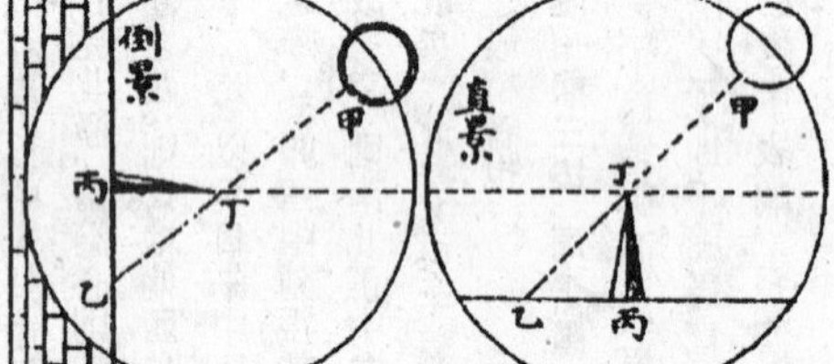

其五曰，日軌至天頂高九十度，（缺）即直景表無景，而倒景之表有無窮景。試如日軌在甲，天頂乙，直景之表端正對于甲，日軌故無景。乙表之倒景必與丙丁墻面平行，故爲無窮景，此與第二論同義也。蓋如直景因與地平爲平行線，故不能交於地平，倒景乃與墻面亦爲平行線，却不能交於墻面也。

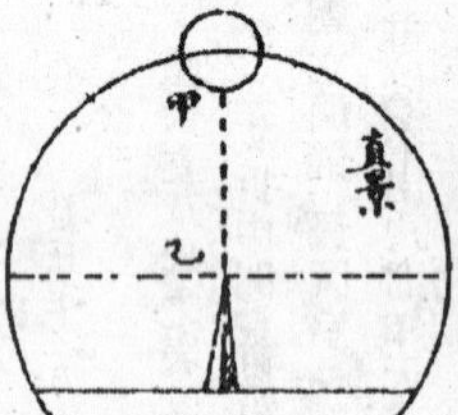

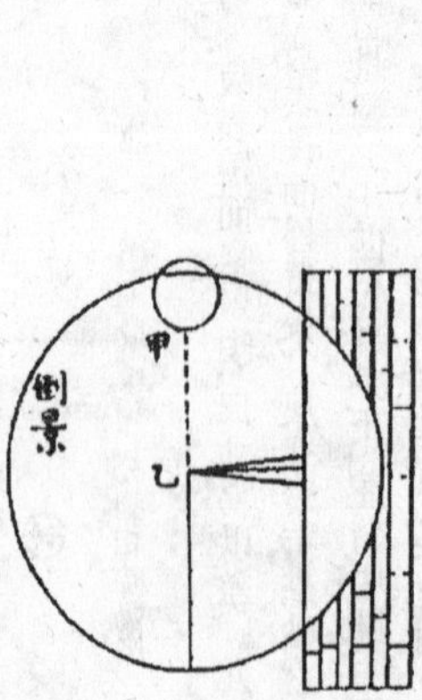

明・熊三拔、周子愚《表度説》 表得分十二平分

又 用日高度分表景短長立筭

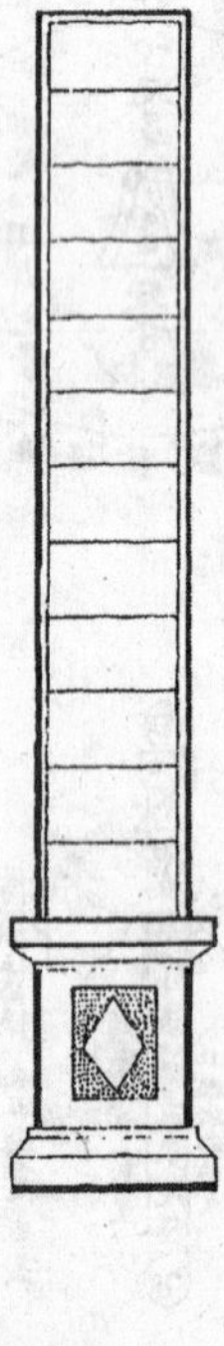

日高之分因直景	〇表 度	〇表 分	一表 度	一表 分	二表 度	二表 分	三表 度	三表 分	四表 度	四表 分	五表 度	五表 分	六表 度	六表 分	七表 度	七表 分	八表 度	八表 分	九表 度	九表 分	日高之分因倒景
直景日高之度	〇		一		二		三		四		五		六		七		八		九		
〇	無窮	之景	六百八十七	三十四	三百四十三	四十四	二百二十九	〇	一百七十一	三十七	一百三十七	十	一百十四	十	九十七	四十四	八十五	二十三	七十五	四十六	六十
十	四千一百三十七	五十三	五百八十九	十六	三百十七	十四	二百十六	五十四	一百六十四	四十四	一百三十二	四十三	一百十一	四	九十五	二十六	八十三	三十七	七十四	二十四	五十
二十	二千六十五	二十三	五百十五	四十六	二百九十四	三十一	二百六	三	一百五十八	二十三	一百二十八	二十三	一百八	七	九十三	十五	八十一	五十五	七十三	一	四十
三十	一千三百七十六	六	四百五十八	二十二	二百七十四	五十四	一百九十六	十三	一百五十六	二十九	一百二十四	三十八	一百五	十九	九十一	九	八十	十八	七十一	四十三	三十
四十	一千三十一	四十五	四百十二	二十九	二百五十七	四十	一百八十七	十六	一百四十七	一	一百二十	五十六	一百二	四十	八十九	九	七十八	四十四	七十	二十七	二十
五十	八百二十五	十三	三百七十四	五十五	二百四十二	二十八	一百七十九	六	一百四十一	五十六	一百十七	二十八	一百	八	八十七	十四	七十七	十三	六十九	十四	十
六十	六百八十七	三十四	三百四十三	四十四	二百二十九	〇	一百七十一	三十七	一百三十七	十	一百十四	十一	九十七	四十四	八十五	二十三	七十五	四十六	六十八	三	〇
倒景日高之度	八十九		八十八		八十七		八十六		八十五		八十四		八十三		八十二		八十一		八十		

（續表）

日高之分因直景	十表 度	十表 分	十一表 度	十一表 分	十二表 度	十二表 分	十三表 度	十三表 分	十四表 度	十四表 分	十五表 度	十五表 分	十六表 度	十六表 分	十七表 度	十七表 分	十八表 度	十八表 分	十九表 度	十九表 分	日高之分因倒景
直景日高之度	十		十一		十二		十三		十四		十五		十六		十七		十八		十九		
〇	六十八	三	六十一	四十四	五十六	二十七	五十一	五十九	四十七	八	四十四	四十七	四十一	五十一	三十九	十五	三十六	五十六	三十四	五十一	六十
十	六十六	五十五	六十	四十七	五十五	四十	五十一	十八	四十七	三十二	四十四	十六	四十一	二十四	三十八	五十一	三十六	三十四	三十四	三十一	五十
二十	六十五	四十九	五十九	五十二	五十四	五十三	五十	三十八	四十六	五十八	四十三	四十七	四十	五十七	三十八	二十七	三十六	十三	三十四	十二	四十
三十	六十四	四十五	五十八	五十九	五十四	八	四十九	五十九	四十六	二十四	四十三	十六	四十	三十一	三十八	四	三十五	五十三	三十三	五十三	三十
四十	六十三	四十三	五十八	七	五十三	二十四	四十九	二十一	四十五	五十一	四十二	四十七	四十	五	三十七	四十一	三十五	三十一	三十三	三十五	二十
五十	六十二	四十三	五十七	十六	五十二	四十一	四十八	四十四	四十五	十九	四十二	十九	三十九	四十	三十七	十八	三十五	十一	三十三	十六	十
六十	六十一	四十四	五十六	二十七	五十一	五十九	四十四	八	四十四	四十七	四十一	五十一	三十九	十五	三十六	五十六	三十四	五十一	三十二	五十八	〇
倒景日高之度	七十九		七十八		七十七		七十六		七十五		七十四		七十三		七十二		七十一		七十		

（續表）

日高之分因倒景	二十九表分	二十九表度	二十八表分	二十八表度	二十七表分	二十七表度	二十六表分	二十六表度	二十五表分	二十五表度	二十四表分	二十四表度	二十三表分	二十三表度	二十二表分	二十二表度	二十一表分	二十一表度	二十表分	二十表度	日高之分因直景
	直景日高之度																				
六十	三十九	二十一	三十四	二十二	三十三	二十三	三十六	二十四	四十四	二十五	五十七	二十六	十六	二十八	四十二	二十九	十六	三十一	五十八	三十二	○
五十	三十	二十一	二十五	二十二	三十三	二十三	二十五	二十四	三十二	二十五	四十五	二十六	三	二十八	二十七	二十九	○	三十一	四十	三十二	十
四十	二十一	二十一	十五	二十二	十三	二十三	十五	二十四	二十一	二十五	三十二	二十六	四十九	二十七	十三	二十九	四十四	三十	二十三	三十二	二十
三十	十三	二十一	六	二十二	三	二十三	四	二十四	十	二十五	二十	二十六	三十六	二十七	五十八	二十八	二十八	三十	六	三十二	三十
二十	四	二十一	五十七	二十一	五十三	二十二	五十四	二十三	五十七	二十四	八	二十六	二十三	二十七	四十四	二十八	十二	三十	四十九	三十一	四十
十	五十六	二十	四十八	二十一	四十四	二十二	五十三	二十三	四十七	二十四	五十六	二十五	十	二十七	三十	二十八	五十七	二十九	三十二	三十一	五十
○	四十七	二十	三十九	二十一	三十四	二十二	三十三	二十三	三十六	二十四	四十四	二十五	五十七	二十六	十六	二十八	四十二	二十九	十六	三十一	六十
	六十		六十一		六十二		六十三		六十四		六十五		六十六		六十七		六十八		六十九		
	倒景日高之度																				

（續表）

日高之分因倒景	三十九表分	三十九表度	三十八表分	三十八表度	三十七表分	三十七表度	三十六表分	三十六表度	三十五表分	三十五表度	三十四表分	三十四表度	三十三表分	三十三表度	三十二表分	三十二表度	三十一表分	三十一表度	三十表分	三十表度	日高之分因直景
	直景日高之度																				
六十	四十九	十四	二十二	十五	五十五	十五	三十一	十六	八	十七	四十七	十七	二十九	十八	十二	十九	五十八	十九	四十七	二十	○
五十	四十四	十四	十六	十五	五十	十五	二十五	十六	二	十七	四十一	十七	二十二	十八	五	十九	五十	十九	三十九	二十	十
四十	三十九	十四	十一	十五	四十四	十五	十九	十六	五十六	十六	三十四	十七	十五	十八	五十七	十八	四十三	十九	三十一	二十	二十
三十	三十三	十四	五	十五	三十八	十五	十三	十六	四十九	十六	二十八	十七	八	十八	五十	十八	三十五	十九	二十三	二十	三十
二十	二十八	十四	○	十五	三十三	十五	七	十六	四十三	十六	二十一	十七	一	十八	四十三	十八	二十七	十九	十四	二十	四十
十	二十三	十四	五十四	十四	二十七	十五	一	十六	三十六	十六	十四	十七	五十三	十七	三十六	十八	二十	十九	六	二十	五十
○	十八	十四	四十九	十四	二十二	十五	五十五	十五	三十一	十六	八	十七	四十七	十七	二十九	十八	十二	十九	五十八	十九	六十
	五十		五十一		五十二		五十三		五十四		五十五		五十六		五十七		五十八		五十九		
	倒景日高之度																				

（續表）

	直景日高之度																				
	四十九表		四十八表		四十七表		四十六表		四十五表		四十四表		四十三表		四十二表		四十一表		四十表		
日高之分因倒景	分	度	分	度	分	度	分	度	分	度	分	度	分	度	分	度	分	度	分	度	日高之分因直景
六十	二十六	十	四十八	十	十一	十一	三十五	十一	〇	十二	二十六	十二	五十二	十二	二十	十三	四十八	十三	十八	十四	〇
五十	二十二	十	四十五	十	八	十一	三十一	十一	五十六	十一	二十一	十二	四十八	十二	十五	十三	四十三	十三	十三	十四	十
四十	十九	十	四十一	十	四	十一	二十七	十一	五十二	十一	十七	十二	四十三	十二	十	十三	三十九	十三	八	十四	二十
三十	十五	十	三十七	十	〇	十一	二十三	十一	四十八	十一	十三	十二	三十九	十二	六	十三	三十四	十三	三	十四	三十
二十	十一	十	三十三	十	五十六	十	十九	十一	四十三	十一	八	十二	三十四	十二	一	十三	二十九	十三	五十八	十三	四十
十	八	十	三十	十	五十二	十	十五	十一	三十九	十一	四	十二	三十	十二	五十七	十二	二十四	十三	五十三	十三	五十
〇	四	十	二十六	十	四十八	十	十一	十一	三十五	十一	〇	十二	二十六	十二	五十二	十二	二十	十三	四十八	十三	六十
	四十		四十一		四十二		四十三		四十四		四十五		四十六		四十七		四十八		四十九		
	倒景日高之度																				

（續表）

	直景日高之度																				
	五十九表		五十八表		五十七表		五十六表		五十五表		五十四表		五十三表		五十二表		五十一表		五十表		
日高之分因倒景	分	度	分	度	分	度	分	度	分	度	分	度	分	度	分	度	分	度	分	度	日高之分因直景
六十	十三	七	三十	七	四十八	七	六	八	二十四	八	四十三	八	三	九	二十三	九	四十二	九	四	十	〇
五十	十	七	二十七	七	四十五	七	三	八	二十一	八	四十	八	五十九	八	十九	九	四十	九	一	十	十
四十	七	七	二十四	七	四十二	七	〇	八	十八	八	三十七	八	五十六	八	十六	九	三十六	九	五十七	九	二十
三十	四	七	二十一	七	三十九	七	五十七	七	十五	八	三十四	八	五十三	八	十二	九	三十三	九	五十四	九	三十
二十	一	七	十八	七	三十六	七	五十四	七	十二	八	三十	八	五十	八	九	九	二十九	九	五十	九	四十
十	五十九	六	十五	七	三十三	七	五十一	七	九	八	二十七	八	四十六	八	六	九	二十六	九	四十七	九	五十
〇	五十六	六	十三	七	三十	七	四十八	七	六	八	二十四	八	四十三	八	三	九	二十三	九	四十二	九	六十
	三十		三十一		三十二		三十三		三十四		三十五		三十六		三十七		三十八		三十九		
	倒景日高之度																				

（續表）

日高之分因倒景	直景日高之度 六十九 表 分	度	六十八 表 分	度	六十七 表 分	度	六十六 表 分	度	六十五 表 分	度	六十四 表 分	度	六十三 表 分	度	六十二 表 分	度	六十一 表 分	度	六十 表 分	度	日高之分因直景
六十	三十六	四	五十一	四	六	五	二十一	五	三十六	五	五十一	五	七	六	二十三	六	三十九	六	五十六	六	○
五十	三十四	四	四十八	四	三	五	十八	五	三十三	五	四十九	五	四	六	二十	六	三十六	六	五十三	六	十
四十	三十二	四	四十六	四	一	五	十六	五	三十一	五	四十六	五	二	六	十七	六	三十四	六	五十	六	二十
三十	三十	四	四十四	四	五十八	四	十三	五	二十八	五	四十三	五	五十九	五	十五	六	三十一	六	四十七	六	三十
二十	二十七	四	四十一	四	五十六	四	十一	五	二十六	五	四十一	五	五十六	五	十二	六	二十八	六	四十五	六	四十
十	二十四	四	三十九	四	五十三	四	八	五	二十三	五	三十八	五	五十四	五	十	六	二十六	六	四十三	六	五十
○	二十二	四	三十六	四	五十一	四	六	五	二十一	五	三十六	五	五十一	五	七	六	二十三	六	三十九	六	六十
倒景日高之度	二十		二十一		二十二		二十三		二十四		二十五		二十六		二十七		二十八		二十九		

（續表）

日高之分因倒景	直景日高之度 七十九 表 分	度	七十八 表 分	度	七十七 表 分	度	七十六 表 分	度	七十五 表 分	度	七十四 表 分	度	七十三 表 分	度	七十二 表 分	度	七十一 表 分	度	七十 表 分	度	日高之分因直景
六十	二十	二	三十三	二	四十六	二	○	三	十三	三	二十六	三	四十	三	五十四	三	八	四	二十二	四	○
五十	十八	二	三十一	二	四十四	二	五十七	二	十一	三	二十四	三	三十八	三	五十一	三	五	四	二十	四	十
四十	十六	二	二十九	二	四十二	二	五十五	二	八	三	二十二	三	三十六	三	四十九	三	三	四	十九	四	二十
三十	十三	二	二十六	二	四十	二	五十三	二	六	三	二十	三	三十三	三	四十七	三	一	四	十五	四	三十
二十	十一	二	二十四	二	三十七	二	五十一	二	四	三	十七	三	三十一	三	四十五	三	五十九	三	十三	四	四十
十	九	二	二十二	二	三十五	二	四十八	二	三	三	十五	三	二十九	三	四十二	三	五十六	三	十	四	五十
○	七	二	二十	二	三十三	二	四十六	二	○	三	十三	三	二十六	三	四十	三	五十四	三	八	四	六十
倒景日高之度	十		十一		十二		十三		十四		十五		十六		十七		十八		十九		

（續表）

日高之分因直景	八十表 度	八十表 分	八十一表 度	八十一表 分	八十二表 度	八十二表 分	八十三表 度	八十三表 分	八十四表 度	八十四表 分	八十五表 度	八十五表 分	八十六表 度	八十六表 分	八十七表 度	八十七表 分	八十八表 度	八十八表 分	八十九表 度	八十九表 分	日高之分因倒景
○	二	七	一	五十四	一	四十一	一	二十八	一	十六	一	三	○	五十	○	三十八	○	二十五	○	十三	六十
十	二	五	一	五十二	一	三十九	一	二十六	一	十四	一	三	○	四十八	○	三十六	○	二十三	○	十	五十
二十	二	三	一	五十	一	三十七	一	二十四	一	十一	○	五十九	○	四十六	○	三十四	○	二十一	○	八	四十
三十	二	○	一	四十七	一	三十五	一	二十二	一	九	○	五十七	○	四十四	○	三十一	○	十九	○	六	三十
四十	一	五十八	一	四十五	一	三十三	一	二十	一	七	○	五十五	○	四十二	○	二十九	○	十七	○	四	二十
五十	一	五十六	一	四十三	一	三十一	一	十八	一	五	○	五十二	○	四十	○	二十七	○	十五	○	一	十
六十	一	五十四	一	四十一	一	二十八	一	十六	一	三	○	五十	○	三十八	○	二十五	○	十三	○	○	○
倒景日高之度	九		八		七		六		五		四		三		二		一		○		

（上欄題：直景日高之度）

用日高度分直景、倒景，短長立筭。

明·熊三拔、周子愚《表度説》 試如下圖，甲爲表位，以甲爲心作丙丁戊三平分圈界。作丙丁戊三點，用規從丙界點量向表端得度。用元度從丁、從戊量至表端，皆等，則表正也。

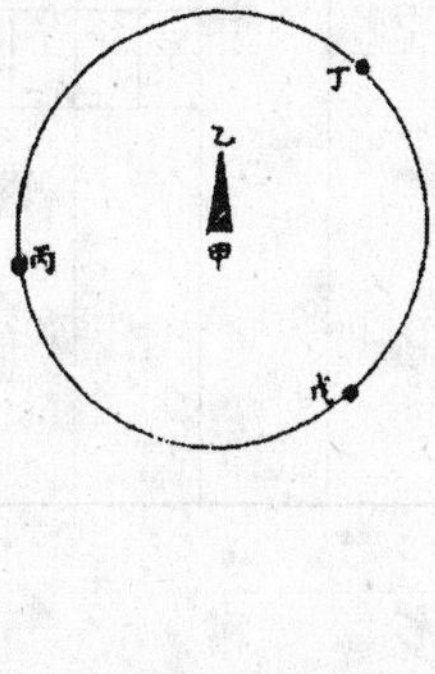

又 北極出地度數及春秋分、冬夏至表景度分

	春秋分	夏至	冬至
北京四十強	十度 四分	三度 三十三分	二十四度 四分
南京三十二半	七度 三十九分	一度 五十四分	十七度 四十七分
山東三十七	九度 三分	二度 五十三分	二十一度 十三分
山西三十八	九度 二十三分	三度 六分	二十二度 六分
陝西三十六	八度 四十三分	二度 四十分	二十度 二十三分
河南三十五	八度 二十四分	二度 二十六分	十九度 三十五分
浙江三十	六度 五十六分	一度 二十二分	十六度 十三分
江西二十九	六度 三十九分	一度 九分	十五度 三十八分
湖廣三十一	七度 十三分	一度 三十五分	十六度 四十九分

（續 表）

	春秋分	夏至	冬至
四川二十九	六度四十七分	一度十六分	十五度五十五分
廣東二十三	五度六分	○六分	十二度三十九分
福建二十六	五度五十一分	○三十一分	十四度三分
廣西二十五	五度三十六分	○十九分	十三度三十四分
雲南二十二	四度五十一分	○十九分	十二度十三分
貴州二十四	五度二十一分	○六分	十三度六分

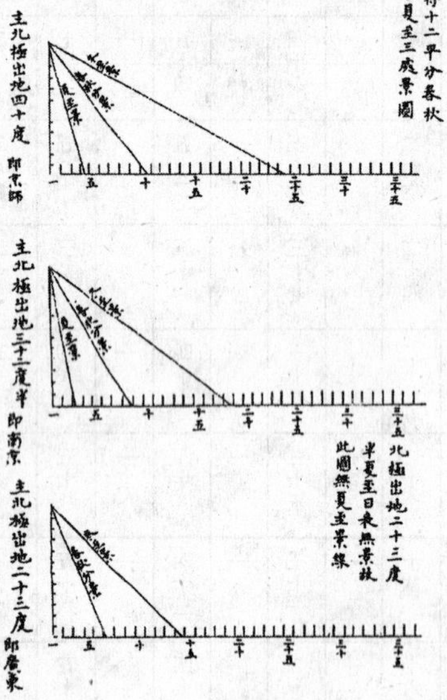

表得十二平分春秋分冬夏至三成景圖

右北極出地度數，止南北二京及江西、廣東，已嘗測驗無疑，其餘據地圖約量之，其確與否，未能明也。又北極出地每二百五十里差一度，一省之中各郡邑各有本地度數，故諸方測驗者，須先定本地北極出地度分方能行測。

北極出地四十度每節氣每時直景倒景度分

節氣	午正				午未初				巳未正				巳申初				辰申正				辰酉初				卯酉正			
	直景		倒景		直景		倒景		直景		倒景		直景		倒景		直景		倒景		直景		倒景		直景		倒景	
	度	分	度	分	度	分	度	分	度	分	度	分	度	分	度	分	度	分	度	分	度	分	度	分	度	分	度	分
夏至	三	三十三	四十	三十一	四	四十四	三十	二十八	七	十三	十九	五十八	十	三十七	十三	三十四	十五	五十	九	三	二十五	十	五	四十三	四十六	二十四	三	六
芒種 小暑	三	四十二	三十九	十五	四	五十一	二十九	四十二	七	二十一	十九	四十三	十	五十	十三	二十	十六	七	九		二十五	五十	五	三十	四十八	八	三	
小滿 大暑	四	十五	三十三	五十三	五	二十	二十六	五十七	七	四十	十八	三十	十一	十一	十二	五十二	十六	五十	八	二十四	二十六	五十七	五	二十	五十四	八	二	三十三
立夏 立秋	五	六	二十八	十六	六	二十三	二十二	三十四	八	二十四	十七	八	十二	十三	十一	三十五	十八	二十九	七	四十八	三十一	十六	四	三十六	六十八	三	二	七
穀雨 處暑	六	二十三	二十二	三十四	七	二十一	十九	三十五	九	四十三	十四	四十九	十三	四十八	十	二十六	二十	四十七	六	五十六	三十五	五十二	四	一	九十一	○	一	三十五
清明 白露	八	六	十七	四十七	九	三	十五	五十五	十一	二十三	十二	二十六	十五	五十五	九	三	二十四	三十六	五	五十一	四十四	四十七	三	十三	一百七十二	三十七	○	五十
春分 秋分	十	四	十四	十八	十一	○	十三	六	十三	三十四	十	三十七	十八	二十九	七	四十八	二十九	四十二	四	五十一	六十一	四十四	二	一十				
驚蟄 寒露	十二	二十六	十一	三十五	十三	二十	十	四十八	十六	十三	八	五十三	二十二	三十四	六	二十三	三十六	五十六	三	五十四	九十一	九	一	三十五				
雨水 霜降	十五	五	九	三十三	十六	三十一	八	四十三	十九	五十八	七	十三	二十八	十六	五	六	四十八	八	三	○	一百七十二	三十七	○	五十				
立春 立冬	十七	四十七	八	六	十九	五十八	七	十三	二十三	三十三	六	七	三十四	五十一	四	八	六十四	五十五	二	十三								
大寒 小雪	二十	四十七	六	五十六	二十三	三	六	十五	二十八	十六	五	六	四十一	五十一	三	二十六	八十七	○	一	四十五								
小寒 大雪	二十三	三十	六	○	二十五	十	五	三十六	三十二	六	四	十二	四十六	八	三	○	一百十四	十一	一	十六								
冬至	二十四	四	五	五十九	二十六	二十	五	二十八	二十二	五十八	四	○	四十八	○	二	五	一百十四	三十八	一	九								

（續表）

北極出地三十二度每節氣每時直景倒景度分	午正				午初 未初				巳正 未正				巳初 申初				辰正 申正				辰初 酉初				卯正 酉正			
	直景		倒景		直景		倒景		直景		倒景		直景		倒景		直景		倒景		直景		倒景		直景		倒景	
	度	分	度	分	度	分	度	分	度	分	度	分	度	分	度	分	度	分	度	分	度	分	度	分	度	分	度	分
夏至	一	四十	八十	〇	三	四十	三十九	〇	六	二十	二十二	〇	十	二十	十三	五十	十六	〇	九	〇	二十七	〇	五	二十	五十六	〇	二	三十
芒種 小暑	一	五十	八十五	十	三	五十	三十八	十	六	四十	二十一	四十	十	三十	十三	四十	十六	二十	八	五十	二十七	三十	五	十	五十九	〇	二	二十
小滿 大暑	二	二十	五十八	四十	四	〇	三十六	〇	七	〇	二十	四十	十	五十	十三	二十	十七	〇	八	三十	二十九	〇	五	〇	六十五	〇	二	十
立夏 立秋	三	十	四十四	五十	四	四十	三十	二十	七	三十	十九	二十	十一	三十	十二	三十	十八	〇	八	〇	三十一	四十	四	三十	八十	〇	一	五十
穀雨 處暑	四	十	三十一	〇	五	三十	二十五	三十	八	二十	十七	三十	十二	二十	十一	三十	十九	〇	七	十	三十五	〇	四	〇	一百八	〇	一	二十
清明 白露	五	五十	三十四	五十	六	五十	二十一	〇	九	三十	十五	二十	十四	〇	十	十	二十	十	六	二十	四十三	〇	三	二十				
春分 秋分	七	二十	十九	十	八	三十	十六	四十	十一	十	十二	五十	十六	〇	九	〇	二十六	〇	五	三十								
驚蟄 寒露	九	三十	十五	十	十	二十	十三	四十	十三	〇	十一	〇	十八	五十	七	四十	三十一	〇	四	三十								
雨水 霜降	十一	二十	十二	三十	十二	四十	十一	二十	十五	二十	九	十	二十二	一十	六	三十	二十八	〇	三	五十								
立春 立冬	十三	二十	十	四十	十四	十	九	四十	十八	三十	七	五十	二十五	五十	五	三十	四十六	〇	三	十								
大寒 小雪	十五	二十	九	十	十六	五十	八	三十	二十	四十	六	五十	二十九	四十	四	五十	五十七	〇	二	二十								
小寒 大雪	十七	〇	八	三十	十八	三十	七	四十	二十三	十	六	十	三十三	〇	四	二十	六十三	〇	二	十								
冬至	十七	二十	八	十	十九	十	七	二十	二十三	四十	六	〇	三十四	十	四	〇	七十	〇	二	〇								

（續表）

北極出地三十度每節氣每時直景倒景度分	午正				午初 未初				巳正 未正				巳初 申初				辰正 申正				辰初 酉初				卯正 酉正			
	直景		倒景		直景		倒景		直景		倒景		直景		倒景		直景		倒景		直景		倒景		直景		倒景	
	度	分	度	分	度	分	度	分	度	分	度	分	度	分	度	分	度	分	度	分	度	分	度	分	度	分	度	分
夏至	一	二十	一百五	十	三	三十五	四十	〇	六	二十五	二十二	五十	十	二十	十三	五十	十六	十	八	五十	二十七	五十	五	十	六十	〇	二	二十五
芒種 小暑	一	三十	九十五	〇	三	四十	三十九	十	六	三十五	二十二	〇	十	三十	十三	四十	十六	三十	八	四十	二十八	十五	五	〇	六十二	〇	二	十五
小滿 大暑	二	〇	七十一	〇	三	五十五	三十六	五十	六	四十五	二十一	三十	十	五十	十三	二十	十七	五	八	二十五	二十九	四十	四	五十	六十八	〇	二	五
立夏 立秋	二	五十	五十一	十	四	二十五	三十二	四十	七	十	二十	〇	十一	二十	十二	四十	十八	〇	八	〇	三十二	五	四	三十	八十五	〇	一	四十
穀雨 處暑	四	〇	三十六	四十	五	十五	二十七	二十	八	〇	十八	五	十二	二十五	十一	三十五	十九	五十	七	十五	三十六	三十	三	五十五	一百十四	〇	一	十五
清明 白露	五	十	二十七	十	六	二十五	二十二	五十	九	五	十六	〇	十三	四十五	十	二十五	二十二	〇	六	二十	四十二	二十	三	三十				
春分 秋分	六	五十	二十	四十	八	五	十七	四十	十	四十	十三	二十五	十五	四十	九	十	二十五	四十	五	三十五	五十二	〇	二	四十五				
驚蟄 寒露	八	四十	十六	三十	九	五十五	十四	三十	十二	三十	十一	三十五	十八	五	八	〇	三十	三十	四	四十	六十八	〇	二	五				
雨水 霜降	十	三十	十三	三十	十二	〇	十二	〇	十四	五十	九	四十五	二十一	十	六	四十五	三十六	四十	四	〇	九十七	〇	一	三十				
立春 立冬	十二	三十	十一	三十	十四	〇	十	二十	十七	五	八	二十五	二十四	三十五	五	五十	四十三	〇	三	三十								
大寒 小雪	十四	二十	十	〇	十六	〇	九	五	二十	〇	七	十	二十八	十五	五	五	五十二	〇	二	四十五								
小寒 大雪	十五	五十	九	十	十七	二十五	八	十五	二十一	四十	六	二十	三十一	〇	四	四十	五十九	〇	二	二十五								
冬至	十六	十	八	五十	十八	〇	八	〇	二十二	二十	六	五十	三十一	四十	四	三十	六十二	〇	二	十五								

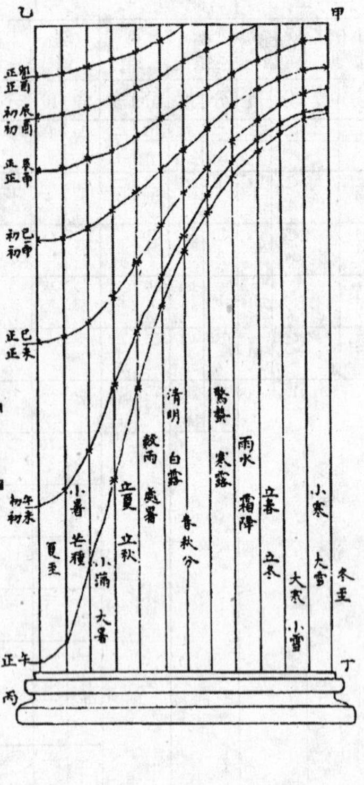

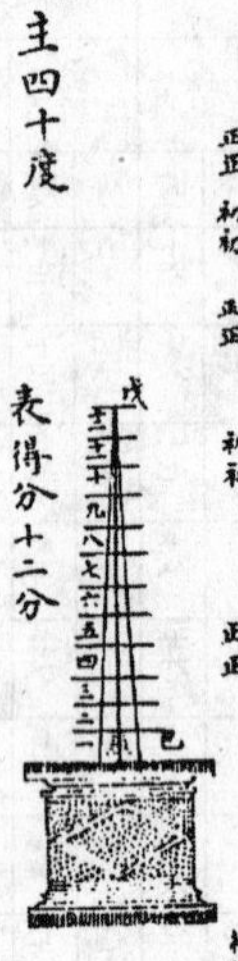

假如甲乙丙丁爲圜柱，其甲乙等，附柱十三直線，則二十四節氣線也。戊己表度十二平分也。若于夏至線欲定午正，檢上圖夏至倒景于午正，得表之四十度三十一分，即規取戊己表之四十度三十一分於柱之夏至線上，自乙向丙移，量之得午正初刻也，午初未初倒景得三十度二十八分亦如之，諸時諸節氣俱如之。

清・梅文鼎《曆算全書》卷一九 既知太陽緯度，又知本地里差，則任舉一日可知太陽午正之高度，而測影不難矣。

然又要知句股算法及割圓八線。

凡測影有二法，一是用直表而取平地之影，又名直影。一是用橫表而取壁上之影。又名倒影。

此兩者皆是句股形。

右橫表取影是一箇倒句股形。

直表取影是一个正句股形。

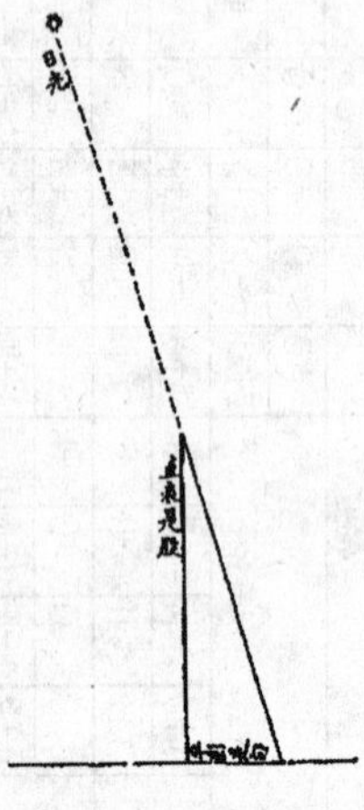

古人用八尺表取影，只用直表、直影，故前所論者亦直影也。

凡此句股之法，生於割圓八線。

何以謂之割圓？周天三百六十度，今取其若干度而算之，是將渾淪圓形剖開算之，故曰割圓也。

割圓有八種線，俱是算句股之法，今取日影，則所用者切線也。切線有正有餘，此因直表取影，故所用者又是餘切線也。

凡測影者，先以緯度及里差得太陽高度，即用所得高度入八線中，查本度之餘切，即得所求直影。

假如前推四月初一日，太陽高六十四度一十四分，即於八線表中尋六十四度十四分之餘切線，便是所得直影。

八線表在曆書中，其查法每度六十分。自四十五度以前自上而下，四十五度以後至九十度自下而上。其順下逆上，俱自一分起，至六十分止。俱要看表旁之分號，對而取之。

甲乙爲半徑，爲股，以當表丙。乙爲餘切線，爲句。以當影甲。丙爲日光斜弦。

太陽在巳，光射於表端之甲，直至於丙，成甲乙丙句股形。

其巳庚高度與戊丁相對之度等，用戊丁即如用巳庚也。

以戊丁爲主，則丁乙爲餘度，而丙乙者即戊丁高度之餘切線也。

查八線表法

先查某度，再查某線，再查某分，以橫

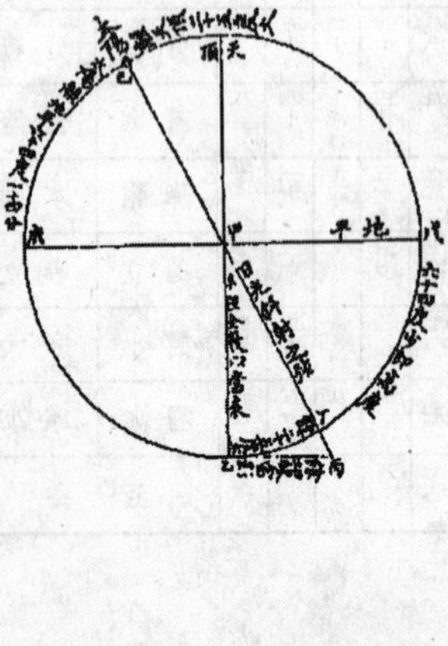

餘切線求直影圖

直相遇處取之。

其度數有寫在高處者，自〇度起至四十四度止。有寫在下面者。自四十五度起，至九十度止。

其八線之號，有寫在上一層者，有寫在下一層者。其分數有自上而下者，有自下而上者，此無他故也。只看度數寫在高處者，其八線之號如正切等。亦即寫在上一層，而其分數亦自上而下也。若度數寫在下面者，其八線之號亦即寫在下一層，而其分數亦自下而上也。凡一度俱有兩張，一張自〇分至三十分，一張自三十分至六十分。

假如前推太陽高六十四度，便知此度數寫在下面，即於表中尋下面左角上寫有六四字様者，此則六十四度之表也。度既寫在下，便從下一層横看八線之號，至餘切字様處認定，此即六十四度餘切之行也。又因度下有一十四分，便向表中原寫六四字様處挨了便是。〇分自此逆上一分二分以至十四分，止是所用之横格也。依此十四分之號横看，至餘切之行，其中所書便是六十四度十四分之餘切線數矣，他倣此。若依前加太陽十五分，便尋三十分之號，如法求之。

又式

康熙辛未七月初四日丁亥，測正午時日影。京師立表。

前月二十八日壬午卯時交大暑節。

本日子正，太陽度鬼宿三度七分，爲六宫四度三十三分。

午正太陽度鬼宿三度三十六分，爲六宫五度〇二分。

黄緯十九度〇五分，在北。

京師赤道高五十度。午正太陽高度六十九度〇五分。

餘切線〇三八三八六。

立八尺表，正午日影該三尺〇七分。

凡立表，須正取影之地，須平，又須正對子午。

又按：此直表也，故當以太陽半徑加高度而取直影。用餘切。若横表，即當以太陽半徑減高度而取倒影，用正切。此測影中最精之理，不可不知。

皖城北極高三十一度，赤道高五十九度，立表八尺，冬至日在赤道外二十三度三十一分半。午正太陽高三十五度二十八分半。餘切線一四〇〇六五。直影宜加太陽半徑十五分奇，共高三十五度四十四分，其餘切線一三八九九四，以表數八尺，乘餘切線得影長一丈一尺一寸二分。若求倒影，宜減太陽半徑十五分奇，得高三十五度一十三分。

康熙丙子十一月二十七日冬至

皖城午影

四省表影立成

《四省表影立成》者，爲友人馬德稱氏作也。德稱系本西域遠祖瑪沙伊克、瑪哈齊兩編修公，以善治曆見知。洪武朝受敕譯西書，其文御製稱爲不朽之智人。欽天監特置專科肄習，子孫世其官，皆精其業，西域之言曆者宗焉。西域之曆有二，一曰動的月，以弦望晦朔爲序，乃太陰曆也，故齋期以見月爲滿。一曰不動的月，以二十四定氣爲端，乃太陽曆也，故禮拜以晷景爲憑。然此二者皆有里差，而今回回家所傳二十四節氣表景尺度共衹一術，故德稱氏疑焉，謂其不足以盡諸省直之用，而欲有以是正之。以屬余，余既稔知西域之以天爲教，以曆爲學，經數百年能守其舊俗不變，可謂有恒而德。稱氏又能不牽於習見，踵事加詳，以致其恪恭鄭重之意，深爲可敬。遂力疾爲之布算以歸之。夫曆學至今日明且確矣，而泰西氏之法，大綱多出於回回。竊意如各省直里差之説必西域所自有，或當時存而未譯，或譯之而未傳，或傳之久而殘缺，皆未可知。吾願德稱氏與其西域之耆舊尚爲之詳徵焉，而出以告世。庶有以證吾之説，而釋夫傳者之疑，以正其疎也。

四省直節氣定日表影考定

立表十尺若表短則用折算，假如用表一尺，則以尺爲寸，寸爲分，分爲釐，皆折取十分之一。若表八尺，則尺取八寸，爲十之八。

廿四定竅日		北直	江南	河南	陝西
冬至		二十尺〇〇五分	十四尺八寸二分	十六尺三寸二分	十六尺九寸八分
小寒	大雪	十九尺三寸三分	十四尺三寸六分	十五尺七寸七分	十六尺四寸三分
大寒	小雪	十尺尺四寸七分	十三尺一寸三分	十四尺三寸七分	十四尺九寸三分
立春	立冬	十五尺〇四分	十一尺四寸四分	十二尺五寸二分	十二尺九寸八分
雨水	霜降	十二尺五寸七分	九尺六寸五分	一十尺五寸四分	一十尺九寸二分

（續　表）

廿四定竅日	北直	江南	河南	陝西
驚蟄　寒露	一十尺三寸三分	七尺九寸三分	八尺六寸七分	八尺九寸八分
春分　秋分	八尺三寸八分	六尺三寸七分	七尺〇〇	七尺二寸六分
清明　白露	六尺七寸七分	五尺〇一分	五尺五寸七分	五尺八寸
穀雨　處暑	五尺四寸三分	三尺八寸三分	四尺三寸四分	四尺五寸五分
立夏　立秋	四尺三寸七分	二尺八寸八分	三尺三寸七分	三尺五寸八分
小滿　大暑	三尺六寸一分	二尺一寸三分	二尺六寸三分	二尺八寸三分
芒種　小暑	三尺一寸三分	一尺七寸三分	二尺一寸七分	二尺三寸七分
夏至	二尺九寸六分	一尺五寸八分	二尺〇三分	二尺二寸二分

右表影皆以直省城内爲準，附近二百里内外可用。其餘州縣各各不同，須以彼處北極高度定之。

一、凡立表須直，不得稍偏於東西南北，則影爲之變。須以線垂而準之，古所謂八綫附臬者是也。

一、植表取影之地須極平如砥，若微有高下，陂陀坑坎坳垤則影不應矣，當以水準之。

一、量表量影之尺度，須極勻極細。

一、取正午之影須在正南，然天上正南非羅針所指之正南也，須於羅針正午之西稍偏取之。或曰：丙午之間縫針與臬影合，亦非也。蓋針所指，在在不同，如金陵則偏三度。此非正方案，則不能定，或以曆書法用北極附近星取之。

以上四事，皆求表影者所當知。

此外又有節氣加時在午前、午後之不同，則影亦爲之加減。假如冬至影極長，而冬至不在正午，或午前，或午後，則其午影必微差而短。

又如夏至影極短，而夏至不在正午，或午前，或午後，則其午影必微長。

又如小寒至芒種十一氣，影自長而短，若其加時在午前，則午影必微短；加時在午後，則午影必微長。

又如小暑至大雪十一氣，影自短而長，若其加時在午前，則午影必微長；加時在午後，則午影必微短。

按：以上加減只在分釐。若所用徑尺之表初無損益，可無深論也。惟春秋分及前後兩節晷差頗速，若其加時又在亥子之間，則距午甚遠，爲差益大，不可不知。

午正太陽高九十度，已至天頂，則日中無影。其過此者皆在天頂之北，而生南影。法當以所帶零度轉減九十度，而用其餘命爲太陽，在天頂北之高度。

北極出地二十度，則赤道在天頂南二十度，而夏至日躔在赤道北二十三度半，故其日午時已過天頂北三度，而影在表南。

芒種日午正亦過天頂北二度奇，影亦在南。

凡午影芒種必高於小滿，夏至又高於芒種，今皆反之，亦此故也。

自北極高二十三度以前，倣此論之。

宜邑謝野臣至中州尋古測景之臺，所立石表尚存，其形似堵，上小下大，夏至日中無影，蓋其根盤半徑即日景所到，如句，高尖距地之數爲表，如股。亦表八尺，土圭尺有五寸之比例也。以此推之，則向南州邑並可作夏至無影之石表。

清·允祿等《清禮器圖式》卷三

土表　謹按：《周禮·春官·大司徒》：以土圭之法測日景。《考工記·玉人》：土圭尺有五寸以致日。《宋史》云宋何承天始立表，候日景。皇祐圭表考古法立八尺銅，厚二寸，博四尺，下連石圭一丈三尺，以盡冬至景長之數。明代觀象臺下設晷影堂，南北平置銅圭于石臺，長一丈六尺二寸，濶二尺七寸，周以水渠。南端植銅表，高八尺，上設橫梁，用影符以取中景。

本朝加表二尺，上端施銅葉，中穿圓孔，徑二分。午正日景自圓孔透圭面成橢形，南界爲日體上景，北界爲日體下景，中心爲中景。

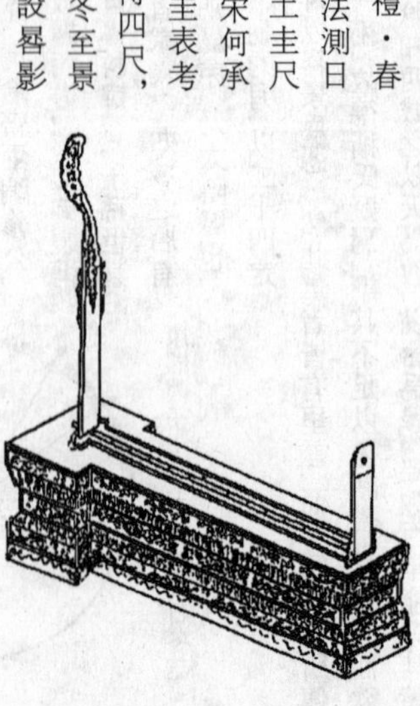

圭表

京師夏至景二尺九寸四分八釐，冬至景一丈九尺九寸四分，以次贏縮。北端設立圭，高三尺五寸，冬至景上立圭二尺七寸四釐。

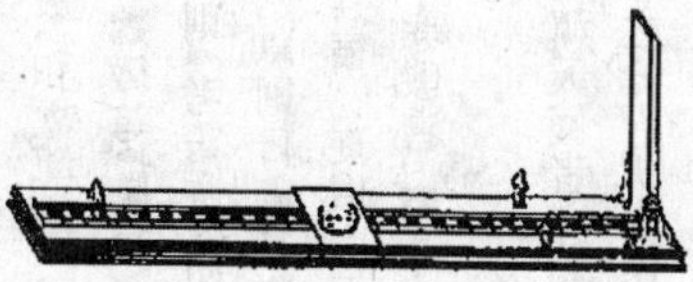

日影表

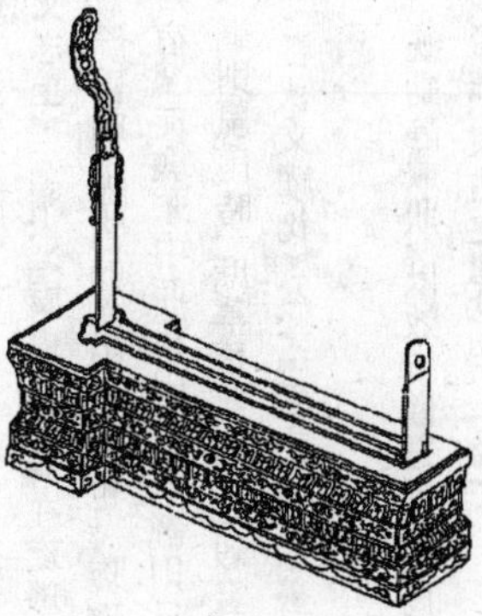

圭表

日影表　謹按：

本朝製日影表，木質，立表高八寸，上施墜線。平表長二尺七寸，中銜銅尺三角施螺柱，以指南針盤九十度對表候影正時。自立表下量之，視影之長短以定節氣時刻。

清・允祹等《清會典》卷八六　謹按：《周禮・考工・玉人》：土圭尺有五寸以致日。《宋史》云何承天始立表候日影。前明觀象臺下設晷影堂，南北平置銅圭於石臺上。長一丈六尺二寸，濶二尺七寸，周設水渠以爲平準。南端植銅表，高八尺，上設横梁，用影符以取中影。

本朝加二尺表，高一丈，上端安銅片，中開圓孔，徑二分。午正太陽之影自圓孔射至圭面，成橢圓形。南界爲日體上邊之影，北界爲日體下邊之影，中心爲中影。

京師夏至之影長二尺九寸四分八釐，是爲最短，過此則漸長。冬至之影長一丈九尺九寸四分，是爲最長，過此又漸短。因圭長不及長影之數，又於北端設立圭，高三尺五寸，冬至之影上立圭二尺七寸四釐。用以比例，太陽高度亦同於平圭之比例焉。

渾儀部

題解

《尚書正義》卷二　（舜）正月上日，受終于文祖，在璿璣玉衡，以齊七政。

僞孔安國傳：璿，美玉。璣衡，王者正天文之器，可運轉者。

孔穎達正義：璣衡者，璣爲轉運，衡爲横簫，運璣使動，於下以衡望之，是「王者正天文之器」。漢世以來，謂之渾天儀者是也。馬融云：「渾天儀可旋轉，故曰璣。衡，其横簫，所以視星宿也。以璿爲璣，以玉爲衡，蓋貴天象也。」蔡邕云：「玉衡長八尺，孔徑一寸，下端望之以視星辰。蓋懸璣以象天而衡望之，轉璣窺衡以知星宿」，是其説也。

唐・房玄齡等《晉書》卷一一《天文志》　《虞書》曰：「在琁璣玉衡，以齊七政。」《考靈曜》云：「分寸之晷，代天氣生，以制方員。方員以成，參以規矩。昏明主時，乃命中星觀玉儀之游。」鄭玄謂以玉爲渾儀也。《春秋文曜鉤》云：「唐堯即位，羲、和立渾儀。」此則儀象之設，其來遠矣。

唐・魏徵等《隋書》卷一九《天文志上》　案：《虞書》：「舜在琁璣玉衡，以齊七政。」則《考靈曜》所謂觀玉儀之遊，昏明主時，乃命中星者也。琁璣中而星未中爲急，急則日過其度，月不及其宿。琁璣未中而星中爲舒，舒則日不及其度，月過其宿。琁璣中而星中爲調，調則風雨時，庶草蕃蕪，而五穀登，萬事康也。所言琁璣者，謂渾天儀也。故《春秋文耀鉤》云：「唐堯即位，羲、和立渾儀。」【略】

然則渾天儀者，其制有機有衡。既動静兼狀，以效二儀之情，又周旋衡管，用考三光之分。所以揆正宿度，準步盈虚，來古之遺法也。【略】

晉侍中劉智云：「顓頊造渾儀，黄帝爲蓋天。」然此二器，皆古之所制，但傳説義者，失其用耳。

唐・司馬貞《史記索隱》卷二七《天官書索隱》　（旋璣玉衡）案：《尚書》「旋」作「璿」。馬融云「璿，美玉也。機，渾天儀，可轉旋，故曰機。衡，其中横簫。以璿爲機，以玉爲衡，蓋貴天象也」。鄭玄注《大傳》云「渾儀中簫爲旋機，外規爲玉衡」也。

清・張廷玉等《明史》卷二五《天文志一》　璿璣玉衡爲儀象之權輿，然不見用於三代。《周禮》有圭表、壺漏，而無璣衡，其制遂不可考。漢人創造渾天儀，謂即璣衡遺制，其或然歟。厥後代有制作。大抵以六合、三辰、四游重環湊合者，謂之渾天儀。

論説

南朝梁・沈約《宋書》卷二三《天文志一》　太中大夫徐爰曰：「渾儀之制，未詳厥始。王蕃言『《虞書》稱「在琁璣玉衡，以齊七政」』。則今渾天儀日月五星是也。鄭玄説『動運爲機，持正爲衡，皆以玉爲之。視其行度，觀受禪是非也』。渾儀，羲和氏之舊器，歷代相傳，謂之機衡。其所由來，有原統矣。而斯器設在候臺，史官禁密，學者寡得聞見，穿鑿之徒，不解機衡之意，見有七政之言，因以爲北斗七星，搆造虚文，託之讖緯，史遷、班固，猶尚惑之。鄭玄有贍雅高遠之才，沈静精妙之思，超然獨見，改正其説，聖人復出，不易斯言矣』。蕃之所云如此。夫候審七曜，當以運行爲體，設器擬象，焉得定其盈縮，推斯而言，未爲通論。設使唐、虞之世，已有渾儀，涉歷三代，以爲定准，後世聿遵，孰敢非革。而三天之儀，紛然莫辯，至揚雄方難蓋通渾。張衡爲太史令，乃鑄銅制範。《衡傳》云：『其作渾天儀，考步陰陽，最爲詳密。』故知自衡以前，未有斯儀矣。蕃又云：『渾天遭秦之亂，師徒喪絶，而失其文，惟渾天儀尚在候臺。』案既非舜之琁玉，又不載今儀所造，以緯書爲穿鑿，鄭玄爲博實，偏信無據，未可承用。夫琁玉，貴美之名，機衡，詳細之目，所以先儒以爲北斗七星，天綱運轉，聖人仰觀俯察，以審時變焉。」

唐・房玄齡等《晉書》卷一一《天文志》　（廬江王蕃）立論考度曰：前儒舊

説，天地之體，狀如鳥卵，天包地外，猶殼之裹黄也；周旋無端，其形渾渾然，故曰渾天也。周天三百六十五度五百八十九分度之百四十五，半覆地上，半在地下。其二端謂之南極、北極。北極出地三十六度，南極入地三十六度，兩極相去一百八十二度半强。繞北極徑七十二度，常見不隱，謂之上規。繞南極七十二度，常隱不見，謂之下規。赤道帶天之紘，去兩極各九十一度少强。

黄道，日之所行也，半在赤道外，半在赤道内，與赤道東交於角五少弱，西交於奎十四少强。其出赤道外極遠者，去赤道二十四度，斗二十一度是也。其入赤道内極遠者，亦二十四度，井二十五度是也。

日南至在斗二十一度，去極百一十五度少强。是也日最南，去極最遠，故景最長。黄道斗二十一度，出辰入申，故日亦出辰入申。日晝行地上百四十六度强，故日短；夜行地下二百一十九度少弱，故夜長。自南至之後，日去極稍近，故景稍短。日晝行地上度稍多，故日稍長；夜行地下度稍少，故夜稍短。日所在度稍北，故日稍北，以至於夏至，日在井二十五度，去極六十七度少强。是日最北，去極最近，景最短。黄道井二十五度，出寅入戌，故日亦出寅入戌。日晝行地上二百一十九度少弱，故日長；夜行地下百四十六度强，故夜短。自夏至之後，日去極稍遠，故景稍長。日晝行地上度稍少，故日稍短；夜行地下度稍多，故夜稍長。日所在度稍南，故日出入稍南，以至於南至而復初焉。斗二十一，井二十五，南北相應四十八度。

春分日在奎十四少强，秋分日在角五少弱，此黄赤二道之交中也。去極俱九十一度少强，南北處斗二十一、井二十五之中，故景居二至長短之中。奎十四角五，出卯入酉，故日亦出卯入酉。日晝行地上，夜行地下，俱百八十二度半强，故日見之漏五十刻，不見之漏五十刻，謂之晝夜同。夫天之晝夜以日出没爲分，人之晝夜以昏明爲限。日未出二刻半而明，日入二刻半而昏，故損夜五刻以益晝，是以春秋分漏晝五十五刻。

三光之行，不必有常，術家以算求之，各有同異，故諸家曆法參差不齊。洛書甄曜度、春秋考異郵皆云：「周天一百七萬一千里，一度爲二千九百三十二里七十一步二尺七寸四分四百八十七分分之三百六十二。」陸績云：「天東西南北徑三十五萬七千里。」此言周三徑一也。考之徑一不啻周三，率周百四十二而徑四十五，則天徑三十二萬九千四百一里一百二十二步二尺二寸一分七十一分分之十。

周禮：「日至之景尺有五寸，謂之地中。」鄭衆説：「土圭之長尺有五寸，以夏至之日立八尺之表，其景與土圭等，謂之地中，今潁川陽城地也。」鄭玄云：「凡日景於地，千里而差一寸，景尺有五寸者，南戴日下萬五千里也。」以此推之，日當去其下地八萬里矣。日邪射陽城，則天徑之半也。天體員如彈丸，地處天之半，而陽城爲中，則日春秋冬夏，昏明晝夜，去陽城皆等，無盈縮矣。故知從日邪射陽城，爲天徑之半也。

以句股法言之，旁萬五千里，句也；立八萬里，股也；從日邪射陽城，弦也。以句股求弦法入之，得八萬一千三百九十四里三十步五尺三寸六分，天徑之半而地上去天之數也。倍之，得十六萬二千七百八十八里六十一步四尺七寸二分，天徑之數也。以周率乘之，徑率約之，得五十一萬三千六百八十七里六十八步一尺八寸二分，周天之數也。減甄曜度、考異郵五十五萬七千三百一十二里有奇。一度凡千四百六里百二十四步六寸四分十萬七千五百六十五分分之萬九千四十九，減舊度千五百二十五里二百五十六步三尺三寸二十一萬五千一百三十分分之十六萬七百三十。

分黄赤二道，相與交錯，其間相去二十四度。以兩儀推之，二道俱三百六十五度有奇，是以知天體員如彈丸也。而陸績造渾象，其形如鳥卵，然則黄道應長於赤道矣。績云「天東西南北徑三十五萬七千里」，然則績亦以天形正員也，而渾象爲鳥卵，則爲自相違背。

古舊渾象以二分爲一度，凡周七尺三寸半分。張衡更制，以四分爲一度，凡周一丈四尺六寸一分。蕃以古制局小，星辰稠概，衡器傷大，難可轉移，更制渾象，以三分爲一度，凡周天一丈九寸五分四分分之三也。

唐・魏徵等《隋書》卷一九《天文志上》 而先儒或因星官書，北斗第二星名琁，第三星名璣，第五星名玉衡，仍七政之言，即以爲北斗七星。載筆之官，莫之或辨。史遷、班固，猶且致疑。馬季長創謂璣衡爲渾天儀。鄭玄亦云：「其轉運者爲璣，其持正者爲衡，皆以玉爲之。七政者，日月五星也。以璣衡視其行度，以觀天意也。」故王蕃云：「渾天儀者，羲、和之舊器，積代相傳，謂之璣衡。其爲用也，以察三光，以分宿度者也。又有渾天象者，以著天體，以布星辰。而渾象之法，地當在天中，其勢不便，故反觀其形，地爲外匡，於已解者，無異在內。詭狀殊體，而合於理，可謂奇巧。然斯二者，以考於天，蓋密矣。」又云：「古舊渾象，以二分爲一度，周七尺三寸半[分]。而莫知何代所造。」今案《虞喜》云：「落下閎爲漢孝武帝於地中轉渾天，定時節，作《泰初曆》。」或其所製也。

漢孝和帝時，太史揆候，皆以赤道儀，與天度頗有進退。以問典星待詔姚崇等，皆曰星圖有規法，日月實從黄道。官無其器。至永元十五年，詔左中郎將賈逵，乃始造太史黄道銅儀。【略】

仁壽四年，河間劉焯造《皇極曆》，上啟於東宫。論渾天云：

璿璣玉衡，正天之器，帝王欽若，世傳其象。漢之孝武，詳考律曆，糾落下閎、鮮于妄人等，共所營定。逮于張衡，又尋述作，亦其體制，不異閎等。雖閎制莫存，而衡造有器。至吴時，陸績、王蕃，並要修鑄。績小有異，蕃乃事同。宋有錢樂之，魏初晁崇等，總用銅鐵。小大有殊，規域經模，不異蕃造。觀蔡邕月令章句，鄭玄注考靈曜，勢同衡法，迄今不改。

後晉・劉昫等《舊唐書》卷三五《天文志上》 （梁令瓚）又上疏曰：

按《舜典》云：「在璿樞玉衡，以齊七政。」説者以爲取其轉運者爲樞，持正者爲衡，皆以玉爲之，用齊七政之變，知其盈縮進退，得失政之所在，即古太史渾天儀也。

自周室衰微，疇人喪職，其制度遺象，莫有傳者。漢興，丞相張蒼首創律曆之學。至武帝詔司馬遷等更造漢曆，乃定東西，立晷儀，下漏刻，以追二十八宿相距星度，與古不同。故唐都分天部，洛下閎運算轉曆，今赤道曆星度，則其遺法也。

後漢永元中，左中郎將賈逵奏言：「臣前上傅安等用黄道度日月，弦望多近。史官壹以赤道度之，不與天合，至差一日以上。願請太史官日月宿簿及星度課，與待詔星官考校。奏可。問典星待詔姚崇等十二人，皆曰：『星圖有規法，日月實從黄道，官無其器，不知施行。』甘露二年，大司農丞耿壽昌奏，以圓儀度日月行，考驗天運。日月行赤道，至牽牛、東井，日行一度，月行十五度；至婁、角，日行一度，月行十三度，此前代所共知也。」是歲永元四載也。明年，始詔太史造黄道銅儀。冬至，日在斗十九度四分度之一，與赤道定差二度。史官以校日月弦望，雖密近，而不爲望日。儀，黄道與度運轉，難候，是以少終其事。其後劉洪因黄道渾儀，以考月行出入遲速。而後代理曆者不遵其法，更從赤道命文，以驗賈逵所言，差謬益甚，此理曆者之大惑也。

今靈臺鐵儀，後魏明元時都匠解蘭所造，規制朴略，度刻不均，赤道不動，乃如膠柱，不置黄道，進退無準。此據赤道月行以驗入曆遲速，多者或至十七度，少者僅出十度，不足以上稽天象，敬授人時。近祕閣郎中李淳風著法象志，備載黄道渾儀法，以玉衡旋規，别帶日道，傍列二百四十九交，以攜月游，用法頗雜，其術竟寢。

臣伏承恩旨，更造游儀，使黄道運行，以追列舍之變，因二分之中以立黄道，交於軫、奎之間，二至陟降各二十四度。黄道之内，又施白道月環，用究陰陽朓朒之數，動合天運，簡而易從，足以制器垂象，永傳不朽。【略】

於是玄宗親爲製銘，置之於靈臺以考星度。其二十八宿及中外官與古經不同者，凡數十條。

後晉・劉昫等《舊唐書》卷七九《李淳風傳》 （李淳風）尋又上言曰：「今靈臺候儀，是魏代遺範，觀其制度，疏漏實多。臣案虞書稱，舜在璿璣玉衡，以齊七政。則是古以混天儀考七曜之盈縮也。周官大司徒職，以土圭正日景，以定地中。此亦據混天儀日行黄道之明證也。暨于周末，此器乃亡。漢孝武時，洛下閎復造混天儀，事多疏闕。故賈逵、張衡各有營鑄，陸績、王蕃遞加修補，或綴附經星，機應漏水，或孤張規郭，不依日行，推驗七曜，並循赤道。今驗冬至極南，夏至極北，而赤道當於中，全無南北之異，以測七曜，豈得其真？黄道渾儀之闕，至今千餘載矣。」

太宗異其説，因令造之，至貞觀七年造成。其制以銅爲之，表裏三重，下據準基，狀如十字，末樹鼇足，以張四表焉。第一儀名曰六合儀，有天經雙規、渾緯規、金常規，相結於四極之内，備二十八宿、十干、十二辰，經緯三百六十五度。第二名三辰儀，圓徑八尺，有璿璣規、黄道規、月遊規，天宿矩度，七曜所行，並備于此，轉於六合之内。第三名四遊儀，玄樞爲軸，以連結玉衡遊筩而貫約規矩；又玄樞北樹北辰，南距地軸，傍轉於内；又玉衡在玄樞之間而南北遊，仰以觀天之辰宿，下以識器之晷度。時稱其妙。又論前代渾儀得失之差，著書七卷，名爲法象志以奏之。太宗稱善，置其儀於凝暉閣，加授承務郎。

宋・歐陽修等《新唐書》卷二七《曆志三上》 《日度議》曰：【略】五月節，日在輿鬼一度半。參去日道最遠，以渾儀度之，參體始見，其肩股猶在濁中。房星正中。故曰：「五月，參則見。初昏，大火中。」

宋・歐陽修等《新唐書》卷三一《天文志一》 貞觀初，淳風上言：「舜在璿璣玉衡，以齊七政，則渾天儀也。周禮，土圭正日景以求地中，有以見日行黄道之驗也。暨于周末，此器乃亡。漢落下閎作渾儀，其後賈逵、張衡等亦各有之，而推驗七曜，並循赤道。按冬至極南，夏至極北，而赤道常定於中，國無南北之異。蓋渾儀無黃道久矣。」太宗異其説，因詔爲之。至七年儀成。表裏三重，下據準基，狀如十字，末樹鼇足，以張四表。一曰六合儀，有天經雙規、金渾緯規、金常規，相結於四極之內。列二十八宿、十日、十二辰、經緯三百六十五度。二曰三辰儀，圓徑八尺，有璿璣規、月遊規，列宿距度，七曜所行，轉於六合之內。三曰四游儀，玄樞爲軸，以連結玉衡游筩而貫約矩規。又玄極北樹北辰，南矩地軸，傍轉於內。玉衡在玄樞之間，而南北游，仰以觀天之辰宿，下以識器之晷度。皆用銅。帝稱善，置於凝暉閣，用之測候。閣在禁中，其後遂亡。

開元九年，一行受詔，改治新曆，欲知黃道進退，而太史無黃道儀，率府兵曹參軍梁令瓚以木爲游儀，一行是之，乃奏：「黃道游儀，古有其術而無其器，昔人潛思，皆未能得。今令瓚所爲，日道月交，皆自然契合，於推步尤要，請更鑄以銅鐵。」十一年儀成。一行又曰：「靈臺鐵儀，後魏斛蘭所作，規制朴略，度刻不均，赤道不動，乃如膠柱。以考月行，遲速多差，多或至十七度，少不減十度，不足以稽天象、授人時。李淳風黃道儀，以玉衡旋規，別帶日道，傍列二百四十九交，以攜月游，法頗難，術遂寢廢。臣更造游儀，使黃道運行，以追列舍之變，因二分之中，以立黃道，交於奎、軫之閒，二至陟降，各二十四度。黃道內施白道月環，用究陰陽朓朒，動合天運。簡而易從，可以制器垂象，永傳不朽。」於是玄宗嘉之，自爲之銘。

又詔一行與令瓚等更鑄渾天銅儀，圓天之象，具列宿赤道及周天度數。注水激輪，令其自轉，一晝夜而天運周。外絡二輪，綴以日月，令得運行。每天西旋一周，日東行一度，月行十三度十九分度之七，二十九轉有餘而日月會，三百六十五轉而日周天。以木櫃爲地平，令儀半在地下，晦明朔望遲速有準。立木人二於地平上：其一前置鼓以候刻，至一刻則自擊之；其一前置鐘以候辰，至一辰亦自撞之。皆於櫃中各施輪軸，鉤鍵關鏁，交錯相持。置於武成殿前，以示百官。無幾而銅鐵漸澀，不能自轉，遂藏於集賢院。

其黃道游儀，以古尺四分爲度。旋樞雙環，其表一丈四尺六寸一分，縱八分，厚三分，直徑四尺五寸九分，古所謂旋儀也。南北科兩極，上下循規各三十四度。表裏畫周天度，其一面加之銀釘。使東西運轉，如渾天游旋。中旋樞軸，至兩極首內，孔徑大兩度半，長與旋環徑齊。玉衡望筩，長四尺五寸八分，廣一寸二分，厚一寸，孔徑六分。衡旋於軸中，旋運持正，用窺七曜及列星之闊狹。外方內圓，孔徑一度半，周日輪也。陽經雙環，表一丈七尺三寸，裏一丈四尺六寸四分，廣四寸，厚四分，直徑五尺四寸四分，置於子午。左右用八柱，八柱相固。亦表裏畫周天度，其一面加之銀釘。半出地上，半入地下。雙閒挾樞軸及玉衡望筩，旋環於中也。陰緯單環，外內廣厚周徑，皆準陽經，與陽經相銜各半，內外俱齊。面平，上爲天，下爲地。橫周陽環，謂之陰渾也。平上爲兩界，內外爲周天百刻。天頂單環，表一丈七尺三寸，縱廣八分，厚三分，直徑五尺四寸四分。直中國人頂之上，東西當卯酉之中，稍南使見日出入。令與陽經、陰緯相固，如鳥殼之裹黃。南去赤道三十六度，去黃道十二度，去北極五十五度，去南北平各九十一度强。赤道單環，表一丈四尺五寸九分，橫八分，厚三分，直徑四尺五寸八分。赤道者，當天之中，二十八宿之位也。雙規運動，度穿一穴。古者，秋分日在角五度，今在軫十三度；冬至日在牽牛初，今在斗十度。隨穴退交，不復差繆。傍在卯酉之南，上去天頂三十六度，而橫置之。黃道單環，表一丈五尺四寸一分，橫八分，厚四分，直徑四尺八寸四分。日之所行，故名黃道。太陽陟降，積歲有差。月及五星，亦隨日度出入。古無其器，規制不如準的，斟酌爲率，疏闊尤甚。今設此環，置於赤道環內，仍開合使運轉，出入四十八度，而極畫兩方，東西列周天度數，南北列百刻，可使見日知時。上列三百六十策，與用卦相準。度穿一穴，與赤道相交。白道月環，表一丈五尺一寸五分，橫八分，厚三分，直徑四尺七寸六分。月行有迂曲遲速，與日行緩急相及。古亦無其器，今設於黃道環內，使就黃道爲交合，出入六度，以測每夜月離。上畫周天度數，度穿一穴，擬移交會。皆用鋼鐵。游儀，四柱爲龍，其崇四尺七寸，水槽及山崇一尺七寸半，槽長六尺九寸，高廣皆四寸，池深一寸，廣一寸半。龍能興雲雨，故以飾柱。柱在四維。龍下有山雲，俱在水平槽上。皆用銅。

宋·蘇頌《新儀象法要》卷上　四游儀

下四游儀。《舜典》曰璿璣，或曰旋璣。梁曰雙環規，李淳風曰四游儀，梁令瓚曰旋樞雙環，韓顯符曰游規，周琮及元豐所制并今儀復曰四游儀。其儀爲雙環，在三辰儀內，南北各有杠夾于雙環，各有軸竅以運杠，環兩面各布周天度數。直距在雙環內，連環體屬于六合儀南北極之杠軸

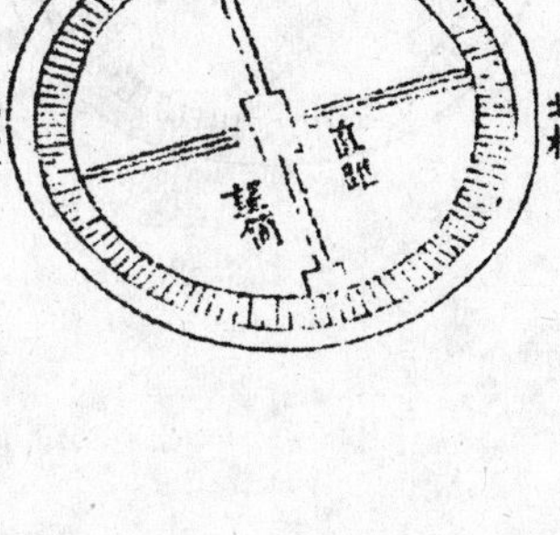

內。直北上屬北極，直南下屬南極。置望筒于直距內，其半以關軸夾持之，使得運轉。凡游儀東西運轉，則望筒南北低昂。故游儀運動無所不至，而望筒隨游儀所至。又置半筒，以備測天運環相對之星，以窺知天象。

天經雙環。兩環各直徑七尺七寸七分，闊五寸，厚八分，與地渾單環相結于子午正，環兩面各列周天三百六十五度有畸。其環半出地上，半入地下。于地渾面自北扶天而上三十有五度少弱，則北極出地之度也。于地渾面自南屬地而下三十有五度少弱，則南極入地之度也。環內當南北極為樞孔，夾置杠軸，軸末出環外，各為臍二層，以安三辰四游之杠。內各為孔，與直距內望筒之孔相通。其北則北極出地之度自此而止也，其南則南極入地之度自此而止也。北極出地三十有五度少弱，四迴而運之，凡七十度半弱。其度常見于地上，則為紫微垣。其星凡三十有七，其數一百八十有三，于四時常見不隱，謂之上規。南極入地三十五度少弱，四迴而運之，凡七十度半弱。其度常隱于地下，其下星常隱而不見，謂之下規。上下規間一百一十有二度，則黃道、赤道內外宮也。其星凡二百四十有六，其數一千二百八十二，則近日而隱，遠日而見，謂之中規。

陰緯單環。其直徑與闊如陽經環之度，其厚二寸半。其環與陽經南北子午相銜。陽經當陰緯環上下之半，故陰緯環面上為天，下為地，其上下各一百八十二度有畸。環面鑿為平水溝，通流以為準。其環內向布列八卦維辰之位，具如前說。

天常單環。其直徑六尺七寸七分，闊九分，厚五分。其環入陽經陰緯環裏。古人以烏殼之裏，黃況之內，與三辰儀重置，居赤道之表。環面列有十二時，晝夜百刻，以揆時刻之度，具如前說。古無此環，周琮等造三重儀始置之，元豐儀因之，今新儀循用。

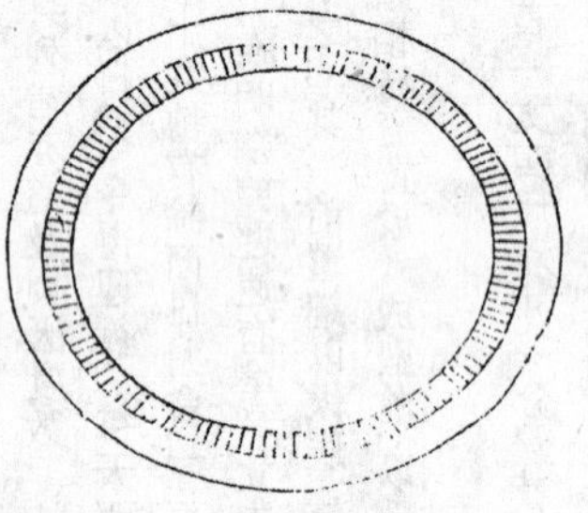
天經雙環

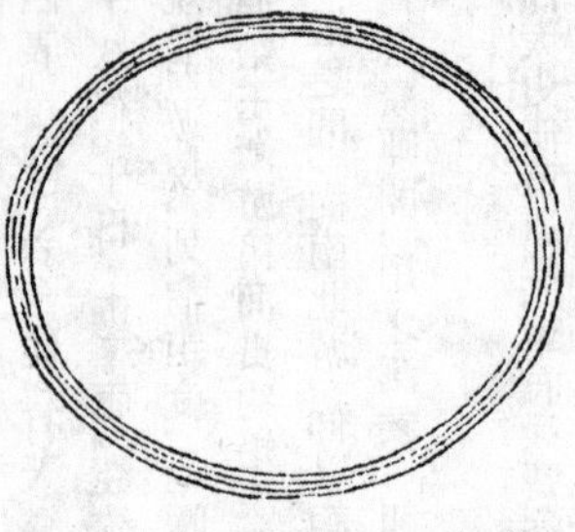
陰緯單環

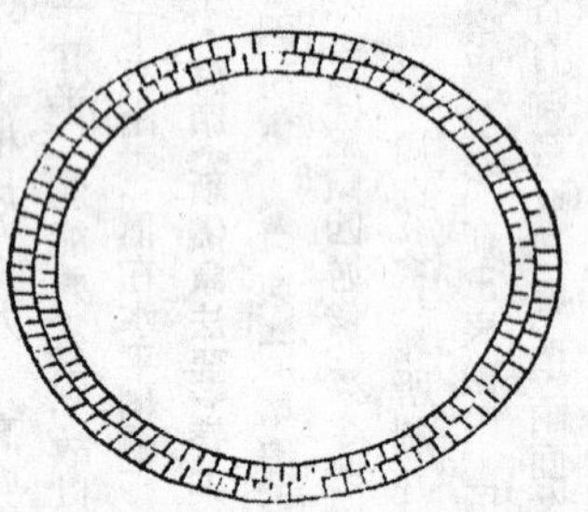
天常單環

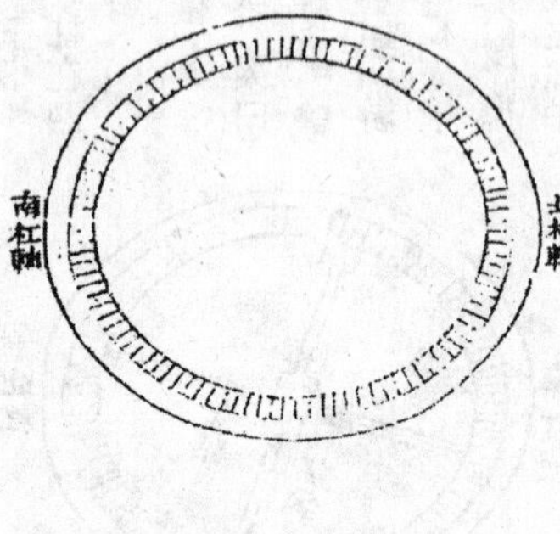

三辰儀雙環

右三辰儀雙環。其直徑六尺四寸八分，闊一寸八分，厚七分。兩面各列周天三百六十五度有畸，內帶黃赤道，下帶天運環，在六合儀內轉動不息。

赤道單環。其直徑六尺三寸，闊九分，厚六分。其環結于三辰儀內，橫絡天腹，謂之中極，以格黃道。外則正與六合儀天常環相對。環北面分列二十八舍，周天之度。內列二十有四氣、六十有四卦，環外列七十有二候。其四正日躔之宿，舊据曆法推步，今以新儀考測，知日躔與今天道差違凡三度。蓋元豐甲子歲冬之日至在赤道斗三度，夏之日至在井九度少弱，春分日在奎初度强，秋分日在軫七度太弱，定為四正之宿，占測七政以叶天度。

黃道雙環，今所創也。其直徑闊、厚如赤道之數。環面列周天之度，與赤道同。其環結於三辰儀，與六合儀相疊，以定南北極，則黃道正在三辰儀南北。其東西與赤道相結。黃道出赤道外二十四度弱，去極一百一十五度少弱為冬至。黃

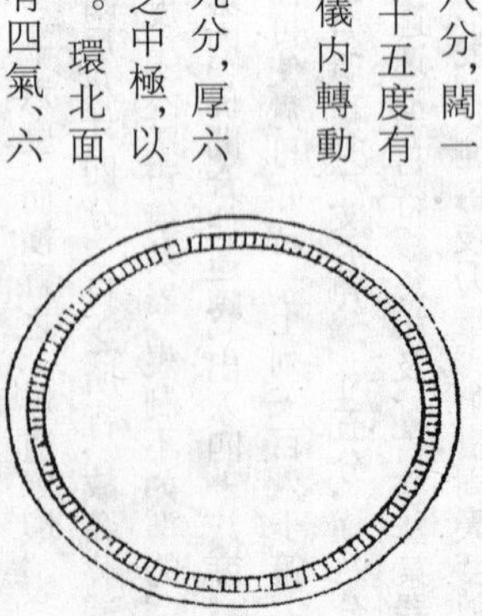
赤道單環

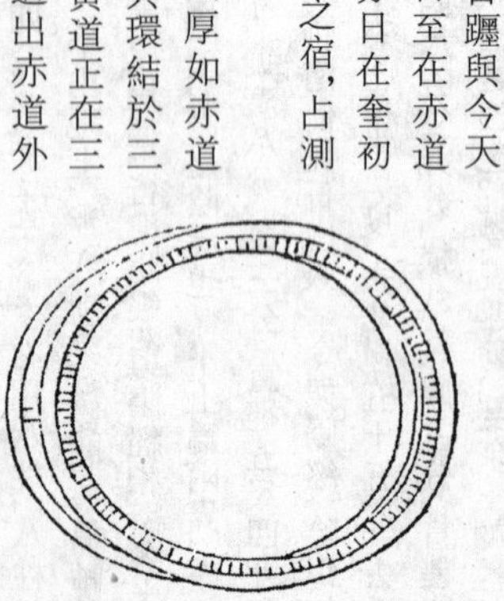
黃道雙環

道入赤道内二十四度弱，去極六十七度半弱爲夏至。其東西與赤道相交，去極各九十一度少弱爲春秋二分。冬夏二至、春秋二分謂之四正。太陰五星出入，皆循其道，各有度數。古制雖有赤道，後漢和帝時知赤道與天度頗有進退，詔賈逵始置雙道。李淳風、一行、梁令瓚、韓顯符、周琮熙寧、元豐儀又因之。今新儀循用不改。唯顯符徙黄道附於六合儀黄道舊單環外，於北際見太陽體不全見以測半日爲法。今以望筒於黄道雙環中全見日體，若仰窺太陽隨天運轉，則太陽適周於雙環之内。

宋·王應麟《六經天文編》卷上《書·璣衡》 朱氏曰：【略】至宣帝時，耿壽昌始鑄銅而爲之象。衡長八尺，孔徑一寸，璣徑八尺，圓周二丈五尺，强轉而望之，以知日月星辰之所在，即璿璣玉衡之遺法。蔡邕以爲近得天體之實者也。沈括曰：舊法規環一面刻周天度，一面加銀丁。蓋以夜候之天，晦不可目察，則以手切之也。古人以璿飾璣，疑亦爲此。今按此以漢法逆推古制。然歷代以來，其法漸密，本朝因之，爲儀三重，其在外者曰六合儀。平置單環，上刻十二辰、八干、四隅，在地之位以準地面，而定四方。側立黑雙環，具刻去極度數，以中分天脊，直跨地平，使其半出地上，半入地下，而結於其子午，以爲天經。斜倚赤［道］。單環具刻赤道度數，以平分天腹，横繞天經，亦使半出地上，半入地下，而結於其卯酉，以爲天緯。二環表裏相結不動，其天經之環，則南北二極皆爲員軸，虚中而内向，以挈三辰。四遊之環以其上下四方於是可考，故曰六合。次其内曰三辰儀，側立黑雙環，亦刻去極度數，外貫天經之軸，内挈黄赤二道。其赤道則爲赤單環，外依天緯，亦刻宿度而結於黑雙環之卯酉。其黄道則爲黄雙環，亦刻宿度而又斜倚於赤道之腹，以交結於卯酉，而半入其内，以爲春分後之日軌，半出其外以爲秋分後之日軌。又爲白單環，以承其交，使不傾墊。下設機輪，以水激之，使其日夜隨天東西運轉，以象天行。以其日月星辰於是可考，故曰三辰。其最在内者曰四遊儀，亦爲黑雙環，如三辰儀之制，以貫天經之軸。其環之内則兩面當中各施直距，外趾指兩軸而當其要中之内。又爲小窾，以受玉衡要中之小軸，使衡既得隨環東西運轉，又可隨處南北低昂，以待占候者之仰窺焉。以其東西南北無不周徧，故曰四遊。此其法之大畧也。曆家之説，又以北斗魁四星爲機，杓三星爲衡。今詳經文簡質，不應北斗二字，乃用寓名，恐未必然。姑存其説，以廣異聞。馬融曰：渾天儀可旋轉，故曰璣衡。其横簫所以視星宿也。以璿爲璣，以玉爲衡，蓋貴天象也。張氏曰：蓋天之法如繪像，止得其半。渾天之法如塑象，能得其全。堯之曆象日星，蓋天法也。舜之璿璣玉衡，渾天法也。渾法密於蓋天，創意者尚畧，述作者愈詳也。夏氏曰：七政在天，躔度長短多寡不同。日行一度，月行十三度十九分度之七，歲星日行千七百二十八分度之百四十五，熒惑日行一萬三千八百二十四分度之七千三百五十五，太白辰星日各行一度，鎮星日行四千三百八十分度之百四十五。七政躔度長短多寡不同如此。然必謂之齊者，魯氏謂步七政之軌度時數，以轉璣窺衡而不差焉，故曰齊。其不齊者，乃陵歷鬬食盈縮犯守者也。蓋璣衡所見者，皆時數軌度之當，然不如璣衡，則爲變異。此説是也。沈存中謂熙寧中，受詔典領曆官考察星辰，以璣衡求極星，從窺管候之，凡歷三月。極星常循窺管之中，夜夜不差。則窺管即玉衡也。陳氏曰：舜齊七政，不言經星。經者，緯之所次也，言乎緯，經在其中矣。魯氏曰：堯之時，觀天以曆象。至舜又察之以璣衡。聖人之法，至後世益備也。曰七者，則日月五星；曰政者，則羲和之所治無不任焉。其體至大，蓋一言而盡。王蓍曰：鄭玄説動運爲璣，持正爲衡，皆以玉爲之，視其行度，觀受禪是非也。渾儀，羲和氏之舊器，歷代相傳，謂之璣衡。其所由來有原統矣。而斯器設在候臺，史官禁密，學者寡得聞見。穿鑿之徒不解璣衡之意，見有七政之言，因以爲北斗七星。締造虚文，託之讖緯，史遷、班固猶尚惑之。鄭玄有贍雅高遠之才，沈静精妙之思，超然獨見，改正其説。聖人復出，不易斯言矣。

宋·王應麟《玉海》卷四《天道·儀象》 黄帝蓋天　顓帝渾儀

《隋·天文志》論蓋圖：晉侍中劉智云：「顓帝造渾儀，黄帝爲蓋天。」然此二器皆古之所制，但傳説者失其用。昔者聖王正曆明時，作圓蓋以圖列宿，極在其中，廻之以觀天象，分三百六十五度四分度之一，以定日數。日行於星紀，轉廻右行，以爲日行道。欲明其四時所在，春以青爲道，夏以赤爲道，秋以白爲道，冬以黑爲道。四季之末，各十八日，以黄爲道。蓋圖已定，仰觀雖明，而未正昏明，分晝夜，故作渾儀，以象天體。

堯渾儀　舜璿璣玉衡　玉儀

《書·舜典》：「在璿璣玉衡，以齊七政。」孔安國云：璿，美玉。王氏曰：璿，美珠也。《説文》云：璿，赤玉也。王者正天文之器，可運轉者。舜察天文以審己。疏云：璣爲運轉，衡爲横簫。運璣使動於下，以衡望之，漢世以來渾天儀是也。

顔師古曰：璣轉而衡平，謂渾天儀。馬融曰：渾天儀可旋轉，故曰璣。衡，其横簫以觀星宿。以璿玉貴天象也。日月星皆以璣衡度知盈縮進退。蔡邕云：玉衡長八尺，孔徑一寸，下端望之以視星辰。蓋垂璣以象天而衡望之，轉璣窺衡以知星宿。漢武時，洛下閎、鮮于妄人嘗爲渾天。宣帝時，耿壽昌始鑄銅爲之象，史官施用焉。後漢張衡作《靈憲》以説其狀。蔡邕、鄭康成、陸績、吴時、王蕃、晉姜岌、葛洪皆論渾天之義，並以渾説爲長。宋元嘉年，皮延宗又作是《渾天論》，太史丞錢樂之鑄銅作渾天儀，傳於齊梁，周平、江陵遷其器於長安，今在太史書矣。衡長八尺，璣徑八尺，圓周二丈五尺强，轉而望之，有其法也。疏：《春秋文曜鉤》曰：堯在璿璣玉衡，置四候之官。注：星辰日月之官各於其方，使典時職。《隋天文志》：《書》：「在璿璣玉衡。」則《考靈曜》所謂觀玉儀之游，昏明主時，乃命中星也。璿璣中而星未中爲急。急則日過其度，月不及其宿。璿璣未中而星中爲舒。舒則日不及其度，月過其宿。璿璣中而星中爲調，調則風雨時，庶草繁廡，而五穀登，萬事康也。所言璿璣者，謂渾天儀也。《春秋文曜鉤》云：唐堯即位，羲和立渾儀。先儒或因星官書「北斗第二星名璿，第三星名璣，第五星名衡，仍七政」之言，即以爲北斗七星。載筆之官，莫或之辨。史遷、班固猶且致疑。馬季長創謂璿璣爲渾儀。鄭康成云：其運轉者爲璣，其持正者爲衡，皆以玉爲之。吴王蕃云：渾天儀者，羲和之舊器，謂之璣衡。其爲用也，以察三光，以分宿度。又有渾天象者，以著天體，以布星辰。《唐志》：《詩》所紀候天星，《春秋》書日食、星變，同《禮》測景求中，分星辨國，獨無所謂璿璣玉衡者，豈不用於三代？抑法制遂亡，不可復得邪？不然，二物莫知爲何器也。李淳風言：周末此器乃亡。《史記》：北斗七星所謂璿璣玉衡，以齊七政。《晉志》魁四星爲璇璣，杓三星爲玉衡。《後天文志》注：璇璣，謂北極星也。玉衡，謂斗九星也。璇璣玉衡，占色。春青黄，夏赤黄，秋白黄，冬黑黄。《星經》《隨志》：劉焯曰：璿璣玉衡，正天之器。帝王欽若，世傳其象。《晉·志》：《春秋考靈曜》云：分寸之晷，代天氣以正方圓。方圓以成，參以規矩。昏明主時，乃命中星，觀玉儀之游。鄭玄謂以玉爲渾儀也。《書正義》引《書緯·璿璣鈐》云。

漢靈臺銅儀　儀度

《後漢·明帝紀》：永平三年春正月癸巳，詔曰：「朕奉郊祀，登靈臺，見史官，正儀度。儀謂渾儀。以銅爲之，王者正天文之器，置於靈臺。度謂日月星辰之行度。史即太史，掌天文官。夫春者，歲之始也。始得其正，則三時有成。有司其勉，順時氣，勸督耕桑，詳刑謹罰，明察單辭，夙夜匪懈，以稱朕意。」《張衡傳》注：《漢名臣奏》蔡邕曰：言天體有三家，唯渾天近得其情。今史官所用候臺銅儀，則其法也。《黄圖》：清臺，後更曰靈臺。《述征記》曰：上有渾儀，張衡所製。衡生安順之閒，其殆鄧平之圓儀乎？《曆志》永元十四年十一月甲寅，詔曰：「漏所以節時分，定昏明。昏明長短，起於日去極遠近，當據儀度，下參晷景。」

漢賈逵黄道銅儀　甘露圓儀　渾天圖儀

《後漢》：和帝永元十五年七月甲辰，詔造太史黄道銅儀，以正星辰之度。《律曆志》：章帝元和二年，《太初》失天益遠，遂下詔施行四分曆。和帝永元四年，復令史官以九道法候弦望。左中郎將賈逵論曰：「臣前上傅安等用黄道度日月，弦望多近。史官一以赤道度之，不與日月同，於今曆弦望差一日以上，輒奏以爲變，至以爲日卻縮退行。於黄道自得行度，不爲變。願請太史官日月宿簿及星度課，與待詔星象考校。奏可。臣謹按：前對言冬至日去樞一百一十五度，夏至日去極七十五度，春秋分日去極九十一度。《洪範》：日月之行，則有冬有夏。《五紀論》：日月循黄道，南至牽牛，北至東井，率日日行一度，月行十三度十九分度七也。以今太史官候注攷元和二年九月以來，皆如安言。問典星待詔姚崇、井畢等十二人，皆日星圖有規法，日月實從黄道。官無其器，不知施行。」案：甘露二年，大司農中丞耿壽昌以圖儀度日月行，考驗天運狀，日月行至牽牛、東井，日過度，月行十五度，至婁、角，日行一度，月行十三度，赤道使然。此前世所共知也。如言黄道有驗合天，日無前卻，弦望不差一日，北用赤道密近，宜施用。逵論又曰：《石氏星經》：黄道規牽牛初直斗二十度，去極二十五度，於赤道斗二十一度也。案：逵論，永元四年也。至十五年七月甲辰，詔書造太史黄道銅儀，合二十八宿，凡三百六十五度四分度之一。冬至日在牛十九度四分度之一。史官以校日月行，參弦望，雖密近而不爲注日。儀，黄道與度轉運，難以候，是以少循其事。《隋志》同《唐會要》：一行上疏謂在五年合考。《後曆志》虞恭宗訢等議：孝章皇帝曆度審正，圖儀晷漏與天相應，不可復尚。蔡邕議：馮光、陳晃，曆以《考靈曜》二十八宿度數與甘石舊文錯異，以今渾天圖儀檢天文，亦不合。

漢渾天　耿壽昌圖儀　晷儀　漢候臺銅儀　漢蓋圖見言天三家

《隋·天文志》論渾天儀，王蕃又云：又有渾天象者以著天體，以布星辰。

古舊渾象以二分爲一度，周七尺三寸半，莫知何代所造。今案虞喜云，落下閎待詔太初爲漢武於地中轉渾天，定時節，作《太初曆》。或其所制也。又見《益部耆舊傳》。

漢和帝永元十五年，賈逵始造太史黄道銅儀。至桓帝延熹七年，張衡更以銅製，以四分爲一度。周天一丈四尺六寸一分。蕃以古制局小，以布星辰，相去稠概，不得了察。張衡所作又復大，難可轉移。王蕃今所作以三分爲一度，周天九尺五分四分之三，而陸績所作渾象形如鳥卵，以施二道，不得如法，頗爲乖僻。然則渾天儀者，其制有璣有衡，既動静兼狀，以效二儀之情。又周璿衡管，以考三光之分，所以揆正宿度，準步盈虛，采古之遺法也。則先儒所言圓規徑八尺。漢候臺銅儀，蔡邕所欲寢伏其下者是也。又見上賈逵論。《晉・天文志》：古言天者有三家，一曰蓋天，二曰宣夜，三曰渾天。漢靈帝時蔡邕於朔方上書言，宣夜之學，絶無師法。《周髀》術數具存，攷驗天狀，多所違失。惟渾天近得其情，今史官候臺所用銅儀則其法也。立八尺員體而具天地之形，以正黄道，以察發斂，以行日月，以步五緯，精微深妙，百代不易。又張衡得注，詳見言天三家。

後漢永安宮銘曰：候臺集道，俾司星辰。《春秋文曜鈎》云：唐堯即位，羲和立渾儀。暨漢太初落下閎、鮮于妄人、耿壽昌等造員儀以考曆度。後至和帝時，賈逵繼作，又加黄道。至順帝時，張衡又制渾象，其後陸績亦造渾象，吴時王蕃制渾儀。《書正義》：漢武時，閎、妄人嘗爲渾天。宣帝時壽昌始鑄銅爲之象，史官施用焉。張衡作《靈憲》説其狀。蔡邕、鄭玄、陸績，晉姜岌、張衡、葛洪，皆論渾天之義，以渾説爲長。宋皮延宗作是渾天論。《揚子・重黎》或問渾天，曰：落下閎營之，鮮于妄人度之，耿中丞象之，幾幾乎莫之能違也。《揚雄傳》：雄作《太玄》，大潭思渾天，參摹而四分之，四分天之宿度甲乙。極於八十一。旁則三摹九據，極之七百二十九贊。其用自天元推一晝一夜陰陽度數律曆之紀，九九大運，與天終始。故《元》三方、九州、二十七部、八十一家、三百四十三表、七百二十九贊。分爲三卷，曰一、二、三，與《泰初曆》相應，亦有顓帝之曆焉。《漢律志》：武帝造《太初曆》，立晷儀。見《太初曆》。

漢張衡渾天儀　《靈憲》《算罔論》　瑞輪　蓂莢　靈憲圖　璿璣

《張衡傳》：安帝雅聞張衡善學，徵拜爲郎，再遷爲太史令，遂乃研覈陰陽，妙盡璇璣之正。作渾天儀，立八尺員體，以具天地之象，以正黄道，以察發斂，以行日月，以步五緯。著《靈憲》、《算罔論》，言甚詳明。《衡集》無《算罔論》，蓋綱絡天地而算之，因名焉。衡謂靈臺之璇璣者，兼渾儀、候儀之法。置密室中者，渾象也。《靈憲》序曰：昔在先王將步天路，先準之於渾體，是謂正儀立度，而黄極有逌建也，樞運有逌稽也。乃建乃稽，故《靈憲》作興。詳見《天文》。《隋志》：桓帝延熹七年，太史令張衡更以銅製渾天儀，以四分爲一度，周天一丈四尺六寸一分。亦於密室中以漏水轉之，令伺之者閉户而唱之，以告靈臺之觀天者。璿璣所加，某星始見，某星已中，某星今没，皆如合符。崔子玉爲之碑銘曰：云云見後，《晉志》同。劉焯曰：蔡邕《月令章句》、鄭玄注《考靈曜》同衡法。「張衡爲太史令，鑄渾天儀，總序經星，謂之《靈憲》。其大略曰，星者體生於地，精發於天，紫宫爲帝皇之居，太微爲五帝之座。在野象物，在朝象官，居其中央，謂之北斗。動係於占，實司天命，四布於方，爲二十八宿。日月運行，曆示休咎，五緯經次，用彰禍福，則上天之心於是見矣。中外之官常明者百有二十，可名者三百二十，爲星二千五百，微星之數萬一千五百二十。庶物蠢動，咸得係命。衡所鑄圖，遇亂湮滅，星官名數，亦不復存。」《晉志》：順帝時張衡置渾象。具内外規南北極、黄赤道。列二十四氣、二十八宿、中外星官及日、月、五緯。以漏水轉之於殿上室内。星中、出、没與天相應。因其關戾，又轉瑞輪蓂莢於階下，隨月盈虛，依曆開落。其後陸績亦造渾象。至吴時廬江王蕃善數術，傳劉洪《乾象曆》依其法而制渾儀，范曄稱之曰：「範圍兩儀，天地無所蘊其靈；渾天。轉情機物，有生不能參其智。」候地動儀。崔子玉稱之曰：「數術窮天地，制作侔造化。」《義熙起居注》：十四年，相國表曰：平長安獲張衡所作渾儀、土圭，歸之天府。《續天文志》注：衡著《靈憲》、《渾儀》，略具辰曜之本。《續曆志》注：張衡《渾儀》曰：「赤道横帶渾天之腹，去極九十一度十分之五。黄道斜帶其腹，出赤道表裏各二十四度。故夏至去極六十七度而强，冬至去極百十五度亦强。黄道斜截赤道者，則春秋分之去極也。」本當以銅儀日月度之，則可知也。以儀一歲乃竟，中間又有陰雨，難卒成。是以作小渾，盡赤道黄道。隋宇文愷曰：張衡渾象以三分爲一度，王蕃減其法。見後。《唐志》：張衡《靈憲圖》一卷，又《渾天儀》一卷。選注《張衡漏水轉渾天儀制》曰：蓋上又鑄金銅仙人居左壺，爲胥徒居右壺。《初學記》亦引之。詳見漏刻。

《曆志》：章帝詔曰：祖堯岱宗，同律度量，考在機衡，以正曆象，庶乎有益。史官用《太初》鄧平術，璇璣不正，文象不稽。永元十四年，詔太常史官運儀下水，官漏失天至三刻。安帝永初二年七月戊辰，詔以變異並見百僚及郡國吏民，有明習陰陽之度、璇璣之數者，各使指變以聞。熹平四年蔡邕議：馮光、陳晃曆以《考靈曜》二十八宿度數及冬至日所在與今史官甘石舊文錯異，不可考校。以今渾天圖儀檢天文，亦不合於《考靈曜》。光、晃能自依其術，更造望儀以追天度，遠有驗於圖書，近有效於三光，可以易奪甘石，窮服諸術者，實宜用之。難問，但言圖讖。光和三年，韓説等議：日月之術，日循黄道，月從九道。以赤道儀，日冬至去極俱一百一十五度，其入宿也。赤道在斗二十一，而黄道在斗十九。兩儀相參，日月之行，曲直有差，以生進退。張恂久在候部，能揆儀度，定立術數。

漢陽嘉候風地動儀

張衡順帝時爲太史令，陽嘉元年秋七月復造候風地動儀，以精銅鑄成。員徑八尺，合蓋隆起，形似酒樽，飾以篆文山龜鳥獸之形。中有都柱，旁行八道，施關發機。外有八龍，首銜銅丸。下有蟾蜍，張口承之。其牙機巧制，皆隱在樽中，覆蓋周密無際。如有地動，尊振，則龍發機，吐丸而蟾蜍銜之。振聲激揚，伺者因此覺之。雖一龍發機，而七首不動，尋其方面，乃知震之所在。驗之以事，合契若神。自典書所記，未之有也，嘗一龍發機，而地不覺動，京師學者咸怪其無徵，後數日驛至，果地震隴西，於是咸服其妙。自此以後，乃令史官記地動所從方起。崔子玉爲其碑銘曰：「數術窮天地，制作侔造化。高才偉藝，與神合契。」蓋由平子渾儀及地動儀有驗故也。推其範圍兩儀，天地無所蘊其靈；運精機物，有生不能參其智。《紀》：陽嘉元年七月，史官始作候風地動銅儀。《前志》：維星散，句星信，則地動。有星守三淵，地動。極後四星曰句星，斗杓後三星曰維星。《隋志》：河中九星如鈎狀，曰鈎星。伸則地動。房宿北一小星曰鈎鈐，鈎鈐之間有星及疏拆，則地動。晏子曰：吾見句星在房心之間，地其動乎？隋臨孝恭著《地動銅儀經》一卷。

石氏渾天圖

《隋志》一卷

吳陸績渾象　渾天圖

《晉志》：陸績造渾象，其形如鳥卵，以施二道，則黄道應長於赤道矣。績云：天東西南北徑三十五萬七千里，然則績以天形正員故也。而渾象如鳥卵，則自相違背。王蕃論云。《績傳》作《渾天圖》，注《易釋元》，皆傳於世。

吳王蕃渾儀

《晉志》《宋志》同。孔穎達書疏載王蕃《渾天説》略。同見下，當參考書疏。吳中常侍廬江王蕃善數術，傳劉洪《乾象曆》依其法而制渾儀，立論考度。曰：前儒舊説，天地之體，狀如鳥卵，天包地外，如殼之裹黄。周旋無端，圓如彈（員）〔丸〕。其形渾渾然，故曰渾天。周天三百六十五度五百八十九分度之百四十五，半露地上，半在地下。其二端謂之南極、北極。北極出地上三十六度，南極入地下三十六度，兩極相去一百八十二度半强。繞北極徑七十二度，常見不隱，謂之上規。繞南極七十二度，常隱不見，謂之下規。赤道帶天之中，去兩極各九十一度少强。黄道，日之所行也，半在赤道外，半在黄道内，與赤道東交於角五少弱，西交於奎十四少强。以兩儀推之二道，俱三百六十五度有奇。是以知天體如彈（員）〔丸〕也。古渾象以二分爲一度，凡周七尺三分半分。張衡更制，以四分爲一度，凡周一丈四尺六寸。蕃以古制局小，星辰稠概，衡器傷大，難可轉移，更制渾象。以三分爲一度，凡周天一丈九尺八寸五分四分分之三。增古法三尺六寸五分四分分之一，減衡法亦如之。何承天曰：徑天之數，蕃説近之。《書疏》：王蕃渾天説曰：天之形狀似鳥卵，天包地外，猶卵之裹黄，圓如彈（員）〔丸〕，故曰渾天。言其形體渾渾然也。其術以爲天半覆地上，半在地下。其天居地上，見有一百八十二度半强。地下亦然。北極出地上三十六度，南極入地下亦三十六度。而嵩高正當天之中極，南五十五度當嵩高之上。又其南十二度爲夏至之日道，又其南二十四度爲春秋分之日道，又其南二十四度爲冬至之日道。南下去地三十一度而已，是夏至日北去極六十七度，春秋分去極九十一度，冬至去極一百一十五度，此其大率也。其南北極持其兩端，天與日月星宿斜而迴轉，此必古有其法，遭秦而滅。《隋志》：《渾天象注》一卷，吳散騎常侍王蕃撰。《晉陽秋》：吳有葛衡，本作葛衡。字思真，明達天官，能爲機巧。作渾天使地居于中，以機動之，天轉而地止，以上應晷度。

吳渾天　《渾天象注》

《吳志》注：《晉陽秋》曰：「吳有葛衡，字思真，改作渾天，使地居于中，以機動之，天轉而地止，以上應晷度。」《義熙起居注》曰：十四年，相國表曰：「間者平長安獲張衡所作渾儀、土圭，曆代寶器。謹遣奉送，歸之天府。」《隋志》：劉焯云：閎制莫存，衡造有器，績小有異，蕃乃事同。宋有錢樂之，魏初晁崇等小大有殊，經模不異。觀察邕《月令章句》，鄭玄注《考靈曜》，勢同衡法，迄今不改。蓋及宣夜，三説並驅，平、昕、安、穹，四天騰沸。至當不一，理難一揆。豈容天體七種殊説？昔蔡邕自朔方上書曰：「以八尺之儀，度知天地之象，古有其器，而無其書。常欲寢伏儀下，案度成數，而爲立説」。書奏不許。焯今立術，改正舊渾。《後魏盧辯傳》：孝武西遷，金石、律吕、晷刻、渾儀，皆令辯，因時制宜，皆合軌度。《隋經籍志》：《渾天象注》一卷，吴散騎常侍王蕃撰。

晉渾儀

義熙十三年八月，劉裕克長安。九月，先收其彝器：渾儀、土圭、記里鼓、指南車及秦始皇玉璽。

宋何承天論渾象體

《宋志》：御史中丞何承天論渾象體曰：「天形正員，而水周其下。言四方者，東陽谷，日之所出，西至濛汜，日之所入。莊子云『北南溟』，亦古之遺記，四方皆水徵也。大中大夫徐爰曰：『渾儀之制，未詳厥始。』王蕃言：《虞書》『在琁璣玉衡，以齊七政』，則今渾天儀日月五星是也。鄭玄説：『動運爲機，持正爲衡，皆以玉爲之。』渾儀，羲和氏之舊器，曆代相傳，謂之機衡。而斯器設在候臺，史官禁密，學者寡得聞見。穿鑿之徒見七政之言，因以爲北斗七星，遷、固猶惑之。鄭玄超然獨見，改正其説，聖人復出，不易斯言。蕃之所云如此。夫候審七曜，當以運行爲體，設器擬象，焉得定其盈縮？設使唐、虞之世，已有渾儀，後世孰敢非革？而三天之儀，紛然莫辯，至揚雄方難蓋通渾。張衡爲太史令，乃鑄銅制範。故知自衡以前，未有斯儀。史臣案：渾天廢絶，故有宣、蓋之論。其術並疏，後人莫述。或問渾天於揚雄，雄舉落下、鮮于、耿中丞三人以對，則知此三人創造渾儀，以圖晷緯。西漢長安已有其器，將由喪亂亡失，故衡復鑄之乎。王蕃又記古渾儀尺度并張衡改制之文，則知斯器非衡始造明矣。衡所造傳至魏、晉，沈没戎虜，績、蕃舊器，亦不復存。晉義熙十四年，高祖平長安，得衡舊器。儀狀雖舉，不綴經星七曜。蓋天之術，云出周公旦訪之殷商，蓋假託之説也。其書號曰《周髀》。髀者，表也，周天之數也。其術云：天如覆蓋，地如覆盆，地中高而四隤，日月隨天轉運，隱地之高，以爲晝夜。天地相去凡八萬里，天地之中，高於外衡六萬里；地上之高，高於天之外衡二萬里。或問蓋天於揚雄。雄曰：『蓋哉！蓋哉！難其八事。』鄭玄又難其二事。爲蓋天之學者不能通也。」

後魏候部鐵儀

《隋·天文志》論渾儀：後魏道武天興初，令太史令晁崇修渾儀以觀星象。十有餘載，至明元永興四年壬子，詔造太史候部鐵儀以爲渾天法，考璿璣之正。其銘曰：「於皇大代，配天比祚。赫赫明明，聲烈遐布。爰造兹器，考正宿度。貽法後葉，永垂典故。」其制皆以銅鐵，唯誌星度以銀錯之。南北柱曲抱雙規，東西柱直立，下有十字水平，以植四柱。十字之上，以龜負雙規。其餘皆與劉曜儀大同。今太史候臺所用也。開皇已後，靈臺以後魏鐵渾天儀測七曜盈縮，以蓋圖列星坐，分黄赤二道，距二十八宿分度，而莫有更爲渾象者。仁壽四年，劉焯論渾天曰：「今立術改正，舊渾不用。」《唐·天文志》：李淳風奏：「靈臺鐵儀，後魏斛斯蘭所作，今太史候臺所用也。」

後魏《器準圖》《四術周髀宗》

《北史》：信都芳明算術，安豐王延明欲抄集《五經》算事爲《五經宗》及古今樂事爲《樂書》。又聚渾天、欹器、地動、銅烏漏刻、候風諸巧事，并圖畫爲《器準》，並令芳算之。芳自撰注。《隋·志》：小説家芳，《器準圖》三卷。又著《四術周髀宗》。其序曰：「漢成帝時，學者問蓋天，揚雄曰：『蓋哉，未幾也』，問渾天，曰：『幾乎』，言蓋差而渾密也。蓋器測影而造，用之日久，不同於祖，故云『未幾』。渾器量天而作，乾坤大象，隱見難變，故云『幾乎』。時太史令尹咸窮研晷蓋，易古周法，雄乃見之，以爲難也。自昔周公定景王城，至漢朝，蓋器一改。渾天覆觀，以《靈憲》爲文。蓋天仰觀，以《周髀》爲法。覆仰雖殊，大歸是一。芳以渾算精微，故約本省要，凡述二篇，合六法，名《四術周髀宗》。又難李業興新曆五闕，又私撰曆書，名曰《靈憲曆》。算月頻大頻小，食必以朔，證據甄明。每云『何承天亦爲此法，而不能精』。書未成。崔靈恩立義以渾蓋爲一。晁崇爲太史令，道武詔造渾儀。

梁渾天象　宋元嘉渾儀　小渾天　銅儀

《隋·志·天文》論渾天：象者，其制有璣而無衡。梁末祕府有，以木爲之。其員如圜，其大數圍。南北兩頭有軸，偏體布二十八宿、三家星、黄赤二道及天漢等。別爲横規環，以正其外。高下半之，以象地。南軸頭入地，注於南植，以象南極。北軸頭出於地上，注於北植，以象北極。正東西運轉。昏明中星，既應其度。分至氣節，亦驗在不差而已。不如渾儀，別有衡管，測揆日月，分步星度者也。吴太史令陳苗云「先賢制木爲儀，名曰渾天」，即此之謂邪？由斯而言，儀、象二器，遠不相涉。則張衡所造，蓋亦止在渾象七曜，而何承天莫辨儀、象之異，亦爲乖失。宋文帝元嘉十三年，以高祖初克長安，所得古銅渾儀，狀雖略舉，不著經星七曜。詔太史令錢樂之採效儀象，鑄銅爲之。五分爲一度，徑六尺八分少，周一丈八尺二寸六分少，地在天內不動。立黃赤二道之規，南北二極之規，布列二十八宿、北斗極星。置日月五星於黃道上，爲之杠軸，以象天運。以水轉之，昏明中星，與天相符。《宋・志》云：置立漏刻，以木轉儀。《隋・天文志》：宋元嘉中，太史令錢樂之所鑄渾天銅儀，以朱黑白三色，用殊三家而合陳卓之數。梁置於文德殿前。至如斯制，以爲渾儀，則內缺衡管；以爲渾象，則地不在外。是參兩法，別爲一體。吴時又有葛衡明達天官，能爲機巧。改作渾天，使地居於天中，以機動之，天動而地止，以上應晷度，則樂之所放述也。元嘉十七年，又作小渾天，二分爲一度，徑二尺二寸，周六尺六寸，安二十八宿，中外官星備足。以白青黃等三色珠爲三家星，其日月五星，悉居黃道，亦象天運，而地在其中。宋元嘉所造儀象，開皇九年平陳後並入長安。大業初移於東都觀象殿。《隋・天文志》渾天儀法云：天如雞子，地如雞子中黃，孤居於天內。天大而地小，表裏有水，天地各乘氣而立，載水而行。周天三百六十五度四分度之一，中分之，則半覆地上，半繞地下，故二十八宿半見半隱，天轉如車轂之運也。《書・舜典正義》：宋元嘉年，皮延宗作是《渾天論》，太史丞錢樂之鑄銅作渾天儀。傳於齊、梁，周遷其器於長安。

梁重雲殿銅儀　天儀説要　渾天象

《隋・天文志》論渾儀：梁華林重雲殿所置銅儀，其制有雙環規，又有單橫規，又有單規。其裏又有雙環規，南頭入地下，以象南極；北頭出地上，以象北極；其運動得東西轉，以象天行。雙軸之閒則置衡，長八尺。檢其鐫題，是劉曜光初六年，史官丞南陽孔挺所造，則古渾儀法也。而何承天、徐爰著《宋史》，以爲即張衡所造。其儀略舉天狀，而不綴經星七曜。義熙十四年，定咸陽，得之。沈約亦云然，皆失之遠矣。《陶弘景傳》：造渾天象，高三尺，地居中，天轉而地不動，以機動之，悉與天會。《隋・志》：弘景撰《天儀説要》一卷。

隋觀臺渾儀

《隋志》：史臣於觀臺訪渾儀，見元魏太史令晁崇所造，以鐵爲之，其規有六。其外四規常定，一象地形，二象赤道，其餘象二極。其內二規可運轉，用合八尺之管，以窺星度。周平齊所得。隋開皇三年，新都初成，以置觀臺之上。

唐凝暉閣渾儀

《天文志》：貞觀初，太史李淳風上言「在璿璣玉衡，以齊七政」，則渾天儀也。《周禮》：土圭正日景，以求地中。有以見日行黃道之驗。暨於周末，此器乃亡。漢洛下閎作渾儀，其後賈逵、張衡等亦各有之。而推驗七曜，並循赤道。案：冬至極南，夏至極北，而赤道常定於中，無南北之異。蓋渾儀無黃道久矣。太宗異其説，乃詔爲之。至七年儀成。表裏三重，下據準基，狀如十字，末植鼇足，以張四表。一曰六合儀，有天經雙規、金渾緯規、金常規，相結於四極之內。列二十八宿、十日、十二辰、經緯三百六十五度。二曰三辰儀，員徑八尺，有璿璣規、《會要》有黃道規。月遊規、列宿距度。七曜所行，轉於六合之內。三曰四遊儀，元極爲軸，以連結玉衡游筩而貫約短規。又去極，北位北辰，南矩地軸，旁轉於內。玉衡在元樞之閒，而南北遊，仰以觀天之辰宿，下以識器之晷度。皆用銅。帝稱善，置於凝暉閣，用之候測。閣在禁中，其後遂亡。《舊史》：閣正太極殿內。《會要》：貞觀初，李淳風言：靈臺候儀，是故魏遺範，法制疏略，難爲占步。上令淳風改造渾儀，鑄銅爲之。七年三月十六日，《舊史》癸巳。直太史將仕郎李淳風鑄渾天黃道儀成，奏之。云云與史同。淳風又撰《法象志》，以論前代渾儀得失之差。《傳》：淳風以將仕郎直太史局制渾天儀，詆摭前人得失著《法象志》七篇上之。《志》：李淳風《法象志》因《漢書》十二次度數，以唐之州縣配焉。詳見《天文》。盧肇《海潮賦》：張衡考動以鑄儀，淳風述時而建式。謂作《乙巳占》，以儀立式，以定星辰。

唐開元黃道游儀銘　《曆經》　《渾天圖》　《銅儀》

《唐・天文志》開元九年，一行受詔改治新曆，欲知黃道進退，而太史無黃道儀。左內率府兵曹參軍梁令瓚以木爲游儀，一行是之，乃奏：「黃道游儀，古有其術而無其器。昔人潛思，皆未能得。今令瓚所爲，日道月交，皆自然契合，於推步尤要，請更鑄以銅鐵。」十一年儀成。張説《表》：游儀六月造畢。一行又曰：「靈臺鐵儀，後魏斛蘭所作，規制朴略，度刻不均，赤道不動，乃如膠柱。以攷月行，遲速多差，多或至十七度，少不減十度，不足以稽天象、授人時。淳風黃道儀，以玉衡旋規。別帶日道，傍別三百四十九交，以攜日游，法頗難，術遂寢廢。臣更造游儀，使黃道運行，以追列舍之變。因二分之中，以立黃道，交於奎、軫之閒，二至陟降，各二十四度。黃道內施白道月環，用究陰陽朓朒，動合天運。簡而易從，可以制器垂象，永傳不朽。」於是玄宗嘉之，自爲之銘，又見御製《集賢注記》曰：學士陸去泰題製造年月、工匠姓名于盤下，填以銀字。御書填以金字。置之靈臺。黃道游儀以古尺四分爲度，旋樞雙環，古所謂旋儀也。南北科兩極，上下循規各三十四度。表裏畫周天度，使東西運轉，如渾天游旋。中旋樞軸，長與旋環徑齊。玉衡望筩，置於子午。左右用八柱，八柱相固。亦表裏畫周天度，雙閈使樞軸及玉衡望筩旋環於中也。陰緯單環，皆準陽經，相銜各半，内外俱齊。謂之陰渾也。内外爲周天百刻，天頂單環，直中國人頂之上，東西當卯酉之中，令與陽經、陰緯相固，如鳥殻之裹黄。赤道單環赤道者，當天之中二十八宿之位也。雙規運動，度穿一穴，隨穴退交，秋分、冬至日不差繆。傍在卯酉之南，上去天頂三十六度，而横置之，黄道單環，日之所行，故名黄道。太陽陟降，積歲有差，月及五星，亦隨日度出入。古無其器，規制不知準的，斟酌爲率，略疏闊尤甚。今設此環，置於赤道環内，仍開合使運轉，出入四十八度，而極晝兩方，東西列度數，南北列百刻，可使見日知時。上列三百六十策，與用卦相準。度穿一穴，與赤道相交。白道月環，月行有迂曲遲速，與日行緩急相反。古亦無其器，今設於黄道環内，使就黄道爲交合，出入六度，以測每夜月離，上畫周天度數，穿一穴擬移交會，皆用銅鐵。游儀、四柱爲龍，龍能興雲雨，故以飾柱。柱在四維，龍下有山、雲，俱在水平槽上，皆用銅。其赤道帶天之中，以分列宿之度，黄道斜運，以明日月之行。乃立八節九限，校二道差數，著之曆經。《舊史》：《大衍曆經》一卷。《黄道圖》見《天文圖類》。

《舊紀》：開元十三年冬十月癸丑，新造銅儀成，置於景運門内，以示百官。

《會要》：開元八年六月十五日，左金吾長史南宫説奏：「渾天圖有其書，無其器，臣修九曜占書，須量校星象，請造兩枚。」一進内，一留司占測。九年改曆，沙門一行奏：梁令瓚待制麗正書院，因起游儀木樣，甚精密，請更以銅鐵爲之。」十三年十月三日造成。《志云》：十一年。《集賢注記》云：十二年五月。又上疏曰：云云「置之靈臺，以考星度。」二十八宿、中外官與古經不同者數十條，又詔一行：令瓚更造渾天儀。見後。

《集賢注記》：開元十二年五月，沙門一行於書院造黄道游儀，成以進。一行初奉詔改修曆經，以舊無黄道游儀，測候稍難。梁令瓚刻木作小樣進呈。上令一行參考，以爲精密，始就院更以銅鐵爲之。凡二年功乃成，至是上之。上稱善，令令瓚與一行考李淳風《法象志》更造《渾儀圖》，御制《游儀銘》，并八分書題於輪上，銘曰：「盈縮不僭，列舍不忒。制器垂象，永鑒無惑。」學士陸去泰奉勅題制造年月及工匠姓名于盤下，靈臺用以測候，至今存焉。十三年十月，院中造渾儀成，奉勅向敷政門外以示百寮。一行改進游儀之後，上令鑄銅爲渾規之器，左衛長史梁令瓚、右驍衛長史桓執珪分擘規制，鑄爲天像，徑一丈，具列宿赤道及周天度數。注木激輪，令其自轉，議者以爲張衡《靈憲》不能踰。今留東京集賢院内，院中有仰觀臺，即一行占候之所。《六典》：靈臺郎凡測候晷度，以游儀爲準。

唐武成殿水運渾天《俯視圖》　新造銅儀

《唐・天文志》開元十一年，游儀成。明皇又詔一行與令瓚等鑄渾天銅儀，員天之象，具列宿赤道及周天度數。又注水激輪，令其自轉，一晝一夜而天運周。外絡二輪，綴以日月，令得運行。每天西旋一周，日東行一度，月行十三度之七，二十九轉有餘而日月會，三百六十五轉而日周天。以木櫃爲地平，令儀半在地上，半在地下，晦朔弦望遲速有準。立木人二於地平上，其一前置鼓，以候刻，至一刻則自擊之；其一前置鐘，以候辰，至一辰亦自撞之，皆於櫃中各施輪軸，鈎鍵關鎖，交錯相持。置於武成殿前，以示百官。無幾而銅漸澁，不能自轉，遂藏於集賢院。《會要》云與史同。當時稱其妙，命之曰「水運渾天。」《會要》曰：木運《渾天俯視圖》。張衡有漏水轉渾天之刻，見《初學記》。《通鑑》：開元十三年十月癸丑，作水運渾天，成。《會要》：傳紀同。開元十三年乙丑十月三日癸丑，新造銅儀成，置於景運門内，以示百官。書院造游儀，去年六月畢，又奉旨更立渾儀。張説《表》曰：「準敕令右衛兵曹長史梁令瓚檢校製造，於是博考傳記，舊有張衡、陸績、王蕃、錢樂之並造斯器，雖渾體有象，而不能運行。臣今鑄銅爲儀，圓以象天，使得俯察。」又曰：「究天地之斡運，極乾坤之變化，陰陽不能逃其數度，分不能隱其時。紹唐堯欽若之典，遵虞舜璿玉之義。」十八年，進士試《新渾儀賦》。

隋耿詢創意造渾天儀，不假人力，以水轉之，施於闇室，使高智寶外候天時，動合符契。

唐盧肇渾天法　《渾天賦》《論》

盧肇作《海潮賦》及圖，取渾天爲法。吴嚴畯著《潮水論》，燕肅《海潮圖論》。自古説天有六，一曰渾天，張衡所述。二曰蓋天，周髀以爲法。三曰宣夜，無師法。四曰安天，虞喜作。五曰昕天，姚信作。六曰穹天。虞聳作。自蓋天已下，蓋好奇徇異之説。其增立渾天之術，自張平子始，言天包於地，周旋無端，其形渾渾，故曰渾天。言不及渾天而乖誕者五家，莊子《逍遥篇》、《元中記》、王仲任《論衡》、言日不入地。《山經》、釋氏言四天。肇始學渾天術於太原王軒，軒以王蕃之術授焉，後因演而成圖。又曰：舜璿璣玉衡，則渾儀之本法。晉侍中，劉智云：「顓帝造渾儀，黄帝爲蓋天。」則此二器皆古聖王之制作也。但學者失其用耳。説者乃云

「始自張衡」。今考其事，張乃巧述其法而撰之，非始造者也。虞喜又云：「洛下閎爲漢武帝於地中轉渾天定時，修《太初曆》。又知此術在平子前也。賈逵以永元十五年造黄道儀，張衡以延熹七年更造銅儀，其後吴王蕃、陸績，後魏晁崇，隋劉焯，皆修渾儀之法。李淳風因爲游儀，蓋與《靈憲》同法。」楊炯上元三年，補校書郎朝夕靈臺之下，備見銅渾之象，作《渾天賦》，賦云：「有爲宣夜之學者曰，天常安而不動，地極深而不測。有稱周髀之術者曰，陽動而陰静，天迴而地游。天如倚蓋，地若浮舟。太史公旴衡而告曰：言宣夜者，星辰不可以闊狹有常；言蓋天者，漏刻不可以春秋各半。周三徑一，遠近乖於辰極；東井南箕，曲直殊於河漢。明入於地，葛稚川所以有辭；候應於天，桓君山由其發難。嘗聞渾天之事歟，地則方如棊局，天則圓如彈丸。天之運也，一北而物生，一南而物死。地之平也，景長而多暑，景短而多寒。部之以三門，張之以八紀。其周天也，三百六十五度；其去地也，九萬一千餘里。日居月諸，天行地止。載之以氣，乘之以水。驗之以衡軸，考之以樞機。三十五官有羣生之繫命，一十二次當下土之封畿。中衡、外衡，不召自至；黄道、赤道，殊途同歸。昔者，顓帝之命，重黎司天而司地；陶唐之命，仲叔宅西而宅東。其後宋有子韋，鄭有裨竈，魏有石氏，齊有甘公。唐都之推星，王朔之候氣，周文之視日，吴範之占風。有以見天地之情狀，識陰陽之變通。」《文粹》。　崔良佐《治詩易書》：春秋讖演範、忘象、渾天等論數十篇。《唐書》　柳宗元《天對》云：「規燬魄淵，太虚是屬，棊施萬熒，咸焉是託。」晉成公綏《天地賦》：「望舒彌節於九道，羲和正轡於中黄。衆星回而環極，招揺運而指方。」

《宋志》：王蕃論曰：「三光之行，不必有常，術家以算，求之各有同異。故諸家曆法，參差不齊。《洛書》、甄曜度《春秋考異郵》皆云周天一百七萬一千里，一度爲二千九百三十二里七十一步二尺七寸四分四百八十七分分之三百六十二。陸績云天東西南北徑三十五萬七千里。此言周三徑一也。考之徑一不啻周三，率周百四十二而徑四十五，則天徑三十二萬九千四百一里一百二十二步二尺二寸一分七十一分分之十。《周禮》：日至之景尺有五寸，謂之地中。鄭衆、鄭玄云云。以此推之，日當去其下地八萬里矣。日邪射陽城，則天徑之半也。天體員如彈員，地處天之半，而陽城爲中，以句股法言之，旁萬五千里，句也。立八萬里，股也。從日邪射陽城，弦也。《晉志》：後秦姜岌造《三紀甲子元歷》，又著《渾天論》，以步日於黄道，駮先儒之失。虞喜《安天論》曰：太史令陳季胄以先賢制木爲儀，名曰渾天。賀道養《渾天記》曰：昔記天體者有三，渾儀與知其始，書以齊七政，蓋渾體也。二曰宣夜，夏殷之制也。三曰《周髀》，非周家術也。近世復有四術：一曰方天，興於王充。二曰軒天，起於姚信。三曰穹天，由於虞喜。皆浮説，不足觀。唯渾天證驗不疑。《桓子新論》曰：揚子雲好天文，問於黄門，作渾天老工曰：我少能作其事，但隨尺寸法度，殊不曉達其意。」

開寶渾天圖

見上。

太平興國文明殿渾儀

太平興國中，一作初。司天監學生張思訓巴中人。自言能爲渾儀，因獻其式，上召尚方工官於禁中如式造之。四年己卯歲。正月癸卯，儀成。踰年而成。機用精至，詔置文明殿今之文德殿也。東南隅漏室中。《長編》：置文明殿之鐘鼓樓。《志》云：置殿廷東鼓樓下。以思訓爲渾儀丞。思訓叙其制度云：「渾儀者，法天象地，數有三層，有地軸、地輪、地足，亦有横輪、側輪、斜輪、定關、中關、小關、天柱，七直人左撼鈴，右扣鐘，中擊鼓，以定刻數。其七直一晝夜方退，是日、月、木、土、火、金、水。中有黄道，天足十二神報十二時刻數，定晝夜長短。上有天頂、天牙、天關、天指、天托、天束、天條，布三百六十五度爲日月五星、紫微宫及周天列宿，并斗建黄赤二道。太陽行度，定寒暑進退。」古之制作，運動以水，頗爲疏略，寒暑無準。乃以水銀代之，運動不差。舊制太陽晝行度皆以手運，今所制取於自然。自東漢張衡始造，至開元中詔僧一行與梁令瓚造渾天儀，後銅鐵漸澁，不能自轉。今思訓所作，起爲樓閣之狀，數層，高丈餘，以木偶人爲七直神，摇鈴，撞鐘，擊鼓。又作十二神各直一時，至其時即自執辰牌循環而出，并著日月星辰，皆須仰視。其機轉之用俱隱樓中。其制頗巧，得開元遺像。一作法。

後梁於汴州造銅渾儀。唐長興三年七月繕理。

至道司天臺銅渾儀　渾天臺　法要

至道元年乙未歲。十二月庚辰，新鑄銅渾儀成。韓顯符加司天秋官正，專渾天之學。淳化初，表請造銅儀。詔給用度工匠，俾顯符規度，擇巧匠鑄之，至道元年十一月儀成。沈括謂：顯符所造，依倣孔挺、晁崇、斛蘭之法，失於簡畧。太宗顧侍臣曰：渾儀制度，廢之已久，如顯符於陰陽律曆頗有性格，遂令攷天象，倣古人遺意創造此器，逾年而就。觀其日月晦明、節候盈縮、星辰晷度，以管一窺，疏密高下無絲毫之誤，信靈臺之祕寶也。詔於司天監築臺置之，仍以其事。赴史館賜顯符雜綵五十疋，顯符自言鑄銅儀制度，凡九事：一曰定天經雙規，規上均賦三百六十五度，南北並立四迴七十二度，屬紫微宫，四時常見，謂之上規。中一百一十二度四迴二百二十度，屬黄赤道，近日而隱，遠日而見，謂之中規。繞南極四迴七十二度，除老人星外四時常隱，謂之下規。二曰游規，均賦三百六十五度，以釭貫於雙規顛軸之上，令得左右運轉，夾其規管，規星遠近隨天周徧，無所不至。三曰直矩，矩於兩極之間，用夾規管，中置關軸，令其游規運轉。四曰窺管，使人即規管望於下衡，即運動於上，用齊日月五星進退盈縮所至宿度，量衆星互相遠近之數。五曰平準輪，一在外臬之上，上分八卦、十干、十二辰、二十四氣、七十二候，中定四維日辰時正，晝夜百刻。六曰赤道環一，乃春秋分日行赤道，度陰陽之所交，晝夜平暄涼等，七曜之行中道也。七曰黄道環一，乃日行盈縮，月行九道之限，五星順留伏匿，理歷之常數也。八曰龍柱四，立於平準輪下，爲龍能變化，以御天體。九曰水臬，十字爲之，其水平滿，北辰正以置四隅，隅水平則天地準。顯符、李淳風、一行之遺法，凡測驗皆據《乾元曆》。云云。 一本云：一年又上候儀本，志獨著《候儀法》。 顯符上《法要》十卷，崇文目：云《渾儀法要》十卷。序云：伏羲立渾儀，測北極高下，量日景短長，定南北東西，觀星間廣狹，自伏羲甲寅年至皇朝大中祥符三年庚戌，歲(曆)[歷]三千八百九十七年，五帝之後汔今，明曆象之元，知渾天之奥者，僅十餘朝。考而論之，臻至妙者裁四五。漢落下閎修渾儀，測《太初曆》，云後五百年必當重製。至唐李淳風果合前契。貞觀初，淳風又言前代得失，因令銅鑄，至七年成。起凝暉閣，於禁中俾侍臣瞻驗。既在宫掖，人莫得見，後失其處所。 玄宗命一行修《大衍曆》，以渾儀爲證。梁令瓚造木式，一行謂其精密思出古人，遂以銅鑄。 今文德殿鼓樓下有古木銅渾儀一，制極疏略，不可放用。 《本傳》：渾儀之成，則司天歲上細行曆，益可致詳密。渾儀之下，又爲龍柱者，以龍能變化，以御天體。其制有九。 《志》：顯符自著經十卷，上于書府，銅儀之制有九。

祥符龍圖閣銅渾天儀

祥符三年庚戌歲。 閏二月甲寅，四日。 司天監言：冬官正韓顯符造銅渾一作候。 儀成，詔移入龍圖閣，令顯符選學生中可教者傳授其業。 十一月戊寅，三日。 召輔臣至龍圖閣觀銅渾儀，閣在會慶殿西，挾以資政述古殿。 其制爲天輪二，一平一側，各分三百六十二度。又爲黄赤道，立管於側輪中，以測日月星辰行度，皆無差。沈括以爲景德中造，當從《國史》。 按：《長編》：三年閏二月甲寅，冬官正韓顯符造銅渾儀成，并上所著經十卷，其制則本唐李淳風及一行之遺法。云十一月戊辰，徙司天臺韓顯符所造銅渾儀於龍圖閣，召輔臣同觀，因詔顯符擇監官或子孫可教者授其業。 顯符自言新鑄渾儀九事。云云。 見前至道銅儀段。

皇祐新渾儀　崇政殿《渾儀圖》《渾儀總要》

《長編》：皇祐三年辛卯歲。 十二月庚辰，翰林天文院新作渾儀成，御撰《渾儀總要》十卷，論前代得失，已而留中不出。 初，慶曆八年十二月庚寅，命翰林學士錢明逸檢閱渾儀制度，以聞。 遂命日官舒易簡、于淵、周琮等參用梁令瓚、李淳風舊制改鑄。 皇祐元年三月庚子，上御延和殿，召輔臣觀新造渾儀本樣。八月六日丙寅，又召輔臣於崇政殿觀《渾儀圖》。 三年十二月八日，司天夏官正李用誨言，重定渾儀鑄造已成，欲乞依唐李淳風一行舊制，紀年月以永將來。 從之。 沈括謂：皇祐中，冬官正舒易簡所造，用唐梁令瓚、僧一行之法，頗詳備，而失於難用。 《曆志》：堯敕羲和制横簫以考察星度，其機衡用玉，後世鑄銅爲員儀，以法天體。 祥符初，韓顯符作渾儀，但游儀雙環夾望筩旋轉，而黄赤道相固不動。 皇祐初，又命日官舒易簡、于淵、周琮等參用淳風、令瓚之制改鑄黄道渾儀，又爲漏刻、圭表，詔翰林學士錢明逸詳其法。 既成，置渾儀於翰林天文院之候臺，漏刻於文德殿之鐘鼓樓，圭表於司天監。第一重名六合儀，二名三辰，三名四遊。

熙寧渾儀、浮漏、表影三議

熙寧六年癸丑歲。六月辛巳，十一日。 提舉司天監陳繹云：據同提舉沈括言，乞修造渾儀、浮漏，蒙下本所詳定。 權判司天監丁洵等定以爲當造。 造到渾儀、浮漏小樣，臣等看詳，除司天監浮漏疏謬不可用，須當改造。 詔令依樣造，於司天監安置測驗，比較疏密。 七年六月二十一日，建本云丁亥。 同提舉司天監沈括，以新定渾儀、浮漏、表影進呈，括創爲玉壺浮漏銀表晷，置天文院。 上御迎陽門，召輔臣觀之，《會要》云：御崇政殿觀之。 數問括，括具對所以更改之理。 其儀改用古尺，均賦辰度，規環輕利，黄赤道天常環並側置，以北際當天度，省去月道，令不蔽横簫。 增天樞爲二度半，以納極星。 規環二極各設環樞，以便浮運，渾儀之爲器三：在外曰體，以立四方上下之位；其次曰象，以法天之運行，常與天隨；其内曰璣衡，璣以察緯，衡以察經。 璣可以左右，以察四方之祥。 衡可以低昂，以察上下之祥。 《一本通略》：熙寧七年七月癸卯，修《起居注》。沈括等上渾儀、浮漏，遷爲右正言，賜銀絹有差。 舊銅儀藏於法物庫。 七年七月十日，沈括上渾儀、浮漏、景表三議，斂古今之説，以求數象。有不合者，十有三事。朝廷令改造法物、曆書。《長編》：七年六月辛卯，詔以司天監新製渾儀、浮漏，於翰林天文院安置。提舉司天監沈括、秋官正皇甫愈等賜銀絹。元豐中，以司天監爲太史局築候臺。先是治平四年十一月二十四日，以天章待制孫思恭有歷學，命看詳翰林天文院渾儀。

熙寧《渾儀議》

熙寧七年七月十日，沈括上《渾儀議》曰：五星之行有疾舒，日月之交有見匿，求其次舍經劘之會，其法一寓於日。凡三百六十有五日四分日之幾一，而謂之歲。周天之體，日引之謂之度。度之離，其數有二：日行則舒，月行則疾，會而均，別之曰赤道之度。日行自南而北，升降四十有八度而迤，別之曰黄道之度。度不可見，其可見者星也。日、月、五星之所由，有星焉。當度之晝者凡二十有八，而謂之舍。舍所以挈度，度所以生數也。度在天者也，爲之璣衡，則度在器。度在器，則日月五星可以轉乎器中，而天無所豫也。天無所豫，則在天者不爲難知也。自漢以前，爲曆者必有璣衡。其後雖有璣衡，而不爲曆作。作曆者亦不復以器自考。至唐一行步《大衍曆》，始用渾儀參實，故其歷所得比諸家差多。臣嘗歷考古今儀象之法，《書》所謂璿璣玉衡，唯鄭康成粗記其法，至落下閎製圓儀，賈逵又加黄道，其詳皆不存於書。其後張衡爲銅儀於密室，以水轉之，蓋所謂渾象，非古之璣衡也。括又曰：舊法規環一面刻周天度，一面加銀丁。蓋以夜候之天晦，不可目察，則以手切之。古人以璿飾璣，疑亦爲此。吴王蕃、陸績皆嘗爲儀及象，其説謂舊以二分爲一度，而患星辰稠概；衡改用四分，而患椎重難運。故蕃以三分爲度，周丈有九寸五分寸之三，而具黄赤道焉。至劉曜時，南陽孔定製銅儀，有雙規，正矩子午以象天。有横規，判儀之中以象地。有特規，斜絡天腹以候赤道。南北植幹，以法二極。其中乃爲游儀、窺管。曜太史令晁崇、斛蘭皆爲鐵儀，其規有六，四常定，一象赤道，其二象二極，乃定所謂雙規者也。唯南北柱曲抱雙規，下有縱横水平，以銀錯星度，小變舊法。而皆不言有黄道，疑失傳也。唐李淳風別爲圓儀三重：其外曰六合，次曰三辰，又次曰四游。而一行以爲難用，其後梁令瓚更以木爲游儀，因淳風法而附新意。詔與一行雜校得失，改鑄銅儀，古今稱其詳確。至道中初，鑄渾儀于司天監多，因斛蘭、晁崇之法。皇祐中，改鑄渾儀于天文院，始用令瓚、一行之論，而去取交有得失。臣今斂古今之説以求數象，有不合者凡十有三事：一曰舊説以中國於地爲東南，當令西北望極星，不當中北。臣以中國觀之，天常北倚可也，古之候天者自安南都護府至浚儀太岳臺纔六千里，而北極之差凡十五度，稍北不已，詎知極星之不直人上也？臣讀黄帝《素問》書，乃常以天中爲北也。常以天中爲北，則以極星常居天中也。二曰紘平設以象地體，今渾儀置於崇臺之上，下瞰日月所出，則紘不與地際相當。蓋渾儀考天地之體，有實數，有準數。衡之低昂乃所當謹，臺之高下非所恤也。衡準數，臺實數。三曰當省去月環。月之出入，專以曆法步之。四曰衡之兩端以鉤股法求之，下徑三分，上徑一度有半，則兩竅相覆，大小略等。五曰臣考驗極星，而後知天中不動處遠極星乃三度有餘，而祖暅窺考猶爲未審。今當爲天極徑七度。六曰新儀當側規如車輪之牙，而不當衡規如鼓陶，其旁迫狹，難賦辰刻。七曰新法定宿而變黄道，此定黄道而變宿，但可賦三百六十五度而不能具餘分。八曰當省去月道，徙璣於赤道之上，而黄道居下，則星度易審。九曰司天監三辰儀設齒於環背，不與横簫會，當移列兩旁。十曰舊重璣椎重難運，今小損其制。十一曰今當變赤道與黄道同法。十二曰當側置黄赤道，使天度出北際之外。十三曰當徙地紘稍下，候三辰伏見，專以紘際爲法，自當默與天合。

七月癸卯新渾儀成。

元豐《渾儀法要》

《至道渾儀法要》見上。

自至道用韓顯符渾儀，其後司天官周琮、于淵加黄道。熙寧中，舊器壞，沈括更造，以意增損。器成，數年未能定，與浮漏、景表不應。陳襄奏：舊渾儀壞不可用，而後所造新儀，考之又不合。願付歐陽發詳定。從之。發較三家考古法，先爲定儀，奏之。元豐五年正月二十三日，學士王安禮言：詳定渾儀官歐陽發言，至道皇祐之器皆差，今造渾儀、浮漏水樣進呈。上召問曰：「浮漏以玉筒下水者，當堅久也。」對曰：「玉不如銅，沈括嘗用玉。今下水比初加達矣。」上以爲然，遂命鑄新儀、漏表，集其説，號《法要》。元祐中，蘇頌承詔，詳定渾天儀器象制度，爲《新儀象法要》一卷。

《月令正義》、《考靈耀》云：一度二千九百三十二里千四百六十一分里之三百四十八。周天百七萬一千里，是天圓周之里數也。以圍三徑一言之，直徑三十五萬七千里，此二十八宿周迴直徑之數也。然二十八宿之外，上下東西各有萬五千里，是爲四游之極，謂之四表。據四表之內，并星宿內，總有二十八萬七千里。然則天之中央上下正半之處十九萬三千五百里，地在於中，是地去天之數也。渾天之體，雖繞於地，地則中央正平，天則北高南下。北極高於地三十六度，南極下於地三十六度。

黄裳作渾天儀，以木爲之。

元祐渾天儀象　《法略》集英殿儀象

吏部尚書臣蘇頌先準元祐元年冬十一月詔旨定奪新舊渾儀，對得新儀係至道、皇祐年製造，並堪行用。舊渾儀係熙寧中所造，環器法薄，水趺低墊，難以行使。臣切以儀象之法度數備存，而日官所以互有論訴者，蓋以器未合古，名亦不正，至於測候須人運動，人手有高下，故躔度亦從而移轉，是致兩競各指得失，終無定論。蓋古人測候天數其法有二：一曰渾天儀，規地機隱於內，上布經躔，以考日星行度，寒暑進退，如張衡渾天、開元水運銅渾是也。二曰銅候儀，今新舊渾儀，翰林天文院與太史局所有是也。又案，吴中常侍王蕃云：渾天儀者，羲和之舊器，積代相傳，謂之璣衡。其爲用也，以察三光，以分度宿者也。又有渾天象者，以著天體，以布星辰。二者以考於天，蓋密矣。詳此則渾天儀、銅候儀之外又有渾天象，凡三器也。渾天象歷代罕傳其制，惟《書·志》稱梁武秘府有之，云是宋元嘉中所造者。由是而言，古人候天具此三器，乃能盡妙。今唯一法，誠恐未得親密。然則張衡之制，史失其傳；開元舊器，唐世已亡。國朝太平興國初，巴蜀人張思訓首創其式以獻，太宗皇帝召工造於禁中，踰年而成。詔置文明殿今文德殿是也。東鼓樓下，題曰「太平渾儀」。自思訓死，機繩斷壞，無復知其法制者。臣昨訪得吏部守當官韓公廉通《九章算術》，嘗以鉤股法推考天度。臣切思古人言天有《周髀》之術，其説曰：「髀，股也。股，表也。日行周徑里數，各依算術，用勾股二里差，推晷影極遊，以爲遠近之數，皆得表股，周人受之，故曰《周髀》」。若通此術，則天數從可知也。因説與張衡、一行、梁令瓚、張思訓法式大綱，問其可以尋究依倣製造否。其人稱，若據算術案器，象亦可成就。既而撰到《九章鉤股測驗渾天書》一卷，并造到木樣機輪一座。臣觀其器，範雖不盡如古人之説，然水運輪亦有巧思。若令造作，必有可取。遂具奏陳，乞先創木樣進呈，差官試樣，如候果有準，即別造銅器。奉二年八月十六日詔，如臣所請置局、差官及專作材料等，遂奏差壽州州學教授王沇之充專監造作，太史局夏官正周日嚴、秋官正于太古、冬官正張仲宣等，與韓公廉同充製度。官局生袁惟幾、苗景、張端節、劉仲景，學生侯允和、于湯臣測驗晷景、刻漏等。至三年，先造成小樣，有旨赴都堂呈驗。造大木樣，至十二月工畢。閏十二月二日甲辰，得旨置於集英殿。臣謹案：歷代天文之器，制範頗多，法亦小異。至於激水運機，其用則一。蓋天者運行不息，水者注之不竭。以不竭之流遂不息之運，苟注挹均調，則參校旋轉之勢無有差舛也。故張衡渾天則云「室中以漏水轉之，令司之者閉户唱之，以告靈臺之觀天者」。璇璣所加，某星始見、某星始中、某星今没，皆如符合。唐開元中，詔浮圖一行與率府兵曹梁令瓚及諸術士更造鑄銅渾，爲之員天之象。上具列宿及周天度數，注水激輪，令其自轉，一日一夜，天轉一周。又別置二輪，絡在天外，綴以日月，令得運行。每天西轉一帀，日正東行一度，月行十三度有畸。凡二十九轉，而日月會，三百六十五轉，而月行帀。仍置木櫃，以爲地平，令儀半在地下。又立二木偶人於地平之前，置鐘鼓，使木人自然撞擊，以候辰刻，命之曰水運渾天。俯視圖既成，置武成殿前，以示百官。梁朝渾象以木爲之，其員如丸，偏體布二十八宿、三家星、黄赤道及天河等。別爲横規，環以繞其外，上下半之以象地。張思訓渾儀爲樓數層，高又餘。中有輪軸、關柱，激水以輪。又有神直摇鈴、扣鐘、擊鼓，每一夜周而復始。又有十二神各直一時，以定晝夜之長短。至冬至水凝，則以水銀代之，故無差舛。案：舊法日月行度皆人所運，新制成於自然，尤爲精妙。然則據上所造，張衡所謂靈臺之璇璣者，兼渾儀、候儀之法也。置密室中者，渾象也。故洪云：「張平子、陸公紀之徒，咸以爲推步七曜之運，以度曆象昏明之證候，校以三八之氣，考以刻漏之分，占晷景之往來，求形驗於事情，莫密於渾象也。」開元《水運俯視圖》亦渾象也。思訓準開元之法，而上以蓋爲紫宫，旁周天度，而正東西轉，出其新意也。今則兼採諸家之説，備儀象之器，共置一臺，有二隔，渾儀置於上，渾象置於下，樞機輪軸隱中。鐘鼓、時刻，司辰運於輪上，木閣五層蔽於前。司辰擊鼓、摇鈴、執牌出没於閣內，以水激輪，輪轉而儀象咸動，此兼用諸家之法。渾儀則上候三辰之行度，增黄道爲單環，環中日見半體，使望筒常指日月，體常在筒竅中。天西行一周，日東移一度，此出新意也。渾象則列紫宫於北頂，布中外宫星、二十八舍、周天度、赤黄道、天河徧於天體，此用王蕃及《隋志》所説也。二器皆出一機，以水激之，不由人校之。前古法之疏密未易知，而器度算數亦彷彿其遺象也。《虞書》稱「舜在璿璣玉衡，以齊七政」，蓋觀四七之中星，以知節候之早晚。《考靈曜》曰：「觀玉儀之游，昏明主時，乃命中星者，璿璣中而星未中，而星中爲舒，舒則日不及其度，月過其宿。璿璣中而星中爲調均，則風雨時，庶草繁廡，而五穀登，萬事康。」由是言之，觀璿璣中不獨視天時而布政令，抑欲察災祥省得失也。《易》曰：「先天而天不違，後天而奉天時。」此之謂也。今依《月令》創爲四時中星圖，以曉昏之度，附于卷後，將以上備聖主南面之省觀，此儀象之大用也。又，上論渾天儀、銅候儀、渾天象三器不同古人之説，亦有所未盡。陳苗謂張衡所造，蓋亦止在渾象七曜。而何承天莫辨儀、象之異，若但以一名命之，則不能盡其妙用也。今新制備二器，而通三用，當總謂之渾天。恭候聖鑒，以正其名。臣切詳周官馮相氏掌十有二辰，十有二十有八星之位，辨其叙事，以會天位。保章氏掌天星以志星辰日月之運動，辨其吉凶，以詔救政。蓋歲月辰日星，皆有方位，知其位之所在，則知其時數之常。然可攷而著之於曆，此馮相氏之所掌也。若有變動非常，有繫於吉凶之應者，以時觀其象而詔其占，則保章氏掌之。蓋馮相氏考其常，所以正時而頒庶事；保章氏司其變，則決之於象而詔救政，先正分其職以爲之之意也。今太史局治曆、瞻候合爲一司，緣曆術有疏密，天文有常變。治曆或疏，則不足以知其常，瞻候或惰，則不足以得其變。瞻候之家苟欲合其曆，奏報候簿遂容不實。近者局生訟奏報之妄，草澤斥曆算之疏，究其所因，弊或在是。近令禮部秘書省官定新舊儀親密者一座行使，臣已行定驗。今相度且欲存留舊儀，令曆生算步治曆，得以參驗。其新造兩臺儀象制度精巧，兼得張衡、李淳風、張思訓之制，以之瞻候，尤爲準的。今欲別爲渾天儀象，所以隸太史仍差官專一提舉，因命頌提舉。每日別行奏報，以此關互無容苟簡，則朝廷可以坐知象緯之實，因之參酌中失而圖其舊政，庶幾不失先王馮相、保章分職之意。本所乞更重作渾天儀，從之。哲宗元祐時，太史局搠水運、渾儀象二與舊儀爲三，欲廢其一。局生交訟不決，中書舍人林希言，新儀精密，乃司天之法器，然舊儀用久，宜兩存之。詔宰相臨視，皆以爲然。由是新舊兩存不廢。木樣成，又命翰林學士許將詳定。元祐四年己巳歲。三月八日己卯，將言與周日嚴、苗景晝夜交驗，與天道合。詔以銅造。始製以木，觀於集英，驗之不差，乃以銅造。以元祐渾天儀象爲名，將乞正名渾天儀，從之。時太史局直長趙齊良奏：宋以火德王，名水運非吉兆，乞更名。詔以元祐渾天儀象爲名，竪置于國之西南。七年壬申歲。四月二日，詔左丞蘇頌撰《渾天儀象銘》，頌又圖其形製，著爲成書，上之。詔藏秘閣。六月十四日，儀象成，召輔臣閱之。今其法不傳。元符元年六月二十七日，知亳州林希上《渾天儀象碑文》。希先吏部尚書，被命撰文。《會要》：元祐四年三月八日己卯，詔以銅造，仍以元祐渾天儀象爲名。翰學許將等請即象爲儀，并爲一器，從之。紹聖元年十月十六日，詔禮部秘省以新舊渾儀同測驗，擇可用者。三年六月十三日，元祐渾儀所乞修寫《儀象製度》、《法略》各一部，納尚書省秘閣，從之。《通略》：初，吏書蘇頌請別製渾儀，因命頌提舉，頌邃於律曆。又以吏部令史韓公廉善算術，有巧思，乃奏用之。且授以古法，爲臺三層：上設渾一作候。儀，中設一作置。渾象，下設一作布。司辰。貫以一機，激水轉輪，不假人力。時至刻臨，則司辰出告星度所次。占候測驗，不差晷刻，晝夜晦明，皆可推見。元祐四年三月，木樣成，前此未有也。詔翰林學士許將等詳定己卯，將等言晝夜校驗，與天道已參合。乃詔以銅造，仍以元祐渾天儀象爲名。其後將等又言，前所謂渾天儀者，其外形圓，即可偏布星度；其內有璣衡，即可仰窺天象。若儀象則兼二器有之同爲一器。今所見渾象別爲二器，而渾儀占測天度之真數。又以渾象置之密室，自爲天運，與儀參合。若并爲一器，即象爲儀，以同正天度，則兩得之。請更作渾天儀。從之。頌因其家所藏小樣而悟于心，令公廉布算。數年而器成。大如人體，人居其中，有如籠。象因星鑿竅如星，以備激輪旋轉之勢。中星昏晚應時皆見於竅中。星官曆翁聚觀駭歎，蓋古未嘗有也。紹聖中，欲毀之。林希爲言，得不廢。紹聖三年六月十三日，寫《儀象制度法略》各一部，納尚書省秘閣。規天矩地，機輪隱中，以察三光，驗寒暑，是之謂儀。其圓如丸，其大數圍，以布列宿、著天體，是之謂象。二器，司天之要法也。縱以天經，橫以地渾。金虬夾繞，鼇雲上承。三辰四游，運轉不息。激水印流，驗之密室。橫簫所望，曰星其中。司辰告刻，應以鼓鐘。日象仰觀，日儀俯視。人位乎閒，天外地內。宣和六年七月甲辰一十九日。詔置璣衡所以，宰臣領之。得方士璣衡之書，造小樣驗之，與天運合，如唐一行之制，請置局製造。唐一行作曆，梁令瓚作黄道游儀，測知畢、觜、參、鬼四宿赤道宿度與舊不同。皇祐初，詔造黄道渾儀，鑄銅爲之。自後測驗赤道宿度，又十四宿與一行所測不同。《兩朝志》：自建隆迄治平，王正曆象，作爲銅儀，經法具于所司。

紹興渾天儀蓋天

二年壬子歲。九月甲子，詔太史局令丁師仁等造渾天儀，後不果成。三年正月辛未，六日。工部郎袁正功獻渾儀木式。是月壬戌進呈。十六日，太史令丁師仁等請折半製造，許之。用銅一萬斤。先是二年十一月二日，正功言渾儀安立非子午之正，則有差。詔李繼宗等測驗定正。初，東京渾儀凡四：至道儀在刻漏所，皇祐儀在翰林天文院，熙寧儀在太史局，元祐儀在合臺。每座約重二萬斤，城破皆爲虜所索。揚州之陷也，吕頤浩得渾儀法物二事，獻諸朝，至是折半，但用銅八千四百八斤有奇，卒不就。五月丙辰，命工部侍郎李擢提舉製造渾儀。十一月甲戌，工部郎謝伋言：宜先詢考制度，敷求通曉天文曆數之學，如漢賈逵、張衡，本朝之蘇頌者，參訪是非，然後可作。望下温州訪求蘇頌遺書，考質制度。初師仁等言：若往他州，則臨時定北極高下，量行移易。有吕璨者言：師仁等所募工不知鑄法，況渾天無量行，更易之制若用於臨安，與天參合。移往他州，必有差忒。詔别聽旨揮。十四年四月丙戌，五日。命太師秦檜提舉製造渾儀，祕書省修製。詔有司求蘇頌遺法來上。上曰：「宫中製成小範，可窺測日。以晷度夜，以樞星爲則，樞星，中星也。非久降出用以爲式，但廣其尺寸耳。」遂命内侍邵諤主其事，久之乃成。三十二年，授太史局。乾道三年正月，詔太史局置臺設渾儀，測驗七政行度，演造新曆。慶元四年七月，秘省築渾儀臺，高二丈一尺。資中士人張大樴以木爲蓋天，言可備軍幕中候驗。紹興七年，夏制使席益獻諸朝。

總叙渾天

下閎、妄人、壽昌之後，永平中，賈逵上游儀。順帝時，張衡妙盡璿璣之正。在魏則晁崇、斛蘭，吴則葛衡、陸績、王蕃，隋則耿詢，宋則錢樂之，唐則淳風、一行。黄帝題期，蓋圖是興。顓帝御曆，渾儀肇制。舜德文明，璿璣齊政。有周質隆，厥有土圭。玉儀之游，銅渾之轉。義取璣衡，智起渾蓋。神橅巧械，晾古無比。治曆不難於算平朔，而難於定氣差。制儀不難於規赤道，而難於步黄道。堯曆日月，玉儀是稽。舜在璣衡，七政攸齊。課密《周髀》，用越土圭。自舜以璣衡齊七政，漢落下閎始復創制，迄于隋唐，代有制作。其最精密者，張衡之靈憲，淳風之黄道，令瓚之木游，一行之銅渾。占候雖有器，齊平必以德。以璿爲璣，故運而不已者，有以觀其變。以玉爲衡，故躔次有度者，有以定其位。蓋軒謂天轉如磨盤，日月星辰俱北迴，求合左旋之義。宣夜稱天無形質。莫如渾天爲可據。天周於氣，氣周於水，水周於地。地内而天外，天大而地小。天包地，地依天。天體周圍皆三百六十五度四分度之一，徑一百二十一度四分度之三。天左旋，東出地上，西入地下，一晝一夜，行三百六十五度四分度之一。地體徑二十四度，其厚半之。邵雍謂水、火、土、石合而爲地。所謂徑二十四度，乃土石之體。土石之外，水接於天，皆爲九體。地之徑亦一百二十一度四分度之三。

《周髀序》云：渾天有《靈憲》之文，蓋天有《周髀》之法。《事類賦》注渾天儀曰：天地各乘氣而立，載水而浮。日月星辰繞地下。故二十八宿半隱，天轉如車轂之道。楊泉《物理論》曰：儒家立渾天以追天形，從車輪焉。《周髀》立蓋天言天氣循邊而行，從磨石焉。王蕃《渾天説》曰：舊説天地之體，狀如鳥卵，天包地外，猶殼之裹黄，周迴如彈丸，故曰渾天，言其形渾渾如也。《天文録》曰：天如欹車蓋，南高北下。《關令内傳》曰：天地南午北子，相去九千萬里。東卯西酉，亦九千萬里。四隅空相去九千萬里。天去地四十千萬里。天有五億五萬五千五百五十里，地亦如之，各以四海爲脈。邵子曰：天圓而地方。天南高而北下，是以望之如倚蓋。然地東南下，西北高，是以東南多水，西北多山也。天覆地，地載天，天地相函，故天下有地，地上有天。又曰：天以理可盡，而不可以形盡。渾天之術，以形盡天，可乎？張行成曰：古之言天有三家：曰宣夜，曰蓋天，曰渾天。宣夜之學，人謂絶無師法。蓋天之學，惟唐一行知其與渾天不異。蓋天之法如繪像，止得其半。渾天之法如塑像，能得其全。堯之曆象，蓋天法也。舜之璣衡，渾天法也。渾法密於蓋天，創意者尚略，述作者愈詳也。宣夜，人雖非之，竊謂作者不無所見，但論述者失其本旨爾。郄萌記曰：日月衆星，自然浮生虚空之中。其行其止，皆須氣焉。此則東西運轉，氣即天，虚即氣也。虞喜曰：天確乎在上，有常安之形者，北極不動之義，天之頂也。邵子曰：望之如倚蓋。此兼取蓋天之説也。朱氏書説：天體至圓，周圍三百六十五度四分度之一。繞地左旋，常一日一周而過一度。日麗天而少遲，一日繞地一周無餘，而常不及天一度。月麗天而尤遲，一日常不及天十三度十九分度之七。

《三禮義宗》：聖人因躔次之常，定時度之變。以天道既遠，不可以尺度窮，乃因兩耀運行，以一晝一夜爲一度，積三百六十五度四分度之一而日周天。蓋因星以推之，取星周爲度之徧故。《周髀》云：以牛星初來，正在南方昏中之時，用爲求度之始。東西爲陰陽之中，故度數少。南北爲陰陽之極，故度數多。故東少於南，西少於北。

元・趙友欽《革象新書》卷下　渾儀制度

渾天之儀有三，曰：六合儀、三辰儀、四遊儀，共爲一器。所謂六合儀者，平置一黑環，準爲地平，列十二辰及八方四隅。其上又置黑雙環，並結於地平之子午，半在地上，半在地下，比爲天脊。其側刻爲周天去極之緯度。從地平子位而上三十六度，夾小板於黑雙環之間，板通圓竅，比爲北極。又從地平午位而下三十六度，亦夾小板爲竅，以比南極。别置赤單環，比爲赤道，於上刻周天之經度，結於地平之卯酉。其最高處結於北極之南九十一度，即天頂之南三十六度也。四環之結，如天地之定位。赤環雖刻周天經度，實乃周地之經三百六十餘度。黑環雖刻周天去極之度，實亦周地之緯度三百六十有餘。蓋六合儀不以運轉，而天體則左旋，故言周地，不言周天也。三辰儀者，亦置黑雙環，與六合儀之雙環同，而圍徑小，所刻始爲周天去極之度。其雙環北板竅與六合儀北板竅相通，共貫以圓軸，南板亦然。軸圓則雙環轉還於六合儀内，轉非定體，故爲周天去極度。亦置赤單環，如六合儀者，附結於雙動環之上，去極九十一度，是爲卯酉兩月之日躔。而其上始刻周天赤道之度，可以隨雙環而運轉。别置黄單環，附結於赤環卯酉宿度，仍刻周天黄道度數。恐赤黄兩環動摇，又作白環以輔之，使無欹傾。而五環總爲三辰儀。四遊儀者，亦置黑雙環，與三辰儀之雙環同，而圍徑又小，其上亦刻周天去極度。其北極板竅與在外二板竅通一軸，南板亦然。此雙環内各置一直幹，名曰直距，如圓扇之脊，與兩極相比，數均上下，俱夾外軸。量兩距之長，取其當半作圓竅，别置一圓板，其心貫以八尺之衡管，圓板兩旁聯爲圓軸。横距道、直距道兩竅，軸圓可轉，則衡管可以南北低昂，而窺天復隨此雙環東西轉運，無往不可窺望，故謂之四遊也。窺管長八尺，故四遊之環徑八尺。在外者以次漸寬。若測望各宿星躔去極度數，並於三辰環上驗之，又於南軸之外接連一長木，貫定水輪引水運之，使南軸因而轉運，一晝夜而周，以比天體之繞地一周也。三辰儀上布列珠玉，比爲星象，即璿璣玉衡之遺制也。

元·脱脱等《宋史》卷四八《天文志一》 曆象以授四時，璣衡以齊七政，二者本相因而成。故璣衡之設，史謂起於帝嚳，或謂作於宓犧。又云璿璣玉衡乃羲、和舊器，非舜創爲也。漢馬融有云：「上天之體不可得知，測天之事見於經者，惟有璣衡一事。璣衡者，即今之渾儀也。」吴王蕃之論亦云：「渾儀之制，置天梁、地平以定天體，爲四游儀以綴赤道者，此謂璣也；置望筩横簫於游儀中，以窺七曜之行，而知其躔離之次者，此謂衡也。」若六合儀、三辰儀與四游儀並列爲三重者，唐李淳風所作。而黄道儀者，一行所增也。如張衡祖洛下閎、耿壽昌之法，别爲渾象，寘諸密室，以漏水轉之，以合璿璣所加星度，則渾象本别爲一器。唐李淳風、梁令瓚祖之，始與渾儀並用。【略】

銅候儀，司天冬官正韓顯符所造，其要本淳風及僧一行之遺法。顯符自著經十卷上之書府。銅儀之制有九：

一曰雙規，皆徑六尺一寸三分，圍一丈八尺三寸九分，廣四寸五分，上刻周天三百六十五度，南北並立，置水臬以爲準，得出地三十五度，乃北極出地之度也。以釭貫之，四面皆七十二度，屬紫微宫，星凡三十七坐，一百七十有五星，四時常見，謂之上規。中一百一十度，四面二百二十度，屬黄赤道内外官，星二百四十六坐，一千二百八十九星，近日而隱，遠而見，謂之中規。置臬之下，繞南極七十二度，除老人星外，四時常隱，謂之下規。

二曰游規，徑五尺二寸，圍一丈五尺六寸，廣一寸二分，厚四分，上亦刻周天，以釭貫於雙規巔軸之上，令得左右運轉。凡置管測驗之法，衆星遠近，隨天周徧。

三曰直規二，各長四尺八寸，闊一寸二分，厚四分，於兩極之間用夾窺管，中置關軸，令其游規運轉。

四曰窺管一，長四尺八寸，廣一寸二分，關軸在直規中。

五曰平準輪，在水臬之上，徑六尺一寸三分，圍一丈八尺三寸九分，上刻八卦、十干、十二辰、二十四氣、七十二候於其中，定四維日辰，正晝夜百刻。

六曰黄道，南北各去赤道二十四度，東西交於卯酉，以爲日行盈縮、月行九道之限。凡冬至日行南極，去北極一百一十五度，故景長而寒；夏至日在赤道北二十四度，去北極六十七度，故景短而暑。月有九道之行，歲匝十二辰，正交出入黄道，遠不過六度。五星順、留、伏、逆行度之常數也。

七曰赤道，與黄道等，帶天之紘以隔黄道，去兩極各九十一度强。黄道之交也，按經東交角宿五度少，西交奎宿一十四度强。日出於赤道外，遠不過二十四度，冬至之日行斗宿；日入於赤道内，亦不過二十四度，夏至之日行井宿；及晝夜分，炎涼等。日、月、五星陰陽進退盈縮之常數也。

八曰龍柱四，各高五尺五寸，立於平準輪下。

九曰水臬，十字爲之，其水平滿，北辰正。以置四隅，各長七尺五寸，高三寸半，深一寸。四隅水平，則天地準。

又（沈括）渾儀議曰：

五星之行有疾舒，日月之交有見匿，求其次舍經劘之會，其法一寓於日。冬至之日，日之端南者也。日行周天而復集於表鋭，凡三百六十有五日四分日之幾一，而謂之歲。周天之體，日别之謂之度。度之離，其數有二：日行則舒則疾，會而均，别之曰赤道之度；日行自南而北，升降四十有八度而迤，别之曰黄道之度。度不可見，其可見者星也。日、月、五星之所由，有星焉。當度之畫者凡二十有八，而謂之舍。舍所以絜度，度所以生數也。度在天者也，爲之璣衡，則度在器。度在器，則日月五星可搏乎器中，而天無所豫也。天無所豫，則在天者不爲難知也。

自漢以前，爲曆者必有璣衡以自驗跡。其後雖有璣衡，而不爲曆作；爲曆者亦不復以器自考，氣朔星緯，皆莫能知其必當之數。至唐僧一行改大衍曆法，始復用渾儀參實，故其術所得，比諸家爲多。

臣嘗歷考古今儀象之法，虞書所謂璿璣玉衡，唯鄭康成粗記其法；至洛下閎製圓儀，賈逵又加黄道，其詳皆不存于書。其後張衡爲銅儀於密室中，以水轉之，蓋所謂渾象，非古之璣衡也。吴孫氏時王蕃、陸績皆嘗爲儀及象，其説以謂舊以二分爲一度，而患星辰稠概；張衡改用四分，而復椎重難運。故蕃以三分爲度，周丈有九寸五分寸之三，而具黄赤道焉。績之説以天形如鳥卵小橢，而黄赤道短長相害，不能應法。至劉曜時，南陽孔定製銅儀，有雙規，規正距子午以象天；有横規，判儀之中以象地；有時規，斜絡天腹以候赤道；南北植幹，以法二極；其中乃爲游規、窺管，劉曜太史令晁崇、斛蘭皆嘗爲鐵儀，其規有六，四常定，一象地，一象赤道，其二象二極，乃是定所謂雙規者也。其制與定法大同，唯南北柱曲抱雙規，下有縱衡水平，以銀錯星度，小變舊法。而皆不言有黄道，疑其失傳也。唐李淳風爲圓儀三重：其外曰六合，有天經雙規、金渾緯規、金常規；次曰三辰，轉於六合之内，圓徑八尺，有璿璣規、月游規，所謂璿璣者，黄、赤道屬焉；又次曰四游，南北爲天樞，中爲游筩可以升降游轉，别爲月道，傍列二百四十九交以攜月游。一行以爲難用，而其法亦亡。其後率府兵曹梁令瓚更以木爲游儀，因淳風之法而稍附新意，詔與一行雜校得失，改鑄銅儀，古今稱其詳確。至道中，初鑄渾天儀于司天監，多因斛蘭、晁崇之法。皇祐中，改鑄銅儀于天文院，姑用令瓚、一行之論，而去取交有失得。

臣今輯古今之説以求數象，有不合者十有三事：

其一，舊説以謂今中國於地爲東南，當令西北望極星，置天極不當中北。又曰：「天常傾西北，極星不得居中。」臣謂以中國規觀之，天常北倚可也，謂極星偏西則不然。所謂東西南北者，何從而得之？豈不以日之所出者爲東，日之所入者爲西乎？臣觀古之候天者，自安南都護府至浚儀大岳臺纔六千里，而北極之差凡十五度，稍北不已，庸詎知極星之不直人上也？臣嘗讀黄帝素書：「立於午而面子，立於子而面午，至於自卯而望西，自西而望卯，皆曰北面。立於卯而負西，立於西而負卯，至于自午而望北，自子而望北，則皆曰南面。」臣始不論其理，逮今思之，乃常以天中爲北也。常以天中爲北，則蓋以極星常居天中也。素問尤爲善言天者。今南北纔五百里，則北極輒差一度以上；而東西南北數千里間，日分之時候之，日未嘗不出於卯半而入於酉半，則又知天樞既中，則日之所出者定爲東，日之所入者定爲西，天樞則常爲北無疑矣。以衡窺之，日分之時，以渾儀抵極星以候日之出没，則常在卯酉之半少北。此殆放乎四海而同者，何從而知中國之爲東南也？彼徒見中國東南皆際海而爲是説也。臣以謂極星之果中，果非中，皆無足論者。彼北極之出地六千里之間所差者已如是，又安知其茫昧幾千萬里之外邪？今直當據建邦之地，人目之所及者，裁以爲法；不足爲法者，宜置而勿議可也。

其二曰：紘平設以象地體，今渾儀置于崇臺之上，下瞰日月之所出，則紘不與地際相當者。臣詳此説雖粗有理，然天地之廣大，不爲一臺之高下有所推遷。蓋渾儀考天地之體，有實數，有準數。所謂實者，此數即彼數也，此移赤彼亦移赤之謂也。所謂準者，以此準彼，此之一分，則準彼之幾千里之謂也。今臺之高下乃所謂實數，一臺之高不過數丈，彼之所差者亦不過此，天地之大豈數丈足累其高下？若衡之低昂，則所謂準數者也。衡移一分，則彼不知其幾千里，則衡之低昂當審，而臺之高下非所當卹也。

其三曰：月行之道，過交則入黄道六度而稍却，復交則出於黄道之南亦如之。月行周於黄道，如繩之繞木，故月交而行日之陰，則日爲之虧；入蝕法而不虧者，行日之陽也。每月退交，二百四十九周有奇然後復會。今月道既不能環繞黄道，又退交之漸當每日差池，今必候月終而頓移，亦終不能符會天度，當省去月環。其候月之出入，專以曆法步之。

其四，衡上下二端皆徑一度有半，用日之徑也。若衡端不能全容日月之體，則無由審日月定次。欲日月正滿上衡之端，不可動移，此其所以用一度有半爲法也。下端亦一度有半，則不然。若人目迫下端之東以窺上端之西，則差幾三度。凡求星之法，必令所求之星正當穿之中心。今兩端既等，則人目游動，無因知其正中。今以鈎股法求之，下徑三分，上徑一度有半，則兩竅相覆，大小略等。人目不摇，則所察自正。

其五，前世皆以極星爲天中，自祖暅以璣衡窺考天極不動處，乃在極星之末猶一度有餘。今銅儀天樞内徑一度有半，乃謬以衡端之度爲率。若璣衡端平，則極星常游天樞之外，璣衡小偏，則極星乍出乍入。令瓚舊法，天樞乃徑二度有半，蓋欲使極星游於樞中也。臣考驗極星更三月，而後知天中不動處遠極星乃三度有餘，則祖暅窺考猶爲未審。今當爲天樞徑七度，使人目切南樞望之，星正循北極。樞裏周常見不隱，天體方正。

其六，令瓚以辰刻、十干、八卦皆刻於紘，然紘平正而黄道斜運，當子午之間，則日徑度而道促；卯酉之際，則日迤行而道舒。如此，辰刻不能無謬。新銅儀則移刻於緯，四游均平，辰刻不失。然令瓚天中單環，直中國人頂之上，而新銅儀緯斜絡南北極之中，與赤道相直。舊法設之無用，新儀移之爲是。然當側窺如車輪之牙，而不當衡規如鼓陶，其旁迫狹，難賦辰刻，而又蔽映星度。

其七，司天銅儀，黄赤道與紘合鑄，不可轉移，雖與天運不符，至於窺測之時，先以距度星考定三辰所舍，復運游儀抵本宿度，乃求出入黄道與去極度，所得無以異於令瓚之術。其法本於晁崇、斛蘭之舊制，雖不甚精縟，而頗爲簡易。李淳風嘗謂斛蘭所作鐵儀，赤道不動，乃如膠柱，以考月行，差或至十七度，少不減十度。此正謂直以赤道候月行，其差如此。今黄赤道度，再運游儀抵所舍宿度求之，而月行則以月曆每日去極度算率之，不可謂之膠也。新法定宿而變黄道，此定黄道而變宿，但可賦三百六十五度而不能具餘分，此其爲略也。

其八，令瓚舊法，黄道設於月道之上，赤道又次月道，而璣最處其下。每月移一交，則黄赤道輒變。今當省去月道，徙璣於赤道之上，而黄道居赤道之下，則二道與衡端相迫，而星度易審。

其九，舊法規環一面刻周天度，一面加銀丁。所以施銀丁者，夜候天晦，不可目察，則以手切之也。古之人以璿爲之，璿者珠之屬也。今司天監三辰儀，設齒于環背，不與横簫會，當移列兩旁，以便參察。

其十，舊法重璣皆廣四寸，厚四分。其他規軸，椎重樸拙，不可旋運。今小損其制，使之輕利。

其十一，古之人知黄道歲易，不知赤道之因變也。黄道之度，與赤道之度相偶者也。黄道徙而西，則赤道不得獨膠。今當變赤道與黄道同法。

其十二，舊法黄赤道平設，正當天度，掩蔽人目，不可占察。其後乃別加鑽孔，尤爲拙謬。今當側置少偏，使天度出北際之外，自不凌蔽。

其十三，舊法地紘正絡天經之半，凡候三辰出入，則地際正爲地紘所伏。今當徙紘稍下，使地際與紘之上際相直。候三辰伏見，專以紘際爲率，自當默與天合。

又言渾儀製器：

渾儀之爲器，其屬有三，相因爲用。其在外者曰體，以立四方上下之定位；其次曰象，以法天之運行，常與天隨；其在内璣衡，璣以察緯，衡以察經。求天地端極三明匿見者，體爲之用；察黄道降陟辰刻運徙者，象爲之用；四方上下無所不屬者，璣衡爲之用。

體之爲器，爲圓規者四。其規之别：一曰經，經之規二並峙，正抵子午，若車輪之植。二規相距四寸，夾規爲齒，以别去極之度。北極出紘之上三十有四度十分度之八强，南極下紘亦如之。對銜二釭，聯二規以爲一，釭中容樞。二曰緯，緯之規一，與經交於二極之中，若車輪之倚，南北距極皆九十一度强。夾規爲齒，以別周天之度。三曰紘，紘之規一，上際當經之半，若車輪之仆，以考地際，周賦十二辰，以定八方。紘之下有趺，從一衡一，刻溝受水以爲平。中溝爲地，以受注水。四末建趺，爲升龍四以負紘。凡渾儀之屬皆屬焉。龍吭爲綱維之四揵以爲固。

象之爲器，爲圓規者四。其規之别：一曰璣，璣之規二並峙，相距如經之度。夾規爲齒，對銜二釭，釭中容樞，皆如經之率。設之亦如經，其異者經膠而璣可旋。二曰赤道，赤道之規一，刻璣十分寸之三以銜赤道。赤道設之如緯，其異者緯膠於經，而赤道銜於璣，有時而移，度穿一竅，以移歲差。三曰黄道，黄道之規一，刻赤道十分寸之二以銜黄道，其南出赤道之北際二十有四度，其北入赤道亦如之。交於奎、角，度穿一竅，以銅編屬於赤道。歲差盈度，則并赤道徙而西。黄赤道夾規爲齒，以别均迤之度。

璣衡之爲器，爲圓規二，曰璣，對峙，相距如象璣之度，夾規爲齒，皆如象璣。其異者，象璣對銜二釭，而璣對銜二樞，貫于象璣天經之釭中。三物相重，而不相膠，爲間十分寸之三，無使相切，所以利旋也。爲横簫二，兩端夾樞，屬于璣，其中挾衡爲横一，棲於横簫之間。中衡爲轄，以貫横簫，兩末入于璣之罅而可旋。璣可以左右，以察四方之祥；衡可以低昂，以察上下之祥。

又元祐間蘇頌更作者，上置渾儀，中設渾象，旁設昏曉更籌，激水以運之。三器一機，脗合躔度，最爲奇巧。宣和間，又嘗更作之。而此五儀者悉歸于金。

中興更謀制作，紹興三年正月，工部員外郎袁正功獻渾儀木樣，太史局令丁師仁始請募工鑄造，且言：「東京舊儀用銅二萬斤，今請折半用八千斤有奇。」已而不就，蓋在廷諸臣罕通其制度者。乃召蘇頌子携取頌遺書，考質舊法，而携亦不能通也。至十四年，乃命宰臣秦檜提舉鑄渾儀，而以内侍邵諤專領其事，久而儀成。三十二年，始出其二置太史局。而高宗先自爲一儀置諸宫中，以測天象，其制差小，而邵諤所鑄蓋祖是焉，後在鍾鼓院者是也。

清臺之儀，後其一在祕書省。按儀制度，表裏凡三重：其第一重曰六合儀，陽經徑四尺九寸六分，闊三寸二分，厚五分。南北正位，兩面各列周天度數，南北極出入地皆三十一度少，度闊三分。陰緯單環大小如陽經，闊三寸二分，厚一寸八分。上置水平池，闊九分，深四分，沿環通流，亦如舊制。内外八幹、十二枝，畫艮、巽、坤、乾卦於四維。第二重曰三辰儀，徑四尺三分，闊二寸二分，厚五分。釭釧刻畫如陽經。赤道單環，徑四尺一寸四分，闊一寸二分，厚五分。上列二十八宿，均天度數，闊二分七釐。黄道單環，徑四尺二寸四分，闊一寸二分，厚五分，上列七十二候，均分卦策，與赤道相交，出入各二十四度弱。百刻單環，徑四尺五寸六分，闊一寸二分，厚五分，上列晝夜刻數。第三重曰四游儀，徑三尺九寸，闊一寸九分，厚五分。釭釧刻畫如璿璣，度闊二分半。望筩長三尺六寸五分，内圓外方，中通孔竅，四面闊一寸四分七釐，窺眼闊三分，夾窺徑五尺三分。鼇雲以負龍柱，龍柱各高五尺二寸。十字平水臺高一尺一寸七分，長五尺七寸，闊五寸二分。水槽闊七分，深一寸二分。若水運之法與夫渾象，則不復設。

其後朱熹家有渾儀，頗考水運制度，卒不可得。蘇頌之書雖在，大抵於渾象以爲詳，而其尺寸多不載，是以難遽復云。舊制有白道儀以考月行，在望筩之旁。自熙寧沈括以爲無益而去之，南渡更造，亦不復設焉。

元・脱脱等《宋史》卷七六《律曆志九》 堯敕羲、和制横簫以考察星度，其機衡用玉，欲其燥濕不變，運動有常，堅久而不能廢也。至于後世，鑄銅爲圓儀，以法天體。自洛下閎造太初曆，用渾儀，及東漢孝和帝時，太史惟有赤道儀，歲時測候，頗有進退。帝以問典星待詔姚崇等，皆曰：「星圖有規法，日月實從黄道，今無其器，是以失之。」至永元十五年，賈逵始設黄道儀。桓帝延熹七年，張衡更制之，以四分爲度。其後，陸績、王蕃、孔挺、斛蘭、梁令瓚、李淳風並嘗制作。五代亂亡，遺法蕩然矣。真宗祥符初，韓顯符作渾儀，但遊儀雙環夾望筩旋轉，而黄、赤道相固不動。皇祐初，又命日官舒易簡、于淵、周琮等參用淳風、令瓚之制，改鑄黄道渾儀，又爲漏刻、圭表，詔翰林學士錢明逸詳其法，内侍麥允言總其工。既成，置渾儀於翰林天文院之候臺，漏刻於文德殿之鐘鼓樓，圭表於司天監。帝爲製渾儀總要十卷，論前代得失，已而留中不出。今具黄道遊儀之法，著于此焉。【略】

第一重，名六合儀。

陽經雙環：外圍二丈三尺二寸八分，直徑七尺七寸六分，闊六寸，厚六分。南北並立，兩面各列周天三百六十五度少强，北極出地三十五度少强。

陰緯單環：外圍、徑、闊與陽經雙環等，外厚二寸五分，内厚一寸九分。上列十幹、十二支、八卦方位，以正地形。上有池沿環流轉，以定平準。

天常單環：外圍二丈四寸六分，直徑六尺八寸二分，闊、厚一寸二分。上列十幹、十二支、四維時刻之數，以測辰刻，與陽經、陰緯環相固，如卵之殼幕然。【略】

第二重，名三辰儀。

璇璣雙環：外圍一丈九尺五寸六分，直徑六尺五寸二分，闊一寸四分，厚一寸。兩面各均周天三百六十五度少强，作二樞對兩極。

赤道單環：外圍一丈九尺六寸八分，直徑六尺五寸六分，闊一寸一分，厚六分。上列二十八宿距度，周天三百六十五度少强，附於璇璣之上。

黄道單環：外圍一丈九尺二分，直徑六尺三寸四分，闊一寸二分，厚一寸。上列周天三百六十五度少强，均分二十四氣、七十二候、六十四卦、三百六十策。出入赤道二十四度，與赤道相交，每歲退差一分有餘。

白道單環：外圍一丈八尺六寸三分，直徑六尺二寸一分，闊一寸一分，厚五分。上列交度，置於黄道環中，入黄道六度，每一交終，退行黄道一度半弱，皆旋轉於六合之内。【略】

第三重，名四遊儀。

璇樞雙環：外圍一丈八尺二寸一分，直徑六尺七分，闊二寸，厚七分。兩面各列周天三百六十五度少强，挾直距以對樞軸，東西運轉於三辰儀内，以格星度。

横簫望筩：長五尺七寸，外方内圓，中通望孔，直徑六分，周於日輪，在璇樞直距之中，使南北遊仰，以窺辰宿，無所不至。

十字水平槽：長九尺四寸八分，首闊一尺二寸七分，身闊九寸二分、高七尺。水槽闊一寸，深八分，四柱各長六尺七寸八分，植於水槽之末，以輔天體，皆以銅爲之。乃格七曜遠近盈縮，以知晝夜長短之効。其所測二十八舍距度，著于後；其周天星入宿去極所主吉凶，則具在天文志。

角十二度，亢九度，氐十六度，房五度，心四度，尾十九度，箕十度，斗二十五度，牛七度，女十一度，虛十度，危十六度，室十七度，壁九度，奎十六度，婁十二度，胃十五度，昴十一度，畢十八度，觜一度，參十度，井三十四度，鬼二度，柳十四度，星七度，張十八度，翼十八度，軫十七度。

元·脱脱等《宋史》卷八一《律曆志一四》（紹興）十四年，太史局請製渾儀，工部員外郎謝伋言：「臣嘗詢渾儀之法，太史官生論議不同，鑄作之工，今尚闕焉。臣愚以爲宜先詢訪制度，敷求通曉天文曆數之學者，參訂是非，斯合古制。」蘇頌之子應詔赴闕，請訪求其父遺書，考質制度。宰相秦檜曰：「在廷之臣，罕能通曉。」高宗曰：「此闕典也，朕已就宫中製造，範制雖小，可用窺測，日以晷度，夜以樞星爲則，非久降出，第當廣其尺寸爾。」於是命檜提舉。時内侍邵諤善運思，專令主之，累年方成。【略】

（單）時等又言：「去年承詔十二月癸卯、乙巳兩夜監測太陰、太白，新曆爲近；今年二月十四日望月食，臣與大昌等以渾儀定其光滿，則舊曆差近，新曆差遠。若遽以舊曆爲是，則去年所測四事皆新曆爲近，今者所定月食乃復稍差，以是知天道之難測。【略】三曆官以渾儀由南數之，其太陰北去角宿距星二十一度少弱。新舊曆官稱昏度亢宿未見，祇以窺管測定角宿距星，復以曆書考東方七宿，角占十二度，亢占九度少；既亢宿未見，當除角宿十二度，即太陰此時在赤道亢宿九度少弱。今考之新曆全密，《紀元》、《統元曆》皆疏。【略】」

元·脱脱等《宋史》卷八二《律曆志一五》初，新曆之成也，（荊）大聲、（劉）孝榮共爲之；至是，大聲乃以太陰九道變赤道别演一法，與孝榮立異于後。祕書少監、崇政殿説書兼權刑部侍郎汪大猷等言：「承詔於御史臺監集局官，參算明年太陰宿度，箋注御覽詣實。今大聲等推算明年正月至月終九道太陰變赤道，限十二月十五日以前具稿成，至正月内，臣等召曆官上臺，用渾儀監驗疏密。」從之。【略】

（淳熙）十二年九月，成忠郎楊忠輔言：「《淳熙曆》簡陋，於天道不合。【略】忠輔於易粗窺太衍之旨，創立日法，撰演新曆，不敢以言者，誠懼太史順過飾非。恃刻漏則水有增損、遲疾，恃渾儀則度有廣狹、斜正。所賴今歲九月之交食在晝，而淳熙曆法當在夜，以晝夜辨之，不待紛爭而決矣。」【略】

（淳熙）十四年，國學進士會稽石萬言：

《淳熙曆》立元非是，氣朔多差，不與天合。按淳熙十四年曆，清明、夏至、處暑、立秋四氣，及正月望、二月十二月下弦、六月八月上弦、十月朔，並差一日。如卦候、盈、虛、没、滅、五行用事，亦各隨氣朔而差。南渡以來，渾儀草剏，不合制度，無圭表以測日景長短，無機漏以定交食加時，設欲考正其差，而太史局官尚如去年測驗太陰虧食，自一更一點還光一分之後，或一點還光二分，或二點還光三分以上，或一點還光三分以下，使更點乍疾乍徐，隨景走弄，以肆欺蔽。【略】

皇甫繼明、史元寔、皇甫迨、龐元亨等言：「【略】《淳熙曆》立法乖疏，丙午歲定望則在十七日，太史知其不可，遂注望於十六日下，以掩其過。臣等嘗陳請於太史局官對辨，置局更曆，迄今未行。今考《淳熙曆》經則又差於將來。戊申歲十一月下弦則在二十四日，太史局官必俟頒曆之際，又將妄退於二十三日矣。法不足恃，必假遷就，而朔望二弦，曆法綱紀，苟失其一，則五星盈縮，日月交會、與夫昏旦之中星、晝夜之晷刻，皆不可得而正也。渾儀、景表，壺漏之器，臣等私家無之，是以曆之成書，猶有所待。【略】」

（淳熙）十六年，承節郎趙渙言：「曆象大法及淳熙曆，今歲冬至并十二月望，月食皆後天一辰，請遣官測驗。」詔禮部侍郎李巘、祕書省鄧馹等視之。巘等請用太史局渾儀測驗，如乾道故事，差祕書省提舉一員專監之。

元·脱脱等《宋史》卷四六一《韓顯符傳》 韓顯符，不知何許人。少習三式，善察視辰象，補司天監生，遷靈臺郎，累加司天冬官正。顯符專渾天之學，淳化初，表請造銅渾儀、候儀。詔給用度，俾顯符規度，擇匠鑄之。至道元年渾儀成，於司天監築臺置之，賜顯符雜綵五十匹。顯符上其法要十卷，序之云：

伏羲氏立渾儀，測北極高下，量日影短長，定南北東西，觀星間廣狹。帝堯即位，羲氏、和氏立渾儀，定曆象日月星辰，欽授民時，使知緩急。降及虞舜，則璇璣玉衡以齊七政。通占又云：「撫渾儀，觀天道，萬象不足以爲多。」是知渾儀者，實天地造化之準，陰陽曆數之元，自古聖帝明王莫不用是精詳天象，預知差忒。或鑄以銅，或飾以玉，置之内庭，遣日官近臣同窺測焉。

自伏羲甲寅年至皇朝大中祥符三年庚戌歲，積三千八百九十七年。五帝之後訖今，明曆象之玄，知渾天之奧者，近十餘朝，考而論之，臻至妙者不過四五；自餘徒誇重於一日，不深圖於久要，致使天象無準，曆算漸差，占候不同，盈虛難定。陛下講求廢墜，爰造渾儀，漏刻星躔，曉然易辨。若人目窺於下，則銅管運於上，七曜之進退盈縮，衆星之次舍遠近，占逆順，明吉凶，然後修福俾順其度，省事以退其災，悉由斯器驗之。

昔漢洛下閎修渾儀，測太初曆，云：「後五百年必當重製。」至唐李淳風，果合前契。貞觀初，淳風又言前代渾儀得失之差，因令銅鑄。七年，太宗起凝暉閣於禁中，俾侍臣占驗。既在宫掖，人莫得見，後失其處所。玄宗命沙門一行修大衍曆，蓋以渾儀爲證。又有梁令瓚造渾儀木式，一行謂其精密，思出古人，遂以銅鑄。今文德殿鼓樓下有古本銅渾儀一，制極疏略，不可施用。且曆象之作，非渾儀無以考真僞；算造之士，非占驗不能究得失。渾儀之成，則司天歲上細行曆，益可致其詳密。

其制有九，事具天文志。自是顯符專測驗渾儀，累加春官正，又轉太子洗馬。

元·脱脱等《金史》卷二二《曆志下》 公廉之制則爲輪三重：一曰六合儀，縱置地渾中，即天經環也，與地渾相結，其體不動；二曰三辰儀，置六合儀内；三曰四游儀，置三辰儀内。植四龍柱於地渾之下，又置鼇雲於六合儀下。四龍柱下設十字水趺，鑿溝道通水以平高下。別設天常單環於六合儀内，又設黄道赤道二單環，皆置三辰儀内，東西相交隨天運轉，以驗列舍之行。又爲四象環，附三辰儀，相結於天運環，黄赤道兩交爲置距二縱置于四游儀内。北屬六合儀地渾之上，以正北極出地之度。南屬六合儀地渾之下，以正南極入地之度。此渾儀之大形也。直距内夾置望筒一，于筒之半設關軸，附直距上，使運轉低昂，筒常指日，日體常在筒竅中，天西行一周，日東移一度，仍以窺測四方星度，皆斟酌李淳風、孔挺、韓顯符、舒易簡之制也。

三辰儀上設天運環，以水運之。水運之法始於漢張衡，成于唐梁令瓚及僧一行，復于太平興國中張思訓，公廉今又變正其制，設天運環，下以天柱關軸之類上動渾儀，此新制也。

今公廉所製，共置一臺，臺中有二隔，渾儀置其上，渾象置其中，激水運轉，樞機輪軸隱于下。内設晝夜時刻機輪五重：第一重曰天輪，以撥渾象赤道牙距；第二重曰撥牙輪，上安牙距，隨天柱中輪轉動，以運上下四輪；第三重曰時刻鍾鼓輪，上安時初、時正百刻撥牙，以扣鍾擊鼓摇鈴；第四重曰日時初、正司辰輪，上安時初十二司辰、時正十二司辰；第五重曰報刻司辰輪，上安百刻司辰。以上五輪並貫於一軸，上以天束束之，下以鐵杵臼承之，前以木閣五層蔽之，稍增異其舊制矣。五輪之北，又側設樞輪，其輪以七十二輻爲三十六洪，束以三輞，夾持受水三十六壺。轂中横貫鐵樞軸一，南北出軸爲地轂，運撥地輪。天柱中輪動，機輪動渾象，上動渾天儀。又樞輪左設天池、平水壺，平水壺受天池水，注入受水壺，以激樞輪。受水壺落入退水壺，由壺下北竅引水入昇水下壺，以昇水下輪運水入昇水上壺，上壺内昇水上輪及河車同轉上下輪，運水入天河，天河復流入天池，每一晝一夜周而復始。此公廉所製渾儀、渾象二器而通三用，總而名之曰渾天儀。

金既取汴，皆輦致于燕，天輪赤道牙距撥輪懸象鍾鼓司辰刻報天池水壺等器久皆棄毁，惟銅渾儀置之太史局候臺。但自汴至燕相去一千餘里，地勢高下不同，望筒中取極星稍差，移下四度纔得窺之。明昌六年秋八月，風雨大作，雷電震擊，龍起渾儀鼇雲水趺下，臺忽中裂而摧，渾儀仆落臺下，旋命有司營葺之，復置臺上。貞祐南渡，以渾儀鎔鑄成物，不忍毁拆，若全體以運則艱於輦載，遂委而去。

興定中，司天臺官以臺中不置渾儀及測候人數不足，言之於朝，宜鑄儀象，多補生員，庶得盡占考之實。宣宗召禮部尚書楊雲翼問之，雲翼對曰：「國家自來銅禁甚嚴，雖罄公私所有，恐不能給。今調度方殷，財用不足，實未可行。」他日，上又言之，於是止添測候之人數員，鑄儀之議遂寢。【略】

西域儀象

世祖至元四年，扎馬魯丁造西域儀象：

咱秃哈剌吉，漢言混天儀也。其制以銅爲之，平設單環，刻周天度，畫十二辰位，以準地面。側立雙環而結於平環之子午，半入地下，以分天度。内第二雙環，亦制周天度，而參差相交，以結于側雙環，去地平三十六度以爲南北極，可以旋轉，以象天運爲日行之道。内第三、第四環，皆結於第二環，又去南北極二十四度，亦可以運轉。凡可運三環，各對綴銅方釘，皆有竅以代衡簫之仰窺焉。

明·宋濂等《元史》卷四八《天文志一》 簡儀

簡儀之制，四方爲趺，縱一丈八尺，三分去一以爲廣。趺面上廣六寸，下廣八寸，厚如上廣。中布横輓三、縱輓三。南二，北抵南輓；北一，南抵中輓。趺面四周爲水渠，深一寸，廣加五分。四隅爲礎，出趺面内外各二寸。繞礎爲渠，深廣皆一寸，與四周渠相灌通。又爲礎於卯西位，廣加四維，長加廣三之二，水渠亦如之。北極雲架柱二，徑四寸，長一丈二尺八寸。下爲鼇雲，植於乾艮二隅礎上，左右内向，其勢斜準赤道，合貫上規。規環徑二尺四寸，廣一寸五分，厚倍之。中爲距，相交爲斜十字，廣厚如規。中心爲竅，上廣五分，方一寸有半，下二寸五分，方一寸，以受北極樞軸。自雲架柱斜上，去趺面七尺二寸，爲横軚。自軚心上至竅心六尺八寸。又爲龍柱二，植於卯酉礎中分之北，皆飾以龍，下爲山形，北向斜植，以柱北架。南極雲架柱二，植於卯酉礎中分之南，廣厚形制，一如北架。斜向坤巽二隅，相交爲十字，其上與百刻環邊齊，在辰巳、未申之間，南傾之勢準赤道，各長一丈一尺五寸。自趺面斜上三尺八寸爲横軚，以承百刻環。下邊又爲龍柱二，植於坤巽二隅礎上，北向斜柱，其端形制，一如北柱。【略】

四游雙環，徑六尺，廣二寸，厚一寸，中間相離一寸，相連於子午卯酉。當子午爲圓竅，以受南北極樞軸。兩面皆列周天度分，起南極，抵北極，餘分附于北極。去南北樞竅兩旁四寸，各爲直距，廣厚如環。距中心各爲横關，東西與兩距相連，廣厚亦如之。關中心相連，厚三寸，爲竅方八分，以受窺衡樞軸。窺衡長五尺九寸四分，廣厚皆如環，中腰爲圓竅，徑五分，以受樞軸。衡兩端爲圭首，以取中縮。去圭首五分，各爲側立横耳，高二寸二分，廣如衡面，厚三分，中爲圓竅，徑六分。其中心，上下一線界之，以知度分。【略】

百刻環，徑六尺四寸，面廣二寸，周布十二時、百刻，每刻作三十六分，厚二寸，自半已上廣三寸。又爲十字距，皆所以承赤道環也。百刻環内廣面臥施圓軸四，使赤道環旋轉無澀滯之患。其環陷入南極架一寸，仍釘之。赤道環徑廣厚皆如四游，環面細刻列舍、周天度分。中爲十字距，廣三寸，中空一寸，厚一寸。當心爲竅，竅徑一寸，以受南極樞軸。界衡二，各長五尺九寸四分，廣三寸。衡首斜刻五分，刻度分以對環面。中腰爲竅，重置赤道環、南極樞軸。其上衡兩端，自長竅外邊至衡首底，厚倍之，取二衡運轉，皆着環面，而無低昂之失，且易得度分也。二極樞軸皆以鋼鐵爲之，長六寸，半爲本，半爲軸。本之分寸一如上規距心，適取能容軸徑一寸。北極軸中心爲孔，孔底横穿，通兩旁，中出一線，曲其本，出横孔兩旁結之。孔中線留三分，亦結之。上下各穿一線，貫界衡兩端，中心爲孔，下洞衡底，順衡中心爲渠以受線，直入内界長竅中。至衡中腰，復爲孔，自衡底上出結之。【略】

定極環，廣半寸，厚倍之，皆勢穹窿，中徑六度，度約一寸許。極星去不動處三度，僅容轉周。中爲斜十字距，廣厚如環，連於上規。環距中心爲孔，徑五釐。下至北極軸心六寸五分，又置銅板，連於南極雲架之十字，方二寸，厚五分。北面刻其中心，存一釐以爲厚，中爲圜孔，徑一分，孔心下至南極軸心亦六寸五分。又爲環二。其一陰緯環，面刻方位，取趺面縱横軚北十字爲中心，臥置之。其一曰立運環，面刻度分，施於北極雲架柱下，當臥環中心，上屬架之横軚，下抵趺軚之十字，上下各施樞軸，令可旋轉。中爲直距，當心爲竅，以施窺衡，令可俯仰，用窺日月星辰出地度分。右四游環，東西運轉，南北低昂，凡七政、列舍、中外官去極度分皆測之。赤道環旋轉，與列舍距星相當，即轉界衡使兩線相對，凡日月五星、中外官入宿度分皆測之。百刻環，轉界衡令兩線與日相對，其下直時刻，則晝刻也，夜則以星定之。比舊儀測日月五星出没，而無陽經陰緯雲柱之映。【略】

其渾象之制，圓如彈丸，徑六尺，縱横各畫周天度分。赤道居中，去二極，各周天四之一。黄道出入赤道内外，各二十四度弱。月行白道，出入不常，用竹篾均分天度，考驗黄道所交，隨時遷徙。先用簡儀測到入宿去極度數，按於其上，校驗出入黄赤二道遠近疏密，了然易辨，仍參以算數爲準。其象置於方匱之上，南北極出入匱面各四十度太强，半見半隱，機運輪牙隱於匱中。

仰儀

仰儀之制，以銅爲之，形若釜，置於甎臺。内畫周天度，脣列十二辰位。蓋俯視驗天者也。其銘辭云：「不可體形，莫天大也。無競維人，仰釜載也。六尺爲深，廣自倍也。兼深廣倍，絜釜兑也。環鑿爲沼，準以溉也。辨方正位，曰子卦也。衡縮度中，平斜再也。斜起南極，平釜鐓也。小大必周，入地畫也。始周浸斷，浸極外也。極入地深，四十太也。北九十一，赤道齘也。列刻五十，六時配也。衡竿加卦，巽坤内也。以負縮竿，(本)[子]午對也。首旋璣板，窾納芥也。上下懸直，與鐓會也。視日透光，何度在也。暘谷朝賓，夕餞昧也。寒暑發斂，驗進退也。薄蝕起自，鑒生殺也。以避赫曦，奪目害也。南北之偏，亦可概也。極淺十五，林邑界也。黄道夏高，人所載也。夏永冬短，猶少差也。深五十奇，鐵勒塞也。黄道浸平，冬晝晦也。夏則不没，永短最也。安渾宣夜，昕穹蓋也。六天之書，言殊話也。一儀一揆，孰善悖也。以指爲告，無煩喙也。闇資以明，疑者沛也。智者是之，膠者怪也。古今巧曆，不億輩也。非讓不爲，思不逮也。將窺天朕，造化愛也。其有俊明，昭聖代也。泰山礪乎，河如帶也。黄金不磨，悠久賴也。鬼神禁訶，勿銘壞也。」

明・宋濂等《元史》卷一六四《郭守敬傳》　守敬首言：「曆之本在於測驗，而測驗之器莫先儀表。今司天渾儀，宋皇祐中汴京所造，不與此處天度相符，比量南北二極，約差四度；表石年深，亦復欹側。」守敬乃盡考其失而移置之。

明・周述學《神道大編曆宗通議》卷一七《西域儀象法式》　世祖至元四年。禮馬魯丁造西域儀象。

咱秃哈剌吉漢言混天儀也，其制以銅爲之，平設單環，刻周天度，畫十二辰位，以準地面。側立雙環而結於平環之子午，半入地下，以分天度内。第二雙環亦刻周天度而參差相交，以結於側雙環，去地平三十六度，以爲南北極，可以旋轉以象天運，爲日行之道内。第三第四環皆結於第二環，又去南北極二十四度，亦可以運轉，凡可運三環，各對綴銅方釘，皆有竅，以伐衡簫之仰窺焉。

咱秃朔八台漢言測驗周天星曜之器也，外周圓墻而東面啟門，中有小臺，立銅表，高七尺五寸。上設機軸，懸銅尺，長五尺五寸，復加窺測之簫二，其長如之。下置横尺，刻度數其上，以準掛尺。下本開圖之遠近，可以左右轉而周窺，可以高低舉而徧測焉。

魯哈麻亦渺凹只漢言春秋分晷影堂爲屋二間，春開東横罅，以斜通日晷，中有臺，隨晷影南高北下，上仰置銅，半刻天度一百八十，以準地上之半天。斜倚鋭首，銅尺長六闊一寸六分，上結半環之中，下加半環之上，可以往来窺側，望漏屋晷影驗度數，以定春秋二分。

魯哈麻亦木思塔漢言各夏至晷影堂也，爲屋五間，屋下坎深二丈二尺，脊開南北一罅，以直通日晷。隨罅立壁，附懸銅尺，長一丈六寸，壁仰畫天度，半規其尺，亦可往来規，直望漏屋晷影，以定冬夏二至。

苦來亦撒麻漢言渾天圖也，其制以銅爲丸，斜刻日道交度數，於其腹刻二十八宿形於其上。外平置銅單環，刻周度數列於十二辰位以準地。而側立單環二，一結於平環子午，以銅丁象南北極；一結於平繯之卯酉，皆刻天度，即天天儀而不可運轉窺測者也。【略】

几速都兒剌不定漢言晝夜時刻之噐，其制以銅，如圓鏡可掛，面刻十二辰位、晝夜時刻，上加銅條綴，其中可以圓。銅條兩端各屈，具首爲二竅以對望。晝則視日影，夜則窺辰，以定時刻，以測休咎。背嵌鏡片，三面刻其圖，凡七，以辨西南北日影長短之不同，星辰向背之有異，故各異其圖，晝天地之變焉。

明・佚名《日月星晷式》　規式

造規法

此運規之器形，以銅鐵爲之，圓頭二髀可闔可開，一居心，一旋轉。鋭施精鋼，若用以量其兩髀，須極鋭；若用墨其一髀，須極鋭。其一作一小溝，以便用墨，可以爲圓，可以作直綫也。

造界尺

若界尺欲驗其直否，則任依其一邊畫綫，試如界尺在北，畫綫在南，勿令綫移第轉尺，令其原邊在綫南，綫在尺北，視其切合原綫否。如合則直，否則曲矣。視不合處而得尺之曲處也，或如前尺在綫北，綫在尺南，綫不動，但反覆界尺，令其下面向上，東端向西，亦視界尺原邊與綫切合否，即得其曲直處也。

明・徐光啓《徐文定公文集・謹題爲奉旨回奏事製器測晷》　臣於十月十七日登臺測候月食，具本回奏：奉聖旨考驗曆法，全在交食。覽奏臺官「用器不同，測時互異，還着較勘，畫一具奏，欽此」。欽遵隨行督率該監堂屬官并知曆人等到臺，前後較勘三次，設立表臬及用合式羅經於本臺，日晷、簡儀立運儀正方案上，較定本地子午真線，以爲定時根本。據法當製造如式日晷以定晝時，造星晷以定夜時，造正線羅經以定子午。若晨昏陰雨，當造如式行漏，與該監所有銅漏比驗晝一，以濟二晷所不及。但備辨界晝，工力甚細。今工尚未竣而較勘略定，理合先行奏聞。臣等竊照定時之法，當議者五事：一曰壺漏，二曰指南針，三曰表臬，四曰儀，五曰晷。其一，壺漏等器規制甚多，今所用者水漏也。然水有新舊滑濇則遲疾異，漏管有時而塞、有時而磷則緩急異。定漏之初，必于午正初刻。此刻一誤，無所不誤。雖調品如法，終無益也。故壺漏者，特以濟晨昏陰雨晷儀表臬所不及，而非定時之本。所謂本者，必準於天行，則用表、用儀、用晷，晝測日，夜測星是已。其二，指南針者，今術人恒用以定南北。凡辨方正位，皆取則焉。然所得子午非真子午，向來言陰陽者多云泊于丙午之間。今以法考之，實各處不同。在京師則偏東五度四十分。若憑以造晷，則冬至午正先天一刻四十四分有奇，夏至午正先天五十一分有奇。然此偏東之度，必造針用磁悉皆合法，其數如此。若今術人所用短針、雙針、磁石同居之針，雜亂無法，所差度分，或多或少，無定數也。今觀象臺有赤道日晷一座及正方案。臣等以法考之，其正方案偏東二度，日晷先天半。

明·湯若望《遠鏡説》 造法用法計九端

造鏡至巧也，用鏡至變也。取不定之法於一定之中。必須面授方得了然。若但憑書，不無差謬。今亦撮其大略而已。

一鏡一條

造法曰：用玻璃製一似平非平之圓鏡，曰筒口鏡，即前所謂中高鏡，所謂前鏡也。製一小窪鏡，曰靠眼鏡，即前所謂中窪鏡，所謂後鏡也。須察二鏡之力若何，相合若何，長短若何，比例若何。苟既知其力矣，知其合矣，長短宜，而比例審矣，方能聚一物像。雖遠而小者，形形色色，不失本來也。

一筒一條

鏡止於兩，筒不止於兩，筒筒相套，欲長欲短，可伸可縮。

明·熊明遇《格致草·渾儀圖説》 渾儀圖説

天體渾圓，古今制作渾儀，雖神聖復起不能易也。余從星臺見銅鑄天體盛以方櫃，天體畫度半露櫃上，半隱櫃中，蓋即櫃面爲地平，其像最肖。又見銅鑄數圈，分黄赤道，鑄二十八宿之名，備諸節氣午貫旋轉，其意最密，皆祖元人郭守敬遺制也。每嘗夜窺玄象，端思儀理，欲令二者之製師古人轉漏之意，設爲渾象。其法或範銅揉木爲彈丸形，象天；仍爲方櫃，象地。天上正鐫赤道絡天紘，斜鐫黄道備節令。附櫃作架，穿三百六十度，以鐵軸貫南北極。極之高下可隨地低昂。而櫃下爲井，深丈許。彷自鳴鐘法，多爲轉輪，以爲物墜之作機階。較定緩急，俾一晝夜天行一周。而天體之上照經星、位置、度數體等。天作蒼色以金銀點星，如星本色。更以環綴日月，如其行度，俾其密移自動。不但觀象授時，玄理闇合，即欲求海外四夷之天，晝夜長短之跡，只在軸間低昂耳。

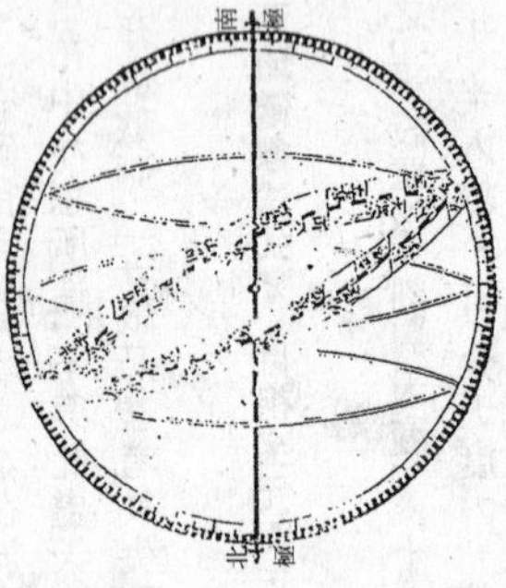

渾儀黄赤道圖

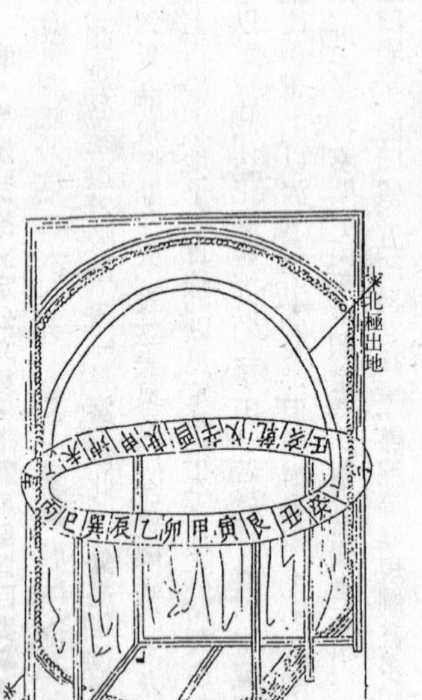

渾儀天地合象圖

格言考信

蔡邕曰：渾天立八尺，圓體，具天地形□。正黄道以行，日月以步，五緯精微深妙，百代不易。張平子作渾天儀，璇璣所加，其星皆合符。宋顔延之請立渾天儀，曰：張衡創物，蔡邕造論，誠應夙闡《尚書》「璇璣玉衡，以齊七政」。崔瑗所謂「數術窮天地，制作侔造化」。朱子曰：渾儀可取，蓋天不可用。試令主蓋天者做一樣，子如何做？只似個雨傘，不知如何與地相附著？若渾天，須做得箇渾天來。

清·南懷仁《新製靈臺儀象志》卷一 新制六儀

夫儀者，曆法合天與不合天之明徵也。故測驗天行，儀愈多愈精，而測驗乃愈密。蓋凡天上一星，所歷時刻，雖躔有一定之度分，然以儀相對而測之，則必與天上東西南北之各道有上下左右遠近之分焉。故測驗其星所躔之度分，必依各道之經緯度分而推測之，始無所戾。是則欲爲密合天行之曆法，而非有備具密合天行各道之儀，厥道無由也。如康熙己酉八年正月初三日，是日立春。內院大學士圖海、李霨諸鉅公名卿，奉旨同視測驗立春一節，於本日午正，仁測得太陽依象限儀，在地平上三十三度四十二分。依紀限大儀，離天頂正南五十六度十八分。依黄道經緯儀，在黄道線正中，在冬至後四十五度零六分，在春分前四十四度五十四分。依赤道經緯儀，在冬至後四十七度三十四分，在春分前四十二度二十六分，在赤道南十六度二十一分。依天體儀于立春度分所立直表，則表對太陽而全無影。依地平所立八尺零五寸表，則太陽之影長一丈三尺七寸四分五厘。六儀並用而參互之，而立春一節，皆合于預推定各儀之度分。如此，則曆凡所推之節氣，其合于天行無疑矣。然非籍有合法之儀，又何從測而得之？夫所謂儀之合法者，抑豈憑臆而强就之也哉？要皆法其本然之象耳。蓋混天之體，原有赤道，有黄道，而居乎渾天之半者曰地平，經緯分焉。故因其本然之象，崇而效之。制有三規，一曰黄道經緯儀，一曰赤道經緯儀，一曰地平經緯儀。地平儀又分爲二，一曰經儀，一曰緯儀，即象限儀，便用故也。凡日月五星二十八宿之行，以及所躔之度分，摠于此三規而推定焉。四儀之外，又有百游之紀限儀，旋轉盡變，以對乎天。凡有或正交或斜交于三規錯綜之行，以定諸星東西南北相離遠近之度分，不差纍黍。摠之，天行七政于本圖所列之經緯，各道之宫次度分，諸星先後相連之序，與夫東西南北相距之遠近，皆從天體而見，瞭如指掌焉。故制六尺徑之天體儀，以爲諸儀之統。且此六儀，相須並用，則凡礙之于彼者，而有此以通之，則亦何求不得哉？故欲密測以求分秒無差，則必六儀互用相參，要以製器精良，安置如式，測驗得法，而無有不合者矣。其有不合者，則即推其所以不合之端何在，而更爲釐正之。使釐正之後，測復參差，則于諸儀中擇其所測之同者而用之。如此而不密合乎天行者，未之有也。使止據一儀以求盡乎天，如舊法之簡儀，是何可信其爲必然也哉？蓋舊法黄赤儀膠柱而不運動，況止可謂赤道儀無黄極，無緯圈，無黄表，無測黄道經緯之正法。其天頂立圈，太近于地平，其窺表，不能測在地平相近之星。夫天球而既無星距，無黄道等圈，無宫次之分，其地平無度數，則器總歸于無用矣。考古圭表之法，其圭原偏而向地平，其表更偏而離天頂，又離正南北之線，故仁以勾股之法修正之，庶幾可免夫乖舛也已。

黄道經緯全儀

諸儀通用之法，已詳於前説矣。今更以諸儀所需全法而分論之。夫儀之設有諸圈，所爲相須而互用之者也。然圈少則不雜而儀清，其象更爲昭顯，而儀之用爲愈便焉。如黄道經緯全儀之圈有四，各圈之四面分三百六十度，每一度細分六十分。其外大圈恒定而不移者，名天元子午圈，其外徑六尺，其規面厚一寸三分，其側面寬二寸五分。此圈之内，包括諸圈。其衝天頂之下半，加寬一寸五分，面夾入於雲座仰載之半圈，見第一圖。欲其不薄弱而失圓形故耳。其圈之側面，從天頂起筭，南北各去頂一象限，即爲地平線。又從地平線起筭，上下安定京師南北兩極之高度分。於兩極各安鋼軸，而各軸之心與圈側面爲一點，側面爲下半圓而合之，加伏兔上之半圓以收之。蓋因度分之界，指線所切，窺表所及，皆在側面故也。南北兩軸相向，左右上下，纖毫不謬。子午圈内，次有過極至圈，南北赤道兩極，各以鋼軸相貫之。兩極在規面之中心，而中心内外有鋼孔，鋼軸入鋼樞，免致銅樞磨寬。其北鋼樞，則安于内規面，用小鐵鐵條以貫之，而過極圈不致垂下而失圓形矣。其南鋼樞，則安于外面，不令銅面轉磨而離於儀之中心焉。又從南北赤極起筭，各去二十三度三十一分零三十秒，定黄道極。去極九十度，横置次三圈。各黄道圈與過極圈相交。過極圈亦名帶黄道圈。兩交處各陷其中以相入。令兩圈爲一體，旋轉相從，黄道交一在冬至，一在夏至。黄道圈内，安次四圈，名黄道緯圈，結于黄道南北之兩極。其鋼軸鋼樞之安法，皆與帶黄道圈無異。夫子午圈内，共三圈，各規面這寬，約二寸五分，便于刻度分秒，其厚約一寸三分。緯圈南北兩極，各有獸面以啣圓軸，其圓徑約一寸，以爲徑表。軸之兩端，有螺柱定之。若欲不用圓軸，即開螺柱而安徑線以代表，任意用之。其軸之中心，立圓柱作緯表，表之縱徑與黄道中線正對，下與緯圈側面恒定爲直角。而黄道經圈緯圈，各有遊表數具，于各弧之上游移用之。又當天頂設極細銅絲爲垂線，下置垂球，至下圓孔之内。全儀下有雙龍，于南北兩邊而承之，龍之後足安置于兩交梁，兩梁則以斜角相交而收斂之，令其地寬裕而便于測驗。又，交梁之四角有四獅以頂承之，而上則有螺柱定之。

黄道圈，其一側面分刻十二宫，每宫三十度。其一側面分刻二十四節氣，每節十五度。内外規面宫度節氣分相應之。但規面比側面寬大，便于刻度分秒。其每度之所容者，以縱横線界之而成長方形。每一方又分六小長方，即一度分六分也。方上下横線短小，難容細分，因用其對角長線而十分之。蓋規面上平行十圈線，與對角線縱横相交，每小方分十格，六方六十格。因以六對角線十分之比例，每一度分六十分矣。諸圈内外規面之度分皆如此。今游表之指線，平分十分，與對角線之分各有相當之比例。每一分又四細分，而每一細分，當度分之十五秒。因而一分分六十秒，一度共有二百四十細分云。

過極至圈，内外規面從赤道線起筭，向南北之兩極。則赤道線爲初度所從起，而兩極各爲九十度。其兩側面之度數，則以兩極各爲初度所從起，而赤道線爲九十度焉。緯圈之度數亦然。内外規面以黄道中線爲初度所從起，而南北兩黄極則爲九十度焉。其兩側面之度數，則與過至圈兩側面所起之度數同也。

赤道經緯全儀

赤道儀之有三圈，外大圈者，天元子午圈也。其徑線，其四面寬厚，其分劃度分之法，並堅固其下週之小半，而夾入於雲座半圈之內，皆與黃道儀之外圈同。又從圈之側面南北極定度起筭，各去九十度，定爲赤道經圈。見第二圖。與子午圈相交之處，兩處各以十字直角相交。其圈之內面與外面，各陷其中以相入。令縱横于兩内規面，皆平面，則兩圈皆爲一體，而恒定不移也。次兩圈内之赤道緯圈，管于赤道兩極，而東西游轉横相切于赤道之經圈也。經緯兩圈之規面，其寬各二寸五分，側面厚一寸三分，而南北兩極安定緯圈。其内外之規面上下，安以鋼軸鋼樞諸項，皆與黃道同法焉。又南北兩極，各有獸面安定于緯圈内規面之中，而獸吻啣其圓軸以代赤道經表。軸之中心，立有圓柱以代緯表。又軸及柱之徑，各一寸一分。若欲以兩極之徑線，而代爲經表用之，亦無不可者。緯表縱横有兩徑線，其縱徑與赤道圈之中線正對，其横徑與緯圈之側面恒平行。又赤道内之規面并上側面，刻有二十四小時，以初正兩字别之，每小時均分四刻，二十四小時，共九十六刻。規面每一刻平分三長方形。每一方平分五分，一刻共十五分。每一分以對角線之比例，又分十二細分，則一刻共一百八十細分，每一分，則當五秒。今游表之指線亦平分，而每分與對角線之十二分，各有相當之比例，又各細分五秒，則一刻每分六十秒，十五分共九百秒矣。如此，而分之法可不謂微矣乎？又子午圈向東之正面爲子午線所從起。而南與北兩軸之中心正與此面相對，以爲分界。至若軸樞之半在于此面而半在于伏兔，則兩合螺柱以定之，而并如一體焉。又赤道之上側面，于子午圈之正南交劃有午正初刻。其内規面劃有子正初刻。而于正北交則側面劃有子正初刻，其内規面劃有午正初刻。其餘時刻，皆從之而定焉。且上則用緯圈，下則用表景，隨便可以測定時刻也。若夫赤道圈之外規面，分三百六十經度，從規内面卯正相對之線起筭，自西而東，隨諸天行。每一度依上法作長方形，每一方又另分六小方形，每一分以對角線之比例，又分十小分，即一度共六十分。今游表之指線，亦分十空之界線，面每一分空内，開爲四格小空，每一格當十五秒，則四格共六十秒也。其赤道之下側面，分象限而四之，而子午卯酉爲各象限之初度。至于緯圈四面列度分秒之法，與赤道經圈無異。蓋各面四分象限，而内與外規面之象限各度數，則從赤道線起筭，向南北兩極而止焉。其上下側面之度数，則從兩極起筭，向赤道中線而止焉。又，經緯圈各有游表者四，與黃道儀正同。而全儀則下有一龍以爲座，向正南而負之。其前後兩爪安于兩交梁，而兩梁又以斜角相交。其四角則有四獅以相負，而又各有螺柱以定之。諸類皆詳於黃道儀解内，兹不復贅。其安對之法，則以天頂之垂線爲定也。

地平經儀

地平經圈之全徑長六尺，而周弧之平面則寬二寸五分，厚一寸二分，東西南北劃象限而四分之，每一象限則爲九十度，每一度依前法六十分。度數之字，以南北界線各左右起筭，爲初度之界，以東西界線爲九十度之界，從東西向南起筭，北反是。夫地平圈之四面，各有一龍以頂承之，見第三圖。而四龍安于十字交梁之四角，而每角加螺旋轉一具，可以準儀而取平。又十字交梁中有立柱，與地平圈高等，其中心爲地平圈之中心。從圈之東西二方地平之圈上，又各另加一立柱，高約四尺。柱之周圍，各有一龍，蜿蜒于其上，乃從柱之上端中各出其前一爪而互捧火珠。蓋珠之心爲天頂，而正對地平圈之中心，則從地平之中心至天頂有立軸。而立軸之中，開有長方孔，其中從上至下有一直線，爲立軸之長徑線，並爲天頂之垂線，過地平之中心。加有平方尺表，如窺衡然。自横表之兩端，各出一線而過天頂，與立軸之長徑左右各作三角形，三線互相參直，共在過天頂圈之平面上，而與窺衡之指線準合。夫立軸左右旋轉，則人窺測之目及某星并過天頂三角形線參直，而窺衡之指線，指定地平之經度矣。此儀之細微，不止于地平之分法，而更在乎地平中心所出立軸之徑線，準合于天頂之垂線，毫末不離也。故依勾股法之理，先自地平之中心，劃地平大圈，然後以立軸中天頂線爲股，以大圈半徑爲勾，而自本圈相對之四處，斜立一堅硬界方至天頂線之一點，以爲勾股之弦。若四處之弦長皆一而纖毫不差，則立軸之中線必合于天頂之垂線矣。其説詳載《幾何原本》第一卷第四題。又儀之輕巧，在于四方螺旋之用法，詳于儀器安法。又在于地平方尺之横表。蓋此横表，須厚一寸而寬一寸五分，以免致于垂下而不合乎儀之本徑也。但既厚且寬，則必過重而難以轉動。又轉動時則沉重，而壓磨于地平上所劃度數之細分，故特用螺柱管其中心與地平之中心，少起横表之兩端，使之空懸于中，而不令其磨損地平之面云。

象限儀

象限儀者，蓋用之以測高度者也，亦名地平緯儀。然式雖不一，惟取其有適于用焉斯得矣。見第四圖。夫象限爲立運之儀。其製法，直角爲心，六尺爲半徑，用規器劃圈四分之一分，則爲九十度。每一度，爲長方形，每一方又分十二小方形，而各小方之底，以對角線之比例，上下五分，則一度共六十分。又對角線之五分，每以窺表指線之細分十分之，則一度共六百分。而每一分則當六秒也。夫所劃之度數之字，其從上起算以至下，而鐫于弧之內邊上者，即指星之離天頂若干度分也。其從下起算以至上，而鐫于弧之外邊上者，即指星之在地平上若干度分也。故八十正數與一十倒數，七十與二十，六十與三十等。向上向下，正倒之數，俱爲同線鐫識之。弧以內象限空餘之地爲匾龍，以充其內，而左右上下皆固已。然全儀須立軸以運之。其安立軸之法，其要有二：其一，儀形必依權衡之理分之。即軸之周圍輕重相等，而取其運動之便。蓋儀形之中心，與其重心不同故也。其一，須立軸之中線與儀之立邊平行，以免致離于天頂之垂線也。又于儀之縱横兩邊相遇之處，即過天頂圈之中心，定有圓柱爲表，加窺衡。而衡之下端依法另加長方孔之表，與上表相等相對。其指線于弧之正面指定所測之度分，任意上下進退之，而于弧之背面用螺柱以定之。若用象限全圈之徑以爲衡，而衡之兩端立圓柱以爲表，則可得負圈之角，而倍加度數之細分也。蓋此二度相併，歸于一度。而此一度，共有一千二百分焉。立運儀左右有兩立柱，其兩柱之上有雲弧，下横一梁相連，如樓閣然。又立軸之兩邊，有雙龍扶拱，以爲座架，立軸之兩端，加以鋼樞，上下各以鋼孔受之。其在下横梁中有銅環以承立軸。樞環之徑，四倍于樞之徑。環之三面，各加螺柱横入于環，出入展縮，以進退樞，令就合于垂線也。座架四傍上下，無所隔礙。窺測者從立軸以左右旋轉，甚便周視也。

紀限儀

紀限儀之全圈，則六分之一，即六十度之弧也。亦名距度儀。全儀分之爲二：一幹，一弧。見第五圖。幹之長，與弧之半徑及弧之通弦皆相等，即皆六尺也。弧之寬二寸五分。此儀之難製，在于其幹。何也？蓋用儀之時，其幹大概離天頂而左右上下移動之，衡斜向地平，故幹愈長愈軟而愈垂下，不合于儀之半徑。欲令堅固，恐銅加厚而儀不便于用。故用三稜角形之法而左右上下之，既堅固，亦復輕巧。則用以合天，使之彼此不相反也。夫幹及弧併。幹之上端有小衡，以十字直角相交于弧之半徑線，下端入弧之中。小衡之上面皆在一平面，令儀合于本圈而便測驗故耳。又左右皆有細雲，彼此相連，蓋藉之以堅固全儀者也。若夫儀之中心及小衡左右之兩端，各定有一表，皆圓柱。左右各表之徑線，相距中幹之徑線本弧之十度。弧之度分從其中線起算，左右各三十度，每度則六十分。每一分又十細分，則一度共六百細分，而每細分則當六秒。蓋與象限儀之分法無殊也。其弧上有游表者三，其表之平面有三界線長孔，孔內之方形，依本法與圓柱表相等焉。夫儀之全體，則用權衡之理以定之。蓋取其重心，以爲儀心耳。至如儀之座架有兩端，一爲三運之樞軸，一爲承儀之臺。夫三運之器，加于儀之背面，定于儀之重心，以左之右之，高之下之，平之側之，無所施而不可，故又名百游之紀限儀焉。其三運之器，所以成之者有三：其一圓管，內有圓軸横入之，便于高下運用也。其一半周圈，其中心與横軸之中心正同，便于平側運用也。其一立軸，則便于左右運用焉。以圓管定于儀之重心。而半周圈與横軸之心并立軸之上端，有小圓柱，以爲平側運之軸。而立軸所容半周之處，則內有山口以容之，外有螺柱以定之，此輕小之儀之最便法也。今制紀限儀甚重大，側運之則必下垂，而螺柱恐難以定。故于半周弧外規加齒，而立軸旁則加小輪，其徑約二寸，其圓面稜齒與半周齒相入。又，小輪同軸而另加全輪，其全徑與小輪之徑如五與一，與半周之徑如一與二。蓋依舉重學之理轉運之，而輕五倍也。用此法，則全儀不勞力而可側運矣。定之則于立軸下端深入臺上端之圓孔。因儀左右旋轉，而窺測之目可無所不至矣。臺約高四尺，其座約寬三尺。從下至上，有游龍蜿蜒以繞之。而紀限儀之制，于斯全焉。

清・南懷仁《新製靈臺儀象志》卷二　諸儀之用條目

曆法之本，在於測驗。而測驗之條目，蓋甚繁也。然得其一而他可推，得其全而一乃貫。今匯列諸儀之爲用，各有攸當者數十條，使學者有所持循焉。至其理之深微，法之祥密，則有《新法曆指》諸書在，所當畢慮而研究之者也。

地平經緯儀之用

一、測定南北線。一、測定極之出入地平度分。一、測定清蒙氣差。一、測黄赤二道相距度分。一、測二十四節氣。一、不拘何時刻，測七政及諸星地平經緯度。一、測太陽最高之處，及兩心相距之差。一、測日月之視差并日月及諸星離地近遠若干。一、測諸星赤道緯度。一、測赤道及地平緯圈於某星互相交角係若干度分。一、測黄道在天中度係何宮度。一、測黄道并地平緯圈於太陽中心互一、相交角係若干度分。一、測日月諸星出入之廣度。一、測地平及赤道緯圈於某星出入時互相交角係若干度分。一、測黄道九十度限在地平高度。一、測月相距日近遠幾何。一、測日暈月暈之半徑。一、測暈高度去離地冬夏春秋近遠不同之處。

紀限儀之用

一、測不拘何兩星互相距度分若干。一、測不拘何兩星正升度差。一、測某兩星黃道經度差。一、測不拘何星赤道經緯度。一、測日月全徑。一、測日暈月暈半徑。

赤道經緯儀之用

一、測七政諸星赤道經緯度。一、測黃赤二道相距度分。一、測某星高度。一、測某星黃道經緯度。一、測黃赤二道緯圈於某星互相交角係度分若干。一、測赤道緯圈於黃道經圈互相交角係度分若干。一、測黃道緯圈於赤道經圈互相交角係度分若干。一、測黃道及天頂圈于太陽中心互相交角係度分若干。一、測黃道在天之中度係何宮度分。一、測日月諸星出入之廣度。一、測地平及赤道緯圈于某星出入時互相交角係若干度分。一、測黃道升降度分。一、測某星同黃道何度分出入地平。一、測某星同黃道何度分在天中。

黃道經緯儀之用

一、測七政諸星黃道經緯度。一、測黃赤二道相距度分。一、測黃道子午圈互相交角係度分若干。一、測某星赤道經緯度。一、測黃赤二道緯圈于某星互相交角係若干度分。一、測赤道緯圈于黃道經圈互相交角係度分若干。一、測兩星互相距度分。一、測黃道緯圈于赤道經圈互相交角係度分若干。一、測某星同黃道何度分出入地平。一、測于某時黃赤二道之某度出入度分。一、測黃道九十度限係何宮度分。

新儀之適於用

儀之式有二：一曰內式，一曰外式。內式爲儀之模而以肖乎本象者也。在天有赤道儀之象，因定本儀爲赤道之儀而用之，則必與在天之赤道經緯圈相似，所謂內式也。若夫外式，則取乎綴飾以美觀，且兼於適用，令彼此不相滯礙，乃爲得耳。然從來創儀者多用心於綴飾，而罕加意於適用，儀之所以弊也。仁之創制夫儀也，惟務密合乎天行，密合乎本曆之法爲第一儀，而便用次之，綴飾又次之。元與明世之儀，不適於用之處有三：其一則不明透。如簡儀、渾儀諸圈，內多有交梁，窺表稠密，其規面側面皆粗厚，其座架左右上下俱有銅柱，縱橫相交，以故東西南北多許之星窺表不能對照焉。若天頂立運圈，則隱於簡儀之下，一切在南之星難以窺之。若渾儀半隱於四面銅箱之內，縱有星象，其在地平下時，一切不見。今六儀之爲制也，上下左右極其明透，而東西南北渾天之星無不明顯，而可以對照焉。觀新儀之圖象，則即了然於心目間矣。其一則難窺測。蓋儀之四維，多粗銅交梁、立柱、座架諸類，非但爲象緯之蔀障，抑且遮蔽人目，甚不便於窺測也。況測天之法，必以多人參同窺測爲準。今新儀備極玲瓏，東西南北無所隔礙，使窺測者之目，上下左右諸圈諸表，無不豁然而易見。如黃赤兩儀，其經緯諸圈虛懸於中，惟南北二角，餙以細身之龍爲之座架，而並無所礙也。地平經儀，從地平周圍至天頂，無所不見，象限儀亦然。若夫百遊紀限儀，較之諸儀更爲活潑，而易於對照。凡天上正斜橫諸道及諸星之行度，皆可任意以測之焉。至于天體儀之諸星諸道，較在天之諸星諸道，明晰無異也。舉地平下並南極密近之諸星諸道，舉中夏之人目力所不能至者，而今則有如數指上螺文矣。是何也？諸儀之制，皆靈透而便於測，其架座又細巧，而不蔽於儀。此固善矣。且□各儀之四圍層級，其石以爲階，使窺步者登降從心，有快於目，則尤其法之曲盡也。其一則難對定。蓋簡儀衡表及內圈，必須一二人之力以轉動之。此一轉動也，亦必用力强推之，勢難從容漸次移對夫度分也。至若渾儀，必更藉數人之力以轉動焉。是豈可施之于用也哉？若夫新儀則不然。形製雖較舊儀加大，而運旋則甚靈敏也。如象限儀，黃赤諸儀，一舉手而可以轉動。且元明之儀，每種極其重滯，假使地基傾陷，或地有動時，儀即因之而偏垂矣。若欲安對，非需數十人之力不可也。夫元之渾儀，縱有可用，然不過如其曆法用之于燕京，不能通于各省也。原夫南北兩極與子午圈皆爲一定，而上下不能轉移故耳。若新製之儀，無論地基之有所傾陷，與地動之有所偏垂，一俄頃間，而一人之力，即可以安對而有餘。蓋新儀各依舉重學之法，有螺旋轉左右上下，皆可推移而安對之。雖一分秒之細微，亦不淆也。天體別有輪法以消息之，縱有五千斤之重，而一人用四斤之力，即可旋轉如意。以測夫天下各省北極之高度，總之用法無不可通，故即此一儀之地平，亦即可以爲天下各省之地平，而用之以測驗渾天之象焉。

新儀體鉅極分秒之明晰

凡儀之大小，式無一定，必以無過不及之差者爲準則焉。何也？儀大，則分劃詳悉而分秒畢清。儀小，則分劃簡略而度分疎漏。夫毫厘之差，謬以千里。創儀用以測天，是烏容草率而爲之？然定儀之大小，以徑線爲準。前代諸儀徑線極大不踰五尺二寸。新儀之徑，即小皆六尺有餘，大則一丈二尺。抑思從來曆家創制儀器，務爲廣大者，無非欲每度寬闊，其地得以細劃分秒而已。然卒未有得法而曲盡其善者也。蓋儀器之貴乎大，非爲其形體之鉅，有足觀也。亦在乎每度加廣，使分秒有餘地之可容耳。今新儀則每度加廣，纖悉畢具。是何也？新儀另用負圈表，因可以得負圈角，故有餘地可容，而分劃得全也。在舊儀止容其半已耳。然則新儀之小者，全徑六尺，即可當一丈二尺。見十三圖。甲乙丙象限儀，其全徑甲乙丁一丈二尺，若用其全徑甲乙丁以爲負圈表之衡，則甲乙丁爲大圈之半徑，而甲丁戊角爲負圈角。《幾何原本》云：詳見三卷二十題。負圈角與分圈角，所負所分之圈分同，則分圈角必倍大於負圈角。蓋甲乙戊外角與相對之内兩角乙戊丁角及乙丁戊相併必等，今乙戊丁角與乙丁戊角相等，則甲乙戊角倍大於乙丁戊角明矣。故象限儀甲丁戊負圈角之度分，倍大於甲乙戊分圈角之度分。今按前所論此圈之度分與彼圈之度分大小若干，則此之徑與彼之徑大小亦若干，此論線之比例也。若論面與體之比例，又不同矣。蓋線與線如一與二，爲单比例。此面與彼面相比，如一與四，爲再加之比例。此體與彼體相比，如一與八，爲三加之比例。如元之渾天，與今之天體相較，比例之多寡有三焉。蓋渾天之徑線四尺四寸，不及天體之徑線約有六尺，則徑與徑如四十四與六十，此爲单比例。就徑推儀面，則元儀而與天體儀面，約有四十四與八十二，此爲再加之比例。故天體之所劃星宿度數之周面，較元之渾天，約大一倍。若就徑而推兩儀之體所容載，則用三加之比例，即元儀之體所容載較新儀，如四十四與一百十二云。

新儀分法之細微

儀之務爲單精者曷在乎？在於度分之細微也。夫古者之造儀，類必恢宏其制者，豈非欲得以分度之細微哉？然分度之細微，非僅在一度之廣大而已也，要在乎一度之分法焉。如先代元明之儀，有度之數，無度之分。然即有度之分，縱極其細微，不過十分已耳。若夫新儀則有異，蓋每一度爲六十分，而每一分又分爲四細分，則一度爲二百四十分，而每一細分當十五秒，較之舊儀所爲極細者，細於二十四倍矣。又有每度三百六十細分，每一分當十秒，如用負圈表如細一倍，而每度可分七百二十分，則比舊儀細於七十二倍矣。且每度可分六百細分，如象限儀、紀限儀，每一分當六秒，則比舊儀細於六十倍矣。若象限、紀限等儀用負圈之角，則每二度當筭一度，而此一度細分共一千二百分，每一分當三秒，則細比舊儀百二十倍矣。夫此細分度之法，原從三角形内平行線之凡例而生。蓋三角形每對角之線，任爲若干分，從各分作線與腰線平行，必分底。而底之分與弦之比例適相等。見十四圖。甲乙丙爲勾股形，甲乙爲弦，弦之對角甲丙乙，甲丙爲股。今將弦即甲乙線四分之，又從各分至勾上引線與股平行，此線必亦四分勾線甲丙，而甲乙弦線若干分之比例，必與甲丙勾線若干分之比例相等矣。甲丙及丁乙，即方形之長線，爲此一度與彼一度之界線。甲丁及丙乙，即方形之短線，爲一度之所容，并方形上下之底，此形又平分，見十四圖。或六或十二小方形。以長線爲界，以短線爲底。而每方形内作對角之線爲弦，每弦十分之，則六弦共六十分。蓋窺表之指線恒交，每弦之線見十五圖。又與方形之界線恒平行。以相等之比例，必分每一度之底線，即每一度方形之底，以六十平分矣。夫對角之弦平分若干分，則窺表之指線平分若干。然指線十分之，每一分又平分，或四見十五圖。或六或十等細分。故每一度或有二百四十，或三百六十，或六百等細分。而每細分當筭度分之幾秒焉。此言細分度之法也。如論分時刻之法，前代之儀分晝夜一百刻，每時八刻零有三分刻之一，其爲不合乎天，已詳辨於不得已辨。新曆曉惑諸書中，雖其所分一刻極細者，止三十六分已耳。今之新儀分晝夜以九十六刻，每時八刻，並無奇零。又每一刻十五分，見十一圖。每一分以對角線之比例，爲十二分而細分之，則每一分當十秒，而一刻共九百秒，是比之舊儀細之又細矣。

新儀堅固之理

夫曆之爲學也，其理其法，必有先後之序，漸以及焉。故由易可以入難，而由小可以推大，未有畧形器而可驟語夫精微之理者也。如《幾何原本》諸書爲曆學萬理之所從出。然其初，要自一點一線一平面之解。及其至也，窮高極遠，而天地莫能外焉。今之學曆者，於凡發明器數之書，忽爲平常而不屑寓目，輒希頓悟於要渺之途，譬之登高而不自卑，何由至也？即有自命博雅，以格物窮理爲學，然而務大而遺小，務貴而畧賤。夫道無往而不在，豈事物之大與貴者理在，而事物之小與賤者而理即不在乎？殊不知形上之理，不越乎形下之中也。今仁之著測天諸儀説也，不惟論其用法，與夫測天之細微，以及推諸天諸星之奥義，其于制作法、輕重法、堅固法之衆理，亦必詳載而論列之。蓋精粗表裏，互發而益明也。夫欲儀制之堅固，不在乎尺寸之加廣，銖兩之加重，而徒以粗厚名也。大率在于儀徑長短之尺寸與儀體輕重之銖兩，相稱而適均，乃爲得耳。蓋儀之徑愈長，則儀愈難承負。儀體既重，若又加銅以圖堅固，則徑反弱而自下垂。如赤道黄道經緯諸規，兩端懸于南北兩極之軸，若銖兩加倍，則東西兩半太重，必自下垂而不合乎天上所當之平面圈矣。若竪立之，則上下兩半又下垂，而圓圈又類卵形矣。其長圓之徑表兩端定處，則中心太重，必自下垂而離南北之徑線。又象限儀之横梁，紀限儀六尺半徑之幹等，皆須與地平線平行。而用權衡之理，依據于中心之一點，若過加銖兩，則兩端必下垂而不合于本圈之徑線。造儀之難正在於此。而儀之凖與否，亦即在于此。今更取五金，所以堅固之理以明之。姑夫五金等材堅固之力，必從人之所推移而見，又必從壓之以重物而始見之。姑借方圓柱所承之力以類推焉。凡形之長者，必有縱徑、有横徑，其縱徑之力與横徑不同。儀之中，有方柱圓柱，有長方各梁柱，有長遠表，其中有竪立者，有與地平線平行者，有横斜用者，縱徑横徑，各有説焉。今先論縱徑之力，以定横徑所承之力。西士嘉理勒之法曰：觀于金銀銅鐵等垂線繫起若干斤重，漸次加分兩，至本線不能當而斷。如金及銀之垂線，其横徑一厘，試加斤兩至二十三斤而斷。又同徑之銅鐵線，試加斤兩至十八斤而斷。因此法而推論曰：有金銀立柱于此，其横徑有六厘，必得八百二十七斤之分兩能當之；銅鐵柱必得六百四十七斤之分兩能當之。有同徑之烏木等材料之立柱，約得一百一十八斤之分兩能當之。如十八圖。蓋凡兩柱大小之比例爲其兩横徑再加之比例，而其堅固之比例必與之相同。譬如有金線于此，其横徑爲一厘，若能當二十斤，則一分徑之金線必能當二十斤矣。蓋一厘之徑與一分之徑，如一分之徑與一寸之徑。則一厘之徑與一寸之徑，如二十斤與二千斤。同是再加倍之比例。從此而推方圓等柱，以其横徑之所當分兩若干。如十九圖，有方柱竪立爲戊巳，其縱徑僅足拉斷之斤兩，即辛繫在于巳。又有方柱甲乙丙丁於地平線平行，其大小于竪立之方柱戊巳相同，其横徑僅足拉斷之斤兩，即壬繫在於丙。題曰：辛之斤兩于壬之斤兩，如戊巳柱之縱徑于甲丙柱之横半徑。蓋丙丁線擯杆之類，其支磯在丁，其用力在丙，由此論之，試令本柱之横半徑丙庚有其縱徑甲乙四分之一，而辛之斤兩爲四千斤，則壬之斤兩不過一千斤，而原柱依其横徑必墜斷矣。又有兩長方之柱見二十圖。甲乙、丙丁，而甲乙之厚面及丙丁之寬面，兩面于地平線平行。與兩柱之一端，各有繫于本力相稱之斤兩，如戊與巳。若再加之斤兩，則兩柱必不能當而墜斷矣。題曰：甲乙柱厚面之横徑，於丙丁柱寬面之横徑，加倍之尺寸若干，則戊之斤兩于巳之斤兩加倍若干？解曰：甲乙柱厚面之横徑，與丙丁柱寬面之横徑，如五與一，因而若巳之重一百斤，則戊之重五百斤矣。有兩柱見二十一圖。甲乙丙丁、戊巳庚壬，其長短等，其粗細不等，其粗柱之堅固與細柱之堅固，有巳壬之横徑與乙丁之横徑三加之比例，如乙丁有巳壬三分之一。而細柱之堅固能當三千斤，則粗柱之堅固能當八萬一千斤。因此而推圓柱之長，應加若干之尺寸，以知其不能當本體之重，以知其横繫于空中時，若釘此一端於壁，則彼一端自弱，而重垂下必横斷矣。如甲乙柱見二十二圖。横懸於空中，其長徑五尺，於地平線平行，其本體之重有六百斤，若再加一千斤之重，繫在于丁，則圓柱墜斷。今球應加若干尺寸，以知其自垂而斷之處。依本法之理以論之，若干本柱加一丈五尺，共得二丈，則本柱不能當本體之重，自垂而横斷矣。總而論之，甲乙柱之斤兩與本柱之斤兩，并其所繫於丁，斤兩之加倍，如五尺與二丈一尺七寸之比例。今於二丈乙尺七寸，再加本柱之長五尺，而三倍之，其積數共得八丈零乙寸。若此數并五尺之數中，取中比例數，得二丈，即所求甲乙柱之尺寸矣。從圓或方柱之理可推他類，從五金之柱形可推他形并材料。又，筋系蔴等繩堅固之力，同一比例之理。以上摠論依勾股之理，方圓等柱堅固之理。今依勾股之弦，斜向之柱，萬變不同，其堅固與否，其自弱而垂下之勢若干，皆照其斜向之勢若干。欲明此理，必須先知方圓等柱，各依勾股各弦之斜向加減，本體之輕重若干而後可也。詳載舉重學論内。

新儀輕重比例之法

夫儀之重輕與其大小，必有一定之比例。因其輕重，可推而知其大小。又因其大小，可推而知其輕重。凡爲輕重者，必以其體形相等爲主。兩物體形相等者，彼此有輕重多寡之比。不相等者，其輕重無相比之定理。如有銅球於此，其徑一尺，不可以爲一定之輕重。若相等形之他球，如同徑之鐵球、木球，斯可以比之而定其輕重。蓋鐵球比銅球爲輕，比木球爲重也。輕重學有云：凡銅色之球，如皆爲銅或鐵等，其輕重之比例，爲其全徑三加之比例。如有兩銅球，甲與乙，見二十三圖。甲之徑爲二尺，乙之徑爲一尺，若甲球重三千零四十斤，則乙球之重必三百八十斤。因此比例法，從輕推重，從小推大，又從同色之類推大小之同類。譬如將黄蠟作球，從此蠟圈蠟球之輕重，可推金銀銅等項之同徑球之輕重。凡鑄銅儀，先用蠟作各儀之式樣。其法曰：造諸色同徑之體，如球體或立方體，權之，得其輕重之差，以爲比例之根率。如下表，縱横兩行，列諸色之體名，上邊之横行，從最重起至最輕止；旁邊之縱行，縱最輕起至最重止。縱横兩行相遇之方位所得之數，即兩同類異色之體輕重之比例也。

異色之體輕重比例表

	蠟	水	蜂蜜	錫蠟	鐵	銅	銀	鉛	水銀	金
金	十九又二十九分之十九分	十九	十三又二十九分之三分	二又三十七分之二十一分	二又八分之三分	二又九分之一分	一又三十一分之二十六分	一又二十三分之十五分	一又九十五分之三十八分	一
水銀	十四又一百四十七分之三十二分	十三又七分之四分	九又二百〇三分之七十三分	一又二百五十九分之一百十分	一又五十六分之三十九分	一又六十三分之三十二分	一又二百一十七分之六十八分	一又一百六十一分之二十九分	一	
鉛	十二又二十一分之一分	十一又二分之一分	七又二十九分之二十七分	一又七十四分之四十一分	一又十六分之七分	一又十八分之五分	一又六十二分之七分	一		
銀	十又六十三分之五十二分	十又三分之一分	七又八十七分之十一分	一又一百十一分之四十四分	一又二十四分之七分	一又二十七分之四分	一			
銅	九又二十一分之九分	九	六又二十九分之六分	一又三十七分之八分	一又八分之一分	一				
鐵	八又二十一分之八分	八	五又二十九分之十五分	一又三十七分之三分	一					
錫	七又一百〇五分之八十九分	七又五分之二分	五又二十九分之三分	一						
蜂蜜	一又二百十分之一百〇九分	一又二十分之九分	一							
水	一又二十一分之一分	一								
蠟	一									

此表之用法有二：其一求兩等大異色體之輕重差，其一求兩異色等重體之大小差。兩法從先所引輕重學之一題而生。若求兩體輕重之差，則以其輕體者當一，或斤兩等分。若求本體大小之差，則以其重者當一。假如求蠟與銅輕重之差，蠟比銅輕，則蠟當一，而蠟銅縱横兩行相遇之方内，書在九倍又二十一分之九分。解曰：若蠟球有一斤重，則同徑之銅球有九斤重，又一斤二十一分之九分。欲觀水與水銀之輕重差，則在卷内之十三分又七分之四分可考也。又如水之重約一斤，則水銀相等，有十三斤又一斤七分之四。若儀器銅圈應厚一寸，寬二寸，其徑該六尺長，求其銅之斤兩。法曰：先作有一尺徑蠟圈，寬厚與銅大圈相等，因而照前表法，求等大之銅圈。次從一尺之徑圈，因而推六尺之徑圈。看新法測量全儀第五卷，然後看前表。凡銅鑄儀，其座架并方圓各形之柱表梁等，先無不用蠟而作大小各式様，因可推其應作銅鐵元柱表梁等各輕重之斤兩矣。凡此係前表之第一用法。今照第二用法，有銅有蠟兩球，輕重相等，求其大小之差。銅球必小，當一，而銅蠟縱横兩行相遇之方内，書在九又二十一分之九分。解曰：銅球之大。與蠟球之大，如一與九又二十一分之九分，則蠟球包含銅球之大，約九倍半，其餘比例皆倣此。

新儀之重心向地之中心

凡有重體之論，必以其重心爲主。所謂重心者，即重物内之一點，而其上下左右兩重彼此相等也。如二十六圖甲乙體内丙點是也。但每重體，獨有一重心。儀器則有本形之中心，亦有本體之重心。凡儀器中心，必當天之中，即地之中心也。蓋凡推算日月五星二十八宿等在天所行之度分，必以天之中心爲主，從天之中心出線至天上各星，則定某星在本天大圈之某度分，乃從儀之小圈以測驗之，而準其度分，必儀之小圈之度分與在天大圈之度分相應相合。然在天之大圈與儀之小圈之度分，上下既一一相應相合，則在天之大圈與儀之小圈所向之中心，必爲一無二矣。今人用儀之時，雖在於地面之上，而離地之中心，即天之中心約一萬五千里。其從地面所測天上之度分，即如從地中心測驗之無二。蓋地半徑之差，與天之最高最遠無比，惟月天畧有可比之理，因有數分地半徑之差而生也。夫儀之重心，以地之中心亦爲定向。蓋凡重物之體，自上直下，必欲至地心而止者是也。試觀二十四圖，甲爲地球之中心，乙丙戊皆重物，各體皆直下向地心而方止。蓋重性就下，而地心乃其本所故耳。譬如磁石吸鐵，鐵性就石。不論石之在上在下在左在右，而鐵必就之者，其性使然也。何況地之中心，六合内最下之所，物離其中心，不得爲下，必爲上也。此地道寧静而永不動之故也。蓋凡謂下者，必遠於天而就地心。凡謂上者，必就天而遠于地心。而地一圜球，懸于空際，居中無著，常得安然。而四方土物，皆降而就于地心之本所。東降欲就其心，而遇西就者不得不止；南降欲就其心，而遇北就者亦不得不止。凡物之欲就者皆然。故凡物相遇之際，皆能相衝相逆，故凝結於地之中心。即不相及者，以欲就，故亦附麗不脱。致令大地懸居空際也。如二十五圖，丙爲地上心，甲乙兩分各爲之半球，甲東降就其心，乙西亦降就其心，兩半球又各有本體之重心，如丁、如戊，甲東降必欲令本體之重心丁至丙中心然後止，乙西降必欲其本體之重心戊至丙中心然後止，故兩半球相遇于丙中心。甲不令乙得東，乙不令甲得西，一衝一逆，勢力均平，遂兩不進，亦兩不能退，而懸居空際，安然永奠矣。譬有一門于此，二人出入，在外者衝欲開之，在内者逆欲閉之，一衝一逆，爲力均平，門必不動。甲乙半球，其理同也。至四方八面一塵一土，莫不皆然，隤然下凝，職此之由也。

諸儀座架之法

座架者，所以托載重體而免致于傾仆者也。座架之式有二，一直一斜，皆以垂線分別，垂線于座架爲直角者，即直座也，爲斜角者，即斜座也。凡座架以重徑線爲平穩之則。夫重徑者，徑過重心之垂線也。其週圍銖兩輕重相均，兹姑舉二題以見例。

第一題

凡物之重徑，在其直座架内，則其物必托載平穩而無傾仆也。

假如重物甲乙見二十七圖。托於直座架丙丁，而重徑爲戊巳，故重物甲乙自不傾仆矣。蓋甲戊、戊乙輕重均平，因而甲壬小半比壬乙大半必輕矣。凡重徑在直座之外，則重物未有不傾仆者。

第二題

於重體或左右加減，或那移銖兩，則其重心必那而改移。重心一移，則重徑必隨之而移，猶人體及禽獸行動之勢，可明而推之于他類也。人體當竚立之時，全托於兩足，其兩足所立之地愈大而寛，則其身體愈穩矣。人體與獸體之所爲托載者，與儀之架座正同一理。故架座愈寛，則其所托之重物愈穩也。蓋物重徑如丙丁在架座之中，四方離座邊愈遠，則重物愈難仆矣。見二十八圖。夫人以至於獸，行動之時，其身體之重心，左右那離不斷，則其重徑亦因之那移而不斷。假如提起右足之時，其身體必偏於左，而獨托於左足，故其重徑丙丁徑過左足。提起左足之時，其身體偏右，而獨托于右足。設使人竚立時而提起右足，若不偏身於左，必不能立而仆矣。見二十九圖。又如人坐之時，見三十圖。其胸與股，其股與足，皆爲直角。又若人欲起而立，必身體之直角形變爲鋭角之形，即胸并手那移向前，而足向後。見三十一圖。自令本體之輕重均分於重徑丙丁之週圍，若不變通其力，使之輕重適均，則如三十圖之形，而人之身必不能立矣。又如人從地掀翻不拘何物，其兩足必分開，一前一後。自令重徑線丙丁徑過本體之中，如飛禽之上躍斜坡，張翼而前，下躍斜坡，歛翼而後，而重徑線丙丁，前後均平，分本體之輕重，乃不致于身仆爾。見三十二圖。飛禽之頸長者，足必長也。當禽于空中飛翔之時，引頸而前若干，必伸足于後若干。而重徑丙丁，正在本體之中。見三十三圖。又如山坡所栽之樹，未嘗隨斜坡之形而斜長，蓋必依中徑垂線丙丁，竪立而長，見三十四圖。令其根其幹其枝全依之而立，以免夫傾仆焉。故山坡之斜線甲乙，比山底之平線丙乙雖長，其所容之樹木麥穗等必相等矣。夫物之生成者，依重徑線之理如此，故能保其本體以免於偏仆也。則凡造成之物必法之而以重心重徑爲座架也，固宜。

製儀之器與法

凡測天之儀，必極其精良靈巧，以凖合乎天行之細微，而轉動以適於用，則其事乃善已。是故，製儀者欲善其事，則必備諸精妙之利器，而隨其式變通以作之，以務合乎其宜焉，則製器之能事畢矣。今姑舉其作法之次第如左云：

凡儀之大圈，必依其大小之尺寸鑄造之後，則以十字架粗木定其中心。而照第三十五圖以爲立飛輪之形，安于架上轉動之，去其模，而大約歸于圓。其圈愈大而重，既懸于中心之軸，則其轉動愈易而且疾矣。蓋重物之勢使然耳。其次，則置圈于别架之上，務與地面相平，而照圈圓形左右作楡木圈于弧内，安定刮刀約二十許，見三十六圖。刮刀架以重石，緊壓銅圈而上，用騾馬之力以轉動刮刀之輪。而圈之上下兩面，務爲刮平。又騾馬週圍轉動自行有大圈之路，以其大圈之半徑與銅圈半徑之比例若干，則知騾馬用力于刮刀重壓之斤兩若干矣。又，刮刀輪必須預備磨刀輪法。見三十七圖。其作法，其轉動之勢并其所用力之比例，與刮刀輪之理無二。但刮刀架之下安磨石，而上安壓石，于壓石之上又安自漏水筩，以便于磨平之用。見三十八圖。如刮刀輪與平磨輪之功已畢，則銅圈内再定中心。此中心應定于鋼片上，而鋼片則穩釘重大之木上，而在銅圈之正中。見三十九圖。其木之兩端，不可抵于圈，須稍離一間，否則失其圓形矣。次用兩螺旋轉，展縮其定規，見四十圖。甲乙其前後兩端，螺柱之下定心，并畫圈線之表，皆爲鋼尖表。一表定中心，一表循鋼圈週圍。内外過不及之中邊，而内外劃兩界線之圈。此面已定，則又于本圈之下面亦劃兩界線圈，而與上面之圈正相對。若不正對，則内外銅圈邊必斜。其上下兩面之圈及度數，不出於一圈之同心，而以之測天，則大舛矣。故圜圈應竪立而用上下對面線之比例。見四十一圖。次下面之上，定内外邊界線，與上下之界線正對，然後照前法畫内外邊之界線。次本圈又竪立面，用細齒之鋼鋸照内外之界線鋸解其粗模。見四十二圖。又次用粗細各銼，以銼圈之内外邊爲平圓，至内外界線而止。次本圈又横置與地面相平，而用極細之銼，四面平磋之，令上下各相對之面平合于内細微之線。又次以細微之徑線爲準，則從兩相對處緊合之，令其相交于圈之中心，見四十三圖。四面皆準合於此。則本圈各兩相對弧，可代測天之表面，可準對于分秒之細微。至天體之球，則必鏇之而後得圓。其鏇之之法，與他圈同，見四十四圖。諸圈類此，皆須于上下横竪反覆，面經百手，則其工之大端得矣。乃于其四面上依法劃圈線、度數、分秒，然後諸圈榫對，令其中心相合，歸于一點，即天體之中心。面上下左右各分秒，摠歸于全儀之一心。見四十五圖。務令各圈四面相對之半徑，皆出于一球之中心，此作儀之難也。然面儀之合天之細微，亦即在此。如天球黄赤各儀安于子午圈南北兩軸。若其軸纖毫不對於子午圈之中心，則球必偏于東西。蓋照子午圈正面於球面上下相對處畫線而轉球，令上變下，則上相對時，下必有過不及之差。欲正之，必須那移南北之軸，子午圈向内向外，以其過不及之差若干爲主。法曰：依此全差四分之一，而那軸則得其宜。其畫圈、度數、分秒等線之規短，并取直取平取方取圓等，比例尺甚繁，一併繪圖，見於別卷。

新儀運用莫便於滑車

用滑車之法而運動儀器，其便有二：省人力，一也；儀器不致于損傷，二也。其省人力者何？蓋凡人之起重，必力與其重相等。如一百斤之重，必須一百斤之力，始足以當之。今法止用一輪之滑車，而力之半能起重之全。則五十斤之力，能當一百斤之重。若用二輪之滑車，則是以力之四分之一而能當全重。即二十五斤之力，能起百斤之重也。三四等輪之比例，皆倣此。假如用一對滑車，又須用兩絞架，而一近一遠置之。其近者傍于所動之重物，而遠者離于重物也。今論一對滑車，以定其加力之比例，則以近架爲主。蓋近架内小輪若干，則力必加倍若干也。但比例有二：其一平分者，以平分之數解之，如四六八等；其一不平分者，以不平分之數解之，如三五七等。依二法安定滑車，則各有不同矣。如依平分之比例安定倍力之滑車，見七十一圖。其所倍力之數若干平分，而以其數之半若干於近架内安定小輪若干，而其繩之一端則必繫于遠架。若依不平分之比例安定倍力之滑車，于倍之數減一，而餘數之半即爲近架小輪之數。而其繩之一端則必繫於近架也。見七十二圖。如上，滑車近遠兩架通用一繩，而其一端止繫于一處，其倍力之比例皆如此。若其小輪，則每一輪各用別繩，而各繩之一端又各有安定之處，則其倍力之比例爲更大焉。見七十三圖。假如重物在庚，滑車各繩定于甲乙丙丁，人力在戊，則加十六倍。蓋依滑車之力也，若人力在巳，則與重物相等，在辛則加二倍，在壬則如辛之力二倍、巳之力四倍，在癸則又加壬之力二倍，即巳之力八倍。蓋遁加新輪，則遁加倍力有如此，此滑車之輪法。假若倒用，而以重物之所在爲人力所在，則重物之斤兩加倍若干，而起之速亦加倍若干。見七十四圖。假如(用)[甲]爲水筩，乙爲人力，按此輪法，人手拉繩至五尺以下，則盈水之筩即起有四十尺之高。而手動五尺之時，水筩已去四丈之遠，可知其速已。

其儀器不致于傷損者何？夫儀器愈廣大，則用以測天愈精微，但其廣大若干，而其重之斤兩亦若干。若無法以運動之，則未有不崩墜而觸損者矣。故紀限儀之大弧、象限儀之長大表等運動之，皆用滑車之法。見七十五圖。蓋滑車輪多，近遠置以兩架，用一繩以多繞而相連之。雖其重大而有垂壓之勢，然因其繩繞之斜纏，而勢不能驟開，必有先後漸次焉。故儀器用滑車以絞動，設縱偶有脱手，其繩必不能驟開而致有崩墜觸損之患矣。蓋滑車之理，小輪兩架繩，繩若干，則其用力加倍亦若干。又拉重者比其所拉之重行動之捷若干，則其力亦必加倍若干。故滑車之繩一端若繫于近架拉重，則更加其力矣。

又，用多輪之滑車一對，不如用單輪之滑車兩對，其所倍之力更大。假如一對滑車，其近遠兩架各四輪，則共八輪，其力之加大爲十倍。今有兩對相連之滑車，其近遠兩架各有二輪，則共八輪，與前同，而其力之加倍爲二十五倍，與前大不同也。凡用滑車運動最重之物，必須絞架，所以倍加其力也。假有相連兩對之滑車于此，各有四輪，而有人在丙，用四十斤之力，則能動一千斤之重。若又添絞架，其絞柄于其絞柱之徑，如十與一，則以四十斤之力，能動三萬五千斤之重。故絞架與滑車互相爲用也。若獨用絞架，則其所繞絞柱之一單繩，不足以當二萬五千斤之重。若獨用滑車，則其諸繩雖足當乎重物，而其倍力之比例實不及矣。若用絞架連用滑車，則合力當之而有餘焉。又其所繞絞柱雖仍有一單繩，而此一繩則能當雙繩相連八繩之力也。凡此倍力之所以然，詳見舉重學內，茲不具載。

新儀用輪相連以便運動

天體紀限諸儀，皆宜用輪相連法，以便運動之。蓋天體儀之廣大，重四千斤，其妙用在可對乎天下各省北極之高度。夫人之目，雖不離於京師觀象臺之一處，然究其可見者，則在各省之天象與在一處無異也。故特用大小輪法，以便運動而對於各處北極之高度。用此輪法，則用四斤之力，而能運四千斤之天體也。若紀限儀，原爲百遊之儀，亦用此輪法，以便對於天之正斜、左右、上下百遊之方向而轉動之。所爲輕便者，在大小輪相連一定之比例。蓋大輪之徑，比小輪之徑天寸有若干，見八十四圖。則即省轉動之力有若干。如有輪架五對，每一對有大小兩輪，同在一軸，每大輪與其小輪之比例，如五與一，五對輪相連，大撥小，而同爲五倍相連之比例。今推算其力，如有一孺子于此，止能用一斤之力。若用此輪法，則能起二百九十八萬五千九百八十四斤之重。魯照此法造小輪架以爲引重，其長不及二尺，其闊深不及一尺，内有三等輪與三軸，彼此相通相撥，獨用一絲繩以轉動之，而拉重物，勝于數十人之力焉。其所以然之故，則詳見所論重學諸題。

新儀用螺旋轉以便起動

諸儀中最有力者，螺旋轉也。其作法之巧妙，與用法之廣大，及其運動省力之理甚微，故新造之諸儀俱用之。螺旋轉上端用絞柄開之，旋之，緊鬆之。其絞柄之尺寸比螺旋轉之半徑若干，則其省力亦若干。如新儀并座架共有四五千斤之重，今用一寸徑之螺旋轉，又加一尺之絞柄，則雖一孺子用數斤之力，而即能起動之。若照比例相連之法，用螺旋轉彼此相撥之法，則用一斤之力者，而可以起數萬斤之重也。蓋此相撥之器具一動，而有無所不動之勢，故其力爲甚大也。其螺旋所以省力之故，則在勾股形之弦與股一定之比例，見八十七圖。并詳于舉重學內，則其本論爲甚明也。

清・南懷仁《新製靈臺儀象志》卷三 新儀安置之法並摘羅經之誤

凡測天之儀，蓋本乎曆象自然之法，而造爲精微之器者也，故儀與天合象之規。使安之而失其正，則儀必不合乎天矣。不知者歸咎于曆法之不合天，或以爲儀之不合于法，又因不知其舛錯之處而究其本源，妄意修改，反以良法爲弊法目之，此曆法之亂所由始也。夫安儀之法，一以四方向，一以北極高度，此爲兩大端。苟有纖毫之差，則儀不合于天矣。測定本極之高度，詳載日躔曆指二卷諸法中。若定安儀之方向，斷乎不可以羅經爲主。蓋羅經，或偏東，或偏西，天下各省多寡不同，向正南正北者絶少。

京師偏東四度有餘，故京師内外，凡房舍墳地山向，俱依羅經所定者，率多有偏，未有一向正南者。仁數載京華，凡所閲歷，安定日晷諸儀，多所測試。每有南北之墻四五丈内，偏三尺餘者。夫觀象臺，原屬安諸儀以測天、定諸星諸天象、正方向之所，究之四面之方向大謬也。仁於康熙十年以正法考之，其東西墻五丈内，離正東西二尺有餘。右之管窺象緯者，何誤一至此也？定正向之原所巳謬如此，將何施而可哉？夫差之毫厘，謬以千里。今四五丈内，有二三尺之差，則四五里内，即有數丈之差。如九十一圖，甲乙爲舊臺東西墻，巳丁爲正東西線，兩線引長至四五里遠，愈遠愈多，相離五里既有數丈之差，則引長而至於天上元地平圈線，豈不有數千里之差乎？凡定方向，必以天上元地平線爲主，而羅經之中心，當元地平之中心。今羅經之所定，既差至數千里。如此，豈可用以定安儀之方向乎？【略】

黄赤二儀安定之法

黄赤二儀安定之法畧同。以東西南北地平三圈，並北極之高度爲定，先竪子午圈，而左右以六尺之垂線準之，使其兩面正合過天頂圈，即以直角交地平也。以後凡説垂線者，必須細微銅絲，用斤半重之垂球，四方之筒以避風，蓋絲絹等線，左右轉動難以定準。見九十四圖。次照前法，依南北之線安定之。次於本圈之頂極安垂線，至其底極安垂球，用座架四角之螺旋轉高下本圈，使其北極正對天上之北極，即使垂線正合于本圈之底極底。凡垂線于底極左右所切度分，應爲本度分之半耳，因垂線之角負圈之角故也。其理詳見前章。次用赤道緯圈。若用黄道儀，則以過極之圈爲赤道緯圈。而午前午後累測恒星赤道之緯度，蓋使午前後兩測之緯度分相同無差，則南北東西諸圈，正合于天而無差明矣。

地平經緯儀並天體儀安定之法

曆家欲精測天象之地平經緯度，則必分地平之經儀與緯儀而兩測之。如使竝測于一儀，恐未可以爲準也。今先論夫安經儀之法，其要端有二：其一，地平圈必務合于天元地平線，而從本圈之中心所離之直線，必須合于天元頂線。故儀之頂線置窺筒内，筒之外有垂線。見九十五圖。次四面之螺旋轉柱，上下進退，使垂線不倚窺筒，而四面正合筒底所刻爲準之記。其一，地平圈上南北之線，必須合于天元地平上南北之線，其法與向所論真正南北向之線諸法無異。又可用赤道之儀，以考測其差與否。蓋冬夏二至相近日，太陽在巳位時，測其離正午往東若干，或度數分，或刻數分，而于其時又以地平圈表對之，並本圈上與其所對之度分記識之。又，太陽在未位時，測其離正午往西與其在午前相同之度數分，或刻數分，而彼時又即以地平表對之，又記識之。次從午前所對設至□後□所測相距之度數，以本地平之表平分之。此表平分之線，爲本地平圈上正南北之線，若依恒星爲據，則不拘何夜候測各星，在巳申兩位之時，與候測太陽同法同理也。

若夫地平緯儀，即象限儀，其安法以天頂之垂線爲定。蓋象限儀背面有垂線球，其線必須與本儀之半徑線正對，與本儀之立柱須常平行。故立柱下端四面有螺旋轉柱，進退螺柱，見九十六圖。東西南北，務求垂線準合于背面之所記識，則安法得宜，而全儀合子天元頂圈矣。夫天體之安法，以子午並地平兩圈爲定。其法以地平下所安之輪，進退子午圈，或南或北，使之齊北極高度，準合于本地應天之北極之高度。次地平圈上面以垂線爲準，其定四面方向之法，大約似地平經儀之安法。若欲取天體之便而定之，則本儀上于某時刻太陽所躔之度分立直表。次用前所安赤道之經緯儀，而于本時刻測太陽離正午或東或西若干度分，並所值時刻轉儀至先所立表無射影處。見十七圖。若儀上北極□□所安時圈之刻分數準合于赤道儀上刻分數，則本儀方向必正矣。若欲依恒星定方向，則照前法，必須兩人同測。一人用赤道圈表，于某時刻測某星相去午正或東或西若干刻分，一人用天體上時圈表，于本時刻對齊于某星。若兩圈上相去午正之刻分相同，則儀之方向又正矣。夫紀限儀能應天上東西南北正斜諸圈，自無不定之方向。其安法以座架正竪立不偏爲準也。

清·張廷玉等《明史》卷二五《天文志一》

（洪武）十八年，設觀象臺於雞鳴山。二十四年鑄渾天儀。正統二年，行在欽天監正皇甫仲和奏言：「南京觀象臺設渾天儀、簡儀、圭表以窺測七政行度，而北京乃止於齊化門城上觀測，未有儀象。乞令本監官往南京，用木做造，挈赴北京，以較驗北極出地高下，然後用銅別鑄，庶幾占測有憑。」從之。明年冬，乃鑄銅渾天儀、簡儀於北京。御製觀天器銘。其詞曰：「粤古大聖，體天施治，敬天以心，觀天以器。厥器伊何？璿璣玉衡。璣象天體，衡審天行。歷世代更，垂四千祀，沿制有作，其制寖備。即器而觀，六合外儀，陽經陰緯，方位可稽。中儀三辰，黄赤二道，日月暨星，運行可考。内儀四遊，横簫中貫，南北東西，低昂旋轉。簡儀之作，爰代璣衡，制約用密，疏朗而精。外有渾象，反而觀諸，上規下矩，度數方隅。别有直表，其崇八尺，分至氣序，考景咸得。縣象在天，制器在人，測驗推步，靡忒毫分。昔作今述，爲制彌工，既明且悉，用將無窮。惟天勤民，事天首務，民不失寧，天其予顧。政純於仁，天道以正，勒銘斯器，以勵予敬。」十一年，監臣言：「簡儀未刻度數，且地基卑下，窺測日星，爲四面臺宇所蔽。圭表置露臺，光皆四散，影無定則。壺漏屋低，夜天池促，難以注水調品時刻。請更如法修造。」報可。明年冬，監正彭德清又言：「北京北極出地度、太陽出入時刻與南京不同，冬夏晝長夜短亦異。今宫禁及官府漏箭皆南京舊式，不可用。」有旨，令内官監改造。景泰六年又造内觀象臺簡儀及銅壺。成化中，尚書周洪謨復請造璿璣玉衡，憲宗令自製以進。十四年，監臣請修晷影堂，從之。

弘治二年，監正吴昊言：「考驗四正日度，黄赤二道應交於壁軫。觀象臺舊制渾儀，黄赤二道交於奎軫，不合天象，其南北兩軸不合兩極出入之度，窺管又不與太陽出没相當，故雖設而不用。所用簡儀則郭守敬遺制，而北極雲柱差短，以測經星去極，亦不能無爽。請修改或別造，以成一代之制。」事下禮部，覆議令監副張紳造木樣，以待試驗，黄道度許修改焉。正德十六年，漏刻博士朱裕復言：「晷表尺寸不一，難以準測，而推算曆數用南京日出分秒，似相矛盾。請敕大臣一員總理其事，鑄立銅表，考四時日中之影。仍於河南陽城察舊立土圭，以合今日之晷，及分立圭表於山東、湖廣、陝西、大名等處，以測四方之影。然後將内外晷影新舊曆書錯綜參驗，撰成定法，庶幾天行合而交食不謬。」疏入不報。嘉靖二年修相風杆及簡、渾二儀。七年始立四丈木表以測晷影，定氣朔。由是欽天監之立運儀、正方案、懸晷、偏晷、盤晷諸式具備於觀象臺，一以元法爲斷。

清·戴進賢等《璣衡撫辰儀説》卷上之一《全儀》

《虞書舜典》：在璿璣玉衡以齊七政。孔穎達疏曰：璣衡者，王者正天文之器。漢世以來謂之渾天儀者是也。馬融云：渾天儀可旋轉，故曰璣衡。其横簫，所以視星宿也。蔡邕云：衡長八尺，孔徑一寸，下端望之以視星辰。蓋懸璣以象天而衡望之，轉璣窺衡以知星宿，是其説也。上天之體，不可得知。測天之事見於經者，惟此璿璣玉衡一

事而已。楊子《法言》云：或問渾天，曰：落下閎營之，鮮于妄人度之，耿中丞象之。幾乎，幾乎，莫之能違也。閎與妄人，武帝時人。宣帝時，司農中丞耿壽昌始鑄銅爲之象，史官施用焉。江南宋元嘉年，太史丞錢樂陳氏師凱曰：錢樂，本名樂之。孔疏：□之字鑄銅作渾天儀，傳於齊梁。周平江陵，遷於長安。《尚書》蔡註曰：宋錢樂鑄銅作渾天儀。衡長八尺，孔徑一寸。璣徑八尺，圓周二丈五尺强。轉而望之，以知日月星辰之所在，即璿璣玉衡之遺法也。歷代以來，其法漸密。本朝因之，爲儀三重。其在外者曰六合儀。平置黑單環，上刻十二辰、八干、四隅在地之位，以準地面而定四方。測立黑雙環，背刻去極度數以中分天脊，直跨地平，使其半入地下而結於其子午，以爲天經。斜倚赤單環，背刻赤道度數以平分天腹，橫繞天經亦使半出地上半入地下而結於其卯酉，以爲天緯。三環表裏相結不動，其天經之環則南北二極皆爲圓軸，虛中而內向，以挈三辰四游之環。以其上下四方於是可考，故曰六合。次其內曰三辰儀。側立黑雙環，亦刻去極度數，外貫天經之軸，內挈黃赤二道。其赤道則爲赤單環，外依天緯，亦刻宿度而結於黑雙環之卯酉。其黃道則爲黃單環，亦刻宿度而又斜倚於赤道之腹，以交結於卯酉，而半入其內，以爲春分後之日軌，半出其外，以爲秋分後之日軌。又爲白單環以承其交，使不傾墊。以其日月星辰於是可考，故曰三辰。其最在內者曰四遊儀。亦爲黑雙環，如三辰儀之制，以貫天經之軸。其環之內，則兩而當中，各施直距，外指兩軸，而當其要中之內面。又爲小窾，以受玉衡要中之小軸，使衡既得隨環東西運轉，又可隨處南北低昂，以待占候者之仰窺焉。以其東西南北無不周徧，故曰四遊。此其法之大略也。今考前史，漢初落下閎造渾天儀本無黃道，或云賈逵所加，或云李淳風所加，或云一行所加。而宋錢樂之渾儀之制，雖有黃道，並無黃道經圈，其四遊圈亦不貫於黃極，則亦未盡黃道之用。元郭守敬作簡儀，乃分渾儀而變其制，別設立運圈，以測地平經緯度，而不設黃道圈。蓋黃道與黃極經圈成經緯，設黃道又設經圈，則圈多而不便於測候，故不用黃道而專用赤道圈。明正統三年，鑄銅渾儀、簡儀於北京，即宋元遺法也。我朝康熙八年，聖祖仁皇帝命監臣南懷仁新製六儀，赤道、黃道分爲二器，皆不用地平圈。而地平、象限、天體諸儀，則地平之經緯，與黃赤之錯綜，皆已畢具。康熙五十二年，又命監臣紀利安製地平經緯儀，合地平、象限二儀而爲一，其用尤便，制作之妙，於斯極矣。我皇上敬天法祖，齊政勤民。親涖靈臺，徧觀儀象。以渾天制最近古，而時度宜從今，觀其會通，斯成鉅典，於是用今之數目合古之型模。御製璣衡撫辰儀，用裨測候，誠唐虞之遺意，昭代之新規也。儀制三重。其在外者，即古之六合儀，而不用地平圈。其正立雙環爲子午圈，兩面皆刻周天三百六十度，自南北極起初度，至中要九十度，是爲天經。斜倚單環爲天常赤道圈，兩面皆刻周日十二時，以子正午正當子午雙環中空之半，而結於其中要，是爲天緯。其南北二極，皆設圓軸，軸本實於子午雙環中空之間，而軸內向，以貫內二重之環。其下承以雲座，仰面正中開雙槽以受雙環，東面正中開雲竅以受垂球。下面置十字架，施螺旋以取平。架之東西兩端，各植龍柱，龍口銜珠開孔，以承天常赤道卯酉之兩軸。依觀象臺測定南北正線，將座架安定，則平面之四方正。又依京師北極出地三十九度五十五分，自北極而上五十度五分，即上應天頂，自南極而下五十度五分，即下對地心，而應天頂之衡。於天頂施小釘懸垂線，而垂適當地心，又適切於雙環之面，不即不離，則上下正，立面之四方亦正，而地平已在其中，故不用地平圈也。次其內即古之三辰儀，而不用黃道圈。其貫於二極之雙環，爲赤極經圈。兩極各設軸孔以受天經之軸，兩面皆刻周天三百六十度，結於赤極經圈之中要。與天常赤道平運者，爲遊旋赤道圈，兩面皆刻周天三百六十度，與天之赤道旋轉相應。自經圈之南極，作兩象限弧以承之，使不傾墊。測得三辰之赤道經緯度，則黃道經緯可推。且黃道與赤道之相距，古遠今近，縱或日久有差，而儀器無庸改制，故不用黃道圈也。其在內者即古之四遊儀。貫於二極之雙環爲四遊圈，兩面皆刻三百六十度。定於遊圈之兩極者爲直距，綰於直距之中心者爲窺衡。遊圈中要，設直表以指經度及時。窺衡右旁，設直表以指緯度。此古今所同，無容置議者也。是故體制倣乎渾天之舊，而時度尤爲整齊，運量同於赤道新儀，而重環更能合應。至於借表窺測，則上下左右，無不宜焉。夫羲和遺制，不可考已。漢世以來，或作而不傳，或傳而不久，蓋制器尚象若斯之難也。而稽古宜今，至我朝乃臻盡善。《易・繫傳》云：「備物致用，立成器以爲天下利，莫大乎聖人。」詎不信乎？

子午圈，所以正南北也。天之南北，定於兩極。必先測定南北正線，而後安置子午圈，則子午圈即爲南北之正線。南北正，而後日軌之高下，時刻之早晚，中星之偏度，可得而稽也。其制雙環，外徑六尺三寸，內徑五尺六寸六分，環面闊三寸二分，厚九分，中空一寸。雙環之間，四隅各施銅枕，合而固之，其中空之半，爲子午正線。兩面各畫三百六十度，每度六十分，自南北極起初度，至中要九十度。古曰天經環，西法舊曰緯圈，蓋織絲以直者爲經，橫者爲緯。古以其圈直立，故曰經，西法以其爲橫線所界之度，故曰緯。今按：圈直而度橫，則其圈宜曰經圈，而其度乃爲緯度。《周禮》賈公彥疏：所謂南北之道謂之經。元儒陳氏師凱所謂「自北數向南去，如機上數緯絲」是也。自兩極起初度者，北極出地，南極入地，其度數皆自兩極起算也。中要九十度者，赤道爲帶天之紘，距兩極各一象限也。南北極各設鋼軸，軸本扁方，長三寸，闊二寸二分，厚一寸。實於雙環之間，以鋼螺旋結之，軸長六寸，徑八分，正當雙環中空之半，內向以貫三辰四遊之環，所以象天樞也。

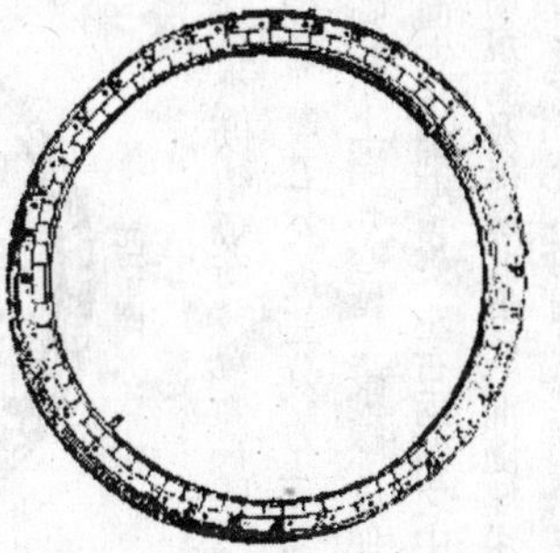
子午圈

天常赤道，所以正時刻也。天左旋，一日一周，南北極持其兩端，而赤道爲其橫帶，以其常定不動，故曰天常。日循黃道右旋，而其隨天西轉則係赤道之度，日行臨於赤道之某位，即爲某時，故時刻由赤道而正也。其制單環，外徑六尺一寸二分，內徑五尺六寸四分，環面闊二寸四分，厚一寸四分。平分其厚爲赤道之中線，兩面各畫周日十二時，每時初正各四刻，每刻十五分，每一時當天之三十度，每四刻當天之十五度，每一分當天之十五分。以其子正午正線當子午雙環中空之半，而結於其中要，使其赤道中線適當子午圈之九十度，兩圈相結成十字直角。古曰天緯環，西法舊曰赤道經圈，蓋古以其圈橫運，故曰緯，西法以其爲直線所界之度，故曰經。今按：圈橫而度直，則其圈宜曰緯圈，而其度乃爲經度。《周禮》賈公彥疏：所謂東西之道謂之緯。陳氏師凱所謂「自東數向西去，如機上數經絲」是也。上面午正時刻線，結於子午圈之正北。卯正居西，酉正居東，謂日影對照之時。下面則子正居北，午正居南，卯正居東，酉正居西，爲日行所臨之正位也。

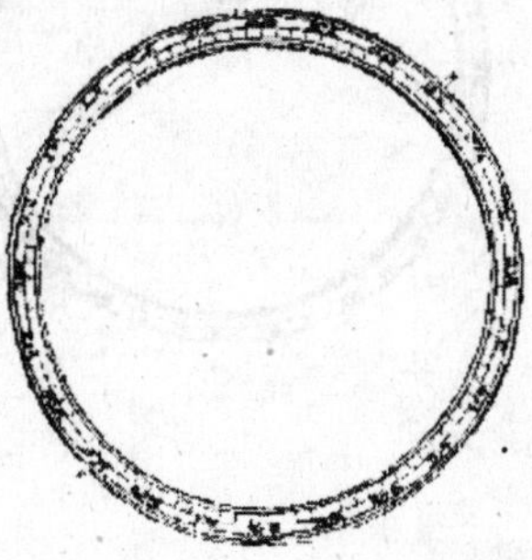
天常赤道

赤極經圈，所以帶赤道也，亦曰過極圈。制如子午雙環，在內而差小。外徑五尺五寸六分，內徑五尺一寸二分，環面闊二寸二分，厚八分，中空一寸二分。兩面皆畫三百六十度，每度六十分。一面自兩極起初度，至赤道九十度，以應天經。一面自赤道起初度，至兩極九十度，以應赤緯。南北極各設軸孔，用扁方銅長三寸，闊與環面等，厚與雙環中空等。中心開圓孔，以受天經之軸。其孔徑適容軸徑，使旋轉不致動摇。孔之兩面各施鋼片，厚四分，使孔徑不致磨損。兩軸孔之中徑適當雙環中空之半，與兩極徑線參直以鋼螺旋結之。環外南北極之兩端，各施扁圓鋼子，厚五分，與內外兩雙環之分縫等，貫於天經之軸，使赤極經圈之中要九十度線，適與子午圈之九十度相準，則內外兩圈，上下四方，俱合爲一線，而縱橫經緯，自宜悉協矣。

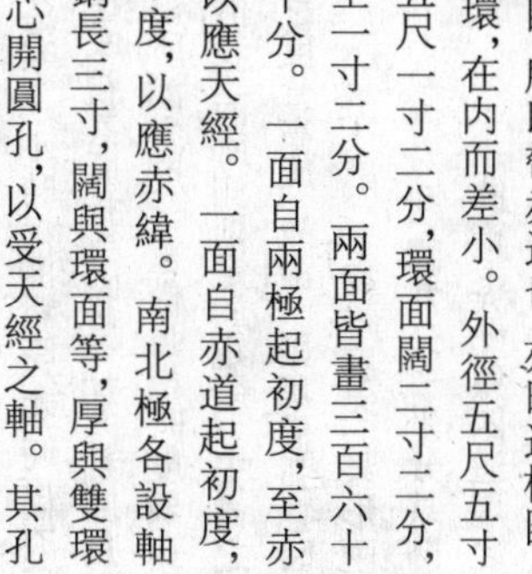
赤極經圈

遊旋赤道，所以象天之運行，而紀其赤道經度也。制如天常赤道，在內而差小，外徑五尺五寸六分，內徑五尺一寸二分，環面闊二寸二分，厚一寸二分。平分其厚爲赤道之中線，兩面各畫周天三百六十度。上面分爲十二宮，每宮三十度，每度六十分。下面自丑宮起初度，右旋三百六十度。以其丑宮未宮初度之線當赤經雙環中空之半，而結於其中要，使其赤道中線適當經圈之九十度，兩圈相結成十字直角，與天之赤道旋轉相應。又於經圈南極之兩旁，設象限弧，承於遊旋赤道辰宮戌宮之下，以螺旋結之，使不傾墊。有天常赤道之不動者以定時，又有遊旋赤道之常動者以紀度，則赤道之逐宮逐度皆能周行於十二時，而三辰之所躔，與兩曜之相距，皆可得而稽矣。

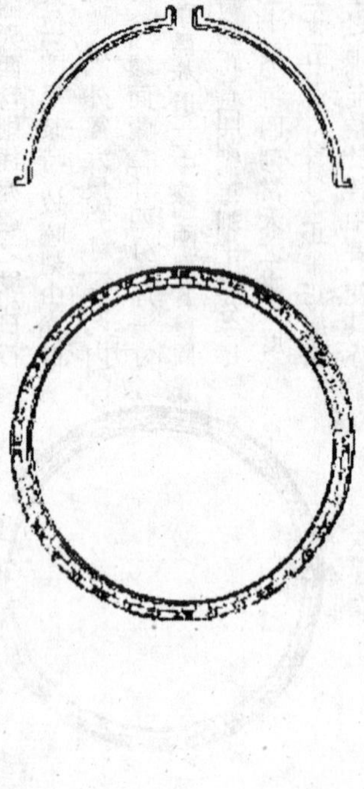

遊旋赤道

四遊圈，所以測三辰之赤道經緯度也。制如赤經雙環，在內而差小，外徑五尺，內徑四尺六寸八分，環面闊一寸六分，厚七分，中空一寸四分，蓋三重雙環之外而皆相平，而內重則漸薄，中空則漸大。取其輕重適宜，亦便於設窺衡也。兩面各畫三百六十度。一面自北極起初度，至南極一百八十度，爲去極度。一面自赤道起初度，至兩極各九十度，爲距緯度。南北極各設軸孔，以受天經之軸，與過極圈同。環外南北極之兩端，各施扁圓鋼子，厚六分，與赤經四遊兩環之分縫等貫於天經之軸。其下半周之中要，安直表以指經度及時刻。兩面對南北極各安直距，如圓之通徑，闊一寸六分，厚七分，中空一寸四分。直距之二面對環之兩極作直徑線，對環之九十度作橫徑線，十字相交，中心開圓孔，施螺旋小鋼軸，而圓其末，以綰窺衡。窺衡長四尺七寸二分，方一寸二分，中空一寸，上下兩端施方銅蓋，厚五分，內三分，方一寸，入於管中，外二分，方一寸二分，齊於管面，中心開圓孔，上端孔心留十字線，以便測視。管之四面亦各取中線，上面安立表，下端右面安指緯度表。左右兩面之中心各開圓孔，使直距中要小軸之末入其中以綰之，則窺衡乃能南北低昂，而隨雙環東西運轉焉。窺衡連蓋長四尺七寸六分，比四遊環內徑長八分，兩端各施鋼箍，厚一分，中要孔外施鋼眼錢，亦厚一分。使其左右適切於中空之內面，上下兩端入於雙環內徑各四分，則上下低昂，自無偏側，而所測經緯度必皆密合矣。

四遊圈

指時度表

指時度表，通長七寸三分，本長一寸六分，形如方筒，入於四遊雙環中空之間。闊一寸四分，與四遊環之中空等。平分其闊，即當窺衡之中線。筒中施左右螺旋以充塞於中空之內，使表不動移。橫帶長三寸二分，闊五分，兩端各鉤回二分，扣於環面之外。表長五寸二分，闊一寸。其指時度之邊線，對方筒之正中，亦即窺衡之正中。下端二寸四分，厚三分，切於遊旋赤道之面以指度分。上端二寸八分，厚二分，切於天常赤道之面，以指時刻也。

借弧指時度表，其本方筒及橫帶長闊，並與前指時度表同。橫帶之下自左向右，立安弧背一道，長九寸三分，闊一寸二分，厚一分六釐。弧背之末，平安指時度表，除弧背之厚，長五寸二分，闊一寸。計自表本方筒之中線，至指時度表之內邊，長六寸七分，當遊旋赤道之十五度，當天常赤道之一小時。測量時，指時度表或爲子午圈所礙，則用此表，視其所指之時度，加四刻即爲所測之時，減十五度即爲所測之度。蓋借弧指時度表在窺衡之右，所指雖視乎借表，而所測則定於窺衡。天常之時刻左旋，故加。三辰之度分右旋，故減。則用借弧指時度表察之，與用指時度表等也。

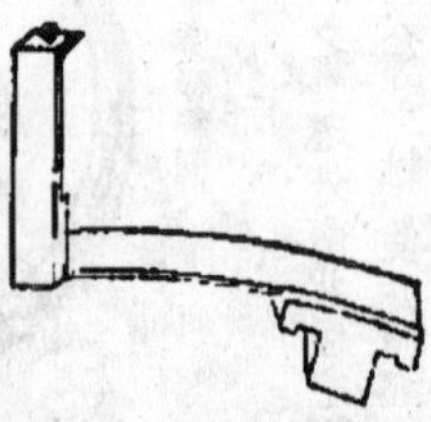

借弧指時度表

指緯度表，其形兩曲，安於窺衡下端之右面，底長三寸，闊九分。平分其闊爲中線，對衡面中線，以螺旋結之。曲橫七分，與四遊環之厚等。又曲長一寸七分，切於四遊環之外面，從中線減闊之半，所以指緯度也。

立表二座，形直底平，表高底長各三寸二分，闊九分，厚一分，平分其闊爲中線。表直立於底長之半，與底面成直角，距底面一寸。一表向上開長方孔，長一寸，中留直線，又上五分開圓孔，徑四分，中留十字線，安於窺衡之上端。一表依前度，下開直縫，上開小圓孔，安於窺衡之下端。各對衡面中線以螺旋結之。測量時，窺衡或爲赤道及銅枕所礙，則用此表。蓋兩表之孔心中線，距

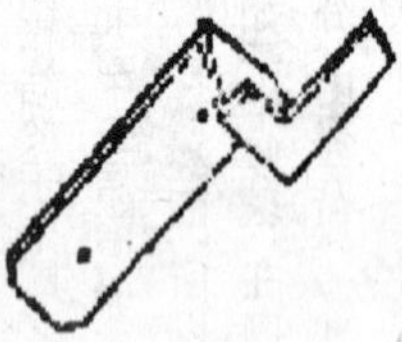

指緯度表

衡面皆相等，又與衡面之中線參直，則用立表測之，與用窺衡等也。

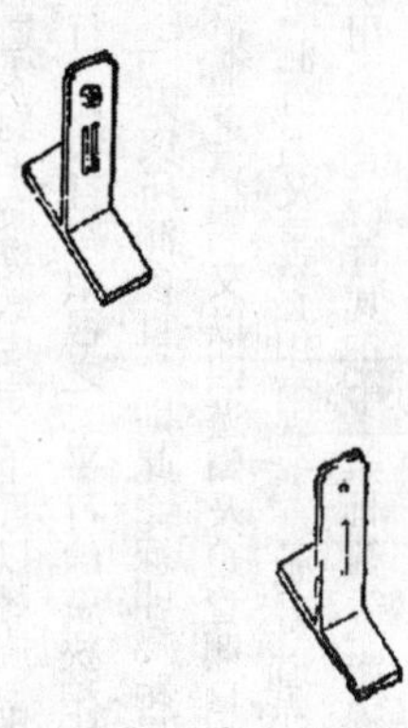
立表

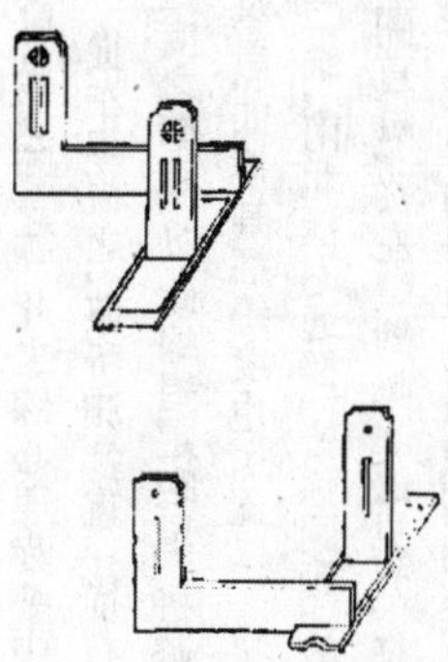
平行立表

平行立表二座，形曲底平，底盤長四寸，闊一寸二分，厚一分，中空長三寸二分，闊九分，與立表底盤之長闊等。表曲如勾股，股直如立表，高三寸二分，闊九分。勾橫連於股末，長五寸，闊九分，橫植於底盤之末。底盤中空，冒於立表底盤之外，以掐表固之。測量時，窺衡立表或爲子午圈及龍柱所礙，則用此表。蓋平行立表，曲如勾股，而與立表平行，則用平行立表測之，與用立表等，亦與用窺衡等也。

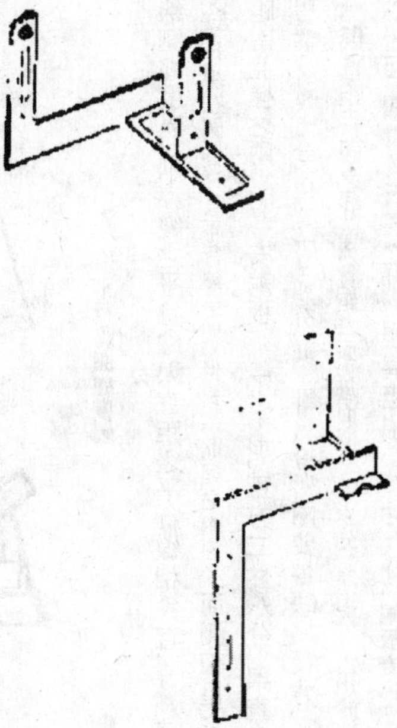
平行借弧表

平行借弧表，制如平行立表而倒正異。蓋四遊窺衡，東西爲子午圈及龍柱所礙，南北爲赤道及銅枕所礙，則用平行立表。猶是窺衡所能及，而管孔被遮，故其表平行正立即可見。若近北極之星，則東西既礙於子午圈，南北又礙於極軸，窺衡不能及。自上測之，不能及北極之南六度餘。自下測之，不能及北極之北六度餘。故借十度，作平行借弧表，一表上植，一表下垂，則窺衡未及北極十度，而窺孔之視線已與北極參直。其法以半徑一千萬爲一率，十度之正切線一百七十六萬三千二百七十爲二率，表之橫勾距窺衡中心二尺三寸三分爲三率，求得四率四寸一分零八毫，爲表高之中數。自窺衡中線至直距中線之數。上端之表，立植於衡面，則中數即表高。中數減衡方之半六分，加表端距窺孔中心六分，爲表端至表本之高，仍與中數等。下端之表，自衡面下垂則於中數加衡方之半六分，表端距窺孔中心六分，又加平行橫勾之闊九分，得六寸二分零八毫，爲表之高。距表端下六分開圓孔，又下五分開長方孔，皆與立表制同。凡測近北極之星，測得距赤道北若干，加十度，即得星距赤道北之緯度。若測赤道南之星，亦可用此表，但測得距赤道南若干，減十度，即得星距赤道南之緯度也。

縮經度表，通長四寸，闊一寸四分，平分其闊，即當窺衡之中線。其本方筒，長一寸六分，高一寸八分，入於四遊雙環之間，以左右螺旋固之。其末上下二面，以夾遊旋赤道。上面闊七分，減本之半，與窺衡中線參直。下面以螺旋固之，所以縮定遊旋赤道之經度於四遊圈也。

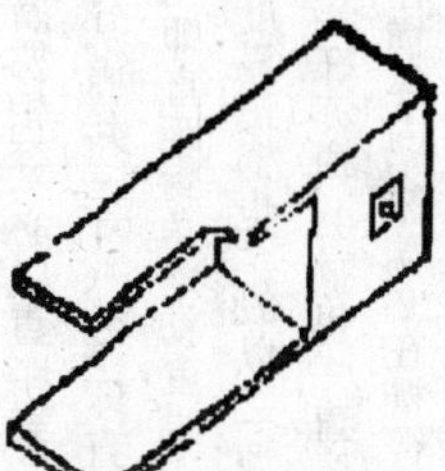
縮經度表

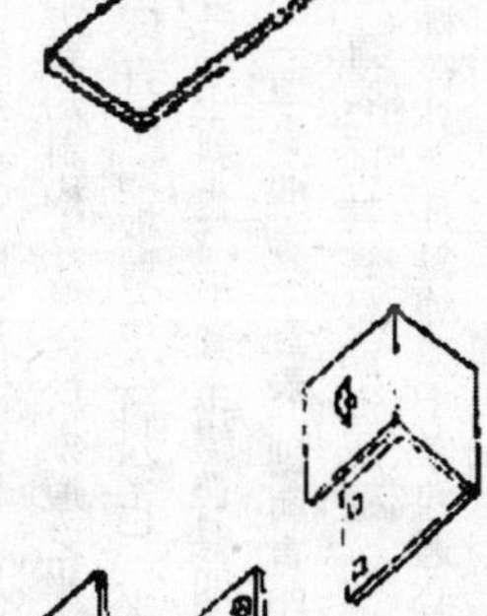
縮時度表

縮時度表，內外二截。內截上下內三面縮於遊旋赤道之內規。上面之末承於外截之下，開二方孔，以受外截之方足。下面以螺旋固之。外截上下外三面縮於天常赤道之外規。上面之末覆於內截之上，安二方足，入於內截之方孔。下面以螺旋固之。凡以太陽時刻及經度測月星，則止縮定內截，外截隨之運轉，視其所當刻分，即得時刻。若以經度求時刻，則止縮定外截，任遊旋赤道之運轉，視其所當度分，即得經度也。

平行線測經度表

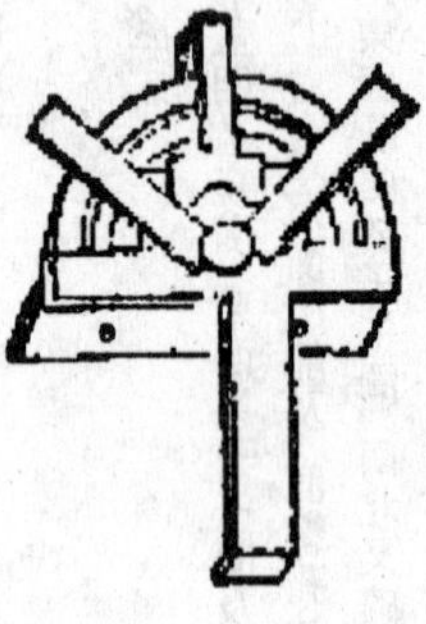

平行線測經度表，以赤經之平行線與直距之平行線相參直，赤經之平行線在圓周，直距之平行線在圓心。其平行線之間，俱對南北極之中徑。而測距星之經度也。其制於直距南北極之兩端，各安銅板，如工字形，正方二寸八分，與直距二面之分等。直距二面各厚七分，中空一寸四分，共二寸八分。兩要各缺一長方，長一寸六分，闊七分，與直距一面之分等，直距二面，每面闊一寸六分，厚七分。扣於直距中空之間。中心開圓孔，貫於天經之軸。四隅距中心一寸九分，銅板方二寸八分，對角斜線三寸九分八釐，四隅距中心各一寸九分九釐，今取一寸九分，餘九釐。各安立柱。圓頂開孔以穿直線，與直距中徑平行。下安小環，以爲結赤經平行線之用。又按距星宫度，於遊旋赤道安赤經平行線表。其制上畫半圓，内容半方。自對角斜線起初度，至横徑爲四十五度。其中直徑與指度表之邊線參直。半圓中心安二遊表，各長二寸，距中心一寸九分。邊留小臍，中開小圓孔，與直距四隅立柱之距中心等。以線穿之，上端繫於北極銅板對角之兩環，下端貫於南極銅板對角之兩環，各以垂球墜之，乃視四遊圈之所測，與此平行線之所測，相距若干度，即將遊表對半圓度數安定，下面以螺旋，中徑以壓表固之。此二線必與赤經中徑平行，而與直距中徑之二平行線廣狹相等。從左線視之，與所測參直。從右線視之，亦與所測參直。則此二線即爲距星經度之準線，以此線對定距星，將遊旋赤道隨之運轉，又以四遊圈及窺管測日月及星，即得其經緯度也。蓋以一星作距，測日月及星，必用兩測。舊制黄道赤道二儀，南北極之通徑，皆係圓軸，故測候用通光耳。實其正中，與軸徑等，兩邊各開直縫，從左縫對軸左邊見光，從右縫對軸右邊見光，亦猶用平行線之意也。今不用圓軸而用直距，兩測相距有遠近，則直距對角有斜横，斜則二線平距之分狹，横則二線平距之分廣。直鉅銅板，方分也。其對角，斜分也。二線平距，則横分也。對角斜，則平距爲斜之方，故狹。對角横，則平距爲方之斜，故廣。其限自正斜起初度，至四十五度面横，四十五度以後，復由横而斜，至九十度，與初度同。九十度以後，復由斜而横，至一百三十五度，與四十五度同。一百三十五度以後，復由横而斜，至一百八十度，與初度同。盈半周天而止。如四遊環與平行線表同度，是爲初度。是時直距對角正斜，而其二線平距之分爲斜之方，此二線平距之最狹者也。過此而四遊環距平行線表漸遠，則直距對角漸横，而二線平距漸廣。至四遊環距平行線表四十五度，則直距對角正横，而其二線平距之分爲方之斜，此二線平距之最廣者也。過此則直距對角又漸斜，而二線平距又漸狹，至九十度正斜而最狹，故又與初度同也。今欲使赤經平行線與直距平行線廣狹相等，必以直距對角斜横之度合於赤道之半圓，遊表二線距圓心各一寸九分，通共三寸八分，即直距銅板對角之斜分也。半圓自内方之對角斜線起初度，即直距對角之初度爲正斜也。半圓至横徑爲四十五度，即直距對角之四十五度爲正横也。設以二遊表通爲一直表，則與直距對角之斜横儼爲一體。但遊表在赤道，若通爲一直表，則其線爲赤道所礙，而廣狹不靈。且通爲一表，此端在横徑内，彼端必在横徑外。凡斜線與十字線過心相交，其彼端距横徑外之度，與此端距横徑内之度必相等，而距中徑之闊亦相等。故以直表彼端當横徑外之度，另用一遊表，於横徑内按度安之，其距中徑之闊必相等，而與直距二平行線廣狹亦相等。則用平行線表，亦猶用通光耳之意也。

清·戴進賢等《璣衡撫辰儀説》卷上之二《製法》

銅質宜精

凡鑄黄銅器具，應用紅銅六成，倭鉛四成，鎔鍊精到，然後鑄之。遼《曆象志》云：「古之鍊銅，黑黄白青之氣盡，然後用之，故可施於久遠。」唐一行鑄渾天儀，時稱精妙，理固然也。

型制宜工

凡鑄儀器，以土爲型，必先治地極平，外規較定制微大，内規較定制微小。其外環面如輪，次内如輻，次内如轂，中留環心，務極圓平合度，則所鑄之體，自亦圓平，而鏇磨亦易爲力矣。

鏇磨宜平

凡製儀器，必用鏇磨。圓環中心，當治方孔以受軸，軸圓而方其端，施於環心之方孔，使環之上下前後左右不得動摇，則鏇之自圓且平矣。

取心宜中

凡製圓器，必取中心，心中則界正。未鏇之前，環心尚在，圓規方孔，皆自環心取中。逮鏇之既成，則無中心矣。而畫儀器之圓線，則必先取中心爲準，須以直木爲環徑，其兩端即如環之内規，切緊安定。約其中心，嵌定鐵板。任於環之内規，取三處作點，用三點求圓心法。法見《數理精藴》。求得圓心，即於鐵板作記。次以鋼製規徑一，規尖二，規尖之本開方孔，貫於規徑之兩端。一尖安於圓心，一尖按環面内外規之度，各用螺旋固之。於環之内外規旋轉比試，處處皆當規面，則圓心中矣。次依環之内外規，取外界圓線半徑之度，安定規尖，畫外界圓線，爲度之外界。即以此半徑度將外界圓線分爲六觚，每觚六十度。半徑與六十度之通弦等。又取内界圓線半徑之度，安定規尖，畫内界圓線，爲度之内界。自外界每觚六十度之點平分之，得三十度。各對中心作直線抵内界，其過心對角之線，即圓之通徑，而平分環面爲兩半周，則圓界正矣。次將直線輕微引出外界至外規，用極方正矩度，準於側面。單環則自側面即準於彼面，雙環則自此環之側面準於彼環之側面，復自彼環之側面準於彼環之彼面，輕微畫線作記。乃用前直木環徑，切緊安定，以縱横二線對於所準之通徑，果於中心相交，則所準確合，否則又用前法取心，務令得中。單環即可如前畫彼面之圓線及十二度線，雙環則俟審定輕重，合釘枕銅，再行比試確準，然後可畫彼面也。

輕重宜審

凡環之兩半周，輕重適均，則平置無偏側之失，運轉無游移之弊。審量之法，用圓直鐵鋌，徑八分，與軸徑等。長逾環徑，平分中線，卧置之，使不動移。而以環面之通徑線加於其上，易置試之，兩半周無有低昂，則輕重適均，否則非其線有微差，即其體質不等。細察磨治，務得其輕重之適均，則天常赤道之子正午正，遊旋赤道之丑宫未宫，三雙環之南北極，皆以此通徑爲準。乃將雙環已畫十二度線之一面置於下，以通徑準線，四象分中，安設銅枕。以雙環彼面之通徑準線合於上，釘面固之。復用前法，比試確準，取定中心，然後畫内外界圓線及十二度線，則兩面之圓心圓界允協矣。

界度宜均

環心既中，環界既正，則界度可得而均矣。顧諸環皆取度分，惟天常赤道取時刻。然時刻亦與度分相準，故取度分者，將每觚六十度平分之，得三十度，又三分之，各爲十度。自外界抵内界，各畫直線，而於内界之外，畫圓線一層，是爲十度界。次將每十度又十分之，各爲一度。自外界抵十度界，各畫直線，而於十度界之外，外界之内，各畫圓線一層，是爲度界。次於内度界之外，外度界之内，各畫圓線一層，爲十分界，將每度六分之，各爲十分，畫直線於其界内。次於内外兩十分界之間，畫圓線九道，界爲十層，自每十分之初，至每十分之末，各作對角斜線，則每一圓線與斜線之交，即逐度之一分也。取時刻者，每三十度爲一時，平分之得十五度，爲一小時，每一小時分爲四刻。自外界抵内界各畫直線，而於内界之外，畫圓線一層，是爲時刻界。次將每刻十五分三分之，各爲五分，自外界抵時刻界，各畫直線，而於時刻界之外，外界之内，各畫圓線一層，是爲五分界。次於内五分界之外，外五分界之内，又各畫圓線一層，爲一分界，而將每五分又各五分之，各爲一分，畫直線與其界内。次於内外兩一分界之間，畫圓線十一道，界爲十二層。自每一分之初至每一分之末，作對角斜線，則每一圓線與斜線之交，即逐分之五秒也。每分爲六十秒，十二分之，故爲五秒。

兩徑合度

界度既均，儀體正矣。而其用尤在於軸，稍滯則運轉不靈，稍滑則游移不定，是必軸身與軸孔兩徑相同，密相合切，而後無滯滑之失。其法以極精鋼製成軸本。軸身近本徑八分，近末微細。以銅製爲軸孔，軸本軸孔皆扁方體，詳前儀制本篇。上下孔面各嵌鋼片，厚五分，開成圓孔，較軸身微小。乃以油濡軸身，轉而入之，鋼屑如泥，隨轉而出。軸外孔内，更不容間，則以軸身治軸孔，即以軸孔治軸身，故兩徑密相合切，而自無滯滑之弊也。

合結均齊

經緯各環，製造既已如式，而合結尤宜均齊。其法先將子午圈之軸本，過極圈四遊圈之軸孔。三扁方，治令方正，十字分中。凡圈皆正立，軸本軸孔入於雙環之間。軸本扁方，先將東西二面及南北兩端各對軸徑，取中線。次將上面作十字線。軸孔扁方，先將上下二面各對軸孔作十字線。次將東西二面南北兩端取中線。自中線各取雙環中空之半，爲其扁方之厚。子午圈中空一寸，過極圈中空一寸二分，四遊圈中空一寸四分。入於雙環中空之間。扁方微厚則不動。次於軸本軸孔之中心結通徑線。上下二軸各安銅管。其端之中心開小圓孔，以線結之。上下二孔各安銅片，其中心開小圓孔，以線結之。雙環之中空，二極之兩面，各結十字線。雙環中空上下對扁方十字直線，中間對銅枕厚分之半，以線圍而結之。二極上下對扁方十字横線，内面對極中徑，以線圍而結之。三線相參，通徑直線一，十字圍線二，縱横皆三。倘一線有毫釐之差，則非中心有偏，即十字線不正。中心有偏者治扁方，十字不正者治直線。務令三線相合，始爲得中。即於上下二扁方及四銅枕，刻線作記，以爲合結之用。乃將軸本軸孔之扁方，二極雙環之兩面，皆自中線取分，各作四孔，以銅螺旋結之。徑三分，試定易銅螺旋，徑四分。次將過極圈與遊旋赤道合結爲三辰儀。於過極雙環之南北兩半周，去極九十度中線之上下，各取六分，與九十度作平行線。自內規面向外各取一寸一分，與南北極作平行線。依線裁成缺口，以受赤道之內入。又於遊旋赤道之南北兩半周，丑宮未宮之東或西取一寸四分，與冬夏至作平行線。作線於東則半弧背自西裁，作線於西則半弧背自東裁，法理皆同。自外規面向內各取一寸一分，與辰宮戌宮作平行線，依線裁去半弧背，凡裁弧，皆梢留有餘，比試合切，使令方正。以足過極圈之內容，則遊旋赤道適容入於過極雙環之內。而丑宮未宮線適當雙環中空之間。遊旋赤道外徑五尺五寸六分，南北各裁一寸一分，餘五尺三寸四分。過極圈內徑五尺一寸二分，南北各開一寸一分，亦得五尺三寸四分。九十度中線之上下，各去六分，共去一寸二分，與遊旋赤道之厚等。丑宮未宮之東或西去一寸四分，爲雙環厚分之半，故遊旋赤道適容入於過極雙環之內，而丑宮未宮線正當雙環中空之間。乃依裁去弧背之度，除雙環分位。另製弧背銅，補全遊旋赤道，以銅釘固之。並補畫度分。仍將補銅拆去，合結兩環，使丑宮未宮正與所記中線相對。又依前法，於軸孔結通徑線。又自雙環上下扁方直線過丑宮未宮，自扁方橫線過辰宮戌宮，結十字線。三線相參，合爲一線。復用半徑之斜度作尺，製斜尖二管，貫於尺之兩端，斜度之。一尖直指於南北極之外界，一尖直指於辰宮戌宮之外界，以螺旋固之，轉相比試，四象限皆相符合，乃將補銅釘而固之。又以遊旋赤道結於過極圈之兩要。恐東西兩半周日久傾墊，故製二象限弧以承其下。其方一寸，其弧即用過極圈一象限弧之度。一端減雙環厚分之半一寸四分，抵於過極圈南極之外面。一端減赤道厚分之半六分，承於遊旋赤道辰宮戌宮之下面。外加二足，各長一寸二分，與環面之濶等，以螺旋結之，復以前尺斜度之，兩象限仍相符合，南極有二弧，不可量，故惟量北極兩象限。此兩象限合，則彼兩象限亦必合矣。則遊旋赤道與過極圈相交成直角，均齊方正，而無有偏側矣。次於三辰儀之外，將子午圈與天常赤道合結爲六合儀。其子午雙環之南北兩半周，去極九十度中線之上下，裁成缺口。天常赤道之南北兩半周，裁去半弧背。並另製弧背銅，補畫時刻，皆與三辰儀同。子午圈內規面裁去一寸二分，九十度上下各裁七分，乃能容天常赤道。數雖小異，而其理其法則同也。乃立置天常赤道圈，中線左右以木承之，使其下可結十字線。以裁去半弧背之半周仰於上，納入三辰儀。天常赤道順列之十二時，與遊旋赤道之十二宮同在一面，乃向北極之上面也。將子午圈合結於其外，以木橙承其四隅，使二環之面相平，二極之線參直，周圍之分縫皆相等。天常遊旋二赤道下半周之分縫以木片實之，使周圍亦相等。乃將軸本入於子午圈南北極中空之間，貫於過極圈南北極之軸孔，使扁方之四孔，與環面之四孔相合，以銅螺旋結之。依前法於軸端結通徑線，子午卯酉各結十字線，三線相參，合爲一線。又用斜尺絜度，四象限皆相符合，乃將補銅釘而固之，則子午圈與天常赤道相交成直角，均齊方正，無有偏側。又卯正酉正有二小軸，承於龍柱之珠孔，自不虞傾墊矣。至於四遊圈與窺衡合結爲四遊儀，其法較易，已詳儀制，並見後篇。

三重同心

前篇分言合結之法，先正其樞心，次正其經緯，宜其無不正矣。然三重合爲一儀，必三重同心，施之測量，乃得允協。且以一重而言，三線相參，視之猶遠。二線相切，即有一線之差。再以二重合之，尤易參錯。則先合定外二重，比較確準，而後加入內一重，其中正較爲易得也。蓋子午圈過極圈貫於一軸，則子午圈之軸本，即天常赤道之中心。過極圈之軸孔，即遊旋赤道之中心。如兩心皆得其中，則兩心合而爲一。遊旋赤道之宮度線，必與天常赤道之時刻線相合。如一心有偏，則兩心歧而爲二，而宮度線與時刻線不合矣。然有偏東西與偏南北之殊，又有軸本偏與軸孔偏之異。偏東西者，軸本軸孔厚分之中線，不正當中空之半，或偏東，或偏西，故丑宮未宮線亦偏子正午正之或東或西也。偏南北者，軸本軸孔扁方之中線不正當環面之徑，或偏北，或偏南，故辰宮戌宮線亦偏卯正酉正之或北或南也。治之之法，先正東西。立置子午圈，按方位安定，北極在上，南極在下，午正在北，子正在南，卯正在西，酉正在東。假如先是立置天常赤道圈，西面午正在北，子正在南，卯正在下，酉正在上，則子午圈西首爲北極，東首爲南極。乃以氈鋪地，將天常赤道圈向南推轉，至子午圈在下，即將子午圈東首轉北，西首轉南，向北推轉，使北極在上，則按位安定矣。設以丑宮對於午正，而未宮即對於子正；轉以未宮對於午正，而丑宮亦對於子正，則東西正。一有不對，則東西偏。比試兩次，而軸本軸孔之偏正乃得而見焉。凡兩試俱偏東俱偏西，而偏分相等者，爲軸孔正，軸本偏。軸孔正，則丑宮未宮線正當軸孔中心。軸本偏東，則挈之而東。軸本偏西，則挈之而西。故所偏同向而偏分相等也。東爲軸本偏東，西爲軸本偏西。其偏爲偏分之一半，所謂偏分者，乃丑宮對午正，未宮偏子正東西斜線之偏。軸本軸孔所偏者，乃丑宮未宮與子正午正平行線之偏。如丑宮對於午正，未宮偏子正東二分。若以丑宮未宮線與子正午正線平行，則丑宮偏午正東一分，未宮亦偏子正東一分，故其偏爲偏分之一半。其度之一分，爲尺之八毫。凡偏分，皆以遊旋赤道之度分而言。遊旋赤道外徑五尺五寸六分，周一丈七尺四寸六分七釐有奇。以周天三百六十度每度六十分除之，得每分爲八毫零八忽有奇。偏東二分者，爲軸本偏東一分，應向西移一分，將上下軸本二扁方之東西記定，凡記方向，只記一字可定。西面去八毫，東面加八毫，以薄銅葉釘之。則軸本正而不偏矣。偏西者準此。凡治軸本軸孔，應移八毫者，上下各移八毫，合之用線比較，如上正下偏，則上之扁方不動，下之扁方移一釐六毫；如上亦微偏，則上移四毫，下移一釐二毫，或上移六毫，下移一釐，總使上下共移一釐六毫，而其十字中心正移八毫。上偏下正，及偏南偏北者，皆倣此治之。凡兩試，一偏東，一偏西，而偏分相等者，爲軸本正軸孔偏。軸本正，則子正午正線正當軸本中心。設軸孔偏於戌宮之一面，丑宮在北，戌宮在西，是軸孔偏於丑宮未宮線之西。挈之於軸本，則丑宮未宮線必偏於子正午正線之東。轉而丑宮在南，戌宮在東，是軸孔偏於丑宮未宮線之東。挈之於軸本，則丑宮未宮線必偏於子正午正線之西。故所偏異向，而偏分亦相等也。東爲軸孔偏西，西爲軸孔偏東，其偏亦爲偏分之一半。偏東二分者，爲軸孔偏西一分，應向東移一分。將上下軸孔二扁方及環面之東西記定。子午圈有定向，故不須記。過極圈有轉易，故并記之。東面去八毫，西面加八毫，則軸孔正而不偏矣。偏西者準此。凡兩試俱偏東，俱偏西，而偏分不等者，爲軸本偏，軸孔亦偏。偏東分多，爲軸孔偏西。偏西分多，爲軸孔偏東。軸本偏東，而軸孔又偏西，挈之於軸本，則丑宮未宮線必益在子正午正線之東，故偏東分多也。軸本偏西，而軸孔又偏東，挈之於軸本，則丑宮未宮線必益在子正午正線之西，故偏西分多也。其軸孔之偏，爲偏多一半之半。偏東多二分者，爲軸孔偏西半分。偏西多二分者，爲軸孔偏東半分。先治軸孔，則偏分等。平行線之偏，既爲偏分之一半，而軸本軸孔在偏多之偏，又爲平行線所偏之一半，故爲一半之半。如丑宮對於午正，未宮偏子正東二分，未宮對於午正，丑宮偏子正東四分，是未宮在北偏東多二分。若以丑宮未宮線與子正午正線平行，丑宮偏午正東一分，則未宮亦偏子正東一分，未宮偏午正東二分，則丑宮亦偏子正東二分。是未宮在北，偏東僅多一分，均分其半，將軸孔向東移半分，則未宮在北，丑宮未宮線偏子正午正東一分半，丑宮在北，未宮在南，丑宮未宮線亦偏子正午正東一分半。試以丑宮對於午正，則未宮偏子正東三分，轉以未宮對於午正，丑宮亦偏子正東二分，其偏分等。東爲軸本偏東，西爲軸本偏西，其偏爲偏分之一半，再治軸本，則不偏矣。凡兩試一偏東，一偏西，而偏分不等者，爲軸孔偏，軸本亦偏。偏東分多，爲軸本偏東；偏西分多，爲軸本偏西。其軸本之偏，亦爲偏多一半之半。偏東多二分者，爲軸本偏東半分，偏西多二分者，爲軸本偏西半分。先治軸本，則偏分等。如丑宮對於午正，未宮偏子正東二分，未宮對於午正，丑宮偏子正西四分。是未宮在北偏西多二分。若以丑宮未宮線與子正午正線平行，丑宮偏午正東一分，則未宮亦偏子正東一分。未宮偏午正西二分，則丑宮亦偏子正西二分。是未宮在北偏西僅多一分。均分其半，將軸本向東移半分，則未宮在北，丑宮未宮線偏子正午正西一分半。丑宮在北，未宮在南，丑宮未宮線偏子正午正東亦一分半。試以丑宮對於午正，則未宮偏子正東三分，轉以未宮對於午正，則丑宮偏子正西三分，其偏分等。東爲軸孔偏西，西爲軸孔偏東，其偏爲偏分之一半，再治軸孔，則不偏矣。凡兩試一正一偏者，爲軸本與軸孔之偏分相等。一正一偏東者，爲軸本偏東，軸孔偏西。一正一偏西者，爲軸本偏西，軸孔偏東。其偏各爲偏分一半之半。軸本偏東，則子正午正線在軸本之西。若軸孔亦偏東，其偏分等，則丑宮未宮線必與子正午正線相合。及其轉而之西，則軸孔爲偏西，而丑宮未宮線在軸孔之東，挈之於軸本，益在子正午正線之東，其偏必倍，故半之爲相等之偏。又半之爲平行線之偏，軸本偏西者準此。先治軸孔，則變爲俱偏東俱偏西，其偏分等。再治軸本，則不偏矣。若先治軸本，則變爲一偏東一偏西，其偏分亦等。再治軸孔則亦不偏矣。

以上凡治軸本軸孔之偏東偏西，先并環面之東西記定，平置子午圈，用木橙承穩，解螺旋下之，磨治合度。復結螺旋立置。比試皆合，則東西正，其南北亦正者，則辰宮戌宮與卯正酉正合爲一線。其南北不正者，辰宮戌宮線亦必與卯正酉正線平行。乃察其南北，依前法以丑宮對於午正，未宮對於子正，察辰宮戌宮線偏卯正酉正南北幾分。轉以未宮對於午正，丑宮對於子正，察辰宮戌宮線偏卯正酉正南北幾分。如此比試兩次，則軸本軸孔之偏南偏北亦可得而見焉。凡兩試俱偏南俱偏北，而偏分相等者，爲軸本正，軸孔偏。南爲軸本偏南，北爲軸本偏北。皆與前法同理，但易東西爲南北耳。偏南一分者，爲軸本偏南一分，辰宮戌宮線既與卯正酉正線平行，故其偏分即爲軸本之偏。應向北移一分。將上下軸本二扁方之南北記定，環面四小孔向北開八毫。軸本扁方四小孔，向南開八毫。治令圓正，易螺旋結之，環面四小孔，向北開八毫，軸本固可向北移矣。然孔不圓正，故將軸本扁方四小孔向南開八毫，治令圓正。其徑較大，故易微大之銅螺旋結之。至比試確準，乃易用鋼螺旋也。則軸本正而不偏矣。偏北者準此。凡兩試一偏南，一偏北，而偏分相等者，爲軸本正軸孔偏。偏南一分者，爲軸孔偏北一分，應向南移一分。將上下軸孔二扁方及環面之南北記定，環面四小孔向南開八毫，軸孔扁方四小孔向北開八毫，治令圓正，易螺旋結之，則軸孔正而不偏矣。偏北者準此。凡兩試俱偏南俱偏北，而偏分不等者，爲軸本偏，軸孔亦偏。偏南分多，爲軸孔偏北。偏北分多，爲軸孔偏南。其軸孔之偏，爲偏多之一半。偏南多二分者，爲軸孔偏北一分。偏北多二分者，爲軸孔偏南一分。先治軸孔，則偏分等。辰宮戌宮線既與卯正酉正線平行，則軸本軸孔在偏多之偏，止爲平行線所偏之一半。如丑宮對於午正，辰宮戌宮線偏卯正酉正南二分，轉以未宮對於午正，辰宮戌宮線偏卯正酉正南四分。未宮在北，偏南多二分。是軸孔偏於未宮一分，將軸孔向丑宮移一分，則丑宮在北，辰宮戌宮線偏卯正酉正南三分。未宮在北，辰宮戌宮線偏卯正酉正南亦三分，其偏分等。南爲軸本偏南，北爲軸本偏北，其偏即偏分。再治軸本，則不偏矣。凡兩試一偏南一，偏北，而偏分不等者，爲軸孔偏，軸本亦偏。偏南分多，爲軸本偏南。偏北分多，爲軸本偏北。其軸本之偏，亦爲偏多之一半。偏南多二分者，爲軸本偏南一分。偏北多二分者，爲軸本偏北一分。先治軸本，則偏分等。南爲軸孔偏北，北爲軸孔偏南，其偏即偏分。再治軸孔，則不偏矣。凡兩試一正一偏者，爲軸本與軸孔之偏分相等。一正一偏南者，爲軸本偏南，軸孔偏北。一正一偏北者，爲軸本偏北，軸孔偏南。其偏各爲偏分之一半。先治軸孔，則變爲俱偏北俱偏南，其偏分等。再治軸本，則不偏矣。若先治軸本，則變爲一偏北，一偏南，其偏分亦等。再治軸孔，則亦不偏矣。以上凡治軸本軸孔之偏北偏南，若與偏東偏西一同比試，然後解螺旋下之，按分磨治，未嘗不可。但所偏之向，或有互異，易致混淆，且未正東西必以丑宮未宮線與子正午正線平行，方可察其偏南北。而察平行線之偏，兩端察視，較偏子正一端之察視爲難，故以先正東西而後正南北之爲便也。六合三辰二重，東西南北既正，乃平置子午圈，解螺旋下之，加入四遊儀，貫於軸本，結螺旋立置，如前比試，則止有軸孔之偏，而無軸本之偏。以四遊圈南北極之中線，與軸本參直，則軸孔之南北正。線偏南，將軸孔向南移。線偏北，將軸孔向北移。以窺衡之中線，與丑宮未宮子正午正線展轉相對，則軸孔之東西正。線偏東，將軸孔窺衡向東移。線偏西，將軸孔窺衡向西移。窺管中線，原應與軸孔參直。但毫釐之差，甚爲難辨。且窺衡之在直距，亦應東西適中。如窺衡既已適中，則移軸孔。如有微偏，則移窺衡。窺衡東西二面，各有眼錢。如移向東，則將東面眼錢易薄，西面眼錢易厚。如移向西，則西面易薄，東面易厚。總期窺衡中線與子正午正丑宮未宮線相合。如此，則三重合爲一心，東西南北皆合爲一線，用以測量，而經緯乃無不協也。

安置方正

前言製造之法，亦畧備矣。然安置不正，則亦不可用。其法先於臺面儀基之正中，取南北真線。南北真線隨地不同。京師偏指南鍼西二度三十分。南北中三處，各作垂線，與之參直，依此於儀基作南北線。又作十字東西線，將儀座縱橫對準安定。自三垂線視之，與座面中線參直，用三角中垂線表。木板爲之，制如並矩，底長六尺，中長三尺，兩弦各長四尺二寸四分。平分底線爲底之中，自底線之兩端取弦分，相交於上尖，爲角之中。自角中至底中作垂線，爲中垂線。中垂線直，則底平。仰置座面以取平，中心安雲座，兩端安龍柱。懸垂線以取直。座面有兩槽，以受子午雙環。柱端龍口銜珠，半珠開孔，以受天常赤道兩傍之小軸。自珠孔中心至座面槽底，與子午雙環半徑等。兩珠孔相距與天常赤道全徑等。用三角中垂線表覆於珠孔。表底兩端留小圓軸，扣於珠孔，自底中掛垂線。表之垂線適當於雲座面之正中，則雲座正而珠孔平。兩珠孔之距儀心，各爲天常赤道全徑之一半。自三垂線視之，與兩槽中線參直則雲座與龍柱皆正矣。乃懸全儀安置其上，以北極上五十度五分爲天頂，南極下五十度五分爲天頂之衝。於子午圈之東面作上下直線，對於雲座南北正中之線口。雲座東面、南北、正中有線口。其下有雲窩，以受垂球。自天頂施小釘掛垂線，適合上下直線，而垂球入於雲窩，又適切環面，不即不離。自三垂線視之，適當子午雙環中空之半，則南北東西皆正。候日月星至子午線，用窺衡察視，經緯悉協。夫然後上下四方，均齊方正，惟用所適，無不宜矣。

清·戴進賢等《璣衡撫辰儀説》卷下之一《用法》 測太陽時刻

法：以四遊圈東西推轉，窺衡南北低昂，令太陽從衡孔透光圓正。或用薰黑玻璃置於下端衡孔，視上端圓孔十字線正當太陽中心，則窺衡與太陽參直，乃視四遊圈下周指時度表，臨於天常赤道之某時刻分，即太陽時刻也。若二分前後，日影爲赤道所礙，則用窺衡上面立表測之。常時不爲赤道所礙，亦用此表爲便。若午正及卯酉前後，日影爲子午圈及龍柱所礙，則用窺衡上面平行立表測之。以四遊窺衡對準太陽，令上端表圓孔十字線影從下端表圓孔正中透出，上端表直線影從下端表直縫正中透出。測時刻止用經度，可止取直線影。若測緯度，則必取圓孔十字線影。視指時度表所指，即得太陽時刻。若指時度表爲子午圈所礙，則易用借弧指時度表。次用平行立表測定日影，視借弧指時度表所指時刻，加一小時，即得太陽時刻。蓋借弧之長，當遊旋赤道之十五度，當天常赤道之一小時。又，借表在四遊圈之西，所指時刻在本時前，故加一小時，即爲本時刻分也。

測日出入時刻及晝夜永短

法：於太陽出入地平時，按前法測得太陽出入時刻。乃計距午正前後若干刻分，倍之，即得晝刻。計距子正前後若干刻分，倍之，即得夜刻。

測太陽赤道緯度

法：如前測準太陽，視窺衡下端指緯度表，所指四遊圈右面距赤道度分，即得太陽赤道緯度。表指赤道北，太陽緯度爲在赤道南。表指赤道南，太陽緯度爲在赤道北。蓋窺管以圓心爲樞，上端所窺在赤道北，下端所指必在赤道南；上端所窺在赤道南，下端所指必在赤道北也。

測午正太陽高弧

法：於午正時測得太陽赤道緯度，在赤道北，與赤道高五十度五分相加；在赤道南，與赤道高五十度五分相減，即午正太陽高弧也。

測太陽赤道經度

法：用恒星作距測之，取所知近午正前後一恒星。午正前後，取其蒙氣少，易得確準也。以其赤道經度之對衝，用綰經度表於遊旋赤道綰定四遊圈。凡以儀器測星，其上當星處爲星之正位。其下當人目處，則星之對冲。故以星經度之對冲，於遊旋赤道綰定四遊圈。又任設一時，用綰時度表，於其時刻之對衝綰定天常赤道。天常環面乃日影所照之時。其對冲，則太陽所臨之正位，故於設時之對冲綰之。如設丑正初刻，則綰於未正初刻，即太陽臨於丑正之位也。乃將四遊圈帶定遊旋赤道，用窺衡測準距星，隨之左旋，候至所設時刻，或鐘表，或漏壺，須得確準。視綰時度表對於遊旋赤道之某宮度分，即太陽赤道經度也。環面時刻之對冲，即太陽所臨之正位。故其所對遊旋赤道之宮度，即太陽經度。

又法：先以恒星作距測金星，次以金星作距測太陽。如金星晨見，則於太陽未出之前取在金星西之一恒星作距，以其赤道經度，用平行線測經度表，於遊旋赤道安定。三測皆係經度，若距星之經度用對冲，則測得之經度又須加減半周。故距星不用對冲，所測亦即得本度也。令一人用此平行線表窺定距星，隨之左旋。一人用四遊窺衡，測金星。兩人同時測定，乃視四遊圈指時度表所指遊旋赤道之宮度分，即金星赤道經度。次以金星赤道經度，用平行線測經度表，於遊旋赤道安定。令一人窺定金星，隨之左旋。一人於太陽始出時用四遊窺衡測太陽，乃視四遊圈指時度表所指遊旋赤道之宮度分，即得太陽赤道經度。若金星夕見，則於太陽將入時，任於某宮初度安定平行線測經度表。令一人窺定金星，又令一人用四遊窺衡測太陽，視太陽距金星若干度記定。俟太陽既入後，取金星東之一恒星作距，按前法測得金星赤道經度，內減太陽距金星之度，星在東，日在西，故減。即得太陽赤道經度也。太陽光大，惟月及金星可以兩見。然月有視差，不如用金星爲準也。

測月星赤道經緯度

法：於昏後曉前任設一時，以本日太陽赤道經度與次日太陽赤道經度，比例得本時太陽赤道經度。《七政時憲書》所列，乃子正之度。子正後，七政皆有行分，故以本日子正之度分與次日子正之度分相減，餘爲一日十二時所行之分。與設時距子正之時分爲比例，得設時距子正之行分，加於本日子正之度分，得本時之度分。用綰時度表，於遊旋赤道綰定。又以所設時刻之對冲，於天常赤道綰定。候至所設時刻，用四遊窺衡測月星，乃視指時度表所指遊旋赤道宮度，加半周，環面時刻之對冲，即爲太陽之正位。環面之宮度却爲月星之對冲，故加半周。即得所測月星赤道經度。隨察指緯度表所指四遊圈距赤道南北度分，即得所測月星赤道緯度也。緯之南北，與前測太陽緯度法同。

又法：用恒星作距測之，以距星之赤道經度，用平行線測經度表，於遊旋赤道安定。令一人用此平行線表窺定距星，隨之左旋，一人用四遊窺衡測月星。兩人同時測定，乃視指時度表所指遊旋赤道之度分，即所測月星之赤道經度。隨察指緯度表所指四遊圈之度分，即得所測月星之赤道緯度也。

測恒星求時刻

法：先以恒星赤道經度，用綰經度表於遊旋赤道綰定四遊圈。次約計測時爲某時，依前法比例得本時太陽赤道經度。太陽每日行一度，於時爲四分。每一時行五分，於時爲二十秒。故約計測量之時比例，得其時赤道經度，即可用以測時刻也。用綰時度表綰定遊旋赤道，將四遊圈帶遊旋赤道推轉，用窺衡測定恒星。乃視綰時度表對於天常赤道之某時刻分，加六時，即太陽時刻也。天常赤道之時刻，乃日影對照之時，故加六時，始爲太陽所臨之時刻也。

測月五星求時刻

法：以本時太陽赤道經度，用綰時度表綰定遊旋赤道。以月五星本時赤道經度之對冲，用綰經度表於遊旋赤道綰定四遊圈。將四遊圈帶遊旋赤道推轉，用窺衡測定月星。乃視綰時度表對於天常赤道之某時刻分，加六時，即得太陽時刻。若太陽近子正前後，綰時度表爲子午圈所礙，則向東或西借三十度，綰定測之，視所對時刻，加減一時，向東借則加，向西借則減。即得太陽時刻。若月五星近赤道，或近午正前後，爲諸圈所礙，則用窺管上面立表及平行立表測之，與前測太陽時刻法同。

測月星當中及偏度

法：以四遊窺衡，隨時測月或星，視指時度表，當天常赤道之某時刻分記之。近午正，則用借弧指指時度表，加一小時。午正爲當中，無偏度。午正前爲偏東，午正後爲偏西，乃以距午時分變赤道度，每一時爲三十度，每一小時爲十五度，每一分爲十五分，每一秒爲十五秒，共之，爲所偏度。凡推月星當中及偏度者，用此法測之，則離合可辨。凡有求時刻者，用此法測定，則時刻可推也。

測月星出入地平時刻

法：以本日子正月五星赤道經度，或恒星經度之對冲，用縮經度表，於遊旋赤道縮定四遊圈。又以本日子正太陽經度，用縮時度表縮定遊旋赤道。爰以四遊窺衡，於月星出入地平時測之，視縮時度表當天常赤道之某時刻分，加六時，爲本日月星出入時刻之通數。復計測時距本日子正後若干時刻，比例得太陽行分變時，每一度爲四分，每十五分爲一分，每十五秒爲一秒。爲太陽時差。比例得月五星行分變時，爲月五星時差。恒星則無行分，亦無時差。乃於前所測月星出入時刻之通數，減太陽時差，加月五星時差，即得月星出入地平時刻。蓋日與月星測時皆用子正經度，而子正後太陽有右旋之行分，則時刻必差而早。月五星亦有右旋之行分，則時刻必差而遲。時刻左旋，七政皆右旋。太陽有右旋之行分，則測時太陽之經度必在所測時刻之前，故差而早。月五星有右旋之行分，則測時月星之方位，必在所測時刻之後，故差而遲。故減太陽時差，加月五星時差，若五星逆行，則時差亦減。方爲月星出入地平真時，此與前測月星求時刻法同理。設時可以預知，故先求本時經度而後測月星出入難以懸定，故先測而後加減時差。其理相通，其用尤便也。

測南北真線

法：於太陽出地平時，測其距午東赤道度，又於太陽入地平時，測其距午西赤道度。測得太陽出入地平距午正前後若干時分，變赤道度，即得距午正東西赤道度。兩距午度相等，則子午圈之向，即南北真線。若日出距午東之度多，日入距午西之度少，則子午圈之午正偏西。若日出距午東之度少，日入距午西之度多，則子午圈之午正偏東。此言午正，乃子午圈之正南。以兩測之距午度相減折半，即所偏之赤道經度，若求地平偏度，則用三角法推之，見算法第八則。依所偏之度作線，即南北真線也。

又法：於冬至後測織女第一星。昏刻此星當酉正之位，以四遊圈安於酉正，測其去極度若干。九十度内減赤道緯度，餘即去極度。旦刻此星當卯正之位，以四遊圈安於卯正，測其去極度若干織女星在赤道丑宫七度，赤道北三十八度半，冬至後半月内，昏旦可以兩見。故專取此星測之。兩去極度相等，則子午圈之向，即南北真線。若卯正位測得去極度多，酉正位測得去極度少，則東遠西近，即子午圈之北極偏西。若卯正位測得去極度少，酉正位測得去極度多，則東近西遠，即子午圈之北極偏東。以兩測之去極度相減折半，即所偏之赤道緯度。若求地平偏度，則用三角法推之。見算法第十五則。依所偏之度作線，即南北真線也。蓋南北真線自北極過天頂，平分赤道之地平上半周，是爲午正。故向南測者，以午正爲準。向北測者，以北極爲準。太陽隨天左旋，其出地入地，距午必相等。若其不等，必儀之午正偏也。恒星繞地左旋，其在東在西，去極必相等。若其不等，必儀之北極偏也。依其偏度正之，則南北真線得矣。又按：渾儀經緯，與天同象，測太陽亦可用緯度，測恒星亦可用經度。然不及右二法之簡明。推測精熟，法理自見。今不具悉也。

測北極高度

法：於冬至前後，以四遊圈安於正北測天權星。即北斗第四星。昏刻此星在北極之下，測其去極度若干。旦刻此星在北極之上，測其去極度若干。天權星今在赤道辰宫初度，赤道北五十八度。冬至前後半月内，昏旦可以兩見。故專取此星測之。兩去極度相等，則儀之北極高度與天合。若在上之去極度少，在下之去極度多，則儀之北極差高。若在上之去極度多，在下之去極度少，則儀之北極差下。以兩測之去極度相減，折半，即所差之地平緯度。於儀之北極高度加減之，差高則減，差下則加。即天之北極高度也。蓋天之北極無星，故取大星之環繞北極上下者測之。星之去極有定度，則上下兩測之去極必等。若其不等，則儀之高下差也。依其差度加減之，則在天之北極高度得矣。又按舊法，用地平緯儀測鉤陳大星，以其在北極上下兩高度相加，折半，得北極高度。取其距地高，無蒙氣也。今用渾儀測之，則鉤陳大星爲儀樞所礙，須用借弧。故取用天權星測其去極之較，以備一例。若以所測在北極上之去極度與所設北極高度相加，以所測在北極下之去極度與所設北極高度相減，得兩地平高度。相加，折半，得北極高度。與用鉤陳大星之理同。

測黃赤大距

法：於冬至日午正初刻測太陽在赤道南若干度分。夏至日午正初刻測太陽在赤道北若干度分。若冬至夏至皆在午正初刻，則所測日距赤道南北之緯度，即黃赤大距度。若冬至夏至不正當午正，則又用前測太陽赤道經度法，測得太陽距冬夏至前後若干度分。用有太陽赤道經緯度求黃赤交角之法，見算法第四則。求得黃赤交角，即黃赤大距度也。蓋黃道與赤道斜交，春秋分時太陽正當赤道。春分後秋分前，太陽在赤道北，夏至而極北。秋分後春分前，太陽在赤道南，冬至而極南。故致日者必於冬夏二至。今用弧線三角形法，測得逐日之距緯，皆可以推大距。然春秋分前後，黃道斜而緯差大，以推大距，其理隱而難知。冬夏至前後，黃道橫而緯差微，以推大距，其象顯而易見，故冬夏致日，古今之通義也。

測黃白距限距限即大距。因大距又有大小，故名距限以别之。見《數象考成後編》。法：於春分日上弦，秋分日下弦，月距交九十度時，測得月距赤道北若干度分。與黃赤大距相減，餘爲黃白二道最大之距限。又於冬至日望月距交九十度時，測得月距赤道北若干度分。夏至日望月距交九十度時，測得月距赤道南若干度分。與黃赤大距相減，餘爲黃白二道最小之距限。蓋白道與黃道斜交，月距交九十度，則距黃道最遠，故測黃白大距必於月距交九十度時。然黃白大距與黃道成直角，黃赤大距與赤道成直角。惟冬夏二至黃道經圈與赤道經圈合爲一線，故測黃白大距又必於月當冬夏二至時。上編專取月當夏至爲其距地高也。若以對待而言，則兼用冬夏至。夫月距交九十度而又當冬夏二至，則兩交必在春秋二分。當是時而值兩弦，則日必在春秋分而適當兩交，值朔望，則日必在冬夏至而距交九十度。上編之法，謂兩弦時交角大，交角之度即大距度。朔望時交角小。後編之法，謂日在兩交時交角大，日距交九十度時交角小。極二說之異致，至此而得其合。故測黃白大距，必於春秋分兩弦，冬夏至望日，朔日不見月，故惟用望日。月距交九十度時測之。春分之日上弦，秋分之日下弦，而月距交九十度，是月當夏至而日在兩交也。春分之日下弦，秋分之日上弦，而月距交九十度，是月當冬至而日在兩交也。以兩弦與日在兩交而論，皆交角大。冬至之日望，而月距交九十度，是月當夏至而日距交九十度也。夏至之日望，而月距交九十度，是月當冬至而日距交九十度也。以朔望與日距交九十度而論，皆交角小。各測其距赤道度，與黃赤大距相減，則最大最小之黃白距限皆得矣。按月行出黃道南，爲陽曆，爲正交。今爲中交。入黃道北，爲陰曆，爲中交。今爲正交。夏至在陰曆，冬至在陽曆，則月距赤道校黃道爲遠，故於所測距赤道度內減黃赤大距，餘爲黃白大距。夏至在陽曆，冬至在陰曆，則月距赤道校黃道爲近，故於黃赤大距內減所測距赤道度，餘爲黃白大距。又按古法，黃白大距不逾六度，弦望無殊，故曰春秋致月。今法交角有大小，故又必兼於冬夏至測之也。

又法：推得月離黃道冬夏至時，預於前數刻，或以太陽作距，用綰時度表綰定時刻。或以恒星作距，用平行線測經度表對定距星，皆以四遊圈指時度表對冬夏至宫度安定。候月行至二至線上，乃以窺衡測月距赤道南北緯度若干，與黃赤大距相減，餘爲月距黃道南北緯度。以正交宫度與冬夏至宫度相減，餘爲月距正交黃道經度。用有太陽赤道經緯度求黃赤交角之法，見算法第四則。求得交角度分，即黃白距限。蓋月之緯度與黃道成直角，其三角形之比例，則黃道如赤道，白道如黃道，黃緯如赤緯，黃白交角即如黃赤交角，黃白大距即如黃赤大距也。前法於分至弦望測月緯度，乃測黃白大距正法。然其時不易得。此法於月離冬夏至時，凡見月即可測。參之弦望與日距交之遠近，則交角有大小之故，亦可得而稽矣。

清・戴進賢等《璣衡撫辰儀說》卷下之二《算法》

有太陽赤道緯度求午正高弧。

有太陽視高弧求午正晷影。

有太陽赤道緯度求赤道經度。

有太陽赤道經緯度求黃赤大距。

有太陽赤道緯度求黃道經度。

有太陽赤道緯度求出入地平及晝夜時刻。

有太陽赤道緯度求昏旦時刻。

有太陽赤道緯度求太陽出入地平偏度。二題。

有時刻有太陽赤道緯度求地平經緯度。

有節氣有太陽午正高弧求交節氣時刻。

有日月星赤道經度求月星當中時刻。

有日月星赤道經度有時刻求月星當中及偏度。

有日月星赤道經緯度求月星出入地平時刻。

有月星赤道經緯度求黃道經緯度。

有月星距午赤道度有赤道緯度求地平經緯度。

有二星赤道經緯度求二星斜距度。

有日月五星視高度求實高度。

設如北極出地三十九度五十五分，午正初刻，測得太陽距赤道北十五度，求高弧幾何。

如下圖，甲爲天頂，甲乙丙丁爲子午圈，乙丙爲地平，丁爲北極，戊己爲赤道。丁丙爲北極出地三十九度五十五分，戊乙爲赤道高五十度五分，庚爲太陽，庚戊爲太陽距赤道北十五度，庚乙爲太陽高弧。太陽正當午正，赤經與高弧合，則以庚戊距緯與戊乙赤道高度相加，得庚乙六十五度五分，爲午正太陽高度。若太陽距赤道南，則以距緯與赤道高度相減，即午正太陽高度也。

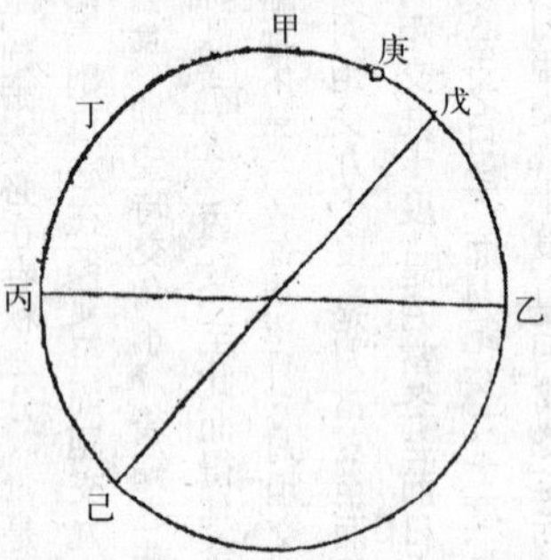

設如測得午正太陽高弧四十度，中表高八尺，求影長幾何。

法：以半徑一千萬爲一率，午正太陽高弧四十度之餘切一千一百九十一萬七千五百三十六爲二率，表高八尺爲三率，求得四率九尺五寸三分四釐零二絲八忽八微，爲所求之影長也。如下圖，甲乙爲中表之高，丙爲太陽，丁爲中影心，甲丁乙角爲午正太陽高度，乙丁爲影長，則以丁戊半徑與太陽高弧餘切戊己之比，同於甲乙表高與乙丁影長之比也。

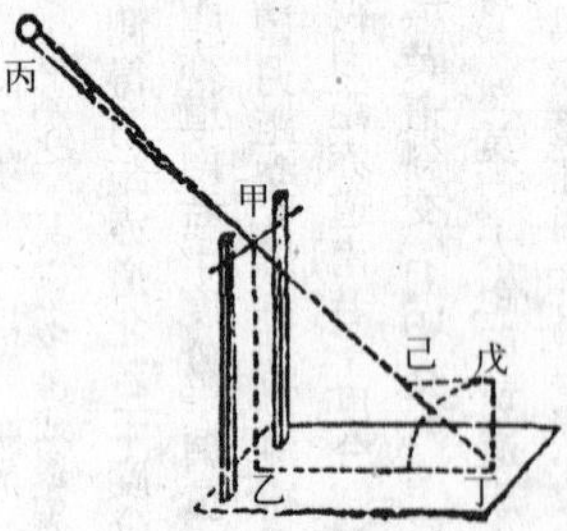

設如春分後測得太陽距赤道北十五度，黃赤交角二十三度二十九分，求赤道經度幾何。

如下欄右上圖，甲乙丙丁爲赤道，甲戊丙己爲黃道相交於甲丙。甲爲春分，丙爲秋分，戊爲夏至，己爲冬至。庚爲北極，辛爲南極。庚戊乙辛己丁爲過二極二至經圈。乙至戊，丁至己，俱二十三度二十九分，爲黃赤大距，即甲丙黃赤二道相交之角。壬爲太陽，甲壬爲太陽距春分後黃道經度。自庚辛南北二極過太陽壬，作庚壬癸辛赤極經圈，交赤道於癸，癸點爲太陽所當赤道宮度。甲癸爲太陽距春分後赤道經度，壬癸爲太陽距赤道北十五度。法：用甲壬癸正弧三角形，有甲角黃赤交角，有癸直角，有壬癸距緯，求甲癸赤道度。以甲角二十三度二十九分之乙子正切四百三十四萬四千六百六十六爲一率，乙丑半徑一千萬爲二率，壬癸距緯十五度之癸寅正切二百六十七萬九千四百九十二爲三率，求得四率六百一十六萬七千三百一十四，爲甲癸弧之正弦癸卯。檢表，得三十八度四分四十秒，即甲癸太陽距春分後赤道經度。與甲丁春分距冬至三宮相加，得四宮八度四分四十秒，即太陽赤道宮度也。

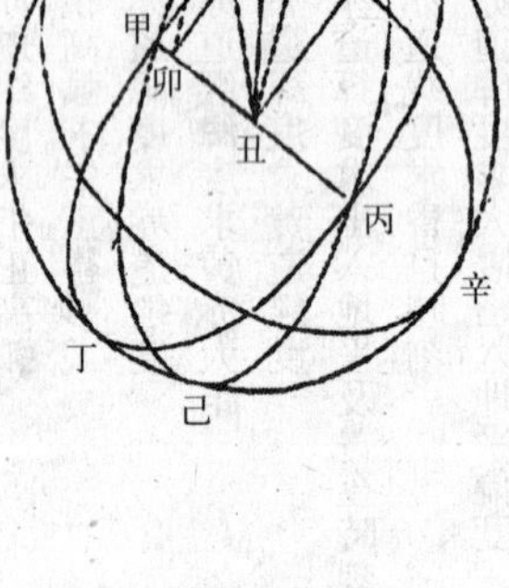

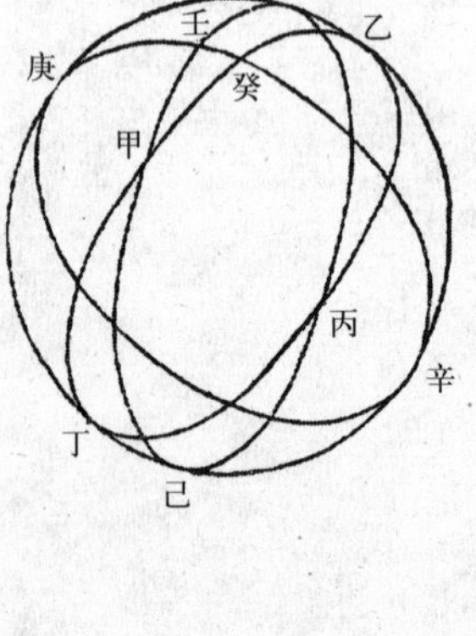

設如春分後測得太陽距赤道北十五度，距春分後赤道經度三十八度四分四十秒，求黃赤大距度幾何。

如右下圖，甲爲春分，甲角爲黃赤交角，當戊乙黃赤大距，壬爲太陽，壬癸爲太陽距赤道北十五度，甲癸爲太陽距春分後赤道經度三十八度四分四十秒。用甲壬癸正弧三角形，以甲癸赤道三十八度四分四十秒之癸卯正弦六百一十六萬七千三百一十四爲一率，壬癸距緯十五度之寅癸正切二百六十七萬九千四百九十二爲二率，乙丑半徑一千萬爲三率，求得四率四百三十四萬六千六百六十六，爲甲角之正切乙子。檢表，得二十三度二十九分，即甲角黃赤大距度也。

設如春分後測得太陽距赤道北十五度，黃赤交角二十三度二十九分，求黃道經度幾何。

如下圖，甲爲春分，甲角爲黃赤交角二

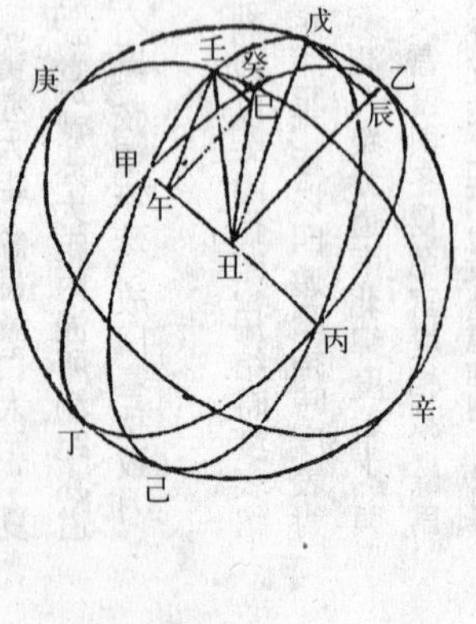

十三度二十九分，壬爲太陽，甲壬爲太陽距春分後黄道經度，壬癸爲距赤道北十五度。用甲壬癸正弧三角形，有甲角黄赤交角，有癸直角，有壬癸距緯，求甲壬黄道度。以甲角二十三度二十九分之戊辰正弦三百九十八萬四千八百二十三爲一率，戊丑半徑一千萬爲二率，壬癸距緯十五度之壬巳正弦二百五十八萬八千一百九十爲三率，求得四率六百四十九萬五千一百一十九，爲甲壬弧之正弦壬午。檢表，得四十度三十分十七秒，即甲壬太陽距春分後黄道經度。與甲己春分距冬至三宫相加，得四宫十度三十分十七秒，即太陽黄道宫度也。

設如北極出地三十九度五十五分，測得太陽距赤道北十五度，求出入地平及晝夜時刻。

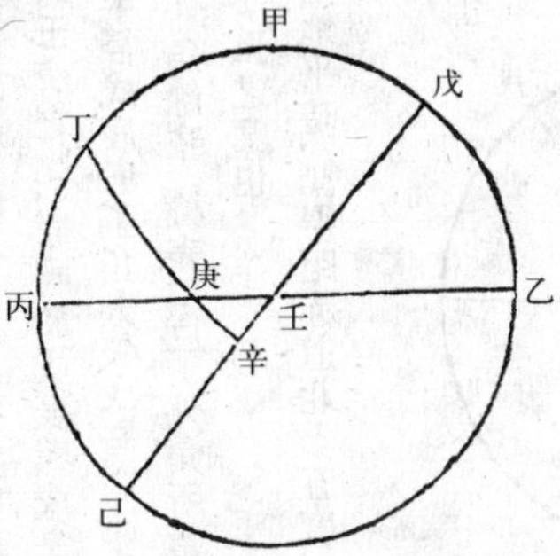

如下圖，甲爲天頂，甲乙丙丁爲子午圈，乙丙爲地平，丁爲北極，丁丙爲北極出地三十九度五十五分，戊己爲赤道，戊乙爲赤道高五十度零五分，庚爲太陽，庚辛爲太陽距赤道北十五度，壬爲卯正酉正之位，辛壬爲日出入在卯前酉後赤道度。用庚辛壬正弧三角形，有辛直角，有壬角赤道高度，有庚辛邊，求辛壬邊。以壬角五十度五分之正切一千一百九十五萬二千七百九十九爲一率，半徑一千萬爲二率，庚辛十五度之正切二百六十七萬九千四百九十二爲三率，求得四率二百二十四萬一千七百二十八，爲辛壬弧之正弦。檢表，得十二度五十七分十五秒，即辛壬弧。爲日出入在卯前酉後赤道度，變時得三刻六分四十九秒，爲卯前酉後分。以減卯正，得日出卯初初刻八分十一秒。以加酉正，得日入酉正三刻六分四十九秒，復倍卯前酉後分，得六刻十三分三十八秒。與四十八刻相加，得五十四刻十三分三十八秒，爲晝刻。與四十八刻相減，得四十一刻一分二十二秒，爲夜刻也。又法：求己辛日出入距子正前後赤道度。用丁丙庚正弧三角形，有丙直角，有丁丙北極出地度，有丁庚日距北極度，求丁角。以丁庚七十五度之正切三千七百三十二萬零五百零八爲一率，丁丙三十九度五十五分之正切八百三十六萬六千二百四十二爲二率，半徑一千萬爲三率，求得四率二百二十四萬一千七百二十八，爲丁角之餘弦。檢表得七十七度二分四十五秒，即辛己弧，爲日出入距子正前後赤道度。變時得五小時零八分十一秒，爲日出入距子正前後分。自子正起算，爲卯初初刻八分十一秒，即日出時刻。與二十四小時相減，得酉正三刻六分四十九秒，爲日入時刻。復倍日出入距子正前後分，得四十一刻一分二十二秒，爲夜刻。與九十六刻相減，餘五十四刻十三分三十八秒，爲晝刻也。

設如北極出地三十九度五十五分，測得太陽距赤道北十五度，求昏旦時刻。

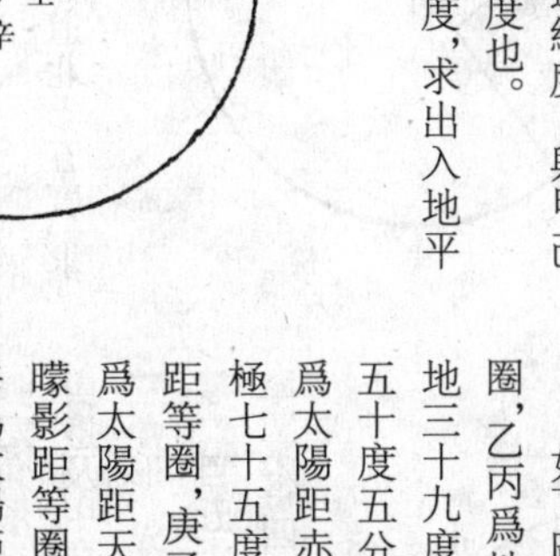

如下圖，甲爲天頂，甲乙丙丁爲子午圈，乙丙爲地平，丁爲北極，丁丙爲北極出地三十九度五十五分，甲丁爲北極距天頂五十度五分，戊己爲赤道，庚爲太陽，庚辛爲太陽距赤道北十五度，丁庚爲太陽距北極七十五度，壬癸爲太陽隨天西轉之赤道距等圈，庚子爲昏旦曚影，限十八度，甲庚爲太陽距天頂一百零八度，丑寅爲地平下曚影距等圈，辛點爲太陽所當昏旦時刻，戊辛爲太陽距午正前後赤道度。用甲庚丁斜弧三角形，有甲丁邊北極距天頂，有丁庚邊日距北極，有甲庚邊日距天頂，求丁角距午赤道度。以夾丁角之丁庚邊七十五度與甲丁邊五十度五分相加，得一百二十五度五分，爲總弧，其餘弦五百七十四萬七千六百七十二。又以甲丁丁庚二邊相減，餘二十四度五十五分，爲較弧，其餘弦九百零六萬九千二百一十五。兩餘弦相加，總弧較弧一過象限，一不過象限，則兩餘弦相加。若兩弧俱不過象限，或俱過象限，則兩餘弦相減餘。得一千四百八十一萬六千八百八十七。折半，得七百四十萬零八千四百四十四，爲中數，爲一率。以對丁角之甲庚邊一百零八度之大矢一千三百零九萬零一百七十，餘弦與半徑相加，得大矢。與較弧二十四度五十五分之正矢餘弦與半徑相減，得正矢。九百三十萬零七百八十五相減，餘一千二百一十五萬九千三百八十五，爲矢較，爲二率。半徑一千萬爲三率，求得四率一千六百四十一萬二千八百七十三，爲丁角之大矢。凡矢過於半徑者爲大矢，其角即爲鈍角。内減半徑一千萬，餘六百四十一萬二千八百七十三，爲丁角之餘弦。檢表，得五十度六分四十四秒。與半周相減，餘一百二十九度五十三分十六秒，爲丁角度。即旦刻太陽距午前昏刻太陽距午後赤道度。變時得八小時二刻九分三十三秒，爲丁角度。與午正十二小時相減，得寅初一刻五分二十七秒，即旦刻。與午正十二小時相加，得戌正二刻九分三十三秒，即昏刻也。

如下圖，丁庚與丁甲相加，得甲癸爲總弧。丁庚丁癸丁壬三弧，同爲癸壬距等圈所截，故其度相等。其正弦爲癸卯，餘弦爲卯辰，丁庚與丁甲相減，餘甲壬爲較弧。其正弦爲壬巳，餘弦爲巳辰，以卯辰與巳辰兩餘弦相加，得巳卯。折半得巳午。與未申等，爲中數。又對丁角之甲庚邊與甲丑甲寅等，其正弦爲丑酉或寅酉，餘弦爲酉辰，大矢爲甲酉。以甲酉與甲壬較弧之正矢甲巳相減，餘巳酉，與

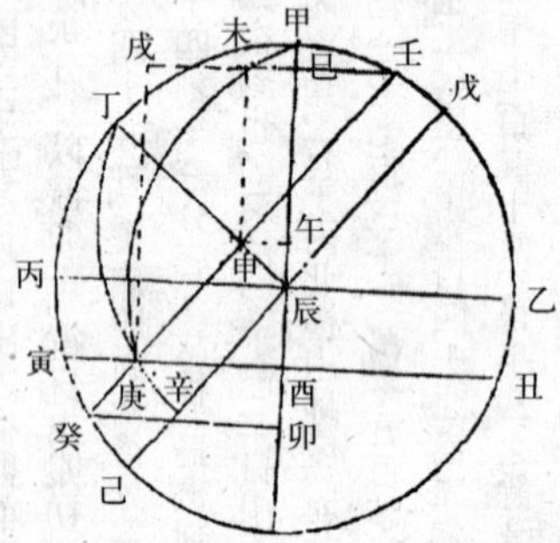

戌庚等，爲矢較。遂成壬庚戌與壬申未同式兩勾股形。故未申與戌庚之比，必同於壬申與壬庚之比也。又，戌辰爲半徑，壬申爲距等圈之半徑。壬庚與戌辛兩段，同爲丁庚辛赤道經圈之所分，則壬申與壬庚之比，原同於戌辰與戌辛之比。是以中數未申與矢較戌庚之比，即同於半徑戌辰與丁角大矢戌辛之比也。既得戌辛大矢，內減戌辰半徑，餘辛辰，即丁外角餘弦，檢表，得丁外角所當辛巳弧之度。復與半周相減，即得丁角所當戊辛弧之度也。

設如北極出地三十九度五十五分，太陽出地平時，測得距赤道北十五度，求地平偏度幾何。

如下圖，甲爲天頂，甲乙丙丁爲子午圈，乙丙爲地平，丁爲北極，丁丙爲北極出地三十九度五十五分，戊己爲赤道，庚爲太陽，庚辛爲太陽距赤道北十五度，壬爲卯正，庚壬爲日出地平偏度。用庚辛壬正弧三角形，有辛直角，有壬角赤道高度，有庚辛邊，求庚壬邊。以壬角五十度五分之正弦七百六十六萬九千七百八十五爲一率，半徑一千萬爲二率，庚辛十五度之正弦二百五十八萬八千一百九十爲三率，求得四率三百三十七萬四千五百二十七，爲庚壬弧之正弦。檢表，得十九度四十三分十八秒，爲庚壬弧度。即太陽出地平時正東偏北之度也。

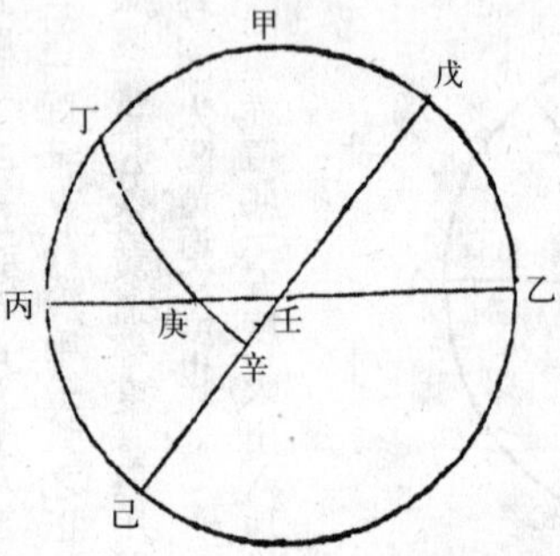

設如北極出地三十九度五十五分，太陽入地平時，測得距赤道南十五度，求地平偏度幾何。

如前圖，甲爲天頂，甲乙丙丁爲子午圈，乙丙爲地平，丁爲北極，丁丙爲北極出地三十九度五十五分，戊己爲赤道，庚爲太陽，庚辛爲太陽距赤道南十五度，壬爲酉正，庚壬爲日入地平偏度，用辛庚壬正弧三角形。有辛直角，有壬角赤道高度，有庚辛邊，求庚壬邊。以壬角五十度五分之正弦七百六十六萬九千七百八十五爲一率，半徑一千萬爲二率，庚辛十五度之正弦二百五十八萬八千一百九十爲三率，求得四率三百三十七萬四千五百二十七，爲庚壬弧之正弦。檢表，得十九度四十三分十八秒，爲庚壬弧度，即太陽入地平時正西偏南之度也。

設如北極出地三十九度五十五分，巳正初刻測得太陽距赤道北十五度，求地平經緯度各幾何。

如左圖，甲爲天頂，甲乙丙丁爲子午圈，乙丙爲地平，丁爲北極，戊己爲赤道，丁丙爲北極出地三十九度五十五分，甲丁爲北極距天頂五十度五分，庚爲太陽，庚辛爲太陽距赤道北十五度，丁庚爲太陽距北極七十五度，辛爲巳正初刻，戊辛爲太陽距午東赤道度三十度，即丁角。甲庚爲太陽距天頂，庚壬爲太陽高弧，即地平緯度。乙壬爲太陽正南偏東地平經度，即甲角之外角。用甲丁庚斜弧三角形，有丁角距午東赤道度，有甲丁北極距天頂，有丁庚太陽距北極，求甲庚邊及甲角度。乃自太陽庚點作庚癸垂弧於形外，補成丁庚癸、甲庚癸兩正弧三角形。先用丁庚癸形，以半徑一千萬爲一率，丁角三十度之餘弦八百六十六萬零二百五十四爲二率，丁庚七十五度之正切三千七百三十二萬零五百零八爲三率，求得四率三千二百三十二萬零五百零八，爲丁癸弧之正切。檢表，得七十二

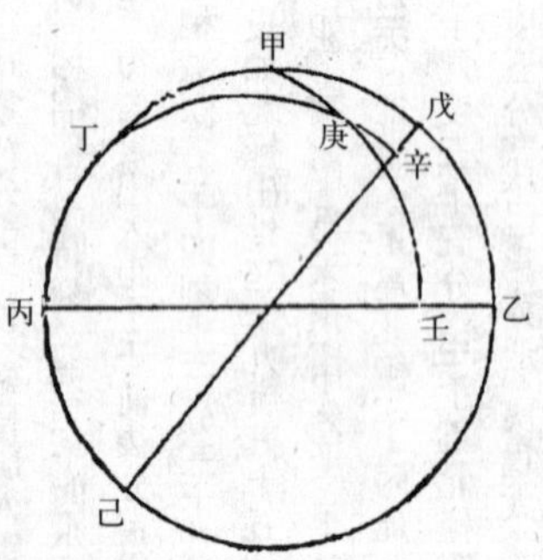

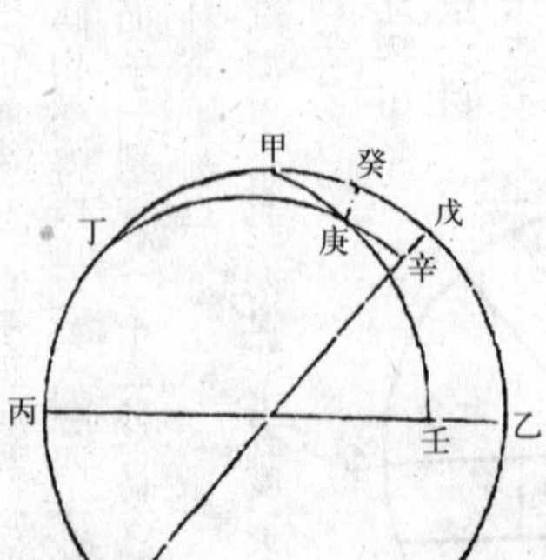

度四十八分二十八秒，即丁癸弧。内減甲丁五十度五分，餘二十二度四十三分二十八秒，即甲癸弧。又以半徑一千萬爲一率，丁角三十度之正切五百七十七萬三千五百零三爲二率，丁癸七十二度四十八分二十八秒之正弦九百五十五萬三千一百八十四爲三率，求得四率五百五十一萬五千五百三十四，爲庚癸弧之正切。次用甲庚癸形，以甲癸二十二度四十三分二十八秒之正弦三百八十六萬二千九百九十六爲一率，前所得庚癸弧之正切五百五十一萬五千五百三十四爲二率，半徑一千萬爲三率，求得四率一千四百二十七萬七千八百六十六，爲甲角之正切。檢表，得五十四度五十九分三十五秒，爲甲角度，即太陽正南偏東地平經度。又以甲角五十四度五十九分三十五秒之餘弦五百七十三萬六千七百五十六爲一率，半徑一千萬爲二率，甲癸二十二度四十三分二十八秒之正切四百一十八萬八千一百零四爲三率，求得四率七百三十萬零四百七十四，爲甲庚弧之正切。檢表，得三十六度七分五十二秒，爲甲庚弧，即太陽距天頂之度。與甲壬象限九十度相減，餘庚壬五十三度五十二分八秒，爲太陽高弧，即地平緯度也。

又法：自太陽庚點至卯正癸點作庚癸弧，成庚辛癸、庚壬癸兩正弧三角形。算之，先用庚辛癸形，以辛癸距卯正後赤道度六十度之正弦八百六十六萬零二百五十四爲一率，庚辛太陽距赤道北十五度之正切二百六十七萬九千四百九十二爲二率，半徑一千萬爲三率，求得四率三百零九萬四千零一十一，爲庚癸辛角之正切。檢表，得十七度十一分三十二秒，即庚癸辛角。與辛癸壬角五十度五分相加，得六十七度十六分三十二秒，即庚癸壬角。又以庚癸辛角十七度十一分三十二秒之餘弦九百五十五萬三千一百八十四爲一率，半徑一千萬爲二率，辛癸六十度之正切一千七百三十二萬零五百零八爲三率，求得四率一千八百一十三萬零六百一十三，爲庚癸弧之正切。檢表，得六十一度七分一十五秒，爲庚癸弧度。次用庚壬癸形以半徑一千萬爲一率，庚癸壬角六十七度十六分三十二秒之餘弦三百八十六萬二千九百九十六爲二率，前所得庚癸弧之正切一千八百一十三萬零六百一十三爲三率，

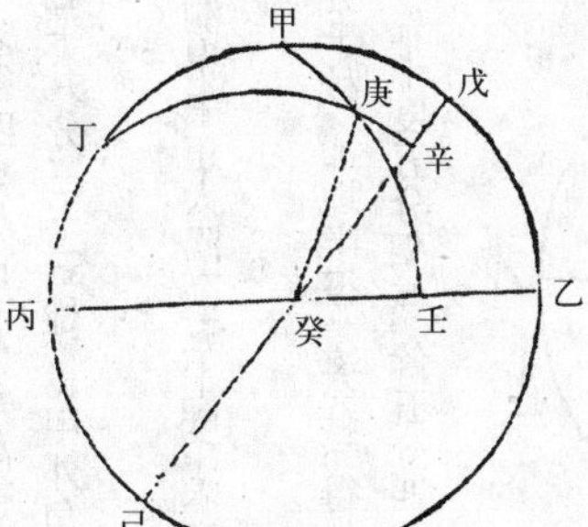

求得四率七百萬零三千八百四十九，爲壬癸弧之正切。檢表，得三十五度零二十五秒，即壬癸弧度。與乙癸象限相減，餘乙壬五十四度五十九分三十五秒，即太陽正南偏東地平經度。又以半徑一千萬爲一率，庚癸壬角六十七度十六分三十二秒之正弦九百二十二萬三千七百三十三爲二率，庚癸弧六十一度七分十五秒之正弦八百七十五萬六千四百零一爲三率，求得四率八百零七萬六千六百七十，爲庚壬弧之正弦。檢表，得五十三度五十二分七秒，爲庚壬太陽高弧，即地平緯度也。

又法：用總較法算之，以半徑一千萬爲一率，丁角三十度之正矢餘弦與半徑相減，得正矢。一百三十三萬九千七百四十六爲二率，以夾丁角之甲丁邊五十度五分與丁庚邊七十五度相加，得一百二十五度五分，爲總弧，其餘弦五百七十四萬七千六百七十二。又以甲丁、丁庚兩邊相減，餘二十四度五十五分，爲較弧，其餘弦九百零六萬九千二百一十五。兩餘弦相加，總弧過象限，較弧不過象限，故兩餘弦相加。得一千四百八十一萬六千八百八十七。折半，得七百四十萬八千四百四十四，爲中數，爲三率，求得四率九十九萬二千五百四十三，爲矢較。與較弧二十四度五十五分之正矢九十三萬零七百八十五相加，得一百九十二萬三千三百二十八，爲甲庚對邊之正矢。與半徑一千萬相減，餘八百零七萬六千六百七十二，爲甲庚弧之餘弦。檢表，得三十六度七分五十三秒，爲甲庚太陽距天頂度。與甲壬象限相減，餘五十三度五十二分七秒，爲庚壬太陽高弧，即地平緯度也。如下圖，戊癸爲半徑，戊辛爲丁角之正矢，甲丁與丁庚相加，得甲子，爲總弧。丁庚、丁子、丁寅三弧同爲子寅距等圈所截，故其度相等。其正弦爲子丑，餘弦爲癸丑，甲丁與丁庚相減，得甲寅，爲較弧，其正弦爲寅卯，餘弦爲癸卯。兩餘弦相加，得卯丑。折半，得卯辰。與巳午等，爲中數。又對丁角之甲庚邊與甲未等，其正弦爲未申，餘弦爲申癸，正矢爲甲申。以甲申與甲寅較弧之正矢甲卯相減，餘卯申，與酉庚等，爲矢較。遂成寅午巳、寅庚酉同式兩勾股形。而寅午與寅庚之比，同於巳午與酉庚之比。又寅午爲子寅距等圈之半徑，寅庚與戊辛兩段，同爲丁庚辛過赤極經圈之所分。則

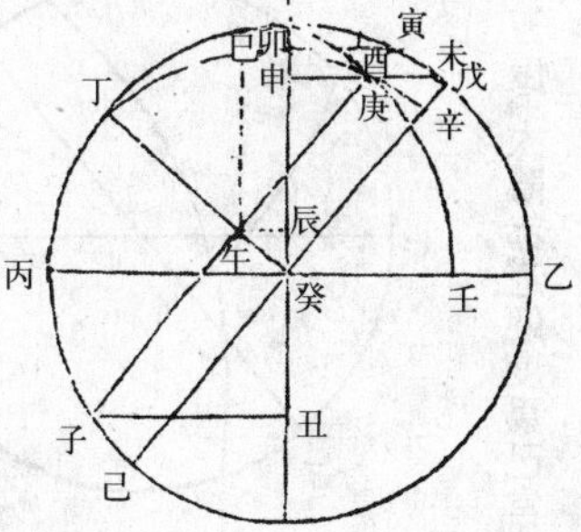

寅午與寅庚之比，原同於戊癸與戊辛之比。是以半徑戊癸與丁角正矢戊辛之比，即同於中數巳午與酉庚之比。而酉庚與卯申矢較等，既得卯申矢較。與甲寅較弧之正矢甲卯相加，得甲申，即爲甲庚弧之正矢。與甲癸半徑相減，餘癸申，爲甲庚弧之餘弦。檢表，得甲庚弧之度。與甲壬象限相減，餘庚壬弧，即太陽高弧之度也。次求甲角，則以甲庚弧三十六度七分五十三秒之正弦五百八十九萬六千三百八十九爲一率，丁庚弧七十五度之正弦九百六十五萬九千二百五十八爲二率，丁角三十度之正弦五百萬爲三率，求得四率八百一十九萬零八百二十五，爲甲外角之正弦。檢表，得五十四度五十九分三十五秒，爲甲外角度，即太陽正南偏東之地平經度也。

設如北極出地三十九度五十五分，春分日測得午正太陽高五十度，求春分時刻。

法：先以午正太陽視高五十度減蒙氣差五十秒，加地半徑差六秒，得午正太陽實高四十九度五十九分十六秒。與赤道高五十度五分相減，餘五分四十四秒，爲太陽距赤道南之緯度，即知春分在午正東，春分時刻在午正後也。如下圖，甲爲天頂，甲乙丙丁爲子午圈，乙丙爲地平，丁爲北極，丁丙爲北極出地三十九度五十五分，戊己爲赤道，戊乙爲赤道高五十度五分，庚爲太陽，庚乙爲午正太陽實高四十九度五十九分十六秒，庚戊爲太陽距赤道南五分四十四秒。爰用庚戊辛正弧三角形，有戊直角，有辛角、黃赤交角，有庚戊距緯，求庚辛太陽距春分黃道度。以辛角二十三度二十九分之正弦三百九十八萬四千八百二十三爲一率，半徑一千萬爲二率，庚戊五分四十四秒之正弦一萬六千六百七十七爲三率，求得四率四萬一千八百五十一，爲庚辛弧之正弦。檢表，得十四分二十三秒十五微，爲太陽距春分黃道度。乃以一日之日平行五十九分八秒二十微爲一率，二分時太陽之實行與平行相近，故即用平行爲一率。若他節氣，須用本日之實行爲一率。周日一千四百四十分爲二率，太陽距春分黃道度十四分二十三秒十五微爲三率，求得四率三百五十分十九秒四十微。以六十分收之，得五時五十分十九秒四十微，爲春分距午正後之時刻，即酉初三刻五分十九秒四十微也。

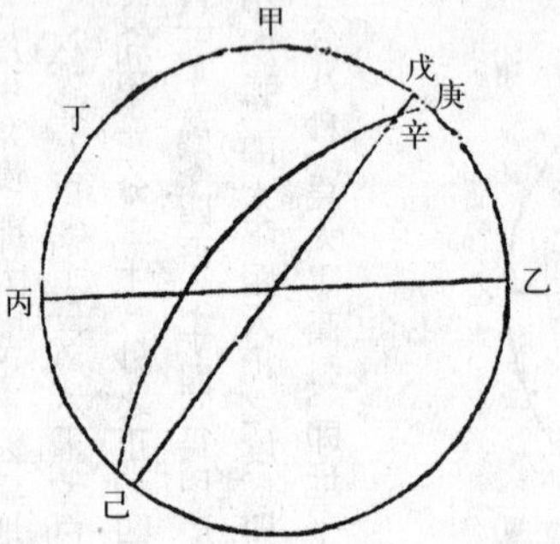

設如太陽赤道經度爲戌宮十五度，木星赤道經度爲午宮初度，求木星當中之時刻。月恒星同。

如下圖，甲爲天頂，甲乙丙丁爲子午圈，乙丙爲地平，丁爲北極，戊己爲赤道，庚辛爲黃道，戊點爲木星所當赤道之午宮初度，亦即正午赤道經度。壬爲太陽，當赤道之癸爲戌宮十五度，則於正午戊點赤道經度午宮初度內減癸點太陽赤道經度戌宮十五度，餘戊癸三宮十五度，爲太陽距午西赤道度。變時得七小時，自午正初刻起算，得戌初初刻，即木星當中之時刻也。

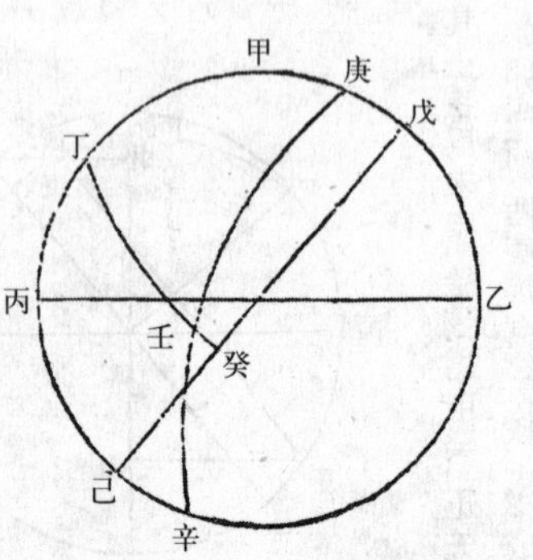

設如亥初初刻測得太陽赤道經度爲戌宮十五度，太陰赤道經度爲巳宮初度，求太陰當中及偏度。五恒星同。

如前圖，甲爲天頂，甲乙丙丁爲子午圈，乙丙爲地平，丁爲北極，戊己爲赤道，庚辛爲黃道，壬爲太陽，當赤道之癸爲戌宮十五度，戊爲正午之位，癸爲亥初初刻，距正午九小時。變赤道度，得戊癸太陽距午西赤道度四宮十五度，與癸點太陽赤道經度戌宮十五度相加，得巳宮初度，爲正午戊點赤道經度。與太陰赤道經度相合，即爲亥初初刻太陰當中。如太陰赤道經度大於正午赤道經度，爲偏東；小於正午赤道經度，爲偏西也。

設如北極出地三十九度五十五分，本日子正初刻太陽赤道經度爲戌宮十五度，太陰赤道經度爲申宮初度，距赤道北十八度，至次日子正初刻太陽赤道經度爲戌宮十六度，太陰赤道經度爲申宮十三度，求太陰入地平時刻。太陰出地倣此，五星恒星並同。

如下圖，甲爲天頂，甲乙丙丁爲子午圈，乙丙爲地平，丁爲北極，丁丙爲北極出地三十九度五十五分，戊己爲赤道，戊乙爲赤道高五十度五分，庚辛爲黃道，本日子正初

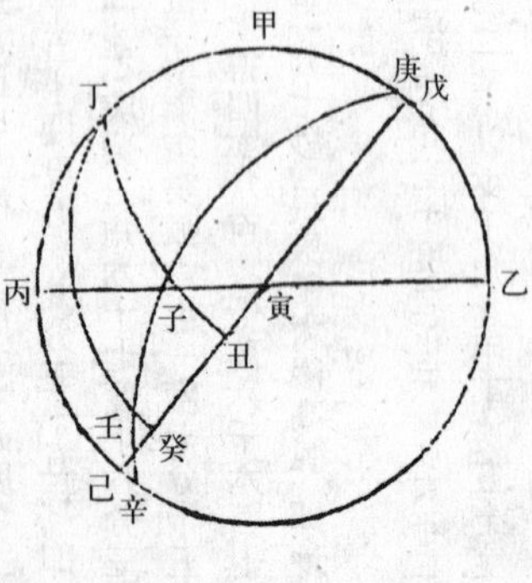

刻，太陽在壬，當赤道之癸爲戌宫十五度，太陰在子，當赤道之丑爲申宫初度，丑癸爲太陰距太陽四十五度。子丑爲太陰距赤道北十八度，寅爲酉正之位，丑寅爲太陰入地在酉正後赤道度。用子丑寅正弧三角形，有丑直角，有寅角，有子丑邊，求丑寅邊。以寅角五十度五分之正切一千一百九十五萬二千七百九十九爲一率，半徑一千萬爲二率，子丑十八度之正切三百二十四萬九千一百九十七爲三率，求得四率二百七十一萬八千三百五十七，爲丑寅弧之正弦。檢表，得十五度四十六分二十五秒，爲丑寅太陰入地在酉正後赤道度。與丑癸太陰距太陽四十五度相加，得寅癸六十度四十六分二十五秒，爲太陽距酉正後赤道度。變時得四小時三分六秒，加酉正十八小時，得二十二小時三分六秒，爲本日太陰入地時刻之通數。復以本日次日子正初刻太陽赤道經度相減，得一度，爲一日之日行度。以通數距子正後之時分爲比例，得太陽行分爲五十五分八秒，變時得三分四十一秒，爲太陽時差。以本日次日子正初刻太陰赤道經度相減，得十三度，爲一日之月行度。以通數距子正後之時分爲比例，得太陰行分爲十一度五十六分四十一秒，變時得四十七分四十七秒，爲太陰時差。乃於本日太陰入地時刻之通數二十二小時三分六秒内，減太陽時差三分四十一秒，加太陰時差四十七分四十七秒，得二十二小時四十七分十二秒。自子正後計之，爲亥正三刻二分十二秒，即太陰入地平之時刻也。蓋太陰入地時刻之通數。乃以本日子正初刻之赤道經度立算，然太陰入地在子正後，太陽太陰俱有右旋之行分。太陽右旋，則其赤經已過癸點之東，時刻必差而早。太陰右旋，則其赤經亦過丑點之東，及隨天西轉以至入地，時刻必差而遲。且太陽行分少，太陰行分多，是太陽當癸點之時，太陰尚在地平上。逮太陰入地，太陽赤經必又在癸點之西，故於通數内減太陽時差，加太陰時差，方爲太陰入地之時刻也。

設如黄赤大距二十三度二十九分，測得大角星赤道經度卯宫一度七分二十六秒，赤道緯北二十度三十分四十二秒，求黄道經緯度幾何。月五星同。

如下欄圖，甲爲赤極，乙爲黄極，甲乙爲黄赤二極相距二十三度二十九分，丙爲大角星，丁戊爲赤道，已庚爲黄道，辛點爲赤道經度卯宫一度七分二十六秒，丁辛爲距冬至前赤道經度五十八度五十二分三十四秒，即甲角。丙辛爲赤道緯北二十度三十分四十二秒，甲丙爲星距赤極六十九度二十九分十八秒，壬點爲黄道經度，已壬爲距冬至前黄道經度，即乙角之外角。丙壬爲黄道北緯度，乙丙爲星距黄極度。用甲乙丙斜弧三角形，有甲角及甲乙甲丙二邊，求乙角及乙丙邊。

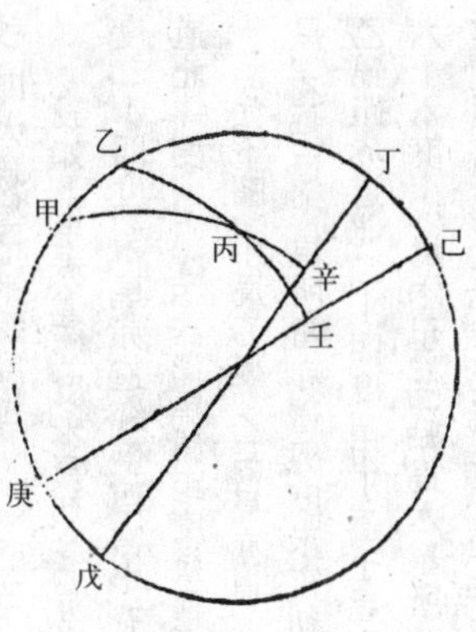

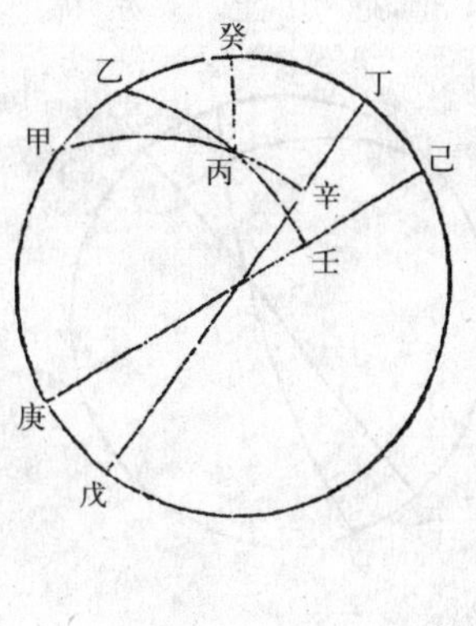

先求乙角，自大角星丙點作丙癸垂弧於形外，補成甲丙癸、乙丙癸兩正弧三角形。先用甲丙癸形，以半徑一千萬爲一率，甲角五十八度五十二分三十四秒之餘弦五百一十六萬八千九百零三爲二率，甲丙六十九度二十九分十八秒之正切二千六百七十二萬九千六百一十六爲三率，求得四率一千三百八十一萬六千二百七十九，爲甲癸弧之正切。檢表，得五十四度六分十三秒，爲甲癸弧。内減甲乙弧二十三度二十九分，餘三十度三十七分十三秒，爲乙癸弧。又以半徑一千萬爲一率，甲角五十八度五十二分三十四秒之正切一千六百五十六萬一千五百七十三爲二率，甲癸五十四度六分十三秒之正弦八百一十萬零七百八十六爲三率，求得四率一千三百四十一萬六千一百七十六，爲丙癸弧之正切。次用乙丙癸形，以乙癸弧三十度三十七分十三秒之正弦五百零九萬三千四百六十爲一率，前所得丙癸弧之正切一千三百四十一萬六千一百七十六爲二率，半徑一千萬爲三率，求得四率二千六百三十四萬零五，爲乙角之正切。檢表，得六十九度十二分三十九秒，爲乙外角度，即已壬距冬至前黄道經度。與十二宫相減，餘九宫二十度四十七分二十一秒，即壬點黄道經度也。次求乙丙邊，以乙角六十九度十二分三十九秒之餘弦三百五十四萬九千三百零二爲一率，半徑一千萬爲二率，乙癸三十度三十七分十三秒之正切五百九十一萬八千七百六十二爲三率，求得四率一千六百六十七萬五千八百四十八，爲乙丙弧之正切。檢表，得五十九度三分一秒，爲乙丙星距黄極度。與乙壬象限九十度相減，餘三十度五十六分五十九秒，即丙壬星距黄道北緯度也。

又法：先求乙丙邊。自黄極乙作乙癸垂弧於形内，分爲甲乙癸、丙乙癸兩正弧三角形。先用甲乙癸形，以半徑一千萬爲一率，甲角五十八度五十二分三十四秒之餘弦五百一十六萬八千九百零三爲二率，甲乙二十三度二十九分之正切四百三十四萬四千六百六十六爲三率，求得四率二百二十四萬五千七百一十六，爲甲癸弧之正切。檢表，得十二度三十九分二十五秒，爲甲癸弧度。與甲丙弧六十九度二十九分十八秒相減，餘五十六度四十九分五十三秒，爲丙癸弧。又以甲癸十二度三十九分二十五秒之餘弦九百七十五萬六千九百九十四爲一率，半徑一千萬爲二率，甲乙二十三度二十九分之餘弦九百一十七萬一千七百六十爲三率，求得四率九百四十萬零一百九十，爲乙癸弧之餘弦。次用丙乙癸形，以半徑一千萬爲一率，丙癸弧五十六度四十九分五十三秒之餘弦五百四十七萬一千零四十七爲二率，前所得乙癸弧之餘弦九百四十萬零一百九十爲三率，求得四率五百一十四萬二千八百八十八，爲乙丙弧之餘弦。檢表，得五十九度三分，爲乙丙星距黃極度。與乙壬象限九十度相減，餘三十度五十七分，即丙壬星距黃道北緯度也。次求甲乙丙角，則以乙丙弧五十九度三分一秒之正弦八百五十七萬六千一百八十九爲一率，甲丙弧六十九度二十九分十八秒之正弦九百三十六萬六千零九爲二率，甲角五十八度五十二分三十四秒之正弦八百五十六萬零五百一十爲三率，求得四率九百三十四萬八千八百九十三，爲乙外角之正弦。檢表，得六十九度十二分三十七秒，爲乙外角度。與全周相減，餘二百九十度四十七分二十三秒，爲辰宮二十度四十七分二十三秒，即大角星黃道經度也。

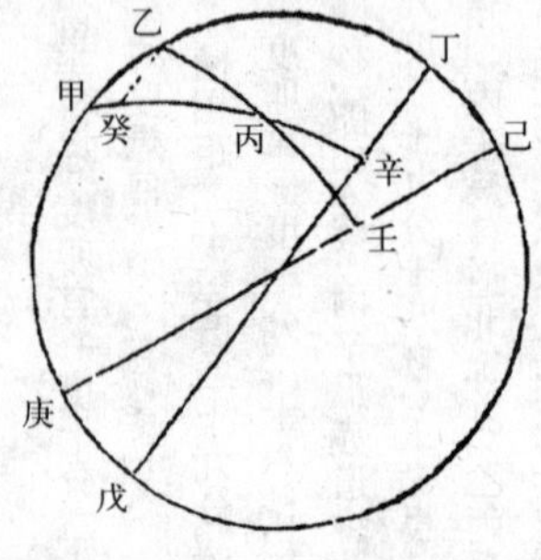

設如北極出地三十九度五十五分，測得大角星距午東三十度，距赤道北二十度三十分四十二秒，求地平經緯度各幾何。月五星同。

如下圖，甲爲天頂，甲乙丙丁爲子午圈，乙丙爲地平。丁爲北極，丁丙爲北極出

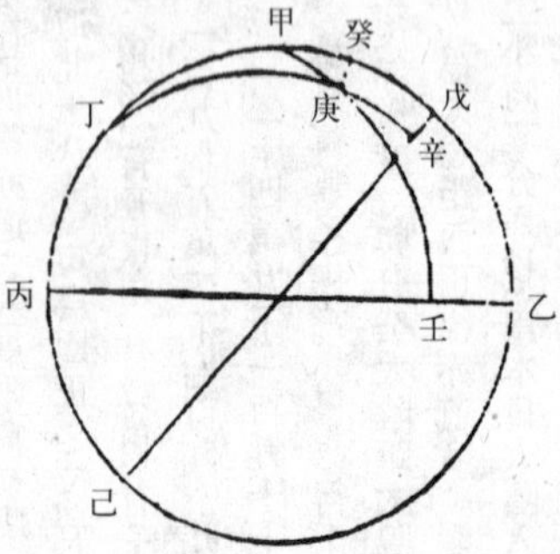

地三十九度五十五分，甲丁爲北極距天頂五十度五分，戊己爲赤道，庚爲大角星，庚辛爲星距赤道北二十度三十分四十二秒，丁庚爲星距赤極六十九度二十九分十八秒，戊辛爲星距午東三十度，即丁角。甲庚爲星距天頂，庚壬爲高弧，即地平緯度。乙壬爲大角星正南偏東地平經度，即甲角之外角。用甲丁庚斜弧三角形，有丁角，有甲丁邊，有丁庚邊，求甲庚邊及甲角。乃自大角星庚點作庚癸垂弧於形外，補成丁庚癸、甲庚癸兩正弧三角形。先用丁庚癸形，以半徑一千萬爲一率，丁角三十度之餘弦八百六十六萬零二百五十四爲二率，丁庚六十九度二十九分十八秒之正切二千六百七十三萬九千六百一十六爲三率，求得四率二千三百一十四萬八千五百二十六，爲丁癸弧之正切。檢表，得六十六度三十八分十秒，爲丁癸弧。內減甲丁五十度五分，餘十六度三十三分十秒，爲甲癸弧。又以半徑一千萬爲一率，丁角三十度之正切五百七十七萬三千五百零三爲二率，丁癸六十六度三十八分十秒之正弦九百一十八萬零四十七爲三率，求得四率五百三十萬零一百零三，爲庚癸弧之正切。次用甲庚癸形，以甲癸弧十六度三十三分十秒之正弦二百八十四萬八千九百八十五爲一率，前所得庚癸弧之正切五百三十萬零一百零三爲二率，半徑一千萬爲三率，求得四率一千八百六十萬三千四百七十八，爲癸甲庚角之正切。檢表，得六十一度四十四分二十六秒，爲癸甲庚角，即大角星正南偏東地平經度。又以甲角六十一度四十四分二十六秒之餘弦四百七十三萬四千六百四十九爲一率，半徑一千萬爲二率，甲癸十六度三十三分十秒之正切二百九十七萬二千一百五十八爲三率，求得四率六百二十七萬七千四百六十二，爲甲庚弧之正切。檢表，得三十二度七分六秒，爲甲庚弧，即星距天頂度。與甲壬九十度相減，餘庚壬五十七度五十二分五十四秒，即大角星地平緯度也。

設如土星赤道經度未宮初度，赤道北緯度二十四度，木星赤道經度酉宮十五度，赤道北緯度十六度，求二星斜距度幾何。

如下圖，甲爲赤極，乙丙爲赤道，丁爲土星，乙點爲土星所當赤道經度未宮初度，丁乙爲距赤道北二十四度，甲丁爲土星距赤極六十六度，戊爲木星，己點爲木星所當赤道經度酉宮十五度，戊己爲距赤道北十六度，

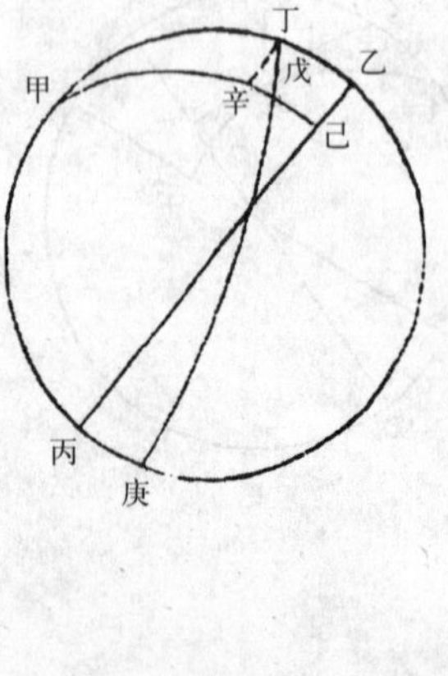

甲戌爲木星距赤極七十四度，乙已爲二星相距赤道經度四十五度，即甲角。自丁戊二點作丁戊庚腰圍大圈，則丁戊爲二星斜距弧。用甲丁戊斜弧三角形，有甲角二星相距赤道經度，有甲丁邊土星距赤極，有甲戊邊木星距赤極，求丁戊二星斜距度。乃自丁點作丁辛垂弧於形内，分爲甲辛丁、戊辛丁兩正弧三角形，先用甲辛丁形，以辛直角正弦即半徑一千萬爲一率，甲角四十五度之餘弦七百零七萬一千零六十八爲二率，甲丁六十六度之正切二千二百四十六萬零三百六十八爲三率，求得四率一千五百八十八萬一千八百七十九，爲甲辛弧之正切。檢表，得五十七度四十八分十三秒，爲甲辛弧度。與甲戊七十四度相減，餘十六度十一分四十七秒，爲戊辛弧。又以甲辛五十七度四十八分十三秒之餘弦五百三十二萬八千二百三十爲一率，半徑一千萬爲二率，甲丁六十六度之餘弦四百零六萬七千三百六十六爲三率，求得四率七百六十三萬三千六百一十六，爲丁辛弧之餘弦。次用戊辛丁形，以半徑一千萬爲一率，戊辛十六度十一分四十七秒之餘弦九百六十萬零三千一百一十二爲二率，前所得丁辛弧之餘弦七百六十三萬三千六百一十六爲三率，求得四率七百三十三萬零六百四十七，爲丁戊弧之餘弦。檢表，得四十二度五十一分二十二秒，爲丁戊弧度，即土木二星斜距之度也。

又法：用總較法算之，以半徑一千萬爲一率，甲角四十五度之正矢二百九十二萬八千九百三十二爲二率，以甲戊邊七十四度與甲丁邊六十六度相加，得一百四十度，爲總弧，其餘弦七百六十六萬零四百四十四。又以甲丁甲戊兩邊相減餘八度，爲較弧，其餘弦九百九十萬二千六百八十。兩餘弦相加，總弧較弧，一過象限，一不過象限，故相加。得一千七百五十六萬三千一百二十四，折半得八百七十八萬一千五百六十二，爲中數，爲三率。求得四率二百五十七萬二千零六十，爲矢較。與較弧八度之正矢九萬七千三百二十相加，得二百六十六萬九千三百八十，爲丁戊弧之正矢。與半徑一千萬相減，餘七百三十三萬零六百二十，爲丁戊弧之餘弦。檢表，得四十二度五十一分二十三秒，爲丁戊弧，即土木二星斜距度也。如下圖，乙辛爲半徑，乙已爲甲角之正矢，

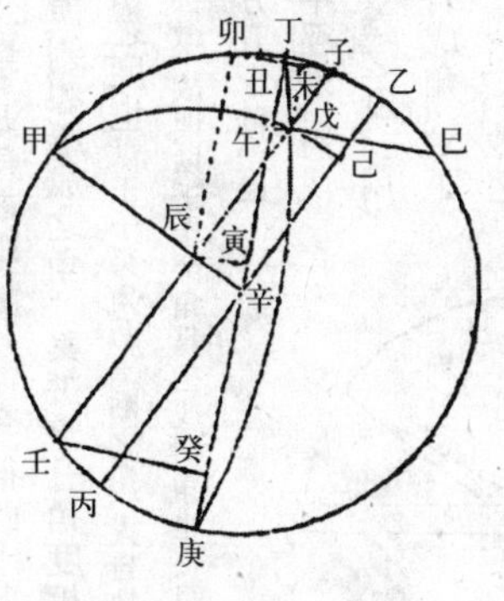

甲戌與甲丁相加，得丁壬爲總弧。甲戌、甲壬、甲子同爲壬子距等圈所截，故其度相等。其正弦爲壬癸，餘弦爲癸辛，甲戌與甲丁相減，餘丁子爲較弧。其正弦爲子丑，餘弦爲丑辛，兩餘弦相加得丑癸。折半，得丑寅，與卯辰等，爲中數。又對甲角之丁戊邊與丁巳等，其正弦爲巳午，餘弦爲午辛，正矢爲丁午，以丁午與丁子較弧之正矢丁丑相減，餘丑午，與未戊等，爲矢較。遂成子卯辰與子未戊同式兩勾股形，而子辰與子戊之比，同於卯辰與未戊之比。又子辰爲距等圈之半徑，子戊與乙巳兩段同爲甲戊已赤道經圈之所分，則子辰與子戊之比，原同於乙辛與乙巳之比。是以半徑乙辛與甲角正矢乙已之比，即同於中數卯辰與矢較未戊之比也。既得矢較未戊與丁子較弧之正矢丁丑相加，得丁午，即丁戊弧之正矢。與丁辛半徑相減，餘午辛，爲丁戊弧之餘弦。檢表，得丁戊弧之度，即土木二星斜距之度也。

設如測得太陽午正視高度四十度，求實高度幾何。

如下圖，甲爲天頂，甲乙丙爲子午圈，丁爲地心，戊爲地面，已庚爲地平，已乙與庚丙爲太陽在地平上最大之地半徑，差十秒，與丁戊地半徑等。已乙與庚丙弧線甚小，可作直線算，故謂與丁戊地半徑等。戊辛爲地周蒙氣之厚六千零九十五。丁戊地半徑設爲一千萬，戊辛爲六千零九十五。壬爲太陽視高點，壬戊巳角爲午正太陽視高度四十度，癸爲太陽實高點，癸丁乙角爲午正太陽實高度，戊子壬爲視線，常直而高，戊子癸爲光線，常折而下，壬子癸角爲本時蒙氣差角，戊癸爲太陽距地面，丁癸爲太陽距地心，戊癸丁角爲本時地半徑差角，先求蒙氣差。

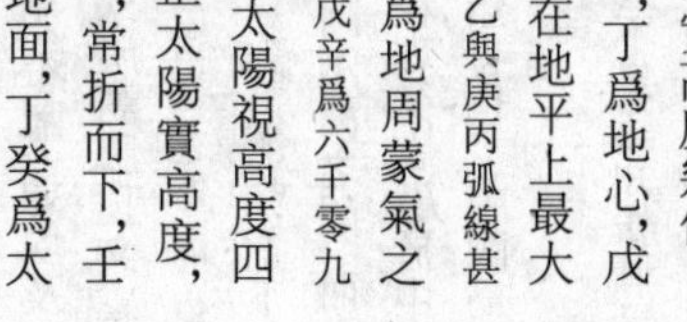

自地心丁過子點作丁丑蒙氣之割線，則壬子丑角爲視線與割線所成之角，癸子丑角爲光線與割線所成之角，其兩角之較，即壬子癸蒙氣差之角也。先用丁戊子直線三角形，有丁戊子角之外角，即太陽視距天頂度。有丁戊邊，即地半徑一千萬。有丁子邊，地半徑加蒙氣之厚。求丁子戊角。以丁子一千萬零六千零九十五爲一率，丁戊一千萬爲二率，丁戊子角之外角五十度之正弦七百六十六萬零四百四十四爲三率，求得四率七百六十五萬五千七百七十八，爲丁子戊角之正弦。檢表，得四十九度五十七分三十秒，爲丁子戊角度。與壬子丑角等，即視線與割線所成之角。乃以視線角之正弦定率一千萬爲一率，光線角之正弦定率一千萬零二千八百四十一爲二率，前所得之壬子丑角即丁子戊角。正弦七百六十五萬五千七百七十八爲三率，

求得四率七百六十五萬七千九百五十三，爲癸子丑角之正弦。檢表，得四十九度五十八分四十秒，爲癸子丑角度，即光線與割線所成之角。與壬子丑角度相減，餘一分十秒，爲壬子癸角度，即蒙氣差角之度也。壬子癸角乃子點之角，人自地面戊點視之，則壬戊癸角始爲蒙氣差角。然所差甚微，故即以壬子癸角爲壬戊癸角也。與壬戊己角視高度相減，餘三十九度五十八分五十秒，爲癸戊己角，即無蒙氣差之視高度。次求地半徑差，將戊癸線引長至子，作丁子垂線，即癸角地半徑差之度。用丁戊子直角三角形，有丁戊邊，有子直角，有戊角，求丁子邊。以半徑一千萬爲一率，戊角五十度一分十秒之正弦七百六十六萬二千六百二十六爲二率，丁戊十秒爲三率，求得四率八秒爲丁子，即癸角地半徑差之度。與癸戊己角三十九度五十八分五十秒相加，得三十九度五十八分五十八秒，爲癸丁乙角度，即午正太陽實高度也。

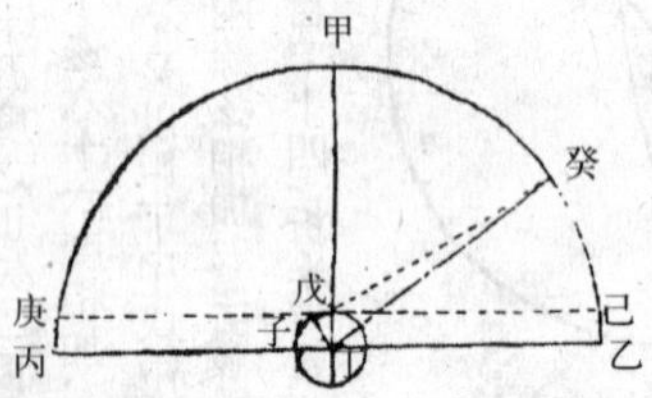

清・王嗣槐《桂山堂文選》卷五《審曆象》　唐僧一行演大衍之數，其曆始密。迨于宋金以及元明，凡二十餘改，而元太史令郭守敬所作《授時曆》爲最。其制造儀器，尤爲精細。明祖因之，號爲大統。故從來言曆者，不患不深，而患在拘執。已見天象稍合，輒指爲定衡，不知其偶合者在此，而漸差者又在彼矣。以唐言之，《大衍》爲至精，亦復時有不合。所云天造，告譴于經數之表，變常于潛度之中，亦豈足爲定論乎？以元言之，《授時》爲至密，大德三年八月，推日食而未食，其六年六月，日食而又失推。守敬時在天官，亦付之無可如何。蓋天行不能無不差之度，而立法不可無一定之衡。以一日之定法，而欲齊千歲之錯行，此必不得之理也。且天必有差，不能執其歲時而斷差。法必有定，不能泥其偶變以廢定。以必差之天就法，法既不足驗。以不定之法逆天，天又不可知。此又不易曉之理也。然則諸家之說可盡廢，能出吾絶智以周知六合内外乎？曰：不能。蓋言曆未有不以天爲斷，亦未有不以地爲衡。

清・金永森《西被考略》卷六　《弢園文録》曰：中國，天下之宗邦也，不獨爲文字之始祖，即禮樂制度、天算器藝，無不由中國而流傳及外。當堯之世，羲和昆仲已能制器測天，用璿璣玉衡以齊七政，而兄弟四人分置於東西南朔，獨於西曰昧谷者，蓋在極西之地而無所紀限也。當時疇人子弟豈無授其學於彼土之人者？故今借根方猶稱爲東來法。乃歐洲人必曰東來者，是指印度而非言震旦也，不知印度正從震旦得來。歐人之律曆格致大半得自印度，而印度則正授自中原。即以樂器言之，七音之循環迭變，還相爲宫，而歐人所製風琴，其管短長合度，正與中國古樂器無殊。他如行軍之樂，鐃吹之歌，中國向固有之，至今失傳耳。當周之衰，魯國伶官俱懷高蹈，而少師陽襄則遠入於海，安知古器古音不自此而西乎？他若祖冲之能造千里船，不因風水，施機自運。楊么之輪舟，鼓輪激水，其行如飛，此非歐洲火輪戰艦之濫觴乎？指南車法則創自姬元公以送越裳氏之婦，霹靂礮則已見於宋虞允文采石之戰，固在乎法朗機之先。電氣則由試琥珀法而出者也，時長鐘則明揚州人所自行製造者也。此外測天儀器，何一非由璿璣玉衡而來哉？即以文學言之，倉頡造字，前於唐虞，其時歐洲草昧猶未開也。即其所稱聲明文物之邦，如猶太，如希臘，如埃及，如巴比倫，如羅馬，所造之字至今尚存，文學之士必以此爲階梯，所謂臘頂文、希利尼文也。然中國之字，六書之義咸備，西國之字僅得其一偏，諧聲之外，惟象形而已。埃及字體散漫，其殆古所稱雲書而雲名者歟？猶太書紀載獨詳，上下約略五千年，未必能先於中國也。觀其轉徙所至，總不越乎亞、阿兩洲之間，而文學彬彬，稱爲泰西之豳、岐、鄒、魯。顧得其所譯之書觀之，其精理微言遜於中國遠甚，惟祭祀儀文髣髴相似，其他同者，或亦由東至西漸被而然者也。中國爲西土文教之先聲，不因此而益信哉。

洪戒山人曰：今之竊西學皮膚者，其不足語知新無論矣。彼抱兔園册而輒稱舊學者，果舊學乎哉？所謂舊學者，大都緣唐宋以後之秕政，藉記誦以弋取科第已耳。其去秦漢學者不可以道里計，勿問隆古。此稱舊學，堪齒冷矣。論者謂當今時局既變，宜務求新蒙，以爲語新不足饜學者之心，姑與語舊或可發其蒙而袪其蔀。測天、測地、測風、測雨、測水、測火、測電及一切靈巧技藝，變幻莫測者，悉出古人學，莫舊於此矣。叩以數端，懵乎罔識。嗚虖！舊學之亡久矣！譬家有鼎彝，毁棄不顧，偶游都市，見骨董陳設，晃漾奪目，反生豔羡。今之學者何以異是？蒙考古時奇器，得六十餘事，使犂軒幻人望而失色卻走，雖屬紙上空談，亦足張漢廣大矣。班孟堅有云：「安所素習，毁所不見，此學者之大患。」斯言諒哉！

清・王玉樹《退思易話》第四策《圖書》　初，陳摶推闡《易》理，衍爲諸圖。其圖本準《易》而生，故以卦爻反覆研求，無不符合。傳者務神其說，歸其圖於伏義，謂《易》反由圖而作。又因《繫辭》河圖、洛書之文，取大衍算數，作五十五點之圖，以當洛書。其陰陽奇偶，亦一一與易相應。傳者益神其説，又真以爲龍馬神龜之所負，謂伏羲由此而有先天之圖。實則唐以前書絶，無一字之符驗，而特突出於北宋之初。夫測中星而造儀器，以驗中星，無不合，然不可謂中星生於儀器也。候交食而作算經，以驗交食，無不合，然不可謂交食生於算經也。由邵子以及朱子，亦但取其數之巧合，而未暇究其太古以來從誰授受。故《易學啓蒙》及《易本義》前九圖皆沿其説。同時，袁樞、薛季宣皆有異論。然考《宋史·儒林傳》、《易學啓蒙》本屬蔡元定創稿，非所自撰。《晦庵大全集》中載《答劉君房書》曰：《啓蒙》，本欲學者且就《大傳》所言卦畫蓍數推尋，不須過爲浮説。而自今觀之，如河圖洛書，尚有剩語。至《本義》卷首九圖，王懋竑、白田雜箸。以《文集》、《語類》鉤稽參考，多相矛盾。信其爲門人所依託，其説尤明。則朱子當曰實未堅主其説也。

清·丁韙良《西學考略》卷上　天文之學，崇興於法國，素爲世所深悉。溯康熙年間，法人南懷仁等來華，在京製造靈臺儀象，固已載在典策矣。論法京之觀象臺，除倫敦星臺外，可稱泰西第一。余每以未能往視爲憾。今茲税駕法京，欲趁天氣晴霽，瞻仰宏規。因函致總管臺務大臣，旋得覆音，訂期前往。其臺外觀如石建大房，高五層，每層置大小遠鏡及各種觀察測量機器。頂爲平臺，墁以巨石，取其穩固，恐墻基稍有分毫移走，以致臺面失平。乃先掘地九丈，下遇磐石之處爲基。若非地震，決不能搖動也。臺上羅列遠鏡，儼如大礮。統計所需之費，不下百餘萬金。而法之不惜此重資者，實以能興天文而爲榮也。余至適值申初，日光明耀，以大遠鏡觀天，列宿無不顯於目前。筒長而中黑，一如夤夜，宛然坐井以觀天也。不但土、木、天王、海王各行星之月畢露，即觀定星，亦每以一星丽化爲二，或化爲數星焉。海王星□行□之□□旨自道光年間始知，由法京星臺測而得之。其星臺學士黎斐略偶見天王星微移，因悟其外必有大星相攝。因無最大遠鏡，目不能睹，於是推算所在之處，函致伯林布京、倫敦各星臺，請代爲觀察。乃按所言方向、時刻，以大遠鏡窺之，果能看出。此因已見而推於未見者之奇也。考自古振興天文，蓋欲授民以時，使知作息。今諸國各設星臺，要皆注意於船政。緣天文不精，未諳星度，則航海無所準繩。是以天文一事，不惟涉於農務，且有關於通商也。

清·劉錦藻《清續文獻通考》卷二九六《象緯考三》　臣謹案：世界已造之最大望遠鏡即爲反射鏡。美國卡乃奇天文臺望遠鏡，計鏡徑八尺有奇，反射鏡亦近五尺，造於光緒三十四年。又，李克天文臺望遠鏡，即開勒用以映成天星相片者，其鏡徑亦近三尺。折光鏡之最大者爲芝加哥大學耶克天文臺之鏡，鏡徑三尺有奇，焦點距約五尺。次於是者爲李克天文臺之鏡，鏡徑約三尺，長約五十餘尺。以上僅舉其最大者言之，小於此者不可勝數。今在創造中者，必有更大之鏡。窺天之學將與年俱進焉。

清·杞廬主人《時務通考》卷一《天算·儀器》　蓋天《周髀》相成不悖　問：有圓地之説，則里差益明，而渾天之理益著矣。古乃有蓋天之説，殆不知而作者歟？曰：自揚子雲諸人主渾天，排蓋天，而蓋説遂詘。由今以觀，固可並存。具其説實相成而不相悖也。何也？渾天雖立兩極以言天體之圓，而不言地圓，直謂其正平焉耳。若蓋天之説具於《周髀》，其説以天象蓋笠，地法覆槃。極下地高，滂沲四隤而下。則地非正平而有圓象明矣。故其言晝夜也，曰日行極北，北方日中，南方夜半。日行極東，東方日中，西方夜半。日行極南，南方日中，北方夜半。日行極西，西方日中，東方夜半。凡此四方者，晝夜易處，加四時相及。此即西曆地有經度以論時刻早晚之法也。其言七衡也，曰北極之下，不生萬物。北極左右，夏有不釋之冰。中衡左右，冬有不死之草，五穀一歲再熟。凡北極之左右，物有朝生暮穫。（趙君卿注曰：北極之下，從春分至秋分爲晝，從秋分至春分爲夜。）即西曆以地緯度分寒煖五帶、晝夜長短各處不同之法也。使非天地同爲渾圓，何以能成此算？《周髀》本文謂周公受於商高，雖其詳莫攷，而其説固有所本矣。然則何以不言南極？曰：古人著書，皆詳於其可見，而略於所不見。即如中高四下之説，既以北極爲中矣，而又曰天如倚蓋。是亦即中國之所見擬諸形容耳。安得以辭害意哉？故寫天地以圓器，則蓋之度不違於渾。圖星象於平楮，則渾之形可存於蓋。唐一行，善言渾天者也，而有作蓋天圖法。元郭太史有異方渾蓋圖。今西曆有平渾儀，皆深得其意者也。故渾蓋之用，至今日而合。渾蓋之説，亦至今日而益明。

《周髀》儀器　問：《渾蓋通憲》，即蓋天之遺製與？抑僅平度均布，如唐一行之所云耶？曰：皆不可攷矣。《周髀》但言笠以寫天。天青黑，地黄赤。天數之爲笠也，赤黑爲表，丹黄爲裏，以象天地之位，此蓋寫天之器也。今雖不傳，以意度之，當是圓形如笠，而圖度數星象於内，其勢與仰觀不殊。以視平圖渾象轉爲親切，何也？星圖强渾爲平，則距度之疎密改觀。渾象圖星於外，則星形之左右易位。若寫天於笠，則其圓勢屈而向内，星之經緯距皆成弧度，與測算脗合，勝平圖矣。又其星形必在内面，則星之上下左右各正其位，勝渾象矣。

西域儀器　元札馬魯丁西域儀象，有兀速都兒剌不定，漢言晝夜時刻之器。其製以銅，如圓鏡而可挂，面刻十二辰位、晝夜時刻。上加銅條綴其中，可以圓轉。銅條兩端，各屈其首爲二竅，以對望。晝則視日影，夜則窺星辰，以定時刻，以測休咎。背嵌鏡片二面，刻其圖凡七，以辨東西南北日影長短之不同，星辰向背之有異。故各異其圖，以盡天地之變焉。按：此即今《渾蓋通憲》之製也。以平詮渾，此爲最著。

蓋天與渾天同異　問：西術既同《周髀》，是蓋天之學也。然古曆皆用渾天。渾天與蓋天原爲兩家，豈得同歟？曰：蓋天即渾天也。其云兩家者，傳聞誤耳。天體渾圓，故惟渾天儀爲能惟肖。然欲詳求其測算之事，必寫記於平面，是爲蓋天。故渾天如塑像，蓋天如繪像，總一天也，總一周天之度也。豈得有二法哉？然而渾天之器渾員，其度勻分，其理易見，而造之亦易。蓋天寫渾度於平面，則正視與斜望殊觀，仰測與旁闚異法，度有疎密，形有垤坳。非深思造微者不能明其理，亦不能製其器，不能盡其用。是則蓋天之學，原即渾天，而微有精麤難易，無二法也。夫蓋天理既精深，傳者遂尠。而或者不察，但泥倚蓋覆槃之語，妄擬蓋天之形，竟非渾體。天有北極無南極，倚地斜轉，出没水中，而其周不合。荒誕違理，宜乎揚雄、蔡邕輩之辭而闢之矣。蓋漢承秦後，書器散亡。惟洛下閎始爲渾天儀，而他無攷据。然世猶傳蓋天之名，説者承訛，遂區分之爲兩而不知其非也。載攷容成作蓋天，隸首作算數，在黃帝時。顓頊作渾天在後。夫黃帝神靈首出，又得良相如容成、隸首，皆神聖之人。測天之法，宜莫不備極精微。顓頊蓋本其意而製爲渾員之器，以發明之，使天下共知。非謂黃帝、容成但知蓋天，不知渾天，而作此以釐正之也。知蓋天與渾天原非兩家，則知西曆與古曆同出一源矣。

《渾蓋通憲》即蓋天遺法　問：蓋天必自有儀器。今西洋曆仍用渾儀、渾象，何以斷其爲蓋天？曰：蓋天以平寫渾。其器雖平，其度則渾，非不用渾天儀之測驗也。是故用渾儀以測天星，疇人子弟多能之。而用平儀以稽渾度，非精於其理者不能也。今爲西學者，多能製小渾儀、小渾象。至所傳《渾蓋通憲》者，則能製者尠，以此故也。夫渾蓋平儀，置北極於中心，其度最密。次晝長規，又次赤道規，以漸而疎，此其事易知。又次爲晝短規，在赤道規外。其距赤道度與晝長規等，理宜較小，而今爲平儀所限，不得不反展而大其經緯，視赤道更濶以疎。然以稽天度，則七政之躔離可知。以攷時刻，則方位之加臨不爽。若是者何哉？其立法之意，置身南極以望北極，故近人目者其度加寬，遠人目者其度加窄。視法之理宜然。而分秒忽微，一一與勾股割圜之切綫相應，非深思造微者，必不能知也。至於長規以外，度必更寬更闊，而平儀中不能容，不得不割而棄之。淺見者或遂疑蓋天之形，其周不合矣。是故《渾蓋通憲》即古蓋天之遺製無疑也。

《渾蓋通憲》非利氏自創　問：利氏始傳渾蓋儀，而前此如回回曆並未言及，何以明其爲古蓋天之器？曰：渾蓋雖利氏所傳，然非利氏所創。吾嘗徵之於史矣。《元史》載札馬魯丁西域儀象，有所謂兀速都兒剌不定者，其製以銅，如圓鏡而可挂。面刻十二辰位，晝夜時刻，此即渾蓋之型模也。又云上加銅條，綴其中，可以圓轉。銅條兩端，各屈其首爲二竅，以對望。晝則視日影，夜則窺星辰，以定時刻，以占休咎。此即渾蓋上所用之闚筩指尺也。又言背嵌鏡片二面，刻其圖凡七，以辨東西南北日影長短之不同，星辰向背之有異。故各異其圖，以盡天地之變。此即渾蓋上所嵌圓片。依北極出地之度，而各一其圖，準天頂地平以知各方辰刻之不同，與夫日出入地晝夜之長短，及七政躔離所到之方位，及其高度也。且圓片有七，而兩面刻之，則十四矣。西洋雖不言占法，然有其立象之學，隨地隨時，分十二宫，與推命星家立命宫之法略同，故又曰以占休咎也。雖作史者未能深悉厥故，而語焉不詳。今以渾蓋徵之，而一一脗合，故曰渾蓋雖利氏所傳，而非其所創也。且利氏傳此器，初不別立佳稱，而名之曰「渾蓋通憲」，固已明示其指矣。然則何以不直言蓋天？曰：蓋天之學，人屏絶之久矣。驟舉之，必駭而不信。且夫殊蓋於渾，乃治渾天者之沿謬。而精於蓋天者，原視爲一事，未嘗區而別之也。夫渾天儀，必設於觀臺，必如法安置，而始可用。渾蓋則懸而可挂，輕便利於行遠，爲行測之所需。所以遠國得存其製，而流傳至今也。

渾蓋之器與《周髀》同異　問：《渾蓋通憲》豈即《周髀》所用歟？曰：《周髀》書殘缺不完，不可得攷。據所言天象蓋笠，地法覆槃，又云笠以寫天，而其製弗詳。今以理揆之，既地如覆槃，即有圓突隆起之形。則天如蓋笠，必爲圓坳曲抱之象。其製或當爲半渾圓而空其中，略如仰儀之製，則於高明下覆之形體相似矣。乃於其中按經緯度數以寫周天星宿，皆宛轉而曲肖矣。是則必以北極爲中心，赤道爲邊際。其赤道以外，漸斂漸窄，必別有法以相佐。或亦是半渾圓內空之形，而仍以赤道爲邊。其赤道以南星宿，並取其距赤道遠近，求其經緯度數而圖之。至於南距赤道甚遠不可見星之處，亦遂可空之不用。於是兩器相合，即周天可見之星象，俱全備而無遺矣。以故不知者因其極南無星，遂妄謂其周不合而無南極也。

西洋星圖亦蓋天遺法 寫天之笠竟展而平，而以北極爲心，赤道爲邊，用割圓切綫之法，以攷其經緯度數。則周天之星象，可一一寫其形容。其赤道南之星，亦展而平，而以赤道爲邊。查星距赤道起數，亦用切綫度定其經緯。則近赤道者距疎，離赤道向南者漸密，而一一惟肖。其不見之星，亦遂可空之。是雖不言南極，而南極已在其中。今西洋所作星圖，自赤道中分爲兩，即此製也。所異者，西洋人浮海來賓，行赤道以南之海道，得見南極左右之星，而補成南極星圖，與古人但圖可見之星者不同，然其理則一。是故西洋分畫星圖，亦即古蓋天之遺法也。

簡平儀亦蓋天法，八綫割圓亦古所有 問：西法有簡平儀，亦以平測渾之器，豈亦與《周髀》相應歟？曰：凡測天之器，圓者必爲渾，平者即爲蓋。唐一行以平圓測星象，亦謂之蓋天。所異者，只用平度，不曾以切綫分渾球上之經緯疎密耳。簡平儀以平圓測渾圓，是亦蓋天中之一器也。今攷其法，亦可以知一歲中日道發南斂北之行，可以知寒暑進退之節，可以知晝夜永短之故。可以用太陽高度測各地北極之出地，即可用北極出地求各地逐日太陽之高度。推極其變，而置赤道爲天頂，即知其地方之一年兩度寒暑，而三百六旬中晝夜皆平。若北極爲天頂，即知其地之能以半年爲晝，半年爲夜，而物有朝生暮穫。凡《周髀》中所言皆可知之。故曰亦蓋天中一器也。但《周髀》云笠以寫天，似與渾蓋較爲親切耳。夫蓋天以平寫渾，必將以渾圓之度按而平之。渾蓋之器，如剖渾球而空其中，乃仰置几案，以通明知玻璨之片平掩其口，則圓球內面之經緯度分，映浮平面，一一可數，而變坳爲平矣。然其度必中密而外疎，故用切綫。此如人在天中測渾天之內面，乃正視也。故寘北極於中心。簡平之器，則如渾球嵌於立屏之內，僅可見其半球。而以玻璨片懸於屏風前，正切其球，四面距屏風皆如球半徑，而無欹側，則球面之經緯度分，皆可寫記，而抑突爲平矣。然其度必中濶而旁促，故用正弦。此如置身天外，以測渾天之外面，故以極至交圈爲邊，兩極皆安於外周，以攷其出入地之度，乃旁視也。由是言之，渾蓋與簡平異製，而並得爲蓋天遺製，審矣。而一則用切綫，一則用正弦，非是則不能成器矣。因是而知三角八綫之法，並皆古人所有，而西人能用之，非其所創也。伏讀《御製三角形論》，謂衆角輳心，以算弧度，必古曆所有，而流傳西土。此反失傳，彼則能守之不失，且踵事加詳。至哉，聖人之言，可以爲治曆之金科玉律矣！

鍾律卦氣非推步之具 南懷仁謂推步之學，未有略形氣而可驟語精微者。斯言固不爲無見也。西人熟於幾何，故所製儀象，極爲精審。蓋儀象精審，則測量真確。測量真確，則推步密合。西法之有驗於天，實儀象有以先之也。不此之求，而徒騖乎。鍾律卦氣之説，宜爲彼之所竊笑哉。

紀利安地平經緯儀 紀利安，一作紀理安。欽天監官康熙五十四年奉命製地平經緯儀，合地平、象限二儀而爲一。其製平置地平圈，外徑五尺，闊七寸七分。周圍刻四象限度。下設四柱，以圓座承之。地平圈之中心，倒安螺柱，上出立軸。東西安立柱，高一丈一尺，上結曲梁，正中開孔，以容立軸之上端。中間安象限儀，圓心在下，半徑六尺，弧濶二寸七分，背面結於立軸以運之。圓心安遊表，長八尺，本設横耳，末設横柱，以備仰窺。凡測諸曜，將象限儀推轉，又將遊表仰昂，令與諸曜參直，則横半徑所指，即地平經度；遊表所指，即地平緯度。是一測而經緯悉得矣。【略】

南懷仁測量儀器 其儀凡六：一曰黄道經緯儀。儀之圈有四，圈各分四象限，限各九十度。其外大圈，恆定而不移者，名天元子午規。外徑六尺，規面厚一寸三分，側面寬二寸五分。規之下半，夾入於雲座，仰載之，半圓，前後正直。子午上直天頂。從天頂北下數五十度定北極，從天頂南下數一百三十度定南極，此赤道極也。次爲過極至圈，圈平分處，各以鋼樞貫於赤道之南北極。又依黄赤大距度，於過極至圈上定黄道之南北極。距黄極九十度，安黄道經圈，與過極至圈十字相交，各陷其中以相入。令兩圈合爲一體，旋轉相從。經圈之兩側面，一爲十二宫，一爲二十四節氣。其兩交處，一當冬至，一當夏至，此第三圈也。第四爲黄道緯圈，則以鋼樞貫於黄極焉。圈之徑爲圓軸，圍三寸，軸之中心立圓柱爲緯表，與緯圈側面成直角。而經圈緯圈上各設遊表儀，頂更設銅絲爲垂綫。全儀以雙龍擎之，復爲交梁，以立龍足。梁之四端各承以獅，仍置螺柱以取平。一曰赤道經緯儀。儀有三圈。外大圈者天元子午規也。以一龍南向而負之，規之分度定極，皆與黄道儀同。去極九十度，安赤道經圈，與子午規十字相交，恆定不動。經圈之内規面及上側面，皆侵二十四時各四刻。外規面分三百六十度，內安赤道緯圈，以南北極爲樞，而可東西遊轉，與經圈內規面相切。緯圈徑亦爲圓軸，軸中心亦立圓柱，以及遊表、垂綫、交梁、螺柱等法，皆同黄道儀。一曰地平經儀。儀止用一圈，即地平圈，全徑六尺，其平面寬二寸五分，厚一寸二分。分四象限，限各九十度。以四龍立於交梁，以承之，四端各施取平之螺柱，而梁之交處則安立柱，高與地平圈等，適當地平圈之中心。又於地平圈上東西各立一柱，約高四尺。柱各一龍，盤旋而上，從柱端各伸一爪，互一圓珠。下有立軸，其形扁方，空其中如牕櫺，以安直綫。軸之上端入於珠，下端入立柱，中心令可旋轉。而軸中之綫，恆爲天頂之垂綫焉。又爲長方橫表，長如地平圈，全徑厚一寸，寬一寸五分。中心開方孔管，於立軸下端，便隨立軸旋轉。復刻其兩端令鋭，以指地平圈之度分，又自兩端各出一綫，而上會於立軸中直綫之頂，成兩三角形。凡測一星，則旋轉遊表，使三綫與所測之星參相直，乃視表端所指，即其星之地平經度也。一曰地平緯儀。即象限，蓋取全圈四分之一，以測高度者也。其弧九十度，其兩邊皆圓，半徑六尺，兩半徑交處爲儀心。儀梁東西立柱，各以二龍拱之，上架橫梁，又立中柱，上管於橫梁，令可轉動。儀安柱上，儀心上指。儀之兩邊，一與中柱平行，一與橫梁平行。又於儀心立短圓柱以爲表。又加窺衡，長與半徑等。上端安於儀心，剡其下端，以指弧面度分，更安表耳於衡端。欲測某物，乃以窺衡上下遊移，從表耳縫中窺圓柱，令與所測之物相參直，其衡端所指度分，即其物之高度也。一曰紀限儀。紀限儀者，全圓六分之一也。其弧面爲六十度，一弧一幹。幹長六尺，即全圓之半徑。弧之寬二寸五分。幹之左右，細雲糾縵纏連，蓋藉之以固全儀者也。幹之上端有小橫，與幹成十字。儀心與衡兩端，皆立圓柱爲表。而弧面設遊表三。承儀之臺，約高四尺。中直立柱，以繫儀之重心。則左右旋轉，高低斜側，無所不可，故又名百遊儀焉。一曰天體儀。儀爲圓球，徑六尺，面布黄赤經緯度分及宫次，星宿羅列，宛然穹象，故以天體名之。中貫鋼軸，露其兩端，以屬於子午規之南北極，令可轉運。座高四尺七寸，座上爲地平圈，寬八寸，當子午處各爲闕，以入子午規，闕之度與子午規之寬厚等。則兩圈十字相交，內規面恰平，而左右上下，環抱乎儀。周圍皆空五分，以便高弧游表進退。又安時盤於子午規外，徑二尺，分二十四時。以北極爲心，其指時刻之表，亦定於北極，令能隨天轉移，又能自轉焉。座下復設機輪，運轉子午規，使北極隨各方出地度升降，則各方天象隱現之限，皆可究觀，尤爲精妙。六儀相須爲用，凡礙於彼者，又有此以通之，所以並行而不悖也。

侯失勒回光鏡　侯失勒，威靈阿諾威人也，生乾隆時。其父精音律。少時遷居英國，以音律授徒。又以精思作視學諸器。且治天文，遂著名當世。初侯失勒欲測天，家貧不能得遠鏡。後自造回光鏡，成五百多枚，以售人。擇最精者，留以自用。既測得天王星，名遂著。因築室於斯羅玉宫之側，製大遠鏡。各國天算家皆來觀之。筩長四丈，回光鏡徑四尺，厚三寸半，重約二百斤。視力率一百九十二，較目力所及遠一百九十二倍也。地面所見最明者，老人星，然亦極遠。其餘諸星，皆小於此，則更遠。目力所及之最小星，則最遠。而侯失勒之鏡，其力所及，較最小星遠百九十二倍。成於乾隆五十四年。

羅斯伯大遠鏡　羅斯伯，阿爾蘭白爾堡人也。其大遠鏡造之甚難。以堅忍大力，費貲不少，卒成最精之器。自創始至告成，皆獨力任之。既成，天學家受益不少，故羣稱之，且感之。其回光鏡徑六尺，其面大於侯失勒之鏡，約四倍，重約八千斤。鑄於道光二十二年。夜中羅斯伯親督功，身當其危，略不畏避，成而精宜也。其筩長五丈，架於二牆之間。器雖大，然人可以一手任意轉之。有此鏡而視天更明焉。【略】

天空球　虛擬一無窮大之球，以定諸星之方位，爲天空球。其半徑無窮長，地心及人目俱可作球心。【略】

弦切對數表　八綫表亦西術步天之一。其爲用之巧也，在平三角，既可以方例圓；在弧三角，又能以平測渾。究其實皆無數勾股之立成也。然用以課平弧各術，猶苦積數多而乘除費，故必再於對數表中，逐一各求其相當之假數立爲表。則凡比例之應用乘除者，只須一加一減，即得所求之角度。既知角度竟可不必問真數矣。是以古人有對數專爲八綫而設之説，誠步天捷徑也。

清・杞廬主人《時務通考》卷三〇《測繪中・測天諸器》　測天常用之器，所便於攜挈者，爲紀限儀、回光圈、多倫得疊測圈、水銀盆、度時表、風雨表、寒暑表。書籍則對數表、光差等表與本年之行海曆書。測量大塊地所不能多移動之器，比前各器更精，其分度線刻至極細。觀星臺所常存之器爲子午儀、恆星時表、赤道儀、大經緯儀、天頂儀、子午圈。

回光鏡　回光鏡之器，其兩鏡平面所成之角，爲所測之角之半。故其弧面刻線之法，加倍其數。如六十度，則在紀限之弧面爲一百二十度。其全圈之度共有七百二十。

回光疊測之器　回光疊測之器，最爲精緻。其疊測之意，因能屢次測角，而從各數取一中數。如測英國之時，所定緯度與經度，有天頂儀、大經緯儀、子午儀。此子午儀本在觀星臺所用之器，移至地面，可立一架而用之。地面先立四礅，上鋪平板，板上置器。如用磚石築小臺亦妙。大塊石不及沙堆之便，因沙堆不傳振動之力也。美國北邊與英國屬地之界綫，在西曆一千八百四十五年所測定。當時用子午儀，其聚光點之相距二十寸至三十寸。儀外用細布作帳，不使風吹滅燈。

紀限儀　紀限儀，此器之弧，匀分爲十分數。用佛逆能察十秒。另有顯微鏡能察十秒之半。先窺畧數而將指數表即佛逆所在。轉螺絲爽緊於弧面。再將佛逆螺絲轉至極準，其指數表轉動之心，有回光鏡，名全回光鏡。此鏡與儀面成正角。儀上之鏡名際綫鏡。此鏡半透光而半回光，其透光之半，可直窺所測之物。其平而必與前鏡之面平行，而指數表適合〇度。如兩鏡之面不平行，即爲指數之差。有一窺筩與儀面平行，連於圈上，便於進退，使直窺之物與回光鏡内之物等清。另備數箇暗鏡，以測太陽。海面用此器測太陽或星之高，以天際綫與太陽或星相切，如在陸地。而用水銀盆，必得二形，在水銀面相合。此法所得之角，爲海面所得之角之倍。

盒内紀限儀　盒内紀限儀，其盒形如短圓柱。蓋有螺旋，開即旋於盒之底，便於手握。下藏一回光鏡，有遊表與鏡相連而平行。有螺絲令其轉動。遊表之端有佛逆，能看度分，不差過一分之外。其度數自〇度起，至一百二十度止。有顯微鏡，看度數時用，其視孔可以移開而插入遠鏡之管。對準其孔又有一鏡，半回光半透光，所以鏡之背面一半爲擺錫者。此儀不差釐毫，則回光鏡與半回光鏡必與儀之平面爲垂綫，而佛逆在〇度，此二鏡必平行。造此儀之人，本以回光鏡詳細定之，不致有差。所以欲知垂綫之方向能準與否，必須試半回光鏡。法將紀限儀平置，在視孔看遠物，或看水天之際，或看太陽。若見兩影，則知其有差。上有鑰匙轉動令脱，而放於鑰匙孔轉之，至於兩影相合，則爲無差。如欲準其平行，則以遊表置於〇度之點，將此器平置遠望屋角，或太陽之下邊對準人目處。自此孔而看至半回光鏡之透光之一半，若其真形并回光鏡回至半回光鏡與其影相合，則爲平行。若不爲平行，必將鑰匙連於鑰匙孔内，令其轉動，至兩影相合，必爲平行。

佛逆能測角度　測兩物相距之角度，則以佛逆置於〇度，用左手持此器，在物之平面内，而自視孔看過。或用遠鏡看左邊之物，而用右手轉螺絲，至右邊回光鏡之形與左邊物之真形相合，看其佛逆，則知二物中間之角度。求立面内兩物之對角，則以佛逆置於〇度，用右手持此儀豎立，令上物回形與下物真形相合，看其佛逆則知其角度。

佛逆能測極小分度　佛逆能測極小分度，其形或爲弧，或爲尺，依所刻之度數，或爲直線，或爲圓線而定。

紀限儀分度之差　盒内紀限儀，人初觀之，必以爲此器更精於測向羅盤。因可手握而測得一角，不差過一分之外。又可測各物向上或向下之斜度。此爲指南針所不能者。不知此器之病在於所測之角常不合於平面角。或兩點太高，或兩點彼此有高低，測其角必不能合於平面角也。如站於一處而測周圍各物相距之度，將各度相加，必不能合於三百六十度，或多或少。則其差較之用測向羅盤更大也。將此儀所測之各角，合於平面角，亦有一法，但繁而難用耳。若人已習用此器，則在所測之物，或上或下檢出其一點，而合於地平面，則得之矣。

試全回光鏡準差法　全回光鏡造時，已審定其位置。且甚堅牢，故尋常之器，不預備配準之法。如欲試其準否，可將指數表移至畧近中間，斜看其鏡内分度弧之影與分度弧〇度之一端相連成曲線而甚平，即是無差。否則兩端不相對，而兩弧亦不平。

際綫鏡　際綫鏡，有一小螺絲在架下，藉以配準此鏡，令與器面成正角。如窺遠物之回影，正在直窺之形之上，則知配準。

求回光鏡、際綫鏡差數　回光鏡、際綫鏡或不平行，而欲求其差數，則將佛逆之度正對分度面之〇度，而察直窺之形與回光形相合。如不合者，以指數表移就而使適相合。移過之角數，即其差數。尋常得此差之法，測太陽之徑，將指數表移至與〇度相距三十分，再轉佛逆螺絲，令太陽之兩形相切，而視所指之角度。又將指數表移至〇外餘弧畧同之分數，而如前令兩形相切，再視其角度。此兩數之較之半，亦爲差數。如〇外餘弧之角數大，其差爲過小之數。設〇内角數三十三分二十秒，〇外角數三十二分四十秒，較數爲四十秒，其指數差即減二十秒。

試窺筩與器面準差法　窺筩與器面，原可不計其平行。如欲計之，須測兩物之角畧爲九十度，其兩物之影在窺筩内之第一綫相合，再移至第二綫，亦能相合，即爲平行。如有差，則擎筩之圈有二小螺絲，可配準。

全圈儀　全圈儀，其理與用法並同紀限儀，惟用全圈作弧，面而有三佛逆。

一可轉緊，令指數表不動。又有螺絲，可與全回光鏡繞同心而轉。又有二柄與平面爲平行。有一移動之柄，成正角方向，測平面角之時，可連於前二柄上。

全圈儀較勝紀限儀　全圈儀，較勝於紀限儀所有之指數，與儀心差，因兩邊俱測，能自相消。又因三佛逆在等相距之點，而可並視其數也。所測角度，比紀限儀更多，雖至一百五十度，尚能測之。所以太陽離天頂十五度以外，可用水銀盆測其倍高角。

全圈儀三事　全圈儀有三事，須配準與紀限相同。其一必將全回光鏡令與全圈之面成正角。如造器之人藝精者，不常有此差。其二際綫鏡亦必與儀面成正角。其三遠鏡上下之平面亦必與儀面平行。

疊測儀　疊測儀。此儀配準之法，將内圈之佛逆移對外圈之〇度，即七百二十度，轉螺絲夾緊。再將全回光鏡指數表之佛逆放鬆，兩鏡平行之時，此佛逆應在〇度，則可測高角或平角。其法將指數表移前，窺見二形相合之時，轉緊其螺絲連於外圈。如欲記所測之時，則記之。而其角可得其畧數。再將窺筩之桿放鬆，倒置其儀，將窺筩之桿移至前所得角度之畧數，其分度在内圈〇度之對邊，能辨之。再用佛逆螺絲，令其相切，則外圈所得之角自然爲平時所測之角之倍。因儀倒置，故無指數之差。如是而循環窺測若干次，其際綫鏡之佛逆所指出末次之角度，必細察。而以所測之次數約之，即得各角之中數。測第一次時，其佛逆不必移至七百二十度，可從任一角起，與用經緯儀相同，但不如前法之準耳。按：歐羅巴除英國之外，信用布爾打之疊測儀，以測原三角形與次三角形之角。英國不常見此器，惟於法國人福蘭庫爾與布以三得書内詳之。英國天文會日記之書第一本論此圈極詳，即英人土樂頓所造。此器之妙處在易於攜挈，但有常差，無論反復若干次。其差之故不能知，雖有測量名家用之，往往有差。惟依其反復之理，不可有差。圈上所用之窺筩，不能甚大，因此亦難準。

水銀盆　水銀盆爲各種回光器所常用者。其制作，長方形上有玻璃蓋，其玻璃能藏在盆内，以便移動。水銀必濾至極净。但水銀原爲不便移動之物，故有用圓玻璃片，其背加以黑色之料，用酒準使之極平。然又不甚可憑。如用濃質之油，或用糖漿，亦可代水銀之用。又屬模糊，總不及水銀之善。

象限儀　象限儀，或用厚紙，或用紅銅板爲之。行軍測地，用之甚爲簡便，功用不減於盒内紀限儀。且紀限儀偶然傷損，亦可作象限儀而代之。若測角之時，切近地面而看之，則更準。

尋常測繪之事，此法可用。若欲求其極準之角度，則用平面回光之法。盆内容水數寸，或用水銀，即可得天際之平面。尋常擺錫鏡置之極平，亦可得之。【略】

奪林儀　西士名奪林格耶，造一儀器，譯曰奪林儀。不但能測角度，又能測兩點之平距與立距。

作分角器簡法　作分角器之簡法，將紙一方，摺成三分，各分半之得六分，每分十五度。再將每分爲三分，則每分得五度。每度以目力視其畧，可作各角之大畧。

卡飛路與羅申所造器　皮爾生《天文書》所言測微數之遠鏡，爲柏路司塔所設之法。近有卡飛路與羅申，以同法所作便於移動之器。於筩内像鏡目鏡之間作移動之直輔，而安雙折光之三角鏡。筩外有佛逆與分度面，能指出已知其高數之物所成之角相配之遠近數。此分度面之各度平分爲半分，各半分用佛逆，又能分爲十分之一。但必另用一表，指出所看之形，而放大若干倍，即能得其遠近之數。

折光測微鏡　法國所製測相距之器，用折光測微鏡測遠物所成之角，又可攜帶，誠爲善法。但過五百碼，所指之數常有差。蓋此器本爲一千碼以内而作，近時之槍礮能擊遠至一千碼以外，故此器尚是無用。

測微鏡　測微鏡有數層凸鏡，與平常顯微鏡相同。鏡筒中聚光點之處有方匡，其平面與鏡之視軸爲正角。此匡有板兩層，一在上一在下。上板能移動，而有十字形之細綫並分度面，俱用細螺絲令移動。螺絲之外端安平輪，分爲六十等分。此螺絲切於方匡不動之處。另有一板，其邊刻齒如梳，能記平輪轉過之次數。此齒配準之時，則十字交點之〇度與梳之〇度相合。如轉平輪，而得十字綫平分分度面之任一分，則可轉動至〇度。其梳齒之弧之分數相配，或爲五分，或十分，或十五分。螺絲外端之平輪如分六十分，則每分代分度面之一秒。平輪轉五次，則合於分度面五分之長。

玆從皮而生安準子午儀法　玆從皮而生《天文法》書内，檢出安準子午儀之法，安準之後即可證各事之準否。第一事，配準酒準並窺筩之横軸。此事可同時爲之。因酒準合真平，而與横軸平行之時，其軸亦必合真平。法：將酒準置於軸之樞上，轉動架足之螺絲，至得真平。再反其酒準而配其較數，即視面上指出之數，此較數之半，以酒準之螺絲配準。此事須試驗二三次。如已知酒準不差，則祇轉其架之螺絲以就之，再將其軸易置，而視酒準之差否。如無差則知其樞徑相等，如有差即製造之不精，必使原手加工。第二事，配準十字線，合真垂線，並十字線之相距，合赤道之度數。儀前稍遠之處，挂一白線，下有錘線前立黑色之板。令窺筩內之中線，與所挂之垂線相合，則十字線亦必爲真垂線。再令窺筩仰起數度，而細察仍合垂線否。如已甚合，則知其横軸亦真平。十字線相距之度數，須在子午線上。測一赤道星過各線之秒數，將其數總算之而分算之，使各分適相合。如星有赤緯度者，則其過二線中間之秒數必改爲赤道之數。其法將所測之秒數，以此星赤緯度之餘弦乘之即得。但用此法之前，其窺筩必畧在子午線上。第三事，配準視軸合立面。將窺筩正對遠物，而細察十字線之中線，平分其物，然後易置其横軸，如前細察十字中線，仍得平分其物，則知經過中十字線至像鏡心之光線已與横軸成正角。如易置之後，而物像在中線之一邊，則必轉動横軸枕之螺絲，改正其半差。其又半再轉十字線圈之螺絲改正之。亦須屢試無差而止。又法測北極星行過之時，記其星自前一線至中線之時刻，遂易置其横軸，則前一線變爲後一線。再記自中線至此後線之時刻，然後將此兩數相比，其較之半，爲易置後所改之方位。第四事，配準視軸合平線。窺筩正對北極星，過子午線，或在日中，可對易看之遠點，視酒準之泡在〇點之時，記其立圈之佛逆在何數。易置其横軸，令中線再能平分其星，視其泡再到〇點，再記其佛逆之數。將此兩數相加，以二約之，即得真高度。若將其兩數相較，以二約之，即得高度之差。其差有兩種，一在十字線，不合像鏡之心，一在酒準。如酒準已配好，而能調換不差，但不合於立圈分線之〇度，則高度之半差，必動十字線之螺絲配準。其又一半用酒準之螺絲配準。第五事爲配準各事内之最難者，即令儀正在本處之子午線立平面内。此事有數法能成之，有一直之法，有繞道之法。最便而常用者，測一繞北極之星，或測赤緯度畧同，而經度相距一百八十度繞極之二星，或檢高度大異而經度畧同之二星，連測之。然無論何法配準，此事所用之度時表，其行之遲速必預較至極準。儀之畧方位易於求得。其法：推算北星星過子午線之大陽時刻，至此時刻將窺筩正對此星，然後再測繞極或高與低之星。如前各事無差，漸漸而得極準，遂於便當之處作一經線之表記，如表記之方位與像鏡相距九十五碼四九，則偏向一寸，畧差一分之角。相距更遠，則偏差之角與其相距有反比例。如子午儀偏差之角有三十秒，以表記之相距得其比例之數，即知儀必平動若干角，轉其螺絲以就之。

大經緯儀可當子午儀用　大經緯儀爲觀星臺之要器，若定在子午線上，可當子午儀之用。所以匀列十字線五條，其正中之交點，合窺筩之視軸。此種儀器畧可爲測望一切之事，如赤經度，如真時刻，如高度，如天頂相距，如平面角，無不可測。惟赤道儀之事，不能代測。此儀如體小而能移動，又便於藉天文而測地。若安於疊測架上，則更有用。前測英國嘗用此法，其儀徑爲二尺者。

胡里知論經緯儀配準三事　胡里知《工程書館》論大經緯儀甚詳，茲將其書中數款摘出。窺筩内之聚光點相距二尺三寸，立圈徑十五寸，圈面分至五秒。有測微鏡六箇，能察秒微。疊測架有三輻，分爲二層。下層有三箇配準平面之螺絲，上層托住經緯儀。配準之第一事，此事令儀之平面合地平。先轉其三足之螺絲，藉酒準得畧平，再將其上層轉過一百八十度，配準酒準。如有差，半以酒準之螺絲改正，半以二箇足螺絲改正。再轉過九十度，以又一足之螺絲轉至酒準之氣泡適中。此必屢試而得真平爲止。配準之第二事，此事令疊測架得準心。其法將酒準從上板移開，而將準心顯微鏡轉其螺絲，連於架面。遂作一極細圓點於架面之中心，然後令顯微鏡之十字線平分其點。配準之工，半藉準心之螺絲，半藉顯微鏡上端真立面之螺絲。後將其架面轉過一百八十度，用同法配之。再轉九十度，亦用同法爲之。儀之三足，在疊測架面之三凹内。用準心顯微鏡準得其心，可作疊測經緯儀之用。但其儀必先轉一百八十度與九十度，以試驗之。再令窺筩合平線，將立圈轉緊。其連於窺筩上酒準之空氣泡，轉動螺絲，使正中。再將酒準調過差之半，以酒準之螺絲改正，又半以立圈之螺絲改正。屢試至無差而止。配準之第三事，此事令横軸合平綫。將儀藉窺筩之酒準安正，視其横軸上酒準之空氣泡在面上之數，而將酒準調過，亦視其泡之數。以此二數相較，將其餘數之半，以酒準之螺絲改正，又半以軸枕之螺絲改正。屢次試至極準而止。其立弧改正之法，與小經緯儀相同。【略】

量面積器　此器之用，可量圖内之面積，而不必用推算。其工不過推算之半，又能免算數之差。

量面積比例尺　此尺量取圖之面積，與量面積器相同，而做法與用法更簡。

英國所用儀器　英國全用經緯儀，體制甚大，工作極精，能測高弧及平面之角，又能將斜面上之角變爲平面上相當之角。

佛逆之用　佛逆之用，所以審察各分度之微分，能進退於分度之面。佛逆之分綫，與分度面之分綫相切。其分綫之法，將分度面若干分之長刻在佛逆之面，即以此長分爲多一分，或少一分。平常俱用少一分之法。窺測之時，視佛逆之第幾分綫與分度面之綫相合，即爲分度之小分數。

用儀之事宜慎　測三角形之角度欲準，不可不慎用儀之事。五寸或七寸徑之儀，配準各件之法，茲言其大略。如大儀之徑三尺，依作者之名爲蘭司頓。英國測量全國之時，從博物會内借用，凡測原三角與次三角之大儀，做法與用法並同小儀。小者既明，大者亦不難矣。今祇論其小者。英國測印度所用三尺徑之儀爲杜賴頓所作，英國將軍墨知，因大儀體重，不便移動，故作十八寸徑之儀。其環爲疊測之法。墨知之意，能以此儀代三尺徑之用。惟疊測之益，不能補減小其徑之弊。然當時雖有三十寸十八寸之儀，間亦有用七寸與五寸者。

測量英國與愛爾蘭所用經緯儀　測量英國與愛爾蘭所用之經緯儀，其制甚大，全徑三尺，用以測定要點者。凡用大儀，不可爲空氣内之事所侵。故於不用之時，必有蓋護之器，其器又須易於啟閉。分測次三角之儀，其制稍小。各三角之邊爲八里至十里。次三角再分爲小三角，邊長一里至三里。所用之儀，徑七寸至九寸或十寸。測原三角時，而即欲定次三角之各點，亦用極大之儀。測次三角時而定小三角之各點，可用稍小之儀。如風輪磨、禮拜堂、塔高、樹木皆可爲小三角形之點。如此而三種三角形之點，彼此各有相關。次三角形所測之數，能與原三角形所測之數相比，則大小三角形彼此能相證。

經緯儀較準之法有三　經緯儀較準之法有三。其一，令窺筩中之十字綫交點常與其架之中心垂綫相直。先將窺筩測得極細之物，而稍鬆窺筩之架，遂將窺筩輥過一周，視十字綫之交點不離所測之點，則知已準。如其交點繞行所測之點，即是未準。其十字兩綫，平常與地面成四十五度之角。配準之時，先將筩輥過四十五度，使一綫合垂綫，即轉筩旁之小螺絲，令其綫移過至差數之半。其螺絲一邊放鬆，一邊收緊，須屢屢試測，務使的準。此當知鏡内之像爲倒影，故所測之物亦相反。其二，將酒準與窺筩之視軸平行，又與托筩之立弧平行。先鬆立弧之螺絲，令筩或俯或仰，視酒準之泡適在中點，再鬆筩托，將筩調過以泡不動爲準。如泡移向前後，必視其差若干，將差之一半以酒準之螺絲配準，又一半以立弧移就。必須屢次試驗。再將窺筩向右向左稍稍輥轉，細視其泡動否。如已不動，即知酒準上與視軸下與立弧同在立平面内。否則將或右或左之螺絲配準。其三，令儀心立軸正合垂綫，則地平圈能得真平。此事亦賴酒準爲之。先將儀安置略平，而夾緊其底板。即地平圈。次將上板轉移至窺筩之視軸，略在

對面兩箇螺絲此螺絲共有四，所以準平地平圈者。之上，而視立弧酒準之泡適在中點。又以上板轉過一百八十度，如酒準不平，將其差之半以板之螺絲改正，又一半用立弧之螺絲改正。再以上板轉過九十度，而以其餘二螺絲照前法爲之。然後轉移窺筩數次，無論對何方向，得酒準之泡常在中點，始信經圈頂點正合天頂，亦即儀心立軸與地面正交。上板二箇小酒準，即依大酒準相配。

用天頂儀測緯度　測量英國小時，其各三角要點之經度緯度，考得極詳極細，俱用天文及推算之法。測緯度之天頂儀，爲英國天文官所監造。安於木臺之上，可以移動。將此器之視軸適合卯酉綫，而平面用三箇酒準衡之。遂將窺筩對準欲測之星，而視測微鏡中間之十字綫所對之高度，同時必記其時刻。俟星過子午綫後，再將窺筩翻過如前測之，又記其高度與時刻。得此兩時角與星之餘高度，即能推算本處之緯度。【略】

補圖所用各器　補圖所有測定之綫並測定之點，其中間尚有別物，或爲武事畫圖而不及細測者，即用四寸徑之小紀限盒，或别種小回光器，並三角鏡之指南針，以及便於攜帶之器。回光器不可測甚鋭之角，亦不可測甚近之物，因有光差也。所測之兩物，須擇易看清者，令過此回光鏡内。如兩物所成之角極鈍者，必於中間另擇一物，將此物與前兩物測成二角相加，而得其全角。

綜述

漢・揚雄《法言》卷七《重黎》　或問渾天，曰：洛下閎營之，鮮于妄人度之，耿中丞象之。

南朝宋・范曄《後漢書》卷二《顯宗孝明帝紀》　三年春正月癸巳，詔曰：［朕奉郊祀，登靈臺，見史官，正儀度。【略】

李賢注：儀謂渾儀，以銅爲之，置於靈臺，王者正天文之器也。

南朝宋・范曄《後漢書》卷九二《律曆志中》　案（賈）逵論，永元四年也。至十五年七月甲辰，詔書造太史黄道銅儀，以角爲十三度，亢十，氐十六，房五，心

五，尾十八，箕十，斗二十四四分度之一，牽牛七，須女十一，虛十，危十六，營室十八，東壁十，奎十七，婁十二，胃十五，昴十一，畢十六，觜三，參八，東井三十，輿鬼四，柳十四，星七，張十七，翼十九，軫十八，凡三百六十五度四分度之一。

南朝梁・沈約《宋書》卷一二《律曆志中》 夫天地之所貴者生也，萬物之所尊者人也，役智窮神，無幽不察，是以動作云爲，皆應天地之象。古先聖哲，擬辰極，制渾儀。

唐・房玄齡等《晉書》卷一一《天文志》 曁漢太初，落下閎、鮮于妄人、耿壽昌等造員儀以考曆度。後至和帝時，賈逵繫作，又加黃道。至順帝時，張衡又制渾象，具內外規、南北極、黃赤道，列二十四氣、二十八宿中外星官及日月五緯，以漏水轉之於殿上室內，星中出沒與天相應。因其關戾，又轉瑞輪蓂莢於階下，隨月虛盈，依曆開落。其後陸績亦造渾象。至吳時，中常侍廬江王蕃善數術，傳劉洪《乾象曆》，依其法而制渾儀。

後晉・劉昫等《舊唐書》卷三三《曆志二》 周天二十八宿，相距三百六十五度，前漢唐都以渾儀赤道所量。

宋・金履祥《書經注》卷一 在璿璣玉衡以齊七政

以玉爲璣，以象天體之運轉。以璿珠飾之，以象星辰之位次。以玉爲橫筩，推其分度時節以窺天，而與璣合。羲和之法，至是益密。後世渾天儀象，蓋其法也。朱子曰：渾天説曰「天之形狀似鳥卵，地居其中，天包地外，猶卵之裹黃，圓如彈丸，故曰渾天」，其術以爲天半覆地上，半在地下。其天居地上，見者一百八十二度半强，地下亦然。北極出地上三十六度，南極入地下亦三十六度。而嵩高正當天之中極南五十五度，當嵩高之上，又其南十二度爲夏至之日道，又其南二十四度爲春秋分之日道，又其南二十四度爲冬至之日道，南下去地三十一度而已。是夏至日北去極六十七度，春分去極九十一度，冬至去極一百一十五度，此其大率也。其南北極持其兩端，其天與日月星宿斜而廻轉。此必古有其法，遭秦而滅。漢武帝時，洛下閎，鮮于妄人始經營量度之。宣帝時，耿壽昌始鑄銅而爲象。宋錢樂又鑄銅作渾天儀，衡長八尺，孔徑一寸，璣徑八尺，圓周二丈五尺强。轉而望之，以知日月星辰之所在，即璿璣玉衡之遺法也。歷代以來，其法漸密。本朝因之，爲儀三重。其在外者曰六合儀。平置黑單環，上刻十二辰、八干、四隅在地之位，以準地面而定四方。側立黑雙環，背刻去極度數，以中分天脊，直跨地平，使其半出地上，半入地下，而結於其子午，以爲天經。斜倚赤單環，背刻赤道度數，以平分天腹，橫繞天經，亦使半出地上，半入地下，而結於其卯酉，以爲天緯。三環表裏相結不動。其天經之環，則南北二極皆爲圓軸，虛中而內向，以挈三辰、四遊之環，以其上下四方於是可考，故曰六合。其次內曰三辰儀。側立黑雙環，亦刻去極度數，外貫天經之軸，內挈黃赤二道。其赤道則爲赤單環，外依天緯，亦刻宿度，而結以黑雙環之卯酉。其黃道則爲黃單環，亦刻宿度，而又斜倚於赤道之腹，以交結於卯酉，而半入其內，以爲春分後之日軌，半出其外，以爲秋分後之日軌。又爲白單環，以承其交，使不傾墊。下設機輪，以水激之，使其日夜隨天東西運轉，以象天行。以其日月星辰於是可考，故曰三辰。其最在內者曰四遊儀。亦爲黑雙環，如三辰儀之制，以貫天經之軸。其環之內，則兩面當中各施直距，外指兩軸。而當其要中之內面，又爲小竅，以受玉衡要中之小軸，使衡既得隨環東西運轉，又可隨處南北低昂，以待占候者之仰窺焉。以其東西南北無不周徧，故曰四遊。此其法之大略也。《儀禮經傳通解曆象篇》曰：渾天儀，唐正觀中李淳風爲之，開元中，浮屠一行、梁令瓚又爲之。宋太平興國中，張思訓創爲。元祐中，蘇頌更造，其法尤密。置渾儀於上，以仰觀；置渾象於下，以俯視。樞機輪軸隱於中，以水激輪，則儀象皆動，不假人力。

元・脱脱等《宋史》卷八一《律曆志一四》 ［紹興二年］是歲，始議製渾儀。十一月，工部言，渾儀法要當以子午爲正，今欲定測樞極，合差局官二員。詔差李繼宗等充測驗定正官，俟造畢進呈日，同參詳指説制度官丁師仁、李公謹入殿安設。三年正月壬戌，進呈渾儀木樣。壬申，太史局令丁師仁等言，省識東都渾儀四座，在測驗渾儀刻漏所曰至道儀，在翰林天文局曰皇祐儀，在太史局天文院曰熙寧儀，在合臺曰元祐儀，每座約銅二萬餘斤，今若半之，當萬餘斤。且元祐製造，有兩府提舉。時都司覆實，用銅八千四百斤。詔工部置物料，臨安府傭工匠，仍令工部長貳提舉。

元・脱脱等《遼史》卷四四《曆象志下》 設三儀以明度分，管一衡以正辰極，渾儀是作。天文之變，六合之表可以仰觀，有虞之璣是矣。

元・脱脱等《金史》卷三九《曆志下》 古之言天者有三家：一曰蓋天，二曰宣夜，三曰渾天。漢靈帝時，蔡邕於朔方上書，言「宣夜之學，絶無師法」；周髀術數具存，考驗天狀多所違失；惟渾天爲近，最得其情，近世太史候臺銅儀是也。立八尺體圓而具天地之形，以正黃道赤道之表裏，以行日月之度數，步五緯之遲速，察氣候之推遷，精微深妙，百代所不可廢者也。然傳歷久遠，製造者衆，測候占察，互有得失。張衡之制謂之靈憲，史失其傳。魏、晉以來官有其器，而無本書，故前志亦闕。吳中常侍王蕃云：「渾天儀者，羲和之舊器，謂之機衡。」積代相傳，沿革不一。宋太平興國中，蜀人張思訓首創其式，造之禁中，踰年而成，詔置文明殿東鼓樓下，題曰「太平渾儀」。自思訓死，璣衡斷壞，無復知其法制者。景德中，曆官韓顯符依倣劉曜時、孔挺、晁崇之法，失之簡略。景祐中，冬官正舒易簡乃用唐梁令瓚、僧一行之法，頗爲詳備，亦失之於密而難爲用。元祐時，尚書右丞蘇頌與昭文館校理沈括奉敕詳定渾儀法要，遂奏擧吏部勾當官韓公廉通九章勾股法，常以推考天度與張衡、王蕃、僧一行、梁令瓚、張思訓法式，大綱可以尋究。若據算術考案象器，亦能成就，請置局差官製造。詔如所言。奏鄭州原武主簿王沇之，太史局官周日嚴、于太古、張仲宣，同行監造。制度既成，詔置之集英殿，總謂之渾天儀。公廉將造儀時，先撰九章勾股驗測渾天書一卷，貯之禁中，今失其傳，故世無知者。

舊制渾儀，規天矩地，機隱於內，上布經躔，次具日月五星行度，以察其寒暑進退，如張衡渾天、開元水運銅渾儀者，是也。久而不合，乖於施用。

明·宋濂等《元史》卷五二《曆志一》 然列舍相距度數，歷代所測不同，非微有動移，則前人所測或有未密。古用闚管，今新制渾儀，測用二線，所測度數分秒與前代不同者，今列于左。

清·張廷玉等《明史》卷二五《天文志一》 洪武十七年造觀星盤。十八年，設觀象臺於鷄鳴山。二十四年鑄渾天儀。正統二年，行在欽天監正皇甫仲和奏言：「南京觀象臺設渾天儀、簡儀、圭表以窺測七政行度，而北京乃止於齊化門城上觀測，未有儀象。乞令本監官往南京，用木倣造，挈赴北京，以較驗北極出地高下，然後用銅別鑄，庶幾占測有憑。」從之。明年冬，乃鑄銅渾天儀、簡儀於北京。御製觀天器銘。其詞曰：「粤古大聖，體天施治，敬天以心，觀天以器。厥器伊何？璿璣玉衡。璣象天體，衡審天行。歷世代更，垂四千祀，沿制有作，其制寖備。即器而觀，六合外儀，陽經陰緯，方位可稽。中儀三辰，黃赤二道，日月暨星，運行可考。內儀四遊，橫簫中貫，南北東西，低昂旋轉。簡儀之作，爰代璣衡，制約用密，疏朗而精。外有渾象，反而觀諸，上規下矩，度數方隅。別有直表，其崇八尺，分至氣序，考景咸得。縣象在天，制器在人，測驗推步，靡忒毫分。昔作今述，爲制彌工，既明且悉，用將無窮。惟天勤民，事天首務，民不失寧，天其予顧。政純於仁，天道以正，勒銘斯器，以勵予敬。」【略】景泰六年又造內觀象臺簡儀及銅壺。成化中，尚書周洪謨復請造璿璣玉衡，憲宗令自製以進。十四年，監臣請修晷影堂，從之。

弘治二年，監正吳昊言：「考驗四正日度，黃赤二道應交於壁軫。觀象臺舊制渾儀，黃赤二道交於奎軫，不合天象，其南北兩軸不合兩極出入之度，窺管又不與太陽出没相當，故雖設而不用。所用簡儀則郭守敬遺制，而北極雲柱差短，以測經星去極，亦不能無爽。請修改或別造，以成一代之制。」事下禮部，覆議令監副張紳造木樣，以待試驗，黃道度許修改焉。【略】嘉靖二年修相風杆及簡、渾二儀。【略】

萬曆中，西洋人利瑪竇制渾儀、天球、地球等器。仁和李之藻撰渾天儀說，發明製造施用之法，文多不載。其製不外於六合、三辰、四游之法。但古法北極出地，鑄爲定度，此則子午提規，可以隨地度高下，於用爲便耳。

清·錢泳《履園叢話》卷一二《銅匠》 鑄銅之法，三代已備，鼎鐘彝器，制度各殊，漢、魏而下，鐵木並用。至唐、宋始有磁器，磁器行而銅器廢矣。鮑照詩云：洛陽名工鑄爲金，博山千斲復萬鏤，上刻秦女攜手仙。則知古人之精于此技者，代不乏人。如梁之開皇、唐之開元鑄有造像，宋之宣和、明之宣德鑄有爐瓶，則去古法漸遠矣。近吳門有甘、王兩姓，能仿造三代彝器，可以亂真。又嘉定有錢大田者，能仿造壺爵，與古無異。子秉田亦傳其法，嘗爲吳盤齊大令鑄祭器十種，爲余鑄金塗塔鐵券。又有江寧人馮錫與者，爲余鑄如意百柄，蟾蹬一具，及帶鉤銅璧、靈鐘清磬、銕簫、銕笛、書鎮之屬，亦能仿商、周之嵌金銀，此又甘、王、錢三家所不及也。自鳴鐘表皆出于西洋，本朝康熙間始進中國，今士大夫家皆用之。案張鷟《朝野僉載》言，武后如意中海州進一匠，能造十二辰車，回轅正南則午門開，有一人騎馬出，手持一牌，上書午時二字，如旋機玉衡十二時，循環不爽，則唐時已有之矣。近廣州、江寧、蘇州工匠亦能造，然較西法究隔一層。

測十二時者，古來惟有漏壺，而後世又作日晷、月晷。日晷用于日中，月晷用于夜中。然是日有風雨，則不可用矣。嘗見京師天主堂又有寒暑表、陰晴表，其法不傳于中國，惟自鳴鐘表不論日夜風雨，皆可用。推此法而行之，故測天象又作渾天儀，以南北定極，衆星旋轉，玩二十八宿于股掌之間，法妙矣。而近時婺源齊梅麓員外又倩工作中星儀，外盤分天度爲二十四氣，每一氣分十五日，内盤分十二時爲三百六十刻，無論日夜，能知某時某刻某星在某度，毫髮不爽，令天星旋轉，時刻運行，一望而知，是開千古以來未有之能事，誠精微之極至矣。其法日間開鐘對定時刻，然後移星盤之節氣線與時針切，如立春第一日，則將時針切立春第一線。則得真正中星。如夜間開鐘對定中星，然後移時針與星盤之節氣線切，則得真正時刻。

清・段玉裁《戴東原先生年譜》 璇機玉衡，《虞夏書》觀天之器，自漢以後失其傳。而先生神晤於四千年之下，即詳其制於《原象》弟四章，令善讀者可構造矣。曾自指點巧匠爲之，藏於孔户部家，户部又曾命工仿造。將來有讀遺書而作儀器者，當知法物之尚存也。地圖，先生之所製也。丙戌，見先生自畫地圖。白紙紅格，每格方減寸許，畫方計里，用晉裴秀法，而里數之遠近即可計北極之高下。凡直省府、廳、州、縣，方鄉四至八到，無少差誤。玉裁彼時未臨摹，今日想此不可得。先生令子中立在時曾索此物，答書云：「俟臨寫自齎至巫山。」今向中孚求之，絶無此物。記先生云：地圖畫三副，一贈朱六先生，即文正公，一贈某，一自存。今將寓書文正，令嗣求之，或丁升衢家有之，亦未可知也。

清・鍾天緯《西學古今辨》（清・陳忠倚《清經世文三編》卷一一） 格致之學，何所不賅，亦無一不備。大而天文曆算，輿地山川，小而水火聲光，重電化醫。各學莫不有精微之理存乎其間。惟中國重道輕藝，故久置不講，而寖失其傳。外國重藝輕道，故日益研求，反成絶詣。迄今風氣大開，新理日闢。上以富强其國，下以世業其家。每挾其長以侮我所短，誇其所有以傲我無。所不知華人心思才力，何嘗亞於西人？苟稍分制藝之精神，專究格致，不難更駕西人而上之。特恐中西言語不通，文字復多隔閡，此近世繙譯書籍之所由起也。繙譯西書，初創於上海墨海書館，繼而京都則同文館，上海則製造局，均以繙刻西學爲事，刻成者蓋不下數十種。而西人之寓居各埠者，時著述以繼之，如益智書會、格致書院等是也。近日赫總税務司亦繙譯初學之書，天津亦設繙譯館。日本與我爲同文之國，而譯刻西書至百餘種，亦可謂海内之大觀已。顧京師所譯者，多交涉公法之書；上海所譯者，多工藝製造之事。惟日本所譯最廣，惜中間雜以土字，難以通行。然就此各種西書而論之，其中雖有詳略之殊，而以發明泰西格致之學則一也。請擇其最要言之。一曰天文學。中國自古以來皆言天圓而地方，而西人則言地體渾圓。中國言日月圜地，而西行人則言地球自轉，而與諸行星皆繞日而行，蓋地爲行星之類。中國言日月闇食爲計都虛，而西人則言日爲月體所掩而日食，月爲地球所隔而月食。中國言天有九重，最上爲宗動天。而西人則言恆星爲太陽之一類，各有行星月輪繞之。中國言彗爲天之垂象，而西人則言彗亦有軌道可循，且必循撱圓線而行。中國言日爲君象，月爲后象。而西人則言月小於日幾千萬倍，且行星各有月輪，如木星則有四月繞之。凡其所言，皆鑿鑿可據。且製造極精之儀器，可以仰觀俯測，是以天學大明，而航海者竟能環繞地球而行。

清・王韜《弢園文録外編》卷一《原學》 中國，天下之宗邦也。不獨爲文字之始祖，即禮樂制度、天算器藝，無不由中國而流傳及外。當堯之世，羲和昆仲已能制器測天，用璿璣玉衡以齊七政，而兄弟四人分置於東西南朔，獨於西曰昧谷者，蓋在極西之地而無所紀限也。當時疇人子弟豈無授其學於彼土之人者？故今借根方猶稱爲東來法。乃歐洲人必曰東來者，是指印度而非言震旦也，不知印度正從震旦得來。歐人之律曆格致大半得自印度，而印度則正授自中原。即以樂器言之，七音之循環迭變，還相爲宮，而歐人所製風琴，其管短長合度，正與中國古樂器無殊。他如行軍之樂，鐃吹之歌，中國向固有之，至今失傳耳。當周之衰，魯國伶官俱懷高蹈，而少師陽襄則遠入於海，安知古器、古音不自此而西乎？他若祖冲之能造千里船，不因風水，施機自運。楊么之輪舟，鼓輪激水，其行如飛，此非歐洲火輪戰艦之濫觴乎？指南車法則創自姬元公以送越裳氏之婦，霹靂礮則已見於宋虞允文采石之戰，固在乎法朗機之先。電氣則由試琥珀法而出者也，時辰鐘則明揚州人所自行製造者也。此外，測天儀器何一非由璿璣玉衡而來哉。即以文學言之，創頡造字，前於唐、虞，其時歐洲草昧猶未開也。至今尚存，文學之士必以此爲階梯，所謂臘頂文、希利尼文也。然中國之字，六書之義咸備，西國之字僅得其一偏，諧聲之外，惟象形而已。埃及字體散漫，其殆古所稱雲書而雲名者歟？猶太史書紀載獨詳，上下約略五千年，未必能先於中國也。觀其轉徙所至，總不越乎亞、阿兩洲之間。而文學彬彬，稱爲泰西之豳、岐、鄒、魯，顧得其所譯之書觀之，其精埋微言遜於中國遠甚，惟祭祀儀文髣髴相似，其他同者，或亦由東至西漸被而然者也。中國爲西土文教之先聲，不因此而益信哉？

紀事

漢・班固《漢書》卷三五《律曆志》　後漢永元中，左中郎將賈逵奏言：「【略】甘露二年，大司農丞耿壽昌奏，以圓儀度日月行，考驗天運。【略】」

唐・司馬貞《史記索隱》卷二六《曆書索隱》　姚氏案：《益部耆舊傳》云「（落下）閎字長公，明曉天文，隱於落下，武帝徵待詔太史，於地中轉渾天，改《顓頊曆》作《太初曆》，拜侍中不受」。

唐・房玄齡等《晉書》卷一一《天文志》　趙劉曜光初四年鑄渾儀。

唐・房玄齡等《晉書》卷一〇四《石勒載記上》　勒焚平陽宫室，【略】徙渾儀、樂器于襄國。

南朝梁・沈約《宋書》卷二《武帝紀》　（晉安帝隆安十三年九月）公先收其彝器、渾儀、土圭之屬，獻于京師。

唐・魏徵等《隋書》卷一九《天文志上》　高祖平陳，得善天官者周墳，并得宋氏渾儀之器。【略】

史臣於觀臺訪渾儀，見元魏太史令晁崇所造者，以鐵爲之，其規有六。其外四規常定，一象地形，二象赤道，其餘象二極。其内二規，可以運轉，用合八尺之管，以窺星度。周武帝平齊所得。隋開皇三年，新都初成，以置諸觀臺之上。大唐因而用焉。

唐・魏徵等《隋書》卷二〇《天文志中》　至後魏末，清河張子信，學藝博通，尤精曆數。因避葛榮亂，隱於海島中，積三十許年，專以渾儀測候日月五星差變之數，以算步之，始悟日月交道，有表裏遲速，五星見伏，有感召向背。

後晉・劉昫等《舊唐書》卷三五《天文志上》　貞觀初，將仕郎直太史李淳風始上言靈臺候儀是後魏遺範，法制疏略，難爲占步。太宗因令淳風改造渾儀，鑄銅爲之，至七年造成。淳風因撰《法象志》七卷，以論前代渾儀得失之差，語在《淳風傳》。其所造渾儀，太宗令置於凝暉閣以用測候。既在宫中，尋而失其所在。

玄宗開元九年，太史頻奏日蝕不效，詔沙門一行改造新曆。一行奏云：「今欲創曆立元，須知黄道進退，請太史令測候星度。有司云：『承前唯依赤道推步，官無黄道游儀，無由測候。』時率府兵曹梁令瓚待制於麗正書院，因造游儀木様，甚爲精密。一行乃上言曰：『黄道游儀，古有其術而無其器。以黄道隨天運動，難用常儀格之，故昔人潛思皆不能得。今梁令瓚創造此圖，日道月交，莫不自然契合，既於推步尤要，望就書院更以銅鐵爲之，庶得考驗星度，無有差舛。』從之，至十三年造成。

宋・李心傳《建炎以來繫年要録》卷六二　尚書工部員外郎袁正功獻渾儀木式。是月壬戌進呈。太史局令丁師仁等請折半制造，許之。初，京東渾儀凡四坐，至道儀在刻漏所，皇祐儀在翰林天文院，熙寧儀在太史局，元祐儀在合臺，每座約重二萬斤。此據太史局所申云爾。沈括《筆談》：司天監銅渾儀，景德中曆官韓顯符所造，依倣劉曜。時孔挺、晁崇斛蘭之法，失於簡畧。天文院渾儀，皇祐中冬官正舒易簡所造，乃用唐梁令瓚、僧一行之法，頗爲詳備，而失於難用。熙寧中，予更造渾儀，并刱爲玉壺浮漏銅表，皆置天文院，别設官領之。天文院渾儀送朝物法物庫，以備講求。括所記與此差不同，今附見。城破，皆爲金所索。揚州之陷也，吕頤浩收得渾儀法物二事，獻諸朝。金索渾儀，據《欽宗實録》云爾。而頤浩又奏收到渾儀法物二事，豈金但取其一乎？當考。至是折半，計用銅八千斤有奇，既而卒不就。三年十一月甲戌可參考。

元・脱脱等《宋史》卷四《太宗紀一》　（太平興國四年春正月）癸卯，新渾儀成。

元・脱脱等《宋史》卷五《太宗紀二》　（至道元年十二月）庚辰，新渾儀成。

元・脱脱等《宋史》卷一二《仁宗紀四》　（皇祐三年）十二月庚辰，新作渾儀。

元・脱脱等《宋史》卷一五《神宗紀二》　（熙寧七年六月）丁亥，作渾儀、浮漏。

元・脱脱等《宋史》卷一六《神宗紀三》　（元豐五年春正月）乙巳，作新渾儀、浮漏。

元・脱脱等《宋史》卷四八《天文志一》　靖康之變，測驗之器盡歸金人。高宗南渡，至紹興十三年，始因秘書丞嚴抑之請，命太史局重創渾儀。自是厥後，窺測占候蓋不廢焉爾。

元·脱脱等《宋史》卷七三《律曆志六》（崇天）曆既成，以來年甲子歲用之，是年五月丁亥朔，日食不效，算食二分半，候之不食。詔候驗。至七年，命入内都知江德明集曆官用渾儀較測。

元·脱脱等《宋史》卷七四《律曆志七》 赤道宿：漢百二年議造曆，乃定東西，立晷儀，下漏刻，以追二十八宿相距於四方，赤道宿度，則其法也。【略】至唐初，李淳風造渾儀，亦無所改。開元中，浮屠一行作大衍曆，詔梁令瓚作黄道游儀，測知畢、觜、參及輿鬼四宿赤道宿度，與舊不同。畢十七度，觜一度，參十度，鬼三度。自一行之後，因相沿襲，下更五代，無所增損。至仁宗皇祐初，始有詔造黄道渾儀，鑄銅爲之。自後測驗赤道宿度，又一十四宿與一行所測不同。斗二十五度，牛七度，女十一度，危十六度，室十七度，胃十五度，畢十八度，井三十四度，鬼二度，柳十四度，氐十六度，心六度，尾十九度，箕十度。蓋古今之人，以八尺圓器，欲以盡天體，決知其難矣。

元·脱脱等《宋史》卷八一《律曆志一四》 時孝宗務知曆法疏密，詔太史局以高宗所降小渾儀測驗造曆。

元·脱脱等《宋史》卷三二二《孫思恭傳》 思恭精《闗氏易》，尤妙於大衍。嘗修天文院渾儀。

元·脱脱等《宋史》卷三四〇《蘇頌傳》 既又請別製渾儀，因命頌提舉。頌既邃於律曆，以吏部令史韓公廉曉算術，有巧思，奏用之。授以古法，爲臺三層，上設渾儀，中設渾象，下設司辰，貫以一機，激水轉輪，不假人力。

元·脱脱等《金史》卷二三《五行志》（明昌）六年八月，大雨震電，有龍起於渾儀鰲趺，臺忽中裂而摧，儀仆於臺下。

明·徐光啓等《新法算書》卷一 太子賓客禮部左侍郎兼翰林院侍讀學士臣徐光啓謹奏：爲恭承恩命，自揣無能，謹陳愚見，以祈聖明採擇事。臣以庸愚，備員佐禮，曠官素食，每抱兢慙。頃因日食不合，伏蒙俞允臣部所請修改曆法。臣以昔年舊議厠名其間，欽奉諭旨，這修改曆法事宜四欵，俱依議。徐光啓見在本部，著一切督領李之藻速與起補，蚤來供事。該部知道，欽此欽遵。臣聞命自天，有如蚉負，雖知才識短淺，而君父之命所不敢辭。除報名廷謝外，切念曆數一家，今爲絶學。而臣濱海豎儒，無從師授。萬曆四十等年，禮臣謬相推舉者，亦爲臣能虚心採聽，庶或因人成事，以襄大典，非謂臣能創立矩矱，自勝前人也。十八年來，益加衰老，舊學遺忘，勉肩重任，亦率循素志，廣集衆長，冀幸得當，以報恩命而已。臣惟古來言曆者有二誤：其一則元史曆議言考古證今，日度失行者十事。夫已則不合而歸咎于天，謬之甚也。其一則宋儒言天必有一定之數，今失傳耳。夫古之曆法，當時則合者多矣，非不自謂已定，久而又復不合，則豈有一定可拘哉？臣所聞者，天行有恒數而無齊數也。有恒者如夏至日長，冬至日短，終古不易。不齊者如長極漸短，短極漸長，終歲之間，無一相似。歲法如此，他法皆然。以至百千萬年了無相似，而用法商求仍歸輳合，遲速永短悉依期限，此天地之所以爲大也。今所求者，每遇一差，必尋其所以差之故；每用一法，必論其所以不差之故。上推遠古，下驗將來，必期一一無爽；日月交食，五星淩犯，必期事事密合。又須窮原極本，著爲明白簡易之説，使一覽了然。百世之後，人人可以從事。遇有少差，因可隨時隨事，依法修改。且度數既明，又可旁通衆務，濟時適用。此則臣之所志，而非臣之所能，故不無望於衆思羣力之助也。謹陳急要事宜四欵，分三十三條上塵御覽，伏惟聖明裁擇施行。事緒繁多，有踰限制，懇祈聖鑒，臣不勝激切惶悚待命之至。爲此具本，謹具奏聞。

計開：

一、曆法修正十事。【略】

一、修曆用人三事。【略】

其三，修曆合用人員，如測驗、推步、製造儀器，及能書善算者，臣部已經條列，但目前未能齊集，姑就見在堪任者著令効用，再俟訪求招致有實用者。半年之後，聽臣部類齊考試，各取所長，不敢濫收，以滋縻費。考後在事諸人，若著述、論議、推算、簿籍、造作、儀象凡係進呈及見用存貯者，俱册記本人姓名，使各見所長。且在今可以上下其食，他日可以差次其功。至諸人所用廩糧本折，容臣部分理司官酌量案呈，另行具奏，伏乞聖裁。

一、急用儀象十事。

其一，造七政象限大儀六座，俱方八尺，木匡，銅邊，木架。

其二，造列宿紀限大儀三座，俱方八尺，木匡，銅邊，木架。

其三，造平渾懸儀三架，用銅圓徑八寸，厚四分。

其四，造交食儀一具，用銅、木料方二尺以上。

其五，造列宿經緯天球儀一架，用木料、油漆大小不拘。

其六，造萬國經緯地球儀一架，用木料、油漆大小不拘。

其七，造節氣時刻平面日晷三具，用石長五尺以上，廣三尺以上。

其八，造節氣時刻轉盤星晷三具，用銅徑一尺，厚二分。

其九，造候時鍾三架，用鐵大小不拘。

其十，裝修測候七政交食遠鏡三架，用銅、鐵、木料。

右諸事俱目前急用，餘可接續。製造者未敢備開，其舊法須用銅者爲費不貲。今兼以銅、鐵、木料成造，小者全用銅鐵，總計所費數亦不多。懇祈勑下工部隨時應用，臣部依前覆議，按季類奏。但木料止堪暫用，事完仍須精銅鐵式，以垂永久。伏乞聖裁。

一、度數旁通十事。

其一，曆象既正，除天文一家言災祥禍福、律例所禁外，若考求七政行度情性，下合地宜，則一切晴雨水旱，可以約略豫知，修救修備，于民生財計大有利益。

其二，度數既明，可以測量水地，一切疏濬河渠、築治堤岸、灌溉田畝，動無失策，有益民事。

其三，度數與樂律相通明，于度數即能考正音律，制造器具，于修定雅樂可以相資。

其四，兵家營陣器械及築治城臺池隍等，皆須度數爲用，精于其法，有裨邊計。

其五，算學久廢，官司計會多委任胥吏，錢穀之司關係尤大。度數既明，凡《九章》諸術皆有簡當捷要之法，習業甚易，理財之臣尤所亟須。

其六，營建屋宇橋梁等，明于度數者力省功倍，且經度堅固，千萬年不圮不壞。

其七，精于度數者能造作機器，力小任重，及風水輪盤諸事，以治水用水，與凡一切器具，皆有利便之法，以前民用，以利民生。

其八，天下輿地，其南北東西縱横相距，紆直廣袤，及山海原隰，高深廣遠，皆可用法測量，道里尺寸，悉無謬誤。

其九，醫藥之家宜審運氣。曆數既明，可以察知日月五星躔次，與病體相視乖和順逆，因而藥石針砭，不致差誤，大爲生民利益。

其十，造作鍾漏，以知時刻分秒。若日月星晷，不論公私處所，南北東西，攲斜坳突，皆可安置施用，使人人能分更分漏，以率作興事，屢省考成。

右十條于民事似爲關切。臣聞之《周髀算經》云：禹之所以治天下者，句股之所繇生也。蓋凡物有形有質，莫不資于度數故耳。此須接續講求。若得同事多人，亦可分曹速就。伏乞聖裁。崇禎二年七月二十六日。本年八月初一日，奉聖旨：這條議曆法，立論簡確，列欵明備。修正歲差等事，測驗推步，參合諸家，西法自宜兼收，用人精擇毋濫。李之藻著速催前來，儀象急用。工部委官督造，度數旁通有關庶績，一併分曹料理。該衙門知道。

太子賓客禮部左侍郎兼翰林院侍讀學士督修曆法臣徐光啓謹題爲欽奉明旨修改曆法，謹開列事宜，請乞聖裁事：照得臣於本年七月十四日奉聖旨督領修曆事務，即于次日選用知曆人并匠役等製造儀器。原題大儀九座，今因工料未敷，先完三座，畧可給用，已移置本局安頓。訖今月十五日祇領勑書并本部鑄給，欽降關防，隨行欽天監擇日具題奉旨，已於本月二十二日開局訖。所有合用官生人等支給并儀器工料，謹酌量中數列欵，具題請旨。伏惟聖明裁定。勑下：各該衙門，欽遵施行。

一、支給。

一、協理、分理官各一員，光禄寺日給酒食等項，似應同纂修官照品支給。

一、欽天監官。原題選取官三員。今據稱曆官七員藝能相等，而局中又不必七員俱到，合無日輪二員供事，其二員似應照纂修館署丞等官事例支給。

一、後有取用官員，俱斟酌前例，一體給與。

一、西洋天學遠臣二名。萬歷間，原有光禄寺下程廪給，似應該寺酌量照舊給與。

一、選取徵用知曆人，不拘吏監生儒。原題准選用十名，今欲分別三等藝能：其一能明度數本原，講解意義，傳教官生者。其一測驗推步，精密不差者。其一製造大小儀器，工巧合法者。三項皆屬上等，每名每月給米一石，銀一兩八錢。其有兼長特出三藝俱全，一人當數人之用者，酌量加給。但今三月以來，訪取僅得三人。其藝能不及者不敢濫收，後有續取者照例支給。

一、曆科天文生考取能書善算者。原題准選用十五人，今局中不必多人，止輪三名常用供事，每名除月糧外加給米五斗，鹽菜銀九錢。其餘但有成書并工謄録者，計日支給，每名每日給銀五分。諸人中有術業進益能及上等者，照前加給。已上三欵一時人數或缺，逐名扣給，有掛名曠廢者，計日除減。

一、督修協理各用書辦一名。每名月給銀九錢，看管儀器局夫一名，厨夫一名，每名月給銀六錢。

一、每月用呈文紙一千張，冏連紙一簍。

一、曆局觀象臺二處，每月用煤六十斤。

一、寒月四箇月每日用木炭四十斤。

一、工料。

一、七政列宿大儀九座，每座約工料銀三十兩，若會有銅、鐵、木植約用工價銀二十兩。

一、平渾懸儀三架。

一、交食儀一具。

一、天球地球儀二架。

一、平面日晷三具。

一、星晷三具。

一、自鳴鍾三架。中樣者每架價銀五十兩。大者及小而精工者價值甚多，今不必用。

一、望遠鏡架三副。每架約工料銀六兩，鏡不在數。前器止目前急用，他可續造者不在此數。至于分晝界限，工力精細，有小器一具，應費百日之功者，俱知曆人幹辦。另有前項本身廩給，不在工料之數。又諸器未經成造，難以定估人數，亦有多寡不齊，通俟按季造成，四柱支銷文册具奏達部。

一、該局房屋合應工部量行修理，當加添者量行加添，并量備棹椅器物數事。崇禎二年九月二十三日具題。二十六日奉聖旨：這修曆官生人等支給并儀器工料等項，俱著依議辦給，該衙門知道。

太子賓客禮部左侍郎兼翰林院侍讀學士督修曆法臣徐光啓等謹題爲修改曆法事：崇禎二年七月十一日，該本部題爲日食事，十四日奉聖旨：「這修改曆法四欵俱依議。徐光啓見在本部，著一切督領。李之藻速與起補，蚤來供事。該部知道，欽此欽遵。」隨行一面制造儀器，續于九月十五日祗領勑書關防。二十二日開局行據，欽天監開送選取官生戈豐年、周胤等到局分番測驗晷景。臣之藻祇奉簡命，亦於去冬十一月自原籍杭州府起程前來。行至揚州、滄州兩處，爲因血疾再發，醫療躭延，今幸獲痊。已於本月初六日陛見訖，旋即到局，協同臣光啓恪遵原議規則，督率該監官生在局供事，推求測驗改正諸法。先是臣光啓自受命以來，與同西洋遠臣龍華民、鄧玉函等日逐講究翻譯。至十月二十七日計一月餘，所著述翻譯曆説曆表稿草七卷。忽因警患，臣光啓屢奉明旨，拮据兵事，因之輟業。獨兩遠臣與知曆人等自行翻譯，復得諸色曆表稿草八卷。日稽月省，臣等凜凜職業，不敢怠荒，獨念天道幽遠，曆學精奧，自古聖喆，皆不能爲一定之法。獨郭守敬稱爲絶論，今復與天不合，則其法亦未精密。臣等佔俾老儒所誦習者，不過漢、唐、宋、元史册之所紀載。資性愚蒙，亦豈能自出聰明，高睨往古？弟今改曆一事，因差故改，必須究其所以差之故而改正之。前史改曆之人皆不其然，不過截前至後，通計所差度分，立一加減乘除均派各歲之下，謂之改矣，實未究其所以然也。臣等昔年曾遇西洋利瑪竇，與之講論天地原始，七政運行，併及其形體之大小遠近，與夫度數之順逆遲疾，一一從其所以然處指示確然不易之理，較我中國往籍多所未聞。臣等自後每聞交食，即以其法驗之，與該監所推算不無異同，而大率與天相合。故臣等竊以爲今兹修改，必須叅西法而用之，以彼條欵，就我名義，從曆法之大本大原，闡發明晰，而後可以言改耳。臣等藉諸臣之理與數，諸臣又藉臣等之言與筆，功力相倚，不可相無。然而布算既密，事緒亦繁，汗牛充棟之書，臣等方愁精力有限，歲月易銷，不意本年四月初二日臣鄧玉函患病身故。此臣曆學專門，精深博洽，臣等深所倚仗。忽兹傾逝，向後緒業甚長，止藉華民一臣。又有本等道業深懼無以早完報命，臣等訪得諸臣同學，尚有湯若望、羅雅谷二臣者，其術業與玉函相埒，而年力正强，堪以效用。及今西洋掌教遠臣陸若漢南行，即令訪求，速來共襄盛典，事理亦便。伏乞勑下臣部就便行文，敦諭二臣并行所在官司資給前來，庶令人出所長，早奏厥績。臣等竭其愚昧，諮訪商量，一則通曉曆法之人悉宜收集京師，一則此二臣者皆係外國賓旅，請乞皇上明旨徵求，重其事亦重其人，故不免以一事之微，仰瀆天聽。至于各省直地方，有學術能窺原本，推步確見左驗者，臣等再勤博訪取用，未敢一一瀆陳也。謹題請旨。崇禎三年五月十六日具題。本月十九日奉聖旨：曆法方在改修，湯若望等既可訪用，著地方官資給前來，該衙門知道。

禮部尚書兼翰林院學士協理詹事府事督修曆法臣徐光啓等題爲修改曆法事，先該臣等于本年五月十六日題爲前事，十九日奉聖旨：「曆法方在改修，湯若望等既可訪用，著地方官資給前來，該衙門知道。欽此欽遵。」通行咨訪去後，訪得遠臣羅雅谷見寓河南開封府，隨經該府知府袁楷具文起送，資給前來，于今月初二日到京，理合具題，伏候命下。令赴鴻臚寺報名，習儀見朝，隨令到局，與遠臣龍華民一體供事。其湯若望另俟訪取，到日具題，請旨施行。崇禎三年七月初六日具題。奉聖旨：羅雅谷准朝見，到局供事，該部知道。

禮部尚書兼翰林院學士協理詹事府事督修曆法臣徐光啓謹題爲奉旨回奏事：臣於十月十七日登臺測候月食，具本回奏，奉聖旨考驗曆法，全在交食。覽奏臺官用器不同，測時互異，還著較勘畫一具。奏欽此欽遵。隨行督率該監堂屬官并知曆人等，到臺前後較勘三次，設立表臬及用合式羅經，於本臺日晷、簡儀、立運儀正方案上較定本地子午真線，以爲定時根本。據法當製造如式日晷以定晝時，造星晷以定夜時，造正線羅經以定子午。若晨昏陰雨，當造如式行漏，與該監所有銅漏比驗畫一，以濟二晷所不及。但備辦界畫工力甚細，今工尚未竣而較勘略定，理合先行奏聞。臣等竊照定時之法當議者五事：一曰壺漏，二曰指南針，三曰表臬，四曰儀，五曰晷。其一，壺漏等器規制甚多，今所用者，水漏也。然水有新舊滑濇，則遲疾異漏。管有時而塞，有時而磷，則緩急異定。漏之初必于午正初刻，此刻一誤，無所不誤，雖調品如法，終無益也。故壺漏者，特以濟晨昏陰雨。晷儀、表臬所不及，而非定時之本。所謂本者，必準於天行，則用表、用儀、用晷，晝測日，夜測星是已。其二，指南針者，今術人恒用以定南北，凡辨方正位皆取則焉。然所得子午非真子午。向來言陰陽者多云泊于丙午之間，今以法考之，實各處不同。在京師則偏東五度四十分。若憑以造晷，則冬至午正先天一刻四十四分有奇，夏至午正先天五十一分有奇。然此偏東之度，必造針用磁悉皆合法，其數如此。若今術人所用短針、雙針、磁石同居之針，雜亂無法，所差度分，或多或少，無定數也。今觀象臺有赤道日晷一座及正方案，臣等以法考之，其正方案偏東二度，日晷先天半刻。計在當時，亦用羅經與表臬參定，故差數爲少。若專用羅經者，恐所差刻分多少亦無定數，而大抵皆失於先天。據此以候交食時刻，即其失不盡在推步也。今但用表臬或儀器，以求子午真線。或依偏針加減，別造正線羅經，以與舊晷較勘，差數立見矣。三曰表臬者，即《周禮》匠人置槷之法，識日出入之景，參諸日中之景，以正方位。今法置小表於地平，午正前後累測日景，以求相等之兩長景即爲東西，因得中間最短之景即爲真子午，其術更爲簡便也。四曰儀者，本臺原有立運儀，用以測驗七政高度。臣等即用以較定子午，於午前累測日高度分至於長極而消，則因最高之度，即得最短之景。此午正時南北真線也。五曰晷者，造成平面晷體，依前儀器、表臬、南針三法，參互考合，務得子午卯酉真線。因以法分布時刻，加入節氣諸線，即成平面日晷。若今時所用圓石欹晷，是爲赤道晷，亦用所得子午線較定。此二晷者，皆可得天正時刻，所謂晝測日也。若測星之晷，亦即《周禮》夜考極星之法。然周時北極一星正與真北極同壤，今時久密移，此星去極三度有奇，周官舊法，不復可用。故用重盤星晷，上盤書時刻，下盤書節氣，展轉相加，依近極二星。用時指垂權，測知天正時刻，所謂夜測星也。總五事而論之，壺漏用物，用其分數；南針用物，用其性情。然皆非天不因，非人不成。惟表、惟儀、惟晷，悉本天行，私智謬巧，無容其間，故可爲候時造曆之準式也。今若于准表、准儀、准針，任用一事，因之以造日、星二晷，又因二晷以較定壺漏，用加減輕重之法，令遲疾如意，則天正時刻，人人通知，在在畫一矣。如是而交食時刻，尚有後先，則失在推步也。然而推步之學，其中事理，有須申明奏聞者。蓋曆自漢迄元，一千一百五十年，凡六十八改，而後有《授時》之法。是皆從粗入精，先迷後得。謂古法良是，後來失傳誤改者，皆謬論也。自元至今，又三百五十年，略無修正。并郭守敬之遺書一百餘卷，悉皆散逸。徒取其僅存之粗迹，爲熙朝之大典，詎是事宜？而昔日臺官阻撓特甚，此則前代曆家義所不敢出也。近蒙聖明加意釐正，諸臣專已成心，悉已捐除。而見臣等著述稍繁，似有畏難之意。不知其中有理、有義、有法、有數。理不明不能立法，義不辨不能著數。明理辨義，推究頗難，法立數著，遵循甚易。即所謂明理辨義者，在今日則能者從之，在他日則傳之其人。今可據爲修改地耳，非必在臺，諸臣悉皆曉暢也。若立成諸表，皆先爲一定之法，一成之數。如舊用測圓術求距度一率，即須展轉乘除，窮日之力。而臣等翻譯原文二萬一千六百率，又改從《大統》，加減演算爲三萬六千率，用之推步，展卷即得。其他諸法亦多類此。此則今之愈繁，乃後之愈簡。以臣等之甚難，開諸臣之甚易，何足畏哉？此臣等所嘗面諭，而今以入告，庶諸臣知臣言之不欺。旁觀者知曆法曆理一成俱成，遠尋前緒，下啓來兹，實未易也。緣係奉旨回奏事理，除赤道晷恒是先天半刻，可用原晷修改，或臨時扣減定算，平面晷可於正方案界畫，其星晷、行漏、羅經，待工完之日付該監臺官施用，并指授造法、用法外，合應先行回奏。爲此具本，謹具題知。崇禎三年十一月二十四日具題。二十八日奉聖旨：曆學甚微。其理數法象，必須悉心互叅，不可偏執。覽奏，製器測晷及指傳臺官等事，具見詳審。知道了。該部知道。

清・王先謙《東華録》康熙九　令改造觀象臺儀器，從欽天監監副南懷仁請也。

清官修《清文獻通考》卷二五八《象緯考・儀器》　康熙八年六月，令改造觀象臺儀器。先是，七年七月，欽天監監副吴明炬言：推曆以黄道爲驗，黄道以渾儀爲準。今觀象臺渾儀損壞，亟宜修整。又地震方向各有所占，請造滚球銅盤一座，並設臺上。儀器備則占驗始爲有據。疏入，下禮部議。尋以取到元郭守敬儀器於江南，不果行。至是南懷仁爲監副，疏請改造，從之。

十三年正月，掌欽天監事南懷仁以新製天體儀、黄道經緯儀、赤道經緯儀、地平經儀、地平緯儀、紀限儀告成，將製法用法繪圖列説，名《新製靈臺儀象志》，疏呈御覽。得旨：「儀象告成，製造精密。南懷仁勤勞可嘉，下部優叙。」

清・潘耒《遂初堂文集》卷五《與梅定九書》　當今通曉曆學者，自楊子宣而外，尚有幾人？乞明示之。吴門有黄士修，能通西曆，兼多巧思，能手造諸儀器。嚮慕先生甚殷，如能馳叩，當有嗣音相候。簡菴邃於曆學，而力排西法。某所得甚淺，不敢與之往復。

清・丁晏《頤志齋感舊詩》　王雲嚴明經

名家弼，鹽城人，道光甲午優貢生。覃思羣經，尤精律算推步之學，製儀器精巧絶倫。丁酉秋闈，學使録科詩六韻，君誤作八韻，以違式，不入場。後鬱鬱卒。

王生慧業人，穿經抉幽渺。綴術通九章，羃積析紛繞。測景製銅儀，管□豈云小？牛溪學已亡，海門逝波淼。

清・劉錦藻《清續文獻通考》卷二九六《象緯考・儀器》　道光十八年，欽天監奏改黄赤大距爲二十三度二十七分。二十五年，《儀象考成續編》成。

光緒二十六年，義和團起。聯軍進京城後，毀及觀象臺衙署，儀器均被掠去，惟存向風旗杆一座。

三十一年，欽天監接收外務部運送法蘭西公使館交還儀器，計黄道儀内十六件，赤道儀内十八件，象限儀内十件，地平經緯儀内二十件，簡平儀内二十二件，漏壺一件。

著録

元・脱脱等《宋史》卷七〇《律曆志三》　大中祥符三年，春官正韓顯符上《銅渾儀法要》。

元・脱脱等《宋史》卷八二《律曆志一五》　於是《開禧》新曆議論始定。詔以戊辰年權附《統天曆》頒之。既而婺州布衣阮泰發獻《渾儀十論》，且言《統天》、《開禧曆》皆差。朝廷令造木渾儀，賜文解罷遣之。

元・脱脱等《宋史》卷二〇六《藝文志五》　《渾儀》一卷

《渾儀法要》十一卷【略】

歐陽發《渾儀》十二卷【略】

豐稷《渾儀浮漏景表銘詞》四卷

蘇頌《渾天儀象銘》一卷

元・王士點《秘書監志》卷七　至元十年十月，北司天臺申，本臺合用文書：【略】薩哈勒阿嚕圖《造渾儀香漏》八部。

清・愛新覺羅・弘曆《儀象考成序》　御製儀象考成序

上古占天之事，詳於《虞典》。《書》稱：在璿璣玉衡，以齊七政，後世渾天諸儀所爲權輿也。歷代以來，遞推迭究，益就精密。所傳六合、三辰、四遊儀之制，本朝初年猶用之。我皇祖聖祖仁皇帝奉若天道，研極理數，嘗用監臣南懷仁言，改造六儀，輯《靈臺儀象志》，所司奉以測驗。其用法簡當，如定周天度數爲三百六十，周日刻數爲九十有六，分黄赤道以備儀制，減地平環以清儀象，創制精密，尤有非前代所及者。顧星辰循黄道行，每七十年差一度。黄赤二道之相距，亦數十年差一分。所當隨時釐訂，以期脗合。而六儀之改創也，占候雖精，體制究未協於古。赤道一儀，又無遊環以應合天度。志載星象，亦間有漏略躐次者。我皇祖精明步天定時之道，使用六儀度至今，必早有以隨時更正矣。予小子法祖敬天，雖切於衷，而推測協紀之方，寔未夙習。茲因監臣之請，按六儀新法，參渾儀舊式，製爲璣衡撫辰儀，繪圖著説，以裨測候。并考天官家諸星紀數之闕者，補之序之，紊者正之，勒爲一書，名曰《儀象考成》。縱予斯之未信，期允當之可循。由是儀器正，天象著，而推算之法大備。夫制器尚象，以前民用，莫不當求其至精至密。矧其爲授時所本，熙績所關，尤不容有杪忽差者。折衷損益，彰往察來，以要諸盡善。奉時脩紀之道，敢弗慎諸？至乃基命宥密，所爲夙夜。孜孜監于成憲者，又自有在。是爲序。

清官修《清文獻通考》卷二五六《象緯考·時憲》 十七年十一月，《御製儀象考成》志表告成。先是，九年十月，欽天監監正戴進賢等疏言：康熙十三年，聖祖仁皇帝命南懷仁製造儀器，及纂成《靈臺儀象志》一書，有解，有圖，有表，乃天文科推測星象所常用者。

清官修《清文獻通考》卷二五八《象緯考·儀器》 臣等謹按：《虞書》：在璿璣玉衡，以齊七政，儀器之重，由來尚矣。自漢而後，代有制作。洛下閎造渾天儀，張衡造候風地動銅儀，晉陸績造渾象，吴王蕃造渾儀，後魏有候部鐵儀，梁有重雲殿銅儀，隋有觀臺渾儀，唐有凝暉閣渾儀、開元黄道游儀、武成殿水運渾天，宋太平興國及祥符、皇祐、元祐各製渾儀，皆所以察三光，分宿度，著天體，布星辰也。乃馬端臨《象緯考》俱不之載，蓋以其制不皆可考。且或適於一時之用而不能經遠，或合於一事之宜而無當全用耳。國家整一函夏，西法諸器畢萃觀臺，列聖相承，折衷至當，創制靈臺六儀及璣衡撫辰諸儀，彰數理之精密，集占候之大成。以視王圻《續考》所載簡儀、仰儀、景符儀、玲瓏儀、闚几、燭漏之屬，如日月出而爝火，難以爲光矣。兹先序創制新規，詳其體用。而凡舊法及西法諸器，藏於天府可備參驗者，臚列於後焉。

清·劉錦藻《清續文獻通考》卷二九六《象緯考·儀器》 臣謹案：儀器之製，肇始璣衡。逮入本朝，創制尤夥。康熙十三年，新製天體儀、黄道經緯儀、赤道經緯儀、地平經儀、地平緯儀、紀限儀等。乾隆九年，製三辰公晷儀、六合驗時儀、方月晷儀等。十九年，製璣衡撫辰儀。二十五年，製地球儀、七政儀等。道光十八年，將撫辰儀更换軸心，加以修整。儀器之精密，遠邁古昔。同時西洋人發明望遠鏡，憑藉鏡光之力，縮遠爲近，而窺天之術益臻美備。前考於望遠鏡，僅載器名，兹更詳其理，並述近年新出之器，擇要録載，共成一十二器，以資參驗焉。

藝文

晉·摯虞《思游賦》 觀渾儀以寓目兮，拊造化之大鑪。爰辨惑於上皇兮，稽吉凶之元符。唐則天而民咨兮，癸亂常而感虞。

清·允禮《静遠齋詩集·天儀器》 清肅天關閟，規形製渾儀。羲和分尺寸，勾股別盈虧。穆穆三辰轉，離離九道隨。集房常不變，揆景巧能爲。經緯煩蠡測，纖毫任管窺。密推疑誕譎，瞻望渺津涯。共訝談天怪，還看縮地奇。紫垣紘帶直，銀漢玉繩垂。銅史嚴規製，壺人謹職司。應知逢景運，蓂莢有新枝。

清·張廷璐《咏花軒詩集》卷四《題家兄静軒四史簡編後》 蟲魚鳥獸及草木，葩經考核審且詳。周髀方田與三角，手製儀器精測量。

清·趙懷玉《亦有生齋詩集》卷一四《遊天主堂即事》 峩峩番人居，車過常遠眺。今來城西隅，得徑甫深造。其徒肅將迎，先路爲指導。或久官羲和，或纔辭海嶠。客多虯髯種，食配雞卵料。餅餌數器皆以雞卵汁和麪爲之。少憩揖而升，居然焕寢廟。翦松就範圍，屈鐵變縈繞。殿前有鐵闌庭松，方圓不一，皆裁翦所致。香花中供養，壁繪天主貌。曾甦垂死人，能謝洪波櫂。壁間所畫天主事蹟。亦無甚奇蹟，彼遏過夸耀。謂自開闢來，竟絶人與肖。樓頭旋奏樂，仿佛八音調。轉捩惟一手，吹噓殊衆竅。更喜火發奇，迸如劒躍鞘。觸機四肢振，匪藥百病療。右築觀星臺，儀器匠心造。横鏡曰千里，使人齊七曜。廼於窺天微，兼得縮地妙。所惜昧禨祥，但解推蝕朓。或云利瑪竇，始由勝國到。豈知貞觀間，早有大秦號。胎源出祅《玉篇》：阿憐切。闗中謂天爲祅。徐鉉增入《説文》。神，不外六科要。徒争象數末，詎析理義奥。聖化溥裨瀛，重譯不煩召。治曆首明時，量能爰策效。吾儒通三才，本異索隱誚。因疎專門業，致被遐方笑。太息遵歸塗，高林澹斜照。

清·祝德麟《悦親樓詩集》卷一九《登觀象臺二首》 巍峩在望棘垣東，此日登臨豁霽空。手摘虛危森絶漢，身隨鵬鶚浩呼風。鱗鱗夏屋寒煙外，莽莽秋原落照中。莫笑平生惟坐井，高冠長劍倚崆峒。

尺五天門氣象寬，離離倒挂列星乾。玲瓏對面舒弓槷，渾沌中央轉彈丸。太史書雲分至候，法宫齊政玉璿端。周咨儀器嗟人巧，造物真憑隻手摶。

雜録

唐・魏徵等《隋書》卷一六《律曆志上》　錢樂之渾天儀尺。後周鐵尺。開皇初調鍾律尺及平陳後調鍾律水尺。此宋代人間所用尺，傳入齊、梁、陳，以制樂律。與晉後尺及梁時俗尺、劉曜渾天儀尺，略相依近。當由人間恒用，增損訛替之所致也。【略】

其後宣帝時，達奚震及牛弘等議曰：今勘周漢古錢，大小有合，宋氏渾儀，尺度無舛。

明・徐光啓《徐文定公文集・恭承恩命謹陳愚見以祈聖明採擇事修曆》

其三，修曆合用人員，如測驗推步、製造儀器及能盡善算者，臣部已經條列，但目前未能齊集。姑就見在堪任者，著令效用，再俟訪求。招致有實用者，半年之後聽臣部類齊考試，各取所長，不敢濫收，以滋糜費。考後，在事諸人若著述論議、推算簿籍、造作儀象，凡係進呈及見用存貯者，俱册記本人姓名，使各見所長。且在今可以上下其食，他日可以差次其功。至諸人所用廩糧本折，容臣部分理司官酌量案呈，另行具奏。伏乞聖裁。

明・徐光啓等《新法算書》卷一　一、議考成績。按《唐書》載，僧一行造《大衍曆》，七年而僅成草藁。元郭守敬等造《授時曆》，十年而始進書籍。今古書盡亡，測驗推步必須星廻歲轉，著述講究動經年月。若更優游時日，未免積久躭延，不止失時，亦且多費。臣等議得開局之後，宜倣《周禮》日考日成、月考月要之法。每月終，將日逐測驗推算簿類報臣部。季終，將三月內所成簿籍書册或所造儀器法式總報臣部，進呈御覽。事竣之日，將已未進呈者一併具奏。至若成造重大儀器及刊刻全書，以章一代之鴻謨，以垂萬世之法式。及効勞官生人等計功議叙諸事，至期容臣部酌量議擬，請旨施行，伏乞聖裁。崇禎二年七月十一日具題。本月十四日奉聖旨：「這修改曆法四欵，俱依議。徐光啓見在本部，著一切督領。李之藻速與起補，蚤來供事。該部知道。」

明・徐光啓等《新法算書》卷四　一、造儀器錢糧。

象限大儀二架，紀限大儀一架，除取用工部楠木標皮外，用過工料銀七十八兩三錢八分八釐。

石晷一座，料價、工食、刻字共銀一兩八錢二分五釐。

壺漏一具，工料銀五兩五錢九分四釐。

銅弧矢儀一具，工料銀十兩零二分。

鐵弧矢儀一具，工料銀五兩三錢。

星晷一座，工料銀七錢。

羅經一副，工料銀三錢。

象限銅儀一架，銅鐵、煤炭等工料銀三十六兩一錢三分。地平儀一座，銅鐵、煤炭等工料銀一十三兩六錢九分五釐。

修整儀器用銀三兩四錢六分。

以上共用過銀一百五十五兩四錢一分二釐。

清・劉智《天方至聖實録》卷一　七世厄赫孥

厄赫孥，即一德理師聖人也。始受主命，創治曆法，造儀器，製測筭，爲天下後世曆筭之祖。娶不老女，生墨土氏。

清官修《數理精藴》下編卷五　設如有銅一百八十兩，依次遞減造三等儀器，上等比中等加二倍，中等比下等加一倍，問三等儀器各得銅幾何？

法：以一分爲下等衰數，二分爲中等衰數，二分加二倍得六分爲上等衰數，併之得九分爲一率。共銅一百八十兩爲二率。下等之一分爲三率。推得四率二十兩，即下等儀器之重，加一倍得四十兩，即中等儀器之重，又加二倍得一百二十兩，即上等儀器之重也。此法命一分爲下等數，故加倍爲中等數而得二分，復以二分加二倍爲上等數，故上等數又爲六分也。

圖表

清·允禄等《清朝禮器圖式》卷三《天文一》　欽定黃道經緯儀　謹按：舊渾天儀制有黃道緯圈而無黃道經圈。康熙十二年，聖祖仁皇帝命監臣製黃道經緯儀，鑄銅爲之，凡三重四圈。其外正立爲子午圈，徑六尺一寸，規面厚一寸三分，側面寬二寸五分。兩面皆刻去極度數，以京師爲準。兩極側面各貫鋼軸，以半圓合而固之。次内爲過極至圈，外徑五尺五寸，規面寬二寸五分，側面厚一寸三分。兩面亦刻去極度數，貫於南北赤道極之兩軸，象天左旋。又從南北赤道極各距二十三度三十一分三十秒定黃道極，去極九十度横置黃道緯圈，與過極圈交，徑及寬厚亦同，陷其中以相入。四面皆刻黃道經度，象七政右旋。又從黃道南北兩極貫黃道經圈，外徑五尺一寸四分，規面寬九分，側面厚二寸三分。四面皆刻黃道緯度，象黃道四遊。兩極施直軸，徑一寸中半，施横表，長三寸。於緯圈上加遊表，對直軸，以測黃道經度。於經圈上設遊表，對横表，以測黃道緯度。下爲半圓雲座，升龍二承之。

欽定赤道經緯儀　謹按：舊渾天儀制三重，外曰六合儀，次内曰三辰儀，内曰四遊儀，凡七圈。康熙十二年，聖祖仁皇帝命監臣製赤道經緯儀，鑄銅爲之，凡二重三圈，蓋會三辰於六合，而又省一地平圈也。其外正立爲子午圈，制與黃道經緯儀子午圈同。距兩極各九十度横置赤道經圈，與子午圈交，陷其中以相入。外徑五尺九寸，規面寬二寸五分，側面厚一寸三分。內規面及上側面鐫晝夜時刻，外規面及下側面鐫周天度分。南極旁承以兩象限弧。又從南北兩極貫赤道緯圈，外徑五尺六寸，規側面寬厚與經圈同。四面刻赤道緯度。內爲通軸，設横表、遊表，俱與黃道經緯儀同。下爲半圓雲座，升龍承之。

欽定地平經儀　謹按：舊渾天儀制有地平圈，能測三辰當地平之經度，而不能測地平上之經度。康熙十二年，聖祖仁皇帝命監臣製地平經儀，鑄銅爲之。平置地平圈，徑六尺二寸，寬二寸四分，厚一寸二分。上面、側面皆刻四象限度。上面自南北起初度，側面自東西起初度，以立龍四承之。圈下立柱，其高相等，適當圈心，上出圓軸。圈上東西二龍柱，結横梁，中穿孔爲天頂，與圈心對。施立軸，長四尺四寸，上應天頂，下應地心。表末結十字横表，與圈相切，尺寸與圈徑同。立軸頂左右結二線，斜貫横表兩端，成兩三角形。旋轉横表，令三線與所測參直，視表所指，以測各曜之地平經度。

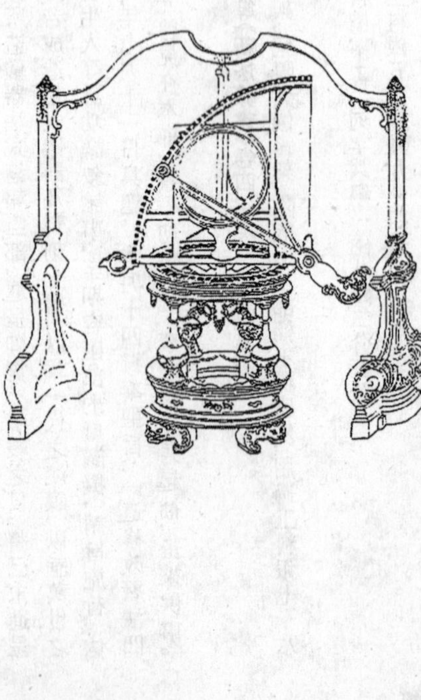

欽定象限儀　謹按：舊渾天儀制有地平圈，而無地平經圈。元郭守敬簡儀設立運圈，以測三辰出地之度，即地平經圈也。康熙十二年，聖祖仁皇帝命監臣製象限儀，爲全圓四分之一，亦名地平緯儀，鑄銅爲之。其制：直角爲心，兩方皆爲半徑，各長六尺，寬二寸一分，厚一寸一分。圓爲弧，寬二寸六分，厚一寸一分。正面鐫九十度分，外規面鐫度數字。其數自上而下，以紀地平高度。自下而上，以紀距天頂度。聯以雲龍。東西立柱縱八尺八寸。上下梁横七尺八寸，飾以雲龍。梁中各穿圓孔，以受立軸。軸與儀之立半徑平行，長九尺七寸，寬二寸一分，厚一寸七分，東西運之。直角施横軸，長二寸一分。軸本加遊表，寬二寸一分，厚二分有奇，長與半徑等。遊表末設立耳，以測地平緯度。

欽定紀限儀　謹按：諸曜在天之度，赤道經緯以南北二極爲宗，黄道經緯以黄極爲宗，地平經緯以天頂爲宗。其兩曜斜距之度，古無測器。康熙十二年，聖祖仁皇帝命監臣製紀限儀，亦名矩度儀，鑄銅爲之。其制：一弧一幹。弧爲圓周六分之一，通六尺，面寬二寸五分。從中線起，左右各列三十度。幹爲圓之半徑，長亦六尺。末有柄，以便運旋。上端爲圓心，設立柱，加遊表，長與幹同。遊表末設立耳，爲測一曜之用。弧背左右各設窺表，爲另測一曜之用。又於幹兩旁設立柱，相距應弧背之十度，以爲借測之用。儀面聯以流雲，背以樞低昂之，承以半圓，有齒，立軸旁加小輪，可使平測。

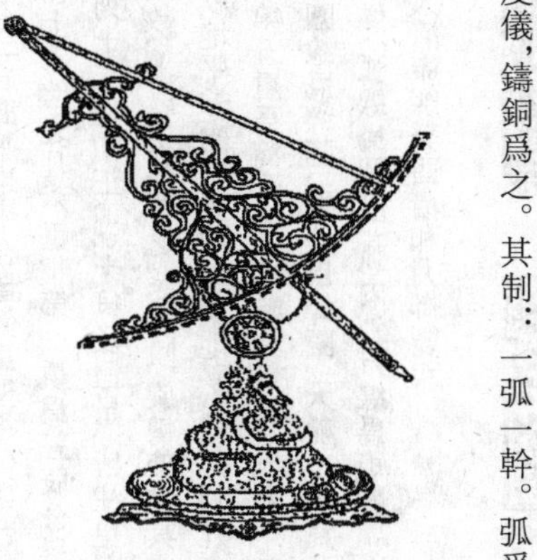

其下立柱入於儀座，以左右之。座高四尺，寬三尺，繞以立龍。

欽定地平經緯儀　謹按：地平經緯儀乃合地平、象限二儀而爲一。康熙五十四年，聖祖仁皇帝命監臣製，鑄銅爲之。其制：平置地平圈，徑五尺，寬七寸七分，周圍鐫四象限度。下設四柱，圓座承之。東西立柱高一丈一尺，上結曲梁，中爲立軸，下端貫以圈心。螺柱上端以梁中圓孔受之。中加象限儀，直角在下，半徑六尺，寬二寸七分。正面列九十度分，中聯方圓及弧矢形，背結於立軸，以運之。直角施遊表，長八尺，本設横耳，末設横柱，以備仰窺。凡測諸曜，旋象限儀，以遊表低昂合之，令與諸曜參直，其横半徑所指即地平經度，遊表所指即地平緯度。

御製簡平儀　謹按：簡平儀爲聖祖仁皇帝御製，鑄銅爲之。徑一尺，凡上下二重，各分天、地盤。上地盤外列周歲十二月及餘分，内列日分，中心爲北極，東西弧界爲北地平。天盤外列朔策，内列赤道十二宫三百六十度，更内列二十四節氣，中爲赤道北恒星，斜帶爲春分後半周黄道度。下所列亦如之，爲南地平，爲赤道南恒星，爲秋分後半周黄道度。上盤向北視，故皆左旋，而月數節氣右旋。下盤向南視，故皆右旋，而月數節氣左旋。下盤連地平爲橢形盤，當天盤之半，横列節氣線十二道，縱列日出入五更攢點線八道。以上盤宫度對日分，求交節之日，知閏月。以遊表加太陽黄道經度，轉天盤與地平交，知日出入時刻。以太陽赤道經度對時刻，視午正，則知中星。以午正之星驗太陽赤道經度，知星中之候。以日加時視遊表所指，知月之方位。以表加節氣與日出入更線之交，知五更時刻。地盤近下横鐫「康熙二十年御製」。

上盤

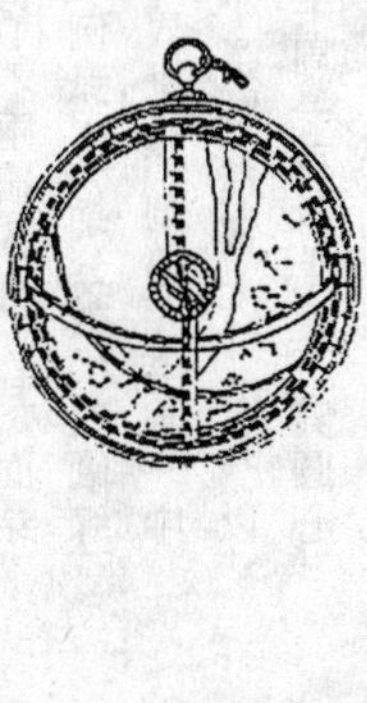

下盤

御製三辰簡平地平合璧儀　謹按：三辰簡平地平合璧儀爲聖祖仁皇帝御製，鑄白金，如匱形。正方徑七寸九分，上下啓之凡六重。第一重爲三辰公晷，外盤列十二時初正、二十四節，内遊盤列十二時初正、三十日及恒星，皆注星名等。次第二重爲日行時刻度分，下列度數，上以遊盤冪之。測時，旋轉使當其空處。第三重爲指南針盤，上帶遊表，環以地平方向。第四重爲地平儀，外列九十度，中施指南針，上帶遊表，内畫矩度。第五重爲簡平儀，地盤外爲赤道，列十二時初正，中心爲北極，内橢圓心爲天頂，圓線爲經圈，徑線爲緯圈，天盤小圓爲黄道列十二宫，上帶遊表。第六重爲象限儀，弧線爲圓度，弧内外方線爲矩度。以合諸儀之用，各如其法。地平儀面鐫「大清康熙癸酉清和月御製」。

第一重

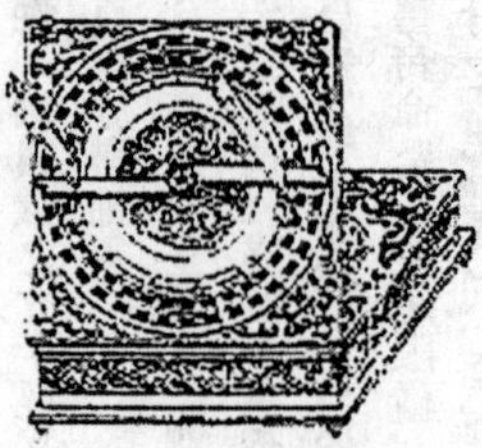

第二重

第三重

第四重

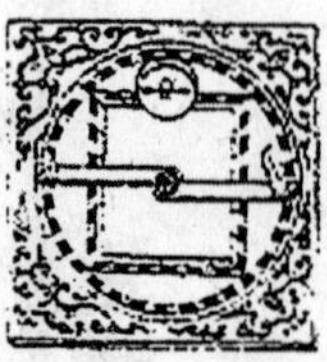

第五重

第六重

御製地平半圓日晷儀　謹按：地平半圓日晷儀爲聖祖仁皇帝御製，鑄銅爲之，凡二重。地平盤長四寸三分，濶三寸五分。中施指南針，外畫時刻線，正北當午正，正西卯正，正東酉正。後直立方盤，上加半圓，通徑中爲中心，兩旁各爲半徑。半徑上穿孔，地平中心線入之，視線影以知時刻。半圓中心施遊表，表兩端立耳穿中線，對太陽驗遊表與通徑距度，以準太陽高弧。

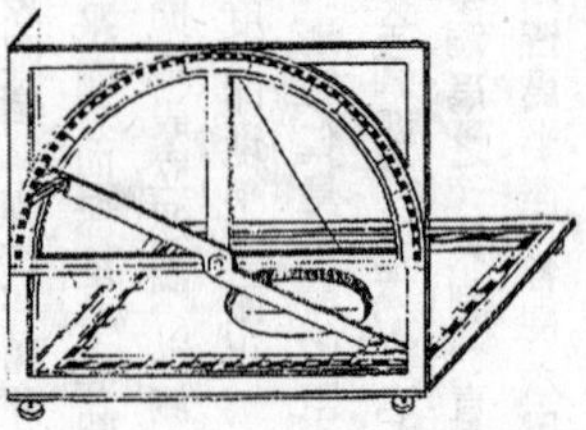

御製四遊表半圓儀　謹按：四遊表、半圓儀爲聖祖仁皇帝御製測量之器，鑄銅爲之。通徑二尺四寸，線長二尺，作二千分。其半爲圓心，施立耳，能旋。又施遊表二，各長一尺二寸，作一千二百分，表端各有立耳。半周外一百八十度爲心角度，通徑線兩端各施遊表，表兩端各有立耳，面穿線，有比例弧，以指分數。内圓線二界，每界十重，列邊角度表。中心各有小半圓，通徑七寸五分，以取邊角半周一百八十度。其圓心又施小遊表各一，長四寸五分。取每度斜線之長，作二十分，與斜線相交成二十格。自邊角中心取半圓爲心角度之半，左邊角度畫於圓線内界，右邊角度畫於外界。測量法：以兩遊表相距度爲所測之角。量算法：三角俱鋭者，以通徑二千分與所知一邊爲比例，以邊角度施所測之二角，使邊遊表相交成三角形，察其交處距角若干分，仍以所知比例，如一角鈍者以半徑一千分爲比。一心角，一邊角，施之法如前。如兩邊夾一角者，以中兩遊表之度施之，各按二邊丈尺察兩遊表分數，以邊遊表之分數比量之。承以直柱，下岐三足。半圓中鐫「康熙御製」。

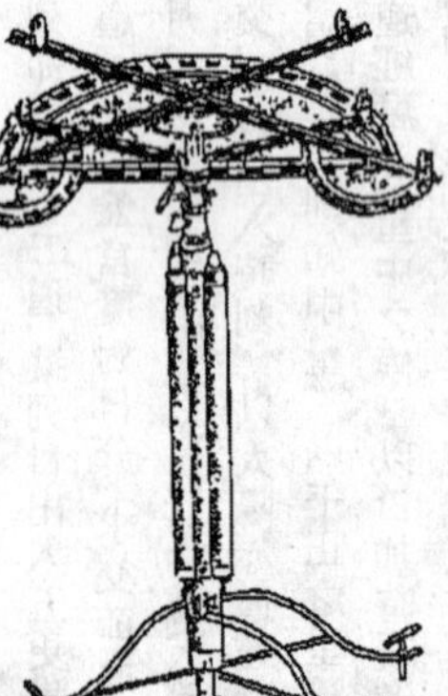

御製矩度象限儀　謹按：矩度象限儀爲聖祖仁皇帝御製，鑄銅爲之。半徑五寸四分，象限之周九十度，内畫方矩，縱横各九十分。兩半徑線末立耳爲定表。圓心施遊表二，相連其末，各有立耳。下帶弧一，段作六十分，當外周三十度半，以比例分秒。圓中亦有立耳，旋之，與四立耳皆相對。遊表直邊與方矩之分等。四表間弧度數爲矩度比例之分。外有銅三角稜，施墜線以取平直。承以直柱，三足能升降。儀面鐫「康熙御製」。

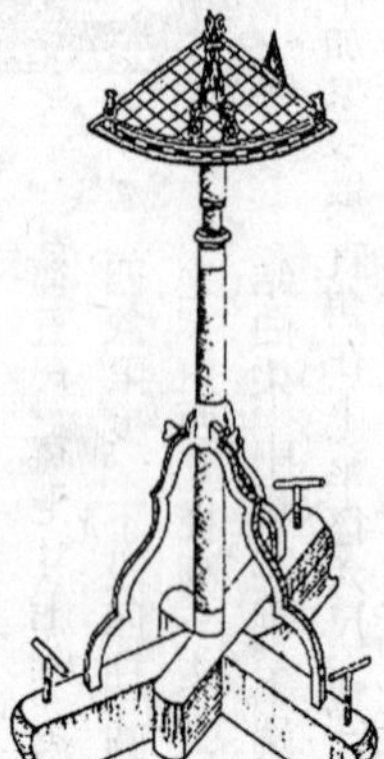

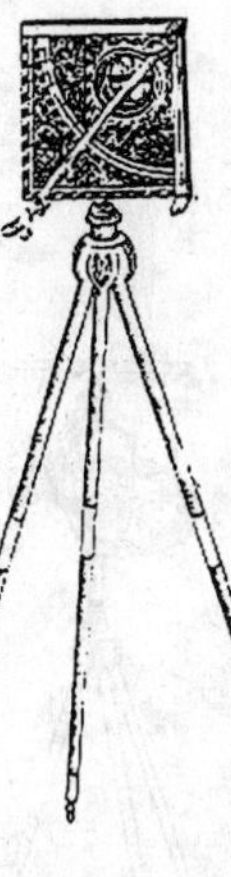

御製方矩象限儀　謹按：方矩象限儀爲聖祖仁皇帝御製，鑄銅爲之。半徑八寸五分，象限之周九十度。圓線十重，以斜線相交，成十格。象限外畫方矩線，斜直相交，亦成十格。象限內亦畫方矩線。平半矩施立耳，爲定表。圓心施遊表，表兩端有立耳。中爲指南針。盤前施二墜線。測量法：以遊表直邊指度數，兩表相距度分爲所測之角。承以銅軸，攢木爲三足，能升降。儀面鐫「康熙御製」。

御製璣衡撫辰儀　謹按：《尚書・舜典》：「在璿璣玉衡，以齊七政。」孔傳云：「璣衡，王者正天文之器。」《皋陶謨》撫於五辰。」孔傳云：「撫順五行之時。」乾隆九年，皇上御製璣衡撫辰儀，鑄銅爲之，徑六尺。其外即古六合儀，而不用地平圈。正立子午雙環，爲天經。兩面鐫去極度數，以雲座承之。北極出地度、天頂距度以京師爲準。距兩極九十度，結赤道單環，爲天緯。兩面鐫晝夜時刻，兩龍柱挾之。次內即古之三辰儀，而不用黃道圈。兩極綰赤道經度雙環，兩面刻去極度數。中腰結遊旋赤道，兩面刻周天度分，以象七政運行。最內即古之四遊儀。通徑設直距，中心施窺衡，以測七政經緯。座施螺柱，以取正。較赤道經緯儀而加精焉。

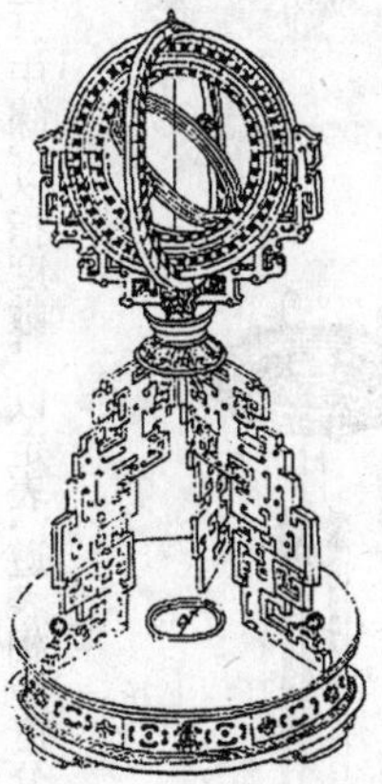

萬壽天常儀　謹按：本朝製萬壽天常儀，鑄銅爲之。通高一尺一寸，制與三辰儀同。座心穿孔，對天頂。垂線用與三辰儀表末同。中腰兩表耳，一實一虛，綰遊旋赤道。實者穿中縫，虛者留中線，用與三辰儀窺衡同。以遊表加遊旋赤道上，視遊表末所指，用與三辰儀表耳同。

地平赤道公晷儀　謹按：本朝製地平赤道公晷儀，鑄銅爲之，徑七寸八分。地平盤分內外。外方盤施露管二，螺柱四。內圓盤列地平三百六十度，施指南針。中帶銅弧，弧上九十度，赤道環在圓盤北，銅弧入之，以定各處北極高度。環面施大遊表，表近上加立表，中有直線。環上端小圓盤內有小遊表及半環，環上穿小孔。以大遊表對日景，從小孔透，立表中線，視大遊表下端所指知時刻，小遊表所指知分數。

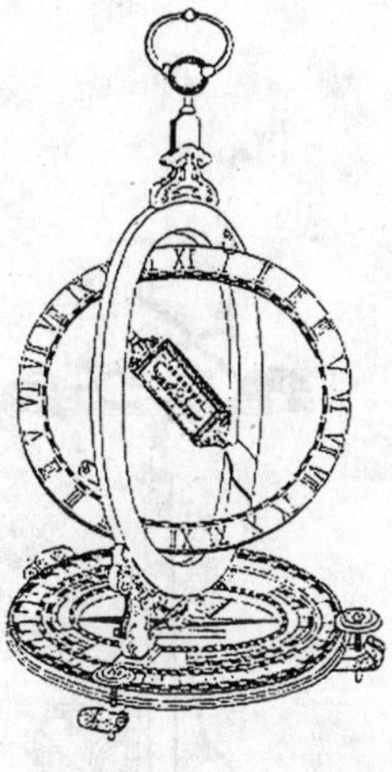

地平經緯赤道公晷儀　謹按：本朝製地平經緯赤道公晷儀，鑄銅爲之，通高一尺。地平盤分內外。外盤畫子午線，三角植螺柱。內盤列地平三百六十度，施指南針，縱橫置露管。盤上正立爲赤道經圈，上環中線爲天頂，斜倚爲赤道。中施直表，列節氣宮度，表中縫加遊表，上穿孔，使透日光。經圈上平，赤道施兩表耳，測日影。內盤九十度線與外盤子午線準。以赤道經圈按度對天頂，以遊表小孔對節氣日數，視日影所臨，知時刻。以赤道經圈對日，上下轉之，日影從上表耳孔透下表耳之兩點，視赤道距天頂度，與九十度相減，知太陽距地平高度，視內盤距子午線度，知太陽距午正東西偏度。以外盤分數線與度數線對，知時刻。

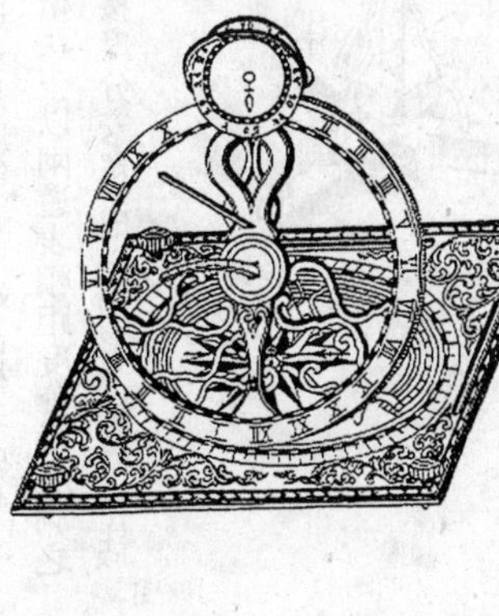

四定表全圓儀　謹按：本朝製四定表全圓儀，鑄銅爲之。通徑一尺，全周三百六十度。中施指南針。圓線十層，以斜線相交，成十格，分四象限。通徑線兩端各施立耳，爲定表。中心設旋圓盤，其通徑線兩端施立耳，爲遊表。表兩端直邊對立耳中線，以指度數。以定表、遊表相距度分爲所測之角。平測、立測惟所宜。

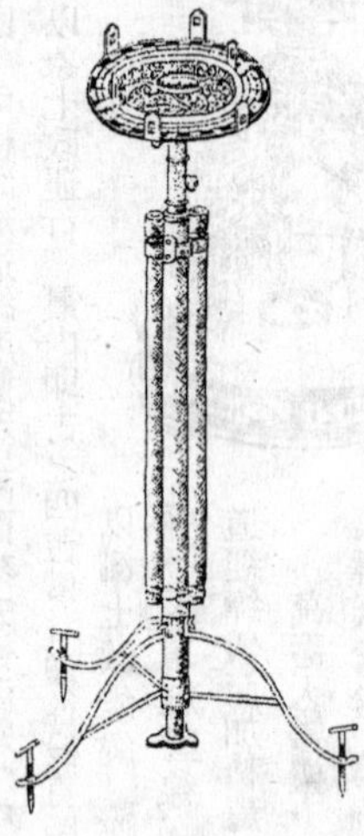

矩度全圓儀　謹按：本朝製矩度全圓儀，鑄銅爲之。通徑六寸，全周三百六十度分。半周通徑線兩端各施立耳，爲定表。中心施遊表，表中線兩端加立耳，立耳中線與遊表中線對。上施指南針，前施墜線。表端鋭處指度數。以兩表相距度分爲所測之角。圓内下半周矩度縱横，各六十分，爲勾股比例之用。平測、立測惟所宜。

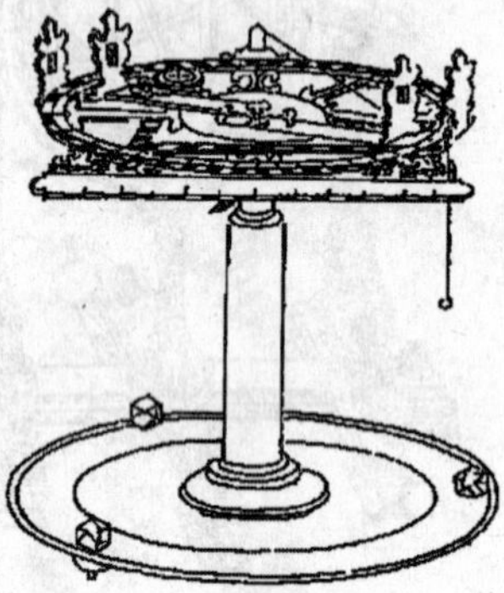

四遊千里鏡半圓儀　謹按：本朝製四遊千里鏡半圓儀，鑄銅爲之。通徑一尺三寸五分，半周一百八十度。外圓線三重，内層十二重。每度末斜線與圓線相交，成十二格。通徑線兩端立耳爲定表。其半圓心施遊表，表兩端有立耳。表端中線以指外重度分，立耳方孔中線以指内重度分。立耳内施墜線，表心施指南針。圓盤外兩柱承千里鏡，以兩軸左右上下之。以遊表、定表相距度爲所測之角。座三足，能升降。平測、立測惟所宜。

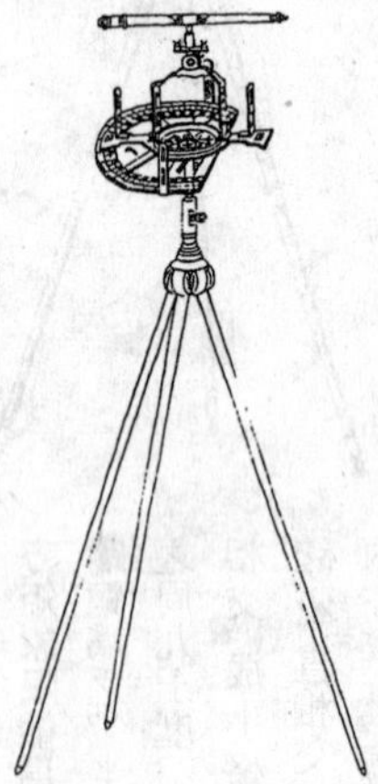

雙半圓儀　謹按：本朝製雙半圓儀，鑄銅爲之。平置直尺，長一尺，内開空槽，束以銅，如帶鋌。施輪軸，使遊動。兩半圓通徑皆三寸，一加尺端，一綰槽内，半周一百八十度。内畫半方矩，縱横皆十二分。圓心各有立耳。又施遊表，長與直尺等，表端各有立耳。圓心立耳，旋之與直尺對，則爲定表之用；與遊表立耳對，則爲遊表之用。後施墜線。測量法：以定表、遊表之距度爲所測之角。量算法：以所知一邊與直尺爲比例，兩半圓進退施之，按度分以定所測之二角。兩遊表相交成三角形。承以直柱。三足能升降。平測、立測惟所宜。

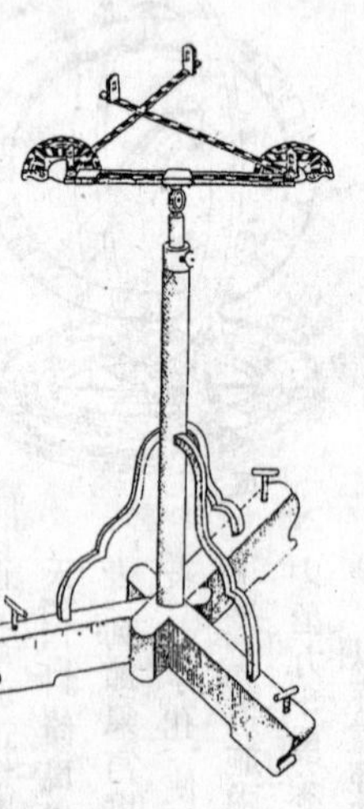

雙遊表半圓儀　謹按：本朝製雙遊表半圓儀，鑄銅爲之。通徑四寸八分，半周一百八十度。圓心施遊表二，其長皆爲一百五十分，其端各有立耳，開中線，與遊表中線對。圓心亦有立耳，旋之，與遊表中線參直。遊表上各帶揩表一，中心與遊表中線對，共綰一直表，長與二遊表共度等。一端當揩表中心，一端隨遊表開闔。中施指南針，後施墜線。測量法：以兩遊表相距度分爲所測之角。量算法：兩邊夾一角者，以所知之邊角按度分安定，成三角形。承以直柱。三足能升降。平測、立測惟所宜。

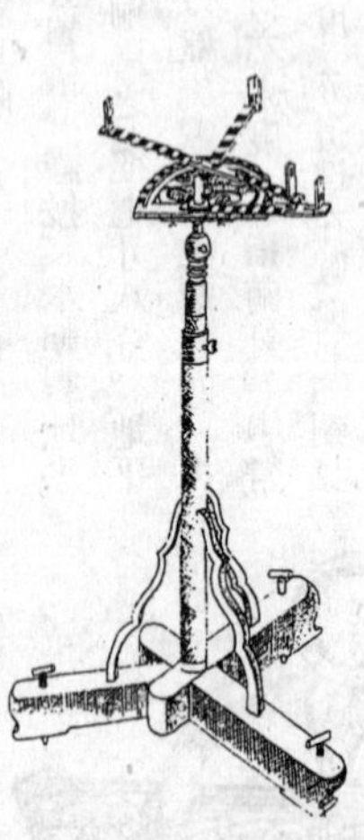

雙千里鏡象限儀　謹按：本朝製雙千里鏡象限儀，鑄銅爲之。半徑一尺四寸五分，象限之周九十度。圓線十重，以斜線相交，成十格。平半徑千里鏡爲定表，平中心千里鏡爲遊表。下爲半圜，縱横設兩輪，低昂之。測量法：以兩表相距度分爲所測之角。承以直柱，三足。平測、立測惟所宜。

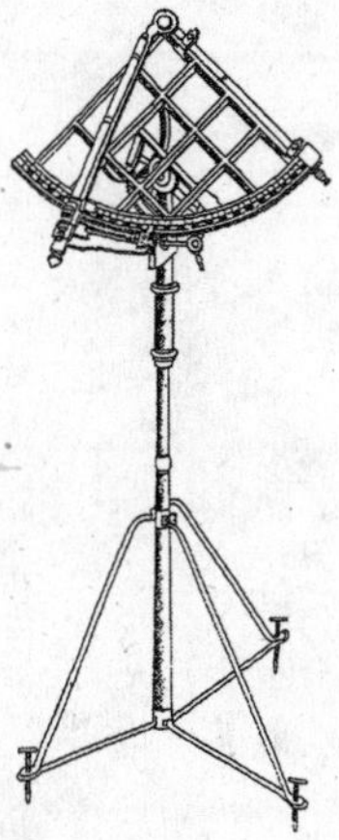

測太陽高度象限儀　謹按：本朝製測太陽高度象限儀，鑄銅爲之。半徑一尺二分，象限之周九十度。圜線十重，以斜線相交，成十格。平半徑兩端各有立耳，上立耳中線穿小孔，下立耳中線爲空圈。内交十字半徑旁施指南針。午正，日光從小孔透十字心，與表耳參直。圜心施墜線于方銅管内，以護風。由管末玻瓈中視墜線距日光線，知太陽距天頂之度。以時刻儀驗準對太陽測之，知太陽隨時高度。易墜線爲遊表，兩立耳皆如定表。法：與所測參直，以二表距度爲所測之角。承以直柱。三足能升降。平測、立測惟所宜。

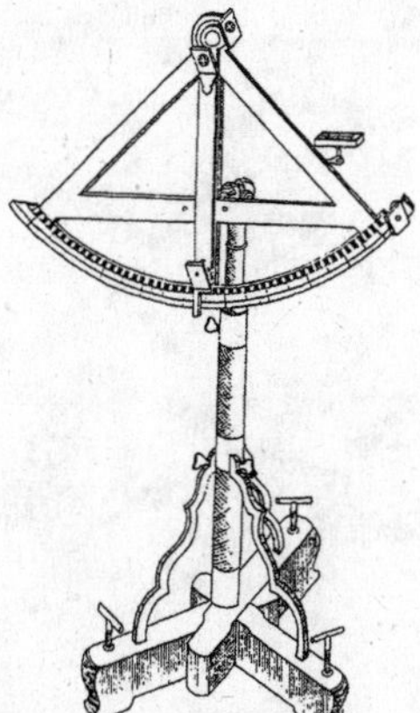

測高弧象限儀　謹按：本朝製測高弧象限儀，鑄銅爲之。半徑一尺七分，象限之周九十度。圜線十五層，以斜線相交，成十五格。兩半徑線末各施立耳，爲定表。中圓柱四面穿直孔，旋之使孔中線與立耳中線相對，以受日光。圜心施銅墜線。表穿長孔，有比例分，以指分數。座中施指南針。以墜線距定表度爲太陽距天頂度。承以直柱。有輪，能升降。

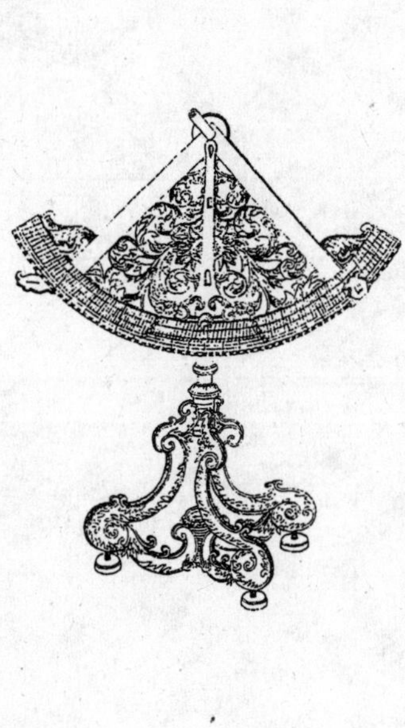

測礮象限儀　謹按：本朝製測礮象限儀，鑄銅爲之。用兩象限，周皆九十度，中爲初度，左右各四十五度，圜心皆施墜線，當初度以取平。座上爲横方柱，一加柱端，一倚柱旁。用時置礮上，以柱旁墜線所指合礮末所起之度。柱中空，左右各四十五度。中施遊表，穿小孔，對礮末所起之度，于孔内視礮之星斗。

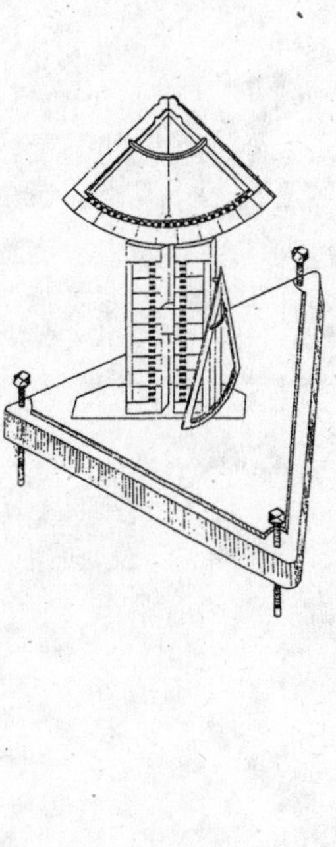

演示儀器總部

題解

漢·司馬遷《史記》卷二七《天官書》　北斗七星，所謂「旋、璣、玉衡以齊七政」。杓攜龍角，衡殷南斗，魁枕參首。用昏建者杓；杓，自華以西南。夜半建者衡；衡，殷中州河、濟之間。平旦建者魁；魁，海岱以東北也。斗爲帝車，運于中央，臨制四鄉。分陰陽，建四時，均五行，移節度，定諸紀，皆繫於斗。

宋·李昉等《太平御覽》卷八〇三《珍寶部三》　沈約《宋書》曰：文帝詔太史令錢樂之作小渾天，安二十八宿，中外以白真珠及青黄三色珠爲三家星，日月五星悉居黄道。

宋·鄭樵《通志》卷一七八《隱逸傳第二》　宜然碩學通儒，咸所不悟，又嘗造渾天象，高三尺許，地居中央，天轉而地不動，以機動之，悉與天相會。

宋·王應麟《玉海》卷一《天文》　元嘉十七年，作小渾天，以白青黄珠爲三家星，隋庚季才等參校，周齊梁陳及祖暅、孫僧化舊圖刊正，疏密依準三家星位，以爲蓋圖。

宋·王應麟《玉海》卷四《天道》　隋耿詢創意造渾天儀，不假人力，以水轉之，施於閣室，使高智寶外候天時，動合符契。

宋·周應合《（景定）建康志》卷四九　（陶弘景）尤明陰陽五行，風角星算，山川地理，方圓産物，醫術本草，帝代年曆，以算推知，嘗造渾天象，高三尺許，地居中央，天轉而地不動，以機動之，悉與天相會。

元·脱脱等《遼史》卷四四《曆象志下》　日有晷景，月有明魄，斗有建除，星有昏旦。觀天之變而制器以候之，八尺之表，六尺之筒，百刻之漏，日月星辰示諸掌上。運行既察，度分既審，於是像天圜以顯運行，置地櫃以驗出入，渾象是作。天道之常，尋尺之中可以俯窺，陶唐之象是矣。設三儀以明度分，管一衡以正辰極，渾儀是作。天文之變，六合之表可以仰觀，有虞之璣是矣。體莫固於金，用莫利於水。範金走水，不出户而知天道，此聖人之所以爲聖也。

元·張鉉《（至大）金陵新志》卷一三下之下　（陶弘景）嘗造渾天象，高三尺許，地居中央，天轉而地不動，以機動之，悉與天相會。

元·趙道一《歷世真仙體道通鑑》卷二四　（陶弘景）又作渾天象，高三尺許，地居中央，天轉而地不動，二十八宿度數，七曜行道分明，中星見伏早晚，以機轉之，悉與天相會。

明·陸深《儼山外集》卷一五　色目人又有玲瓏儀，皆巧製也。

明·葉子奇《草木子》卷三　玲瓏儀，鏤星象於其體，就腹中仰以觀之，此出色目人之制也。

明·王圻《續文獻通考》卷二一五《象緯考》　玲瓏儀鏤星象於其體，就腹中仰以觀之，此出色目人之制。

明·潘游龍《康濟譜》卷九《農桑》　舜在璿璣玉衡，以齊七政，説者以爲天文器。後世言天之家，如洛下閎、鮮于妄人輩，述其遺制，營之度之，而作渾天儀。曆家推步，無越此器，然而未有圖也。蓋二十八宿周天之度，十二辰日月之會，二十四氣之推移，七十二候之遷變，如環之循，如輪之轉，農桑之節，以此占之。

明·方以智《通雅》卷一一　色目人有玲瓏儀，皆巧製也。

清·張玉書等《佩文韻府》卷四之二　玲瓏儀《元史》：玲瓏儀，測天器，鏤星象于其體，就腹中仰以觀之。

黄道儀《唐書·天文志》：貞觀初，李淳風上言，舜在璿璣玉衡，以齊七政，則渾天儀也。《周禮》：土圭正日影，以求地中。有以見日行黄道之驗也。暨于周末，此器乃亡。漢作渾儀，推驗七曜，並循赤道。按冬至極南，夏至極北，而赤道常定于中國，無南北之異，蓋渾儀無黄道久矣。太宗因詔爲之，七年儀成，表裏三重，一曰六合儀，二曰三辰儀，三曰四游儀。

清·張玉書等《佩文韻府》卷六三之二　稠穊《晉書·天文志》：古舊渾象，以二分爲一度，凡周七尺三寸半分。張衡更制，以四分爲一度，凡周一丈四尺六寸。吴時中常侍廬江王蕃，以古制局小，星辰稠穊，衡器傷大，難可轉移，更制渾象，以四分爲一度，凡周天一丈九寸五分分之三也。

清·張玉書等《佩文韻府》卷八二之六　首刱【略】《金史·天文志》：渾天儀者，羲和之舊器，謂之璣衡，積代相傳，沿革不一。宋太平興國中，蜀人張思訓，首刱其式，造之禁中，踰年而成，詔置文明殿東鼓樓下，題曰：「太平渾儀。」

清·吴士玉等《駢字類編》卷八四《數目門七》　一結《元史·天文志》：庫哩頁埒森薩巴，漢言渾天圖也。其制以銅爲丸，斜刻日道交環度數于其腹，刻二十八宿形于其上。

外平置銅單環，刻周天度數，列于十二辰位，以準地。而側立單環二，一結于平環之子午。

清・吴士玉等《駢字類編》卷一三七《采色門四》　白青《遼史・曆象志》：渾象是作，天道之常，尋尺之中可以俯窺，陶唐之象是矣。

清・張廷玉等《明史》卷二五《天文志一》　璿璣玉衡爲儀象之權輿，然不見用於三代。《周禮》有圭表、壺漏，而無璣衡，其制遂不可考。漢人創造渾天儀，謂即璣衡遺制，其或然歟。厥後代有制作。大抵以六合、三辰、四游、重環湊合者，謂之渾天儀；以實體圓球，繪黄赤經緯度，或綴以星宿者，謂之渾天象。其制雖有詳略，要亦青藍之别也。外此，則圭表、壺漏而已。迨元作簡儀、仰儀、闚几、景符之屬，制器始精詳矣。

清・徐文靖《管城碩記》卷二七　《菽園記》曰：元人謂天曰統格落。

按：《元史續通鑑》元謂混天儀曰咱秃哈剌吉。測驗周天星曜之氣曰咱秃朔八台。春秋分晷影堂曰魯哈麻亦渺凹只。冬夏至晷影堂曰魯哈麻亦木思塔。渾天圖曰苦來亦撒麻。地里志曰苦來亦阿兒子。晝夜時刻之器曰兀速都兒剌不定。其呼天爲統格落，元史不載，僅見於此。

清・錢大昕《廿二史考異・宋書》卷一　而陸績造渾象，其形如鳥卵，今歐邏巴橢圓之説，似出於此。

清・沈可培《濼源問答》卷一〇　渾象也，璿璣玉衡窺測之器也，故曰定于唐虞之時。

清・魏源《元史新編》卷七〇《志一之七》　苦來亦撒麻，漢言渾天圖也，其制以銅爲丸，斜刻日道交環度數于其腹，刻二十八宿形於其上。外平置銅單環，刻周天度數，列于十二辰位以準地。而側立單環二，一結于平環之子午，以銅釘象南北極，一結于平環之卯酉，皆刻天度。即渾天儀而不可運轉窺測者也。

清・曾國荃《（光緒）湖南通志》卷二七九《藝文志三十五》　《（嘉慶）通志》案記文謂：天聖中，禮部侍郎燕公肅，始爲荷茄溜水，蓮心出水之法，謂之蓮花漏。元祐間，丞相蘇公頌，又造水運儀象，二者皆與日晷符合。紹興己卯，大梁向公子忞來鎮此邦，用二公規法作此。

明・陳士元《諸史夷語解義》卷下　苦來亦撒麻，華言渾天圖也。

清・王仁俊《格致古微》卷二　耿詢創造渾天儀，不假人力，以水轉之，施暗室中，作馬上刻漏，進欹器，案彼制，以水轉之，機器放此。

論　説

漢・孔安國傳、唐・孔穎達疏《尚書注疏》卷三　在璿璣玉衡，以齊七政。

在，察也，璿，美玉，璣、衡，王者正天文之器，可運轉者。七政，日月五星各異政。舜察天文，齊七政，以審己當天心與否。〇璿音旋。【略】正義曰：在，察，《釋詁》文。《説文》云：璿，美玉也。玉是大名，璿是玉之别稱。璣衡俱以玉飾，但史之立文，不可以玉璣、玉衡，一指玉體，一指玉名，猶《左傳》云：瓊弁玉纓。所以變其文，傳以璿言玉名，故云美玉，其實玉衡亦美玉也。《易・賁卦》彖云：觀乎天文以察時變。日月星宿運行於天，是爲天之文也。璣衡者，璣爲轉運，衡爲横簫，運璣使動，於下以衡望之，是王者正天文之器。漢世以來，謂之渾天儀者是也。馬融云：渾天儀可旋轉，故曰璣。衡，其横簫，所以視星宿也，以璿爲璣，以玉爲衡，蓋貴天象也。蔡邕云：玉衡長八尺，孔徑一寸，下端望之以視星辰。蓋懸璣以象天而衡望之，轉璣窺衡以知星宿，是其説也。七政，其政有七，於璣衡察之，必在天者，知七政謂日月與五星也。木曰歲星，火曰熒惑星，土曰鎮星，金曰太白星，水曰辰星。《易・繫辭》云：天垂象，見吉凶，聖人象之。此日月五星有吉凶之象，因其變動爲占，七者各自異政，故爲七政。得失由政，故稱政也。舜既受終，乃察璣衡，是「舜察天文，齊七政，以審己之受禪當天心與否」也。馬融云：日月星皆以璿璣玉衡度知其盈縮、進退、失政所在。聖人謙讓，猶不自安，視璿璣玉衡以驗齊日月五星行度，知其政是與否，重審己之事也。上天之體，不可得知，測天之事，見於經者唯有此「璿璣玉衡」一事而已。蔡邕《天文志》云：言天體者有三家，一曰周髀，二曰宣夜，三曰渾天。宣夜絶無師説。周髀術數具在，考驗天象，多所違失，故史官不用。惟渾天者近得其情，今史所用候台銅儀，則其法也。虞喜云：宣，明也。夜，幽也。幽明之數，其術兼之，故曰宣夜。但絶無師説，不知其狀如何。周髀之術以爲天似覆盆，蓋以斗極爲中，中高而四邊下，日月旁行繞之，日近而見之爲晝，日遠而不見爲夜。渾天者以爲地在其中，天周其外，日月初登於天，後入於地。晝則日在地上，夜則日入地下。王蕃《渾天説》曰：天之形狀似鳥卵，天包地外，猶卵之裹黄，圓如彈丸，故曰渾天。言其形體渾渾然也。其術以爲天半覆地上，半在地下。其天居地上，見有一百八十二度半强，地下亦然。北極出地上三十六度，南極入地下亦三十六度，而嵩高正當天之中極，南五十五度當嵩高之上。又其南十二度爲夏至之日道，又其南二十四度爲春秋分之日道，又其南二十四度爲冬至之日道，南下去地三十一度而已。是夏至日北去極六十七度，春秋分去極九十一度，冬至去極一百一十五度，此其大率也。其南北極持其兩端，其天與日月星宿斜而回轉，此必古有其法，遭秦而滅。楊子《法言》云：或問渾天，曰，落下閎營之，鮮于妄人度之，耿中丞象之，幾乎，幾乎，莫之能違也。是楊雄之意，以渾天而問之也。閎與妄人，武帝時人。宣帝時司農中丞耿壽昌始鑄銅爲之象，史官施用焉。後漢張衡作《靈憲》以說其狀。蔡邕、鄭玄、陸績、吴時王蕃、晉世姜岌、張衡、葛洪皆論渾天之義，並以渾說爲長。江南宋元嘉年皮延宗又作是《渾天論》，太史丞錢樂鑄銅作渾天儀，傳於齊梁，周平江陵遷其器於長安，今在太史書矣。衡長八尺，璣徑八尺，圓周二丈五尺强，轉而望之，有其法也。

三國吴·王蕃《渾天象說》（清·孫星衍《續古文苑》卷九）

《虞書》稱在璇璣玉衡，以齊七政，則今渾天儀日、月、五星是也。鄭玄說：動運爲機，持正爲衡，皆以玉爲之，視其行度，觀受禪是非也。渾儀羲、和舊器，歷代相傳，謂之機衡。其所由來，有原統矣。而斯器設在候臺，史官禁密，學者寡得聞見。穿鑿之徒，不解機衡之義，見有七政之言，因以爲北斗七星，構造虚文，託之讖緯，史遷、班固，猶尚惑之。鄭玄有贍雅高遠之才，沈静精妙之思，超然獨見，改正其說，聖人復出，不易斯言矣。已上見《宋書·天文志》渾儀以察三光，分宿度，象以著天體，布星辰。按斯二者，以考於天，蓋詳察矣。已上見《北堂書鈔》一百三十。幽、平之後，周室遂卑，天子不能頒朔，魯曆不正，百有餘年，以建申之月爲建亥，而怪蟄蟲不伏也。曆紀廢壞，道術侵亂，渾天之義，傳之者寡，末世之儒，或不聞見，各以私意爲天作說，故有《周髀》、宣夜之論。宣夜之學，絶無師法。《周髀》見行於世，考驗天狀，多所違失。依劉洪《乾象曆》之法而論渾天曰：《太平御覽》二引有：渾天之作，由來尚矣。考之於天，信而有徵。當是《開元占經》删。前儒舊說，天地之體，狀如鳥卵。天包地外，猶殼之裹黄也。周旋無端，其形渾渾然，故曰渾天也。周天三百六十五度五百八十九分度之百四十五，東西南北，展轉周規，《北堂書鈔》周作同。半覆地上，半在地下，故二十八宿半見半隱。以赤儀準之，其見者常百八十二度有奇，是以察知其半覆地上，半隱地下，其二端謂之南極、北極，天之中也。北極在正北，出地三十六度，南極在正南，入地亦三十六度。兩極相去一百八十二度半强。衆星皆移而北極不徙，猶車輪之有輻軸也。繞北極徑七十二度，常見不隱，謂之上規，繞南極七十二度，常隱不見，謂之下規是也。上規去南極，下規去北極，皆一百四十四度半强。以二規於渾儀爲中規，赤道帶天之弦，去兩極各九十一度少强。黄道日之所行也。半在赤道外，半在赤道内，與赤道東交於角五少弱，西交於奎十四少强，其出赤道外極遠者，出赤道二十四度，斗二十一度是也。其入赤道内極遠者，入赤道二十四度，井二十五度是也。日南至在斗二十一度，去極百一十五度少强，是日最南，去極最遠，故景最長。黄道斗二十一度，出辰入申，故日出辰入申，晝行地上百四十六度强，故日短；夜行地下二百一十九度少弱，故夜長。自南至之後，日去極稍近，故景稍短，日晝行地上度稍多，故日稍長；夜行地下度稍少，故夜稍短，日行度稍北，故日出入稍北，以至於夏至日在井二十五度，去極六十七度少强，是日最近北，去極最近，故景最短。黄道井二十五度，出寅入戌，晝行地上二百一十九度少弱，故日長；夜行地下百四十六度少强，故夜短。自夏至之後，日去極稍遠，故景稍長。日晝行地上度稍少，故曰稍短；夜行地下度稍多，故夜稍長。日所在度稍南，故出入稍南，以至於南至而復初焉。斗二十一度，井二十五度，南北相較四十八度，春分日在奎十四少强，秋分日在角五少弱，此黄赤二道之交中也；去極俱九十一度少强，南北處斗二十一、井二十五之中，故景居二至長短之中，奎十四、角五出卯入酉，故曰亦出卯入酉。日晝行地上，夜行地下，俱百八十二度半强，故曰見之漏五十刻，不見之漏五十刻，謂之晝夜同。夫天之晝夜，以日出入爲分；人之晝夜，以昏明爲限。日未出二刻半而明，日入後二刻半而昏，故損夜五刻以增晝刻，是以春秋分之漏晝五十五刻。渾天遭周秦之亂，師徒斷絶，而喪其文，唯渾儀尚在候臺。《北堂書鈔》尚作常。是以不廢，故其法可得言。《太平御覽》二法作揚搉。至於纖微委曲，闕而不傳，《御覽》有：蔡邕以爲精微深妙，百世不易之道。周天里數，無聞焉爾。而《洛書·甄曜度》、《春秋·考異郵》皆云周天一百七萬一千里，至以日景驗之，違錯甚多，然其流行，布在衆書，通儒達士，未之考正，是以不敢背捐舊術。獨攄所見，故按其說，更課諸數，以究其意也。古曆皆云周天三百六十五度四分度之一，皆分一百七萬一千里數爲一度，得二千九百三十二里七十一步二尺七寸四分大强。案《宋書·天文志》及《晉書·天文志》大强二字皆作四百八十七分分之三百六十二。《開元占經》改之也。斗下分，《宋晉志》未引大弱二字，當亦是《占經》改。斗下分爲七百三十三里一十七步五尺一寸八分大弱，三光之行，不必有常，術家以算追而求之，故諸家之曆各有異同。漢靈之末，《四分曆》與天違錯。時會稽東部都尉太山劉洪善於推候，乃考術官及史，自古至今，曆法原其進退之行，察其出入之驗，視其往來，度其終始，課較其法，不能四分之一，減以爲五百八十九分之一百四十五。更造《乾象曆》，以追日、月、五星之行，比於諸家，最爲精密，今史官所用，則其曆也。故所作渾象，諸分度節次及昏明中星，皆更以乾象法作之，周天一百七萬一千里，以乾象法分之，得二千九百三十二里八十步三尺九寸五分弱。斗下分爲七百二十一里二百五十九步四尺五寸二分弱。乾象全度張古曆零度九步一尺二寸一分弱，斗下分減古曆斗下分十一里五十八步六寸六分弱，其大數俱一百七萬一千里；斗下分減，則全度純數，使其然也。又陸績云：周天一百七萬一千里，東西南北徑三十五萬七千里，立徑亦然，此蓋天黄赤道之徑數也。渾天、蓋天黄赤道周天度同，故績取以言耳。此言周三徑一也。古少廣術用率圓周三中徑一。臣更考之，徑一不翅周三率，周百四十二，而徑四十五，以徑率乘一百七萬一千里，以周率約之，得徑三十三萬九千四百一里一百二十二步三尺二寸一分七十一分分之十，東西南北及立徑皆同。半之，得十六萬九千七百里二百一十一步一尺六寸百四十二分分之八十一，地上去天之數也。夫周天徑目前定物圖蓋天者尚不考驗，而乃論天地之外，日月所不照，陰陽所不至，目精所不及，儀衡所不測，皆爲之説虛誕無徵，是亦鄒子瀛海之類也。臣謹更以晷景，考周天里數，按《周禮》大司徒之職，立土圭之法，測土深；正日景，以求地中。日南則景短多暑，日北則景長多寒，日東則景夕多風，日西則景朝多陰，日至之景，尺有五寸，謂之地中。鄭衆云：土圭之長，尺有五寸，以夏至立八尺表，中景適與圭等，謂之地中，今潁川陽城地爲然。鄭玄云：凡日景於地千里，而差一寸。景尺有五寸者，南戴日下萬五千里也。誠以八尺之表，而有尺五寸景，是立八十而旁十五也。南萬五千里而當日下，則日當去其下地八萬里矣。從日斜射陽城，則天徑之半也。天體圓如彈丸，地處天之半，而陽城爲中，則日春秋冬夏，昏明晝夜，去陽城皆等，無盈縮矣。故知從日斜射陽城，爲天徑之半也。以句股之法言之，旁萬五千里則句也。立八萬里則股也。從日斜射陽城則弦也。以句股求弦法入之，得八萬一千三百九十四里三十步五尺三寸六分，天徑之半，而地上去天之數也；倍之，得十六萬二千七百八十八里六十一步四尺七寸二分，天徑之數也。以周率乘之，徑率約之，得五十一萬二千六百八十七里六十八步一尺八寸二分，周天之數也，減《甄曜度》、《考異郵》五十五萬七千三百一十二里有奇。一度凡一千四百六里百二十四步六寸四分十萬七千五百六十五分分之一萬九千四十九，減舊度千五百二十五里二百五十六步三尺三寸二十一萬五千一百三十分分之十六萬七百三十。夫末世之儒，多妄穿鑿，減增河洛，竊作讖緯，其言浮虛，難悉據用。六官之職，周公所制，句股之術，目前定數，晷景之度，事有明驗。以此推之，近爲詳矣。黄赤二道，相與交錯，其間相去二十四度，以兩遊儀準之，二道俱三百六十五度有奇。《隋書・天文志》引此下有：又赤道見者常百八十二度半强，又南北考之，天見者亦一百八十二度半强，當是《占經》删。《太平御覽》二引，與《隋志》同。是以知天體圓如彈丸，《隋志》引此下有：南北極相去一百八十二度半强也，當是《占經》删。《太平御覽》二引，此下有：北極出地三十六度，是知南極入地亦三十六度，而兩相去百八十二半强也。亦可證。而陸績造渾象，其形如鳥卵，然則黄道應長於赤道矣。績云：天東西南北徑三十五萬七千里，然則績亦以天形正圓也。而渾象爲鳥卵，則爲自相違背。《隋志》引作，而陸績所作渾象，形如鳥卵，以施二道，不得如法。若使二道同規，則其間相去不得滿二十四度，若令相去二十四度，則黄道當長於赤道，又兩極相去不翅百八十二度半强。案績説云：天東西徑三十五萬七千里，直徑亦然。則績意亦以天爲正圓也。器與言謬，頗爲乖僻，當是《占經》删。月行二十七日有奇而周天，其行半出黄道外，半入黄道内，在内謂之陰道，在外謂之陽道，其行陰陽道極遠者不過六度。黄道無常，諸家各異，各依其曆節氣所行宿度，《尚書・月令》、太初、三統、四分、乾象各不同，昏明亦異，日行蹉跌，不遵常軌之所爲也。夫三光之行，雖有盈縮，天地之體，常然不變，故諸家之曆，皆不著渾象爲黄道，當各隨其曆而錯之。而今臣所施黄道，乾象法也。審校春秋二分，於一先代諸曆差，而冬夏二至，恒在二分張中。蕃按渾象之法，地當在天中，其勢不便，故反觀其形，地爲外匡，於已解人，無異在内。詭狀殊體，而合於理，可謂奇巧。古舊渾象以二分爲一度，凡周七尺三寸半分。漢張衡更制以四分爲一度，凡周一丈四尺六寸一分。臣以古制局小，以布星辰，相去稠概，不得了察。而張衡所作，又復過大，難可轉移。前表聞以三分爲一度事，許令臣所作周一丈九寸五分四分分之三，張古法三尺六寸五分四分分之一，減張衡亦三尺六寸五分四分分之一。渾象法黄道、赤道各廣一度有半，故今所作渾象，黄赤道各廣四分半，相去七寸二分，渾儀中筩爲琁機，外規爲玉衡。案《開元占經》以爲渾天象説，《太平御覽》、《北堂書鈔》引作渾天説，《隋書・經籍志》有《渾天象注》一卷，吴散騎常侍王蕃撰即此。《宋書・天文志》、《晉書・天文志》所載俱未及《占經》之備，故據而録之，又摭《宋志》及《北堂書鈔》以補於首，而《太平御覽》、《隋志》亦詳注每條之下。

南朝宋・何承天《渾天象體論》（明・梅鼎祚《宋文紀》卷九）

詳尋前説，因觀渾儀，研求其意，有以悟天形正圓，而地居其半，地中高外卑，水周其下，言四方者，東曰暘谷，日之所出。西曰濛汜，日之所入。莊子又云：北溟有魚，化而爲烏，將徙於南溟，斯亦古之遺記，四方皆水證也。四方皆水，謂之四海，凡五行相生，水生於金，是故百川發源皆自山出，由高趨下，歸注于海。日爲陽精，光曜炎熾，一夜入水，所經焦竭，百川歸注，足以補復，故旱不爲減，浸不爲益。又云：周天三百六十五度三百四分之七十五。天常西轉，一日一夜過周一度，南北二極相去一百一十六度三百四分度之七十五彊，即天經也。黄道衺帶赤道，春分交於奎七度，秋分交於軫十五度，冬至斗十四度半彊，夏至井十六度半。從北極扶天而南五十五度彊，則居天四維之中最高處也，即天頂也。其下則地中也。

隋・劉焯《上皇太子論渾天啓》（明・梅鼎祚《隋文紀》卷六） 仁壽四年，焯造皇極曆，上啓於東宫，論渾天不用。及即位，大業三年，勑諸郡測影，而焯尋卒，事遂寢廢。

璿璣玉衡，正天之器。帝王欽若，世傳其象。漢之孝武，詳考律曆，糾落下閎、鮮于妄人等，共所營定。逮于張衡，又尋述作，亦其體制，不異閎等。雖閎制莫存，而衡造有器。至吴時，陸績、王蕃並要修鑄，績小有異，蕃乃事同。宋有錢樂之，魏初晁崇等，摠用銅鐵。小大有殊，規域經模，不異蕃造。觀蔡邕《月令章句》，鄭玄注《考靈曜》，勢同衡法，迄今不改。焯以愚管，留情推測，見其數制，莫不違爽。失之千里，差若毫釐，大象一乖，餘何可驗。況赤黄均度，月無出入，至所恒定，氣不别衡。分刻本差，輪迴守故。其爲疎謬，不可復言。亦既由理不明，致使異家間出。蓋及宣夜，三說並驅。平、昕、安、穹，四天騰沸。至當不二，理唯一揆，豈容天體，七種殊說？又影漏去極，就渾可推，百骸共體，本非異物。此真已驗，彼僞自彰，豈朗日未暉，爝火不息，理有而闕，詎不可悲者也？昔蔡邕自朔方上書曰：以八尺之儀，度知天地之象，古有其器，而無其書。常欲寢伏儀下，案度成數，而爲立說。邕以負罪朔裔，書奏不許。邕若蒙許，亦必不能。邕才不踰張衡，衡本豈有遺思也？則有器無書，觀不能悟。焯今立術，改正舊渾。又以二至之影，定去極晷漏，并天地高遠，星辰運周，所宗有本，皆有其率。祛今賢之巨惑，稽往哲之羣疑，豁若雲披，朗如霧散。爲之錯綜，數卷已成，待得影差，謹更啓送。

又 《周官》夏至日影，尺有五寸。張衡、鄭玄、王蕃、陸績先儒等，皆以爲影千里差一寸。言南戴日丁萬五千里表影正同，天高乃異。考之筭法，必爲不可。寸差千里，亦無典說，明爲意斷，事不可依。今交、愛之州，表北無影，計無萬里，南過戴日，是千里一寸，非其實差。焯今説渾，以道爲率，道里不定，得差乃審。既大聖之年，升平之日，釐改羣謬，斯正其時。請一水工，并解筭術士，取河南北平地之所，可量數百里，南北使正，審時以漏，平地以繩，隨氣至分，同日度影。得其差率，里即可知。則天地無所匿其形，辰象無所逃其數，超前顯聖，効象除疑。請勿以人廢言。

唐・虞世南《北堂書鈔》卷一三〇《儀飾部上》 上應晷度《晉陽秋》云：吴有葛衡，字思真，和渾天儀，使地居中，以機動之，若天轉而地正，以上應晷度。

宋・沈括《夢溪筆談》卷七 《唐書》云：落下閎造曆，自言後八百年，當差一筭。至唐一行僧出而正之，此妄説也。落下閎曆法極疎，蓋當時以爲密耳。其間闕略甚多，且舉二事言之。漢世尚未知黄道歲差，至北齊向子信，方候知歲差，今以今古曆校之，凡八十餘年差一度，則閎之曆八十年自已差一度，兼餘分疎闊，據其法推氣朔、五星，當時便不可用，不待八十年，乃曰：八百年差一筭，太欺誕也。天文家有渾儀，測天之器，設于崇臺，以候垂象者，則古璣衡是也。渾象天之器，以水激之，或以水銀轉之，置于密室，與天行相符。張衡、陸績所爲，及開元中，置於武成殿者，皆此器也。皇祐中，禮部試璣衡，正天文之器，賦舉人皆雜用渾象。

宋・李如箎《東園叢説》卷中 渾蓋

説天之家，有曰《周髀》，曰宣夜，曰蓋天，曰渾天，而歷代太史氏之所用者，不出於渾蓋。揚子雲深於天文者也，其《法言》語蓋天，則曰蓋哉，蓋哉，應難未幾也。語渾天，則洛下閎營之，鮮于妄人度之，耿中丞象之，幾乎，幾乎，莫之能違也。夫蓋渾之爲用一也，但蓋天之形，狀如倚蓋，故南方星度漸向疎濶，不與近北者同，又南極隱而在下，當與北極相對，無他位可以指定其處，此其不如渾天之密也。然渾天惟制器，可以備列辰象，不可以爲圖，凡今之所謂渾天圖，實蓋天之法，而寫蓋天之形也。《堯典》：在璿璣玉衡，以齊七政。儒者解釋往往不明。愚謂璣者，周旋而運轉者也。衡，居中而不動者也。璣之運轉，必出入乎。衡之上下，以正朝夕。周旋而運轉者，天也。居中而不動者，地也。以是知璿璣玉衡，即渾天也。洛下閎諸公其知此矣。愚以玉衡爲地，則所謂地形如餅，信矣，此語惟深於天文者可語，當今有張平子者，僕將持是以質之。

宋・吕祖謙《宋文鑒》卷一〇六 臣嘗歷考古今儀象之法，《虞書》所謂「璿璣玉衡」，唯鄭康成粗記其法，至洛下閎製圓儀，賈逵又加黄道，其詳皆不存于書。其後張衡爲銅儀於密室中，以水轉之，蓋所謂渾象，非古之璣衡也。吴孫氏時、王蕃、陸績皆嘗爲儀及象，其説以謂舊以二分爲一度，而患星辰稠概，張衡改用四分，而復推重難運。故蕃以三分爲度，周丈有九寸五分寸之三，而具黄、赤道焉。績説以天形如鳥卵小椭，而黄赤道短長相害，不能應法。至劉曜時，南陽孔定製銅儀，有雙規，正距子午以象天；有横規，判儀之中以象地；有持規，斜絡天腹以候赤道；南北植幹，以法二極；其中乃爲游規、窺管。劉曜太史令晁崇、斛蘭皆嘗爲鐵儀，其規有六，四常定，一象地，一象赤道，其二象二極，乃定所謂雙規者也。其制與定法大同焉，唯南北柱曲抱雙規，下有縱衡水平，以銀錯星度，小變舊法。而皆不言有黄道，疑其失傳也。唐李淳風别爲圓儀三重，其外曰六合，有天經雙規、金渾緯規、金常規。次曰三辰，轉於六合之内，圓徑八尺，有璿璣規、月游規，所謂璿璣者，黄道屬焉。又次曰四游，南北爲天樞，中爲游筩，可以升降游轉，别爲月道，傍列二百四十九交以攜月游。而一行以爲難用，而其法亦亡。其後率府兵曹梁令瓚，更以木爲游儀，因淳風之法，而稍附新意，詔與一行雜校得失，改鑄銅儀，古今稱其詳確。至道中，初鑄渾天儀于司天監，多因斛蘭、晁崇之法。皇祐中，改鑄銅儀于天文院，始用令瓚、一行之論，而去取交有失得。

宋·李燾《續資治通鑑長編》卷四二三 詳定製造水運渾儀所，奏太史局直長趙齊良狀，伏睹宋以火德王天下，所造渾儀，其名水運，甚非吉兆，乞更水名，以避刑剋火德之忌。案：張衡謂之刻漏儀，一行謂之水運俯視圖，張思訓所造，太宗皇帝賜名太平渾儀，名稱並各不同。今新制備二器而通三用，乞特賜名以稱朝廷制作之意。詔以元祐渾天儀象爲名。四年四月八日，事附許將等言前。翰林學士許將等言，詳定元祐儀象爲名。其後本所又言：前所謂渾天儀者，其外形如丸，其内則有璣有衡。其外形如丸，即可徧布星度大率，若本所造渾象之制，其内有璣有衡，即可仰窺天象大率，若本所造渾儀之制若渾天儀，則兼二器有之同爲一器，既言渾天，則其爲象可知，然於渾象中設璣衡，使人内窺天象，以占測爲主，故可總謂之渾天儀。其實兼儀象而有之也。今所建渾儀、渾象，别爲二器，而渾儀占測天度之真數，又以渾象置之密室，自爲天運，與儀參合，若并爲一器，即象爲儀，以同正天度，則渾天儀象兩得之矣。此亦本朝備具典禮之一法也。乞更重作渾天儀。從之。

宋·滕珙《經濟文衡》前集卷九 論儀象法要之制

答江德功

此段論《儀象法要》，謂此俯視者正爲渾象。

渾儀詩甚佳，其間黄簿所謂渾象者是也。三衢有印本，蘇子容丞相所撰《儀象法要》，正謂此俯視者爲渾象也。但詳吴掾所説平分四孔加以中星者，不知是物如何制作，殊不可曉，恨未得見也。

論璣衡渾象之制

答江德功

此段謂璣衡、渾象，各是一器，不當并説。

璣衡之制，在都下不久，又苦足疾，未能往觀。然聞極疎略，若不能作水輪，則姑亦如此可矣。要之以衡窺璣，仰占天象之實，自是一器。而今人所作小渾象，自是一器，不當并作一説也。元祐之制極精，然其書亦有不備，乃最是緊切處，必是造者秘此一節，不欲盡以告人耳。

宋·黄震《黄氏日鈔》卷三五《讀本朝諸理學書三·晦庵先生文集二》 璿璣，璿者，美珠飾璣以象星。言天三家，宣夜，無師説。《周髀》謂天似覆盆，而斗極居中，中高而四邊下，日月旁行繞之，日近而見爲晝，日遠而不見爲夜。蔡邕以爲考驗多失。渾天以爲天包地，天居地上，有一百八十二度半强，地下亦然。北極去地三十六度，南極入地亦三十六度，而嵩高正當天之中極，南北極特其兩端，其天與日月星宿斜而廻轉。耿壽昌始鑄銅爲象，轉而望之，知日月星辰所在，即璿璣遺法。蔡邕以爲近得天體之實，本朝因之，爲儀三重，外曰六合儀，平置單環，面定四方，側立黑雙環，刻去極度數，半出入地上下，其一結於子午爲天經，其一結於卯酉爲天緯，天經環南北二極，皆爲圓軸，虚中而内向，以挈在内，三辰四遊之環，上下四方於是可考。次内曰三辰儀，亦爲雙黑環，刻去極度數，外貫天經之軸，内挈黄、赤二道，赤道爲赤單環，外依天緯，亦刻宿度，而結於外環之卯酉，黄道爲黄雙環，亦刻宿度，而又斜倚於赤道之腹，而交結於卯酉，而半入其内爲春分後之日軌，半出其外爲秋分後之日軌。下設機輪，以水激之，使日夜隨天東西運轉，日月星辰於是可考。其最在内曰四遊儀，亦爲雙黑環，如三辰儀之制，以貫天經之軸，環内兩面各施直距，外(距)指兩軸，要中之内，又爲小竅，受玉衡，要中之小軸，使衡隨環東西運轉，又可南北低昂，以待占候者仰窺焉。東西南北於是無不周遍，日月繞崑崙山相隱避爲光明之説，然道家之所指者山也，山在地而高，人或爲其所隔，則容有不見者，雖無其事，尚或可説。《周髀》之所指者斗也，斗極高懸，日月縱環繞於其上，人亦安有因，其遠而不見者哉，幾於襲用之而愈舛矣。日月星辰隨天斜轉，東浮西沉，人人共見，則渾天之說爲可信，而本朝之占驗愈密矣。

元・脱脱等《金史》卷二二《曆志下》　渾象

古之言天者有三家：一曰蓋天，二曰宣夜，三曰渾天。漢靈帝時，蔡邕於朔方上書，言「宣夜之學，絶無師法」；《周髀》術數具存，考驗天狀多所違失；惟渾天爲近，最得其情，近世太史候臺銅儀是也。立八尺體圓而具天地之形，以正黄道赤道之表裏，以行日月之度數，步五緯之遲速，察氣候之推遷，精微深妙，百代所不可廢者也。然傳歷久遠，製造者衆，測候占察，互有得失。張衡之制謂之《靈憲》，史失其傳。魏、晋以來官有其器，而無本書，故前志亦闕。吴中常侍王蕃云：「渾天儀者，羲和之舊器，謂之機衡。」積代相傳，沿革不一。宋太平興國中，蜀人張思訓首創其式，造之禁中，踰年而成，詔置文明殿東鼓樓下，題曰「太平渾儀」。自思訓死，璣衡斷壞，無復知其法制者。景德中，曆官韓顯符依倣劉曜時、孔挺、晁崇之法，失之簡略。景祐中，冬官正舒易簡乃用唐梁令瓚、僧一行之法，頗爲詳備，亦失之於密而難爲用。元祐時，尚書右丞蘇頌與昭文館校理沈括奉勅詳定《渾儀法要》，遂奏舉吏部勾當官韓公廉通《九章勾股法》，常以推考天度與張衡、王蕃、僧一行、梁令瓚、張思訓法式，大綱可以尋究。若據算術考案象器，亦能成就，請置局差官製造。詔如所言。奏鄭州原武主簿王沇之，太史局官周日嚴、于太古、張仲宣，同行監造。制度既成，詔置之集英殿，總謂之渾天儀。公廉將造儀時，先撰《九章勾股驗測渾天書》一卷，貯之禁中，今失其傳，故世無知者。【略】

舊制渾象，張衡所謂置密室中者，推步七曜之運，以度曆象昏明之候，校二十四氣，考晝夜刻漏，無出於渾象。《隋志》稱梁秘府中有宋元嘉中所造者，以木爲之，其圓如丸，徧體布二十八宿、三家星色、黄赤道、天河等，别爲横規繞於外，上下半之，以象地也。開元中，詔僧一行與梁令瓚更造銅渾象，爲圓天之象，上具列宿周天度數，注水激輪令其自轉，一日一夜天轉一周，又别置日月五星循繞，絡在天外，令得運行。每天西轉一匝，日東行一度，月行一十三度有奇，凡二十九轉而日月會，三百六十五轉而日行一匝。仍置木櫃以爲地平，令象半在地上，半在地下，又立二木偶人於地平之前，置鐘鼓使木人自然撞擊以報辰刻，命之曰《水運渾天俯視圖》。既成，命置之武成殿。

宋太史局舊無渾象，太平興國中，張思訓準開元之法，而上以蓋爲紫宫，旁爲周天度，而東西轉之，出新意也。公廉乃增損《隋志》制之，上列二十八宿周天度數，及紫微垣中外官星，以俯窺七政之運轉，納於六合儀天經地渾之内，同以木櫃載之。其中貫以樞軸，南北出渾象外，南長北短，地渾在木櫃面，横置之，以象地。天經與地渾相結，縱置之，半在地上，半隱地下，以象天。其樞軸北貫天經上杠中，末與杠平，出櫃外三十五度稍弱，以象北極出地。南亦貫天經出下杠外，入櫃内三十五度少弱，以象南極入地。就赤道爲牙距，四百七十八牙以銜天輪，隋機輪地轂正東西運轉，昏明中星既應其度，分至節氣亦驗應而不差。

王蕃云：「渾象之法，地當在天内，其勢不便，故反觀其形，地爲外郭，於已解者無異，詭狀殊體而合于理，可謂奇巧者也。」今地渾亦在渾象外，蓋出于王蕃制也。其下則思訓舊制，有樞輪關軸，激水運動，以直神摇鈴扣鍾擊鼓，置時刻十二神司辰像於輪上，時初、正至，則執牌循環而出，報隨刻數以定晝夜長短。至冬水凝，運轉遲澀，則以水銀代之。

今公廉所製，共置一臺，臺中有二隔，渾儀置其上，渾象置其中，激水運轉，樞機輪軸隱于下。内設晝夜時刻機輪五重：第一重曰天輪，以撥渾象赤道牙距；第二重曰撥牙輪，上安牙距，隨天柱中輪轉動，以運上下四輪；第三重曰時刻鍾鼓輪，上安時初、時正百刻撥牙，以扣鐘擊鼓摇鈴；第四重曰日時初、正司辰輪，上安時初十二司辰、時正十二司辰；第五重曰報刻司辰輪，上安百刻司辰。以上五輪並貫於一軸，上以天束束之，下以鐵杵臼承之，前以木閣五層蔽之，稍增異其舊制矣。五輪之北，又側設樞輪，其輪以七十二輻爲三十六洪，束以三輞，夾持受水三十六壺。轂中横貫鐵樞軸一，南北出軸爲地轂，運撥地輪。天柱中輪動，機輪動渾象，上動渾天儀。又樞輪左設天池，平水壺，平水壺受天池水，注入受水壺，以激樞輪。受水壺落入退水壺，由壺下北竅引水入昇水下壺，以昇水下輪運水入昇水上壺，上壺内昇水上輪及河車同轉上下輪，運水入天河，天河復流入天池，每一晝一夜周而復始。此公廉所製渾儀、渾象二器而通三用，總而名之曰渾天儀。

清・方以智《東西均》　輪有三輪，界圓而裁成之有平輪，有直輪，有横輪。三者拱架而六合圓矣。象限方矣，二至、二分、四立見矣。如渾天球，平盤四橋；如交午木，一縱一横。南北直輪，立極而相交；東西衡輪，旋轉而不息。南北之水火即東西之日月，東西之輪即南北之輪也。平之則四方中五之盤輪也，盤輪即腰輪也。卯酉之門建輪而旋，即如子午之位建輪而交。繞須弥之腰輪，即竪之盤百會之頂輪也。物物皆自爲輪。直者直輪，橫者橫輪，曲者曲輪，虛中之氣，生生成輪，舉有形無形，無不輪者，無所逃於往來相推，則何所逃於輪哉？衍而長之，片而襀之，卷而接之，直立而上下之，斡交而貫蒸之，以此推之，凡理皆然。言南北而東西見矣，舉二端而四端見矣，不言五而五見矣，或言三而五見矣，或言一而五見矣，或不言而五亦見矣，此時變而斷斷不變者也。

清・儲方慶《儲遯菴文集》卷七　曆法

執事之疑于西法者，其説有四。愚竊以爲不然，故無取乎。治曆之陳言而直抒所見，以荅明問。執事曰：西法行，而渾天諸儀悉廢不用，是執事之疑，在廢渾儀也。而未竟其説，復益之曰：歲差之法，莫善于郭守敬，可以上下數千年而胥合，何以元明四百年間，竟無循其法而考定者？愚以爲元明之曆，皆循守敬之法也。守敬之法，至本朝而始變，則其所謂長不及百年，短不及六十年，而差一度者。固四百年來，無日不考定，無日不舉行，但在今日，或無有循其法而考定者，不可謂四百年來，竟無循其法而考定者也。四百年來，日循其法，而執事獨致疑于考定之無人。愚竊以爲不然也。執事曰：西法既用，減每日之刻，積至一月，當少一百二十刻。時刻減，則度數差。度數差，則氣候易。而驗之合朔，與日月交食，未有差移。執事之所疑者，莫甚于此。而愚以爲無疑也。度數之差，氣候之易，與時刻之增減無與也。何則？時刻之增減，所謂日法也。古之爲日法者，《太初曆》以爲八十一分，《四分曆》以爲九百四十分，《大衍曆》以爲二千四十分，其間多寡之不齊，盈縮之異，致各隨所用，以爲推步之術耳。如以其數之少也，而度數于此差，氣候于此易，則莫少于《太初》之八十一分，漢曆凡五變，何以獨推司馬遷哉？蓋度數之差不差，氣候之易不易，當求之于天與日會日與月交之中，而不在乎一日之時刻。時刻之增減，治曆者各以意爲之，要以盡一日之晷影耳，而執事遂疑其不可據。愚竊以爲不然也。執事曰詘西法之未盡善，而伸歲差爲可永遵，必先辨彼此之是非，以折服其心。愚不知執事之所謂歲差者，虞喜之差法耶，何承天之差法耶，抑前所云郭守敬之差法耶？則必在郭守敬矣。然守敬歲差之法，雖云度越古今，而西法亦未始無歲差也。但古之歲差爲一分五十秒，而今則不及五十一秒，其間不無遠近之殊耳。如必以近者爲是，遠者爲非，則二十年來，其間置閏、合朔、測景、驗氣，亦未至于有所差謬也，而遽謂此是而彼非，愚竊以爲不然也。執事曰：璇璣玉衡，著在《虞典》，則渾天諸儀，非郭氏臆刱審矣。應存應廢，不可不論，此即前未竟之説，而推求其旨歟。愚以爲渾天諸儀，非璇璣玉衡也。璣衡之制，蕩于秦火。漢洛下閎始經營之，鮮于妄人又度量之，至郭守敬而渾天儀乃大備要，以是爲窺測之具耳。窺測不爽，則應存，窺測爽，則應廢。後之窺測，無精于渾天儀者，則應存。後之窺測，有精于渾天儀者，則應廢。如必以渾天儀爲不可廢，愚不知大舜璣衡之制，尚存否也。故因渾儀之不用，而以是爲西法之病，愚竊以爲不然也。然則西法必可行乎？疑其不可行而推算之。

清・陸隴其《三魚堂日記》卷三　廿三同屠尹和至天主堂觀渾天球，其製如雞卵，畫三垣、二十八宿、黄赤道於其上，東西斜轉，外爲一圈，以象地平。渾天球半在其上，半在其下，蓋地本在天中，今却在天外，星本在天下，今却在天上，以人從外視之也。蓋古之所謂渾天象者如此，若渾天儀，則又不如此。又西人於牆内畫一貓，置管於牆中，使人從管窺之，則見貓在牆外。余初不解其故，尹和之僮見之曰：管中所見牆外之貓，非牆内之貓也。指牆外所畫絶不似貓者，曰此管中所見之貓也，驗之果然。蓋西人最巧算，人從管中視與平視不同，故如此使畫貓於牆外，則從管中視之，反不似貓矣。

清・李光地《榕村語録續集》卷一七　西士天學，可稱爛熟，簡平儀取適用，而天之體，不外乎是。前儒渾天象，七政圖，却失本來面目。孫襄

清・吴士玉等《駢字類編》卷六《天地門六》　日道《禮記・月令》疏：赤道之北二十四度爲夏至之日道，去北極六十七度。赤道之南二十四度爲冬至之日道，去南極亦六十七度。《左傳》：日月之行也，分同道也，至相過也。疏：日之行天一日一周，月之行天二十九日有餘已得一周。日月異道，互相交錯，月之一周必半在日道裏，從外而入内也。半在日道表，從内而出外也。或六入七出，或七入六出，凡十三出入而與日一會。曆家謂之交道，通而計之，一百七十三日有餘而有一交。《唐書・曆志》：日道表曰陽曆，其裏曰陰曆。《元史・天文志》：科爾約則瑪，漢言渾天圖，以銅爲丸，斜刻日道交環度數于其腹，刻二十八宿形于其上。又《曆志》：月道出入日道，兩相交值。當朔，則日爲月所掩，當望，則月爲日所衝。故皆有食。《周髀算經》：日夏至南萬六千里，日冬至南十三萬五千里，日中無影，以此觀之，從南至夏至之日中，十一萬九千里，北至其夜半，亦然。凡經二十三萬八千里，此夏至日道之經也。李白《明堂賦》：掩日道遏風路，陽烏轉景而翻飛，大鵬橫霄以側度。崔宗《五星同色賦》：明臨日道，助我后夙夜之勤思；暮入天樞，表聖皇夜寐之勤政。潘炎《月重輪賦》：浄桂花於日道，環水鏡於丹霄。馬懷素《奉和九月九日登慈恩寺浮圖應制詩》：御旗橫日道，仙塔儼雲莊。

清・梅文鼎《曆學疑問》一　論周髀儀器

問：若是則渾蓋通憲即蓋天之遺製歟？抑僅平度均布如唐一行之所云耶？曰：皆不可考矣。《周髀》但言笠以寫天，天青黑，地黄赤，天數之爲笠也。赤黑爲表，丹黄爲裏，以象天地之位，此蓋寫天之器也。今雖不傳，以意度之，當是圓形如笠，而圖度數星象于内，其勢與仰觀不殊，以視平圖，渾象轉爲親切。何也？星圖强渾爲平，則距度之疏密改。觀渾象，圖星於外，則星形之左右易位。若寫天於笠，則其圓勢屈而向内，星之經緯距皆成弧度，與測筭脗合，勝平圖矣。又其星形必在内面，則星之上下左右各正其位，勝渾象矣。

清·梅文鼎《塹堵測量》卷一　凡數之可算者，皆可作圖以明之。故渾圓可變爲平圓，如古者蓋天之圖是也。數之可算可圖者，皆可製器以象之。故渾圓可剖爲錐體塹堵測量之儀器是也。

凡測算之器，至今日大備且益精、益簡。古者渾儀經緯相結爲儀三重，至郭太史之簡儀、立運儀，則一環而已足。今則更省之，爲象限儀，是益簡，益精之效也。至於渾象，無與於測而有資於算，所以證理也。西法之簡平渾，蓋以平寫渾，亦可謂工巧之至，獨未有器以證八線。夫用句股以算渾圓，其法莫便於八線，然八線之在平圓者，可以圖明，在渾圓者，難以筆顯。鼎蓋嘗深思其故，而見渾圓中諸線犁然，有合於古人塹堵之法，乃以堅楮肖之，爲徑寸之儀，而三弧三角，各線所成之句股了了分明，省筆舌之煩，以象相告，於作圓，布算不無小補，而又非若渾象之難成，因名之曰：塹堵測量，從其質也。塹堵形析渾象之一體，亦如象限儀割渾儀之一隅，環而測之，則象限即渾儀之全周也。周徧析之，則塹堵即渾象之全體也。是故塹堵形可析爲兩，可合爲一。其析者：一爲句股錐，亦曰：立三角儀。則起二分訖二至；一爲句股方錐，亦曰：方直儀。則起二至訖二分。起二分者，西率；起二至者，古率也。是兩者九十度中皆可爲之。自分訖至九十度，並可爲句股錐；自至訖分九十度，並可爲句股方錐。然至半象以上，割切三綫太長溢出於方塹堵之外，故又有互用之法也。其合者，近分度用句股錐，近至度用句股方錐，以黄道四十七度、赤道四十五度爲限，過此者，互用其餘，如是，則兩錐形合之，成方塹堵矣。

方塹堵内又成圓塹堵二。其一下爲赤道圓象限而一爲撱形之象限距度之割切二線所成也。其一下爲撱形象限而上爲黄道之圓象限距度正弦黄道半徑所成也。兩圓塹堵之用已括於兩錐形内。兩圓塹堵内又以黄道正弦距度正弦成小方塹堵之象，則郭太史圓容方直本法也。于是又有圓容方直儀簡法而立三角之儀，遂有三式。一句股錐，其形四鋭；一方直儀，其底長方；一圓容方直簡法儀，其底爲渾圓冪之分。

之三者，或兼用割切，或專用正弦，而並不用角，合渾圓内三層句股，觀之，可以明立法之根。

以上論塹堵測量儀器。句股錐形及句股方錐形二種爲塹堵測量正用，而圓容方直形專用正弦成小塹堵尤正用中之正用也。此小塹堵在兩重圓塹堵内，故兼論之。又此小塹堵足闡授時弧矢之祕因，遂以郭法附焉。

問：八線生於角，用八線而不用角，何也？曰：角與弧相應，故用角即用弧也，用弧即用角也。明於斯理而後可以用角，渾圓内三層句股是也；明於斯理而後可以不用角，塹堵三儀是也。用角者，西法也；而用弧即用角，則通於古法也。不用角者，古法也；而用弧即用角，則通於西法也。于是而古法、西法可以觀其會通，息其煩喙矣。

以上論角即弧解之理。

清·萬斯同《明史》卷二八《志二》　測諸曜行度，應用黄道儀。蓋太陽由黄道中線行，月、星各有本道，亦皆出入黄道内外，不行赤道。若用赤道儀測之，則所得經緯度分須通以黄赤通率表乃可，否則所推經度宿次，非本曜天上所在之宫次也。【略】測五星當用恒星爲準，則蓋測星用黄道儀外，宜用弧矢等儀，以所測緯星視距，二恒星若干度分，依法布算，方得本星真經緯度分，或繪圖，亦可免算。

清·张廷玉等《明史》卷三一《曆志一》　天經又進《曆書》三十二卷，并日晷、星晷、窺筩諸儀器。八年四月，又上《乙亥丙子七政行度曆》及《參訂曆法條議》二十六則。

其七政公説之議七：一曰諸曜之應宜改。蓋日月五星平行起算之根則爲應，乃某曜某日某時躔某宫次之數。今新法改定諸應，悉從崇禎元年戊辰前，冬至後，己卯日子正爲始。二曰測諸曜行度，應用黄道儀。蓋太陽由黄道行，月星各有本道，出入黄道内外，不行赤道。若用赤道儀測之，所得經緯度分，須通以黄、赤通率表，不如用黄道儀，即得七政之本度爲便也。三曰諸方七政行度，隨地不等。蓋日月東西見食，其時各有先後，既無庸疑矣。則太陽之躔二十四節氣，與月五星之掩食凌犯，安得不與交食同一理乎？故新法立成諸表，雖以順天府爲主，而推算諸方行度，亦皆各有本法。四曰諸曜加減分，用平、立、定三差法，尚不足。蓋加減平行以求自行，乃曆家要務。第天實圓體，與平行異類，舊所用三差法，俱從句股平行定者，於天體未合。即各盈縮損益之數，未得其真。今新法加減諸表，乃以圓齊圓，始可合天。五曰隨時隨地可求諸曜之經度。舊法欲得某日某曜經度，必先推各曜冬至日所行宫度宿次，後乃以各段日度比算始得。今法不拘時日方所，只簡本表推步即是。六曰徑一圍三，非弧矢真法。蓋古曆家以直線測圓形，名曰弧矢法，而算用徑一圍三，謬也。今立割圓八線表，其用簡而大。弧矢等線，但乘除一次，便能得之。七曰球上三角三弧形，非句股可盡。蓋古法測天以句股爲本，然句股能御直角，不能御斜角。且天爲圓球，其面上與諸道相割生多三弧形，句股不足以盡之。【略】

五緯之議三：一曰五星應用太陽視行，不得以段目定之。蓋五星皆以太陽爲主，與太陽合則疾行，衝則退行。且太陽之行有遲疾，則五星合伏日數，時寡時多，自不可以段目定其度分。二曰五星應加緯行。蓋五星出入黄道，各有定距度。又木、土、火三星衝太陽緯大，合太陽緯小。金、水二星順伏緯小，逆伏緯大。三曰測五星，當用恒星爲準則。蓋測星用黄道儀外，宜用弧矢等儀。以所測緯星視距二恒星若干度分，依法布算，方得本星真經緯度分。或繪圖，亦可免算。

清·顧九錫《經濟類考約編》卷上《曆數考》 朱子曰：渾天儀，古必有其法，遭秦而滅。至漢武帝時洛下閎始經營之，鮮于妄人又度量之，皆武帝時人。耿壽昌始鑄銅而爲之象，即璿璣玉衡之遺法也。按《書》言：虞舜璿璣玉衡以齊七政。夫七政何以不齊？日之行天也以歲而周；月之行天也，以月而周；太白、辰星何先何後？其周天亦與日同，熒惑之局以二歲，歲星以十二歲，填星以二十八歲，惟其運行，參差不齊，故璇璣、玉衡所以齊之器也。此序測天之器，爲造曆之所必需。

清·戴震《經考》卷二 在璿璣玉衡以齊七政

古測天之器，其製不傳。後世渾天儀，設璣衡以擬其名，未有能寔得古製者也。楊雄《法言》：或人問渾天於雄。雄曰：洛下閎營之，鮮于妄人度之，耿中丞象之，幾幾乎，莫之違也。渾天之學，得此三人者，創始爲之器，而蓋天、宣夜二家莫之能迷，遂失其傳。爲渾天者，依放古名，釋帝典者，援摭漢製，故似同而異，似是而非。

清·秦蕙田《五禮通考》卷一八三《嘉禮五十六》 《舜典》：在璿璣玉衡，以齊七政。【略】

《隋書·天文志》案：《虞書》舜在璿璣玉衡，以齊七政。則《考靈曜》所謂觀玉儀之遊，昏明主時，乃命中星者也。《春秋文耀鈎》云：唐堯即位，羲、和立渾儀，而先儒或因《星官書》北斗第二星名旋，第三星名璣，第五星名玉衡，仍七政之言，即以爲北斗七星。載筆之官，莫之或辨。史遷、班固猶且致疑，馬季長創謂璣衡爲渾天儀，鄭玄亦云其轉運者爲璣，其持正者爲衡，皆以玉爲之。七政者，日、月、五星也。故王蕃云：渾天儀者，羲、和之舊器，積代相傳，謂之璣衡，其爲用也，以察三光，以分宿度者也。又有渾天象者，以著天體，以布星辰。而渾象之法，地當在天中，其勢不便，故反觀其形，地爲外匡，於已解者，無異在內，詭狀殊體，而合於理，可謂奇巧，然斯二者以考於天，蓋密矣。又云：古舊渾象以二分爲一度，周七尺三寸半，而莫知何代所造。今案虞喜云：洛下閎爲漢孝武帝於地中轉渾天，定時節，作太初術，或其所製也。漢孝和帝時，太史揆候皆從黄道，官無其器。至永元十五年，詔左中郎將賈逵，乃始造太史黄道銅儀。至桓帝延熹七年，太史令張衡更以銅製，以四分爲一度，周天一丈四尺六寸一分，亦於密室中以漏水轉之，令司之者閉户而唱之，以告靈臺之觀天者，璇璣所加，某星始見，某星已中，某星今没，皆如合符。然則渾天儀者，其制有璣有衡，既動静兼狀，以效二儀之情，又周旋衡管，用考三光之分，所以揆正宿度，準步盈虚，求古之遺法也，則先儒所言圓規徑八尺，漢候臺銅儀，蔡邕所欲寢伏其下者是也。

清·梅文鼎《績學堂詩文鈔·文鈔》卷二 《曆法通考》自序

梅子輯《曆法通考》既成，而歎心之神明無有窮盡。雖以天之高，星辰之遠，有遲之數，千百年始見端緒，而人輒知之，輒有新法以追其變。故世愈降，曆愈以密，而要其大法則定于唐虞之時。今夫曆所步有四：曰恒星，曰日，曰月，曰五星。治曆之具有三：曰算數，曰圖象，曰測驗之器。由是三者，以得前四者躔離、朓朒、盈縮、交蝕、遲留、伏逆、掩犯之度。古今作曆者七十餘家，疏密代殊，制作各異，其法具在可考而知，然大約三者盡之矣。堯命羲和曆象日月星辰，舜在璿璣玉衡以齊七政。曆者，算數也。象者，圖也，渾象也。璿璣玉衡，測驗之器也。故曰：定于唐虞之世也。然曆之最難知者有二，其一里差，其一歲差。是二差者，有微有著，非積差而至于著，雖聖人不能知；而非其距之甚遠，則所差甚微；非目力可至，不能入算。故古未有知歲差者，自晉虞喜，宋何承天、祖冲之，隋劉焯，唐一行始覺之。或以百年差一度，或以五十年，或以七十五年，或以八十三年，未有定説。元郭守敬定爲六十六年有八月，回回、泰西差法略似。而守敬又有上考下求增減歲餘天週之法，則古之差遲，而今之差速，是謂歲差之差，可謂精到。若夫日月星辰之行度不變，而人所居有東、南、西、北，正視、側視之殊，則所見各異，謂之里差，亦曰視差。自漢及晉，未有知之者也。北齊張子信始測。交道有表裏，此方不見食者，人在月外，必反見食。《宣明曆》本之爲氣刻時三差，而《大衍曆》有九服測食定晷漏法，元人四海測驗二十七所，而近世歐邏巴航海數萬里，以身所經山海之程，測北極爲南北差，測月食爲東西差，里差之説，至是而確。是蓋合數千年之積測，以定歲差；合數萬里之實驗，以定里差。距數逾遠，差積逾多，而曉然易辨。且其爲法既推之數千年、數萬里而準，則施之近用，可以無惑。曆至今日，屢變而益精者，以此然。余亦謂：定于唐虞之時，何也？不能預知者，差之數；萬世不易者，求差之法。古之聖人以日之所在不可以目視而器窺也。故爲之中星以紀之，鳥火虚昴，此萬世求歲差之根也。又以日之出入發斂，不可以一方之所見爲定也。故爲之嵎夷昧谷，南交朔方之宅，以分候之，此萬世求里差之定法也。嗚呼至矣！學者知合數千年、數萬里之耳目心思以治歷，而後能精密；又知合數千年、數萬里之耳目心思以治曆，而底於精密者，適以成古聖人未竟之緒。則當羲和以後，凡有能出一新智，立一捷法，垂之至今者，皆有其所以立法之故，及其久而必變也。又皆有所以變之説，于是焉反覆推論，必使氷解霧釋，無纖毫疑似于吾之心，則吾之心即古聖人之心，亦即天之心，而古今中外之見可以不設，而要于至是。夫如是，則古人之精意可使常存，不致湮没于嵩已守殘之士。而過此以往，或有差變之微，出于今法之外，亦可本其常然，以深求其變，而徐爲之修改，以衷于無弊。是則吾輯《曆法通考》之意也。《曆沿革本紀》一卷，《年表》一卷，《列傳》二卷，《曆志》二十卷，《法沿革表》十卷，《法原》五卷，《法器》五卷，《圖》五卷，是爲《歷法通考》五十八卷。其算數之學，別有書曰《中西算學通》。謹序。

清・秦蕙田《五禮通考》卷一九一《嘉禮六十四》 測星用黄道儀外，宜用弧矢等儀，以所測緯星視距二恒星若干度分，依法布算，方得本星真經緯度分。或繪圖，亦可免算。

清・汪紱《理學逢源》卷七《外篇》 《舜典》：在璿璣玉衡，以齊七政。《堯典》首命羲和。及堯命舜攝事，而首察璿璣玉衡，蓋人君繼天出治，必其明於天行。聽無聲，視無形，敬天勤民，而後可以奠安天下也。豈後世術數一家之説而已哉！璇璣，渾天儀之制，蔡傳詳矣。今所制更爲精密，略述其概。外設三輪，水以臬之，以知地平；針以指南，以知子午；繩而懸之，以知上下，於是設平環爲地平；刻先、後天八卦十二宫八干四隅在地之方位於上設側環爲子午規，爲天經環；設南北極爲圓軸，虚中内向；上刻去極度數，直跨地平，半出其上，半入地下。斜倚環爲卯酉規，爲赤道。上刻赤道度數，横繞天經，交於地之卯酉，亦半出地上，半入地下。是爲六合。以三輪合之爲六合，經緯度數皆可四八取一爲八觚，又爲象限。此渾象第一重也。次内又設側環子午規，爲天經，而外貫於天經之軸，挈卯酉規赤道，又倚斜環爲黄道。上刻黄道宿度，繞子午規，絡黄道規，出赤道南二十四度，入赤道北亦二十四度。黄道規近北處爲晝長規，近南處爲晝短規，皆絡於子午規上，此舊三辰儀。以日月星之行於是乎考也又於三辰子午規内設冬、夏至規，外貫子午規，南北極軸内更設對貫黄道極軸。去南北極軸各二十四度。中貫地毬，挈日、月輪，冬、夏至規内設日輪規，以繫太陽。應黄道旋轉。日輪規内設月輪規，規上設月遊輪，徑十二度，此月行九道，小輪也。以繫太陰。規循黄道，其遊輪則出入黄道左右六度之間。當中爲地毬形，皆貫於黄道軸，則日月交食於是可審，此渾儀之大略也。

清・俞正燮《癸巳類稿》卷九 此衍之所據也，其説又在蓋天，王蕃《渾天象説》云：周徑爲蓋天者，尚不考驗，而乃論天地之大，日月所不照，陰陽所不至，目精所不及，儀衡所不測，皆爲之説，虚誕無徵，是亦鄒子瀛海之類也。《開元占經》引，《晉書・天文志》無。

清・俞正燮《癸巳類稿》卷一〇 書《開元占經・天體渾宗》後

吴人王蕃《渾天象説》云：周天里數，無聞焉爾，而《洛書・甄曜度》、《春秋・考异郵》皆言周天一百七萬一千里，至以日景求之，違錯甚多，然其流行，布在羣書，通儒達士，未之考正。梁奉朝請祖暅《渾天論》云：《考靈曜》先儒求得天地相去十七萬八千五百里，以晷景驗之，失之于過多，既不顯求之術而虚設其數，學者多因之未革，不知尋其理，抑未能求其數也。是二説者，狂詆緯文，亦複布在羣書，因而未革，蕃説尤爲經生所攀引不悟，一百七萬一千里十七萬八千五、百里，正驗之日景，顯求之術也。蓋天説周，夏至日在南萬六千里，日景十六寸。此自蓋天古義，趙君卿雲：周北千里，則冬至又不合。冬至日在南十三萬五千里，日景一丈三尺五寸，以望景法，望極則極在北十萬三千里，從極至冬至日積二十三萬八千里，夏至日至冬至日除周至夏至日萬六千里，得十一萬九千里，半之，得五萬九千五百里，則二至去二分之里數，從二分日至極以冬至日去極之數，除五萬九千五百里，得十七萬八千五百里，倍之，得三十五萬七千里，則天徑也。古率徑一周三，則天周一百七萬一千里，渾天家亦用之，是天周正出日景，古經緯皆蓋天又不俟考渾天也，從二分日至極依渾天黄道斜絡至極處，即至地處依蓋天周二分日在南七萬五千五百里，日景七尺五寸五分，加夏至日至極里數，居天徑之半，爲至地處是十七萬八千五百里，亦驗晷景顯求之，且與渾天合。王蕃、祖暅托渾難蓋，遂欲事事難之，不悟此二數與渾却合，又以出日景之數誣之，以不出日景亦可哀矣。往者讀《月令正義》，其引《考靈曜》云：據四表之内并星宿内，總有三十八萬七千里，天之中央上下正半之處一十九萬三千五百里，地在于中，求之《周髀》不得其數，及讀祖暅所引《考靈曜》始知十七萬八千五百里爲二分地去天之數，十九萬三千五百里爲夏至地下游萬五千里去天之數，三十五萬七千里爲日周天之徑數，三十八萬七千里爲四表之徑數，蓋天法自爲畫一天部之學，與意韵之變，或世异地异，不能强同説經者，引王蕃注天，依廣韵定讀，皆所謂無是非之心者也。嘉慶丁卯二月二日書。【略】

元嘉法以三百四之七十五爲室分，《宋書·志》何承天《論渾天象》小，分割三百四之七十五。《隋志》、《開元占經》【略】

知天行其分，則散于各宿，明大統法同。本《明史·志》計自西漢增四分，東漢行四分，乾象又減之，大率一度爲二千九百三十二里八十步三尺九寸五分弱，斗下分七百二十一里二百五十九步四尺五寸二分弱。本《晉志》、《開元占經》引王蕃《渾天象説》。

清·石韞玉《獨學廬稿》初稿卷一　璿璣玉衡辨

以璿爲璣，以玉爲衡，衡長八尺，璣周二丈五尺，爲王者正天文之器。是説也，昉於書傳，而馬融、蔡邕、孔穎達，皆宗之意者，睹當世渾天之器，而附合之爾。考司馬《天官書》曰：北斗七星，所謂璿璣玉衡。而《晉志》又詳其説曰：魁四星爲璿璣，杓三星爲玉衡，皆不言器。夫司馬遷者，以天官世其家者也。世無正天文之器，則已藉有其器。司馬父子必知之深，而習之孰，豈有不能名其器者乎？《晉書》撰於貞觀中，維時集諸臣之學，而用其長，天文一志，實成於李淳風之手，豈有精於天文如淳風者，而誤其名乎？然則璿璣玉衡之非器明矣。馬融之言曰：渾天儀可旋轉，故曰：璣衡其横簫，所以視星宿。蔡邕之言曰：玉衡長八尺，孔徑一寸，下端望之，所視星辰，皆以渾天之器實之，豈知三代以前，無所爲渾天儀者乎？《楊子法言》之論渾天也，曰：落下閎營之，鮮于妄人度之，耿中丞壽昌象之，則渾天之度，剏於漢武時，武以前未之聞也。渾天之器，成於漢宣時，宣以前未之聞也。九峯蔡氏乃爲之，遷就其説曰：此必古有其器，遭秦而毁。豈知焚書者，秦也，不聞秦焚圖象也。銷鋒者，秦也，不聞秦銷珠玉也。況滅於秦，必不滅於禹、湯、文、武。聖人之世，今讀《顧命》之篇，《河圖》則陳之，兑之、戈和之，弓垂之竹矢則陳之，此皆黄虞之舊物矣。設璣衡而器也，豈有不陳於東西之序，而何以無聞也。吾嘗博覽諸家之説，《春秋·運斗樞》曰：北斗七星，三曰璣，五曰衡，《魚龍河圖》曰：魁三星璇璣，杓四星玉衡。《漢書》：玉衡建杓。孟康註曰：斗在天上，周制四方。古詩玉衡指孟冬。李善註曰：北斗七星，第五玉衡。諸説雖稍有異同，然以璿璣玉衡爲北斗，則同然一辭矣。且齊七政者，所以齊，不齊而致其齊也。日、月、五星之行，遲速、順逆、灾祥見乎天，而休咎徵乎人，故史云：斗爲帝車，運於中央，臨制四鄉，分陰陽，建四時，均五行，移節度，定諸紀，皆繫於斗者，此之謂也。斗者，天樞也。聖人察乎天之樞而某也，遲某也，速某也，順某也，逆瞭然，若螺紋之現於掌，則不齊者，齊矣。孔子曰：譬如北辰，居其所而衆星共之，辰不可察，則察乎斗之星爾。堯之命羲、和曰：曆象日月星辰，敬授人時。舜紹堯而治，舜之齊政一，堯之授時也，夫何疑乎，或者又致疑乎，璿與玉之名，不知此特史氏文言也。古人臨文，漢曰銀漢，斗曰珠斗，執銀以求漢，執珠以求斗，安能有所得耶。璿璣玉衡之文，亦若是而已。學者乃以後世之器，釋先代之名，毋乃隣於鑿乎。

清·雷學淇《介菴經説》卷二《尚書》　唐虞儀象之説出于附會

以《堯典》之曆爲書，象爲器，始于南宋。晉、唐及北宋以前，無此説。以帝典之璣爲儀，衡爲管，始于緯書。周、秦及西漢之初無此説。《漢書補注》引《星經》曰：璇璣謂北極星也，玉衡謂斗九星也。古説北斗九星，其二星在杓端，詳見《困學紀聞》。《周髀算經》凡言北極，皆謂之璇璣。《尚書大傳》曰：璇者，還也，機者，幾也。微也，其變幾微而所動者，大謂之璇機，是故璇機謂之北極。《史記·天官書》曰：北斗七星，所謂璇璣玉衡，以齊七政也。此璇璣二字，乃徵引之，體連類而乃者，非謂璣衡皆指北斗。西漢以前之舊説如此，蓋伏生以所聞于周、秦者，教授齊、魯。孔安國，魯人也，以今文讀古文起家，子長從安國問古文，又世爲天官，其説之淵源猶可想見。後劉向著《説苑》，其《辨物篇》曰：璿璣謂北辰，句陳，樞星也。班固《漢志》和聲篇曰：玉衡杓建，天之綱也，權衡篇曰：佐助旋璣，斟酌建指，以齊七政，故曰玉衡。此與《史記》斗爲帝車之説，實皆古義。哀平之世，緯書日出，竊取史説未達其旨，乃曰：玉衡屬杓魁，爲璇機。此《文曜鉤》之説。又曰：第一天樞，第二璇，第三機，第四權，第五衡，第六開陽，第七摇光。此《運斗樞》之説，竝見《史記》索隱。以璣衡盡屬斗名，已半違舊解，而尚無儀象之説。武帝時，洛下閎營度渾天，鮮于妄人繼之，耿中丞壽昌鑄之。閎乃巴郡洛下人，姓黄，名閎，字長公。武帝時拜侍中，不就。至成帝時，猶存見《桓子新論》及《益都耆舊傳》。用之當世有效，于是緯書《文曜鉤》爲之説曰：唐堯即位，羲、和立渾儀。見《隋書・天文志》。《考靈曜》亦爲之説曰：觀玉儀之游，以命中星，璿璣中而星未中爲急，急則日過其度，月不及其宿。璿璣未中而星中爲舒，舒則日不及其度，月過其宿。璿璣中而星中爲調，調則風雨時，庶草繁廡而五穀登，萬事康，故書曰：急常寒若，舒常燠若。見趙君卿《周髀經注》及《隋書・天文志》。緯書之附會如此，儒者喜其説之，託于經。揚子雲乃載入《太玄》曰：通璇璣之統，正玉衡之平，是揚之信渾天與桓氏同，而較君山之黜緯實不逮遠甚。光武之興，適符圖讖，故東漢一代緯尤盛行。馬季長、鄭康成注《尚書》皆采用之，由是西漢以前之舊説乃廢。馬猶以北斗解七政，康成則竝此廢之。吴之王蕃，不究其本，反謂斗極之訓出于緯讖，譏班馬爲惑，而以鄭注爲精。子長之時尚無緯，班書亦不信緯説者。《隋書・天文志》亦疑先儒未辨，以馬註爲創解，此言實誤。夫渾儀之制，誠千古傑作，精密勝于古人處，然古聖之法，正以疏濶，無不包涵，儀象則歷代有差，遞爲增飾矣。且三代以上，首重授時，使果有此，何以煌煌六籍，言之者僅此一端？精詳如周官，何以太史、小史、馮相、保章，竟無一言之？及後出孔傳説同馬、鄭，蔡氏集傳仍之解《堯典》，曆象竝用其説，此不可不辨者也。《堯典》曆象二字，《史記》易以數法，《漢書・李尋傳》尋説：王根引書曰：曆象日月星辰，此言仰見天文，俯察地理，觀日月消息，候星辰行伍，揆山川變動，參人民繇俗，以制法度，考禍福。璿璣二字，大傳作旋機，京房《易略例・周公禮殿記》作：旋機玉衡。七星：一星至四星爲魁，四星至七星爲杓，四星乃杓魁所共居中央，故謂之衡。緯書亦誤説。曆象之訓，蔡氏本于朱子及蘇眉山。北宋以前無以此説注經者。

成周以前，有曆書，無儀器。《世本》謂：黄帝使容成著調曆。此曆術有書之始。《漢志》載黄帝、顓頊、夏、殷、周、魯等曆多，秦漢人所依託其軼，文可考者，類皆周及秦漢。天象非黄、顓真迹也。漢鑄渾儀，其時又有蓋天之説。蓋天始于商高告周公笠以寫天一語。陳子解之，以告榮方，謂：天象蓋笠，地法覆槃，此説之所由起。劉智謂：黄帝作蓋天，實亦緯書之附會。五帝德云：黄帝曆離日月星辰，《史記》作旁羅，日月星辰曆離旁羅，猶書之言曆象也，竝非儀器之名。《考靈曜》乃謂冬至日月在牽牛一度。求昏中者，取六項加三旁，蠡順除之。鄭康成注云：盡十二項中正分之，左右各六項也。蠡猶羅也，此便以旁羅爲儀器矣。《北堂書鈔》引《尸子》云：造曆者，羲和子也。止云造曆，不云作渾儀。

清・魏源《海國圖志》卷三九《大西洋》 大吕宋國沿革原無今補

《職方外紀》：歐羅巴之極西曰以西把尼國。即吕宋國。南起三十五度，北至四十度，東起七度，西至十八度，週一萬二千五百里，疆域遍跨他國，世稱天下萬國。相連一處者，中國爲冠，若分散於他域者，以西把尼亞爲冠。案：吕宋在明代甚強，所至攻取各島，如臺灣。南之小吕宋，其一也。故分散他域者衆。以西把尼亞，本地三面環海，一面臨山，山曰北勒搦阿，產駿馬、五金、絲棉、細絨、白糖之屬，國人極好學，有共學在撒辣蔓加與亞而加辣二所，遠近學者聚焉，高人輩出，著作甚富，而陡禄日亞天文之學尤精。古一名賢曰多斯達篤者，居俾斯玻之位，著書最多，壽僅五旬，有二所著書籍，就始生至卒計之，每一日當得三十六章，每章二千餘言，盡屬奥理。後人繪其像，兩手各持一筆，彰其勤敏也。又有一王名亞豐肅者，好天文曆法，精研諸天之運、列宿之躔，撰成《曆學全書》，世傳《歲差本原》皆其考定，制爲一定圖像，爲今曆家大用。又將國典分門定類爲七大部，法紀極備。複取天主古今經籍有注疏者不下千餘卷，遍閲至十有四次。又纂本國自古史書，以身親國政之人，傍及著述種種，如此後世稱曰賢王宜矣。此國人自古虔奉天主聖教，最忍耐，又剛果，且善遠遊海外，曾有繞大地一周者。國中有二大名城，一曰西未利亞，近地中海，爲亞墨利加諸舶所聚，金銀如土，奇物無數，又多阿襪利果，有一林長五百里者。一名多勒多城，在山巔，無泉，下山取水甚艱，近百年内有巧者，制一水器，能盤水直至山城，不用人力，其器晝夜自能轉動也。又有渾天象，其大如屋，人可以身入於其中，見各重天之運動，其度數皆與天合。相傳制此象者，注想十七年，造作三年，曾未重作一輪。

清・李兆洛《養一齋集・文集》卷一《辨説議》 天球儀制機説

規木爲球，而中分之，以爲範，傅以布，粘以髤，疊布，疊髤，厚至分之半，乃以漆和，屢疊塗厚亦如之，須其乾，合兩半而圓之，加彩焉，色如天之色，成以授繪者，按天度而布星躔。

球之兩端，孔之以置軸，以爲心軸，方其身，而圓其端，貫球而出之。其北端達子午環恰容之，其南端則貫環外而設輪以轉球，是謂天輪。按北極出地之度而設地平環，中環以正南北，爲子午環以安球。

置機於球外，爲兩方板，空其中而定之度，容各輪之轉於球心之軸端，置輪斜安之，曰天輪。機板之外，附板出一輪，曰本輪。其輪軸端亦爲輪，以運天輪之齒。本輪之下曰均輪，以運本輪，齒相運也。均輪之軸達於內，其本曰內本輪。內本輪之右爲次輪，高下與外均輪並，所以運內本輪也。其運之也，亦以軸端之輪。次輪之上爲側輪，亦以齒承側輪之軸而運之。自均輪至于側輪，皆立輪也。側輪之上曰飛輪，則平置輪，齊於板之頂以承節，亦以軸運側輪之齒。

節如矩，其上衡之内端有兩鉞形參差，設之以制飛輪之進退，其外端出板外垂鐵線，而錘其端爲兩鉞往來之劑。

內本輪同軸附輪爲刺輪，以懸繩設墜發衆機者也。繩之一端設墜，其一端亦爲墜而輕之，機墜欲極則引而升之。輪上惟設釘六，使繩可援，故謂之刺輪。輪之内别爲隔，以藏止機。蓋刺輪引繩而升，則右轉内本輪將從之，以右而衆輪皆逆也，故藏機于中，繩引則機發，以止内本輪之旋。

機之發也，皆以墜而其止之也，則以節去節，則飛輪如風，而衆輪應之矣，去墜則止不行。

飛輪向上，齒如鳥爪迎而前，以便節端之鉞，而便其出入也。側輪以銅片爲圍，而開齒於其邊，則其齒在側，以便承飛輪之軸也。

於球之面環爲赤道度，定諸球度，黄道之度設黄道環，環中空以容機，旁刻廿四節氣，附天而轉，其中之機則于交赤道輪處，日退一度，以合日行之度。乃按北極出地度設地平環，於地平環十字交相爲時辰環。

清·李善蘭《談天》卷二 凡渾天球及全天圖，或一段天圖，亦仿地球、地圖法作之，則位置諸星一一與天合，觀其圖如在地心觀天也，故不論在地面何處，用之皆與天合，蓋此圖無天頂、天底二點，亦無地平界及東西方位，而過兩極之大圈，與地諸子午圈合，然與地面各處之定子午圈不同，蓋地面各點，每日必盡經過天之各子午圈也。

清·何秋濤《朔方備乘》卷六〇《辨正諸書五》 辨俞正燮《蓋地海論》之誤

俞正燮《蓋地海論》曰：《史記》言：鄒衍深觀陰陽消息，著書十餘萬言，其語閎大不經，上至黄帝，以爲儒者所謂中國者於天下，乃八十一分居其一分，中國名曰赤縣神州，外如赤縣神州者九，乃所謂九州也。於是有裨海環之如是者九，乃有大瀛海環其外。《禮記曲禮正義》引《地統書括地象》，其語亦同此古蓋地説也。《鹽鐵論》云：鄒衍非聖人，作怪誤，惑六國之君，以納其説。此《春秋》所謂匹夫熒惑諸侯者也。《論衡·談天篇》亦謂：衍迂怪虚妄。今案《法言五百篇》云：鄒衍迂而不信。《問道篇》云：鄒衍有取乎？曰自持。《問神篇》云：鄒、莊有取乎？曰天地人經德也。揚雄據渾難蓋，故不信蓋地之論，而謂其言經德自持。則雄所見，古儒所説，名理皆與衍同，非後人淺見所能及。史言：衍《終始》、《大聖》，上至黄帝，學者所共述，大致隨世盛衰。衍言即非經見，亦必本於黄帝。《乾坤鑿度》云：易平坤，道平易。注云：北荒平易，萬里連均，夫海者，三分。《萬形經》曰：坎北方無海，平易，北荒迷遠也。《乾坤鑿度》，黄帝書也。數引《萬形經》。又云：天地宜盡閣，地道距水澈。注云：地道以水爲澈，澈者，盡也。此鄒衍所謂大瀛海際天地也。坎北方無海，平易。而古人每言四海者，《爾雅·釋地》云：九夷、八狄、七戎、六蠻，謂之四海。《大戴禮·五帝德》：以函林、交阯、流沙、蟠木爲四海。古經言海者如此。此鄒衍所謂裨海不必是禹貢之海，合北方平易古文也。凡一大國必有小部環之。黄帝所治者大，鄒衍所謂盛。其後德衰，齊秦相帝，中國地小，非司馬遷、桓寬、王充時中國也。何以禁衍追述古初？且衍熒惑何君？諸儒詆衍，遷怒妄也。衍所説又與《河圖》合。《河圖》云：地廣東西二萬八千，南北二萬六千，有君長之州有九，阻中土之文德及而不治。《藝文類聚》引。又云：昆侖山應於天最居中，八十一域布繞之，中國東南隅居其一分。《博物志》引。此衍之所據也。其説又在蓋天。王蕃《渾天象説》云：周徑爲蓋天者，尚不考驗，而乃論天地之大，日月所不照，陰陽所不至，日精所不及，儀衡所不測，皆爲之説虚誕無徵，是亦鄒子瀛海之類也。《開元占經》引，《晉天文志》無。蕃是粗工，安知奥義？《周髀算經》云：極下不生萬物，則人迹不到。故《乾坤鑿度》云：北方無海，其云地道距水澈，澈爲水窮。故鄒子云：大瀛海環之，則推而知之，二説通也。意大里亞人言：天下五洲。中國、喀爾喀、西域、回部、西藏、緬甸、安南、流球、日本、高麗烏洛侯、哈薩克以至西海，又南至暹羅，越洋至噶留巴、吕宋、蘇禄等，爲一洲。意大里亞亦爲一洲。又有三州，總爲五。乃不知有俄羅斯。儒者不信鄒衍，乃信西夷。極下萬物不生，西夷豈能至？《萬形經》言：北方無海，其是非後世必有目歷而知之者。今俄羅斯言其國北距海，古人不强知之，云無海不害其爲博而篤，惟鄒衍能言之。

嗚呼，大賢哉鄒衍也！臣秋濤謹案：西人地圖烏洛侯及莫哥斯未亞皆即俄羅斯，不得詆爲不知辨已。見前北海之距中國較西海爲近，漢唐史皆言之，至今日益大著。俞正燮仍引北方無海之説，殊非事實，不可不辨。

清・曾廉《元書》卷一六　西域儀象

至元四年，西域札馬魯丁進萬年曆，所造儀象曰：咱秃合剌吉，漢言渾天儀也。其制以銅爲之，平設單環，刻周天度，畫十二辰位，以準地面。側立雙環，而結於平環之子午，半入地下，以分天度。内第二雙環，亦刻周天度，而參差相交，以結於側雙環，去地平三十六度以爲南北極，可以旋轉，以象天運爲日月之道。内第三、第四環，皆結於第二環，又去南北極二十四度，亦可以運轉。凡可運三環，各對綴銅方釘，皆有竅以代衡簫之仰窺焉。曰咱秃朔八台，漢言測驗周天星曜之器也。外周圓牆，東面啓門，中有小臺，立銅表高五尺五寸，上設機軸，懸銅尺，長五尺五寸，復加窺測之簫二，其長如之，下置横尺，刻度數其上，以準掛尺。下本開圖之遠近，可左右轉而周窺，可高低舉而偏測。曰魯哈麻亦渺凹只，漢言春秋分晷景堂。爲屋二間，脊通東西横罅，以斜通日晷。中有臺，隨晷景南高北下，上仰置銅半環，刻天度一百八十，以準地上之半天，斜倚鋭首銅尺，長六尺，濶一寸六分，上結半環之中，下加半環之上，可以往來窺運，測望漏屋晷景，驗度數，定春秋二分。曰魯哈麻亦木思塔餘，漢言冬夏至晷景堂也。爲屋五間，屋下爲坎，深二丈二尺，脊開南北一罅，以直通日晷。隨罅立壁，附壁懸銅尺，長一丈六寸，壁仰畫天度半規，其尺亦可往來窺運，直望漏屋晷景，以定二至。曰苦來亦撒麻，漢言渾天圖也。其制以銅爲丸，斜刻日道交環度數於其腹，刻二十八宿形於其上。外平置銅單環，刻周天度數，列於十二辰位以準地。而側立單環二，一結於平環之子午，以銅丁象南北極，一結於平環之卯酉，皆刻天度。即渾天儀而不可以運轉窺測者也。曰苦來亦阿兒子，漢言地理志也。其制以木爲圓球，七分爲水，其色緑，三分爲土地，其色白。畫江河湖海，脈絡貫串於其中。畫作小方井，以計幅員之廣袤，道里之遠近。曰兀速都兒剌不定，漢言晝夜時刻之器也。其制以銅如圓鏡而可掛，面刻十二辰位，晝夜時刻，上加銅條綴其中，可以圓轉。銅條兩端，各屈其首爲二竅以對望，晝則視日影，夜則窺星辰，以定時刻，以測休咎。背嵌鏡片，三面刻其圖凡七，以辨東西南北日景長短之不同、星辰向背之有異，故各異其圖，以盡天地之變焉。

清・吳士鑒《晉書斠注》卷一一《志第一》　諸論天者雖多，然精於陰陽者張平子、陸公紀之徒，《陸績傳》曰：績字公紀。咸以爲推步七曜之道，以度曆象昏明之證候，校以四八之氣，考以漏刻之分，占晷景之往來，求形驗於事情，莫密於渾象者也。張平子既作銅渾天儀，《後漢書・張衡傳》曰：遂乃研覈陰陽，妙盡璇璣之正，作渾天儀，著《靈憲》、《算罔論》言甚詳明。注《漢名臣奏》：蔡邕曰：言天體者三家，唯渾天者近得其情，今史官所用候臺銅儀，則其法也。於密室中以漏水轉之，令伺之者閉户而唱之，其伺之者以告靈臺之觀天者，曰璇璣所加，某星始見，某星已中，某星今没，皆如合符也。崔子玉爲其碑銘曰：數術窮天地，制作侔造化，高才偉藝，與神合契，蓋由於平子渾儀及地動儀之有驗故也。《後漢書・順帝紀》：陽嘉元年秋七月，史官始作候風地動銅儀，章懷太子注曰：時張衡爲太史令，作之。《張衡傳》曰：復造候風地動儀，以精銅鑄成，圓徑八尺，合蓋隆起，形似酒尊，飾以篆文、山龜鳥獸之形，中有都柱，傍行八道，施關發機外，有八龍首銜銅丸，下有蟾蜍，張口承之，其牙機巧制，皆隱在尊中，覆蓋周密無際。如有地動，尊則振龍機發吐丸而蟾蜍銜之，振聲激揚，伺者因此覺知，雖一龍發機而七首不動，尋其方面，乃知震之所在，驗之以事，合契若神。自書典所記，未之有也。姚振宗《後漢藝文志》曰：《隋志》五行家有《地動圖》一卷，不著撰人，似即此書。蓋儀器必有圖，故以《地動圖》名書。

清・吳士鑒《晉書斠注》卷一七《志第七》　中等侍王蕃以洪術精妙，用推渾天之理，以制儀象及論。《吳志・本傳》曰：蕃字永元，廬江人，博覽多聞，兼通術藝。《宋書・曆志》云：蕃善數術，傳劉洪《乾象曆》，依乾象法而制渾儀，立論考度，古舊渾象以二分爲一度，凡周七尺三寸半分，張衡更制以四分爲一度，凡周一丈四尺六寸，蕃以古制局小，星辰稠概，衡器傷大，難可轉移，更制渾象，以三分爲一度，凡周天一丈九寸五分四分之三也。故孫氏用《乾象曆》。《吳志・吳主傳》曰：黄武二年正月，改四分曆，用《乾象曆》。

綜述

漢・揚雄《揚子雲集》卷一《重黎篇》　或問渾天，曰：落下閎營之，鮮於妄人度之，耿中丞象之，幾幾乎，莫之能違也。請問蓋天，曰：蓋哉，蓋哉，應難未幾也。

南朝梁・沈約《宋書》卷二三《天文志一》 言天者有三家，一曰宣夜，二曰蓋天，三曰渾天，而天之正體，經無前說，馬《書》、班《志》，又闕其文。漢靈帝議郎蔡邕於朔方上書曰：「論天體者三家，宣夜之學，絶無師法。《周髀》術數具存，考驗天狀，多所違失。惟渾天僅得其情，今史官所用候臺銅儀，則其法也。立八尺圓體，而具天地之形，所正黃道，占察發斂，以行日月，以步五緯，精微深妙，百世不易之道也。官有其器而無本書，前志亦闕而不論，本欲寢伏儀下，思惟微意，按度成數，以著篇章。罪亞無狀，投畀有北，灰滅雨絶，勢路無由。宜問羣臣，下及巖穴，知渾天之意者，使述其義。」時閹官用事，邕議不行。【略】

黃赤二道，相與交錯，其間相去二十四度。以兩儀推之，二道俱三百六十五度有奇，是以知天體圓如彈丸。而陸績造渾象，其形如鳥卵，然則黃道應長於赤道矣。績云天東西南北徑三十五萬七千里，然則績亦以天形正圓也。而渾象爲鳥卵，則爲自相違背。

古舊渾象以二分爲一度，凡周七尺三寸半分。張衡更制，以四分爲一度，凡周一丈四尺六寸。蕃以古制局小，星辰稠概；衡器傷大，難可轉移。更制渾象，以三分爲一度，凡周天一丈九寸五分四分分之三也。

御史中丞何承天論渾象體曰：「詳尋前說，因觀渾儀，研求其意，有以悟天形正圓，而水周其下。言四方者，東曰暘谷，日之所出，西至濛汜，日之所入。莊子又云：『北溟之魚，化而爲鳥，將徙於南溟。』斯亦古之遺紀，四方皆水證也。四方皆水，謂之四海。凡五行相生，水生於金，是故百川發源，皆自山出，由高趣下，歸注於海。日爲陽精，光耀炎熾，一夜入水，所經燋竭，百川歸注，足於補復，故旱不爲減，浸不爲益。徑天之數，蕃說近之。」

太中大夫徐爰曰：「渾儀之制，未詳厥始。王蕃言《虞書》稱「在琁璣玉衡，以齊七政」。則今渾天儀日月五星是也。鄭玄說「動運爲機，持正爲衡，皆以玉爲之。視其行度，觀受禪是非也」。渾儀，羲和氏之舊器，歷代相傳，謂之機衡，其所由來，有原統矣。而斯器設在候臺，史官禁密，學者寡得聞見，穿鑿之徒，不解機衡之意，見有七政之言，因以爲北斗七星，構造虛文，託之讖緯，史遷、班固，猶尚惑之。鄭玄有贍雅高遠之才，沈静精妙之思，超然獨見，改正其說，聖人復出，不易斯言矣。』蕃之所云如此。夫候審七曜，當以運行爲體，設器擬象，焉得定其盈縮，推斯而言，未爲通論。設使唐、虞之世，已有渾儀，涉歷三代，以爲定准，後世聿遵，孰敢非革。而三天之儀，紛然莫辯，至揚雄方難蓋通渾。張衡爲太史令，乃鑄銅制範，衡傳云：『其作渾天儀，考步陰陽，最爲詳密。』故知自衡以前，未有斯儀矣。蕃又云：『渾天遭秦之亂，師徒喪絶，而失其文，惟渾天儀尚在候臺。』案既非舜之琁玉，又不載今儀所造，以緯書爲穿鑿，鄭玄爲博實，偏信無據，未可承用。夫琁玉，貴美之名，機衡，詳細之目，所以先儒以爲北斗七星，天綱運轉，聖人仰觀俯察，以審時變焉。」

史臣案：設器象，定其恒度，合之則吉，失之則凶，以之占察，有何不可。渾文廢絶，故有宣、蓋之論，其術並疎，故後人莫述。揚雄《法言》云：「或人問渾天於雄。雄曰：『落下閎營之，鮮于妄人度之，耿中丞象之，幾幾乎莫之違也。』」若問天形定體，渾儀疎密，則雄應以渾儀答之，而舉此三人以對者，則知此三人制造渾儀，以圖晷緯。問者蓋渾儀之疎密，非問渾儀之淺深也。以此而推，則西漢長安已有其器矣。將由喪亂亡失，故衡復鑄之乎？王蕃又記古渾儀尺度并張衡改制之文，則知斯器非衡始造明矣。衡所造渾儀，傳至魏、晉，中華覆敗，沈没戎虜，績、蕃舊器，亦不復存。晉安帝義熙十四年，高祖平長安，得衡舊器，儀狀雖舉，不綴經星七曜。

文帝元嘉十三年，詔太史令錢樂之更鑄渾儀，徑六尺八分少，周一丈八尺二寸六分少，地在天内，立黃赤二道，南北二極規二十八宿，北斗極星，五分爲一度，置日月五星於黃道之上，置立漏刻，以水轉儀，昏明中星，與天相應。十七年，又作小渾天，徑二尺二寸，周六尺六寸，以分爲一度，安二十八宿中外宫，以白黑珠及黃三色爲三家星，日月五星，悉居黃道。

蓋天之術，云出周公旦訪之殷商，蓋假託之說也。其書號曰《周髀》。髀者表也。周天之數也。其術云：「天如覆蓋，地如覆盆，地中高而四隤，日月隨天轉運，隱地之高，以爲晝夜也。天地相去凡八萬里，天地之中，高於外衡六萬里，地上之高，高於天之外衡二萬里也。」或問蓋天於揚雄。揚雄曰：「蓋哉！蓋哉！」難其八事。鄭玄又難其二事。爲蓋天之學者，不能通也。劉向《五紀》說，《夏曆》以爲列宿日月皆西移，列宿疾而日次之，月最遲。故日與列宿昏俱入西方；後九十一日，是宿在北方；又九十一日，是宿在東方；九十一日，在南方。此明日行遲於列宿也。月生三日，日入而月見西方；至十五日，日入而月見東方；將晦，日未出，乃見東方。以此明月行之遲於日，而皆西行也。向難之以《鴻範傳》曰：「晦而月見西方，謂之朓。朓，疾也。朔而月見東方，謂之側匿。側匿，遲不敢進也。星辰西行，史官謂之逆行。」此三說，《夏曆》皆違之，迹其意，好異者之所作也。

晉成帝咸康中，會稽虞喜造《安天論》，以爲「天高窮於無窮，地深測於不測。地有居静之體，天有常安之形。論其大體，當相覆冒，方則俱方，圓則俱圓，無方圓不同之義也」。喜族祖河間太守聳又立《穹天論》云：「天形穹隆，當如雞子幕，其際周接四海之表，浮乎元氣之上。」而吴太常姚信造《昕天論》曰：「嘗覽《漢書》云：冬至日在牽牛，去極遠；夏至日在東井，去極近。欲以推日之長短，信以太極處二十八宿之中央，雖有遠近，不能相倍。」今《昕天》之説，以爲「冬至極低，而天運近南，故日去人遠，而斗去人近，北天氣至，故冰寒也。夏至極起，而天運近北，而斗去人遠，日去人近，南天氣至，故炎熱也。極之立時，日行地中淺，故夜短，天去地高，故晝長也。極之低時，日行地中深，故夜長，天去地下淺，故晝短也。然則天行寒依於渾，夏依於蓋也」。按此説應作「軒昂」之「軒」，而作「昕」，所未詳也。凡三説皆好異之談，失之遠矣。

南北朝·庾信《庾子山集》卷七 天之渾蓋，豈是書生所談。《後漢書》曰：張衡研核陰陽妙盡，璇璣之正作渾天儀，著《靈憲》、《算罔論》言甚詳明。注云：《漢名臣奏》曰：蔡邕曰：言天體者有三家，一曰《周髀》，一曰宣夜，一曰渾天。宣夜之學，絶無師法。《周髀》術數具存，考驗天狀，多所違失，故史官不用。惟渾天者近得其情，今史官所用候臺銅儀則其法也。《晉書·天文志》曰：古言天者有三家，一曰蓋天，二曰宣夜，三曰渾天。蔡邕所謂《周髀》者即蓋天之説也。其本庖犧氏立周天曆度，其所傳則周公受於殷商，周人志之，故曰《周髀》。髀者，股也，股者，表也。天圓如蓋，地方如棊局，天旁轉如推磨而左行，日月右行，隨天左轉，故日月實東行而天牽之以西没，譬之蟻行磨石之上，磨左旋而蟻右，去磨疾而蟻遲，故不得不隨磨以左回焉。天形南高而北下，日出高故見，日入下故不見。天之居如倚，故極在人北，是其证也。極在天之中，而今在人北，所以知天之形如倚蓋。日朝出陽中，暮入陰中，陰氣暗冥，故没不見也。夏時陽氣多陰氣少，陽氣充明與日周輝，故日出即見無蔽之者，故夏日長也。冬天陰氣多陽氣少，陰氣暗冥掩日之光，雖出猶隱不見，故冬日短也。《渾天儀注》云：天如雞子，地如雞子中黄，孤居於天内，天大而地小，天表裏有水，天地各乘氣而立，載水而行，周天三百六十五度四分度之一，又中分中則半覆地上，半繞地下，故二十八宿半見半隱，天轉如車轂之運也。諸論天者雖多，然精於陰陽者張平子、陸公紀之徒，咸以爲推步七曜之道，度曆象昏明之证候，校以四八之氣，考以漏刻之分，占晷影之往來，求驗於事情，莫密於渾象者也。張平子既作銅渾天儀於密室中，以漏水轉之，令伺之者閉户而唱之，其伺之者以告靈台之觀天者曰：璇璣所加，某星始見，某星已中，某星已没，皆如合符也。云天之渾蓋者，渾天、蓋天二家之學也。

唐·房玄齡等《晉書》卷一一《天文志上》 自虞喜、虞聳、姚信皆好奇徇異之説，非極數談天者也。至於渾天理妙，學者多疑。漢王仲任據蓋天之説，以駁渾儀云：「舊説天轉從地下過。今掘地一丈輒有水，天何得從水中行乎？甚不然也。日隨天而轉，非入地。夫人目所望，不過十里，天地合矣；實非合也，遠使然耳。今視日入，非入也，亦遠耳。當日入西方之時，其下之人亦將謂之爲中也。四方之人，各以其近者爲出，遠者爲入矣。何以明之？今試使一人把大炬火，夜行於平地，去人十里，火光滅矣；非滅也，遠使然耳。今日西轉不復見，是火滅之類也。日月不員也，望視之所以員者，去人遠也。夫日，火之精也；月，水之精也。水火在地不員，在天何故員？」故丹楊葛洪釋之曰：

《渾天儀注》云：「天如鷄子，地如鷄中黄，孤居於天内，天大而地小。天表裏有水，天地各乘氣而立，載水而行。周天三百六十五度四分度之一，又中分之，則半覆地上，半繞地下，故二十八宿半見半隱，天轉如車轂之運也。」諸論天者雖多，然精於陰陽者少。張平子、陸公紀之徒，咸以爲推步七曜之道，以度曆象昏明之證候，校以四八之氣，考以漏刻之分，占晷景之往來，求形驗於事情，莫密於渾象者也。

張平子既作銅渾天儀於密室中，以漏水轉之，令伺之者閉户而唱之。其伺之者以告靈臺之觀天者曰「璇璣所加，某星始見，某星已中，某星今没」，皆如合符也。崔子玉爲其碑銘曰：「數術窮天地，制作侔造化，高才偉藝，與神合契。」蓋由於平子渾儀及地動儀之有驗故也。【略】

儀象

《虞書》曰：「在璇璣玉衡，以齊七政。」《考靈曜》云：「分寸之晷，代天氣生，以制方員。方員以成，參以規矩。昏明主時，乃命中星觀玉儀之游。」鄭玄謂以玉爲渾儀也。《春秋文曜鉤》云：「唐堯即位，羲和立渾儀。」此則儀象之設，其來遠矣。緜代相傳，史官禁密，學者不覩，故宣、蓋沸騰。

暨漢太初，落下閎、鮮于妄人、耿壽昌等造員儀以考曆度。後至和帝時，賈逵繫作，又加黄道。至順帝時，張衡又制渾象，具内外規、南北極、黄赤道，列二十四氣、二十八宿中外星官及日月五緯，以漏水轉之於殿上室内，星中出没與天相應。因其關戾，又轉瑞輪蓂莢於階下，隨月虚盈，依曆開落。

其後陸績亦造渾象。至吴時，中常侍廬江王蕃善數術，傳劉洪《乾象曆》，依其法而制渾儀，立論考度曰：

前儒舊説，天地之體，狀如鳥卵，天包地外，猶殼之裏黄也；周旋無端，其形渾渾然，故曰渾天也。周天三百六十五度五百八十九分度之百四十五，半覆地上，半在地下。其二端謂之南極、北極。北極出地三十六度，南極入地三十六度，兩極相去一百八十二度半强。繞北極徑七十二度，常見不隱，謂之上規。繞南極七十二度，常隱不見，謂之下規。赤道帶天之紘，去兩極各九十一度少强。黄道，日之所行也，半在赤道外，半在赤道内，與赤道東交於角五少弱，西交於奎十四少强。其出赤道外極遠者，去赤道二十四度，斗二十一度是也。其入赤道内極遠者，亦二十四度，井二十五度是也。

日南至在斗二十一度，去極百一十五度少强。是日最南，去極最遠，故景最長。黄道斗二十一度，出辰入申，故日亦出辰入申。日晝行地上百四十六度强，故日短；夜行地下二百一十九度少弱，故夜長。自南至之後，日去極稍近，故景稍短。日晝行地上度稍多，故日稍長；夜行地下度稍少，故夜稍短。日所在度稍北，故日稍北，以至於夏至，日在井二十五度，去極六十七度少强。是日最北，去極最近，景最短。黄道井二十五度，出寅入戌，故日亦出寅入戌。日晝行地上二百一十九度少弱，故日長；夜行地下四百十六度强，故夜短。自夏至之後，日去極稍遠，故景稍長。日晝行地上度稍少，故日稍短；夜行地下度稍多，故夜稍長。日所在度稍南，故日出入稍南，以至於南至而復初焉。斗二十一，井二十五，南北相應四十八度。

春分日在奎十四少强，秋分日在角五少弱，此黄赤二道之交中也。去極俱九十一度少强，南北處斗二十一、井二十五之中，故景居二至長短之中。奎十四角五，出卯入酉，故日亦出卯入酉。日晝行地上，夜行地下，俱百八十二度半强，故日見之漏五十刻，不見之漏五十刻，謂之晝夜同。夫天之晝夜以日出没爲分，人之晝夜以昏明爲限。日未出二刻半而明，日入二刻半而昏，故損夜五刻以益晝，是以春秋分漏晝五十五刻。

三光之行，不必有常，術家以算求之，各有同異，故諸家曆法參差不齊。《洛書·甄曜度》、《春秋·考異郵》皆云：「周天一百七萬一千里，一度爲二千九百三十二里七十一步二尺七寸四分四百八十七分分之三百六十二。」陸績云：「天東西南北徑三十五萬七千里。」此言周三徑一也。考之徑一不啻周三，率周百四十二而徑四十五，則天徑三十二萬九千四百一里一百二十二步二尺二寸一分七十一分分之十。

《周禮》：「日至之景尺有五寸，謂之地中。」鄭衆説：「土圭之長尺有五寸，以夏至之日立八尺之表，其景與土圭等，謂之地中，今潁川陽城地也。」鄭玄云：「凡日景於地，千里而差一寸，景尺有五寸者，南戴日下萬五千里也。」以此推之，日當去其下地八萬里矣。日邪射陽城，則天徑之半地。天體員如彈丸，地處天之半，而陽城爲中，則日春秋冬夏，昏明晝夜，去陽城皆等，無盈縮矣。故知從日邪射陽城，爲天徑之半也。

以句股法言之，旁萬五千里，句也；立八萬里，股也；從日邪射陽城，弦也。以句股求弦法入之，得八萬一千三百九十四里三十步五尺三寸六分，天徑之半而地上去天之數也。倍之，得十六萬二千七百八十八里六十一步四尺七寸二分，天徑之數也。以周率乘之，徑率約之，得五十一萬三千六百八十七里六十八步一尺八寸二分，周天之數也。減《甄曜度》、《考異郵》五十五萬七千三百一十二里有奇。一度凡千四百六里百二十四步六寸四分十萬七千五百六十五分分之萬九千四十九，減舊度千五百二十五里二百五十六步三尺三寸二十一萬五千一百三十分分之十六萬七百三十。

分黄赤二道，相與交錯，其間相去二十四度。以兩儀推之，二道俱三百六十五度有奇，是以知天體員如彈丸也。而陸績造渾象，其形如鳥卵，然則黄道應長於赤道矣。績云「天東西南北徑三十五萬七千里」，然則績亦以天形正員也，而渾象爲鳥卵，則爲自相違背。

古舊渾象以二分爲一度，凡周七尺三寸半分。張衡更制，以四分爲一度，凡周一丈四尺六寸一分。蕃以古制局小，星辰稠概，衡器傷大，難可轉移，更制渾象，以三分爲一度，凡周天一丈九寸五分四分分之三也。

唐·魏徵等《隋書》卷一九《天文志上》 高祖平陳，得善天官者周墳，并得宋氏渾儀之器。乃命庾季才等，參校周、齊、梁、陳及祖暅、孫僧化官私舊圖，刊其大小，正彼疎密，依準三家星位，以爲蓋圖。旁摛始分，甄表常度，并具赤黄二道，内外兩規。懸象著明，纏離攸次，星之隱顯，天漢昭回，宛若穹蒼，將爲正範。以墳爲太史令。墳博考經書，勤於教習，自此太史觀生，始能識天官。煬帝又遣宫人四十人，就太史局，别詔袁充，教以星氣，業成者進内，以參占驗云。

史臣於觀臺訪渾儀，見元魏太史令晁崇所造者，以鐵爲之，其規有六。其外四規常定，一象地形，二象赤道，其餘象二極。其内二規，可以運轉，用合八尺之管，以窺星度。周武帝平齊所得。隋開皇三年，新都初成，以置諸觀臺之上。大唐因而用焉。【略】

前儒舊説，天地之體，狀如鳥卵，天包地外，猶殼之裹黄，周旋無端，其形渾渾然，故曰渾天。又曰：「天表裏有水，兩儀轉運，各乘氣而浮，載水而行。」漢王仲任，據蓋天之説，以駁渾儀云：「舊説，天轉從地下過。今掘地一丈輒有水，天何得從水中行乎？甚不然也。日隨天而轉，非入地。夫人目所望，不過十里，天地合矣。實非合也，遠使然耳。今視日入，非入也，亦遠耳。當日入西方之時，其下之人亦將謂之爲中也。四方之人，各以其近者爲出，遠者爲入矣。何以明之？今試使一人把大炬火，夜行於平地，去人十里，火光滅矣。非火滅也，遠使然耳。今日西轉不復見，是火滅之類也。日月不圓也，望視之所以圓者，去人遠也。夫日，火之精也；月，水之精也。水火在地不圓，在天何故圓？」丹陽葛洪釋之曰：

《渾天儀注》云：「天如雞子，地如中黄，孤居於天内，天大而地小。天表裏有水，天地各乘氣而立，載水而行。周天三百六十五度四分度之一，又中分之，則半覆地上，半繞地下。故二十八宿，半見半隱。天轉如車轂之運也。」諸論天者雖多，然精於陰陽者少。張平子、陸公紀之徒，咸以爲推步七曜之道，以度曆象昏明之證候，棱以四八之氣，考以漏刻之分，占晷影之往來，求形驗於事情，莫密於渾象也。張平子既作銅渾天儀於密室中，以漏水轉之，與天皆合如符契也。崔子玉爲其碑銘曰：「數術窮天地，制作侔造化。高才偉藝，與神合契。」蓋由於平子渾儀及地動儀之有驗故也。【略】

渾天儀

案《虞書》：「舜在琁璣玉衡，以齊七政。」則《考靈曜》所謂觀玉儀之遊，昏明主時，乃命中星者也。琁璣中而星未中爲急，急則日過其度，月不及其宿。琁璣未中而星中爲舒，舒則日不及其度，月過其宿。琁璣中而星中爲調，調則風雨時，庶草蕃蕪，而五穀登，萬事康也。所言琁璣者，謂渾天儀也。故《春秋·文耀鉤》云：「唐堯即位，羲、和立渾儀。」而先儒或因星官書，北斗第二星名琁，第三星名璣，第五星名玉衡，仍七政之言，即以爲北斗七星。載筆之官，莫之或辨。史遷、班固，猶且致疑。馬季長創謂璣衡爲渾天儀。鄭玄亦云：「其轉運者爲璣，其持正者爲衡，皆以玉爲之。七政者，日月五星也。以璣衡視其行度，以觀天意也。」故王蕃云：「渾天儀者，羲、和之舊器，積代相傳，謂之璣衡。其爲用也，以察三光，以分宿度者也。又有渾天象者，以著天體，以布星辰。而渾象之法，地當在天中，其勢不便，故反觀其形，地爲外匡，於已解者，無異在内。詭狀殊體，而合於理，可謂奇巧。然斯二者，以考於天，蓋密矣。」又云：「古舊渾象，以二分爲一度，周七尺三寸半〔分〕。而莫知何代所造。」今案虞喜云：「落下閎爲漢孝武帝於地中轉渾天，定時節，作《泰初曆》。」或其所製也。

漢孝和帝時，太史揆候，皆以赤道儀，與天度頗有進退。以問典星待詔姚崇等，皆曰《星圖》有規法，日月實從黄道。官無其器。至永元十五年，詔左中郎將賈逵，乃始造太史黄道銅儀。至桓帝延熹七年，太史令張衡，更以銅製，以四分爲一度，周天一丈四尺六寸一分。亦於密室中，以漏水轉之。令司之者，閉户而唱之，以告靈臺之觀天者，琁璣所加，某星始見，某星已中，某星今没，皆如合符。蕃以古製局小，以布星辰，相去稠概，不得了察。張衡所作，又復傷大，難可轉移。蕃今所作，以三分爲一度，周一丈九寸五分四分〔分〕之三。張古法三尺六寸五分四分分之一，減衡法亦三尺六寸五分四分分之一。渾天儀法，黄赤道各廣一度有半。故今所作渾象，黄赤道各廣四分半，相去七寸二分。又云：「黄赤二道，相共交錯，其間相去二十四度。以兩儀準之，二道俱三百六十五度有奇。又赤道見者，常一百八十二度半强。又南北考之，天見者亦一百八十二度半强。是以知天之體圓如彈丸，南北極相去一百八十二度半强也。而陸績所作渾象，形如鳥卵，以施二道，不得如法。若使二道同規，則其間相去不得滿二十四度。若今相去二十四度，則黄道當長於赤道。又兩極相去，不翅八十二度半强。案績説云：『天東西徑三十五萬七千里，直徑亦然。』則績意亦以天爲正圓也。器與言謬，頗爲乖僻。」然則渾天儀者，其制有機有衡。既動静兼狀，以效二儀之情，又周旋衡管，用考三光之分。所以揆正宿度，準步盈虚，來古之遺法也。則先儒所言圓規徑八尺，漢候臺銅儀，蔡邕所欲寢伏其下者是也。

梁華林重雲殿前所置銅儀，其制則有雙環規相並，間相去三寸許。正竪當子午。其子午之間，應南北極之衡，各合而爲孔，以象南北樞。植楗於前後，以屬焉。又有單横規，高下正當渾之半。皆周帀分爲度數，置以維辰之位，以象地。又有單規，斜帶南北之中，與春秋二分之日道相應。亦周帀分爲度數，而署以維辰，並相連著。屬楗植而不動。其裏又有雙規相並，如外雙規。内徑八尺，周二丈四尺，而屬雙軸。軸兩頭出規外各二寸許，合兩爲一。内有孔，圓徑二寸許，南頭入地下，注於外雙規南樞孔中，以象南極。北頭出地上，入於外雙規規北樞孔中，以象北極。其運動得東西轉，以象天行。其雙軸之間，則置衡，長八尺，通中有孔，圓徑一寸。當衡之半，兩邊有關，各注著雙軸。衡既隨天象東西轉運，又自於雙軸間得南北低仰。所以準驗辰曆，分考次度，其於揆測，唯所欲爲之者也。檢其鐫題，是僞劉曜光初六年，史官丞南陽孔挺所造，則古之渾儀之法者也。而宋御史中丞何承天及太中大夫徐爰，各著《宋史》，咸以爲即張衡所造。其儀略舉天狀，而不綴經星七曜。魏、晉喪亂，沉没西戎。義熙十四年，宋高祖定咸陽得之。梁尚書沈約著《宋史》，亦云然，皆失之遠矣。

後魏道武天興初，命太史令晁崇修渾儀，以觀星象。十有餘載，至明元永興四年壬子，詔造太史候部鐵儀，以爲渾天法，考璇璣之正。其銘曰：「於皇大代，配天比祚。赫赫明明，聲列遐布。爰遣兹器，考正宿度。貽法後葉，永垂典故。」其製並以銅鐵，唯誌星度以銀錯之。南北柱曲抱雙規，東西柱直立，下有十字水平，以植四柱。十字之上，以龜負雙規。其餘皆與劉曜儀大同。即今太史候臺所用也。

渾天象

渾天象者，其制有機而無衡，梁末祕府有，以木爲之。其圓如丸，其大數圍。南北兩頭有軸。徧體布二十八宿、三家星、黄赤二道及天漢等。別爲横規環，以匡其外。高下管之，以象地。南軸頭入地，注於南植，以象南極。北軸頭出於地上，注於北植，以象北極。正東西運轉。昏明中星，既其應度，分至氣節，亦驗，在不差而已。不如渾儀，別有衡管，測揆日月，分步星度者也。吴太史令陳苗云：「行賢制木爲儀，名曰渾天。」即此之謂耶？由斯而言，儀象二器，遠不相涉。則張衡所造，蓋亦止在渾象七曜，而何承天莫辨儀象之異，亦爲乖失。

宋文帝以元嘉十三年，詔太史更造渾儀。太史令錢樂之，依案舊説，采效儀象，鑄銅爲之。五分爲一度，徑六尺八分少，周一丈八尺二寸六分少。地在天内，不動。立黄赤二道之規，南北二極之規，布列二十八宿、北斗極星。置日月五星於黄道上。爲之杠軸，以象天運。昏明中星，與天相符。梁末，置於文德殿前。至如斯制，以爲渾儀，儀則内闕衡管。以爲渾象，而地不在外。是參兩法，別爲一體。就器用而求，猶渾象之流，外内天地之狀，不失其位也。吴時又有葛衡，明達天官，能爲機巧。改作渾天，使地居于天中。以機動之，天動而地止，以上應晷度，則樂之之所放述也。

到元嘉十七年，又作小渾天，二分爲一度，徑二尺二寸，周六尺六寸。安二十八宿中外官星備足。以白青黄等三色珠爲三家星。其日月五星，悉居黄道。亦象天運，而地在其中。

宋元嘉所造儀象器，開皇九年平陳後，並入長安。大業初，移於東都觀象殿。

蓋圖

晉侍中劉智云：「顓頊造渾儀，黄帝爲蓋天。」然此二器，皆古之所制，但傳説義者，失其用耳。昔者聖王正曆明時，作圓蓋以圖列宿。極在其中，廻之以觀天象。分三百六十五度四分度之一，以定日數。日行於星紀，轉廻右行，故圓規之，以爲日行道。欲明其四時所在：故於春也，則以青爲道；於夏也，則以赤爲道；於秋也，則以白爲道；於冬也，則以黑爲道。四季之末，各十八日，則以黄爲道。蓋圖已定，仰觀雖明，而未可正昏明，分晝夜，故作渾儀，以象天體。今案自開皇已後，天下一統，靈臺以後魏鐵渾天儀，測七曜盈縮，以蓋圖列星坐，分黄赤二道距二十八宿分度，而莫有更爲渾象者矣。

唐·瞿曇悉達《唐開元占經》卷一《天地名體》 夫末世之儒，多妄穿鑿，補增《河洛》，竊作讖緯，其言浮虚難悉，據用六官之職，周公所制勾股之術，目前定數，晷景之度，事有明驗，以此推之，近爲詳矣。黄赤道相與交錯，其間相去二十四度，以兩遊儀準之，二道俱三百六十五度有奇，是以知天體圓如彈丸。而陸績造渾象，其形如鳥卵，然則黄道應長于赤道矣。績云：東西南北徑三十五萬七千里，然則績亦以天形正圓也，而渾象爲鳥卵，則爲自相違背。月行二十七日有奇，而周天其行半出黄道外，半入黄道内，在内謂之陰道，在外謂之陽道，其行陰陽道極遠者，不過六度。黄道無常，諸家各異，各依其曆節氣所行宿度，《尚書》、《月令》、《太初》、《三統》、《四分》、《乾象》各不同，昏明亦異，日行蹉跌，不遵常軌之所爲也。夫三光之行，雖有盈縮，天地之體，常然不變，故諸家之曆，皆不著渾象，唯黄道當各隨其曆而錯之。而今臣所施黄道，《乾象》法也。審校先代諸儒，於春秋二分多差，而冬夏二至恒在二分限中。蕃按渾象之法，地當在天中，其勢不便，故反觀其形，地爲外匡，于已解者，無異在内。詭狀殊體，而合于理，可謂奇巧。古舊渾象，以二分爲一度，周七尺三寸半分。漢張衡更制，以四分爲一度，凡周一丈四尺六寸一分。臣以古制局小，以布星辰，相去稠概，不得了察，而張衡所作，又復傷大，難可轉移。前表間以三分爲一度事，許令臣新作，周一丈九寸五分四分分之三，長古法三尺六寸五分四分分之一，減張衡亦三尺六寸五分四分分之一。渾象法黄道、赤道各廣一度有半，故今所作渾象，黄、赤道各廣四分半，相去七寸二分，渾儀中筩爲璇璣，外規爲玉衡。吴太史令陳卓所作《渾天論》與王蕃大同。

又 徐爰《宋書》云：元嘉十三年，有詔太史令錢樂之，依舊説鑄渾天銅儀，徑六尺八分，周一丈八尺二寸六分。地在天内，立黄、赤二道，南、北二極規，布列二十八宿、北斗、極星。五分爲一度，置日、月、五星於黄道之上。置立漏刻，以水轉儀，昏明中星，與天相符。到十七年，又被勅作小渾天，徑二尺二寸，周六尺六寸，二分爲一度，安二十八宿，中外官星備具，以白色珠及青黄三色珠爲三家里，日、月、五星悉居黄道。

又 隋掖縣丞劉焯《渾天論》曰：璇璣玉衡，正天之器。帝王欽若，世傳其象。漢之孝武，詳考律曆，則落下閎、鮮于妄人共所營定。逮于張衡，又尋述作。亦體制不異閎等。雖閎制莫存，而衡造有器。至吴世陸績、王蕃，並更修鑄，績小有異，蕃乃事同。宋有錢樂之，魏初晁崇等，總用銅鐵，小大有殊，規域經模，不異蕃造。觀蔡氏《月令章句》，鄭玄注《考靈曜》，勢同衡法，迄今不改。焯以愚管，留情推測，見其數制，莫不違爽，失之千里，差在毫釐，大象一乖，餘何可驗。況赤黄均度，月無出入，分至所恒定，氣不別衡。分刻本差，輪迴守故，其爲疏謬，不可復言。亦既由理不明，致使衆家間出。蓋及宣夜三説並驅，平、昕、安、穹，四天騰沸。至當不二，理惟一揆，豈容天體，七種殊説？又漏景去極，就渾可推，百骸共體，本非異物，此真已驗，彼僞自彰。豈朗日未暉，而爝火不息，理有而闕，詎不可悲者也。昔蔡伯喈自朔方上書曰：以八尺之儀，度知天地之象。古有器而無其書，常欲寝伏儀下，案度成數，而爲立説。伯喈以負罪朔方，書奏不許。伯喈若蒙許，亦必不能。伯喈才不踰張衡，衡本豈有遺思也。則有器無書，觀不能悟。焯今立術，改正舊渾，又以二至之景，定去極晷漏，并天地高遠，星辰運周，所宗有本，皆有其率，祛今賢之巨惑，稽往哲之羣疑。豁若雲披，朗如霧散，爲之錯綜，數卷已成，待得景差，謹更啓送。又云：周官夏至日景，尺有五寸。張衡、鄭玄、王蕃、陸績先儒等，皆以爲景千里差一寸。言南戴日下，萬五千里。表景正同，天高乃異。考之算法，必爲不可。寸差千里，亦無典據。明爲意斷，事不可依。今交、愛之州，表北無景，計無萬里，南過戴日，是千里一寸，非其實差。焯今説渾，以道爲率，道里既定，得差乃審。既大聖之年，升平之日，釐改羣謬，斯正其時。請一水工，并解算術士，取河南、北平地之所，可量數百里，南北使正，審時以漏，平地以繩，隨氣至分，同日度景，得其差率，里即可知。則天地無所匿其形，辰象無所逃其數。超前顯聖，效象除疑，請勿以人廢言不用。

宋·王溥《唐會要》卷四二 渾儀圖

貞觀初，李淳風上言，靈臺候儀，是後魏遺範，法制疎略，難爲占步。上因令淳風改造渾儀，鑄銅爲之。至七年三月十六日，直太史局將仕郎李淳風鑄渾天黄道儀成，奏之。置于凝暉閣，其制度以銅爲之，表裏三重，下據準基，狀如十字，末樹鼇足，以表四極焉。

第一儀名六合儀。有天經雙規、渾緯規、金常規，相結于四極之內，備二十八宿、十干、十二辰，緯三百五十五度。

第二儀名三辰儀。圖徑八尺，有璿璣規、黄道規、月遊規，天宿矩度，七曜所行，并備于此，轉于六合之內。

第三儀名四遊儀。元樞爲軸，以連結玉衡遊筩而貫約規矩，又元樞北樹北辰。南距地軸，傍轉于內。又玉衡在元樞之間，而南北遊仰以觀天之辰宿，下以識器之晷度。因撰《法象志》七卷，以論前代渾儀得失之。

開元八年六月十五日，左金吾衛長史南宫説奏：渾天圖空有其書，今臣既修《九曜占書要》，須量校星象，望請造兩枚。一進內，一留曹司。許之。

九年，太史頻奏日蝕不效，詔改新曆。沙門一行奏曰：今欲創曆立元，須知黄道進退，請更令太史測候時。率府兵曹參軍梁令瓚，待制于麗正書院，因造游儀木樣，甚爲精密，一行乃上言曰：黄道游儀，古有其術，而無其器。以黄道隨天運動，難用常儀格之，故昔人潛思，皆不能得。今梁令瓚創造此圖，日道月交，莫不自然契合，既于推步尤要，望就書院，更以銅爲之，庶得考驗星度，無有差舛。從之。至十三年，造成游儀，又上疏曰：《舜典》云：在璿璣玉衡，以齊七政。説者以爲取其轉運者爲樞，持正者爲衡，皆以玉爲之，用齊七政之變。知其盈縮、進退、得失，政之所在。即古太史渾天儀也。自周室衰微，疇人喪職，其制度遺象，莫有傳者。漢興，丞相張蒼，首創律曆之學。至武帝，詔司馬遷等，更造漢曆，乃定東西，立晷儀，下漏刻，以追二十八宿相距星度，與古不同，故唐都分天部，洛下閎運算轉曆，今赤道曆星度，則其遺法也。後漢永元中，左中將賈逵奏曰：臣前上傅安等用黄道度日月弦望多合，近太史官一以赤道度之，不與天合，願請太史官日月宿簿，及星辰晷度，與待詔星官考校，奏可。問典星待詔姚崇等十二人，皆曰：星圖有規法，日月實從黄道，官無其器，不知施行。甘露二年，大司農丞耿壽昌奏以圓儀度日月行，考驗天運，日月行赤道，至牽牛東井，日行一度，月行十五度，至婁角，日行一度，月行十三度，此前代所共知也。是歲永元四載也。明年，始詔太史造黄道銅儀。冬至，日在斗十九度四分度之一，與赤道定差二度。史官以校日月弦望，雖密近而不爲望日，銅儀黄道，與度運轉難候，是以少終其事。其後劉洪因黄道渾儀，以考月行出入遲速，而後世治曆者，不遵其法，更從赤道命文，以驗賈逵所言，差謬益甚。此治曆者之大惑也。今靈臺鐵儀，後魏明元時，都匠斛蘭所造。規製樸略，度刻不均，赤道不動，乃如膠柱，不置黄道，進退無準，此據赤道月行，以驗入曆遲速，多者或至十七度，少者僅出十度，不足以上稽天象，敬授人時。近祕閣郎中李淳風著《法象志》，備載黃道渾儀法，以玉衡旋規，別帶日道，傍列二百四十九交以推月遊，用法頗雜，其術竟寢。臣伏承旨，更造游儀，使黃道運行，以追列舍之變。因二分之中，以立黃道，交于軫、奎之間，二至陟降二十四度。黃道之內，又施白道月環，用究陰陽朓朒之數，動合天運。簡而易從，足以制器垂象，永傳不朽。于是，上親爲製銘，置之于靈臺，以考星度、二十八宿及中外官。與古經不同者，凡數十條。又詔一行與梁令瓚，及諸術士，更造渾天儀，鑄銅爲之。若圓天之象，上具列宿、赤道及周天度數。注水激輪，令其自轉，一日一夜，天轉一周。又別置二輪，絡在天外，綴以日月，令得運行，每天西轉一帀，日東行一度，月行十三度十九分度之七。凡二十九轉有餘，而日月會。三百六十五轉，而日行帀。仍置木櫃，以爲地平，令儀半在地上，半在地下，晦明朔望，遲速有準。又立二木人于平地之上，前置鐘鼓，以候辰刻，每一刻作自然擊鼓，每一辰則自然撞鐘，皆于櫃中各施輪軸，鉤鍵交錯，關鎖相持。既與天道合同，當時甚稱其妙。鑄成，命之曰：水運渾天俯視圖，置于武成殿前，以示百寮。無幾而銅鐵漸澁，不能自轉，遂收置于集賢院，不復行。

宋・歐陽修等《新唐書》卷三一《天文志》 開元九年，一行受詔，改治新曆，欲知黃道進退，而太史無黃道儀，率府兵曹參軍梁令瓚以木爲游儀，一行是之，乃奏：「黃道游儀，古有其術而無其器，昔人潛思，皆未能得。今令瓚所爲，日道月交，皆自然契合，於推步尤要，請更鑄以銅鐵。」十一年儀成。一行又曰：「靈臺鐵儀，後魏斛蘭所作，規制朴略，度刻不均，赤道不動，乃如膠柱。以考月行，遲速多差，多或至十七度，少不減十度，不足以稽天象、授人時。李淳風黃道儀，以玉衡旋規，別帶日道，傍列二百四十九交，以攜月游，法頗難，術遂寢廢。臣更造游儀，使黃道運行，以追列舍之變，因二分之中，以立黃道，交於奎、軫之間，二至陟降，各二十四度。黃道內施白道月環，用究陰陽朓朒，動合天運。簡而易從，可以制器垂象，永傳不朽。」於是玄宗嘉之，自爲之銘。

又詔一行與令瓚等更鑄渾天銅儀，圓天之象，具列宿、赤道及周天度數。注水激輪，令其自轉，一晝夜而天運周。外絡二輪，綴以日月，令得運行。每天西旋一周，日東行一度，月行十三度十九分度之七，二十九轉有餘而日月會，三百六十五轉而日周天。以木櫃爲地平，令儀半在地下，晦明朔望遲速有準。立木人二於地平上：其一前置鼓以候刻，至一刻則自擊之；其一前置鐘以候辰，至一辰亦自撞之。皆於櫃中各施輪軸，鉤鍵關鏁，交錯相持。置於武成殿前，以示百官。無幾而銅鐵漸澁，不能自轉，遂藏於集賢院。

宋・陳祥道《禮書》卷三六《璿璣玉衡》 《書》曰：在璿璣玉衡，以齊七政。《易》曰：觀乎天文，以察時變。《周禮》：馮相氏掌十有二歲，十有二月，十有二辰，十日，二十有八星之位。辨其敘事，以會天位。保章氏掌天星，以志星辰日月之變動，以觀天下之遷，辨其吉凶，以星土辨九州之地，所封封域，皆有分星，以觀妖祥。匠人建國，夜考之極星，然則周之察侯，蓋亦不過璿璣玉衡之法而已。禮無明證，不可考也。荀卿曰：璇，玉，瑶珠。《說文》曰：璿，美玉也。孔穎達曰：以璿爲璣，以玉爲衡，璣爲運轉，衡爲橫簫，懸珠以象天，而以衡窺之。漢謂之渾天儀是也。蔡邕謂：衡長八尺，孔徑一寸。言天體者有三家，一曰《周髀》，二曰宣夜，三曰渾天。宣夜有其名而無說。《周髀》有其術而無驗。惟渾天爲近之，後世候壺銅儀則其法也。楊雄云：或問渾天，曰：落下閎營之，鮮于妄人度之，耿中丞象之，幾幾乎，莫之能違。問天，曰：蓋哉？應難未幾也。說者以蓋天爲《周髀》，則雄于二者，特取渾天而已。古之論《周髀》者，謂天地中高外下，北極所臨爲天地中，日月周行於旁，日近爲晝，日遠爲夜。論渾天者，謂地居中，而天周焉。日在地上爲晝，在地下爲夜，是以後漢張衡、鄭康成、陸績、吳之王蕃、晉之姜岌、葛洪、江南皮延宗、錢樂之徒，皆祖渾天而傳之，蓋其眡精，祲察災祥，有足驗焉，故也。

宋・鄒浩《道鄉集》卷三九《行狀》 元祐中，建請別製渾儀，因命公提舉，公既邃於律曆，又以吏部令史韓公廉，曉算術，有巧思，奏用之，且授以古法，爲臺三層，上設渾儀，中設渾象，下設司辰，貫以一機，激水轉輪，不假人力。時至刻臨，則司辰出告星辰、躔度所次，占候、測驗不差。晷刻、晝夜、晦明，皆可推見，前此未有也。

宋・史炤《資治通鑒釋文》卷二〇 黃道儀李淳風作黃道儀，以玉衡旋規，表裏三重，一曰六合儀，二曰三辰儀，三曰四游儀，皆用銅。

又黃道游儀一行受詔改治新曆，欲知黃道進退，而太史無黃道儀。梁令瓚以木爲游儀，一行是之，乃奏曰：李淳風黃道儀法頗難，術遂廢，臣更造游儀，使黃道交於奎、軫之間，內施白道月環，用究陰陽盈縮，動合天運，簡而易從也。其儀以古尺四分爲度，旋樞雙環，其表一丈四尺六寸一分，縱八分，厚三分，直徑四尺五寸九分，古所謂旋儀也。

宋・鄭樵《通志》卷一八三《藝術傳第三》 （信都芳）又著《樂書》、《遁甲經》、《四術周髀宗》。其序曰：漢成帝時，學者問蓋天。揚雄曰：蓋哉，未幾也。問渾天，曰：洛下閎爲之，鮮于妄人度之，耿中丞象之，幾乎，莫之息矣。此言蓋差，而渾密也。蓋器測景，而造用之日久，不同於祖，故云未幾也。渾器量天而作乾坤大象隱見難變，故云幾乎。是時太史令尹咸窮研晷蓋易古周法，雄乃見之，以爲難也。自昔周公定景王城，至漢朝蓋器一改焉，渾天覆觀以《靈憲》爲文，蓋天仰觀以《周髀》爲法，覆仰雖殊，大歸是一。古之人制者，所表天效元象。芳以渾算精微，術機萬首，故約本爲之省要，凡述二篇，合六法，名《四術周髀宗》。

宋·程大昌《演繁露》卷七　堯世已有渾儀，璿璣玉衡是也。晉世陸績始造渾象，其晷度與渾儀同，而形模與渾儀反。沈存中嘗譏世人混兩爲一，而未嘗明著其説，故見者未能豁然也。二器之寫天度，皆以渾天家爲主。而古人形容渾天，最能明的者，惟葛洪雞子之諭也。洪之説曰：天形如雞子，地形如雞子中黄，是爲天包地外，而地在天中也，渾儀也者，設爲四游儀，寫日月星宿於天盤之上，而包括乎厚地，正如雞子之殼也，是爲寫肖本形，而順以求之者也。至於渾象也者，設爲圓毬，而橅擬天度，以日星傅寘毬上，毬固可轉，而人遂俯觀，則天盤反在人下，是爲殊形詭制而合於理也。若即其狀，而詳言之，則如權衡之上，詳刻銖兩鈞斤，而人遂可俯首以觀者也。是如翻倒天度傳之於外，而人立天外，以行省眎者也。儀與象異者制，蓋如此也。至陶宏景，又出新意，造渾天象，高三尺許，地居中央，天轉而地不動，悉與天會。此則兼采儀象而兩用之矣。然天中雖立厚地，而元無所資於窺測，又不如四游儀，專橅天度，而日星半隱地下者，其制自具也，則其制稍贅，而不如渾象之切用，無欠，無餘也。

宋·羅泌《路史》卷一七《後紀八·疏仡紀》　朱紫陽曰：渾天儀，古必有其法，遭秦而滅。至漢武帝時，洛下閎始經營之，鮮于妄人又量度之。至宣帝時，耿壽昌始鑄銅而爲之象。宋錢樂爲鑄銅作渾天儀，衡長八尺，孔徑一寸，璣徑八尺，圜周二丈五尺强，轉而望之，以知日月星辰之所在，即璿璣玉衡之遺法也。歷代以來，其法漸密。宋朝因之，爲儀三重，其外曰六合儀，以其上下四方于是可考，故曰六合。次其内曰三辰儀，以其日月星辰于是可考，故曰三辰儀。其最在内曰四遊儀，以其南北東西無不周徧，故曰四遊，此其大略也。

宋·朱熹《通鑑綱目》卷二五上　宋鑄渾儀

初高祖克長安，得古銅渾儀，儀狀雖舉，不綴七曜，是歲詔太史令錢樂之更鑄渾儀，徑六尺八分，以水轉之，昏明中星與天相應。集覽渾儀注見梁孝元帝承聖三年。【略】

書法渾儀必書重象器也，是故宋鑄渾儀則書，是年唐造渾天儀則書，太宗貞觀七年造黄道遊儀則書，玄宗開元九年水運渾天成則書，開元十三年書渾儀，始此終綱目，書渾儀四，書儀一，唐高宗嗣聖三年。

宋·朱熹《通鑑綱目》卷三三　宋渾天儀，《春秋·文曜鉤》云：唐堯即位，羲、和立渾儀。《書·舜典》曰：璇璣玉衡，以齊七政。所謂璇璣者，謂渾天儀也。李淳風謂：璣衡爲渾天儀。鄭玄謂：以玉爲渾儀也。王蕃云：渾天儀，羲、和之舊器，積代相傳，謂之璣衡，其爲用也，以察三光，以分宿度者也。虞喜云：洛下閎爲漢武帝於地中轉渾天，定時節，作《太初曆》，或其所製也。和帝時詔賈逵造黄道銅儀，順帝時張衡更以銅製於密室中，具内外規，南北極，黄赤道，列二十四氣、二十八宿，中外星官及日月五緯，以漏水轉之於殿下室内，令司之者閉户而唱也，以告靈臺之觀天者，璇璣所加，某星始見，某星已中，某星已没，皆如合符。《隋志》曰：梁華林重雲殿前所置銅儀，檢其鐫題，是僞劉曜時孔挺所造，則古渾儀之法也。而宋何承天、徐爰咸以爲即張衡所造。魏晉喪亂，沉没西戎。義熙十四年，宋高祖定咸陽得之。文帝元嘉十三年詔錢樂之采效儀象鑄銅爲之。到元嘉十七年又作小渾天，二分爲一度，徑二尺二寸，周六尺六寸，安二十八宿，中外星官備足。隋高祖平陳得宋氏渾儀之器，歸于長安，煬帝初移於東都觀象殿。又《渾天儀注》見：漢順帝陽嘉二年梁銅晷表。《隋志》曰：先儒皆云夏至立八尺之表於潁川陽城，景與圭等。《書緯·考靈曜》曰：日永景尺五寸，日短景尺三寸。《易緯·通卦驗》曰：冬至之日植八尺之表，日中視其晷景長短，以占和否。梁天監中，祖暅造八尺銅表，其下與土圭相連，圭上爲溝置水以取平正，揆測日景。大同中，太史令用九尺表格江左之景，陳氏惟用梁法焉。又土圭注見：晉安帝義熙十三年。

宋·朱熹《通鑑綱目》卷三九下　造渾天儀

直太史李淳風以靈臺候儀制度疏略，但有赤道，更請造渾天黄道儀，至是奏之。集覽靈臺候儀作儀，以推候天地也。浮屠一行曰：靈臺鐵儀，後魏斛蘭所作，規制朴略，度刻不均，赤道不動，乃如膠柱，以考月行遲速多差。渾天黄道儀《渾天儀注》見：漢順帝陽臺二年，《黄道游儀注》見：玄宗開元九年。質實李淳風岐州人。

宋·朱熹《通鑑綱目》卷四三上　集覽僧一行更造新曆。一行名也，姓張氏，郯國公公謹之孫，爲僧隱嵩山。詔新造曆，一行于是推大衍數，立術以應之，撰開元《大衍曆》。道士邢和璞嘗謂尹愔曰：一行其聖人乎。漢時洛下閎造曆云：後八百歲當差一日，必有聖人正之。今年期畢矣，而一行造《大衍》正其差謬，則洛下閎之言信矣。梁令瓚造黄道遊儀，一行改造新曆，欲知黄道進退，而太史無黄道儀，梁令瓚以木爲遊儀，一行是之，乃奏曰：李淳風黄道儀法頗難，術遂廢，臣更造遊儀，使黄道交于奎、軫之間，內施白道月環，簡而易從，其儀以古尺四分爲度，旋樞雙環，其表一丈四尺六寸一分，縱八分，厚三分，直徑四尺五寸九分，古所謂旋儀也。案：李淳風黄道儀以玉衡旋璣，表裏三重，其在外者曰六合儀，次其内曰三辰儀，其最在内者曰四遊儀。四遊者，以其東西南北無不周徧也。《舜典》璿璣玉衡下；蔡氏傳頗詳，南宫説南宫複姓，説名也。【略】

冬十月作水運渾天成質實。《水運渾天注》見：漢順帝陽嘉二年。水運渾天，上其列宿，注水激輪，令其自轉，晝夜一周，别置二輪，絡在天外，綴以日月，逆天而行，淹速合度，置木匱爲地平，令儀半在地下，又立二木人，每刻擊鼓，每辰擊鐘，機械皆藏匱中。

宋·朱熹《晦菴集》卷四四　答江德功

熹災病相仍，衰悴萬狀，昨被按刑之命，判不能往赴矣。正初忽聞奏事，指揮疲曳，進趍尤覺費力，專人懇辭，竟不得命，旦夕不免就道，或入文字而於前路俟報，萬一不獲，即一到都下面而歸度，此衰殘必蒙聖照也。所示諸經序解，偶此冗劇，未及細看，然觀大略，似亦未離舊處也。渾儀詩甚佳，其間黄簿所謂渾象者是也。三衢有印本，蘇子容丞相所撰《儀象法要》，正謂此俯視者爲渾象也。但詳吴禄所説，平分四孔，加以中星者，不知是物如何制作，殊不可曉，恨未得見也。

答江德功

老病之餘，扶曳造朝，自取羞辱，雖幸天日有以辨明，然罪終有未盡滌者，已力請奉祠矣。理直義明，計必可得，不然雖使得罪，亦勝忍耻作官也。璣衡之制，在都下不久，又苦足痛未能往觀，然聞極疎略，若不能作水輪，則姑亦如此可矣。要之以衡窺璣，仰占天象之實，自是一器。而今人所作小渾象，自是一器，不當并作一説也。元祐之制極精，然其書亦有不備，乃最是緊切處，必是造者秘此一節，不欲盡以告人耳。

宋·朱熹《晦菴集》卷六五　在璿璣玉衡，以齊七政。

在，察也。美珠謂之璿。璣，機也。以璿飾璣，所以象天體之運轉也。衡，横也，謂衡簫也，以玉爲管，横而設之，所以窺璣而察七政之運行，猶今之渾天儀也。齊，猶審也。七政，日、月、五星也。七者運行於天，有遲有速，有順有逆，猶人君之有政事也。言舜初攝位，乃察璣衡，以審七政之所在，以起渾天儀。《晉天文志》云：言天體者有三家，一曰《周髀》，二曰宣夜，三曰渾天。宣夜絶無師説，不知其狀如何。《周髀》之術，以爲天似覆盆，蓋以斗極爲中，中高而四邊下，日月旁行遶之，日近而見之爲晝，日遠而不見爲夜。蔡邕以爲考驗天象，多所違失。渾天説曰：天之形狀似鳥卵，地居其中，天包地外，猶卵之裹黄，圓如彈丸，故曰渾天，言其形體，渾渾然也。其術以爲天半覆地上，半在地下，其天居地上，見有一百八十二度半強，地下亦然。北極去地上三十六度，南極入地亦三十六度。而嵩高正當天之中，極南五十五度，當嵩高之上，又其南十二度，爲夏至之日道，又其南二十四度，爲冬至之日道，南下去地三十一度而已。是夏至日北去極六十七度，春秋分去極九十一度，冬至去極一百一十五度，此其大率也。其南、北極持其兩端，其天與日月星宿斜而廻轉，此必古有其法，遭秦而滅。至漢武帝時，落下閎始經營之，鮮于妄人又量度之。至宣帝時，耿壽昌始鑄銅而爲之象，衡長八尺，孔徑一寸，璣徑八尺，圓周二丈五尺強，轉而望之，以知日月星辰之所在，即此璿璣玉衡之遺法。蔡邕以爲近得天體之實者也。○沈括曰：舊法規環一面刻周天度，一面加銀丁，蓋以夜候之天晦，不可目察，則以手切之也。古人以璿飾璣，疑亦爲此。○今按此以漢法逆推古制，然歷代以來，其法漸密，本朝因之，爲儀三重，其在外者曰六合儀，平置單環，上刻十二辰、八干、四偶在地之位，以準地而面定四方，側立黑雙環，具刻去極度數，以中分天脊，直跨地平，使其半出地上，半入地下，而結於其子午，以爲天經，斜倚赤單環，具刻赤道度數，以平分天腹，横繞天經，亦使半出地上，半入地下，而結於其卯酉，以爲天緯，二環表裏相結不動，其天經之環，則南北二極皆爲圓軸，虚中而内向，以挈三辰四遊之環，以其上下四方於是可考，故曰六合。次其内曰三辰儀，側立黑雙環，亦刻去極度數，外貫天經之軸，内挈黄赤二道，其赤道則爲赤單環，外依天緯，亦刻宿度而結於黑雙環之卯酉，其黄道則爲黄雙環，亦刻宿度，而又斜倚於赤道之腹，以交結於卯酉，而半入其内，以爲春分後之日軌，半出其外，以爲秋分後之日軌，又爲白單環，以承其交，使不傾墊。下設機輪，以水激之，使其日夜隨天東西運轉，以爲象天行，以其日月星辰於是可考，故曰三辰。其最在内者曰四遊儀，亦爲黑雙環，如三辰儀之制，以貫天經之軸，其環之内則兩面當中各施直距，外跓損兩軸，而當其要中之内，又爲小竅，以受玉衡，要中之小軸，使衡既得隨環東西而運轉，又可隨處南北低昂，以待占候者之仰窺焉。以其東西南北無不周徧，故曰四遊，此其法之大略也。曆家之説，又以北斗魁四星爲機，杓三星爲衡，今詳經文，簡質不應，北斗二字乃用寓名，恐未必然，姑存其説，以廣異聞。

宋·魏了翁《尚書要義》卷二　璣爲轉運，衡爲横簫，即渾天儀

璣衡者，璣爲轉運，衡爲横簫，運璣使動於下，以衡望之，是王者正天文之器。漢世以來，謂之渾天儀者是也。馬融云：渾天儀可旋轉，故曰璣衡，其横簫所以視星宿也。以璿爲璣，以玉爲衡，蓋貴天象也。蔡邕云：玉衡長八尺，孔徑一寸，下端望之，以視星辰，蓋懸璣以象天而衡望之，轉璣窺衡，以知星宿，是其説也。七政，以政有七，於璣衡察之。十一宣夜無傳，周髀術在，惟渾儀爲長

蔡邕《天文志》云：言天體者有三家，一曰《周髀》，二曰宣夜，三曰渾天。宣夜絶無師説。《周髀》術數具在，考驗天象，多所違失，故史官不用。惟渾天者，近得其情，今史所用候臺銅儀則其法也。虞喜云：宣，明也。夜，幽也。幽明之數，其術兼之，故曰宣夜。但絶無師説，不知其狀如何。《周髀》之術，以爲

天似覆盆，蓋以斗極爲中，中高而四邊下，日月旁行遶之，日近而見之爲晝，日遠而不見爲夜。渾天者以爲地在其中，天周其外，日月初登於天，後入於地，晝則日在地上，夜則日入地下。王蕃渾天説曰：天之形狀似鳥卵，天包地外，猶卵之裏黄，圓如彈丸，故曰渾天，言其形體，渾渾然也。其術以爲天半覆地上，半在地下，其天居地上，見有一百八十二度半強，地下亦然。北極出地上三十六度，南極入地下亦三十六度，而嵩高正當天之中，極南五十五度，當嵩高之上，又其南十二度，爲夏至之日道，又其南二十四度，爲春秋分之日道，又其南二十四度，爲冬至之日道，南下去三十一度而已。是夏至日北去極六十七度，春秋分去極九十一度，冬至去極一百一十五度，此其大率也。其南北極持其兩端，其天與日月星宿斜而迴轉，此必古有其法，遭秦而滅。《揚子法言》云：或問渾天，曰：洛下閎營之，鮮于妄人度之，耿中丞象之，幾乎？幾乎？莫之能違也。是揚雄之意，以渾天而問之也。閎與妄人，武帝時人，宣帝時司農中丞耿壽昌始鑄銅爲之象，史官施用焉。後漢張衡作《靈憲》以説其狀。蔡邕、鄭玄、陸績、吴時王蕃、晉世姜岌、張衡、葛洪皆論渾天之義，並以渾説爲長。江南宋元嘉年，皮延宗又作是渾天論，太史丞錢樂鑄銅作渾天儀，傳於齊梁。周平江陵遷其器於長安，今在太史書矣。衡長八尺，璣徑八尺，圓周二丈五尺強，轉而望之，有其法也。

宋·章如愚《山堂考索》前集卷九《經史門》

《靈憲圖》（藝文）、《渾天儀》則張衡爲之；《渾天象注》，則吴王蕃爲之；《天儀説要》，則陶洪景爲之；《靈臺祕苑》，則庾季才爲之；而《釋周髀乾坤祕奥法象志》，則李淳風爲之。（與天剛集）

宋·章如愚《山堂考索》前集卷五六《曆數門》

三家言天。古之言天者有三家，一曰蓋天，二曰宣夜，三曰渾天。晉劉智云：顓帝造渾儀，黄帝爲蓋天。渾天漢蔡邕言：宣夜之學，絶無師法，《周髀》術數具存，考驗天狀，多所違失。渾天近得其情，今史官候臺所用銅儀，則其法也。立八尺之圓體，而具天地之形，以正黄道，察法斂，以行日月，步五緯，官有其器，而無本書。

蓋天，蔡邕所謂《周髀》者即蓋天之説也。其本包羲氏立周天曆度，其所傳則周公受之於商，故曰《周髀》。其言天似蓋笠，地法覆盆，天地各中高外下，北極之下爲天地之中，三光隐映，以爲晝夜。天地聳高相從，日去地常八萬里，日麗天而平轉，分冬夏之間，日前行道爲七衡六間，每衡周經里數，惟晷影以爲遠近之數。又云天圓如張蓋，地方如棊局，天旁轉如推磨而左行，日月右行，隨天左轉，故日月實東行，而天牽之以西没，譬之蟻行磨石之上，磨左旋而蟻右行，磨疾而蟻遲，故隨磨而左回焉。天形南高而北下，日出高故見，日入低故不見。天之居如倚蓋，故極在人北，是其證也。極在天之中，而今在人北，所以知天之形如倚蓋也。日朝出陽中，暮入陰中，陰氣暗冥，故没不見。夏陽多陰少，日出即見，故夏日長。冬陰多陽少，掩日之光，故冬日短。《隋書·負蓋志》曰：昔者先王正曆明時，作員蓋以圖列宿，極在其中，迴之以觀天象，分三百六十五度四分度之一，以定日數。日行於星紀，轉迴右行，故圜規之以爲日行道欲明其四時所在，故於春以青爲道，於夏以赤爲道，於秋則以白爲道，於冬則以黑爲道，四季之末各十八日，則以黄爲道。蓋圖以定，仰觀雖明，而未可以正昏旦、分晝夜，故作渾儀，以象天體。開皇以後，靈臺以後魏鐵渾天儀測七曜盈縮，以蓋圖分列星、分黄赤二道，距二十八宿分度，而莫有更爲渾象者矣。《唐志》蓋天之説，李淳風以爲天地中高而四潰，日月相隱蔽，以爲晝夜。遶北極常見者，謂之上規，南極常隱者，謂之下規，赤道横絡者，謂之中規。及一行考月行，出入黄道，爲圖三十六究九道增損，而蓋天之狀見矣。削蔑爲變與圖等，自中樞之外，均刻百四十七度，度之末旋爲外規，規外太半度再旋爲重規，又爲赤道帶天之紘。距極三十五度，爲内規，乃步冬至日旋所在，以正辰次之中。按：渾儀所測仰視小殊者，由渾儀去南極漸近，其度益狹，而蓋圖漸遠，其度益廣，若攷其去極入宿數，移於渾天則一也。

宣夜，宣夜之書，絶無師法，惟漢郄萌云：天本無質，仰而瞻之，高遠無極，日月衆星，自然浮生虚空之中，其行其止，皆須氣焉。是以七曜伏見無常，進退不同，由乎無所根繫，故各異焉，故辰極常居其所，而北斗不與衆星西没。攝提、填星皆東行，日行一度，月行十三度，遲速任情，其無所繫，可知矣。晉咸康中，虞喜因宣夜之説，作《安天論》，以爲天高窮於無極，地深極於不測。天有常安之形，地有居静之體，方則俱方，員則俱員，無方員不同之義也。光耀布列，各自運行。葛洪聞而譏之曰：苟辰宿不躔於天，天爲無用，便可以言無，何必云有之而不動乎？稚川可謂知言之選也。虞聳作《穹天論》云：天形穹窿如鷄子，幕其際周四海之表，浮于元氣之上，譬如覆奩，以抑水而不没者，氣充其中也。日繞辰極没西而還東，不出入地中。天之有極，猶蓋之有斗也。日行黄道，繞極北去黄道百一十五度，南去黄道六十七度，二至之所至，以爲短長。吴姚信作《昕天論》云：天之體南低入地，北則偏高，冬至極低，而天運近南，故日去人遠，斗去人近。夏至極起，而天運近北，故日去人近，而斗去人遠。極之立時，日行地中淺，故夜短，天去地高，故晝長也。極之低時，日行地中深，故夜長，天去地淺，故晝短。自虞喜、虞聳、姚信，皆好奇狗異之説，非極數談天者也。

渾天，《春秋·文耀鈎》云：唐堯即位，羲、和立渾儀。《虞書》舜在璇璣玉衡，以齊七政，所謂璇璣者，謂渾天儀也。先儒或因北斗第二星名璇，第三名璣，第五名玉衡，即以爲北斗七星，莫之或辨焉。李淳風謂璇璣爲渾天儀。鄭玄謂以玉爲渾儀也。唐李淳風曰：璇璣玉衡，即渾天儀也。王蕃云：渾天儀，羲、和之舊器，積代相傳，謂之璣衡。又虞喜云：洛下閎爲漢武帝於地中轉渾天，定時節，作《太初曆》，或其所製也。和帝時，太史揆候皆以赤道儀與天度頗有進退。至永元十五年，詔賈逵造太史局黃道銅儀。延熹中，張衡更以銅製於密室中，具内外規，南北極，黃赤道，列二十四氣，二十八宿，中外星官，及日月五緯，以漏水轉之於殿上室内，令司之者閉户而唱也，以告靈臺之觀天者，璇璣所加，某星始見，某星已中，某星已没，皆如合符。崔子玉爲其銘曰：數術窮天地，制作侔造化，高才偉藝，與神合契。吴時王蕃以古制局小，張衡所作又復傷大，而制儀立論考度曰：前儒舊説，天地之體，狀如鳥卵，天包地外，猶殼之裹黃也。周旋無端，其形渾渾然，故曰渾天也。周天三百六十五度五百八十九分度之百四十五。半覆地上，半在地下，其二端謂之兩極。北極出地三十六度，南極入地三十六度，兩極相去一百八十二度半强，繞北極徑七十二度，常見不隱，謂之上規。繞南極七十二度，常隱不見，謂之下規。赤道帶天之紘，去兩極各九十一度少强。黃道日之所行也，半在赤道外，半在黃道内，與赤道東交於角五少弱，西交於奎十四少强。其赤道外極遠者，去赤道二十四度，斗二十一度是也。其入赤道内極遠者，亦二十四度，井二十五度是也。北極規道之行度，日南至在子二十一度，去極百十五度少强是也。日最南去極最遠，故景最長，黃道斗二十一度，出辰入申日晝行地上，百四十六度强，故日短。夜行地下，二百一十九度少弱，故夜長。自南至之後，日去極稍近，故景稍短，日晝行地上度稍多，故日稍長，夜行地下度稍少，故夜稍短，日所在度稍北，故日稍北，以至於夏至日在井二十五度，去極六十七度少强，是日最北，去極最近，景近，景最短。黃道井二十五度，出寅入戌，故日亦出寅入戌，日晝行地上二百一十九度少弱，故日長，夜行百四十六度强，故夜短，自夏至之後，日去極稍遠，故景稍長，日晝行地上度稍少，故日稍短，夜行地下度稍多，故夜稍長，日所在度稍南，故日出稍南，以至於南至而復初焉。此日冬夏至之度，斗二十一，井二十五，南北相應，四十八度。春分日在奎十四少强，秋分日在角五少弱，此黃赤二道之交中也。去極俱九十一度少强，南北處斗二十一，井二十五之中，故景居二至長短之中，奎十四，角五，出卯入酉，日亦出卯入酉，日晝行地上，夜行地下，俱百八十二度半强，故日見伏之，漏俱五十刻，謂之晝夜同，此日二分之度。《隋志》曰：梁華林重雲殿前所置銅儀，檢其鐫題，是僞劉耀時孔挺所造，則古渾儀之法也。宋何承天之徒，咸以爲即張衡所造，其儀略舉天狀，而不綴經星、七曜。魏晉喪亂，沉没西戎。義熙中，宋高祖定咸陽得之，然失之遠矣。後漢命晁崇修渾儀，以觀星象。後永興中，詔造太史候部鐵儀，其制並以銅鐵，惟星度以銀錯之。《唐志》曰：貞觀初，李淳風上言云：漢洛下閎作渾儀，其後賈逵、張衡等亦各有之，而推驗七曜，並循赤道，按冬至極南，夏至極北，而赤道常定於中，國無南北之異，蓋渾儀無黃道久矣。太宗異其説，因詔爲之。至七年儀成。表裏三重，一曰六合儀，二曰三辰儀，三曰四游儀，皆用銅，帝稱善，置於凝暉閣。開元九年，一行受詔改治新曆，故知黃道進退，而太史無黃道儀。梁令瓚以木爲游儀，一行更鑄爲銅鐵。十一年儀成，一行又曰：靈臺鐵儀，後魏斛蘭所作，規制朴略，制度不均，赤道不動，以考月行，遲速多差。淳風黃道儀，以玉衡旋規，别帶日道，傍列二百四十九交以鑴四游，法頗難。臣更造游儀，使黃道運行，以追列舍之變，因二分之中，以立黃道，交於奎、軫之間，二至陟降各二十四度。黃道内施白道月環，則究陰陽朓朒，動合天運，簡而易從。玄宗嘉之，自爲之銘。又詔一行、令瓚等更鑄渾天銅儀，圖天之象，具列宿道，乃周天度數，注水激輪，令其自轉，一晝夜而天運周，外絡二輪，綴以日月，令得運行，每天西旋一周，日東行一度，月行十三度十九分度之七，二十九轉有餘而日月會，三百六十五轉而日周天。無幾，而銅儀漸澁，不能自轉，而遁藏於集賢院。其黃道游儀，古所謂旋儀也。其赤道當天之中，以分列宿之度，黃道斜運，以明日月之行，乃立八節、九限，校二道差數，著之曆經，此渾儀之制也。渾天象者，其制有璣無衡。梁末祕府以木爲之，由斯而言儀象，云二氣遠不相涉，以則張衡所造，蓋亦止於渾天七曜，而何承天莫辨儀象之異，亦爲乖矣。宋文帝元嘉詔錢樂之采効儀象，鑄銅爲之，梁末置於文德殿前。吴時陸績作渾象，形如鳥卵，以施二道，不得如法。又有葛衡，改作渾天，使地居天中，以機動之，天動而地止，以上應晷度。到元嘉十七年，又作小渾天，以白青黃三色珠爲三家星，其日月五星悉居黃道，以象天運而地在其中。宋所造儀象器，隋大業初移於東都觀象殿。晉劉智曰：顓帝造渾儀，黃帝爲蓋天，此二器皆古聖王之制作也。説者乃云：始自張衡，非也。虞喜云：洛下閎周而渾天，又在張平子前也。後漢賈逵，永元中造黄道儀，張衡始以延熹七年，更造銅儀，後王蕃、陸績、晁崇、劉卓、李淳風皆修渾儀之法。

諸儒論三家異同。漢末揚子雲難蓋天八事以通渾天：其一論周天之度差；其二論春秋分之日，晝夜之刻不同；其三論星之見伏，隨日之出入不同；其四論天河之曲直不同；其五論二十八宿顯見之多少；其六論日托天而旋，日出地下，而影上行，何也；其七論日與北斗遠近、小大之異；其八論北極爲天轂，二十八宿爲天輻，其疎密不同，何也。其后桓譚、鄭玄、蔡邕、陸績，各陳《周髀》考驗天狀，多有所違。逮梁武帝於長春殿講義，别綴天體，全同《周髀》之文，善立新意，以排渾天而已。漢王仲壬據蓋天之説，以駁渾儀之舊説，天從地下過，天何得從水中行乎，甚不然也。日隨天而轉，非入地，今視日入，非入也，遠使然耳。日月本不貟也，望之所以貟者，去人遠也。葛洪釋之曰：渾天儀注云：天如鷄子，地如鷄子黄，孤居於天内，天大而地小，表裏有水，天地各隨氣而立，載水而行，周天三百六十五度四分度之一，又中分之，則半覆地上，半繞地下，故二十八宿，半見半隱，天轉如車轂之運也。諸論天者雖多，然精於陰陽者，莫密於渾象也。若天果如渾天者，則天之出入，行於水中，爲的然矣。故黄帝書曰：天在地外，水在天外，水浮天而載地者也。天出入水中，當有何損，而王生謂不可乎。又曰：今視諸星出於東者初，但去地少許爾，漸而西行，先經人上，后遂西轉而下焉，不旁旋也。其先在西之星，亦稍下而没，無比轉者，日之出入亦然。若謂天如磨石轉者，衆星日月宜隨天而廻，初在於東，次徑於南，次到於西，次反於北，而復還於東，不應横過去也。今日出於東，冉冉轉上，及其入西，亦復漸漸稍下，都不繞邊北去。如此王生必謂爲不然者，踈矣。若日以轉遠之故，但當光耀不能復来，照及人耳，宜猶望見其所在，不應都失見其所在也。日光大於星多矣。今見北極之小星，而不見日之在北者，明其不北行也。若曰：以轉遠之故，不復可見，其北入之間，應當稍小，而日方入時乃大，非轉遠之驗也。王生以火炬諭日，謬矣。又日之入西方，視之，稍稍去初尚有半，如横破鏡之狀，湏臾淪没矣。若如王生之言，日轉北去有半者，其北都没之頃宜先如直破鏡之狀，不應如横破鏡也。如此言之曰：入而方不亦孤子乎。又云：水火者，陰陽之餘氣也。若水火是日月所生，則亦何得盡如日月之員乎。王生又云：遠故視之員，若審然者，日月初生之時，及既虧之後，何以視之不貟乎，而日食或上或下，從側而起，或如鉤至，盡若遠視，見貟不宜見之殘缺，左右所起也。此則渾天之體，信不誣矣。以上用晉、隋、唐《天文志》所修。揚子或問渾天，曰：洛下閎營之，鮮于妄人度之，耿中丞象之，幾乎，幾乎，莫之能違也。問蓋天，曰：蓋哉，蓋哉，應難未幾也。説者以蓋天爲《周髀》。注云：蓋天即《周髀》也，其本包羲氏立周天之度，其所傳，則周公受之於商，而周人志之，故曰《周髀》，言天似蓋笠，地法覆槃。則雄於二者特取渾天而已。古之論《周髀》者，謂天地中高外下，北極所臨爲天地中，日月周行於旁，日近爲晝，日遠爲夜。論渾天者，謂地居中而天周焉，日在地上爲晝，日在地下爲夜，是以後漢張衡、鄭康成、陸績、吴之王蕃、晉之姜岌、葛洪、江南皮延宗、錢樂之司徒，皆祖渾天而傳之，蓋其眂精祲察災祥有足驗也。陳禮書國朝太平興國中，張思訓造新銅儀，言：古之制作，運動以水，疎略既多，寒暑無準，今以水銀代水，運動不差。詔置文明殿。至道中，韓顯符新鑄渾儀，其制用雙規，詔司天監築臺置之。大中祥符三年造成，詔龍圖閣移之。其制爲天輪二，各分三百六十二度，又爲黄赤道，亦管於側輪中，測日、月、星辰行度，皆無差。皇祐三年，李晦言重定渾儀已成，欲乞依唐制。從之。熙寧七年，沈括以新定渾儀進呈，上領之。《宋朝會要》

宋朝渾儀。太平興國四年正月，司天監學生張思訓造新渾儀成，詔置文明殿東南之鐘鼓樓，以思訓爲渾儀丞。注思訓敘渾儀制度，云云爲七直人，左撼鈴，右扣鐘，中擊鼓，以定刻數，又十二神報十二時刻數，定晝夜短長，上列三百六十五度，紫微宫及周天，列象井斗，建黄赤二道，太陽行度，定寒暑進退。又古之制作，運動以水，疏略既多，寒暑無准。臣今以水銀代水，運動不差。且冬至之日在黄路，表去北極最遠，謂之寒，晝短夜長。夏至之日在赤路，表去北極最近，謂之暑，晝長夜短。春秋二分曰在兩交，春和秋凉，晝夜復等，寒暑進退皆由於此舊制，太陽晝夜行度，行皆行手運。臣今所製，取於自然。又按：唐開元中，詔僧一行與梁令瓚及諸衛士造天儀，鑄銅爲日月周天之象，上具列宿、赤道及天數度，注水激輪，令其自轉，一日一夜天轉一周，又别立二輪，絡此天外，綴以日月，合得運行，每天西轉一匝，日東行一度，月行十三度十九分度之七，凡二十九輪有餘而日月會，三百六十轉而日行匝。仍置木櫃，以爲地平，儀半在地上，半在地下，晦明朔望，遲速而有準。又立二木人於地平之上，前置鐘鼓，以候辰刻，則自然撞鐘，皆櫃中各於鉤軸定交錯，關鎖相持。後銅鐵漸澁，不能自轉，不復行用。令思訓以木偶人爲土直神，搖鈴、撞鐘，及十二神自執牌，循環而出，并著日月星辰，皆須仰視，其機轉之用，俱隱樓中，觀其制度，頗有開元遺象。至道元年，司天秋官正韓顯符造新渾儀，詔司天監築臺置，仍以其事付史館。注顯符衡新鑄儀制，凡九事。云云大中祥符，三年閏二月，司天監言冬官正韓顯符造銅渾儀成，詔移入龍圖閣，令顯符選學中可教者，傳授其業。十一月召輔成觀銅渾儀，其制爲天輪二，一平，一側，各分三百六十二度，又爲黄赤道立管於側輪中，以測日月星辰行度，皆無差。宣祐二年十二月，司天夏官李用晦言重定渾儀，鑄造以成，欲乞依唐李淳風一行舊制，紀以年月，以永將来。從之。治平四年十一月，天章閣待制孫思恭奉詔看詳翰林天文院渾儀，如已得漢唐古法，即依製造渾儀，雖依唐梁令瓚法，其環固重大，黄道運轉澁滯，經久未便，其司天監渾儀、遊規運轉却且依常，其黄道鑄定不動。熙寧七年六月，同提舉司天監沈括以新定渾儀進呈，上召轉臣觀之，數問括，括具對，所以改更之理。

宋·章如愚《山堂考索》前集卷五八《天文門地理門》 渾天儀

故歷代所用，多用渾天。本朝韓顯符《渾天法象》序曰：自伏羲立渾儀，測北極高下，量日影短長，定南北東西，觀星間廣狹，則伏羲已有渾儀矣。《隋志》曰：唐堯即位，羲、和立渾儀，舜璿璣玉衡，以齊七政，而璿璣即渾天儀也。是知渾儀者，實天地造化之準，陰陽曆數之元。自古聖帝明王，莫不用是，以精詳天象，故前漢則有洛下閎渾天儀，東漢則有張衡渾天儀，在吴則有王蕃渾天儀，在晉則有陸績渾儀，在宋元嘉中則有錢樂之渾天儀，唐貞觀則有李淳風渾天儀，在開元則有梁令瓚黄道游儀，而其中之最精詳者，則漢之張衡、唐之李淳風爲可考也。張衡之儀，以八尺圖體，而具天地之象，則有内規、外規，有南極、北極，有黄道、赤道，以至于二十四氣，二十八宿，與夫日、月、五星之屬，莫不咸在。轉之以漏水，告之於靈臺，而星中出没，與天相值，若合符節。故崔子玉爲之銘曰：其數術窮天地，制作侔造化。范曄云：其範圍兩儀天地旡所蘊其靈，陸公紀之徒，以爲推步七曜之道，度曆象昏明之證候，校以四八之氣，考以刻漏之分，占晷景之往來，求形證于事情，莫密於此。則張衡之渾天爲可考也。淳風之儀，表裏三重：曰六合儀，曰三辰儀，曰四遊儀，皆儀之别也。天經、金渾、金常、璿璣者，儀中之規也。上列十日、十二辰、三百六十五度，中著日、月、五星、列宿相距，下爲元樞，主衡遊以横筩，以觀象而察器者，儀之用也。推驗之法，本於黄道，蓋帶天之中，距極南、北定而不易者，赤道也。視日所照，以爲光道，發斂不時者，黄道也。治曆者不難於筭平朔，而難於定氣差。制儀者不難於規赤道，而難於規黄道，是以太宗置於凝暉，而用以測候，此則淳風之渾儀爲可考也。漢自張衡渾儀之外，而洛下閎之儀，君子亦有取焉。《晉志》曰：漢太初洛下閎等造員儀，以攷曆度。揚子雲論渾天亦曰：洛下閎營之，鮮于妄人度之，耿壽昌象之，幾幾乎，莫能違也。此豈非洛下閎之可取者乎。唐自李淳風之後，梁令瓚之黄道游儀，君子亦有取焉。《唐志》曰：令瓚以木爲游儀，使黄道運行，以追列舍之變，因二分之中，以立黄道，以赤道定位，黄道游仰月環白道，動與天合，簡而易從，一行是之，乃奏令瓚所爲日道，月交皆自然契合，於推步尤要。此豈非梁令瓚之可取者乎。其他如後漢之銅儀，則有以銅而爲儀者矣。後魏之鉄儀，則有以銕而爲儀者矣。宋元嘉之小儀，則曰小渾天。李淳風之木渾，則曰木渾圖。唐明皇武成殿之水渾天，則運以水者也。張平子之候風地動儀，則又用之以測地者也。若夫曰赤道，曰黄道，此其法之不同者也。曰单規，曰雙規，曰雙環規，其制之不同者也。蓋至本朝張思訓之渾儀，則作於太平興國之中，其制則有地軸、地輪、地足之異，有横輪、側輪、斜輪之别，晝夜長短之刻，日月五星之度，皆具焉。而其機轉之用，皆隱於樓中，此又踵一行、令瓚之遺象者也。韓顯符之渾儀則成於大中祥符之間，其制則有游規、直規之别，黄道、赤道之分，曰窺管，曰平準，皆其儀之號也。曰龍柱，曰水臬，皆其號之殊也。此又本乎淳風、一行之遺法者也。嘗觀蘇頌上《儀象法要》於元祐中，有曰：古人測候天數，其法有二，一曰渾天儀，二曰銅候儀。又按吴王蕃云：渾天儀者，羲和之舊器，又有渾天象者，以著天體，以布星辰，二者以考於天，蓋密矣。詳此則渾天儀、銅候儀之外，又有渾天象，凡三器也。渾天象，歷代罕傳其象，惟《隋書志》稱梁秘府有之，云元嘉中所造。由是言之，古人候天具此三器，乃能盡妙。今惟一法，誠恐未得精密。古人言天有《周髀》之術，以鉤股法推考天度。若通此筭術，則天數從可知矣。唐開元中，太史監南宫説等，馳往安南蔡蔚等州，測候日景。一行以南北日影校量，用交股法筭之，即此法也。雖然一行作大衍曆，詔太史測天下之晷，求其地中，以爲定數，其議曰：周禮大司徒以土圭之法，測土深，日至之景，又有五寸謂之地中。鄭氏以爲日景於地千里而差一寸。南宫説擇河南平地度之，大率五百餘里，晷差一寸。而舊説謂王畿千里，影差一寸，妄矣。原古人所以步圭影之意，將以節宣和氣輔相物宜，不在於辰次之周徑，其所以重曆數之意，將以恭授人時，欽若乾象，不在於渾蓋之是非。若乃述旡稽之法，於視聽之所不及，則君子當缺而不議也，而或者各守所傳之器，以衍天體，謂渾元可任效而測，天象可運筭而闕，迭爲矛盾，誠以爲蓋天耶。則南方之度漸狹，果以爲渾天耶，則北方之極浸高，此二者，蓋渾蓋之家，盡智畢誠，未有能通其説也。則王仲壬、葛稚川區區於異同之辨，何益人倫之化哉。凡晷度冬夏不同，南北亦異，先儒一以里數齊之，遂失其實，今更爲覆矩圖，南自丹穴，北暨幽都，每極移一度，輒累其差，可以稽日食之多少，定晝夜之長短，而天下之晷，皆叶其數矣。唐末邊罔修曆術，服其精粹，以爲不刊之數也。昭宗

宋·章如愚《山堂考索》别集卷一七《曆門》 渾天儀

古制至宋朝而備，歷代以來，其法漸密。宋朝因之，爲儀三重，其在外者曰六合，備平置單環，上刻十二辰、八干、四隅在地之位，以準地而面地，四方側立黑雙環，具刻去極度數，以中分天脊，直跨地平，使其半出地上，半入地下，而結於其子午，以爲天經。斜倚赤單環，具刻赤道度數，以平分天腹，横繞天經，亦使半出地上，半入地下，而結於其卯酉，以爲天緯。二環表裏相結不動，其天經之環，則南北二極皆爲圓軸，虚中而内向以挈三辰、四遊之環，以其上下四方於是可考，故曰六合。次其内曰三辰儀，側立黑雙環，亦刻去極度數，外貫天經之軸，内挈黄赤二道，其赤道則爲赤單環，外依天緯，亦刻宿度，而結於黑雙環之夘酉，其黄道則爲黄雙環，亦刻宿度，而又斜倚於赤道之腹，以交結於卯酉，而半入其内，以爲春分後之日軌，半出其外，以爲秋分後之日軌。又爲白單環，以承其交，使不傾墊。下設機輪，以水激之，使其日夜隨天東西運轉，以爲象天行，以其日、月、星辰於是可考，故曰三辰。其最在内者曰四遊儀，亦爲黑雙環，如三辰儀之制，以貫天經之軸，其環之内，則兩面當中，各施直距，外趾指兩軸，而當其要中之内，又爲小窾，以受玉衡，在中之小軸，使衡既得隨環東西運轉，又可隨處南北低昂，以待占候者之仰窺焉，其以東西南北無不周徧，故曰四遊。此其法之大略也。書説

名儀象，觀揚子雲八事之難，則蓋天不如渾天。觀蔡邕無師法之譏，則宣天亦不如渾天。觀《晉志》好音狥異之語，則昕、安、穹天皆不如渾天。夫渾天乃顓帝之始造者也。周旋無端，其形渾渾，此則爲渾天之名。上以璣運，下以衡窺，此則爲渾天之儀。日月更迭，星宿蟠羅，此則爲渾天之象。究其名，驗其儀，考其象，定三光之出入，逆陰陽之升降，推歲序之往来，有不必造緹室之律以候氣，正陽城之土圭以測景矣。是故梁置於重雲殿，隋置於觀象殿，太宗置於凝暉閣，皆所以寓崇重之意也。魏永興有銘，唐玄宗有銘，崔子玉亦有銘，皆所以示不朽之傳也。虞帝用璣，張衡用銅，梁令瓚用木，魏永興用鐵，皆所以爲造器之驗也。平子轉之以水，葛衡動之以機，張思訓代之以水銀，皆所以成轉運之法也。有六合儀，有三辰儀，又有四游儀，李淳風所造之儀也。有雙環規，有單横規，又有單規，梁人所置之規也。有陽經環，有陰經環，又有旋極環，僧一行所製之環也。渾天造化，精深微妙，又豈容以淺識肆其喙哉。彼梁武帝立新意以排渾天，王仲壬以掘地有水駁渾天，是皆未知渾天之妙者也。顔達龍

衡窺璣仰之制，以衡窺璣，仰占天象之實，自是一器。而今人所作小渾象，自是一器，不當并作一説也。元祐之制極精，然其書亦有不備，乃最是緊切處，必是造者秘此一節，不欲盡以告人耳。文公荅江德明

天體圓象之制，天經之説，正坐以天形爲可低昂反覆耳，不知天形一定，其間隨人所望，固有少不同處，而其南北高下自有定位，正使人能入於彈圓之下以望之。南極雖高而北極之在北方，只有更高於南極，決不至反入地下而後過南方也。但入單圓下者，自不有見耳。

蓋圖雖古，所創然終不似天體，孰若一大圓象。鑽穴爲星而虚其常隱之規以爲甕口，乃設短軸於北極之外，以綴而運之，又設短柱於南極之北，以承甕口，設四柱小梯以入其中，而於梯末架空，北入以爲地平，使可仰窺而不失渾體耶。古人未有此法，杜撰可笑，試一思之恐，或爲即著其説，以示後人，亦不爲無補也。文公荅蔡季通

渾象疏

《堯典》、《月令》昏星遲速，按《堯典》仲夏星火，至秦《月令》仲夏昏亢，中大率遲二十六度，今仲夏昏軫中，又遲十七度。

疏曰：先儒論《堯典》中星多牽合《月令》，《月令》乃吕不韋以秦曆增損周公時訓而爲之者也。大抵季月中星與《堯典》仲月中星多合，蓋其歲差使然爾。歲差之説，有以四十五年差一歲者，宋《大明曆》是也。有以百八十六年差一度者，梁《虞劆曆》是也。有以百八十三年差一度者，梁祖冲之《大同曆》是也。有以八十四年差一度者，唐開元之《大衍曆》是也。虞喜謂五十年差一度，何承天謂百年差一度，皆未得其實。宋朝《紀元曆》以七十八年差一度，最爲密準。《唐志》有云：考古史及日官候簿以通法計之，三千四十分度之三十九爲一歲之差，蓋亦七十八年而差一度也。《崇天曆》慶曆甲申冬至日在斗五度，以歲差之法推而上之，自慶曆甲申去唐開元甲子凡三百二十一年，日差五度，故《唐志》

云：開元甲子日在赤道斗十度是也。又推而上之自開元甲子至漢太初元年丁丑，凡八百二十七年，日差十度，故《唐志》云以開元《大衍曆》歲差引而退之，則太初元年冬至日在斗二十度是也。其《太初曆》云：日在牽牛初爲術疎矣。自太初丁丑推而上之，去秦莊襄王元年一百四十五年，日差二度，冬至日當在斗二十二度，故《月令》云：日在斗也。自秦莊襄王元年推而上之，去堯之甲子凡二千二十八年，日差二十六度，冬至日當在虛一度，日没而昴中，故《堯典》云：日短星昴是也。蓋《月令》之中星不宗，《堯典》固已用歲差之法。自漢以来迄於晉唐，諸儒皆以日在斗、牛互爲膠柱之説，雖曆家亦不括其非。至宋梁以來，曆家雖論其差，儒者猶未深察，故唐臣疏《月令》中星參以《堯典》，謂七星畢見，果然則中星之度數不必考，而玉衡爲無用也。至宋朝命儒臣修《唐志》而歲差之法始明矣。然先儒言日至所在星度多舉冬至爲例，此獨舉仲夏中星者，愚於《月令》仲冬中星有疑，故闕之。

中星遲則黃道隨，夫中星遲則日至所在不同，而黃道隨之矣。

疏曰：黃道者，光道也。日之所行，故曰光道。《晉志》載葛洪《渾天儀注》謂：黃道與赤道東交於角五少弱，西交於奎十四少強，南至斗二十一度，北至井二十五度。《唐志》云：黃道春分與赤道交奎五度多，秋分與赤道交於軫十四度少，南至斗十度，北至井十三度。愚按：葛洪所引《渾天儀注》，似是漢人所作。其論黃道東西交南北至度數近太初元年日行之度。《唐志》則據開元甲子而云，所以不同也。至於《漢志》謂光道北至東井，南至牽牛，東至角，西至婁，其北至東交與葛洪同，其南至西交與葛洪異，蓋班固主《太初曆》而云。其《太初曆》謂冬至日在牽牛初。東漢賈逵已論其疎矣。葛洪與賈逵一説也。此所謂日至所在不同，而黃道隨之矣。

按《堯典》以著其端，按《堯典》以著演紀之端也。

疏曰：凡曆數所起，謂之演紀之端。皇甫謐曰：帝堯以甲辰之歲即帝位。《皇極經世》所載亦然。凡在位七十年。二十一年而得甲子，即以爲演紀之端。是年天正冬至日在虛一度。以《紀元曆》步之一萬分度之百二十八爲一歲之差，凡七十八年日差一度，自帝堯演紀之端至漢太初元年丁丑積二千一百九十四年，日差二十七度八千二百七十二分。至唐開元甲子積三千一年，日差凡三十八度四千一百二十八分。至宋朝乾德甲午積三千二百四十一年，日差凡四十一度四千八百四十八分。至慶曆甲申積三千二百二十一年，日差凡四十二度五千

八十八分。至紹興甲子積三千四百二十一年，日差凡四十三度七千八百八十八分。若不存演紀之端，則積分計差之法何所從始，此所以只依《堯典》而著演紀之端也。《春秋・文曜鈎》云：唐堯即位，羲、和作渾儀，王蕃亦云渾天儀者，羲、和之舊器也。愚按：《堯典》所載，有曆有象，故作渾象。渾象者，羲、和之舊器也。安得不著《堯典》之中星，以爲演紀之端乎。

七政皆緯星，日月五星是爲七政，皆緯星也。

疏曰：不動者爲經星，動者爲緯星。張衡曰：文曜麗乎天，其動者有七，日、月、五星是也，故曰七政，皆緯星也。

今著黃道南北至去赤道各二十四度，以驗日晷之短長。

疏曰：《後漢志》載張衡渾儀，赤道横帶天之腹，黃道斜帶其腹去赤道表裏各二十四度。《晉志》載葛洪《渾天儀注》，赤道帶天之紘，黃道出入赤道極遠者，去赤道二十四度。《唐志》載一行黃道儀云：赤道帶天之中，以分列宿之度，黃道斜運，以明日月之行。《五代司天考》載王朴曰：赤道者，天之紘帶也，其勢圜而平，紀宿度之常數焉。黃道者，日軌也，其半在赤道內，半在赤道外，去極二十四度。此所以著黃道南北至去赤道各二十四度也。日晷短長之説，《漢志》曰：日近極故晷短，日遠極故晷長。日去極遠近難知，要以晷景。晷景者，所以知日之南北也。按：《周禮・大司徒》以土圭之法測土深，日至之景，尺有五寸，謂之地中。先儒皆謂地中今陽城是也。立八尺之表，日永景尺五寸，日短景丈三尺。其鄭康成注及《考靈曜》、《周髀》、《靈憲》、王蕃、陸績諸書並云：日景於地千里而差一寸。《隋志》載：宋元嘉十九年，遣使往交州測景，夏至日影出表南三寸三分。何承天計陽城去交州路當萬里而影差一尺八寸二分，是六百里而差一寸也。唐太史議曰：交州去洛九千里，蓋山川回折使之，然以表考其弦，當五千乎。開元十二年，遣使天下候影，太史監南宫説擇河南平地，設水準繩墨，植表以引度之，大率五百二十六里晷差二寸餘。南候林邑，冬至晷六尺九寸，夏至在表南五寸七分。北候鐵勒，夏至晷四尺二寸三分，冬至晷二丈九尺二寸六分。計陽城南距林邑徑六千一百二十二里，五月日在天頂北六度，北距鐵勒與林邑正等，則五月日在天頂南二十七度四分，舊説千里而差一度疎矣。然則日晷短長之説，不必以尺寸爲較，大約測其晷極長則知日南至，測其晷極短則知日北至，如斯而已矣。

書次以求晦朔，書十二次以求月之晦朔，而歲成矣。

疏曰：十二次亦曰十二辰，日月之所會也。《晉志》云：班固取《三統曆》十二次配十二野，其言最詳。又有費直《説周易》、蔡邕《月令章句》所言頗有先後。魏太史令陳卓更言郡國所入宿度，今附而次之，自軫十二度至氐四度爲壽星，於辰在辰，鄭之分野，屬兖州；自氐五度至尾九度爲大火，於辰在卯，宋之分野，屬豫州；自尾十度至南斗十一度爲析木，於辰在寅，燕之分野，屬幽州；自南斗十二度至須女七度爲星紀，於辰在丑，吴越之分野，屬揚州；自須女八度至危十五度爲玄枵，於辰在子，齊之分野，屬青州；自危十六度至奎四度爲陬訾，於辰在亥，衛之分野，屬并州；自奎五度至胃六度爲降婁，於辰在戌，魯之分野，屬徐州；自胃七度至畢十一度爲大梁，於辰在酉，趙之分野，屬冀州；自畢十二度至東井十五度爲實沈，於辰在申，魏之分野，屬益州；自東井十六度至柳八度爲鶉首，於辰在未，秦之分野，屬雍州；自柳九度至張十六度爲鶉火，於辰在午，周之分野，屬三河；自張十七度至軫十一度爲鶉尾，於辰在巳，楚之分野，屬荆州；此班固所志也。其費直、蔡邕之説所先後或一二度或三四度，多不過六度。又陳卓、范蠡、鬼谷先生、張良、諸葛亮、譙周、京房、張衡並云：角亢氐辰鄭兖州，房心外宋豫州，尾箕寅燕幽州，斗牛女丑吴越、揚州，虚危子齊青州，室壁亥衛并州，奎婁胃戌魯徐州，昴畢酉趙冀州，觜參申魏益州，井鬼未秦雍州，柳心張午周三河，翼軫巳楚荆州，皆不計星度，舉其大綱耳。夫天運一周，日移一度，月移十三度十九分度之七，日舒月速，當其同，謂之合朔。舒先速後，近一遠三，謂之弦。相與爲衡，分天之中，謂之望。以速及舒，光盡體怯，謂之晦。凡十二晦朔而歲成焉。張衡《靈憲》曰：日譬則火，月譬則水，火則外光，水則含景，故月光生於日之所照，魄生於日之所蔽，當日則光盈，就日則光盡也。《皇極外書》言：月本黑，受日之光而白，與《靈憲》之説合矣。此所以有晦朔也。星家於諸緯行度皆能著曆，惟月行最速，未及八刻已移一度，不可著曆其爲算法積分成度求之，久遠易致差謬。欲明其要，不若求之晦朔，日之所次，則月之所會也。自朔日計之，每日行十三度十九分度之七，至晦又求之，會則弦望所次皆可得而推，雖不中，不遠矣。日月之行皆有盈縮，日盈月縮則後中而朔，月盈日縮則先中而朔，故曰雖不中，不遠矣。日月之會是爲十二次，十二次之所會，則十二朔之所紀也。十二晦朔雖曰成歲，常有餘分，蓋日行三百六十五日有二十五刻，而周天月行二十九日有五十三刻強，而與日會凡三百五十四日有三十七刻，而十二晦朔終矣。每歲餘十日有八十八刻，三歲餘三十二日有六十四刻而置閏，受二十九日有五十三刻尚餘三百有十一刻，通十九歲計之，共餘二百六日有七十二刻，凡置七閏，受二百六日有七十一刻乃無餘分，故揚雄太元十九歲爲一章，一章者，閏分盡也。按《六曆諸緯》與《周髀》云：日月同起於端，度日舒月速，凡日行十九周，月行二百五十四周而復會子端，是爲一章。後漢制曰：閏七而受其歲十九，名曰章是也，四章爲蔀。蔡邕《月令章句》曰：七十六年爲蔀首是也。二十蔀曰紀，紀法一千五百二十年，三紀爲元。韓子曰：四千五百六十歲爲元是也。此所以書十二次，以求月之晦朔而歲成也。

緯星可以數測，其餘緯星自可隨其遲速以數步之也。

疏曰：上文既明日月之行矣。其餘緯星謂五星也。木東方曰歲星，火南方曰熒惑，金西方曰太白，水北方曰辰星，土中央曰鎮星。張衡《靈憲》曰：日者，陽精之宗。月者，陰精之宗。五星，五行之精也。日行黄道，日與五星皆出入黄道也。《隋志》載：宋元嘉十七年作小渾天，其日、月、五星悉居黄道，不著出入之度，蓋爲之大約云耳。《唐志》載：李淳風黄道儀以玉衡璇規別帶日道，旁列二百四十九交以攜月遊。一行更造游儀，黄道内施白道月環，其法太煩，所以難述，然則月與五星大約出入黄道，其纖悉則付之。造曆者考其出入之度，以推日月之交蝕、五星之留速，有差則以渾天占之。蓋渾天者象也。曆紀其詳，象著其晷，曆象與天合而七政齊，曆象不與天合則黄道差而七政不齊，其曆與象皆當脩也。按《漢志》：月有九行者，黑道二出黄道北，赤道二出黄道南，白道二出黄道西，赤道二出黄道東。一行考月行出入黄道爲圖三十六，究九道之增損，作《大衍曆》。《五代司天考》載：王朴明九道以步月作《欽天曆》曰：九道者，月軌也。其半在黄道内，半在黄道外，去極遠六度，出黄道謂之正交，入黄道謂之中交。自古雖有九道之説，蓋亦知而未詳，徒有祖述之文而無推步之用。今以黄道一同分爲八節，一節之中分爲九道，盡七十二道而使日月無所隱，其邪正之勢焉，蓋月之出入黄道時異而日不同，非渾天所能述要之，極遠不過六度，則大數可知矣。五星行度有舒有速，金水輔日而行謂之輔星，一歲一周天。火曰熒惑，二歲周天。木曰歲星，歲易一次，十二歲而周天。土曰鎮星，三十歲而周天。其盈縮也。近日而疾，遠日而遲。去日極遠，勢盡而留，此其大略也。或曰：七政不齊則曆當脩固矣，渾象亦有修乎？曰：安得無修。觀《堯典》與《月令》，中星不同則黄道之交至凡七十八年一修矣。黄道定而七政齊，故曰其餘緯星自可隨其遲速以步之也。

經星或微或著，經星有微有著，凡萬有一千五百二十。

疏曰：《前漢志》云：凡天文在圖籍，昭昭可見者，經星常宿中外官凡百一十八名，積數七百八十三星，皆有州國官宮物類之象。張衡《靈憲》曰：星也者，體生於地，積成於天，列宿錯峙，各有所屬，中外之官，常明者百有二十四，可名者三百二十，爲星二千五百，而海人之占未存焉。微星之數，蓋萬有一千五百二十，庶物蠢蠢，皆得繫命。《晉志》云：武帝時太史令陳卓總其石、巫、咸三家所著星圖，大凡二百八十三官一千四百六十四星以爲定紀，蓋《靈憲》所謂常明可名之星也。《唐志》云：使者六相元太言交州望極纔高二十餘度，八月海中望見老人星。下列星粲然，明大者甚衆，古所未識，乃渾天家以爲常没地中者也。大率去南極二十度以上之星則見。蓋《靈憲》所謂海人之占未存焉者也。微星不可勝窮，故舉而當諸萬物之數，曰萬有一千五百二十也。

南北樞以象二極，今斜倚南北樞，去地高深各二十六度，以象二極。

疏曰：王蕃曰：天地之體，狀如鳥卵，天包地外，猶殼裹黃也。周旋無端，渾渾然，故曰渾天也。又曰：渾象之法，地當在天中，其勢不便，故反觀其形，地爲外匡，於已解者，無異在內。蓋自古作渾象皆然。惟吳葛洪與宋錢樂之所作使地居於天中，後之人亦不用其法，蓋其勢不便也。今置木櫃以爲地平，蓋從古法。葛洪曰：北極出地三十六度，南極入地三十六度，兩極相去一百八十二度半強，繞北極徑七十二度，常見不隱，繞南極七十二度，常隱不見。《唐志》曰：地三百五十一里八十步，而極差一度。林邑極高十七度四分，周圓三十五度常隱，鐵勒極高五十二度，周圓百四度，常見不隱，然則南北極去地高深各距三十六度據陽城而言也。

著赤道以定昏旦之中星，著赤道帶天之腹，書二十八舍以分周天之度，而昏旦之中星定矣。

疏曰：二十八舍者，二十八宿之度數也。以日、月、五星之所次舍，故諸志亦曰二十八舍也。《東漢志》載：永元太史黃道銅儀以角爲十三度、亢十、氐十六、房五、心五、尾十八、箕十、斗二十四四分度之一、牽牛女須女十一、虛十、危十六、營室十八、東壁十、奎十七、婁十二、胃十五、昴十二、畢十六、觜三、參八、東井三十、輿鬼四、柳十四、星七、張十七、翼十九、軫十九。《唐志》：一行《大衍曆》南斗二十六、牛八、婺女十二、虛十、危十七、營室十六、東壁九、奎十六、婁十二、胃十四、昴十一、畢十七、觜觿一、參十、東井三十三、輿鬼三、柳十五、星七、張十八、翼十八、軫十七、角十二、亢九、氐十五、房五、心五、尾十八、箕十一，爲赤道度，其畢、觜觿、參、輿鬼四宿度數與古不同，舊經角距星去北極九十一度，亢八十九度，氐九十四度，南斗百一十六度，牛百六度，虛百四度，危九十七度，營室八十五度，東壁八十六度，奎七十六度，婁八十度，胃、昴七十四度，畢七十八度，觜觿八十四度，參九十四度，東井七十度，輿鬼六十八度，柳七十七度，七星九十一度，張九十七度，翼九十七度，軫九十八度。一行《大衍曆》角距星去北極九十三度半，亢九十一度半，氐九十八度，房百一十度半，心百一十度，尾百二十四度，箕百二十度，南斗百一十九度，牽牛百四度，須女百一度，虛百一度，危九十七度，營室八十三度，東壁八十四度，奎七十三度，婁七十七度，胃、昴、畢七十六度，觜觿八十二度，參九十三度，東井六十八度，輿鬼六十八度，柳八十度半，七星九十三度半，張百度，翼百三度，軫百度。今用一行《大衍曆》更定度數，較之於古尤爲精矣。此所以著赤道帶天之腹，書二十八舍以分周天之度也。定昏旦之中星，其法尤詳。《舜典》曰：在璇璣玉衡，以齊七政。鄭康成云：其轉運者爲璣，其持正者爲衡，皆以玉爲之。七政者，日、月、五星也。以璣衡視其行度，以觀天意也。馬融曰：渾天儀可旋轉，故曰璣。所謂衡者，其橫簫也，所以視星辰也。璇爲璣，玉爲衡，貴天象也。日、月、五星皆以此度知其盈縮、進退。愚按：二說皆謂衡以視星辰之行度，非謂以衡望璣也。惟蔡邕蓋天説謂圓者爲璣，其徑八尺，以美玉爲之，懸而運之以象天之行。直者爲衡，其長八尺，以美玉爲之，孔徑一寸，從下望璣，以視星辰。唐孔穎達疏遂采蔡説，謂懸璣以象天。而以衡望之，轉璣窺衡以知星宿。且邕謂璣爲黃天，懸而運之，其徑八尺，盡圖列宿，固已稠概，管窺則亂矣。況在函丈之內，安用八尺之管窺之乎。其説殊不可曉，然則當從鄭康成、馬融之説，以衡視星辰之行度得之矣。今求諸家之説爲圖，以附于後。又按：《隋志》載梁天監中祖于錯綜經注以推地中，其法曰：先驗昏旦，定刻漏，分辰次，乃立表於準平之地，名曰南表。候日中，更當立表於南，表影中，名曰中表。夜依中表以望北極樞而立北表。今參相直三表，皆以懸準，定乃觀三表直者，其立表之地即當子午之正。三表曲者當東求之。又以春秋二分之旦日始出半體，乃立表於中表之東，名曰東表。是日之夕，日入西方半體，又立表於中表之西，名曰西表。乃觀三表，直者則其地處夘西之正也，南北經之東西緯之，名經百有二十一尺四分尺之三，規而圜之，周三百有六十五尺四分尺之一，以象周天之度。漏刻上求正日之昏，從中表之北望之以候二十八宿之先，至使與南表及中表相直爲中星也。至明日昏時更望之，星則西過一度乃移南表一尺以望之。又明日星復西過一度又移南表一尺以望之，至後星當表即是前星度分之盡也，如是爲法，至三百六十五日始候之星還而當中，蓋太史占候中星之法，至是爲特詳。愚謂三表之設善矣，更當以玉衡望之，其法始備。

玉衡之說與璇璣爲二器，互相爲用不可闕一，故《舜典》並言之。若共爲一器，安得並言哉。先儒皆知璇璣爲渾儀，玉衡爲橫簫，然而必欲以二者合爲一器，則謬矣。按張衡作渾天儀於密室中，轉之以告靈臺觀天者，皆如合符，則如渾儀之轉在密室，而橫簫之觀在靈臺，二者互相爲用，不可闕也。至吳時王蕃制渾儀，乃設游筩於其中，謂之玉衡，其說以爲有璣而無衡者，但謂之渾象，不謂之渾儀，此強分別也。儀謂儀形，法謂法象，儀謂豈有二哉。《隋志》采王蕃之說，謂張衡所造止是渾象而譏，何承天莫辨儀象之異，以爲乖失，此乃蔽於王蕃之新論，而不觧張衡等之舊制云耳。所載僞劉曜光初六年孔挺作鐵儀，其規有六，其外四規不動，其內兩規徑八尺，其運動屬雙軸之間，置衡長八尺，通中有孔，圓徑一寸，當衡之半，兩旁有關，各注著雙軸，衡既隨內規東西轉運，又自於雙軸之間，得南北低昂，觀此之云玉衡在渾儀之中，乃爲贅物，有之無用，去之無損，果何爲哉。又載後魏晁崇所作與劉曜大同，蓋互相攷述也。唐李淳風作銅儀，其外四規不動，號曰六合儀，其內雙規，徑八尺，轉於六合之內，號曰三辰儀，玄樞爲軸，傍轉於內，貫玉衡在玄樞之間而南北游，號曰四游儀。觀此之云與劉曜所作無以異矣。一行銅儀徑四尺五寸九分，玉衡長四尺五寸八分，旋於軸中，其制亦與劉曜相類，皆附會王蕃之率，合璣衡以爲一器，其實無義理也。王蕃之說曰：渾儀以察三光，以分宿度，渾象以著天體，以布星辰。愚請更之曰：衡，以察三光，以分宿度，璣以著天體，以布星辰。斯二者以考於天，蓋密矣。如此然後昏旦之中星定也。

經星可以象占，其餘經星自可因其出沒以象占之也。

疏曰：上文既明北極及二十八宿之方位度數矣。其餘經星謂如《靈憲》所載，常明可名之星也。方位度數既定，則出沒之時可知矣。出沒之時定，則其疎密鱗次之象皆可按圖而占之矣。舊經文昌二星在輿鬼，四星在東井，北斗樞在七星一度，璇在張二度，璣在翼二度，權在翼八度，衡在軫八度，開陽在角七度，杓在亢四度，天關在黃道南四度，天尊、天棓在黃道北，天江、天高、狗國、外屏、雲雨、虛梁在黃道外，天囷、土公吏在赤道外，上台在東井，中台在七星，建星在黃道北半度，天苑在昴畢，王良在壁，外屏在觜觿，雷電在赤道外五度，霹靂在赤道外四度，八魁在營室，長垣、羅堰當黃道。唐一行測文昌四星在柳，一星在輿鬼，一星在東井，北斗樞在張十三度，璇在張十二度半，璣在翼十三度，權在翼十七度，太衡在軫十度半，開陽在角四度少，杓在角十二度少，天關、天尊、天棓、天江、天高、狗國、外屏皆當黃道，雲雨在黃道內七度，虛梁在黃道內四度，天囷當赤道，土公吏在赤道內六度，上台在柳，中台在張，建星在黃道北四度半，天苑在胃昴，王良四星在奎，一星在壁，外屏在壁，雷電在赤道內二度，霹靂四星在赤道內一星在外，八魁五星在壁，四星在營室，長垣在黃道北五度，羅堰在黃道北。凡圖星辰之象，其法有二：一曰渾天，其圖如丸；一曰蓋天，其圓如蓋。渾天本象天體，蓋天南方之度反濶，所以不類。漢末揚子雲《難蓋天八事》以通渾天。其後桓譚、鄭玄、蔡邕、陸績各陳《周髀》之遺。《周髀》即蓋天之說也。其本包羲氏立周天曆度，其所度則周公受於殷商，周人志之，故曰《周髀》。髀，股也。股者，表也。其言天之居如倚蓋，極在天之中，而今在北，此所以知天之形如倚蓋也。天旁轉如推磨而左行，日月右行，隨天左轉，譬之蟻行磨石之上，磨左旋而蟻右，去磨疾而蟻遲，故不得不隨磨而左廻焉，此其說亦可取。又謂日朝出陽中，暮入陰中，夏時陰少，故日長，冬至陰多，故日短，此則疎而未詳也。愚謂今之星圖，凡可以鋟木勒石者，皆蓋天之遺也。渾天不可以鋟木勒石，亦有以二分二至爲四圖，而鋟木勒石者，反不如蓋天之圖歸一，然則是蓋天、渾天之說可以並行之也。惟是蓋天之圖，南方之度，當狹而反濶，其星當密而反疎，亦勢不得不爾，觀者以意會之可也。按《隋志》：高祖平陳得善天官者周墳，乃命參校周、齊、梁、陳官私舊圖，刊其小大，正彼疎密，依準甘、石、巫咸三家星位以爲蓋圖。旁摛始分，甄表常度，并具赤、黃二道，內外兩規，懸象著明，纏離攸次，星之隱顯，天漢昭回，宛若穹蒼，將爲正範。《唐志》：李淳風以爲蓋天之說，天地中高而四隤，日月相隱蔽以爲晝夜，遶北極常見者謂之上規，遶南極常隱者謂之下規，赤道橫絡者謂之中規。蓋天之說與渾天並行於世，其外又有宣夜之說，謂天本無質，仰而瞻之，高遠無極，眼瞀精絕，故蒼蒼然也。日月衆星自然浮生虛空之中，其行其止遲疾任情，其無所繫，著可知矣。若綴附天體，不得不然。虞喜因宣夜之說作《安天論》，虞聳又立《穹天論》，姚信造《昕天論》。《隋志》載劉焯曰：蓋及宣夜二說並驅，平、昕、安、穹四天騰沸，大抵四天之說皆宣夜之遺。《晉志》蔡邕之說曰：宣夜之學，絕無師法，《周髀》術數具存，考驗天狀，多所違戾，惟渾天近得其情。又曰：渾天之設，其来久矣。綿代相傳，史官禁密，學者不覩，故宣蓋沸騰，是故儀象昭著，莫如渾天。其次蓋天，猶有考焉，至於宣夜，其説無取，所以世莫傳也。

總論渾天之制

疏曰：自古渾天之作，其尺度之廣者，莫如晁崇、李淳風；其機械之巧者，莫如張衡、一行。古舊渾象，以二分爲一度，凡周七尺三寸半分，或曰洛下閎之所作也。張衡更制，以四分爲一度，凡周一丈四尺六寸一分。王蕃折衷二家，以三分爲一度，凡周一丈九寸五分之三也。宋太史令錢樂之放述吴葛衡之説，鑄銅爲儀，使地居於天中，以機動之，天動而地止，比古制差失亦不過以五分爲一度。凡周一丈八尺二寸五分大而已。惟晁崇鐵儀，李淳風銅儀，各有内外規，其内規各經八尺，凡周二丈四尺，故曰尺度之廣無如晁崇、李淳風也。錢樂之、晁崇、李淳風之儀，雖大皆須人運，非能自運也，惟漢張衡、唐一行渾儀，各以漏水轉之，衡爲關捩，轉瑞輪，蓂莢於堦下，隨月盈虚，依曆開落，程子玉稱其制作侔造化。一行立二木人於平地上，前置鐘鼓，以候辰刻，每一辰則自然撞鐘，每一刻則自然擊鼓，皆於櫃中，關鎖相持，此運雖同，而遲速各異，使臣稱其妙過前古。無幾，銅鐵亦澁，不能自轉，故曰：萬機千械，不足以盡之也。大抵渾天之設，欲知日出、没之時，某星始見，某星當中，某星已没，如斯而已矣。以水運之，當昏而日未没，或未昏而日没，則如之何，未免節其漏水，以求其齊，孰若以人運之，及齊而止，不亦易且簡乎。蓋渾儀與刻漏不同，刻漏遂刻候之故不可以人運，渾儀推昏旦候之，日中及夜中皆不候，故不必以水運，則機械之巧可以已矣。不然自衡與一行之外爲渾儀者衆矣，何爲皆不以水運也。且王蕃言張衡渾天儀爲器傷大，難可動移，一行言李淳風黄道儀法頗難述，遂致寢廢，然則爲兹器者，非不務爲簡易也，蓋患夫星辰之稠概焉耳。愚采古法作小渾天，書星名而不畫其象，所以著易簡之理也。以一分爲三度，象太極函三之道，徑四寸有奇，以象四時，周一尺二寸有奇，以象十二月，其奇以象閏，故曰舉其綱而知衆目之隨，則是亦足矣。本其綱者，謂中星正，而萬有一千五百二十之星皆正也。於戲以天地之大，而述之以四寸之儀，天地之道可運之掌矣。愚作渾象，而患夫器之不能常存也，又爲之圖，圖亦豈能常存矣。當明其理，至於理則無時而不存矣。《中庸》曰：天地之道可一言而盡也，其爲物不貳則其生物不測。又曰：上天之載，無聲、無臭至矣。宋朝太平興國中，命巴人張思訓創渾儀，大率依倣一行之法，激水運機，加以樓數層，高丈餘，以藏關柱，冬月用水銀代水，以防凝澁，撞鐘、擊鼓之外復有摇鈴、執牌之報。太宗詔置於文明殿，題曰：太平渾儀。自思訓死，機绳斷壞，無復知其法制者。至道中韓顯符、皇祐中周琮，及熙寧元豐所造渾儀，皆不以水運。以是知機械之巧可以已也。元祐初，吏部尚書蘇頌舉吏部守當官韓公廉更造渾儀，復用水運，著《新儀象法要》三卷，藏之太史，謂水運者，爲渾天儀，不以水運者，止曰銅候儀。其説以至道。皇祐、熙寧新舊渾儀，當時翰林天文院及太史局所用皆是銅候儀，不得爲渾天儀，蓋信用韓公廉矜尚機巧之過，非通論也。其制木閣五層，司辰擊鼓、摇鈴、執牌出没於閣内，皆依倣張思訓之舊。兩極内置直距，直距中夾望筒，使南北低昂，旋運持正。窺七人皆因循一行之法，以望筒在渾儀腹中，實無所用也，乃出新意，使望筒常指日，日體常在筒竅中，所謂窺測七曜者，如是而已矣。且望筒果能於渾儀中窺測七曜，又何用臺上測驗哉。今必使人於其旁，驗星在之次與臺上測驗者相應，以不差爲準。是窺測七曜者，常在臺上，不在望筒也。由是觀之，望筒當設於司天臺上，不當在渾天腹中明矣。或問劉智云：渾天之制，周制衡管，用考三光之分，所以揆正宿度，準步盈虚者也。自王蕃以来，孔挺、淳風、一行、張思訓、韓公廉所造皆周旋衡管於渾天腹中，窺測七曜，今曰衡管在渾儀之中乃爲贅物，何以知其無窺測之用乎？曰：窺測七曜者，當在露天空曠之中，其衡管之下必通人来往窺測。今淳風儀置之凝暉閣，一行儀置之武成殿，張思訓儀置之文明殿，韓公廉儀置之集英殿，皆在禁中，又作版屋覆之，其儀表裏三重，衡管在三重之中，周旋遮蔽，載以龍柱，鰲雲充塞其下，不通往来，以是知其無窺測之用也。且衡貴持正，以定觀動，今使隨規東西運回，又自於雙軸之間，得南北低昂，其勢摇摇然靡所定，正是動中之動也，安取持正之義乎。此所以知其無窺測之用也。

宋·林駉《古今源流至論》前集卷五 儀象

古人之論天者多矣，有曰蓋天，有曰宣天，有曰穹天，有曰安天，有曰昕天。蓋天之説，又離爲《周髀》。蓋天形如蓋，本包羲氏立周天曆度。宣天言天碧無質，察色所謂宣夜也。穹天言天形穹窿如雞子。晉時虞聳所陳安天，言天在上，有常安之形。晉時虞喜所説昕天，天勢南低北軒。吴姚信所造《周髀》，乃周公授於商。考其制度之盡善，而可爲萬世之通行者，未有如渾天者也。何者？觀楊雄有八事之難，則知蓋天之不如渾天也。觀察邕無師法之譏，則知宣天之不如渾天也。觀好奇徇異之責，則知昕天、穹天、安天又不如渾天也。《晉·天文志》渾天之制起於誰乎？或云唐堯即位，羲、和立渾儀；或云舜齊七政所言璇璣者，謂渾天儀。季長創言璇衡爲渾天儀。王蕃言渾天儀者，羲、和之舊器。其後落下閎、耿壽昌、鮮于妄人行於西漢，張衡、賈逵行於東都，陸續行於晉，王蕃行於吴，李淳風、一行行於唐，皆具精於制作者，仰嘗以渾天而考之。黄帝之曆起辛卯，顓帝之曆起乙卯，虞舜之曆起戊午。曆之所作，非渾天不可也。青道二出黄道東，赤道二出黄道南，白道二出黄道西，黑道二出黄道北，道之所行，非渾儀不可也。中外之官，常明者百有二十，可名者三百二十，爲星者二千五百，微星之數，萬有一千五百二十。錢樂之則以朱、黑、白而别三家星。葛衡則以白、青、黄而别三家星，以考星宿，非渾天不可也。自軫十二度至氐四度，則知其爲壽星，自氐五度至尾九度，則知其爲大火，自尾十度至南斗十一度，則知其爲析木，以考躔度，非渾儀不可也。華林之置，梁華林殿前置銅儀，孔挺所造。觀象之置，後魏晁崇修渾儀，以觀星。常號最密。凝暉之置，唐太宗置銅儀於凝暉閣。武成之置，唐明皇詔一行置於武成殿。常號最密。凝僞劉曜史官孔挺常爲雙鐶單規，單規以銅爲之，其法見用於時也。梁帝爲横規爲南軸，單規爲北軸，以木爲之，其法見用於時也。唐太宗爲六合儀、三辰儀、四游儀，以銅爲之，未幾易之以鐵，其法見用於時也。噫渾天之行於世也久矣。然設之崇臺，以候天象，才渾儀也。轉之密室，以與天行相符者，渾象也。儀以驗之，天象以驗之，儀二者不同，而爲用則一，蓋不可不參稽而互考也。我朝蓋兩用之矣。夫水運渾儀，則古之刻漏儀也。在太宗則以太平渾儀名，在哲宗則以元祐儀象名，其布星辰，猶渾象也，其窺天象，猶渾儀也。《長編》：元祐四年，詳定水運渾儀，所奏趙齊良狀，宋以火德王，所造渾儀其名水運，乞更水名，以避刑剋。按：張衡謂之刻漏儀。一有謂之水運俯視圖，張思順所造，太宗賜名太平渾儀，名稱並各不同。今新制備二器，而通三用，乞特賜名，詔以元祐渾天儀象爲名。許將言，乞被有製水運渾儀本様進呈，差官試驗，如候天下差，則造銅器，今校驗已得參合，詔以銅造，仍名元祐渾天儀象，言其後本所，又言前所得渾天儀者，其外形如丸，其内則有機，有衡，外形如丸，可徧而星辰，大率若本所造渾象之製；内有旋衡，可仰窺天象，大率若本所造渾儀之製。若渾天儀，則兼二器有之，同爲一器。既言渾天，則其爲象可知，然於渾象中設璣衡，使人内窺天象，以占測爲主，故可捻謂之渾天儀，其實兼儀象而有之也。今所建渾儀、渾象别爲二器，而渾儀占測天度之真數，又以渾象置之密室，自爲天運與儀參合，若并爲一器，即象爲儀，以同工天度，則渾天儀象兩得之矣。此亦本朝備具典禮之一法也。乞更重作渾天儀。從之。其視璇璣齊七政之意，無愧矣。嗚呼！志天文不知璣衡，歐陽公深以爲疑。歐陽脩《唐史·天文志》：《周禮》測景求中，分星辨国，而獨無幾衡，豈其不用於三代耶，不然二物莫知其爲何器也。賦璣衡不知儀象，沈存中所以深歎歟。《筆談·天文類》雖然有平子之推筭，則渾天之説行於漢，無一行之曆法，則唐之鐵儀特爲觀美之具爾，是必有張思訓文明殿之制，而後可知日月之行度。《長編》：太平興国四年，新渾儀成，張思訓所創也，置文明殿東南之鐘鼓樓。按舊制日月行度，皆人所運，新創成於自然，尤爲精妙。有沈括能發三司之欺，而可知雲物之祺祥。《筆談》：国朝置天文院於禁中，設刻漏，觀天臺銅渾儀，皆如司天監，與司天監互相檢察。每夜天文院其有無觀見雲物祺祥，及常夜星次須合於皇城門，未發到禁中門，發後司天占狀，方到以兩司奏狀對勘，以防虚僞。近歲皆是陰相計會，符同寫奏，其日月五星行次，皆只據正曆所筭躔度謄奏，不曾占候，有司畢備其安否而已。熙寧中，予領太史，嘗按發其欺，免官者六人。未幾，其弊復如初。有蘇子容激水轉輪之智，而後知星辰之躔次。《蘇頌行狀》：元祐中，建請别置渾儀，因命公提舉，公既邃於律曆，以韓公兼曉算術奏用之，且授以占法，爲臺三層，上設渾儀，中設渾象，下設司辰，激水轉輪，不暇人力。時至刻漏則司辰出，告星辰躔度。測驗不差，前此未有也。之二三君子亦何愧於重黎、羲和之職云。

宋·王應麟《玉海》卷三《天文》

《天文志》：貞觀中，李湻風撰《法象志》，因《漢書》十二次度數，始以唐州縣配焉。《會要》：貞觀七年三月十六日癸巳，直太史局將仕郎李湻風鑄渾天黄道儀成，因撰《法象志》七卷。論前代渾儀得失之差。開元十三年，一行疏曰：近秘閣郎中李湻風著《法象志》，備象黄道渾儀法，以玉衡旋規别帶日道，傍引二百四十九交，以推月道，用法煩雜，其術竟寢。傳：湻風貞觀初直太史局制渾天儀，詆摭前世得失，著《法象書》七篇上之。

宋·王應麟《玉海》卷四《天道》 儀象

黄帝蓋天　顓帝渾儀

《隋·天文志》：論蓋圖，晉侍中劉智云：顓帝造渾儀，黄帝爲蓋天，然此二器，皆古之所制，但傳説者失其用。昔者聖王正曆明時，作圓蓋以圖列宿，極在其中迴之，以觀天象，分三百六十五度四分度之一，以定日數，日行於星紀，轉迴右行，以爲日行道，欲明其四時所在，春以青爲道，夏以赤爲道，秋以白爲道，冬以黑爲道，四季之末各十八日，以黄爲道。蓋圖已定，仰觀雖明，而未正昏明，分晝夜，故作渾儀，以象天體。

堯渾儀　舜璿璣玉衡　玉儀

《書·舜典》：在璿璣玉衡，以齊七政。孔安國云：璿，美玉。王氏曰：璿美珠也。《説文》云：璿，赤玉也。王者正天文之器，可運轉者。舜察天文以審已。

疏云：璣爲運轉，衡爲橫簫，運璣使動於下，以衡望之。漢世以來，渾天儀是也。顔師古曰：璣轉而衡平，謂渾天儀。馬融曰渾天儀可旋轉，故曰璣衡，其橫簫以觀星宿，以璿玉貴天象也，日月星皆以璣衡度知盈縮進退。蔡邕云：玉衡長八尺，孔徑一寸，下端望之，以視星辰，蓋垂璣以象天，而衡望之。轉璣窺衡，以知星宿。漢武時，洛下閎、鮮于妄人嘗爲渾天。宣帝時，耿壽昌始鑄銅爲之象，史官施用焉。後漢張衡作《靈靈》以説其狀。蔡邕、鄭康成、陸績、吴時王蕃、晉姜岌、葛洪皆論渾天之義，並以渾説爲長。宋元嘉年，皮延宗又作是《渾天論》，太史丞錢樂之鑄銅作渾天儀，傳於齊梁。周平江陵遷其器於長安，今在太史書矣。衡長八尺，璣徑八尺，圓周二丈五尺强，轉而望之，有其法也。疏：《春秋・文曜鉤》曰：堯在璿璣玉衡，置四候之官。注：星辰日月之官，各於其方，使典時職。《隋・天文志》：書在璿璣玉衡，則《考靈曜》所謂觀玉儀之游，昏明主時，乃命中星也。璿璣中而星未中爲急，急則日過其度，月不及其宿；璿璣未中而星中爲舒，舒則日不及其度，月過其宿；璿璣中而星中爲調，調則風雨時庶，草繁廡而五穀登，萬事康也。所言璿璣者，謂渾天儀也。《春秋・文曜鉤》云：唐堯即位，羲、和立渾儀，先儒或因星官書北斗第二星名璿，第三星名璣，第五星名衡，仍七政之言，即以爲北斗七星，載筆之官莫或之辨。史遷、班固猶且致疑。馬季長創謂璿幾爲渾儀。鄭康成云其運轉者爲璣，其持正者爲衡，皆以玉爲之。吴王蕃云：渾天儀者羲、和之舊器，謂之璣衡，其爲用也，以察三光，以分宿度。又有渾天象者，以著天體，以布星辰。《唐志》：《詩》所紀候天星，《春秋》書日食、星變，《周禮》測景求星辨國，獨無所謂璿璣玉衡者，豈不用於三代，制遂亡，不可復得邪，不然二物莫知爲何器也。風言周末此器乃亡。《史記》：北斗七星，所謂璿衡，以齊七政。《晉志》：魁四星爲璇璣，杓三星爲玉衡。《天文志》注：璇璣謂北極星也，玉斗九星也。《璇璣玉衡占色》：春青黄，夏赤黄，秋白黄，冬黑黄。《星經》。《隋志》：劉焯曰：玉衡正天之器，帝王欽若，世傳其象。《晉志》、《考靈曜》云：分寸之晷，代天氣以正方圓，方圓以成規矩，昏明主時，乃命中星，觀玉儀之游，鄭玄謂爲渾儀也。《書正義》引《書緯》：璿璣鈐云。

漢靈臺銅儀　儀度

《後漢・明帝紀》：永平三年春正月癸巳，詔曰：朕奉登靈臺，見史官正儀度。儀，謂渾儀，以銅爲之，正天文之器，置於靈臺。度，謂日月星辰之行度。史即太史，掌天文官。夫春者，歲之始也。始得其正，則三時有成，有司其勉順時氣，勸督耕桑，詳刑謹罰明察，夙夜匪懈，以稱朕意。《張衡傳注》、《漢名臣奏》：蔡言天體有三家，唯渾天近得其情。今史官所用銅儀，則其法也。《黄圖清臺》後更曰《靈臺述征記》曰：上有渾儀，張衡所製。衡生安順之間。其殆鄧平之圓儀乎。《曆志》：永元十四年十一月甲寅，詔曰：漏所以節時分，定昏明，昏明長短，起於日去極遠近，當據儀度下參晷景。

漢賈逵黄道銅儀　甘露圖儀　渾天圖儀

後漢和帝永元十五年七月甲辰，詔造太史黄道銅儀，以正星辰之度。《律曆志》：章帝元和二年，《太初》失天益遠，遂下詔施行《四分曆》。和帝永元四年，復令史官以九道法候弦望，左中郎將賈逵論曰：臣前上傅安等，用黄道度日月弦望多近，史官一以赤道度之，不與日月同，於今曆弦望差一日以上，輒奏以爲變至，以爲日却縮退行於黄道，自得行度不爲變。願請太史官日月宿簿，及星度課與待詔星象考校。奏可。臣謹按前對言，冬至日去極一百一十五度，夏至日去極七十五度，春秋分日去極九十一度。《洪範》：日月之行，則有冬有夏。《五紀論》：日月循黄道，南至牽牛，北至東井，率日日行一度，月行十三度十九分度七也。以今《太史官候注攷》：元和二年九月以來皆如安言，問典星待詔姚崇、井畢等十二人，皆曰星圖有規法，日月實從黄道，官無其器，不知施行。案：甘露二年大司農中丞耿壽昌以圖儀度日月行，考驗天運狀，日月行至牽牛東井，日過度月行十五度，至婁角日行一度月行十三度，赤道使然，此前世所共知也。如言黄道有驗合天，日無前却，弦望不差一日，比用赤道密近，宜施用。逵論又曰：《石氏星經》黄道規牽牛初直斗二十度，去極二十五度，於赤道斗二十一度也。案：逵論，永元四年也。至十五年七月甲辰，詔書造太史黄道銅儀，合二十八宿，凡三百六十五度四分度之一，冬至日在牛十九度四分度之一。史官以校日月行，參弦望，雖密近而不爲注日儀，黄道與度轉運難以候，是以少循其事。《隋志》同《唐會要》：一行上疏謂：在五年合考。後《曆志》：虞恭、宗訢等議孝章皇帝曆度審正圖儀晷漏與天相應，不可復尚，蔡邕議馮光、陳晃曆以《考靈曜》二十八宿度數與甘石舊文錯異，以今渾天圖儀檢天文亦不合。

漢渾天　耿壽昌圓儀　晷儀　漢候臺銅儀　漢蓋圖見言天三家

《隋天文志》：論渾天儀。王蕃又云：又有渾天象者，以著天體，以布星辰。古舊渾象以二分爲一度，周七尺三寸半，莫知何代所告。今案虞喜云：落下閎待詔太初，爲漢武於地中轉渾天，定時節，作《太初曆》或其所制也。又見《益部者舊傳》漢和帝永元十五年，賈逵始造太史黃道銅儀。至桓帝延熹七年，張衡更以銅製，以四分爲一度，周天一丈四尺六寸一分。蕃以古制局小，以布星辰，相去稠概，不得了察，張衡所作又復大，難可轉移。王蕃今所作以三分爲一度，周天九尺五分四分之三。而陸績所作渾象，形如鳥卵，以施二道，不得如法，頗爲乖僻。然則渾天儀者，其制有璣有衡，既動静兼狀，以效二儀之情，又周旋衡管，以考三光之分，所以揆正宿度，準步盈虚。采古之遺法也。則先儒所言圓規徑八尺。漢候臺銅儀，蔡邕所欲寢伏其下者是也。又見上賈逵論《晉天文志》：古言天者有三家，一曰蓋天，二曰宣夜，三曰渾天。漢靈帝時，蔡邕於朔方上書言：宣夜之學，絶無師法。《周髀》術數具存，攷驗天狀，多所違失。惟渾天近得其情，今中官候臺所用銅儀，則其法也。立八尺員體，而具天地之形，以正黃道，以察發斂，以行日月，以步五緯，精微深妙，百代不易。又《張衡傳》注詳見言天三家。後漢永安宫銘曰：候臺集道俾司星辰。《春秋・文曜鈎》云：唐堯即位，羲、和立渾儀。暨漢太初落下閎，鮮于妄人、耿壽昌等造員儀，以考曆度。後至和帝時，賈逵繼作，又加黃道。至順帝時，張衡又制渾象。其後陸績亦造渾象，吴時王蕃制渾儀。《書正義》：漢武時，閎、妄人嘗爲渾天。宣帝時，壽昌始鑄銅爲之象，史官施用焉。張衡作《靈憲》，説其狀。蔡邕、鄭玄、陸績、晉姜岌、張衡、葛洪，皆論渾天之義，以渾説爲長。宋皮延宗作是渾天論。揚子《重黎》：或問渾天曰：落下閎營之，鮮于妄人度之，耿中丞象之，幾幾乎，莫之能違也。《揚雄傳》：雄作《太玄・大潭思》，渾天參摹而四分之。四分天之宿度甲乙。極於八十一旁，則三摹九据，極之七百二十九贊，其用自天元推一晝一夜，陰陽度數，律曆之紀九九，大運與天終始，故元三方九州二十七部八十一家三百四十三表七百二十九贊，分爲三卷，曰一二三，與《太初曆》相應，亦有顓帝之曆焉。《漢律志》：武帝造《太初曆》，立晷儀。見《太初曆》

漢張衡渾天儀　靈憲算罔論　瑞輪　蓂莢　靈憲圖　璿璣

《張衡傳》：安帝雅聞張衡善學，徵拜爲郎，再遷爲太史令，遂乃研覈陰陽，妙盡璇璣之正，作渾天儀，立八尺員體，以具天地之象，以正黃道，以察發斂，以行日月，以步五緯，著《靈憲》、《算罔論》言甚詳明。衡集無《算罔論》，蓋網絡天地而算之，因名焉。衡謂靈臺之璇璣者，兼渾儀候儀之法，置密室中者渾象也。《靈憲》序曰：昔在先王，將步天路，先準之於渾體，是謂正儀立度，而黃極有逌建也，樞運有逌稽也。乃建乃稽，故《靈憲》作興。詳見《天文》《隋志》：桓帝延熹七年，太史令張衡更以銅製渾天儀，以四分爲一度，周天一丈四尺六寸一分，亦於密室中以漏水轉之，令伺之者閉户而唱之，以告靈臺之觀天者，璿璣所加，某星始見，某星已中，某星今没，皆如合符。崔子玉爲之碑銘曰：云云見後。《晉志》同。劉焯曰：蔡邕《月令章句》、鄭玄注、《考靈曜》同衡法。張衡爲太史令，鑄渾天儀，總序經星，謂之《靈憲》。其大略曰：星者，體生於地，精發於天。紫宫爲帝皇之居，太微爲五帝之座。在野象物，在朝象官，居其中央，謂之北斗。動係於占，實司天命，四布於方，爲二十八宿。日月運行，曆示休咎，五緯經次，用彰禍福，則上天之心於是見矣。中外之官，常是明者有二十，可名者三百二十，爲星二千五百，微星之數萬一千五百二十，庶物蠢動，咸得係命。衡所鑄圖，過亂湮滅。星官名數，亦不復存。《晉志》：順帝時，張衡置渾象，具内外規、南北極、黃赤道，列二十四氣、二十八宿、中外星官及日月五緯，以漏水轉之於殿上室内，星中出没與天相應。因其闕戾，又轉瑞輪蓂莢於階下，隨月盈虚，依曆開落。其後陸績亦造渾象。至吴時，盧江王蕃善數術，傳劉洪《乾象曆》，依其法而制渾儀。范曄稱之曰：範圍兩儀天地無所蘊其靈，渾天轉情機物有生不能參其智。候地動儀崔子玉稱之曰：數術窮天地，制作侔造化。《義熙起居注》：十四年相國表曰：平長安獲張衡所作渾儀、土圭歸之天府。《續天文志》注：衡著《靈憲》，渾儀略具辰曜之本。《續曆志》注：張衡渾儀曰赤道横帶渾天之腹，去極九十一度十分之五，黃道斜帶，其腹出赤道，表裏各二十四度，故夏至去極六十七度而强，冬至去極百十五度亦强，黃道斜截赤道者，則春秋分之去極也。本當以銅儀日月度之則可知也。以儀一歲乃竟中閒。又有陰雨難卒成，是以作小渾，盡赤道、黃道。隋宇文愷曰：張衡渾象以三分爲一度，王蕃減其法。見後《唐志》：張衡《靈憲圖》一卷，又《渾天儀》一卷。《選注》：張衡漏水轉渾天儀制曰：蓋上又鑄金銅仙人居左壺，爲胥徒居右壺。《初學記》亦引之。詳見漏刻。

《曆志》：章帝詔曰：祖堯岱宗同律度，量考在機衡，以正曆象，庶乎有益。史官用太初鄧平術，璇璣不正，文象不稽。永元十四年，詔太常史官運儀下，水官漏失天至三刻。安帝永初二年七月戊辰，詔以變異並見，百僚及郡國吏民有明習陰陽之度、璇璣之數者，各使指變以聞。熹平四年，蔡邕議馮光、陳晃曆，以《考靈曜》二十八宿度數，及冬至日所在與今史官甘石舊文錯異，不可考校，以今渾天圖儀檢天文，亦不合於《考靈曜》，光、晃能自依其術，更造望儀，以追天度，遠有驗於圖書，近有效於三光，可以易奪甘石，窮服諸術者，實宜用之。難問但言圖讖。光和三年，韓説等議日月之術，日循黄道，月從九道，以赤道儀日，冬至去極俱一百一十五度，其入宿也。赤道在斗二十一，而黄道在斗十九，兩儀相參，日月之行曲直有差，以生進退，張恂久在候部，能揆儀度定立術數。【略】

石氏渾天圖

《隋志》一卷。

吴陸績渾象　渾天圖

《晉志》：陸績造渾象，其形如鳥卵，以施二道，則黄道應長於赤道矣。績云：天東西南北徑三十五萬七千里，然則績以天形正員故也，而渾象如鳥卵，則自相違背。王蕃論云《績傳》：作《渾天圖》、《注易》、《釋玄》，皆傳於世。

吴王蕃渾儀

《晉志》：《宋志》同。孔穎達《書疏》載王蕃渾天説略同，見下。當參考《書疏》。吴中常侍廬江王蕃善數術，傳劉洪《乾象曆》，依其法而制渾儀，立論考度曰：前儒舊説，天地之體，狀如鳥卵，天包地外，如殼之裹黄，周旋無端，圖如渾員，其形渾渾然，故曰渾天。周天三百六十五度五百八十九分度之百四十五，半露地上，半在地下。其二端謂之南極、北極。北極出地上三十六度，南極入地下三十六度。兩極相去一百八十二度半强。繞北極徑七十二度，常見不隱，謂之上規。繞南極七十二度，常隱不見，謂之下規。赤道帶天之中，去兩極各九十一度少强。黄道日之所行也，半在赤道外，半在赤道内，與赤道東交於角五少弱，西交於奎十四少强。以兩儀推之二道，俱三百六十五度有奇，是以知天體如彈丸也。古渾象以二分爲一度，凡周七尺三寸半分。張衡更制以四分爲一度，凡周一丈四尺六寸。蕃以古制局小，星辰稠概；衡器傷大，難可轉移。更制渾象，以三分爲一度，凡周天一丈九尺八寸五分四分分之三。增古法三尺六寸五分四分分之一，減衡法亦如之。何承天曰：徑天之數，蕃説近之。《書疏》：王蕃渾天説曰：天之形狀似鳥卵，天包地外，猶卵之裹黄，圓如彈丸，故曰渾天，言其形體渾渾然也。其術以爲天半覆地上，半在地下。其天居地上，見有一百八十二度半强，地下亦然。北極出地上三十六度，南極入地下亦三十六度，而嵩高正當天之中，極南五十五度，當嵩高之上，又其南十二度，爲夏至之日道，又其南二十四度，爲春秋分之日道，又其南二十四度，爲冬至之日道。南下去地三十一度而已，是夏至日北去極六十七度，春秋分去極九十一度，冬至去極一百一十五度。此其大率也。其南北極持其兩端，天與日月星宿斜而廻轉。此必古有其法，遭秦而滅。《隋志》：《渾天象注》一卷，吴散騎常侍王蕃撰。《晉陽秋》：吴有葛衡本作葛衡字思真，明達天官，能爲機巧，作渾天，使地居于中，以機動之，天轉而地止，以上應晷度。

吴渾天　渾天象注

《吴志》注：《晉陽秋》曰：吴有葛衡，字思真，改作渾天，使地居于中，以機動之，天轉而地止，以上應晷度。《義熙起居注》曰：十四年，相國表曰：間者平長安，獲張衡所作渾儀、土圭，歷代寶器，謹遣奉送歸之天府。《隋志》：劉焯云：閎制莫存，衡造有器，績小有異，蕃乃事同，宋有錢樂之，魏初晁崇等，小大有殊，經模不異。觀蔡邕《月令章句》，鄭玄注《考靈曜》，勢同衡法，迄今不改，蓋及宣夜三説並驅，平、昕、安、穹四天騰沸，至當不一，理唯一揆，豈容天體七種殊説。昔蔡邕自朔方上書曰：以八尺之儀，度知天地之象，古有其器，而無其書，常欲寢伏儀下，案度成數，而爲立説書。奏不許。焯今立術，改正舊渾。《後魏盧辯傳》：孝武西遷，金石、律吕、晷刻、渾儀，皆令辯在時制宜，皆合軌度。《隋經籍志》：《渾天象注》一卷，吴散騎常侍王蕃撰。【略】

宋何承天論渾象體

《宋志》：御史中丞何承天論渾象體曰：天形正員，而水周其下，言四方者，東陽谷，日之所出，西至濛汜，日之所入。莊子云：北南溟亦古之遺記，四方皆水證也。大中大夫徐爰曰：渾儀之制，未詳厥始。王蕃言《虞書》在琁璣玉衡，以齊七政，則今渾天儀，日月五星是也。鄭玄説：動運爲機，持正爲衡，皆以玉爲之。渾儀，羲和氏之舊器，歷代相傳，謂之機衡，而斯器設在候臺。史官禁密學者，寡得聞見，穿鑿之徒，見七政之言，因以爲北斗七星。遷、固猶惑之。鄭玄超然，獨見改正其説，聖人復出，不易斯言。蕃之所云如此。夫候審七曜，當以運行爲體，設器擬象焉。得定共盈縮，設使唐虞之世，已有渾儀，後世孰敢非革，而三天之議紛然莫辯。至揚雄方難蓋通渾。張衡爲太史令，乃鑄銅制範，故知自衡以前未有斯儀。史臣案：渾天廢絶，故有宣、蓋之論，其術並疏，後人莫述。或問渾天於揚雄，雄舉落下、鮮于、耿中丞三人以對，則知此三人創造渾儀，以圖晷緯。西漢長安已有其器，將由喪亂亡失，故衡復鑄之乎。王蕃又記古渾儀尺度，并張衡改制之文，則知斯器非衡始造，明矣。衡所造傳至魏晉，沈没戎虜，績蕃舊器，亦不復存。晉義熙十四年，高祖平長安，得衡舊器，儀狀雖舉，不綴經星七曜。蓋天之術云出周公旦訪之殷商，蓋假託之説也。其書號曰《周髀》。髀者，表也，周天之數也。其術云：天如覆蓋，地如覆盆，地中高而四隤，日月隨天轉運，隱地之高，以爲晝夜，天地相去，凡八萬里，天地之中，高於外衡六萬里，地上之高，高於天之外衡二萬里。或問蓋天於揚雄，雄曰：蓋哉，蓋哉，難其八事。鄭玄又難其二事，爲蓋天之學者，不能通也。

後魏候部鐵儀

《隋・天文志》論渾儀：後魏道武天興初，令太史令晁崇修渾儀，以觀星象。十有餘載，至明元永興四年壬子，詔造太史候部鐵儀，以爲渾天法，考璿璣之正。其銘曰：於皇大代，配天比祚，赫赫明明，聲烈遐布，爰造茲器，考正宿度，貽法後葉，永垂典故。其制皆以銅鐵，唯誌星度以銀錯之，南北柱曲抱雙規，東西柱直立，下有十字水平以植四柱。十字之上以龜負雙規，其餘皆與劉曜儀大同，今太史候臺所用也。開皇已後，靈臺以後魏鐵渾天儀測七曜盈縮，以蓋圖列星坐分黃赤二道，距二十八宿分度，而莫有更爲渾象者。仁壽四年，劉焯論渾天曰：今立術改正舊渾不用。《唐天文志》：李湻風奏靈臺鐵儀，後魏斛斯蘭所作，今太史候臺所用也。【略】

梁渾天象　宋元嘉渾儀　大渾天　銅儀

《隋天文志》論：渾天象者，其制有璣而無衡。梁末祕府有以木爲之，其員如丸，其大數圍，南北兩頭有軌，徧體布二十八宿、三家星、黃赤二道，及天漢等。別爲橫規環，以正其外，高下半之以象地，南軸頭入地，注於南植，以象南極；北軸頭出於地上，注於北植，以象北極。正東西運轉，昏明中星既應其度，分至、氣節亦驗，在不差而已。不如渾儀，別有衡管，測揆日月分步、星度者也。吳太史令陳苗云：先賢制木爲儀，名曰渾天，即此之謂邪。由斯而言儀象二器，遠不相涉，則張衡所造，蓋亦止在渾象七曜，而何承天莫辨儀象之異，亦爲乖失。宋文帝元嘉十三年，以高祖初克長安所得古銅渾儀，狀雖略舉，不著經星七曜，詔太史令錢樂之，採效儀象，鑄銅爲之，五分爲一度，徑六尺八分少，周一丈八尺二寸六分少，地在天內不動，立黃赤二道之規，南北二極之規，布列二十八宿、北斗、極星，置日月五星於黃道，上爲之杠軸以象天運，以水轉之，昏明中星，與天相符。《宋志》云：置立漏刻，以水轉儀。《隋天文志》：宋元嘉中，太史令錢樂之所鑄渾天銅儀，又朱、黑、白三色用殊三家，而合陳卓之數。梁置於文德殿前。至如斯制，以爲渾儀，則內缺衡管，以爲渾象，則地不在外，是參兩法，別爲一體。吳時又有葛衡，明達天官，能爲機巧，改作渾天，使地居于天中，以機動之，天動而地止，以上應晷度，則樂之所放述也。元嘉十七年，又作小渾天，二分爲一度，徑二尺二寸，周六尺六寸，安二十八宿、中外官星備足，以白、青、黃等三色珠爲三家星，其日、月、五星悉居黃道，亦象天運而地在其中。宋元嘉所造儀象，開皇九年平陳後並入長安，大業初移於東都觀象殿。《隋天文志・渾天儀法》云：天如雞子，地如雞子中黃，孤居於天內，天大而地小，表裏有水，天地各乘氣而立，載水而行，周天三百六十五度四分度之一，中分之則半覆地上，半繞地下，故二十八宿半見半隱，天轉如車轂之運也。《書・舜典正義》：宋元嘉年皮延宗作是《渾天論》，太史丞錢樂之鑄銅作渾天儀，傳於齊梁，周遷其器於長安。

梁重雲殿銅儀　天儀説要　渾天象

《隋天文志》論渾儀：梁華林重雲殿所置銅儀，其制有雙環規，又有單橫規，又有單規，其裏又有雙環規，南頭入地下，以象南極，北頭出地上，以象北極，其運動得東西轉，以象天行。雙軸之間，則置衡長八尺，檢其鐫題是劉曜光初六年史官丞南陽孔挺所造，則古渾儀法也。而何承天、徐爰著《宋史》以爲即張衡所造。其儀略舉天狀，而不綴經星七曜。義熙十四年，定咸陽得之。沈約亦云：然皆失之遠矣。《陶弘景傳》：造渾天象，高三尺，地居中，天轉而地不動，以機動之，悉與天會。《隋志》：弘景撰《天儀説要》一卷。【略】

唐開元黃道游儀銘　曆經　渾天圖　銅儀

《唐天文志》：開元九年，一行受詔，改治新曆，欲知黃道進退，而太史無黃道儀。左內率府兵曹參軍梁令瓚以木爲游儀，一行是之，乃奏：黃道游儀古有其術，而無其器，昔人潛思，皆未能得。今令瓚所爲日道、月交，皆自然契合，於推步尤要，請更鑄以銅鐵。十一年儀成。張説表：游儀六月造畢。一行又曰：靈臺鐵儀，後魏斛蘭所作，規制朴略，度刻不均，赤道不動，乃如膠柱，以攷月行，運速多差，多或至十七度，少不減十度，不足以稽天象，授人時。湻風黃道儀，以玉衡旋規，別帶日道，傍別三百四十九交以攜日游，法頗難，術遂寢廢。臣更造游儀，使黃道運行以追列舍之變，因二分之中，以立黃道，交於奎、軫之間，二至陟降，各二十四度，黃道內施白道月環，用究陰陽朓朒，動合天運，簡而易從，可以制器垂象，永傳不朽。於是玄宗嘉之，自爲之銘。又見御製。《集賢注記》曰：學士陸去泰題製造年月、工匠姓名于盤下，填以銀字，御書填以金字。置之靈臺。黃道游儀以古尺四分爲度，旋樞雙環，古所謂旋儀也。南北科兩極，上下循規各三十四度，表裏畫周天度，使東西運轉如渾天。游旋中樞，樞軸長與旋環徑齊。玉衡望筩，置於子午，左右用八柱，八柱相固，亦表裏畫周天度，雙閒使樞軸及玉衡望筩，旋環於中也。陰緯單環皆準陽經，相銜各半，内外俱齊，謂之陰渾也。内外爲周天百刻，天頂單環直中國人頂之上，東西當卯酉之中，令與陽經、陰緯相固，如鳥殼之裏黄。赤道單環，赤道者，當天之中二十八宿之位也。雙規運動，度穿一穴，隨穴退交。秋分、冬至日不差繆，傍在卯酉之南，上去天頂三十六度，而横置之。黄道單環，日之所行故名黄道。太陽陟降，積歲有差，月及五星亦隨日度出入。古無其器，規制不知準的，斟酌爲率，疏闊尤甚。今設此環，置於赤道環内，仍開合使運轉出入四十八度，而極晝兩方東西列度數，南北列百刻，可使見日知時。上列三百六十策與用卦相準，度穿一穴，與赤道相交，白道月環月行有迂曲遲速，與日行緩急相反。古亦無其器，今設於黄道環内，使就黄道爲交合出入六度，以測每夜月離，上畫周天度數，穿一穴，擬移交會皆用銅鐵游儀。四柱爲龍，龍能興雲雨，故以飾柱。柱在四維，龍下有山雲，俱在水平槽上，皆用銅。其赤道帶天之中，以分列宿之度，黄道斜運以明日月之行，乃立八節九限，校二道差數，著之《曆經》。舊史：《大衍曆經》一卷，黄道圖見《天文圖類》。舊紀：開元十三年冬十月癸丑，新造銅儀成，置於景運門内，以示百官。《會要》：開元八年六月十五日，左金吾長史南宫説奏：《渾天圖》有其書，無其器。臣修《九曜占書》，須量校星象，請造兩枚。一進内，一留司占測。九年改曆，沙門一行奏梁令瓚待制麗正書院，因起游儀木樣甚精密，請更以銅鐵爲之。十三年十月三日造成。志云：十一年。《集賢注記》云：十二年五月。又上疏曰：云云置之靈臺以考星度、二十八宿、中外官，與古經不同者數十條。又詔一行、令瓚更造渾天儀。見後《集賢注記》：開元十二年五月，沙門一行於書院造黄道游儀，成以進。一行初奉詔改修曆經，以舊無黄道游儀，測候稍難。梁令瓚刻木作小樣進呈，上令一行參考，以爲精密，始就院更以銅鐵爲之。凡二年功乃成，至是上之。上稱善，令令瓚與一行考李淳風《法象志》更造渾儀圖，御製游儀銘并八分書題於輪上。銘曰：盈縮不僭，列舍不忒，制器垂象，永鑒無惑。學士陸去泰奉敕題制造年月，及工匠姓名于盤下。靈臺用以測候，至今存焉。十三年十月，院中造渾儀成，奉敕向敷政門外，以示百寮。一行改進游儀之後，上令鑄銅爲渾規之器，左衛長史梁令瓚、右驍衛長史桓執珪，分擘規制，鑄爲天像，徑一丈，具列宿、赤道及周天度數，注水激輪，令其自轉。議者以爲張衡靈憲不能踰。今留東京集賢院内。院中有仰觀臺，即一行占候之所。《六典·靈臺郎》：凡測候晷度，以游儀爲準。

唐武成殿水運天　俯視圖　新造銅儀

《唐天文志》：開元十一年，游儀成，明皇又詔一行與令瓚等鑄渾天銅儀，員天之象。具列宿、赤道及周天度數。又注水激輪，令其自轉，一晝一夜而天運周。外絡二輪，綴以日月，令得運行，每天西旋一周，日東行一度，月行十三度十九分度之七，二十九轉有餘而日月會，三百六十五轉而日周天。以木櫃爲地平，令儀半在地上，半在地下，晦朔、弦望、遲速有準。立木人二於地平上，其一前置鼓以候刻，至一刻則自擊之，其一前置鍾以候辰，至一辰亦自鐘之，皆於櫃中，各施輪軸，鈎鍵關鎖，交錯相持。置於武成殿前，以示百官。無幾，而銅漸澁，不能自轉，遂藏於集賢院。《會要》與史同。當時稱其妙，命之曰水運渾天。《會要》曰：水運渾天俯視圖。張衡有漏水轉渾天之制，見《初學記》。《通鑑》：開元十三年十月癸丑，作水運渾天成。《會要》：舊紀同開元十三年乙丑十月三日癸丑，新造銅儀成，置於景運門内，以示百官。書院造游儀去年六月畢，又奉旨更立渾儀。張説表曰：準敕令右衛兵曹長史梁令瓚檢校製造，於是博考傳記，舊有張衡、陸績、王蕃、錢樂之並造斯器，雖渾體有象，而不能運行，臣今鑄銅爲儀，圖以象天，使得俯察。又曰：究天地之幹運，極乾坤之變化，陰陽不能逃其數，度分不能隱其時，紹唐堯欽若之典，遵虞舜璿玉之義。十八年進士試新渾儀賦。隋耿詢創意，造渾天儀，不假人力，以水轉之，施於閣室，使高智寶，外候天時，動合符契。

唐盧肇渾天法　渾天賦　論

盧肇作《海潮賦》及圖，取渾天爲法。吴嚴畯著《潮水輪》。燕肅《海潮圖論》。自古説天有六，一曰渾天，張衡所述二曰蓋天，《周髀》以爲法三曰宣夜，無師法四曰安天，虞喜作五曰昕天，姚信作六曰穹天，虞聳作自蓋天已下蓋好奇徇異之説。其增立渾天之術，自張平子始言天包於地，周旋無端，其形渾渾，故曰渾天。言不及渾天而乖誕者，五家。莊子《逍遥》篇，《玄中記》王仲任《論衡》言日不入地山經釋氏言四天肇始學渾天術於太原王軒，軒以王蕃之術授焉，後因演而成圖。又曰舜璿璣玉衡，則渾儀之本法。晉侍中劉智云：顓帝造渾儀，黄帝爲蓋天，則此二器，皆古聖王之制作也。但學者失其用耳，説者乃云始自張衡，今考其事，張乃巧述其法而揆之，非始造者也。虞喜又云：洛下閎爲漢武帝於地中轉渾天，定時修《太初曆》，又知此術在平子前也。賈逵以永元十五年造黄道儀，張衡以延熹七年更造銅儀，其後吴王蕃、陸績、後魏晁崇、隋劉焯，皆修渾儀之法。李淳風因爲游儀蓋與《靈憲》同法。楊烱上元三年補校書郎，朝夕靈臺之下，備見銅渾之象，作《渾天賦》，賦云：有爲宣夜之學者，曰天常安而不動，地極深而不測。

有稱《周髀》之術者，曰陽動而陰静，天廻而地游，天如倚蓋，地若浮舟。太史公盱衡而告曰：言宣夜者，星辰不可以闊狹有常。言蓋天者，漏刻不可以春秋各半。周三徑一，遠近乖於辰極，東井南箕，曲直殊於河漢。明入於地，葛稚川所以有辭，候應於天，桓君山由其發難。嘗聞渾天之事歟，地則方如棊局，天則圓如彈丸。天之運也，一北而物生，一南而物死。地之平也，景長而多暑，景短而多寒。部之以三門，張之以八紀。其周天也三百六十五度，其去地也九萬一千餘里。日居月諸，天行地止，載之以氣，乘之以水，驗之以衡軸，考之以樞機。三十五官有羣生之繫命，一十二次當下土之封畿。中衡、外衡不召自至，黄道、赤道殊途同歸。昔者顓帝之命重黎司天而司地，陶唐之命仲叔宅西而宅東，其後宋有子韋、鄭有裨竈、魏有石氏、齊有甘公，唐都之推星，王朔之候氣，周文之視日，吳範之占風，有以見天地之情狀，識陰陽之變通。《文粹》崔良佐治《詩》《易》《書》《春秋》，譔《演範》《忘象》《渾天》等論數十篇。《唐書》柳宗元《天對》云：規燬魄淵太虛是，屬某施萬熒咸焉，是託晉成公《綏天地賦》：望舒彌節於九道，羲和正轡於中黄，衆星回而環極，招摇運而指方。【略】

熙寧渾儀議

熙寧七年七月十日，沈括上《渾儀議》曰：五星之行有疾舒，日月之交有見匿，求其次舍、經劘之會，其法一寓於日。凡三百六十有五日四分日之幾一，而謂之歲。周天之體，日引之謂之度。度之離，其數有二，日行則舒，月行則疾，會而均，别之曰赤道之度；日行自南而北，升降四十有八度而迤，别之曰黄道之度。度不可見，其可見者星也。日、月、五星之所由，有星焉。當度之畫者凡二十有八，而謂之舍。舍所以挈度，度所以生數也。度在天者也，爲之璣衡，則度在器。度在器，則日、月、五星可以轉乎器中，而天無所豫也。天無所豫，則在天者不爲難知也。自漢以前，爲曆者必有璣衡，其後雖有璣衡，而不爲曆作。作曆者亦不復以器自考。至唐一行步《大衍曆》，始用渾儀參實，故其曆所得，比諸家差多。臣嘗歷考古今儀象之法《書》所謂璿璣玉衡，唯鄭康成粗記其法，至落下閎製圓儀，賈逵又加黄道，其詳皆不存於書。其後張衡爲銅儀於密室，以水轉之，蓋所謂渾象，非古之璣衡也。括又曰：舊法規環一面刻周天度，一面加銀丁，蓋以夜候之，天晦不可目察，則以手切之，古人以璿餙璣，疑亦爲此。吳王蕃、陸績皆嘗爲儀及象，其説謂舊以二分爲一度，而患星辰稠概，衡改用四分，而患椎重難運，故蕃以三分爲度，周丈有九寸五分寸之三，而具黄赤道焉。至劉曜時，南陽孔挺製銅儀，有雙規，正矩子午以象天；有横規，判儀之中以象地；有特規，斜絡天腹以候赤道；南北植榦，以法二極；其中乃爲游儀、窺管。曜太史令晁崇、斛蘭皆爲鐵儀，其規有六，四常定，一象赤道，其二象二極，乃定所謂雙規者也。唯南北柱曲抱雙規，下有縱横水平，以銀錯星度，小變舊法，而皆不言有黄道，疑失傳也。唐李淳風别爲圖儀三重：其外曰六合，次曰三辰，又次曰四游，而一行以爲難用。其後梁令瓚更以木爲游儀，因淳風法而附新意。詔與一行雜校得失，改鑄銅儀，古今稱其詳確。至道中，初鑄渾儀於司天監，多因斛蘭、晁崇之法。皇祐中，改鑄渾儀於天文院，始用令瓚、一行之論，而去取交有得失。臣今歛古今之説以求數象，有不合者凡十有三事：一曰舊説以中國於地爲東南。當令西北望極星，不當中北。臣以中國觀之，天常北倚可也，古之候天者，自安甫都護府至浚儀太岳臺纔六千里，而北極之差凡十五度，稍北不已，詎知極星之不直人上也。臣讀黄帝《素問》，書乃常以天中爲北也。常以天中爲北，則以極星常居天中也。二曰紘平設以象地體。今渾儀置於崇臺之上，下瞰日月所出，則紘不與地際相當。蓋渾儀考天地之體，有實數，有準數。衡之低昂乃所當謹，臺之高下非所恤也。衡準數臺實數三曰當省去月環。月之出入，專以曆法步之。四曰衡之兩端，以鉤股法求之。下徑三分，上徑一度有半，則兩竅相覆，大小略等。五曰臣考驗極星而後知天中不動處遠極星乃三度有餘，而祖桓窺考猶爲未審。今當爲天極徑七度。六曰：新儀當側規如車輪之牙，而不當衡規如鼓陶。其旁迫狹，難賦辰刻。七曰新法定宿而變黄道。此定黄道而變宿，但可賦三百六十五度而不能具餘分。八曰當省去月道，徙璣於赤道之上。而黄道居下，則星度易審。九曰司天監三辰儀設齒於環背，不與横簫會，當移列兩旁。十曰舊重璣椎重難運。今小損其制。十一曰今當變赤道與黄道同法。十二曰當側置黄赤道，使天度出北際之外。十三曰當徙地紘稍下，候三辰伏見，專以紘際爲法，自當默與天合。七月癸卯，新渾儀成。

元豐渾儀法要 至道渾儀法要見上

自至道用韓顯符渾儀，其後司天官周琮、于淵加黄道。熙寧中，舊器壞。沈括更造，以意增損。器成數年，未能定。與浮漏、景表不應。陳襄奏：舊渾儀壞不可用，而後所造新儀，考之又不合。願付歐陽發詳定。從之，發較三家，考古法，先爲定儀奏之。元豐五年五月二十三日，學士王安禮言：詳定渾儀官歐陽發言，至道皇祐之器皆差，今造渾儀浮漏木樣進呈。上召問曰：浮漏以玉筒下水者，當堅久也。對曰：玉不如銅。沈括嘗用玉，今下水比初加達矣。上以爲然，遂命鑄新儀漏，表集其説號法要。元祐中，蘇頌承詔詳定渾天儀器象制度，爲《新儀象法要》一卷。

《月令正義》、《考靈耀》云：一度二千九百三十二里千四百六十一分里之三百四十八，周天百七萬一千里，是天圓周之里數也。以圍三徑一言之，直徑三十五萬七千里，此二十八宿周廻直徑之數也。然二十八宿之外，上下東西各有萬五千里，是爲四游之極，謂之四表。據四表之内并星宿内總有二十八萬七千里，然則天之中央上下正半之處，十九萬三千五百里，地在於中，是地去天之數也。渾天之體，雖繞於地，地則中央正平，天則北高南下，北極高於地三十六度，南極下於地三十六度。黄裳作渾天儀，以木爲之。

元祐渾天儀象　法略　集英殿儀象

吏部尚書臣蘇頌先準元祐元年冬十一月詔旨，定奪新舊渾儀。對得新儀係至道、皇祐年製造並堪行用，舊渾儀係熙寧中所造，環器法薄水趺低墊，難以行使，臣切以儀象之法，度數備存，而日官所以五有論訴者，蓋以器未命古名，亦不正。至於測候須人運動，人手有高下，故躔度亦從而移轉，是致兩競各指得失，終無定論。蓋古人測候天數，其法有二，一曰渾天儀，規天矩地，機隱於内，上布經躔以考日星行度、寒暑進退，如張衡渾天，開元水運銅渾是也。二曰銅候儀，今新舊渾儀，翰林天文院與太史局所有是也。又案：吴中常侍王蕃云：渾天儀者，羲、和之舊器，積代相傳，謂之璣衡。其爲用也，以察三光，以分度宿者也。又有渾天象者，以著天體，以布星辰，二者以考於天，蓋密矣。詳此則渾天儀、銅候儀之外，又有渾天象，凡三器也。渾天象，歷代罕傳，其制惟書志稱梁武祕府有之，云是宋元嘉中所造者。由是而言，古人候天具此三器，乃能盡妙，今唯一法，誠恐未得親密，然則張衡之制，史失其傳，開元舊器，唐世已亡。國朝太平興國初巴蜀人張思訓首創其式以獻，太宗皇帝召工造於禁中，踰年而成，詔置文明殿今文德殿是也。東鼓樓下，題曰太平渾儀。自思訓死，機繩斷壞，無復知其法制者。臣昨訪得吏部守當官韓公廉，通《九章算術》，嘗以鉤股法推考天度。臣切思古人言天有《周髀》之術，其説曰：髀，股也，股，表也。日行周徑里數各依算術，用勾股二里差推晷影，極遊以爲遠近之數，皆得表股，周人受之，故曰《周髀》。若通此術，則天數從可知也。因説與張衡、一行、梁令瓚、張思訓法式大綱，問其可以尋究依倣製造否，其人稱若據算術，案器象亦可成就。既而撰到《九章鉤股測驗渾天書》一卷，并造到木樣機輪一座。臣觀其器，範雖不盡如古人之説，然水運輪亦有巧思，若令造作，必有可取，遂具奏陳，乞先創木樣進呈，差官試儀，如候果有準，即別造銅器。奉二年八月十六日詔，如臣所請，置局差官及專作材料等遂奏差。壽州州學教授王沇之充專監造作，太史局夏官正周日嚴，秋官正于太古，冬官正張仲宣等，與韓公廉同充製度，官局生袁惟幾、苗景、張端節、劉仲景，學生侯允和、于湯，臣測驗晷景刻漏等。至三年，先造成小樣。有旨赴都堂呈驗。造大木樣，至十二月工畢，閏十二月二日甲辰得旨置於集英殿。臣謹案：歷代天文之器制範，頗多法亦小異，至於激水運機，其用則一，蓋天者運行不息，水者注之不竭，以不竭之流遂不息之運，敬注挹均調則參校旋轉之勢，無有差舛也。故張衡渾天則云：室中以漏水轉之，令司之者閉户唱之，以告靈臺之觀天者，璇璣所加，某星始見，某星始中，某星今没，皆如符合。唐開元中，詔浮圖一行與率府兵曹梁令瓚及諸術士更造鑄銅渾，爲之員天之象，上具列宿及周天度數，注水激輪，令其自轉，一日一夜，天轉一周。又別置二輪，絡在天外，綴以日月，令得運行，每天西轉一帀，日正東行一度，月行十三度有畸，凡二十九轉而日月會，三百六十五轉而月行帀，仍置木櫃以爲地平，令儀半在地下。又立二木偶人於地平之前，置鐘鼓使木人自然撞擊以候辰刻，命之曰水運渾天俯視圖。既成，置武志殿前，以示百官。梁朝渾象以木爲之，其員如丸，徧體布二十八宿，三家星、黄赤道及天河等，別爲横規環，以繞其外，上下半之，以象地。張思訓渾儀爲樓數層，高丈餘，中有輪軸、關柱，激水以輪。又有神直摇鈴，扣鐘，擊鼓，每一夜周而復始，又有十二神各直一時，以定晝夜之長短，至冬至水凝則以水銀代之，故無差舛。案：舊法日月行度，皆人所運。新制成於自然，尤爲精妙。然則據上所造，張衡所謂靈臺之璇璣者，兼渾儀候儀之法也。置密室中者，渾象也。故葛洪云：張平子、陸公紀之徒，咸以爲推步七曜之運，以度曆象昏明之證候，校以三八之氣，攷以刻漏之分，占晷景之往來，求形驗於事情，莫密於渾象也。開元水運俯視圖亦渾象也。思訓準開元之法，而上以蓋爲紫宫，旁周天度而正東西轉，出其新意也。今則兼採諸家之説，備儀象之器，共置一臺，有二隔，渾儀置於上，渾象置於下，樞機輪軸隱中，鐘鼓、時刻、司辰運於輪上，木閣五層蔽於前，司辰擊鼓、摇鈴、執牌出没於閣内，以水激輪，輪轉而儀象咸動，此兼用諸家之法，渾儀則上候三辰之行度，增黄道爲單環，環中日見半體，使望筒常指，日月體常在筒竅中，天西行一周，日東移一度，此出新意也。渾象則列紫宫於北頂，布中外官星二十八舍，周天度、赤黄道、天河徧於天體，此用王蕃及《隋志》所説也。二器皆出一機，以水激之，不由人校之，前古法之疏密未易知，而器度算數亦彷彿其遺象也。《虞書》稱舜在璿璣玉衡，以齊七政，蓋觀四七之中星以知節候之早晚。《考靈曜》曰觀玉儀之游，昏明主時，乃命中星者，璿璣中而星未中，而星中爲舒，舒則日不及其度，日過其宿，璿璣中而星中爲調，均則風雨時庶，草繁廡而五穀登，萬事康。由是言之，觀璿璣中不獨視天時，而布政令、抑欲、察災祥，省得失也。《易》曰先天而天不違，後天則奉天時，此之謂也。今依《月令》創爲四時中星圖，以曉昏之度附于卷後，將以上備聖主南面之省，觀此儀象之大用也。又上論渾天儀、銅候儀、渾天象三器，不同古人之説，亦有所未盡。陳苗謂張衡所造，蓋亦止在渾象七曜，而何承天莫辨儀象之異。若但以一名命之，則不能盡其妙用也。今新制備二器，而通三用，當總謂之渾天，恭候聖鑒以正其名。臣切詳周官馮相氏掌十有二辰，十有二月，二十有八星之位，辨其敘事以會天位。保章氏掌天星以志星辰、日、月之運動，辨其吉凶以詔救政。蓋歲月辰日星皆有方位，知其位之所在，則知其時數之常，然可攷而著之於曆，此馮相氏之所掌也。若有變動非常，有繫於吉凶之應者，以時觀其象而詔其占，則保章氏掌之。蓋馮相氏考其常，所以正時而頒庶事。保章氏司其變，則決之於象而詔救政。先正分其職以爲之之意也。今太史局治曆、瞻候合爲一司，緣曆術有疏密，天文有常變，治曆或疏，則不足以知其常；瞻候或惰，則不足以得其變。瞻候之家，苟欲合其曆奏報候簿，遂容不實。近者，局生訟奏報之妄，草澤斥曆算之疏，究其所因，弊或在是。近令禮部祕書省官定新舊儀，親密者一座行使，臣已行定驗。今相度且欲存留舊儀，令曆生算步治曆，得以參驗。其新造兩臺儀象，制度精巧，兼得張衡、李淳風、張思訓之制，以之瞻候尤爲準的。今欲別爲渾天儀象，所以隸太史仍差官專一提舉，因命頌提舉每日別行奏報，以此關互無容苟簡，則朝廷可以坐知象緯之實，因之參酌中失而圖，其舊政庶幾不失先王馮相保章分職之意。本所乞更重作渾天儀，從之。哲宗元祐時，太史局創水運渾儀二，與舊儀爲三，欲廢其一，局生交訟不決。中書舍人林希言：新儀精密，乃司天之法器，然舊儀用久，宜兩存之。詔宰相臨視，皆以爲然，由是新舊兩存不廢。木樣成，又命翰林學士許將詳定。元祐四年己巳歲三月八日己卯，將言：與周日嚴、苗景晝夜交驗，與天道合。詔以銅造。始製以木，覿于集英，驗之不差，乃以銅造。以元祐渾天儀象爲名。將乞正名渾天儀。從之。時太史局直長趙齊良奏：宋以火德王，名水運非吉兆，乞更名。詔以元祐渾天儀象爲名，竪置于國之西南。七年壬申歲四月二日，詔左丞蘇頌撰《渾天儀象銘》，頌又圖其形製，著爲成書上之，詔藏祕閣。六月十四日，儀象成，召輔臣閲之。今其法不傳。元符元年六月二十七日，知亳州林希上渾天儀象碑文。希爲先吏部尚書，被命撰文。《會要》：元祐四年三月八日己卯，詔以銅造，仍以元祐渾天儀象爲名，翰學許將等請即象爲儀，并爲一器。從之。紹聖元年十月十六日，詔禮部祕省以新舊渾儀同測驗，擇可用者。三年六月十三日，元祐渾儀所乞修寫《儀象製度法略》各一部，納尚書省祕閣。從之。《通略》：初吏書蘇頌請別製渾儀，因命頌提舉。頌邃於律曆，又以吏部令史韓公廉善算術，有巧思，乃奏用之，且授以古法，爲臺三層，上設渾一作候儀，中設一作置渾象，下設一作布司辰，貫以一機，激水轉輪，不假人力，時至刻臨則司辰出告星度所次，占候測驗不差，晷刻晝夜晦明皆可推見。元祐四年三月，木樣成，前此未有也。詔翰林學士許將等詳定已卯。將等言：晝夜校驗，與天道已參合。乃詔以銅造，仍以元祐渾天儀象爲名。其後將等又言：前所謂渾天儀者，其外形圓即可徧布星度，其內有璣衡，即可仰窺天象，若儀象則兼二器有之，同爲一器。今所見渾象別爲二器，而渾儀占測天度之真數，又以渾象置之密室，自爲天運與儀參合，若并爲一器，即象爲儀，以同正天度則兩得之，請更作渾天儀。從之。頌因其家所藏小樣而悟于心，令公廉布算數年，而器成，大如人體，人居其中，有如籠象，因星鑿竅如星，以備激輪旋轉之勢，中星昏晚應時，皆見於竅中，星官曆翁聚觀駭歎，蓋古未嘗有也。紹聖中欲毀之，林希爲言得不廢。紹聖三年六月十三日寫《儀象制度法略》各一部，納尚書省祕閣。規天矩地，機輪隱中，以察三光，驗寒暑，是之謂儀。其圓如丸，其大數圍，以布列宿，著天體，是之謂象。二器司天之要法也。縱以天經，横以地渾，金虬夾繞，鼇雲上承，三辰四游，運轉不息，激水印流，驗之密室，横簫所望曰星，其中司辰告刻，應以鼓鐘，曰象仰觀曰儀，俯視人位乎，閒天外地内。宣和六年七月甲辰，二十九日詔置璣衡所以宰臣領之，得方士璣衡之書，造小樣驗之，與天運合，如唐一行之制。請置局製造。唐一行作曆，梁令瓚作黄道游儀，測知畢、觜、參、鬼四宿，赤道宿度與舊不同。皇祐初詔造黄道渾儀，鑄銅爲之，自後測驗赤道宿度，又十四宿，與一行所測不同。《兩朝志》：自建隆迄治平年，正曆象，作爲銅儀經法具于所司。

宋・謝維新《事類備要》前集卷一二《占候門》 渾天儀

事類三家古言天者有三家，一曰蓋天，二曰宣夜，三曰渾天。漢帝時，蔡邕于朔方上書言：宣夜之學，絶無師法。《周髀》術數具存，考驗天狀，多所違失。惟渾天近得其情，今史官候臺所用銅儀，則其法也。立八尺圓體，而具天地之形，以正黄道，占察法斂，以行日月，以步五緯，精微深妙，百代不易之道也。蔡邕所謂《周髀》者，即蓋天之説也。其本庖犧氏立周天曆度，其所傳則周公受于殷，周人志之，故曰《周髀》。髀，股也，股者，表也。其言天似蓋笠，地法覆槃，天地各中高外下，北極之下爲天地之中。其地最高，而滂沲四隤，三光隱映，以爲晝夜。又《周髀》家云：天圓如張蓋，地方如棋局，天旁轉，如推磨而左行，日月右行，隨天左轉，故日月實東行，而天牽之以西没，譬之于蟻行磨石之上，磨左旋，而蟻右去，磨疾而蟻遲，故不得不隨磨以左回焉。天形南高而北下，日出高故見，日入下故不見。天形如倚蓋，故極在人北，是其證也。極在天之中，而今在人北，所以知天之形如倚蓋也。宣夜之書云：惟漢秘書郎郄萌記先師相傳云：天了无質，仰而瞻之，高遠無極，眼瞀清絶，故蒼蒼然也。譬之旁望遠道之黄山，而皆青，俯察千仞之深谷，而窈黑，夫青非真色，而黑非真體也。日月衆星，自然浮生虚空之中，其行其止，皆須氣焉。《晉・天文志》。四術賀道養《渾天記》曰：昔記天體者，有三渾儀，莫知其始，書以齊七政，蓋渾體也。二曰宣夜，夏殷之法也。三曰《周髀》，當《周髀》之所造，非周家術也。近世復有四術，一曰方天，興于王充；二曰軒天，起曰姚信；三曰穹天，由于虞喜，皆以臆斷浮説，不足觀也。唯渾天之事，徵驗不疑。後漢。

儀象沿革《虞書》曰：在璇璣玉衡，以齊七政。《考靈曜》云：分寸之晷，以制方圓，方圓以成，參以規矩，昏明主時，及命中星，觀玉儀之游。鄭玄謂以玉，謂渾儀也。《春秋・文曜鈎》云：唐堯即位，羲、和立渾儀，此則儀象之設其來遠矣。綿代相傳，史官禁密，學者不覩，故宣蓋沸騰。暨漢太初，洛下閎，鮮于妄人、耿壽昌等造圓儀，以考曆度。後至和帝時，賈逵又加黄道。至順帝時，張衡又制渾象，具内外規、南北極、黄赤道，列二十四氣、二十八宿、中外星官，及日月五緯，以漏水轉之于殿上，室内星中出没，與天相應。因其關戾，又轉瑞輪蓂莢于階下，隨月虚盈，依曆開落。其後陸績亦造渾象，至吴時中常侍廬江王蕃，善數術，傳劉洪《乾象曆》依其法而制渾儀，立論考度曰：前儒舊説，天地之體，狀如鳥卵，天包地外，猶殼之裹黄也，周旋无端，其形渾渾然，故曰渾天也。《晉・天文志》。

儀象異製渾天象者，其制有璣無衡，梁末秘府有以木爲之，其圓如丸，其大數圍，南北兩頭有軸，徧體布二十八宿、三家星、黄赤二道，及天漢等，別爲横規環，以正其外，不如渾儀，別有衡管，測揆日月分步、星度者也。吴太史令陳苗云：先賢制木爲儀，名曰渾天，即此之謂耶。由斯而言，儀象二器，遠不相涉，張衡所造亦止在渾象七曜，而何承天莫辨儀象之異，亦爲乖矣。《晉・天文志》。

顓帝渾儀顓帝造渾儀，黄帝爲蓋天，皆以天象蓋也。劉氏曆正門。

虞舜璇璣案《虞書》舜在璇璣玉衡，以齊七政，《考靈曜》所謂觀玉儀之游，昏明主時，乃命中星者也。璇璣中而星未中爲急，急則日過其度，月不及其宿；璇璣未中而星中爲舒，舒則日不及其度，月過其宿；璇璣中而星中爲調，調則風雨時庶，草繁廡而五穀登，萬事康也。《隋・天文志》。鄭玄云：其運轉者爲璣，其持平者爲衡。皆以玉爲之。同上。馬融云：璣爲轉運，衡爲横簫，運璣使動于下，以衡望，是王者正天文之器。漢世以來，謂之渾天儀是也。《尚書》注。

平子銅儀漢順帝時，張衡字平子，研覈陰陽，妙盡璇璣之正，作渾天儀，著《靈憲》、《筭罔論》，言甚詳明。注《筭綱》蓋網絡天地而筭之因名焉。《漢書》。張平子既作銅渾天儀于密室中，以漏水轉之，令伺之者閉户而唱之，其伺之者以告靈臺之觀天者曰：璇璣所加，某星始見，某星已中，某星今没，皆如合符也。《晉・天文志》。崔子玉爲其碑銘曰：數術窮天地，制作侔造化。其圍範兩儀，天地无所蘊其靈，運情機物，有生不能參其智。《後本傳》。

賈逵黄道漢和帝時，太史揆候，皆以赤道儀與天度頗有進退，以問典星，姚崇等皆曰星圖有規法，日月實從黄道，官无其器。永元十五年，詔賈逵始造黄道銅儀。《隋・天文志》。

王蕃象曆吴時王蕃善數術，傳劉洪《乾象曆》，依其法而制渾儀，立論考度曰：天地之體，周旋无端，其形渾渾然，故曰渾天。

葛衡機巧吴時有葛衡，明達天官，能爲機巧，改作渾天，使地居天中，以機動之，天動而地止，以上應晷度。元嘉十七年，又作小渾天，一分爲一度，並同上。

宋鑄銅儀宋高祖克長安，得古銅渾儀二，狀雖舉，不綴七曜。是歲，詔太史令更造渾儀。錢樂之依案舊説，采效儀象鑄铜爲之，徑六尺八分，五分爲一度，上爲杠軸，以水轉之，以象天運，昏明中星，與天相符。《隋天文志》及《通鑑》。

魏造鐵儀後魏明元永興四年，詔造太史候部鐵儀以爲渾天法，考璇璣之正，其銘曰：爰造兹器，考正宿度。其製並以銅鐵，唯誌星度，以銀錯之。《隋天文志》。唐一行曰：靈臺鐵儀，後魏斛蘭所作，規制朴略，度刻不均，赤道不動，月行遲遲多差。《唐天文志》。

淳風三儀唐貞觀初，李淳風言：今靈臺候儀是魏代遺範，觀其制度，疎漏實多。太宗因令造之。貞觀七年造成。其制以銅爲之，表裏王重，下據準基，狀如十字，末樹鼇足，以張四表焉，第一儀名曰六合儀，二曰三辰儀，三曰四遊儀，皆用銅。帝置于凝暉閣，時稱其妙。《舊唐書》。

一行雙儀唐開元九年，一行受詔改治新曆斂知黄道進退，而太史元黄道儀。梁令瓚以木爲游儀，一行是之，請更鑄以銅儀。十三年儀成。以古尺四分爲度，古所謂璇儀也。其赤道帶天之中，以分列宿之度，黄道斜運，以明日月五星，乃立八節九限，校二道差數著之曆徑。又詔一行與令瓚更鑄渾天銅儀，圓天之象。上具列宿、赤道，及周天度數，注水激輪，令其自轉，晝夜一周。別置二輪，絡在天外，綴以日月，逆天而行，淹迷合度。置木櫃于地中，令儀半在地下。又立二木人，每刻擊鼓，每辰擊鍾，機械皆藏櫃中。《通鑑》。

國朝木儀國朝張思訓敘渾儀置度云：唐開元中，詔僧一行與梁令瓚及諸術士造渾天儀，鑄銅爲日月圓天之象，上具列宿、赤道及天道，細水激輪，令其自轉，後銅鐵漸澁，不能自轉，不復行用。今思訓所作，起爲樓閣之狀，數層高丈餘，以木偶人爲七直神，摇鈴、撞鐘、擊鼓，及十二神自執時牌，循環而出，并著日月星象，皆須仰視，其機轉之，用俱隱樓中，觀其制略，頗有開元遺象。《會要》。

天大地小漢王仲任據蓋天之説，以駁渾儀，云：舊説天轉從地下過，今掘地一丈，輒有水，天何得從中行乎？故丹楊葛洪釋之曰：《渾天儀注》云：天如鷄子，地如鷄中黄，地居于天内，天大而地小，天表裏有水，天地各乘氣而立，載水而行，周天三百六十五度四分度之一，又中分之，則半覆地上，半繞地下，故二十八宿半見半隱，天轉如車轂之運也，諸論天者雖多，然占晷影之往來，求形驗于事情，莫密于渾象者也。《晉志》。天圓地方成帝咸康中，會稽虞喜因宣夜之説，作《安天論》以爲天高窮於无窮，地深測於不測，天確乎在上，有常安之形，地塊然在下，有居静之體，常相覆冒，方則俱方，圓則俱圓，无方圓不同之義也。葛洪聞而譏之曰：苟辰宿不麗于天，天爲无用，使可言无，何必復云有之，而不動乎？同上。

宋・王應麟《漢制考》卷四《書》

《舜典・璣衡正義》：璣爲運轉，衡爲横簫，運璣使動於下，以衡望之，是王者正天文之器。漢世以來，謂之渾天儀者是也。蔡邕《天文志》云：言天體者有三家，一曰《周髀》，二曰宣夜，三曰渾天。宣夜絶無師説，《周髀》術數具在，考驗天象，多所違失，故史官不用。惟渾天近得其情，今史所用候臺銅儀，則其法也。宣帝時，耿壽昌始鑄銅爲之象，史官施用焉。後漢張衡作《靈憲》，以説其狀。

宋・王應麟《六經天文編》卷上《天道・書》 璣衡

朱氏曰：美珠謂之璿。璣，機也。以璿飾璣，所以象天體之運轉也。衡，横也，謂衡簫也，以玉爲管，横而設之，所以窺璣而察七政之運行，猶今之渾天儀也。齊，猶審也。七政，日、月、五星也。七者運行於天，有遲有速，有順有逆，猶人君之有政事也。言舜初攝位，乃察璣衡，以審七政之所在，以起渾天儀。《晉・天文志》云：言天體者有三家，一曰《周髀》，二曰宣夜，三曰渾天。宣夜絶無師説，不知其狀如何。《周髀》之術，以爲天似覆盆，蓋以斗極爲中，中高而四邊下，日月旁行遶之，日近而見之爲晝，日遠而不見爲夜。蔡邕以爲考驗天象，多所違失。渾天説王蕃曰：天之形狀似鳥卵，地居其中，天包地外，猶卵之裹黄，圓如彈丸，故曰渾天。言其形體，渾渾然也，其術以爲天半覆地上，半在地下，其天居地上，見有一百八十二度半强，地下亦然。北極去地上三十六度，南極入地亦三十六度，而嵩高正當天之中，極南五十五度，當嵩高之上。又其南十二度，爲夏至之日道，又其南二十四度，爲春秋分之日道，又其南二十四度，爲冬至之日道。南下去地三十一度而已。是夏至日北去極六十七度，春秋分去極九十一度，冬至去極一百一十五度，此其大率也。其南北極持其兩端，其天與日、月、星宿斜而迴轉。此必古有其法，遭秦而滅。至漢武時，落下閎始經營之，鮮于妄人又量度之，至宣帝時，耿壽昌始鑄銅而爲之象。衡長八尺，孔徑一寸，璣徑八尺，圓周二丈五尺强，轉而望之，以知日月星辰之所在，即璿璣玉衡之遺法。蔡邕以爲近得天體之實者也。沈括曰：舊法規環一面刻周天度，一面加銀丁，蓋以夜候之，天晦不可目察，則以手切之也。古人以璿飾璣，疑亦爲此。今按此以漢法逆推古制，然歷代以來，其法漸密，本朝因之，爲儀三重，其在外者曰六合儀，平置單環，上刻十二辰，八干四隅在地之位，以凖地面而定四方。側立黑雙環，具刻去極度數，以中分天脊，直跨地平，使其半出地上，半入地下，而結於其子午，以爲天經。斜倚赤單環，具刻赤道度數，以平分天腹，横繞天經，亦使半出地上，半入地下，而結於其卯酉，以爲天緯。二環表裏相結不動，其天經之環，則南北二極皆爲員軸，虚中而内向，以挈三辰四遊之環，以其上下四方於是可考，故曰六合。次其内曰三辰儀，側立黑雙環，亦刻去極度數，外貫天經之軸，内挈黄赤二道，其赤道則爲赤單環，外依天緯，亦刻宿度，而結於黑雙環之卯酉，其黄道則爲黄雙環，亦刻宿度，而又斜倚於赤道之腹，以交結於卯酉，而半入其内，以爲春分後之日軌，半出其外，以爲秋分後之日軌。又爲白單環，以承其交，使不傾墊。下設機輪，以水激之，使其日夜隨天東西運轉，以象天行，以其日、月、星辰於是可考，故曰三辰。其最在内者曰四遊儀，亦爲黑雙環，如三辰儀之制，以貫天經之軸，其環之内，則兩面當中各施直距，外趾指兩軸，而當其要中之内，又爲小窾，以受玉衡，要中之小軸，使衡既得隨環東西轉運，又可隨處南北低昂，以待占候者之仰窺焉。以其東西南北無不周偏，故曰四遊。此其法之大略也。曆家之説，又以北斗魁四星爲機，杓三星爲衡，今詳經文簡質，不應北斗二字，乃用寓名，恐未必然，姑存其説，以廣異聞。馬融曰：渾天儀可旋轉，故曰璣衡。其横簫皆以視星宿也。以璿爲璣，以玉爲衡，蓋貴天象也。張氏曰：蓋天之法，如繪像，止得其半，渾天之法，如塑象，能得其全。堯之曆象日星，蓋天法也。舜之璿璣玉衡，渾天法也。渾法密於蓋天，創意者尚略，述作者愈詳也。夏氏曰：七政在天躔度，長短多寡不同，日行一度，月行十三度十九分度之七，歲星日行千七百二十八分度之百四十五，熒惑日行一萬三千八百二十四分度之七千三百五十五，太白、辰星日各行一度，鎮星日行四千三百八十分度之百四十五，七政躔度，長短、多寡不同，如此然必謂之齊者。曾氏謂：步七政之軌度、時數，以轉璣窺衡而不差焉，故曰齊。其不齊者，乃陵歷鬭食、盈縮、犯守者也。蓋璣衡所見者，皆時數軌度之當然，不如璣衡，則爲變異，此説是也。沈存中謂：熙寧中，受詔典領曆官，考察星辰，以璣衡求極星，從窺管候之，凡三月，極星常循窺管之中，夜夜不差，則窺管即玉衡也。陳氏曰：舜齊七政，不言經星。經者，緯之所次也。言乎緯，經在其中矣。曾氏曰：堯之時，觀天以曆象。至舜又察之以璣衡，聖人之法。至後世益備也。曰七者，則日、月、五星，曰政者，則羲、和之所治，無不任焉。其體至大，蓋一言而盡。王蕃曰：鄭玄説動運爲璣，持正爲衡，皆以玉爲之，視其行度，觀受禪是非也。渾儀，羲、和氏之舊器，歷代相傳，謂之璣衡，其所由來，有原統矣。而斯器設在候臺，史官禁密，學者寡得聞見，穿鑿之徒，不解璣衡之意，見有七政之言，因以爲北斗七星，締造虚文，託之讖緯。史遷、班固雅尚惑之。鄭玄有贍雅高遠之才，沈静精妙之思，超然獨見，改正其説，聖人復出，不易斯言矣。蘇氏曰：古人測候天數，其法有二，一曰渾天儀，規天矩地，機隱於内，上布經躔，以考日星行度，寒暑進退，如張衡渾天。開元水運銅渾是也。一曰銅候儀，今新舊渾儀，翰林天文院與太史局所有是也。又案吴王蕃曰：渾天儀者，羲、和之舊器，積代相傳，謂之璣衡，其爲用也，以察三光，以分度宿者也。又有渾天象者，以著天體，以布星辰。二者以考於天，蓋密矣。詳此則渾天儀、銅候儀之外，又有渾天象，凡三器也。渾天象，歷代罕傳其制，梁武祕府有之，云是宋元嘉中所造者。古人候天具此三器，乃能盡妙。黄氏曰：太極未判，天、地、人三才，函於其中。

宋·金履祥《書經注》卷一《虞書》 在璿璣玉衡，以齊七政。

以玉爲璣，以象天體之運轉，以璿珠飾之，以象星辰之位。次以玉爲横筩，推其分度時節，以窺天而與璣合。羲、和之法，至是益密，後世渾天儀象，蓋其法也。朱子曰：渾天説曰，天之形狀似鳥卵，地居其中，天包地外，猶卵之裹黄，圓如彈丸，故曰渾天。其術以爲天半覆地上，半在地下，其天居地上，見者一百八十二度半强，地下亦然。北極出地上三十六度，南極入地下亦三十六度。而嵩高正當天之中，極南五十五度，當嵩高之上。又其南十二度，爲夏至之日道。又其南二十四度，爲春秋分之日道。又其南二十四度，爲冬至之日道。南下去地三十一度而已。是夏至日北去極六十七度，春分去極九十一度，冬至去極一百一十五度，此其大率也。其南北極持其兩端，其天與日月星宿斜而迴轉。此必古有其法，遭秦而滅。漢武帝時，洛下閎，鮮于妄人始經營量度之，宣帝時，耿壽昌始鑄銅而爲象。宋錢樂又鑄銅作渾天儀，衡長八尺，孔徑一寸，璣徑八尺，圓周二丈五尺强，轉而望之，以知日月星辰之所在，即璿璣玉衡之遺法也。歷代以來，其法漸密，本朝因之，爲儀三重，其在外者曰六合儀，平置黑單環，上刻十二辰，八干、四隅在地之位，以準地面而定四方。側立黑雙環，背刻去極度數，以中分天脊，直跨地平，使其半出地上，半入地下，而結於其子午，以爲天經。斜倚赤單環，背刻赤道度數，以平分天腹，横繞天經，亦使半出地上，半入地下，而結於其卯酉，以爲天緯。三環表裏相結，不動其天經之環，則南北二極皆爲圓軸，虚中而内向，以挈三辰四遊之環，以其上下四方於是可考，故曰六合。其次内曰三辰儀，側立黑雙環，亦刻去極度數，外貫天經之軸，内挈黄赤二道。其赤道則爲赤單環，外依天緯，亦刻宿度，而結以黑雙環之卯酉。其黄道則爲黄單環，亦刻宿度，而又斜倚於赤道之腹，以交結於卯酉，而半入其内，以爲春分後之日軌，半出其外，以爲秋分後之日軌。又爲白單環，以承其交，使不傾墊。下設機輪，以水激之，使其日夜隨天東西運轉，以象天行，以其日月星辰於是可考，故曰三辰。其最在内者曰四遊儀，亦爲黑雙環，如三辰儀之制，以貫天經之軸，其環之内，則兩面當中各施直距，外指兩軸，而當其要中之内面又爲小竅，以受玉衡，要中之小軸，使衡既得隨環東西運轉，又可隨處南北低昂，以待占候者之仰窺焉。以其東西南北無不周徧，故曰四遊。此其法之大略也。《儀禮經傳通解·曆象篇》曰：渾天儀，唐貞觀中，李淳風爲之，開元中，浮屠一行、梁令瓚又爲之，宋太平興國中，張思訓創爲，元祐中，蘇頌更造，其法尤密，置渾儀於上，以仰觀，置渾象於下，以俯視，樞機輪軸隱於中，以水激輪，則儀象皆動，不假人力。

元·郝經《續後漢書》卷八四上上《録第二上上》 儀象

《書》載璇璣玉衡，而無器，與説歷三代，戰國及秦亦無聞焉。漢太初中，落下閎等始造圓儀，立八尺，周七尺三寸半分，以二分爲一度。和帝時，賈逵始加黄道，而亦無説。安帝時，張衡爲太史令，作渾天儀，周一丈四尺六寸，以四分爲一度，具内外規、南北極、黄赤道，列二十四氣、二十八宿、中外星官，及日月五緯，以漏水轉之，密室中伺者以告靈臺官，星中出没與天相應，又轉瑞輪蓂莢于階下，隨月虚盈，依曆開落。順帝陽嘉初，復造候風地動儀，圓徑八尺，合蓋隆起，又著《靈憲》、《經算罔論》，於是器與説詳備矣。崔瑗爲之銘曰：數術窮天地，制作侔造化，高才偉藝，與神合契。至吴，陸績亦造渾象。而王蕃傳劉洪《乾象曆》，依其法復制渾儀，以古制局小，星辰稠概，張衡之儀傷大，難以轉移，乃制周天一丈九寸五分分之三，三分爲一度，然周徑廣，則度廣，周徑狹，則度狹，皆不離乎三百六十五度四分度之一而已。

元·吴澄《書纂言》卷一《虞書》 在璿璣玉衡，以齊七政。

璿，美珠。璣、衡皆觀天之器。以璿飾璣，所以象天也。有機運轉，故曰璣。以玉爲管，所以窺天也。横設於璣，故曰衡。齊者，測驗推步之不差也。七政，日、月、五星也。其行或遲或速，各有限節，度數如國家之政然，故曰七政。常星爲天定體者，謂之經。七政與天各行者，謂之緯。故必察於璣衡之器，以齊其行度。堯之命官，先命羲、和。舜之攝位，先齊七政。蓋治曆明時，君道所當先也。璣衡之制，蓋如後世之渾天儀。云自古言天者三家，曰宣夜，曰《周髀》，曰渾天。宣夜無師説，不知其何如。《周髀》之説，謂天似覆盆，斗極爲中，中高四邊下，日月旁行繞之。蔡邕以爲考驗天象，多所違失。渾天之説，謂天渾渾然，圓如彈丸，地居其中，如鳥卵中黄，天包地外，半覆地上，半在地下，地上見者百八十二度半強，地下不見者，亦百八十二度半強，其南北兩端，樞紐不移處爲極，北極出地上三十六度，南極入地下三十六度。其天體經星與日、月、五緯斜而迴轉，北極之南五十五度，當嵩高之上，正爲天中。又其南十二度，爲夏至之日道。又其南二十四度，爲春秋分之日道。又其南二十四度，爲冬至之日道。南下去地三十一度而已。夏至之日北去極六十七度，春秋分之日去極九十一度，冬至之日去極北一十五度，此其大率也。古者觀天之器，其法無傳。漢武帝時洛下閎始經營之，鮮于妄人又量度之，宣帝時耿壽昌以銅鑄爲天象，劉宋時錢樂以銅鑄爲渾天儀。歷代相因，由唐至宋漸加精緻，爲儀三重，其外第一重曰六合儀。平置黑單環，名地平環，上列壬、子、癸、丑、艮、寅、甲、卯、乙、辰、巽、巳、丙、午、丁、未、坤申、庚、酉、辛、戌、乾、亥二十四字，一名陰渾，一名單横規，一名陰緯單環，北地面四方，四緯之象也。又側立黑雙環，名天經環，横刻二極相去度數，直跨地平環，相衘於子午，半出地上，半入地下，子以上出地平三十六度爲北極樞孔，午以下入地平三十六度爲南極樞孔。一名外雙規，一名陽經雙規，此天脊從布之象也。又斜倚赤單環，名天緯環，互刻赤道周天宿度，上下與天經環相衘，去南北極各九十一度少弱，東西與地平環相衘，當卯酉之位，此天腰横繞之象也。三環表裏相結不動，上下四方之定位於是可考，故曰六合。其内第二重曰三辰儀。側立黑雙環，亦刻去極度數，制如天經，黑雙環在内而差小，但彼不可動，而此衘附黄赤二環，以轉動爾。其赤道環則爲赤單環，亦刻宿度，制如天緯，赤單環在内而差小，上下與三辰雙環相衘去南北極各九十一度少弱。其黄道環則爲黄單環，亦刻宿度，上下亦與三辰黑雙環相衘，而南出赤道環二十四度弱，北入赤道環二十四度弱，東西與赤道環相衘在環上，所刻卯酉，春秋二分之處。又爲白單環，承其交鎖，定黄赤二環，使不傾墊，或不用。日月星辰之運行於是可考，故曰三辰。下設機輪，以水激之，可省人運，亦或不用。又其内第三重曰四遊儀，亦爲黑雙環，制如三辰儀之黑雙環，在内而又小，以揭直距，直距者銅板二，從置於四遊儀内，上屬北極，下屬南極，而横夾望筒於其腰中，内面爲小孔，以受望筒腰中之小軸。望筒者，古所謂玉衡也，一名窺筒，一名窺管，一名横簫。其筒中空兩端，各爲方掩，方掩中各開圓孔，以俟仰窺。腰中兩面各爲小軸，以貫直距腰中之小孔，東西既得隨環運轉，南北又可隨處低昂，故曰四遊。第一重六合天經雙環衘附地平天緯二單環，第二重三辰雙環衘附黄赤道二單環，第三重四遊雙環衘附直距與望筒。六合之規大於三辰，三辰之規大於四遊。雙環雙鑄，一樣二合而爲一，故厚，可貫管軸。單環單鑄，故薄。其六合天經雙環南北二極之處，有孔衘軸以穿三辰、四遊二雙環於内軸，如管虚中，其外有臍，兩層以間隔三辰、四遊之位。次其尺度，則地平單環徑八尺，濶五寸，厚一寸半，天經雙環徑八尺，濶五寸，厚八分，兩環合一寸六分。天緯單環徑七尺八寸一分，濶九分，厚五分，三辰雙環徑七尺四寸八分，濶一寸八分，厚七分，兩環合一寸四分。黄赤二道單環徑七尺二寸八分，濶九分，厚六分，四遊雙環徑六尺二寸八分，濶一寸八分，厚八分半，兩環合一寸七分。直距二長各如四遊環，内徑濶一寸六分，厚八分，望筒長隨直距，方一寸六分，兩端方掩，方一寸七分，中間圓孔徑七分半。其臺地平之下，槃以龍柱四，各高七尺七寸，植于水槽上，一名水趺，或名水平。其臺爲十字，或爲方井，中鑿水道相通，行水以激機輪。沈括曰：舊法規環一面刻周天度，一面加銀丁，蓋以夜候天晦，不可目察，則以手切之也。古人以璿飾璣，疑亦爲此。

元·王天與《尚書纂傳》卷二《舜典第二·虞書》 在璿璣玉衡，以齊七政。

漢孔氏曰：璿，美玉。璣衡，王者正天文之器，可運轉者。七政，日、月、五星，各異政。舜察天文，齊七政，以審己當天心與否。朱子曰：未必然，只是從新整理起，此其最當先理會者。唐孔氏曰：玉是大名，璿是玉之别稱，璣衡俱以玉飾，但史變其文，璣爲轉運，衡爲横簫，運機使動於下，以衡望之，漢世以來，謂之渾天儀是也。蔡邕《天文志》云：言天體者有三家，一曰《周髀》，二曰宣夜，三曰渾天。宣夜絶無師説。《周髀》術數具在，考驗天象，多所違失，故史官不用。惟渾天者，近得其情，今史所用，候臺銅儀，則其法也。王蕃渾天説云：

渾天言其形體，渾渾然，其術以爲天半覆地上，半在地下，其天居地上，見有一百八十二度半彊，地下亦然。北極出地上三十六度，南極入地下亦三十六度，而嵩高正當天之中，極南五十五度，當嵩高之上。又其南十二度，爲夏至之日道。又其南二十四度，爲春秋分之日道。又其南二十四度，爲冬至之日道。南下去地三十一度而已。是夏至日北去極六十七度，春秋分去極九十一度，冬至去極一百一十五度，此其大率也。其南北極持其兩端，天與日、月、星宿斜而廻轉。此必古有其法，遭秦而滅。漢宣帝時，耿壽昌始鑄銅爲之象，史官用焉。宋元嘉年錢樂鑄銅作渾天儀，衡長八尺，孔徑一寸，璣徑八尺，圓周二丈五尺彊，轉而望之，有其法也。朱子曰：渾天儀，歷代以來爲儀三重，其在外者，曰六合儀。平置黑單環，上刻十二辰、八干、四隅在地之位，以準地面而定四方。側立黑雙環，背刻去極度數，以中分天脊，直跨地平，使其半出地上，半入地下，而結於其子午，以爲天經。斜倚赤單環，背刻赤道度數，以平分天腹，橫繞天經，亦使半出地上，半入地下，而結於其卯酉，以爲天緯。三環表裏相結不動，其天經之環，則南北二極皆爲圓軸，虛中而内向，以挈三辰、四遊之環，以其上下四方於是可考，故曰六合。次其内曰三辰儀。側立黑雙環，亦刻去極度數，外貫天經之軸，内挈黄赤二道。其赤道則爲赤單環，外依天緯，亦刻宿度，而結於黑雙環之卯酉。其黄道則爲黄單環，亦刻宿度，而又斜倚於赤道之腹，以交結於卯酉，而半入其内，以爲春分後之日軌，半出其外，以爲秋分後之日軌。又爲白單環，以承其交，使不傾墊。下設機輪，以水激之，使其日月隨天東西運轉，以象天行，以其日月星辰於是可考，故曰三辰。其最在内者，曰四遊儀。亦爲黑雙環，如三辰儀之制，以貫天經之軸，其環之内，則兩面當中各施直距，外指兩軸，而當其要中之内面又爲小竅，以受玉衡，要中之小軸，使衡既得隨環東西運轉，又可隨處南北低昂，以待占候者之仰窺焉。以其東西南北無不周偏，故曰四遊。此其法之大略也。沈括云：舊法規環一面刻周天度，一面加銀丁，蓋以夜候天晦，不可目察，則以手切之也。古人以璿飾璣，疑亦爲此。今銅儀制，亦以銅丁爲之。曆家之説，又以北斗魁四星爲璣，杓三星爲衡。今詳經文簡質，不應北斗二字，乃用寓名，恐未必然，姑存其説，以廣異聞焉。按朱子渾儀説，又有漢東俞氏《震儀表法要》編敘。〇六合儀。所謂平置黑單環者，名地平環，一名陰渾，一名單橫規，一名全渾規，一名地盤平準，一名陰緯單環，上刻壬、子、癸、丑、艮、寅、甲、卯、乙、辰、巽、巳、丙、午、丁、未、坤、申、庚、酉、辛、戌、乾、亥，此地面四方之象也。所謂側立黑雙環者，名天經環，古名外雙規，一名陽經雙規，上刻周天度數，與地平相結於子午，半出其上，半入其下，子以上出地平三十六度，爲北極樞孔，午以下入地平三十六度，爲南極樞孔，此天半在地上，半在地下之象也。所謂斜倚赤單環者，名天緯環，一名天常單環，一名百刻單環，上下與天經相銜，去南、北極各九十一度少弱，東西與地平相銜，當卯酉之位，此天腹赤道之象也。〇三辰儀。所謂側立黑雙環者，制即如天經黑雙環，在内而差小，但彼不可動，而此銜附黄赤二環，以轉動耳。所謂赤道環者，制亦如天緯赤單環，在内而差小，上下與三辰雙環相銜，去南北極各九十一度少弱。所謂黄道環者，上下亦與三辰雙環相銜，而南出赤道環二十四度弱，北入赤道環亦二十四度弱，東西與赤道環交互相銜之處，正環上所刻卯酉，春秋二分之處也。所謂白單環者，鎖定黄赤二環，或不用，以水激輪，可省人運，亦或不用。〇四遊儀。所謂黑雙環者，制亦如三辰儀之黑雙環，在内而又小，以揭直距。所謂直距者，銅版二縱，置於四遊儀内，上屬北極，下屬南極，中施關軸，以夾望筒。所謂望筒者，即王衡也，一名窺筒，一名窺管，一名橫簫。其筒中空，兩首各爲方掩，方掩中各開圜孔，以透窺測。〇右渾儀三重六合天經雙環銜附地平天緯二單環也。三辰雙環銜附黄赤道二單環也。四遊雙環銜附直距與望筒也。六合之規大於三辰，三辰之規大於四遊，六合不動，以象天地四方，三辰運動以象天行，四遊則亦運動而窺測焉。雙環雙鑄，一樣二合而爲一，故厚，可貫管軸。單環單鑄，故薄。其天經環南北二極之次，有孔銜軸，以穿三辰、四遊於内，使可運轉軸如管虛中，其外有臍兩層，以間隔三辰、四遊之位次尺度，則地平單環徑八尺，闊五寸，厚一寸半。天經雙環徑八尺，闊五寸，厚八分，兩環合一寸六分。天緯單環徑七尺八寸一分，闊九分，厚五分。三辰雙環徑七尺四寸八分，闊一寸八分，厚七分，兩環合一寸四分。黄赤二道徑七尺二寸一分，闊九分，厚六分。四遊雙環徑六尺二寸八分，闊一寸八分，厚八分半，兩環合一寸七分。直距二長各如四遊環，内徑闊一寸六分，厚八分。望筒長隨直距，方一寸六分，兩首方掩，方一寸七分，中開圜孔，徑七分半。平地之下，擎以龍柱四，各高七尺七寸，植於水槽上，槽名水趺，或名水平。其臺舊爲十字，或爲方井，中鑿水道相通，行水水平，則渾儀正矣。如前尺度，特其大約要之廣袤、長短、厚薄，隨宜增損，有不必拘，但得規模分布度次均準，相銜交結樞竅無差，則窺測不患其無準矣。以上俞氏説附載於此。

〇朱子曰：七者運行於天，有遲有速，有順有逆，猶人君之有政事也。曾氏曰：步七政之軌度、時數，以轉璣窺衡，而不差焉。故曰：齊其不齊者，乃陵歷、鬬食、盈縮、犯守不如璣衡，則爲變異也。

元·王禎《王禎農書》卷一《農桑通訣一》 授時篇第一

授時之説，始於《堯典》。自古有天文之官，重黎以上，其詳不可得聞。堯命義、和，曆象日月星辰，考四方之中星，定四時之仲月。以南方朱鳥七星之中殷仲春，則厥民析而東作之事起矣。以東方大火房星之中正仲夏，則厥民因而南訛之事興矣。以西方虛星之中殷仲秋，則厥民夷而西成之事舉矣。以北方昴星之中正仲冬，則厥民隩而朔易之事定矣。然所謂曆象之法，猶未詳也。舜在璿璣玉衡，以齊七政，説者以爲天文器。後世言天文之家，如洛下閎、鮮于妄人，輩述其遺制，營之度之，而作渾天儀，曆家推步，無越此器，然而未有圖也。蓋二十八宿周天之度，十二辰日月之會，二十四氣之推移，七十二候之遷變，如環之循，如輪之轉，農桑之節，以此占之。四時各有其務，十二月各有其宜。先時而種，則失之太早而不生。後時而蓺，則失之太晚而不成。故曰雖有智者，不能冬種而春收。《農書・天時之宜》篇云：萬物因時授氣，因氣發生，時至氣至，生理因之。今人雷同，以正月爲始春，四月爲始夏，不知陰陽有消長，氣候有盈縮，冒昧以作事，其克有成者，幸而已矣。此圖之作，以交立春節爲正月，交立夏節爲四月，交立秋節爲七月，交立冬節爲十月，農事早晚，各疏於每月之下。星辰干支，别爲圓圖，使可運轉，北斗旋於中以爲準，則每歲立春，斗柄建於寅方，日月會於營室，東井昏見於午，建星晨正於南，由此以往，積十日而爲旬，積三旬而爲月，積三月而爲時，積四時而成歲，一歲之中，月建相次，周而復始，氣候推遷，與日曆相爲體用，所以授民時而節農事，即謂用天之道也。夫授時曆每歲一新，授時圖常行不易，非曆無以起圖，非圖無以行曆，表裏相參，轉運無停，渾天之儀，粲然具在是矣。然按月授時，特取天地南北之中氣作標準，以示中道，非膠柱鼓瑟之謂。若夫遠近寒暖之漸殊，正閏常變之或異，又當推測晷度，斟酌先後，庶幾人與天合，物乘風至，則生養之節不至差謬，此又圖之體用餘致也，不可不知。務農之家，當家置一本考曆推圖，以定種蓺，如指諸掌，故亦名曰《授時指掌活法之圖》。

元・陳師凱《書蔡傳旁通》卷一中　洛下閎始經營之，鮮于妄人又量度之，至宣帝時，耿壽昌始鑄銅爲之象。

此皆據《孔疏》，《漢志》不載。今案《晉志》云：漢太初初，洛下閎、鮮于妄人，耿壽昌等造圓儀，以考曆度。又案《隋志》云：渾天儀者，羲、和之舊器，積代相傳，謂之機衡。又有渾天象者，以著天體，以布星辰，古舊渾象，以二分爲一度，周七尺三寸半，而莫知何代所造。今案虞喜云：洛下閎爲武帝於地中轉渾天，定時節，作《太初曆》，或其所製也。一云：洛下閎，姓姚氏，字長公，隱於洛下，巴人也。愚案：《隋志》分儀象爲二篇，謂機衡爲儀，謂有機無衡者爲象，故《注疏》及《傳》亦或言象，或言儀，各有所指也。

宋錢樂又作渾天儀，衡長八尺，孔徑一寸，璣徑八尺，圓周二丈五尺强。

錢樂本名樂之，《孔疏》脱之字，《南史》無傳。《隋志》言徑八尺者，漢候臺銅儀也。又梁華林重雲殿前所置銅儀，亦徑八尺，檢其鐫題，是劉曜光初六年，史官丞孔挺所造。又云：宋文帝元嘉十三年，太史令錢樂之采效儀象，鑄銅爲之，徑六尺八分少，周一丈八尺二寸六分少，地在天内不動，以爲渾儀，則内缺衡管，以爲渾象，則地不在外，是别爲一體。愚案：《孔疏》與正史大同小異，《蔡傳》正據《疏》義耳。

歷代以來，其法漸密，本朝因之，爲儀三重，其在外曰六合儀，次其内曰三辰儀，最其内曰四遊儀。

渾儀至唐李淳風、一行，而法甚密。本朝因之者，言宋亦因用舊儀之法，不曾改創法度也。案《新唐書・天文志》：貞觀初，李淳風上言：舜在璿璣玉衡，以齊七政，則渾天儀也。太宗因詔爲之。七年儀成，表裏三重，下據準基，狀如十字，末樹鼇足，以張四表。一曰六合儀，有天經雙規、金渾緯規、金常規，相結於四極之内，列二十八宿、十日、十二辰、經緯三百六十五度。二曰三辰儀，圓徑八尺，有璿璣規、月遊規，列宿距度，七曜所行，轉於六合之内。三曰四游儀，玄樞爲軸，以連結玉衡、遊筩而貫約規矩，又玄樞北樹北辰，南距地軸，傍轉於内，玉衡在玄樞之間而南北游，抑以觀天之辰宿，下以識器之晷度，皆用銅。帝稱善，置於凝暉閣。又《舊唐書・天文志》云：開元九年，詔一行與梁令瓚更造渾儀，鑄銅爲圓天之象，上具赤道、黄道、周天度數，注水激輪，令其自轉，一日一夜天轉一周，命之曰水運渾天俯視圖，置於武成殿前。其規環尺寸具載《唐志》，文多不録。宋太宋更名太平渾儀。

四游儀

《爾雅》疏云：地與星辰俱有四游升降，立春西游，春分正中，立夏北游，夏至極下，立秋東游，秋分正中，立冬南游，冬至極上。夏至之時，地下萬五千里，冬至上游，萬五千里，升降於三萬里之中。愚謂天動地静，地氣雖升降，而地之體則隤然不動，所謂四游，決無此理，輒據此以釋四游儀之所以得名耳。

黑雙環所刻去極度數皆是自北數向南去之度。赤單環、黄單環所刻度數皆是自西數向東去之度。

曆家之説，又以北斗魁四星爲璣，杓三星爲衡。

《史記・天官書》云：北斗七星，所謂琁璣玉衡，以齊七政。索隱曰：《春秋・運斗樞》云：斗第一天樞，第二璇，第三璣，第四權，第五衡，第六開陽，第七摇光。第一至第四爲魁，第五至第七爲杓。《晉志》云：魁四星爲琁璣，杓三星爲玉衡。

元・蘇天爵《元文類》卷五〇《知太史院事郭公行狀》　是歲，立局改治新曆。先時太保劉公以《大明曆》自遼、金承用二百餘年，浸以後天，議欲修正而薨。至是江左既平，上思用其言，遂以公與贊善王公率南北日官，分掌測驗推步於下，而忠宣樞密二張公爲之主領裁奏於上，復共薦前中書左丞許公，能推明曆理，俾參預之。公首言：曆之本在於測驗，而測驗之器莫先儀表。今司天渾儀宋皇祐中汴京所造，不與此處天度相符，比量南北二極，約差四度。表石年深，亦復欹側。公乃盡考其失，而移置之。既又別圖爽塏，以木爲重棚，創作簡儀、高表，用相比覆，又以爲天樞附極而動，昔人嘗展管望之，未得其的，作候極儀。極辰既位，天體斯正，作渾天象。象雖形似，莫適所用，作玲瓏儀。以表之矩方，測天之正圓，莫若以圓求圓，作仰儀。古有經緯，結而不動，公則易之，作立運儀。日有中道，月有九行，公則一之，作證理儀。表高景虛，罔象非真，作景符。月雖有明，察景則難，作闚几。曆法之驗在於交會，作日月食儀。天有赤道，輪以當之，兩極低昂，標以指之，作星晷定時儀。以上凡十三等。又作正方案、丸表、懸正儀、座正儀凡四等，爲四方行測者所用。又作《仰規覆矩圖》、《異方渾蓋圖》、《日出入永短圖》凡五等，與上諸儀互相參考。【略】

大德二年起，靈臺水渾運渾天漏，大小機輪，凡二十有五，皆以刻木爲衝牙，轉相撥擊，上爲渾象，點畫周天星度，日月二環斜絡其上，象則隨天左旋，日月二環各依行度，退而右轉。公又嘗欲倣張平子爲地動儀，及候氣密室，事雖未就，莫不究極指歸，此儀象制度之學，其不可及者也。初公年十五六，得石本蓮花漏圖，已能盡究其理。及隨張忠宣公奉使大名，因大爲皷鑄，即今靈臺所用銅壺，又得《尚書》旋璣圖規，竹篾爲儀，積土爲臺，以望二十八宿及諸大星。及夫見用，觀其規畫之簡便，測望之精切，功智不能私其議，羣衆無以參其功，王太史剛克自用者也。每至公所覩其匠制，未嘗不爲之心服。魯齋先生言論爲當代法，因語及公，以手加額曰：天佑我元，似此人世豈易得。嗚呼！其可謂度越千古矣。

元・釋念常《佛祖通載》卷一三　朝廷以《麟德曆》署日蝕比不驗，詔禪師一行改撰新曆。行受詔推《大衍》數，立術以應之，較經史所書氣朔日名度數可考者，皆合而著之。久之，道士邢和璞謂太史令尹愔曰：一行其聖人乎。昔洛下閎造《太初曆》，嘗記曰：八百年後當差一日，必有聖人出世糾正之。今年期差滿而一行推《大衍》數，以糾數家之謬，閎之言不誣矣。愔亦以爲然。行復欲知黃道進退，而太史無黃道儀，表請剏置之。制可。【略】

十一年十月癸酉，禪師一行製黃道儀成。帝自爲之銘，詔安武成殿庭，以示百官。其儀準圓天之像，具列宿赤道及周天度數，注水激輪，令其自轉，一晝夜而天運周。外絡二輪，綴以日月，令得運行，每天東行一周，日西行一度，月行十三度十九分度之七，二十九轉有餘而日月會，三百六十五轉而日周天。以木櫃爲地平，令儀半在地下，晦明朔望遲速有準。立木人二於地平，其一前置鼓以候刻，至一刻則自擊之，其一前置鍾以候辰，至一辰亦自撞之，皆於地中各施輪軸，關鎖交錯相持，當時稱其妙，以爲神功。無幾，銅鐵漸澁，不能自轉，遂藏之於集賢院。

元・梁益《詩傳旁通》卷八《小雅》　書疏璣衡

《舜典》：在璿璣玉衡，以齊七政。孔穎達《尚書正義》曰：在，察也。釋詁文《說文》云：璿，美玉也。玉是大名，璿是玉之别稱。璣衡俱是玉飾，但史之立文，不可云玉璣。玉衡一指玉體，一指玉名，猶《左傳》云瓊弁玉纓，所以變其文。《孔安國傳》：以璿言玉名，故云美玉，其實玉衡亦美玉也。《易・賁》卦象云：觀乎天文，以察時變，日月星宿運行於天，是爲天之文也。璣衡者，璣爲轉運，衡爲橫簫，運璣使動於下，以衡望之，是王者正天文之器。漢世以來，謂之渾天者是也。馬融云：渾天儀可旋轉，故曰璣衡，其橫簫所以視星宿也。以璿爲璣，以玉爲衡，蓋貴天象也。蔡邕云：玉衡長八尺，孔徑一寸，下端望之，以視星辰，蓋懸璣以象天，而以衡望之，轉璣窺衡，以知星宿，是其說也。七政，其政有七，於璣衡察之，必在天者，知七政謂日、月與五星也。木曰歲星，火曰熒惑星，土曰鎮星，金曰太白星，水曰辰星。《易・繫辭》云：天垂象，見吉凶，聖人象之，此日、月、五星有吉凶之象，因其變動爲占，七者各有異政，故爲七政得失，由政故稱政也。舜既受終，乃察璣衡，是舜察天文齊七政，以審己之受禪，當天心與否也。馬融云：日、月、五星，皆以璿璣玉衡度知其盈縮、進退、失政所在。聖人謙讓，猶不自安，視璿璣玉衡，以驗齊日、月、五星行度，知其政是與否，重審己之事也。上天之體，不可得知，測天之事，見於經者，唯有此璿璣玉衡一事而已。蔡邕《天文志》云：言天體者有三家，一曰《周髀》，二曰宣夜，三曰渾天。宣夜絶無師說。《周髀》術數具在，其考驗天象，多所違失，故史官不用。惟渾天者，近得其情，今史所用候臺銅儀，則其法也。虞喜云：宣，明也。夜，幽也。幽明之數，其術兼之，故曰宣夜。但絶無師說，不知其狀如何。《周髀》之術，以爲天似覆盆，蓋以斗極爲中，中高而四邊下，日月旁行遶之，日近而見之爲晝，日遠而不見爲夜。渾天者以爲地在其中，天周其外，日、月初登於天，後入於地，晝則日在地上，夜則日入地下。王蕃渾天說曰：天之形狀似鳥卵，天包地外，猶卵之裹黃，圓如彈丸，故曰渾天，言其形體，渾渾然也。其術以爲天半覆在地上，半在地下，其天居地上，見者一百八十二半强，地下亦然。北極出地上三十六度，南極入地下三十六度，嵩高山正當天之中，極南五十五度，當嵩高之上。又其南十二度，爲夏至之日道。又其南二十四度，爲春秋分之日道。又其南二十四度，爲冬至之日道，南下去地三十一度而已。是夏至日北去極六十七度，春秋分去極九十一度，冬至去極一百一十五度，此其大率也。其南北極持其兩端，其天與日、月、星宿斜而迴轉。此必古有其法，遭秦而滅。揚子《法言》云：或問渾天，曰：洛下閎營之，鮮于妄人度之，耿中丞象之，幾乎，莫之能違也。是揚雄之意，以渾天而問之也。閎與妄人，武帝時人。宣帝時，司農中丞耿壽昌始鑄銅爲之象，史官施用焉。後漢張衡作《靈憲》以説其狀。蔡邕、鄭玄、陸績，吴時王蕃，晉世姜岌、張衡，又一人葛洪，皆論渾天之義，並以渾説爲長。江南宋元嘉年，皮延宗又作是渾天論，太史丞錢樂鑄銅作渾天儀，傳於齊梁，周平江陵遷其器於長安，今在太史書矣。衡長八尺，圓周二丈五尺强，轉而望之，有其法也。

元·脱脱等《宋史》卷四八《天文志一》　儀象

曆象以授四時，璣衡以齊七政，二者本相因而成。故璣衡之設，史謂起於帝嚳，或謂作於宓犧。又云璿璣玉衡乃羲、和舊器，非舜創爲也。漢馬融有云：「上天之體不可得知，測天之事見於經者，惟有璣衡一事。璣衡者，即今之渾儀也。」吴王蕃之論亦云：「渾儀之制，置天梁、地平以定天體，爲四游儀以綴赤道者，此謂璣也；置望筩横簫於游儀中，以窺七曜之行，而知其躔離之次者，此謂衡也。」若六合儀、三辰儀與四游儀並列爲三重者，唐李淳風所作。而黄道儀者，一行所增也。如張衡祖洛下閎、耿壽昌之法，别爲渾象，寘諸密室，以漏水轉之，以合璿璣所加星度，則渾象本别爲一器。唐李淳風、梁令瓚祖之，始與渾儀並用。

太平興國四年正月，巴中人張思訓創作以獻。太宗召工造於禁中，踰年而成，詔置於文明殿東鼓樓下。其制：起樓高丈餘，機隱於内，規天矩地。下設地輪、地足；又爲横輪、側輪、斜輪、定身關、中關、小關、天柱；七直神，左摇鈴，右扣鍾，中擊鼓，以定刻數，每一晝夜，周而復始；又以木爲十二神，各直一時，至其時則自執辰牌，循環而出，隨刻數以定晝夜短長；上有天頂、天牙、天關、天指、天抱、天束、天條，布三百六十五度，爲日、月、五星、紫微宫、列宿、斗建、黄赤道，以日行度定寒暑進退。開元遺法，運轉以水，至冬中凝凍遲澀，遂爲疎略，寒暑無準。今以水銀代之，則無差失。冬至之日，日在黄道表，去北極最遠，爲小寒，晝短夜長。夏至之日，日在赤道裏，去北極最近，爲小暑，晝長夜短。春秋二分，日在兩交，春和秋凉，晝夜平分。寒暑進退，皆由於此。并著日月象，皆取仰視。按舊法，日月晝夜行度皆人所運行。新制成於自然，尤爲精妙。以思訓爲司天渾儀丞。【略】

臣嘗歷考古今儀象之法，《虞書》所謂璿璣玉衡，唯鄭康成粗記其法；至洛下閎製圓儀，賈逵又加黄道，其詳皆不存于書。其後張衡爲銅儀於密室中，以水轉之，蓋所謂渾象，非古之璣衡也。吴孫氏時王蕃、陸績皆嘗爲儀及象，其説以謂舊以二分爲一度，而患星辰稠概；張衡改用四分，而復椎重難運。故蕃以三分爲度，周丈有九寸五分寸之三，而具黄赤道焉。績之説以天形如鳥卵小橢，而黄赤道短長相害，不能應法。至劉曜時，南陽孔定製銅儀，有雙規，規正距子午以象天；有横規，判儀之中以象地；有時規，斜絡天腹以候赤道；南北植幹，以法二極；其中乃爲游規、窺管。劉曜太史令晁崇、斛蘭皆嘗爲鐵儀，其規有六，四常定，一象地，一象赤道，其二象二極，乃是定所謂雙規者也。其制與定法大同，唯南北柱曲抱雙規，下有縱衡水平，以銀錯星度，小變舊法。而皆不言有黄道，疑其失傳也。唐李淳風爲圓儀三重：其外曰六合，有天經雙規、金渾緯規、金常規；次曰三辰，轉於六合之内，圓徑八尺，有璿璣規、月游規，所謂璿璣者，黄、赤道屬焉；又次曰四游，南北爲天樞，中爲游筩，可以升降游轉，别爲月道，傍列二百四十九交以攜月游。一行以爲難用，而其法亦亡。其後率府兵曹梁令瓚更以木爲游儀，因淳風之法而稍附新意，詔與一行雜校得失，改鑄銅儀，古今稱其詳確。至道中，初鑄渾天儀于司天監，多因斛蘭、晁崇之法。皇祐中，改鑄銅儀于天文院，姑用令瓚、一行之論，而去取交有失得。

元·脱脱等《宋史》卷七六《律曆志九》　皇祐渾儀

堯敕羲、和制横簫以考察星度，其機衡用玉，欲其燥濕不變，運動有常，堅久而不能廢也。至于後世，鑄銅爲圓儀，以法天體。自洛下閎造《太初曆》，用渾儀，及東漢孝和帝時，太史惟有赤道儀，歲時測候，頗有進退。帝以問典星待詔姚崇等，皆曰：「星圖有規法，日月實從黄道，今無其器，是以失之。」至永元十五年，賈逵始設黄道儀。桓帝延熹七年，張衡更制之，以四分爲度。其後，陸績、王蕃、孔挺、斛蘭、梁令瓚、李淳風並嘗制作。五代亂亡，遺法蕩然矣。真宗祥符初，韓顯符作渾儀，但遊儀雙環夾望筩旋轉，而黄、赤道相固不動。皇祐初，又命日官舒易簡、于淵、周琮等參用淳風、令瓚之制，改鑄黄道渾儀，又爲漏刻、圭表，詔翰林學士錢明逸詳其法，内侍麥允言總其工。既成，置渾儀於翰林天文院之候臺，漏刻於文德殿之鐘鼓樓，圭表於司天監。帝爲製《渾儀總要》十卷，論前代得失，已而留中不出。今具黄道遊儀之法，著于此焉。

元・釋覺岸《釋氏稽古略》卷三　尹愔曰：一行和尚，真聖人也。漢洛下閎造《太初曆》，云：八百歲後當差一日，則有聖人定之。今年觀畢矣。屬《大衍曆》出正其差謬，則洛下閎之言可信，非聖人孰能頂於斯矣。師學陀羅尼祕印於金剛智三藏。開元十一年十月，師製水運渾天黄道儀成，古未之有也。帝悦親爲製銘，詔安武成殿，以示百官。

渾天黄道儀。其儀準圓天之像，具列宿赤道度數，注水激輪，令其自轉一晝夜而天運週。外絡二輪，綴以日月，令得運行，每天西行一週，日東行一度，月行十三度。以木櫃爲地平，以儀半在地下，晦明朔望有準。立木人二於地平，其一前置鼓，候至一刻則自擊之，其一前置鐘，候至一辰則自撞之。見《唐舊史》。

元・黄鎮成《尚書通考》卷三　在璿璣玉衡以齊七政

朱子曰：璿璣所以象天體之轉運，玉衡所以窺璣而齊七政之運行，猶今之渾天儀也。曆家又以北斗魁四星爲璣，杓三星爲衡，今詳經文，簡質不應，北斗二字，獨用寓名，姑存其説，以廣異聞。

魯齋王氏曰：堯取南面之中，以正四時之中氣。至舜又取北面之星，以定歲時之分，日月之合。比堯時尤爲簡明而精密。夫列星之所以名，亦人自名之耳。何以知璿璣玉衡與北斗孰先而孰後也。

《天文志》云：言天體者三家，一曰《周髀》，二曰宣夜，三曰渾天。宣夜絶無師説，不知其狀。《周髀》之術，以爲天似覆盆，蓋以斗極爲中，中高而四邊下，日月傍行繞之，日近而見之爲晝，日遠而不見爲夜。蔡邕以爲考驗天象，多所違失。渾天説曰：天之形狀似鳥卵，地居其中，天包地外，猶卵之裹黄，圓如彈丸，故曰渾天，言其形體，渾渾然也。其術以爲天半覆地上，半在地下，其天居地上，見者一百八十二度半彊，地下亦然。北極出地上三十六度，南極入地下亦三十六度。而嵩高正當天之中，極南五十五度，當嵩高之上。又其南十二度，爲夏至之日道。又其南二十四度，爲春秋分之日道。又其南二十四度，爲冬至之日道。南下去地三十一度而已。是夏至日北去極六十七度，春秋分去極九十一度，冬至去極一百一十五度。其南北極持其兩端，其天與日、月、星宿斜而回轉。此必古有其法，遭秦而滅。至漢武帝時，洛下閎始經營之，鮮于妄人亦量度之，至宣帝時，耿壽昌始鑄銅而爲之象。

按渾儀言：北極出地上三十六度，南極入地下亦三十六度，但據陽城而言，其交州望極高二十度，林邑望極高十七度，海上見老人星下，衆星粲然，皆古所未名，則地形高下難以槩論。又嵩高，特中國測候之中直，謂正當天中，則不可矣。【略】

渾儀圖

黄道日之所行，以定南北二至，及晝夜東西出没，嵩高當地平之中。赤道當二極之中。

右渾天儀，爲儀三重。

其在外者曰六合儀。

平置黑單環，上刻十二辰，八干四隅在地之位，以準地面而定四方。

愚按：所刻方位，即如今術家羅經所定二十四向者是也。側立黑雙環，背刻去極度數，以中分天脊，直跨地平，使其半入地下，而結於其子午，以爲天經。

愚按：其者指地平之環，而言蓋定結於地平子午之位也。斜倚赤單環，背刻赤道度数，以平分天腹，横繞天經，亦使半出地上，半入地下，而結於其卯酉，以爲天緯。三環表裏相結不動，其天經之環，則南北二極皆爲圓軸，虚中而内向，以挈三辰、四遊之環。以其上下四方於是可考，故曰六合。

次其内曰三辰儀。

側立黑雙環，亦刻去極度数，外貫天經之軸，内挈黄赤二道。其赤道則爲赤單環，外依天緯，亦刻宿度，而結於黑雙環之卯酉。其黄道則爲黄單環，亦刻宿度，而斜倚於赤道之腹，以交結於卯酉，而半入其内，以爲春分後之日軌，半出其外，以爲秋分後之日軌。又爲白單環，以承其交，使不傾墊。下設機輪，以水激之，使其日夜隨天東西運轉，以象天行。

愚按《唐書・天文志》：一行與梁令瓚鑄銅儀，以木櫃爲地平，令儀半在地下，注水激輪，立木人二於地平上，每刻擊鼓，每辰撞鐘，皆於櫃中，各施輪軸，鉤鍵關鎖，交錯相持，則所設機輪，皆在木櫃之中。

以其日、月、星辰於是可考，故曰三辰。

其最在内者曰四遊儀。

亦爲黑雙環，如三辰儀之制，以貫天經之軸，其環之内，則兩面當中，各施直距，外指兩軸，而當其要中之内面又爲小竅，以受玉衡，要中之小軸，使衡既得隨環東西運轉，又可隨處南北低昂，以待占候者之仰窺焉。以其東西南北無不周徧，故曰四遊。

吴氏《書纂言》曰：地平單環徑八尺，濶五寸，厚一寸半。天經雙環徑八尺，濶五寸，厚八分，兩環合一寸六分。天緯單環徑七尺八寸一分，濶九分，厚五分。三辰雙環徑七尺四寸八分，濶一寸八分，厚七分，兩環合一寸四分。黄赤二道單環徑七尺二寸一分，濶九分，厚六分。四遊雙環徑六尺二寸八分，濶一寸八分，厚八分半，兩環合一寸七分。直距銅板二長各如四遊環，内徑濶一寸六分，厚八分。望筒長隨直距，方一寸六分，兩端方掩，方一寸七分，中間圓孔徑七分半。地平之下檠以龍柱四，各高七尺七寸，植於水槽上，一名水趺，或名水平，其臺爲十字，或爲方井，中鑿水道相通，行水以激機輪。

歷代渾儀

前漢洛下閎爲漢武帝於地中轉渾天，定時節，作《太初曆》。

東漢延熹中，張衡以銅製於密室中，具内外規、南北極、黄赤道，列二十四氣、二十八宿，中外星官及日月五緯，以漏水轉之於殿上，室内令司之者閉户而唱，以告靈臺之觀天者，璇璣所加，某星始加，某星已中，某星已没，皆如合符。

吴王蕃制儀，立論考度曰：前儒舊説，天地之體狀如鳥卵，天包地外，猶殼之裹黄，周旋無端，其形渾渾然，故曰渾天。周天三百六十五度五百八十九分度之百四十五，半覆地上，半在地下。其二端謂之南北極，北極出地三十六度，南極入地三十六度，兩極相去一百八十二度半强。繞北極徑七十二度，常見不隱，謂之上規。繞南極七十二度，常隐不見，謂之下規。赤道帶天之紘，去兩極各九十一度少强，黄道日之所行也，半在赤道外，半在赤道内，與赤道東交於角五少弱，西交於奎十五少强。其黄道外極遠者，去赤道二十四度，斗二十一度是也。其入赤道内極遠者，亦二十四度，井二十五度是也。北極規道之行度日南至在斗二十一度，去極百十五度少强是也。日最南去極最遠，故景最長，黄道斗二十一度出辰入申，故日亦出辰入申。日晝行地上，百四十六度强，故日短，夜行地下二百一十九度少弱，故夜長。自南至之後日去極稍近，故景稍短，日晝行地上度稍多，故日稍長，夜行地下度稍少，故夜稍短。日所在度稍北，故日稍北，以至於夏至日在井二十五度，去極六十七度少强，是日最北去極最近，景最短。黄道井二十五度出寅入戌，故日亦出寅入戌，日晝行地上二百一十九度少弱，故日長，夜行地下百四十六度强，故夜短；自夏至之後日去極稍遠，故景稍長，日晝行地上度稍少，故日稍短，夜行地下度稍多，故夜稍長。日所在度稍南，故日出稍南，至於南至而復初焉，此日冬、夏至之度斗二十一、井二十五，南北相應，四十八度，春分日在奎十四少强，秋分日在角五少弱，此黄赤二道之交中也。去極俱九十一度少强，南北處斗二十一、井二十五之中，故景居二至長短之中，奎十四、角五，出卯入酉，日亦出卯入酉，日晝行地上，夜行地下，俱百八十二度半强，故日見伏之漏俱五十刻，謂之晝夜同，此日二分之度。

宋元嘉中錢樂之鑄銅作渾天儀，衡長八尺，孔徑一寸，璣徑八尺，圓周二丈五尺强，轉而望之，以知日、月、星辰之所在，即璿璣玉衡之遺法也。

後魏永興中，詔造太史候部鐵儀，其制並以銅鐵，惟星度以銀錯之。

唐貞觀初，李淳風作渾儀，至七年而成。表裏三重，一曰六合儀，二曰三辰儀，三曰四遊儀，皆用銅。帝稱善，置於凝暉閣。玄宗開元九年，一行受詔改治新曆，欲知黄道進退，而太史無黄道儀。梁令瓚以木爲遊儀，一行是之，乃請更鑄以銅鐵。十一年儀成。又以靈臺鐵儀，後魏所作，制度不均，赤道不動如膠柱，以考月行，遲速多差，更造遊儀，使黄道運行，以追列舍之變，因二分之中，以立黄道，交於奎、軫之間，二至陟降，各二十四度，黄道内施白道月環，用究陰陽朓朒，動合天運，簡而易從。又一行、令瓚等更鑄渾天銅儀，圓天之象，具列宿道及周天度数，注水激輪，令其自轉一晝夜而天運周。外絡二輪，綴以日月，令得運行，每天西旋一周，日東行一度，月行十三度十九分度之七，二十九轉有餘而日月會，三百六十五轉，而日周天。以木櫃爲地平，令儀半在地下，晦明朔望遲速有準。立木人二於地平上，一刻則擊鼓，一辰則撞鐘，皆於櫃中，各施輪軸，鉤鍵關鎖，交錯相持。

宋太平興國四年正月，司天監學生張思訓造新渾儀，爲七直人，左摇鈴，右扣鐘，中擊鼓，以定刻数。又十二神報十二時刻数，定晝夜短長。上列三百六十五度、紫微宫及周天列宿、斗建、黄赤二道，太陽行度定寒暑進退。又以古之制作運動，以水疏略既多，寒暑無準，今以水銀代水，運動不差，且冬至之日在黄路，表去北極最遠，謂之寒，晝短夜長，夏至之日在赤路，表去北極最近，謂之暑，晝長夜短；春秋二分日在兩交，春和秋凉，晝夜復等，寒暑進退，皆由於此。

大中祥符三年，冬官正韓顯符造銅渾儀，其制爲天輪二，一平，一側，各分三百六十五度。又爲黄赤道，立管於側，輪中以測日月星辰行度，皆無差。

元祐中，蘇頌上《儀象法要》，有曰：古人測候天数，其法有二，一曰渾天儀，二曰銅候儀。又按：吳王藩云：渾天儀者，羲、和之舊器，又有渾天象者，以著天體，以布星辰，二者以考於天，蓋密矣。詳此則渾天儀、銅候儀之外，又有渾天象，凡三器也。渾天象，歷代罕傳，惟《隋書志》稱梁祕府有之，云元嘉中所造。由是言之，古人候天具此三器，乃能盡妙，今惟一法，誠恐未得精密。

大元至元十三年，太史郭守敬言：曆之本在於測驗，測驗之器莫先儀表。今司天渾儀，宋皇祐中汴京所造，不與此處天度相符，比量南北二極，約差四度。表石年深，亦復欹側。乃盡考其失，而移置之。既又別圖爽塏，以木爲重棚，創作簡儀、高表，用相比覆。又以爲天樞附極而動，昔人嘗展管望之，未得其的，作候極儀。極辰既位，天體斯正，作渾天象。象雖形似，莫適所用，作玲瓏儀。以表之矩方，測天之正圓，莫若以圓求圓，作仰儀。古有經緯，結而不動，今則易之，作立運儀。日有中道，月有九行，今則一之，作證理儀。表高景虛，罔象非真，作景符。月雖有明，察景則難，作闚幾。曆法之驗，在於交會，作日食月食儀。天有赤道，輪以當之，兩極低昂，標以指之，作星晷定時儀。以上凡十三等。又作正方案、丸表、懸正儀、座正儀凡四等，爲四方行測者所用。又作《仰規覆矩圖》、《異方渾蓋圖》、《日出入永短圖》凡五等，與上諸儀，互相參攷。

又唐一行作《大衍曆》，詔太史測天下之晷，求其地中，以爲定數。其議曰：《周禮·大司徒》以土圭之法測土深，日至之景，尺有五寸，謂之地中。鄭氏以爲日景於地，千里而差一寸。南宮說擇河南平地度之，大率五百餘里晷差一寸。而舊說謂王畿千里景差一寸，妄矣。原古人所以步圭景之意，將以節宣和氣，輔相物宜，不在於辰次之周徑，其所以重曆數之意，將以恭授人時，欽若乾象，不在於渾蓋之是非，若乃述無稽之法於視聽之所不及，則君子當闕疑而不議也。而或者各守所傳之器，以術天體，謂渾元可任數而測，天象可運筭而闚，迭爲矛盾，誠以爲蓋天邪，則南方之度漸狹，果以爲渾天邪，則北方之極浸高，此二者又渾蓋之家盡智畢議，未有能通其說也。

愚按：《書》所載者，南面以考中星，北面以察斗建，宅四方以測日景，占候合天不憑一器，非若宣夜、渾蓋之說專弊神於私智也。先儒獨取渾天家，豈不以驗之天象而不違，揆之聖經而有合者乎。漢唐以來，並守其制，然天無形也，其運固有常，以其動而無息，則亦未始有常也。而所謂器者，又特形而下之跡也。以有跡之粗，而模寫無形之妙，是非有以變而通之者，又孰能盡求其必合也哉。故今特取一行之議，附見於後學者，由是又當觸類而長之，固不可以按圖而膠柱也。

明·宋濂等《元史》卷一六四《郭守敬傳》 初，秉忠以《大明曆》自遼、金承用二百餘年，浸以後天，議欲修正而卒。十三年，江左既平，帝思用其言。遂以守敬與王恂，率南北日官，分掌測驗推步於下，而命文謙與樞密張易爲之主領裁奏於上，左丞許衡參預其事。守敬首言：「曆之本在於測驗，而測驗之器莫先儀表。今司天渾儀，宋皇祐中汴京所造，不與此處天度相符，比量南北二極，約差四度；表石年深，亦復欹側。」守敬乃盡考其失而移置之。既又別圖高爽地，以木爲重棚，創作簡儀、高表，用相比覆。又以爲天樞附極而動，昔人嘗展管望之，未得其的，作候極儀。極辰既位，天體斯正，作渾天象。象雖形似，莫適所用，作玲瓏儀。以表之矩方，測天之正圜，莫若以圜求圜，作仰儀。古有經緯，結而不動，守敬易之，作立運儀。日有中道，月有九行，守敬一之，作證理儀。表高景虛，罔象非真，作景符。月雖有明，察景則難，作闚几。曆法之驗，在於交會，作日月食儀。天有赤道，輪以當之，兩極低昂，標以指之，作星晷定時儀。又作正方案、(九)[丸]表、懸正儀、座正儀，爲四方行測者所用。又作《仰規覆矩圖》、《異方渾蓋圖》、《日出入永短圖》，與上諸儀互相參考。

明·胡廣《書傳大全》卷一 在璿璣玉衡，以齊七政。

在，察也。美珠謂之璿。璣，機也。以璿飾璣，所以象天體之轉運也。衡，横也，謂衡簫也。以玉爲管，横而設之，所以窺璣而齊七政之運行，猶今之運(上聲)天儀也。七政，日、月、五星也。七者運行於天，有遲有速，有順有逆，猶人君之有政事也。此言舜初攝位，整理庶務，首察璣衡，以齊七政。蓋曆象授時，所當先也。按渾天儀者，《天文志》云：言天體者三家，一曰《周髀》(音俾)，二曰宣夜，三曰渾天。宣夜絶無師説，不知其狀如何。《周髀》之術，以爲天似覆盆，蓋以斗極爲中，中高而四邊下，日月傍行遶之，日近而見之爲晝，日遠而不見爲夜。蔡邕(字伯喈，後漢陳留人。)以爲考驗天象，多所違失。渾天説曰：天之形狀似鳥卵，地居其中，天包地外，猶卵之裹黄，圓如彈(去聲)丸，故曰渾天，言其形體渾渾然也。其術以爲天半覆地上，半在地下，其天居地上，見者一百八十二度半强，地下亦然。北極出地上三十六度，南極入地下亦三十六度，而嵩高(中岳也)正當天之中，極南五十五度，當嵩高之上。又其南十二度，爲夏至之日道。又其南二十四度，爲春秋分之日道。又其南二十四度，爲冬至之日道。南下去地三十一度而已。是夏至日北去極六十七度，春秋分去極九十一度，冬至去極一百一十五度，此其大率也。其南北極持其兩端，其天與日、月、星宿斜而迴轉。此必古有其法，遭秦而滅。至漢武帝時，落下閎（字長公，巴郡人，隱于落下。）始經營之，鮮于妄人又量度（上平聲，下入聲。）之，至宣帝時，耿壽昌始鑄銅而爲之象。宋錢樂又鑄銅作渾天儀，衡長八尺，孔徑一寸，璣徑八尺，圓周二丈五尺强，轉而望之，以知日月星辰之所在，即璿璣玉衡之遺法也。歷代以來，其法漸密。本朝（音潮）因之，爲儀三重，其在外曰六合儀。平置黑單環，上刻十二辰、八干、四隅在地之位，以準地面而定四方。側立黑雙環，背刻去極度數，以中分天脊，直跨地平，使其半入地下，而結於其子午，以爲天經。斜倚赤單環，背刻赤道度數，以平分天腹，横繞天經，亦使半出地上，半入地下，而結於其卯酉，以爲天緯。三環表裏相結不動，其天經之環，則南北二極皆爲圓軸，虚中而内向，以挈三辰、四遊之環。以其上下四方於是可考，故曰六合。次其内曰三辰儀。側立黑雙環，亦刻去極度數，外貫天經之軸，内挈黄赤二道。其赤道則爲赤單環，外依天緯，亦刻宿度，而結於黑雙環之卯酉。其黄道則爲内單環，亦刻宿度，而又斜倚於赤道之腹，以交結於卯酉，而半入其内，以爲春分後之日軌，半出其外，以爲秋分後之日軌。又爲白單環，以承其交，使不傾墊（都念反）。下設機輪，以水激之，使其日夜隨天東西運轉，以象天行。以其日、月、星辰於是可考，故曰三辰。其最在内者曰四遊儀。亦爲黑雙環，如三辰儀之制，以貫天經之軸，其環之内，則兩面當中各施直距，外指兩軸，而當其要（音腰）中之内面又爲小竅，以受玉衡，要中之小軸，使衡既得隨環東西運轉，又可隨處南北低昂，以待占候者之仰窺焉。以其東西南北無不周徧，故曰四遊。此其法之大略也。沈括曰：舊法規環一面刻周天度，一面加銀丁，蓋以夜候天晦，不可目察，則以手切之也。古人以璿飾璣，疑亦爲此。今太史局秘書省銅儀制極精緻（音稺），亦以銅丁爲之。曆家之説又以北斗魁四星爲璣，杓（卑遥反）三星爲衡，今詳經文，簡質不應（平聲），北斗二字乃用寓名，恐未必然。姑存其説，以廣異聞。

明·王禕《王忠文公集》卷一四　是歲，改修新曆，立局以庀事。先是秉忠言《大明曆》自遼、金承用二百餘年，浸以後天，宜在所立改，未及用其議而秉忠没。至是江南平，天一混一，上思其言，遂舉行之詔守敬與恂率南北日官，分掌測驗，而文謙、易領其事，前中書左丞許衡亦參領焉。守敬乃言：曆之本在於測驗，而測驗之器莫先於儀表。今司天渾儀，宋皇祐中汴京所造，與此處天度不符，比量南北二極，差約四度。表石年深，亦復欹側，宜盡攷其失，更置之。及擇高埠之所，造木爲重棚，創簡儀、高表，用相比覆。又以爲天樞附極而動，昔人嘗展管望之，未得其的，作候極儀。極辰既得，天體斯正，作渾天象。象雖形似，莫適所用，作瓏璁儀。以表之矩方，測天之正圓，莫若以圓求圓，作仰儀。古有經緯，結而不動，易之，作立運儀。日有中道，月有九行，合而作證理儀。表高景虚，其象非真，作景符。月雖有明，測景則難，作闚几。曆法之驗，在於交會，作日食月食儀。天有赤道，輪以當之，兩極低昂，標以指之，作星晷定時儀。其器凡十有三。又作正方案、丸表、懸正儀凡四等，爲四方行測者所用。又作《仰規覆矩圖》、《異方渾蓋圖》、《日出入永短圖》凡五等，與上諸儀，互相參攷。【略】又起靈臺水渾運渾天漏，大小機輪二十有五，皆刻木爲衡牙，轉相撥擊，上爲渾象，點畫周天星度，日月二環斜絡其上，象則如天左旋，環則各依行度，退而右轉。又欲依張平子爲地動儀，及候氣密室，皆究極其妙而未就也。王恂以學自負者也。每詣守敬，見其匠制，輒深嘆服之。許衡學爲世師，語及守敬，則以手加額，曰：天祐我元，故生斯人也。延祐三年卒，年八十六。

明·胡粹中《元史續編》卷一　詔更造新曆以《大明曆》浸差，命太子贊善王恂及郭守敬與江南日官，置局更定新曆。恂言：今之曆家，罕明曆理，宜得許衡商訂。詔以樞密副使張易領其事，召衡參預。守敬首言：曆之本在測驗，而測驗之器莫先儀表。今司天渾儀，宋汴京所造，不與此處天度相符。乃刱簡儀、高表。又以天樞附極而動，昔人嘗展管望之，未得其的，作候極儀。極辰既位，天體斯正，作渾天象。象雖形似，莫適所用，作玲瓏儀。又以表之矩方，測天之正圓，莫若以圓求圓，作仰儀。古有經緯，結而不動，守敬易之，作立運儀。日有中道，月有九行，守敬一之，作証理儀。表高景虚，罔象非真，作景符。月雖有明，察景則難，作闚几。曆法之驗，在於交會，作日月食儀。又作《仰規覆矩圖》、《異方渾蓋圖》、《日出入永短圖》，與上諸儀互考。守敬又奏：唐開元間，令南宫説天下測景，書中所載凡十三處。今疆宇比唐尤大，若不遠方測驗，日月交食分數時刻不同，晝夜長短不同，日、月、星辰去天高下不同，即日測驗人少，可先南北立表，取直測景。上然之，遂設監候官十四員，分道而出，東至高麗，西及滇池，南踰朱崖，北盡鐵勒，四方測驗，凡二十七所。

明·丘濬《大學衍義補》卷九三《備規制》　朱熹曰：渾天儀，古必有其法，遭秦而滅。至漢武帝時，落下閎始經營之，鮮于妄人又量度之。至宣帝時，耿壽昌始鑄銅而爲之象。宋錢樂又鑄銅作渾天儀，衡長八尺，孔徑一寸，璣徑八尺，圓周二丈五尺强，轉而望之，以知日、月、星辰之所在，即璿璣玉衡之遺法也。歷代以來，其法漸密。宋朝因之，爲儀三重，其在外曰六合儀。平置黑單環，上刻十二辰、八干、四隅在地之位，以準地面而定四方。側立黑雙環，背刻去極度數，以中分天脊，直跨地上，使其半入地下，而結於其子午，以爲天經。斜倚赤單環，背刻赤道度數，以平分天腹，横繞天經，亦使半出地上，半入地下，而結於其卯酉，以爲天緯。三環表裏相結不動，其天經之環，則南北二極皆爲圓軸，虚中而内向，以挈三辰、四游之環。以其上下四方於是可考，故曰六合。次其内曰三辰儀。側立黑雙環，亦刻去極度數，外貫天經之軸，内挈黄赤二道。其赤道則爲赤單環，外依天緯，亦刻宿度，而結於黑雙環之卯酉。其黄道則爲黄單環，亦刻宿度，而又斜倚於赤道之腹，以交結於卯酉，而半入其内，以爲春分後之日軌，半出其外，以爲秋分後之日軌。又爲白單環，以承其交，使不傾墊。下設機輪，以水激之，使其日夜隨天東西運轉，以象天行。以其日、月、星辰於是可考，故曰三辰。其最在内者曰四游儀。亦爲黑雙環，如三辰儀之制，以貫天經之軸，其環之内則兩面當中各施直距，外指兩軸，而當其要(平聲)中之内面又爲小竅，以受玉衡，要中之小軸，使衡既得隨環東西運轉，又可隨處南北低昂，以待占候者之仰窺焉。以其東西南北無不周徧，故曰四游。此其法之大略也。

沈括曰：舊法規環一面刻周天度，一面加銀釘，蓋以夜候天晦，不可目察，則以手切之也。古人有璿飾璣，疑亦爲此。今太史局秘書省銅儀制極精緻，亦以銅釘爲之。

臣按：自落下閎造渾天之後，魏晉以來率因之以爲儀。至宋朝熙寧沈括之儀，宣和璣衡之制，始詳密精緻，有出於淳風、令瓚之表者。靖康之亂，儀象之器盡歸於金。元人襲用金舊，而規環不協，難復施用，於是郭守敬乃創爲簡儀、仰儀，及諸儀表。其説以謂：昔人以管窺天，宿度餘分約爲大半少，未得其的，乃用二綫推測於餘分，纖微皆有可考。而又當時四海測景之所，凡二十有七，東極高麗，西極滇池，南踰朱崖，北盡鐵勒，皆古人所未及爲者。其法俱載《元史》，而其儀表至今遵用之。夫自堯曆象之後，而有舜之璣衡。所謂璣衡，蓋堯之象也。舜璣衡之後，而有漢之渾天儀象。所謂儀象，蓋舜之璣衡也。後世加以六合、三辰、四游，愈精愈密，然歷代相因，千載相承，未嘗有改也。而改之始自於此，蓋天欲啓中國文明之治，必豫生知巧之人於數千載之前，而創爲一代觀天之器，以待聖人之生，夫豈偶然之故哉。【略】

蔡邕《天文志》曰：言天體者有三家，一曰《周髀》，二曰宣夜，三曰渾天。宣夜之學，絶無師説。《周髀》數術具在，考驗天象，多所違失，故史官不用。惟渾天者，近得其情，今史官所用候臺銅儀，則其法也。立八尺圓體之度，而具天地之形，以正黄道，以察發斂，以行日月，以步五緯，精微深妙，萬世不易之道也。

虞喜曰：宣，明也。夜，幽也。幽明之數，其術兼之，故曰宣夜。但絶無師説，不知其狀如何。《周髀》之術，以爲天似覆盆，蓋以斗極爲中，中高而四邊下，日月旁行繞之，日近而見之爲晝，日遠而不見爲夜。渾天者以爲地在其中，天周其外，日月初登於天，後入於地，晝則日在地上，夜則日入地下。

王蕃曰：天之形狀似鳥卵，天包地外，地猶卵之裏黄，圓如彈丸，故曰渾天，言其形體渾渾然也。其術以爲天半覆地上，半在地下，其天居地上，見者一百八十二度半强，地下亦然。北極出地上三十六度，南極入地下亦三十六度，而嵩高正當天之中，極南五十五度，當嵩高之上。又其南十二度，爲夏至之日道。又其南二十四度，爲春秋分之日道。又其南二十四度，爲冬至之日道。南下去地三十一度而已。是夏至日北去極六十七度，春秋分去極九十一度，冬至去極一百一十五度，此其大率也。其南北極持其兩端，其天與日、月、星宿斜而回轉。

臣按：璣衡之象，或謂起於宓羲，或爲作於帝嚳，或者又云乃羲、和舊器，非舜創爲也。馬融謂：上天之體，不可測知，天之事者，惟有璣衡一事，璣衡即今之渾天儀也。王蕃之論亦謂：渾儀之制，置天梁地平，以定天體，爲四游，以綴赤道者，此謂璣也。置望筩，横簫於儀中，以窺七曜之行，而知其躔離之次者，此謂衡也。若六合儀、三辰儀、四游儀竝列爲三重者，李淳風所作。而黄道儀者，一行所增也。始張衡祖落下閎、耿壽昌之法，别爲渾象，寘輪密室，以漏水轉之，以合璿璣所加星度，則渾象本别爲一器。唐李淳風、梁令瓚祖之，始與渾儀竝用。宋沈括所上渾天之儀，載在《宋史》者，其爲論精密，有志於衍古儀象者，可考也。

明・徐問《讀書劄記》卷一　攷《書》璿璣註及諸儒論，天體至圓，而動似鳥卵，包乎地外，地體至方而静，如卵之裏黄，處乎天之中，故曰渾天儀，言其形體渾渾然也。其制起於漢耿壽昌鑄銅爲象，宋錢樂始鑄銅爲儀，趙宋爲儀三重，曰六合、曰三辰、曰四遊，蓋以天半覆地上，半在地下，而左旋不息，北極出地三十六度，常見不隱，南極入地三十六度，常隱不見，南北極爲天之樞紐，子午相對，只此處不動，如磨臍然，乃天地中至極之處也。嵩高正當天之中，極南五十五度，當嵩高之上。天居地上，見者一百八十二度半强，地下亦然。其渾天分野，嵩高極南十二度，爲夏至之日道，天在地上最高，故日長。又其南二十四度，爲春秋分之日道，天在地上稍低，故晝夜平。又其南二十四度，爲冬至之日道，天在地上最低，故晝短。南下去地三十一度而已。是夏至日北去極六十七度，春秋分去極九十一度，冬至去極一百一十五度，此其大率也。自天皇氏始制，天有十干爲幹、爲母，地有十二支爲枝、爲子，以定歲之所在。黄帝命大撓探五行，占斗綱，始定支干，相配爲甲子，如言閼逢干攝提支爲甲寅歲。又以十干爲歲陽，十二支爲歲陰，蓋天數中於五，地數中於六，天有陰陽，故二其五而爲十，地有剛柔，故二其六而爲十二。十干者，五行有陰陽也。十二支者，六氣有剛柔也。堯曆象以日月所會爲辰，其所會二十八宿經星之次舍，取其中星初昏爲候而考之，以正四時。如東方七宿，自角至箕，是爲蒼龍，以次舍而言，則房心爲大火之中；南方七宿，自井至軫，是爲鶉鳥，以形而言，則有朱鳥之象。虚者，北方七宿之中星也；昴者，西方七宿之中星也。其四方之星，隨時轉動，復以斗柄所建指之處，而定十二月焉。至於考日景之長短，《漢・天文志》曰：日有中道，黄道也。北至東井，去北極近，南至牽牛，去北極遠，東至角，西至婁，去極中。夏至至於東井近極，故晷短，立八尺之表，而景長尺五寸八分；冬至至於牽牛遠極，故晷長，立表而景長三尺一寸四分；春秋分日至婁角去極中，立表景長七尺三寸六分，晷景所以知日之南北也。日，陽也。陽用事則日進而北，晝進而長，陽勝故爲温暑。陰用事則日退而南，晝退而短，陰勝故爲寒凉也。故日進而爲暑，退而爲寒，若日之南北失節，晷過而常寒，退而短爲常燠，此寒燠之表也。

明・柯維騏《宋史新編》卷一五《志一・天文上》 自古聖王開物成務，體國經野，曷嘗不審於象緯吉凶哉，是故有星官之書，有璣衡之器，有司天之職。至周而制益備，降及後代，官非世掌，然專門之業，學士、大夫至於草澤，咸有傳者。宋興，竇儀、楚昭輔號知天文，太宗召試伎術隷司天，而張思訓、韓顯符輩，相繼以所能進。其後沈括之輪議，蘇頌之製作，卓識巧思，可謂度越諸家矣。女真入寇，太史所藏書與器悉掠而北。高宗南渡，至紹興十四年始重創渾儀，然頌之舊法卒莫能復。語曰：智者創物，巧者述焉，智巧之士，豈恒見於天下邪。宋兩朝《天文志》所論三垣二十八部，諸星去極入宿之度頗詳，《中興志》考訂亦甚悉。二志今載於馬端臨《通考》，其書世多有之，兹不槩録。録其推步，大較與占測之有徵者，兼采諸儒所記，類附之示鑒戒焉。彼歐陽脩《唐書》、《五代史》敘天文而削事應，以矯漢儒災異之學。然春秋二百四十二年間，仲尼所書天變果皆無徵乎。秦政兼諸侯彗星竟天，項羽屠咸陽枉矢西流，漢高得國五星聚東井，魏文受禪星孛貫北斗，斯司馬遷諸人所述者，又果皆誣乎。夫徵驗之説廢，則不足畏之説興，歐陽之論本劉知幾，殆矯枉過正耳。

儀象

璿璣玉衡，史謂起於帝嚳，或謂作於宓犧，又謂羲、和舊器，非舜創爲也。漢洛下閎造《太初曆》用渾儀。馬融謂即古之璣衡。宋王蕃之論，亦云渾儀之制，置天梁、地平以定天體，爲四游儀以綴赤道者，璣也。置望筩横簫於游儀中，以窺七曜之行，而知其躔離之次者，衡也。若六合儀、三辰儀與四游儀竝列爲三重者，唐李淳風所作。而黄道儀者，一行所增也。如張衡祖洛下閎、耿壽昌之法，別爲渾象，寘諸密室，用漏水轉之，以合璿璣所加星度，則渾儀之外，又有渾象。唐李淳風、梁令瓚祖之，始與渾儀竝用。太平興國中，張思訓創作以獻，太宗召工造於禁中，踰年而成，詔置於文明殿東鼓樓下。其制起樓高丈餘，機隱於内，規天矩地，下設地輪、地足。又爲横輪、側輪、斜輪、定身關、中關、小關、天柱，七直神，左摇鈴，右扣鍾，中擊鼓，以定刻數，每一晝夜，周而復始。又以木爲十二神，各直一時，至其時則自執辰牌，循環而出，隨刻數以定晝夜短長，上有天頂、天牙、天關、天指、天抱、天束、天條，布三百六十五度，爲日、月、五星、紫微宫、列宿、斗建、黄赤道，以日行度定寒暑進退。開元遺法，運轉以水，至冬凝凍遲澀，遂爲疎略，寒暑無凖。今代以水銀，則無差失。又舊法日月晝夜行度，皆人所運，新制成於自然，尤精妙。以思訓爲司天渾儀丞。真宗時，司天冬官正韓顯符造銅候儀，本淳風、一行遺法，上所著經十卷。銅儀之制九，曰雙規、曰游規、曰直規、曰窺管、曰平凖、曰黄道、曰赤道、曰龍柱、曰水臬，但游儀雙環，夾望筩旋轉，而黄赤道相固不動。皇祐初，又命日官舒易簡、于淵、周琮等參用淳風、令瓚之制，改鑄黄道渾儀，帝製《渾儀總要》十卷，論前代得失。熙寧七年，沈括上渾儀、浮漏、景表三議，渾儀議曰：五星之行有疾舒，日月之交有見匿，求其次舍經劘之會，其法一寓於日。冬至之日，日之端南者也。日行周天而復集於表鋭，凡三百六十有五日四分日之幾一，而謂之歲。周天之體，日別之謂之度。度之離，其數有二，日行則舒則疾，會而均，別之曰赤道之度，日行自南而北，升降四十有八度而迤，別之曰黄道之度。度不可見，其可見者星也。日、月、五星之所由，有星焉。當度之晝者，凡二十有八，而謂之舍，舍所以絜度，度所以生數也。度在天者也，爲之璣衡，則度在器。度在器，則日月五星可摶乎器中，而天無所豫也。天無所豫，則在天者不爲難知也。自漢以前，爲曆者必有璣衡，以自驗跡，其後雖有璣衡，而不爲曆作，爲曆者亦不復以器自考，氣朔星緯，皆莫能知其必當之數。至唐僧一行改《大衍曆法》，始復用渾儀參實，故其術所得，比諸家爲多。臣嘗歷考古今儀象之法，《虞書》所謂璿璣玉衡，唯鄭康成粗記其法，至洛下閎製圓儀，賈逵又加黄道，其詳皆不存于書。其後張衡爲銅儀於密室中，以水轉之，蓋所謂渾象，非古之璣衡也。吴孫氏時，王蕃、陸績皆嘗爲儀及象，其説以謂舊以二分爲一度，而患星辰稠概，張衡改用四分，而復推重難運。故蕃以三分爲度，周丈有九寸五分寸之三，而具黄、赤道焉。績之説以天形如鳥卵小橢，而黄赤道短長相害，不能應法。至劉曜時，南陽孔定製銅儀，有雙規，規正距子午以象天；有横規，判儀之中以象地；有特規，斜絡天腹以候赤道；南北植幹，以法二極，其中乃爲游規、窺管。劉曜太史令晁崇、斛蘭皆嘗爲鐵儀，其規有六，四常定，一象地，一象赤道，其二象二極，乃是定所謂雙規者也。其制與定法大同，唯南北柱曲抱雙規，下有縱衡水平，以銀錯星度，小變舊法。而皆不言有黄道，疑其失傳也。唐李淳風爲圓儀三重，其外曰六合，有天經雙規、金渾緯規、金常規；次曰三辰，轉於六合之内，圓徑八尺，有璿璣規、月游規，所謂璿璣者，黄、赤道屬焉；又次曰四游，南北爲天樞，中爲游筩，可以升降游轉，别爲月道，傍列二百四十九交以攜月游。一行以爲難用，而其法亦亡。其後率府兵曹梁令瓚更以木爲游儀，因淳風之法而稍附新意，詔與一行雜校得失，改鑄銅儀，古今稱其詳確。至道中，初鑄渾天儀于司天監，多因斛蘭、晁崇之法。皇祐中，改鑄銅儀于天文院，姑用令瓚、一行之論，而去取交有失得。臣今輯古今之説以求數象，有不合者十有三事。其一，舊説以謂今中國於地爲東南，當令西北望極星，置天極不當中北。又曰：天常傾西北，極星不得居中。臣謂以中國規觀之，天常北倚可也。謂極星偏西則不然。所謂東西南北者，何從而得之？豈不以日之所出者爲東，日之所入者爲西乎？臣觀古之候天者，自安南都護府至浚儀太岳臺纔六千里，而北極之差凡十五度，稍北不已，庸詎知極星之不直人上也。臣嘗讀黄帝《素問》書，立於午而面子，立於子而面午，至於自卯而望西，自酉而望卯，皆曰北面。立於卯而負西，立於酉而負卯，至于自午而望南，自子而望北，則皆曰南面。臣始不喻其理，逮今思之，乃常以天中爲北也。常以天中爲北，則蓋以極星常居天中也。《素問》尤爲善言天者。今南北纔五百里，則北極輒差一度以上，而東西南北數千里間，日分之時候之，日未嘗不出於卯半而入於酉半，則又知天樞既中，則日之所出者定爲東，日之所入者定爲西，天樞則常爲北無疑矣。以衡窺之，日分之時，以渾儀抵極星以候日之出没，則常在卯酉之半少北。此殆放乎四海而同者，何從而知中國之爲東南也？彼徒見中國東南皆際海而爲是説也。臣以謂極星之果中，果非中，皆無足論者。彼北極之出地六千里之間所差者已如是，又安知其茫昧幾千萬里之外邪？今直當據建邦之地，人目之所及者，裁以爲法，不足爲法者，宜置而勿議可也。其二，曰紘平設以象地體，今渾儀置于崇臺之上，下瞰日月之所出，則紘不與地際相當者。臣詳此説雖粗有理，然天地之廣大，不爲一臺之高下有所推遷。蓋渾儀考天地之體，有實數，有準數。所謂實者，此數即彼數也，此移赤，彼亦移赤之謂也。所謂準者，以此準彼，此之一分，則準彼之幾千里之謂也。今臺之高下乃所謂實數，一臺之高不過數丈，彼之所差者亦不過此。天地之大，豈數丈足累其高下？若衡之低昂，則所謂準數者也。衡移一分，則彼不知其幾千里，則衡之低昂當審，而臺之高下非所當卹也。其三，月行之道，過交則入黄道六度，而稍却復交，則出於黄道之南，亦如之月行周於黄道，如繩之繞木，故月交而行日之陰，則日爲之虧，入蝕法而不虧者，行日之陽也。每月退交二百四十九周有奇，然後復會。今月道既不能環繞黄道，又退交之漸當每日差池，今必候月終而頓移，亦終不能符會天度，當省去月環。其候月之出入，專以曆法步之。其四，衡上下二端，皆徑一度有半，用日之徑也。若衡端不能全容日月之體，則無由審日月定次。欲日月正滿，上衡之端不可動移，此其所以用一度有半爲法也。下端亦一度有半，則不然。若人目迫下端之東，以窺上端之西，則差幾三度。凡求星之法，必令所求之星正當穿之中心。今兩端既等，則人目游動，無因知其正中。今以鉤股法求之，下徑三分，上徑一度有半，則兩竅相覆，大小略等。人目不摇，則所察自正。其五，前世皆以極星爲天中，自祖暅以璣衡窺考天極不動處，乃在極星之末猶一度有餘。今銅儀天樞内徑一度有半，乃謬以衡端之度爲率。若璣衡端平，則極星常游天樞之外，璣衡小偏，則極星乍出乍入。令瓚舊法，天樞乃徑二度有半，蓋欲使極星游於樞中也。臣考驗天中不動處，遠極星乃三度有餘，今當爲天樞徑七度，使人目切南樞望之，星正循北極樞裏周常見不隱，天體方正。其六，令瓚以辰刻、十干、八卦皆刻於紘，然紘平正而黄道斜運，當子午之間，則日徑度而道促；卯酉之際，則日迤行而道舒。如此辰刻不能無謬。新銅儀則移刻於緯，四游均平，辰刻不失。然令瓚天中單環，直中國人頂之上，而新銅儀緯斜絡南北極之中，與赤道相直。舊法設之無用，新儀移之爲是。然當側窺如車輪之牙，而不當衡規如鼓陶，其旁迫狹，難賦辰刻，而又蔽映星度。其七，司天銅儀，黄赤道與紘合鑄，不可轉移，雖與天運不符，至於窺測之時，先以距度星考定三辰所舍，復運游儀抵本宿度，乃求出入黄道與去極度，所得無以異於令瓚之術。其法本於晁崇、斛蘭之舊制，雖不甚精縟，而頗爲簡易。李淳風嘗謂斛蘭所作鐵儀，赤道不動，乃如膠柱，以考月行，差或至十七度，少不減十度。此正謂直以赤道候月行，其差如此。今黄赤道度，再運游儀抵所舍宿度求之，而月行則以月曆每日去極度筭率之，不可謂之膠也。新法定宿而變黄道，此定黄道而變宿，但可賦三百六十五度，而不能具餘分，此其爲略也。其八，令瓚舊法，黄道設於月道之上，赤道又次月道，而璣最處其下。每月移交，則黄赤道輒變。今當省去月道，徙璣於赤道之上，而黄道居赤道之下，則二道與衡端相迫，而星度易審。其九，舊法規環一面刻周天度，一面加銀丁。所以施銀丁者，夜候天晦，不可目察，則以手切之也。古之人以璿爲之，璿者珠之屬也。今司天監三辰儀，設齒于環背，不與横簫會，當移列兩旁，以便參察。其十，舊法重璣皆廣四寸，厚四分。其他規軸，椎重樸拙，不可旋運。今小損其制，使之輕利。其十一，古之人知黄道歲易，不知赤道之因變也。黄道之度，與赤道之度相偶者也。黄道徙而西，則赤道不得獨膠。今當變赤道與黄道同法。其十二，舊法黄赤道平設，正當天度，掩蔽人目，不可占察。其後乃別加鑽孔，尤爲拙謬。今當側置少偏，使天度出北際之外，自不凌蔽。其十三，舊法地紘正絡天經之半，凡候三辰出入，則地際正爲地紘所伏。今當徙紘稍下，使地際與紘之上際相直。候三辰伏見，專以紘際爲率，自當默與天合。又言渾儀製器：渾儀之爲器，其屬有二，相因爲用。其在外者曰體，以立四方上下之定位；其次曰象，以法天之運行，其在内璣衡，璣以察緯，衡以察經。求天地端極三明匿見者，體爲之用，察黄道降陟辰刻運徙者，象爲之用，四方上下無所不屬者，璣衡爲之用。體之爲器，爲圓規者四。其規之別：一曰經，經之規二竝峙，正抵子午，若車輪之植。二規相距四寸，夾規爲齒，以別去極之度。北極出紘之上三十有四度十分度之八强，南極下紘亦如之。對衡二釭，聯二規以爲一，釭中容樞。二曰緯，緯之規一，與經交於二極之中，若車輪之倚，南北距極皆九十一度强。夾規爲齒，以別周天之度。三曰紘，紘之規一，上際當經之半，若車輪之仆，以考地際，周賦十二辰，以定八方。紘之下有趺，從一衡一，刻溝受水以爲平，中溝爲地，以受注水。四末建趺，爲升龍四以負紘。凡渾儀之屬皆屬焉。龍吭爲綱維之四揵以爲固。象之爲器，爲圓規者四。其規之別：一曰璣，璣之規二竝峙，相距如經之度。夾規爲齒，對衡二釭，釭中容樞，皆如經之率。設之亦如經，其異者經膠而璣可旋。二曰赤道，赤道之規一，刻璣十分寸之三以銜赤道。赤道設之如緯，其異者緯膠於經而赤道銜於璣，有時而移，度穿一竅，以移歲差。三曰黄道，黄道之規一，刻赤道十分寸之二，以銜黄道，其南出赤道之北際二十有四度，其北入赤道亦如之。交於奎、角，度穿一竅，以銅編屬於赤道。歲差盈度，則并赤道徙而西。黄赤道夾規爲齒，以別均迤之度。璣衡之爲器，爲圓規二，曰璣，對峙，相距如象璣之度，夾規爲齒，皆如象璣。其異者，象璣對衡二釭，而璣對衡二樞，貫于象璣天經之釭中。三物相重，而不相膠，爲間十分寸之三，無使相切，所以利旋也。爲横簫二，兩端夾樞，屬于璣，其中挾衡爲横一，棲於横簫之間，中衡爲轄，以貫横簫，兩末入于璣之鋪而可旋。璣可以左右，以察四方之祥；衡可以低昂，以察上下之祥。【略】

元祐間蘇頌更作者，上寘渾儀，中設渾象，旁設昏曉更籌，激水以運之。三器一機，脗合躔度，最爲奇巧。宣和六年，宰臣王黼言：臣崇寧初邂逅方外之士于京師，自云王其姓，面出《素書》一道，璣衡之制甚詳。比嘗請令應奉司造小樣驗之，踰二月乃成。悉如唐一行之制。然一行舊制，機關皆用銅鐵，澀即不能自運。今制改以堅木，若美玉之類。舊制外絡二輪，以綴日月，而二輪蔽虧星度，仰視躔次不審。今制，日月皆附黄道，如蟻行磑上。舊制雖有合望，而月體常圓，上下弦無辨。今以機轉之，使圓缺隱見悉合天象。舊制止有候刻辰鍾鼓，晝夜短長與日出入更籌之度，皆不能辨。今制爲司辰壽星運十二時，輪所至時刻以手指之，又爲燭龍承以銅荷，時正吐珠振荷，循環自運。其制皆出一行，之外即其器觀之全象天體者。璿，璣也，運用水斗者，玉衡也。昔人或謂璣衡爲渾天儀，或謂有璣而無衡者，爲渾天象，或謂渾儀，望筩爲衡，皆非也，甚者莫知璣衡爲何器。唯鄭康成以運轉者爲璣，持正者爲衡。以今制考之其說，最近宜命有司，置局如式製造。詔可。其後悉歸于金，中興更謀制作不就，蓋在廷諸臣罕通其制度者。乃召蘇頌子攜取頌遺書，考質舊法，而攜亦不能通也。至紹興十四年，乃命宰臣秦檜提舉鑄渾儀，而以内侍邵諤專領其事，久而儀成。三十二年始出，其二寘太史局，而高宗先自爲一儀寘諸宫中以測天象。其制差小，而邵諤所鑄蓋祖是焉。朱熹家雖有渾儀，頗考水運制度，卒不可得。蘇頌之書雖在，大抵於渾象爲詳，而其尺寸多不載，是以難遽復。云舊制有白道儀以考月行，在望筩之旁。自熙寧沈括以爲無益而去之，南渡更造亦不復設焉。

明·周述學《神道大編曆宗通議》卷一八　混儀更漏

非儀不可以揆天，非機不可以法運，非物理渾融，無以握其微而御乎顯也。然虚靈所容，大無外，而小無内焉者，是豈天之所能越範圍而超然者乎？故嘗建儀，咫尺傍觀而玩味之，未始天地不爲吾心之一物耳。無兢惟人豈虚語哉，玄文不敢廣肆，姑録其制器之槩，以求正焉。厥儀上圓下方，圓而動者法天，方而静者法地，以地涵天，人由傍視，是用反形形之也。天體立圓徑九寸，一名渾天毬，上列中外官星、黄、赤二道、宿次、廣狹，北極上規常見不隱，内置極管，徑二分，長一寸，以受擎天柱。南極下規常隱不見，當極開竅，圓徑二分。擎天柱長尺有三寸，圓徑二分，入南極竅，直抵北極管中，務使寬窄適宜，以便天體轉運。柱本入於地儀南竅中準出地三十六度，斜倚之勢奠之，惟固地儀高九寸有奇，方徑尺有二寸，上有面而下有底，奠於水海之上，面開空圜二尺八寸有奇，中函天骿之半，内柱二，南北置之，以奠機軸。面刻二十四而區爲百刻，上建量天尺南北亘之，辰刻半環東西跨之，有所謂持盤陰陽旗水則籤，指南針者皆有所司，以鎮面之四隅，復有四圖，若山河兩戒、日月交會、怪雲變氣、中星更點者俱附於廉之四正，以備考驗也。

明·邵經邦《弘簡録》卷一〇七　潁州通判趙志忠自言：已雖彝人，見誠義則慕平生心服者惟頌與魏公耳。自書契以來，凡經史九流百家之説，至於圖緯、律吕、星官、算法、山經、本草，無所不通，尤邃律曆，常請別製渾儀。即命提舉奏用吏部。令史韓公廉曉算術，有巧思，授以古法。爲臺一層，上設渾儀，中設渾象，下設司辰，貫以一機，激水轉輪，不假人力，時至刻臨則司辰出，告某星躔度所次，占候不差晷刻，晝夜晦明皆可推見，前此未有也。深明典故，喜爲人言，亹亹不絶，朝廷有所制作必就而正焉。嘗議學校欲博士分經課試諸生，以行藝爲升俊之路，議貢舉欲先行實而後文藝，去彌封謄録之法，有司參考其素行之，自州縣始，庶幾復鄉貢里選之遺範。論者韙之。

明·唐順之《荊川稗編》卷四八　《諸家六天文》　唐天文志　歐陽脩唐書

昔者，堯命羲、和，出納日月，考星中以正四時。至舜則曰：在璿璣玉衡，以齊七政而已。雖二典質略，存其大法，亦由古者天人之際，推候占測，爲術猶簡。至于後世，其法漸密者，必積衆人之智，然後能極其精微哉。蓋自三代以來詳矣。詩人所記，婚禮上功必候天星，而《春秋》書日食、星變，《傳》載諸國所占次舍、伏見、逆順，至于《周禮》測星求中，分星辨國，妖祥察候，皆可推考，而獨無所謂璿璣玉衡者，豈其不用于三代耶？抑其法制遂亡，而不可復得耶？不然，二物者，莫知其爲何器也。至漢以後，表測景晷，以正地中，分列境界，上當星次，皆略依古。而又作儀以候天地，而渾天、《周髀》、宣夜之説，至于星經、曆法，皆出于數術之學。唐興，太史李淳風、浮圖一行，尤稱精博，後世未能過也。故採其要説，以著于篇。至于天象變見，所以譴告人君者，皆有司所宜謹記也。貞觀初，淳風上言：舜在璿璣玉衡，以齊七政，則渾天儀也。《周禮》土圭正日景以求地中，有以見日行黄道之驗也。暨于周末，此器乃亡。漢落下閎作渾儀，其後賈逵、張衡等亦各有之，而推驗七曜，並循赤道。按冬至極南，夏至極北，而赤道常定于中，國無南北之異。蓋渾儀無黄道久矣。太宗異其説，因詔爲之。至七年儀成。表裏三重，下據準基，狀如十字，末樹鼇足，以張四表。一曰六合儀，有天經雙規、金渾緯規、金常規，相結于四極之内，列二十八宿、十日、十二辰、經緯三百六十五度。二曰三辰儀，圓徑八尺，有璿璣規、月遊規，列宿距度，七曜所行，轉于六合之内。三曰四游儀，玄樞爲軸，以結連玉衡游筩而貫約矩規，又玄極北極北辰，南矩地軸，傍轉于内。玉衡在玄樞之間，而南北游，仰以觀天之辰宿，下以識器之晷度，皆用銅。帝稱善，置于凝暉閣，用之測候，閣在禁中，其后遂亡。

開元九年，一行受詔，改治新曆，欲知黄道進退，而太史無黄道儀。率府兵曹參軍梁令瓚以木爲游儀，一行是之，乃奏：黄道游儀，古有其術而無其器，昔人潛思，皆未能得。今令瓚所爲，日道月交，皆自然契合，於推步尤要，請更鑄以銅鐵。十一年儀成。一行又曰：靈臺鐵儀，後魏斛蘭所作，規制朴略，度刻不均，赤道不動，乃如膠柱，以考月行遲速多差，多或至十七度，少不減十度，不足以稽天象、授人時。李淳風黄道儀，以玉衡旋規，別帶日道，傍列二百四十九交以攜月游，法頗難，術遂寢廢。臣更造游儀，使黄道運行，以追列舍之變，因二分之中，以立黄道交于奎、軫之間，二至陟降，各二十四度。黄道内施白道月環，用究陰陽朓朒，動合天運，簡而易從，可以制器，垂象永傳不朽。于是玄宗嘉之，自爲之銘。又詔一行與令瓚等更鑄渾天銅儀，圓天之象，具列宿赤道及周天度數，注水激輪，令其自轉，一晝夜而天運周。外絡二輪，綴以日月，令得運行。每天西旋一周，日東行一度，月行十三度十九分度之七，二十九轉有餘而日月會，三百六十五轉而日周天。以木櫃爲地平，令儀半在地下，晦明朔望，遲速有準。立木人二于地平上，其一前置鼓以候刻，至一刻則自擊之；其一前置鐘以候辰，至一辰亦自撞之，皆于櫃中各施輪軸，鉤鍵關鎖，交錯相持。置于武成殿前，以示百官。無幾而銅鐵漸澀，不能自轉，遂藏于集賢院。其黄道游儀，以古尺四分爲度，旋樞雙環，其表一丈四尺六寸一分，縱八分，厚三分，直徑四尺五寸九分，古所謂旋儀也。南北斜兩極，上下循規各二十四度。表裏畫周天度，其一面加之銀釘，使東西運轉，如渾天游旋；中旋樞軸至兩極，首内孔徑大兩度半，長與旋環徑齊。玉衡望筩，長四尺五寸八分，廣一寸二分，厚一寸，孔徑六分。衡旋于軸中，旋運持正，用窺七曜及列星之闊狹。外方内圓，孔徑一度半，周日輪也。陽經雙環，表一丈七尺三寸，裏一丈四尺六寸四分，廣四寸，厚四分，直徑五尺四寸四分，置于子午。左右用八柱，八柱相固，亦表裏畫周天度，其一面加之銀釘。半出地上，半入地下。雙間使樞軸及玉衡望筩旋環於中也。陰緯單環，外内廣厚周徑皆準陽經，與陽經相銜各半，内外俱齊。面平，上爲天，下爲地，横周陽環，謂之陰渾也。平上爲兩界，内外爲周天百刻。天頂單環，表一丈七尺三寸，縱廣八尺，厚三分，直徑五尺四寸四分。直中國人頂之上，東西當卯酉之中，稍南使見日出入。令與陽經、陰緯相固，如鳥殼之裏黄。南去赤道三十六度，去黄道十二度，去北極五十五度，去南北平各九十一度强。赤道單環，表一丈四尺五寸九分，横八分，厚三分，直徑四尺五寸八分。赤道者，當天之中，二十八宿之位也。雙規運動，度穿一穴。古者，秋分日在角五度，今在軫十三度；冬至日在牽牛初，今在斗十度。隨穴退交，不復差謬。傍在卯酉之南，上去天頂三十六度，而横置之。南道單環，表一丈五尺四寸一分，横八分，厚四分，直徑四尺八寸四分，日之所行，故名黄道。太陽陟降，積歲有差，月及五星，亦隨日度出入。古無其器，規制不知準的，斟酌爲率，踈闊尤甚。今設此環，置于赤道環内，仍開合使運轉，出入四十八度，而極畫兩方，東西列周天度數，南北列百刻，可使見日知時。上列三百六十策，與用卦相準。度穿一穴，與赤道相交。白道月環，表一丈五尺一寸五分，横八分，厚三分，直徑四尺七寸六分。月行有迂曲，遲速與日行緩急相反。古亦無其器。今設于黄道環内，使就黄道爲交合，出入六度，以測每夜月離，上畫周天度數，度穿一穴，擬移交會，皆用銅鐵。游儀，四柱爲龍，其崇四尺七寸，水槽及山崇一尺七寸半，槽長六尺九寸，高、廣皆四寸，池深一寸，廣一寸半。龍能興雲雨，故以飾柱。柱在四維，龍下有山雲，俱在水平槽上，皆用銅。

明・唐順之《荊川稗編》卷五二《諸家十律曆》 測極議（沈括）

天文家有渾儀測天之器，設千崇臺，以候垂象者，則古璣衡是也。渾象，符天之器，以水激之，或以水銀轉之，置于密室，與天行相符。張衡、陸績所爲，及開元中置於武成殿者，皆此器也。皇祐中，禮部試《璣衡正天文之器賦》，舉人皆雜用渾象事，試官亦自不曉，第爲高等。漢以前皆以北辰居天中，故謂之極星，自祖暅以璣衡考驗天極，不動處乃在極星之末猶一度有餘。熙寧中，予受詔典領曆官，雜考星曆，以璣衡求極星。初夜在窺管中，少時復出，以此知窺管小，不能容極星遊轉，乃稍稍展窺管候之。凡歷三月，極星方遊於窺管之内，常見不隱，然後知天極不動處遠極星猶三度有餘。每極星入窺管，别畫爲一圖，圖爲一圓規，乃畫極星于規中，具初夜、中夜、後夜所見各圖之。凡爲二百餘圖，極星方常循圓規之内，夜夜不差。予於熙寧曆奏議中敘之甚詳。

又 晷影（章俊卿）

今著黄道南北至去赤道各二十四度，以驗日晷之短長。疏曰：《後漢志》載張衡渾儀，赤道横帶天之腹，黄道斜帶其腹，去赤道表裏各二十四度。《晉志》載葛洪《渾天儀注》：赤道帶天之紘，黄道出入赤道極遠者，去赤道二十四度。《唐志》載一行黄道儀云：赤道帶天之中，以分列宿之度，黄道斜運以明日月之行。《五代司天考》載王朴曰：赤道者天之紘帶也，其勢圜而平，紀宿度之常數焉。黄道者，日軌也，其半在赤道内，半在赤道外，去極二十四度，此所以著黄道，南北至去赤道各二十四度也。日晷短長之説，《漢志》曰：日近極故晷短，日遠極故晷長。日去極遠近難知，要以晷景。晷景者，所以知日之南北也。按《周禮・大司徒》：以土圭之法測土深，日至之景，尺有五寸，謂之地中。先儒皆謂地中，今陽城是也。立八尺之表，日永景尺五寸，日短景丈三尺。其鄭康成注及《考靈曜》、《周髀》、《靈憲》、王蕃、陸績、諸書竝云：日景於地千里而差一寸。《隋志》載：宋元嘉十九年，遣使往交州測景，夏至日影出表南三寸三分。何承天計陽城去交州路當萬里，而影差一尺八寸二分，是六百里而差一寸也。唐太史議曰：交州去洛九千里，蓋山川回折使之然，以表考其紘，當五千乎。開元十二年遣使天下候影，太史監南宫説擇河南平地設水準、繩墨、植表，以引度之，大率五百二十六里晷差二寸餘。南候林邑冬至晷六尺九寸，夏至在表南五寸七分。北候鐵勒夏至晷四尺二寸三分，冬至晷二丈九尺二寸六分。計陽城南距林邑徑六千一百一十二里。五月。日在天頂北六度，北距鐵勒與林邑正等，則五月日在天頂南二十七度四分。舊説千里而差一度疎矣。然則日晷短長之説不必以尺寸爲較，大約測其晷極長則知日南至，測其晷極短則知日北至，如斯而已矣。

明・王圻《續文獻通考》卷二一五《象緯考》 世祖至元十三年，立局改治新曆。先是，太保劉秉忠以《大明曆》自遼、金承用二百餘年，寖轉後天，議欲修正而薨。至是，江左既平，上思用其言，遂命郭守敬與贊善王恂率南北日官，分掌測驗推步於下，而忠宣樞密二張爲之主領裁奏於上，復共薦前中書左丞許衡，能推明曆理，俾參預之。郭守敬首言：曆之本在測驗，而測驗之器莫先儀表。今司天渾儀，宋皇祐中汴京所造，不與此處天度相符。比量南北二極，約差四度。表石年深，亦復欹側。乃盡考其失，而移置之。既又列圖爽塏，以木爲重棚，創作簡儀、高表，用相比覆。又以爲天樞附極而動，昔人嘗展管窺之，未得其的，作候極儀。極辰既位，天體斯正，作渾天象。象雖形似，莫適所用，作玲瓏儀。以表之矩方，測天之正圓，莫若以圓求圓，作仰儀。古有經緯，結而不動，則易之，作立運儀。日有中道，月有九行，則一之，作證理儀。表高景虛，罔象非真，作景符、儀。月雖有明，察景則難，作窺几儀。曆法之驗，在於交會，作日月食儀。天有赤道，輪以當之，兩極低昂，標以指之，作星晷定時儀。以上凡十三等。又作正方案、圭表、懸正儀、座正儀凡四等，爲四方行測者所用。又作《仰規覆矩圖》、《異方渾蓋圖》、《日出入永短圖》凡五等，與上諸儀，互相參考。

明・王樵《尚書日記》卷二 在璿璣玉衡，以齊七政。孔氏曰：在，察也。璿，美玉。璣衡，王者正天文之器，可運轉者。《蔡傳》：美珠，謂之璿。誤。

正義曰：璣衡者，璣爲轉運，衡爲横簫，運璣使動於下，以衡望之，是王者正天文之器。漢世以來，謂之渾天儀者是也。馬融云：渾天儀可旋轉，故曰璣。衡，横簫，所以視星宿也。以璿爲璣，以玉爲衡，蓋貴天象也。蔡邕云：玉衡長八尺，尺徑一寸，下端望之，以視星辰，蓋懸璣以象天，而衡望之，轉璣窺衡，以知星宿，是其説也。七政，其政有七，于璣衡察之，日、月與五星也。

正義甚明白。

堯在位而首命羲、和曆象授時，蓋敬天勤民事莫先于此也。舜攝位而首察璣衡，以齊七政，蓋曆象授時事莫先于此也。二十八宿附天不動，動者日、月、五星，其行歷處即爲曆數，故謂之政。天積氣無形，二十八宿分之爲限，每宿各有度數，合爲三百六十五度有餘。日、月、五星循此宿度，隨天轉行以成人間歲時，月、日之候曆數，所以算之儀象，所以觀而察之遲速順逆，合其常度而不差，所謂齊也。七政齊而四時正，故曰此曆象授時所當先也。

古法遭秦而滅。漢武帝時，落下閎始經營之。宣帝時，耿壽昌始鑄銅爲之象。

明・馮琦《經濟類編》卷七五 宋神宗時，日官皆市井庸販，法象圖器，俱不能知，乃以太常丞沈括提舉司天監。括博學，洽聞於天文、方志、律曆、醫藥、卜算，無所不通，皆有所論著，始制渾儀、景表、五壺浮漏，招衛邀造新曆，募天下上太史占書，雜用士人，分方伎科爲五，至是渾儀、浮漏成，以括爲右正言。

沈括《渾儀議》：五星之行有疾舒，日月之交有見匿，求其次舍，經劘之會，其法一寓於日。冬至之日，日之端南者也。日行周天而復集於表鋭，凡三百六十有五日四分日之幾一，而謂之歲。周天之體，日別之，謂之度。度之離，其數有二，日行則舒，則疾，會而均，別之曰赤道之度。日行自南北升降四十有八度而迤，別之曰黄道之度。度不可見，其可見者，星也。日、月、五星之所由，有星焉。當度之畫者，凡二十有八而謂之舍，舍所以挈度，度所以生數也。度在天者也。爲之璣衡，則度在器。度在器，則日、月、五星可以摶乎器中，而天無所豫也。天無所豫，則在天者不爲難知也。自漢以前，爲曆者必有璣衡，以自驗跡，其後雖有璣衡，而不爲曆作，爲曆亦不復以器自考氣朔、星緯，而皆莫能知其必當之數。至唐曆僧一行改步《大衍曆》，法始復用，渾儀參貫，故其術所得比諸家爲多。臣嘗歷考古今儀象之法，《虞書》所謂璿璣玉衡，唯鄭康成粗記其法。至落下閎製圓儀，賈逵又加黄道，其詳皆不存于書。其後張衡爲銅儀於密室中，以水轉之，蓋所謂渾象，非古之璣衡也。吴孫氏時王蕃、陸績皆嘗爲儀及象，其説以謂舊以二分爲一度，而患星辰稠穊，張衡改用四分，而復推重難運，故蕃以三分爲度，周丈有九寸五分寸之三，而具黄赤道焉。績説以天形如鳥卵小椭，而黄赤道短長相害，不能應法。至劉曜時，南陽孔定製銅儀，有雙規，正距子午以象天，有横規，判儀之中以象地，有持規，斜絡天腹以候赤道，南北植幹以法二極，其中乃爲游規、窺管。劉曜太史令晁崇、斛蘭皆嘗爲鐵儀，其規有六，四常定，一象地，一象赤道，其二象二極，乃定所謂雙規者也。其制與定法大同，唯南北柱曲抱雙規，下有縱衡水平，以銀錯星度，小變舊法，而皆不言有黄道，疑其失傳也。唐李淳風別爲圓儀三重，其外曰六合，有天經雙規、金渾緯規、金常規。次曰三辰，轉於六合之内，圓徑八尺，有璿璣規、月游規。所謂璿璣者，黄道屬焉。又次曰四游，南北爲天樞，中爲游筩，可以升降游轉，別爲月道，傍列二百四十九交以攜月游。而一行以爲難用，而其法亦亡。其後率府兵曹梁令瓚更以木爲游儀，因淳風之法，而稍附新意。詔與一行雜校得失，改鑄銅儀，古今稱其詳確。至道中初，鑄渾天儀于司天監，多因斛蘭、晁崇之法。皇祐中，改鑄銅儀于天文院，始用令瓚、一行之論，而去取交有失得。臣今斂古今之説以求數象，有不合者十有三事。其一，舊説以謂今中國於地爲東南，當令西北望極星，置天極不當中北。又曰：天常傾西北，故極星不得居中。臣謂以中國觀之，天常北倚可也。謂極星偏西則不然。所謂東西南北者，何從而得之？豈不以日之所出者爲東，而日之所入者爲西乎？臣觀古之候天者，自安南都護府至浚儀大岳臺纔六千里，而北極之差凡十五度，稍北不已，庸詎知極星之不直人上也。臣嘗讀黄帝《素問》書，立於午而面子，立於子而面午，至於自卯而望西，自酉而望卯，皆曰北面。立於卯而負酉，立於酉而負卯，至於自午而望南，自子而望北，則皆曰南面。臣始不喻其理，逮今思之，乃常以天中爲北也。常以天中爲北，則蓋以極星常居天中也。《素問》尤爲善言天者。今南北纔五百里，則北極輒差一度以上，而東南西北數千里間，日分之時候之，日未嘗不出於卯半而入於酉半，則又知天樞既中，則日之所出者定爲東，日之所入者定爲西，天樞則常爲北無疑矣。以衡窺之，日分之時，以渾儀抵極星以候日之出沒，則在卯酉之半少北。此殆放乎四海而同者，何從而知中國之爲東南也？彼徒見中國東南皆際海而爲是説也。臣以謂極星之果中，果非中，皆無足論者。彼北極之出地千里之間所差者已如是，又安知其茫昧幾千萬里之外邪？今直當據建邦之地，人目之所及，裁以爲法，不足以爲法者，宜置而勿議可也。其二，曰紘平設以象地體，今渾儀置於崇臺之上，下瞰日月之所出，則紘不與地際相當者。臣詳此説雖粗有理，然天地之廣大，不爲一臺之高下有所推遷。蓋渾儀考天地之體，有實數，有準數。所謂實者，此數即彼數也，此移赤，彼亦移赤之謂也。所謂準者，以此準彼，此之一分，則準彼之數千里之謂也。今臺之高下乃所謂實數，一臺之高不過丈數，彼之所差者亦不過此。天地之大，豈數丈足累其高下？若衡之低昂，則所謂準數者也。衡移一分，則彼不知其幾千里，則衡之低昂當慎，而臺之高下非所當卹也。其三，月行之道，過交則入黄道六度，而稍却復交，則出於黄道之南，亦如之月行周于黄道，如繩之繞木，故月交而行日之陰，則日爲之虧，入蝕法而不虧者，行日之陽也。每月退交二百四十九周有奇，然後復會。今月道既不能環繞黄道，又退交之漸當每日差池，今必候月終而頓移，亦終不能符會天度，當省去月環。其候月之出入，專以曆法步之。其四，衡上下二端，皆徑一度有半，用日之徑也。衡端不能全容日月之體，則無由審日月定次。欲日月正滿，上衡之端不可動移，此其所以用一度有半爲法也。下端亦一度有半，則不然。若人目迫下端之東，以窺上端之西，則差幾三度。凡求星之法，必令所求之星正當穿之中心。今兩端既等，則人目遊動，無因知其正中。今以鉤股法求之，下徑三分，上徑一度有半，則兩竅相覆，大小略等。人目不摇，則所察自正。其五，前世皆以極星爲天中，自祖暅以璣衡窺考天極不動處，乃在極星之末猶一度有餘。今銅儀天樞内徑一度有半，乃謬以衡端之度爲率。若璣衡端平，則極星常遊天樞之外，璣衡小偏，則極星乍入。令瓚舊法，天樞乃徑二度有半，蓋欲使極星遊於極中也。臣考驗極星，更三月而後知天中不動處遠極星乃三度有餘，則祖暅窺考猶爲未審。今當爲天極徑七度，使人目切南極望之，極星正循北極裏周常見不隱，天體方正。其六，令瓚以辰刻、十干、八卦皆刻於紘，然紘正平而黄道斜運，當子午之間，則日徑度而道促；卯酉之際，則日迤行而道舒。如此辰刻不能無謬。新銅儀則移刻於緯，四遊均平，辰刻不失。然令瓚天中單環，直中國人頂之上，而新銅儀緯斜絡南北極之中，與赤道相直。舊法設之無用，新儀移之爲是。然當側規如車輪之牙，而不當衡規如鼓陶，其傍迫狹，難賦辰刻，而又蔽映星度。其七，司天銅儀，黄赤道與紘合鑄，不可轉移，雖與天運不符，至於窺測之時，先以距度星考定三辰所舍，復運遊儀抵本宿度，乃求出入黄道及去極度，所得無以異於令瓚之術。其法本於晁崇、斛蘭之舊制，雖不甚精縟，而頗爲簡易。李淳風嘗謂斛蘭所作鐵儀，赤道不動，乃如膠柱，以考月日，差或至十七度，少不減十度。此正謂直以赤道候月行，其差如此。今黄赤道度，再運遊儀低所舍宿度求之，而月行則以月曆每日去極度算率之，則不可謂之膠也。新法定宿而變黄道，此定黄道而變宿，但可賦三百五十五度，而不能具餘分，此其爲略也。其八，令瓚舊法，黄道設於月道之上，赤道又次月道，而璣最處其下。每月移交，則黄赤道輒變。今當省去月道，徙璣於赤道之上，而黄道居赤道之下，而二道與衡端相迫，而星度易審。其九，舊法規環一面刻周天度，一面加銀丁。所以施銀丁者，夜候天晦，不可目察，則以手切之也。古之人以璿爲之。璿者，珠之屬也。今司天監三辰儀，設齒于環背，不與横簫會，當移列兩旁，以便叅察。其十，舊法重璣皆廣四寸，厚四分。其他規軸，重樸拙，不可旋運。今小損其制，使之輕利。其十一，古之人知黄道歲易，而不知赤道之因變也。黄道之度，與赤道不得獨膠。今當變赤道與黄道同法。其十二，舊法黃赤道平設，正當天度，掩蔽人目，不可占察。其後乃別加鑽孔，尤爲拙謬。今當側置少偏，使天度出北際之外，自不淩蔽。其十三，舊法地紘正絡天經之半，凡候三辰出入，則地際正爲地紘所伏。今當徙紘稍下，使地際與紘之上際相直，候三辰伏見，專以紘際爲法，自當默與天合。

明·陳邦瞻《元史紀事本末》卷一七　郭守敬《授時曆》

世祖至元十七年十一月甲子，行《授時曆》。先是，至元初，劉秉忠言《大明曆》自遼、金承用二百餘年，浸以後天，宜在所立改，未及用其議，而秉忠沒。至十三年，江南略平，天下混一，上思其言，遂議改修新曆，立局以庀事，詔郭守敬與王恂率南北日官，分掌測驗，而張文謙、張易領其事，前中書左丞許衡亦參預焉。守敬乃言：曆之本在於測驗，而測驗之器莫先於儀表。今司天渾儀，宋皇祐中汴京所造，與此處天度不符。比量南北二極，差約四度。表石年深，亦復欹側，宜盡攷其失，更置之。及擇高塏之所，造木爲重棚，創簡儀、高表，用相比覆。又以爲天樞附極而動，昔人嘗展管望之，未得其的，作候極儀。極辰既得，天體斯正，作渾天象。象雖形似，莫適所用，作玲瓏儀。以表之矩方，測天之正圓，莫如以圓求圓，作仰儀。古有經緯，結而不動，改之，作立運儀。日有中道，月有九行，合而作證理儀。表高景虛，其象非真，作景符。月雖有明，測景則難，作闚几。曆法之驗在於交會，作日食月食儀。天有赤道，輪以當之，兩極低昂，標以指之，作星晷定時儀。其器凡十有三。又作正方案、丸表、懸正儀凡四等，爲四方行測者所用。又作《仰規覆矩圖》、《異方渾蓋圖》、《日出入永短圖》凡五等，與上諸儀，互相參攷。

明·邢雲路《古今律曆考》卷二《經二·尚書考》　在璿璣玉衡，以齊七政。

在，察也。璿，美玉也。璣，機也。運轉者爲璣，持平者爲衡。以璿飾璣，衡爲横簫，以望天象，亦玉爲之。漢世以來，謂之渾天儀者是也。七政，日、月、五星也。舜初攝位，首察璣衡，以齊七政，蓋日、月、五星在天有常度，其災祥與政事相應。舜仰察天文，觀七政之遲速、順逆，各由其道與否，以審政事之得失何如，即欽若之意也。蔡邕《天文志》云：言天體者有三，一曰《周髀》，二曰宣夜，三曰渾天。宣夜絕無師說。《周髀》術數具在，考驗天象，多所違失。惟渾天者，近得其情，今史所用候臺銅儀，即其法也。宣夜者，惟漢郗萌記先師所傳云：天本無質，蒼蒼然也。日月衆星自然浮生空虛之中，其行其止，皆順氣焉。晉虞喜因宣夜之說，於是有安天之論。虞聳亦祖宣夜之說，有穹天之論。吴姚信又有昕天之論。虞喜曰：宣，明也。夜，幽也。幽明之數，其術兼之，故曰宣夜。《安天論》謂：天高無窮，地深不測，天常安於上，地居静於下，方則俱方，圓則俱圓。葛洪譏之曰：苟辰宿不麗於天，爲無用便可言無，何必復云有之而不動乎。《穹天論》曰：天形如笠，而冒地之表，浮而不沒者，氣充其中也。日遶辰極沒西還東，不入地中也。《昕天論》曰：天若裹地如卵，地何所依？若無四維，天何以立？天經地行於水中，日月星辰將不得其性，是以有兩地之說，下地上地之根也。冬至天低近南，故晝短，夏至天起近北，故晝長，此皆不通之論也。賀道養又謂：宣夜爲夏殷之法，亦無所據。《周髀》者，即蓋天之說也。髀，股也。股者，表也。周人志之，故曰《周髀》。其言天似覆盆，中高而四邊下，天左行，日月旁轉右行，隨天左轉，如蟻行磨上，磨左旋，蟻右旋。日近而見之爲晝，日遠而不見爲夜。又云：天形如倚蓋，極在天之中，而今在人北，故見以爲倚蓋。漢王仲任據蓋天之說以駁渾儀，謂：天轉地下，今掘地一丈輒有水，天何得從中行乎？是尤淺之乎。輪天者又傳：《周髀》本於庖犧，黃帝爲蓋天者，皆無憑也。惟渾天爲得之。《春秋·文曜鈎》云：唐堯即位，羲、和立渾儀，則渾儀之設，其來遠矣。舜之璣衡，即渾儀也。歷代相傳，史官禁密，學者不覩，故宣、蓋沸騰，後乃遵用之。王蕃渾天說曰：天形似鳥卵，天包地外，猶卵裹黃，如彈丸，故曰渾天，言其形體渾渾然也。其術以爲天半覆地上，半在地下，天居地上一百八十二度半强，地下亦然。北極出地三十六度，南極入地亦三十六度，而嵩高正當天之中，極南五十五度，當嵩高之上。又其南十二度，爲夏至之日道。又其南二十四度，爲春秋分之日道。又其南二十四度，爲冬至之日道。南下去地三十一度而已。是夏至日北去極六十七度，春秋分去極九十一度，冬至去極一百一十五度。此其大率也。其南北極持其兩端，天與七政斜而迴轉。此必古有其法，遭秦而滅。漢唐以來，其法漸密，故前漢則有洛下閎渾天儀，東漢則有張衡。在吴則有王蕃，在晉則有陸績，在宋元嘉則有錢樂，唐貞觀則有李淳風，在開元則有梁令瓚，皆作渾天儀。而其中之最善者，則張衡、李淳風也。張衡之儀，以八尺圓體，具天地之象，有内規、外規、南極、北極、黃道、赤道，而轉之以漏水，告之以靈臺，又作《靈憲》以說其狀，爲可考也。淳風之儀，表裏三重，一曰六合儀，二曰三辰儀，三曰四遊儀。而其推驗之法，本於黃道爲可考也。漢自張衡之外，而洛下閎之儀，亦有取焉。漢太初洛下閎等造圓儀，考曆度。揚子雲論渾儀曰：洛下閎營之，鮮于妄人度之，耿壽昌象之是也。唐自李淳風之外，而梁令瓚之儀亦有取焉。《唐志》云：梁令瓚以木爲游儀，僧一行是之，乃共令瓚更鑄爲銅儀，注水激輪，立人擊鐘鼓，令其自轉，機械皆藏櫃中是也。宋太平興國中，張思訓之渾儀，則有地軸、地輪、地足之異，横輪、側輪、斜輪之別，此又踵一行之遺象也。大中祥符間，韓顯符之渾儀，則有游規、直規之分，龍柱、水臬之號，此又本淳風之遺法也。宋自靖康之亂，儀象盡歸於金。元初襲用金舊，歲久漸疏。世祖時，郭守敬以司天儀本宋皇祐中汴京所造，於大都測天規環不協。比量南北極，差四度有奇。於是别創簡儀、仰儀，及方案、闚几、圭表、景符諸儀，各臻其妙，謂以管窺天宿度餘分，未得其的，乃用二線推測於餘分，纖微皆有可考，蓋古人所未及。又遣使四方測景，凡二十七所，東極高麗，西至滇池，南踰朱崖，北至鐵勒，以考驗之，酌取中數，蓋五年而曆成。以察七政，歷代以來，其數不同，郭守敬所定，其日月行度已詳。於堯咨羲、和簡下，木曰歲星，周率三百九十八萬八千八百分，曆率四千三百三十一萬二千九百六十四分八十六秒五十微；火曰熒惑，周率七百七十九萬九千二百九十分，曆率六百八十六萬九千五百八十〇分四十三秒；土曰鎮星，周率三百七十八萬〇九百一十六分，曆率一億〇七百四十七萬八千八百四十五分六十六秒二十五微；金曰太白，周率五百八十三萬九千〇二十六分，曆率三百六十五萬二千五百七十五分；水曰辰星，周率一百一十五萬八千七百六十分，曆率三百六十五萬二千五百七十五分。五星各以應加中積段日而合伏、遲疾、留退，各得其位，此郭太史之術也。其簡儀等儀與步七政術，至今欽天監遵用之。夫宣夜之謬勿論已，蓋天不合，以南方之度漸狹，知渾非蓋也，然天下地里南北不同，即守敬測大都較汴京極差四度，可知晷度冬夏亦不同，即古有謂：日景於地若千里差一寸者，然各不同須測乃定。王蕃謂嵩當天中，然非天中，乃中國地中。從測影就晝夜五十刻得之也。又考書傳大全圖載「水星春見奎婁，夏見東井」等語，又曰：木星四仲年行三宿，四孟、四季行二宿，又云：火星常以十月入太微，夫五星何常之有，古今不同，何宿不麗，何必水春奎婁，夏東井？火豈十月常入太微，況井宿三十餘度，觜宿不及一度，木安得分仲行三宿，孟季二宿之異，以此載之，經典徒令人惑耳。大都五星之行，皆視日度以爲之準，日度正，斯五緯正。歷代以來，測步五星各有不同，皆從日度推之也。自元至元辛巳距今三百餘年，歲差不明，日度未改，則五緯之步安所適從必也。察璣衡，測圭晷，先正日度之失，而後以距日距星課五緯之差。庶乎，其不失矣，固待其人而後行也。

明·邢雲路《古今律曆考》卷六〇《曆議一·儀象》 璣衡之来尚矣，史謂起於帝嚳，或謂作於宓犧，又謂羲、和舊器，非舜創爲也。漢落下閎造《太初曆》，用渾儀。馬融謂：即古璿璣玉衡之制。吴王蕃之論亦云：渾儀之制，置天梁地平，以定天體，爲四游儀，以綴赤道者，璣也。置望筩横簫於游儀中，以窺七曜之行，而知其躔離之次者，衡也。若六合儀、三辰儀與四游儀竝列爲三重者，唐李淳風所作。而黄道儀者，一行所增也。如張衡祖落下閎，耿壽昌之法，别爲渾象，寘諸密室，用漏水轉之，以合璿璣所加星度，則渾儀之外，又有渾象。唐李淳風，梁令瓚祖之，始與渾儀竝用。太平興國中，張思訓造於禁中，詔置文明殿下，其制起樓高丈餘，機隱於内，規天矩地，下設地輪、地足，又爲横輪、側輪、斜輪，定身關、中關、小關、天柱，七直神左摇鈴，右扣鐘，中擊鼓，以定刻數，每一晝夜周而復始。又以木爲十二神，各直一時，至其時，則自執辰牌循環而出，隨刻數以定晝夜短長。上有天頂、天牙、天關、天指、天抱、天束、天條，布三百六十五度，爲日、月、五星、紫微宫、列宿、斗建、黄赤道，以日行度定寒暑進退。開元遺法，運轉以水，冬則凝凍，至是代以水銀，則無差失。又舊法日月晝夜行度，皆人所運。新制成於自然，尤爲精妙。真宗時，司天冬官正韓顯符造銅候儀，其制九，曰雙規，曰游規，曰直規，曰窺管，曰平準，曰黄道，曰赤道，曰龍柱，曰水臬，俱本淳風遺法。嗣後沈括、蘇頌等造儀象、浮漏，亦臻奇巧。自靖康之亂，儀象之器盡歸於金。元都燕，其初襲用金舊，而規環不協，難復施行，乃命左丞許衡領其事，與太史令邢臺郭守敬、唐縣王恂率南北日官，分掌測驗。守敬首言：曆之本在於測驗，而測驗之器莫先儀表。今司天渾儀，宋皇祐中汴京所造，不與大都尺度相符。比量南北二極，約差四度。表石年深，亦復欹側。守敬乃盡考其失，而移置之。既又别圖高爽地，以木爲重棚，創作簡儀、高表，用相比覆。又以爲天樞附極而動，昔人嘗展管望之，未得其的，作候極儀。極辰既位，天體斯正，作渾天象。象雖形似，莫適所用，作玲瓏儀。以表之矩方，測天之正圜，莫若以圜求圜，作仰儀。古有經緯，結而不動，守敬易之，作立運儀。日有中道，月有九行，守敬一之，作證理儀。表高景虚，罔象非真，作景符。月雖有明，察景則難，作闚几以測月併星。曆法之驗在於交會，作日月食儀。天有赤道，輪以當之，兩極低昂，標以指之，作星晷定時儀。以識漏刻，作大明燈漏。又作正方案、丸表、懸正儀、座正儀，爲四方行測者所用。又作《仰規覆矩圖》、《異方渾蓋圖》、《日出入永短圖》，與上諸儀，互相參攷。謂昔人以管窺天，宿度餘分約爲太半少，未得其的，乃用二線推測於餘分，纖微皆有可考。以測日二線與日相對，其下值時刻，則晝刻也。夜則以星定之，測日、月、五星出没，俱有成法。以上諸儀之制，詳見《元史》中。又以九服日月交食，分數時刻不同，晝夜長短不同，日月星辰去天高下不同，乃遣監候官一十四員，分道而出，東至高麗，西極滇池，南踰朱崖，北盡鐵勒，四海測驗，凡二十七所，越五年而曆成。從古儀象測驗之精，無能出其右者，至今簡儀、仰儀、圭表、影符等器，在觀象臺猶存，第歲久儀有欹邪，器有殘缺，兼之舊法失傳，疇人膠柱，至併其察璣測晷，不知作何狀也。則夫及時修改，變而通之，神而明之者，存乎其人耳。

明·章潢《圖書編》卷一六 《後漢志》載：張衡渾天儀，赤道横帶天之腹，黄道斜帶其腹，去赤道表裏各二十四度。《晉志》載葛洪《渾天儀注》：赤道帶天之紘，黄道出入赤道，極遠者去赤道二十四度。《唐志》載一行黄道儀云：赤道帶天之中，以分列宿之度，黄道斜運，以明日月之行。《五代司天考》載王朴曰：赤道者，天之紘帶也。其勢圜而平，紀宿度之常數也。黄道者，日軌也，其半在赤道内，半在赤道外，去极二十四度，此所以著黄道南北去赤道各二十四度也。

明·章潢《圖書編》卷二四 馬融有言：上天之理，不可測知，天之事者，惟有旋衡一事，則求夫得天之實者，惟渾天儀近之矣。蓋旋衡之制，起於高辛氏，而虞舜察之。以璿爲璣，而用以轉動，是之謂璣。以玉爲管，而横置其中，是之謂衡。璣以定天體，衡以齊七耀，即今之所謂渾天儀也。是故黄帝得之，曆起辛卯，顓帝得之，曆起乙卯，曆之所作，非渾天不可也。青道二出黄道東，朱道二出黄道南，道之所出，非渾天不可也。錢薱則以朱、黑、白而别三家星，葛衡則以青、白、黄而别三家星，以考星宿，非渾天不可也。自軫十二度，至氐四度，則知爲壽星。自氐五度至尾九度，則知爲大火，而其餘莫不皆然是，考躔度非渾天不可也。秦火之後，其法蕩然。漢洛下閎始經營之，鮮于妄人又度量之，至耿壽昌始鑄而爲之象，轉而望之，以知日、月、星辰之所在也。唐李淳風因之，而爲三重，儀在外曰六合，其内曰三辰，其最内曰四游。而一行復益之以黄道儀焉，其爲論亦密矣。靖康之亂，儀象歸於金，元人襲之，而規環不協，難復施用，於是郭守敬乃創爲簡儀、仰儀，及諸儀表。其説以爲昔人以管窺天，宿度餘分，未得其的，乃用二線推測於餘分，纖微皆有可考。又當時四方測景之所，凡二十有七，東極高麗，西極滇池，南踰朱崖，北盡鐵勒，古人所未爲者。其法具載《元史》，而儀表至今用之，豈天啓中國文明之治而預生，是人以創爲一代之器乎。

明·章潢《圖書編》卷二六 《舜典》：璿璣玉衡，以齊七政。〇以璿飾璣，所以象天地之轉運也，以玉爲管，横而設之，所以窺璣而齊七政之運行也。猶今之渾天儀也。

朱熹曰：渾天儀，古必有其法，遭秦而滅。至漢武帝時，洛下閎始經營之，鮮于妄人又量度之，至宣帝時耿壽昌始鑄銅而爲之象。宋錢樂之又鑄銅作渾天儀，衡長八尺，孔徑一寸，璣徑八尺，圓二丈五尺强，轉而望以知日、月、星辰之所在，即璇璣玉衡之遺法也。

渾天之儀有三，曰：六合儀、三辰儀、四遊儀，共爲一器。所謂六合儀者，平置一黑環，凖爲地平，列十二辰及八方、四隅其上，又置黑雙環，並結於地平之子午，半在地上，半在地下，比爲天脊，其側刻爲周天去極之緯度，從地平子位而上三十六度，夾小板於黑雙環之間，板通圓竅，比爲北極，又從地平午位而下三十六度，亦夾木板爲竅，以比南極。别置赤單環，比爲赤道，於上刻周天之經度，結於地平之卯酉，其最高處結於北極之南九十一度，即天頂之南三十六度也。四環之結如天地之定位，赤環雖刻周天經度，實乃周地之經三百六十餘度。黑環雖刻周天去極之度，實亦用月之緯度三百六十有餘，蓋六合儀不以運轉，而天體則左旋，故言周地，不言周天也。三辰儀者，亦置黑雙環，與六合儀之雙環同，而爲徑小，所刻始爲周天去極之度，其雙環北板竅與六合儀北板竅相通，共貫以圓軸，南板亦然。軸圓則雙環轉運於六合儀内，轉非定體，故爲周天去極度，亦置赤單環如六合儀者，附結於雙動環之上，去極九十一度，是爲卯酉兩月之日躔，而其上始刻周天赤道之度，可以隨雙環而運轉，别置黄單環附結於赤環卯酉，宿度仍刻周天黄道度數。恐赤黄兩環動摇，又作白環以輔之，使無欹傾。而五環總爲三辰儀。四遊儀者，亦置黑雙環與三辰儀之雙環同，而圍徑又小，其上亦刻周天去極度，其北極板竅與在外二板竅通一軸，南竅板亦然。此雙環内各置一直幹，名曰直距，如圓扇之脊，與兩極相比，數均上下，俱夾外軸，量兩距之常長，取其當半作圓竅，别置一圓板，其心貫以八尺之衡管，圓板兩旁聯爲圓軸横距道，直距之兩竅軸圓可轉，則衡管可以南北低昂而窺天，復隨此雙環東西轉運，無往不可窺望，故謂四遊也。窺管長八尺，故四遊之環，徑八尺，在外者，以次漸寬，若測望可宿星躔去極度數，並爲於三辰環上驗之。又於南軸之外，接連一長木，貫定水輪，引水運之，使南軸因而轉運，一晝夜而周，以比天體之繞地一周也。三辰儀上布列珠玉，比爲星象，即璿璣玉衡之遺制也。

王蕃曰：天之形狀似鳥卵，天包地外，地猶卵之裹黃，圓如彈丸，故曰渾天，言形體渾渾然也。

按：璣衡之象，或謂起于伏羲，或謂作于帝嚳，或云乃羲、和舊制，非舜創爲也。馬融謂：上天之體，不可測知，天之事者，惟有璣衡一事而已。璣衡，即今渾天儀也。王蕃之論亦謂：儀之制置天梁地平，以定天體，爲四游以綴赤道者，此謂璣也。置望筩橫簫于儀中，以窺七曜之行，而知其躔離之次者，此謂衡也。若六合儀、三辰儀、四游儀，並列爲三重者，李淳風所作。而黃道儀者，一行所增也。始張衡祖洛下閎、耿壽昌之法，別爲渾象，冥輪密室，以漏水轉之，以合璇璣所加星度，則渾象本別爲一器。唐李淳風、梁令瓚祖之，始與渾儀並用。宋沈括所上渾天儀，載在《宋史》者，其爲論精密，有志于復古，儀象者可考也。

蔡邕《天文志》曰：言天體者有三家，一曰《周髀》，二曰宣夜，三曰渾天。宣夜之學，絶無師説。《周髀》數術俱在，考驗天象，多所違失，故史官不用。惟渾天者近得其情，今史官所用候臺銅儀則其法也。立八尺圓體之度，而具天體之形，以正黃道，以察法斂，以行日月，以步五緯，精微深妙，萬世不易之道也。

問天道左旋，日、月、星辰右轉。朱子曰：自疏家有此説，人皆守定，某看天上日，月、星辰不曾右轉，只是隨天轉。天行健這箇物事極是轉得速。且如今日，日與月星都在這度上，明日天一旋轉却過了一度，遲些便欠一度，月又遲些，又欠了十二度，如星歲須一轉爭了三十度，要看曆數子細。只是璇璣玉衡數中載王蕃渾天説一段，極精密，便是説一箇現成天地了。其説曰：天之形狀似鳥卵，地居其中，天包地外，猶殼之裹黃，圓如彈丸，故曰渾天，言其形體渾渾然也。

唐一行渾天儀 一行博覽經史，武三思慕其名，請徵之。逃隱匿于僧，習梵律。玄宗敕書强起之，訪以安國撫人之道，言切直無隱。受詔與率府兵曹梁令瓚造渾天儀，鑄銅爲環，天之象中具列宿、赤道及周天之度數，注水激外輪，令其自轉，外絡二輪，綴以日月，令與同運。天西旋一晝夜適一周，而日東行亦適一度，月行適十三度十九分度之七，二十九轉有餘而日月適會，三百六十五轉而日適一周天，子儀象正合。置木櫃爲地平儀，半在地下，晦明朔望，遲速有準。立木人二于地平上，其一前置鼓以候刻，能自按鼓擊之，其一前置鐘以候辰，每歷一辰能自按鐘撞之，皆于櫃中，各施輪軸，鈎鍵關鎖交相持而然。置武成殿前，示百官。奪天巧至于此。然銅鐵久乃漸澁不能適合，久亦不能復運也。其黃道游儀以古尺四分爲一度，旋樞雙環其表丈四尺六寸一分，竪八分，厚三分，直徑四尺五寸九分，古所謂旋儀也。南北斜兩極，上下循規，各三十四度，表裏晝周天之度，其一面加銀釘，釘之使東西運轉，如渾天游旋，然中旋樞軸至兩極首內孔徑大兩度半，長與旋環徑齊。玉衡望筩長四尺五寸八分，廣一寸二分，厚一寸，孔徑六分，行旋于軸中，旋運持正，用窺七曜及列宿之闊狹，外方內圓，孔徑一度有半，周日輪也。其陽經雙環表一丈七尺三寸，裏一丈四尺六寸四分，廣四寸，厚四分，直徑伍尺四寸四分，置于子午左右，用八柱相固，亦表裏晝周天度，一面加釘，亦加之銀釘，半在地上，半隱地下，雙間挾樞軸及玉衡望筩旋環于中也。其陰緯單環外內廣厚周徑皆準陽經，與陽經相銜各半，內外俱齊面平。上爲天，下爲地，橫周陽環謂之陰渾也，面上爲兩界，內外爲周天百刻，天頂單環表一丈七尺三寸，竪廣八尺，厚三分，直徑五尺四寸四分，直中國人頂之上。東西當卯酉之中，稍南使見日出入，令與陽經陰緯相固。如鳥殼之中黃，然南去赤道三十六度，去黃道十二度，去北極五十五度，去南北平各九十一度而强。赤道單環表一丈四尺五寸九分，橫八分，厚三分，直徑四尺五寸八分，赤道者當天之中，二十八宿之位也。後魏斛蘭所造，因著雙環規不能運動。臣今所造轉運隨天，仍度穿一穴，即知古者秋分日在角五度，今在軫十三度，冬至日在牽牛初，今在斗十度，隨穴退交，不復差謬。傍在卯酉之南，上去天頂三十六度，而橫置之，黃道單環表一丈五尺四寸一分，橫八分，厚四分，直徑四尺八寸四分，是日之所行也，故名黃道。太陽陟降，積歲有差，月及五星亦隨日度出入，古無其器，意斟酌以爲率，故踈闊尤甚。今設此環置赤道環內，仍開闔使運轉出入四十八而極晝兩方周天，東西列周天度數，南北列百刻，可使見日知時，上列三百六十刻，與用卦相準，度穿一穴，與赤道相交。白道月環表一丈五尺一寸五分，橫八分，厚三分，直徑四尺七寸六分。月行有迂曲遲速，與日行緩急相反，古亦無其器，今創置于黃道環內，使就黃道爲交合出入六十度，以測每夜之月離，亦上晝周天之度，度穿一穴，擬移交會，諸皆用銅鐵爲之。游儀四柱爲龍，以龍象天，能興雲雨，故以致飾也。柱在四維，崇四尺七寸，水槽山崇一尺七寸五分，槽長六尺九寸，高廣各四寸，地深一寸，廣一寸五分。龍下有山雲，在水平槽之上，並銅爲之，其所測景視古星經宿度詳審較，然初淳風造曆定二十四氣，中晷與祖冲之長短互異，未知其孰是。及一行作《大衍曆》，詔太史測天下之晷，求土中以爲定。于是一行上議曰：《周禮·大司徒》以土圭之深測土深，日至之景尺有五寸，謂之地中。鄭氏以爲日景于地千里而差一寸，謂尺有五寸者，南戴日下萬五千里，地與星辰四游升降三萬里之中，是以半之得地中焉。在今潁川陽城。宋元嘉中，南征林邑以五月立表望之，日在表北，景居表南，于交州景在表南三寸，于林邑九寸一分，交州距洛水陸九千里，蓋山川回折使然，以表考其徑當五千里也。今所測交州夏至在表南長三寸三分，與元嘉所測略同，而使者還言於交望極，纔高二十餘度，八月海中望老人星，下有列星粲然，明大者甚衆，古所未識，乃渾天家以爲常不見者也。蓋隨所至爲見，如此太史監南宮説擇河南平地，設水準繩，樹八尺之表，以引度之，自滑臺白馬縣夏至之晷尺有五寸七分，自滑臺表南行百九十八里二百七十九步，得浚儀岳臺晷尺有五寸微强。自浚儀又南百六十七里二百八十一步得許州扶溝晷尺四寸四分，自扶溝又南百六十里至上蔡武津晷尺三寸六分半，大率五百二十六里二十七十步而晷二寸餘，則舊説日千里而差一寸者妄矣。今以勾股法校陽城中晷，夏至尺四寸七分八釐，冬至丈二尺七寸一分半，定春秋分五尺四寸三分，以覆晷斜，視極出地三十四度十分度之四。自滑臺浚儀扶溝諸表視之，大率三百五十一里八十步而北極差一度，極之遠近既異，則黄道晷景固隨之而變矣。又以圖經校安南日在天頂北二度四分，極高二十度四分，冬至晷七尺九寸四分，夏至在表南三寸三分，定春秋分二尺九寸三分，差陽城十四度三分，其徑則五千二十三里矣。又南至于林邑北至于鐵勒之地，各差十七度四分，則在鐵勒五月日在天頂南二十七度四分，極高二十二度，周圓百有四度，常見不隱，北至晷四尺一寸三分，南至晷二丈九尺二寸六分，定春秋分晷五尺八寸七分，其没纔十五餘度，夕没亥西，晨出丑東，校其里數，已在回紇之北，而骨利幹極南之地猶在其南矣。則知吳中常侍王蕃本鄭傳萬五千里爲勾股，斜射法考周徑之率，以揆天度，徑五萬里者，所謂以蠡測海者也。不知目視不能及遠，遠則微差，其差不已，遂與術錯，譬游于大湖之中，廣袤不盈百里，見日月朝夕出入于湖中，及浮大海不知幾千萬里，猶見日月朝夕固出入其中也。令于朝夕之際俱設重差而望之，必將大小同術，無以分矣。横既如此，縱亦宜然，古人所以步圭影之意，將節宣和氣輔相物宜，不在于辰次之周徑，其所重曆數之意，將欲恭授人時，欽若乾象，不在于渾蓋之是非也，而或者各信所傳，以術天體，謂渾天可任數，而測天象可運筭，而籌是術無稽之法於視聽之所，不及君子所富闕而不議者也。誠以爲蓋天耶，則南方之度漸窄，果以爲渾天耶，則北方之極寖高，此又渾蓋家盡智畢議而未有能通其説者也。則王仲任、葛稚川之徒區區于異同之辨，亦何益于人倫之數哉。今爲《覆矩圖》，南自丹穴，北冀幽都，每極移一度，輒累其差于以稽日食之多少，定晝夜之長短，而止則天下之晷皆協其數矣。【略】

右玉衡與璇璣爲二器，互相爲用，不可缺一，故《舜典》並言之。若共爲一器，安得並言哉。先儒皆知璇璣爲渾儀，玉衡爲横簫，然欲二者必合爲一器，則膠矣。按張衡作渾天儀，於密室轉之，以告靈臺觀天者，皆如合符，則知渾儀之轉在密室，而横簫之觀在靈臺，二者互相爲用，不可缺也。至吳時王蕃制渾儀，乃設游筩于其中，謂之玉衡，其説以爲有璣而無衡，但謂之渾象，不謂之渾儀，此强分別也。儀謂儀形，象謂法象，儀象豈有二哉。《隋志》採王蕃之説，謂張衡所造止是渾象，而譏何承天莫辨儀象之異，以爲乖戾，此乃蔽王蕃之新論，而不解張衡之舊制云耳。所載魏劉曜光初六年孔挺作鐵儀，其規有六，其外四規不動，其内雙規徑八尺，其轉運屬雙軸，雙軸之間置衡長八尺，通中有圓孔，徑一寸，當衡之半兩傍有關，各注著雙軸，衡既隨内窺東西轉運，又自於雙軸之間得南北低昂，觀此所云玉衡在渾儀中，乃爲贅物，有之無用，去之無損，果何爲哉。又載後魏晁崇作與劉曜大同，蓋互相倣述也。唐李淳風作銅儀，其外四規不動，號曰六合儀；其内雙規徑八尺，轉於六合之内，號曰三辰；儀去極爲軸，傍轉于内，貫玉衡在玄樞之間而南北游，號曰四游儀。此所云與劉曜所作無以異也。一行銅儀徑四尺五寸九分，玉衡長四尺五寸八分，旋于軸中，其制亦與劉曜相類，皆附會王蕃之説，牽合璣衡以爲一器，其實無義理也。王蕃之説曰：渾儀以察三光，以窺分宿度，渾象以著天體，以布星辰，愚謂更言之曰：衡以察三光，以分宿度，璣以著天體，以布星辰，斯三者考于天，蓋密矣。如此然後昏旦之中星定之矣。【略】

是故儀象昭著莫如渾天，其次蓋天猶有考焉，至于宣夜其説無取，所以世傳之也。若求其備，雖萬機千械不足以盡之，如舉其綱，而知衆目之隨，則是亦足矣。自古渾天之作，其尺度之廣者，莫如晁崇、李淳風，其機械之巧者，莫如張衡、一行。古舊渾象以二分爲一度，凡周七尺三寸半，或曰：洛下閎之所作也。張衡更制以四分爲一度，凡周一丈四尺六寸一分。王蕃折衷二家，以三分爲一度，凡周一丈九寸五分之三也。宋太史令錢樂之考述吳葛衡之説，鑄銅爲儀，使地居于天中，以機動之，天動而地止，比古制差大，亦不過以五分爲一度，凡周一丈八尺二寸五分大而已。惟晁崇鐵儀、李淳風銅儀，各有内外規，其内規各徑八尺，凡周二丈四尺，故其尺度之廣，無如晁崇、李淳風之儀。雖大皆須人運，非能自運也，惟張衡、一行渾儀各以漏水轉之，衡爲關楔，轉瑞輪蓂莢於堦下，依月盈虛，依曆開落，崔子玉稱其制作侔造化。一行立二木人於平地上，前置鐘鼓以候辰刻，每一辰則自然撞鐘，每一刻則自然擊鼓，皆於櫃中，關鎖相持，轉運雖同，而遲速各異，史臣稱其妙過前古。無幾，銅鐵亦澁，不能自轉，故曰萬機千械不足以盡之，大抵渾天之設，欲知日出没之時，某星始見，某星當中，某星已没，如斯而已矣。以水運之，當昏而日未没，而未昏而日没，則如之何？未免節其漏水，以求其齊，孰若以人運之，及齊而止，不亦易且簡乎。蓋渾儀與刻漏不同，刻漏逐刻候，故不可以人運，渾儀雖昏旦候，日中及夜中皆不候，故不必以水運之，不以水運，則機械之巧可以已矣。不然自張衡與一行之外，爲渾儀者衆矣，何爲不以水運也，且王蕃言張衡渾天儀，爲器傷大，難動移，一行言李淳風黄道儀法頗難述，遂致寖廢。然則爲玆器者，非不務求簡易也，蓋患乎星辰之稠概焉耳。愚採古法作小渾天，書星名而不畫其象，所以著易簡之理也。以一分爲三度，象天極函三之道，徑四寸有奇，以象四時，周一尺二寸有奇，以象十二月，其奇以象閏，故曰舉其綱，而知衆目之隨，則是亦足矣。舉其綱者，謂其中星正，而萬有一千五百二十之星，皆正也。於戲，以天地之大，而述之於四寸之儀，天地可運之掌上矣。乃作渾象，而患乎器之不能存也。又爲之圖，圖亦豈能有哉。當明其理，至於理則無時而不存矣。中庸曰：天地之道，可一言而盡也，其爲物不貳，則其生物不測，又曰：上天之載，無聲無臭至矣。

【圖略】右渾天説。愚既摘取大象出具傍，又疏其詳於此，竊以爲至簡至易，可以置之几案之上，暇日悠然見之，目擊而道存焉。則知天地之所以爲天地也。

渾象續説

宋朝太平興國中，命巴人張思訓創渾儀，大率依倣一行之法，激水運轉，加以樓板，層高丈餘，以藏關柱，冬月用水銀代水，以防碍澁，撞鐘擊鼓之外，復有摇鈴執牌之報。太宗詔置於文明殿，題曰太平渾儀。自思訓死，機繩斷壞，無復知其法制者。至道中韓顯符，皇祐中周琮，及熙寧元豐新造渾天，皆不以水運，以是知機械之巧，可以已矣。元祐初，吏部尚書蘇頌舉吏部守當官韓公廉更造渾儀，復以水運，著《新儀象法要》三卷，藏之太史，謂水運者爲渾天儀，不以水運者止曰銅候儀。其説以至道、皇祐、熙寧新舊渾儀，當時翰林院天文院及太史局所用，皆是銅候儀，不得不爲渾天儀，蓋信用韓公廉矜尚機巧之事，非通論也。其制木閣五層，司晨、擊鼓、摇鈴、執牌出没於閣内，皆依倣張思訓之舊，兩極内置直距，直距夾望筒，使南北低昂，旋轉持正，窺測七曜，皆依循行之法。以望筒在渾儀腹中，實無所用也，乃出新意，使望筒常指日，日體常在銅竅中，所謂窺測七曜者，如是而已矣。且望筒果能于渾儀中窺測七曜，又何用臺上測驗哉，必今使人于其傍驗星在之次，與臺上測驗者相應，以不差爲準，是窺測七曜常在臺上，不在望筒也。由是觀之，望筒當設於司天臺上，不當在渾天儀腹中明矣。

漢晉以來，占天者率以渾儀爲定然，求之之法，詳且密，載於書可考者鮮焉。又其爲器，乃至一丈八尺有奇，原非可爲凡格之玩。余于丁巳歲始得渾儀書于吉州守胡公，而又以未見其器爲恨，既來郴乃得之。

渾象總論

前璇璣合爲一器，從晉唐以來，悉祖王蕃、李淳風、一行爲之説。儒先星曆家皆依倣之，獨建安江默疏渾象分爲二器，今揆之以理，似爲近之。何也？機械雖巧，皆人爲也。一涉人爲，雖水運、人運之不同，而其轉旋不得不均停，晝一守爲定法。若夫天象之周旋，乃自然之化機也，列宿次舍度數固一定不易，而氣運流行莫知端倪，日、月、五星參差不齊，人止能隨其變動，以窺測之效法之云耳。雖盡夫人之智，巧千機萬械，莫能先其氣，化爲之變動遲疾，使天象之由乎人也。觀宿度本不變者也。堯時日中星昴，今已移六十五六度矣。縱使羲、和在今，執虞廷之璣衡，以窺今日之中星，恐不得。不因天象之變動，以遷移其衡管于一人之機械，奚取哉？況璣衡之設，本以齊七政，使人知順天時，勤民事，非以觀玩爲也，是故璣衡可以象天之璇轉，而天象不由璣衡以轉旋。然運轉者，璣也，持正者，衡也，璣運轉于密室，于以象天體，布星辰，衡持正於靈臺，於以察三光，分宿度，二者並行不悖，不特衡爲有用，可以定昏旦之中星，一定凡萬有一千五百二十之星，皆得其正。日、月、五星其遲、留、順、逆，亦于此乎察之矣。否則衡以望璣，縱于璣中，宿度一毫不爽，其于天象密移變動不測者，何與哉。可見天活物也，窺測天象，以敬授民時，須有活法可也。且器求實用，雖古之衡在璣中，今置璣于室，移衡于臺，使璣衡兩得其用，亦無不可者。故復採其説，以俟精渾天儀象之君子云。

嘗觀蘇頌上《儀象法要》於元祐中。有曰：古人測候天數，其法有二，一曰渾天儀，二曰銅候儀。又按吴王蕃云：渾天儀者，羲、和之舊器。又有渾天象者，以著天體，以布星辰，二者以考于天，蓋密矣。詳此則渾天儀、銅候儀之外，又有渾天象，凡三器也。渾天象歷代罕傳其象，惟《隋書志》稱梁秘府有之，云元嘉中所造，由是言之，古人候天，具此三器，乃能盡妙，今惟一法，誠恐未得精密。古人言天，有《周髀》之術，以鈎股法推考天度，若通此算術，則天數從可知矣。唐開元中，太史監南宫説等馳往安南、蔡尉等州，測候日景，一行以南北日影校量，用勾股法算之，即此法也。雖然一行作《大衍曆》，詔太史測天下之晷，求其地中，以爲定數，其議曰：《周禮・大司徒》以土圭之法，測土深日至之景，又有五寸，謂之地中。鄭氏以爲日景於地千里而差一寸。南宫説擇河南平地度之，大率五百餘里晷差一寸，而舊説謂王畿千里影差一寸，妄矣。原道以赤道定位，黄道游仰月環白道，動與天合，簡而易從，一行是之，乃奏：令瓚所謂日道月交皆自然契合，於推步尤要。此豈非梁令瓚之可取者乎。其他如後漢之銅儀，則有以銅而爲儀者矣，後魏之銕儀則有以銕而爲儀者矣。宋元嘉之小儀，則曰小渾天。李淳風之木渾，則曰木渾圖。唐明皇武成殿之水渾天，則運以水者也。張平子之候風地動儀，則又用之以測地者也。若夫曰赤道、曰黄道，此其法之不同者也。曰單規、曰雙規、曰雙環規，其制之不同者也。蓋至宋朝張思訓之渾儀，則作於太平興國之中，其制則有地軸、地輪、地足之異，有横輪、側輪、斜輪之别，晝夜長短之刻，日、月、五星之度皆具焉。而其機轉之用皆隱於樓中，此又踵一行、令瓚之遺象者也。韓顯符之渾儀，則成於大中祥符之間，其制則有游規、直規之别，黄道、赤道之分。曰窺，曰管，曰平準，皆其儀之號也。曰龍柱，曰水臬，皆其號之殊也。此又本乎淳風、一行之古人所以步圭影之意，將以節宣和氣輔相物宜，不在於辰次之周徑，其所以重曆數之意，將以恭授人時，欽若乾象，不在於渾蓋之是非。若乃述無稽之法於視聽之所，不及則君子當缺而不議也。而或者各守所傳之器，以術天體，謂渾元可任數，而測天象可運算，而闕迭爲矛盾，誠以爲蓋天耶，則南方之度漸狹，以爲運天耶，則北方之極漫高，此二者蓋渾蓋之家，盡智畢誠未有能通其説也。則王仲任、葛稺川區區於異同之辨，何益人倫之化哉。凡晷度冬夏不同，南北亦異，先儒一以星數齊之，遂失其實。今更爲覆規圖，南自丹穴，北暨幽都，每極移一度，輒累其差可以稽日食之多少，定晝夜之長短，而天下之晷皆叶其數矣。唐末邊罔修曆術，服其精萃以爲不刊之數也。

明・章潢《圖書編》卷二一七

元承用金曆，歲久寖疏，世祖欲釐正之，命王恂、楊恭懿、郭守敬領其事。恂等言：曆家知曆數，而不知曆理，願得通天道、精曆理大臣如許衡者，總之曆宜精。於是命衡領太史院。而是時守敬于曆象特精，諸曆事受成焉。當是時，守敬言：司天莫大於測景。古今曆以唐一行所造

《大衍》爲稱首，則以唐開元間令南宮説行天下測景所歷地最廣也。今國家一統，疆宇比唐尤廣袤，宜遣使者四往測景，成一代之制。而測驗莫先於儀表，今司天儀，本宋皇祐中於汴京所造，與大都天規環不協，比量南北極，差四度有奇。又表石年深，欹側難遵用，請別創儀表，相比覈，宜可精。於是創簡儀、仰儀及諸儀，各臻其精妙。以爲天樞附極而動，昔人嘗展管候之宿度餘分，終未得其的。用二線測餘分，纖微可考，作候極儀。極辰既位，天體斯正，作渾天儀。儀象形似，莫適于用，作玲瓏儀。以表之矩方，測天之正圓，欲合也實難。法當以圓求圜，作仰觀儀。古有經緯儀，相連絡而不動，作新儀，東西運轉，南北低昂，而七政列舍中外官去極度分燦然。作立運儀。日有中道，月有九行，用爲測驗，其致一也，作證理儀。表高景虛，罔象非真，作景符。月雖有明，測景則難，作闚几。曆法之驗在於交會，作日月食儀。天有赤道，輪以當之，兩極低昂，標以指之，作星晷定時儀。諸皆創以意爲之。又作《仰規覆矩圖》、《異方渾蓋圖》、《日出入永短圖》，與諸儀互參驗而彌精。

明·杜應芳《補續全蜀藝文志》卷二〇《表、疏、奏》 講明古璿璣玉衡奏

周洪謨尚書，長寧人

臣按《書》曰：璿璣玉衡，以齊七政。先儒蔡氏謂：璿者，美珠。璣者，機也。璿璣者，以璿飾璣。玉衡者，以玉爲管。七政者，日、月、五星。臣意當時只是貫珠以爲日、月、星辰之象，而布于璣，非謂欽天之器所當貴重，但用珠玉飾之而已。歷世儒者，不得其義，故爲飾以珠玉，恐非當時本制。《堯典》云：曆象日、月、星辰。蔡氏言：象即璣衡之屬，星則二十八宿，爲經五星，爲緯辰，則日、月所會之次，則是二十八宿。十二辰與日、月、星辰皆附于璣象之上。及於此章，乃本孔傳，止以日、月、五星爲言，而不及二十八宿、十二辰者，則是前後自相矛盾，其意蓋謂若增二十八宿、十二辰，則於七政爲講不通。臣意七政者，窮指三光四時而言，故帝堯之命羲、和有曰：日中星鳥，以殷仲春；日永星火，以正仲夏；宵中星虛，以殷仲秋；日短星昴，以正仲冬。又曰：朞三百有六旬有六日，以閏月定四時成歲，是可見考中星於二十八宿，而後可以正四時，考日月會次於二十八辰，而後可以定氣朔，則璣衡之上，豈可獨察日、月、五星，而遺二十八宿及十二辰哉。必察璣衡以齊日、月、星辰之運，而後可置閏法，以齊春夏秋冬之歲。三光齊於上，則天道正矣。四時齊於下，則歲功成矣。聖人敬天勤民之政，不外此七者，故曰七政也。自漢以來，言天體者有《周髀》、渾天儀之説。至於宋元益加精密。今欽天監儀象則因宋元之舊，固可以推測度數，然于古者以珠爲璣之義，終有不合。臣今想像其制，似亦可以爲之，但璣不必用珠磨蚌，爲珠亦可也。管不必用玉粉飾，爲玉亦可也。珠玉色瑩，取朝暮陰晦，便於窺測而已。其法以木爲架，如簨簴狀可高五尺，廣三尺三寸，以銅爲環，厚一分，廣五分，平置以附其兩柱繞環。書十二支、八干四隅，以凖地面而定四方，兩柱鑿竅以貫機，衡長六尺，徑二寸，北高象北極出地三十六度，南低象南極入地三十六度，爲璣則用銅線，徑一分，二十八股彎繞插衡之兩端，上下四旁務成圓体，中徑三尺。璣之外去機一寸許爲銅環，厚一分，廣五分，插貫於衡周，統乎機循環，加三銅釘，列爲度數，以窺七曜去極之遠近。凡三垣、十二辰、二十八宿，皆以蚌珠爲之，大小分三等，各隨其星之多寡，體之大小，用細銅絲貫而聯之，分方定位而縛於二十八股銅線之上，以爲天體。次用銅線爲圈者九，彼此交加繞璣而縛於天體之上，以象日月之九道。黑道二出黃道北，赤道二出黃道南，白道二出黃道西，青道二出黃道東，各塗其色以別之。又次用銅線爲圈者七以實七曜，而加于九道之上，七曜亦以蚌珠爲之，日月則大如彈丸，爲赤白象，五星如豆，各飾以其色。轉衡運璣，以觀三垣、十二辰、二十八宿之旋繞，日月則隨時而移附九道之上，五星亦隨而移附其躔。此其古制，雖不可見，而大略或近之。如蒙准臣言，乞勅禮部行欽天監叅訂商確，工部差撥匠料或造試驗，倘若可取更用美珠穿造留置，便殿遇有占候，可備御覽，庶古制復存，與今制並用，古制以觀天體，今制以觀度數，則郎古者欽者昊，夫帝舜在察璣衡之意誠爲便益。

又 臣近日具奏前事，欽蒙着臣做樣來看，臣今做成粗樣，謹以上進。臣惟唐虞之時以珠爲璣，以玉爲衡，既是珠玉寶器，必當置諸殿庭之上，而非用於羲、和測候之所。故史官記舜告廟之後門察璣衡，見舜親察之也。然舜豈下侵羲、和之職哉？蓋不過率先敬謹以致奉天勤民之意，非若羲、和之晝夜窺測也。由舜至今三千七百餘年，其法不傳於後世。自漢而下皆用銅鑄，故臣特陳愚見，以瀆聖聰。臣於天文之學，素實未諳近者。欽天監取官前來講論，各官稱言微妙難做，兼且未奉旨意不肯陳説。臣既不得巧匠製造，又不得術士推明，只照《文獻通考》所載，布列象位，止具大略，不能致精，此即是渾天儀象，但取其虛明易見而已。倘在可取，乞勅欽天監重加校正，御用監等衙門另行成造，置在便殿，凡遇欽天監奏日月之辰有弗集者，在某分野五星之有犯二十八宿者，在某躔次，即將日、月、五星移附某處，庶便御覽，且有以見皇上敬順昊天，親察璣衡之意，

謹具題知，隨將璣樣捧進。

又　臣於本年四月二十日，作璿璣玉衡粗樣上進，荷蒙聖恩嘉納厚賞，且愧且感，交切于中。臣所製固不能合古製之妙，亦可以備一家之説。但今前後二次題本未蒙發出，誠恐久後無憑查考以致湮没。昔唐虞肇作《海潮賦》，其序有曰：非敢衒於學者，蓋欲請示千萬祀，知聖代有苦心之士如肇者焉。夫海潮之文無關世教而肇猶望，其傳如此，況璿璣玉衡乃古先帝王敬天之大政大事乎。但先次題本與後所造璣樣略有不同，三環因束縛璣体，故添設三環，九道因障碍星躔，故減去九道。今照璣樣補本并進璣樣題本，重謄封進，伏乞勅旨發科備照，謹具題知御用監奉勅造璿璣玉衡事實。成化十五年三月八日，臣洪謨具題《虞書》、《舜典》載璿璣玉衡之事。蔡傳云：璿者，美珠。璣者，機也。以珠飾機，故稱璿璣。臣謂非以珠飾機，必貫珠以爲日、月、星辰之象而於璣。請勅工部撥巧匠，欽天監撥諳曉天文者試爲之。上乃命臣先造粗式以驗可否。四月二十日粗式成，上覽悦之，賜臣寶鈔羊酒。秋七月，時漸爽，乃命御用監大監梁方、李本監督製造，以琥珀、珊瑚爲珠，珠有大小，有踈密，有黄赤黑三色，以細銅絲貫之，隨其方位而布之，機踰年始成，置文華殿，以便御覽。初内靈臺官有沮之者，以爲數千年來無貫珠爲之者，恐難就緒。上深斥其非，沮者愧且懼。臣惟古先聖王之君天下，莫先於敬天勤民，而敬天勤民之政，莫大乎璿璣玉衡。當舜之時，以珠爲璣，以玉爲衡，珠玉寶器心常置諸殿庭之上，而非用于羲、和測候之所，故史官言舜攝位之初，在察璣衡，見舜親察之也。然舜爲天子，豈下侵羲、和之職哉？不過率先敬謹以見敬天勤民之意耳。由舜至今三千七百餘年，其法不傳於後世。前漢宣帝時耿壽昌始鑄銅而爲之象，歷代以來，皆仍其制。又有渾天儀亦用銅鑄，皆不合古者用珠爲機之意。皇上洞察玄微，擯出憸議，變後世之象，復前古用珠之制。此與堯欽若昊天，舜在察璣衡，實同一轍。忝臣三次所進題本皆留中不出，禮科無所備照，禮部無所稽考，將使皇上敬天勤民之良法美意不得與堯舜並傳於後世，臣深惜之。是用述其始末，庶復君子見之或有所采以行于世，而不致泯没云。　謹按：璿璣玉衡乃欽天要旨，以珠玉爲圖，則千古獨創。文安公，郡人也。當時擬造奏請，惓惓以示後世，故載之郡志云。

明·沈堯中《沈氏學弢》卷三　《後漢志》載：張衡渾儀，赤道横帶天之腹，黄道斜帶其腹，去赤道表裏各二十四度。《晋志》載葛洪《渾天儀注》：赤道帶天之紘，黄道出入赤道極遠者，去赤道二十四度。《唐志》載一行黄道儀云：赤道帶天之中，以分列宿之度，黄道斜運以明日月之行。《五代司天考》載王朴曰：赤道者，天之紘帶也。其勢圜而平，紀宿度之常數焉。黄道者，日軌也。其半在赤道内，半在赤道外，去極二十四度。《漢志》曰：日近極故晷短，日遠極故晷長。

明·賀復徵《文章辨體彙選》卷五五二　是歲，立局改治新曆。先時太保劉公以大明曆自遼、金承用二百餘年，浸以後天，議欲修正而薨。至是江左既平，上思用其言，遂以公與贊善王公率南北日官，分掌測驗推步於下，而忠宣樞密二張公爲之主領裁奏於上，復共薦前中書左丞許公，能推明曆理，俾參預之。公首言：曆之本在於測驗，而測驗之器莫先儀表，今司天渾儀，宋皇祐中汴京所造，不與此處天度相符，比量南北二極，約差四度。表石年深，亦復欹側。公乃盡考其失，而移置之。既又别圖爽塏，以木爲重棚，創作簡儀、高表，用相比覆。又以爲天樞附極而動，昔人嘗展管望之，未得其的，作候極儀。極辰既位，天體斯正。作渾天象。象雖形似，莫適所用。作玲瓏儀。以表之矩方，測天之正圓，莫若以圓求圓，作仰儀。古有經緯，結而不動，公則易之。作立運儀。日有中道，月有九行，公則一之，作證理儀。表高景虚，罔象非真，作景符。月雖有明，察景則難，作闚几。曆法之驗，在于交會，作日月食儀。天有赤道，輪以當之，兩極低昂，標以指之，作星晷定時儀。以上凡十三等。又作正方案、丸表、懸正儀、座正儀凡四等，爲四方行測者所用。又作《仰規、覆矩圖》、《異方渾蓋圖》、《日出入永短圖》，凡五等，與上諸儀互相叅考。

又　大德二年起，靈臺水渾蓮渾天漏，大小機輪，凡二十有五，皆以刻木爲衝牙，轉相撥擊，上爲渾象，點畫周天星度，日月二環斜絡其上，象則隨天左旋，日月二環各依行度，退而右轉。公又嘗欲倣張平子爲地動儀，及候氣密室，事雖未就，莫不究極指歸，此儀象制度之學，其不可及者也。初公年十五六，得石本蓮花漏圖，已能盡究其理。及隨張忠宣公奉使大名，因大爲鼓鑄即今靈臺所用銅壺。又得尚書璇璣圖，規竹篾爲儀，積土爲臺，以望二十八宿，及諸大星，及夫見用觀其規畫之間便，測望之精切，巧智不能私其議，羣衆無以參其功。王太史剛克自用者也，每至公所覩其象制，未嘗不爲之心服。魯齋先生言論爲當代法，因語及公，以手加額曰：天佑我元，似此人世豈易得。嗚呼！其可謂度越千古矣。

明·劉鴻訓《四素山房集》卷八　自帝堯欽若昊天，敬授人時，命之羲氏、和氏，爰有曆象日、月、星辰之法。及帝舜受終文祖，未遑他政，惟首察璿璣玉衡，務七政是齊。斯非萬古治曆之鼻祖，與夫此璣衡者，果堯命羲、和已製之乎。抑宅暘谷，宅南交，宅昧谷，宅朔方者，僅察夫日之四極，而未及鑄爲儀象乎。註書者，未明言之，而解《舜典》者，但曰：璿，美珠也。以璿飾璣，象天體之轉運也。衡，横簫也。以玉爲管，横而設之，所以窺璣而齊七政之運行，猶今之渾天儀也。則璣衡久已失制，而渾儀得其意耳。今以渾儀考之，其軸轉紘界度窺之法，説者謂大都本之璣衡。虞夏以還，惟漢之鄭康成粗記其法。至洛下閎製圓儀，賈逵增之黄道，其詳不可考。其後張衡爲銅儀於密室中，以水轉之，所謂渾象，非古之璣衡也。孫吴時王蕃、陸績皆嘗爲儀及象，其説謂舊以二分爲一度，而患星辰稠穊，張衡改用四分，復推重難運，故蕃以三分爲度，周丈九寸五分寸之三，而赤黄道具焉。績説以天形如鳥卵小橢，而黄赤道短長，相害不能應法。至劉曜時，南陽孔氏製銅儀，有雙規，正距以象天，有横規，判儀之中以象地，有持規，斜絡天腹，以候赤道，南北植榦，以法二極，其中又爲游規、窺管。又晁崇、斛蘭嘗爲鐵儀，大略與孔氏相似，惟南北柱曲抱雙規，下有縱衡水平，以銀錯星度，小變舊法而不言黄道，疑稍失其傳乎。唐李淳風别爲圓儀三重，外六合，次三辰，次四游。僧一行以爲法似密而難用。梁令瓚更爲木游儀，稍附新意，詔與一行雜較得失，改鑄銅儀。古今稱其詳確矣。宋至道、皇祐間，凡一再鑄，總不出一行意。靖康之亂，儀象盡歸于金。元人襲用金舊而規環不協，郭守敬創爲簡儀、仰儀及諸儀表，其説謂昔人以管窺天，宿度餘分約爲太半少，未得其的，乃用二線推測於餘分，纖微皆可考。其法具載《元史》，而其儀表至今遵用之。

明・董斯張《廣博物志》卷一《天道上》　古人言形者有三，一曰渾天，二曰蓋天，三曰宣夜。蓋天，即《周髀》也。

渾天之作，由來尚矣。考之在天，信而有徵。舊説天地之體，狀如鷄卵，天包地外，猶殼之黄。渾天言其形體渾渾如也。周天三百六十五度五百八十九分度之百四十五。東西南北，展轉周規，半覆地上，半在地下，故二十八宿半見半隱，以儀准之，其見常一百八十三度有奇，是以知其半覆地上，半在地下也。黄赤二道，見與交錯，一間相去二十七度，以兩儀准之，俱三百六十五度。有赤道見者，常百八十二度半强。又南北考之，天見者亦一百八十二度半强，是天之體圓如彈丸，北極出地三十六度，是知南極入地亦三十六度，而兩相去百八十半强也。王蕃《渾天説》。

虞喜曰：宣，明也。夜，幽也。幽明之數，其術兼之，故云宣夜。《書正義》。

宣夜之書云：惟漢秘書郎郄萌記先師相傳云，天無質，仰而瞻之，高遠無極，眼瞀精絶，故蒼蒼然也。譬之旁望遠道之黄山而皆青，俯察千仞之深谷而窈黑。夫青非真色，而黑非有體也。日月衆生，自然浮生虚空之中，其行其止皆須氣焉。是以七曜或逝或住，或順或逆，伏見無常，進退不同由乎無所根繫，故各異也。《晉書》。

漢太初中，洛下黄閎、鮮于妄人、耿壽昌等造員儀，以考曆度。後至和帝時，賈逵繼作，又加黄道。至順帝時，張衡又制渾象，具内外規，南、北極，黄、赤道，列二十四氣，二十八宿，中外星官，及日月五緯，以漏水轉之於殿上室内，星中出没，與天相應。因其關戾，又轉瑞輪蓂莢於皆下，隨月虚盈，依曆開落。其後，陸績亦造渾象，至吴時中常侍廬江王蕃善數術，傳劉洪《乾象曆》，依其法而制渾儀。《晉書》。劉曜時，南陽孔定製銅儀，太史令晁崇、斛蘭嘗爲鐵儀。

楊子雲好天文，問之於黄閎，作渾天。老工曰：我少能作其事，但隨尺寸法度殊，不曉達其意，我稍稍益愈，到今七十，乃甫適知已，又老且死矣。今我兒子受學作之，亦當復年如我，乃曉知已。《桓子新論》。

吴有葛衡，字思真，明達天官，能爲機巧，作渾天，使地居於中，以機動之，天轉而地止，以上應晷度。《晉陽秋》。

成帝咸康中，會稽虞喜因宣夜之説，作《安天論》，以爲天高窮於無窮，地深測於不測。天確乎在上，有常安之形，地塊焉在下，有居静之體。當相覆冒。方則俱方，員則俱員，無方員不同之義也。其光曜布列，各自運行，猶江海之有潮汐，萬品之有行藏也。葛洪聞而譏之曰：苟辰宿不麗於天，天爲無用，便可言無，何必復云有之而不動乎？由此而談，稚川可謂知言之選也。虞喜族祖河間相聳，又立《穹天論》云：天形穹隆如鷄子，幕其際周接四海之表，浮於元氣之上。譬如覆奩以抑水而不没者，氣充其中故也。日繞辰極，没西而還東，不出入地中。天之有極，猶蓋之有斗也。天北下於地三十度，極不傾在地卯酉之北亦三十度。人在卯酉之南十餘萬里，故斗極之下，不爲地中，當對天上卯酉之位耳。日行黄道繞極。極北去黄道百一十五度，南去黄道六十七度，二至之所舍，以爲長短也。吴太常姚信，造《昕天論》云：人爲靈蟲，形最似天。今人頤前多臨胸，而項不能覆背。近取諸身，故知天之體，南低入地，北則偏高。又冬至極低，而天運近南，故日去人遠，而斗去人近，北天氣至，故冰寒也。夏至極起，而天運近北，而斗去人遠，日去人近，南天氣至，故蒸熱也。極之立時，日行地中淺，故夜短；天去地高，故晝長也。極之低時，日行地中深，故夜長；天去地下淺，故書短也。自虞喜、虞聳、姚信，皆好奇徇異之説，非極數談天者也。《晉書》。

明·嚴衍《資治通鑒補》卷一一八《晉紀三十八》　裕收秦彝器渾儀、土圭、記里鼓、指南車，送詣建康。《左傳》祝佗曰：成王分魯公以官司彝器。杜預註：彝器常用之器。漢武帝時洛下閎、鮮于妄人、耿壽昌造員儀，以考曆度，和帝時，賈逵又加黄道。順帝時，張衡又制渾象，具内外規、黄赤道、南北極，列二十四氣、二十八宿、中外星官及日、月、五緯，以漏水轉之於殿上室内，星中出没，與天相應。其後，吴陸績造渾象，王蕃制渾儀。舊渾象以二分爲一度，凡周七尺三寸半分，張衡專制以四分爲一度，凡周一丈四尺六寸。王蕃以古制局小，星辰稠概，餉器傷大，難可轉移，更制渾象，以三分爲一度，凡周天一丈九寸五分分之三。《周禮·大司徒》以土圭之法測土深，正日景，以求地中。日南則景短，多暑；日北則景長多寒，日東則景夕多風，日西則景朝多陰，日至之景，尺有五寸，謂之地中。

明·嚴衍《資治通鑒補》卷一九四《唐紀十》　上言舜在璿璣玉衡，以齊七政，則渾天儀也。《周禮》土圭正日景以求地中，有以見曰：行黄道之驗也，暨於周末，此器乃亡。漢洛下閎作渾儀，其後賈逵、張衡亦有之，而推驗七曜並循赤道。按冬至極南，夏至極北，而赤道常定於中，國無南北之異。蓋渾儀無黄道久矣。上異其説，因詔令爲之。癸巳，黄道儀成，奏上之。其儀表禮三重，下據準基，狀如十字，末樹鼇足，以張四表。一曰六合儀，有天經雙規、金渾緯規、金常規，相結於四極之内。列二十八宿、十日、十二辰，經緯三百六十五度。二曰三辰儀，圓徑八尺，有璿璣規、月游規，列宿距度，七曜所行，轉於六合之内。三曰四游儀，圓樞爲軸，以連結玉衡游筩而貫約矩規。又元樞北樹北辰，南矩地軸，傍轉於内。玉衡在元樞之間而南北游，仰以觀天之辰宿，下以識器之晷度，皆用銅爲之。

明·孫瑴《古微書》卷二　在璇璣玉衡，以齊七政。璿璣未中而星中是急，急則日過其度，月不及其宿；璿璣中而星未中是舒，舒則日不及其度，夜月過其宿；璿璣中而星中是周，周則風雨時，則草木蕃盛，而百穀熟，萬事康也。

按：羅苹《路史》注：堯曆象立其數，舜璣衡立其器。璿生於淵，月魄終焉，陰精之純也。玉生於山，虹氣藏焉，陽精之純也。璣運於上，以璿爲之衡，望乎下，以玉爲之，取則乎陰陽之運也。堯正經星，舜齊緯星，所以相濟，器出於人，故占之以齊七政，於上數出於天，故推之以授人時於下。

《唐志》：貞觀初，李淳風上言：漢落下閎作渾儀，其後賈逵、張衡等亦各有之，而推驗七曜，並循赤道。按冬至極南，夏至極北，而赤道常定於中，國無南北之異，蓋渾儀無黄道久矣。太宗異其説，因詔爲之。至七年，儀成。表裏三重，下據準基，狀如十字，末樹鼇足，以張四表。一曰六合儀，二曰三辰儀，三曰四游儀。開元九年，詔僧一行與梁令瓚等更鑄渾天銅儀，圓天之象，具列宿赤道及周天度數。注水激輪，令其自轉，一晝夜而天運周。外絡二輪，綴以日月，令得運行，每天西旋一周，日東行一度，月行十三度十九分度之七，二十九轉有餘而日月會，三百六十五轉而日周天。以木櫃爲地平，令儀半在地下，晦明朔望遲速有準。立木人二於地平上，其一前置鼓以候刻，至一刻則自擊之；其一前置鍾以候辰，亦自撞之，皆於櫃中，各施輪軸，鈎鍵關鏁，交錯相持。其黄道游儀，以古尺四分爲度。旋樞雙環，表裏畫周天度。其一面加之銀釘，使東西運轉。玉衡望筩，孔徑六分。衡旋於軸中，用窺列宿。陽經雙環置於子午，左右用八柱，亦畫周天度，半出地上。陰緯單環與陽經相銜，平上爲兩界，内外爲周天百刻。天頂單環，直中國人頂之上，東西當卯酉之中，稍南使見日出入，令與經緯相固。如鳥殼之裹黄。赤道單環，當天之中二十八宿位也。雙規運動，度穿一穴，傍在卯酉之南，上去天頂三十六度，而横置之。黄道單環，設於赤道環内，仍開合使運轉，東西列周天度數，南北列百刻，可使見日知時。白道月環，設於黄道環内，使就黄道爲交合，以測每夜月離。游儀，四柱爲龍，龍下有山、雲，俱在水平槽上，皆用銅。至元，太史郭守敬乃創爲簡儀、仰儀及圭表，景符、正方案、大明殿燈漏，皆古人所未及者。又勝國四海測景之所，凡二十有七，東極高麗，西至滇池，南踰朱崖，北盡鐵勒，亦古人所未又爲者也。又所傳西域儀象亦多與古渾天合。

明·孔貞時《在魯齋文集》卷三　璇璣玉衡以齊七政考館試

古未有不明於天道，而可以治人者。天有不齊之運，而人無一定之法，不能隨時窺測，即已試之成迹，亦不能百年無所紕繆，況萬世無弊乎？粤自黄帝受河圖，見日、月、星辰之象，始有星官之書。逮唐堯首政，即命羲、和欽若天象，以授人時。虞舜攝位，首察璣衡，齊七政。璣衡之制，何昉乎日、月、五星，寔司天政，天不可見，所可見者，七政所次之度，而欲其便於窺測，於是摹之爲器。其制起高辛氏，而察之自虞舜。璇爲璣而用以轉動，玉爲管而横置其中，以定天體，齊七曜。傳之三代，夏有昆吾，商有巫咸，周有馮相氏、保章氏，與羲、和之所司一也。秦火以後，其法蕩然。漢唐以來，其法漸密。漢之時，宣夜有其名，而無其傳。《周髀》有其説，而無其驗。《周髀》即蓋天之説也。洛下閎始製渾儀，鮮於妄人又量度之，耿壽昌鑄而爲之象，轉而望之，可知日、月、星辰之所在。東漢張衡鑄渾儀，以八尺員體，具天地之象，内外二規，南北二極，黄赤二道，悉轉之以漏水。唐李淳風爲三重儀，外曰六合，内曰三辰，最内曰四游。梁令瓚因之，以木爲游儀，詔與一行褉較，改鑄銅儀。當時稱李淳風推較精密，悉本黄道。一行復益以黄道儀，於盈縮遲速頗詳，要以測晷觀象而得，其自言曰：曆氣始於冬至，稽其實取諸晷象也。宋張思訓之渾儀，地輪、地足，象亦不同，無非一行遺制。韓顯符則又踵淳風，而爲游規、直規之分。靖康之亂，儀象盡歸於金，元人襲之，而規環不協，難復施用。世祖至元時，郭守敬以爲未嘗測驗於天，創爲仰儀、簡儀，及方案、闚几、圭景、表符諸儀，一以窺測爲主，宿度餘分更以一線測之，無不可考。又四方測景之所，凡二十有七，分道考驗，所編彖曆法，酌取中數，以察七政，視古加密，《元史》具載之，而儀表至今爲用，無不與璣衡合符者。然則璣衡所從來矣，七政之虧盈遲速，莫不有一定之度。有虞去堯未遠，羲、和氏之所掌，何至與七政相謬，而必察而齊之，爲兢兢哉。夫天行至健，周三百六十五度四分度之一，凡晝夜而一周。七政者，日、月、五星，麗乎天而隨之左旋者也。日不及一度，月不及十三度，日有中道。中者，黄道也。月有九行，青、赤、白、黑之道各二，而以時出入者，出入黄道左右也。日月相推歲，凡十二會。方會則月無光而爲晦，已會則月光復蘇而爲朔。其合朔也，近一而遠三，則月斜倚而爲上下弦；其望也，極遠而相對，則月光正滿而爲望。晦朔而日月之合，東西同道，南北同度，則月掩日，而日似爲食。望夕而日月之對，不同道而同度，則月亢日，而日似爲食。日至角牛，月行青赤，則爲春，爲夏，日至婁井，月行白黑，則爲秋，爲冬。嵩高爲天中，中元樞紐不動之處爲極，日之長短，以去北極之遠近爲度。日道發南，去極百一十五度，去彌遠，景彌長，冬乃至焉。二至之中道齊景正，去極各九十一度，春秋乃分焉。日月之光，聚而爲星，金水附日一歲，而周天火二歲，而周天木十二歲，而周天土二十八歲，而周天則又五星所次之遲速也，大率天與七政，其物皆動，宜隨時測，不宜執法。齊天而可以法，齊則天不圓，不能動，其行亦不健，何至過所行之度，上歲之冬至，去下歲冬至，天道一周而有餘，日道一周，視天爲不足六十餘年之間，冬至所值天率差一度。天運常舒，日度常縮，天漸差而西，歲漸差而東，是之謂歲差。往者，晉虞喜立差法，以追其變，謂五十年退一度。何承天以百年，虞劇以百八十六年，一行以八十三年，差數不一，然不能不差也。其理固然無足異者，洛下閎作曆時，言每百年後，當差一日。何承天以所差之分數，分於所曆之年，欲歲視其所差者，幾分而差卒未定。邵堯夫於日用交感之際，以陰陽虧盈求之，遂不差。吁，七政齊之之故可思矣。何也？其行之不齊，則有差，其行之差處，亦是常度。度在天，而爲之璣衡則度在器。説者曰：四分度之一，其分餘者，上古未有也。《堯典》曰：朞三百有六旬有六日，皆悉舉成數，未及分秒，非不及分秒也。其分秒在據器驗跡，隨時推測，以省改定曆耳。如據四分之法，則歲累積之爲章蔀，爲紀元，積至四千六百一十七年六甲，會無餘分，以復其初。如以隨時推測合之，即億萬年猶有餘分也。其積筭者，果卒定乎哉？四方異地，四仲異時，守敬所謂司天儀，本宋皇祐中，汴京所造，而測於太都，其極固差四度。日景冬夏於地亦自不同，即如日食，舊稱南北千里差一分，東西千里差半刻，則燕朔閩廣地差，亦自可知，故天之運，三十年小變，百年中變，五百年大變。堯時日短星昴，冬至日虛。夏商在女，周在牛，漢至宋在斗，元在箕，今積大明，至箕三四度矣。九州特天之一處耳。分野可以視中國之天，而不可盡大圓之像。即如璣衡之在唐時，堯用以觀天，南至南交，北幽都，東嵎夷，西昧谷，亦卒不可考。漢唐以來，曆數諸名家，穿鑿附會者不乏，必皆據器驗跡。一行之測晷、觀象，何嘗專用《大衍》，而守敬之一意推測，分道察景，豈非察璣衡遺意而識其自然之差數乎哉。説者又曰：日無差也，天過之月不及，而日之起於子，會於子，無改於故也。夫氣盈朔虛，即不係於日，而不得不據日之所行以成歲功。則天之差，皆日纏之差，日纏一差，歲功皆差，又不得不從日度推之上下數千年。歷唐虞夏商以迄今，何以知昔虛而今箕。夫非驗日者，驗之於此乎，故日之所行，在天成度，在日成曆。日月行四海之外，而人處九州之中，必定身所在之處，以察璣衡，測圭景，先正日度之失，而後可課可緯之差，非真能正日度，使不差也。去其積年、積月、積日，推筭之説，隨時窺測遞變之，以求協於天行，即謂之不失矣。當時虞舜，以一轂當圓天，以寸管收衆象，而必察而齊之者。若曰：璣即能轉，轉者，亦定體耳。惟管能窺，惟察可齊天之高也。星辰之遠也，求其故，而非泥其故。後世不知天之心，不能以我之心，合天之心，又不能以我之心，合堯舜齊七政之心。即璇璣玉衡至今在，何益於敬天勤民之數，而當時洛下閎、李淳風諸君子，何如人必非星官家之僅襲名號者。噫！術不違，天政不失時，必如班固所稱，明經之儒，而後兩于。爰作《璣衡七政考》。

清·孫承澤《元朝典故編年考》卷四 初，劉秉忠以《大明曆》自遼、金承用二百餘年，寖以缺失，議欲修正而卒。十三年，江左既平，帝思用其言。遂以守敬與王恂，率南北日官，分掌測驗推步於下，而命宰相王文謙與樞密張易爲之主領，裁奏於上，左丞許衡參預其事。守敬首言：曆之本在於測驗，而測驗之器，莫先儀表。今司天渾儀，宋皇祐中汴京所造，不與此處天度相符。比量南北二極，約差四度。表石年深，亦復欹側。守敬乃盡考其失，而移置之。既又别圖高爽地，以木爲重棚，創作簡儀、高表，用相比覆。又以爲天樞附極而動，昔人常展管望之，未得其的，作候極儀。極辰既位，天體斯正，作渾天象。象雖形似，莫適所用。作玲瓏儀。以表之短方，測天之正圜，莫若以圜求圜，作仰儀。古有經緯，結而不動。守敬易之，作立運儀。日有中道，月有九行，守敬一之，作證理儀。表高景虚，罔象非真作景符。月雖有明，察景則難，作闚几。曆法之驗在於交會，作日月食儀。天有赤道，輪以當之，兩極低昂，標以指之，作星晷定時儀。又作正方案、丸表、懸正儀、座正儀，爲四方行測者所用。又作《仰規覆矩圖》、《異方渾蓋圖》、《日出入永短圖》，與上諸儀互相參攷。十六年，改局爲太史院，以恂爲太史令，守敬爲同知太史院事。給印章，立官府，及奏進儀表式。守敬當帝前，指陳理數，至於日宴，帝不爲倦。守敬因奏唐一行開元間令南宫説天下測景，書中見者，凡十三處。今疆宇比唐尤大，若不遠方測驗，日月交食分數時刻不同，晝夜長短不同，日月星辰去天高下不同，即目測驗。人少可先南北立表，取直測景。帝可其奏。遂設監候官一十四員，分道而出，東至高麗，西極滇池，南踰朱崖，北盡鐵勒，四海測驗，凡二十九所。十七年，新曆告成。

清·孫承澤《春明夢餘録》卷五八　古今善治曆者三家，一曰漢《太初曆》，以鍾律起；二曰唐《大衍曆》，以蓍策起；三曰元《授時曆》，以晷影測就日影，測之毫忽微眇，不可得而遁者。《元史》所謂：自古及今，推驗之精，蓋未有出於此。

曆至《授時》，雖聖人復起，不能易也。當元之初，仍用金曆，世祖欲釐正之，命王恂、楊恭懿、郭守敬領其事。恂等言：曆家知曆數，而不知曆理，願得通天道、精曆理大臣如許衡者摠之，於是命衡領太史院。當是時，守敬言：司天莫大於測景，古今曆，以唐一行所造《大衍》爲稱首，則以唐開元間，令南宫説行天下測景，所歷地最廣也。今國家一統疆宇，比唐尤廣袤。宜遣使者，四往測景，成一代之制。而測驗莫先於儀表，今司天儀，本宋皇祐中於汴京所造，與大都天規環不協，比量南北極，差四度有奇。又表石年深，欹側難遵用，請别創儀表，相比覈，宜可精求。於是創簡儀、仰儀，及諸儀，各臻其精妙。以爲天樞附極而動，昔人嘗展管候之宿度餘分，終未得其的，用二線測餘分，纖微可考，作候極儀。極辰既位，天體斯正，作渾天儀。儀象形似，莫適於用，作玲瓏儀。以表之矩方，測天之正圓，欲合也實難，法當以圓求圓，作仰觀儀。古有經緯儀，相連絡而不動。作新儀。東西運轉，南北低昂，而七政列舍，中外宫去極度分燦然，作立運儀。日有中道，月有九行，用爲測驗，其致一也。作證理儀。表高景虚，罔象非真，作景符。月雖有明，測景則難，作闚几。曆法之驗，在於交會，作日月食儀。天有赤道，輪以當之，兩極低昂，標以指之，作星晷定時儀。諸皆創以意爲之。又作《仰規覆矩圖》、《異方渾蓋圖》、《日出入永短圖》，與諸儀互參驗而彌精，於是設監候官十四人，分道行測景，東至高句驪，西極滇池，南踰朱崖，北盡鐵勒，凡二十七所，而守敬作懸正儀，令行四方，測景者用之，仰察躔離，近取晷景，微入刻秒，遠周寰海，徧參曆法，酌稽中数，蓋五年而曆成。

清·孫承澤《春明夢餘録》卷五九　馬融有言：上天之理，不可測知。天之事者，惟有璇衡一事，則求夫得天之實者，惟渾天儀近之矣。蓋璇衡之制起於高辛氏，而虞舜察之。以璿爲璣，而用以轉動，是之謂璣。以玉爲管，而横置其中，是之謂衡。璣以定天體，衡以齊七曜，即今之所謂渾天儀也。是故黄帝得之，曆起辛卯；顓帝得之，曆起乙卯。曆之所作，非渾天不可也。青道二出黄道東，朱道二出黄道南，道之所出，非渾天不可也。錢藻則以朱、黑、白而别三家星，葛衡則以青、白、黄而别三家星，以考星宿，非渾天不可也。自軫十二度至氐四度，則知爲壽星；自氐五度至尾九度，則知爲大火，而其餘莫不皆然，是考躔度，非渾天不可也。秦火之後，其法蕩然，漢洛下閎始經營之，鮮于妄人又度量之，至耿壽昌始鑄而爲之象，轉而望之，以知日、月、星辰之所在也。唐李淳風因之而爲三重儀，在外曰六合，其内曰三辰，其最内曰四游。而一行復益之以黄道儀焉，其爲論亦密矣。靖康之亂，儀象歸于金，元人襲之，而規環不協，難復施用，於是郭守敬乃創爲簡儀、仰儀及諸儀表，其説以爲昔人以管窺天，宿度餘分，未得其的，乃用二線推測于餘分，纖微皆有可攷。又當時四方測景之所，凡二十有七，東極高麗，西極滇池，南踰朱崖，北盡鐵勒，古人所未爲者，其法俱載《元史》，而儀表至今用之，豈天啓文明之治而預生是人以創爲一代之器乎。【略】

按璣衡之象，或謂起於伏羲，或謂作於帝嚳，或云乃羲、和舊制，非舜創爲也。馬融謂上天之體，不可測知，天之事者，惟有璣衡一事而已。璣衡即今渾天儀也。王蕃之論亦謂，儀之制，置天梁地平，以定天體，爲四游，以綴赤道者，此謂璣也；置望筩横、簫於儀中，以窺七曜之行，而知其躔離之次者，此謂衡也。若六合儀、三辰儀、四游儀，並列爲三重者，李淳風所作，而黄道儀者，一行所增也。始張衡祖洛下閎、耿壽昌之法，别爲渾象，置輪密室，以漏水轉之，以合璇璣所加星度，則渾象本别爲一器。唐李淳風、梁令瓚祖之，始與渾儀並用，宋沈括所上渾天儀，載在《宋史》者，其爲論精密，有志於復古，儀象者可考也。【略】

附記

郭守敬，字若思，順德邢臺人，中統三年，以薦賜見上都大喜授都水監工部郎中。先是，太保劉秉忠以《大明曆》自遼金，承用二百餘年，浸以後天，議欲修正而夢。至是江左既平，上思用其言，遂以公與贊善王公率南北日官，分掌測驗推步於下，而忠宣樞密二張公爲之主領裁奏於上，復共薦前中書左丞許公，能推明曆理，俾參預之。公首言，曆之本在於測驗，而測驗之器莫先儀表，今司天渾儀，宋皇祐中汴京所造，不與此處天度相符，比量南北二極，約差四度。表石年深，亦復欹側。公乃盡考其失，而移置之。既又别圖爽塏，以木爲重棚，創作簡儀、高表，用相比覈。又以爲天樞附極而動，昔人嘗展管望之，未得其的，作候極儀。極辰既位，天體斯正，作渾天象。象雖形似，莫適所用，作玲瓏儀。以表之矩方，測天之正圜，欲合也實難。法當以圓求圓，作仰儀。古有經緯，結而不動，公則易之，作立運儀。日有中道，月有九行，公則一之，作證理儀。表高景虚，罔象非真，作景符。月雖有明，察景則難，作闚几。曆法之驗在於交會，作日月食儀。天有赤道，輪以當之，兩極低昂，標以指之，作星晷定時儀。以上凡十三等。又作正方案、丸表、懸正儀、座正儀凡四等，爲四方行測者所用。又作《仰規覆矩圖》、《異方渾蓋圖》、《日出入永短圖》凡五等，與上諸儀互相參攷。

清・屈大均《廣東文選》卷二一　參差不齊，故聖人亦不容不齊。其不齊者，以爲齊。璇璣玉衡者，聖人所以齊之之器也。制所從來尚矣。或謂起于伏羲，或謂作于帝嚳，或謂羲、和舊器，世遠不可考。然在黄帝時，考定星曆，建立五官；顓頊之世，南正黎司天，北正黎司地；帝堯乃命羲、和，欽若昊天，敬授人時，則前此窺天，豈盡無器。舜或即其舊，而新之乎。中筩爲璇璣，外窺爲玉衡，其制法不可詳，而後世馬融、王蕃謂即洛下閎所作渾儀之制。置天梁地平以定天體，爲四游儀以綴赤道，爲璣。置望筩横簫於游儀中，以窺七曜之行，而知其纏離之次，爲衡。即未必其盡符，而大制意不相遠也。三代夏有昆吾，商有巫賢甘石，周禮有馮相氏、保章氏，其職代備，不聞器有更制。周秦之間，閏餘、乖次，嗣是以後遂失其傳，而於是始有所謂洛下閎之渾儀，耿壽昌鑄銅爲象，張衡鑄渾天儀，總敘星經，謂之《靈憲》，乃又别爲渾象，大約祖洛下閎、耿壽昌之法，置諸密室，轉以漏水。唐李淳風、梁令瓚又祖之，始與渾儀竝用。他如王蕃、陸績之爲儀及象，南陽孔定之爲銅儀，晁崇、斛蘭之爲鐵儀，僧一行之覆古圖，王樸之曆晷，韓顯符之銅候儀，沈括、蘇頌等之儀象、浮漏，亦俱竝極精巧，代各有人，人各有器。此豈樂於師心更制哉，蓋其一時之制，未嘗不善，不更之法，故歲差之法，或百年或數十年，今歷二百餘年不改。

清・黄宗羲《明文海》卷四一五《傳二十九》　詔守敬與恂率南北日官，分掌測驗，而文謙，易領其事，前中書左丞許衡亦叅領焉。守敬乃言：曆之本在于測驗，而測驗之器莫先于儀表。今司天渾儀宋皇祐中汴京所造，與此處天度不符。比量南北二極，差約四度。表石年深，亦復欹側，宜盡攷其失更置之。又擇高塏之所，造木爲重棚，創簡儀、高表，用相比覆。又以爲天樞附極而動，昔人嘗展管望之，未得其的，作候極儀。極辰既得，天體斯正，作渾天象。象雖形似，莫適所用，作仰儀。以表之矩方，測天之正圓，莫若以圓求圓，作仰儀。古有經緯，結而不動，易之，作立運儀。日有中道，月有九行，合而作證理儀。表高景虚，其象非真，作景符。月雖有明，測景則難，作闚几。凡曆法之驗在于交會，作日食月食儀。天有赤道，輪以當之，兩極低昂，標以指之，作星晷定時儀。其器凡十有三。又作正方案、丸表、懸正儀凡四等，爲四方行測者所用。又作《仰規覆矩圖》、《異方渾蓋圖》、《月出入永短圖》凡五等，與上諸儀互相叅攷。【略】又起靈臺水渾運渾天漏，大小機輪二十有五，皆刻木爲衝牙，轉相撥擊，上爲渾象，點畫周天星度，日月二環斜絡其上，象則如天左旋，環則各依行度，退而右轉。又欲依張平子爲地動儀，及候氣密室，皆究極其妙，而未就也。王恂以學自負者也，每詣守敬見其匠制，輒深嘆服之。許衡學爲世師，語及守敬則以手加額曰：天祐我元，故生斯人也。延祐三年卒，年八十六。

清・張英等《淵鑒類函》卷三六九《儀飾部三》　渾儀一

增：《説文》曰：渾者，制器儀也。《渾儀》曰：天如雞子，地爲中黄，居於天内，天大地小，表裏有水，天地各乘氣而立，載水而浮，日月星辰統地下，故二十八宿半見半隱，天轉如車轂之狀。賀道養《渾天記》曰：昔記天體者有三：

渾儀莫知其始，《書》以齊七政，蓋渾體也。二曰宣夜，夏殷法也。三曰周髀，當是周髀之所造，非周家之術也。近世復有四術：一曰方天，興於王充；二曰昕天，起於姚信；三曰窮天，由於虞喜。皆以臆斷浮說，不足觀也。惟渾天之事，徵驗不疑。王略《略例》曰：據璿璣以觀天運，則天地之動未足怪也。原：《春秋潛潭巴》曰：璇璣者，轉舒天心；玉衡者，平氣立常也。

渾儀二

增：《劉氏曆正問》曰：說云顓頊造渾儀，黃帝爲蓋天，皆以天象蓋也。原：《益部耆舊傳》曰：漢洛下閎，明曉天文，於地中轉渾天，以定時節。增：《後漢・張衡傳》曰：張衡造候風地動儀，以精銅鑄之，圓徑八尺，蓋合隆起，形如酒罇。中有都柱，傍行八道，施關發機。外八龍首，各銜銅丸，下有蟾蜍，張口承之。其牙機巧製，皆隱在罇中。如有地震，則罇動機發，龍吐丸而蟾蜍銜之。一龍發機，而七首不動，尋其方向，乃知震動之所在。曾一龍發機，而地不動，咸怪其無徵，數日驛至，果地動隴西，於是皆服其神妙。《春秋文曜鈎》曰：唐堯即位，羲和立渾儀。此則儀象之設，其來遠矣。暨漢太初洛下閎、鮮于妄人、耿壽昌等造圓儀，以考曆度；後至和帝時，賈逵又加黃道；至順帝時，張衡又制渾象，具内外規、南北極、黃赤道，列二十四氣、二十八宿中外星宫及日月五緯，以漏水轉之，星中出没與天相應，又轉瑞輪蓂莢於階下，隨月盈虚，依曆開落。其後陸績亦造渾象；至吳時，王蕃傳劉洪《乾象曆》，依其法而制渾儀。原：《晉陽秋》曰：吳葛衡，字思真，作渾天儀，使居地中，以璇轉之，上應晷度。增：《晉・天文志》曰：古言天者三家：一曰蓋天，二曰宣夜，三曰渾天。蔡邕言：宣夜之學，絕無師法。《周髀》術數具存，考驗天文，多所違失。惟渾天近得其情，今候臺所用銅儀則其法也。八尺圓體而具天地之形，以正黃道，以行日月，以步五緯，精微深妙，百代不易之道也。蔡邕所謂周髀者，即蓋天之說也。宣夜之書，惟漢郗萌記先師相傳云。《通鑑》曰：宋高祖克長安，得古銅渾儀。詔太史令錢樂之更鑄渾儀，徑六尺八分，以水轉之，昏明中星與天相應。《梁書》曰：陶弘景嘗造渾天象，高三尺許，地居中央，天轉而地不動，以機動之，悉與天相會。又曰：虞僧誕，會稽餘姚人，以左氏教授，聽者亦數百人。該通義例，當世莫及。先是儒者論天，執渾蓋二義，論蓋不合渾，論渾不合蓋，僧誕立義，以渾蓋爲一焉。《隋天文志》曰：運轉者爲璣，持平者爲衡，璇璣中而星未中爲急，急則日過其度，月不及其宿；璇璣未中而星中爲舒，舒則日不及其度，月過其宿；璇璣中而星中爲調，調則風雨時。又曰：耿詢見其故人，高智寶以元象直，太史詢從之，受天文筭術，詢創意造渾天儀，不假人力，以水轉之，施於闇室中，外候天時，合如符契。《舊唐書》曰：貞觀七年，李淳風造候儀，成其制，以銅爲之，表裏三重，下據準基，狀如十字，末樹鼇足，以張四表焉。第一名曰六合儀，第二名三辰儀，第三名四遊儀。又曰：將軍李守忠奏三殿上所安置運天儀銅鼎上津流。《唐天文志》曰：玄宗詔一行與梁令瓚等更鑄渾天銅儀，圓天之象，具列宿赤道及周天度數，注水激輪，令其自轉，一晝夜而天運周，銅鐵漸澀，藏集賢院。《通鑑》曰：張説鑄銅爲儀，圓以象天，具列宿赤道周天度數，注水激輪，令其自運，一日一夜天轉一周；又別立二周輅絡在天外，綴以日月，令得運行，每轉一匝，日行一度，月行十三度十九分度之七，凡二十九轉有餘，而日月會，三百六十五轉而行匝。仍置木櫃以爲地平，令儀半在地上，半在地下，又立二木人，每刻擊鼓，每刻撞鐘，機械皆藏櫃中。《宋會要》曰：張思訓所作渾儀，起爲樓閣之狀數層，高丈餘，以木偶人爲七直神，摇鈴、撞鐘、擊鼓，及十二神自持時牌，循環而出，并著日月星象，皆須仰視，其機轉之用，俱隱樓中。觀其著作，頗有開元遺象。《小學紺珠》曰：宋四渾儀：至道儀在刻漏所，皇祐儀在天文院，熙寧儀在太史局，元祐儀在合臺。又曰：至道元年，韓顯符《渾儀九事》曰：天經、雙規、游規、直舉規、管平準輪、赤道環、黃道環、龍柱、水臬。《續文獻通考》曰：宋理宗端平三年七月，詔出封椿庫千緡下秘書省修渾儀、刻漏，從太史局之請也。又曰：元興定鼎於燕，其初襲用金舊，而規環不協，難復施用。於是太史郭守敬出其所創簡儀、仰儀及諸儀表，皆臻精妙，卓見絕識，蓋有古人所未及者。又曰：世祖至元四年，扎瑪裏鼎造西域儀象，名察克鄂多哈喇齊，漢言渾天儀也。其制以銅爲之，平設單環，刻周天度，畫十二辰位，以準地面，側立雙環，而結於平環之子午，半入地下，以分天度；内第二雙環亦刻周天度，而參差相交，以結於側雙環，去地平三十六度，以爲南北極，可以旋轉，以象天運，爲日行之道；内第三、第四環皆結於第二環，又去南北極二十四度，亦可以運轉。凡可運三環各對綴銅方釘，皆有竅，以代衡簫之仰窺焉。《元名臣事略》曰：太史郭公守敬言：曆之本在於測驗，而測驗之器莫先儀表。今司天渾儀，宋皇祐中汴京所造，不與此處天度相符，比量南北二極，約差四度；表石年深，亦復欹側。乃盡考其失而移置之。既又列圖爽塏，以木爲重棚，創作簡儀、高表，用相比覆。又以爲天樞附極而動，昔人嘗展管窺之，未得其的，作候極儀。極辰既位，天體斯正，作渾天象。象雖形似，莫適所用，作玲瓏儀。以表之矩方，測天之正圜，莫若以圜求圜，作仰儀。古有經緯結而不動，公則易之，作立運儀。日有中道，月有九行，公則一之，作證理儀。表高景虚，罔象非真，作景符儀。月雖有明，察景則難，作闚几儀。曆法之驗，在於交會，作日月食儀。天有赤道，輪以當之，兩極低昂，標以指之，作星晷定時儀。以上凡十三等。又作正方案、圭表、懸正儀、座正儀，凡四等，爲四方行測者所用。又作仰規覆矩圖、異方渾蓋圖、日出入永短圖，凡五等，與上諸儀互相參考。增：《元文類》曰：舊儀既多蔽礙，且距齒但有度刻而無細分，以管望星，漸外則所見漸展，尤難取的。郭公所爲儀，但用天常赤道，四游三環，三距設四游於赤道之上，與相套在内，同附直距於四游之外，與雙環兩間，同結線距端。凡測日月星，則以兩線相望，劈取其正中所當之刻之度之分之杪之數。舊表公尺謂夏至之景，尺有五寸，千里而差一寸。唐一行已嘗駁議之。所爲表五倍其舊，懸施横梁，每至日中，以竅夾測横梁之景，折取中數，與舊表殊。《草木子》曰：元立簡儀，爲圜室一間，平置地盤二十四位於其下，屋背中間開一圜竅，以漏日光，可以不出户而知天運。前代立八尺之表，以量日景，故表短而晷影短，尺寸易以差。元立四丈之表，於二丈折中開竅，以量日景，故表長而晷影長，尺寸縱有毫杪之差，則少矣！𤫊瓏儀，鏤星象於其體，就腹中仰以觀之，此出色目人之制也。《續文獻通考》曰：明太祖洪武二十九年丙子，鑄渾天儀，成。又曰：英宗正統四年己未，造渾天、璇璣玉衡、簡儀。十一年丙寅，令簡儀、九道、圭表、壺漏并準南京，作晷影堂，以便窺測調品。又曰：景泰六年乙亥，造簡儀、銅壺。《明孝宗實録》曰：先是，欽天監監正吴昊請改造觀象臺原製渾儀及修改簡儀，禮部請令監正張紳議之。紳謂：原製渾儀時，未經校勘，黄赤二道相交於圭軫，不合今之四正陽經，故南北圓軸不合兩極出入地度陰緯，而東西闚管又不與太陽出没相當。是以推驗無準，從前不用。簡儀雖用以測驗，然當時鑄造雲柱頗短小，亦稍不合天樞，故推測經星去極亦有差謬。今改造渾儀，宜以赤黄二道改交於壁軫，則與今之四正陽經相合，而圓軸闚管亦無不相合相當者。簡儀雲柱則比舊少加高大，足矣！禮部復請令紳等呈本樣。樣成，禮部請如昊等所奏，從之。《春明夢餘録》曰：觀象臺在城東南隅，臺上有渾天儀，鑄銅爲器，四柱以銅龍架而懸之；又有簡儀，狀相似而省十之七，止周圍數道而已，玉衡亦以銅爲之，如尺而首尾皆曲，有二孔，對孔直闚，以候中星；又有銅毬，左右轉旋，以象天體，以方函盛之，函四周作二十八宿真形，南面有正統御製銘。《野獲編》曰：京師巽隅逼城觀象臺之巔有渾天儀。予按此必故元舊物。按宋沈括云：司天監銅渾儀，景德中韓顯符所造，依劉曜時、孔挺、晁宗、解蘭之法；天文院渾儀，皇祐中舒易簡所造，用唐梁令瓚、僧一行法；至熙寧括監太史局受詔，改造渾儀，置之天文院，而移天文院舊銅儀於朝服法物庫。蓋宋世渾儀有三，金人入汴，諸法物俱北去。此固蒙古得之完顔者耳！至正統而重修則有之，且銘有昔作今述之句，知非刱矣。

清・王棠《燕在閣知新録》卷五　渾天儀

朱文公曰：渾天儀，古必有其法，遭秦而滅。至漢武帝時，洛下閎始經營之，鮮于妄人又量度之。至宣帝時，耿壽昌始鑄銅而爲之象。宋錢樂又鑄銅作渾天儀，衡長八尺，孔徑一寸，璣徑八尺，圓周二丈五尺强，轉而望之，以知日月星辰之所在，即璿璣玉衡之遺法也。歷代以來，其法漸密。宋朝因之，爲儀三重。其在外曰六合儀，平置黑單環，上刻十二辰、八干、四隅在地之位，以準地面而定四方；側立黑雙環，背刻去極度數以中分天脊，直跨地上，使其半入地下，而結於其子午，以爲天經；斜倚赤單環，背刻赤道度數，以平分天腹，横繞天經，亦使半出地上，半入地下，而結於其卯酉，以爲天緯；三環表裏相結，不動其天經之環，則南北二極皆爲圓軸，虚中而内向，以挈三辰四游之環。以其上下四方於是可考，故曰六合。次其内曰三辰儀，側立黑雙環，亦刻去極度數，外貫天經之軸，内挈黄、赤二道：其赤道則爲赤單環，外依天緯，亦刻宿度，而結於黑雙環之卯酉；其黄道則爲黄單環，亦刻宿度，而又斜倚於赤道之腹，以交結於卯酉，而半入其内以爲春分後之日軌，半出其外以爲秋分後之日軌。又爲白單環，以承其交，使不傾墊。下設機輪，以水激之，使其日夜隨天東西運轉，以象天行。以其日月星辰於是可考，故曰三辰。其最在内者曰四游儀，亦爲黑雙環，如三辰儀之制，以貫天經之軸。其環之内，則兩面當中各施直距，外指兩軸，而當其要中之内面。又爲小竅，以受玉衡。要中之小軸，使衡既得隨環東西運轉，又可隨處南北低昂，以待占候者之仰窺焉。以其東、西、南、北無不周徧，故曰四游。此其法之大略也。丘氏曰：自洛下閎造渾天儀之後，魏晉以來，率因之以爲儀。至宋朝熙寧沈括之儀，宣和璣衡之制，始詳密精緻，有出於淳風、令瓚之表者。靖康之亂，儀象之器盡歸於金。元人襲用金舊，而規環不協，難復施用。於是郭守敬乃創爲簡儀、仰儀及諸儀表。其説以謂昔人以管窺天，宿度餘分約爲大半少未得其的，乃用二線推測於餘分，纖微皆有可考。而又當時四海測景之所，凡二十有七，東極高麗，西極滇池，南踰朱崖，北盡鐵勒，皆古人所未及爲者。其法具載元史，而其儀表至今遵用之。夫自堯曆象之後，而有舜之璣衡。所謂璣衡，蓋堯之象也。舜璣衡之後，世加以六合三辰四游，愈精愈密。然歷代相因，千載相承，未嘗有改也。而改之自郭守敬始。

清·陳元龍《格致鏡原》卷一　渾天儀　韓顯符《渾天法象》序：自伏羲立渾儀，測北極高下，量日影短長，定南北東西，觀星間廣狹，劉氏曆正，顓頊造渾儀，黄帝爲蓋天，皆以天象蓋也。《春秋文曜鉤》：唐堯即位，羲和立渾儀。章俊卿《羣書考索·虞書》云：舜在璇璣王衡以齊七政。璇璣，即渾天儀也。渾儀者，實天地造化之準，陰陽曆數之元。自古聖帝明王，莫不用是，以精詳天象。故前漢則有洛下閎渾天儀，東漢則有張衡渾天儀，在吴則有王蕃渾天儀，在晉則有陸績渾儀，在宋元嘉中則有錢樂之渾天儀，唐貞觀則有李淳風渾天儀，在開元則有梁令瓚黄道游儀，而其中之最精詳者，則漢之張衡、唐之李淳風爲可考也。《晉書·天文志》：古言天體者有三家，一曰周髀，二曰宣夜，三曰渾天。蔡邕言：宣夜之學，絕無師法；《周髀》術數具存，驗之天狀，多所違失，故史官不用；惟渾天近得其情。今史官所用候臺銅儀，則其法也。立八尺圓儀，具天地之象，以正黄道，以步五緯，精微深妙，百世不易之道。王蕃《渾天説》：渾儀，羲和舊器，歷代相傳，謂之璇璣。遭周秦之亂，器物斷毀，渾儀常在候臺，是以不廢。《隋書·天文志》按《虞書》：舜在璇璣玉衡以齊七政。《考靈曜》所謂觀王儀之游，昏明主時，乃命中星者也。璇璣中而星未中爲急，急則日過其度，月不及其宿；璇璣未中而星中爲舒，舒則日不及其度，月過其宿；璇璣中而星中爲調，調則風雨時，庶草繁蕪，而五穀登，萬事康也。《尚書大傳》：璣衡者，璣爲轉運，衡爲横簫，運機使動，於下以衡望之，是王者正天文之器。漢世以來，謂之渾天儀是也。馬融《渾天説》：渾天儀，可旋轉，故曰璣；所謂衡者，其横者簫也，所以視星宿也。蔡邕《蓋天説》：圓者爲璣，其徑八尺，以美玉爲之，懸而運之，以象天之行。直者爲衡，其長八尺，以美王爲之，孔徑一寸，從下望璣，以視星辰。《隋天文志》：漢和帝時，太史揆候皆以赤道儀與天度頗有進退，以問典星。姚崇等皆曰：星圖有規法，日月實從黄道，官無其器。永元十五年，詔賈逵始造黄道銅儀。《晉天文志》漢太初洛下閎、鮮于妄人、耿壽昌等造員儀，以考曆度。後至和帝時，賈逵繼作，又加黄道。至順帝時，張衡又制渾象，具内外規、南北極、黄赤道，列二十四氣、二十八宿、中外星官及日月五緯，以漏水轉之於殿上室内，星中出没，與天相應，因其關戾；又轉瑞輪蓂莢於階下，隨月虚盈，依曆開落。《晉天文志》：古舊渾象以二分爲一度，凡周七尺三寸半分。張衡更制，以四分爲一度，凡周一丈四尺六寸。吴時中常侍廬江王蕃，以古制局小，星辰稠概，衡器傷大，難可轉移，乃制渾象，以三分爲一度，凡周天一丈九寸五分之三也。程大昌《演繁露》：堯世已有渾儀，璿璣玉衡是也。晉世陸績始造渾象，其晷度與渾儀同，而形模與渾儀反。渾儀也者，設爲四游儀，寫日月星宿於天盤之上，而包括乎厚地，正如雞子之殼也，是爲寫肖本形而順以求之者也。至於渾象也者，設爲圓毬，而樵擬天度，以日星傅寘毬上。毬固可轉，而人遂俯觀，則天盤反在人下，是爲殊形詭制，而合於理也。《隋天文志》：吴時陸績作渾象，形如鳥卵，以施二道，不得如法。又有葛衡改儀渾天，使地居天中，以機動之，天動而地止，以上應晷度。至元嘉十七年，又作小渾天，以白青黄三色珠爲三家星，其日月五星悉居黄道，以象天運，而地居其中。《羣書考索》：梁華林重雲殿前置銅儀，撿其鐫題，是僞劉曜時孔挺所造，則古渾儀之法也。其儀略舉天狀，而不綴經星七曜。魏晉喪亂，沉没西戎。義熙中，宋高祖定咸陽，得之。《隋天文志》：宋高祖克長安，得古銅渾儀二，狀雖舉，不綴七曜。是歲，詔太史令更造渾儀。錢樂之依案舊説，采效儀象，鑄銅爲之，徑六尺八分，五分爲一度，上爲杠軸，以水轉之，以象天運，昏明中星，與天相符。後魏明元永興四年，詔造太史候部鐵儀，以爲渾天法玫璇璣之正。其制並以銅鐵，惟星度以銀錯之。渾天象者，其制有璣無衡。梁末秘府有以木爲之，其圓如丸，其大數圍，南北兩頭有軸，徧體布二十八宿、三家星，黄赤二道及天漢等别爲横規環，以正其外，不如渾儀别有衡管，測揆日月分步星度者也。吴太史令陳苗云：先賢制木爲儀，名曰渾天，即此之謂耶？由斯而言，儀、象二器，遠不相涉。《梁書》：陶弘景嘗造渾天象，高三尺許，地居中央，天轉而地不動，以機運之，悉與天會。《隋書》：耿詢創意造渾天儀，不假人力，以水轉之，施於闇室中，外候天時，合如符契。《舊唐書》：唐貞觀初，李淳風言：今靈臺候儀是魏代遺範，觀其制度，疎漏實多。太宗因令造之。貞觀七年，造成其制，以銅爲之，表裏三重，下據準基，狀如十字，末樹鼇足，以張四表焉。第一儀名曰六合儀，二曰三辰儀，三曰四游儀，皆用銅。帝置於凝暉閣，時稱其妙。《羣書考索》：淳風之儀，表裏三重，曰六合儀，曰三辰儀，曰四游儀，皆儀之别也。天經金渾金常璇璣者，儀中之規也。上列十日十二辰三百六十五度，中著日月五星列宿相距，下爲玄樞玉衡，遊以横簫以觀象而察器者，儀之用也。推驗之法，本於黃道，蓋帶天之中，距極南北，定而不易者，赤道也。視日所照以爲光道，發斂不時者，黃道也。《唐書・天文志》： 開元九年，一行受詔，改治新曆，欲知黃道進退，而太史無黃道儀。梁令瓚以木爲游儀，一行是之，請更鑄以銅儀。十三年，儀成，以古尺四分爲度，古所謂璇儀也。其亦道帶天之中，以分列宿之度，黃道斜運，以明日、月、五行，乃至八節九限，校二道差數，著之曆經。又詔一行與令瓚更鑄渾天銅儀，圓天之象，上具列宿、赤道及周天度數，注水激輪，令其自轉，晝夜一周。別置二輪，絡在天外，綴以日月，逆天而行，淹速合度。置木櫃於地中，令儀半在地下。又立二木人，每刻擊鼓，每辰擊鐘，機械皆藏櫃中。《宋會要》： 太平興國四年，司天監學生張思訓作渾儀。其自叙云：唐開元中，詔僧一行與梁令瓚及諸術士造渾天儀，鑄銅爲日月圓天之象，上具列宿、赤道及天道，細水激輪，令其自轉。後銅鐵漸澁，不能自轉，不復行用。今思訓所作，起爲樓閣之狀三層，高丈餘，中有輪軸關柱，激水以運輪，以木偶人爲七直神，左摇鈴，右撞鐘，中擊鼓，以定刻數。又作十二神，各直一時，自執時牌，循環而出，并著日月星象，皆須仰視。其機轉之用，俱隱樓中。至冬，水凝，則以水銀代之。又大中祥符三年，司天監冬官正韓顯符造銅渾儀，其制爲天輪二，一平一側，各分三百六十二度。又爲黃、赤道立管於側輪中，以測日月星辰行度，皆無差。《羣書考索》： 張思訓渾儀之制，有地軸、地輪、地足之異，有橫輪、側輪、斜輪之別，晝夜長短之刻，日月五星之度，皆具焉。而其機轉之用，皆隱於樓中。此踵一行、令瓚之遺象者也。韓顯符渾儀之制，有游規、直規之別，黃道、赤道之分。曰窺管，曰平準，皆其儀之號也。曰龍柱，曰水臬，皆其號之殊也。此本乎淳風、一行之遺法者也。朱弁《曲洧舊聞》元祐四年三月己卯，銅渾儀新成，蓋蘇子容所造也。大如人體，人居其中，有如籌象。因星鑿竅，依竅如星，以備激輪旋轉之勢，中星昏曉應時，皆見於竅中。《羣書考索》： 嘗觀蘇頌《上儀象法要》於元祐中，有曰：古人測候天數，其法有二：一曰渾天儀，二曰銅候儀。又按吳王蕃云：渾天儀者，羲和之舊器。又有渾天象者，以著天體，以希星辰。二者以考於天，蓋密矣。詳此則渾天儀、銅候儀之外，又有渾天象，凡三器也。 陳繼儒《太平清話》： 至正間，吳滦工王氏嘗奉旨造渾天儀，可以摺疊，便於收藏，其巧思出人意表。

清・袁棟《書隱叢説》卷一二 渾天儀

虞舜製璿璣玉衡，誠非聖不能作也。前乎此者，伏羲、顓頊皆造立渾儀，後有效而爲之者，前漢則有洛下閎渾天儀，東漢則有張衡、蔡邕渾天儀，在吳則有王蕃渾天儀、劉耀渾天儀、葛衡渾天儀，在晉則有陸績渾天儀，在宋元嘉中則有錢樂渾天儀，在梁則有陶弘景渾天象，在隋則有耿詢渾天儀，唐貞觀則有李淳風渾天儀，在開元則有梁令瓚黃道遊儀，在宋則有張思訓渾儀，在元祐則有蘇子容渾儀，元順帝自製渾天儀，至正間吳滦工王氏嘗奉旨造渾天儀，可以摺疊，便于收藏，在明則有邢有都自製滦毬，爲渾天儀，歐邏巴之西有渾天象，其大如屋，人入其中，見各重天之運動，本朝浙江姚某與其友意造渾天球，其旋轉運動，與前人大略相同，其形制僅長二尺許，可以挈之遠行。是知人心智巧，歷代不乏也。

清・戴進賢《儀象考成》卷首上《御製璣衡撫辰儀説卷上之一》 《虞書》：舜典在璿璣玉衡以齊七政。孔穎達疏曰：璣衡者，王者正天文之器。漢世以來，謂之渾天儀者是也。馬融云：渾天儀可旋轉，故曰璣衡，其橫簫所以視星宿也。蔡邕云：衡長八尺，孔徑一寸，下端望之，以視星辰，蓋懸璣以象天，而衡望之，轉璣窺衡，以知星宿，是其説也。上天之體，不可得知。測天之事見於經者，惟此璿璣玉衡一事而已。楊子《法言》云：或問渾天曰：落下閎營之，鮮于妄人度之，耿中丞象之。幾乎幾乎，莫之能違也。閎與妄人，武帝時人，宣帝時司農中丞耿壽昌始鑄銅爲之象，史官施用焉。江南宋元嘉年，太史丞錢樂陳氏師凱曰：錢樂，本名樂之，孔疏脱之字。鑄銅作渾天儀，傳於齊梁。周平江陵，遷於長安。《尚書》蔡註曰：宋錢樂鑄銅作渾天儀，衡長八尺，孔徑一寸，璣徑八尺，圓周二丈五尺強，轉而望之，以知日月星辰之所在，即璿璣玉衡之遺法也。歷代以來，其法漸密。本朝因之，爲儀三重。【略】今考前史，漢初落下閎造渾天儀，本無黃道。或云賈逵所加，或云李淳風所加，或云一行所加。而宋錢樂之渾儀之制，雖有黃道，並無黃道經圈，其四遊圈亦不貫於黃極，則亦未盡黃道之用。元郭守敬作簡儀，乃分渾儀而變其制，別設立運圈，以測地平經緯度，而不設黃道圈。蓋黃道與黃極經圈成經緯，設黃道又設經圈，則圈多而不便於測候，故不用黃道而專用赤道圈。明正統三年，鑄銅渾儀、簡儀於北京，即宋元遺法也。我朝康熙八年，聖祖仁皇帝命監臣南懷仁新製六儀，赤道、黃道分爲二器，皆不用地平圈，而地平、象限、天體諸儀，則地平之經緯與黃赤之錯綜皆已畢具。康熙五十二年，又命監臣紀利安製地平經緯儀，合地平象限二儀而爲一，其用尤便，制作之妙，於斯極矣！我皇上敬天法祖，齊政勤民，親莅靈臺，徧觀儀象，以渾天制最近古，而時度信宜從今觀，其會通斯成鉅典，於是用今之數目合古之型模。

御製璣衡撫辰儀，用裨測候，誠唐虞之遺意，昭代之新規也。儀制三重，其在外者即古之六合儀，而不用地平圈。其正立雙環爲子午圈，兩面皆刻周天三百六十度。自南北極起，初度至中要九十度，是爲天經。斜倚單環爲天常。赤道圈兩面皆刻周日十二時，以子正、午正當子午雙環中空之半，而結於其中要，是爲天緯。其南北二極皆設圓軸，軸本實於子午雙環中空之間，而軸內向以貫內二重之環。其下承以雲座，仰面正中開雙槽以受雙環，東面正中開雲竅以受垂球，下面置十字架施螺旋，以取平架之東西兩端，各植龍柱，龍口銜珠，開孔以承天常赤道卯酉之兩軸。依觀象臺測定南北正線，將座架安定，則平面之四方正。又依京師北極出地三十九度五十五分，自北極而上五十度五分即上應天頂，自南極而下五十度五分即下對地心，而應天頂之衡，於天頂施小釘懸垂線而垂，適當地心，又適切於雙環之面，不即不離，則上下正。立面之四方亦正，而地平已在其中，故不用地平圈也。次其內即古之三辰儀，而不用黃道圈。其貫於二極之雙環爲赤極經圈，兩極各設軸孔以受天經之軸，兩面皆刻周天三百六十度。結於赤極經圈之中要，與天常赤道平運者，爲遊旋。赤道圈兩面皆刻周天三百六十度，與天之赤道旋轉相應。自經圈之南極，作兩象限弧以承之，使不傾墊。測得三辰之赤道經緯度，則黃道經緯可推，且黃道與赤道之相距，古遠今近，縱或日久有差，而儀器無庸改制，故不用黃道圈也。其在內者，即古之四遊儀。貫於二極之雙環，爲四遊圈，兩面皆刻三百六十度。定於遊圈之兩極者，爲直距。綰於直距之中心者，爲窺衡。遊圈中要設直表以指經度，及時窺衡，右旁設直表以指緯度，此古今所同無容置議者也。是故體制倣乎渾天之舊，而時度尤爲整齊，運量同於赤道新儀，而重環更能合應。至於借表窺測，則上下左右無不宜焉！夫羲和遺制不可考已；漢世以來，或作而不傳，或傳而不久。蓋制器尚象，若斯之難也。而稽古宜今，至我朝，乃臻盡善。《易・繫傳》云：備物致用，立成器以爲天下利，莫大乎聖人。詎不信乎！

清・王鳴盛《尚書後案》卷一《虞夏書》 在璿璣玉衡以齊七政。案曰：據鄭、馬、孔，璣當作機，唐人改從王。

鄭曰：其轉運者爲機，其持正者爲衡，皆以玉爲之。璿機玉衡，渾天儀也。七政，日、月、五星也。以機衡視其行度，以觀天意。《史記・五帝本紀》集解，又正義。《宋書》二十三卷《天文志》。《隋書》十九卷《天文志上》。《宋史》八十卷《律曆志》。《文選》五十三卷李蕭遠《運命論》注。《玉海》四卷《儀象門》。《六經天文編》上卷。《群書考索》前集五十六卷《曆數門・天文器類》，又別集十七卷《曆門》。馬曰：璿，美玉也。機，渾天儀可轉旋，故曰機。衡，其中橫筩，所以視星宿也。以璿爲機，以玉爲衡，蓋貴天象也。七政者，北斗七星也。各有所主。第一曰主日，法天。第二曰主月，法地。第三曰命火，謂熒惑也。第四曰殺土，謂填星也。第五曰伐水，謂辰星也。第六曰危木，謂歲星也。第七曰剽金，謂太白也。日、月、五星各異政，故曰七政，皆以璿機玉衡度知其盈縮進退失政所在。《尚書》疏。《史記》索隱九卷。《文選・運命論》注。《玉海》二卷《天文門》，又四卷《儀象門》。《群書考索》別集十七卷《曆門》。傳曰：在，察也。璿，美玉。機衡，正天文之器，可運轉者。七政，日、月、五星各異政。疏曰：玉是大名，璿是玉別稱。機衡俱以玉飾，但立文不可以玉機玉衡所以變其文。機衡者，機爲轉運，衡爲橫簫，運機使動于下，以衡望之，漢以來謂之渾天儀者，是也。

案曰：鄭云：璿機玉衡，渾天儀也者。

清・嵇璜《續通志》卷一〇一《天文略》 儀象

《虞書》：舜在旋璣玉衡以齊七政。先儒因星官書北斗第二星名旋，第三星名璣，第五星名玉衡，即以爲北斗七星。馬季長創謂璣衡爲渾天儀。鄭玄亦云：其轉運者爲璣，其持正者爲衡，皆以玉爲之。七政者，日月五星也。以璣衡視其行度，以觀天意也。王蕃云：渾天儀者，羲和之舊器，積代相傳，謂之璣衡。其爲用也，以察三光，以分宿度者也。又有渾天象者，以著天體，以布天星辰。而渾象之法，地當在天中，其勢不便，故反觀其形，地爲外匡，於已解者，無異在內，詭狀殊體，而合於理，可謂奇巧。然斯二者，以考於天，蓋密矣！又云：古舊渾象，以二分爲一度，周七尺三寸半，而莫知何代所造。今案虞喜云：洛下閎爲漢孝武帝於地中轉渾天，定時節，作《太初曆》，或其所製也。漢孝和帝時，太史揆候皆以赤道儀與天度，頗有進退。以問典星待詔姚崇等，皆曰：星圖有規法，日月實從黃道，官無其器。至永元十五年，詔左中郎將賈逵，乃始造太史黃道銅儀。至桓帝延熹七年，太史令張衡更以銅製，以四分爲一度，周天一丈四尺六寸一分，亦於密室中以漏水轉之，令司之者閉户而唱之，以告靈臺之觀天者。視機所加，某星始見，某星已中，某星今沒，皆如合符。蕃以古製局小，以布星辰，相去稠概，不得了察；張衡所作又復傷大，難可轉移。蕃今所作，以三分爲一度，周一丈九寸五分四分之三，長古法三尺六寸五分四分分之一，減衡法亦三尺六寸五分四分分之一。渾天儀法黄、赤道各廣一度有半，蓄今所作渾象黄、赤道各廣四分半，相去七寸二分。又云：黄赤二道相共交錯其間，相去二十四度，以兩儀準之，二道俱三百六十五度有奇。又赤道見者，常一百八十二度半彊，又南北考之天見者，亦一百八十二度半强，是以知天之體圓如弾丸，南北極相去一百八十二度半强也。而陸績所作渾象，形如鳥卵，以施二道，不得如法，若使二道同規，則其同相去不得滿二十四度；若令相去二十四度，則黄道當長於赤道，又兩極相去不翅八十二度半强。案績説云天東西徑三十五萬七千里，直徑亦然，則績意亦以天爲正圓也。器與言謬，頗爲乖僻。然渾天儀者，其制有璣有衡，既動静兼狀，以效二儀之情，又周旋衡管，用考三光之分，所以揆正宿度，準步盈虛，求古之遺法也。則先儒所言圓規徑八尺，漢候臺銅儀，蔡邕所欲寢伏其下者，是也。梁華林重雲殿前所置銅儀，其制則有雙環規相並，間相去三寸許。正竪當子午。其子午之間，應南北極之衡，各合而爲孔，以象南北樞。植楗於前後，以屬焉。又有單横規，高下正當渾之半，皆周帀分爲度數，署以維度之位以象地。又有單規，斜帶南北之中，與春秋二分之日道相應，亦周帀分爲度數，而署以維辰，並相連著，屬楗植而不動。其裏又有雙規相並，如外雙規，内徑八尺，周二丈四尺，而屬雙軸之兩頭出規外，各二寸許，合兩爲一。内有孔圓，徑二寸許，南頭入地下，注於外雙規南樞孔中，以象南極，北頭出地上，入於外雙規北樞孔中，以象北極。其運動得東西轉，以象天行。其雙軸之間則置衡，長八尺，通中有孔，圓徑一寸。當衡之半，兩邊有關，各注著雙軸。衡既隨天象東西轉運，又自於雙軸間得南北低仰，所以準驗辰曆，分考次度，其於揆測，唯所欲爲之者也。按此儀内外二重外之雙環規，正竪當子午，今子午規也。單横規以象地，今地平也。又有單規，斜帶南北之中，與二分日道應，今赤道規也。其内層之雙規所以爲東西運轉也。衡附於内雙規之間，所以爲南北低仰也。檢其鐫題，是僞劉曜光初六年史官丞南陽孔挺所造，則古之渾儀之法者也。而宋御史中丞何承天及大中大夫徐爰各著《宋書》，咸以爲即張衡所造。其儀略舉天狀，而不綴經星七曜。沈約著《宋書》亦云然，皆失之遠矣。渾天象之制，有璣而無衡，梁末秘府以木爲之，其圓如丸，其大數圍，南北兩頭有軸，徧體布二十八宿、三家星、黄赤二道及天漢等。别爲横規環，以匡其外。高下管之，以象地。南軸頭入地，注於南植，以象南極。北軸頭出於地上，注於北植，以象北極。正東西轉運。昏明中星，既應其度，分至氣節亦驗，在不差而已。不如渾儀，别有衡管，測揆日月，分步星度者也。吴太史令陳苗云：先賢制木爲儀，名曰渾天。即此之謂耶？由斯而言，儀象二器，遠不相涉。則張衡所造，蓋亦止在渾象七曜。而何承天莫辨儀象之異，亦爲乖失。宋文帝以元嘉十三年詔太史更造渾儀，太史令錢樂之依案舊説，採效儀象，鑄銅爲之，五分爲一度，徑六尺八分少，周一丈八尺二寸六分少。地在天内，不動。立黄赤二道之規，南北二極之規，布列二十八宿、北斗極星，置日月五星於黄道上，爲之杠軸，以象天運。昏明中星，與天相符。梁末，置於文德殿前。至如斯制，以爲渾儀，則内闕衡管；以爲渾象，而地不在外。是參兩法，别爲一體，就器用而求，猶渾象之流，外内天地之狀，不失其位也。吴時又有葛衡，明達天官，能爲機巧，改作渾天，使地居於天中，以機動之，天動而地止，以上應晷度，則樂之所放述也。至元嘉十七年，又作小渾天，二分爲度，案：《宋書》作以爲一度。今命三百六十五度四分度之一爲三百六十五分四分分之一，約之得周三尺六寸五分二釐五毫，與《隋書》所載周徑俱不合。然以二分爲一度則周當得七尺三寸五釐，亦不合原數也。依《隋書》所載周徑算之，當以一分八釐太爲一度。蓋史有闕文，難以意揣也。徑二尺二寸，周六尺六寸。安二十八宿，中外官星備足，以白、青、黄等三色珠爲三家星。其日月五星，悉居黄道。亦象天運，而地在其中。宋元嘉所造儀象器，隋開皇九年平陳後，並入長安。大業初，移於東都觀象殿。唐貞觀初，李淳風上言：舜在璇璣玉衡以齊七政，則渾天儀也。周禮土圭，正日景以求地中，有以見日行黄道之驗也。曁於周末，此器乃亡。漢洛下閎作渾儀，其後賈逵張衡等亦各有之。而推驗七曜，並循赤道。按冬至極南，夏至極北，而赤道常定於中，無南北之異。蓋渾儀無黄道久矣。太宗異其説，因詔爲之。至七年，儀成。表裏三重，下據準基，狀如十字，末樹鼇足，以張四表。一曰六合儀：有天經雙規、金渾緯規、金常規相結於四極之内，列二十八宿，一曰十二辰，經緯三百六十五度。二曰三辰儀：圓徑八尺，有璿璣規、月遊規，列宿距度，七曜所行，轉於六合之内。三曰四游儀：玄樞爲軸，以連結玉衡、游筩，而貫約矩規。又玄樞北樹北辰，南矩地軸，傍轉於内。玉衡在玄樞之間，而南北游，仰以觀天之辰宿，下以識器之晷度，皆用銅。帝稱善，置於凝暉閣，用之測候。閣在禁中，其後遂亡。開元九年，一行受詔，改治新曆，欲知黄道進退，而太史無黄道儀。率府兵曹參軍梁令瓚以木爲游儀，一行是之，乃奏：黄道游儀，古有其術而無其器。昔人潛思，皆未能得。今令瓚所爲，日道月交，皆自然契合，於推步尤要，請更鑄以銅鐵。十一年，儀成，一行又曰：「靈臺鐵儀，後魏斛蘭所作，規制朴略，度刻不均，赤道不動，乃如膠柱，以考月行，遲速多差，多或至十七度，少不減十度，不足以稽天象，授人時。李淳風黄道儀，以玉衡旋規別帯白道，傍列二百四十九交，以攜月游。法頗難，術遂寢廢。臣更造游儀，使黄道運行，以追列舍之變。因二分之中，以立黄道，交於奎軫之間，二至陟降，各二十四度。黄道内施白道月環，用究陰陽朓朒。動合天運，簡而易從，可以制器垂象，永傳不朽。」於是玄宗嘉之，自爲之銘。又詔一行與令瓚等更鑄渾天銅儀，圓天之象，具列宿赤道及周天度數，注水激輪，令其自轉，一晝夜而天運周。外絡二輪，綴以日月，令得運行。每天西旋一周，日東行一度，月行十三度十九分度之七，二十九轉有餘而日月會，三百六十五轉而日周天。以木櫃爲地平，令儀半在地下，晦明朔望，遲速有準。立木人二於地平上：其一前置鼓以候刻，至一刻則自擊之；其一前置鐘以候辰，至一辰亦自撞之。皆於櫃中，各施輪軸，鈎鍵關鏁，交錯相持。置於武成殿前，以示百官。無幾，而銅鐵漸澁，不能自轉，遂藏於集賢院。其黄道游儀，以古尺四分爲度，旋樞雙環。其表一丈四尺六寸一分，廣八分，厚三分，直徑四尺五寸九分，古所謂旋儀也。南北斜兩極，上下循規各三十四度。表裏畫周天度，其一面加之銀釘。使東西運轉，如渾天游旋。中旋樞軸至兩極首内，孔徑大兩度半，長與旋環徑齊。玉衡望筩長四尺五寸八分，廣一寸二分，厚一寸，孔徑六分。衡旋於軸中，旋運持正，用窺七曜及列星之闊狹。外方内圓，孔徑一度有半，周日輪也。陽經雙環，表一丈七尺三寸，裏一丈四尺六寸四分，廣四寸，厚四分，直徑五尺四寸四分，置於子午。左右用八柱，八柱相固，亦表裏畫周天度，其一面加之銀釘，半出地上，半入地下。雙間使樞軸及玉衡望筩，旋環於中也。陰緯單環，外内廣厚周徑，皆準陽經，與陽經相銜各半，内外俱齊。面平，上爲天，下爲地。横周陽環，謂之陰渾也。平上爲兩界，内外爲周天百刻。天頂單環，表一丈七尺三寸，縱廣八尺，厚三分，直徑五尺四寸四分。直中國人頂之上東西，當卯酉之中稍南，使見日出入。令與陽經陰緯相固，如鳥殼之裏黄。南去赤道三十六度，去黄道十二度，去北極五十五度，去南北平各九十一度强。赤道單環，表一丈四尺五寸九分，縱八分，厚三分，直徑四尺五寸八分。赤道者，當天之中，二十八宿之位也。雙規運動，度穿一穴。古者，秋分日在角五度，今在軫十三度，冬至日在牽牛初，今在斗十度，隨穴退交，不復差謬。傍在卯酉之南，上去天頂三十六度，而横置之。黄道單環，表一丈五尺四寸一分，横八分，厚四分，直徑四尺八寸四分。日之所行，故名黄道。太陽陟降，積歲有差。月及五星，亦隨日度出入。古無其器，規制不知準的，斟酌爲率，疏闊尤甚。今設此環，置於赤道環内，仍開合使運轉，出入四十八度，而極晝兩方，東西列周天度數，南北列百刻，可使見日知時。上列三百六十策，與用卦相準。度穿一穴，與赤道相交。白道月環，表一丈五尺一寸五分，横八分，厚三分，直徑四尺七寸六分。月行有迂曲遲速，與日月緩急相反。古亦無其器，今設於黄道環内，使就黄道爲交會，出入六度，以測每夜月離。上畫周天度數，度穿一穴，擬移交會，皆用鋼鐵。游儀四柱爲龍，其崇四尺七寸，水槽及山崇一尺七寸半，槽長六尺九寸，高廣皆四寸，池深一寸，廣一寸半。龍能興雲雨，故以飾柱，柱在四維，龍下有山雲，俱在水平槽上，皆用銅。宋熙寧七年，沈括上渾儀、浮漏、景表三議。《渾儀議》曰：五星之行有疾舒，日月之交有見匿，求其次舍經劘之會，其法一寓於日。冬至之日，日之端南者也。日行周天而復集於表鋭，凡三百六十有五日四分日之幾一，而謂之歲。周天之體，日別之謂之度。度之離，其數有二。日行則舒，月行則疾，會而均，別之曰赤道之度。日行自南而北，升降四十有八度而迤，別之曰黄道之度。度不可見，其可見者，星也。日月五星之所由有星焉。當度之晝者，凡二十有八，而謂之舍。舍所以絜度，度所以生數也。度在天者也，爲之璣衡，則度在器。度〔在器，〕則日月五星可轉乎器中，而天無所豫也。天無所豫，則在天者不爲難知也。自漢以前，爲曆者必有璣衡以自驗。其後雖有璣衡，而不爲曆作，爲曆者，亦不復以器自考。氣朔星緯，皆莫能知其必當之數。至唐僧一行改大衍曆法，始復用渾儀參實，故其術所得比諸家爲多。臣嘗歷考古今儀象之法，《虞書》所謂璿璣玉衡，唯鄭康成粗記其法，至洛下閎製圓儀，賈逵又加黄道，其詳皆不存於書。其後張衡爲銅儀於密室中，以水轉之，蓋所謂渾象，非古之璣衡也。吴孫氏時，王蕃、陸績皆嘗爲儀及象，其説以謂舊以二分爲一度，而患星辰稠概。張衡改用四分，而復椎重難運。故蕃惟三分爲度，周丈有九寸五分寸之三，而具黄、赤道焉。績之説以天形如鳥卵小橢，而黄、赤道短長相害，不能應法。至劉曜時，南陽孔挺製銅儀，有雙規，規正距子午，以象天；有横規，判儀之中，以象地；有特規斜絡天腹，以候赤道；南北植榦，以法二極；其中乃爲游規、窺管。劉曜太史令晁崇、斛蘭皆嘗爲鐵儀，其規有六，其外四規常定，一象地形，一象赤道，其二象二極，其内二規可運轉，乃是挺所謂雙規者也。其制與挺法大同，按孔挺銅儀，單横規以象地平，沈括省文曰横規。又有單規以象赤道，沈括改名特規。雙環規以象二極樞，亦名外雙規，沈括省文作雙規。又有雙規以象二極，沈括改名游規。唯南北柱曲抱雙規，下有縱衡水平，以銀錯星度，小變舊法，而皆不言有黃道，疑其失傳也。唐李淳風爲圓儀三重。其外曰六合，有天經雙規，金渾緯規，金常規。次曰三辰，轉於六合之內，圓徑八尺，有璿璣規，月游規。所謂璿璣者，黃、赤道屬焉。又次曰四游，南北爲天樞，中爲游筩，可以升降、游轉，別爲月道，傍列二百四十九，交以攜月游。一行以爲難用，而其法亦亡。其後率府兵曹梁令瓚更以木爲游儀，因淳風之法，而稍附新意。詔與一行雜校得失，改鑄銅儀。古今稱其詳確。至道中初鑄渾天儀於承天監，多因斛蘭、晁崇之法。皇祐中改鑄銅儀於天文院，始用令瓚、一行之論，而去取交有失得。臣今輯古今之說，以求數象有不合者，十有三事。又言渾儀之爲器，其屬有二，相因爲用。其在外者曰體，以立四方上下之定位。其次曰象，以法天之運行，常與天隨。其在內璣衡，璣以察緯，衡以察經。求天地端極，三明匿見者，體爲之用；察黃道陟降，辰刻運從者，象爲之用；四方上下，無所不屬者，璣衡爲之用。體爲之器，爲圓規者四。其規之別，一曰經：按經即子午規。李淳風六合儀所謂天經者是也。經之規二並峙，正抵子午，若車輪之植。二規相距四寸，夾規爲齒，以別去極之度。北極出紘之上三十有四度十分度之八彊，南極下紘亦如之。對銜二釭聯二規以爲一，釭中容樞。二曰緯：按緯即赤道。緯之規一，與經交於二極之中，若車輪之傍，南北距極皆九十一度彊，夾規爲齒，以別周天之度。三曰紘：按紘即地平。紘之規一，上際當經之半，若車輪之仆，以考地際，周賦十二辰，以定八方。紘之下有趺，從一衡一，刻溝受水以爲平，中溝爲地，以受注水。四末建趺，爲升龍四，以負紘。凡渾儀之屬，皆屬焉。龍吭爲綱維之四楗，以爲固。象之爲器，爲圓規者四。其規之別，一曰璣：按璣亦天經也。第子午規不動而璣則可以左右旋轉，如赤極之各過極大圈爲異耳。璣之規二，並峙相距，如經之度，夾規爲齒，對銜二釭，釭中容樞，皆如經之率，設之亦如經。其異者，經膠而璣可旋。二曰赤道：按赤道與上文所云緯者，第以一不動、一左右旋爲異，理與璣同。赤道之規一，刻璣十分寸之三，以銜赤道，赤道設之如緯，其異者，緯膠於經，而赤道銜於璣。有時而移，度穿一竅，以移歲差。三曰黃道：按此黃道即李淳風三辰儀之璿璣規，而去其月游規耳。黃道之規一，刻赤道十分寸之二，以銜黃道。其南出赤道之北際二十有四度，其北入赤道亦如之，交於奎角，度穿一竅，以銅編屬，於赤道歲差盈度則并赤道徙而西。黃、赤道夾規爲齒，以別均迤之度。璣衡之爲器，爲圓規二。曰璣，對峙相距，如象璣之度。按象璣即上文象之爲器，其規之別一曰璣者是也。與璣衡之璣同名，易於相淆，故以象璣別之。夾規爲齒，皆如象璣。其異者，象璣對銜二釭，而璣對銜二樞，貫於象璣天經之釭中。三物相重而不相膠，爲間十分寸之三，無使相切，所以利旋也。爲橫簫二，兩端夾樞屬於璣，其中夾衡爲橫，一棲於橫簫之間。中衡爲轄，以貫橫簫，兩末入於璣之鎛，而可旋。璣可以左右以察四方之祥，衡可以低昂以察上下之祥，其說最爲詳備。元初，襲用金舊，規環不協，難復施用。太史郭守敬創爲簡儀、仰儀，皆臻精妙。其說謂：昔人以管窺天，宿度餘分約爲大半，少未得其的。乃用二線，推測於餘分，纖微皆有可考。簡儀之制，四方爲趺，縱一丈八尺三分，去一以爲廣。趺面上廣六寸，下廣八寸，厚如上廣。中布橫輄三、縱輄三，南二，北抵南輄，北一，南抵中輄。趺面四周爲水渠，四隅及卯酉位爲礎。礎爲渠，與四周渠相灌通。按以上言趺及礎輄。北極雲架柱二，植於乾艮二隅礎上，左右內向，其勢斜準赤道，合貫上規。規環徑二尺四寸，中爲距，相交爲斜十字。中心爲竅，以受北極樞軸。自雲架柱斜上，去趺面七尺二寸，爲橫輄。按此橫輄乃橫於南北雲架柱上，非趺面之橫輄三、縱輄三也。自輄心上至竅心爲六尺八寸。又爲龍柱二，植於卯酉礎中分之北，北向斜植，以拄北架。按以上言北極架柱。南極雲架柱二，植於卯酉礎中分之南，斜向坤巽二隅，相交爲十字，其上與百刻環邊齊，在辰巳未申之間，南傾之勢準赤道。自趺面斜上三尺八寸，爲橫輄，以承百刻環。下邊又爲龍柱二，植於坤巽二隅礎上北向，斜拄其端。按以上言南極架柱。四游雙環，徑六尺，中間相離二寸，相連於子午卯酉。當子午爲圓竅，以受南北極樞軸。兩面皆列周天度分，起南極，抵北極，餘分附於北極。去南、北極竅兩旁四寸，各爲直距。距中心各爲橫關，東西與兩距相連。關中心相連，厚三寸，爲竅，方八分，以受窺衡樞軸。窺衡長五尺九寸四分，中腰爲圓竅，以受樞軸。衡兩端爲圭首，以取中縮。去圭首五分，各爲側立橫耳，高二寸二分，廣知衡面。中爲圓竅，徑六分，其中心上下一線界之，以知度分。按以上言四游環。百刻環，徑六尺四寸，周布十二時，百刻，每刻作三十六分。又爲十字距，所以承赤道環也。百刻環內，廣面臥施圓軸四，使赤道環旋轉，無澁滯之患。其環陷入南極架一寸，仍釘之。按以上言百刻環。赤道環徑廣厚皆如四游環，面刻列舍周天度分。中爲十字距，中心爲竅，以受南極樞軸。界衡列舍周天度分。中爲十字距，中心爲竅，以受南極樞軸。界衡二，各長五尺九寸四分，廣三寸。衡首斜刻五分，刻度分以對環面，中腰爲竅，重置赤道環南極樞軸。其上衡兩端，自長竅至衡首底，厚倍之。取二衡運轉，皆著環面，而無低昂之失，且易得度分也。按以上言赤道環。二極樞軸，皆以鋼鐵爲之。長六寸，半爲本，半爲軸。本之分寸，一如上規。距心適取能容軸徑一寸。北極軸中心爲孔，孔底横穿通兩旁。中出一線，曲其本，出横孔兩旁，結之。孔中線留三分，亦結之。上下各穿一線，貫界衡兩端。中心爲孔，下洞衡底，順衡中心爲渠，以受線，直入内界長竅中。至衡中腰，復爲孔，自衡底上出，結之。按以上言界衡上用二線之法。定極環，廣半寸，厚倍之，皆勢穹窿。中經六度，度約一寸許。極星去不動處三度，僅容轉周。中爲斜十字，距廣厚如環，連於上規環，距中心爲孔徑五釐，下至北極軸心六寸五分。按以上言定極環。又置銅板，連於南極雲架之十字，方二寸，厚五分，北面刻其中心，存一釐，以爲厚，中爲圜孔，徑一分，孔心下至南極軸心，亦六寸五分。按以上言銅板。又爲環二，其一陰緯環，面刻方位，取趺面縱横軑北十字爲中心，臥置之。按以上言地平環。其一曰立運環，面刻度分，施於北極雲架柱下，當臥環中心，上屬架之横軑，下抵趺軑之十字，上下各施樞軸，令可旋轉。中爲直距，按《元史》誤直爲置，今改正。當心爲竅，以施窺衡，令可俯仰，用窺日月星辰出地度分。佐四游環，東西運轉，南北低昂。按佐字《元史》誤作右，今改正。凡七政列舍中外官去極度分，按《元史》誤凡爲几，今改正。皆測之。赤道環旋轉，與列舍距星相當，即轉界衡，使兩線相對，凡日月五星中外官入宿度分皆測。百刻環轉界衡，令兩線與日相對，其下直時刻則晝刻也。夜則以星定之。比舊儀，測日月五星出没，而無陽經、陰緯、雲柱之映。其仰儀之制，以銅爲之，形若釜，置於甎臺，内畫周天度，脣列十二辰位，蓋俯視驗天者也。其渾象之制，圜如彈丸，徑六尺，縱横各畫周天度分，赤道居中，黄道出入赤道各二十四度弱。明南北二京儀器，一以元法爲斷。萬曆中，西洋人利瑪竇制渾天儀球、地球等器。仁和李之藻撰《渾天儀説》，發明製造、施用之法，其制不外於六合、三辰、四游之法。但古法北極出地鑄爲定度，此則子午提規可以隨地度高下，於用爲便耳。其器之最精者，爲渾象、簡平二儀，圖説具見本書。

臣等謹案：儀象之法，古則由略而詳，今則由繁而簡。璿璣玉衡之器，久佚不傳。洛下閎所製，馬、鄭所訓，粗得彷彿而已。劉曜時，南陽孔挺所製渾儀始有雙環，以象天經，又有横單規，以象地平，斜一單規，以象赤道，則李淳風之六合儀基於此矣。至其内雙規，置衡之製，《隋志》云衡既隨天象東西轉運，又自於雙軸間得南北低昂，是四游儀亦本於此，所少者，只三辰儀耳。夫推步之術，先考日躔，而太陽所行，實由黄道，黄道不定，則七曜之行皆不可得而考。故淳風所作三辰儀，增置黄、赤二道爲璿璣一規，則七曜所行轉於六合之内，其功最鉅。故自唐迄明，雖代有增損，而大致則不出於六合、三辰、四游之制。然淳風論渾儀久無黄道，並言賈逵、張衡推驗七曜並循赤道，則非也。《後漢志》賈逵造黄道銅儀，是黄道之儀。在逵以前，官無其器，而實始於逵也。宋元嘉中，太史令錢樂之所作渾儀，亦有黄、赤二道之規，淳風所作《隋志》具載其制。至元郭守敬簡儀、仰儀出，而法愈簡易且省，陽經、陰緯交映之弊，又以二線代窺管，可得度分纖微，法亦較舊爲密而確。厥後西人之象限、紀限諸儀，則精益求精者耳。

清・沈炳震《唐書合鈔》卷五〇《天文志一》　《易》曰：觀乎天文，以察時變。是故古之哲王，法垂象以施化，考庶徵以致理，以授人時，以考物紀，修其德以順其度，改其過以慎其災，去危而就安，轉禍而爲福者也。夫其五緯七紀之名數，中官外官之位次，凌歷犯守之所主，飛流彗孛之所應，前史載之備矣。武德年中，薛頤、庾儉等相次爲太史令，雖各善於占候，而無所發明。貞觀初，將仕郎直太史李淳風始上言靈臺候儀是後魏遺範，法制疏略，難爲占步。太宗因令淳風改造渾儀，鑄銅爲之，至七年造成。淳風因撰《法象志》七卷，以論前代渾儀得失之差，語在《淳風傳》。其所造渾儀，太宗令置於凝暉閣，以用測候，既在宫中，尋而失其所在。玄宗開元九年，太史頻奏日蝕不效，詔沙門一行改造新曆。一行奏云：今欲創曆立元，須知黄道進退，請太史令測候星度。有司云：承前唯依赤道推步，官無黄道游儀，無由測候。時率府兵曹梁令瓚待制於麗正書院，因造游儀木樣，甚爲精密。一行乃上言曰：黄道游儀，古有其術而無其器。以黄道隨天運動，難用常儀格之，故昔人潛思皆不能得。今梁令瓚創造此圖，日道月交，莫不自然契合，既於推步尤要，望就書院更以銅鐵爲之，庶得考檢星度，無有差舛，從之。至十三年《新書》十一年，誤。造成。又上疏曰：按《舜典》云：在璿樞玉衡，以齊七政。説者以爲取其轉運者爲樞，持正者爲衡，皆以玉爲之，用齊七政之變，知其盈縮進退，得失政之所在，即古太史渾天儀也。自周室衰微，疇人喪職，其制度遺象，莫有傳者。漢興，丞相張蒼首創律曆之學。至武帝詔司馬遷等更造漢曆，乃定東西，立晷儀，下漏刻，以追二十八宿相距星度，與古不同。故唐都分天部，洛下閎運算轉歷，今赤道曆星度，則其遺法也。後漢永元中，左中郎將賈逵奏言：臣前上傳安等用黄道度日月，弦望多近。史官壹以赤道度之，不與天合，至差一日以上。願請太史官日月星簿及星度課，與待詔星官考校。奏可。問典星待詔姚崇等十二人，皆曰：星圖有規法，日月實從黃道，官無其器，不知施行。甘露二年，大司農丞耿壽昌奏，以圓儀度日月行，考驗天運日月行赤道，至牽牛、東井，日行一度，月行十五度；至婁、角，日行一度，月行十三度，此前人所共知也。是歲永元四載也。明年，始詔太史造黃道銅儀。冬至，日在斗十九度四分之一，與赤道定差二度。史官以校日月弦望，雖密近，而不爲望日。儀，黃道與度運轉，難候，是以少終其事。其後劉洪因黃道渾儀，以考月行出入遲速。而後代理曆者不遵其法，更從赤道命文，以驗賈逵所言，差謬益甚，此理曆者之大惑也。今靈臺鐵儀，後魏明元時都匠斛蘭所造，規制朴略，度刻不均，赤道不動，乃如膠柱，不置黃道，進退無準。此據赤道月行以驗入曆遲速，多者或至十七度，少者僅出十度，不足以上稽天象，敬授人時。近祕閣郎中李淳風著《法象志》，備載黃道渾儀法，以玉衡旋規，別帶日道，傍列二百四十九交，以攜月游，用法頗雜，其術竟寢。臣伏承恩旨，更造游儀，使黃道運行，以追列舍之變，因二分之中以立黃道，交於軫、奎之間，二至陟降各二十四度。黃道之內，又施白道月環，用究陰陽朓朒之數，動合天運，簡而易從，足以制器垂象，永傳不朽。於是元宗親爲製銘，置之於靈臺以考星度。其二十八宿及中外官與古經不同者，凡數十條。又詔一行與梁令瓚及諸術士更造渾天儀，鑄銅爲圓天之象，上具列宿赤道及周天度數。注水激輪，令其自轉，一日一夜，天轉一周。又別置二輪絡在天外，綴以日月，令得運行。每天西轉一帀，日東行一度，月行十三度十九分度之七，凡二十九轉有餘而日月會，三百六十五轉而日行帀。仍置木櫃以爲地平，令儀半在地下，晦明朔望，遲速有準。又立二木人於地平之上，前置鐘鼓以候辰刻，每一刻自然擊鼓，每辰則自然撞鐘。皆於櫃中各施輪軸，鉤鍵交錯，關鎖相持。既與天道合同，當時共稱其妙。鑄成，命之曰水運渾天俯視圖，置於武成殿前以示百僚。無幾而銅鐵漸澀，不能自轉，遂收置於集賢院，不復行用。今録游儀制度及所測星度異同。開元十二年，分遣使諸州所測日晷長短，李淳風、僧一行所定十二次分野，武德已來，交蝕及五星祥變，著於篇。新書序曰：昔者，堯命羲、和，出納日月，考星中以正四時。至舜，則曰：在璿璣玉衡，以齊七政而已。雖二典質略，存其大法，亦由古者天人之際，推候占測，爲術猶簡。至於後世，其法漸密者，必積衆人之智，然後能極其精微哉。蓋自三代以來詳矣。詩人所記，婚禮、土功必候天星。而《春秋》書日食、星變，《傳》載諸國所占次舍、伏見、逆順。至於《周禮》測景求中、分星辨國、妖祥察候，皆可推考，而獨無所謂璿璣玉衡者，豈其不用於三代邪？抑其法制遂亡，而不可復得邪？不然，二物者，莫知其爲何器也。至漢以後，表測景晷，以正地中，分列境界，上當星次，皆略依古，而又作儀以候天地。而渾天、周髀、宣夜之説，至於星經、曆法，皆出於數術之學。唐興，太史李淳風、浮圖一行，尤稱精博，後世未能過也。故採其要説，以著於篇。至於天象變見，所以譴告人君者，皆有司所宜謹記也。

清・蔡孔炘《經學提要》卷一三《渾儀》 周章成曰：造曆必造觀天之器。唐堯即位，羲和立渾儀；虞舜在璿璣玉衡，以齊七政。即其法也。美珠謂之璿。璣，機也。以璿飾璣，所以象天體之運轉也。衡，横也，謂衡簫也。以玉爲管，横而設之，所以窺璣而齊七政之運行。其制爲儀三重，在外者曰六合儀，以其上下四旁可考也；次内者曰三辰儀，以其日月星辰可考也；最内者曰四遊儀，以其東西南北無不周徧也。秦火以後，器法蕩然。漢洛下閎始經營之，耿壽昌始鑄銅而爲之象。魏晉以來，率因之以爲法。唐李淳風爲三重儀，比舊制益以黃道之法，而猶未盡善。一行與梁令瓚更造銅儀，圖天之象，具列宿道及周天度數。注水激輪，令其自轉，一晝夜而天運周。又別立二輪絡于天外，綴以日月，令得運行。每天西旋一周，日東退一度，月退十三度十九分度之七，二十九轉有餘而日月會，三百六十五轉而日周天。視淳風較精。宋時則有張思訓之新渾儀，熙寧之儀，宣和之儀，皆稱精緻。元郭守敬更創爲簡儀、仰儀、懸正、坐正諸器，比前人尤精。今西法增置，又有象限儀、紀限儀、地平儀、簡平儀、百游儀、子午儀、黃赤全儀、弩儀、天環、天球等器。而其最奇巧者，莫如遠鏡，用之能詳日食分杪，能見太白有上下弦，能見填星爲橢形，能見歲星旁四小星，能見鬼宿中之積尸氣，能見天漢中之無算小星。造器至此，真超越千古矣！

清・陳喬樅《今文尚書經説考》卷一上《虞夏書　唐書》 在旋機玉衡，以齊七政。【略】

又《文耀鉤》曰：斗者，天之喉舌；玉衡，屬杓魁，爲旋機。

又《感精符》曰：人主含天光，據璣衡齊七政。

案江聲云：諸説皆以旋機玉衡爲北斗，雖與《大傳》不同，其誼實皆是。《釋天》云：北極謂之北辰。《論語・爲政篇》云：譬如北辰居其所。是天體運轉，而北辰乃其運轉之中央，常居其處，運而不移者，故謂之旋機。故曰：其變幾微，而所動者大也。蓋北極者，天體左旋之機。斗之言主，北斗爲恒星之主，恒星隨之而運，二萬五千四百一十一年有餘而右旋一周者也，則斗魁爲恒星右旋之機，故北極斗魁皆爲旋機也。斗柄則回轉于天，如稱之衡，故謂之玉衡。言玉者，蓋取其色白而晶瑩也。斗柄所建，可以審時，王者順天時以出政，必察視之。故曰：在旋機玉衡，以齊七政。《孟子》云：周公思兼三王，以施四事。《大傳》則云：周公思兼三王之道，以施于春秋冬夏。據此，則《孟子》所言三王謂天、地、人三統，四時謂四時之事，是帝王出政，必參乎三才，合乎四時。故云：春秋冬夏，天文地理，人道所以爲政也。乃俗儒謬解，以旋機爲渾天儀，以玉衡爲其中横管，所以闚儀者。夫天垂象以示人，昭然易見，豈以聖人之明睿，猶不能審，而必假機械之器，以爲智乎？甚者改旋機爲璿璣，謂璣衡皆以美玉爲之，馬季長亦爲是説，與《大傳》乖異。喬樅謂以旋機玉衡爲渾天儀者，蓋小夏侯之説。蔡邕云：言天體者有三家，一曰周髀，二曰宣夜，三曰渾天。惟渾天近得其情。又云：玉衡長八尺，孔徑一寸，下端望之，以視星宿。並縣璣以象天，而以衡望之，轉璣窺衡，以知星宿。璣徑八尺，圓周二寸而强。蔡邕書《石經》用小夏侯今文，則其説旋璣玉衡當亦本之小夏侯也。楊子《法言》云：或問渾天，曰：落下閎營之，鮮于妄人度之，耿中丞象之。幾乎，幾乎，莫之能違也！考閎與妄人皆武帝時人，其時渾天儀象尚未鑄作，歐陽《尚書》已立學官，張生亦爲博士。大夏侯之學傳自先世都尉及始昌，隨家法而守師説，當亦無變，惟小夏侯左右采獲，又從五經諸儒問與《尚書》相出入者，牽引以次章句，故立説時有不同耳。

清·彭孫貽《茗香堂史論》卷三《宋史》 馬融云：璣衡者，即今渾儀也。宋王蕃云：天梁、地平以定天體，四游以綴赤道，此即璣也；望筩横簫以窺七曜之行，知其纏次，所謂衡也。六合、三辰、四游儀，李淳風所作；黄道儀，一行所增也。張衡祖洛下閎、耿壽昌法，别爲渾象，置密室，以漏水轉之，以合璿璣所加星度，則渾象别爲一器。李淳風、梁令瓚始與渾儀並用。

太平興國中，巴人張思訓作渾天儀，起樓丈餘，機隱於内，規天矩地，下設地輪、地足；又爲横輪、側輪、斜輪、中關、天柱；直神，左摇鈴，右叩鐘，中擊鼓，以定刻數晝夜周而復始。木爲十二神，自執辰牌，至時循環而出，隨刻數定晝夜長短。上有天頂、天條，布三百六十五度，爲日、月、五星紫微宫、列、宿、斗建、(寅)黄赤道，以日行度定寒暑進退。開元遺法，運轉以水，至冬凝凍遲澁，遂爲踈略，寒暑無準。今以水銀代之，則無差失。并著日月象，皆取仰視。按舊法，日月晝夜行度皆人所運行，新制成於自然，尤爲精妙。

熙寧中，沈括上《渾儀》、《浮漏》、《景表》三議。《渾儀議》云：漢以前，爲曆者必有璣衡自驗，其後璣衡不爲曆用。一行《大衍曆》始用渾儀，故其術比諸家所得爲多。璿璣玉衡，康成粗記其説。洛下閎製圓儀，賈逵加黄道，其詳皆不存。張衡爲銅儀渾象，非古璣衡也。孫吴時王蕃陸、績皆爲儀。舊以二分爲一度；張衡改爲四分，椎重難運。蕃以三分爲度，周丈有九寸五分寸之三。劉曜時，南陽孔定爲銅儀，有雙規、横規、時規、游規、窺管。曜太史令晁崇、斛蘭爲鐵儀，與定法大同，惟南北柱曲抱雙規，下有縱衡水平，銀錯星度，水變舊法。李淳風爲圓儀三重。一行以爲難用，率府兵曹梁令瓚以木爲游儀，因淳風法稍附新意，詔與一行雜校得失，改鑄銅儀，古今稱其詳確。至道中，初鑄銅儀，多用斛蘭、晁崇法。皇祐中，改鑄，用令瓚、一行之論，而去取交有得失。古今象數不合者，十有三事。其一，謂中國居地東南，當西北望極；又天傾西北，極星不得居中。古之候天者，自安南至浚儀纔六千里，北極之差十五度，稍北不已，庸詎知極星不直人上也？然東西南北數千里，日未嘗不出於卯半而入於酉半，則知天樞嘗北無疑矣！此施四海而同者，極星之果中、果非中，無足論，直當據建邦之地，裁以爲法，可也。其二，紘平以象地體，渾儀置崇臺之上，下瞰日月，則紘不與地際相當。渾儀有實數，有準數。實者，此數即彼數也。準者，以此準彼，此之一分準彼之幾千里也。今臺之高下所謂實數，天地之大，豈數丈足累其高下？若衡之高下所謂準數也，衡移一分，則彼不知其幾千里。衡之低昂當審，臺之高下非所卹也。其三，月行之道，過交則入黄道六度而稍却，復交出黄道之南，亦如之。月行黄道，如繩之繞木，月交而行日之陰，則日爲虧；其不虧者，行日之陽也。每月退交二百四十九周有奇，然後復會。今月道既不能環繞黄道，又還交之道每日差池，必候月終而頓移，終不能符會天度當省去月環。候月出入，專以曆法步之。其四，衡上、下二端皆徑一度有半，用日之徑也。若衡端不能全容日月之體，則無由審日月定次。欲日月正滿上衡之端，不可動移，所以用一度有半爲法也。下端亦一度有半，則不然。若人自迫下端之東以窺上端之西，則差幾三度。凡求星之法，必令所求之星正當穿之中心。今兩端既等，則人目游移，無因知其正中。今以鈎股法求之，下徑三分，上徑一度有半，則兩竅相覆，大小略等。人目不摇，則所察自正。其五，前世皆以極星爲天樞，自祖暅以璣衡窺考天極不動處，在極星之末一度有餘。今銅儀天樞内一度有半，乃繆以衡端之度爲率。若璣衡端平，則極星常游天樞之外，璣衡小偏，則極星乍出乍入。令瓚舊法，天樞徑二度有半，蓋欲使極星游於樞中也。臣考驗極星三月，而後知天樞不動處遠極星乃三度有餘，祖暅窺考猶爲未審。今爲天樞徑七度，使人目切南樞望之，星正循北極。樞裏常現不隱，天體方正。其六，令璣以辰刻、十干、八卦皆刻之於紘，然紘平正而黄道斜運，當子午之交，日徑度而道促；卯酉之際，則日迤行而道舒。如此，辰刻不能無謬。新銅儀移刻於緯，四游均平，辰刻不失。然令璣天中單環，直中國人頂之上，新銅儀緯斜絡南北極之中，與赤道相直。舊法故之無用，新儀移之爲是。然當側窺如車輪之牙，而不當衡規鐵鼓陶，其旁迫狹，難賦辰刻，又蔽映星度。其七，司天銅儀，黄赤道合鑄於紘，不可轉移，雖與天運不符，至於窺測，先以距星考之定三辰所舍，複運游儀抵本宿度，乃求出入黄道與去極度，無異令璣之術。本於晁崇、斛蘭，雖不甚精，頗爲簡易。淳風嘗謂斛蘭鐵儀，赤道不動，乃如膠柱，以考月行，差或至十七度，少不減十度。此直以赤道候月行，其差如此。今黄赤道度，再運游儀抵所舍度宿求之，月行則以月曆每日去極度算率之，不可謂膠也。新法定宿而變黄道，此定黄道而變宿，但可賦三百六十五度而不能具餘分，此其爲略也。其八，令璣舊儀，黄道設月道之上，赤道又次月道，而璣最處其下。每月移一交，黄道道輒變。今當省去月道，徙璣赤道之上，而黄道居赤道下，則二道與衡端相迫，星度易審。其九，規環一面刻周天度，一面加銀丁。夜候天晦，不可目察，則以手切之。今司天監三辰儀，設齒於環背，不與横簫會，當移列兩旁，以便參察。其十，舊法重璣皆廣四寸，厚四分。其他規軸，椎重樸拙，不可旋運。今小損其制，使之輕利。其十一，古人知黄道歲易，不知赤道之因變也。黄道之度，與赤道相偶者也。黄道徙而西，則赤道不得獨膠。今當變赤道與黄道同法。其十二，舊法黄赤道平設，正當天度，掩蔽人目，不可占察。其後别加鑽孔，尤爲拙謬。今當側置(置)少隔，使天度出此際之外，自不凌蔽。其十三，舊法地紘正絡天經之半，候三辰出入，地際爲地紘所伏。今當徙紘稍下，使地際與紘之上際相直。候三辰伏見，專以紘際爲率，自當默與天合。　沈括《浮漏議》，其文特妙，大有考工筆法。其概有播水之壺三，受水之壺一。曰求壺、廢壺、複壺、建壺。廢壺以受廢水。三壺皆以播水，爲水制也。有玉權釃於建壺。求壺之冪龍紐，以水出不窮也。複壺士紐，以士所以生法也。廢壺鯢紐，止水之滀也。箭一，博牘二十有一，鐐匏箭舟也。文多不能盡録。

元祐中蘇頌作儀匭，上置渾儀，中設渾象，旁設昏曉更籌，激水以運之。三器一機，脗合躔度，最爲奇巧。宣和更作，悉歸於金。紹興三年，工部員外郎袁正功獻渾儀木樣，太史局募工鑄造，不就，廷臣罕通其制。乃召蘇頌子携取頌遺書，考質，携亦不能通也。頌書渾象爲詳，尺寸多不載，是以難復。至十四年，鑄渾儀成，以二置太史局。高宗自爲一儀置宫中，其制差小。水運之法與渾象，則不復設。舊有白道儀以考月行，在望筩之傍。熙寧中沈括以爲地用去之，不復設。　中興造渾儀，太史令丁師仁言：臨安地勢向南，於北極高下當量行移易。局官吕璨言：渾天無量行移易之制，若用之臨安與天參合，移之他往必有差忒。遂罷。後邵鍔鑄儀，則果用臨安北下法爲之。以清臺儀校之，實去極星四度有奇也。按此乃即沈括舊儀，熙寧時已言之即就中原測之，已去極星將四度，非因臨安而言也。

清·龍文彬《明會要》卷二八《運曆下》　璣衡之象，或謂起於伏羲，或謂作於帝嚳，或云乃羲和舊制，非舜創爲也。馬融謂：上天之體不可測，知天之事者，惟有璣衡一事，即今渾天儀也。王蕃之論儀之制，置天梁、地平以定天體，爲四游以綴赤道者，此謂璣也；置望筒横簫，於儀中以窺七曜之行，而知其躔離之次者，此謂衡也。唐李淳風爲三重儀，在外曰六合，其外曰三辰，最内曰四遊，而一行復益之以黄道儀，其爲論亦密矣。靖康之亂，儀象歸於金。元人襲之而規環不協，難復施用。於是郭守敬創爲簡儀、仰儀、候極儀、渾天象、玲瓏儀、立運儀、證理儀、景符、闚几、日月食儀、星晷定時儀皆以意爲之，始極精詳。《春明夢餘録》(略)

璿璣玉衡爲儀象之權輿，然不見用於三代。《周禮》有圭表壺漏而無璣衡，其制遂不可考。漢人創造渾天儀，謂即璣衡遺制，其或然與。厥後代有制作，大抵以六合、三辰、四遊重環湊合者，謂之渾天儀。以實體圓球，繪黄赤經緯度，或綴以星宿者，謂之渾天象。外此則圭表、壺漏而已。迨元作簡儀、仰儀、闚几、景符之屬，制器始精詳矣。

清·汪士鐸《南北史補志》卷四《天文志第四》　《宋志》：言天者有三家，一曰宣夜。《隋志》：宣夜之書，絶無師法，唯漢祕郎郗萌記先師相傳云：天了無質，仰而瞻之，高遠無極，眼瞀精絶，故蒼蒼然也。譬之旁望遠道之黄山而皆青，俯察千仞之深谷而窈黑，夫青非真色，而黑非有體也。日月衆星，自然浮生虚空之中，其行其止皆須氣焉。是以七曜，或逝、或往，或順、或逆，伏見無常，進退不同，由乎無所根繫，故各異也。故辰極常居其所，而北斗不與衆星西没也。二曰蓋天。《隋志》：蓋天之説，《周髀》是也。基本庖犧氏立周天秝度。其所傳則周公受於殷商，周人志之，故曰《周髀》。髀，股也。股者，表也。其言：天似蓋笠，地法覆槃，天地各中高，外下北極之下爲天地之中，其地最高而滂沲四隤，三光隱映以爲晝夜，天中高於外衡冬至日之所在六萬里，北極下地高於外衡下地亦六萬里，外衡高於北極下地二萬里，天地隆高相從日去地恒八萬里。日麗天而平轉，分冬夏之間口所行道爲七衡六間，每衡周徑里數各依算術，用句股重差推晷影極游，以爲遠近之數，皆得於表股也。故曰《周髀》。又《周髀》家云：天圓如張蓋，地方如棋局，天旁轉如推磨而左行，日月右行天左轉，故日月實東行而天牽之以西没，譬之蟻行磨石之上，磨左旋而蟻右去，磨疾而蟻遲，故不得不隨磨以左迴焉。天行南高而北下，日出高故見，日入下故不見。天之居如倚蓋，故極在人北，是其證也。極在天之中，而今在人北，所以知天之形如倚蓋也。日朝出陰中，暮入陰中，陰氣暗冥，故從没不見也。夏時陽氣多，陰氣少，陽氣光明，與日同暉，故日出即見，無蔽之者，故夏日長也。冬時陰氣多，陽氣少，陰氣暗冥，掩日之光，雖出猶隱不見，故冬日短也。又梁武帝於長春殿講義，别擬天體，全同《周髀》之文，蓋立新意以排渾天之論而已。又蓋圖者云：晉侍中劉智云：顓頊造渾儀，黄帝爲蓋天，然此二器皆古之所制，但傳説義者失其用耳。昔者聖王正曆明時，作圖蓋，以圖列宿，極在其中，迴之以觀天象，分三百六十五度四分度之一以定日數，日行於星紀轉迴右行，故圓規之以爲日行道，欲明其四時所在。故於春也則以青爲道，於夏也則以赤爲道，於秋也則以白爲道，於冬也則以黑爲道，四季之末各十八日則以黄爲道。蓋圖已定，仰觀雖明而未可正昏明、分晝夜，故作渾儀以象天體。今案自開皇已後，天下一統，靈臺以魏鐵渾天儀測七曜盈縮，以蓋圖列星坐分黄赤二道、距二十八宿分度，而莫有更爲渾象者矣。仁壽四年，河間劉焯造《皇極歷》，上啓於東宫，論渾天云：糾洛下閎、鮮于妄人等所營逮，於張衡又尋述作，陸績、王蕃並有修鑄，宋有錢樂之，魏初晁崇等總用銅鐵，小大有殊，規域不異，蔡邕《月令章句》。鄭玄注：《考靈曜》亦同衡法，迄今不改。焯留情推測，見其數制，莫不違爽，言理不明。異家間出，蓋及宣夜三説並驅，平昕安穹四天騰沸，豈容天體七種殊説？又影漏去極，就渾可推，此理有缺，詎不可悲？昔蔡邕自朔方上書，常欲寢伏儀下，案度成數而爲立説，邕才不踰張衡，則有器無書，究何能悟？焯今立術改正舊渾，又以二至之影定去極晷漏，并天地高遠，星辰運周，爲之錯綜。數卷已成，待得影差，謹更啓送。又云：周官夏至日影尺有五寸，張衡、鄭玄、王蕃、陸績先儒等皆以爲影千里差一寸，言南戴日下萬五千里，表影正同天高，乃異，考之算法，必爲不弓寸差千里，亦無典説明，爲意斷事不可依今交愛之州表北無影計無萬里，南過戴日是千里一寸，非其實差。焯今説：渾以道爲率，道里不定，得差不審，請一水工并解算衛士，取河南北平地之所量數百里，南北使正，審時以漏，平地以繩，隨氣至分，同日度影，得其差率，里即可知。則天地無所匿其形，辰象無所逃其數，請勿以人廢言不用。至大業三年，敕諸郡測影，而焯尋卒，事遂寢廢。三曰渾天。《隋志》：前漢舊説：天表裏有水，兩儀轉運，合乘氣而浮，載水而行。漢王仲任據蓋天之説以駁渾儀，云：舊説天轉從地下過，今掘地一丈輒有水，天何得從水中行乎？日隨天而轉，非入地。夫人目所望不過十里，天地合矣，實非合也，遠使然耳。今視日入，非入也，亦遠耳。當日入西方之時，其下之人亦將謂之爲中也。四方之人各以其近者爲出，遠者爲入，何以明之？今試使一人把大炬火，夜行於平地，去人十里，火光滅矣！非火滅也，遠使然耳。今日西轉不復見，是滅火之類也。日月不圓也，望視之所以圓者，去人遠也。夫日，火之精也，水火在地不圓，在天何故圓？丹陽葛洪釋之曰：《渾天儀》注云：天如雞子，地如中黄，孤居於天内，天大而地小，天表裏有水，天地各乘氣而立，載水而行，周天三百六十五度四分度之一，又中分之，則半覆地上，半繞地下，故二十八宿半見半隱，天轉如車轂之運也。張平子、陸公紀之徒咸以爲莫密於渾象。故張平子作銅渾天儀於密室中，以漏水轉之，與天皆合如符。崔子王爲其碑銘曰：數述窮天地制作侔造化蓋由平子渾儀及地動儀有驗故也。黄帝書曰：天在地外，水在天外，水浮天而載地者也。然則天之出入中無復疑矣！又今視諸星出於東者初，但去地小許耳，漸而西行，先經人上，後遂轉西而下，不旁旋也。其先在西之星亦稍下而没，無北轉者，日之出入亦然。若謂天磨石轉者，衆星日月宜隨天而迴，初在於東，次經於南、於西、於北，而復還於東，不應横過去也。今日出於東，冉冉轉上，及其入西，亦復漸漸稍下，不繞邊北去，如此，而王生必謂爲不然者，疏矣。王生以火炬喻日，吾將借子之矛刺子之敵，把火之人去，人轉遠，其光轉微，而日月自出至入，不漸小，王生以火喻之，謬矣。又日之入西方，視之稍稍去，初尚有半，如横破鏡之狀，須臾淪没矣。如王生言：日轉北去者，則其没於北方之頃，宜如豎破鏡，不應如横破鏡也。如此言之，日入北方不亦孤子乎？又月之光微不及日遠矣。月盛之時，重雲蔽之不見，月體而夕，猶朗然，是月光猶從雲中而照外也。日若繞西及北者，其光應如月在雲中之狀，何以夜便大暗也？又日入則星月出焉。若日常出者，何以星月亦出乎？王生又云：遠，故視之圓。若審然者，月之初生以及既虧，何以視之不圓乎？而日食或上或下，從側而起，或如鉤至盡，若遠視見圓，不宜見其殘缺左右所起也。此則渾天之體，信而有徵矣。儒者互執渾蓋二義，梁天監中崔靈恩立義以渾蓋爲一焉。

漢靈帝議郎蔡邕於朔方上書曰：論天體者三家。宣夜之學，絶無師法；《周髀》術數具存，考驗天狀，多所違失。渾天，則今史官所用候臺銅儀也。立八尺圓體，而具天地之形，以正黄道察發斂行日月步五緯，精微深妙，百民不易之道也。官有器而無本書，前志亦闕而不論，本欲寢伏儀下，思惟微意，按度成數，以箸篇章臯惡無狀投畀有北灰滅雨絶勢路無由近蒙宣問羣臣下及巖穴知渾天之意者取述其義。時閹宦用事，邕議不行。蔡氏《月令章句》見《開元占經》，文繁不録。

漢末吴人陸績善天文，推渾天意。按陸公紀及吴太史令陳卓語，俱見《開元占經》，一卷不録。王蕃者，廬江人，吴時爲中常侍善數術，傳劉江《乾象曆》。依《乾象法》而制渾儀曰：前儒説天地之體，狀如鳥卵，天包地外，猶殼裹黄。周旋無端，其形渾渾然，故曰渾天。周天三百六十五度五百八十九分度之百四十五，東西南北展轉周規，半露地上，半在地下，二十八宿半見半隱，以赤儀準之，其見者常百八十二度有奇，其二端謂之南極、北極。北極，天之中也，在正北，出地三十六度；

南極，在正南，入地亦三十六度。兩極相去一百八十二度半强。衆星皆移，而北極不從，猶車輪之有輁軸，繞北極徑七十二度，常見不隱，謂之上規；繞南極七十二度，常隱不見，謂之下規。赤道帶天之紘，去兩極各九十一度少强；黄道，日之所行也，半在赤道外，半在赤道内，與赤道東交於角五少弱，西交於奎十四少强，其出赤道外極遠者去赤道二十四度，斗二十一度是也。其入赤道内極遠者亦二十四度，井二十五度是也。日南至在斗二十一度，去極百一十五度少强是也。日最南，去極最遠，故景最長，黄道斗二十一度出辰入申，故日亦出辰入申。日晝行地上百四十六度强，故日短；夜行地下二百一十九度少弱，故夜長。自南至之後，日去極稍近，故景稍短。日晝行地上度稍多，故日稍長；夜行地下度稍少，故夜稍短。日所在度稍北，故日少北；以至於夏至日在井二十五度，去極六十七度少强，是日最北，去極最近，景最短，黄道井二十五度，出寅入戌，故日亦出寅入戌。日晝行地上二百一十九度少弱，故日長；夜行地下百四十六度强，故夜短。自夏至之後，日去極稍遠，故景稍長。日晝行地上度稍少，故日稍短；夜行地下度稍多，故夜稍長日所在度稍南，故日出入稍南；以至於南至而復初焉，斗二十一、井二十五，南北相徑四十八度。春分日在奎十四少强，秋分日在角五少弱，此黄赤二道之交中也。去極俱九十一度少强，南北處斗二十一、井二十五之中，故景居二至長短之中，奎十四，角五，出卯入酉，故曰亦出卯入酉。日晝行地上，夜行地下，俱百八十二度半强，故日見之漏五十刻，不見之漏五十刻，謂之晝夜同。夫天之晝夜以日出入爲分，人之晝夜以昏明爲限，日未出二刻半而明，日未入二刻半而昏，故損夜五刻以益晝，是以春秋分之漏晝五十五刻。三光之行不必有常，術家以算求之，各有同異，故諸家曆法參差不齊。渾天遭周秦之亂，師徒斷絶，而丧其文。惟渾儀尚在靈臺，是以不廢，故其法可得言。至於纖微委曲，闕而不傳，周天里數無聞焉爾。《洛書甄燿度》《春秋考異郵》皆云：周天一百七萬一千里，一度爲二千九百三十二里七十一步二尺七寸四分大强，分爲七百三十三里一十七步五尺一寸八分大弱四百八十七分分之三百六十二。陸績云：周天一百七萬一千里，天東西南北徑三十五萬七千里，此言周三徑一，蓋天黄赤道之徑數也。渾天、蓋天黄赤道周天度同，故績取以爲言耳。古廣術日率圓周三中徑一。今考之，徑一不啻周三率，周百四十二而徑四十五，以徑率乘之，一百七萬一千里，以周率約之，則天徑三十三萬九千四百一里一百二十二步二尺二寸一分七十一分分之十，東西南北及立徑皆同，半之，得十六萬九千七百里二百一十步二尺有六寸百四十二分寸之八十一，地上去天之數也。《周禮》：日至之景，尺有五寸，謂之地中。鄭衆説：土圭之長尺有五寸，以夏至之日立八尺之表，其景與土圭等，謂之地中。今穎川陽城地也。鄭玄云：凡日景於地，千里而差一寸，景尺有五寸者，南戴日下萬五千里也。以此推之，誠以八尺之表，而有尺五寸景，是立八十而旁十五也。南萬五千里而當日下，則日當去其下地八萬里矣。日邪射陽城則天徑之半也。天體圓如彈丸，地處天之半，而陽城爲中，則日春秋冬夏昏明，晝夜去陽城皆等，無盈縮矣。故知從日邪射陽城爲天徑之半也。以句股法言之，傍萬五千里句也，立八萬里股也，從日邪射陽城弦也，以句股求弦法入之得，得八萬一千三百九十四里三十步五尺三寸六分，天徑之半，而地上去天之數也。倍之，得十六萬二千七百八十八里六十一步四尺七寸二分，天徑之數也。以周率乘之，徑率約之，得五十一萬三千六百八十七里六十八步一尺八寸二分，周天之數也。減《甄燿度考異郵》五十五萬七千三百一十二里有奇，一度凡千四百六里百二十四步六寸四分十萬七千五百六十五分分之萬九千三十九減，舊度千五百二十五里二百五十六步三尺三寸二十一萬五千一百三十分分之十六萬七百三十分，黄赤二道相與交錯其間，相去二十四度，以兩游儀推之，二道俱三百六十五度有奇，是知天體圓如彈丸也。古舊渾象以二分爲一度，凡周七尺三寸半分。張衡更制，以四分爲一度，凡周一丈四尺六寸一分。蕃以古制局小，星辰稠概；衡器傷大，難可轉移，更制渾以三分爲一度，凡周天一丈九分五分四分分之三也。《隋志》：王蕃《渾天説》具於《晉史》。舊説渾天者以日月星辰不問春秋冬夏、晝夜晨昏，上下去地中皆同，無遠近。《列子》曰：孔子東遊見兩小兒鬭，問其故，一小兒曰：我以日始出去人近而日中時遠也。一小兒曰：我以爲日初出遠而日中時近也。言初出近者曰：日初出大如車蓋，及其日中裁如盤蓋，此不爲遠者小而近者大乎？言日初出遠者曰：日初出時滄滄涼涼，及其中時熱如探湯，此不爲近者熱而遠者涼乎？桓譚《新論》云：漢長水校尉平陵關子陽以爲日之去人上方遠而四傍近，何以知之？星宿昏時出東方，其間甚疏，相離丈餘，及夜半在上方視之，其數相離一二丈，以準度望之，逾益明白，故知天上之遠於傍也。日中則在上覆蓋，人人當之，熱於始出時者；始出時，新從太陰中來，故涼，非旁遠於上也。桓君山曰：不然。張衡《靈憲》曰：日之薄地，闇其明也。由闇視明，明無所屈，是以望之若大；及其中也，天地同明，明還自奪，故望之若小。火當夜而揚光，在晝則不明也。晉著作郎陽平束晳，字廣微，以爲傍方與上方等，傍視則天體存於側，故日出時視日大，又日始出時色白者，雖大不甚；始出時色赤者，其大則甚，此人目之惑，無遠近也。且夫置器廣庭，則函牛之鼎如釜；堂崇十仞，則八尺之人猶短物，有陵之非形異也。安岌云：子陽之言非也。束皙言：天體存於目，則日大頗近之矣。渾天之體圓，周徑詳於天度，驗於晷影，其紛然之説，皆由人目也。如參法初出，在旁則其間疎，在上則其間數，以渾檢之，度則均也。旁之與上，理無有殊。夫日者，純陽之精，光明眩人目，故人視日如小；及其初出地，有遊氣以厭日光，不眩人目，故日赤而大也。無遊氣則色白，地氣上升，蒙蒙四合，與天連者，雖白，時亦赤矣。氣者，日火無炎也。光衰失常，則爲異矣。日之赤宜矣。然日色赤今差猶蒙日與火相類，火則體赤而炎黄。御史中丞何承天論渾象體曰：詳尋前説，因觀渾儀，研求其意，有以悟天形正員，而水周其下。言四方者，東暘谷，日之所出；西至濛汜，日之所入。《莊子》又云：北溟之魚，化而爲鳥，將徙於南溟，斯亦古之遺記，四方皆水證也。四方皆水，謂之四海。凡五行相生於金，是故百川發源皆自山出，由高趣下，歸於注海，日爲陽精，光耀炎熾，一夜入水，所經燋竭，百川歸注，足於補復故旱不爲減，浸不爲益。《隋志》又云：周天三百六十五度三百四分之七十五。天常西轉，一日一夜過周一度。南北二極相去一百一十六度三百四分度之六十五强，即天經也。黄道衺帶赤道，春分交於奎七度，秋分交於軫十五度，冬至斗十四度半强，夏至井十六度半。從北極扶天而南五十五度强，則居天四維之中最高處也，即天頂也。其下則地中也。自外與王蕃大同。經天之説，蕃説近之。大中大夫徐爰曰：制儀之始，王蕃言近之。然候審七曜，當以運行爲體，設器擬象，焉得定其盈縮？設使唐虞之世已有渾儀，涉歷三代，以爲定准，後世聿遵，孰敢非革？而三天之儀，紛然莫辨，至楊雄方難蓋通渾。張衡爲太史令，乃鑄銅制範。衡傳云：其作渾天儀，考步陰陽，最爲詳密。故知自衡以前，未有斯儀。《虞書》之文，蓋璇玉貴美之名，璣衡詳細之目，先儒以爲北斗七星，天綱運轉，聖人仰觀俯察，以審時變。渾文廢絶，故有宣蓋之論，其術並疎，故後人莫述。楊雄《法言》云：或人問渾天於雄，雄曰：落下閎營之，鮮于妄人度之，耿中丞象之，幾乎，幾乎，莫之違也。夫雄不以渾義答之，而舉此三人以對者，以此三人制造渾儀，以圖晷緯，知西漢長安已有其器。將由喪亂亡失，故衡復鑄之乎？蕃又記古渾儀尺度，并張衡改制之文，則知斯器非衡始造矣。衡所造渾儀，傳至魏晉，中華覆敗，沉没戎虜，績、蕃舊器，亦不復存。晉安帝義熙十四年，高祖平長安，得衡舊器，儀狀雖舉，不綴經星七曜。文帝元嘉十三年，詔太史令錢樂之更鑄渾儀，徑六尺八分少，周一丈八尺二寸六分少，地在天内，立黄赤二道南北二極，規二十八宿，北斗極星，五分爲一度，置日月五星於黄道之上，置立漏刻，以水轉儀，昏明中星，與天相應。十七年，又作小渾天，徑二尺二寸，周六尺六寸，以分爲一度，安二十八宿，中外宫以白黑珠及黄三色爲三家星，日月五星悉居黄道。

清·吴汝綸《尚書故》第一册《堯典》 在璿璣玉衡，北齊七政。《史記》：舜乃在璿璣玉衡，以齊七政。

《天官書》云：北斗七星，所謂旋璣玉衡以齊七政，杓携龍角，衡殷南斗，魁枕參首。用昏建者杓，杓，自華以西南。夜半建者衡，衡，殷中州河濟之間。平旦建者魁，魁，海岱以東北也。斗爲帝車，運于中央，臨制四鄉，分陰陽，建四時，均五行，移節度，定諸紀，皆繫於斗。《律書》云：太史公曰：故旋璣玉衡，以齊七政，即天地二十八宿。十母，十二子，鐘律調自上古。建律運曆造日度，可據而度也。合符節，通道德，即從斯之謂也。汝綸案：史以旋璣玉衡爲北斗者，《春秋文耀鈎》云：斗者，天之喉舌；玉衡，屬杓；魁爲旋璣。蕭吉《五行大義》引《尚書》説旋、璣、斗、魁、四星，玉衡、拘、横三星，是前漢舊説，與史公同。漢《律曆志》云：衡，平也，其在天也，佐助旋璣，斟酌建指，以齊七政。蓋用《大傳》北極爲旋璣之説。其以玉衡爲北斗，亦與史公同。後漢馬、鄭諸儒始以渾儀説之。史公不言渾儀，渾儀起於後世，非唐虞之器也。《揚子法言》：或問渾天，曰：洛下閎營之，鮮于妄人度之，耿中丞象之。是渾儀造于漢代。《文耀鈎》謂唐堯即位，羲和立渾儀者，非也。史公説：七政具在曆書，謂天也，地也，星辰也，日也月也，鐘律也，厤也；其稱二十八宿者，星辰也；十母者，日也；十二子者，月也；鐘律調自上古者，律也；建律運厤造日度者，厤也。是天、地、星辰、日、月、律、曆爲七政也。其云故旋璣玉衡，故者，古也。《大傳》以四時、天、地、人爲七政，《考靈曜》以爲日、月、五星，皆與史公不合。《爾雅》：在，察也。《大傳》：齊，中也。

清·簡朝亮《尚書集注述疏》卷一 自漢以來，機衡之制益修。至宋元祐間，其制漸精。郭守敬又改爲簡儀。明代因之，今制有赤道儀、黄道儀、天體儀、地平儀，其大略也。

清·汪榮寶《法言義疏》卷一三 或問渾天，曰：下閎營之，鮮于妄人度之，耿中丞象之，幾乎，幾乎，莫之能違也。注：幾，近也。落下閎爲武帝經營之，鮮于妄人又爲武帝算度之，耿中丞名壽昌，爲宣帝考象之。言近，近其理矣，談天者無能違遠也。請問蓋天【注】欲知蓋天圖也。曰：蓋哉，蓋哉，應難未幾也。注：再言蓋哉者，應難八事，未有近其理者，渾天者，《續漢書·天文志》注引《蔡邕表志》云：言天體者有三家，一曰《周髀》，二曰宣夜，三曰渾天。宣夜之學，絶無師法，《周髀》術數具存，考驗天象，多所違失，故史官不用。惟渾天者，近得其情。今史官所用候臺銅儀，則其法也。立八尺圓體之度，而具天地之象，以正黄道，以察發斂，以行日月，以步五緯，精微深妙，萬世不易之道也。《書鈔》一百四十九引張衡《渾天儀》云：渾天如雞子，天體圓如彈丸，地如雞中黄，孤居于内，天大而地小，天表裏有水，天之包地，猶殼之裹黄。天地各乘氣而立，載水而浮。周天三百六十五度四分度之一。又中分之，則一百八十二度八分之五覆地上，一百八十二度八分之五繞地下，故二十八宿半見半隱。其兩端謂之南北極，北極乃天之中也，在正北出地上三十六度，然則北極上規經七十二度常見不隱；南極天之中也，在正南入地三十六度，南極下規七十二度常伏不見，兩極相去一百八十二度半强。天轉如車轂之運也，周旋無端，其形渾渾，故曰渾天也。《開元占經》一引王蕃《渾天象説》云：渾象之法地，當在天中，其勢不便，故反觀其形，地爲外匡。按渾象制作，如地居上而下視天，東西易位，故云反觀其形，地爲外匡，於已解人。按：猶云自我觀他，無異在内，詭狀殊體，而合於理，可謂奇巧。古舊渾象以二分爲一度，凡周七尺三寸半分。漢張衡更制以四分爲一度，凡周一丈四尺六寸一分。【略】《隋書・天文志》：分儀象爲二篇，謂機衡爲儀，謂有機而無衡者爲象。以渾天儀爲羲和舊器，積代相傳，謂之機衡，而據虞喜説，以渾天象爲落下閎所製。按《舜典》疏引《法言》：此文釋之云：閎與妄人，武帝時人，宣帝時司農中丞耿壽昌始鑄銅爲之象，史官施用焉。盛氏百二《尚書釋天》云：儀象二者，皆爲治曆之首務，但必有渾儀測知日月之躔度星辰之經緯，而後著之於象，始與天體密合，故欲製象，必先製儀，則洛下閎經營者宜爲儀，耿中丞鑄者宜爲象，鮮于量度之者正測量星辰之經緯也。然史傳無明文。《隋志》據虞喜之言，以渾象爲閎製，不知渾天者，儀象之統名。司馬温公《法言》注謂：耿中丞象之，爲作渾天儀。然先儒儀象又或統稱，均難足據。如盛説，則似以儀爲器，而以象爲圖，與《隋志》所分，又復乖異。其實儀象古訓相通，初無所别。《隋志》所云羲和渾天儀，相傳謂之機衡者，後代久無其器。而前漢以來，候臺所存，周七尺三寸半分之渾象，亦謂之渾儀。此即《蔡志》所謂立八尺圓體之度者，以成數言，故云八尺耳。蓋即耿中丞所鑄，而所謂落下閎營之者，不過發意造端，未必即爲製器也。若《晉書・天文志》云暨漢太初落下閎、鮮于妄人、耿壽昌等造員儀，以考曆度，則以此渾天象爲太初之世閎等三人同時造作者。然耿爲司農中丞在五鳳中，明不與落下同時。《法言》所謂營之、度之、象之者，固有先後，非一時之事也。【略】《晉志》引葛洪云：諸論天者雖多，然精於陰陽者，張平子、陸公紀之徒，咸以爲推步七曜之道，度曆象昏明之證候，校以四八之氣，考以漏刻之分，占晷景之往來，求形驗於事情，莫密於渾象者也。按《御覽》二引《新論》云：通人揚子雲因衆儒之説天，以天爲如蓋，轉常左旋，日月星辰，隨而東西，乃圖畫形體行度，參以四時歷數、昏明晝夜，欲爲世人立紀律，以垂法後嗣。余難之曰：春秋晝夜欲等平，且日出于卯正東方，暮日入于酉正西方，今以天下人占視之，此乃人之卯酉，非天卯酉。天之卯酉當北斗極，北斗極天樞，樞，天軸也，猶蓋有保斗矣，蓋雖轉而保斗不移。天亦轉周匝，斗極常在，知爲天之中也。仰視之又在北，不正在人上。而春秋分時，日出入乃在斗南如蓋轉，則北道近，南道遠，彼晝夜刻漏之數何從等平？子雲無以解也。後與子雲奏事待報，坐白虎殿廊廡下。以寒，故背日。曝背有頃，日光去背，不復曝焉。因以示子雲曰：天即蓋轉，而日西行，其光影當照此廊下而稍東耳。不當拔出去，拔出去無，乃是反應渾天家法焉。子雲立壞其所作。如《新論》所云，則子雲初信蓋天，後因君山説而更爲渾天之學。考子雲之作《太玄潭思渾天事》在作《長楊賦》以後，此《新論》云云，乃《潭思渾天》以前之事，蓋初除爲郎時，當元延二、三年也。又《御覽》二引《新論》云：揚子雲好天文，問之于黄門，作渾天，老工曰：我少能作其事，但隨尺寸法度殊，不曉達其意，然稍稍益愈，到今七十，乃甫適知已，又老且死矣。然則子雲之治渾天，不惟博采通人，雖至黄門老工，亦與爲討論，可以見其《潭思》之梗概矣。蓋天，治平本天字誤入注文，今據錢本訂正。《晉志》云：蔡邕所謂《周髀》者，即蓋天之説也。其言天似蓋笠，地法覆槃，天地各中高外下。北極之下，爲天地之中，其地最高，而滂沲四潰，三光隱映，以爲晝夜。天中高於外衡冬至日之所在六萬里，北極下地高於外衡下地亦六萬里，外衡高於北極下地二萬里，天地降高相從，日去地恒八萬里，日麗天而平轉，分冬夏之閒，日前行道爲七衡六閒，每衡周經里數各依算術，用句股重差，推晷影極游，以爲遠近之數，皆得於表股者也，故曰周髀。又周髀家云：天圓如張蓋，地方如棊局，天旁轉如推磨而左行，日月右行，隨天左轉，故日月實東行而天牽之以西没，譬之於蟻行磨石之上，磨左旋而蟻右去，磨疾而蟻遲，故不得不隨磨以左迴焉。天形南高而北下，日出高故見，日入下故不見，天之居如倚蓋，故極在人北，是其證也。極在天之中而今在人北，所以知陰中陰氣暗冥，故没不見也。夏時陽氣多陰氣少，陽氣光明與日同輝，故日出即見，無蔽之者，故夏日長也；冬天陰氣多陽氣少，陰氣晦冥掩日之光，雖出猶隱不見，故冬日短也。《尚書釋天》云：六天沸騰，而蓋天一家之説復言人人殊。其解周髀也，曰髀者股也，周人志之，故曰周髀。又曰：周經里數皆得於表股，故曰周髀。虞喜云：地體不動，天周其上，故曰周髀。其論晝夜也，曰：地勢穹隆，三光隱映以爲晝，使日出高故見，日入下故不見。又曰：日朝出陽中，暮入陰中，陰氣晦冥，故没入不見。其論地體也，既云勢穹隆，滂沲四隤，地爲圓象明矣。又云：方如棊局。其言天體也，既云：中高四下，形如覆盆。王仲任又云：天平正，與地無異。自餘矛盾甚多也。【略】子雲有難蓋天八事，見《隋志》及《開元占經》。其一云：日之東行循黄道，晝中規牽牛距北極北百一十度，東升距北極南七十度并百八十度，周三徑一，二十八宿周天當五百四十度，今三百六十度，何也？其二云：春秋分之日正出在卯入在酉，而晝漏五十刻，即天蓋轉，夜當倍晝，今夜亦五十刻，何也？其三曰：日入而星見，日出而不見，即斗下見日六月不見日六月，北斗亦當見六月不見六月，今夜常見，何也？其四曰：以蓋圖視天河，起斗而東入狼，弧閒曲如輪，今視天河直如繩，何也？其五曰：周天二十八宿，以蓋圖視天，星見者當少，不見者當多，今見與不見等，何出入無冬夏而兩宿十四星當見，不以日長短故見有多少，何也？其六曰：天至高也，地至卑也，日託天而旋，可謂至高矣。縱人目可奪，水與景不可奪也。今從高山之上設水平以望日，則日出水平下，影上行，何也？若天體常高，地體常卑，日無出下之理，於是蓋天無以對也。其七曰：視物近則大，遠則小，今日與北斗，近我而小，遠我而大，何也？其八曰：視蓋橑與車輻閒，近杠轂即密，益遠益疏，今北極爲天杠轂，二十八宿爲天橑輻，以星度度天，南方次地星閒，當數倍，今交密，何也？以上皆子雲難蓋天之説。彼時蓋天家必有强辭奪理以應之者，故曰應難未幾也。渾蓋二家，古稱聚訟，梁崔靈恩始爲渾蓋合一之説，見《梁書》本傳及《南史·儒林傳》，而其文不詳明。李之藻著《渾蓋通憲圖説》，近梅氏文鼎《曆學疑問》補益推闡其義，以爲蓋天即渾天也。天體渾圓，故惟渾天儀爲能惟肖。然欲詳求其測算之事，必寫寄於平面，是爲蓋天。故渾天如塑象，蓋天如繪象，總一周天也。總一周天之度也，豈得有二法哉？然渾天之器渾圓，其度均分，其理易見，而造之小易。蓋天寫渾度于平面，則正視與斜望殊觀，仰測與旁窺異法，度有疏密，形有垤坳，非深思造微者不能明其理，亦不能制其器，不能盡其用。是則蓋天之學，原即渾天而微有精粗難易，無二法也。夫蓋天理既精深，傳者遂尠，而或者不察，但泥倚蓋覆槃之語，妄擬蓋天之形，竟非渾體。天有北極無南極，倚地斜轉，出没水中，而其周不合，荒誕違理，宜乎揚雄蔡邕輩之辭而辟之矣。漢承秦後，書器散亡，惟洛下閎爲渾天儀，而他無考據。然世猶存蓋天之名，説者承訛，遂分爲二，而不知非也。榮按：推步之術，今密而古疏。蓋天之學，當起於渾天以前。其所觀察不及渾天之精，偶有荒誕違理之説，亦時世爲之，不足爲怪。梅氏必謂蓋天之法與渾天一致，而理更精深。以諸史所傳，蓋天之説，皆後人之承訛，而非本來如是，言之彌近，理而彌遠，於事實不足置信也。

紀事

晉·陳壽《三國志》卷五七《吴書十二·陸績傳》 績容貌雄壯，博學多識，星曆算數，無不該覽。虞翻舊齒名盛，龐統荆州令士，年亦差長，皆與績友善。孫權統事，辟爲奏曹掾，以直道見憚，出爲鬱林太守，加偏將軍，給兵二千人。績既有躄疾，又意在儒雅，非其志也。雖有軍事，著述不廢，作《渾天圖》，注易釋玄，皆傳於世。豫自知亡日，乃爲辭曰：有漢志士吴郡陸績，幼敦詩、書，長玩禮、易，受命南征，遘疾遇厄，遭命不幸，嗚呼悲隔！又曰：從今已去，六十年之外，車同軌，書同文，恨不及見也。年三十二，卒。長子宏，會稽南部都尉。次子叡，長水校尉。

南朝宋·范曄《後漢書》卷九二《律曆志》 當今曆正月癸亥朔，光、晃以爲乙丑朔。乙丑之與癸亥，無題勒款識可與衆共别者，須以弦望晦朔光魄虧滿可得而見者，考其符驗。而光、晃曆以《考靈曜》爲本，二十八宿度數及冬至日所在，與今史官甘、石舊文錯異，不可考校；以今渾天圖儀檢天文，亦不合於《考靈曜》。光、晃誠能自依其術，更造望儀，以追天度，遠有驗於圖書，近有效於三光，可以易奪甘、石，窮服諸術者，實宜用之。難問光、晃，但言圖讖，所言不服。

隋·杜公贍《編珠》卷三《補遺》 沈約《宋書》曰：文帝詔太史令錢樂之作小渾天，安二十八宿，中外以白真珠及青黄三色珠爲三象星，日月五星悉居黄道。

唐·李延壽《北史》卷八九《藝術傳上·信都芳》 又著《樂書》、《遁甲經》、《四術周髀宗》。其序曰：「漢成帝時，學者問蓋天，楊雄曰：『蓋哉，未幾也。』問渾天，曰『落下閎爲之，鮮于妄人度之，耿中丞象之，幾乎，莫之息矣。』此言蓋差而渾密也。蓋器測影而造，用之日久，不同於祖，故云『未幾也』。渾器量天而作，乾坤大象，隱見難變，故云『幾乎』。是時，太史令尹咸窮研晷蓋，易古周法，雄乃見之，以爲難也。自昔周公定影王城，至漢朝，蓋器一改焉。渾天覆觀，以《靈憲》爲文；蓋天仰觀，以《周髀》爲法。覆仰雖殊，大歸是一。古之人制者、所表天効玄象。芳以渾算精微，術機萬首，故約本爲之省要，凡述二篇，合六法，名《四術周髀宗》。」

唐·瞿曇悉達《唐開元占經》卷二《論天》 後漢末，吴人陸績，字公紀，於孫權時又作《渾天儀説》。績造《渾天圖》。曾于土室居，令不覺晝夜。已在内推步度數，擊鼓節與外相應，而不失毫釐。陸公紀《渾天説》云：先王之道，存乎治曆明時，本之驗著，在於天儀。夫法象莫如渾天，渾天之設久矣。昔在顓頊，使南正重司天，而帝嚳亦序三辰，堯命羲和，欽若昊天，曆象日、月、星辰。舜之受禪，在璿璣玉衡，以齊七政。以是數者言之，曩時已立渾天之象明矣。周公序次六十四卦，兩兩相承，反覆成象，以法天行，周而復始，晝夜之義。故《晉卦·象》曰：晝日三接。《明夷·象》曰：初登于天，後入于地。仲尼説之，曰：明出地上，晉進而麗乎大明，是以晝日三接，明入地中。明夷夜也，先晝後夜，先晉後明夷，故曰先登于天，照四國也；後入于地，失則也。日月麗乎天，隨天轉運，出入乎地，以成晝夜也。渾天之義，蓋與此同。云云。餘已見前篇，至與蔡氏、張衡同，故略云。故曰：言天體非一家也。【略】

吴時廬江王蕃，字興元，爲中常侍，善數術，嘗造渾儀，及《渾天象説》，云幽平之後，周室遂卑，云云。

唐·李吉甫《元和郡縣志》卷三七　顯朝岡，在縣北二十里。陸績爲太守，每登此岡，制渾天圖。

後晉·劉昫等《舊唐書》卷三《太宗紀下》　七年春正月【略】癸巳，直太史、將仕郎李淳風鑄渾天黄道儀，奏之，置於凝暉閣。

後晉·劉昫等《舊唐書》卷三五《天文志上》　於是玄宗親爲製銘，置之於靈臺以考星度。其二十八宿及中外官與古經不同者，凡數十條。又詔一行與梁令瓚及諸術士更造渾天儀，鑄銅爲圓天之象，上具列宿赤道及周天度數。注水激輪，令其自轉，一日一夜，天轉一周。又別置二輪絡在天外，綴以日月，令得運行。每天西轉一帀，日東行一度，月行十三度十九分度之七，凡二十九轉有餘而日月會，三百六十五轉而日行帀。仍置木櫃以爲地平，令儀半在地下，晦明朔望，遲速有準。又立二木人於地平之上，前置鐘鼓以候辰刻，每一刻自然擊鼓，每辰則自然撞鐘。皆於櫃中各施輪軸，鈎鍵交錯，關鎖相持。既與天道合同，當時共稱其妙。鑄成，命之曰水運渾天俯視圖，置於武成殿前以示百僚。無幾而銅鐵漸澀，不能自轉，遂收置於集賢院，不復行用。

宋·王溥《唐會要》卷四二　渾儀圖

貞觀初，李淳風上言：靈臺候儀是後魏遺範，法制疎略，難爲占步。上因令淳風改造渾儀，鑄銅爲之。至七年三月十六日，直太史局將仕郎李淳風鑄渾天黄道儀成，奏之，置于凝暉閣。其制度以銅爲之，表裏三重，下據準基，狀如十字，末樹鼇足，以表四極焉。

第一儀名六合儀，有天經雙規，渾緯規、金常規，相結于四極之内，備二十八宿，十干、十二辰，緯三百五十五度。

第二儀名三辰儀，圓徑八尺，有璿璣規、黄道規、月遊規，天宿矩度，七曜所行，並備于此，轉于六合之内。

第三儀名四遊儀，元樞爲軸，以連結玉衡、遊筩，而貫約規矩。又元樞北樹北辰南距地軸傍轉于内。又玉衡在元樞之間，而南北遊仰，以觀天之辰宿，下以識器之晷度。因撰《法象志》七卷，以論前代渾儀得失之。

宋·樂史《太平寰宇記》卷一六六《嶺南道十》　（陸績）出爲鬱林太守，加偏將軍。績意在儒雅，雖有軍事，而著述不輟。每造此岡，制渾天圖。

宋·王欽若等《册府元龜》卷七八六　陶弘景，字淵明，丹陽秣陵人，爲奉朝請諸王侍讀。讀書萬餘卷，善琴棊，工草隸。又性好著述，尚奇異，顧惜光景，老而彌篤，尤明陰陽五行、風角星筭、山川地理、方圖産物、醫術本草，著《帝王年曆》。又嘗造渾天象，云脩道所須，非止史官是用。

宋·蘇頌《新儀象法要》卷上　進儀象狀

臣頌先準元祐元年冬十一月詔旨，定奪新舊渾儀。尋集日官及檢詳，應前後論列于證文字。赴翰林天文院、太史局兩處，對得新渾儀，係至道皇祐中置造並堪行用。舊渾儀係熙寧中所造，環器怯薄，水趺低墊，難以行使。奉聖旨下秘書省依所定施行。臣竊以儀象之法，度數備存，而日官所以互有論訴者，蓋以器未合古，名亦不正。至於測候，須人運動，人手有高下，故躔度亦隨而移轉，是致兩競各指得失，終無定論。蓋古人測候天數，其法有二：一曰渾天儀，規天矩地，機隱於内，上布經躔，以日星行度，察寒暑進退，如張衡渾天、開元水運銅渾是也。二曰銅候儀，今新舊渾儀，翰林天文院與太史局所用者是也。又案吴中常侍王蕃云：渾天儀者，羲、和之舊器，積代相傳，謂之機衡。其爲用也，以察三光，以分宿度者也。又有渾天象者，以著天體，以布星辰。二者以考於天，蓋密矣。詳此則渾天儀、銅渾儀之外，又有渾天象，凡三器也。渾天象歷代罕傳，其制惟《隋書志》稱梁代秘府有之，云是宋元嘉中所造者。由是而言：古人候天，具此三器，乃能盡妙。今惟一法，誠恐未得親密。然則張衡之制，史失其傳，開元舊器，唐世已亡。國朝太平興國初，巴蜀人張思訓首創其式，以獻太宗皇帝，召工造於禁中，踰年而成。詔置文明殿今文德殿是也東鼓樓下，題曰太平渾儀。自思訓死，機繩斷壞，無復知其法制者。臣昨訪問，得吏部守當官韓公廉通《九章算術》，常以鈎股法推考天度。臣切思，古人言天有《周髀》之術，其説曰：髀股也。股者，表也。日行周徑里數，各依算術，用鈎股重差，推晷影極游，以爲遠近之數，皆得表股。周人受之，故曰《周髀》。若通此術，則天數從可知也。因説與張衡、一行、梁令瓚、張思訓法式大綱問其可以尋究依仿製造否？其人稱：若據算術案器，象亦可成就。既而撰到《九章鈎股測驗渾天書》一卷，并造到木樣機輪一坐。臣觀其器範，雖不盡如古人之説，然激水運輪亦有巧思。若令造作，必有可取。遂具奏陳，乞先創木樣進呈，差官試驗，如候天有準，即別造銅器。奉二年八月十六日詔，如臣所請置局，差官及專作材料等，遂奏差鄭州原武縣主簿充壽州州學教授王沇之充專監造作兼管句收支官物，太史局夏官正周日嚴、秋官正于太古、冬官正張仲宣等與韓公廉同充製度官。局生袁惟幾、苗景、張端，節級劉仲景，學生侯永和、于湯臣測驗晷景刻漏等，都作人員尹清部轄指畫工作。至三年五月先造成小樣，有旨赴都堂呈驗。自後造大木樣，至十二月工畢。又奏乞差承受内臣一員赴局，預先指説，準備□内中進呈，日□宣問。十月，入内内侍省差到供奉官黄卿從至。閏十二月二日具劄子取稟安立去處，得旨置于集英殿。臣謹案，歷代天文之器，制範頗多，法亦小異。至于激水運機，其用則一。蓋天者運行不息，水者注之不竭，以不竭逐不息之運，苟注挹均調，則參校旋轉之勢，無有差舛也。故張衡渾天云置密室中，以漏水轉之，令司之者閉户唱之，以告靈臺之觀天者。璇璣所加，某星始見，某星已中，某星今没，皆如符合，唐開元中，詔浮屠一行與率府兵曹梁令瓚及諸術士，更造鑄銅渾，爲之圓天之象，□具列宿及周天度數，注水激輪，令其自轉，一日一夜，天轉一周。又別置二輪，絡在天外，綴以日月，令得運行。每天西轉一匝，日正東行一度，月行十三度有奇。凡二十九轉而日月會，三百六十五轉而日行匝。仍置木櫃，以爲地平，令儀半在地上。又立二木偶人于地平之前，置鐘鼓，使木人自然撞擊，以候辰刻，命之曰水運渾天。俯視圖既成，置武成殿前，以示百僚。梁朝渾象以木爲之，其圓如丸徧體布二十八宿、三家星，謂巫咸、石申、甘德三家星圖，以青黄、赤三色別之。黄赤道及天河等。別爲横規環以繞其外，上下半之以象地。張思訓渾儀爲樓數層，高丈餘，中有輪軸、關柱，激水以運輪。又有直神摇鈴、扣鐘擊鼓，每一晝夜周而復始。又有十二神各直一時，時至，則自執牌循環而出，報隨刻數以定晝夜之長短。至冬，水凝運行遲澁，則以水銀代之，故無差舛。又有日、月、星象，皆取仰觀。案舊法，日、月行度皆人所運，新制成于自然，尤爲精妙。然則據上所述，張衡所謂靈臺之璇璣者兼渾儀、候儀之法也，置密室中者，渾象也。故葛洪云：張平子、陸公紀之徒張衡，字平子。陸績，字公紀。咸以爲推步七曜之運以度曆象昏明之證，候校以三八之氣，考以刻漏之分，占晷景之往來，求形驗于事情，莫密于渾象也。開元水運俯視圖亦渾象也。思訓準開元之法，而上以蓋爲紫宫，旁爲周天度，而正東西轉，出其新意也。今則兼採諸家之説，備存儀象之器，共置一臺中，臺有二隔：渾儀置于上，而渾象置于下，樞機輪軸隱于中。鐘鼓、時刻、司辰運于輪上，木閣五層蔽于前。司辰擊鼓、摇鈴、執牌出没于閣内，以水激輪，輪轉而儀象皆動，此兼用諸家之法也。渾儀則上候三辰之行度，增黄道爲單環，環中日見半體，使望筒常指日，日體常在筒竅中，天西行一周，日東移一度，此出新意也。渾象則列紫宫于北頂，布中外官星，二十八舍，周天度、黄赤道、天河遍于天體，此用王蕃及《隋志》所説也。又以五色珠爲日、月、五星，貫以絲繩，兩末以鈎環掛于南北軸，依七曜盈縮、遲疾、留逆、移徙，令常在見行躔次之内，晝夜隨天而旋，使人于其旁驗星在之次，與臺上測驗相應，以不差爲準。此用一行、思訓所説而增損之也。二器皆出一機，以水激之，不由人力校之。前古疏密，雖未易知，而器度算數亦彷彿其遺象也。又制刻漏四副：一曰浮箭漏，二曰秤漏，皆與今太史及朝堂所用略同。三曰沈箭漏，四曰不息漏，并採用術人所製法式，置于別室，使挈壺專掌，逐時刻與儀、象互相參考，以合天星行度爲正。所以驗器數與天運不差，則寒暑氣候自正也。《虞書》稱在璇璣玉衡，以齊七政。蓋觀四七之中星，以知節候之早晚。《考靈耀》曰：觀玉儀之游，昏明主時，乃命中星者也。璇璣中而星未中爲急，急則日過其度，月不及其宿。璇璣未中而星中爲舒，舒則日不及其度，月過其宿。璇璣中而星中爲調，調則風雨時，庶草蕃廡，而五穀登，萬事康。由是言之，觀璇璣者不獨視天時而布政令，抑欲察灾祥而省得失也。《易》曰：先天而天不違，後天而奉天時。此之謂也。今依《月令》創爲四時中星圖，以曉昏之度，附于卷後，將以上備聖主南面之省觀此儀象之大用也。又上論渾天儀、銅候儀、渾天象三器不同古人之説，亦有所未盡。陳苗謂：張衡所造，蓋亦止在渾象七曜，而何承天莫辨儀、象之異，若但以一名命之，則不能盡其妙用也。今新製備二器，而通三用，當總謂之渾天。恭俟聖鑒，以正其名也。

光禄大夫守吏部尚書兼侍讀上護軍武功郡開國侯臣蘇頌上

宋・張君房《雲笈七籤》卷一七七　（陶弘景）又作渾天象，高三尺許，地居中央，天轉而地不動。二十八宿度數，七曜行道，昏明中星，見伏早晚。以機轉之，悉與天相會。云此修道所須，非但史官家用。又欲因流水作自然漏刻，使十二時輪轉循環，不須守視，而患山澗水易生苔垢，參差不定，是故未立。

宋・司馬光《資治通鑒》一九四《唐紀十》　直太史雍人李淳風奏靈臺候儀制度疎略，但有赤道，請更造渾天黄道儀。許之。癸巳成而奏之。

宋・司馬光《資治通鑒》卷二一二《唐紀二十八》　冬十月癸丑，作水運渾天，成。上具列宿，注水激輪，令其自轉，晝夜一周。別置二輪，絡在天外，綴以日月，逆天而行，淹速合度。置木匱爲地平，令儀半在地下，又立二木人，每刻擊鼓，每辰擊鐘，機械皆藏匱中。

宋·孔平仲《續世説》卷六 玄宗開元十三年，作水運渾天，成。上具列宿，注水激輪，令其自轉，晝夜一周。别置二輪，絡在天外，綴以日月，逆天而行，淹速合度。置木櫃爲地平，令儀半在地下，又立二木人，每刻擊鼓，每辰擊鐘，機械皆在櫃中。

宋·錢端禮《諸史提要》卷七 論天雖多，莫密渾象。張平子既作銅渾天儀，於密室中，以漏水轉之，令伺之者閉户而唱之，其伺者以告靈臺之觀天者曰：璇璣所加，某星始見，某星已中，某星今没，皆如合符。

宋·孫逢吉《職官分紀》卷一七 造渾儀式太平興國四年正月，以司天監冬生張司訓爲渾儀丞。先是，司訓自言能爲渾儀，因造其式以獻。上召南方正官於禁中，如其式造之，踰年而成。機思精至，詔置于文明殿東南隅漏室中。因有是命，思訓自叙制度云：渾儀者，法天象地，數有三層，下有地軸、地輪、地足，亦有横輪、側輪、針輪，定身關中、關小、關天，柱七直人，左撼鈴，右扣鍾，中擊鼓，以定刻數。其七直一晝夜方定是日月土水火金木，中有天道，大足十二神，設十二時刻數，定晝夜短長，其五有天預、天牙、天聞、天指、天拓、天束、天條，三百六十五度，紫微宫及周天列宿，并斗建黄道赤道，以日行度定寒暑進退。又古之制作，運動以水。踈略既多，寒暑無準。今以水銀代水，運動不差。【略】渾儀自東漢張衡始造。唐開元中，詔僧一行與粱令瓚及諸術士造渾天儀，鑄銅爲日月圜天之象，上具列星赤道及天度數。注水激輪，令其自轉，一日一夜，天轉一周。又别立二輪，絡在天外，綴以日月，令得運行。每天西轉一匝，日東行一度，月行十三度十九分度之七，凡二十九轉有餘，而日月會，三百六十五轉而日行匝。仍置木櫃以爲地平，令儀半在地上，半在地下，晦明朔望，遲速有準。又立二木人于地平之上，前置鐘鼓以侯辰刻，每一刻則自然擊鼓，每一辰則自然撞鐘，皆櫃中各施軸鈎支錯，關鏁相持。既與天道合，因命曰：水運渾天。俯視□，後銅鉄澁，不能自轉，不復行用。今思訓所作，起爲樓閣之狀數層，高丈餘。又以木偶人爲七直神，摇鈴、撞鐘、擊鼓。又作十二神，各直一時，至其時節，自執木牌，循環而出，并著日月星辰，皆須仰視。其機轉之用俱隱，隱于樓中，頗爲精妙，得開元之遺制。

宋·王應麟《玉海》卷一《天文》 唐木渾圖 渾天圖

《曆志》：麟德初，李淳風爲甲子元曆，起二年頒用，謂之《麟德曆》，損益中晷術，以考日至，爲水渾圖，以測黄道，當時以爲密。《會要》：開元八年六月十五日，左金吾衛長史南宫説奏《渾天圖》，空有其書，今無其器。臣既修《九曜占書》，須量校星象，請造兩枚，一進内，一留司占測。許之。

《吴志》：陸績作《渾天圖》。【略】

開寶渾天圖

實錄開寶二年十月戊寅，有司上《渾天圖》、《太一圖》各一。

宋·王應麟《玉海》卷二《天文》 《後曆志》：蔡邕議：馮光、陳晃曆以《考靈曜》二十八宿度數及冬至所在，與今史官甘、石舊文錯異，不合考校；以今渾天圖儀檢天文，亦不合於《考靈曜》。《月令正義》熊氏引石氏《星經》云：司命二星在虚北，司禄二星在司命北，司危二星在司禄北，司中二星在司危北。【略】

《隋志》：宋何承天論渾天象體，祖暅亦謂信而有證。《唐志》：張衡《靈憲圖渾天儀》、王蕃《渾天象注》各一卷。言其形體渾然。《隋志》：《渾天儀》一卷，《渾天圖》一卷，《石氏圖》一卷，《圖記》二卷。

元·脱脱等《宋史》卷七四《律曆志七》 赤道宿：漢百二年議造曆，及定東西，立晷儀，下漏刻，以追二十八宿相距於四方，赤道宿度，則其法也。其赤道，斗二十六度及分，牛八度，女十二度，虚十度，危十七度，室十六度，壁九度，奎十六度，婁十二度，胃十四度，昴十一度，畢十六度，觜二度，參九度，井三十三度，鬼四度，柳十五度，星七度，張十八度，翼十八度，軫十七度，角十二度，亢九度，氐十五度，房五度，心五度，尾十八度，箕十一度，自後相承用之。至唐初，李淳風造渾儀，亦無所改。開元中，浮屠一行作《大衍曆》，詔粱令瓚作黄道游儀，測知畢、觜、參及與鬼四宿赤道宿度，與舊不同。畢十七度，觜一度，參十度，鬼三度。自一行之後，因相沿襲，下更五代，無所增損。至仁宗皇祐初，始有詔造黄道渾儀，鑄銅爲之。自後測驗赤道宿度，又一十四宿與一行所測不同。斗二十五度，牛七度，女十一度，危十六度，室十七度，胃十五度，畢十八度，井三十四度，鬼二度，柳十四度，氐十六度，心六度，尾十九度，箕十度。蓋古今之人，以八尺圓器，欲以盡天體，決知其難矣。又况圖本所指距星，傳習有差，故今赤道宿度與古不同。自漢太初後至唐開元治曆之初，凡八百年間，悉無更易，今雖測驗與舊不同，亦歲月未久。新曆兩備其數，如淳風從舊之意。

元·脱脱等《宋史》卷八〇《律曆志十三》 熙寧六年六月，提舉司天監陳繹言：「渾儀尺度與《法要》不合，二極、赤道四分不均，規、環左右距度不對，游儀重澀難運，黄道映蔽横簫，遊規璺裂，黄道不合天體，天樞内極星不見。天文院渾儀尺度及二極、赤道四分各不均，黄道、天常環、月道映蔽横簫，及月道不與天合，天常環相攻難轉，天樞内極星不見。皆當因舊修整，新定渾儀，改用古尺，均賦辰度，規、環輕利，黄赤道、天常環並側置，以北際當天度，省去月道，令不蔽横簫，增天樞爲二度半，以納極星，規、環、二極，各設環樞，以便遊運。」詔依新式製造，置於司天監測驗，以較疏密。七年六月，司天監呈新製渾儀、浮漏於迎陽門，帝召輔臣觀之，數問同提舉官沈括，具對所以改更之理。尋又言：「準詔，集監官較其疏密，無可比較。」詔置於翰林天文院。七月，以括爲右正言，司天秋官正皇甫愈等賞有差。初，括上《渾儀》、《浮漏》、《景表》三議，見《天文志》，朝廷用其説，令改造法物、曆書。至是，渾儀、浮漏成，故賞之。

元豐五年正月，翰林學士王安禮言：「詳定渾儀官歐陽發所上渾儀、浮漏木樣，具新器之宜，變舊器之失，臣等竊詳司天監浮漏，疏謬不可用，請依新式改造。甚至道、皇祐渾儀、景表亦各差舛，請如法條奏修正。」從之。元祐四年三月，翰林學士許將等言：「詳定元祐渾天儀象所先奉詔製造水運渾儀木樣，如試驗候天不差，即別造銅器，今校驗皆與天合。」詔以銅造，仍以元祐渾天儀象爲名。將等又言：「前所謂渾天儀者，其外形圓，可徧布星度；其内有璣、有衡，可仰窺天象。今所建渾儀象，别爲二器，而渾儀占測天度之真數，又以渾象置之密室，自爲天運，與儀參合。若并爲一器，即象爲儀，以同正天度，則渾天儀象兩得之矣。請更作渾天儀。」從之。七年四月，詔尚書左丞蘇頌撰《渾天儀象銘》。六月，元祐渾天儀象成，詔三省、樞密院官閲之。紹聖元年十月，詔禮部、秘書省，即詳定製造渾天儀象所，以新舊渾儀集局官同測驗，擇其精密可用者以聞。

宣和六年七月，宰臣王黼言：

臣崇寧元年邂逅方外之士于京師，自云王其姓，而出素書一，道璣衡之制甚詳。比嘗請令應奉司造小樣驗之，踰二月，乃成璿璣，其圓如丸，具三百六十五度四分度之一，置南北極、崑崙山及黄、赤二道，列二十四氣、七十二候、六十四卦、十干、十二支、晝夜百刻，列二十八宿、并内外三垣、周天星。日月循黄道天行，每天左旋一周，日右旋一度，冬至南出赤道二十四度，夏至北入赤道二十四度，春秋二分黄、赤道交而出卯入酉。月行十三度有餘，生明于西，其形如鉤，下環，西見半規，及望而圓；既望，西缺下環，東見半規，及晦而隱。某星始見，某星已中，某星將入，或左或右，或遲或速，皆與天象脗合，無纖毫差。玉衡植於屏外，持扼樞斗，注水激輪，其下爲機輪四十有三，鉤鍵交錯相持，次第運轉，不假人力，多者日行二千九百二十八齒，少者五日行一齒，疾徐相遠如此，而同發於一機，其密殆與造物者侔焉。自餘悉如唐一行之制。

然一行舊制機關，皆用銅鐵爲之，澀即不能自運，今制改以堅木若美玉之類。舊制外絡二輪，以綴日月，而二輪蔽虧星度，仰視躔次不審，今制日月皆附黄道，如蟻行磑上。舊制雖有合望，而月體常圓，上下弦無辨，今以機轉之，使圓缺隱見悉合天象。舊制止有候刻辰鐘鼓，晝夜短長與日出入更籌之度，皆不能辨，今制爲司辰壽星，運十二時輪，所至時刻，以手指之，又爲燭龍，承以銅荷，時正吐珠振荷，循環自運。其制皆出一行之外。即其器觀之，全象天體者，璿璣也；運用水斗者，玉衡也。昔人或謂璣衡爲渾天儀，或謂有璣而無衡者爲渾天象，或謂渾儀望筒爲衡：皆非也。甚者莫知璣衡爲何器。唯鄭康成以運轉者爲璣，持正者爲衡，以今制考之，其説最近。

又月有之晦明，自昔弗燭厥理，獨揚雄云：「月未望則載魄于西，既望則終魄于東，其遡於日乎？」京房云：「月有形無光，日照之乃光。」始知月本無光，遡日以爲光。本朝沈括用彈況月，粉塗其半，以象對日之光，正側視之，始盡圓缺之形。今制與三者之説若合符節。宜命有司置局如樣製，相阯於明堂或合臺之内，築臺陳之，以測上象。又别製三器，一納御府，一置鐘鼓院，一備車駕行幸所用。仍著爲成書，以詔萬世。

詔以討論制造璣衡所爲名，命黼總領，内侍梁師成副之。

元·脱脱等《宋史》卷八一《律曆志十四》 宋曆在東都凡八改，曰《應天》、《乾元》、《儀天》、《崇天》、《明天》、《奉元》、《觀天》、《紀元》。星翁離散，《紀元曆》亡，紹興二年，高宗重購得之，六月甲午，語輔臣曰：「曆官推步不精，今曆差一日，近得《紀元曆》，自明年當改正，協時月正日，蓋非細事。」

是歲，始議製渾儀。十一月，工部言，《渾儀法要》當以子午爲正，今欲定測樞極，合差局官二員。詔差李繼宗等充測驗定正官，俟造畢進呈日，同參詳指説制度官丁師仁、李公謹入殿安設。三年正月壬戌，進呈渾儀木樣。壬申，太史局令丁師仁等言，省識東都渾儀四座：在測驗渾儀刻漏所曰至道儀，在翰林天文局曰皇祐儀，在太史局天文院曰熙寧儀，在合臺曰元祐儀，每座約銅二萬餘斤，今若半之，當萬餘斤。且元祐製造，有兩府提舉。時都司覆實，用銅八千四百斤。詔工部置物料，臨安府傭工匠，仍令工部長貳提舉。

元·脱脱等《金史》卷二二《曆志下》 渾象

古之言天者有三家：一曰蓋天，二曰宣夜，三曰渾天。漢靈帝時，蔡邕於朔方上書，言「宣夜之學，絶無師法」；《周髀》術數具存，考驗天狀多所違失；惟渾天爲近，最得其情，近世太史候臺銅儀是也。立八尺體圓而具天地之形，以正黄道赤道之表裏，以行日月之度數，步五緯之遲速，察氣候之推遷，精微深妙，百代所不可廢者也。然傳歷久遠，製造者衆，測候占察，互有得失。張衡之制謂之

《靈憲》，史失其傳。魏、晉以來官有其器，而無本書，故前志亦闕。吳中常侍王蕃云：「渾天儀者，羲和之舊器，謂之機衡。」積代相傳，沿革不一。宋太平興國中，蜀人張思訓首創其式，造之禁中，踰年而成，詔置文明殿東鼓樓下，題曰「太平渾儀」。自思訓死，璣衡斷壞，無復知其法制者。景德中，曆官韓顯符依倣劉曜時孔挺、晁崇之法，失之簡略。景祐中，冬官正舒易簡乃用唐梁令瓚、僧一行之法，頗爲詳備，亦失之於密而難爲用。元祐時，尚書右丞蘇頌與昭文館校理沈括奉勅詳定《渾儀法要》，遂奏舉吏部勾當官韓公廉通《九章勾股法》，常以推考天度與張衡、王蕃、僧一行、梁令瓚、張思訓法式，大綱可以尋究。若據算術考案象器，亦能成就，請置局差官製造。詔如所言。奏鄭州原武主簿王沇之，太史局官周日嚴，于太古、張仲宣，同行監造。制度既成，詔置之集英殿，總謂之渾天儀。公廉將造儀時，先撰《九章勾股驗測渾天書》一卷，貯之禁中，今失其傳，故世無知者。

舊制渾儀，規天矩地，機隱於内，上布經躔，次具日月五星行度，以察其寒暑進退，如張衡渾天、開元水運銅渾儀者，是也。久而不合，乖於施用。

公廉之制則爲輪三重：一曰六合儀，縱置地渾中，即天經環也，與地渾相結，其體不動；二曰三辰儀，置六合儀内；三曰四游儀，置三辰儀内。植四龍柱於地渾之下，又置鼇雲於六合儀下。四龍柱下設十字水趺，鑿溝道通水以平高下。別設天常單環於六合儀内，又設黄道赤道二單環，皆置三辰儀内，東西相交隨天運轉，以驗列舍之行。又爲四象環，附三辰儀，相結於天運環，黄赤道兩交爲直距二縱置于四游儀内。北屬六合儀地渾之上，以正北極出地之度；南屬六合儀地渾之下，以正南極入地之度。此渾儀之大形也。直距内夾置望筒一，于筒之半設關軸，附直距上，使運轉低昂，筒常指日，日體常在筒竅中，天西行一周，日東移一度，仍以窺測四方星度，皆斟酌李淳風、孔挺、韓顯符、舒易簡之制也。

三辰儀上設天運環，以水運之。水運之法始於漢張衡，成于唐梁令瓚及僧一行，復于太平興國中張思訓，公廉今又變正其制，設天運環，下以天柱關軸之類上動渾儀，此新制也。

舊制渾象，張衡所謂置密室中者，推步七曜之運，以度曆象昏明之候，校二十四氣，考晝夜刻漏，無出於渾象。《隋志》稱梁秘府中有宋元嘉中所造者，以木爲之，其圓如丸，徧體布二十八宿、三家星色、黄赤道、天河等，別爲横規繞於外，上下半之，以象地也。開元中，詔僧一行與梁令瓚更造銅渾象，爲圓天之象，上具列宿周天度數，注水激輪令其自轉，一日一夜天轉一周，又別置日月五星循繞，絡在天外，令得運行。每天西轉一匝，日正東行一度，月行一十三度有奇，凡二十九轉而日月會，三百六十五轉而日行一匝。仍置木櫃以爲地平，令象半在地上，半在地下，又立二木偶人於地平之前，置鐘鼓使木人自然撞擊以報辰刻，命之曰水運渾天俯視圖。既成，命置之武成殿。

宋太史局舊無渾象，太平興國中，張思訓準開元之法，而上以蓋爲紫宫，旁爲周天度，而東西轉之，出新意也。

公廉乃增損《隋志》制之，上列二十八宿周天度數，及紫微垣中外官星，以俯窺七政之運轉，納於六合儀天經地渾之内，同以木櫃載之。其中貫以樞軸，南北出渾象外，南長北短，地渾在木櫃面，横置之，以象地。天經與地渾相結，縱置之，半在地上，半隱地下，以象天。其樞軸北貫天經上杠中，末與杠平，出櫃外三十五度稍弱，以象北極出地。南亦貫天經出下杠外，入櫃内三十五度少弱，以象南極入地。就赤道爲牙距，四百七十八牙以銜天輪，隨機輪地轂正東西運轉，昏明中星既應其度，分至節氣亦驗應而不差。

王蕃云：「渾象之法，地當在天内，其勢不便，故反觀其形，地爲外郭，於已解者無異，詭狀殊體而合于理，可謂奇巧者也。」今地渾亦在渾象外，蓋出于王蕃制也。其下則思訓舊制，有樞輪關軸，激水運動，以直神摇鈴扣鐘擊鼓，置時刻十二神司辰像於輪上，時初、正至，則執牌循環而出，報隨刻數以定晝夜長短。至冬水凝，運轉遲澀，則以水銀代之。

今公廉所製，共置一臺，臺中有二隔，渾儀置其上，渾象置其中，激水運轉，樞機輪軸隱于下。内設晝夜時刻機輪五重：第一重曰天輪，以撥渾象赤道牙距；第二重曰撥牙輪，上安牙距，隨天柱中輪轉動，以運上下四輪；第三重曰時刻鐘鼓輪，上安時初、時正百刻撥牙，以扣鐘擊鼓摇鈴；第四重曰日時初、正司辰輪，上安時初十二司辰、時正十二司辰；第五重曰報刻司辰輪，上安百刻司辰。以上五輪並貫於一軸，上以天束束之，下以鐵杵臼承之，前以木閣五層蔽之，稍增異其舊制矣。五輪之北，又側設樞輪，其輪以七十二輻爲三十六洪，束以三輞，夾持受水三十六壺。轂中横貫鐵樞軸一，南北出軸爲地轂，運撥地輪。天柱中輪動，機輪動渾象，上動渾天儀。又樞輪左設天池、平水壺，平水壺受天池水，注入受水壺，以激樞輪。受水壺落入退水壺，由壺下北竅引水入昇水下壺，以昇水下輪運水入昇水上壺，上壺內昇水上輪及河車同轉上下輪，運水入天河，天河復流入天池，每一晝一夜周而復始。此公廉所製渾儀、渾象二器而通三用，總而名之曰渾天儀。

金既取汴，皆輦致于燕，天輪赤道牙距撥輪懸象鐘鼓司辰刻報天池水壺等器久皆棄毁，惟銅渾儀置之太史局候臺。但自汴至燕相去一千餘里，地勢高下不同，望筒中取極星稍差，移下四度纔得窺之。明昌六年秋八月，風雨大作，雷電震擊，龍起渾儀鼇雲水趺下，臺忽中裂而摧，渾儀仆落臺下，旋命有司營葺之，復置臺上。貞祐南渡，以渾儀鎔鑄成物，不忍毁拆，若全體以運則艱於輦載，遂委而去。

興定中，司天臺官以臺中不置渾儀及測候人數不足，言之於朝，宜鑄儀象，多補生員，庶得盡占考之實。宣宗召禮部尚書楊雲翼問之，雲翼對曰：「國家自來銅禁甚嚴，雖罄公私所有，恐不能給。今調度方殷，財用不足，實未可行。」他日，上又言之，於是止添測候之人數員，鑄儀之議遂寢。

初，張行簡爲禮部尚書提點司天監時，嘗製蓮花、星丸二漏以進，章宗命置蓮花漏于禁中，星丸漏遇車駕巡幸則用之。貞祐南渡，二漏皆遷于汴，汴亡廢毁，無所稽其製矣。

明·宋濂等《元史》卷四八《天文志一》 昔來亦撒麻，漢言渾天圖也。其制以銅爲丸，斜刻日道交環度數于其腹，刻二十八宿形於其上。外平置銅單環，刻周天度數，列于十二辰位以準地。而側立單環二，一結于平環之子午，以銅丁象南北極，一結于平環之卯酉，皆刻天度。即渾天儀而不可運轉窺測者也。

明·王廷相《雅述》下篇 《四術周髀宗》序曰：漢成帝時，學者問蓋天，揚雄曰：蓋哉，未幾也。問混天，曰：洛下閎爲之，鮮于妄人度之，耿中丞相之，幾乎，莫之息矣。此言蓋差而混密也。蓋器測影而造，用之日久，不同於祖，故云未幾也。渾器量天而作，乾坤大象，隱見難辯，故曰幾乎。是時，大史令尹咸窮研晷蓋，易古周法，雄乃見之，以爲難也。自昔周公定影王城，至漢朝，蓋器一改焉。渾天覆觀，以《靈憲》爲文；蓋天仰觀，以《周髀》爲法。覆仰雖殊，大歸是一。古之人制者，所表天効玄象。芳以渾筭精微，術幾萬首，故約本爲之省要，凡述二篇，合六法，名《四術周髀宗》，惜乎今不見其書也。

明·李贄《藏書》卷三四《儒臣傳·郭守敬》 郭守敬，邢臺人，生有異操。大父榮，通五經，精於算數、水利。時劉秉忠、張文謙、張易、王恂同學於州西紫金山，榮使守敬從秉忠學。中統三年，文謙薦守敬習水利，巧思絶人。世祖召見，面陳水利六事，授提舉諸路河渠。至元元年，從文謙行省西夏。初，劉秉忠以《大明曆》自遼金承用二百餘年，浸以後天，議欲修正，而卒。十三年，江左既平，帝思用其言，遂以守敬與王恂率南北日官，分掌測驗，推步於下，而命宰相張文謙與樞密張易爲之主領，左丞許衡參預其事。守敬首言：曆之本，在于測驗，而測驗之器，莫先儀表。今司天渾儀，宋皇祐中汴京所造，不與此處天度相符，比量南北二極，約差四度；表石年深，亦復欹側。乃盡考其失，而移置之。既又別圖高爽地，以木爲重棚，創作簡儀、高表，用相比覆。又以爲天樞附極而動，昔人常展管望之，未得其的，作候極儀。極辰既位，天體斯正，作渾天象。象雖形似，莫適所用，作玲瓏儀。以表之矩方，測天之正圜，莫若以圜求圜，作仰儀。古有經緯，結而不動，守敬易之，作立運儀。日有中道，月有九行，守敬一之，作證理儀。表高景虛，罔象非真，作景符。月雖有明，察景則難，作闚几。曆法之驗，在於交會，作日月食儀。天有赤道，輪以當之，兩極低昂，摽以指之，作星晷定時儀。又作正方案、九表、懸正儀、座正儀，爲四方行測者所用。又仰規覆矩圖、異方渾蓋圖、日出入永短圖，與上諸儀互相參攷。

明·李贄《藏書》卷五九《外臣傳·陶弘景》 陶弘景，字通明，丹陽秣陵人也。初，弘景母郝氏夢兩天人手執香爐至其所，已而有娠。以宋建三年戊申歲夏至日生。幼有異操，年四、五歲，恒以荻爲筆，畫灰中學書。至十歲，得葛洪《神仙傳》，晝夜研尋，便有養生之志。謂人曰：仰青雲，覩白日，不覺爲遠矣。及長，身長七尺七寸，神儀明秀，朗目疎眉，細形長額聳耳，耳中各有七十餘毛，出外二寸，許右膝有數十黑子，作七星文。讀書萬餘卷，一事不知，以爲深恥。善琴棋，工草隸。弱冠，齊高帝作相，引爲諸王侍讀，除奉朝請。雖在朱門，影不交外物，唯以披閲爲務。朝儀故事，多所取正。家貧，求宰縣不遂。永明十年，脱朝服掛神武門，上表辭祿。詔許之，賜以束帛，敕所在月給茯苓五斤，白蜜二升，以供服餌。於是止于句容之句曲山。恒曰：此山下第八洞天，名金陵華陽之洞，周回一百五十里。昔漢有咸陽三茅君得道來掌此山，故謂之茅山。乃中山之館也。自號華陽陶隱居。人間書札，即以隱居代名。偏歷名山，尋訪仙藥。身既輕捷，性愛山水，每經澗谷，必坐臥其間，吟詠盤桓，不能已已。謂門人曰：吾見朱門廣廈，雖識其華樂，而無欲往之心。望高巖，瞰大澤，知此難立止，自恒欲就之。且永明中求祿，得輒差舛；若不爾，豈得爲今日之事。豈惟身有仙相，亦緣勢使之然。永元初，更築三層樓，已處其上，弟子居其中，賓客至其下。與物遂絶。本便馬善射，晚皆不爲，唯聽吹笙而已。性愛松風，庭院皆植松，每聞其響，欣然爲樂。有時獨游泉石，望見者以爲仙人。好著述，尚奇異，顧惜光景，老而彌篤。尤明陰陽五行、風角星筭、山川地理、方圓産物、醫術本草帝代年曆。又嘗造渾天象，高三尺許，地居中央，天轉而地不動，以機動之，悉與天相會。云：修道所須，非止天官書也用是。

明·徐光啓《新法算書》卷一《緣起一》 急用儀象十事

其一，造七政象限大儀六座，俱方八尺，木匡，銅邊，木架。

其二，造列宿紀限大儀三座，俱方八尺，木匡，銅邊，木架。

其三，造平渾懸儀三架，用銅，圓徑八寸，厚四分。

其四，造交食儀一具，用銅、木料，方二尺以上。

其五，造列宿經緯天球儀一架，用木料、油漆，大小不拘。

其六，造萬國經緯地球儀一架，用木料，油漆，大小不拘。

其七，造節氣時刻平面日晷三具，用石，長五尺以上，廣三尺以上。

其八，造節氣時刻轉盤星晷三具，用銅，徑一尺，厚二分。

其九，造候時鐘三架，用鐵，大小不拘。

其十，裝修測候七政交食遠鏡三架，用銅、鐵、木料。

右諸事，俱目前急用，餘可接續製造者，未敢備開。其舊法須用銅者，爲費不貲，今兼以銅、鐵、木料成造，小者全用銅、鐵，總計所費，數亦不多。懇祈勅下工部，隨時應用。臣部依前覆議，按季類奏，但木料止堪暫用，事完仍須精銅鑄式，以垂永久，伏乞聖裁。

明·劉侗《帝京景物略》卷四 天主堂

堂在宣武門内東城隅。大西洋奉耶穌教者利瑪竇，自歐羅巴國航海九萬里入中國，神宗命給廩，賜第此邸。【略】其國俗工奇器，若簡平儀，儀有天盤，有地盤，有極綫，有赤道綫，有黄道圈，本名範天圖，爲測驗根本。龍尾車，下水可用以上，取義龍尾，象水之尾尾上升也。其物有六：曰軸，曰牆，曰圍，曰樞，曰輪，曰架。潦以出水，旱以入，力資風水，功與人牛等。沙漏，鶩卵狀，實沙其中，顛倒漏之，沙盡則時盡，沙之銖兩準於時也，以侯時。遠鏡狀如尺許竹筍，抽而出，出五尺許，節節玻璃，眼光過此，則視小大，視遠近。候鐘應時自擊有節。天琴鐵絲絃，隨所按，音調如譜。之屬。

明·汪砢玉《珊瑚網》卷四七《名畫題跋二十三》 漣漪藍氏收晉畫《渾天圖》，直五尺素畫，不作圈勢，別作一小圈，畫北斗紫極，亦易於點閱，又位列多異於常圖。

清·邵遠平《元史類編》卷三三 大德二年，起靈臺水渾蓮渾天漏，大小機輪凡二十有五，皆以刻木爲衝牙，轉相撥擊。上爲渾象，點畫周天星度。日月二環，斜絡其上。象則隨天左旋，日月二環各依行度退而右轉。此儀象制度之學不可及者也。

清·張英等《淵鑒類函》卷五三《帝王部十四》 《宋史》曰：太平興國間，巴中人張思訓，創作渾儀，以獻太宗。召工造於禁中，踰年而成。按舊法，日月晝夜行度皆人所運行。新製成於自然。尤爲精妙。《元史》曰：元初用金《大明曆》，世祖十三年平宋，遂詔許衡、王恂、郭守敬改治新曆。成，名《授時曆》。自古及今，其推驗之精，蓋未有出於此者。又曰：守敬首言，曆之本，在於測驗，而測驗之器，莫先儀表。今司天渾儀，宋皇祐中汴京所造，不與此處天度相符，比量南北二極，約差四度；表石年深，亦復攲側，乃盡考其失，創作簡儀。又作候極儀，作渾天象。象雖形似，莫適所用，作玲瓏儀，作仰儀，皆臻於精妙，卓見絶識，有古人所未及者。《續文獻通考》曰：明太祖以劉基精於天文，時占乾象，佐行軍輒效，擢爲太史監太史令，率其屬高翼等上《大統曆》。皆依郭守敬法，故積分猶《授時》之數。

清·張英等《淵鑒類函》卷三四二《居處部三》 造銅儀 授玉册《會要》曰：開元十三年，新造銅儀，成，命之曰水運渾天俯視圖，置於武成殿前，以示百寮。

清·萬斯同《明史》卷三三《志七》 顯皇帝時，西洋人利瑪竇制渾象，甚密，而仁和李之藻演其説。由渾天之製，設一平環，名地平規，周刻二十四向，承以四柱，立于四維，下爲十字渠，以水平之。規之子午際稍稍刻入，以受子午之規。子午規在地平規内徑，廣稍殺，側立之，令半出地平規上，半入地平規下，分爲三百六十度。其南北鑽通二竅，以受渾天南北極之軸。此内又作二圜，形徑相等，而視子午規。又稍殺，一爲冬夏至規，一爲春秋分規，兩規十字相結，際施鐵軸，是爲南北二極，可旋轉于子午規之内。此二規相合，其形正圜。又一規則横束於分至二規之半，爲赤道規，去南北極各九十度，所爲帶天之紘也。俱分三百六十度，而自赤道中循冬夏至規南北各二十三度半之齡。再設二次圜，爲日行南陸、北陸限。又作一大圜，徑同赤道，爲黄道規，以斜絡赤道之上，南北盡結于小圜之齡。此圜匀分二十四氣，最南曰冬至，爲景長候；最北曰夏至，爲景短候；

東交赤道者爲春分，西交赤道者爲秋分，皆晝夜平候。若匀分三百六十五度有奇，則可細列宿度。其南北極離二十三度半處，又各作一小圜，而於圜齗當冬夏至規際，對貫一軸，爲黄道軸，最中作小圜，爲地形。外加一圜，貫軸旋轉，爲月輪規，上施月游輪，徑十二度，輪心正綰規上，亦可旋轉，以系太陰形，轉之，則爲九道，此外一圜稍大，亦貫軸，内爲日輪規，以系太陽形。用此三圜，可辨日月交食之理，此皆渾天象也。古四游六合諸儀，大率類此，而法有詳略。今臺儀仍襲舊制，有横簫闚測，而無日、月、地三形。又北極出地，鑄爲定度，而無子午提規，以隨地度高下。《元史》所載，西域諸儀，亦有綴銅釘，通方竅，以代横簫，或畫圜形周度，而不具星宿者，隨時消息，皆可施用。至論天體，此實簡明焉。崇禎二年，禮部侍郎徐光啓請造七政象限大儀六，列宿紀限大儀三，平懸渾儀三，交食儀一，列宿經緯天球儀一，萬國經緯地球儀一，節氣時刻平面日晷三，節氣時刻轉盤星晷三，候時鐘三，測候七政交食遠鏡三，報允。

清·吴光酉《陸稼書先生年譜定本》卷上　先生欲究曆法之詳，因游天主堂，見西洋人利類思，叩其所學。利贈曆法書數種。觀渾天球，其製如鷄卵，畫三垣、二十八宿，黄赤道於其上，東西斜轉，外爲一圈，以象地平，渾天球半在其上，半在其下。蓋地本在天中，今却在天外，星本在天下，今却在天上，以人從外視之也。蓋古所謂渾天象者如此，若渾天儀則又不如此。

清·张廷玉等《明史》卷二五《天文志一》　儀象

璿璣玉衡爲儀象之權輿，然不見用於三代。《周禮》有圭表、壺漏，而無璣衡，其制遂不可考。漢人創造渾天儀，謂即璣衡遺制，其或然歟。厥後代有制作。大抵以六合、三辰、四游、重環湊合者，謂之渾天儀；以實體圓球，繪黄赤經緯度，或綴以星宿者，謂之渾天象。其制雖有詳略，要亦青藍之别也。外此，則圭表、壺漏而已。迨元作簡儀、仰儀、闚几、景符之屬，制器始精詳矣。

明太祖平元，司天監進水晶刻漏，中設二木偶人，能按時自擊鉦鼓。太祖以其無益而碎之。洪武十七年造觀星盤。十八年，設觀象臺於鷄鳴山。二十四年鑄渾天儀。正統二年，行在欽天監正皇甫仲和奏言：「南京觀象臺設渾天儀、簡儀、圭表以窺測七政行度，而北京乃止於齊化門城上觀測，未有儀象。乞令本監官往南京，用木做造，挈赴北京，以較驗北極出地高下，然後用銅别鑄，庶幾占測有憑。」從之。明年冬，乃鑄銅渾天儀、簡儀於北京。御製《觀天器銘》。其詞曰：「粤古大聖，體天施治，敬天以心，觀天以器。厥器伊何？璿璣玉衡。璣象天體，衡審天行。歷世代更，垂四千祀，沿制有作，其制寖備。即器而觀，六合外儀，陽經陰緯，方位可稽。中儀三辰，黄赤二道，日月暨星，運行可考。内儀四遊，横簫中貫，南北東西，低昂旋轉。簡儀之作，爰代璣衡，制約用密，疏朗而精。外有渾象，反而觀諸，上規下矩，度數方隅。别有直表，其崇八尺，分至氣序，考景咸得。縣象在天，制器在人，測驗推步，靡忒毫分。昔作今述，爲制彌工，既明且悉，用將無窮。惟天勤民，事天首務，民不失寧，天其予觀。政純於仁，天道以正，勒銘斯器，以勵予敬。」十一年，監臣言：「簡儀未刻度數，且地基卑下，窺測日星，爲四面臺宇所蔽。圭表置露臺，光皆四散，影無定則。壺漏屋低，夜天池促，難以注水調品時刻。請更如法修造。」報可。明年冬，監正彭德清又言：「北京，北極出地度、太陽出入時刻與南京不同，冬夏晝長夜短亦異。今宫禁及官府漏箭皆南京舊式，不可用。」有旨，令内官監改造。景泰六年又造内觀象臺簡儀及銅壺。成化中，尚書周洪謨復請造璿璣玉衡，憲宗令自製以進。十四年，監臣請修晷影堂，從之。

清官修《大清會典則例》卷一五八　康熙八年，奏製新儀。奉旨：舊有儀器觀象臺舊設渾儀，明正統年製。仍著收存，勿令損壞。○十二年，新製儀器告成：一爲天體儀，一爲黄道儀，一爲赤道儀，一爲地平經儀，一爲地平緯儀，亦名象限儀，一爲紀限儀，安設臺上，舊儀移置臺下别室。

清·嵇璜《續文獻通考》卷二一〇《緯考》　聖宗統和十二年，頒行《大明曆》。

初，太宗自晉汴京收百司寮屬伎術曆象，遷於中京，實始有曆，即晉天福四年司天監馬重績所上《乙未元曆》是也。其後穆宗時，司天王白、李正等復進是書。至是汗州刺史賈俊進新書曰：《大明曆》。《大明曆》，宋武帝大明六年，祖冲之所上之書，未及施用。高麗所志《大遼古今録》稱：統和十二年，始頒正朔，信矣。

臣等謹按《遼史志》言，大同元年，得晉刻漏、渾象。後唐清泰二年，已稱損折，不可用。其至中京者，概可知矣。據此，則是遼雖得晉渾象，仍未施用，故不書。

清·于敏中等《天禄琳琅書目》卷四　陳振孫《書録解題》載：蘇頌於哲宗元祐三年新造渾天，成，記其法要，而圖其形象，進之。考《宋史》：蘇頌，字子容，丹陽人，第進士，歷官吏部侍郎，元祐初遷吏部尚書，七年拜右僕射兼中書門下侍郎，紹聖四年以太子少師致仕。稱其總吏部時，請别製渾儀，以吏部令史韓公廉曉算術，奏用之，授以古法，爲臺三層，上設渾儀，中設渾象，下設司晨，貫以一機，激水轉輪，不假人力。時至刻臨測司晨出，告星辰躔度所次，占候則驗，不差晷刻，晝夜晦明，皆可推見云云。今以頌進狀年月并狀後結銜，與史傳較之，皆合。書中爲圖，六十有一，畫極工細字，亦精整可寶也。

清·盛百二《柚堂筆談》卷三 《璇璣玉衡賦》，王新城尚書以李石臺先生爲第一。夫氣味古雅，誠如所云，若精切不浮，則當以潘稼堂先生爲第一也。沈存中云：天文家有渾儀，測天之器，設于崇臺，以候垂象，則古之璣衡也。又有渾象，象天之器，以水激之，或以水銀轉之，置于密室，與天相符，張衡、陸績之所爲。及開元中，置于武成殿者，皆此器也。皇祐中，禮部試正天文之器賦，舉人皆雜用渾象事，若石臺先生作，且不止雜用渾象事矣。又梅勿菴先生賦固爲詳密，又是賦歷代儀器，借璇璣玉衡爲題耳。

清官修《清文獻通考》卷二二九《經籍考》 臣等謹按：康熙十三年，懷仁製新儀六，曰黄道經緯儀，曰赤道經緯儀，曰地平經儀，曰象限儀，曰紀限儀，曰天體儀，並撰説四卷，表十卷，圖二卷。書成，恭進，並請刊布肄習。得旨允行。

清官修《清文獻通考》卷二五八《象緯考》 儀器

臣等謹按《虞書》：在璿璣玉衡以齊七政。儀器之重，由來尚矣。自漢而後，代有制作。洛下閎造渾天儀，張衡造候風地動銅儀，晉陸績造渾象，吴王蕃造渾儀，後魏有候部鐵儀，梁有重雲殿銅儀，隋有觀臺渾儀，唐有凝暉閣渾儀、開元黄道游儀、武成殿水運渾天，宋太平興國及祥符、皇祐、元祐各製渾儀，皆所以察三光、分宿度著天體布星辰也。乃馬端臨《象緯考》俱不之載，蓋以其制不皆可考，且或適於一時之用而不能經遠，或合於一事之宜而無當全用耳。國家整一函夏西法諸器，畢萃觀臺。列聖相承，折衷至當，創制靈臺六儀及璣衡撫辰諸儀，彰數理之精密，集占候之大成。以視王圻《續考》所載簡儀、仰儀、景符儀、玲瓏儀、闚几、燭漏之屬，如日月出而爝火難以爲光矣！兹先序創制新規，詳其體用，而凡舊法及西法諸器，藏於天府，可備參驗者，臚列於後焉。

康熙八年六月，令改造觀象臺儀器。先是七年七月，欽天監監副吴明烜言：推曆以黄道爲驗，黄道以渾儀爲準。今觀象臺渾儀損壞，亟宜修整。又地震方向，各有所占，請造滚球銅盤一座，並設臺上。儀器備，則占驗始爲有據。疏入，下禮部議，尋以取到元郭守敬儀器於江南，不果行。至是，南懷仁爲監副，疏請改造，從之。

十三年正月，掌欽天監事，南懷仁以新製天體儀，黄道經緯儀、赤道經緯儀、地平經儀、地平緯儀、紀限儀告成，將製法、用法繪圖列説，名《新製靈臺儀象志》。疏呈御覽，得旨：儀象告成，製造精密，南懷仁勤勞可嘉，下部優叙。

天體儀以銅爲球，徑六尺，面刻黄、赤二道，平分十二宫，布列星漢，以肖穹象。中貫鋼軸，露其兩端，以屬於子午圈之南北極。其外爲子午圈，週圍各浮天體。球五分，兩面刻去極度，南北極各作半圓，合伏兔半圓，以受天體之軸。其下爲地平圈，週與子午圈同，面寬八寸，環渠爲界，外刻四象限度及諸曜出入地平時刻方位。下施四足，承以圓座，高四尺七寸，設螺柱以取平。子午正對處向西少闕，以受子午圈，半入地平下，半出地平上。自天頂設高弧帶地平遊表，以察諸曜。地平經緯度以時盤定於子午圈。設遊表於北極樞，令自轉以定日度，又能隨天體旋轉，以指時座。下設機輪，運轉子午圈，使北極隨各方出地度升降，則天象隱現之限，皆可究觀。【略】

臣等謹按《靈臺儀象志》言：天體儀之用凡六十，黄道經緯儀之用凡十，赤道經緯儀之用與黄道經緯儀同者凡五，異者凡九，地平經儀續儀之用凡十八，紀限儀之用凡六。要之，天體儀乃渾天之全象，爲諸儀之用所統宗，七政恒星之經緯、宫次、度分與先後相連之序，相距之遠近，俱於斯見焉。黄道經緯儀、赤道經緯儀、地平經儀緯儀，所以推七政恒星之行及所躔之度分也。紀限儀則旋轉盡變。以對乎天，或正交，或斜交，定諸星東、西、南、北相離之度分焉。此六儀者，用各用異，而又可互用相參，故能測驗精密而分秒無差也歟。【略】

臣等謹按：地球儀之制，所以象地體，與天體儀相配，亦仍西法。惟布列地名，舉凡新闢西疆及新向化蒙古、回部，靡不咸具。驗皇輿之無外，前此所未有也。

渾天合七政儀，以銅爲之，徑一尺二寸，高一尺三寸五分，凡三重。外二環，平者爲地平圈，上列西洋書十二宫十二月；立者爲子午圈。子午圈上天頂垂銅葉爲地平高弧，北小圈爲時刻盤。次内五環。兩軸爲南北極，貫二極爲二至經圈。腰帶赤道，斜帶黄道。黄、赤道交處爲二分，相距最遠處爲二至。二極軸上小圈爲負黄極圈。其最内平面圓環爲黄道十二宫，中心爲日體，圓邊爲地球，對地球立表以指日行宫度。日與地各爲盤，地盤有月體，日盤有金、水二星體，日外大盤有火、木、土三星體，皆以璣璇之。月旋以地爲心，五星旋以日爲心。座面旁施指南針，以測太陽緯度及出入地平時刻、方位。

七政儀，以銅爲之，徑一尺六寸五分，高二尺五分，凡二重。外重平圈爲黄道，列周歲十二月，周天十二宫，斜圈爲赤道，十字圈爲赤道子午卯酉經圈。内重爲七政盤，列十二宫，與黄道左右相應，中心爲日體，最近日爲水星，次金星，次月與地，次火星，次木星，最遠土星。木星旁四小星，土星旁五小星。土星上圓環，平之則星正圓，側之則星長圓。日體旁爲瓶置燈，以取日影，對日處映以玻璃盤，内皆有機輪。其旁以小盤之軸挈諸輪轉之。承以半圓。十字下岐三足，座心設指南針。十二宫上施遊表，表轉一周爲一日。視諸體之旋轉，以測七政晝夜隱見之象。

清官修《清通志》卷二三《天文略》 儀象

臣等謹按《靈臺儀象志》所載，南懷仁新製黄道經緯儀、赤道經緯儀、地平經儀、地平緯儀（即象限儀）、紀限儀、天體儀，又《儀象考成》所載戴進賢新製賜名璣衡撫辰儀，皆法天體渾然之象，互相考測不差，累黍具詳，載於《器服略》内。然天文非推步不詳，而推步非儀器不密，今恭録《御製儀象考成》序，及南懷仁、戴進賢序，説與弧三角形以闡明推步之理數。另爲一卷列於象緯之後，庶考察者得以因理求器，因器知象。天文之學，於斯備矣！【略】

南懷仁新制六儀説

夫儀者，時憲之法合天與不合天之明徵也。故測驗天行，儀愈多愈精，而測驗乃愈密。蓋凡天上一星所歷時刻，雖躔有一定之度分，然以儀相對而測之，則必與天止東西南北之各道有上下左右遠近之分焉。故測驗其星所躔之度分，必依各道之經緯度分而推測之，始無所戾。是則欲爲密合天行之法，而非有備具密合天行各道之儀，厥道無由也。如康熙己酉八年正月初三日，是日立春，内院大學士圖海李霨諸鉅公名卿奉旨同視測驗立春一節。於本日午正仁測得：太陽依象限儀在地平上三十三度四十二分，依紀限大儀離天頂正南五十六度十八分，依黄道經緯儀在黄道線正中，在冬至後四十五度零六分，在春分前四十四度五十四分，依赤道經緯儀在冬至後四十七度三十四分，在春分前四十二度二十六分，在赤道南十六度二十一分，依天體儀於立春度分所立直表，則表對太陽而全無影，依地平所立八尺零五寸表，則太陽之影長一丈三尺七寸四分五釐。六儀並用而參互之，而立春一節皆合於預推定各儀之度分。如此，則凡所推之節氣，其合於天行無疑矣！然非藉有合法之儀，又何從測而得之？夫所謂儀之合法者，抑豈憑臆説而强就之也哉？要皆法其本然之象耳！蓋渾天之體，原有赤道，有黄道而居乎渾天之半者，曰地平經緯分焉。故因其本然之象，崇而效之，制有三規。一曰黄道經緯儀，一曰地平經緯儀。地平儀又分爲二：一曰經儀，一曰緯儀，即象限儀，便用故也。凡日月五星二十八宿之行以及所躔之度分，總於此三規而推定焉。四儀之外，又有百游之紀限儀，旋轉盡變，以對乎天。凡有或正交，或斜交於三規錯綜之行，以定諸星東西南北相離遠近之度分，不差累黍。總之天行七政於本圖所列之經緯，各道之宫次度分，諸星先後相連之序與夫東西南北相距之遠近，皆從天體而見，瞭如指掌焉。故制六尺徑之天體儀，以爲諸儀之統。且此六儀相須並用，則凡礙之於彼者，而有此以通之，則亦何求不得哉？故欲密測以求分秒無差，則必六儀互用相參要，以製器精良，安置如式，測驗得法，而無有不合者矣！其有不合者，則即推其所以不合之端何在，而更爲釐正之，使釐正之後，測復參差，則於諸儀中擇其所測之同者而用之，如此而不密合乎天行者，未之有也。使止據一儀以求盡乎天，如舊法之簡儀，是何可信其爲必然也哉！蓋舊法黄、赤儀膠柱而不運動，況止可謂赤道儀無黄極，無緯圈，無黄表，無測黄道經緯之正法，其天頂立圈太近於地平，其窺表不能測在地平相近之星。夫天球而既無星距，無黄道等圈，無宫次之分，其地平無度數，則器總歸於無用矣！考古圭表之法，其圭原偏而向地平，其表更偏而離天頂，又離正南北之線，故仁以勾股之法，修正之，庶幾可免夫乖舛也已。

清官修《清通志》卷五七《器服略·儀器》 臣等謹按：儀器之作，所以授時成憲，體天運而布歲功，蓋綦鉅也。我聖祖仁皇帝學貫天人，洞達象數，既成《數理精藴》一書，並鑄觀象臺六儀，簡平、三辰、半圓諸儀，以昭萬世。成法皇上，敬天法祖，集占測之大成，示聲教於無外。御製璣衡撫辰儀、地球儀以至西法諸器，萬里來航，莫不仰承聖裁，折衷而酌用之，皆足以佐叅稽，供步算，而推筴之法益詳且備。蓋自羲和命官以來，言天者十有三家，精密明當，鮮克臻此。今據《皇朝禮器圖式》，自天文測量及鐘表諸器謹載于篇，以彰聖朝欽若之盛云。

欽定天體儀

鑄銅爲球，以象天體。圍一丈八尺，兩端中心爲南北極，貫以鋼軸，面刻黄、赤二道，平分十二宫，布列星漢。其外爲子午圈，週圍各浮天體。球五分，兩面刻去極度數，東西兩極合成圓孔，以受天體之軸。其下爲地平圈，週與子午圈同，面闊八寸，環渠爲界，外刻四象限度及地平時刻方位。下施四足，承以圓座，高四尺七寸，施螺柱以取平。子午正對處向西少闕，以受子午圈，半入地平下，半出地平上。自天頂設高弧帶地平遊表，以察諸曜，地平經緯度以時盤定于子午圈。設遊表于北極樞，令自轉以定日度，又能隨天體旋轉以指時座。下設機輪使北極能高下。蓋渾天之全象而諸儀之用所統宗也。【略】

渾天合七政儀

鑄銅爲之，徑一尺二寸，高一尺三寸五分，凡三重。外二環，平者爲地平圈，上列西洋書十二宮十二月；立者爲子午圈，子午圈上天頂垂銅葉爲地平高弧，北小圈爲時刻盤。次內五環，兩軸爲南北極，貫二極爲二至經圈，腰帶赤道，斜帶黃道，黃、赤道交處爲二分，相距最遠處爲二至，二極軸上小圈爲負黃極圈。其最內平面圓環爲黃道十二宮，中心爲日體，圓邊爲地球，對地球立表以指日行宮度。日與地各爲盤，地盤有月體，日盤有金、水二星體，日外大盤有火、木、土三星體，皆以機旋之。月旋以地爲心，五星旋以日爲心，座面旁施指南針，以測太陽緯度及出入地平時刻、方位。

七政儀

鑄銅爲之，徑一尺六寸五分，高二尺五寸，凡二重。外重平圈爲黃道，列周歲十二月，周天十二宮，斜圈爲赤道，十字圈爲赤道子午卯酉經圈。內重爲七政盤，列十二宮，與黃道左右相應，中心爲日體，最近日爲水星，次金星，次月與地，次火星，次木星，最遠土星。木星旁四小星，土星旁五小星，土星上圓環，平之則星正圓，側之則星長圓。日體旁爲瓶置燈，以取日影，對日處映以玻璨盤，內皆有機輪，其旁以小盤之軸挈諸輪轉之，承以半圓，十字下岐三足，座心設指南針，十二宮上施遊表，表轉一周爲一日，視諸體之旋轉，以測七政晝夜隱見之象。

清·于敏中《日下舊聞考》卷四六 原：元立簡儀，爲圓室一間，平置地盤二十四位于其下。屋背中間開一圓竅，以漏日景，可以不出户而知天運。前代立八尺之表，以量日景，故表短而晷景短，尺寸易以差。元立四丈之表，于二丈折中開竅，以量日景，故表長而晷景長。尺寸縱有毫杪之差，則少矣。玲瓏儀，鏤星象於其體，就腹中仰以觀之，此出色目人之制也。《草木子》

臣等謹按：梅文鼎云：仰儀銘與史多異同，而異同，而異者較勝。豈牧菴作銘後，復有定本耶？今以《元史·天文志》考之，「不可形體」史作「不可體形」；「振溉不洩繚以澮也」史作「環鑿爲沼準以溉也」；「子午對也」史作「本午對也」；「末旋機杖」史作「首旋機板」；「視日漏光」史作「視日透光」；「深五十二鐵勒塞也」二句，史錯簡于猶少差也句下；「淺赤道高」史作「黃道夏高」；「深故赤平」史作「黃道浸平」；「二天之書曰渾蓋也，一儀即揆何不悖也」史作「安渾宣夜昕穹蓋也，六天之書言殊話也，一儀一揆孰善悖也」；「過者巧歷」史作「古今巧歷」；「其有俟然」史作「其有俊明」；「泰山礪兮」史作「泰山礪乎」；「庶勿壞也」史作「勿銘壞也」。即如「振溉不洩繚以繪也」，乃言釜口周圍爲水渠環繞，注水取平也。若云環鑿爲沼，準以溉也，其言疎矣。「末旋機杖窾納芥也」，乃言直竿必圓，取其可以旋轉，而竿末則方，其形類板，板之心爲圓窾，甚小，僅可容芥子也。今云機板，義自相通，而首旋則非旨矣。「極淺十七林邑界也，深五十二鐵勒塞也」，乃地偏於南，如林邑在交趾之南，故見北極之高十七度，而南極之入地亦十七度，爲最淺，地偏於北，如鐵勒在朔漠之北，故見北極之高至五十餘度，而南極之入地亦五十餘度，爲最深，然則二句當相對言，而不當錯簡於後矣。凡此諸說，其同異處並集長於史，故當據以爲定本，而并可以証天文志之缺焉。【略】

增：大德二年，起靈臺水渾運渾天漏大小機輪凡二十有五，皆以刻木爲衝牙，轉相撥擊。上爲渾象，點畫周天星度，日月二環斜絡其上，象則隨天左旋，日月二環各依行度退而右轉。

清·于敏中《日下舊聞考》卷四七 增：臺上有渾天儀、簡儀、銅毬、量天尺諸器。本朝康熙十二年，以舊儀年久，多不可用，御製新儀凡六：一天體儀、一赤道儀、一黃道儀、一地平經儀、一地平緯儀、一紀限儀，陳于臺上，至今尊用，其舊儀移藏臺下。《大清一統志》

增：天體儀，諸儀之中，其最象乎。渾天而爲用甚大者，莫天體儀若也。蓋天體儀乃渾天之全象，而其爲用則又諸儀之用之所統宗也。然諸儀中，最爲難制者，亦莫若天體儀，爲夫畢肖乎天形且便於用之爲難也。其難於畢肖天形者，難以取圓故也；其難便於用者，難於周□均輕而無偏垂故也。其取圓則以子午圈或地平圈爲準，先應分子午圈，劃爲四象限，次定兩相對之界，以爲南北二極。每一象限則分爲九十度，而兩極各爲九十度之界。子午圈則以兩面度及字彼此準對，每一度以對角線之比例，而另以六十細分，又每一分更細而四分之，而每四分之一則當十五秒也，則以游表識之焉。又子午立圈，以向東之規面爲正面，而儀之中心乃正對於斯，其南北兩極各作圓半孔，以受儀之半軸，其他半以伏兔圓，半孔受之，兩半圓相合，以螺旋轉定之，而兩極上下以圓□樞，而受儀之全軸焉。夫欲儀之旋轉齊圓，而畢肖乎天之形體，則必以子午圈內規面之齊圓爲準也。欲其均輕而便於用者，則又必以權衡之理爲準也。蓋權衡之爲義，本乎天行之平耳！夫惟渾天之恒平行，是以左右上下無或有輕重之偏焉。而天體儀之所爲最象乎渾天者，大端正在於此。《輕重學》有云：平衡之梁，其心在中，其兩端加重各等一端，扶之以手，手離自不動矣。則天體儀亦然。任意旋轉，手離則儀不動矣。其圓形之心及徑，與重之心及徑，同在一所故也。安儀於子午圈之中，行令其輕，而形令其□，其象天也如此。此制器，尚象之爲第一義也。次之，令其準合於地平圈。地平圈，其坐架約高四尺七寸，而座之上下有兩圈，上圈爲地平之面，寬八寸，於子午正對處合闕其口，深與子午圈側面，寬與其規面相等，總以恰容子午圈，不寬而亦不隘，爲當其可焉。至兩圈内規面平合，而左右上下環抱乎儀，周圍則須留五分之縫，爲便於安高弧而進退游表隨用規器。於地平上面多作平行圈線以别度□字之□處，必於劃度處展之，於劃字處縮之，便以長方對角之線細分宫度。地平之上面共分内、外、中三層。内層劃有地平經度，分四象限，而各爲九十度。其經度之上下則劃有度數字，平距圈線内外界之上所刻字，以正南正北各爲初度，以正東正西各爲九十度界；下所刻字反是，以爲測驗時便於用故耳，内層則以周□爲限界，渠之深寬相等，即五分，内堪容高弧之足，即地平經度表也。自周渠以外，則地平中層矣。其上下平距圈線者，即限界京師地平日晷時刻也。每一時分八刻，而每一刻則十五分，午正初刻即自子午圈正面南邊交地平而起，子正初刻相對於兩圈北邊相交處。日晷源表者，即天禮過南北之軸也。但本軸在儀體之中不見，故儀面上過南北兩極，不拘何圈，俱可以代表也。地平面上其外層圈線者，即分定三十二方之線也。此外圈亦分四象限，各有八方之線，亦名風線，蓋地平周圍，從三十二方風之有名者而起，凡定方向及細心觀候天象者，必應分别之。夫地平及子午兩圈，因在天體面之外，係外圈。此兩圈全備如此，則儀面上之諸圈可定以爲内圈。前南北兩極當其中而劃赤道圈，以四象限分之，令各象界線與子午卯酉四正正對次，則另用規器，而以各象限初度爲心，以末度爲界，劃四半圈，正對各兩半，相遇於南北兩極，而成兩全圈。其一定春秋二分，名爲過極分圈；一定冬夏二至，名爲過極至圈。二分在黃、赤二道相交之界，二至爲黃道緯南、緯北至遠二界，即二十三度三十一分三十秒也。故過極至圈上，自赤道緯北之二十三度三十一分三十秒爲界，而以一象限末度爲心，用規器作圈，而定黃道，以二分、二至、四象限分之，每象限則三宫，每宫則三十度，而每度依對角線之比例分六十分，此爲黃道之經度也。至於赤道，則自西而東，分三百六十度，以春分界爲初度，此赤道經度也。兩道緯度，依過分過至兩圈而定焉。次又以赤道南北二極爲心，相距三十九度五十五分爲界，而用規器作京師恒見界圈。又以黃道南北二極爲心，而黃道南北各作兩圈，兩圈互相距三十度，各圈所分之宫度數與黃道圈之宫度數相對。次於黃赤二極，及於天頂即地平之極加匾圈四分之一，以定黃、赤及地平各圈之緯度，總命之曰緯弧。以九十度分之母一度，依對角線之比例，以六十細分之，故緯弧之寬以對角線之長方形及所刻度數字爲定，則其劃度分從下而上，即從黃、赤、地平各圈之經度界定初度而起，緯弧各有横表，上下任意轉移之，以定緯度之分，黃、赤二道之緯弧，上端有圓孔，以安之於本極，下端有一匾弧，以十字直角形横交之，以密合於本道之經度線焉。蓋緯弧必以直角交本道之經圈，横條之長約緯弧之二十度，其寬與緯弧等。若地平之緯弧，另有製法。蓋高弧及天頂悉依北極出地度安置，故子午圈上抱合天頂。另有游表中開一長方口，以入子午圈，下出小螺柱，安貫高弧上端不脱。表正面另有螺旋轉，可以任游移而定之。於天頂高弧下端則另有表如平足，與地平上面平行足底有如突起之形，入地平上周渠如坳入之形，而以直角交地平經圈，以定其度分也。其黃赤二道經緯之度，全備如此，則二十八宿星座等天象有定位矣，有次第矣。夫星宿依黃、赤等各道之經緯度布刻儀面之上，以本象線聯之，以大小六等印記别識之，以黃道十二宫次界線各於本宫次總歸之。蓋黃道每一宫界爲心，相去三宫爲界，用規器作過黃□各大圈，凡天上諸星、諸點在一宫兩界線中者，即命其在某宫之度分也。從來曆家造星毬、星圖、星表，必以測驗爲據而定其經緯。測驗愈久，愈密。古人但以目之所見略定星象，以東西南北摠别之，後代歸之於黃、赤兩道之宫次，又復歸之於宫度。今世猶爲加密，而定其經緯度分秒矣。蓋歷年愈久則測驗愈合也。夫先代如元明之儀，頗爲粗略，用以測天，往往不能定諸星經緯之細微。今新制之六儀，則渾天大小諸星俱可考測而定，此近古所未有也。照現在之星表、星圖、新儀，面上普列一天之星，過此以往，以六儀互用而考測之，則於數年考測之後，而更加情詳矣。夫星□最爲合天象之儀，星宿列其上，與列在天者無異，則一舉目而識之矣。若舊法之圖、星毬所布列星天上所無者，或不分别其大小之等第，則儀殊不象於天，而觀天者之目反混亂而失據矣。如星毬上凡有密點象者，如天漢積尸氣，傳説牛宿第四、第八星等，皆密合微小之星，止用遠鏡窺測可分别之。舊法疑其非星，因稱爲氣耳！又子午圈外規，面上安有時圈其全徑二尺，以北極爲心，其上側面，分二十四小時，每時四刻，共九十六刻，每刻十五分，每一分以對角線之比例，又以六分之，則每一分當十秒也。其指時刻之表，以螺柱定於北極樞因能隨天體而轉。又能隨本螺柱左右自轉，以便對於各時刻分。前代如元明以來，所造星毬止可於一地北極之高度用之，今此一天體儀，可用之以測普天之下天象也。蓋子午圈下制有□象限弧，其寬二寸五分，厚一寸，釘於子午圈之西側面，其外規面有齒規，齒底之下另有長齒之小輪，下齒與上齒相入，小輪之同軸另有大輪，其外規面之齒與柄軸上小輪之齒相入，而大輪與柄軸小輪之比例爲四分之一焉。故兩輪互相爲用，一人左右轉柄軸，則天體隨之進退，其北極任上下於地平圈，而依各省之本度也。夫地平圈切用之處，在於平分天體之兩半而天體左右不拘何以旋轉，而其周面上所劃在黃赤等大圈者，半必在地平之上，半必在地平之下，而分秒無差。故其承儀之座架，南北二方有二螺旋轉以便用，任天體上下於地平若干之度分，無不可以對照焉。外此著有黃赤二道、南北兩總星圖并簡平規摠星圖解，蓋互相發也。《靈臺儀象志》。

增：《春秋文曜鉤》：唐堯即位，羲和立渾儀。《尚書舜典疏》云：揚子《法言》：或問渾天曰，洛下閎營之，宣帝時司農中丞耿壽昌始鑄銅爲之象，史官施用焉。後漢張衡作《靈憲》以説其狀。康熙十二年，聖祖仁皇帝命監臣製天體儀，即古渾象也。鑄銅爲之，以象天體，圍一丈八尺，兩端中心爲南北極，貫以□軸，面刻黃赤二道，平分十二宫，布刻星漢。其外爲子午圈，週圍各浮天體，毬五分，兩面刻去極度數，東西兩極合成圓孔，以受天體之軸。其下爲地平圈，週圍與子午圈同，面闊八寸，環渠爲界，外刻四象限度及地平時刻方位。下施四足，承以圓座，高四尺七寸，設螺柱以取平。子午正對處向西少闕以受子午圈，半入地平下，半出地平上。自天頂設高弧帶地平遊表以察諸曜地平經緯度，以時盤定於子午圈。高遊表於北極樞，令自轉以定日度。又能隨天體旋轉，以指時座，下設機輪使北極能高下。蓋渾天之全象，而諸儀之用所統宗也。《皇朝禮器圖式》。

增：黄道經緯全儀：黄道經緯全儀之圈有四，各圈之四面分三百六十度，每一度細分六十分。其外大圈恒定而不移者，名天元子午圈。其外徑六尺，其規面厚一寸三分，其側面寬二寸五分。此圈之内包括諸圈，其衝天頂之下半加寬一寸五分，而夾入於雲座仰載之半圈，欲其不薄弱而失圓形故耳。其圈之側面，從天頂起算，南北各去頂一象限，即爲地平線。又從地平線起算，上下安定京師南北兩極之高度分，於兩極各安鋼軸，而各軸之心與圈側面爲一點，側面爲下半圓而合之，加伏兔上之半圓以收之。蓋因度分之界指線所切、窺表所及皆在側面故也。南北兩軸相向，左右上下纖毫不謬。子平圈内次有過極至圈南北赤道兩極，各以鋼軸相貫之，兩極在規面之中心，而中心内外有鋼孔，鋼軸入鋼樞，免致鋼樞磨寬。其北鋼樞則安其内規面，用小鐵條以貫之，而過極圈不致垂下而失圓形矣。其南鋼樞則安於外面，不令銅面轉磨而離於儀之中心焉。又從南北赤極起算，各去二十三度三十一分零三十秒，定黄道極，去極九十度横置次三圈名黄道圈，與過極圈相交，兩交處各陷其中以相入，令兩圈爲一體旋轉，相從黄道交，一在冬至，一在夏至。黄道圈内安次四圈名黄道緯圈，結於黄道南北之兩極。其鋼軸鋼樞之安法，皆與帶黄道圈無異。夫子午圈内共三圈，各規面之寬約二寸五分，便於刻度分秒，其厚約一寸三分，緯圈南北兩極各有獸面，以啣圓軸，其圓徑約一寸以爲徑，表軸之兩端有螺柱定之。若欲不用圓軸，即開螺柱而安徑線，以代表任意用之，其軸之中心立圓柱作緯表，表之縱徑與黄道中線正對，下與緯圈側面恒定爲直角，而黄道經圈緯圈各有游表數，具於各弧之上游移用之，又當天頂設極，細銅絲爲垂線，下置垂毬至下圓孔之内，全儀下有雙龍，於南北兩邊而承之，龍之後足安置於兩交梁，兩梁則以斜角相交而收斂之，令其地寬裕而便於測驗。又交梁之四角有四獅，以頂承之，而上則有螺柱定之。黄道圈，其一側面分刻十二宫，每宫三十度；其一側面分刻二十四節氣，每節十五度。内外規面宫度節氣分相應之，但規面比側面寬大，便於刻度分秒。其每度之所容者，以縱横線界之，而成長方形，每一方又分六小長方，即一度分六分也，方上下横線短小，難容細分，因用其對角長線而十分之，蓋規面上平行十圈線與對角線縱横相交，每小方分十格，六方六十格，因以六對角線十分之比例，每一度分六十分矣。諸圈内外規面之度分皆如此。今游表之指線平分十分，與對角線之分各有相當之比例，每一分又四細分，而每一細分當度分之十五秒，因而一分分六十秒，一度共有二百四十細分云。過極至圈内外規面從赤道線起算，向南北之兩極，則赤道線爲初度所從起，而兩極各爲九十度，其兩側面之度數則以兩極各爲初度所從起，而赤道線爲九十度焉。緯圍之度數亦然，内外規面以黄道中線爲初度所從起，而南北兩黄極則爲九十度焉。其兩側面之度數則與過至圈兩側面所起之度數同也。《靈臺儀象志》。

增：舊渾天儀，制有黄道緯圈而無黄道經圈。康熙十二年聖祖仁皇帝命監臣製黄道經緯儀，鑄銅爲之，凡三重四圈。其外正立爲子午圈，徑六尺一寸，規□厚一寸三分，側面寬二寸五分，兩面皆刻去極度數，以京師爲準，兩極側面各貫鋼軸，以半圓合而固之。次内爲過極至圈，外徑五尺五寸，規面寬二寸五分，側面厚一寸三分，兩面亦刻去極度數，貫於南北赤道極之兩軸，象天左旋，又從南北赤道極各距二十三度三十一分三十秒，定黄道極，去極九十度，横置黄道緯圈，與過極圈交徑及寬厚亦同陷其中以相入，四面皆刻黄道經度，象七政右旋。又從黄道南北兩極，貫黄道徑圈，外徑五尺一寸四分，規面寬九分，側面厚二寸三分，四面皆刻黄道緯度，象黄道四游，兩極施直軸，徑一寸，中半施横表，長三寸，於緯圈上加游表，對直軸以測黄道經度，於經圈上設游表，對横表以測黄道緯度。下爲半圓雲座升龍二承之。《皇朝禮器圖式》。

增：赤道經緯全儀：赤道儀之有三圈，外大圈者，天元子午圈也。其徑線、其四面寬厚、其分劃度分之法，並堅固其下週之小半，而夾入於雲座半圈之内，皆與黄道儀之外圈同。又從圈之側面南北極定度起算，各去九十度，定爲赤道經圈，與子午圈相交之處，兩處各以十字直角相交，其圈之内面與外面各陷其中以相入，令縱横於兩内規面皆平面，則兩圈皆爲一體，而恒定不移也。次兩圈内之赤道緯圈管於赤道兩極而東西游轉，横相切於赤道之經圈也。經緯兩圈之規面，其寬各二寸五分，側面厚一寸三分，而南北兩極安定緯圈，其内外之規面上下安以鋼軸、銅樞諸項，皆與黄道同法焉。又南北兩極各有獸面，安定於緯圈内規面之中，而獸吻啣其圓軸，以代赤道經表，軸之中心立有圓柱，以代緯表。又軸及柱之徑各一寸一分，若欲以兩極之徑線而代爲經表用之，亦無不可者。緯表縱横有兩徑線，其縱徑與赤道圈之中線正對，其横徑與緯圈之側面平行，又赤道内之規面并上側面刻有二十四小時，以初正兩字别之，每小時均分四刻，二十四小時共九十六刻，規面每一刻平分三長方形，每一方平分五分，一刻共十五分，每一分以對角線之比例，又分十二細分，則一刻共一百八十細分，每一分則當五秒。今游表之指線亦平分，而每分與對角線之十二分，各有相當之比例。又各細分五秒，則一刻每分六十秒十五分，共九百秒矣。如此而分之法，可不謂微矣乎！又子午圈向東之正面爲子午線所從起，而南與北兩軸之中心正與此面相對，以爲分界，至若軸樞之半在於此面而半在於伏兔，則兩合螺柱以定之而并如一體焉。又赤道之上側面於子午圈之正南交劃有午正初刻，其内規面劃有子正初刻，而於正北交，則側面劃有子正初刻，其内規面劃有午正初刻，其餘時刻皆從之而定焉。且上則用緯圈，下則用表景，隨便可以測定時刻也。若夫赤道圈之外規面分三百六十經度，從規内面卯正相對之線起算，自西而東隨諸天行每一度依上法作長方形，每一方又另分六小方形，每一分以對角線之比例又分十小分，即一度，共六十分。今游表之指線亦分十空之界線，而每一分空内開爲四格小空，每一格當十五秒，則四格共六十秒也。其赤道之下側面分象限而四之，而子午卯酉爲各象限之初度，至於緯圈四面列度分秒之法，與赤道經圈無異。蓋各面四分象限，而内與外規面之象限各度數則從赤道線起算，向南北兩極而止焉；其上下側面之度數則從兩極起算，向赤道中線而止焉。又經緯圈各有游表者四，與黄道儀正同，而全儀則下有一龍以爲座，向正南而負之，其前後兩爪安於兩交梁，而兩梁又以斜角相交，其四角則有四獅以相負，而又各有螺柱以定之，諸類皆詳於黃道儀解內，茲不復贅，其安對之法則以天頂之垂線爲定也。《靈臺儀象志》。

增：舊渾天儀，制三重，外曰六合儀，次內曰三辰儀，內曰四游儀，凡七圈。康熙十二年聖祖仁皇帝命監臣製赤道經緯儀，鑄銅爲之，凡二重三圈，蓋會三辰於六合，而又省一地平圈也。其外正各立爲子午圈，制與黃道經緯儀子午圈同，距兩極各九十度，橫置赤道經圈，與子午圈交陷其中以相入，外徑五尺九寸，規面寬二寸五分，側面厚一寸三分，內規面及上側面鐫晝夜時刻，外規面及下側面鐫周度分，南極旁承以兩象限弧。又從南北兩極貫赤道緯圈，外徑五尺六寸，規側面寬厚與經圈同，四面刻赤道緯度內爲通軸，設橫表、游表俱與黃道經緯儀同，下爲半圓雲座升龍承之。《皇朝禮器圖式》。

增：地平經儀，地平經圈之全徑長六尺，而周弧之平面則寬二寸五分，厚一寸二分，東西南北劃象限而四分之，每一象限則爲九十度，每一度依前法六十分度數之。宇以南北界線各左右起算，爲初度之界，以東西界線爲九十度之界，從東西向南起算，北反是。夫地平圈之四面各有一龍，以頂承之，而四龍安於十字交梁之四角，而每角加螺旋轉一具，可以準儀而取平。又十字交梁中有立柱與地平圈高等，其中心爲地平圈之中心，從圈之東西二方地平之圈上，又各另加一立柱高約四尺，柱之周圍各有一龍蜿蜒於其上，乃從柱之上端中各出其前，一爪而互捧火珠，蓋珠之心爲天頂，而正對地平圈之中心，則從地平之中心至天頂有立軸，而立軸之中開有長方孔。其中從上至下有一直線，爲立軸之長徑線，并爲天頂之垂線，過地平之中心，加有平方尺表，如窺衡，然自橫表之兩端，各出一線，而過天頂，與立軸之長徑左右各作三角形，三線互相參直，共在過天頂圈之平面上，而與窺衡之指線準合。夫立軸左右旋轉，則人窺測之，目及某星并過天頂，三角形線參直而窺衡之，指線指定地平之經度矣！此儀之細微不止於地平之分法，而更在乎地平中心所出立軸之徑線準合於天頂之垂線，毫末不離也。故依勾股法之理，先自地平之中心劃地平大圈，然後以立軸中天頂線爲股，以大圈半徑爲勾，而自本圈相對之四處斜立一堅硬界方至天頂線之一點以爲勾股之弦，若四處之弦長皆一而纖毫不差，則立軸之中線必合於天頂之垂線矣！又儀之輕巧在於四方螺旋之用法，又在於地平方尺之橫表蓋此橫表須厚一寸而寬一寸五分，以免致于垂下而不合乎儀之本徑也。但既厚且寬，則必遇重而難以轉動，又轉動時則沉重而壓磨於地平上所劃度數之細分，故特用螺柱管其中心與地平之中心火起橫表之兩端，使之空懸於中，而不令其磨損地平之面云。《靈臺儀象法》。

增：舊渾天儀，制有地平圈，能測三辰當地平之經度，而不能測地平上之經度。康熙十二年，聖祖仁皇帝命監臣製地平經儀，鑄銅爲之，平置地平圈，徑六尺二寸，寬二寸四分，厚一寸二分，上面、側面皆刻四象限度。上面自南北起初度，側面自東西起初度，以立龍四承之；圈下立柱，其高相等，適當圈心上，出圓軸圈上，東西二龍柱結橫梁中，穿孔爲天頂與圈心對施立軸，長四尺四寸，上應天頂，下應地心，表末結十字橫表與圈相切，尺寸與圈徑同，立軸頂左左結二線，斜貫橫表兩端，成兩三角形，旋轉橫表令三線與所測參直，視表所指以測各曜之地平經度。《皇朝禮器圖式》：增象限儀，象限儀者，蓋用之以測高度者也，亦名地平緯儀。然式雖不一，惟取其有適於用焉。斯得矣！夫象限爲立運之儀，其製法直角爲心，六尺爲半徑，用規器劃圈，四分之一分則爲九十度，每一度爲長方形，每一方又分十二小方形，而各小方之底以對角線之比例上下五分，則一度共六十分；又對角線之五分，每以窺表指線之細分十分之，則一度共六百分，而每一分則當六秒也。夫所劃之度數之字，其從上起算以至下，而鐫於弧之內邊上者，即指星之在地平上若干度分也。其從下起算以至上，而鐫於弧之外邊上者，即指星之離天頂若干度分也。故八十正數與一十，倒數七十與二十，六十與三十等向上、向下正倒之數，俱爲同線鐫識之弧，以內象限空餘之地爲匾龍，以充其內，而左右上下皆固已。然全儀須立軸以運之，其安立軸之法，其要有二：其一儀形必依權衡之理分之，即軸之周圍輕重相等，而取其運動之便，蓋儀形之中心與其重心不同故也；其一須立軸之中線與儀之立邊平行，以免致離於天頂之垂線也。又於儀之縱橫兩邊相遇之處，即過天頂圈之中心，定有圓柱爲表，加窺衡而衡之，下端依法，另加長方孔之表，與上表相等、相對，其指線於弧之正面，指定所測之度分任意上下進退之，而於弧之背面用螺柱以定之。若用象限全圈之徑以爲衡，而衡之兩端立圓柱以爲表，則可得負圈之角，而倍加度數之細分也。蓋此二度相併歸於一度，而此一度共有一千二百分□。立運儀左右有兩立柱，其兩柱之上有雲弧，下橫一梁，相連如樓閣，然又立軸之兩邊有雙龍扶拱以爲座架，立軸之兩端加以鋼樞，上下各以鋼孔受之，其在下橫梁中有銅環以承立軸，樞環之徑四倍於樞之徑，環之三面各加螺柱，橫入於環，出入展縮以進退，樞令就合於垂線也。座架四傍上下無所隔礙，窺測者從立軸以左右旋轉，甚便周視也。《靈臺儀象志》：增舊渾天儀，制有地平圈而無地平經圈。元郭守敬簡儀設立運圈，以測三辰出地之度，即地平經圈也。康熙十二年，聖祖仁皇帝命監臣製象限儀爲全圓四分之一，亦名地平緯儀，鑄銅爲之，其制直角爲心，兩方皆爲半徑，各長六寸，寬二寸一分，厚一寸，一方圓爲弧，寬二寸六分，厚一寸一分，正面鐫九十度分；外規面鐫度數字，其數自上而下，以紀地平高度，自下而上，以紀距天頂度；聯以雲龍東西立柱，縱八尺八寸，上下□橫七尺八寸，飾以雲龍梁中各穿圓孔，以受立軸，軸與儀之立半徑平行，長九尺七寸，寬二寸一分，厚一寸七分，東西運之；直角施橫軸，長二寸一分，軸本加游表，寬二寸一分，厚二分有奇，長與半徑等，游表末設立耳，以測地平經度。《皇朝禮器圖式》。

增紀限儀，紀限儀之全圈，則六分之一即六十度之弧也，亦名距度儀。全儀分之爲二，一幹一弧。幹之長與弧之半徑及弧之通弦皆相等，即皆六尺也。弧之寬二寸五分，此儀之難製在於其幹何也。蓋用儀之時，其幹大概離天頂而左右上下移動之，衡斜向地平，故幹愈長愈軟而愈垂下，不合於儀之半徑；欲令堅固，恐銅加厚，而儀不便於用，故用三稜角形之法，而左右上下之既堅固亦復輕巧，則用以合天，使之彼此不相反也。幹之上端有小衡，以十字直角相交於弧之半徑，線下端入弧之中，夫幹及弧併小衡之上□，皆在一平□，令儀合於本圈而便測驗故耳。又左右皆有細雲，彼此相連，蓋藉之以堅固全儀者也。若夫儀之中心及小衡左右之兩端各定有一表，皆圓柱，左右各表之徑線相距中幹之徑線大弧之十度，弧之度分從其中線起算，左右各三十度，每度則六十分，每一分又十細分，則一度共六百細分，而每細分則當六秒，蓋與象限儀之分法無殊也。其弧上有游表者三，其表之平面有三，界線長孔，孔内之方形依本法與圓柱表相等焉。夫儀之全體，則用權衡之理以定之，蓋取其重心以爲儀心耳。至如儀之座架有兩端，一爲三運之樞軸，一爲承儀之臺。夫三運之器加於儀之背面，定於儀之重心，以左之、右之、高之、下之、平之、側之，無所施而不可，故又名百游之紀限儀焉。其三運之器，所以成之者有三，其一圓管内有圓軸横入之，便於高下運用也；□一半周圈□中心與横軸之中心正同，便於平側運用也；其一立軸則，便於左右運用焉。以圓管定於儀之重心，而半周圈與横軸之心并立，軸之上端有小圓柱，以爲平側運之軸，而立軸所容半周之處，則内有山口以容之。外有螺柱以定之，此輕小之儀之最便法也。今制紀限儀甚重大，側運之，則必下垂，而螺柱恐難以定，故於半周弧外規加齒，而立軸旁則加小輪，其徑約二寸，其圓面棱齒與半周齒相入，人小輪同軸，而另加全輪，其全徑與小輪之徑如五與一，與半周之徑如一與二，蓋依舉重學之理，轉運之而輕五倍也。用此法則全儀不勞力而可側運矣。定之，則於立軸下端深入臺上端之圓孔，因儀左右旋轉而□測之，目可無所不至矣。臺約高四尺，其座約寬三尺，從下至上，有游龍蜿蜒以繞之，而紀限儀之制於斯全焉。《靈臺儀象志》

增諸曜在天之度，赤道經緯以南北二極爲宗，黄道經緯以黄極爲宗，地平經緯以天頂爲宗，其兩曜斜距之度，古無測器。康熙十二年，聖祖仁皇帝命監臣製紀限儀，亦名矩度儀。鑄銅爲之，其制一弧一幹，弧爲圓周六分之一，通六尺，面寬二寸五分，從中線起，左右各列三十度。幹爲圓之半徑長，亦六尺，末有柄，以便運旋。上端爲圓心，設立柱，加游表，長與幹同，游表末設立耳爲測一曜之用。弧背左右各設窺表，爲另測一曜之用。又於幹兩旁設立柱，相距應弧背之十度，以爲借測之用。儀兩聯以流雲背，以樞低昂之，承以半圓，有齒，立軸旁加小輪，可使平測，其下立柱，入於儀座，以左右之，座高四尺，寬三尺，統以立龍。《皇朝禮器圖式》

增：地平經緯儀，本朝康熙五十四年製。同上。

增：地平經緯儀，乃合地平、象限二儀而爲一。其制平置地平圈，徑五尺，寬七尺七分，周圍鐫四象限度，下設四柱，圓座承之，東西立柱高一丈二尺，上結曲梁，中爲立軸，下端貫以圈心，螺柱上端以梁中圓孔受之，中加象限儀，直角在下，半徑六尺，寬二寸七分，正面列九十度分，中聯方圓及弧矢形背結於立軸以運之，直角施游表，長八尺，本設横耳，末設横柱，以備仰窺，凡測諸曜。旋象限儀，以游表低昂合之，令與諸曜參直，其横半徑所指即地平經度，游表所指即地平緯度。同上。

增：璣衡撫辰儀，本朝乾隆九年御製。同上。

增：璣衡撫辰儀，鑄銅爲之，徑六尺，其外即古六合儀，而不用地平圈。正立子午雙環爲天經，兩面鐫去極度數，以雲座承之。北極出地度、天頂距度以京師爲準，距兩極九十度，結赤道單環爲天緯，兩面鐫晝夜時刻，兩龍柱挾之。次内即古之三辰儀，而不用黄道圈。兩極縮赤道經度雙環，兩面刻去極度數，中腰結游旋，赤道兩面刻周天度分，以象七政運行。最内即古之四游儀，通徑設直距，中心施窺衡，以測七政經緯。座施螺柱以取平，天頂施墜線以取正，較赤道經緯儀而加精焉。同上。

增：璣衡撫辰儀，儀制三重。其在外者即古之六合儀，而不用地平圈。其正立雙環爲子午圈，兩面皆刻周天三百六十度，自南北極起初度，至中要九十度，是爲天經。斜倚單環爲天常赤道圈，兩面皆刻周日十二時，以子正、午正當子午雙環中空之半而結於其中要，是爲天緯。其南北二極皆設圓軸，軸本實於子午雙環中空之間，而軸内向以貫内二重之環，其下承以雲座，仰面正中開雙槽，以受雙環，東面正中開雲窩，以受垂毬，下面置十字架，施螺旋以取平，架之東西兩端，各植龍柱，龍口銜珠，開孔以承天常赤道卯酉之兩軸。依觀象臺測定南北正線，將座架安定，則平面之四方正。又依京師北極出地三十九度五十五分，自北極而上五十度五分即上應天頂，自南極而下五十度五分即下對地心，而應天頂之衡，於天頂施小釘、懸垂線，而垂適當地心，又適切於雙環之面，不即不離，則上下正立面之四方亦正。而地平已在其中，故不用地平圈也。次其内即古之三辰儀，而不用黄道圈。其貫於二極之雙環爲赤極經圈，兩極各設軸孔，以受天經之軸，兩面皆刻周天三百六十度，結於赤極經圈之中要，與天常赤道平運者，爲游旋赤道圈，兩面皆刻周天三百六十度，與天之赤道旋轉相應。自經圈之南極，作兩象限弧以承之，使不傾墊。測得三辰之赤道經緯度，則黄道經緯可推，且黄道與赤道之相距，古遠今近，縱或日久有差，而儀器無庸改制，故不用黄道圈也。其在内者即古之四游儀，貫於二極之雙環，爲四游圈，兩面皆刻三百六十度，定於游圈之兩極者爲直距，綰於直距之中心者爲窺衡，游圈中要設直表以指經度及時，窺衡右旁設直表以指緯度，此古今所同，無容置議者也。是故體制倣乎渾天之舊，而時度尤爲整齊，運量同於赤道新儀，而重環更能合應，至於借表窺測，則上下左右無不宜焉。《儀象考成》

增：乾隆九年御製觀象臺詩

奉若欽維顯，研幾凛曰明。瑶樞調律紀，珠貫驗天行。翠輦臨黄道，星臺攄月城。渾儀觀建象，神器惕持盈。命羲仲和叔，在璿璣玉衡。授時熙庶績，敢恃泰階平。

增：《御製儀象考成》序

上古占天之事，詳於《虞典》，《書》稱：在璿璣玉衡以齊七政。後世渾天諸儀所爲權輿也。歷代以來，遞推迭究，益就精密，所傳六合、三辰、四游儀之制，本朝初年猶用之。我皇祖聖祖仁皇帝奉若天道，研極理數，嘗用監臣南懷仁言，改造六儀，輯《靈臺儀象志》，所司奉以測驗。其用法簡當，如定周天度數爲三百六十，周日刻數爲九十有六分，黄赤道以備儀制，減地平環以清儀象，創制精密，尤有非前代所及者。顧星辰循黄道行，每七十年差一度，黄赤二道之相距亦數十年差一分，所當隨時釐訂，以期脗合。而六儀之改創也，占候雖精，體制究未協於古赤道一儀，又無游環以應合天度，志載星象亦間有漏略躔次者。我皇祖精明，步天定時之道，使用六儀度至今，必早有以隨時更正矣。予小子法祖敬天，雖切於衷而推測協紀之，方實未夙習，茲因監臣之請案六儀新法，參渾儀舊式製，爲璣衡撫辰儀，繪圖著説，以裨測候，并考天官家諸星紀數之闕者，補之序之，紊者正之，勒爲一書，名曰《儀象考成》。縱予斯之未信期允當之，可循由是，儀器正天象著，而推算之法大備。夫制器尚象，以前民用，莫不當求其至精至密，矧其爲授時所本，熙績所關，尤不容有秒忽差者，折衷損益，彰往察來，以要諸盡善，奉時修紀之道，敢弗慎諸至，乃基命宥密所爲，夙夜孜孜監于成憲者，又自有在，是爲序。

臣等謹按：儀器之設，歷代以來，互相傳述，然用之日久，星辰有歲差之度，儀器亦不能無缺壞之時。必有大聖人出，隨時釐訂，方能與天行脗合。我聖祖仁皇帝，精于步天定時之道，以明季舊器年久，多不可用。康熙八年，命監臣南懷仁製六儀。十二年，又命監臣紀利安製地平經緯儀，制作精妙，動與天符，非錢樂之、郭守敬諸臣所能仰窺萬一。乾隆九年，我皇上親蒞靈臺，以渾天制最近古，而時度則宜從今，特命作璣衡撫辰儀，制倣渾天，而時度尤爲整齊。復《欽定儀象考成》一書，繪圖著説，傳之萬世，制器尚象，稽古宜今，洵爲盡美盡善矣。

清·王鳴盛《十七史商榷》卷二 太初三統曆

武帝太初元年，詔大中大夫公孫卿、壺遂、太史令司馬遷、方士唐都、落下閎造《太初曆》，定東西，立晷儀，下漏刻，以追二十八宿相距於四方，舉終以定朔晦分至，躔離弦望。數語造曆之要已盡。自《太初曆》出，古曆皆廢。至成帝時，劉向作《五紀論》。平帝時，王莽秉政，向子歆又作《三統曆》及《譜》。《三統曆》大抵皆祖述《太初曆》者。

清·蕭智漢《月日紀古》卷三 《會要》：貞觀七年三月十六日，直太史局將士郎李淳風鑄渾天黄道儀，成。又撰《法象志》七卷，以論前代渾儀得失之差。

清·蕭智漢《月日紀古》卷六 《會要》：開元八年六月十五日，左金吾衛長史南宫説奏：《渾天圖》空有其書，今無其器，臣既脩《九曜占書》，須量較星象，請造兩枚，一進内，一留司占測，許之。

清·阮元《疇人傳》卷二 尹咸

尹咸，成帝時太史令也。時以書頗散亡，使謁者陳農求遺書於天下，詔咸校數術，凡百九家，二千五百二十八卷，其曆譜十八家，六百六卷。曰《黄帝五家曆》三十三卷，《顓頊曆》二十一卷，《顓頊五星曆》十四卷，《日月宿曆》十三卷，《夏殷魯周曆》十四卷，《天曆、大曆》十八卷，《漢元殷周諜曆》十七卷，《耿昌月行帛圖》二百三十二卷，《耿昌月行圖》二卷，《傳周五星行度》三十九卷，《律曆數法》三卷，《自古五星宿紀》三十卷，《太歲謀日晷》二十九卷，《帝王諸侯世譜》二十卷，《古來帝王年譜》五卷，《日晷書》三十四卷，《許商算術》二十六卷，《杜忠算術》十六卷。《漢書·藝文志》

論曰：術譜十八家，今皆亡佚不傳。唐《開元占經》載：黄帝、顓頊、夏殷周魯六術積年章率未審，即咸所校否也。《續漢志》稱：耿壽昌奏，以圖儀度日月行，考驗天運狀。蓋耿昌即耿壽昌矣。漢以前數學之書，梗概略具於此，然則咸校録之功，亦安可没哉！

清·阮元《疇人傳》卷四 蔡邕

當今曆正月癸亥朔，光、晃以爲乙丑朔。乙丑之與癸亥，無題勒款識可與衆共别者，須以弦望晦朔光魄虧滿可得而見者，考其符驗。而光、晃術以《考靈曜》二十八宿度數及冬至日所在，與今史官甘、石舊文錯異，不可考校；以今渾天圖儀檢天文，亦不合於《考靈曜》。光、晃誠能自依其術，更造望儀，以追天度，遠有驗於圖書，近有效於三光，可以易奪甘、石，服窮諸術者，實宜用之。難問光、晃，但言圖讖，所言不服。

清·阮元《疇人傳》卷五 陸績

陸績，字公紀，吴郡吴人也。孫權統事，辟爲奏曹掾，出爲鬱林太守，加偏將軍，給兵二千人。始推渾天，意造渾象，形如鳥卵，作《渾天圖注》。年三十二，卒。《三國志》本傳、《宋書·天文志》。【略】

陸績造渾象，其形如鳥卵，然則黄道應長於赤道矣。績云：天東西南北，徑三十五萬七千里，然則績亦以天形正員也。而渾象爲鳥卵，則爲自相違背。古舊渾象以二分爲一度，凡周七尺三寸半分；張衡更制，以四分爲一度，凡周一丈四尺六寸。蕃以古制局小，星辰稠概；衡器傷大，難可轉移。更制渾象，以三分爲一度，凡周天一丈九寸五分四分分之三也。《三國志》本傳《晉書·天文志》、《宋書·天文志》。

清·阮元《疇人傳》卷六 葛洪

葛洪，字稚川，自號抱朴子，丹陽句容人也。元帝爲丞相，時辟爲掾，以功賜闕內侯。咸和初，司徒導召補州主簿轉司徒掾遷諮議參軍，卒年八十一。嘗據渾天，以駁王充蓋天之説，曰：《渾天儀注》云：天如雞子，地如中黄，孤居於天内，天大而地小，天表裏有水，天地各乘氣而立，載水而行。周天三百六十五度四分度之一，又中分之，則半覆地上，半繞地下，故二十八宿半見半隱，天轉如車轂之運也。諸論天者雖多，然精於陰陽者少。張平子、陸公紀之徒，咸以爲推步七曜之道，以度曆象昏明之證候，校以四八之氣，考以漏刻之分，占晷影之往來，求形驗於事情，莫密於渾象也。張平子既作銅渾天儀，於密室中，以漏水轉之，與天皆合如符契也。

清·阮元《疇人傳》卷七　何承天

又論渾天象體曰：詳尋前説，因觀渾儀，研求其意。有悟天形正圓，而水居其半。地中高外卑，水周其下。言四方者，東曰暘谷，日之所出；西曰濛汜，日之所入。

清·阮元《疇人傳》卷一二　刘焯

仁壽四年，焯上啓於東宫，論渾天云：璿璣玉衡，正天之器，帝王欽若，世傳其象。漢之孝武，詳考律曆，糾落下閎、鮮于妄人等，共所營定。逮于張衡，又尋述作，亦其體制不異閎等。雖閎制莫存，而衡造有器。至吴時，陸績、王蕃並要修鑄。績小有異，蕃乃事同。宋有錢樂之，魏初晁崇等，總用銅鐵，小大有殊，規域經模，不異蕃造。觀蔡邕《月令章句》，鄭元注《考靈曜》，勢同衡法，迄今不改。焯以愚管，留情推測，見其數制，莫不違爽。失之千里，差若毫釐，大象一乖，餘何可驗。

清·阮元《疇人傳》卷一三　李淳風

李淳風，岐州雍人也。貞觀初，與傅仁均爭曆法，議者多附淳風，故以將仕郎直太史局。制渾天儀，詆摭前世得失。上言：舜在璿璣玉衡，以齊七政，則渾天儀也。《周禮》土圭正日景，以求地中，有以見日行黄道之驗也。暨于周末，此器乃亡。漢落下閎作渾儀，其後賈逵、張衡等，亦各有之。而推驗七曜，並循赤道。案冬至極南，夏至極北，而赤道常定於中，國無南北之異。蓋渾儀無黄道久矣。太宗異其説，因詔爲之。至七年儀成。表裏三重，下據準基，狀如十字，末樹鼇足，以張四表。一曰六合儀，有天經雙規，金渾緯規，金常規，相結於四極之内，列二十八宿、十日、十二辰，經緯三百六十五度。二曰三辰儀，圓徑八尺，有璿璣規、月遊規，列宿距度，七曜所行，轉於六合之内。三曰四遊儀，玄樞爲軸，以連結玉衡游筩，而貫約矩規。又玄樞北樹北辰，南矩地軸，傍轉於内。玉衡在玄樞之間，而南北游，仰以觀天之辰宿，下以識器之晷度。皆用銅。帝稱善，置於凝暉閣，用之測候。閣在禁中，其後遂亡。又著《法象》七篇上之。擢承務郎，遷太常博士，改太史，尋遷爲令。高宗時，《戊寅曆》益疏，淳風作《甲子元曆》以獻。詔太史起麟德二年頒用，謂之《麟德曆》。與太史令瞿曇羅所上《經緯曆》參行。其法麟德元年甲子，距上元積二十六萬九千八百八十算，總法千三百四十，朞實四十八萬九千四百二十八，朔實三萬九千五百七十一。古曆有章、蔀、元、紀、日分、度分，參差不齊，淳風爲總法以一之。凡朞實、朔實，及交轉五星，並以總法爲母。又損益中晷術以考日至，爲木渾圖以測黄道。謂冬至之初，日躔定在南斗十二度，餘因劉焯《皇極曆》法，增損所宜。以勞對昌樂縣男。奉詔與算博士梁述、助教王真儒等，同正《五曹》、《孫子》等書，刊定注解，立於學官。《晉書》、《五代史》天文律曆志，皆淳風獨作。自祕閣郎中復爲太史令，卒。《麟德曆》行用，至弦道元年十二月，甲寅朔，壬午晦。八月，詔二年元日用甲申，故進以癸未爲晦。永昌元年十一月，改元載初，用周正，以十二月爲臘月，建寅月爲一月。神功二年，司曆以臘月爲閏，而前歲之晦，月見東方，太后詔以正月爲閏。聖曆三年，復行夏時，終開元十六年。《唐書》方技傳、曆志、天文志。

清·阮元《疇人傳》卷一七　梁令瓚

梁令瓚，率府兵曹參軍也。開元九年，僧一行受詔，改治新曆，欲知黄道進退，而太史無黄道儀。令瓚以木爲游儀，一行是之，乃奏：黄道游儀，古有其術而無其器，昔人潛思，皆未能得。今令瓚所爲，日道月交，皆自然契合，於推步尤要，請更鑄以銅、鐵。十一年，儀成。一行又曰：靈臺鐵儀，後魏斛蘭所作，規制朴略，度刻不均，赤道不動，乃如膠柱，以考月行，遲速多差，多或至十七度，少不減十度，不足以稽天象，授人時。李淳風黄道儀，以玉衡旋規，別帶日道，傍列二百四十九交以攜月游，法頗難，術遂寢廢。臣更造游儀，使黄道運行，以追列舍之變，因二分之中，以立黄道，交奎軫之間，二至陟降各二十四度，黄道内施白道月環，用究陰陽朓朒，動合天運，簡而易從，可以制器垂象，永傳不朽。於是元宗嘉之，自爲之銘。又詔一行與令瓚等更鑄渾天銅儀，圓天之象，具列宿赤道及周天度數，注水激輪，令其自轉，一晝夜而天運周。外絡二輪，綴以日月，令得運行，每天西旋一周，日東行一度，月行十三度十九分度之七，二十九轉有餘而日月會，三百六十五轉而日周天。以木櫃爲地平，令儀半在地下，晦明朔望，遲速有準。立木人二於地平上，其一置鼓，以候刻至一刻，則自擊之，其一前置鐘，以候辰至一辰，亦自撞之，皆於櫃中，各施輪軸，鈎鍵關鏁，交錯相持。置於武成殿前，以示百官司，無幾，而銅鐵澀，不能自轉，遂藏於集賢院。

清　阮元《疇人傳》卷二〇　蘇頌

蘇頌，字子容，泉州南安人也。徙居丹陽，第進士，官至右僕射兼中書門下侍郎。嘗使契丹，遇冬至，其國所推後宋一日。北人問孰爲是。頌曰：術家算數小異，遲速不同，如亥時節氣交，猶是今夕，踰數刻，則屬子時，爲明日矣。先後各從其術可也。元祐間，請別製渾儀，因命頌提舉。頌以吏部令史韓公廉曉算術，有巧思，奏用之。授以古法，爲新儀象。上之。作《新儀象法要》三卷。其渾儀之制略曰：渾儀，其制爲輪三重。一曰六合儀，縱置於地渾中，即天經也，與地渾相結，其體不動；二曰三辰儀，置六合儀內；三曰四游儀，置三辰儀內。曰天經者，對地渾也。又名陽經環者，以地渾爲陰緯環，對名也。又植四龍柱於渾下之四維。又置鼇雲于六合儀下。又四龍柱下，設十字水趺，鑿溝通水道，以平高下。別設天常單環於六合儀內。又設黄道雙環、赤道單環，皆在三辰儀內，東西兩相交，隨天運轉。又爲四象環，附三辰儀，相結于天運環，黄赤道兩交。又爲直距二，縱置于四游儀內，北屬六合儀地渾之上，以正北極出地之度，南屬六合儀地渾之下，以正南極入地之度。直距內夾置望筒一。筒之半，設關軸，附直距上，使運轉低昂，窺測四方之星度。其渾象之制略曰：渾象一座，上列二十八宿周天度，及中外官星，納于六合儀天經、地渾內。周以一木櫃載之，中貫樞軸。軸南北出渾象外，地渾在木櫃面而横置之，以象地。天經與地渾相結，縱置之，半在地上，半隱地下，以象天。其樞軸北貫天經上杠中，末與杠平，出櫃外三十五度少弱，以象北極出地。南亦貫天經，出下杠外，入櫃內三十五度少弱，以象南極入地。就赤道爲牙，距四百七十八牙以銜天輪，隨機輪之地轂以運動。其水運儀象臺之制略曰：水運儀象臺，其制爲臺，四方而再重，上狹下廣，高下相地之宜。四面以巨枋木爲柱，柱間各設廣桄，周以板壁，下布地栿，上布板面，內設胡梯再休。隔上開南北向各一門，隔下開二門，各南向雙扉。渾儀置上隔上，以脱摘板屋覆之。渾象連木櫃置中隔臺內，仰設晝夜機輪八重，貫以機輪軸。一曰天輪，在天束上，與渾象赤道牙相接；二曰晝時鐘鼓輪；三曰時刻鐘鼓輪；四曰時初正司辰輪；五曰報刻司辰輪；六曰夜漏金鉦輪；七曰夜漏更籌司辰輪；八曰夜漏箭輪。外以五層半座木閣蔽之，層皆有門，以見木人出入。第一層，左摇鈴，右扣鐘，中擊鼓；第二層，報時初正；第三層，報刻；第四層，擊夜漏金鉦；第五層，報夜漏更籌。又於八輪之北側設樞輪，其輪以七十二輻爲三十六洪，束以三輞夾持，受水三十六壺。轂中横貫鐵樞軸一，南北出軸，南爲地轂，運撥地輪天柱，中動機輪，動渾象上動渾儀。又樞輪左設天池、平水壺。平水壺受天池水，注入受水壺，以激樞輪；受水壺水落入退水壺，由壺下北竅引水入昇水下壺；以昇水下輪運水入昇水上壺；上壺內昇水上輪及河車，同轉上下輪，運水入天河；天河復流入天池。周而復始。其渾儀圭表之制略曰：渾儀圭表，其制於渾儀下安圭，座面與水趺中心相結，各爲水溝，以定平準。圭長一丈三尺，面分尺寸，兩旁列二十四氣。自圭面上，與陰緯環面，與直距望筒之半，爲表之高。表高八尺，故自陰緯環面，及望筒之半，至鼇雲之下，亦高八尺。於午正以望筒指日，令景透筒竅，以竅心之景指圭面之尺寸爲準。望筒、圭面二法相參，氣象與上象相合。頌制造之精，遠出前古。其學略授冬官正袁惟幾，雖其子孫亦不傳云。建中靖國元年卒，年八十二，贈司空。《宋史》本傳、《新儀象法要》。

清・阮元《疇人傳》卷二五　郭守敬

郭守敬，字若思，順德邢臺人也。大父榮，精於算數，使守敬從劉秉忠學。初秉忠以《大明曆》自遼、金承用二百餘年，浸以後天，議欲脩正而卒。十三年，帝思用其言，遂以守敬與王恂率南北日官分掌測驗推步於下，而命張文謙與樞密張易爲之主領裁奏於上，左丞許衡參預其事。守敬首言：曆之本在於測驗，而測驗之器莫先儀表。今司天渾儀，宋皇祐中汴京所造，不與此處天度相符，比量南北二極，約差四度。表石年久，亦復欹側。守敬乃盡考其失而移置之。既又別圖高爽地，以木爲重棚，創作簡儀、高表，用相比覆。又以爲天樞附極而動，昔人嘗管望之，未得其的，作候極儀。極辰既位，天體斯正，作渾天象。象雖形似，莫適所用，作玲瓏儀。以表之矩方，測天之正圓，莫若以圓求圓，作仰儀。古有經緯，結而不動，守敬易之，作立運儀。日有中道，月有九行，守敬一之，作證理儀。表高景虚，罔象非真，作景符。月雖有明，察景則難，作闚几。術法之驗，在於交會，作日月食儀。天有赤道，輪以當之，兩極低昂，標以指之，作星晷定時儀。又作正方案、丸表、懸正儀、座正儀，爲四方行測者所用。又作《仰規覆矩圖》、《異方渾蓋圖》、《日出入永短圖》，與上諸儀互相參考。

清・阮元《疇人傳》卷三二　徐光啓

又修曆急用儀器十事：一，造七政象限大儀六座。二，造列宿紀限大儀三座。三，造平渾懸儀三架。四，造交食儀一具。五，造列宿經緯天球儀一架。六，造萬國經緯地球儀一架。七，造節氣時刻平面日晷三具。八，造節氣時刻轉盤星晷三具。九，造候時鐘三架。十，裝修測候七政交食遠鏡三架。奏可。

清·阮元《疇人傳》卷三三　李天經

二十六曰，測五星宜用恒星爲準則。測星用黃道儀外，或用弧矢等儀。將所測緯星視距二恒星若干度分，依法布算，得本星真經緯度分。又繪圖亦可免算。

清·阮元《疇人傳》卷四二　李惇

李惇，字成裕，號孝臣，高郵人也。乾隆己亥舉鄉試，庚子成進士。通天文、術算、象數之學，所著有《杜氏長曆補》、《渾天圖説》若干卷。卒年五十一。《焦里堂李孝臣先生傳》。

清·阮元《疇人傳》卷四五　南懷仁

一曰天體儀。儀爲圓球，徑六尺，面布黃赤經緯度分及宫次，星宿羅列，宛然穹象，故以天體名之。中貫鋼軸，露其兩端，以屬於子午規之南北極，令可轉運。座高四尺七寸，座上爲地平圈，寬八寸，當子午處各爲闕，以入子午規。闕之度與子午規之寬厚等。則兩圈十字相交，内規面恰平，而左右上下環抱乎儀。周圍皆空五分，以便高弧遊表進退。又安時盤于子午規外，徑二尺，分二十四時，以北極爲心。其指時刻之表，亦定於北極，令能隨天轉移，又能自轉焉。座下復設機輪運轉子午規，使北極隨各方出地度升降，則各方天象隱現之限，皆可究觀，尤爲精妙。

清·畢沅《續資治通鑑》卷九五　（宣和六年，秋，七月）丁酉，詔：應係御筆斷罪，不許詣尚書省陳訴改正。王黼言：頃得方士璣衡之書，足以察七政。甲辰，詔置璣衡所，以黼及梁師成領之。

清·畢沅《續資治通鑑》卷一九三　夏，四月，江南山東、浙江、兩淮、燕南屬縣多蝗，帝欲開鐵幡竿渠，召知太史院事郭守敬議之。守敬奏：山水頻年暴下，非大爲渠堰廣五七十步不可。時議不盡以爲然。守敬嘗起水渾蓮渾天漏，大小機輪凡二十有五，皆以刻木爲衡牙，轉爲撥擊，上爲渾象，點書周天星度，日月二環斜絡其上，象則隨天左旋，日月二環各依行度退而右轉，見者服其精。

清·趙翼《甌北詩話》卷一〇　按順治元年，修政立法，西洋人湯若望進渾天毬一座，地平日晷、窺遠鏡各一具，并輿地屏圖，更清諸曆，悉依西洋法推算從之。

清·徐松《宋會要輯稿·運曆二》　詳定制造水運渾天儀所奏：局直長齊良狀伏睹：宋以火德王天下，所造渾儀其名水運，其非吉兆，乞更水名，以避刑剋火德之忌。案張衡謂之刻漏儀，一行謂之水運俯視圖，張思訓所造，太宗皇帝賜名太平渾儀，名稱并各不一。今新制備二器而三用，乞特賜名，以稱朝廷制作之意。詔以元祐渾天儀象爲名。四月八日，翰林學士許將等言：定元祐渾天儀象所先被旨製造水運渾儀木樣，如試驗候天不差，即別造銅器。今臣等晝夜校驗，與天道已參合不差。詔以銅造，仍以元祐渾天儀象爲名。其後將等又言：前所謂渾天儀者，其形圓，其内則有璣有衡。其外形圓，即可遍布星度；其内有璣有衡，即可仰窺天象。若渾天儀則兼二器有之，同爲一器。然既言渾天，則其爲象可知。而於渾象中設璣衡，使人内窺天象，以占測爲主，故可總謂之渾天儀。今所建運儀象別爲二器，而渾儀占測天度之真數，又以渾象置之密室，自爲天運，與儀參合，若并爲一器，即象爲儀，以同正天度，則渾天儀象兩得之矣。此亦本朝備具典禮之一法也。乞更作渾天儀。從之。六年，新作渾儀。其製：築臺，其上設渾儀以銅，于黃、赤道窺管測日度三百六十四度四分度之一。其次渾天，其製如大鍋，以木爲之，面設星象，隨天輪運轉。置人於中候之，對竅視星。其次刻漏。其次以三銅池，以水轉輪，每刻木人擊鉦以爲准。左相三十年經營其一，左丞蘇公創其一。王沇之監領，於太師府置局，司天監亦遷就焉。其臺四，存其舊者，比較日久，乃取拾。渾儀造已多年，此更一年可成。自今用木架樓引水，定漏測日。七年四月二日，詔尚書左丞蘇頌撰《渾天儀象銘》。六月十四日，元祐渾天儀象成，詔三省、樞密院官閱之。紹聖元年十月十六日，詔禮部、秘書省就詳定制造渾天儀象所以斯舊渾儀令判局以下同測驗，擇取其候望精密、可久施用者，具應用官吏數申尚書省。三年六月十三日，元祐渾儀所言：今欲修寫《儀象製度》、《法略》各一部，申納尚書省并秘閣。從之。元符元年六月二十七日，知亳州林希上撰到《渾天儀象碑文》，詔送渾天儀象所立石。希先爲吏部尚書，被旨撰文，至是來上。徽宗宣和六年七月二十九日，詔置討論製造璣衡所，以宰相王黼總領，内侍師成副之。先是，黼奏得方士璣衡之書，造小樣驗之，與天運合，如唐一行之制，乞命有司置局，如樣製造。手詔賜黼曰：朕惟帝堯命義、和以授四時，然後釐百工，熙庶績；逮大舜在璣衡以齊七政，然後類上帝，禋六宗。肆朕纂承，常患觀天之器，未詳垂象之原。迺得元儒有明往制。卿順考古道，博極群書，詳《洪範》之陳，得妙極之數，受至言於方士，出盛物盛，開乾坤璇闕之機，斡日月運行之次。具存製樣，若合契符，成百代不易之儀，正諸家相駁之說，究觀讎核，嘉嘆不忘。元祐間蘇頌更作者，上寘渾儀，中設渾象，旁設昏曉更籌。激水以運之，三器一機，吻含躔度，最爲奇巧。宣和間又嘗更作之，而此五儀者悉歸于金。中興更謀製作。高宗紹興二年十一月二日，工部員外郎袁正功言：制度，渾儀法要安立非子午之正，即有差錯。今渾儀器象將欲安立，定測樞極，合要定子午正局官二員，乞下太史局差取。詔測驗官差李繼宗、定正官差趙旗。俟造畢進呈日同參詳指說製度。乃召蘇頌之子携取頌遺書，考質舊法，而携亦不能通也。至十四年，乃命宰臣秦檜提舉鑄渾儀，而以内侍邵諤專令其事，久而儀成。三十二年，始出其二，置太史局，而高宗先自爲一儀寘諸宫中，以測天象。其制差小，而諤所鑄蓋祖是焉。後在鐘鼓院者是也。清臺之儀，後其一在秘書省。撰儀制度，表裏三重。其第一重曰六合儀，陽經徑四尺九寸六分，闊三寸二分，厚五分，南北正立，兩面各列周天度數，南北極出入地皆三十一度少，度闊三分。陰爲車環，大小如陽經，闊三寸二分，厚一寸八分。上置水平池，闊九分，深四分，沿環通流，亦如舊制。内外八斡，十二枝，晝艮、巽、坤、乾卦於四維。第二重曰三辰儀，徑四尺三分，闊二寸二分，厚五分。釭釧刻畫如陽經。赤道單環，徑四尺一寸四分，闊一寸二分，上列二十八宿，均天度數，闊二分七釐。黄道單環，徑四尺一寸四分，闊一寸二分，厚五分。上列七十二候，均分卦策，與赤道相交，出入各二十四度弱。百刻單環，徑四尺五寸六分，闊一寸一分，厚五分，上列晝夜刻數。第三重曰四游儀，徑三尺九寸，闊一寸九分，厚五分。釭釧刻畫如璇璣，度闊二分半，望筒長三尺六寸五分，内員外方，中通孔竅，四面闊一寸四分七釐，竅眼闊三分，夾竅徑五尺三分。鰲雲以負龍柱，各高五尺二寸，十字平水臺高一尺一寸七分，長五尺七寸，闊五寸二分。水槽闊七分，深一寸二分。苦水運之法與夫渾象，則不復設。其後朱熹家有渾儀，頗考水運制度，卒不可得。蘇頌之書雖在，大抵於渾象爲詳，而其尺寸多不載，是以難遽復云。舊制有白道儀以考月行，在望筒之旁。自熙寧沈括以爲無益而去之，南渡更造，亦不復設焉。極度。極星之在紫垣，爲七曜、三垣、二十八宿衆星所拱，是謂北極，爲天之正中。而自唐以來，曆家以儀象考測，則中國南北極之正，實去極星之北一度有半，此蓋中原地勢之度數也。中興更造渾儀，而太史令丁師仁乃言：臨安府地勢向南，於北極高下當量行移易。局官吕璨言：渾天無量行更易之制，若用於臨安與天參合，移之他往必有差忒。遂罷議。後十餘年邵諤鑄儀，則果用臨安北極高下爲之。以清臺儀校之，實去極星四度有奇也。正月十六日，太史局參詳指説製度渾儀，丁師仁等言：省記昨東京渾儀四座，至道儀一座，測驗渾儀刻漏所安設皇祐儀一座，翰林天文局安設熙寧儀一座，太史局天文院安設元祐儀一座，合臺安設每約重二萬餘斤。今若製造折半，渾儀一座，約度合用赤銅一萬餘斤。左右司覆實用赤銅八千四百八斤二兩。昨元祐間製造渾儀真器，當時係兩府提舉。詔合用物料令户部收買應副，其工匠下臨安府和雇。仍令工部長貳專一提舉。七年夏，資中士人張大楫以木爲蓋天，言可備軍幕中候驗，獻諸朝。十三年十月庚寅，詔製渾天儀。《高宗紀》。十四年四月五日，太史局言：製作渾儀，乞依舊例差官提舉。宰臣秦檜奏曰：在廷之臣，罕能通曉。上曰：此實闕典，朕已令就宫中製造，範製雖小，可用窺測。日以晷度、夜以樞星爲則，蓋樞星中也。非久降出，用以爲式，但當廣其尺寸耳。於是命檜提舉修製渾儀。先是，工部員外郎謝伋言：臣職贊共工之事，嘗詢渾儀之法，太史官生論議法製不同，幾成聚訟，鑄作之，今尚闕焉。臣愚以爲所費既多，事體亦大，宜先詢考制度，敷求通曉天文曆數之學，如漢之賈逵、張衡，本朝之蘇頌者，參訂是非，決群疑而合古制，傳之永久。望博訪而譾擇之。蘇頌之子携近得旨赴闕，乞就携訪求頌之遺書，考質制度，必有所補。至是，命秦檜提舉修製。其後委内侍邵諤專主之。後渾儀雖成，至紹興三十二年諤亦罷職，遂以渾儀付太史局安設焉。孝宗乾道三年正月，詔令太史局將太上皇帝昨降下渾儀一副就本局置臺安設，測驗七政行度，演造新曆。慶元四年七月，秘省築渾儀臺成。

《玉海》：元祐渾天儀象：吏部尚書臣蘇頌先准元祐元年冬十一月詔旨，定奪新舊渾儀。對得新儀係至道、皇佑年製造，并堪行用。舊渾儀係熙寧中所造，環器怯薄，水趺低墊，難以行使。臣切以儀象之法，度數備存，而日官所以互有論訴者，蓋以器未合古，名亦不正。至於測候，須人運動，人手有高下，故躔度亦從而移轉。是故兩競，各指得失，終無定論。蓋古人測候天數，其法有二：一曰渾天儀，規天規地，機隱於内，上布經躔，以考日星行度、寒暑進退，如張衡渾天、開元水運銅渾是也；二曰銅候儀，今新舊渾儀翰林天文院與太史局所有是也。又案：吴中常侍王蕃云：渾天儀者，羲、和之舊器，積代相傳，謂之機衡。其爲用也，以察三光，以分度宿者也。又有渾天象者，以著天體，以布星辰。二者以考於天蓋密矣。詳此渾天儀、銅候儀之外，又有渾天象，凡三器也。渾天象歷代罕傳，其制惟書志稱梁武密府有之，云是宋元嘉中所造者。由是而言，古人候天，具此三器，乃能盡妙。今唯一法，誠恐未得親密。然則張衡之制，史失其傳；開元舊器，唐世已亡。國朝太平興國初，巴蜀人張思訓首創其式以獻，太宗皇帝召工造於禁中，逾年而成，詔置文明殿。今文德殿是也。東鼓樓下，題曰太平渾儀。自思訓死，機繩斷壞，無復知其法制者。臣昨訪得吏部守當官韓公廉通《九章算術》，常以鈎股法推考天度。臣思古人言：天有《周髀》之術，其説曰：髀，股也；股，表也。日行周徑里數各依算術，用勾股二里差推晷影極游，以爲遠近之數，皆得表股。周人受之，故曰《周髀》。若通此術，則天數從可知也。因説與張衡、一行、梁令瓚、張思訓法式大綱，問其可以尋究依仿製造否？其人稱：若據算術，案器象，亦可成就。既而撰到《九章鈎股測驗渾天書》一卷，并造到本樣機輪一座。臣觀其器範，雖不盡如古人之説，然以水運輪，亦有巧思，若令造作，必有可取，遂具奏陳，乞先創木樣進呈，差官試樣。如候果有准，即別造銅器。奉二年八月十六日詔，如臣所講，置局差官及專作材料等，遂奏差壽州州學教授王沇之充專監造作，太史局夏官正周日嚴、秋官正于太古、冬官正張仲宣等與韓公廉同充製官度，局生袁惟幾、苗景、張端節、劉仲景，學生侯允和、于湯臣驗晷景、刻漏等。至三年，先造成小樣，有旨赴都堂呈驗，造大木樣。至十二月工畢，閏十二月二日甲辰，得旨置于集英殿。臣謹案：歷代天文之器，制範頗多，法亦小異。至於激水運機，其用則一。蓋天者運行不息，水者注之不竭；以不竭之流，逐不息之運，苟注挹均調，則參校旋轉之勢無有差舛也。故張衡渾天則云：室中以漏水轉之，令司之者閉户喝之，以告靈臺之觀天者，璇璣所加，某星始見，某星始中，某今没，皆如符合。唐開元中，詔浮圖一行與率府兵曹梁令瓚及諸術士更造鑄銅渾，爲之員天之象，上具列宿及周天度數，注水激輪，令其自轉，一日一夜，天轉一周。又別置二輪，絡在天外，綴以日月，令得運行。每天西轉一匝，日正東行一度，月行十三度有畸，凡二十九轉而日月會，三百六十五轉而日行匝。仍置木櫃以爲地平，令儀半在地下。又立二木偶人於地平之前，置鐘鼓，使木人自然撞擊，以候辰刻，命之曰水運渾天俯視圖。既成，置武成殿前，以示百官。梁朝渾象以木爲之，其員如丸，遍體布二十八宿、三家星、黄赤道及天河等別爲横規環以繞其外，上下半之，以象地。張思訓渾儀爲樓數層，高丈餘，中有輪軸關柱，激水以輪。又有神直摇鈴、扣鐘、擊鼓，每一夜周而復始。又有十二神，各直一時，以定晝夜之長短。至冬至水凝，則以水銀代之，故無差舛。按舊法，日月行度皆人所運，新制成於自然，尤爲精妙。然則據上所造，張衡所謂靈臺之璇璣者，兼渾儀、候儀之法也。置密室中者渾象也，故洪云：張平子、陸公紀之徒，咸以爲推步七曜之運，以度曆象昏明之證候；校以三八之氣，考以刻漏之分，占晷景之往來，求形驗於事情，莫密於渾象也。開元水運俯視圖亦渾象也，思訓准開元之法，而上以蓋爲紫宫，旁周天度而正東西，轉出其新意也。今則兼采諸家之説，備儀象之器，共置一臺，有二隔，渾儀置於上，渾象置於下，樞機輪軸隱於中，鐘鼓時刻司辰運於輪上。木閣五層蔽於前，司辰擊鼓、摇鈴、執牌出没於閣内。以水激輪，輪轉而儀象咸動。此兼用諸家法。渾儀則上候三辰之行度，增黄道爲單環，環中日見半體，使望筒常指日月，體常在筒竅中。天西行一周，日東移一度。此出新意也。渾象則列紫宫於此頂，布中外官星、二十八舍、周天度、赤黄道、天河遍於天體，此用王蕃及《隋志》所説也。二器皆出一機。以水激之，不由人力。校之前古，法之疏密未易知，而器度算數亦彷佛其遺象也。《虞書》稱：舜在璇璣，以齊七政，蓋觀四七之中星，以知節候之早晚。《考靈曜》曰：觀玉儀之游，昏明主時，乃命中星者。璇璣中而星未中爲急，急則日过其度，月不及其宿；璇璣未中而星中爲舒，舒則日不及其度，月遇其宿；璇璣中而星中爲調均，則風雨時，庶草繁蕪而五穀登，萬事康。由是言之，觀璇璣中，不獨視天時而布政令，抑欲察灾祥、省得失也。《易》曰：先天而天不違，後天而天奉時。此謂也。今依《月令》創爲《四時中星圖》，以曉昏之度附于後卷，將以上備聖主南面之省觀，此儀象之大用也。又上論：渾天儀、銅候儀、渾天象三器不同，古人之説亦有所未盡。陳苗謂：張衡所造蓋亦止在渾象七曜，而何承天莫辨儀象之異。若但以一名命之，則不能盡其妙用也。今新制備二器而通三用，當總謂之渾天。恭候聖鑒，以正其名。臣切詳《周官》馮相氏掌十有二辰、十月、二十有八星之位，辨其叙事，以會天位；保章氏掌天星，以志星辰、日、月之運動，辨其吉凶，以詔救正。蓋歲月辰日星皆有方位，知其位之所在，則知其時數之常然，可考而著之於曆，此馮相氏之所掌也。若有變動非常，有繫於吉凶之應者，以時觀其象，而詔其占，則保章氏掌之。蓋馮相氏考其常，所以正時而頒庶事；保章氏司其變，則決之於象而詔救正。先正分其職以爲之意也。今太史局治曆、瞻候合爲一司，緣曆術有疏密，天文有常變，治曆或疏，則不足以知其常；瞻候或惰，則不足以得其變。瞻候之家，苟欲合其曆，奏報候薄，遂容不實。近者局生訟奏報之妄，草澤斥曆算之疏，究其所因，弊成在是。近令禮部、秘書省官定新舊儀親密者一座行使，臣已行定驗。今相度且欲存留舊儀，令曆生算步治曆，得以參驗。其新造兩儀象，制度精巧，兼得張衡、李淳風、張思訓之制，以之瞻候，尤爲准的。今欲別爲渾天儀象所，以隸太史，仍差官專一提舉。因命頌提舉。每日別行奏報，以此關互，無容苟簡，則朝廷可以坐知象緯之實，因以參酌中失，而圖其舊政，庶幾不失先王馮相、保章分職之意。本所乞更重作渾天儀，從之。哲宗元祐時，太史局創水運舉儀，從□與舊儀爲三，欲廢其一，局生交訟不决。中書舍人林希言：新儀精密，乃司天之法器。然舊儀用久，宜兩存之。詔宰相臨視，皆以爲然，由是新舊兩存不廢。木樣成，又命翰林學士許將詳定。元祐四年己巳歲三月八日己卯，將言：與周日嚴、苗景晝夜交驗，與天道合。詔以銅造，始製以木，觀于集英，驗之不差，乃以銅造(造)。以元祐渾天儀象爲名。將乞正名渾天儀，從。時太史局直長趙齊良奏：宋以火德王，名水運，非吉兆，乞更名。詔以元祐渾天儀象爲名，置于國之西南。七年壬申歲四月二日，詔左丞蘇頌撰《渾天儀象銘頌》，又圖其形製，著爲成書上之，詔藏秘閣。六月十四日，儀象成，召輔臣閱之。今具法不傳。

《通略》：初，吏部尚書蘇頌請別製渾儀，因命頌提舉。頌邃於律曆，又以吏部令史韓公廉善算術，有巧思，乃奏用之，且授以古法。爲臺三層，上設渾一作候儀，中設一作置渾象，下設一作布司辰，貫以一機，激水轉輪，不假人力。時至刻臨，則司辰出告星度所次，占候測驗，不差晷刻，晝夜晦明皆可推見。元祐四年三月，木樣成，前此未有也。詔翰林學士許將等詳定。己卯，將等言：晝夜校驗，與天道已參合。乃詔以銅造，仍以元祐渾天儀象爲名。其後將等又曰：前所謂渾天儀者，其外形員，即可遍布星度，其內有璣衡，即可仰窺天象。若儀象則兼二器有之，同爲一器。今所建渾象別爲二器，而渾儀占測天度之真數，又以渾象制之密室，自爲天運，與儀參合。若并爲一器，即象爲儀，以同正度天，則兩得之。請更作渾天儀。從之。頌因其家所藏小樣而悟于心，令公廉布算，數年而器成，大如人體，人居其中，有如籠象。因星鑿竅如星，以備激輪旋轉之勢，中星昏晚，應時皆見於竅中。星官、曆翁，聚觀駭難，嘆蓋古未嘗有也。紹聖中欲毀之，林希爲言，得不廢。紹聖三年六月十三日，寫《儀象制度》、《法略》各一部，納尚書省秘閣。規天矩地，機輪隱中，以察三光，驗寒暑，是之謂儀。其圓如丸，其大數圍，以布列宿，著天體，是之謂象。三器，司天之要法也。縱以天經，橫以地渾，金蚪夾繞，鼇雲上承，三辰四游，運轉不息。激水印流，驗之密室，橫簫所望，曰星其中，司辰告刻，應以鼓鐘。曰象仰觀，曰儀俯觀。人位乎間，天外地內。宣和六年七月甲辰二十九日詔置璣衡所，以宰臣領之。得方氏璣衡之書，造小樣驗之與天運合，如唐一行之制，請置局製造。唐一行作曆，梁令瓚作黃道游儀，測知畢觜參鬼四宿、赤道宿度，與舊不同。皇祐初，詔造黃道渾儀，鑄銅爲之。自後測驗赤道宿度又十四宿與一行所測不同。兩朝志。自建隆迄治平，五正曆象，作爲銅儀，經法具于所司。紹興渾天儀。蓋天二年壬子歲九月甲子，詔太史局令丁師仁等造渾天儀，後不果成。三年正月辛未六日，工部郎袁正功獻渾儀木式。是月壬戌進呈。十六日，太史令丁師仁等請折半製造。許之。用銅一萬斤，先是二年十一月二日，正功言渾儀安立上子午之正則有差，詔李繼室等測驗定正。初，東京渾儀凡四：至道儀在刻漏所，皇祐儀在翰林天文院，熙寧儀在太史局，元祐儀在合臺。每座約用二萬斤，城破皆爲虜所索。楊州之陷也，吕頤浩得渾儀去物二事獻諸朝，至是折半，但用銅八千四百八斤有奇，卒不就。五月丙辰，命工部侍郎李擢提舉製渾儀。十一月甲戌，工部郎謝伋言：宜先詢考製度，敷求通曉天文曆數之學如漢賈逵、張衡、本朝之蘇頌者，參訪是非，然後可作。望下温州訪求蘇頌遺書，考質製度。初，師仁等言：若往他州，則臨時定北極高下，量行移易。有吕璨者言：師仁等所募工不知鑄法，況渾天無量行更易之制。若用於臨安，與天參合，移往他州，必有差忒。詔別聽旨指揮。十四年四月丙戌，五日命太師秦檜提舉製造渾儀，秘書省修製。詔有司求蘇頌遺法上來。上曰：宮中制成小範可窺測，日以晷度，夜以樞星爲則。樞星，中星也。非久降出，用以爲式，但廣其尺寸耳。遂命內侍邵諤主其事，久之乃成。三十二年，授太史局。乾道三年正月，詔太史局置臺設渾儀測驗七政行度，演造新曆。慶元四年七月，秘省築渾儀臺，高二丈一尺。資中士人張大楫以木爲蓋天，言可備軍幕中候驗。紹興七年夏製，使席易獻諸朝。

清・沈炳震《唐書合鈔》卷三《本紀三》 庚寅【表】庚辰祕書監檢校侍中魏徵爲侍中。癸巳直太史，將仕郎李淳風鑄渾天黃道儀。奏之，置於凝暉閣。

清・潘眉《三國志考證》卷八 兼通術藝

按：蕃明於天文。《宋志》云：吴時爲中常侍，善數術。傳劉洪《乾象曆》，依《乾象法》而制渾儀。立論考度，古舊渾象以二分爲一度，凡周七尺三寸半分。張衡更制，以四分爲一度，凡周二丈四尺六寸。蕃以古制局小，星辰稠概，衡器傷大，難可轉移。更制渾象，以三分爲一度凡周天一丈九寸五分四分分之三也。

清・章陶《季漢書》卷七二 陸績，字公紀，吴郡吴人也。父康，官廬江太守。績年六歲，於九江見袁術。術出橘，績懷三枚，去，拜辭墮地。術曰：陸郎作賓客而懷橘乎？績跪答曰：欲歸遺母。術大奇之。孫策在吴，張昭、張紘、秦松爲上賓，共論四海未泰，須當用武治而平之。績年少末坐，大聲曰：昔管仲相齊桓公，九合諸侯，一匡天下，不用兵車。孔子曰：遠人不服，則修文德以來之。今論者不務道德懷取之術，而惟尚武，績雖童蒙，竊所未安也。昭等異之。績容貌雄壯，博學多識，星曆等數，無不該覽。虞翻舊齒名盛，龐統荊州令士，特推重績，相與友善。孫權統事，辟奏曹掾，以直道見憚，出爲鬱林太守，加偏將軍，給兵二千人。績有躄疾，又意在儒雅，軍事非其志也。在南中，以著述自適，作《渾天圖》，注易釋玄，行於世。豫自知亡日，乃爲辭曰：有漢志士吴郡陸績，幼敦詩書，長玩禮、易，受命南征，遘疾遇厄，遭命不幸，嗚呼悲隔！又曰：從今已去，六十年之外，車同軌，書同文，恨不及見也。年三十二，卒。長子宏，會稽南部都尉，次子叡，長水校尉，女鬱生，自有傳。

清・沈欽韓《後漢書疏證》卷七　作渾天儀

《隋書・天文志》：威帝延熹七年，太史令張衡衡殁永和四年，志言延熹者，誤。更以銅製，以四分爲一度，周天一丈四尺六寸一分。亦於密室中，以漏水轉之，令司之者閉户而唱，唱以告靈臺之觀天者，璇璣所加，某星始見，某星已中，某星今没，皆如合符。《玉海》：四熙寧七年七月十日，沈括上《渾儀議》曰：張衡爲銅儀，蓋所謂渾象，非古之璣衡也。按《隋志》論渾天象曰：渾天象者，其制有璣而無衡，不如渾儀，别有衡管，測揆日月，分步星度者也。儀象二器，遠不相涉，則張衡所造，蓋亦止在渾象七曜，而何承天莫辨儀象之異，爲乖失。哲宗朝，蘇頌上《元祐渾天儀象》曰：張衡所謂靈臺之璇璣者，渾儀法也，置密室者，渾象也。

清・沈欽韓《後漢書疏證》卷二七　耿昌《月行帛圖》二百三十二卷，耿昌《月行度》二卷。

《續志》賈逵論曰：按甘露二年，大司農耿壽昌奏，以圖儀度日月行，考驗天運狀，日月行至牽牛、東井，日過度，月行十五度，此言其極疾。至婁、角，日行一度，月行十三度，此言其極遲。赤道使然。

清・許鳴磐《方輿考證》卷八八　顯朝岡，在貴縣北。《元和志》：貴州鬱林縣顯朝岡在縣北二十里，陸績爲太守，每登此岡，制渾天圖。《寰宇記》：孫權統事，陸績爲奏曹椽，以直道見憚，出爲鬱林太守，加偏將軍。績志在儒雅，雖有軍事，而著述不輟，每造此岡制渾天圖。

清・黄汝成《日知録集釋》卷三〇　樊深《河閒府志》曰：愚初讀律書，見私習天文者，有禁。後讀制書，見仁廟語楊士奇等曰：此律自爲民閒設耳。卿等安得有禁，遂以《天元玉曆祥異賦》賜羣臣。由律書之言觀之，乃知聖人所憂者。深出制書之言觀之，乃知聖人之所見者大。梅氏曰：心之神明無有窮盡，雖以天之高，星辰之遠，有遲之數千百年，始見端緒，而人輒知之，輒有新法，以追其變故，世愈降，曆愈密，而要其大法則定于唐虞之時。今夫曆所步有四：曰恒星，曰日，曰月，曰五星。治曆之具有三：曰算數，曰圖象，曰測驗之器，由是三者以得前四者躔離、朓朒、盈縮、交蝕、遲留、伏逆、掩犯之度。古今作曆者七十餘家，疏密代殊，制作各異，其法具在，可考而知，然大約三者盡之矣。堯命羲、和曆象日、月、星辰，舜在璇璣玉衡，以齊七政。曆者，算數也。象者，圖也。渾象也，璇璣玉衡測驗之器也。故曰定于唐虞之世也。

清・魏源《元史新編》卷三五《列傳十九》　大德二年，起靈臺水渾蓮渾天漏，大小機輪，轉相撥擊，以象周天左旋，日月右轉之勢，皆巧侔造化。又嘗進木牛流馬，以仿諸葛古制，惟張衡地動儀不能造。蓋坤體敦静無從起算。昔人傅會失實，非後人智不古若也。七年，詔内外官，年及七十，竝聽致仕，獨守敬不許其請。自是，翰林太史司天官不致仕，著爲令。延祐三年，卒，年八十有六。

清・穆彰阿《(嘉慶)大清一統志》卷三一　郭守敬，邢臺人。大父榮，通五經，精於算數、水利。使守敬從劉秉忠學。中統初，張文謙薦之世祖，面陳水利六事，授銀符副河渠使，興復西夏唐來漢延諸渠，灌田九萬餘頃。至元十二年，造《授時曆》，使掌測驗推步。首言：曆本在於測驗，而測驗莫先儀表。乃盡考舊儀之失，創作簡儀、候極儀、玲瓏儀、仰儀諸式。拜太史令。比次曆書數百卷，表上之，尋遣相度灤河。又陳水利十一事，渠成，漕極便，賜名通惠河。再遷至昭文館大學士。卒年八十有六。仁宗嘗謂宰相曰：郭太史，神人也。

清・穆彰阿《(嘉慶)大清一統志》卷五五二　其國地之遠近，舊史不載，今據利瑪竇及南懷仁等所紀，歐邏巴州之地共七十餘國。其大者曰以西把尼亞。在歐邏巴之極西，周一萬二千五百里。其地三面環海，一面臨山，産駿馬、五金、絲綿、細絨、白糖。國人好學，有共學二所，遠近學者聚焉。國中有二大名城。一曰色未利亞，近地中海，爲亞墨利加諸舶所聚，金銀如土，奇物無數。多亞利襪果，有一林，長五百里者。一名多勒多城，在山巔，運水其難，巧者製一水器，盤水至城，不賴人力，其器晝夜自能轉動。又有渾天象，其大如屋，人入其中，見各重天之運動，其度數皆與天合。

清・張德彝《航海述奇》卷一六　十三日己卯，晴冷逆風，晚同英人周阿森談及天文，頓開茅塞。按《隋天文志》：内載耿詢造渾天儀，施于暗室中，外候天時，合如符契。又郭守敬作簡儀，爲圓室一間，平置地盤二十四位于下，屋背中間開一圓竅，以漏日光，可以不出户而知天運。查今西國觀象臺式，亦與此相似。

清·黄鈞宰《金壺七墨·金壺浪墨》卷六 渾天球

松筠庵，爲楊忠愍公故居，中有諫草堂、古香亭、春婪舊館等處。蔣心餘所云人海叢中結浄廬，即謂此也。宿遷王惜庵先生寓庵之後，軒内設渾天球一具，黄道赤道，衆星躔度，曆落分明。時值酉戌間，白日平西，月輪東上，球面一一符合。特内外部位不同，非置身天外，便須如壺公跳入球中，則略無參錯矣。曩於天主堂中，見西洋編簫一，上下三十二層，每層百管，鼓之以氣，則風雨、波濤、謳吟、戰鬬，與夫雞犬禽鳥之聲，同時並作，其機巧一也。

清·喬松年《蘿藦亭札記》卷八 今世推西洋人能造奇器，然中國張衡造候風地動儀，耿詢造渾天儀，以水轉之。又作馬上刻漏。今西洋人不能造也。《河朔訪古記》：北齊崔士順作仙者苑堂，爲三層，下層爲木人七，彈箏、琵琶、箜篌、胡鼓、銅鈸、拍板、弄盤，莫不中節；中層刻僧七人，一執香爐，餘皆就罏拈香詣佛前作禮，與生者無異；上層作佛、菩薩，衛士右轉，紫雲左轉，終日不絶，此亦何讓西洋人耶？

清·何紹基《（光緒）重修安徽通志》卷二六二 胡用中，歙縣人，能於桃核上刻人物，小如黍豆，而栩栩欲活。嘗製渾天球，徑尺，度數時刻，秒忽不差。《歙縣志》。

清·張之洞《（光緒）順天府志》卷三《京師志三》 又南向西曰銀作局，再南過橋曰靈臺。《酌中志·郭守敬行狀》：大德二年，起靈臺水渾運渾天漏，大小機輪，凡二十有五。明宫史亦有觀象臺，銅鑄渾天儀，以測星度、觀靈氣焉。

清·馮桂芬《（同治）蘇州府志》卷七四 績容貌雄壯，博學多識，星歷算數，無不該覽。虞翻舊齒名盛，龎統荆州令士，年亦差辰，皆與績友善。孫權統事，辟爲奏曹掾，以直道見憚，出爲鬱林太守，加偏將軍。績既有躄疾，又意在儒雅，非其志也。雖有軍事，著述不廢，作《渾天圖》，注易釋玄，皆傳於世。豫自知亡日，乃爲辭曰：有漢志士吴郡陸績，幼敦詩、書，長玩禮、易，受命南征，遘疾遇厄，遭命不幸，嗚呼悲隔！年三十二，卒。長子宏，會稽南部都尉，次子叡，長水校尉。《吴志》

清·彭孫貽《茗香堂史論》卷三《宋史》 宣和六年七月，王黼言：方士王姓，出素書，言璣衡之道甚詳。令應奉司造小樣驗之，二月乃成。其圓如丸，具三百六十五度四分度之一，置南北極、黄赤二道，列二十四氣、七十二候、六十四卦、十干、十二支、晝夜百刻，列二十八宿、内外三垣、周天星。日月循黄道天行，每天左旋一周，日右旋一度，冬至，南出赤道二十四度，夏至，北入赤道二十四度，春秋二分，黄、赤道交，出卯入酉。月行十三度有餘，生明于西，其形如鉤，下環，西見半規，及望而圓；既望，西缺下環，東見半規，及晦而隱。某星始見，某星已中，某星將入，皆與天合，無絲毫差。玉衡植於屏外，持扼樞斗，注水激輪，其下爲機，四十有三，鉤鍵交錯相持，次第運轉，不假人力，多者日行二千九百二十八齒，少者五日行一齒，疾徐相遠如此，而同發於一機，其密與造化者侔焉。其餘悉同一行之制。然一行舊制，機關銅鐵爲之，澀即不能自運。今改以堅木美玉之類。舊制外絡二輪，以綴日月，而二輪虧蔽星度，仰視躔次不審，今制日月附黄道而行，如蟺行磑上。舊制雖有合望，月體常圓，上下弦無辨。今以機轉之，圓缺隱見，悉合天象。舊制止有候刻辰鐘鼓，晝夜短長日出入更籌之度，皆不能辨。今爲司辰壽星，十二時輪，所至時刻，以手指之。又爲燭龍，承以銅荷，時正吐珠振荷，循環自運。其制皆出一行之外。即其器觀之，全象天體者，璿璣也；運用水斗者，玉衡也。昔人或謂璣衡爲渾天儀，或謂有璣無衡者爲渾天象，或謂渾儀望筩爲衡，皆非也。惟鄭康成以運轉者爲璣，持正者爲衡，其説最近。又月之晦明，自昔勿燭其理，燭楊雄云：月未望則載魄於西，既望則終魄於東，其遡於日乎？京房云：月有形無光，日照之乃光。始知月本無光，遡日以爲光。沈括用彈況月，粉塗其半，以象對日之光，正側視之，始盡圓缺之形。今制與三者之説若合符節，宜命有司置局如樣製，築臺陳之，以測上象。

清·姚振宗《後漢藝文志》卷三 張衡《渾天儀》一卷（衡始末具經部禮類）

《范書》本傳：安帝雅聞衡善術學，公車特徵拜郎中，再遷爲太史令。遂乃研覈陰陽，妙盡璇璣之正，作渾天儀，著《靈憲》、《筭罔論》，言甚詳明。

《晉書·天文志》曰：張平子既作銅渾天儀于密室中，以漏水轉之，令伺之者閉户而唱之，以告靈臺之觀天者曰：璇璣所加，某星始見，某星已中，某星今没，皆如合符也。

又《儀象篇》曰：順帝時，張衡又制渾象，具内外規、南北極、黄赤道，列二十四氣、二十八宿、中外星官及日月五緯，以漏水轉之于殿上室内，星中、出、没與天相應。因其關戾，又轉瑞輪蓂莢于階下，隨月盈虚，依曆開落。

《宋書·天文志》：衡所造渾儀，傳之魏晉，中華覆敗，沉没戎虜。晉安帝義熙十四年，高祖平長安，得衡舊器，儀狀雖舉，不綴經星七曜。《御覽》卷二引《義熙起注居》曰：十四年，相國表曰：間者平長安，獲張衡所作渾儀、土圭，歷代寶器，謹遣奉送，歸之天府。

《隋唐·經籍志》：《渾天圖》一卷，失注撰人《唐經籍志》：《渾天儀》一卷，張衡撰。《藝文志》：張衡《靈憲圖》一卷，又《渾天儀》一卷。按《開元占經》卷一引張衡《渾儀圖注》，以是證知《隋志》《渾天圖》一卷，即張衡書。

嚴可均《全後漢文編》曰：張衡《渾天儀》，凡四條，見《續漢律曆志注》、《北堂書鈔》、《初學記》、《類聚》、《開元占經》、《御覽》、《事類賦注》、《文選漏刻銘注》。

按：《隋書·天文志》謂，張衡渾儀作于桓帝延熹七年，考《范書》，衡作是儀在安帝時。又衡卒于順帝永和四年，遠在延熹之前。《晉志》以爲順帝時制，則尚相近，《隋志》失之遠矣。

陸績《渾天圖》一卷（績始末具經部易類）

《吴志》本傳：作《渾天圖》，注易釋玄，皆傳于世。

《晉書·天文志》：諸論天者雖多，然精于陰陽者，張平子、陸公紀之徒，咸以爲推步七曜之道，度曆象昏明之證候，校以四八之氣，考以漏刻之分，占晷景之往來，求形驗于事情，莫密于渾象者也。張平子既作銅渾天儀，其後陸績亦造渾象。

《開元占經》卷二，後漢末吴人陸績，字公紀，于孫權時，又作《渾天儀説》造渾天圖，曾于土室居，令不覺晝夜，已在内推步度數，擊鼓與外相應，而不失毫釐。

清·姚振宗《三國藝文志》卷三《子部》 王蕃《渾天象注》一卷

《吴志》本傳：蕃，字永元，廬江人也。博覽多聞，兼通術藝。始爲尚書郎。孫休即位，與賀邵、薛瑩、虞汜俱爲散騎常侍，皆加駙馬都尉。時論清之。遣使至蜀，還爲夏口監軍。孫皓初，復入爲常侍。蕃體氣高亮，不能承顔順旨，時或迕意，積以見責。甘露二年，皓大會羣臣，呵左右於殿下，斬之。年三十九。《晉書·天文志》：吴時中常侍，廬江王蕃，善數術，傳刘洪《乾象曆》，依其法而制渾儀，立論考度。又《曆志》曰：中常侍王蕃，以洪術精妙，用推渾天之理，以制儀象及論。

《隋書·天文志》：蕃以古製局小，以布星辰，相去稠概，不得了察；張衡所作，又復傷大，難可轉移。蕃今所作，以三分爲一度，周一丈九寸五分四分分之三，長古法三尺六寸五分四分分之一，減衡法亦三尺六寸五分四分分之一。

《開元占經》二，吴時廬江王蕃，字興元，爲中常侍，善曆數之學，嘗造渾儀及《渾天象説》。

《隋書·經籍志》：《渾天象注》一卷，吴散騎常侍王蕃撰。《唐經籍志》：《渾天象注》一卷，王蕃撰。《藝文志》：王蕃《渾天象不》一卷。

阮元《疇人傳》論曰：蕃立論考度，通達平正，可謂言天家之圭臬矣。

嚴可均《全三國文編》曰：王蕃《渾天象説》，《晉書》、《宋書》、《隋書》天文志，《北堂書鈔》一百三十，《開元占經》一，《太平御覽》二，並引之。

葛衡《渾天儀注》

《吴志·趙達傳》注：《晉陽秋》曰：吴有葛衡，字思真，明達天官，能爲機巧，作渾天，使地居中，以機動之，天轉而地止，以上應晷度。

清·姚振宗《漢書藝文志拾補》卷五 太初員儀

《揚子法言·重黎篇》或問渾天，曰：落下閎營之，鮮于妄人度之，耿中丞象之，幾乎，幾乎，莫之能違也。李軌曰：幾，近也。落下閎爲武帝經營之，鮮于妄人又爲武帝算度之，耿中丞，名壽昌，爲宣帝考象之。言乎近其理矣。談天者，無能違也。宋咸曰：漢落下閎、鮮于妄人、耿壽昌算造圓儀，以考曆度。《宋書·天文志》曰：揚雄《法言》云：或人問渾天於雄，雄曰：落下閎營之，鮮于妄人度之，耿中丞象之，幾幾乎，莫之違也。若問天形定體、渾儀疎密，則雄應以渾儀答之，而舉此三人以對者，則知此三人制造渾儀。以圖晷緯問者，蓋渾儀之疎密，非問渾儀之淺深也。以此而推，則西漢長安已有其器矣。將由喪亂亡失，故張衡復鑄之乎。

《晉書·天文志·儀象篇》曰：《春秋·文曜鉤》云：唐堯即位，羲、和立渾儀。此則儀象之設，其來遠矣。緜代相傳，史官禁密，學者不覩，故宣蓋沸騰。暨漢太初落下閎、鮮于妄人、耿壽昌等造員儀，以考曆度。

《隋唐·天文志》曰：古舊渾象以二分爲一度，周七尺三寸平，而莫知何代所造。今案虞喜云：落下閎爲漢孝武帝於地中轉渾天，定時節，作《泰初曆》，或其所製也。又曰：河間劉焯論渾天云：璿璣玉衡，正天之器，帝王欽若，世傳其象。漢之孝武，詳考律曆，糾落下閎、鮮于妄人等共所營定。逮於張衡，又尋述作，亦其體制，不異閎等。按：衡以四分爲一度，周天一丈四尺六寸一分，其大倍於太初圓儀也。

按：落下閎見後《曆譜》。鮮于妄人，昭帝時爲主曆使者。元鳳三年，嘗奉詔詰問張壽王曆術，見《漢曆志》。耿壽昌，宣帝時爲大司農中丞，善爲算習，於商功分株之事，五鳳中奏起常平倉，賜爵關内侯。見《食貨志》。而《藝文志》有耿昌《月行帛圖》二百三十二卷，耿昌《月行度》二卷。《疇人傳》云：耿昌即耿壽昌。《續漢志》賈逵論曆曰：案甘露二年，大司農中丞耿壽昌奏，以圖儀度日月行，考驗天運狀云云。圖儀者，即此圓儀。壽昌用以步日月，别爲彼二書也。

【略】

《隋書·經籍志》，石氏《渾天圖》一卷，石氏《星經簿讃》一卷。梁有石氏、甘氏《天文占》，各八卷。《唐經籍志》：《石氏星經簿讃》一卷，石申甫撰。《藝文志》：《石氏星經簿讃》一卷，注云石申。《唐日本國見在書目》：石氏《中官占》三卷，上中下，石氏《星經簿讃》二卷，《星經流占》二卷，石氏撰。

清·姚振宗《隋書經籍志考證》卷三四《子部十一》　《渾天象注》一卷，吴散騎常侍王蕃撰。

《吴志》本傳：蕃，字永元，廬江人也。博覽多聞，兼通術藝，始爲尚書郎，去官。孫休即位，與賀邵、薛瑩、虞汜俱爲散騎中常侍，皆加駙馬都尉。時論清之。遣使至蜀，蜀人稱焉，還爲夏口監軍。孫皓初，復入爲常侍，與萬彧同官。蕃體氣高亮，不能承顔順旨，時或迕意，積以見責。甘露二年，丁忠使晉還，皓大會羣臣。蕃沉醉頓伏，皓疑而不悦，轝蕃出外。頃之請還，酒亦不解。蕃性有威嚴，行止自若。皓大怒，呵左右于殿下斬之。衛將軍滕牧、征西將軍留平請，不能得。死時年三十九。

《開元占經》一，吴時廬江王蕃《渾天象説》曰：渾天之義，傳之者寡，末世之儒，或不聞見，各以私意，爲天作説。故有《周髀》、宣夜之論。宣夜絶無師法，《周髀》見行于世，考驗天狀，多所違失，依劉洪《乾象曆》之法而論渾天云。案此言渾象。又曰：渾天遭周秦之亂，師徒斷絶，而喪其文，惟渾儀尚在靈臺，是以不廢。故其法可得言。至于纖微委曲，闕而不傳，周天里數，無聞焉爾。而《洛書·甄曜度》、《春秋·考異郵》皆云：周天一百七萬一千里。至以日景驗之，違錯甚多，然其流行，布在衆書，通儒達士，未之考正。是以不敢背損舊術，獨攄所見。故案其數，更課諸數，以究其意。安此言渾儀。

《晉書·天文志》：吴時中常侍廬江王蕃善數術，傳劉洪《乾象曆》，依其法而制渾儀，立論考度。又《曆志》曰：中常侍王蕃，以洪術精妙，用推渾天之理，以制儀象及論。

《隋書·天文志》：王蕃云：渾天儀者，羲、和之舊器，積代相傳，謂之璣衡。其爲用也，以察三光，以分宿度者也。又有渾天象者，以著天體，以布星辰。而渾象之法地，當在天中，其勢不便，故反觀其形，地爲外匡，于已解者，無異在内，詭狀殊體，而合于理，可謂奇巧。然斯二者，以考于天，蓋密矣。

《開元占經》二，吴時廬江王蕃，字興元，爲中常侍，善曆數之學，嘗造渾儀及《渾天象説》。

《唐書·經籍志》：《渾天象注》一卷，王蕃撰。

《唐書·藝文志》：王蕃《渾天象注》一卷。

阮元《疇人傳》論曰：蕃立論考度，通達平正，可謂言天家之圭臬矣。

嚴氏《全三國文編》曰：王蕃《渾天象説》，《晉書》、《宋書》、《隋書》天文志，《北堂書鈔》一百三十，《開元占經》一，《太平御覽》二，並引之。

案《隋天文志》及《開元占經》所載，則其書凡二篇，一論渾象，一論渾儀。此題《渾天象注》，似亦分渾天之象，渾儀之注，爲二篇也。《隋書·天文志》分渾天儀、渾天象爲二篇，云：儀象二器，遠不相涉，而何承天莫辨儀象之異，亦爲乖矣。

《渾天義》二卷

不著撰人

案：兩《唐志》又有張衡《渾天儀》一卷。《開元占經》卷一于張衡《靈憲》外，又引張衡《渾儀注》、《渾儀圖注》各一篇。嚴氏文編並輯，存其文，疑此即張衡書，而謌爲義。

又案：《尚書》璿璣玉衡疏：漢武時，落下閎、鮮于妄人嘗爲渾天，宣帝時，耿壽昌始鑄銅爲之象，史官施用焉。張衡作《靈憲》説其狀。蔡邕、鄭玄、陸績、吴時王蕃、晉世姜岌、張衡疑是葛衡、葛洪皆論渾天之義，並以渾説爲長。江南宋元嘉年皮延宗又作是《渾天論》，太史丞錢樂鑄銅作渾天儀，傳于齊梁。周平江陵遷其器于長安，今在太史臺矣。此二卷，或即張衡。以下諸家所論之義，後人裒録爲是帙，亦未可知也。

《渾天圖》一卷，石氏。

石氏有《天文占》八卷，别見于後。

案此似後人據《石氏星經》演爲圖說。

《渾天圖》一卷。

《渾天圖記》一卷。

並不著撰人

案：自漢落下閎、鮮于妄人、耿壽昌、鄧平以來，下逮魏晉六朝，論渾天者衆矣。晉劉智言：司馬遷、劉向、劉歆、揚雄、賈逵、張衡、蔡邕、劉洪、鄭玄九家皆有所論著。而《開元占經》所引，則又有吴陸績、太史令陳卓、後秦姜岌，晉侍中劉智，宋太子率更令何承天，太史令錢樂之，梁奉朝請祖暅，隋掖縣丞劉焯，後魏太史晁崇九家，而《玉海·儀象篇》載，賀道養《渾天記》曰：昔記天體者有三：渾儀莫知其始，《書》以齊七政，蓋渾體也。二曰宣夜，夏殷之制也。三曰《周髀》，非周家術也。近世復有四術：一曰方天，興于王充。二曰軒天，起于姚信。三曰穹天，由于虞喜。皆浮説，不足觀。唯渾天，證驗不疑。此《渾天圖記》，或即賀氏書，《玉海》所引，即此之佚文歟？賀有《春秋序注》，見經部。【略】

《隋書·天文志》：三國時，吴太史令陳卓始立甘氏、石氏、巫咸三家星官，著于圖録，并注占贊，總有二百五十四官一千二百八十三星，并二十八宿，及輔官附坐一百八十二星，總二百八十三官一千五百六十五星。宋元嘉中，太史令錢樂之所鑄渾天圖儀，以朱、黑、白三色用殊三家，而合陳卓之數。

清·姚振宗《隋書經籍志考證》卷三九之六《集部二之六》 宋御史中丞《何承天集》二十卷，梁三十二卷，亡。

何承天有《禮論》，見經部禮類。

《宋書》、《南史》本傳：承天五歲喪父。母，徐廣姊也。聰明博學，故承天幼漸訓義，儒史百家，莫不該覽。爲御史中丞時，魏軍南伐，文帝訪羣臣捍禦之略。承天上《安邊論》，凡陳四事。其一，移遠就近，以實内地。其二，浚復城隍，以增阻防。其三，纂偶車牛，以飾戒械。其四，計丁課仗，勿使有闕。博見古今，爲一時所重。時帝每有疑議，必先訪之。信命相望於道。承天性褊促，嘗對主者厲聲曰：天何言哉？四時行焉，百物生焉。文帝知之，應遣先戒曰：善候伺顔色，如其不悦，無須多陳。文集傳於世。

《唐書·經籍志》：《何承天集》三十卷。《藝文志》：二十卷。

馮氏《詩紀》，《宋書·樂志》曰：鼓吹鐃歌十五篇。何承天晉義熙中私造。

張氏《百三家》：《何衡陽集》一卷，凡賦、表、議、奏、論、問、書、頌、贊，及鼓吹鐃歌十五首。

嚴氏《全宋文編》：何承天有集三十二卷，今存《木瓜賦》，表、奏、議、書、答，《渾天象論》、《安邊論》、《達性論》，序、頌、贊，凡三十九篇。

清·杞廬主人《時務通考》卷一《天算一》 衡即今渾儀，古者以王爲之。又上而溯之《内經》，黄帝曰：地之爲下否乎？岐伯曰：地爲人之下，大虚之中也。命容成黄帝臣作蓋天，在顓頊作渾天。前圖渾於平，蓋天之理不異渾天，揚雄、蔡邕難之，非也。《周髀》即蓋天説。獨怪太史公世掌天官，兩儀，亦一無闡明，何論班志？又何論司馬彪采馬續説？以續《漢志》也。《晉志》雖鮮實測，所引未嘗無是。《渾天儀注》云：天如雞子，地如雞中黄，孤居天内，天大地小，天半覆地上，半繞地下，二十八宿半見半隱。《黄帝書》云：天在地外。吴中常侍廬江王蕃制渾儀，立論考度，曰：前儒説天地之體狀如鳥卵，天包地外，猶殼之裹黄，其形渾渾然。二端北極出地三十六度，南極入地三十六度，繞北極徑七十二度，常見，謂之上規，繞南極七十二度，常隱，謂之下規。陸績造渾象，如鳥卵，此皆近是者也。天可言無。葛洪譏非，當譏轉許。知言是者，不信爲是；所繇非者，未斷爲非也。《齊書·張融傳》所謂，分渾始地，亦似有見。《隋、宋志》半沿《晉志》之説，而《明志》勝其言，地圜與《元史》西域扎馬魯丁地圜説略同。【略】

歌白尼始言地球運動。明世宗嘉靖二十二年，波蘭歌白尼著《天象旋轉考》，始言太陽居中不動，五星及地球俱環繞之。故太陽行十二宫，諸星晝夜盤旋，皆係地球運動。地球亦行星之一，軌道在金火二星之間，每日自轉，以成晝夜。泰西天學家多宗其説，以至於今三百年來，未之或變。按：歌白尼，生於普魯士國之韜納邑，其地本屬於波蘭國，時已滅之爲普、墺、俄三國所分據。當成化八九年間，初著一書，以明地球環繞之理。

西人入監治曆，賜爵侍郎。順治元年，以西洋新法推算精密，詔用之。二年書成。以太宗文皇帝天聰二年戊辰爲天正冬至子正起算，周天用三百六十度，度法六十分，每日九十六刻，刻法十五分。其朔望、節氣、時刻、太陽出入、晝夜長短，京師與各省皆依北極高度、東西偏度推算。康熙三年，復用舊法。已因舊法不密，用回回法。七年，命大臣傳集西洋人，與監官質辨測驗正午日影。明年，遣大臣赴觀象臺測驗。遂令西洋人治曆。初書面載欽天監依西洋新法字旋去之。十三年，新儀成，凡六座，曰黄道經緯儀，曰赤道經緯儀，曰地平經儀，曰地平緯儀，曰紀限儀，曰天體儀。雍正三年，《律曆淵源》書成。以欽天監無可治理之處，其治理曆法之銜改爲監正。有滿漢監正，滿者掌印，漢者用西洋人。有賜爵至侍郎者，南懷仁兼工部侍郎，戴進賢兼禮部侍郎。其餘爲監正、監副、監屬者，不可勝數。今監正劉松齡、監副鮑友管，皆西洋人。三巴寺僧，世習其業，待其學成，部牒行取，香山縣護之如省，督撫資遣入監。自義、和失其世守，古籍之可見者，僅有《周髀》。而西人渾蓋通憲之器，寒熱五帶之説，地圓之理，正方之法，皆不能出《周髀》範圍。史稱旁搜博採，以續千年之墜緒，亦禮失求野之意信矣。

清·杞廬主人《時務通考》卷一《天算三》　《周髀》儀器。問：渾蓋通憲即蓋天之遺製與？抑僅平度均布，如唐一行之所云耶？曰：皆不可考矣。《周髀》但言，笠以寫天，天青黑，地黄赤，天數之爲笠也。赤黑爲表，丹黄爲裏，以象天地之位，此蓋寫天之器也。今雖不傳，以意度之，當是圓形如笠，而圖度數星象於內。其勢與仰觀不殊，以視平圖，渾象轉爲親切，何也？星圖强渾爲平，則距度之疎密改。觀渾象圖，星於外，則星形之左右易位；若寫天於笠，則其圓勢屈而向內，星之經緯距皆成弧度，與測算脗合，勝平圖矣。又其星形必有內面，則星之上下左右，各正其位，勝渾象矣。【略】

渾蓋通憲即蓋天遺法。問：蓋天必自有儀器。今西洋曆仍用渾儀、渾象，何以斷其爲蓋天？曰：蓋天以平寫渾，其器雖平，其度則渾，非不用渾天儀之測驗也。是故用渾儀以測天星，疇人子弟多能之，而用平儀以稽渾度，非精於其理者不能也。今爲西學者，多能製小渾儀、小渾象，至所傳渾蓋通憲者，則能製者尠，以此故也。夫渾蓋平儀，置北極於中心，其度最密。次晝長規。又次赤道規。以漸而疎此，其事易知。又次爲晝短規，在赤道規外，其距赤道度與晝長規等。理宜較小，而今爲平儀所限，不得不反展而大。其經緯視赤道更闊以疎，然以稽天度，則七政之躔離可知；以考時刻，則方位之加臨不爽。若是者，何哉？其立法之意，置身南極，以望北極，故近人目者，其度加寬，遠人目者，其度加窄，視法之理宜然，而分秒忽微，一一與勾股割圜之切綫相應，非深思造微者，必不能知也。至於長規以外，度必更寬更闊，而平儀中不能容，不得不割而棄之。淺見者或遂疑蓋天之形其周不合矣。是故渾蓋通憲即古蓋天之遺製無疑也。【略】

一曰天體儀，儀爲圓球，徑六尺，面布黄赤經緯度分及宫次，星宿羅列，宛然穹象，故以天體名之。中貫鋼軸，露其兩端，以屬於子午規之南北極，令可轉運。座高四尺七寸。座上爲地平圈，寬八寸。當子午處各爲闕，以入子午規。闕之度與子午規之寬厚等，則兩圈十字相交，內規面恰平，而左右上下環抱乎儀。周圍皆空五分，以便高弧遊表進退。又安時盤於子午規外，徑二尺，分二十四時。以北極爲心，其指時刻之表，亦定於北極，令能隨天轉移，又能自轉焉。座下復設機輪，運轉子午規，使北極隨各方出地度升降，則各方天象隱現之限，皆可究觀，尤爲精妙。

清·黄鍾駿《疇人傳四編》卷一　石申　甘德

石申，魏人，一作石申夫。著《渾天圖》及《星經》二卷，《星經簿讚》二卷。甘德，齊人。著《星經》一卷。與殷之巫咸並稱三家。計石申列舍星二十八座，共一百六十六星，中官星五十四座，共三百一十八星，外官星三十八座，共三百七十一星，紫微垣星一十二座，共五十四星。甘德中官星五十九座，共二百一星，外官星三十九座，共二百九星，紫微垣星二十座，共一百一星。《隋經籍志》、《天文志》，《乾象新書》。

論曰：渾天造自顓頊，石申始創爲圖，洛下閎營之，鮮于妄人度之，耿壽昌鑄銅爲儀，蓋本諸此。

清·閻鎮珩《六典通考》卷一四一《司天考》　明崇禎六年，李天經進五緯之議三。一曰五星應用太陽視行，不得以段目定之。蓋五星皆以太陽爲主，與太陽合則疾行，衝則退行，且太陽之行有遲疾，則五星合伏，日數時寡時多，自不可以段目定其度分。二曰五星應加緯行。蓋五星出入黄道，各有定距度，又木、土、火三星衝太陽緯大，合太陽緯小，金、水二星順伏緯小，逆伏緯大。三曰測五星當用恒星爲準則。蓋測星用黄道儀外，宜用弧矢等儀，以所測緯星視距二恒星若干度分依法布算，方得本星真經緯度分；或繪圖亦可免算。

清·金永森《西被考略》卷六　《唐書·天文志》：開元九年，一行受詔改治新曆，欲知黄道進退。而太史無黄道儀。梁令瓚以木爲游儀，一行是之，請更鑄以銅儀。十三年，儀成。以古尺四分爲度，古所謂璇儀也，其赤道帶天之中，以分列宿之度，黄道斜運，以明日月五行，乃至八節九限，校二道差數，著之曆經。又詔一行與令瓚更鑄渾天銅儀，圓天之象，上具列宿、赤道及周天度數，注水激輪，令其自轉，晝夜一周，別置二輪，絡在天外，綴以日月，逆天而行，淹速合度。置木櫃於地中，令儀半在地下。又立二木人每刻擊鼓，每辰擊鐘，機械皆藏櫃中。

清·簡朝亮《尚書集注述疏》卷一　自漢以來，機衡之制益修。至宋元祐間，其制漸精。郭守敬又改爲簡儀。明代因之。今制有赤道儀、黄道儀、天體儀、地平儀，其大略也。

清・劉錦藻《清續文獻通考》卷二九六《象緯考三》　臣謹案：儀器之製，肇始璣衡，逮入本朝，創制尤夥。康熙十三年，新製天體儀、黄道經緯儀、赤道經緯儀、地平經儀、地平緯儀、紀限儀等。乾隆九年，製三辰公晷儀、六合驗時儀、方月晷儀等。十九年，製璣衡撫辰儀。二十五年，製地球儀、七政儀等。道光十八年，將撫辰儀更換軸心，加以修整。儀器之精密，遠邁古昔。同時西洋人發明望遠鏡，憑藉鏡光之力，縮遠爲近，而窺天之術，益臻美備。前考於望遠鏡，僅載器名，兹更詳其理，並述近年新出之器，擇要録載，共成一十二器，以資參驗焉。

清・成本璞《九經今義》卷三　聖祖聰明天亶，所著《數理精藴》《曆象考成》二書，中西體用，無所不包。遂命南懷仁造六儀，曰赤道經緯儀，曰黄道經緯儀，曰天體儀，曰紀限儀，曰地平經儀，曰地平緯儀。絶學復顯，如日中天。近者西人，又製象緯儀、度限儀二種，推測尤密。居今日而言，天算用力較古人爲易，程功較古人爲捷，誠能精研測算，博考儀器，便可破數千年來、數千百輩陋儒之説矣。自古天算之盛，未有盛於今日也。

清・曾廉《元書》卷一六　十三年平宋，遂立局詔太子贊善王恂、都水少監郭守敬治新曆法。恂奏前左丞許衡深明曆理，詔赴闕領局事。衡等議：新曆，宜不用積年日法，一本天地自然之數。守敬言：治曆在測驗，測驗莫先儀表。今司天渾儀本宋皇祐中汴京所造，與大都規度規環不協，比量南北二極，均差四度有奇。又表石年深，欹側難用。乃盡考其失，移置之。既又别圖高爽地，以木爲重棚，創作簡儀、高表，用相比覈。又以天樞附極而動，昔人嘗展管候之，宿度餘分，未得其的，作候極儀，用二線以測餘分，然後纖微可考也。極辰既位，天體斯正，作渾天儀。儀形象似，而莫適用也，作玲瓏儀。以表之矩方，測天之正圜，而難合也，作仰儀。古有經緯儀，絡而不動，守敬易之，作立運儀。日有中道，月有九行，守敬合之，作證理儀。表高景虚，罔象非真，作景符。月雖有明，測景則難，作闚几。曆法之驗，在於交會，作日月食儀。天有赤道，輪以當之，兩極低昂，標以指之，作星晷定時儀。其器凡十有三等。又作正方案、九表、懸正儀、座正儀凡四等，爲四方行測者所用。又作《仰規覆矩圖》《異方渾蓋圖》《日出入永短圖》，凡五等，與諸儀互相參考。【略】

今考秘書少監楊桓記太史院言：院制垣縱二百步武，横減四之一，中起靈臺，餘七丈，爲層三，中下皆周以廡，其下面中室爲官府，以總聽院政，凡器用出納於陰室中層。離室以列景曜，巽室以措水運渾天、壺漏，坤室以措渾天象、蓋天圖，震、兑二室以圖南北異方渾天、蓋天之隱見，坎室以位太歲，乾室以貯天文測驗書，艮室以貯古今推算曆法。臺端設簡、仰二儀、正方案，敷簡儀下，靈臺之左，别爲小室，際冓周廡，以華四外，上措玲瓏渾儀，靈臺之右立高表，表前爲堂，表北敷石圭，圭面刻度景丈尺寸分，圭旁夾以連冓，石圭上露天日，爲度景計。靈臺之前，東西隅置印工作局，次南神廚算學設位，如上元之爲曆，蓋通渾蓋爲一家。而前史曆志惟載李謙曆議及衡、恂、守敬等曆，經若簡儀、仰儀、圭表、景符、闚几、正方案及四方測驗别具《天文志》，而他儀之制不詳，然此皆所謂象也，所以治曆也，故自彼移此，而以大明殿燈漏附焉。其日、月、五星、列宿度、黄赤白道，皆已具志中。他如日食、星變，又皆入本紀。徒六曜凌犯，略而不言可也，故不復立《天文志》。至西征庚午元曆本未頒用，則亦不之録云。【略】

又作《玲瓏儀銘》云：天體圓穹，三辰在中，星雖紀度，天實無窮。天度之數，環周三百六十五度四分度一。因星而步，推月而得。月次十二，往來盈虧，五星參差，進退有期。判爲寒暑，分爲四時。太史司天，咸用周知。制諸法象，各有攸施，萃於用者，玲瓏其儀。十萬餘目，經緯均布。與天同體，協規應矩。徧體虚明，中外宣露，元象森羅，莫計其數。宿離有次，去極有度。人由中闚，目即而喻。先哲實繁，兹制猶未。逮我皇元，其作始備。實因於理，匪鑿於智。於萬斯年，寶之無墜。二儀史未備載其制，録銘辭以紀其略云。

著録

唐・魏徵等《隋書》卷三四《經籍志三》　《靈憲》一卷，張衡撰。《渾天象注》一卷，吴散騎常侍王蕃撰。《渾天義》二卷。○《渾天圖》一卷。石氏。《渾天圖》一卷。○《渾天圖記》一卷。梁有《昕天論》一卷，姚信撰。《安天論》六卷，虞喜。《圖天圖》一卷。《原天論》一卷。《神光内抄》一卷。《定天論》三卷。○《天儀説要》一卷，陶弘景撰。

後晉・劉昫等《舊唐書》卷四七《經籍志下》 《渾天象注》一卷，王蕃撰。

宋・歐陽修等《新唐書》卷五九《藝文志》 張衡《靈憲圖》一卷，又《渾天儀》一卷。王蕃《渾天象注》一卷。姚信《昕天論》一卷。

宋・鄭樵《通志》卷六八《藝文略第六》 《靈憲圖》一卷，張衡撰。《渾天儀》一卷，張衡撰。《渾天象注》一卷，吴散騎常侍王蕃注。《石氏渾天圖》一卷。《渾天圖記》一卷。《昕天論》一卷，梁姚信撰。《安天論》一卷，虞喜撰。《定天論》三卷。《天儀説要》一卷，陶弘景撰。

宋・王應麟《玉海》卷一《天文圖》 《渾天圖》一卷，吴襲撰。

宋・王應麟《玉海》卷二《天文書上》 《隋志》：宋何承天《論渾天象體》，祖暅亦謂信而有證。《唐志》：張衡《靈憲圖》、《渾天儀》，王蕃《渾天象注》各一卷。

言其形體渾然。《隋志》：《渾天儀》一卷，《渾天圖》一卷，《石氏圖》一卷，《圖記》二卷。

宋・王應麟《玉海》卷三《天文書下》 唐九曜占書見《渾天圖》。《通志》：《九星行度歌》一卷。《九星長定曆》一卷。《九曜星羅立成曆》一卷。

元・脱脱等《宋史》卷二〇六《藝文志五》 《渾儀》一卷。《渾儀法要》十一卷。《渾天中影表圖》一卷。歐陽發《渾儀》十二卷，又《刻漏》五卷，《晷影法要》一卷。豐稷《渾儀浮漏景表銘詞》四卷。蘇頌《渾天儀象銘》一卷。【略】《新儀象法要》一卷。張宋臣《列宿圖》一卷。張宏圖《天文志訛辨》一卷。阮泰發《水運渾天機要》一卷。鄒淮《考異天文書》一卷。

明・楊樞《淞故述》 《渾天圖》，漢鬱林太守陸績著。

明・柯維騏《宋史新編》卷五一《志三十七》 《新儀象法要》一卷。張宋臣《列宿圖》一卷。張宏圖《天文志訛辨》一卷。阮泰發《水運渾天機要》一卷。鄒淮《考異天文書》一卷。

明・焦竑《國史經籍志》卷四《子類》 《靈憲圖》一卷，張衡。《渾天儀》一卷，張衡。《渾天象注》一卷，吴王蕃注。《石氏渾天圖》一卷。石申。《渾天圖記》一卷。《昕天論》一卷，梁姚信。

清・紀昀等《四庫全書總目》卷一〇六《子部十六》 《新儀象法要》三卷。内府藏本。宋蘇頌撰。頌字子容，南安人，徙居丹徒。慶歷二年進士，官至右僕射兼中書門下侍郎。累爵趙郡公。事蹟具《宋史》本傳。是書爲重修渾儀而作，事在元祐間，而尤袤《遂初堂書目》稱爲《紹聖儀象法要》。宋《藝文志》有《儀象法要》一卷，亦注云紹聖中編，蓋其書成於紹聖初也。案，本傳稱時別製渾儀，命頌提举。頌既遂於律算，以吏部令史韓公廉有巧思，奏用之。授以古法，爲臺三層，上設渾儀，中設渾象，下設司辰，貫以一機，激水轉輪，不假人力。時至刻臨，則司辰出告。星辰躔度所次，占候測驗不差晷刻，晝夜晦明，皆可推見，前此未有也。葉夢得《石林燕語》亦謂頌所修制造之精遠出前古。其學略授冬官正袁惟幾，今其法蘇氏子孫亦不傳云云。案，書中有官局生袁惟幾之名，與《燕語》所記相合，其説可信，知宋時固甚重之矣。書首列《進狀》一首，上卷自渾儀至水趺共十七圖，中卷自渾象至冬至曉中星圖共十八圖，下卷自儀象臺至渾儀圭表共二十五圖，圖後各有説。蓋當時奉勅撰進者。其列璣衡制度，候視法式，其爲詳悉。南宋以後，流傳甚稀。此本爲明錢曾所藏，後有乾道壬辰九月九日吴興施元之刻本於三衢坐嘯齋字兩行，蓋從宋槧影摹者。元之字德初，官至司諫，嘗注蘇詩行世。此書卷末天運輪等四圖及各條所附一本云云，皆元之據别本補入，校核殊精。而曾所抄尤極工緻，其撰《讀書敏求記》載入是書，自稱圖樣界畫不爽毫髮，凡數月而後成。楮墨精妙絶倫，不數宋本，良非誇語也。我朝儀器精密，夐絶千古，頌所創造，固無足輕重，而一時講求制作之意，頗有足備參考者。具流傳秘册閲數百年，而摹繪如新，是固宜爲寶貴矣。

清・錢曾《讀書敏求記》卷三 《天文機要鬼料竅》十卷

術家秘步天歌爲鬼料竅，此書前半詳解丹元子之説，後則兼採衆論附列諸圖，而終以汪默《渾天注疏》，張孝宗《渾象圖説》。非天官家膚學者所能企及也。

清・趙宏恩《（乾隆）江南通志》卷一九二《藝文志》 《渾天圖説》一卷，吴陸績。《渾天象註》一卷，廬江王蕃。

清・趙一清《三國志注補》卷六五 《隨書・經籍志》：《渾天象注》一卷，吴王蕃撰。

清・沈炳震《唐書合鈔》卷七四《志五十》 《靈憲圖》一卷，張衡撰。《渾天儀》一卷，張衡撰。《渾天象注》一卷，王蕃撰。《昕天論》一卷，姚信撰。

清・周中孚《鄭堂讀書記》卷四四《子部六之上》 《新儀象法要》三卷文瀾閣傳鈔本。

宋蘇頌撰。頌字子容，泉州人，徙居丹徒，慶曆二年進士，官至右僕射，兼中書門下侍郎，累封趙郡公，贈司空。《四庫全書》著録，書録、解題、通考俱作《天象法要》二卷。《宋志》作《新儀要象法要》一卷，蓋據所見本各異也。當元祐中，詔别製渾天儀，以子容提舉。子容以吏部令史韓公廉曉算術，有巧思，奏用之，授以古法，爲新儀象上之，併詔記其制度爲此書。紹聖中始告成，故一名《紹聖儀象法要》見《遂初堂書目》。上卷首列子容進儀象狀一篇，次列渾儀以下十七圖，中卷列渾象以下十八圖，下卷列水運儀象臺以下二十五圖，圖後各系以説考。歷代天文之器，制範頗多，法亦水異，至於激水運機，其用則一。蓋天者運行不息，水者注之不竭，以不竭逐不息之運。苟注挹均調，則參校旋轉之勢無有差舛也。是書於制度法式，象形唯肖，闡發靡遺，制作之精，遠出前古。其學授冬官正袁惟幾，雖其子孫亦不傳云。卷首冠以乾隆乙未御製，題影宋鈔《新儀象法要》詩及提要一篇。

清・何紹基《（光緒）重修安徽通志》卷三四一　《渾天象注》一卷，吴廬江王蕃著。

清・馮桂芬《（同治）蘇州府志》卷一三六　《渾天圖注》、《周易日月變例》六卷，虞翻同撰。

清・佚名《唐書藝文志注》卷三　《靈憲圖》一卷，張衡撰。

又《渾天儀》一卷。

《渾天儀》一卷，張衡撰。

王蕃《渾天象注》一卷。《隋志》：《渾天象注》一卷，吴散騎常侍王蕃撰。蕃字永元，廬江人。見《吴志》本傳，按《開元占經》所載，凡二篇，一論渾象，一論渾儀。

《渾天象注》一卷，王蕃撰。

藝文

唐・駱賓王《駱丞集》卷一　秋雲

南陸銅渾改，西郊玉葉輕。泛沼摇光動，臨欄瑞色明。蓋陰連鳳闕，陣影翼龍城。誰知時不遇？空傷流滯情。

元・楊桓《渾象銘》（元・蘇天爵《元文類・國朝文類》卷一七）　於昭聖皇，德惟天希。密察乾坤，動符化幾。乃命太史，考順求違。制器象天，具體而微。度數綦布，星次珠輝。道分黄赤，擬議玄規。兩極低昂，中主璇璣。匱方象地，極樞以維。地本天函，術取外圍。反而觀之，其趣同歸。體雖至約，用足明大。象没目前，人居天外。觀天之裏，合象之背。日月交錯，五行進退。造化無窮，不出户内。始終參求，簡儀是配。於照聖皇，夙夜睿思。先天天合，後天奉時。先後惟天，聖皇無爲。

玲瓏儀銘　楊桓

天體圜穹，三辰在中，星雖紀度，天實無窮。天度之數，環周三百六十五度四分度一。因星而步，推日而得。月次十二，往來盈虧。五星參差，進退有期。判爲寒暑，分爲四時。太史司天，天咸用周知。制諸法象，各有攸施。萃於用者，玲瓏其儀。十萬餘目，經緯均布。與天同體，協規應矩。偏體虚明，中外宣露。玄象森羅，莫計其數。宿離有次，去極有度。人由中闕，目即而喻。先哲實繁，兹制猶未。逮我皇元，其作始備。實因於理，匪鑿于智。于萬斯年，寶之無墜。

明・方孔炤《己巳元旦早朝》（清・張豫章《四朝詩・明詩》卷八七《七言律詩二十》）　紫閣金莖露向晨，鐘聲催出日重輪。青龍扇匝迎豐歲，白獸尊開待直臣。閶闔風生三部樂，玲瓏儀轉九州春。職方將上輿圖攷，不羨甘泉獻賦人。

清・尤珍《滄湄詩鈔》卷五《今體詩》　恭讀御製咏觀天儀器詩應制限九佳

德協乾行健，時逢泰運諧。璣衡齊七政，儀象列三階。摛藻雲霞吐，揮毫星斗排。天文與宸翰，昭示永無涯。

清・張玉書《張文貞集》卷一　璿璣玉衡賦

臣聞惟天垂象，斗籥轉夫三辰，惟聖乘乾，皇極符乎五紀。欲法運行之不僭，應觀緯度之有恒。粤攷天體常，貞表儀各異。自容成治歷，始綜甲子以紀年；迄羲、和授時，爰察璣衡以齊政。翳古法之推步，實後人之權輿。顧代遠時更，禮湮器失。宣夜有其名而無其制，《周髀》有其説而無其傳。即求璿玉之懿規，亦至嬴秦而散佚。洛下閎師其遺意，聿製渾儀；耿壽昌倣其成模，復更銅象。張衡定儀體於八尺，以漏水轉圜；錢樂条圖籙於諸家，用新儀測景。李淳風三重之法，晷刻精詳；僧一行黄道之儀，盈虧悉驗。地輪、地足，至張思訓而益增；簡儀、仰儀，惟郭守敬爲加密。揔此爲璣爲衡之制，厥有遞增遞減之名。

蓋古昔步日占星，肇神奇於百代，而後世分宫起舍，較簡易於前人。聿自興朝，兼綜舊法，欽惟皇上，性符造化。德洽神明，紹二帝之心傳；答天斯敬，備百王之彝憲。格帝惟誠，參贊成能，雨暘協應，歷經屢驗，器益加詳信乎！指掌坤乾，户牖象緯，契神機於咫尺，綿玉燭於永久。豈特斤斤備保章之專官，循司天之故典已哉！兹者紘網羣才，駢羅闕下，抽毫合賦，授札掞天。誠以究極陰陽，斯學有根本；精研象數，則語無浮夸。天人應感之原，理氣盈虚之故，務縷陳夫奥義，必洞晰于淵微。臣忝侍禁林，欣逢休運，漫述拘墟之見，聊攄窺管之詞。蕪陋自慚，空疎滋懼，賦曰：

仰乾坤之昭融，周寰宇而默運，成歲功于靈樞，燭人事以垂訓。遐覽古初，陰陽軌順，五精呈符，三光朗潤，誕受圖于滎河，爰協筩于時令。嗣在高陽，八風葉應，載洎帝嚳，五官司正。中星辨于伊耆，七曜齊于帝舜。于稽虞制，曰璣曰衡。璣設象以環映，衡窺璣而中横。睠密緯之粲列，雖銖黍之畢程。飾夜光以測度，既規圓而體精；琢良玉以爲管，亦外澤而中瑩。古法云亡，星官失術，越有渾儀，是纂是述。準尺寸以經營，傳璣衡之髣髴。其爲體也，六合外圍，辰游内設，指二軸以直距，燭低昂于毫末。其爲用也，分天脊以立極，跨地平而定隅。持南北之兩端，激機輪如轉樞。若夫日躔黄道，與赤爲界，半入其中，半出其外。晷長至而牽牛是經，景短至而東井斯届。辨婁角于春秋，實二分之交會。此日行之軌，陽舒而陰殺者也。月行九道。黄道則一周列四維，隨方易色。經其南爲朱，經其西爲白，經其東爲青，經其北爲墨，分内外而錯居，并中道爲九則。此月行之軌，陽消而陰息者也。至於驗五緯之凌歷，分贏縮于步躔，惟金水之附日，常一歲而周天。火再歲而秉令，木一終而司權，填中央以主福，閲二十八歲而一遷。其間順逆留伏，循環無端，伏行則急，留行則延。順曆而東行則合，逆軌而西行則偏。此五星之度，有常道亦有變愆者也。大抵日月之行以天爲輻，星緯之運以日爲轂。天左旋而常贏，日麗天而差縮。天視日爲有餘，日規天爲不足。積經歲以爲期，斯日會天而來復。繄太陰之行緩，按躔次而可推，計一日之所退，常十三度而有奇。月一周而交會，實日速而月遲。惟星官之步曆，謂進度爲難稽，指逆數以握筴，若右旋其易窺，倘折衷于至當，實左旋其不移。夫天度有常，觀象斯在，天命難諶，惟德克配。昔者聖人之答幽明序五行也。晝考乎日氣，協純陽象以修政，積精于剛，垂離照于庶事，振遐覽于八荒；夕考乎月體，含純陰象以修德，退密洗心，既内庭之式序，亦宵衣之是箴。爾乃啓春令于東陸，屬重華而爲木，溥仁澤以噓枯，配青陽以覆育，秩夏令于南訛，屬熒惑而爲火，敷禮教以牖民，範羣蒙之偏頗。涼風既至，太白司金，象秋令以義正，肆賞善而罰淫；嚴霜乍隕，辰星司水，象冬令以智臨，爰植綱而置紀。令行季夏，中德爲土，四星迭運，填不易矩，堅大信如金石，捷令甲于風雨。于是乎有治溝洫、高瀦防、疏川谷、謹關梁之水政，有司烜爟、頒禁律、改國火、救時疾之火政，有戢淫邪、嚴五刑、誅暴慢、厲五兵之金政，有掌薪蒸、禁林麓、司器用、慎儲蓄之木政，有辨物産、課樹藝、定土圭、度地勢之土政。凡以觀文察變，協序撫辰。或災沴之偶告，即修救以薦馨。雖禮詳于三代，實道啓于虞廷。觀于命九，官分庶職，儆天工，協羣力，罔非察惠逆于神人，相璣衡而因革。此所謂欽若之淵源，歷千聖而同德也。天祚聖皇，丕膺休命，衍箕疇行夏正格，神明盡物性握苞。符以建極，召箕畢而環應惟睿；慮之璣衡，不假器而垂鏡于時。天門肅穆，泰階清平，儼衆星環拱，而仰紫極之威神焉！百職受成，四海陶冶，譬二十八宿之森列，而司九州之分野焉！朝視政以勤民，夜考經而省憲，兩曜之旁矚無垠，而宰之以至健也。軫旱潦以涣號，宣幽滯而達情，五緯之代更遞旺，而總之以好生也。繼自今協炁旁流，嘉生蕃殖，大澤沾濡，聲靈允塞。固不必連珠合璧之祥，五福庶徵之集。然後知郅隆臻於三五，而天人接於呼吸也已！

清·梅文鼎《績學堂詩文鈔·文鈔》 擬璿璣玉衡賦有序

《易》言：治曆策數當期典重授時、中星紀歲，蓋七政璿璣之制，類先天卦畫之圖。原道必本乎天，儒者根宗之學；制器以尚其象，帝王欽若之心。理至難言，以象顯之則理盡；意所未悉，以器示之則意明。故揚雄覃思渾天，用成玄草；平子精探靈憲，聿闡元樞。覆矩仰規，一行以之衍策；天根月窟，堯夫于焉弄丸。此聖學之攸先，匪術家之私尚也。況姬公之法，受於商高；而神禹之疇，肇諸河洛。平成永賴，實資句股圜方；才藝碩膚，爰有南車記里。高深廣遠寸矩，以御幾何律度。量衡萬事，斯爲根本。既圓頂而方趾，敢忘高而負深。苟俯察而仰觀，必徵理而稽數。家傳大易，竊慕韋編。世際清寧，恭逢鉅製。竭歐邏之巧力，紹蒲坂之芳型。洵心理之胥同，中西脗合；亶後來之居上，今古無雙。雖株守山陬，遲覩靈臺之美；而心儀法象，遥忻神器之成。僭擬短章，臆窺鴻典。無裨采聽，聊當衢歌云爾。

至哉渾儀之爲器也！體天地之撰，類經緯之情。微顯闡幽，窮高極深，殆更僕莫殫其蘊，累牘難悉其能者矣！粤自道生宇宙，肇爲大圜，健運無息，東西斡旋，七政錯行，宿離糺紛，交光羅絡，終始相嬗。雖有離朱，孰闚其端，聖喆挺生，仰俯觀詧，積候成悟，賾探隱索。諗六虚之曠邈，詎目詧兮可獲。迺範金兮爲儀，縱若衡兮八尺。曆以治兮，象以之覈，堯命羲、和，四隅分宅。制閏成歲，釐工熙績。匪有器以御之，孰所凴而推策。虞帝受之，璣衡以設，敬天勤民，兩聖一轍。嗣三統兮迭更，兹重器兮罔褻。陳東序兮天球，羌大訓兮爲列。河之圖兮莫先，況琬琰與弘璧。嬴秦力政，罔畏天常。遷周九鼎，焚燬舊章。球圖湮没，莫如其鄉。曆紀乖次，伏陰愆陽。及夫漢造《太初》，渾天初置。唯意匠兮經詧，未詳徵兮昔制。曾黄赤兮未分，矧歲差兮能治。歷唐逾宋，代有討論。小異大同，踵事而增。説存掌故，約略可陳。外周六合，子午爲經，卯酉交加，日月之門。三輪八觚，象地者衡。是立郛郭，以挈三辰。黄倚赤而相結，剖二至與二分。判發斂兮南北，距紫極兮爲言。小環四游，又居其内。左右周闚，兩簫更代。低昂斜側，折旋唯意。儀三重兮共樞，亶推步兮精義。亦有銅球，實惟渾象，列星綴離，三家殊狀。或附益之兩曜，類蟻行兮磨上，遲速行兮一機，或水轉兮磨盪。非不研精覃思，窮神盡智，象重大兮易膠，每機關兮弗利。儀重環兮掩映，頗未宜乎闚視。加以代異人湮，乍成旋廢，作之也何難？壞之也何易？若乃元祖初服，廣徵碩儒，有美魯齋，王郭之徒。既作授時，備器與書。高表四丈，承以景符。簡儀候極，離立扶疎。二綫代管，分秒乘除。庋百刻兮天腹，旋立運兮四虚。闚几兮測月，蓮花兮挈壺。正方有案兮定南北，懸正座正兮九服之。須仰儀兮虚而似釜，度斜絡兮南極攸居。可謂酌古準今，洵美且都者矣。歷年未百，有明膺命。雖大統兮殊稱，實授時兮爲政。屬作都兮石城，旋京邑兮北定。既觀臺兮屢遷，地更寘兮乖應。豈儀器兮多迕，抑疇人兮弗敬。轉測之或朱媢兮，址漸傾兮蔑正。寧不善厥初兮，歲薦更兮滋釁。經生既非所習兮，又申之以厲禁；專科不相通兮，有憤悱兮誰問。遂使靈臺，徒爲文具。交食或乖，誰知其故。帝謂兮草澤疇，明理兮習數爾，乃理難終隱道有必開。天相其衷，西人朅來。如禮失兮求埜，似問郯兮識官。此珍秘兮勿洩，彼菽帛兮非難。于是吴淞太史，仁和水部，夜譯晨鈔，心追手步。亦得請而開局，集歐邏與儒素。擷西土兮精英，入中算兮罏鑄。屢清臺兮襍候，良占測兮可據。怵巧拙兮相形，新術精兮羣妒。慨萬里兮作賓，兼十年兮發覆。曆成兮弗用，良書兮徒著。何人事兮多違？或蒼穹兮有待。唯我盛朝，度越千代，正朔初頒，適逢斯會。唯欽若以爲懷，奚畛域乎中外。洞新法之密合，命遵行爲定制。哂曁儒兮固陋，謬執古兮非今。若盲不杖兮，聾別竽笙。斯術之無弊兮，經指摘兮益明。乃詔太史，乃咨禮臣。謂新曆兮允臧，顧儀器兮未成。式采銅兮名山，鳩哲匠兮上京。備製兮六儀，各賜兮嘉名。赤道兮法動天之西轉，黄道兮儷七曜之東征。古二道爲一器兮，景交羅而莫分。今別其用兮，法以簡而倍精。黄既麗赤而左旋兮，復自轉而右奔。緯度之各異兮，亦異其經。黄自有極以運兮，誠振古之未聞。游表所指兮，太陽之心。時時可驗節候兮，若影于鐙。地平之儀，辨方正位。轉綫參直，三光所至。出没之度，漸升之意。秒忽微茫，具可別識。象限平轉兮測高與庳，割圜八綫兮于是焉施。合四爲一兮周天在兹，度唯九十兮厥數已全。紀限六十兮于以參焉，正反隅角兮靡幽弗宣。用稽距度兮兩星之間，弧三角之法兮推其所然。五者相資，多人分測，片晷之餘，各盡目力。假變行之迅速，無須臾之或失。別有渾球，全賦星躔，循黄之極，碁罫珠聯，列曜遠近，南北八度，小輪之限，準斯無捂。亦依赤極，出地有恒，或正升兮斜降，或正降兮斜升。晰伏見之先後，諳里差之所因。黄緯之列兮百世無改，宫分迤差兮恒星東滙。以度計年兮六十六載，下設旋輪兮水激自動，刻漏罔僭兮，機發于踵。爰有高弧，繫之天頂。地平經緯，兹焉互審。或象限兮平觀，或紀限兮斜距。或黄赤儀之所窺，絜之球而參遇。爛若軒轅之寶鏡兮，縮圜形而周布衆儀。得其散兮，球徵其聚。正求兮反映，宛轉兮回互。測量有書兮或不能句，摩娑斯器兮曠如揭霧。更旋宫兮十二，隨道里兮攸殊。際地之極，南北兮以爲之樞，子午及平環兮以限四隅。隅各三宫兮，東方爲初。次第右環兮大權，以區三合；六合之照兮凶吉，分途惟斯。球而可睹兮，考步算之密疏。致用萬端，未克枚舉，洵天府之奇珍，永作則乎來者。若其鎔金有法，棄滓取精，磨礲砥礪，光輝熒熒。旋之中規，直之中繩，擘劃勻細，度萬其分。寘儀衡重，測重求心。力相扶兮罔偏，積歲年兮弗傾。趺交之以銅龍兮，或海獸以相承，爲水準與螺柱兮，常消息焉取平。天矯兮騰踔，攫拏兮狰獰。詎美觀兮一時，永奠定兮千春。乃至崇臺百步，迥出闤闠。周以儲胥，纖埃攸避。上列六臺，方圓式異。相依兮交讓，旋觀兮罔閡。施窺筩之奇巧，眄千里兮如對。晝候兮日而之星，夜占兮句已之態。折照浮光兮氣水水氣，清濛厚薄兮地心相配，交食淺深兮起虧進退，地景厚薄兮青緑明昧。視差有多少兮命天九重，月有弦望兮太白攸同。抱曰爲輪兮互入相容。超西法之舊兮，信天能之弗窮。登斯臺也，軒豁洞達，耳目開通。揮斥兮八極，廣攬兮無終。意氣兮飛揚，淩虛兮御風。習其器也，陸離瀟灑，繽紛磊砢。燦爛兮朝霞，孔明兮朱火，照曜兮焜煌，周流兮軒翥。懮對越兮於穆，遊吾心兮太古。帝載之虛無兮陟降其所，垓埏之遼絶兮斂之一黍。匪重黎之誕降兮，曷其臻乎要眇。邈祈姚之不作兮，疇則探斯奧窔。伊崇效而卑法兮，協至德于太灝。定百代之猶豫兮，踵危微于帝道。畢遠臣之精思兮，備前主之所少。璿璣玉衡之不傳兮乃今而獲，聖人之大寶亂曰巍巍穹窿。帝所則兮父乾母坤，不敢不及兮寫以良金；如塑像兮朝斯夕斯，期勿忘兮子之于父，視無形兮瞻兹肖貌，曷敢以寧兮兢兢業業，承天休兮奉若不違，升大猷兮祈天永命，從兹始兮億萬斯年，昊天其子兮！

清·華希閔《廣事類賦》卷一　渾天儀

宣夜既少師承，周髀又多違失，折衷衆説之中，獨取渾天之術。《晉書》：古之談天者三家，一曰《周髀》，即蓋天也。有圓方勾股圖，其言天地，中高而四潰，日月相隱蔽，以爲晝夜。一曰宣夜，謂天本無質，日月衆星浮生虛空之中，其行其止皆須氣焉。一曰渾天，言天體狀如鳥卵，天包地外，猶殼之裹黄，周圍如彈丸，其形渾渾也。蔡邕言：宣夜之學，絶無師承。周髀術數具存，考驗天象，多所違失。惟渾天近得其傳。其爲儀也，雖創始於漢代，實原本於虞廷，名爲《靈憲》，並祖璣衡。《春秋·文曜鈎》：唐堯即位，羲、和立渾儀。舜之璣衡即渾儀也。徐發《天元曆理》：羲、和渾儀乃立渾天之説耳，非儀器也。《後漢書》：順帝時，張衡取顓頊渾儀，更新之，鑄渾天儀。總序星經，謂之《靈憲》。《書注》：以璿飾璣，所以象天體之轉運，横設玉管，所以窺機，猶今之渾天儀也。沈括《渾儀議》：自漢以前，爲曆者，必有璣衡以自驗。遍東西與南朔，知啓閉與至分。葛洪釋：周天三百六十五度有奇，東西南北，展轉周規，半覆地上，半在地下，故二十八宿，半隱半現。旁羅四氣，上應五行。陳維崧《璿璣玉衡賦》。聯黄赤之交，界分天脊；釐子午之次，勢奠地平。《書集傳》：爲白單環，以承黄道赤道之交。又：側立黑雙環，背刻去極度數，以中分天脊，直跨地平，使其半入地下，而結於黑單環之子午。張之以八紀，部之以三門，三百六十五度周天之數，九萬一千餘里去地之程。出楊炯《渾天賦》。按：八紀，即八方。三門，即三垣。包四游與六合，括七政於三辰。《書集傳》：渾天儀，即璿璣玉衡遺法。歷代以來，其法漸密。宋朝因之，爲儀三重。其在外曰六合儀，平置黑單環，側立黑雙環，斜倚亦單環，上下四旁於是可考。次其内曰三辰儀，側立黑雙環，内挈黄單環、赤單環，又爲白單環，以承其交，日、月、星辰於是可考。其最在内者曰四游儀，亦爲黑變環，南北東西，無不周徧。又：七政，日、月、五星也。陳維崧賦：四游或包絡以三辰。可閉門而觀象，《隋天文志》：耿詢造渾天儀，施於暗室中，外候天時，合如符契。《草木子》：元郭守敬作簡儀，爲圓室一間，平置地盤二十四位於下，屋背中間開一圓竅，以漏日光，可以不出户而知天運。亦舉手而捫星。楊億詩：危樓高百尺，手可摘星辰。像蟻盤之不滯，扶鰲極以常寧。《雜記》：天在左旋，日月右轉，如蟻行磨上，磨左旋，蟻却右也。《列子》：渤海之東，有五山，隨支上下，帝使巨鰲十五，舉首戴之。二極三垣，虛空盡繪。《蒙泉記》：星官書有三垣，一天市，二太微，三紫微也。南極、北極爲二極。經星緯度，尺寸分明。《書注》：二氣八宿爲經，五星爲緯。範陰陽以爲銅，參造化而成器。《書集傳》：漢宣帝時，始鑄銅爲衆木伐茉，又鑄銅爲渾天儀。《通鑒》：采□鑄銅爲儀，置木樞以爲地，儀半在地上，半在地下。又立二木人，每刻擊鼓、撞鐘，機械皆藏櫃中。李光朝《新渾儀賦》：虔動而能静妙，同乎造七之意；寂無以爲有用，擬乎陰陽之功。又：塘洪塘以效役，鎔珍金以爲器。有象必形，無幽不啓，乃知近能則遠合，下正則上契。出李光朝賦。蓋自黄帝五官，顓頊二正。《備考》：黄帝考正星曆，建立五官。五官者，天、地、神、祇、物也。《天文志》：高陽氏使南正重司天，北正黎司地。大撓甲子之名，羲、和四時之定。《五帝紀》：黄帝始命大曉作甲子，命容成造蓋天，以象周天之形。《書》：乃命羲、和，欽若昊天。又：以閏月定四時，成歲。巫咸、甘石，自昔專家。《晉書》：太史令陳卓，總甘、石、巫咸三家，所著星圖，以爲定理。按：巫咸，商臣。甘德，齊人。石申，魏人。馮相保章，於周爲盛。《周禮》馮相氏掌十有二歲、十有二月、十有二辰、十日、二十有八星之位。保章氏掌天星，以志日、月、星辰之變動。按：馮相掌天文之常，主曆法；保章掌天文之變，主古候。漢有洛下閎，《益都書舊傳》：漢武七年，改太初元年，始復用夏正。巴郡洛下閎等製渾天儀，作《太初曆》。唐有僧一行，《唐書》：明皇詔僧一行與梁令瓚等更鑄渾天銅儀，圖天之象，具列宿、赤道及周天度數，注水激輪，令其自轉，一晝夜而天運周。沈括《渾儀議》：一行改步《大衍曆》法，始復用渾儀。□貫故其術所得北諸家爲多。五代之王朴，王朴著《欽天曆》。元朝之守敬。《元史》：郭守敬言：曆之本在於測驗，測驗之器莫先儀表。乃考宋司渾天儀及表之失，盡移置之。既又創作簡儀、高表、候極儀、玲瓏儀、仰儀、立運儀、證理儀、景符儀、闚几儀、日月食儀、星晷定時儀，又作正方案、圭表、懸正儀、座正儀。又作《仰規覆矩圖》、《異方渾蓋圖》、《日出入永短圖》，互相參考。《元文類》：舊表八尺，夏至之景，尺有五寸，千里而差一寸。郭公取二至遠近，日晷酌其中而用之，五倍其舊。並多法象之垂，要以渾天爲準。蔡邕《天文志》：渾天精微幽妙，百代不易之道也。他如吕稱九野，《吕氏春秋》：天爲九野。董謂十端。董仲舒《春秋繁露》：天有十端。虞喜安天之論，姚信昕天之篇，作者固多岐説，君子概無取焉。《觀象玩占》：古之言天，凡有八家。一曰渾天，即張衡《靈憲》是也。二曰宣夜，絶無師學。三曰蓋天，《周髀》所載。四曰軒天，姚信所説。五曰穹天，虞聳所擬。六曰安天，虞喜所述。七曰方天，王充所論。八曰四天，妖人寓言。獨渾天家最爲近理，故李淳風獨取之。按：軒天，即昕天。

清·彭啓豐《芝庭詩文稿·詩稿》卷一〇　銅晷

歲運疇人倣太初，郵傳行漏製何如？銅儀表裏從新法，渾象玲瓏合舊書。常以轉旋馳刻晷，更因分秒計贏餘。挈壺夙擅專家術，馬上瓊籤足警予。

清·錢維喬《竹初詩文鈔·詩鈔》卷四　日出入行

日出鞠陵中，下淪谷旁。光彩往復還，持以照八荒。六龍舍何所？萬象開榑桑。女媧手中石，曾補西北傾。精衛銜南山，填海行伶俜。天地積氣區，精誠感其肩。常使淳沕通，混闢兩可平。多事兩古皇，摶土爲蒼生。寒依渾天象，暑依蓋天形。若竢百世後，依杵乃可量。蟪蛄不知羲和之律，蕣華不知伊祁之蓂。物生修短符大造，誰知墉城之松壽？千載亦與同彫零。乾坤如轉輪，久久力不強。物氣分所餘，安能自堅明？古之聖人一萬八千歲，其末恐乃如朝霜。

清·姚燮《復莊駢儷文榷》卷二　觀象臺八儀銘

惟天垂象，惟聖憲天。圖緯璣密，璿曜罔愆。庖犧氏作，量測始兆，舜紹堯治，七政是齊。《周髀》、宣夜、渾天三家，師其閟者，有洛下閎、東漢張衡、唐李淳風，或造員儀，分黃赤道，或列星宿昃內外規，表裏三重，或彌其漏，六合、三辰、四遊備焉。晉之轉毬，宋之杠軸，贏縮屢亟實協一軌。搖鈴撞鐘，神人出入，相其輪柱，皆不差古。我皇統極，協紀辨方，克明復旨，欽若還義，祲以惕幾，祥以協德。設儀器八表於崇臺，測候推步，郎官職之，記象於册，以時聞奏。衡之昔儀，加密加慎，二紀叙焉，五緯均焉，敢抒管蠡，度一於萬，櫽栝上制，述以八銘。天穹如笠，恢恢大圓，靈曜純苞，尊曰泰元。三十五萬七千餘里，度以股弦，迺得其體，爲球六尺，鋼軸貫中，分黃赤道，布十二宮，下圈上圈，地平子午，厥足四施，環螺承柱，高頂設弧，隨曰轉樞，機輪升降，不爽娵荼，隱見之端，審中辨昃，蟻磨交旋，允推極則。右銘天體儀。

雜録

明·徐光啓《新法算書》卷四《緣起四》　測諸曜行度，用赤道儀尚不足，應用黃道儀。太陽繇黃道中線行，月、五星各有本道，亦皆出入黃道內外，而不行赤道，若用赤道儀測之，則所得經緯度分須通以黃赤通率表乃可，否則所測經度宿次非本曜天上所在之宮次，蓋器與天行不類也。【略】

測星用黃道儀外，或用弧矢等儀，將所測緯星，視距二恒星若干度分，依法布算，得本星真經緯度分。又繪圖，亦可免算。

明·徐光啓《新法算書》卷一〇〇《新法表異卷下》　五星測法

測五星，須用恒星爲準，測時用黃道儀，或弧矢等儀，將所測緯星，視距二恒星若干度分，依法布算，乃得本星真經緯度分。又或繪圈，亦可免算。

明·湯斌《擬明史稿》卷七　三曰測五星，當用恒星爲準則。蓋測星用黃道儀外宜用弧矢等儀，將所測緯星，視距二恒星若干度分，依法布筭，方得本星真經緯度分。或繪圖亦可免筭。

清·王家弼《天學闡微》卷五　渾圓面積

渾圓求面積法，先用渾圓徑求渾圓周，圓徑圓周相乘得數爲渾圓面積，蓋得平圓面積之四倍。假如渾天球全徑定爲二〇〇〇〇〇〇〇，求得圓周六二八三一八五三，以二〇〇〇〇〇〇〇乘之，得一二五六六三七〇六〇〇〇〇〇〇〇，再乘圓周八位下之小餘〇七一七九五八六，又得其零數一四三五九一七二，是球皮之穹積共爲一二五六六三七〇六一四三五九一七，較之平圓面積三一四一五九二六，其數爲四倍也。凡求平圓面積者，或以周徑相乘得救而四歸之爲平圓面積。今求渾圓則以周徑相乘得數即爲渾圓面積，又求平圓面積者，或以半周半徑相乘得數爲面積，此則得數之後增加四倍，乃爲渾圓面積，是四歸渾面之積而得之積，四因平面之積而得渾面之積也。又試將八線表內各正弦，層層積算，相和折半得五七二九四三三〇〇，用九十歸之得六三六六〇二三六，是爲和半徑以乘每宮緯弧九二三五九〇〇，得三三三三〇〇〇，再乘象限經弧一五七〇七九六三，得五二三五八四一〇〇，然後用二十四乘之得穹積一二五六六三〇〇〇〇〇，與周徑相乘之數合。【略】

逐度求皮面積

平圓面積求逐度法，以逐度之弧線與半徑相乘，得數折半得逐度之面積。今求渾圓其所謂一度者，是從北極至南極爲一度之長，所謂柳葉度形也，法以逐度之弧線與象限弧線相乘，得數即爲渾面一度之積。假如渾天球徑二千萬半，徑一千萬，求一度面積以全周四分之得一五七〇七九六三，爲象限弧線以全周三百六十分之得一七四五三二，爲每度之弧線兩數相乘得二七四一五四二一九八三一六，爲渾圓一度之面積。

圖表

宋・蘇頌《新儀象法要》卷上

渾儀，其制爲輪三重：一曰六合儀，縱置于地渾中，即天經也，與地渾相結，其體不動。二曰三辰儀，置六合儀內。三曰四游儀，置三辰儀內。曰六合者，象上下四方天地之體也。曰天經者，對地渾也。又名陽經環者，以地渾爲陰緯環，對名也。又植四龍柱于渾下之四維，各繞以龍，故名曰龍柱。又置鰲雲于六合儀下，承以雲氣，雲下有鰲座，名曰鰲雲。又四龍柱下設十字水趺，鑿溝通水道以平高下，故名曰水趺。別設天常單環于六合儀內。又設黃道雙環、赤道單環，皆在三辰儀內，東西相交，隋天運轉，以驗列舍之行。又爲四象環附三辰儀，相結于天運環、黃赤道兩交。又爲直距二，縱置于四游儀內，北屬六合儀、地渾之上，以正北極出地之度。南屬六合儀、地渾之下，以正南極入地之度，此渾儀大形也。直距內夾置望筒一，筒之半設關軸，附直距上，使運轉，低昂，窺測四方之星度。李淳風制六合儀、三辰儀、四游儀凡三重。六合儀有金渾緯規其法。劉曜時孔挺所增四游儀，即舜璿璣玉衡之遺法也。本朝至道中，韓顯符止用淳風六合、四游儀，移三辰儀、黃赤道安于六合儀，如孔挺之說。逮皇祐中，復徙黃赤道附于三辰儀。今則全用淳風三重之制，而于三辰儀上設天運環，以水運之。水運之法始于漢張衡，成于唐梁令瓚及僧一行，復于本朝張思訓。今又變正其制，設天運環，下以天柱關輪之類上動渾儀，此出新製也。

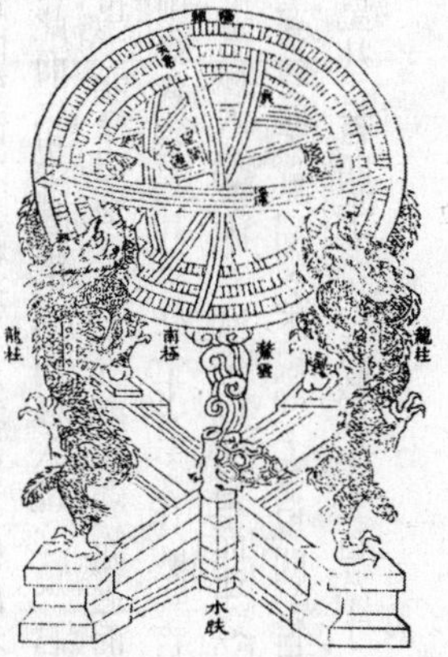

渾儀

六合儀，其制有天經，有地渾，有天常環。天經即雙規也，古制止言外雙規，李淳風始有六合之名，梁令瓚名陽經雙規，韓顯符名天經雙規，元豐復曰陽經雙規。地渾之制，梁名單橫規，李淳風名金渾緯規，梁令瓚名陰緯單環，又謂之陰渾，韓顯符名地盤平準，皇祐周琮及元豐所制與今儀復曰陰緯單環。天經則縱置，地渾則橫置。天經環兩面各布列周天度數，半在地渾之上，半在地渾之下，地渾環面以上爲天，其下爲地。其南北與天經環相屬持之。地渾而鑿渠爲平水溝，以正天地之高下。于環內布列八干、四維、十二辰位，以象地。天常環于天經、地渾內銜置之，環側布列十有二時與時初、正之分刻，以成百刻之數。

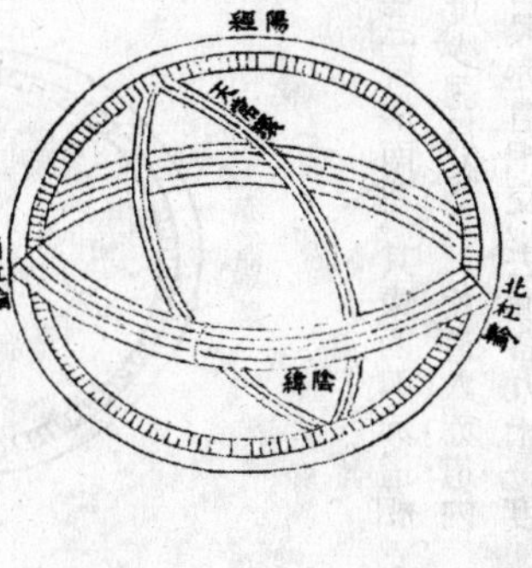

六合儀

三辰儀，其制爲雙環，在陽經環內。兩環面各布周天度數，環內附帶黃道、赤道。今又新置四象環，附于三辰儀，相結於天運環、黃赤道兩交。及天運環近南極下與鰲雲內牙軸相銜，若鰲雲中天柱動，則天運環動，以轉三辰儀輪。古無此儀，李淳風造黃道儀始置之。僧一行、梁令瓚因之。周琮造渾儀，與元豐儀及今儀皆循用之。

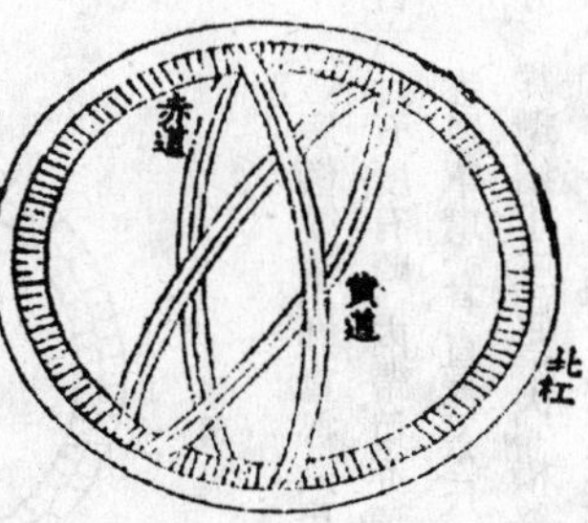

三辰儀

四游儀，《舜典》曰璿璣或曰旋璣，梁曰雙環規，李淳風曰四游儀，梁令瓚曰璇樞雙環，韓顯符曰游規，周琮及元豐所制并今儀復曰四游儀。其儀爲雙環，在三辰儀內，南北各有杠，夾于雙

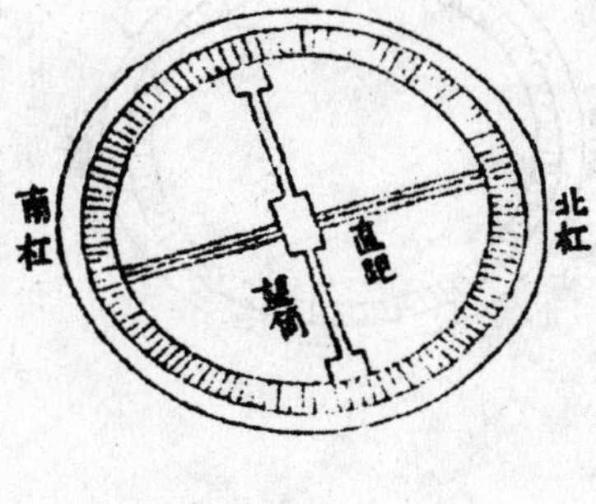

四游儀

環，各有軸竅以運杠，環兩面各布周天度數。直距在雙環内，連環體，屬于六合儀南北極之杠軸内。直北上屬北極，直南下屬南極。置望筒于直距内，其半以關軸夾持之，使得運轉，凡游儀東西運轉，則望筒南北低昂。故游儀運動無所不至，而望筒隨游儀所至。又置半筒，以備測天運環相對之星，以窺知天象。

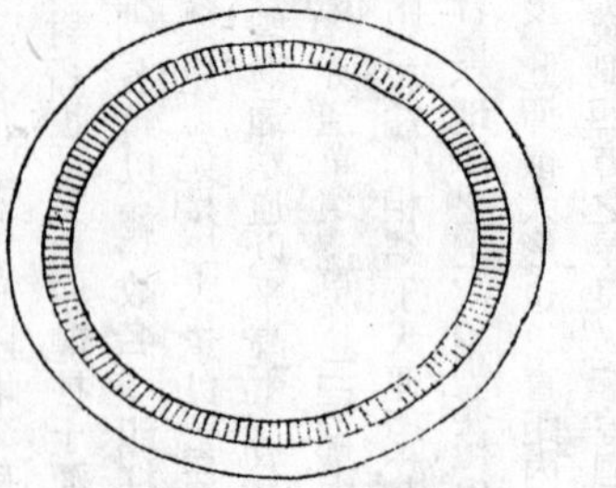
天經雙環

天經雙環，兩環各直徑七尺七寸七分，闊五寸，厚八分，與地渾單環相結于子午午正。環兩面各列周天三百六十五度有畸。其環半出地上，半入地下，于地渾面自北扶天而上三十有五度少弱，則北極出地之度也。于地渾面自南屬地而下三十有五度少弱，則南極入地之度也。環内當南北極爲樞孔，夾置杠軸，軸末出環外，各爲臍二層，以安三辰、四游之杠。内各爲孔，與直距内望筒之孔相通。其北，則北極出地之度，自此而止也。其南，則南極入地之度，自此而止也。北極出地三十有五度少弱，四迴而運之，凡七十度半弱，其度常見于地上，則爲紫微垣，其星凡三十有七，其數一百八十有三，于四時常見不隱，謂之上規。南極入地三十五度少弱，四迴而運之，凡七十度半弱，其度常隱于地下，其下星常隱而不見，謂之下規。上下規間一百一十有二度，則黄道、赤道内外宫也，其星凡二百四十有六，其數一千二百八十一，則近日而隱，遠日而見，謂之中規。

陰緯單環，其直徑與闊如陽經環之度，其厚二寸半。其環與陽經南北子午相銜。陽經當陰緯環上下之半，故陰緯環面上爲天、下爲地，其上下各一百八十二度有畸。環面鑿爲平水溝，通流以爲準。其環内向布列八卦維辰之位，具如前説。

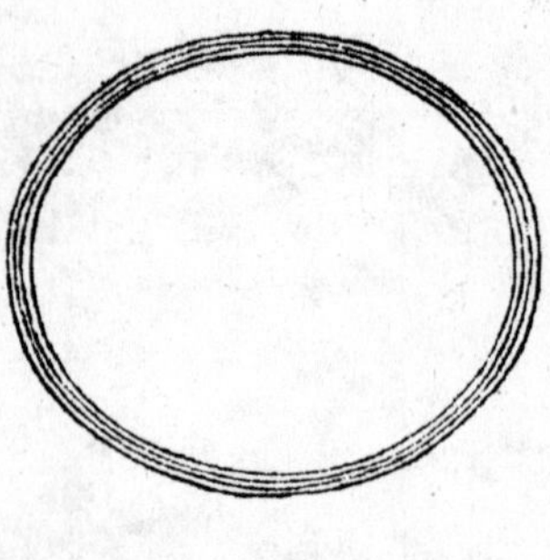
陰緯單環

天常單環，其直徑六尺七寸七分，闊九分，厚五分。其環入陽經、陰緯環裏。古人以鳥㲉之裹黄況之，内與三辰儀重置，居赤道之表。環面列有十二時，晝夜百刻，以揆時刻之度，具如前説。古無此環，周琮等造三重儀始置之，元豐儀因之，今新儀循用。

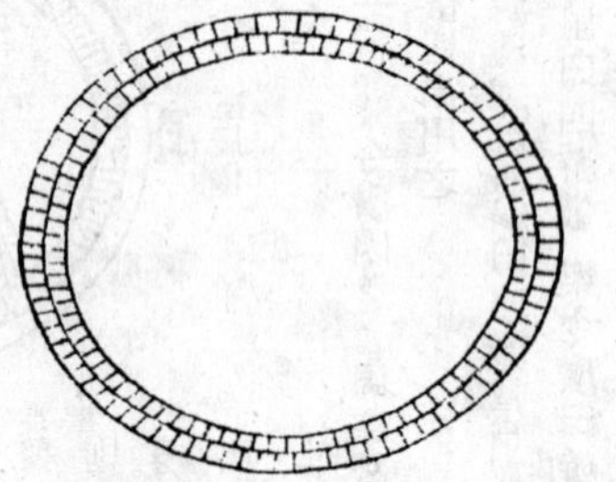
天常單環

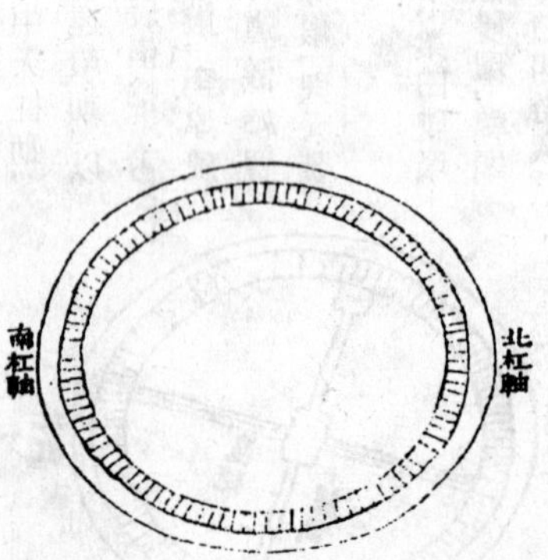

三辰儀雙環

三辰儀雙環，其直徑六尺四寸八分，闊一寸八分，厚七分。兩面各列周天三百六十五度有畸，内帶黄赤道，下帶天運環在六合儀内轉動不息。

赤道單環，其直徑六尺三寸，闊九分，厚六分。其環結于三辰儀内，横絡天腹，謂之中極，以格黄道。外則正與六合儀天常環相對。環北面分列二十八舍，周天之度，内列二十有四氣、六十有四卦，環外列七十有二候。其四正日躔之宿，舊據曆法推步，今以新儀考測，知日躔與今天道差違凡三度。蓋元豐甲子歲冬之日至在赤道斗三度，夏之日至在井九度少弱，春分日在奎初度強，秋分日在軫七度太弱，定爲四正之宿，占測七政以叶天度。

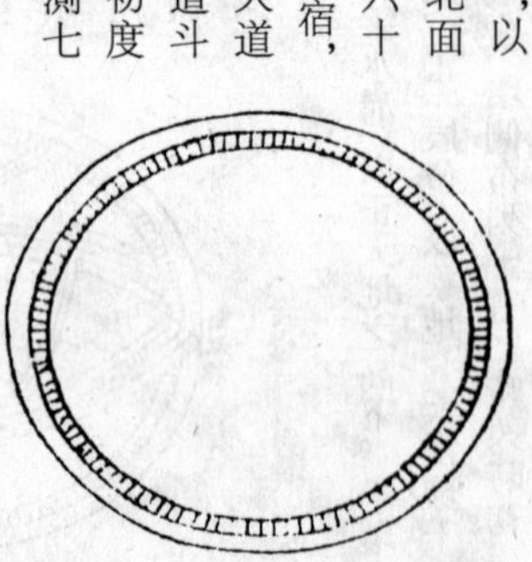
赤道單環

黄道雙環，今所創也。其直徑、闊、厚如赤道之數。環面列周天之度與赤道同。其環結於三辰儀，與六合儀相疊，以定南北極，則黄道正在三辰儀南北，其東西與赤道相結，黄道出赤道外二十四度弱，去極一百一十五度少弱爲冬至。黄道入赤道内二十四度弱，去極六十七度半弱爲夏至。其東西與赤道相交，去極各九十一度少弱爲春、秋二分。冬夏二至，春秋二分，謂之四正。太陰五星出入皆循其道，各有度數。古制惟有赤道，後漢和帝時知赤道與天度頗有進退，詔賈逵始置雙道。李淳風、一行、梁令瓚、韓顯符、周琮、熙寧、元豐儀又因之，今新儀循用不改。惟顯符徙黃道附於六合儀。黃道，舊單環外於北際見太陽，體不全見，以測半日爲法。今以望筒於黃道雙環中，全見日體，若仰窺太陽隨天運轉，則太陽適周於雙環之內。

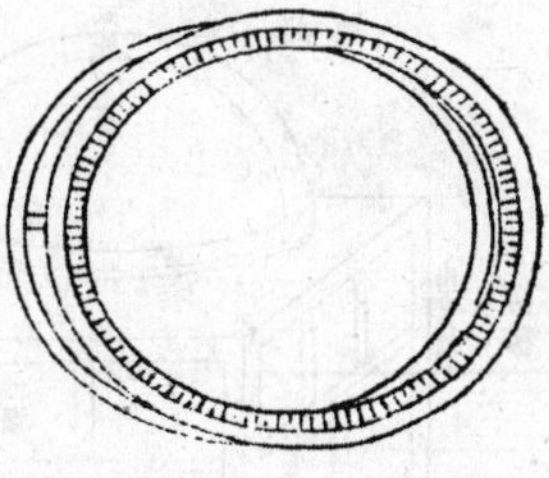
黃道雙環

四象單環，今之所創也。附於三辰儀南北極末，與南天運環、黃赤道東西交相結，令兩交無低墊之患，隨天運環運轉，與天符合。

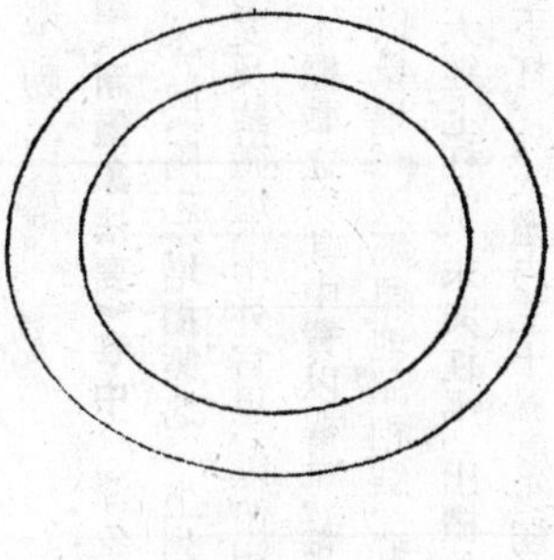
四象單環

天運單環

天運單環，亦今所創也。附於三辰儀，居黃道之南，環外周設四百七十八牙距，下與鰲雲中天轂相銜。其最下動樞輪一牙，上動天柱一牙距，乃上轉天運環一距。天運環轉，則三辰儀與環俱動，以象天運無窮。舊三辰儀未有水運，故無此環，今創爲之，其四百七十八牙距，即倣用周天度分之法。

一本云：其直徑四尺一寸四分半，闊一寸九分，厚七分，附於三辰儀，居黃道之南。環外周設六百牙距云云。其六百牙距即倣用元豐新浮漏六百分之法。

四游儀雙環，直徑六尺，闊一寸七分，兩旁外唇厚六分半，內唇半隱起二分，共厚八分半。即《舜典》所謂旋璣也。環兩面布周天三百六十五度有畸。其環外與六合、三辰儀三重相疊。其南北端兩極內置直距，直距中夾橫簫，使南北低昂。六合儀不動，以定天體。三辰儀則隨天運環動轉，以追天運。若四游儀，則有時轉動，亦追天運，以橫簫窺測，無所不至。

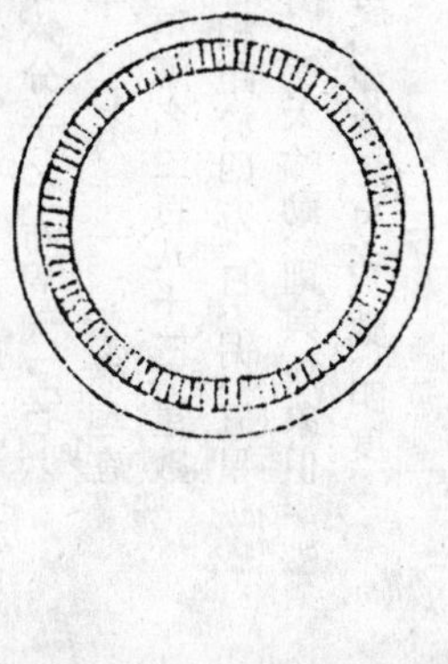
四游儀雙環

直距二，望筒一。直距各長五尺六寸六分，闊一寸六分，厚八分。安四游儀中，上屬北極，下屬南極，中施關軸，以夾望筒。望筒即《舜典》所謂玉衡也，亦謂之橫簫。李淳風曰玉衡，梁令瓚曰玉衡望筒，韓顯符曰窺管，周琮及元豐所制并今新儀復曰望筒。中空，長五尺七寸四分，方一寸六分，其兩首各爲方掩，方一寸七分。方掩中各爲圜孔，孔徑七分半。望其上孔，適周日體於直距中，南北低昂，旋運持正，窺測七曜與列宿距度之遠近。

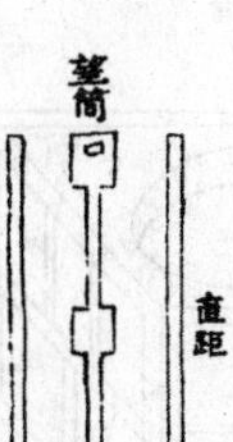

望筒直距

龍柱

四龍柱，各高七尺七寸。每柱植於十字水趺之末，上屬陰緯環之四維，而上下各以一龍繞之。案舊法，其勢端直，映蔽四維，今因元豐製作爲曲抱之勢，使人立其下便於窺測。

鰲雲，其高四尺，下植於水趺十字之心，飾以雲氣，上承六合儀，令無墊墜承以鰲坐，故曰鰲雲。皆中空，內隱天柱，上屬天運環。古制無鰲雲，後魏永興中詔造候部鐵儀於水平上，以龜負雙規。韓顯符不用。元豐儀周日嚴等，設鰲雲於水趺之上，今新儀因之。其內隱天柱，上屬天運環，乃新製也。

鰲雲

十字水趺，後魏曰十字水平，植立四龍柱。李淳風曰準基，末植鰲足，以張四表。梁令瓚曰水平槽，韓顯符復曰十字水平，元豐所制并今新儀復曰水趺。其制各長一丈四寸，高七寸五分，闊八寸四分，十字置之。中鑿水道，深一寸五分，相通以行水，視水平則高下正矣。四末爲水斗，外各方一尺二寸，高下與水趺等，鑿方孔以受四龍柱於水斗中。其十字之會開天門，方二寸，自下樞軸運天柱，由鰲雲中上屬六合儀雙環。水趺舊無天門，今創爲之，以度天柱，上撥天運環，動三辰儀。

水趺

宋・蘇頌《新儀象法要》卷中　渾象一

座，太史舊無，今做《隋志》增損製之。上列二十八宿、周天度及紫微垣、中外官星，以俯視七政之運轉。納於六合儀、天經、地渾內，周以一木櫃載之。其中費以樞軸，軸南北出渾象外南長北短。地渾在木櫃面而橫置之，以象地。天經與地渾相結，縱置之，半在地上，半隱地下，以象天。其樞軸，北貫天經上杠中，末與杠平，出櫃外三十五度少弱，以象北極出地。南亦貫天經，出下杠，外入櫃內三十五度少弱，以象南極入地。就赤道爲牙距四百

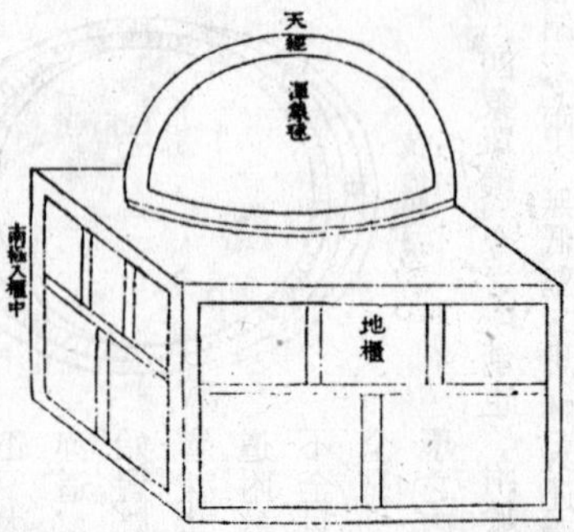

渾象

七十八牙，以銜天輪，隨機輪之地轂以運動。按《隋志》云：渾天象者，其制有機而無衡。梁末秘府有以木爲之，其圓如丸，其大數圍，南北兩頭有軸，遍體布二十八宿、三家星，黃、赤二道及天漢等。別爲橫規以抱其外，高下半之，此謂抱規，抱渾象高下謂之半。以象地。南軸頭入地，注於南植。植，柱也。以象南極。北軸頭出於地上，注於北植，以象北極。正東西運轉，昏明中星既應其度，分、至、氣節，亦驗在不差而已。今所製大率倣此，並約梁令瓚、張思訓法，別爲日、月、五星，循繞三百六十五度隨天運轉。

又王蕃云：渾象之法，地當在天內，其勢不便，故反觀其形，地爲外郭而已。解者無異在內，詭狀殊體而合於理，可謂奇巧也。今地渾亦在渾象外，蓋出於蕃法也。一云：以象南極入地，別設天運輪一，側置渾象南，其轂貫南樞軸之末。其軸爲牙距六百，以銜天軸。軸下接天輪，隨機輪之地轂以運動。

渾象六合儀，其制有天經雙規、地渾單環。雙規直徑五尺四寸七分，厚八分，縱置木櫃中。單環直徑五尺四寸七分，闊三寸七分，厚一寸五分，橫置木櫃面。渾象納其中，半隱地下，半出地上，以視南北極之高下。

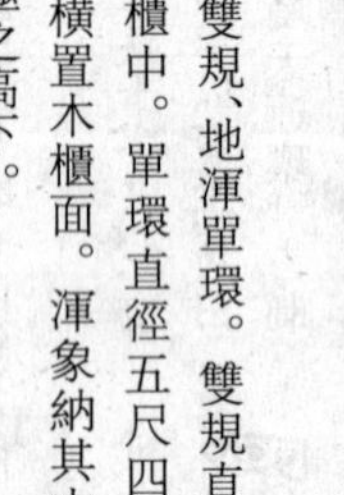

渾象六合儀

渾象木地櫃一，以安渾象及天經、地渾。內置天輪，與赤道牙相接，隨天輪運轉。

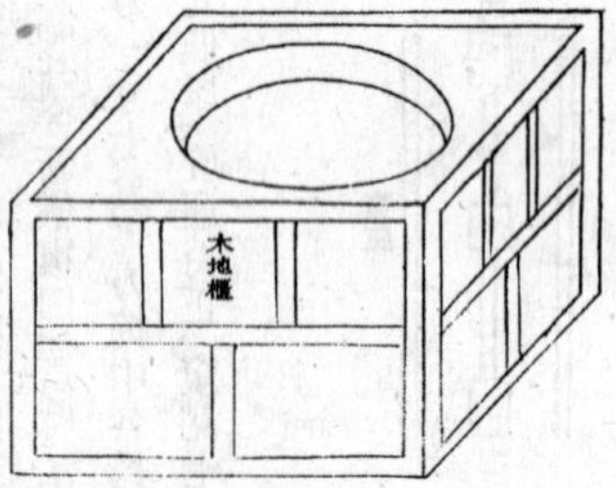

渾象木地櫃

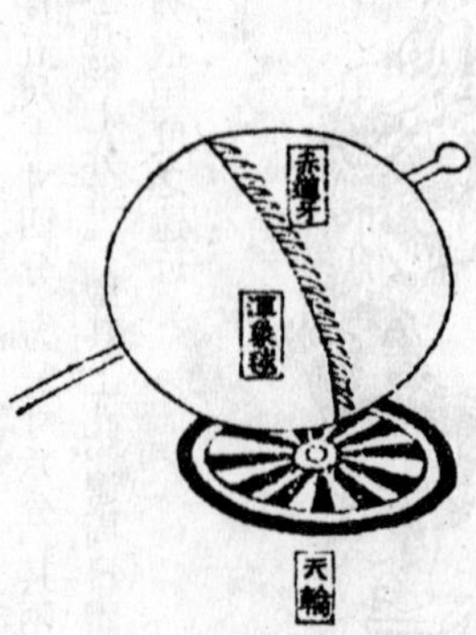

渾象赤道牙

一本有天運輪無赤道牙

渾象赤道牙一。渾象體正圓如毬，徑四尺五寸六分半，上布周天三百六十五度有畸，中外官星，其名二百四十六，其數一千二百八十一。紫微垣在渾象北上規，星其名三十七，其數一百八十三。二項總名二百八十三，星數一千四百六十四。東西繞以黃、赤二道。二十八舍相距於四方，日、月、五星所行。中貫以樞軸，南北置之。赤道牙與天輪相銜，候天輪動，則與渾象俱轉。其天度、星舍等及黃赤道、日、月、五星所行周旋，渾象各有名、數、距度、次序標道。

紫微垣星圖一，凡三十七名，一百八十三星，布列渾象之北上規，所以正天地之南北也。北斗七星在垣內，所以正四時也。《史志》曰：中宮北極五星，鈎陳六星皆在紫宮中。北極，北辰之最尊者也，其紐星，天之樞也。天運無窮，三光迭曜，而極星不移，故曰居其所，而衆星拱之。舊説皆以紐星即天極，在正北，爲天心不動。今驗天極，亦晝夜運轉，其不移處，乃在天極之内一度有半，故渾象杠軸正中置之不動，以象天心也。自天極外，諸星皆隨渾象運轉，以象列宿隨天左旋也。天有二十八宿，爲十二次舍，布列四方，三百六十五度有畸，而天極亦具其數，古人所謂天形如蓋，即天心爲蓋之杠軸，列舍如蓋之撩輻，分布十二次舍之度數。紫宫近天極，故狹而密。

列舍布四方，故闊而疏也。北斗七星，所謂璇璣玉衡，以齊七政者也。魁四星爲璿璣，杓三星爲玉衡。杓攜龍角，杓，斗柄也。龍角，東方星。攜，連也。衡中南斗，衡，斗中央之星也。魁枕參首。斗第一星爲魁。用昏建者杓，斗第七星爲杓斗之星也。夜半建者衡，假令杓昏建寅，則夜半衡亦建寅。平旦建者魁。斗爲帝車，運於中央，照臨四海。分陰陽，建四時，均五行，移節度，定諸紀，皆繫於斗。故揚子雲云：日一南而萬物死，謂夏至已後，日窮南陸，一反南道，羣陰漸長，萬物所以死也。日一北而萬物生。謂冬至已後，日窮北陸，一反北道，羣陽漸長，萬物所以生也。斗一北而萬物虚，謂立冬已後，斗杓建亥，自亥之後，陰主於時，萬物以斂，故曰虚。斗一南而萬物盈。謂立夏已後，斗杓建巳，自巳之後，陽主於時，萬物華盛，故曰盈。日之南也，右行而左還，斗之北也，左行而右還。日則迎天右行，謂春行西方，歷七星而南。秋行東方，歷七星而北，始行西方，故云右行也。還從東方，故云左還也。斗則隨天而行，春指東方，歷三辰而南。秋指西方，歷三辰而北，始指東方，故云左行也。還從西方故云右還也。由是言之：天形無垠，晝夜不息，所以分節候，運寒暑。日與斗建相推移於上，而成歲于下也。所以著於圖象者，欲俯仰之，參合先天而趨務也。故人君南面聽天下，常視四七之中星，察玉衡之杓，建考日躔之南北，順天時而布民政。自唐虞以來，莫不尚之。然則渾象，人居天外，故俯視之。星圖，人在天裏，故仰觀之。二者相戾，蓋俯仰之異也，其下，中外官星亦倣此。

渾象中外官星圖二，凡二百四十六名，一千二百八十一星，分布于四方，周遍天體，惟南極入地常隱不見，紫微宫常見不隱，餘星近日而伏，遠日而出，四時互見。二十八宿爲十二次，三百六十五度有畸，日、月、五星之所舍也。《史志》

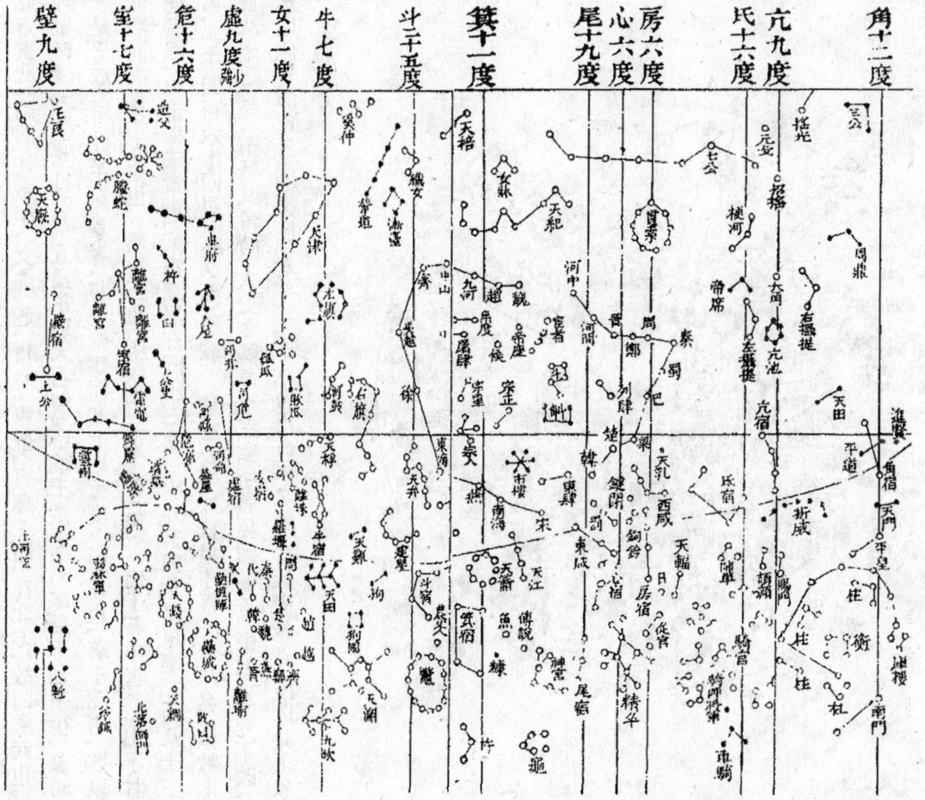

渾象東北方中外官星圖(星名一百二十九其數六百六十九)

曰：東宫蒼龍，謂角、亢、氐、房、心、尾、箕七宿，其形如龍在東方，故曰蒼龍也。南宫朱鳥，謂東井、輿鬼、柳、七星、张翼、軫七宿，其形如鶉鳥，在南方，故曰朱鳥也。西宫咸池白虎，謂奎、婁、胃、昴、畢、觜觿、参，爲白虎，在西方，故曰白虎也。北方玄武，謂南斗、牽牛、女虚、危、營室、東壁，有龜蛇體，在北方，故曰玄武也。凡星皆隨天左旋，日、月、五星常違天右轉，昏曉于是乎正，寒暑于是乎生，歲時于是乎成，所以著于渾象者，將以俯察而知七政行度之所在也，著于圖者，將以仰觀而上合乎天象也。星有三色，所以别三家之異也：出于石申者赤，出于甘德者黑，出于巫咸者黄，紫宫諸星亦同出三家。中外官與紫宫星總二百八十三名，一千四百六十四星。《漢志》所載：紫宫及中外官星才百一十八名，積數七百八十三星。至晉武帝時，太史令陳卓總三家所著星圖，方具上數，至今不改。然則施于渾象者，惟天極、北斗、二十八舍爲占候之要，其餘備載者，所以具上象之全體也。

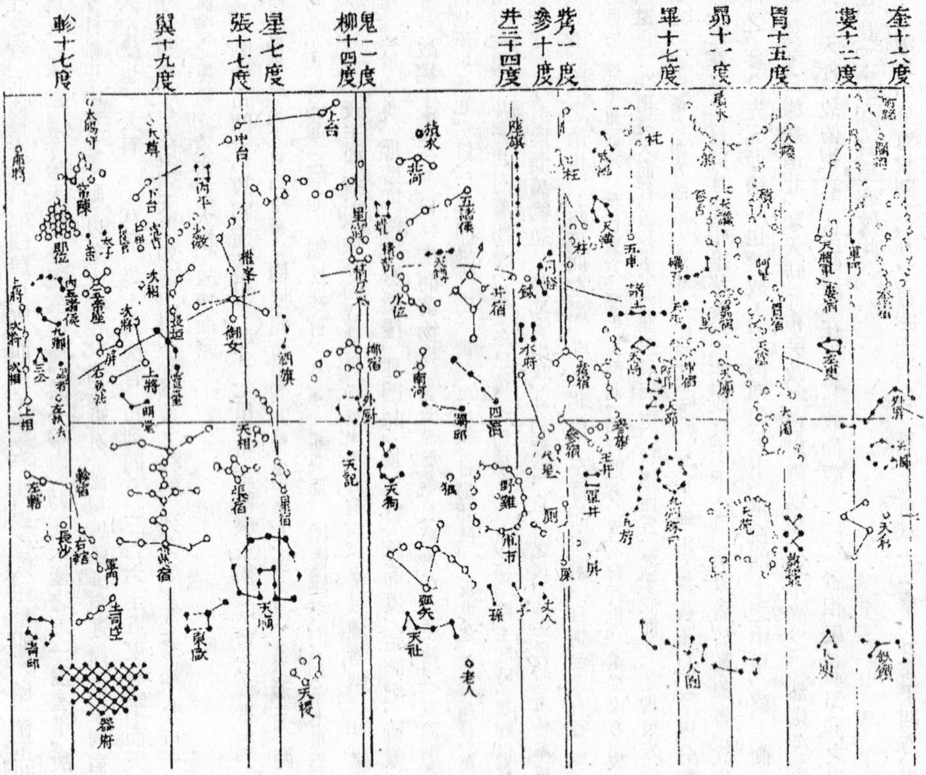

渾象西南方外官星圖（星名一百一十七其數六百一十五）

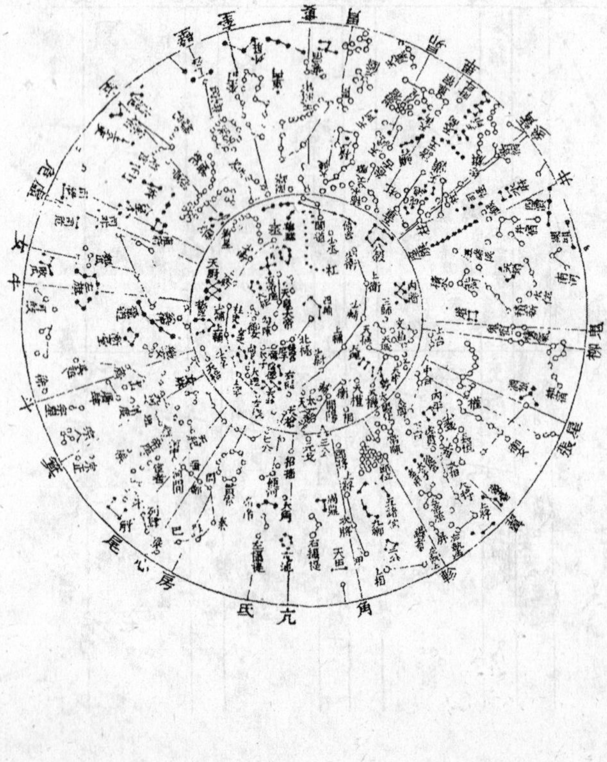

渾象北極圖

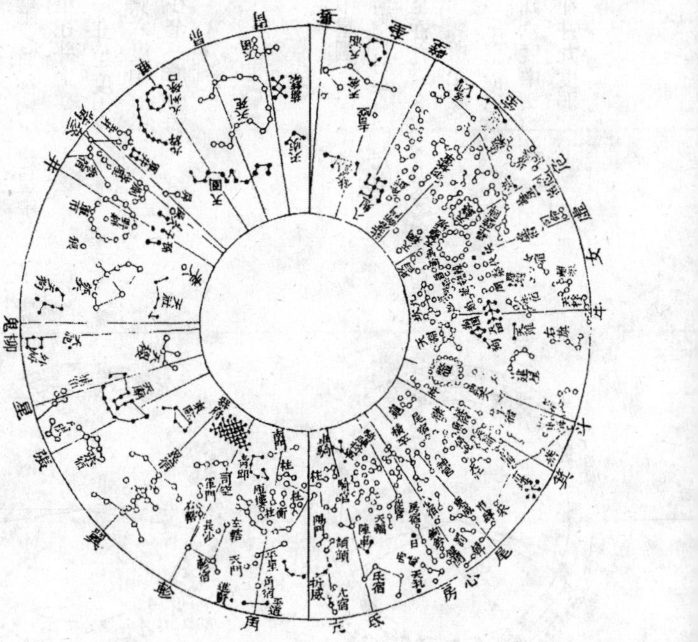

渾象南極圖

右渾象北極、南極星圖二。古圖有圓、縱二法，圓圖視天極則親，視南極則不及。横圖視列舍則親，視兩極則疏。何以言之？夫天體正圓，如兩蓋之相合，南北兩極猶兩蓋之杠轂，二十八宿猶蓋之弓撩，《周禮考工記》：蓋弓二十八以象星。注云：蓋弓撩也。然則古之置蓋者，亦取法于天。赤道横絡天腹，如兩蓋之交處。赤道之北爲内郭，如上覆蓋。赤道之南爲外郭，如下仰蓋。故列弓撩之數，近兩轂則狹。漸遠漸闊，至交則極闊，勢之然也。亦猶列舍之度，近兩極則狹，漸遠漸闊，至赤道則極闊也。以圓圖視之，則近北，星頗合天形，近南，星度當漸狹，則反闊矣。以横圖視之，則去兩極，星度皆闊，失天形矣。今倣天形，爲覆仰兩圓圖，以蓋言之，則星度並在蓋外，皆以圖心爲極。自赤道而北，爲北極内官星圖。以赤道而南，爲南極外官星圖。兩圖相合，全體渾象，則星宫闊狹之勢與天脗合，以之占候，則不失毫釐矣。

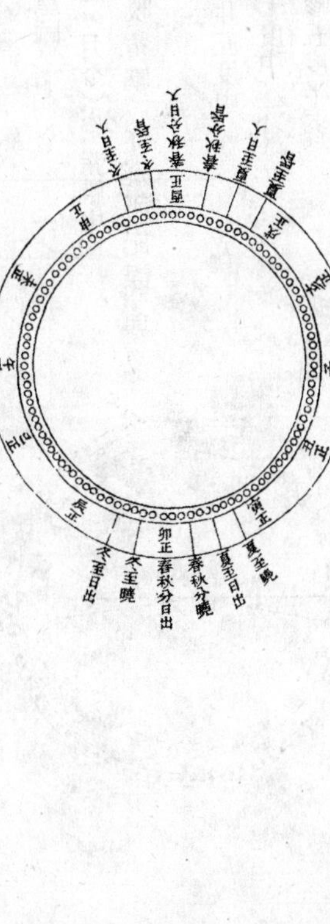

四時昏曉加臨中星圖

右四時昏曉加臨中星圖。聖人南面，視四時之中，所以候四時之早晚，以布民政。故堯命羲、和曆象日、月、星辰，敬授人時，舜在璿璣玉衡，以齊七政，皆謂此也。然則天以二十八宿分布四方，凡三百六十五度有畸，爲日、月、五星之次舍。日行一度爲一日，周天爲一歲。月行三十日一周天爲一月，故日月一歲十二會，爲四時。時有孟、仲、季。仲爲分至。人君不能日夕察候星度，故舉四時之中以驗之。曰日中，春分也。曰日永，夏至也。曰宵中，秋分也。曰日短，冬至也。所謂星鳥者，南方之星七，爲朱鳥體，春分則見於南方也。所謂星火者，東方之星七，爲蒼龍體，夏至則見於南方也。所謂星虚者，北方之星七，爲玄武體，秋分則見於南方也。所謂星昴者，西方之星七，爲白虎體，冬至則見於南方也。鄭康成云：凡記昏明中星者，爲人君南面而聽天下，視時候以授民事也。既舉四時之中，又昏旦視四方列宿，則孟季之月與周天之度數，從可知也，故歷代聖王尚之。《經史記》云：夏有《小正》，周有《時訓》，秦漢暨唐及本朝皆有《月令》，所以順天時而督民務也。《詩》曰：定之方中，作于楚宫。又有：三星在天、在隅、在户之候。《春秋傳》曰：啓蟄而郊，龍見而雩。又曰：凡土功，水昏正而栽。又曰：凡馬，日中而出，日中而入。此皆視列宿而行國政也。然其所記，上及唐虞之世，日行次舍如此，歷三代、漢、唐，至今數千年，曰行漸遠，故中星隨而轉移。今以《禮記·月令》洎唐及本朝所測，合爲四時昏旦中星圖，所以上備宸庭觀覽，順陰陽而頒政令也。四仲圖别出於後。圖稱《月令》者，是漢《太初曆》星度。稱唐者，是開元《大衍曆》星度。稱今者，是元豐所測見，今星度也。

春分昏中星圖

《禮記・月令》：弧中。弧在輿鬼南。

唐：井宿二十三度中。

今井宿二十一度中。

日在奎宿二度少弱。

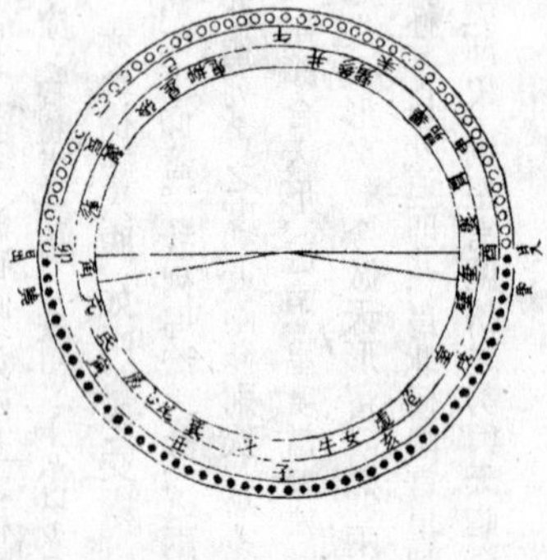

春分曉中星圖

《禮記・月令》：建星中。建星在斗上。

唐：斗二度中。

今箕六度中。

日在奎一度少弱。

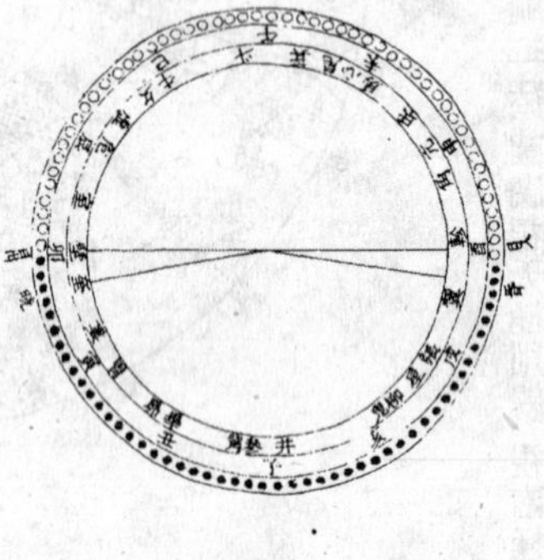

夏至昏中星圖

《禮記・月令》：亢中。夏至昏亢。案：《月令》與《吕氏春秋》皆同，疑所記誤。

唐：氐一度中。

今亢六度中。

日在井九度弱。

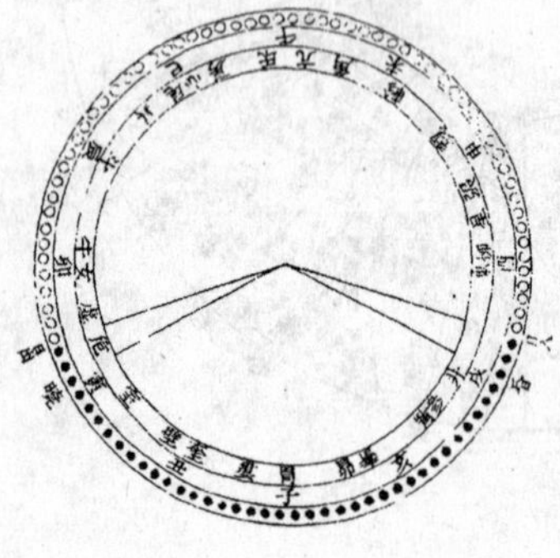

夏至曉中星圖

《禮記・月令》：危中。夏至曉危。亦疑所記誤，與昏中同。

唐：室宿一度中。今危十四度中。

日在井九度半弱。

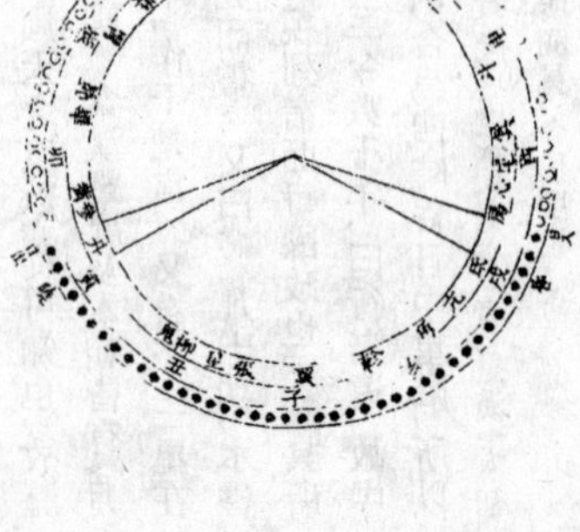

秋分昏中星圖

《禮記・月令》：牽牛中。

唐：斗宿十九度中。

今斗十度中。

日在軫五度半弱。

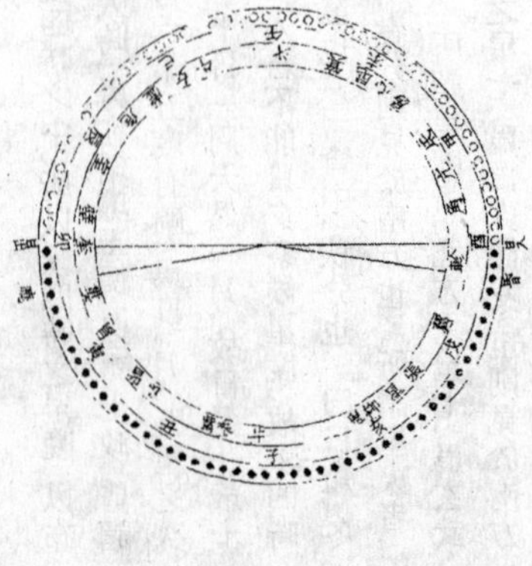

秋分曉中星圖

《禮記・月令》：觜觿中。秋分曉觜觿。亦疑所記誤，與夏至同。

唐：井五度中。

今參七度中。

日在軫五度半弱。

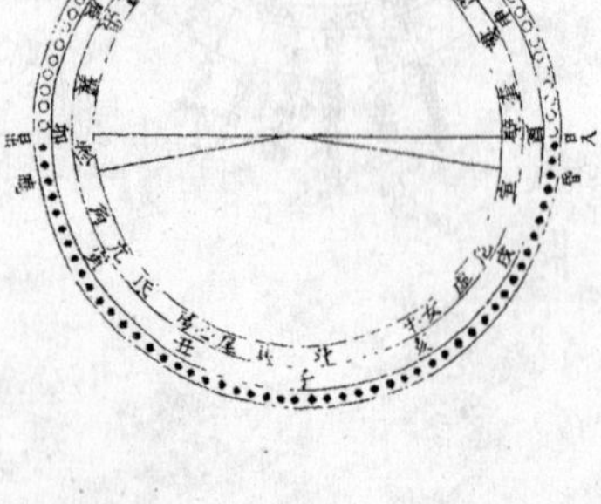

冬至昏中星圖

《禮記·月令》：東壁中。

唐：壁三度中。

今室末度中。

日在斗三度。

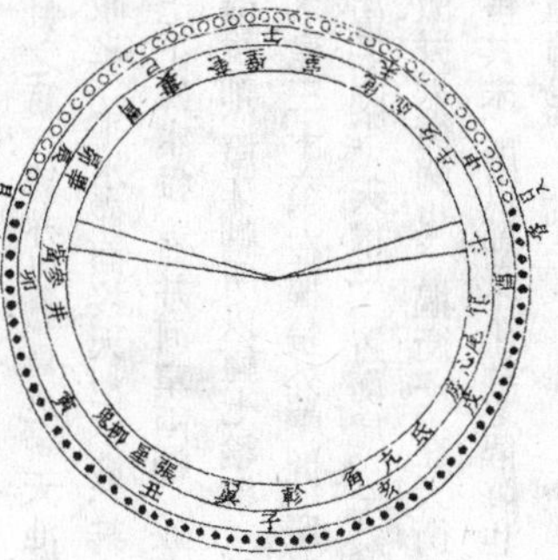

冬至曉中星圖

《禮記·月令》：軫中。

冬至軫中。亦疑所記誤，與夏至同。

唐：角三度中。

今軫十六度中。

日在斗三度。

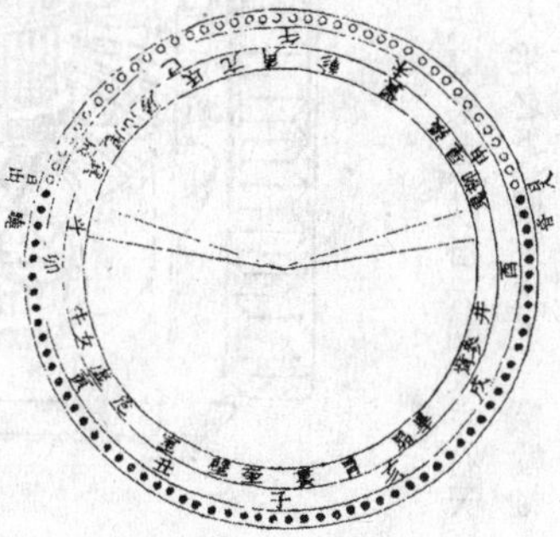

宋·蘇頌《新儀象法要》卷下

水運儀象臺，其制爲臺，四方而再重，上狹下廣，高下相地之宜。四面以巨枋木爲柱，柱間各設廣桄，周以板壁，下布地栿，上布板面，内設胡梯。再休隔：上開南北向各一門，隔下開二門，各南向雙扉。別本云：再休隔：上開南向一門，東西向各一門，隔下開二門，各南向雙扉。渾儀置上隔即臺面也。儀有三重：曰六合儀、曰三辰儀、曰四游儀。其上以脱摘板屋覆之。六合儀有陽經雙規爲天規，縱置之。陰緯單規爲地渾，横置之。三辰儀南施天運環天運環係新刱。渾象連木地櫃，置臺中隔。渾象亦有天經雙規，縱置木地櫃中，半出地上，半隱地下。有地渾單規置地櫃面爲櫃之子口、渾象等，今倣《隋書志》新刱。臺内仰設晝夜機輪八重，貫以機輪軸。第一重曰天輪，在天束上，與渾象赤道牙相接。第二重曰晝時鐘鼓輪。第三重曰時刻鐘鼓輪。第四層曰時初正司辰輪。第五重曰報刻司辰輪。第六重曰夜漏金鉦輪鉦，今號曰錚錚是也。第七重曰夜漏更籌司辰輪。最下第八重曰夜漏箭輪。外以五層半座木閣蔽之，層皆有門，以見木人出入。第一層左摇鈴，右扣鐘，中擊鼓。第二層報時初及時正。第三層報刻。第四層擊夜漏金鉦。第五層報夜漏更籌。又於八輪之北側設樞輪，其輪以七十二輻，爲三十六洪，束以三輞，夾持受水三十六壺。轂中横貫鐵樞軸一，南北出軸，南爲地轂，運撥地輪。天柱中動機輪，動渾象，上動渾儀。別本云：又於八輪之北側設樞輪，以九十六輻，四十八洪，束以三輞，夾扶受水四十八壺。轂中横鐵樞軸一，南北出軸，南中以天梯下轂，以運天梯，上動渾儀。未以地轂運撥牙機輪，上動渾象。又樞輪左設天池、平水壺。平水壺受天池水，注入受水壺，以激樞輪。受水壺水落入退水壺，由壺下北竅引水入昇水下壺，以昇水下輪運水入昇水上壺。上壺内昇水上輪及河車同轉，上下輪運水入天河。天河復流入天池。周而復始。

一云：三辰儀南施天運環，渾象運木地櫃，置臺中隔。渾象云云半隱地下，上有地渾雙規，置地櫃面。體外亦施天運倣《隋志》新刱。臺内仰設晝夜機輪。

運動儀象制度，先設樞輪一，機輪八，以天柱四值於臺内。樞梁二，東西横

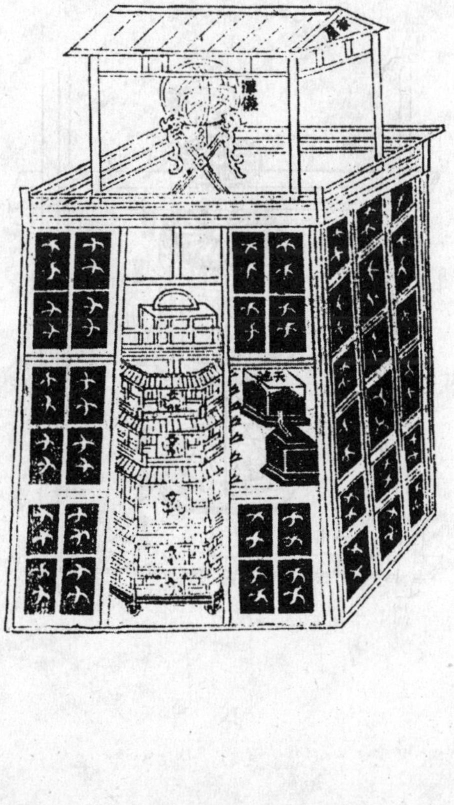

水運儀象臺

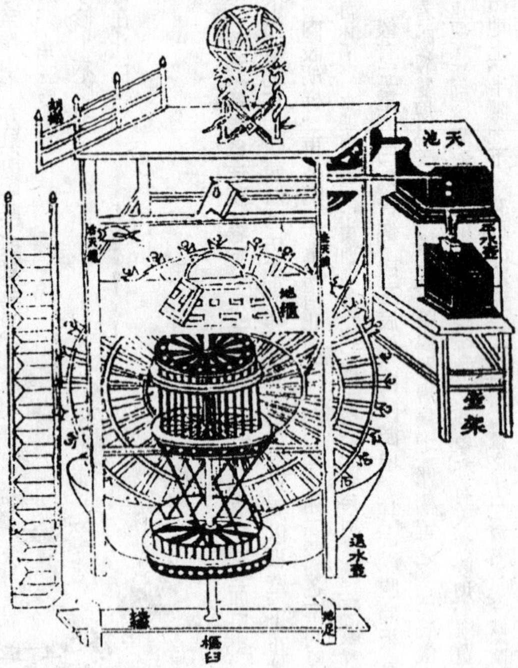

渾儀

安於天柱前後，以載樞軸。天梁二，安於天柱、樞梁上，以掛天關。左右天極二，南北置之，南寄臺前東西柱，北貫天柱東西天梁之下，樞梁之上。機輪軸一，立置臺中。天束一，以横木二合爲一。天束横置之，兩末安於東西天極中，天輪之下，撥牙機之上，中爲竅，以束機輪軸。機輪軸下爲地極，横置之，兩末安東西兩地足下。地極之正中，安鐵樞臼一，以承機軸之纂。纂亦以鐵爲之。天池在天柱之左，平水壺在天池之南，兩壺各以木架載之。平水壺面接天池水竅，其底與樞輪受水壺面相次。退水壺在樞輪之下，上下昇水軸，壺并河車兩軸，並寄樞梁、天梁下，横桄之中。其晝夜八機輪同貫機輪軸，撥牙軸所以轉七輪樞。輪三十六三十六一云四十八。雙輪共貫一轂。受水壺三十六，在樞輪外輞間，所以受水，運樞輪也。天衡一，置樞輪上。天關一，置衡腦。天權一，置衡尾。天條一，在衡之前。天衡關舌一，以天條綴之，所以激發天衡關也。樞衡一，在天衡關舌上。衡腦爲格文格音閣以抵受水壺，以樞權掛其末，所以節受水壺之陞降也。左右天鎖二，分置東西天柱間梁上，所以持正樞輪也。

木閣五層，在機輪前。第一層：時初，木人左摇鈴，刻至，中擊鼓，時正，右扣鐘。第二層：木人出報時初及時正。第三層：木人出報十二時中百刻。第四層：夜漏擊金鉦。第五層：分布木人出報夜漏箭。

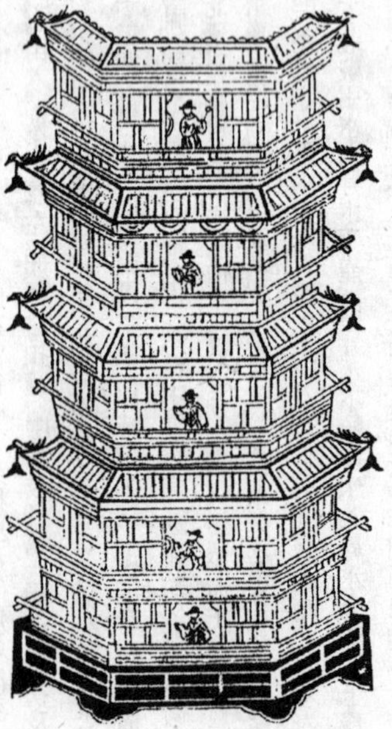
木閣

晝夜機輪八重。第一重曰天輪，以撥渾象之赤道牙。第二重曰撥牙機輪，上安牙距，隨天柱中輪轉動，以運上下七輪。第三重曰時刻鐘鼓輪，上安時初、

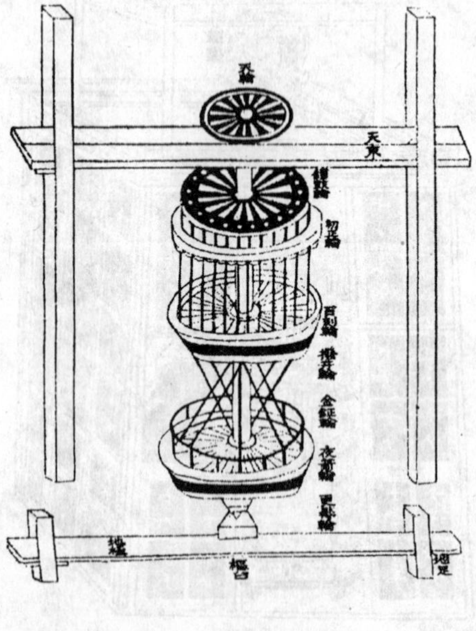
晝夜機輪

正百刻，撥牙以擊鐘、鼓、鈴。第四重曰時初正司辰輪，上安時初十二司辰，時正十二司辰。第五重曰報刻司辰輪，上安百刻司辰。第六重曰夜漏金鉦輪，上安撥牙以擊夜漏、金鉦。第七重曰夜漏更籌司辰輪，上安日出、入、昏、曉、待旦、更籌司辰。第八重曰夜漏箭輪，以截金鉦、夜漏箭輪。以上八重，並貫於軸上，以天束束之，下以鐵樞臼承之。外以前木閣五層以蔽之赤道牙，一本云天運輪。

機輪軸一，上貫於天束竅中，下納於地極上樞臼中，以安晝夜八機輪。

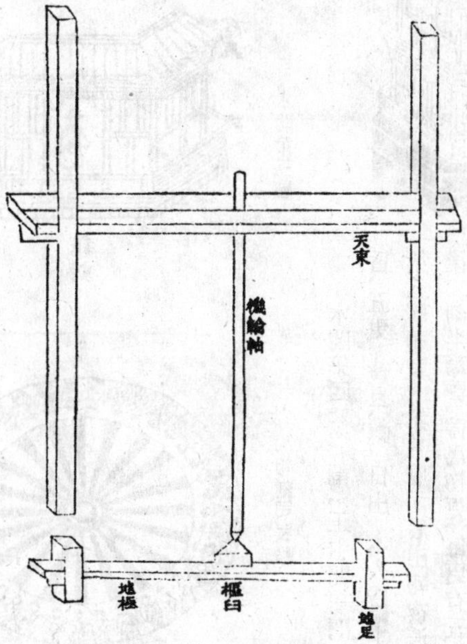

機輪軸

天輪直徑三尺八寸，上安六百牙距，其轂貫於鐵軸，在天束上，與渾象天運輪相接於輪之南輞，上銜天軸，所以運天運輪。天運輪斜對南極之中，如側蓋之勢。以天軸撥其牙距，以運渾象。故下機輪軸上貫天機輪，動則天輪西轉。天輪西轉，則天軸東向，及使天運輪與渾象同時西旋。

天輪

右撥牙機輪，隨天柱中輪轉動，在晝時鐘鼓輪上。直徑六尺七寸，輪下施六百牙距，以待中輪動作。每中輪動，機輪六牙距爲一刻，五十牙距爲一時，其六百牙爲十二時者，元豐法也。

一本云：撥牙機輪與後樞輪相對，在第三層閣內，與報刻司辰輪相疊。直徑六尺七寸，下施六百牙距，以待樞輪動作。每樞輪動機輪六牙距。

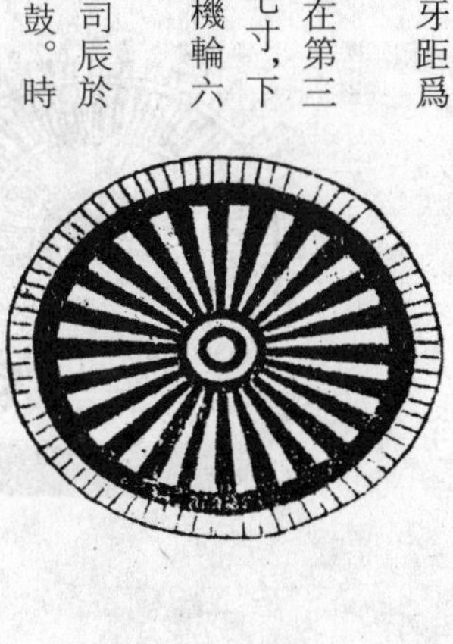
撥牙機輪

木閣第一層，開三門，每時初，即服緋司辰於左門内搖鈴。刻至，即服綠司辰中門内擊鼓。時正，即服紫司辰右門内扣鐘。

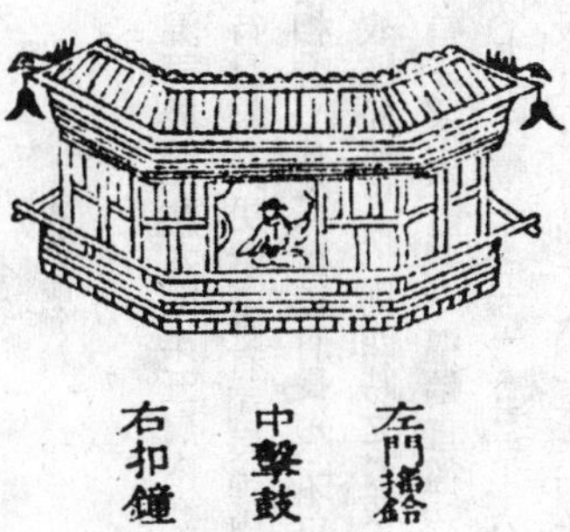

木閣第一層

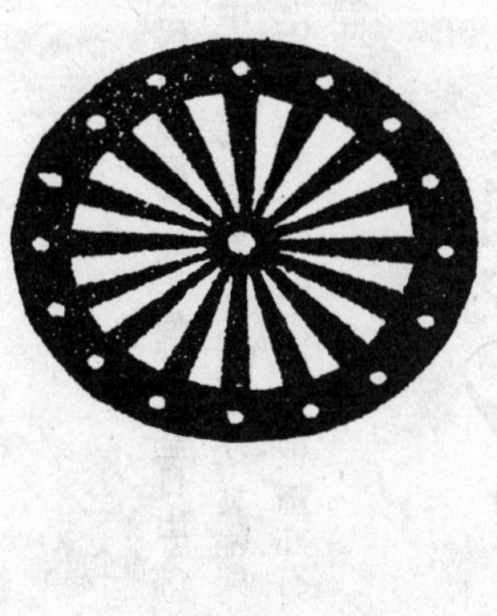
晝時鐘鼓輪

晝時鐘鼓輪，在木閣第一層內。徑六尺七寸，上應百刻十二時。每時初、正及每刻，與機輪六百牙距相應。輪上置撥牙，刻至，則中擊鼓。時初，則左搖鈴。時正，則右扣鐘。

木閣第二層，正中開一門。每機輪轉，則晝夜時初正司辰輪動。時初，則服緋司辰執牌出報。時正，則服紫司辰執牌出報。

晝夜時初正司辰輪，在木閣第二層內。直徑七尺三寸，上置二十四司辰，十二人報時初，十二

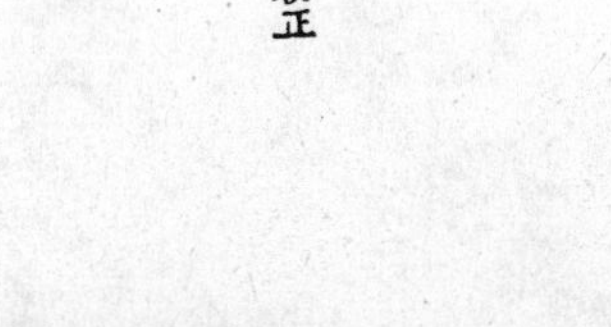

木閣第二層

人報時正。每至時正、時初，其司辰各執牌出見於中門之内。

木閣第三層，亦正中開一門。每機輪轉，則報刻司辰輪動，刻至，則服綠司辰執牌出報。

報刻司辰輪，在木閣第三層内。直徑七尺二寸，上布十二時之百刻，分布報刻司辰。除時初外，以刻言之。其司辰九十六人，以應正衙鐘鼓樓報刻之節，每刻，則司辰各執牌出見。

木閣第三層

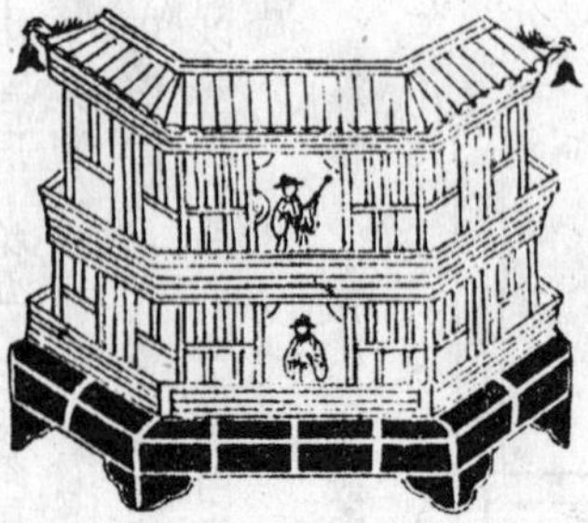
木閣第四五層

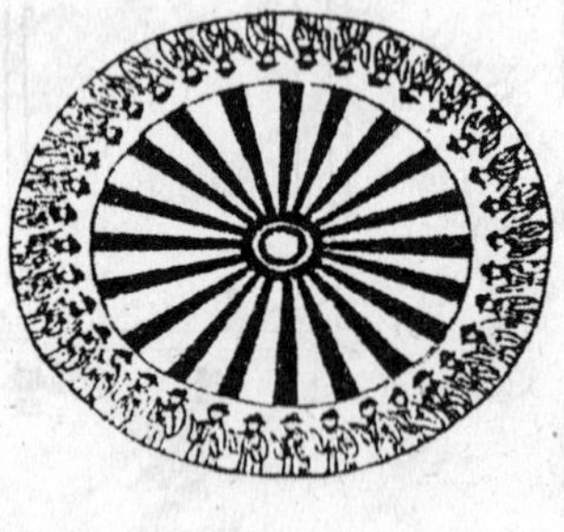
報刻司辰輪

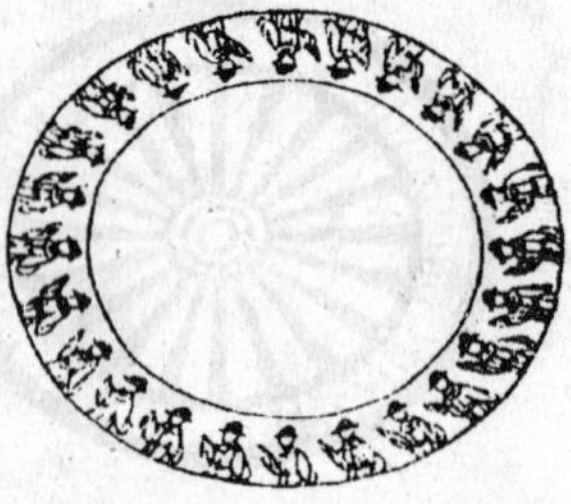
晝夜時初正輪

木閣第四、第五層，正中開一門。每日入、昏、五更、待旦、曉、日出，木人皆擊金鉦，以應第五層司辰。第五層司辰出報夜漏。等日入後二刻半爲昏，昏爲初更，每更有五籌，更盡爲待旦，十刻待旦，十刻後曉，曉後二刻半爲日出。其日入，服緋司辰出報。昏二刻半，服綠司辰出報。更有五籌，初一籌，服緋司辰出報更初，餘四籌服綠司辰各出報。凡五更。總司辰二十有五。待旦十刻，服綠司辰各出報。曉二刻半，服綠司辰出報。日出，服緋司辰出報。司辰各執牌出見於中門之外。

夜漏金鉦輪，在第四層木閣内。直徑六尺七寸，上設夜漏更籌箭，每籌施一撥牙，每更籌至日出、日入，皆擊金鉦。

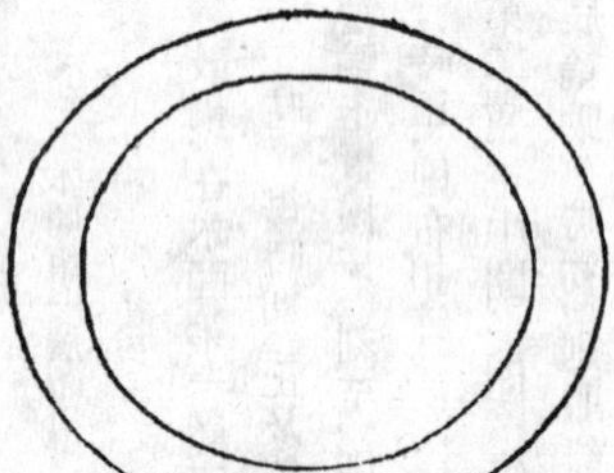
夜漏金鉦輪

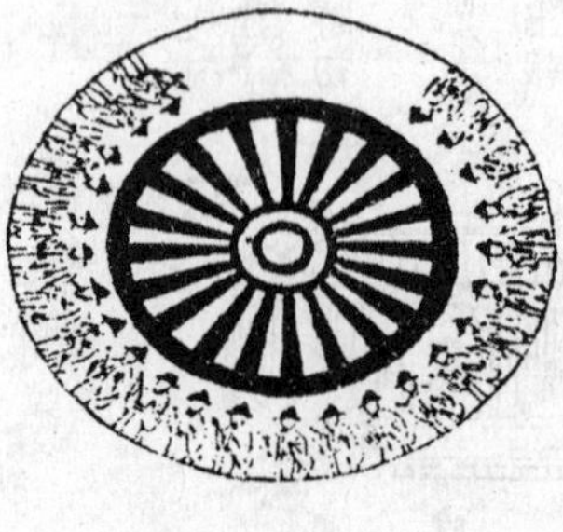
夜漏司辰輪

夜漏司辰輪，在木閣第五層内。直徑八尺，與夜漏箭輪相疊。每至日出入、昏曉及待旦、刻并更籌，各有司辰牌出報於中門之内。箭輪徑六尺七寸，其輪與司辰輪相疊。凡冬、夏夜有長短，不可以一法測之，故一歲設六十一箭，箭亦有長短。故隨節氣更换，則四時之晝夜各無差舛。

樞輪一，退水壺一。樞輪直徑一丈一尺，以七十二輻七十二，一本云九十六雙植於一轂，爲三十六三十六，一本云四十八洪，束以三輞，每洪夾持受水壺一，總三十六壺。每壺長一尺，闊五寸，深四寸。於壺側置鐵撥牙，以撥天衡關舌。樞輪轂中貫以鐵樞軸，南北出，南以運儀象。退水壺長一丈一尺四寸，闊一尺九寸，東高三尺二寸，西高二尺五寸五分，中高一尺五寸五分，置樞輪下，以接退水。每受水一壺，過水落入退水壺，北下爲竅，水由下竅北流入昇水下壺。

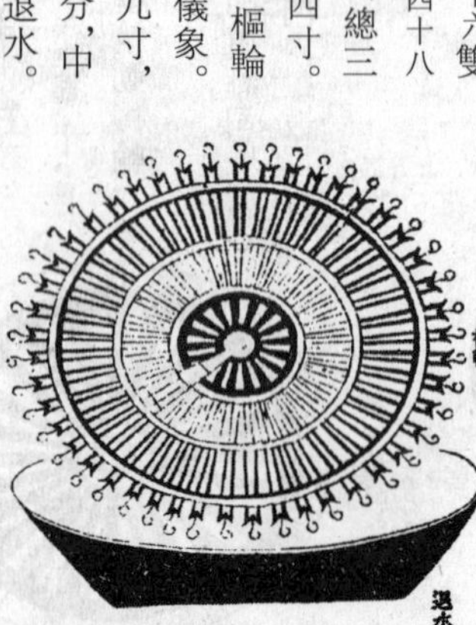

樞輪

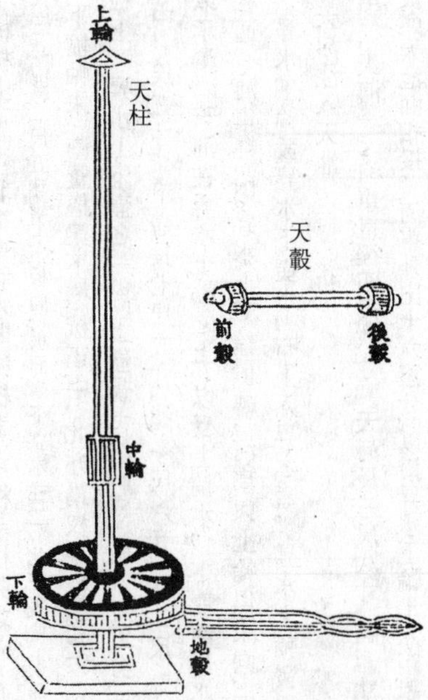

天柱 天轂 樞軸

鐵樞輪軸一，長五尺九寸，方一寸八分，貫樞輪轂中，南北出於轂，前後相隨。去樞梁闊狹鑢爲兩圓項，於樞梁上爲鐵仰月承之，使運轉。安南地轂，以撥天柱下輪，運轉天柱一本云：前後相去隨。

天柱，長丈九尺五寸，其法以木爲之，上弗鰲雲中爲天柱上輪，以動天轂。中爲天柱中輪，以動機輪。下爲天柱下輪，以待樞輪地轂動作。

天轂二，置於渾儀天經中，以仰月承之。後天轂以待天柱上輪動作，前天轂與天運環相銜，與後轂貫於一軸。後轂動，則前轂動。前轂動，則天運環動。

一本無天柱、天轂，有天梯、天托。

一本云：仰月承之，使運轉，軸南安地轂，以撥機輪牙距，次安梯下轂，以撥天梯。

天池壺一，平水壺一。平水壺上有準水箭。自河車發水入天河，以注天池壺。天池壺受水有多少，緊慢不均，故以平水壺節之，即注樞輪受水壺晝夜停勻，時刻自正。

天衡一，在樞軸之上。中爲鐵關軸，於東天柱間橫桄上，爲馳峯植兩鐵頰，以貫其軸，常使轉動。天權一掛於天衡尾。天關一掛於腦。天條一即鐵鶴膝也綴於權裏，右垂長短隨樞輪高下天衡關舌一，末爲鐵關軸，寄安於平水壺架南北桄上，常使轉動，首綴於天條，舌動則關起。左右天鏁各一，末皆爲關軸，寄安左右

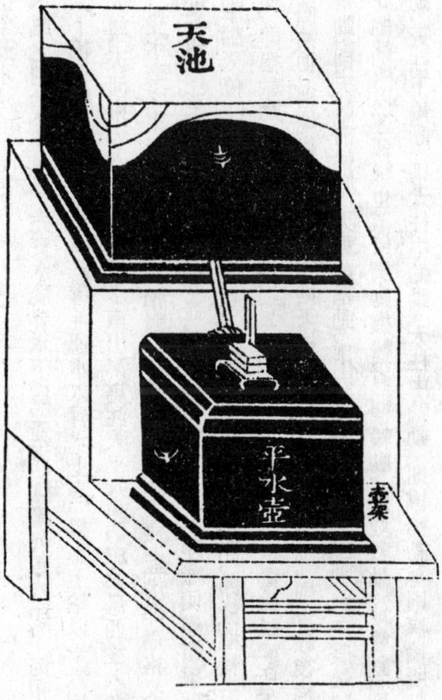

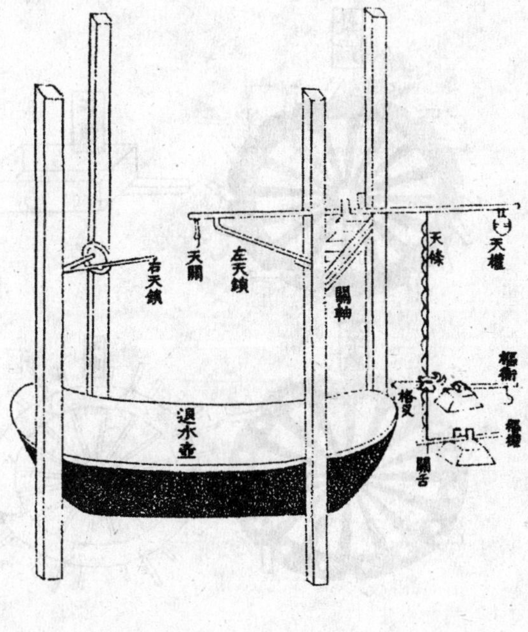

天衡

天柱横桄上，東西相對，以拒樞輪之輻。樞衡、樞權各一，在天衡關舌上，正中爲關軸，於平水壺南北横桄上爲兩頰，以貫其軸，常使運動。首爲格叉，西距樞輪受水壺。權隨於衡，東隨水壺，虛實低昂。

昇水上下輪各一，直徑各五尺六寸。上輪與河車同貫一軸。軸末南寄天梁下横桄上正中，北寄臺腹木閣機桄上，爲杈手柱載之。木閣高七尺一寸，長七尺三寸，闊二尺五寸，上布板面，板面南下立木柱二，北寄臺桄上，使人在其上運河車。下輪軸末，南置樞梁下横桄正中，北亦爲杈手柱載之。柱寄於臺後地面板上。昇水上下壺各一：上壺長七尺四寸，闊九寸五分，兩頭高二尺三寸，中一尺五寸。下壺長七尺二寸，闊一尺六寸，高二尺一寸。並在二輪下以承輪。天河在昇水上輪之上，以受上輪水。下壺南爲水竅，與退水壺竅相通。河車轉，則昇水上下輪俱轉，河車與上輪俱東向，即下輪逆行西向。昇水下輪發昇水下壺水，右上入昇水壺。昇水上輪發昇水上壺水，左入天河注入天池。

河車一，天河一。河車直徑四尺八寸。天河長三尺八寸，闊七寸，高六寸，東爲水竅與天池面相接。河車外出十六撥牙，以撥昇水下輪十六距對撥牙。北安手把八，以運河車。二輪輞外斜安戽斗二十四，上輪十六，下輪八。河車轉，則上下輪俱帶戽斗運水入天河，天河注水入天池。

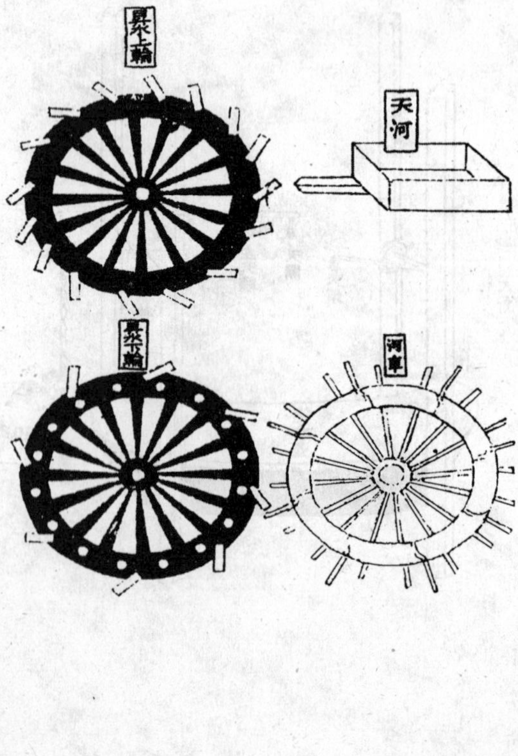

河車天河

儀象運水法

水運之制始於下壺。先實水於昇水下壺，壺滿，則撥河車八距。河車動，則昇水上下輪俱動。昇水下輪以八戽斗運水入昇水上壺，昇水上輪以十六戽斗運水入天河，天河東流入天池，天池水南出渴烏注入平水壺，由渴烏西注入樞輪受水壺。受水壺之東與鐵樞衡格叉相對。格叉以距受水壺，壺虛即爲格叉所格，所以能受水。水實，即格叉不能勝壺，故格叉落，格叉落，即壺側鐵撥擊開天衡關舌，掣動天條。天條動，則天衡起，發動天衡關，左天鎖開，即放樞輪一輻過、一輻逼，即樞軸動。其樞輪所檢括者二：一以運渾儀，一以動機輪。所謂運渾儀者，樞輪動，則地轂動，地轂動，則天柱下輪動，天柱下輪動，則天轂後輪動，天轂後輪動，則天轂前輪動，天轂前輪動，則天運環動，天運環動，則三辰儀隨天運轉。此樞輪所以運渾儀也。所謂動機輪者，樞輪動，則地轂動，地轂動，則天柱下輪動，天柱下輪動，則天柱中輪動，天柱中輪動，則機輪動。則樞輪所以動機輪也。機輪所以檢括者四：一以天輪運渾象，二以動鐘鼓輪，三以動時初正司辰輪，四以動報刻司辰輪。所謂以天輪運渾象者，機輪動，則天輪動，天輪動，則渾象隨天運轉，此天輪所以動渾象也。所謂動鐘鼓輪者，機輪動，則晝時鐘鼓輪相隨而動。其輪上有牙距，時初，則撥左木人所執鈴竿以摇鈴。時正，則撥右木人所執撞竿以扣鐘。刻至，則撥中人所執椎以擊鼓。三者並在木閣第一層左、右及中門内相應。此機輪所以動鐘鼓輪也。所謂動時初正司辰輪者，機輪動，則晝夜時初正司辰輪相隨而動。時至，則輪上木人執牌出木閣第二層門中，以報初及正，此機輪所以動時初正司辰輪也。所謂動報刻司辰輪者，機輪動，則報刻司辰輪相隨而動，刻至，則輪上木人於木閣第三層門中出報，此機輪所以動報刻司辰輪也。巳上樞輪一輻過，則左天鏁及天關闢，左天鏁及天關闢，則一受水落入退水壺，一壺落則關鏁再拒次壺，則激輪右回。故以右天鏁拒之，使不能西也。每受水一壺，過水落入退水壺，由下竅北流入昇水下壺，再動河車運水入上水壺，周而復始。

渾儀圭表一。舊法渾儀、圭表各爲一器，故渾儀不能測晷景之長短，土圭亦不能驗七政之行度，今以二器合爲一。法其制：於渾儀下安圭，座面與水趺中心相結，各爲水溝，通流以定平準。圭表一丈三尺，爲日行晷之南北。於圭面分尺寸，兩旁列二十四氣。自圭面上與陰緯環面與直距望筒之半，爲表之高。表高八尺，故自陰緯環面及望筒之半至鰲雲之下，亦高八尺。常於午正以望筒指日，令景透筒竅至圭面，以竅心之景，指圭面之尺寸爲準。望筒所以上考時刻，五星留逆徐疾，日道昇降去極遠近。圭面所以下候二十四氣、晷景之長短。二法相參，則氣象與上象相合，考正曆數，免有差舛。

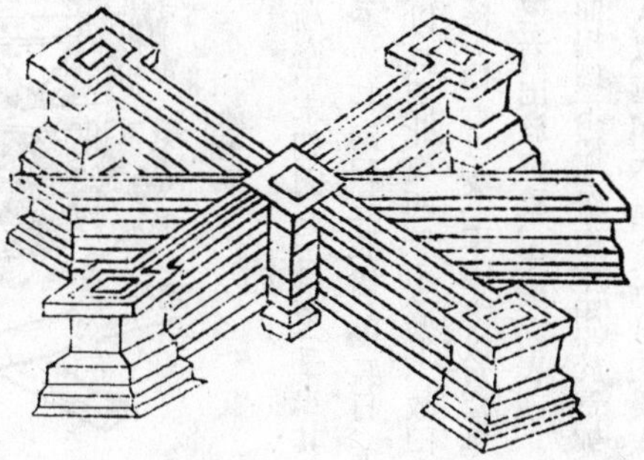
渾儀圭表

渾象天運輪一。渾象體正圓如毬，徑四尺五寸六分半。上布周天三百六十五度有畸。中外官星，其名二百四十六，其數一千二百八十一。紫微垣在渾象北上規，星其名三十七，其數一百八十三，星數一千四百六十四。東西繞以黃、赤二道，二十八舍相距於四方，日、月、五星所行。中貫以樞軸，南北置之。軸末貫以天運輪，下與天軸及天輪牙距相銜，候天輪動作，則天運輪與渾象俱轉。其天度、星舍等及黃、赤道，日月五星所行周旋渾象各有名、數、距度。別本。

鐵天軸一，置於渾象木地櫃底，軸兩頭安於臺中隔櫃上、東西横桃下。在天輪、天運輪中，與兩輪撥牙相銜，其天輪西向，則天軸東旋，天軸東旋，則天運輪西旋，天運輪西旋，則渾象隨輪而轉，象天西旋。別本。

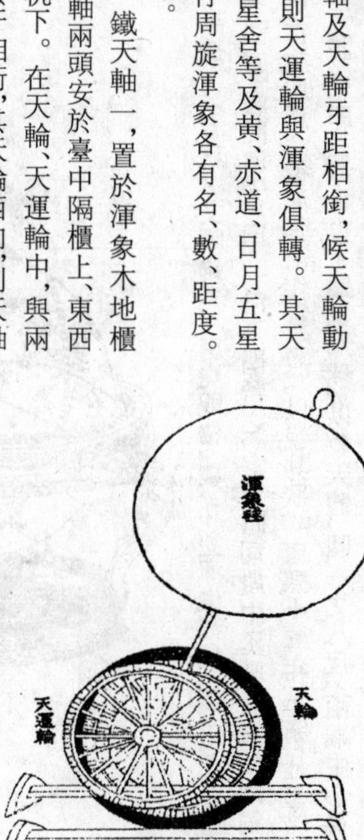

渾象天運輪

天梯，長一丈九尺五寸。其法以鐵括聯周匝，上以鰲雲中天梯上轂掛之，下貫樞軸中天梯下轂。每運一括，則動天運環一距，以轉三辰儀，隨天運動。別本。

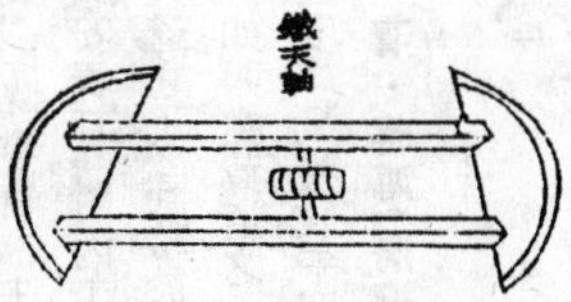

鐵天軸

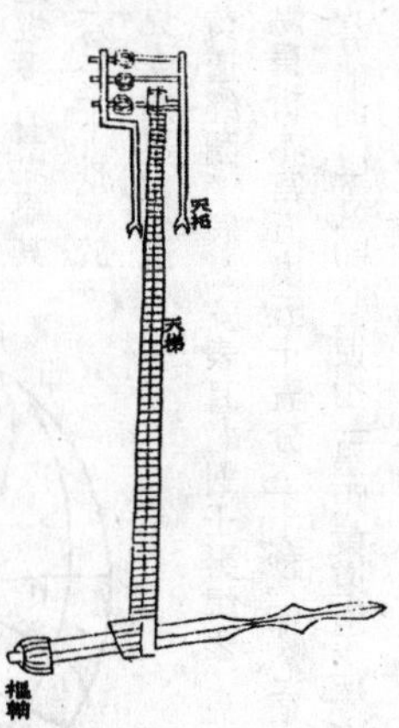

天梯

天托二，鰲雲内，各高三尺七寸，下爲雙叉，居水趺之心。下間闊三寸一分，南托上四分之一爲曲尺。上間闊四寸五分爲曲尺故也。雙夾天梯。於曲尺間，對開三竅，置三軸，以貫四轂：上曰上天轂，上與渾儀天運環相距，次曰中天轂，與上天轂相距，下曰下天轂，與中天轂相距。下

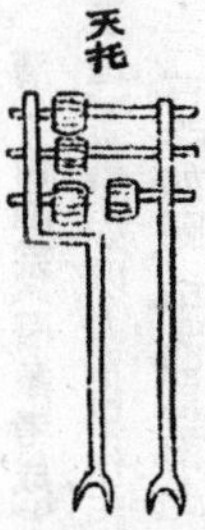

天托

之次曰天梯上轂，在下天轂之北，共貫一軸，以掛天梯。別本。

明・黃道周《博物典彙》卷一

《天文》 渾天之說，已詳見於前。今史官所用候臺銅儀，則其法也。朱子曰：渾天儀，古必有其法，遭秦而滅，至漢武帝時，洛下閎始經營之，鮮于妄人又量度之，至宣帝時，耿壽昌始鑄銅而爲之象，宋錢樂爲鑄銅作渾天儀，衡長八尺，孔徑一寸，璣徑八尺，圍周二丈五尺強，轉而望之，以知日月星辰之

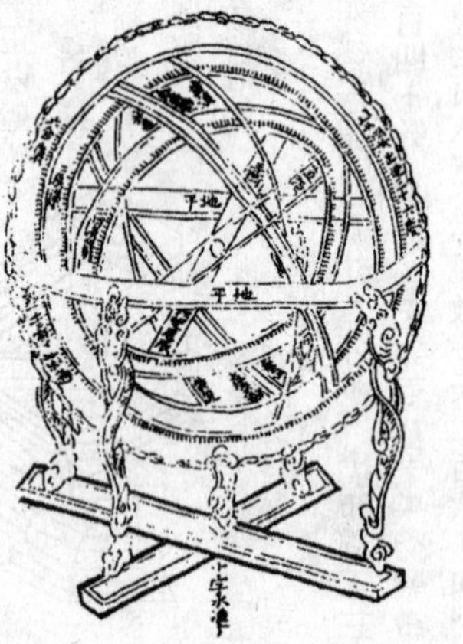

渾天儀

所在。即璿璣玉衡之遺法也。歷代以來，其法漸密，宋朝因之，爲儀三重，其在外曰六合儀，以其上下四方於是可考，故曰六合。次其內曰三辰儀，以其日、月、星辰於是可考，故曰三辰。其最在內曰四遊儀，以其南北東西無不周徧，故曰四遊，此其大略也。丘氏曰：自洛下閎造渾天之後，魏晉以來，率因之以爲儀，至宋朝熙寧沈括之儀，宣和璣衡之制，始詳密精緻，有出於淳風、令瓚之表者。靖康之亂，儀象之器，盡歸於金。元人襲用金舊，而規環不協，難復施用，於是郭守敬乃創爲簡儀、仰儀及諸儀表，其說以謂：昔人以管窺天，宿度餘分約爲太半少，未得其的，乃用二線推測於餘分，纖微皆有可考。而又當時景測之所，凡二十有七，東極高麗，西極滇池，南踰朱崖，北盡鐵勒，皆古人所未及爲者，其法具載《元史》，而其儀表至今尊用之。

清・遊藝《天經或問》卷一 渾象內日月地三形圖

此渾象內日、月、地三形圖，最外一圜，周天子午規，第二圜日行冬夏至規。冬夏規處對貫一軸，爲黃道軸。最中小圜爲地球形，外一圜貫軸旋轉爲月輪規，上施月游輪，徑十二度，輪心上縮規，上亦可旋轉，以系太陰轉之，則爲九道，此九道因月自有遊輪，月輪又要隨黃道轉。故也此

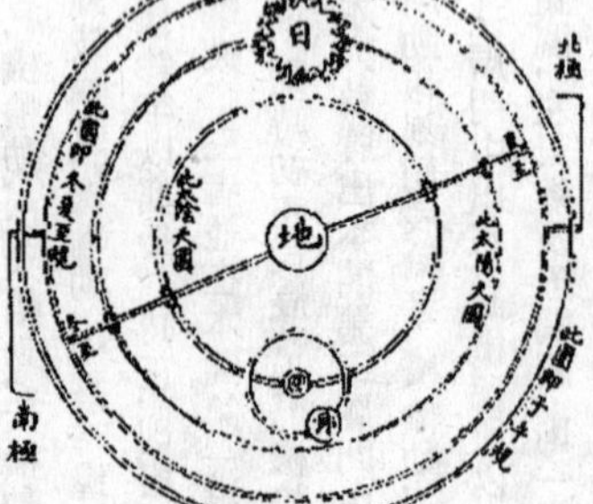

外一圜稍大，亦貫軸內爲日輪規，以系太陽形，用此二圜可辨日月交食之理，此皆渾天象也。

清・何國宗《曆象考成》上編卷一六《恒星曆理》 設如以大角星作距，用黃道儀測心宿第二星，如圖，甲乙爲南北極，丙丁爲黃極軸，甲丙乙丁爲過二極經圈，戊己爲地平，庚辛爲黃道，庚爲冬至，辛爲夏至，壬爲黃道心，壬癸爲黃道心，緯表子點爲壽星宮二十度二十二分三十秒，即大角星黃道經度，丑點爲其對衝，即降婁宮二十度二十二分三十秒。於丑點安表耳，對丙丁黃極軸，見大角星，如寅

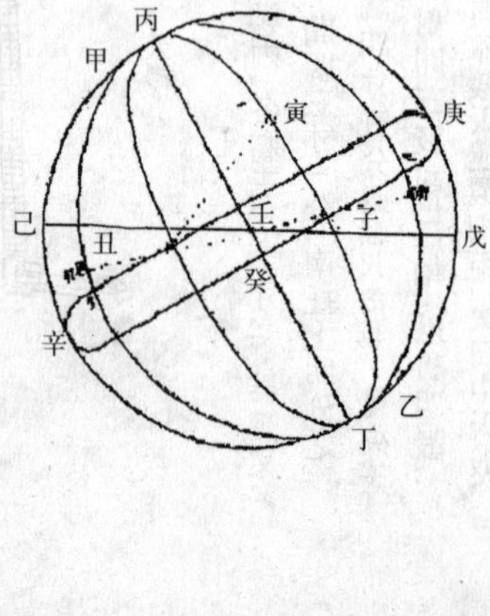

當黃道之子，同時於丙卯丁辰黃道經圈。辰點安表耳。對壬癸緯表，見心宿第二星。如卯當黃道之巳，乃視巳點爲析木宮五度五十五分三十秒，即心宿第二星黃道經度。又視辰午四度二十七分與卯巳等，即心宿第二星距黃道南之緯度也。

清・蔣溥《清禮器圖式》卷三《儀器三》 欽定天體儀

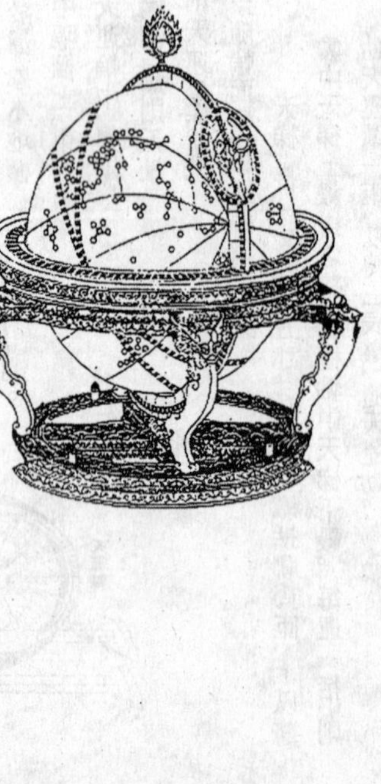

謹按：《春秋・文曜鉤》：唐堯即位，羲、和立渾儀。《尚書・舜典》疏云：《揚子法言》或問渾天，曰：洛下閎營之，宣帝時司農中丞耿壽昌始鑄銅爲之象，史官施用焉。後漢張衡作《靈憲》以說其狀。康熙十二年，聖祖仁皇帝命監臣製天體儀，即古渾象也。鑄銅爲球，以象天體，圍一丈八尺，兩端中心爲南北極，貫以鋼軸，面刻黃赤二道，平分十二宮，布列星漢。其外爲子午圈，週圍各浮

天體球五分，兩面刻去極度數，東西兩極合成圓孔，以受天體之軸。其下爲地平圈，週與子午圈同面，闊八寸，環渠爲界，外刻四象限度及地平時刻、方位，下施四足，承以圓座，高四尺七寸，設螺柱以取平。子午正對處向西少闕，以受子午圈，半入地平下，半出地平上，自天頂設高弧帶地平遊表以察諸曜地平經緯度，以時盤定於子午圈，設遊表於北極樞，令自轉以定日度。又能隨天體旋轉，以指時座。下設機輪，使北極能高下。蓋渾天之全象，而諸儀之用所統宗也。【略】

御製地球儀

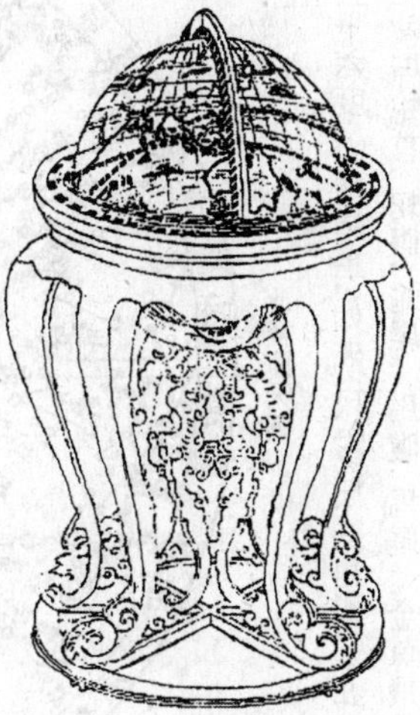

謹按：地球儀爲皇上御製，規木爲球，以象地體，圍四尺五寸，兩端中心爲南北極，貫以鋼軸，腰帶赤道，斜帶黃道，平分三十六分，每分占十度，布列中國及蒙古、準回諸部落，海外諸國靡不咸具。外正立爲子午圈，面刻三百六十度，座面爲地平圈，列地平度，外列十二時九十六刻，皆鑄銅爲之。承以圓座，高二尺四寸七分。北極上加時盤，以京師爲準，旋之知各處時刻及日出入地平度，所以配天體儀益足驗聖朝聲教訖於無外云。【略】

渾天合七政儀

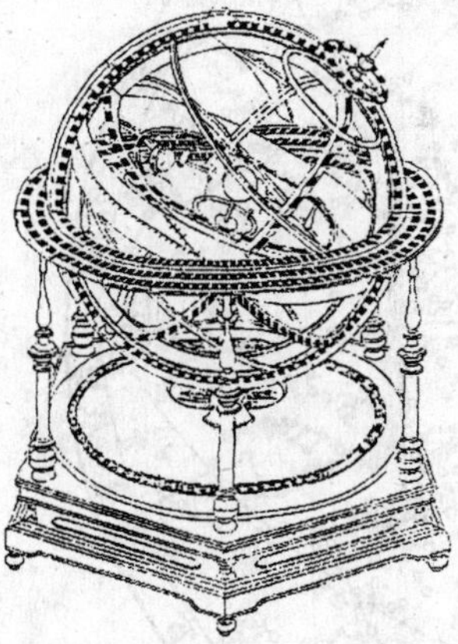

謹按：本朝製渾天合七政儀，鑄銅爲之，徑一尺二寸，高一尺三寸五分，凡三重。外二環，平者爲地平圈，上列西洋書十二宮十二月；立者爲子午圈，子午圈上天頂垂銅葉爲地平，高弧北小圈爲時刻盤。次内五環，兩軸爲南北極，貫二極爲二至經圈，腰帶赤道，斜帶黃道，黃赤道交處爲二分，相距最遠處爲二至。二極軸上小圈爲負黃極圈。其最内平面圓環爲黃道十二宮，中心爲日體，圓邊爲地球。對地球立表以指日行宫度。日與地各爲盤，地盤有月體，日盤有金、水二星體，日外大盤有火、木、土三星體。皆以機旋之，月旋以地爲心，五星旋以日爲心。座面旁施指南針，以測太陽緯度及出入地平時刻、方位。

七政儀

謹按：本朝製七政儀，鑄銅爲之，徑一尺六寸五分，高二尺五寸，凡二重。外重平圈爲黃道，列周歲十二月，周天十二宫；斜圈爲赤道，十字圈爲赤道子午卯酉經圈。内重爲七政盤，列十二宫與黃道左右相應，中心爲日體，最近日爲水星，次金星，次月與地，次火星，次木星，最遠土星。木星旁四小星，土星旁五小星，土星上圓環平之則星正圓，側之則星長圓。日體旁爲瓶置燈，以取日影，對日處映以玻瓈，盤内皆有機輪，其旁以小盤之軸挈，諸輪轉之，承以半圓。十字下歧三足座心設指南針，十二宫上施遊表，表轉一周爲一日，視諸體之旋轉，以測七政晝夜隱見之象。

清・周人甲《管蠡匯占》卷一　南北極渾天圖説

南北極渾天圖，中心爲兩極，北極出地三十六度，南極入地三十六度，外圈爲黃道，以直線分爲十二宫，每宫分三十度。内圈爲赤道，一在南圖，從初度至一百八十度。一在北圖，從一百八十度至三百六十度。恒星之在黃道者，依黃道圈考，在赤道者，依赤道圈考，圖列於左。

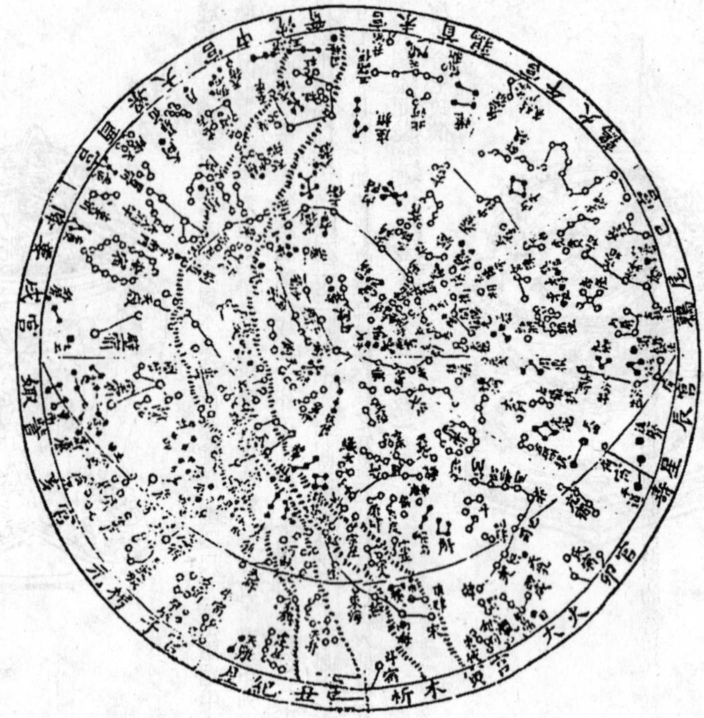

北極渾天圖

南極入地三十六度，附極諸星，如夾白、附白、三角形、小斗。異雀，孔雀，火鳥，鳥喙，鶴星。波斯蛇首，蛇腹，蛇尾。馬腹，馬尾。金魚飛魚。海山，海石。水委、南船、字架、密蜂之類，中國皆不能見，故未繪入其南極，圖中之空處，即諸星之所次也。

清·劉啓端《大清會典圖》卷一三八《天文三十二》 天體儀圖

天體儀，康熙十二年製，即古渾象也。春秋·文曜鉤：唐堯即位，羲、和立渾儀。《尚書·舜典》疏云：《揚子法言》或問渾天，曰：洛下閎營之，宣帝時司農中丞耿壽昌爲之象，史官施用焉。後漢張衡作《靈憲》，以説其狀。 鑄銅爲球，以象天體，徑六尺，兩端中心爲南北極，貫以鋼軸，面刻黃赤二道，平分十二宮，布列星漢。其外爲子午圈，

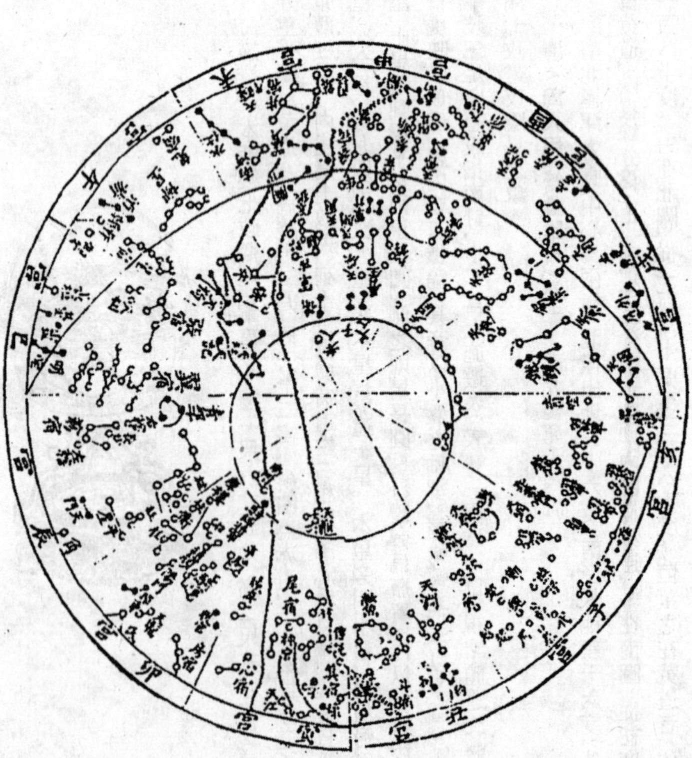

南極渾天圖

周圍各離天體球五分，兩面刻去極度，東西合成圓孔，以受天體之軸；其上正中爲天頂，其下爲地平圈，闊八寸爲渠，環之外刻四象限度及地平時刻、方位，下施四足，承以圓座，高四尺七寸，設螺柱以取平，南北正中闕；其内以受子午圈，半入地平下，半出地平上。自天頂設高弧帶地平遊表以察諸曜地平經緯度。於北極安時盤，徑二尺，定於子午圈，設遊表於北極樞，令自轉以指日度。又能隨天體旋轉，以指時座。下設機輪，使北極能高下。蓋渾天之全象，而諸儀之用所統宗也。至其用法，如以某節氣某星當中測時刻法，先將儀上某節氣運於子午圈下，再將時盤上遊表亦定於子午。次將某星運於子午圈下，隨視時盤遊表所指時刻，即所求某星當中之時刻也。如以某節氣某時測某星當中法，先將儀上某

節氣運於子午圈下，再將時盤上遊表亦定於子午，隨將儀往西運轉，使時盤上遊表指定某時，隨視正當子午圈下之星，即所求當中之星也。如以某節氣測日出入法，先將儀上某宮某度運於子午圈下，再將時盤上遊表亦定於子午，次將某宮度運於東地平邊，隨再視時盤遊表所指，即所求之日出，再將某宮度運於西地平邊，隨視時盤遊表所指，即所求之日入也。如以某時刻測諸曜地平上高度法，先推太陽在黃道某宮，將儀上黃道某宮運於子午圈下，再將時盤遊表亦定於子午，隨將儀往東運轉，視時盤遊表恰指某時刻，再用高弧表正對黃道某宮，從地平依高弧上度數至黃道某宮，係若干度分，即所求之高度也。如以某時刻測地平上偏度法，先推太陽在黃道某宮，運於子午圈下，再將時盤遊表亦定於子午，隨將儀往東運轉，視時盤遊表恰指某時，再用高弧表正對黃道某宮，從正南依地平盤上度數至遊表，係離正南偏東西若干度，即所求之偏度也。【略】

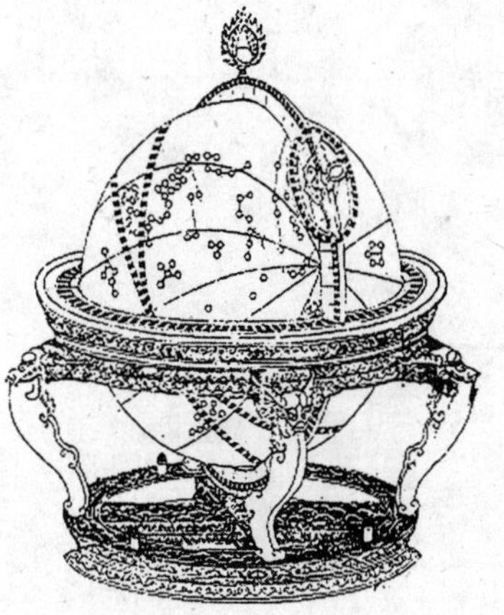

赤道經緯儀，舊儀三重，外曰六合儀，次内曰三辰儀，内曰四遊儀，凡七圈。康熙十二年更今制，鑄銅二重，凡三圈，蓋會三辰於六合，而又省一地平圈也。其外正立爲子午圈，外徑六尺一寸，規面闊一寸三分，側面厚二寸五分。兩面皆刻去極度，以京師北極出地南極入地各三十九度五十五分爲準。兩極各貫鋼軸，以半圓合而固之。距兩極各九十度横置赤道圈，與子午圈交，陷其中以相入。外徑五尺九寸。内規面及上側面刻周日時刻，外規面及下側面刻周天度分。自南極作兩象限弧承之。其内爲赤道過極經圈，貫於南北極之兩軸，外徑五尺六寸，與赤道圈内徑相切，四面刻赤道緯度。内爲通軸，徑一寸，中半安横表，長三寸。於赤道圈上設遊表，對直軸以測赤道經度。於過極圈上設遊表，對横表以測赤道緯度。下爲半圓雲座，升龍承之。至其用法，如測時刻，法將儀上經圈耳表正對中心長柱表，將太陽測準，將表定住，看經圈耳表所指。即所求之時刻也。如夜測某曜經緯度，法先自某曜或東或西取一距星，一人用定住經表測其距星，再一人用鈐表，將經緯圈鈐住，從緯圈左右邊測某曜，將表定住，從經表數至鈐表係若干度分，此即某星離距星之經度。如測緯度，即用緯圈上表正對中心小柱表將某曜測準，將表定住，從赤道中數至表邊，即所求之赤道或南或北之緯度也。

黃道經緯儀，舊儀有黃道緯圈，而無黃道經圈。康熙十二年，更今制鑄銅三重，凡四圈，其外正立爲子午圈，制與赤道經緯儀子午圈同；次内爲過極至圈，外徑五尺五寸，規面闊二寸三分，側面厚一寸一分，兩面亦刻去極度，貫於赤道南北極之兩軸，象天左旋，又從赤道南北極各距二十三度三十一分三十秒，定黃道極。黃道極距赤道極即黃赤大距。康熙五十二年，測得黃赤大距二十三度二十九分三十秒。乾隆初，從西人利酌理噶西尼所測，改爲二十三度二十九分。道光中，測爲二十三度二十七分。二者推算至今，兼而用之。觀象臺之天體儀、赤道經緯儀、黃道經緯儀、地平經儀、象限儀、紀限儀，六座均係康熙十二年製成。是以天體儀、黃道經緯儀之黃赤大距，猶仍西人第谷所測，爲二十三度三十一分三十秒。

時間測量儀器總部

日晷部

題　解

唐·瞿曇悉達《開元占經》卷五　許慎《說文》曰：晷，日景也。劉熙《釋名》曰：晷，規也，如規畫也。

宋·李昉等《太平御覽》卷四　晷

《釋名》曰：日晷，規也，如規畫也。

《說文》曰：晷，日影也。

宋·吳曾《能改齋漫録》卷六　《天台賦》曰：羲和亭午。《纂要》曰：日光曰景，日京曰晷。

元·陶宗儀《說郛》卷八五下　日晷（晷，音軌，日景也，誤咎）。

明·陸楫《古今說海》卷九　相持既久，日晷荐移。

清·張英等《淵鑑類函》卷二　晷，原《釋名》曰：晷，規也，如規畫也。《說文》曰：晷，日景也。

清·方濬師《蕉軒隨録》卷二　定時羅

一名日晷，紋理工緻，本質端好。《通志》所載惟程宏宇、汪永年二家製者，四方未有比倫。又羅盤稱歙縣爲最，亦以汪程二姓所造爲精。近則日晷羅盤專以方秀水家著名，並汪程之名亦不知之矣。

論　說

漢·徐幹《中論》卷下　《曆數第十三》昔者聖王之造曆數也，察紀律之行，觀運機之動，原星辰之迭中，寤晷景之長短，於是營儀以准之，立表以測之，下漏以考之，布筭以追之。然後元首齊乎上，中朔正乎下，寒暑順序，四時不忒。夫曆數者，先王以憲殺生之期，而詔作事之節也。

漢·邊韶《論曆奏》（明·梅鼎祚《東漢文紀》卷一二）　《文曜鉤》曰：高辛受命，重黎説文，唐堯即位，羲和立禪，夏后制德，昆吾列神，成周改號，萇弘分官。《運斗樞》曰：常占有經，世史所明。《洪範·五紀論》曰：民間亦有黄帝諸曆，不如史官紀之明也。自古及今，聖帝明王莫不取言於羲和。常占之官，定精微於晷儀，正衆疑於祕藏，中書改行四分之原。及光武皇帝數下詔書草創其端，孝明皇帝課校其實，孝章皇帝宣行其法。君更三聖，年歷數十，信而徵之，舉而行之。其元則上統開闢其數，則復古四分，宜如甲寅詔書故事。

漢·趙爽《周髀算經序》（明·梅鼎祚《東漢文紀》卷二七）　夫高而大者莫大於天，厚而廣者莫大於地。體恢弘而廓落，形脩廣而幽清。可以玄象課其進退，然而宏達不可指掌也。可以晷儀驗其長短，然其巨闊不可度量也。

南朝宋·祖冲之《辨戴法興曆難議》（明·梅鼎祚《宋文紀》卷一五）　先愚恐非冲之淺慮妄可穿鑿，冲之曰：按後漢書及乾象說，四分曆法雖分章設部，剏自元和，而晷儀衆數定于嘉平三年。

南朝梁·蕭子顯《南齊書》卷一《高帝紀上》　夫昏明相襲，晷景之恒度。春秋遞運，時歲之常序。求諸天數，猶且隆替，矧伊在人，能無終謝？

宋·李昉等《太平御覽》卷六八四《服章部一》　傳玄《印銘》曰：惟昔先王，配天垂則，乃設印章，作信万國，取象晷儀，是銘是刻，文明慎密直方其德，本立道生，歸乎玄黑。

宋·徐天麟《東漢會要》卷五《禮三》　冬至

冬至前後，君子安身靜體，百官絶事不聽，政擇吉辰。而後省事絶事之日，夜漏未盡五刻，京都百官皆衣絳。至立春，諸王時變服執事者，先後其時皆一日。日冬至夏至，陰陽晷景長短之極，微氣之所生也。故使八能之士八人，或吹黄鍾之律間竽；或撞黄鍾之鐘；或度晷景，權水輕重，水一升冬重十三兩；或擊黄鍾之磬；或鼓黄鍾之瑟，軫間九尺二十五，絃宮處於中，左右爲商徵角羽。或擊黄鍾之鼓。先之三日，太史謁之。至日，夏時四孟，冬則四仲，其氣至焉。先氣至五刻，太史令與八能之士即坐於端門，左塾大予具樂器，夏赤冬黑列前殿之前，西上鍾爲端守宮，設席於器南北面，東上正德席，鼓南西面，令晷儀東北。三刻中，黄門持兵引太史令、八能之士入自端門就位。二刻，侍中、尚書、御史、謁者皆陛。一刻，乘輿親御臨軒，安體静居以聽之。太史令稽首曰諾。起立少退，顧令正德，曰可行事。制曰：可。太史令前當軒溜北面跪擧手曰：八能之士以備，請行事。正德曰：諾。皆旋復位。正德立命八能士曰：以次行事，間音以竽。八能曰：諾。五音各三十爲闋。正德曰：合五音律。先唱五音，並作二十五闋，皆音以竽訖。正德曰：八能士各言事。八能士各書板言事。文曰：臣某言，今月若干日甲乙日冬至黄鍾之音，調君道得孝道，褒商臣角民，徵事羽物各一板。否則，召太史令各板書，封以皁囊，送西陛跪授尚書，施當軒北面，稽首拜上封事。尚書授侍中，常侍迎受，報聞以小黄門幡麾節度。太史令前白：禮畢。制曰：可。太史令前稽首曰：諾。太史命、八能士詣太官受賜，陛者以次罷。日夏至禮亦如之。

元·郝經《郝氏續後漢書》卷八四下下　董巴議云：聖人迹太陽於晷景，效太陰於弦望，明五星於見伏，正是非於晦朔，弦望、伏見者，曆數之綱紀，檢驗之明者也。

明·丘濬《大學衍義補》卷九二　漢人造曆，必先定東西，立晷儀。

明·孫瑴《古微書》卷一四　冬至陰氣去，陽氣來。又大陰奮于上，青陽萌于下。

按《後漢禮儀志》：日冬至夏至，陰陽晷景長短之極，微氣之所生也。故使八能之士八人，或吹黄鍾之律間以竽，或撞黄鍾之鐘，或度晷景權水輕重，水一升冬重十三兩，或擊黄鍾之磬，或鼓黄鍾之瑟。軫間九尺二十五，絃宫處于中，左右爲商徵角羽。或擊黄鍾之鼓。先之三日，太史謁之。至日，夏時四孟，冬則四仲，其氣至焉。先氣至五刻，太史令與八能之士即坐于端門左塾大予具樂器，夏赤冬黑列前殿之前，西上鍾爲端守宫，設席于器南北面，東上正德席皷南西面，令晷儀東北。三刻中，黄門持兵引太史令、八能之士入自端門就位。二刻，侍中、尚書、御史、謁者皆陛。一刻乘輿親御臨軒，安體静居以聽之。太史令稽首曰：諾。起立少退，顧令正德曰：可行事。正德制曰：可。太史令前當軒溜北面跪擧手曰：八能之士以備，請行事。曰：諾。皆旋復位。正德立命八能士曰：以次行事，間音以竽。八能曰：諾。五音各三十爲闋。正德曰：合五音律。先唱五音，並作二十五闋，皆音以竽訖。正德曰：八能士各言事。八能士各書板言事。文曰：臣某言，今月若干日甲乙日冬至黄鍾之音，調君道得孝道，褒商臣角民，徵事羽物各一板。否，則召太史令各板書，封以皂囊，送西陛跪授尚書，施當軒北面，稽首拜上封事。尚書授侍中常侍，迎受報聞以小黄門幡麾節度。太史令前曰：禮畢。制曰：可。太史令前稽首曰：諾。太史命八能士詣太官受賜，陛者以次罷。日夏至禮亦如之。

清·方以智《通雅》卷一一　元朝立簡儀，爲圓室一間，平置地盤二十四位于其下，屋背中間作圓竅以漏日光，可以不出户而知天運。此與日晷之用正同才可施之晴晝耳。出外別有燈漏、沙漏，色目人有玲瓏儀，皆巧製也。

清·楊光先《不得已》卷下　第四，不敢受職之畏疏：本年五月二十九日，臣隨滿漢諸監臣上觀象臺考驗儀器，見湯若望之西洋日晷斜安八分。臣即言曰：去年十二月初一日日食，用此斜晷以測時刻，曆科博士何雒書、馬惟龍安得不輸天文科博士李光宏？應曰：去年日食不在西洋日晷上測。臣問在何處測，答曰：是在簡儀上測。臣指簡儀問光宏曰：簡儀是子在北午在南，乃夜用之以測星者，豈可用以測日之時刻？光宏答曰：二百年來俱是如此測。臣曰：二百年來既用簡儀上測星之赤道，何故於簡儀下之平盤又立一子南午北之日晷，諸臣看曰：此是測時刻之日晷。臣曰：放着子南午北之日晷不用，豈有以簡儀夜測星之赤道而測日時刻之理？二百年來之臺官其不通不至此也？光宏猶曰：此是倒冲測法。臣曰：依你説夜時刻可倒冲日時刻，獨不思小寒節太陽在赤道外二十一度，不曾躔入赤道，如何十二月之太陽照得上？此話只好替湯若望欺欽差院部大臣，如何欺得我？你不是欺欽差，你是欺皇上。我明日奏過朝廷，請官與你測驗，便見誰是誰非。光宏語塞，始曰要求指教，復與簡儀平水槽中注水，見簡儀斜側五分。夫儀既不正，即測天度星辰盡皆不準，何況用之以測太陽？如此情形率與邪教朋比爲姦，以欺天下，臣安能與之同衙門共事皇上哉？此臣之所以深畏而不敢受職者四也。伏乞皇上鑒察。

清·朱彝尊《經義考》卷二六三　孫瑴曰：古今曆法載晷影之數，互有參差。考之通卦驗更爲悉備，蓋以晷影候病戹通於内經五運六氣矣。

清·李光地《榕村語録》卷一二　解《尚書》者多不知曆法羲和四叚，只就皮毛上説絶不到其精處。四段中方位則分東西南北，時序則分春夏秋冬，日晷則分曉午昏夜。雖是大段分来其職未必不相兼，但以方位當頭便是測里差之法。蓋日出入東西迥異，如今四川丑末，在山東已是寅初。故宅嵎夷者測日之最早出在何時刻也，宅西者測日之最晚入在何時刻也。廣州日至之時日下無景，就彼測之，則知景短至何處，冬至時就北方測之，則知景長至何處。四面湊攏便知土中，便是里差法。此是就中國言之。若九州之外，則《周髀》所言有半年晝半年夜者。然其理則一也。聖人只爲明得理，盡任後世如何推算走不出他的範圍。後世雖千巧萬變推算得密，道理却不能如他透徹。（清植）

向日問梅定九古人測景何故不用夏至，當時定九只答以冬至曆元而已。近看《堯典》惟于夏言敬致，冬則不言，可見古人測景實以夏至爲重。周公土圭之法亦用夏至，其用冬至者自太初始耳。（清植）

寅賓出日寅餞納日，俱説在平秩東作西成之上，敬致日永，星火日短，星昴却説在平秩南，訛。平在朔易之下，蓋日出入早晚四時皆測晷長晷短，必二至之時測来方准故也。又於夏言日永於冬，不言宵永，而言日短者，宵中無景可測也。（清植）

清·張廷玉等《明史》卷二五《天文志一》（崇禎）七年，督修曆法右參政李天經言：

輔臣光啓言定時之法，古有壺漏，近有輪鐘，二者皆由人力遷就，不如求端於日星，以天合天，乃爲本法，特請製日晷、星晷、望遠鏡三器。臣奉命接管，敢先言其略。

日晷者，礱石爲平面，界節氣十三線，内冬夏二至各一線，其餘日行相等之節氣，皆兩節氣同一線也。平面之周列時刻線，以各節氣太陽出入爲限。又依京師北極出地度，範爲三角銅表置其中。表體之全影指時刻，表中之鋭影指節氣。此日晷之大略也。

星晷者，治銅爲柱，上安重盤。内盤鐫周天度數，列十二宫以分節氣。外盤鐫列時刻，中横刻一縫，用以窺星。法將外盤子正初刻移對内盤節氣，乃轉移銅盤北望帝星與句陳大星，使兩星同見縫中，即視盤面鋭表所指，爲正時刻。此星晷之大略也。【略】

至於日晷、星晷皆用措置得宜，必須築臺，以便安放。帝命太監盧維寧、魏國徵至局驗試用法。

清·劉獻廷《廣陽雜記》卷二 楊升菴云：《史記》旁羅日月星辰，《文選》陸佐公《新刻漏銘》，俯察旁羅升臺登庫。《尚書·考靈曜》云：冬至十月在牽牛一度，求昏中者，取六項加三旁蠡順除之。除，硃筆改作却，依鄭注也。鄭元注曰：盡行十二項，中正而分之，左右各六項也。蠡猶羅也，昏中在日前，故言順數也。明中在日後，故言郤也。捂此則旁羅乃測天之器，如今之日晷地羅也。十二項者十二時，分爲十二方也，此可補《史記》注之遺。此説有據，而晦伯非之，傍羅爲測器即不可以證《史記》，而今人名向盤曰羅經，則確本之此也。余謂十二項即十二向也。

清·蔡孔炘《經學提要》卷一三 刻漏

周章成曰：刻漏始于軒轅，宣於夏商之代，周禮挈壺氏掌之。孔壺謂之漏，浮箭謂之刻。蓋一歲二十四氣，晝夜長短參差不齊，先王于是刻箭沃漏以揆之。箭用四十八，每箭百刻，皆分晝夜之數。其大畧則晝有朝、有禺、有中、有晡、有夕，夜有甲、有乙、有丙、有丁、有戊。凡七日半有奇而易一箭。孔潁達謂，浮箭壺内以出刻爲準。賈公彦謂，漏水壺内以没箭爲度。蓋各述所聞，雖浮没不同，其實則一。此法足以節時分、定晨昏、考中星、揆晷景、驗葭灰焉。今測時刻有地平晷、百游晷、通光晷、十字晷等數種，遇陰雨則又有自鳴鐘、沙漏、水漏之製。今之水漏與古異，古以水入壺而時箭浮，今以水出壺而時牌轉。

清·成本璞《九經今義》卷一二 今宜於省會設地學學堂，而今郡邑徧設地學會，延好學深思者，其講求之精究西法，多購儀器。中國測繪之器，不過規矩、準繩、羅盤、日晷而已。然皆不精，大有毫釐千里之誤。西人製器甚精，如測天度則有經緯儀、紀限儀，測地面則有測平儀、羅盤儀，測時刻則有子午儀、日晷儀，綴以顯微鏡、窺遠鏡。仰測天經，星宿布列，日月躔度可知也。俯測地理，山水位置，道路遠近可得也。平測原野，土田高下、地面低斜可見也。

清·葛世濬《清經世文續編》卷八《學術八》 時差

推算所得曰平時，通書表數俱按平時算定，如鐘表之走平分時也，中國又名實時。日晷所測曰真時。中國又名用時。蓋時刻並宗赤道原係平分，黄道與赤道斜交在赤道則度有闊狹。日行黄道，又有冬盈夏縮之異。緣此兩端故生時差，即平時與真時之較也。兩數相減日較其數列如表，加減於平時即得真時也。

鐘表宜開平時説

西書云，一晝夜地球自轉一周則宗北極，一歲中地球繞日一周則宗黃極，兩極相距二十三度二十七分。西率尚有二十餘秒零數，且每年有行分如歲差然。蓋日晷測時皆依繞日之軌而出，故與赤道自轉之率有異。細較之且逐日不同，用度時表候之。表之極準者行船用以較偏度，故又名行船表。二十四時中即一晝夜甚有差至半分者，故設時差加減也。

然則鐘表但能走平分，與赤道同率，如太陽之盈縮，黃赤道之升度差不與焉。故必開準平時，按號加減時差以求合於日晷，測量之要事也。

如先測得日晷午正，求鐘表平時則將時差號反用，加者減之，減者加之以加減十二點即得平時。

清・葛世濬《清經世文續編》卷八《學術八》 有某地緯度用日晷測偏度法以日晷按其地極高度測得時分，若非午正晷須極準方應視京師平時表內係何時分，加減本日本時之時差改爲京師日晷時，與所測日晷時相減以時較化度，法見變時表即得其地距京師之偏度也。所測時早於京師爲偏東，遲於京師爲偏西。

清官修《清文獻通考》卷二五八《象緯考》 御製地平半圓日晷儀，以銅爲之，凡二重。地平盤長四寸三分，寬三寸五分，中施指南針，外畫時刻線，正北當午正，正西卯正，正東酉正。後直立方盤，上加半圓通徑，中爲中心，兩旁各爲半徑，半徑上穿孔，地平中心線入之，視線影以知時刻。半圓中心施遊表，表兩端立耳，穿中線對太陽，驗遊表與通徑距度以準太陽高弧。

又 遊動地平公晷儀，以銅爲之。圓座徑二寸一分，高一寸八分。內遊環三層，繫日晷地平盤於三層環內，中施指南針，周圍時刻線三層，依北極高三十度、四十度、五十度。北有弧表畫線亦如之。自地平中心出斜線，對弧表線以指北極視線影以知時刻，爲舟行測驗之器。

提環赤道公晷儀，以銅爲之。外環爲子午圈，徑七寸二分，內環爲赤道。上環爲天頂，赤道北九十度爲北極，其對爲南極。中施直表，列節氣、宮度及距緯度。表中縫施遊表，上穿孔以透日光。以上環對子午圈度數，以遊表孔對節氣日數，手提上環旋直表使影入赤道內，視所臨以知時刻。

赤道地平合璧日晷儀，以銅爲之，長一尺三寸，寬八寸六分。前爲地平盤，列二十四節氣。圓盤加直表，其上按節氣進退以就日行黃道度。外橢圓形列時刻，西起寅初，東盡亥初。外列周天度，中施斜表表，下施垂線以指北極高度。承以半圓，以輪齒低昂之兩盤相合定南北，視表影以知時刻。

定南針指時刻日晷儀，以銅爲之。地平盤長一尺三寸五分，寬一尺二寸一分，中爲指南針，外畫時刻線七重，第一重爲二分，第七重爲二至，以次順逆數之。線各分十二時，初正兩端立表耳，中線對日，兩耳影相對驗，指南針所指以知時刻。圓盤日月星晷儀，以銅爲之。圓盤徑四寸一分，下有柄，上爲日晷。兩立耳相距二寸四分，各穿孔以透日光。兩旁直線爲時刻線之起止。中爲半圓，其半爲北極，畫節氣線十九道，當北極爲二分線間，二線爲一，中氣往來。數之，左盡夏至，右盡冬至，一線占一旬。自北極上橫分六十度爲北極高度，下分十二時，右起丑未初，左盡子午正。中施遊表，以表末對北極高度及節氣線，表末施墜線穿小珠，對太陽所躔宮度，使兩耳孔日光正對驗珠影以知時刻。背爲月晷、星晷，外分三百六十六日，內分十二宮。中心第一重圓盤徑二寸二分，外分十二時，初正午正出直表以指太陽。內分三十日，自直表起朔。第二重圓盤徑一寸七分，周穿圓孔，中出直表，表所指之日數圓孔下驗晦朔弦望。自第一重對太陽宮度表起午正數之，至第二重指日數表所指以知時刻。第三重施直表出圓盤外，表心及末皆穿圓孔，以表心孔窺勾陳大星，以表末孔窺天樞、天璇使相參直，亦如月晷數法，以知時刻。

日月晷儀，象牙爲之，凡二重。下爲日晷地平，長二寸寬一寸四分，中施指南針，外畫時刻線，啟其上直立之，以地平中心線綰小孔內視線影以知時刻。上爲月晷赤道盤，上列三十日，從正北起，中心置時刻，遊盤列十二時，午正初刻上出表末，以指日數。中施遊表，表端立環對月，表末指時。以上重左銅鈎按，下重側面北極高度揩定，立環內不見月光，視表末以知時刻。

清官修《清通志》卷五八《器服畧》 清和月御製御製地平半圓日晷儀

鑄銅爲之，凡二重。地平盤長四寸三分，濶三寸五分，中施指南針，外畫時刻線。正北當午正，正西卯正，正東酉正。後直立方盤，上加半圓，通徑中爲中心，兩旁各爲半徑，半徑上穿孔，地平中心線入之，視線影以知時刻。半圓中心施遊表，表兩端立耳，穿中線對太陽，驗遊表與通徑距度以準太陽高弧。

御製星晷儀

鑄銅爲之，凡二重，有柄。地盤徑四寸二分，列十二時。初正天盤徑三寸三分，列二十四節氣，上帶直表，兩端書帝星勾陳，以中心墜線當孔，中轉天盤，直表兩端當兩星使相參直視節氣，對時分，以知時刻。下盤外列夜刻，內橫爲節氣線，縱爲更線，按節氣以定每更時刻。儀面鐫康熙五十三年製。

又　赤道地平合璧日晷儀

鑄銅爲之，長一尺三寸，濶八寸六分。前爲地平盤，列二十四節氣。圓盤加直表，其上按節氣進退以就日行黃道度，外橢圓形列時刻，西起卯正，東盡酉正。後爲赤道盤，內列時刻，西起寅初，東盡亥初，外列周天度，中施斜表，表下施墜線以指北極高度。承以半圓，以輪齒低昂之兩盤相合定南北，視表影以知時刻。

定南針指時刻日晷儀

鑄銅爲之。地平盤長一尺三寸五分，濶一尺一寸一分，中爲指南針。外畫時刻線七重，第一重爲二分，第七重爲二至，以次順逆數之。線各分十二時，初正兩端立表耳，中線對日，兩耳影相對驗，指南針所指以知時刻。

日月晷儀

象牙爲之，凡二重。下爲日晷地平，長二寸，濶一寸四分，中施指南針，外畫時刻線。啟其上直立之，以地平中心線綰小孔內視線影以知時刻。上爲月晷赤道盤，上列三十日，從正北起，中心置時刻，遊盤列十二時，午正初刻上出表末，以指日數。中施遊表，表端立環對月，表末指時。以上重左銅鈎按下重側面北極高度揞定，立環內不見月光，視表末以知時刻。

圓盤日月星晷儀

鑄銅爲之。圓盤徑四寸一分，下有柄，上爲日晷。兩立耳相距二寸四分，各穿孔以透日光。兩旁直線爲時刻線之起止。中爲半圓，其半爲北極，畫節氣線十九道，當北極爲二分線間，二線爲一，中氣往來。數之，左盡夏至，右盡冬至，一線占一旬。自北極上橫分六十度爲北極高度，下分十二時，右起丑未初，左盡子午正。中施遊表，以表末對北極高度及節氣線，表末施墜線穿小珠，對太陽所躔宫度，使兩耳孔日光正對驗珠影以知時刻。背爲月晷、星晷，外分三百六十六日，內分十二宫。中心第一重圓盤徑二寸二分，外分十二時，初正午正出直表以指太陽。內分三十日，自直表起朔。第二重圓盤徑一寸七分，周穿圓孔中出直表，表所指之日數圓孔下驗晦朔弦望。自第一重對太陽宫度表起午正數之，至第二重指日數表所指以知時刻。第三重施直表出圓盤外，表心及末皆穿圓孔，以表心孔窺勾陳大星，以表末孔窺天樞、天璇使相參直，亦如月晷數法，以知時刻。

方月晷儀

鑄銅爲之，徑五寸五分。上下二盤，下盤外重列十二時次，內初正各四刻次，內刻各十五分。上盤外重列三百六十度，內二重列三十日。空度起朔，爲日月同度。朔後月距日漸遠，至九十度爲上弦，倍之爲望，三倍之爲下弦，周復爲朔，爲一月與日一會，朔弦望相距各七日半。中心施遊表，以遊表中線對上盤日數，若干度轉上盤朔上，表末使表對月，立環內無影視，表末所指以知時。刻儀面鐫乾隆甲子年製。

清官修《續通志》卷一〇二《天文畧六》　明崇禎二年禮部侍郎徐光啓兼理算法，請造象限大儀六、紀限大儀三、平懸渾儀三、交食儀一、列宿經緯天球一、萬國經緯地球一、平面日晷三、轉盤星晷三、候時鐘三、望遠鏡三。報允。已，又言定時之法當議者五事：一曰壺漏，二曰指南鍼，三曰表臬，四曰儀，五曰晷。漏壺水有新舊滑濇則遲疾異，漏管有時塞時磷則緩急異。正漏之初必於正午初刻，此刻一誤靡所不誤。故壺漏特以濟晨昏陰晦，儀晷、表臬所不及，而非定時之本。指南鍼術人用以定南北，辨方正位咸取則焉。然鍼非指正子午，曩云多偏丙午之間，以法考之，各地不同。在京師則偏東五度四十分。若憑以造晷，冬至午正先天一刻四十四分有奇，夏至午正先天五十一分有奇。若表臬者，即考工匠人置槷之法，識日出入之影參諸日中之影以正方位。今法置小表於地平，午正前後累測日影以求相等之兩長影爲東西，因得中間最短之影爲正子午，其術甚簡。儀者，本臺故有立運儀測驗七政高度，臣用以較定子午，於午前屢測太陽高度，因最高之度即得最短之影，是爲南北正線。既定子午卯酉之正線，因以法分布時刻，加入節氣諸線即成平面日晷。又今所用員石欹晷，是爲赤道晷。亦用所得正子午線較定此二晷，皆可得天之正時刻，所爲晝測日也。若測星之晷，實《周禮》夜考極星之法。古時北極星正當不動之處，今時久漸移，已去不動處三度有奇。舊法不可復用，故用重盤星晷，上書時刻，下書節氣，仰測近極二星即得時刻，所謂夜測星也。七年，督修算法右參政李天經言：輔臣光啓言定時之法，古有壺漏，近有輪鐘，二者皆由人力遷就，不如求端於日星，以天合天，乃爲本法，特請製日晷、星晷、望遠鏡三器。臣奉命接管，敢先言其略。日晷者，礱石爲平面，界節氣十三線，內冬夏二至各一線，其餘日行相等之節氣，皆兩節氣同一線也。平面之周列時刻線，以各節氣太陽出入爲限。又依京師北極出地度，範爲三角銅表置其中。表體之全影指時刻，表中之鋭影指節氣。此日晷之大暑也。星晷者，冶銅爲柱，上安重盤。內盤鐫周天度數，列十二宮以分節氣。外盤鐫列時刻，中橫刻一縫，用以窺星。法將外盤子正初刻移對內盤節氣，乃轉移銅盤北望帝星與勾陳大星，使兩星同見縫中，即視盤面鋭表所指，爲正時刻，此星晷之大畧也。若夫望遠鏡，亦名窺筩，其製虛管層疊相套使可伸縮，兩端俱用玻璃隨所視物之遠近以爲長短，不但可以窺天象，且能攝數里外物如在目前。至於日晷、星晷皆用措置得宜，必須築臺，以便安放。天經又請造沙漏。明初詹希元以水漏至嚴寒水凍輒不能行，故以沙代水。然沙行太疾，未協天運，乃於斗輪之外復加四輪，輪皆三十六齒。厥後周述學病其竅太小而沙易堙，乃更制爲六輪，其五輪悉三十齒，而微裕其竅，運行始與晷協，天經所請殆其遺意歟。《新法算書》太陽在地平上人目可得而覩謂之晝，太陽漸隱地平之下人目無見則謂之夜。是晝夜者全由人居以分，隨方極出地若干隨時太陽躔某宮其晝夜刻分皆可依法推算焉。然而法算與目見恒異。蓋太陽體大，算法皆以體心出地爲晝始，而人目以一見日輪即爲晝始。又日出没升降度有斜正不同，又地平各曜出没之界受清蒙氣有變，凡此皆非人目能辨，故術家立有視差法也。一晝一夜平分爲十二時，共刻九十有六，此恒率也。其晝夜永短遞遷之故，則不但日行南陸北陸不同而已，亦由北極出地高卑互異而永短。因焉如赤道正過天頂之地，兩極合於地平行，其晝夜亦均停，絶無永短。又極在天頂，赤道與地平平行，其下晝夜亦無長短之較。但太陽百八十日恒見，百八十日恒隱耳。此外諸方各有永短。顧其一歲之中晝夜均停者四日，握算者引而伸之，據四日之一日逐漸加減，因得九十日之晝夜長短隨可以推終歲之數也。晨昏者，分晝分夜之二界也。太陽将出未出數刻之前，其光東發，星光漸爲所奪，是名爲晨。太陽已入迴光返照，亦經數刻始逌然滅盡，是名爲昏。其久暫分數亦因冬夏而分短長。新法以日在地下十八度内爲晨昏之限，但太陽行此十八度，又各方各宮不等，因有五刻七刻十刻之别。若論極高七十二度以上之地，則夏月晨昏相切，雖至丙夜無甚黯黑也。

清・錢泳《履園叢話》卷一二 測十二時者，古來惟有漏壺，而後世又作日晷、月晷。日晷用于日中，月晷用于夜中，然是日有風雨則不可用矣。嘗見京師天主堂又有寒暑表、陰晴表，其法不傳于中國。惟自鳴鐘表不論日夜風雨皆可用，推此法而行之。故測天象又作渾天儀，以南北定極，衆星旋轉，玩二十八宿于股掌之間，法妙矣。而近時婺源齊梅麓員外，又倩工作中星儀，外盤分天度爲二十四氣，每一氣分十五日，內盤分十二時，爲三百六十刻，無論日夜能知某時某刻某星在某度，毫髮不爽。今天星旋轉時刻運行一望而知，是開千古以來未有之能事，誠精微之極至矣。其法日間開鐘對定時刻，然後移星盤之節氣線與時針切，如立春第一日則將時針切立春第一線則得真正中星。如夜間開鐘對定中星，然後移時針與星盤之節氣線切，則得真正時刻。

清・王家弼《天學闡微》卷六 作平儀及日晷必分節氣各線，其法用正弦度識於黃道之上，或直用距度識於子午規之上，並得節氣各線。今作節氣線尺尤爲簡便，作節氣線法查距度表從樞心逐節識之，或用均輪疎密之線量取亦得用法，以二十三度二十九分爲本線之底定尺，逐節向子午規識之，即得節氣各線，其尺分六分得節氣，分十八分得七十二候，分九十分得周歲逐日度，分各隨儀器之大小用之。

清・魏源《海國圖志》卷一〇〇 日晷圖説

凡欲定時，先將指南針定明南北向，平鋪日晷圖，又將三角尖版一塊，大小如式，以尖角向南，底角向北，竪在午綫上不使有偏倚斜側，放置日中；如正午時，則版全無影，餘視版影所射，便識何時矣。苟有好之者，務必選空闊片地，使日光自朝至暮常見者，置一石磴，上用細石照式刻闊狹時辰綫，毋失分毫，定南北向置磴上。又用照式三角尖銅版一，粘置午綫中，可時時閲之，豈不便於作事乎？

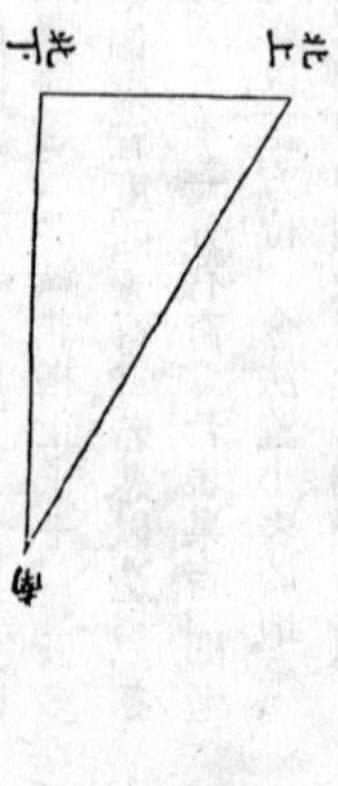

按，日晷與自鳴鐘，略有遲速，詳見時刻論與安息日期注。故凡定時者，亦須用加減活法，致日晷所指之時，與鐘所指之時，兩相吻合。

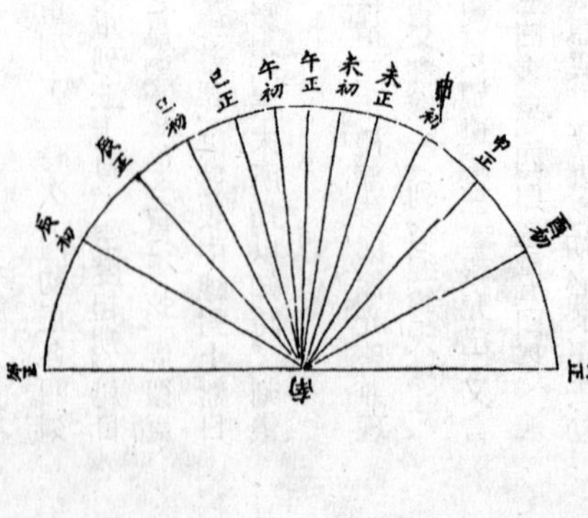

又 時刻論圖見後

《通書》，日出入時刻，悉照自鳴鐘。第恐無鐘錶處，難以家喻户曉。

故今只取日晷定時刻，而又慮地球環日周行勢有高低，則人見日之出入有遲速。故仍以無遲速之鐘錶，以較日之遲速，分注於每七日下。此書所云日出入時刻，只就中國寧波府而言。寧波北極出地爲二十九度五十五分，其距寧波而東至舟山，距寧波而西如江西之彭澤、九江，安徽之歙縣、休寧、祁門，湖北之興國、嘉魚等處，其北極出地同約三十度者，亦可通用。若偏南偏北，則須别算。

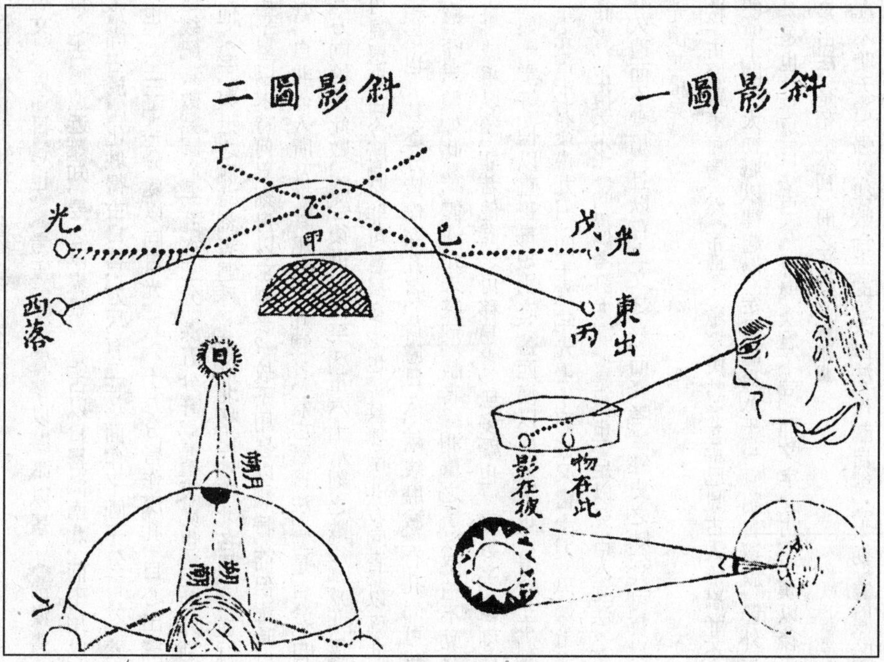

且書中所言日之出入，乃以地平綫當日之中，若日未出而先見其光，與日已入而仍見其光，是名斜影。另繪二圖於後：第一圖，譬如以一洋銀放置在淺鉛盤內，稍近此邊，人目所視，只見彼邊之空處。將水傾入滿盤，而洋銀之影，忽斜在彼邊，爲人全見矣。日之出入，其光被天空氣升降，而人在地平上，見其斜影亦然，觀第二圖便可了然。甲位直視東方爲地平綫，乙圈爲天空氣。人在甲位視東方，只見戊位，早晨日出丙，日光直射宜在丁，被乙圈天空氣納入甲位，則人從已視去，日光方在丙，而其斜影恰已在戊位。人在甲位視西方，其日入之斜影亦可如是相推。故以時刻而言，日出時須扣除二分算，日入時又須加二分算，乃爲有定耳。

清·龍文彬《明會要》卷二八《運曆下》（嘉靖）七年，始立四丈木表以測晷影，定氣朔，由是欽天監之立運儀、正方案、縣晷、偏晷、盤晷諸式具備於觀象臺，一以元法爲斷。

清·端方《陶齋藏石記》卷一 測景日晷

盤高八寸八分，寬九寸，日晷直徑七寸九分，卒字徑二分，篆書。

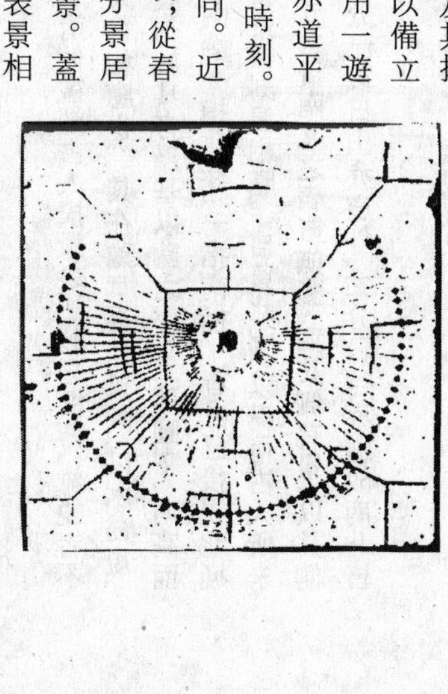

陶齋尚書賜示古製日晷玉盤及其拓本，盤厚徑寸，其心及周各有圓孔以備立表之用。按盤心宜立定表，其周用一遊表，令定表直指北極，則盤面與赤道平行，使遊表之景與定表相合可知時刻。其製甚古，與近代官署所用者不同。近製背面各刓時刻線，祇立貫心軸表，從春分至秋分景居盤面，從秋分至春分景居盤背，正當二分之日則面背均無景。蓋日當赤道與盤周相應也。此製以表景相疊，無論何時皆可用之，故盤背無庸刓線。近製依新法，日十二時，時八刻，每日九十六刻。此製用古法，每日百刻匀分全周，所刓之線從一至六十九以篆文紀之，北至蒙古，南至瓊州，悉可通用。謹案：《御製考成》云，京師北極出地卅九度五十五分，夏晝冬夜各五十九刻五分，夏夜冬晝各卅六刻十分，其較廿二刻十分，北極愈高，其較愈多云云。然則此晷可備極高五十飲度之用，盤周本平分百分，其卅一線不並刓出者，蓋其時日已入地，無景可測，故從省也。承命題跋拓本，謹抒管見，如此未知其有當否也。湯金鑄跋。

《說文》：晷，日景也。《考工記》：置槷以縣，眡以景。《前漢書・天文志》：日之去極遠近難知，要之以晷景。是古以日晷測南北，而不用以測時刻也。陶齋尚書於歸化城得古日晷，方尺有二寸，面作平圓平分百分，蓋古曆日法百分也。空三十一分處以向日光，其六十九分皆作深孔，自心出綫一一聯之，且逐綫紀其數。圓心一孔徑三分，深五分許，蓋植表處也，紀數外别無方向時刻及他文字，與世之測時刻者迥殊。蓋以北極出地南北各異，黄道行天早暮有差，用平晷以求時何異刻舟以求劍乎？故不用晷以測時，而但逐時以驗晷，簡括精當，自非後人所及。其用六十九綫者，蓋古曆日法，當是百分，自日出迄日入，其方向恰得此數，隱合後世寅初至戌正六十八刻之數。加戌正一綫爲六十九綫。可見懸理古今所同，非可意爲多少也。其無南北方向者，以南北必測而後知難預定也。其逐分皆作深孔者，蓋慮日久，兩綫磨滅，有孔尚可辨識也。古人計慮深遠，類如此晷，體邊角未甚刓，敝者緣測量之事以堅植不動爲適用，或度諸臺，或承以座，非若他器之可移易者，無多疑也。紀數字，篆刻極古，七皆作十，與十字等，惟以直畫長短别之，蓋西漢以前文字也。考《秦本紀》，昭王四十二年先書十月後書九月，四十八年先書十月後又書十月，恐屬七字之譌。經史類此者，正復不少，《尚書》考訂尤詳。是晷也，足以見古人立法之善，制器之精，計久遠而不憚煩，且以存古文之真，而資考證經史之缺，其可寶貴當與宣生石鼓光價並重矣。

又按，古曆雖不可考，然《帝典・敬授民時》一篇已見古人治曆並不牽合律呂，自漢洛下閎作太初曆以律起曆，定日法爲八十一。附會遷就，節外生枝，古法斷不若是也。是晷日法百分，殊與漢曆不同，而文字之古，東漢以後未之見，百分當是古法，是殆《太初》前之物歟。周暻識。

漢儒不明天道，强以律數合天，忘改古法，作繭自縛，《太初》等曆，貽誤數百年莫能救正。惟蔡中郎等乾象法較爲得之。此晷用百分，定非兩漢時物，而其文字之古又非後人所能及，故疑爲古曆如是，而無可考證。若謂蔡伯喈用所推乾象法刱造，文姬仿製於胡，故流傳於歸化城，尚爲近理。暻又識。

綜述

宋・曾敏行《獨醒雜志》卷二 南仲嘗謂古人揆景之法載之經傳，雜説者不一，然止皆較景之短長，實與漏刻未嘗相應也。其在豫章爲晷景圖，以木爲規，四分爲廣而殺其一，狀如缺月，書辰刻於其旁爲基以薦之，缺上而圓下，南高而北低。當規之中植鍼以爲表，表之兩端一指北極，一指南極。春分已後視北極之表，秋分已後視南極之表，所得晷景與刻漏相應。自負此圖，以爲得古人所未至。予嘗以其制爲之其最異者，二分之日南北之表皆無影，獨其側有景，以其側應赤道。春分已後日入赤道内，秋分已後日出赤道外，二分日行赤道故南北皆無影也。其制作窮賾如此。

明・宋濂等《元史》卷四八《天文志一》 西域儀象

魯哈麻亦渺凹只，漢言春秋分晷影堂。爲屋二間，脊開東西横罅，以斜通日晷。中有臺，隨晷影南高北下，上仰置銅半環，刻天度一百八十，以準地上之半天，斜倚鋭首銅尺，長六尺，闊一寸六分，上結半環之中，下加半環之上，可以往來窺運，側望漏屋晷影，驗度數，以定春秋二分。

魯哈麻亦木思塔餘，漢言冬夏至晷影堂也。爲屋五間，屋下爲坎，深二丈二尺，脊開南北一罅，以直通日晷。隨罅立壁，附壁懸銅尺，長一丈六寸。壁仰畫天度半規，其尺亦可往來規運，直望漏屋晷影，以定冬夏二至。

明・章潢《圖書編》卷二六 夫太陽曆宿以二十八宿爲經，日月五星爲緯。上古聖人制立璣衡法天地自然之運，夜考中星，晝驗日晷，以察經星之所在，測推日月五星之纏度，而推步之法則以日度爲首，周天三百六十五度四分度之一，將太陽所至之度按節逐氣逐時逐刻隨其運轉，而步測之自不爽也。

明・楊慎《丹鉛總録》卷一 旁羅

《史記》：黄帝順天地之紀，旁羅日月星辰。《文選》：陸佐公《新刻漏銘》：俯察旁羅，登臺升庫。《尚書・考靈耀》曰：冬至日，月在牽牛一度，求昏中者取六項加三旁蠡順數之。鄭玄注曰，盡行十二項中正而分之，左右各六項也。蠡猶羅也，昏中在日前，故言順數也，明中在日後，故言却也。據此則旁羅乃測天度之器，如今之日晷地羅也。十二項者，十二時，分爲十二方也。此可補《史記》注之遺。

明·徐光啓等《崇禎曆書》緣起卷一　一、急用儀象十事

其一，造七政象限大儀六座，俱方八尺，木匡銅邊木架。

其二，造列宿紀限大儀三座，俱方八尺，木匡銅邊木架。

其三，造平渾懸儀三架，用銅，圓徑八寸，厚四分。

其四，造交食儀一具，用銅、木料，方二尺以上。

其五，造列宿經緯天球儀一架，用木料、油漆，大小不拘。

其六，造萬國經緯地球儀一架，用木料、油漆，大小不拘。

其七，造節氣時刻平面日晷三具，用石，長五尺以上，廣三尺以上。

其八，造節氣時刻轉盤星晷三具，用銅，徑一尺，厚二分。

其九，造候時鍾三架，用鐵，大小不拘。

其十，裝修測候七政交食遠鏡三架，用銅、鐵、木料。

右諸事俱目前急用，餘可接續製造者未敢備開，其舊法須用銅者爲費不貲，今兼以銅、鐵、木料，成造小者全用銅、鐵，總計所費數亦不多，懇祈勅下工部隨時應用，臣部依前覆議按季類奏，但木料止堪暫用，事完，仍須精銅鑄式，以垂永久，伏乞聖裁。

一、度數旁通十事

其一，曆象既正，除天文一家言災祥禍福律例所禁外，若考求七政行度情性下合地宜，則一切晴雨水旱可以約略豫知，修救修備于民生財計，大有利益。

其二，度數既明，可以測量水地，一切疏濬河渠，築治堤岸，灌溉田畝，動無失策，有益民事。

其三，度數與樂律相通，明于度數即能考正音律，制造器具，于修定雅樂可以相資。

其四，兵家營陣器械及築治城臺池隍等，皆須度數爲用，精于其法，有裨邊計。

其五，算學久廢，官司計會多委任胥吏，錢穀之司關係尤大，度數既明，凡九章諸術皆有簡當捷要之法，習業甚易，理財之臣尤所亟須。

其六，營建屋宇橋梁等，明于度數者力省功倍，且經度堅固千萬年不圮不壞。

其七，精于度數者，能造作機器，力小任重及風水輪盤諸事，以治水用水與凡一切器具，皆有利便之法，以前民用，以利民生。

其八，天下輿地，其南北東西，縱横相距，紆直廣袤，及山海原隰，高深廣遠，皆可用法測量，道里尺寸悉無謬誤。

其九，醫藥之家宜審運氣，曆數既明，可以察知日月五星躔次，與病體相視乖和順逆，因而藥石針砭不致差誤，大爲生民利益。

其十，造作鍾漏以知時刻分秒，若日月星晷，不論公私處所，南北東西，欹斜坳突，皆可安置施用，使人人能分更分漏，以率作興事屢省考成。

右十條于民事似爲關切，臣聞之《周髀算經》云，禹之所以治天下者，句股之所繇生也。蓋凡物有形有質，莫不資于度數。故耳此須接續講求，若得同事多人，亦可分曹速就，伏乞聖裁。

崇禎二年七月二十六日。本年八月初一日奉聖旨這條議曆法，立論簡確，列欵明備，修正歲差等事，測驗推步叅合，諸家西法，自宜兼收，用人精擇毋濫，李之藻著速催前來儀象急用，工部委官督造度數旁通有關庶績，一併分曹料理。該衙門知道。太子賓客禮部左侍郎兼翰林院侍讀學士督修曆法臣徐光啓謹題爲欽奉明旨修改曆法謹開列事宜，請乞聖裁事照得，臣於本年七月十四日奉聖旨督領修曆事務，即于次日選用知曆人并匠役等，製造儀器。原題大儀九座，今因工料未敷，先完三座，畧可給用，已移置本局安頓訖，今月十五日祇領勅書并本部鑄給。

欽降關防隨行欽天監擇日具題，奉旨已於本月二十二日開局訖，所有合用官生人等支給并儀器工料謹酌量中數列欵具題，請旨伏惟聖明裁定。

勅下，各該衙門欽遵施行。

一、支給：

一、協理分理官各一員，光禄寺日給酒食等項，似應同纂修官照品支給。

一、欽天監官原題選取官三員，今據稱曆官七員藝能相等，而局中又不必七員俱到，合無日輪二員供事，其二員似應照纂修館署丞等官事例支給。

一、後有取用官員，俱斟酌前例一體給與。

一、西洋天學遠臣二名，萬曆間原有光禄寺下程廪給，似應該寺酌量照舊

給與。

一、選取徵用知曆人，不拘吏監生儒，原題准選用十名，今欲分別三等藝能。其一，能明度數本原，講解意義，傳教官生者。其一，測驗推步精密不差者。其一，製造大小儀器工巧合法者。三項皆屬上等，每名每月給米一石、銀一兩八錢。其有兼長特出，三藝俱全，一人當數人之用者，酌量加給。但今三月以來訪取僅得三人，其藝能不及者不敢濫收，後有續取者照例支給。

一、曆科天文生考取能書善筭者，原題准選用十五人，今局中不必多人，止輪三名常用供事。每名除月糧外加給米五斗，鹽菜銀九錢。其餘但有成書并工謄録者，計日支給，每名每日給銀五分，諸人中有術業進益能及上等者，照前加給已上二欵。一時人數或缺，逐名扣給，有掛名曠廢者，計日除減。

一、督修、協理各用書辦一名，每名月給銀九錢，看管儀器局夫一名，厨夫一名，每名月給銀六錢。

一、每月用呈文紙一千張，岡連紙一簍。

一、曆局、觀象臺二處，每月用煤六十斤。

寒月四個月每日用木炭四十斤。

一、工料

一、七政列宿大儀九座，每座約工料銀三十兩，若會有銅、鐵、木植，約用工價銀二十兩。

一、平渾懸儀三架。

一、交食儀一具。

一、天球地球儀二架。

一、平面日晷三具。

一、星晷三具。

一、自鳴鍾三架，中樣者每架價銀五十兩，大者及小而精工者價值甚多，今不必用。

一、望遠鏡架三副，每架約工料銀六兩，鏡不在數。

前器止目前急用，他可續造者不在此數。至于分晝界限，工力精細，有小器一具應費百日之功者，俱知曆人幹辦。另有前項本身廪給，不在工料之數，又諸器未經成造，難以定估，人數亦有多寡不齊，通俟按季造成四柱支銷文册具奏達部。

一、該局房屋，合應工部量行修理，當加添者量行加添，并量備桌椅器物數事。

崇禎二年九月二十三日具題。二十六日奉聖旨：這修曆官生人等支給并儀器工料等項，俱着依議辦給。該衙門知道。

太子賓客禮部左侍郎兼翰林院侍讀學士督修曆法臣徐光啓等謹題爲修改曆法事。崇禎二年七月十一日，該本部題爲日食事，十四日奉聖旨：這修改曆法四欵俱依議。徐光啓見在本部著一切督領李之藻速與起補蚤來供事。該部知道。欽此。欽遵隨行一面製造儀器，續于九月十五日祗領。勑書關防，二十二日開局，行據欽天監開送選取官生戈豐年、周胤等到局，分番測驗晷景。臣之藻祗奉簡命，亦於去冬十一月自原籍杭州府起程前來，行至楊州、滄州兩處，爲因血疾再發，醫療躭延，今幸獲痊已，於本月初六日陛見訖，旋即到局，協同臣光啓，恪遵原議規則。督率該監官生在局供事，推求測驗改正諸法。先是臣光啓自受命以來，與同西洋遠臣龍華民、鄧玉函等日逐講究翻譯，至十月二十七日計一月餘，所著述翻譯曆説曆表稿草七卷。忽因警患，臣光啓屢奉明旨措据兵事，因之輟業，獨兩遠臣與知曆人等自行翻譯，復得諸色曆表稿草八卷。日稽月省，臣等凛凛職業不敢怠荒，獨念天道幽遠，曆學精奥，自古聖喆皆不能爲一定之法，獨郭守敬稱爲絶倫，今復與天不合，則其法亦未精密。臣等佔俾老儒所誦習者，不過漢唐宋元史册之所紀載，資性愚蒙，亦豈能自出聰明高睨往古，第今改曆一事，因差故改，必須究其所以差之故，而改正之前史改曆之人皆不其然，不過截前至後通計所差度分，立一加減乘除均派各歲之下謂之改矣，實未究其所以然也。臣等昔年曾遇西洋利瑪竇，與之講論天地原始、七政運行，併及其形體之大小遠近，與夫度數之順逆遲疾，一一從其所以然處，指示確然不易之理，較我中國往籍多所未聞。臣等自後每聞交食，即以其法驗之，與該監所推算不無異同，而大率與天相合。故臣等竊以爲，今茲修改必須參西法而用之，以彼條欵就我名義，從曆法之大本大原闡發明晰，而後可以言改耳。臣等藉諸臣之理與數，諸臣又藉臣等之言與筆，功力相倚不可相無。然而布筭既密，事緒亦繁，汗牛充棟之書，臣等方愁精力有限歲月易銷，不意本年四月初二日臣鄧玉函患病身故，此臣曆學專門精深博洽，臣等深所倚仗，忽兹傾逝，向後緒業甚長，止藉華民一臣，又有本等道業，深懼無以早完。報命臣等訪得諸臣同學尚有湯若望、羅雅谷二臣者，其術業與玉函相埒，而年力正強，堪以效用。及今西洋掌教遠臣陸若漢南行，即令訪求速來共襄盛典，事理亦便。伏乞勑下臣部就便行文，敦諭二臣并行，所在官司資給前來，庶令人出所長早奏厥績。臣等竭其愚昧諮訪商量，一則通曉曆法之人悉宜收集京師，一則此二臣者皆係外國賓旅，請乞皇上明旨徵求，重其事亦重其人，故不免以一事之微仰瀆天聽，至于各省直地方有學術、能窺原本、推步確見左驗者，臣等再勤博訪取用，未敢一一瀆陳也。謹題請旨。崇禎三年五月十六日。本月十九日奉聖旨：曆法方在改修，湯若望等既可訪用，着地方官資給前來。該衙門知道禮部尚書兼翰林院學士、協理詹事府事、督修曆法臣徐光啓等題爲修改曆法事。先該臣等于本年五月十六日題爲前事，十九日奉聖旨：曆法方在改修，湯若望等既可訪用，着地方官資給前來。該衙門知道。欽此欽遵。通行咨訪去後訪得遠臣羅雅谷，見寓河南開封府，隨經訪府，知府袁楷具文起送資給前來，于今月初二日到京，理合具題，伏候命下令赴鴻臚寺報名習儀見朝，隨令到局與遠臣龍華民一體供事。其湯若望另侯訪取到日，具題請旨施行。

崇禎三年七月初六日。奉聖旨：羅雅谷准朝見到局供事。該部知道。

禮部尚書兼翰林院學士、協理詹事府事、督修曆法臣徐光啓謹題爲奉旨回奏事。臣於十月十七日登臺測候月食，具本回奏。奉聖旨：考驗曆法全在交食。覽奏：臺官用器不同，測時互異，還著較勘畫一，具奏。欽此欽遵。隨行督率該監堂屬官并知曆人等到臺，前後較勘三次，設立表臬，及用合式羅經於本臺日晷、簡儀、立運儀、正方案上，較定本地子午真線，以爲定時根本。據法當製造如式日晷以定晝時，造星晷以定夜時，造正線羅經以定子午。若晨昏陰雨，當造如式行漏，與該監所有銅漏比驗畫一，以濟二晷所不及。但備辨界畫工力甚細，今工尚未竣，而較勘略定，理合先行奏聞。臣等竊照定時之法，當議者五事：一曰壺漏，二曰指南針，三曰表臬，四曰儀，五曰晷。其一壺漏等器，規制甚多。今所用者，水漏也。然水有新舊滑澁則遲疾異，漏管有時而塞有時而磷則緩急異。定漏之初必于午正初刻，此刻一誤無所不誤。雖調品如法，終無益也。故壺漏者，特以濟晨昏陰雨，晷儀、表臬所不及，而非定時之本。所謂本者，必準于天行，則用表、用儀、用晷晝測日，夜測星是已。其二指南針者，今術人恒用以定南北，凡辨方正位皆取則焉。然所得子午非真子午，向來言陰陽者多云泊于丙午之間。今以法考之，實各處不同。在京師則偏東五度四十分，若憑以造晷則冬至午正先天一刻四十四分有奇，夏至午正先天五十一分有奇。然此偏東之度必造針用磁，悉皆合法，其數如此。若今術人所用短針、雙針、磁石同居之針，雜亂無法，所差度分或多或少無定數也。今觀象臺有赤道日晷一座及正方案，臣等以法考之，其正方案偏東二度，日晷先天半刻。計在當時，亦用羅經與表臬參定，故差數爲少。若專用羅經者，恐所差刻分多少亦無定數，而大抵皆失于先天。據此以候交食時刻，即其失不盡在推步也。今但用表臬或儀器以求子午真線，或依偏針加減别造正線羅經，以與舊晷較勘，差數立見矣。三曰表臬者，即《周禮》匠人置槷之法，識日出入之景，參諸日中之景以正方位。今法置小表於地平，午正前後累測日景以求相等之兩長景即爲東西，因得中間最短之景即爲真子午，其術更爲簡便也。四曰儀者，本臺原有立運儀，用以測驗七政高度。臣等即用以較定子午，於午前累測日高度分至於長極而消，則因最高之度即得最短之景，此午正時南北真線也。五曰晷者，造成平面晷，體依前儀器、表臬、南針三法參互考合，務得子午卯酉真線，因以法分布時刻，加入節氣諸線即成平面日晷。若今時所用圓石欹晷，是爲赤道晷。亦用所得子午線較定此二晷者，皆可得天正時刻，所謂晝測日也。若測星之晷亦即《周禮》夜考極星之法。然周時北極一星正與真北極同壤。今時久密移，此星去極三度有奇，周官舊法不復可用。故用重盤星晷，上盤書時刻，下盤書節氣，展轉相加。依近極二星用時指垂權測知天正時刻，所謂夜測星也。總五事而論之，壺漏用物用其分數，南針用物用其性情，然皆非天不因非人不成，惟表惟儀惟晷悉本天行，私智謬巧無容其間，故可爲候時造曆之準式也。今若于准表、准儀、准針，任用一事因之，以造日星二晷，又因二晷以較定壺漏，用加減輕重之法令遲疾如意，則天正時刻人人通知，在在畫一矣。如是而交食時刻尚有後先，則失在推步也。然而推步之學，其中事理有須申明奏聞者。蓋曆自漢迄元二千三百五十年，凡六十八改，而後有授時之法。是皆從粗入精先迷後得，謂古法良，是後來失傳誤改者，皆謬論也。自元至今又三百五十年，畧無修正，并郭守敬之遺書一百餘卷悉皆散逸，徒取其僅存之粗迹爲熙朝之大典，詎是事宜，而昔日臺官阻撓特甚，此則前代曆家義所不敢出也。近蒙聖明，加意釐正，諸臣專已成心悉已捐除，而見臣等著述稍繁似有畏難之意，不知其中有理、有義、有法、有數。理不明不能立法，義不辨不能著數。明理辨義推究頗難，法立數著遵循甚易。即所謂明理辨義者，在今日則能者從之，在他日則傳之其人，令可據爲修改地耳，非必在臺諸臣悉皆曉暢也。若立成諸表，皆先爲一定之法，一成之數，如舊用測圓術求距度一率，即須展轉乘除窮日之力。而臣等翻譯原文二萬二千六百率，又改從大統加減演筭爲三萬六千率，用之推步展卷即得。其他諸法，亦多類此。此則今之愈繁，乃後之愈簡。以臣等之甚難，開諸臣之甚易，何足畏哉。此臣等所嘗面諭而今以入告庶諸臣，知臣言之不欺。旁觀者知曆法曆理，一成俱成，遠尋前緒，下啓來兹，實未易也。緣係奉旨回奏事理，除赤道晷恒是先天半刻可用，原晷修改或臨時扣減定筭，平面晷可於正方案界畫其星晷、行漏、羅經，待工完之日付該監臺官施用，并指授造法用法外，合應先行回奏。爲此具本，謹具題知。

崇禎三年十二月二十四日。二十八日奉聖旨：曆學甚微，其理數法象必須悉心互參，不可偏執。覽奏製器測晷及指傳臺官等事具見詳審，知道了。該部知道。

明・徐光啓等《崇禎曆書》緣起卷二 該監量撥曆科官生到局，該監到臺各豫定晷景，臨時依法瞻測，則分數畢呈，疎密具見，密合則向來述作不爲空言，有差則向後各法因之裁定，其於曆事深爲裨益。所以當詣局者，觀象臺日晷甚小，儀器稍粗，臣局有石晷木儀似爲詳密又難移動，故須分投實候以相印證也。爲此謹將本日日食分秒時刻、起復方位、九服異同，并具圖象一并上進，伏祈聖明裁度施行，緣係日食事理未敢擅便，謹題請旨。

又 於今月初一日到局督領欽天監秋官正周胤，五官司曆劉有慶，漏刻博士劉承志，天文生周士昌、薛文燦，同兩遠臣羅雅谷、湯若望，率在局知曆人等，預將原推時刻點定日晷、調定壺漏，又將測高儀器推定食甚刻分，應得此時日軌高於地平三十五度四十分。又於密室中斜開一隙置窺筩眼鏡以測虧復，畫日體分數圖板以定食分。

又 若日晷、星晷、窺筩三器者，局中所用體製甚小、工作尤粗，倘須上呈御覽則模式應加廣長，賦列應加精贍，其費亦不過數十金耳。如蒙賜俞，容臣等仰遵前旨，仍於户工二部事例銀内咨取，令在局諸臣募工備料，造成恭進伏候勅旨。臣無任悚惕待命之至，爲此具本，謹具奏聞。崇禎五年十月十一日具奏。十五日奉聖旨：覽卿奏月食先後各法不同，緣由及測驗二法考據詳悉，朕知道了。即著傳示監局官生依法占測，務求至當，以稱朕欽若授時之意，日晷等器如議製成進覽，該部知道。

明・徐光啓等《崇禎曆書》緣起卷三 尚有日晷、星晷、闚筩遠鏡三器，俱係奉旨造進者，臣亦於到任後督率該局官生夙夜製造，亦將次第告成。其安置之法與運進夫力容臣另疏奏，請統祈睿覽施行。緣係欽奉明旨，恭進第四次曆書事理，未敢擅便，謹題請旨。

又 而窺筩創自遠西，乃新法中儀器之一，所以佐諸儀之所不及，爲用最大。此輔臣原題工製一具，待日晷、星晷造完并進御前者也。今奉明旨敢不詳言其用，并臣是日所以獨用之故乎。

明・徐光啓等《新法算書》卷三《緣起三》 督修曆法、山東布政使司、右參政臣李天經謹題爲遵旨製器告成懇勅驗明用法并議安置，恭進御覽事。案照崇禎五年十月十一日輔臣徐光啓一疏，爲月食事内言定時之法。古有壺漏，近有輪鐘，二者皆由人力遷就，不如求端於日星以天合。天乃爲本法，特請製日晷、星晷、窺筩三器。本月十五日奉聖旨：覽卿奏月食先後各法不同，緣繇及測驗二法考據詳悉，朕知道了，即著傳示監局官生依法占測，務求至當，以稱朕欽若授時之意，日晷等器如議製成進覽。該部知道。欽此欽遵，因取石、運重、冶鑄、刻鏤，動經歲月，輔臣未臻厥成。臣奉命接管以來，遂督監局供事官生鳩工依新法製造，今當告成，除支用工價另行奏繳外，臣切惟製器所以明時而詳法，乃能利用諸儀。雖已就緒待進，然用法頗爲微細，稍有分毫之差即不便御覽，將以有用疑爲無用。臣兹懼焉，敢祈皇上勅令近侍内臣一二員到局驗看，容臣等面與詳論所以用之之法，并議所以安置之宜，然後人器相習，方適於用兹。敢先言其略：一爲日晷，礱石爲平面。内界線以按節氣，冬夏二至各一線，春秋二分同一線，其餘日行相等之節氣，皆同一線。平面之邊，週列時刻線，從各氣節太陽出入爲限，時分八刻，刻列十分。若春秋分平分，晝夜各四十八刻者，準交食所用以九十六刻，爲日行之限也。又取準京師北極出地，範爲三角銅表置其中，表體之全景以指時刻，表中之鋭景以指節氣。雖舊法圓晷亦環列時刻，然非地平面，亦無節氣出入之限，似未若新法之兼備且準。此日晷之大畧也。一爲星晷，冶銅爲柱，上安重盤。内盤鐫週天度數，列十二宫以分節氣。外盤鐫列時刻，中横刻一縫用以窺星。法將内盤本節氣運合於外盤子正初刻，次從背面轉移對照見得帝星與勾陳大星共在一線之内，即從盤面視鋭表所指，即本夜之真時刻。此則古法所未備，而新法獨得其傳。乃星晷之大畧也。若夫窺筩亦名望遠鏡，前奉明問，業已約畧陳之。但其制兩端俱用玻璃，而其中層叠虚管，隨視物遠近以爲短長，亦有引伸之法。不但可以仰窺天象，且能映數里外物如在目前，可以望敵施砲，有大用焉。此則遠西諸臣羅雅谷、湯若望等，從其本國携來而葺餙之以呈御覽者也。至於日晷，宜向南以取日景，星晷宜向北以窺星光，皆須安置得宜，尤必俻石預築臺基以便安頓。又二晷皆重器也，其輿運必須多用人夫，宜從何衙門撥發，統祈皇上勑下。內臣驗看奏聞先定安置之所，以便擇吉恭進，或臨期令臣等率知曆官生審定子午方向如法安置，則庶於皇上治曆明時之德意不無小補矣。謹具本預先奏聞。崇禎七年十月二十九日具題。十一月初三日奉聖旨：據奏日晷、星晷二器製造已成，即著盧維寧、魏國徵到局驗看，詳試用法。其安置處所及築臺基事宜著該監會同工部酌議速奏，仍擇吉撥給人夫恭進。窺筩著先進覽。該衙門知道。

督修曆法、山東布政使司、右叅政臣李天經謹題爲遵旨恭進儀器事。先該臣於本年十月二十九日製器告成一疏，奉聖旨據奏，日晷、星晷二器製造已成，即著盧維寧、魏國徵到局驗看，詳試用法，其安置處所及築臺基事宜著該監會同工部酌議速奏，仍擇吉撥給人夫恭進。窺筩著先進覽，該門知道，欽此欽遵。除日晷、星晷聽監部會議速奏外，臣隨於本月初五日會同內臣盧維寧、魏國徵到局驗看窺筩遠鏡，其間引伸之法、窺視之宜，臣已與二臣詳言之矣。謹將窺筩遠鏡一具，遵旨先進御覽，伏乞聖鑒。

計開

窺筩遠鏡一具　托鏡銅器二件

錦袱一件　黄綾鏡籢一具

木架一座

崇禎七年十一月初九日具題恭進。十二日奉聖旨：知道了。該衙門知道。

明·徐光啓等《新法算書》卷四《緣起四》 一、日晷平面石並座及星晷座石工價運價，共用銀二十四兩四錢三分。

一、崇禎七年六七等月打磨日晷等石及鐫字等項，共用銀一十三兩三錢。

一、鑄造日晷、銅表、星晷上盤並銅料打磨工食等項，共用銀五十四兩零五分。

一、日晷、銅表並星晷銅盤鍍金共用銀六十一兩二錢三分。

又 其安置之宜，但略奠基址，取星晷得見帝星勾陳，日晷能取分至日景足矣。

明·徐光啓等《新法算書》卷六《緣起六》 督修曆法、山東按察使司按察使、照京官例正三品支俸臣李天經謹題爲日食各法不一，虧復分秒可驗，乞勑靈臺如法安置儀器，以便臨期證定踈密事。竊照崇禎十年正月初一日辛丑朔日食，本局分秒時刻已經上聞，但臣等所推京師見食一分一十秒，而大統則推一分六十三秒，回回推三分七十秒，蔣所樂及邊大順等推得止有游氣侵光三十餘秒。似此各法參差，倘不詳加考驗，踈密何分。但臨期日光閃爍，止憑目力眩耀不真，或用水盆亦蕩摇難定，惟有臣前所進窺遠鏡用以映照尺素之上，自初虧至復圓所見，分數界限真確，晝然不爽。隨於虧復之際，驗以地平日晷時刻，自定其法。以遠鏡與日光正，對將圓紙殼中開圓孔安於鏡尾以掩其光，復將別紙界一圓圈，大小任意，內分十分，置對鏡下。其距鏡遠近以光滿圈界爲度。將虧時，務移所界分數就之，而邊際了了分明矣。但在天之正南實爲紙上之正北，方向乃相反焉。伏乞勑下，內靈臺臨期如法安置，恭請皇上省覽各法，踈密自見，其於考驗不無少有俾益矣。

明·徐光啓等《新法算書》卷七《緣起七》 督修曆法、加光禄寺卿、支正三品俸臣李天經謹題爲遵奉聖旨造進日晷事。本年三月二十八日，內靈臺傳奉聖旨：著曆局李天經等照先進的小牙日晷様造一銅的來進，做細製著，欽此欽遵。臣遂督同遠臣湯若望等，鳩工莖銅分線鏤刻，鍍以金液，載以檀架，造完日晷二具、星晷一具，恭進御覽。外竊照先進牙晷形質稍小，因限于物料今稍加長濶者，庶便于各節氣下詳載晝夜時刻。且前晷中列止可以定節氣時刻，今則添曲線以定本時太陽距地平之幾許高，雖製式稍增而繪法則無異也。茲又外添一具者，亦名地平日晷，則界分二至用實線定，本日時刻虛線以定，本時距日出之幾許刻，且各將用法鐫之後面，皆測驗之器所急須也。又將星晷即附在日晷後面，茲因銅質稍重，倘仍附載于後似難擎儀仰觀。特又另造一具，後鐫用法以便分測日星，各有專用也。但儀式雖小，而成製必藉多人。法貴精密而較驗必歷時日，矧巧匠無幾未免躭延，惟冀我皇上鑒察之。臣更有請者，曆法一事，久奉有著該部督令監局各官虛心詳加考正，務求至當，以成一代良法之旨。臣局業于三月二十五日會同欽天監堂屬，併禮部提督司官虛心據理，已有成議。又各具叅考情形手本送司，以憑具覆。今已數月矣，部覆杳然，屢催如故。誠知典禮殷繁，無暇及此，然治曆明時，亦似非末務，況轉盼當進七政之期，倘及今仍不速請御定而徒咎臣以言之不早，臣寧任受乎？是以仰望天語之一申飭之也，臣萬不得已之情，謹因恭進日晷而併及之，伏乞聖明勑部速覆以早定。千秋大典施行，緣係遵奉聖旨，造進日晷事，理未敢擅便，謹題請旨。

計開

地平日晷二具

紫檀架二具

黄綾糊飾套盝二箇

星晷一具

紫檀套盝一具

崇禎十三年七月十三日具題。十四日奉聖旨：這造進日晷、星晷著留覽。曆法參考，既有成説，禮部作速看議具奏。

明·徐光啓等《新法算書》卷八《緣起八》 今距日食止有數日，乞勅內臺諸臣傳遠臣湯若望等，仍擕原器將黄赤儀併地平日晷等，再一審定安妥，臨期兼用新法望遠鏡以窺太陽虧甚復圓、分秒。當復有一極準時刻，以仰副皇上睿覽矣。臣無任惶悚，待命之至。崇禎十四年九月二十五日具題。二十七日奉聖旨：是著即傳在事諸臣，仍擕原器如法安妥，以候測驗。該衙門知道。

又 臣於本日會同禮臣李含乙、監副賈良棟、周胤，并監局官生劉有慶、朱光大等，測得是日陰雲蔽天，日體於薄雲中時見，日晷等器難以取影，帷臺上簡儀可以線對日體，針指時刻爲可定焉。候至未初二刻，日於雲薄處果見，初虧不待初三矣。

又 督修曆法、加光禄寺卿、仍支正三品俸臣李天經謹題爲日食事。該臣於正月十三日具本題知本年二月初一日乙丑朔日食分秒時刻。依本局新法推步日食五分三十秒，初虧辰初四刻弱，食甚巳初初刻强，復圓巳正初刻半弱，并具圖像及各省直食甚分秒時刻不同，諸數俱已逐一開坐，進呈御覽矣。臣因坐守廣寧門，預先移會修政曆法，遠臣湯若望暨本局供事等官黄宏憲等，至日前赴觀象臺，公同測驗。本月初一日，據本局供事加光禄寺署正黄宏憲等回呈到臣，開稱是日隨遠臣湯若望公同禮部主客司員外劉大鞏、欽天監監副周胤，及該監曆科天文科五官靈臺保章監候博士等官與本局供事加通政司經曆朱光大等，在臺用本簡儀，并所擕新法赤道日晷，測至辰初四刻弱，用遠鏡映照果見初虧，測至巳初初刻强，果見食甚五分二十餘秒；測至巳正初刻半弱，瞻見復圓。其日食分秒時刻并起復方位，皆與本局新法所推密合。此係公同瞻測較驗無異，等因備呈前來，即臣同坐門科臣光時亨、臺臣鄭楚勛、戚臣李國柱等，等官亦用遠鏡及新法儀器映照測驗，一一悉與新法脗合，據實具題，再祈皇上勅令禮部速覆另立新法科一疏，庶便專門傳習，更正無稽，而盛世之大典亦得刻期告襄。至於先後治曆諸臣前蒙俞旨，量加叙録，日久未覆，更乞勅部一并題覆，庶聖恩不致有虚矣。敬因題覆日食而請及之，緣係日食事理未敢擅便，謹題請旨。崇禎十六年二月初二日具題。六月二十九日奉聖旨：這日食分數時刻各有異同，御前親測西法多合，還與該監細加攷正，以求畫一。前有旨立新法科量與敘録，何未見覆，行著禮部即行議奏。

又 李天經呈稱，本寺自慙佔畢，謬任董修，數載艱辛，雖有微績，則叙録何敢仰徼。本局累年所進曆書一百四十餘卷，日晷、星晷、星球、星屏、窺筩諸器，多曆學所未發，專門勞績，積有歲年，似應量加叙録，悉奉俞旨在案。

明·徐光啓等《新法算書》卷一一《測天約説》 東西圈平分球爲南北二方，造日晷必用之。

明·徐光啓等《新法算書》卷一七《渾天儀説》卷二 求北極出地度

或先設象限等器于正午時測定太陽出地平高度，次于本儀黄道上查取本日太陽躔度，置子午圈正面，下隨運儀。令自地平至躔度間子午圈之弧，與前所測之度等，則自北極至地平度分即本北極出地度分。或不候午正即將游表置太陽本躔度，與時盤午正初刻正對子午圈，後用日晷等器測定時刻，以所得時轉儀令居子午圈下，後視表無景（如射景將子午圈上下那移無景乃止），則子午圈自地平至極中之弧亦準可得本北極高度。

又 用渾儀成高弧表

凡製長圓地平象限等日晷界時刻及節氣線，必依高弧得所以然。法依本北極高，正儀隨將黄道上本節氣躔度，使之從子午圈或左或右任取一刻或四刻爲限，而每限必與高弧相交，因得太陽在某節氣某日某時刻高度若干，其時刻在午正前後等者，得高度亦等，故求其左不必復求其右。試以夏至初度北極高四十度，得其午正高七十三度三十分，未初高六十九度一十二分，未正五十九度五十一分，戌初高四度一十五分，午前及他節氣俱倣此。但距兩至等，得同時高度亦等，如芒種與小暑，小滿與大暑，甚至大雪與小寒之類是也。

明·徐光啓等《新法算書》卷一九《渾天儀説》卷四 依渾儀製日晷法

太陽左旋以定晝夜十二時，二十四小時則常依赤道三度四十五分爲一刻，每十五度爲一小時。故諸圈以二十四平分之，而每分又以四平分之，乃得時盤必周分，各與赤道皆等之度相應。令之竪立與赤道高下等，而中依直角安表，則表景所射即能定時，而赤道晷所繇起也。今不必恒以竪立合赤道圈，或正立面向南北爲立晷，或正倒面向天頂爲地平晷，或復正立面東西正向爲子午晷，或又正立面偏正南左右，或不正立面偏地平，各以所向天上之圈得名。而各以其面承接日光，故立表或正或斜不一，即表射景遠近與面分時刻廣狹亦不得一。雖太陽左旋同諸時刻平行同，而線則實繇景得，射景既異，相距之線安得不異。此諸晷公有日平行之原，而私則各有所異，總于本儀可得而明矣。

求諸晷方位法

日晷之製，原以度數考求，而度數必有相應之定處，則又在取準方位焉。故凡平面日晷所向方位多變，大約相較有二原，或較地平即與之爲平行，有正立有曲立種種不同，皆應度數不等，或較子午圈亦與之爲平行，乃有偏左偏右，而多寡復以間度爲則者。又或有偏于地平，偏于子午，兼地平子午而别爲一種。【略】

製正球日晷

凡日晷之表等雖北極出地不等，得各時線相距等者，謂之正球晷。此其製原易，可不須球，然舍球又無以明其理也。如赤道晷，因諸時圈與赤道交，其相距皆于球心相切，設以本儀之樞當表其射景必順時圈行赤道，使各依極安儀而表之長短同，則時圈在赤道上相距之度亦同。或論赤極晷，因其面正合卯酉時圈，設本面距儀心任表長短等，而諸時圈與中心相切，從心過晷面相距不等，則正午線合儀樞可當儀面中線，而餘線左右相距漸遠，皆平行如上圖。以長方形爲晷面，其丙丁横線者即赤道與之相切線，其甲午正南北線者，即合儀樞從赤道頂過時圈所爲線也。立圈者，乃赤道周平分以指諸時圈相交之點者也。蓋時圈必皆切表頂，當地心是而復開之使過至丙丁線上，爲時線所居之界。故本晷諸線交心在面外，而以表頂爲心，彼此相距皆平行。今設表長短同，雖極高多寡不同，其線則二晷相距無異。又設甲午線，依天樞斜竪令晷面偏東或西，則午時線不能定在面之中，必依面所偏多寡，而晷面亦移左右不等。至其面向正東、正西，乃以中線爲卯正、酉正，餘線漸遠，惟午時線不入晷面，而丙丁線則尚爲赤道所切。雖時線皆平行，乃晷則應以一面斜起，庶合赤道高度而得，中所横線其高低度與之等也。

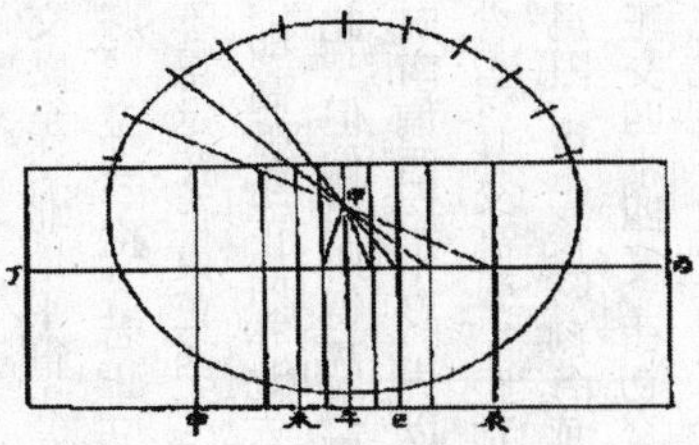

製斜球正日晷

凡日晷之表等因北極出地不等，得各時線相距亦不等者，謂之斜球晷。其製法原不一，今用渾儀列簡法如左，如製地平晷，先起儀依本北極高，乃令過極圈正合子午圈，而子午圈之左或右，每於赤道上查十五度，移居子午圈下，即識過極圈交地平正南北度。復於赤道上查十五度，如前移居子午圈下，又得過極圈交地平度。以此遞查遞移，必至盡過極圈交地平度之界而止，則諸時線在晷面相距之廣全得焉。蓋晷面上先作兩直線以直角相交，其一爲子午線，其一爲卯酉線。而以交點爲心，任意大小作虚圈，或用比例尺，或依本圈預分度，取儀上地平所識度爲法。自卯酉線至子午線或反之，以應儀上所識度爲準。從心出線過此者，皆平晷時線也。如北極高四十度，以過春分經圈，居子午圈下，必在地平之正南北。初度爲午正，移之去東十五度依赤道度得經圈東交地平十度，距子午圈算爲午初移之去西十五度，得經圈西交地平亦十度爲未初。距午前後等時恒得距度等巳正及未正約得二十度半，巳初及申初約得三十三度，辰正申正得四十八度，辰初酉初得六十七度半，至卯正酉正則各滿九十度。而卯酉外與前距時等，必皆得度等。若求刻線，亦依赤道上三度四十五分爲一刻，如前法遞查之。安表使之出晷心向午正，距晷面漸遠，以北極出地度爲則，必懸子午線上，以正合本地天樞是也。若正南北立晷，亦用儀上赤道，求距度漸移至子午圈，法同前。其所異惟在交度，蓋高弧與過極圈相遇處爲交度，而高弧則定居東西，或卯正酉正苟不用高弧，惟以極高所餘度求之。如北極高四十度，依其地製立晷必使儀北極出地平上五十度。如前法定時線盖五十度，即極高四十度之餘度，其安表漸距晷面正下以至本地赤道高爲止，此晷自卯正至酉正獨十二小時向南，而卯前酉後之時面皆向北，其表漸距晷面與前同，從上反求得正矣。

製斜球单偏日晷

若不正立面向南北，製法略與正立同，但用高弧必依其偏容有異。蓋向南面偏北者，必查偏度于子午圈，從儀頂去北。即此安高弧面向南者，則偏度宜求於頂之南。以此界出高弧其向北晷面偏南者，即依偏度於頂南求界，或面反偏北尤宜于頂北求界。總之偏度多寡及所向方位，皆應查于子午圈距頂南或北之處，以安高弧，而高弧下至地平恒在正東正西之點，表位必在正午時線。從晷心漸距其面，與高弧上距北極等，若不正立面偏正東正西，法用立象半圈先於高弧上取偏度，如設面向東而偏西三十度，令高弧自頂下至正西量三十度爲限，即安半圈于其限以當地平，必識其與極圈相交之點爲各時線之距。如北極高四十度，安高弧及半圈如前，將時盤與夏至圈對試於太陽出時，必得春分經圈北交半圈十六度，卯初交十二度漸過以南交二十六度後七十等度，至未正一刻餘太陽過半圈，西晷面無景，其本晷表位偏午正線，左右距晷面較地平面高不等，求其位法使經圈與立象半圈以直角相交。即因經圈自交點至極中弧得表之高半圈，自交點至交北地平得表位與午正線相距之遠如依前極高等數，則表距三十八度，高二十二度。若正立面偏東或西，製法亦與正向南北立晷同，獨高弧下至地平不得定在正東正西之處，必依晷面偏度因之距東西等。如面向南偏西三十度，即高弧距正西亦北去三十度，面偏東必高弧距正西之南向北。面偏東西皆倣此。但偏晷所得高弧度，午前後必異，時刻多寡不等。試令北極高四十度，晷面向南偏西三十度，先以高弧北距正西三十度轉經圈西十五度，赤道上取或用時盤亦同得其交高弧點距頂十二度爲未初，乃自正午相距線也。又漸轉儀每十五度爲限，得午後時刻各依交度不同之廣，未正交二十三度，申初交三十三度半，申正交四十四度，酉初交五十五度，酉正交六十九度，戌初交八十七度。復移高弧在東距正東之南亦三十度，隨轉過極圈東十五度，得午初交高弧九度，巳正交二十九度，巳初交四十八度，辰正交七十度，辰初則交地平。雖夏日最長，亦不能全見，午前半晝景，安表必先查其偏東西若干，距晷面多寡，法令高弧至地平居本晷偏度限晷面偏東用高弧於東，地平偏西用高弧於西乃轉儀使過極圈，距子午圈與偏度等，必得以直角交高弧，則自頂至交點於高弧上得表在晷面上垂線之度，自極至交點於經圈上得表距晷面之度。假如前設偏西三十度之晷，將高弧下至西地平北距正西三十度，過極圈亦應於北地平距子午圈三十度，得其與高弧以直角相交，則自交點至北極中約四十二度。爲表出心漸距晷面之高，復自交點至頂約三十度，爲表漸距中垂線之廣，此立晷之面南偏西，用高弧及經圈之法與面北偏東而面南偏東與面北偏西者亦同，但表末於面南晷以向南極爲正，而面北晷反應向北極也。

製斜球重偏日晷

若不正立面向南北復偏東西，則較本晷面與地平面或偏向或偏離爲交角，時鋭時鈍之異，故依偏容分別其晷爲二種。先論鋭角向地平者，法查本晷所偏東西度於其本向地平或晷向西南東南，必從子午圈南交地平起，其所止限爲高弧，當至之處則自頂依高弧求晷面偏地平度。即以合度處於球上作識，復自高弧交地平處去北九十度爲限，因之以安高弧，移居頂而過前所識處，即於高弧上得諸時線相距之度，則因交前所識及子午圈間弧，爲晷面中垂線距正午線之廣也。次轉球過極圈，以十五度爲交高弧之界，與前法同，得午前或後依面向東或西各時線之距，而餘方則移高弧於正對地平度，轉球使極圈漸交高弧，各時俱可定矣。若以鈍角向地平，法反查偏東西度於本晷所向正對地平，或晷向西南、東南，則從子午圈北交地平起，所止限亦爲高弧當至之處，乃於球上作識。依之求時線相距，皆與前同，獨高弧宜去南九十度以定復安之限。雖高弧不能過球上所識，并至子午圈，惟令立象半圈，過正相對地平而左右轉球，則午前後時線度半圈上可得。假如北極高四十度，晷面偏西距正南三十度，向地平偏二十度，必使高弧在子午圈西與地平三十度合，令夏至圈正居子午圈下，乃自頂依高弧量二十度得近黃道處，爲實沈宮二十一度與高弧二十度合爲點作識後復安高弧或立象半圈在地平正西之北三十度，從前點過球尚不動與正相對之度至地平，則所交子午圈處距頂約二十三度，距點一十二度，則一十二度爲晷中垂線距午正線之度，便轉球西一十五度用時盤亦可，夏至圈必交高弧八十七度，爲未初。次交七十二度，爲未正。次五十八度，次四十五度，次三十三度，次一十八度，末五度，爲申初、申正等時，以至戌初始盡。復轉球令夏至圈距子午東一十五度，得交對度高弧六十四度，爲午初。次四十六度，次二十六度，次一十一度，次即入地平，蓋辰初不載晷面，因其偏西故也。欲安表，必先查其應距晷面若干，偏午正線左右若干，因而從晷心出依偏距度起射景與各時正合。求距面度法，使高弧在晷正面地平，未求餘方時之前漸轉球以過夏至圈得北極及高弧中最小之弧，即因本弧量表距面之廣，或於本方使過至圈與高弧以直角交，則自交處至極中弧亦爲表距面度。查表偏午正法，用高弧交過至圈，與前同，獨偏度當於高弧上，從交點至子午圈上求之，必中弧爲相應之距度。假如前晷求表安高弧在西地平北去正西三十度，使之上距頂南二十三度，轉球令過至圈以直角交高弧，即從交點至北極中約得六十度，爲表距晷面度。復從交點至高弧切子午圈約得五十五度，爲表距午正時線之度。餘倣此。

晷節氣線於正球日晷

凡節氣在黃道上正相對者，以較赤道其距內外天上必等。蓋隨宗動左旋必爲平行圈故，乃平晷節氣線則不然，雖赤道線爲直線，而內外節氣線其形甚曲，多緣彼此相距漸遠，或不以赤道爲中界，故較赤道平有異向焉。惟赤道晷之節

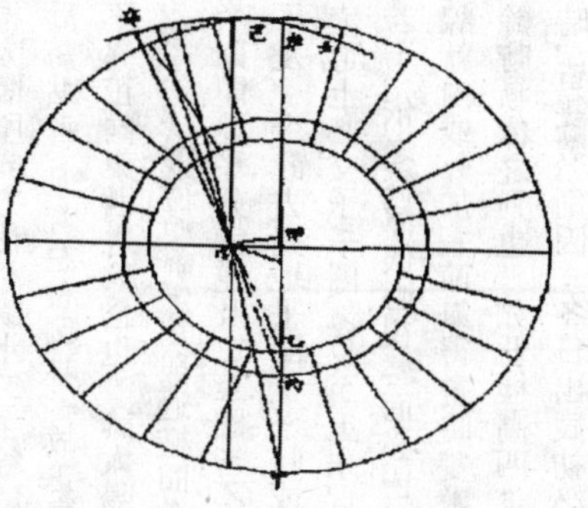

氣線亦自爲平行圈，亦內外相距等，其形正與天合。試就渾儀先論之，設儀上赤道爲實圈，天樞上任取其表之長作識，切赤道面，向外并取過極圈上與表相等弧識之，從所識處量各節氣之距，而每界出直線過表頂得，凡線至晷面所止之處，因以定節氣當居之位焉。法用規器以赤道心爲心，以線止位爲界，作平行圖如左，外圈限赤道晷面，周平分爲時刻，其中心出表爲甲戌，設庚己辛爲過極圈，即從庚外取庚己與甲戊等，而已爲諸節氣距內外之中界，蓋以戊爲心作辛己壬弧，從已至辛至壬取二十三度一十三分得大暑、小滿，及大寒、小雪，其餘節氣皆倣此。乃從其各界引辛戊乙等直線，得乙丙丁等圈，於向北晷爲赤道北節氣，向南晷爲赤道南節氣也。凡正球晷之節氣線，以赤道爲中線，餘線凡相對者左右距必等，而各漸開距必不等。法設儀心爲表頂，其面任距遠近必依表長短爲則，與前製晷法同。即將過極圈於赤道內外識各節氣之距度，隨以各度出直線，從儀心過使至本時線上，必得赤道在中，左右諸點爲節氣應過之處，此即界線之所以然。臨製時以表頂爲心，時線交赤道點爲界作圈，即得切割等線，依八線表取用，蓋赤道爲全數時線，左右爲切線。從圈心出線與時線相交得割線，故將全數載比例尺，餘線依之取載晷面是也。如後圖，上下爲時線，設製赤極晷，即午正居中，卯酉居邊；製東西正向晷，午正居邊，卯酉居中，而赤道橫交諸時線。彼此必同，甲丙爲表長，依之爲圈，而左右定節氣之距，如丙已、丙丁等弧，即得甲丙全數，丙已、丙丁直線爲切線，甲已、甲丁爲割線，以定夏至及冬至於午時。或卯酉時線而定兩至中節氣，亦不異此。試於申巳時線，必以乙爲心，表頂之距作壬丁辛圈，左右取丁壬、丁辛各至之距弧，餘節氣線弧皆與前同。即乙丁爲全數，丁壬、丁辛直線爲切線，甲壬、甲辛爲割線，而節氣宜過其點位亦依之定矣。又試于午初、酉初，即丙爲心以作圈求子庚，子癸兩至，距赤道中界，而求他節氣，皆同一法也。

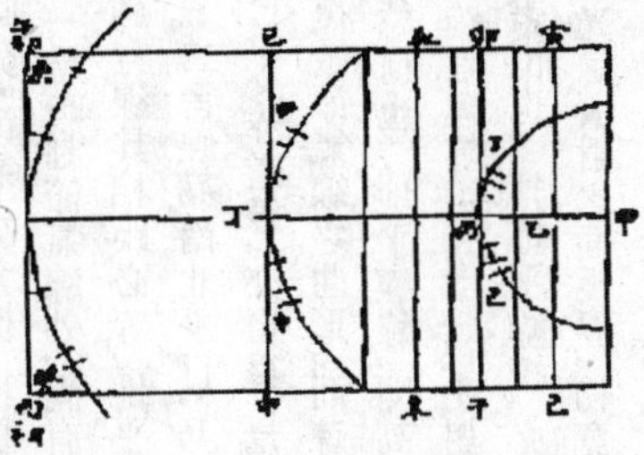

界節氣線于斜球日晷

凡斜球晷之節氣線，雖以赤道分內外，然各節氣正相對者距赤道遠近不等，而自爲曲形，則其曲必等。故設過極圈以定各節氣初度之距，令出直線過儀心，至各時線上皆與前同法。先依本地北極高求各節，依各時應出地平高，見前二卷隨以高弧考對即儀心。當表末依所行直線各至時線爲點，而每時識點處連之必爲曲線，以指本節氣也。假如儀心在乙，以辛庚爲晷面得甲乙表，癸巳爲過極圈，設北極高四十度欲製地平晷節氣線，即辛庚爲午時線，辛壬爲天樞距面四十度，入地于辛以定出時線之心，任安表于甲，即因表鋭當地心，亦并爲過極圈之心，得癸丁弧爲赤道出地平高，而餘節氣初度則必距赤道內外皆在戊已二至之中。設從各距度引直線至乙點，復引過晷面午正線，而赤道止於丙夏至，在子冬至過赤道下，在庚又設過極圈在表頂，周轉以對未申等時。午前後同而赤道二至等節氣，初度皆合高弧上，本時所對高度令出直線過表頂，必至本時線爲點以引節氣于此過矣。凡製立晷節氣線，即辛壬距晷面，宜依赤道高癸丁弧，依北極出地高癸爲天頂，癸丁弧即赤道距頂弧，必與北極出地等故。餘節氣度俱依之出直線，至午未等時線上，以赤道上者爲冬，赤道下者爲夏，則各節氣自明矣。如圖，以乙爲心甲爲界，作甲丑弧，即乙子、乙丙、乙庚等線皆爲割線，甲子、甲丙、甲庚皆爲切線。

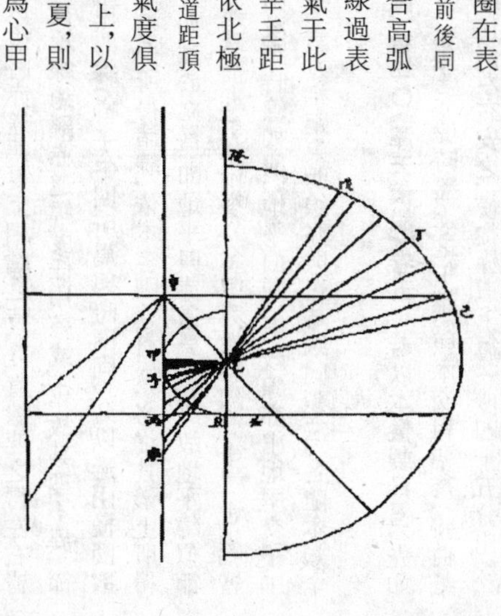

以表爲全數查節氣，依各時高度於八線表，用比例尺或平分直線，如法簡取，蓋依本北極出地平晷用餘切線立晷，反用正切線何也？地平晷算高度，于癸巳弧而用甲丑弧之切線立晷，則于癸巳算節氣距面之弧，其餘即正高度亦應甲丑上取切線也。偏晷同一法，以各節氣依各時高度出直線，過表頂下至晷面定其曲線宜引之點，則除正向南北偏晷外，其餘安表必于午正線外求位。蓋因天樞斜過晷面，故乃樞正下別爲直線，從晷心出與赤道線以直角相交，則線上交表線中節氣線相距最近，左右復開展相距必等，依前圖論表既不竪在午正線而在天樞線上，則癸乙過極圈徑不以本線平行，且以直角與甲乙表相交，雖轉以對各時線交表，法必不變矣。

界地平經緯等線于日晷

凡日晷有面與表爲公，而載線其私也。一切定時分、節氣、列方位，種種各異，種種能互爲用，而總入諸晷之面與表矣。即地平一晷時刻節氣線外，尚有可界于其上者，如地平經線太陽方位線相交于表位，自爲直線其相距必等，地平緯線太陽高度以表位爲心，周皆爲平行圈線相距不等，十二舍線爲南北平行，乃相距遠近不等之直線，太陽出没後時線皆偏左或右，皆斜交赤道線，亦自爲直線。七政時線左右向，其中線亦皆爲直線。晝夜長短線復倣節氣線之曲形，而疎密復異。東西諸方相距線與時線同，任用多寡乃所以異，何也？地平經線，即高弧自頂至地平所爲者，儀上移高弧任取十度，或多或少距限恒等，而依之視正對地平度必爲直線。故恒得儀心居間，此本線所以合於表位也。其地平緯線，必安高弧于定處，從下漸上以相等之距限視儀心，則以目光線所射之面爲界，初寬而後狹。若移高弧他處，亦依此爲法，此以表位爲心，而圖平行圈之所以然也。其製法惟量表大小，依之開比例尺于上取各距度之切線，從表位帶入面上爲圈，即地平緯度限。則表景所至必指太陽出地平高度，隨將地平緯度平分或五或十等距度，從午正線起則表位所出直線皆過其分弧界。即地平經度已定，而表景所至必指太陽所向方位。論十二舍線即立象半圈，所爲本圈儀上皆合子午圈，交地平爲一點者，但若左右倒耳。故正東西從儀上視之至面，必爲平行直線，其製法亦不異正向東西之偏晷也。論太陽出没已距時線，即過極圈依各赤緯度所爲起儀，依本極高將時盤午正與過極圈合，令之轉東或西，以太陽本方春秋分出没爲止。則即地平分赤道及二至圈皆不等，而赤道恒得六時，至午正夏至，若過冬至反不及。今設去夷地平圈上一時或二時，至滿半晝時，皆并過横線至第六時，其時若干，依之從渾儀心視晷面必皆斜交赤道而愈離愈斜。法必先于晷面，界赤道線就内或外加一節氣得晝時雙數者，因以太陽至本節氣出没之時定爲初時，而餘時漸依之列也。如北極高四十度，太陽至立夏晝長約十四時，而立冬止得十時，皆雙數，則因立冬日出辰初必得辰正爲距日出第一時，而餘時次之，立夏日没戌初，而戌正即日没後第一時，餘時亦隨次之。今赤道上辰初恒爲日出後第一時，戌初爲日没後之初時，即前所識節氣線上諸時點，與赤道上相應之時點，以直線連引之得太陽出没後諸時線也。論七政時線，其向中線繇赤道等圈則自午前及午後以至地平皆平分各六時，蓋夏至午前後弧大于冬至午前後之各弧，而赤道得居中，必與諸時線斜相交，是以其線自向中也。法先依最長之晝平分時盤或六或十二分，遂于地平求各時相距度，皆依前二卷帶入夏至節氣，必得其平分午正左右各六時也。然後將赤道與夏至相應之時，以直線連之得左右皆同，皆與斜球斜交赤道，其晝長短線總繇赤道緯度任用疎或密，故其理不異，節氣線製法亦同。若諸方相距東西線，皆子午圈所爲與時圈同，必以過兩極圈取準，與製地平晷線同法。以上晷面所得諸線，依本容因之有異，必從其儀上所得圈視儀心至面止，俱依前法。如試於立晷，即地平與赤道爲平行，故地平緯似節氣線形，地平經皆上下平行，遠疎而近午時則密，全倣赤極晷線。十二舍線，皆出地平與子午線相交，太陽出没距時線如前，地平面同，七政線亦出地平交子午線之點，晝夜長短亦如節氣線，諸方相距東西線亦與正時線同製法，各隨本類全載日晷本欵，此不復詳。

明·徐光啓等《新法算書》卷二〇《渾天儀説》卷五　若以本儀製日晷，先如法安儀，令子午圈竪立合天，以垂線考正是時盤上之午正，與本圈對準後，將白紙一幅依當製之晷，或立或倒或在儀左右安之，使從赤道上每三度四十五分出線，至本紙上所得點引長之爲時刻線。假如欲製地平晷，必安紙在儀下與地平面平行，即順赤道側以目下視引線至紙上作識，或用二三點連之得直線，乃赤道線。依本線從子午圈交赤道角上下，正視之得點爲午正處，次轉儀任時盤所行一刻二刻以至于晝，亦如前作識。依時盤刻數與依赤道度同，覺此更簡便得午前或午後一邊之時刻線，則他邊之刻數等，其相距亦與之等。次求晷之心以引其時刻線立表，法當于時之距午遠者，任指一刻作識，隨于赤道往南較遠者，順切子午圈視下紙作識，從本刻引線過此。又從午正引與赤道以直角交之線至此，其兩線交處即晷之心也。若製立晷，宜竪紙在儀後，法與前同，獨出線立表心當向北極後求之。若製東西晷，宜竪紙于正東或西，法亦同，但時刻線皆爲平行線，而表則正居赤道卯酉線上，其長短以四十五度之切線取規。故恒自心至上或下十二刻，量之爲止。若諸偏晷即依偏度多寡安紙，與前同一法，其求心立表，惟以目隨内線至極爲安表之地，必斜出于晷面以當天樞是也。總之，偏地平晷倣正地

·平晷表作式，偏立晷倣正立晷表作式，各依或以北極或以赤道高取之。若欲以直角立表，即用儀心爲表位，其長短俱依切線即本儀半徑矣。黄赤全儀之用約不外此。

明・徐光啓等《新法算書》卷二一《比例規解》 第七節氣線

一名正弦線

分法，全數爲一百，平分尺大可作一千，用正弦表從心數，各度之數每十度加字。如三十度之正弦，五十則五十數傍書，三十二度之正弦五，則五數傍書三。

簡法，第一平分線可當此線，爲各有百平分，則一線兩旁一書分數字，一書度數字。

用法一，半徑内有設弧，求其正弦。以半徑爲底，百爲腰置尺，次以設度爲腰取底即其正弦。

用法二，凡造簡平儀、平渾、日晷等器，用此線甚簡易。如簡平儀之干盤周天圈，其赤道線左右求作各節氣線。先定赤道線爲春秋分，次於弧上取赤道左右各二十三度半之弧，兩弧相向作弦，以其半弦爲底，本線百數爲腰置尺，次數各節氣離春秋分兩節之數，尋本線之相等數爲腰，取底爲度，移赤道線左右兩旁作直線，與相對之節氣相連爲各節氣線。或于赤道線上及二至線上定時刻線之相距若干亦可。如欲定立春、立冬、立夏、立秋，因四節離赤道之度等，故爲公度。法曰，立春至春分四十五度，則取本線四十五度内之底線，移於儀上春分線左右。若欲定小暑、小寒之線，離秋分、春分各七十五度，則取七十五度内之底線爲度移二分線左右得小暑、小寒之線。

第八時刻線

一名切線線

分法，切線之數無限，爲九十度之切割兩線皆平行無界，故今止用八十度。于本線立成表上查八十度得五六七即本線，作五六七平分，次因各度數加字。一度至十五切線正弦微差尺上不顯，可即用正弦。

第九表心線

一名割線線

分法，此線亦止八十度，依表查得五七五，平分之，其初點與四十五度之切線等，初點即全數故等次依本表加之。

用法一，有正弧或角，欲求其切線或割線。法以元圈之半徑爲底，切線線四十五度之本數爲腰，割線線則以〇度〇分爲腰，置尺，次以設度爲腰取底爲某度之切線，割線反之。有直線，又有本弧之徑，欲求設線之弧若干度，以半徑爲度以爲底，設弧之度數爲腰，置尺，又設線爲底，求本線上等數，即設線之弧。

用法二，表度説以表景長短，求日軌高度分。今作簡法，用切線線，凡地平上立物皆可當表，以表長爲底，本線四十五度上數爲腰，置尺，次取景長爲底，求兩腰之等數，即日軌高度分。若用横表法如前，但所得度分乃日離天頂之度分也，安表法見本説。

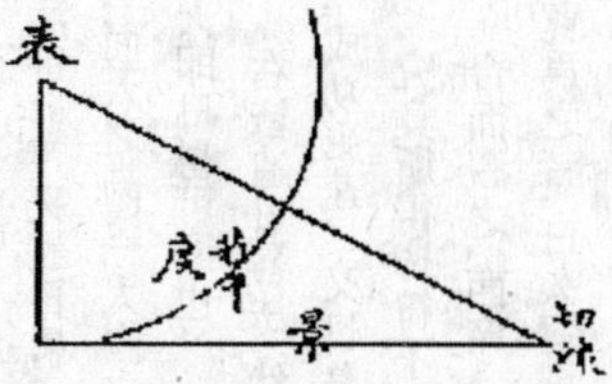

用法三，地平面上作日晷法。先作子午直線卯酉横線，令直角相交，從交至横線端爲底，就切線線上之八十二度半爲腰，置尺，次于本線七度半點内取底爲度，向卯酉線交處左左各作識爲第一時分，次遞加七度半取底爲度，如前遞作識爲各時分。每七度半者加七度半十五度，二十二度半，三十度，三十七度半，四十五度，五十二度半，六十度，六十七度半，七十五度，八十二度半。若求刻線則遞隔三度四十五分而取底爲度也。次于元切線上取四十五度線四十五度之切線即全數爲底，割線初點爲腰，置尺，次以本地北極高度數爲腰，于本線上取底爲表長于子午卯酉兩線之交正立之。又取北極高之餘度線爲度，于子午線上從交點起向南得日晷心，從心向卯酉線上各時分點作線爲時線，在子午線西者加午前字如巳辰卯，在子午線東者加午後字如未申酉。日晷圖説子午、卯酉兩線相交于甲，甲酉爲

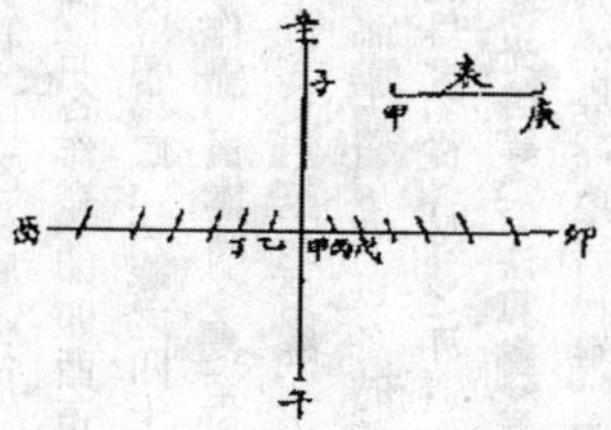

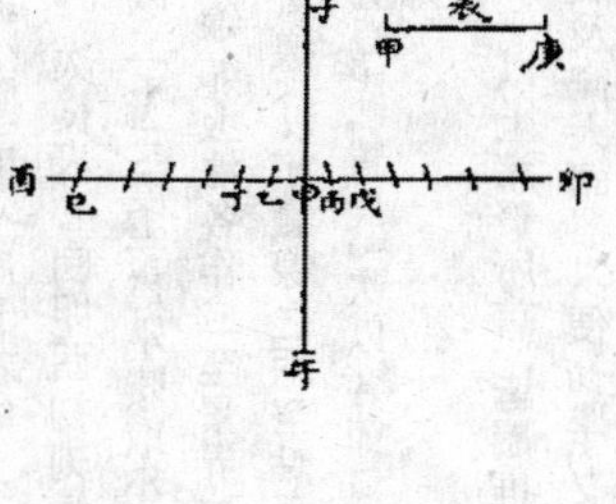

度以爲底，以切線之八十二度半爲腰，置尺，遞取七度半之底，向甲左右作識，如甲乙、甲丙。次取十五度線之底作第二識，如甲丁、甲戊，每識遞加七度半，每識得二刻，則丁點爲午初，戊爲未初，餘點如圖。次取甲已線上四十五度之切線爲底，割線之初點爲腰，置尺，取北極高餘度順天府約五十之割線爲度，從甲向南取辛，辛爲心，從心過乙丁等點爲線爲時刻線，又割線上取北極高度之線，順天府約四十爲表長，即甲庚也，表與面爲垂線。立表法以表位甲爲心任作一圈，次立表，表末爲心又作圈，若兩圈相合或平行則表直矣。

用法四，先有表度求作日晷，則以表長爲底，割線上之北極高度爲腰，置尺，次以極高餘度爲腰取底爲度定日晷之心，次用元尺于切線上取每七半度之線如前。凡言表長以垂表爲主或垂線。

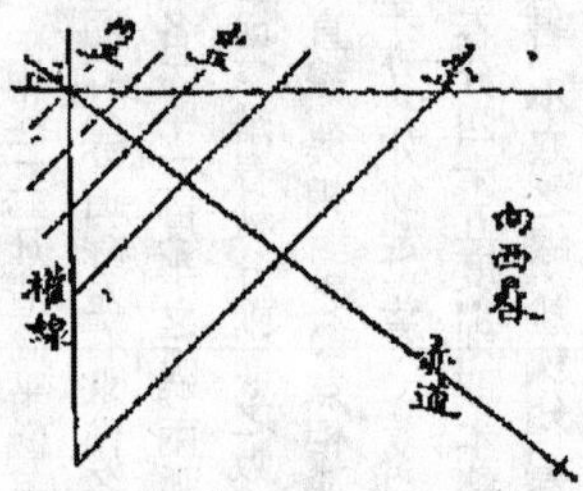

用法五，有立面向正南作日晷，法如前，但以北極高度求晷心，以北極高之餘度爲表長。又平晷之子午線爲此之垂線，書時創以平晷之卯爲此之酉，各反之。

用法六，若立面向正東正西，先用權線作垂線，定表處即晷心，從心作橫線與垂線爲直角。若面正東于橫線下向北作象限弧，若面正西于橫線下向南作弧，弧上從下數北極高之餘度爲界，從心過界作線爲赤道線。又以表長爲底，切線線上之四十五度爲腰，置尺，遞取七度半之線，從心向外于赤道上各作識，從各識作線與赤道爲直角，則時刻線也。其過心之線向東晷爲卯正線，向西晷爲酉正線。若欲加入節氣線，法以表長爲度，從表位甲上取乙點爲表心，從心取赤道上各時刻點爲度以爲底，以切線線之四十五度爲腰，置尺，又以二十三度半爲小腰，取小底爲度于各時刻線上，從赤道向左向右各作識，爲冬夏至日景所至之界。如圖，甲乙爲卯酉正線，以表長爲度。從甲取乙爲表心，以切線上之

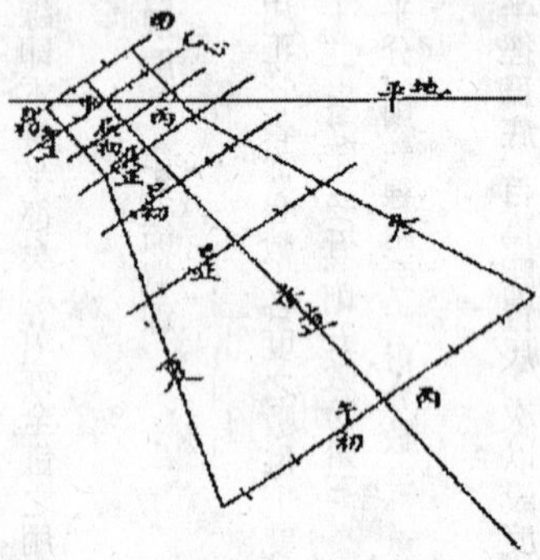

四十五度爲腰，甲乙爲底，置尺，又以二十三度半爲小腰，取小底于本線上，從赤道甲向左向右各作識，即卯酉正時冬夏至之景界。次從表心向卯酉初刻線，取赤道之交丙點爲底，切線之四十五度爲腰，置尺，以二十三度半爲小腰取小底于丙，左右各作識，爲本時冬夏至之景界。次于各時線如上法各作二至景界訖，聯之爲本晷上冬夏二至之景線，次作二至前後各節氣線，以節氣線之兩至點爲腰，即鶉首之次，西曆爲巨蟹宫以各時線上赤道至兩至界爲底，置尺，次以各節氣爲小腰，取小底爲度，從各線之赤道左右作識如前法。

明·徐光啓等《新法算書》卷九八《曆法西傳》 以上諸賢所著，皆屬推解曆理。近因古學奥深，學者爲難。曆學家別有立成表及測天諸器以便初學，又有永年曆亦立成之類，預紀七政經緯及交食淩犯諸行取準於天，具舉其證，蓋由推測二功相佐而成，不可疑也。今論測器惟渾儀爲最，用之取日光，求其躔度，求日緯度，求北極出地幾何，日出求東西之緯度，求太陽午正之高，推時求日星之高，求太陽赤道經度，求星出地平之時刻，求太陽距子午規時刻，求太陽出入并晝夜時刻，以日星高求時刻，又作地平日晷求朦朧時刻，隨時求東出黄道宫度分。【略】

又有日晷多種約言其法。如作象限，作卯形考墻面之方向，求子午線設時求日之高，設日之高求時分。論有法日晷，蓋有六種，一地平上晷，一向南平面晷，一向東平面晷，一向西平面晷，一向北平面晷，一向赤道平面晷。詳每日晷有十二種線，以景證日之行，如此從地平起時線，從子午起時線，節氣線，晝線過頂圈線，日高線，地球之徑圈八十二種高線，幾節氣出地平上線，日出地平算某時刻日入地平，算某時刻每日平分晝爲十二時線。名七政時線又有向南向北斜面、雜向立面、雜向倒面，挖面，或正圓，或長圓，正球，偏球，各日晷及各正表、斜表法，槩因無有定向稱無法日晷。又設日晷一圖，以大爲小，以小爲大焉。夫日晷大不越數尺，小僅數寸，而天之高遠，太陽之行度經緯悉備，變相以通其理，多方以盡其能，故曰曆學之廣大即日晷可徵也。

右皆造日晷法，然造晷用圖平行垂線最多，下手爲難，乃用立成表。其法更精，成功更速。又日晷之度數或用立成表查，或用幾何要法，或用比例尺諸規矩。究竟所得皆符不爽毫髮，即此而推所算日躔之密合，亦并可見矣。

合而觀之，西庠之于天學曆數千年經數百手而成，非徒憑一人一時之臆見貿貿爲之者，日久彌精後出者益奇，要不越多祿某範圍也，已前所引，在全書僅十分之一覽者，即所見以推所未見，可也。

又 余著新法，悉本西傳，非敢强天就法也，乃爲法以合天。以測候爲曆家之首務，故修政以來除西製大銅儀數具外，在局别造有半徑儀三座，自心至邊或一丈，或八尺，具刻宫度分秒，一一詳明，以求適用。日督同監局官生晝測日，夜測月、星，三儀所測或並同或兩同者取以爲準，若三各不同則置之俟再測，如是者數年列宿距星遠近異同悉于是時考定，凡遇五星淩犯、伏見、日月交食，公同部司赴觀象臺測驗，務求密合。累蒙欽遣内臣同來審視，又因交食差官四方測驗異同，嗣後奉命造進黄赤大儀及星晷、天球大日晷等，或内庭親測或偕内靈臺諸臣測，如是者又數年。于是上下相孚，朝野悦服，上乃決計散遣魏文魁等回籍一意頒行新法，惜兵事倥偬，未免有待將來耳。

明·徐光啓等《新法算書》卷一〇〇《新法表異》卷下 日晷備用

单論求時，則晷爲最準。蓋古法時牌不分，方土爲用最拙。新法之創，斯晷必預定各方北極出地之度，以故隨處可用，且無拘垣壁正側咸可制造，或用羅鍼，或不用羅鍼，且又能于一面視太陽所躔、節氣、宫次度分，及定日之高度、定黄道各時之出没，其稱最者，則地平晷、立晷、百游晷、通光晷等數種。他若柱晷、瓦晷、碗晷、十字晷等，或正、或欹之類，不啻數十種。而此外更有星晷及測月之器，以爲夜中測時之需云。

明·佚名《日月星晷式》 北極出地度數

周天三百六十度爲四象限。

半周天一百八十度爲二象限。

一象限九十度。

赤道在天之正中，離北極一百八十度，離南度亦同。

冬至日出赤道南二十三度半。

夏至日入赤道北二十三度半，此爲日道，又爲黄道。

京都北極出地四十度，南極入地亦同。

南京

山東

山西

陝西

河南

浙江

江西

湖廣

福建

廣東

廣西

四川

雲南

貴州

日晷圖法

夫造日月星晷及諸測器之業不能離方圓線圜也。其線與圜亦每須分之，故造器之論恒命分某線某圜幾何度分，截幾何度分，量某圜分爲幾何度分之圜分，且命作直線，引長線作平行線，作垂線，作全圜，作圜分，分平度，分差度，此等非直尺及規矩俱不能成也。縱尺規俱精，不得造法則甚爲煩難。故易厭廢焉且百種晷必先知本處北極出地度分，然後具造法及用法俱準，不然則萬萬不能準也。方向不準，時刻亦不準，蓋羅經周於天下獨有太狼山針鋒直指南北，其餘皆偏矣。西域指南之端則偏西，中國則偏東，以羅經定方向安能不差爽耶。若得節氣線或子午線，則方向準定，羅經之偏亦因可測而補之矣。故以作方圓分線圜測極出度分，節氣線諸法爲首篇也。

規式

造規法

此運規之器形，以銅鐵爲之。圓頭二髀可闔可開，一居心，一旋轉，鋭施精鋼。若用以量，其兩髀須極鋭。若用墨，其一髀須極鋭。其一作一小溝以便用墨，可以爲圜，可以作直線也。

造界尺

若界尺欲驗其直否，則任依其一邊畫線。試如界尺在北，畫線在南，勿令線移第轉尺。令其原邊在線南，線在尺北，視其切合原線否，如合則直，否則曲矣。視不合處而得尺之曲處也。或如前，尺在線北，線在尺南，線不動，但反覆界尺，令其下面向上，東端向西，亦視界尺原邊與線切合否，即得其曲直處也。

作引長線式

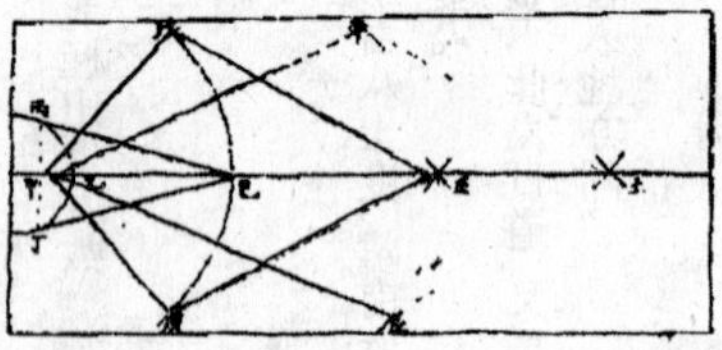

作引長線法

有甲乙兩點相近或甲乙短線，求依甲乙引增作一長線。甲乙太短，必差也。先以甲爲心，乙爲界，作半圜。從乙向圜任截乙丙、乙丁兩度等，即從丙丁向乙平處各作短界線交于己。次以甲爲心，己爲界，作圜分。從己向圜任截己戊、己庚兩度等，即從戊庚向己平處各作短界線交于壬。次以甲爲心，壬爲界，又作圜分。從壬任截壬辛、壬艮兩度等，即從辛艮向壬平處各作短界線交于土。末作甲乙己壬土線，其線即所求。若更欲長，依此推作。

又作引長線三式並作法

第一式：以甲乙各爲心，左右各作兩短界線交于丙于丁，即以丙丁各爲心，向乙平處各作短界線交于戊。次以乙戊各爲心，各作兩短界線交于己于庚，即以己庚各爲心，向戊平處各作短界線交于辛。次以戊辛各爲心，各作兩短界線交于壬于艮，即以壬艮各爲心，向辛平處各作短界線交于土。即將甲乙戊辛土共作一直線，即得也。

第二式：從甲壬作一長線爲甲庚，竹成甲角。此角固不至直，亦勿太鋭。又從乙任作乙丁一線交長線于丙。次以甲丙爲度，從丙依長線截取丙戊、戊己、

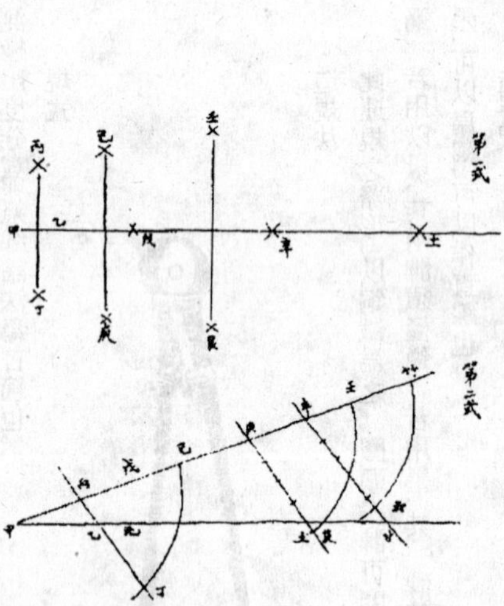

己庚、庚辛四分，則甲辛爲五平分也。次任用一度，以丙爲心，作圜分，石丁交甲庚線于石，交丙乙線于丁。即用元度以庚爲心，亦作圜分，交甲庚線于壬，從壬向圜截取壬艮與石丁等次作庚艮線，必與丙丁平行，次庚爲甲庚線第四分。即以丙丁爲度，從庚向艮截取四分至土未，作甲乙土直線即所求。若欲更長，則以庚壬爲度，以辛爲心，作圜分，交甲庚線于竹。次從竹截竹云石丁等次作辛云線，必與丙丁庚土平行。次辛爲甲庚線第五分，即亦以丙乙爲度，于辛云線上從辛向云截取五分至甘。末作甲土甘直線，即所求。若欲更引之，依此推作，第視甲庚線幾分，如是六分七分，則丙乙平行線亦截丙丁六分、七分也。

第三式：或甲元爲命，引長短線，先作甲庚竹長線。即任用一度，從甲向長線截取第一分爲丙，第四分爲庚。次從丙任作一線交甲元線于乙，不必交元點。次如前法得庚艮線。即以丙乙爲度，作四分于庚艮線，亦得土也。又法，以乙爲心，甲爲界，作圜分。次用元度，從甲向圜截取丙丁戊三分，即半圜也。又以戊爲心，乙爲界，作圜分，如前截得丁己庚三分。又以庚爲心，戊爲界，作圜分，如前截得己辛壬三分。又以壬爲心，庚爲界，作圜分，如前截得辛艮土三分。次以戊爲心，甲爲界，作圜分，如前截得石元壬三分。又以壬爲心，戊爲界，作圜分，如前截得元牙竹三分。又以竹爲心，壬爲界，作圜分，如前截得牙弓云三分。次以壬爲心，甲爲界，作圜分，如前截得坎仁云三分，必與壬之圜遇于云也。次又

以竹爲心，甲爲界，作圜分，如前截得尺勺甘三分。末作甲乙戊庚壬土竹云甘線，即所求。若欲更長，則又以云或甘爲心，壬爲界，依法推作。

作平行線式

作平行線法

有甲乙線，線外有丙點，求從丙作線與甲乙平行。先從丙點或左或右任取一點，或在甲乙線上，如丁。或在甲乙線及丙點閒處，如戊。或與丙點平處，如己。次以丁爲心，遇丙作圜分，交甲乙線于庚。次用元度，復以丁爲心，與丙庚圜分對處復作辛壬圜分，交甲乙線于壬。次以丙庚爲度，移之，從壬至辛丙辛二點作直線，即甲乙平行線也。或以戊爲心，右作丙元，左作弓牙圜分。或以己爲心，左作丙坎，右作尺仁圜分，皆得。但所取點在甲乙線及丙點之間，如丁，則圜分交甲乙線更直，更易準也。

作垂線式

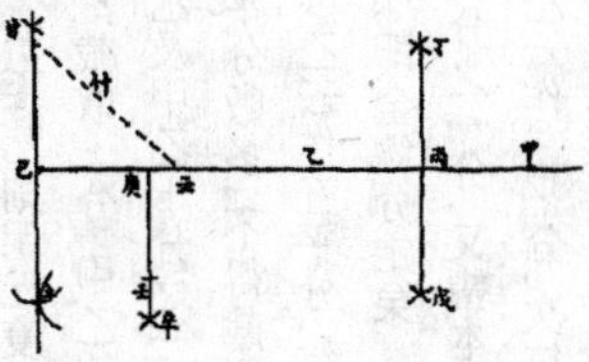

作垂線法

先得甲乙横線，欲從丙點作一垂線，即以丙爲心，左右任取二點甲乙云丙等。次任用一度，但須長于丙甲。甲乙各爲心，以上下向丙點各作一短界線，兩線上交于丁，下交于戊。次作丁戊直線，必過于丙，且必爲甲乙垂線，與甲乙成直角形也。若不便作上下短界線，止作或上或下，亦足矣。若所命作垂線，點在線界，如己，外無餘線可截。即于甲乙線上任取一點爲庚，如前法，從庚立庚辛垂線。次任取一度，以己爲心，向上或下作短界線。次用元度，從庚于庚辛垂線上得壬。即從壬向左亦作短界線，兩線相交于土。次作土己直線，即甲乙垂線也。

或以己爲心，甲乙線上行任指一點爲竹。次以己竹爲度，從竹向下值甲乙線處作識，爲云，復向上己點對處作短界線。次從云竹兩點相望作虛線，交短界線于甘。次作甘己直線，即所求甲乙垂線也。

平分直曲諸線式

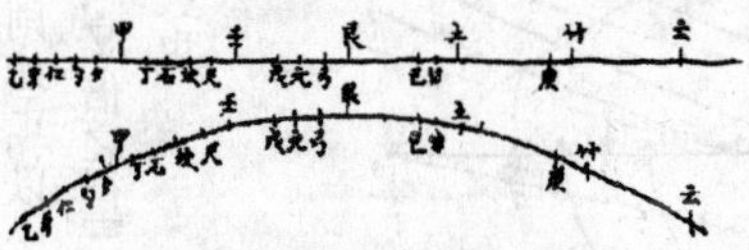

平分直曲諸線法

有甲乙直線，甲乙圜線，求作幾何平分。先視所命分，如五分，即依本卷第。以甲乙引長之，從乙截取甲壬、壬艮、艮土、土竹、竹云五分，并甲乙爲六分。俱與甲乙等次云乙線平分爲五分，如云庚、庚己、己戊、戊丁、丁乙。則云庚、庚己俱帶甲乙及甲乙五分之一也，即庚竹爲甲乙五分之一也。次以云庚爲度，從竹截竹甘、甘元、元石、石牙。從土截土弓、弓坎、坎仁。從艮截艮尺、尺勺。從壬截壬夕。則甲乙自得五平分也。若欲分乙云全線，則用元度，從乙甲壬艮土各退截之，即得也。若以甲乙欲平分十分，則當截取十分，甲乙等并甲乙即十一平分。次以十一分之線平分十分，每分帶甲乙及甲乙十分之一，餘如前法推作，即得也。

若甲乙線大，難以引長或平分數多，不得截取，則就本線求分。又有一法，如乙云線，求作三十平分。則以乙云作五平分，每分爲兩平分，得十。是每分當三平分，依前法，每分則三平分，即全線分定矣。或以云乙線先平分六分，次六分復平分五分。則每分得六大分之一分，又帶本分五小分之一，餘依右法推，亦得也。又如作八十四分，則以乙云作三平分，次每分爲兩平分，得六。又每分爲兩平分，得十二。是每分尚當七平分也。次以七分作八平分，如上推得。

平分圜爲細分杪式

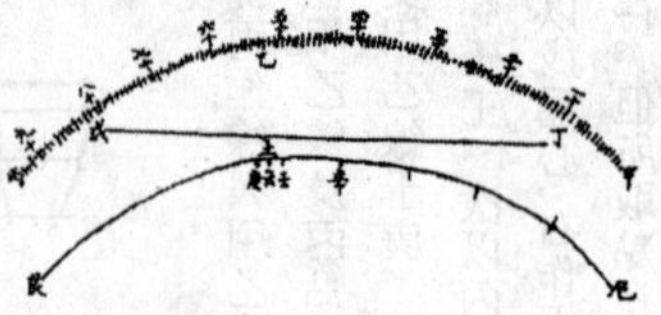

平分圜爲細分杪法

有甲乙丙圜分，爲全圜四分之一，其半徑丁戊任于一度，求截六十分之幾何分。先視所命分，如是五十三分，即于本圜截取五十三度爲甲乙。或別以丁戊爲半徑，別作一圜分己艮，即以五十三度截取己庚。次以己庚爲五平分，其一爲辛庚。次以辛庚爲三平分，其一爲壬庚。次以壬庚爲兩平分，其一爲云庚。次以云庚爲兩平分，其一爲土庚，則土庚即己庚圜分六十分之一，即所求一度中六十分之五十三分也，杪法倣此。

若圜分短小，難分六十，則以圜分又三倍之合爲四。然後作六十分，則元圜分每分得四，從四作四細平分較易也。若更短小，則三倍之，外又四倍之合爲八。然後分爲六十分，則元圜分每分得八，從八作八細平分也。

今先有己艮圜分之土庚，欲知爲六十分之幾何分，則以土庚爲度，從庚向圜截取六十爲庚己。以己艮圜分己庚移于甲乙丙圜分，視爲幾何度，如是五十三度，即土庚爲六十分之五十三也。

若分太短，難以爲度，則視此分。若小餘半度，即以此分并旁一度，從圜截取六十，視所得度數，如是八十一，除去六十，存二十一，即知本分爲六十分之二十一也。若大于半度，則以小分依上截取，既得小分，如是二十一，則大分即三十九也。若截取六十，嫌于大煩，則如上，以小分并旁一度，倍之得二，次又倍之得四，又倍之得八，又倍之得十六，又倍之得三十二，又倍之得六十四，即除去所并六十度，則所存度數即所求分數也。

求不平行兩線之交式

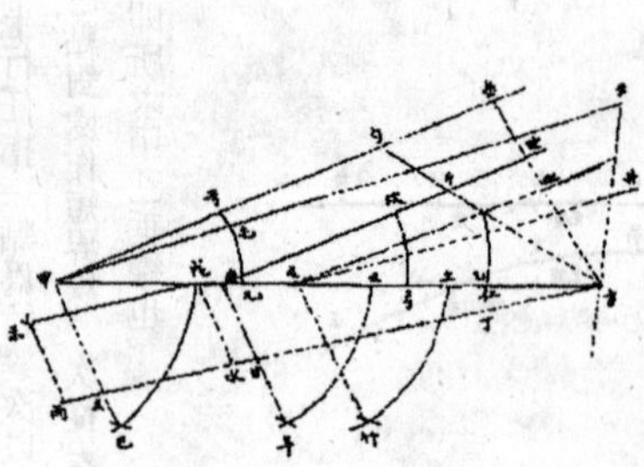

求不平行兩線之交法

有兩線不平行，其交處必甚斜難準，當別用法以驗之。此線于元線愈近，垂線愈佳也。如甲乙、丙丁兩線，其交處當在方。則于甲乙線上任指甲庚艮三點各作線，皆平行線作法，即以甲庚艮各爲心作戊己、壬辛、土竹三圜分。次從戊壬土各截等度于己辛竹，次以甲庚艮于己辛竹相望作三直線，必皆爲平行線也，交丙丁線于云、于甘、于石，若作四五線以上愈多愈佳也。次甲乙線上又作出甲缶、庚世、艮皿三線，必須與甲乙爲鋭角，而三線亦平行，作法與前同。以甲庚艮各爲心作元牙，弓坎、仁尺三圜分，各截等分于牙坎尺，從甲庚艮與牙坎尺相望作線即得。次以甲云爲度，于甲缶線上從甲向缶任截幾分，如甲亙、亙巨、巨勺、勺缶四分，則以庚甘爲度，從庚向世亦截四分，如庚司、司丘、丘斤、斤世，則艮石爲度從艮向皿亦截回分，如艮亞、亞卉、卉尺、尺皿。次任以三線之相似分，如以第二或俱以第三第四分相望作線，次任以甲乙或丙丁引長之即交于方也。如此試各以第三點作勺斤尺線，亦各以第四點作缶世皿直線，兩線皆交甲乙或丙丁于方，但其缶世皿者交甲乙更直，故其交點益明準也。若從甲從艮更作兩平行線，如甲尹、艮升，則與甲乙亦爲鋭角。亦如前法于甲尹線上以甲云爲度，截甲五、五巨、巨凡、凡古、古尹五分，于艮升亦以艮石爲度，截艮亞、亞介、介止、止共、共升五分，亦以相似分作線如此試，各以第五分作尹升線，亦交于方交！角愈大交點愈明准也。

分直線與依圜所分之直線分比例等式

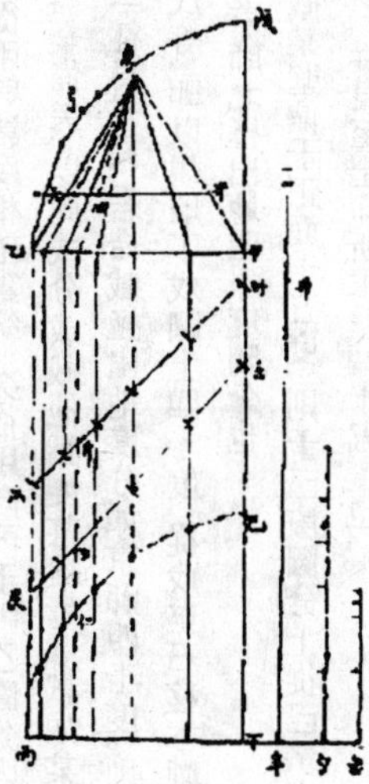

分直線與依圜所分之直線分比例等法

凡圜上作徑線，徑線左右兩半圜平分若干分，每兩半圜分相對望作識于徑線，其分徑線必疎密不得平分。今欲分一線不必作圜，而線分與依圜所分之線分等。 先作一式如甲乙丙丁直角形。次以甲丁各爲心，乙丙各爲界，各作全圖四分之一爲乙戊爲丙己圜分，次任平分圜爲所命如六分，即以兩圜相對之分相望作線，俱與甲丁及乙丙平行，則甲乙丙兩線之分即依圜所分之不平分也。次又于甲乙上立平邊三角形負圜于庚，次從庚向甲乙線諸分俱作線而母式備矣。次視所求分之線，若等于甲乙則以甲乙線分移作即得，若大于甲乙則用直角形，如求分線爲勺即以勺線爲度從甲丁線任指壬點從壬向乙兩線截取艮作壬艮線？即壬艮線得疎密六分，與甲乙線分比例等，若大于甲乙太多如辛，則與甲乙間平行線交太斜，即以其半辛坎如上法作竹云線。既得竹云線疎密六分，即以每分倍之，亦得辛線疎密六分。 若更大則或以三分之一或以四分之一，依此遞推。

若小于甲乙則用平邊三角形，如求分線爲缶即以缶線爲度，從庚向甲向乙截取牙元即作牙元線，以牙元線諸分移缶線，即得疎密六分，與甲乙線比例等。若以線之半爲度，小于甲乙則亦用三角形如上推作，若止欲求得依圜所分之幾分，如全圜四分之一有九十度求得五十二，則從戊向乙從己向丙各截五十二爲弓爲仁，以弓仁相望截甲乙線于尺，次作尺庚線截元牙線于力，作弓仁線截壬艮線于夕，竹云線于斤，即得各線依本圜五十二度也。

作一直線與圜等及作一直線與圜等式

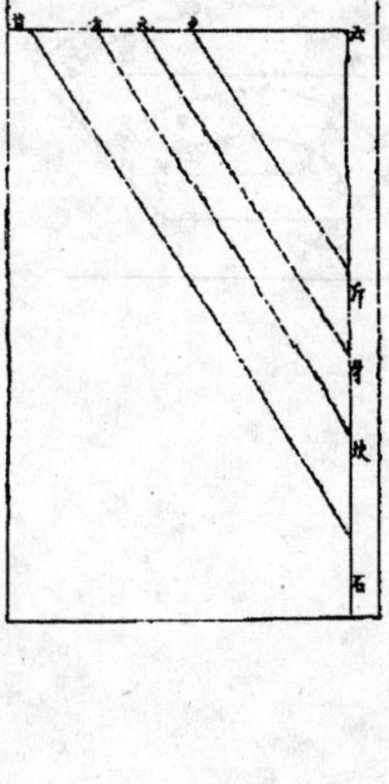

作一直線與圜等及作一直線與圜等法

先作甲乙丙丁直角方形，其甲乙丙丁兩腰線任分幾何平分，分愈密愈佳。今各分九分，先分三平分，每分又分三平分，次每兩分平望作虚線皆與丙乙平行。次以乙爲心，甲丙爲界，作甲戊丙全圜四分之一照兩旁線亦平分爲九分。次從乙于圜上諸分相望作斜虚線，次循横及斜線交處從甲作甲壬辛曲線，但定辛交丙乙線，末點無確法，則以丙戊、乙庚兩腰線之下分，及辛壬圜分各分三平分或四平分，如法作横及斜線，依交處作曲線，而辛點可定不爽矣，末甲辛相望作一直線也。

次別作云甘横線云石垂線兩線交成直角形，次以第一式乙辛爲度移之云甘線，從云至元亦以第一式甲乙爲度移之云石線，自云至牙即作元牙線與第一式甲辛等也，若以云元爲一圜半徑線，即云牙線必爲本圜四分之一，兩取之即與半圜等，四取之即與全圜等也。 若命作一直線與所得圜等，即以本圜半徑如云弓爲度移之云甘線上，從云左行至亏，次依本卷第，從弓作元牙平行線交云石線于坎，云坎線即本圜線四分之一，依前四取之即與全圜等也。 若命作全圜與所得直線等，即將本線平分四分，次以其四分之一爲度移云石線上，如自云至斤，次從斤作元牙平行線交云甘線于夕，即以云夕爲度作一全圜，必與所得直線等也。

截度捷式

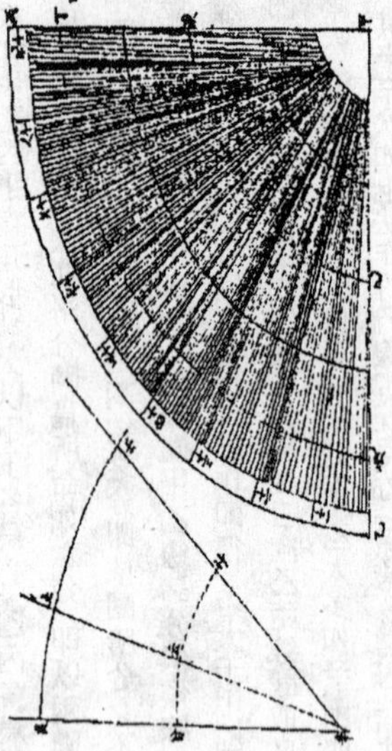

作截度捷

先備銅或牙或堅木板，大小無度，但愈大則器愈佳愈准也。次作甲丙、甲乙兩線相交于甲而成直角形，次以甲爲心任作丙乙爲全圜四分之一，以本卷第，分爲九十平度，次從甲與諸度相望畫線，次從甲向丙于丙乙圜分内任作數圜分如丁戊庚己。而器全備矣，以此或分或截他圜度甚捷焉。試如某圜上有壬艮圜分，心在辛，其半徑爲辛艮，若命截極出地度分如京師四十度，則本圜半徑辛艮與丁戊圜分甲戊等，即以規取丁戊圜上四十度，從戊至石移本圜從艮至壬而壬艮圜，分即所求京師北極出地四十度圜分也。

又試如命截某壁偏于正面十五度，則于己庚圜分上從己量十五度至元，次以戊元爲度移之，從艮至土即所求壁偏十五度也。

若所命截度圜半徑大于甲乙，或不大但與器上甲己、甲戊、甲乙諸半徑不等，則任以甲己爲度，從本圜心辛至甘作虚圜，次從己量四十度于石，亦量十五度于元，即以己石爲度，亦以己元爲度，移之從甘至竹至云，次作辛竹、辛云兩線，引長必交本圜，于壬于土艮壬即所命截四十度圜分，艮土即所命截十五度圜分也。

平分圜式

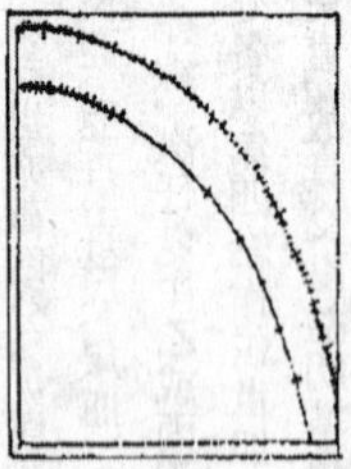

平分圜法

測量分圜約有二法，日時有十二倍之則節氣有二十四，又兩倍之刻有九十六，爲一分法。周天度有三百六十，爲二分法。

欲分九十六如甲乙圜分，心在丙，爲全圜四分之一。欲爲二十四平分，先任以半徑如甲丙爲度，從甲從乙各截圜于丁于戊，得三平分，次每分爲兩平分得六，又每分爲兩平分得十二，又每分爲兩平分得二十四也。

今欲分三百六十，其甲乙圜分心在丙，爲全圜四分之一，當分九十平分。先任以半徑如甲丙爲度，從甲從乙各截圜于丁于戊，得三平分，次每分爲五平分得十五次，依平分直曲線法或以每分爲三平分則得四十五，又每分平分兩平分即得九十也，或以七分己庚爲六平分亦得九十也。

或以己艮全圜四分之一平分爲九分，止取辛庚一分平分十度，用時視所用分數如是五十三度，則于火分從壬至辛取五十于細分，從辛向度取三即得，餘倣此。

隨圜大小截幾何度且知某圜分幾何度分式

隨圜大小截幾何度且知其圜分爲幾何度分法

先于平板上作大小三四圜分，皆爲全圜四分之一，其上圜爲甲乙圜，下晝其半徑爲壬辛，中圜分爲丙丁，其半徑爲艮土，下圜分爲戊己，其半徑爲竹云，每圜平分爲九十度或四十五度而器畢矣。

試如得牙石圜分，心在元，欲截二十六度，即以甲乙圜分半徑壬辛爲度，從元作弓甘圜分，次于甲乙圜分上量二十六度移之弓甘圜分從弓至坎，次從元與坎相望作直線交石牙圜分于仁，仁石即所顧截二十六度圜分也。若面隘不足畫弓甘圜分，即以丙丁更小圜分之半徑，艮土爲度，作勺尺圜分，或以戊己又更小圜分半徑云竹爲度畫夕斤圜分，次于丙丁圜分上量二十六度移之從勺至缶，或于戊己圜分上量二十六度移之從夕至世，次從元與缶與世相望作元世缶線交石牙圜分于仁，石仁即所求二十六度圜分也。

若先得石仁而欲知爲幾何度圜分，則先從元與仁相望作元仁直線，次任以一圜半徑如壬辛爲度，從元作弓甘圜分，交元仁線于坎，取弓坎度移于甲乙本圜分上，視截幾何度，假如二十六度即知石仁爲二十六度圜分也。

量幾何分式

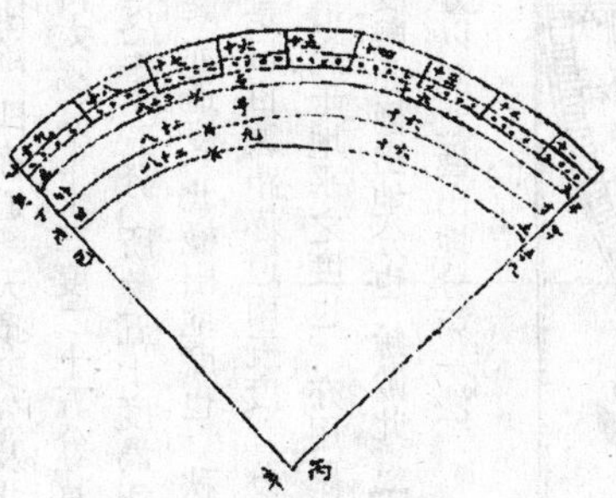

量幾保分法

凡以器量日月或星，若所用景尺或垂線切截兩度間線則知有度而無分，若截一度間則知有分。凡一度平分六十分欲知所截爲一度幾何分，則先作甲乙丙全圜四分之一平分爲九十度，次自丙向甲復任作五十九圜分，其第一圜分上截六十一度之圜分平分爲六十平分，即每分得一度，及一分即六十一分也。次取此一度一分圜分移之本圜從甲丙線上行作識，次以本圜半徑爲度移之本圜，從所作識平分六十度餘圜分以至乙丙線即二十八度，與前六十度等，及五十九分即甲丙線上一分得一度及一分，次即六十度，次二十八度，即得五十九度一分近一丙線，即得五十九分圜分共成九十度也。次第二圜上截六十二平度之圜分，亦平分爲六十平分，即每分得一度及二分，第三圜上取六十三度之圜分，亦平分六十分，餘圜各加一度，依上法分之即得。今特以三圜設試其第一圜云民爲甲乙丙第二十，次圜寸戊爲第四十，次圜土已爲第五十九，云民圜分因爲甲乙丙第二十圜，即以二十加于六十爲八十，即須截本圜八十平度平分六十分，即每分得一度及二十分，以一分移本圜上從甲丙線至云，次以本圜半徑丁丙爲度移之從云至石，云石平分爲六十度，從石向丁復分爲二十八度與六十等，至艮從艮至乙丙線即四十分圜分也，總計即九十度也。

若第四十圜則當以四十加六十成百，截百度平分六十，或本圜止得九十度，不能截百度，即截五十度平分三十分，每分即一度及六十分之四十分，其一分移本圜上從甲丙線至寸，次以本圜半徑戊丙爲度移之從寸至元即平分六十度，次從元量二十八度與前六十度等，于竹從竹至戊即二十分之圜分總計九十度也。

若其第五十九圜分，則以五十九加六十，即截百一十九度圜分平分六十分，或如前截其半五十九度半平分三十分，每分即一度及五十九分，以此三十分之一移本圜上從甲丙線至土，次以本圜之半徑己丙爲度移之從土至牙平分六十度，餘圜分即二十八度及六十分之一分圜分也，總計九十度也。餘圜一一依此法分之，即得各圜旁記爲第幾圜。乙丙邊上立庚辛兩通光耳，耳上各鑽二孔，一大一小，小以通日光，大以目測星而器備矣。丙點繫一線，線末懸一墜，或量太陽或星，或垂線切加甲乙圜分兩度之間線上，即知有度而無分。若不加兩度之間而加于一度上，即知有分，欲知截本度幾分，即視五十九圜中切兩度之間線上爲第幾圜分，試如垂線第二十圜分切如兩度間線上即，知甲乙圜分一度上所截即二十分也，餘倣此。

隨地隨日測北極出地度分

人居地上高處，目力所及止天體之半，則此所見半天之邊與所居地面正相平對，故名地平。日月星至此始出，無有高度，待出地平上幾度即有高幾度也。隨人所至即以其頭頂所對之天是爲天頂，故天頂與地平必相隔九十度，爲周天曰象限之一也。人居赤道之下，即以赤道爲天頂。南北二極俱與地平從赤道而北行一度則天頂離赤道北一度。北極出於地平，南極入於地平各一度。北行九十度，即離九十度。故天頂離赤道度分與北極出地度分等，算太陽躔黃道距赤道若干度，則得赤道高于地平若干度，以減九十度餘即赤道離天頂度分及北極出地度分，對南極入地度分。春秋分二日，日正躔赤道，即無距度。本日午正初刻，太陽高即赤道至地之高，以減九十度，餘即天頂去赤道及兩極出入地度分也。若秋分以後，日躔赤道南，則于本日午正初刻量太陽之高若干度，次算本日太陽躔黄道距赤道若干度，加入太陽之高度爲赤道高于地平之度矣。以減九十度，所餘即赤道離天頂度分，即北極出地度分也。春分日以後，躔赤道北，亦于本日午正初刻量太陽之高度，次算本日太陽躔距赤道度，減去太陽高度，即赤道高于地平度，以減九十度所餘，即赤道離天頂度分及北極出地度分。試如京師小暑第三日午正初刻測得太陽高七十二度二十五分，是日日躔距赤道北二十五度二十五分，以減七十二度二十五分，所餘五十度爲赤道高于地平之九寸除五十得四十，此即京師天頂離赤道度，北極出地度也。秋分後十三日午正初刻，太陽高四十四度五十一分，是日日躔距赤道南五度九分，用以加入四十四度五十一分共得五十度，亦爲赤道高于地平之度也。亦用象限内減此五十度，所餘四十度爲京師天頂離赤道度與北極出地分也，餘倣此。【略】

量太陽高于地平度分以測北極出地分第一法

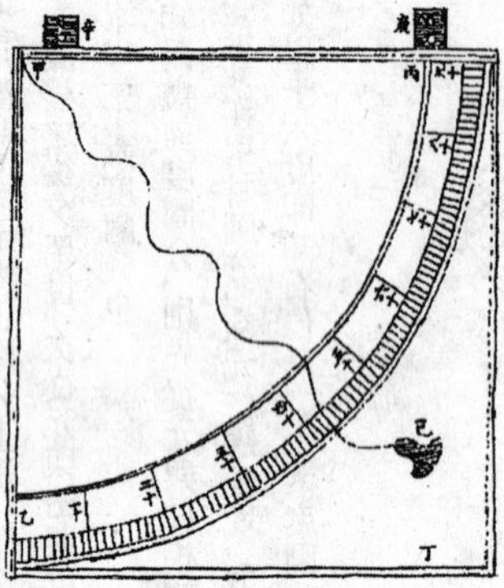

量太陽高于地平度分以測北極出地度分法第一

用銅板或堅木板作甲乙丙丁直角方形，以甲爲心，儘板大小作全圜四分之一直角圜形，匀分九十度。若板或寬大，每度更分六十分愈佳，不得則分六分，每分當十分亦佳也。角心甲施一甲戊線垂下線末，繫己墜令旋轉，加于盤上測周天度分者。上角左右置庚辛兩耳，每耳鑽通可透日光兩孔，須極平相對，乃器全備矣。約日午正先二三刻，以辛耳對日，令日光相通兩耳之孔視垂線所加度分，假如測得日高六十八度，次過半刻復測得六十九度，日光未迄午正初刻，累測累增度分測至七十二度不增度分，即知日昃而七十二度爲本日午正初刻日高度分，依上法算之即得北極出地度分也。

測太陽高以測北極度第二法及測子午向晷式

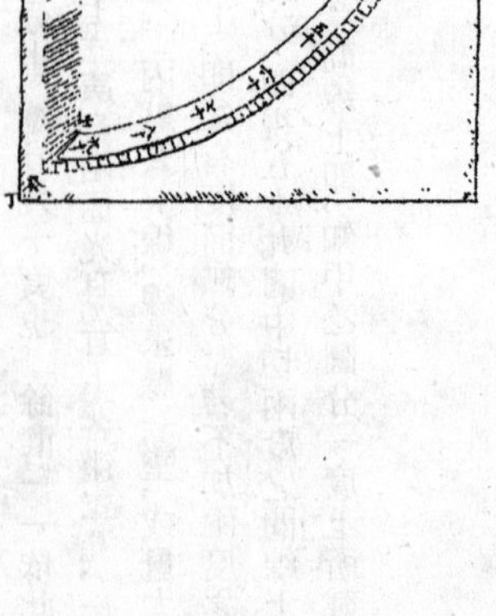

測太陽高以測北極度第二法及測子午向法

用銅或堅木作甲乙丙丁四方形平板，板益大造器亦准，宜厚寸許。取甲丁向丙兩旁，稍離二三分作戊壬、己癸兩線正相對，而俱爲丙丁之垂線。次以戊己各爲心，兩面任作全圜四分之一，爲庚壬、辛癸二圜分，次于二圜分與兩垂線之木益剞去之，其庚辛壬癸圜分之内面，須極平極圓，匀分爲九十度，從庚辛爲一度至壬癸爲九十度。戊壬己癸爲表，隨地隨時欲測日高于地平幾何度分，先以度板立于旱地上，以表向日，使表景正射圜内面，己景對辛癸邊，戊景對庚壬邊，自辛庚數起視表端景所射度分，即爲本時刻日高度分也。若欲得正午日高之度分，以驗本地極出地度分，先于平地上畫得一子午線，用度板一側合于畫線之上，如前法以表向日，俟表景正對圜内面表端景所至度分，即本日正午太陽高之度分也。如尚未得子午正線，亦可以此器定之，先子午前一二時之際，以度板置平地，今表東向對日，表景與圜中界正對，則掾表端景所至度分作一識或兩識于圜内面，即于丙丁兩邊勿遲一瞬各作一識，于平地，次子午後一二時以丙端置原識上，轉甲丁表西向對日，俟表端景至午前所識圜内度分上，而表景又與圜中界正對，復于丁端又畫一識于平地，次以午前午後丁端兩識作一直線，以規量直線正中作識，從兩端之識與直線中識相望作一垂線，即子午正線也。次欲隨日得午正初刻太陽高度分，即以度器置于平地，令其下邊丙丁初合子午線俟，表景正對內圜中界，表端景所射度分即本日午正初刻太陽高度分也。

定子午線又式

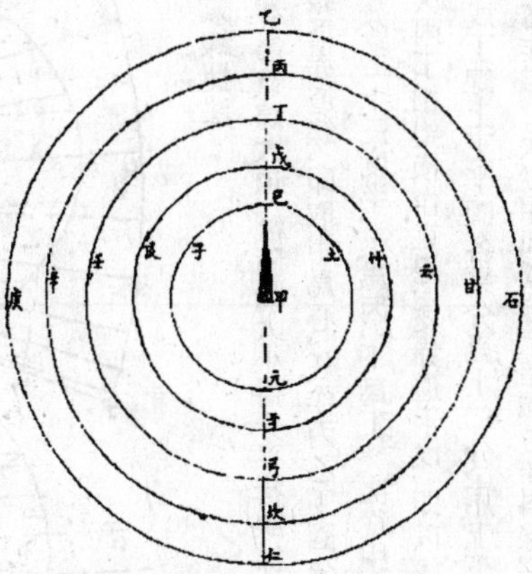

定子午線又法

法曰：晴日用卓或板，平置院宇之中，切令至平勿偏，且勿令動移。褙紙方一尺于上。次用規以甲爲心，任作圜數層，如甲、乙、丙、丁、戊、己者。次立表于圜心，長短無度，即以規一鋭下指圜界，一鋭下指表端，三面度之以求其直。次觀表端景，每至一圜，即作一識，假如至乙圜作庚，至丙圜作辛，至丁圜作壬，至戊圜作艮，至己圜作子。午前表景先長而漸短，故從外而內。俟午後表端景復至己圜作土，戊圜作竹，丁圜作云，丙圜作甘，乙圜作石。次每圜而至上下，各各求中，向上于乙、丙、戊、己，向下于元、牙、弓、坎、仁。次以上下諸中識穿心作一直線，即所求子午線也。次俟次日表景正對此線之時，即午正初刻也。此時促空中手懸一垂線，下端繫一墜，依此線景，或于地上，或于墻上，作一實線，即得本地正指南北之線也。次以羅經盤上子午線置此線上，令上下線正相對，視針兩端所指，即于羅經井口上作二識。用是，令針兩端與二識相對，外盤子午乃得向矣。以此法驗羅經，即知其偏于正方若干度分，待一羅經偏度，則此方之羅經偏度皆知，依此法補其差，乃可用以定正方也。

範天圜分節氣線式

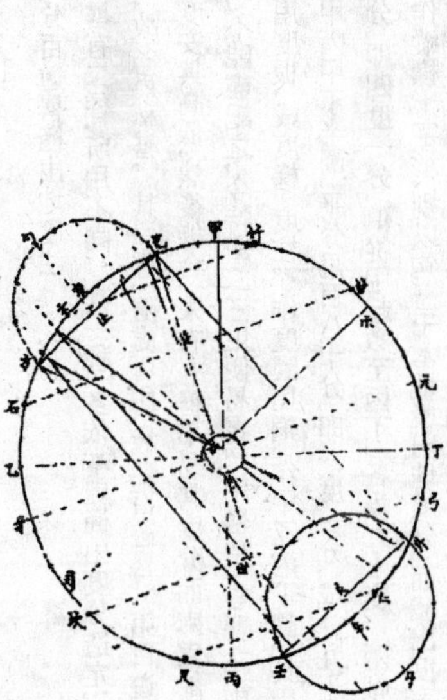

範天圜分節氣線捷法

此太陽錯行黄赤二道分二十四節氣之界限也。先任作甲乙丙丁全圜爲周天南北圜，此圜即三百六十度也。穿心作乙丁横線爲地平線，又作甲丙垂線爲天頂線。次照北極出地度，如京師北極出地四十度，即從甲向乙，從丙向丁，又從丁向甲，從乙向丙，依圜度各量四十度作庚辛、示司二線，則庚辛線爲赤道線，示司爲極線，兩線交於戊，則戊爲地心也。次于庚辛左右各量二十三度半爲己，爲方，爲升，爲壬，各作識，即依此四識上下相望，各對作一線，己井即夏至北陸線，方壬即冬至南陸線也。次以己方升壬左右相望各對作一横線，交赤道于土，于艮，即以土艮爲心，己方升壬爲界，各外行作己勺方及升夕壬兩平圜，或内外作全圜，正與南北陸合得爲黄道圜。次將此兩半圜各匀分爲十二分，作識，將此上下兩圜識直對相望作線，而赤道左右各得疎密六線矣。赤道爲春秋二分。次北曰清明、白露，曰穀雨、處暑，曰立夏、立秋，曰小滿、大暑，曰芒種、小暑，以及夏至。次南曰寒露、驚蟄，曰霜降、雨水，曰立冬、立春，曰小雪、大雪，曰小寒、大寒，以及冬至。而平行節氣線定矣。其日景之射于地者，則取周天圜黄道以内節氣線諸識，各與戊心相望，作斜線是也。

或不用黄道而半圜，第作己壬、方升及己升、方壬冬夏至四線。次將甲乙丙丁圜任從己壬或從方升起，今從己壬起，分爲十二平分即得十二宫，或二十四平分即得二十四節氣。次于己壬左右每相平望兩識作線，如竹云、甘石、元牙、弓坎、仁尺，其線必相爲平行而亦皆爲己壬垂線，交己壬線于斤、于缶、于戊、于世、于皿，即從斤、缶、戊、世、皿各作赤道平行線，示司垂線，而十二宫或二十四節氣如前亦定矣。平行線節氣已定，其斜線節氣亦自定矣。

隨圜大小分節氣線式

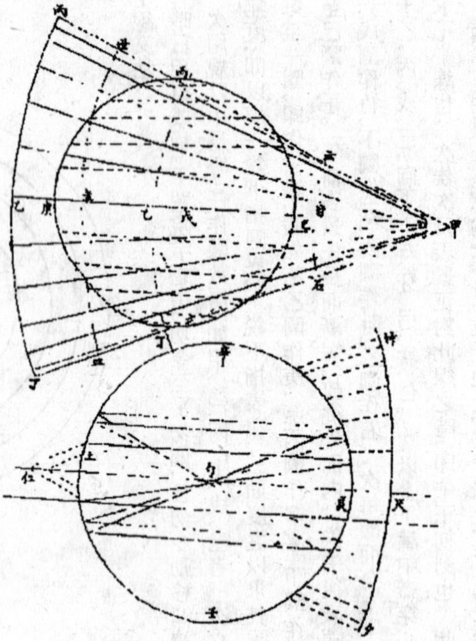

隨圜大小分節氣線捷法

右法雖佳，但用分節氣線太煩，欲隨圜大小得分平行線節氣及斜線節氣捷法，先于外板任作甲乙線爲赤道線，即取甲爲心，任作丙乙丁圜分交赤道線于乙。次從赤道線左右截圜分各二十三度半，上爲丙，下爲丁。次從甲與丙丁各作斜線，即冬夏二至之線也。次丙丁相望横作直線，交赤道于戊，即以戊爲心，丙丁爲界，作丙丁己庚一全圜，丙戊丁線上下半圜各平分爲十二分，用上下識相望各對作虚直線，交丙乙丁圜分處各作識。次從甲與圜分上諸識各作斜線，而節氣斜線定矣。

凡欲分一圜平行及斜行節氣線，以此式指掌可得也。試如欲得辛壬艮土圜節線，心在勺，以此心至圜半徑爲度，移之節氣母式上，從甲向乙截之爲云甘石虚圜分。次辛壬艮土圜穿勺心作艮竹土直線，當赤道線。次以母式于云甘石虚圜分從甘至諸節線交處逐一爲度，移于辛壬艮土圜上，艮土線左右逐一作識，如欲得平行線節氣，則上下相對望兩識每作直線，皆爲赤道平行線，而本圜之諸平行線節氣定矣。如作斜線節氣，則從心勺與圜上諸識各作斜線，而斜線節氣亦定矣。若所命分節線之圜大于所備甲乙丙丁節線母式，則從所命圜之心任作小圜，節氣諸識移之小圜，從心與各識作線，引長令至大圜，而大圜節氣線亦併分定矣。如欲得一圜斜線，即線不必作全圜。先任作尺仁線當赤道線。次任取仁爲心，作所命分節線竹尺夕圜分，以仁尺圜半徑爲度，從之節，母式從甲至缶作世缶皿虚圜，從缶于左右諸節線與圜分交處逐一爲度，移之竹尺多圜分上，從尺左右逐一爲識。次從仁與各識相望作線，而本圜所求節線已定矣。

分百遊晷極出地度式

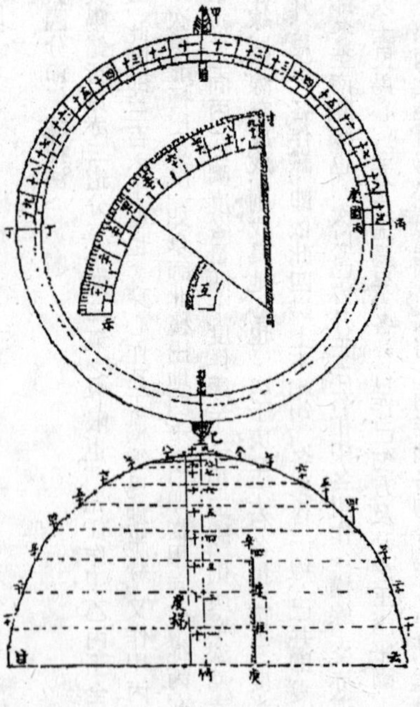

分百遊晷極出地度法

晷有二種，所用不同。其一種，各依本處極出度分造定，非此處及與同度者不可用，故名爲私晷。其一種，隨處可用，故名百遊晷。第百遊晷亦須于用時依各處極出度安其高低，然後能合，未有一晷不易其度分而處處能通用者。定極度分法頗多，不能盡記之，今特舉二三更便易者。用晷時，非懸之，則倚之。懸晷用度圜，倚晷用度板，或度梯，度柱。作度圜用銅，作甲乙丙丁圜，其甲乙爲兩軸，其一軸左右如甲丙甲丁半圜，平分爲百八十分，即一度一分，或分九十分，即兩度一分，或四十五分，即四度一分，俱從甲起數至丙丁，各爲九十度。兩軸令可旋轉，用時移圜，與晷作縱横十字形，别以鈎懸于本地極出地度分，而極出度定矣。

度板及度柱皆於晷下用地平板與晷午線下交，令可闔闢。若度板以圓板四分之一，如寸示司圜分，司爲心，平分寸示爲九十度，截去本地極出度板分，以其餘分置于晷地平板之交，令司角與交角切合，而極度定矣。試如京師極出地四十度，從示至丘四十度之板分悉去之，丘寸五十度板分留之。側至晷下，令晷板倚之，即得。或從丘以内向司俱劃之，則存司丘寸示丘以下藏入地平板，則度板更穩，度數俱全，而所藏入者，南行尚可用。若更留互鋭，令與丘示圜同入地平板，度板更穩。

若度梯，則别以平面板任作云甘横線。次作土竹垂線，兩線相交于竹，以竹爲心，隨所用度梯長短作云土甘半圜，平分爲百八十分，則一度一分，或二度一分，或三度一分，從土左右每分俱平望作横線平行，皆交于土竹垂線。從竹數至土竹爲一度，土爲九十度，而土竹度梯之分定矣。次作銅柱辛庚，以土竹度梯之半爲長，但略餘少許作聯板之用，以土竹線上諸識從竹上行逐一爲度，移之地平板上，從地平板與晷交處，或面上，或邊旁，逐一作識，依識一一作短線。次以度柱爲柱，從交處上行，令度柱一端與晷相切，或活可分，或聯可動，用時以度柱下端指地平板上極出地度，即得矣。

假如甲乙爲地平板，其上諸短線即度梯分數。丙乙爲晷下面，乙即兩板交處，戊庚即度柱。以甲乙之半爲其長，以柱長爲度，從晷下面自乙上行得辛，以置度柱。辛上下俱爲空道，以容度柱，且便前却。今京師極出四十度，以柱下端置四十度線上，而晷得高于地平五十度。他處倣此，或以度往聯于地平板，度梯作于晷下面，亦可。

作節氣曲線捷法式

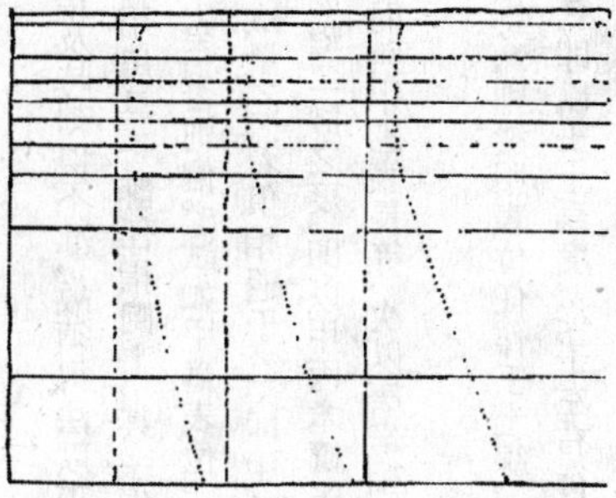

作節氣曲線捷法

夫直線用尺圜線，用規獨曲線無法，故最難作，蓋分時帶節，則長短廣狹之間有不可以相合者，故必以本晷作法。晷小别作于薄銅板上，晷大或薄木紙板上作曲線。次依各曲線裁磋，令極順以待作曲線之用。若十字及面東、面西、面南，與夫凡時線爲平行線，晷板上任作赤道線，次以本晷時線移於板上横作時線，時線上從赤道線作節氣之界識，依識截板而得也。試如甲乙當赤道線，爲近赤道，兩旁兩節線界識丙、丁、戊、己、庚，依識截板，次又作辛壬當赤道線，依前法定第二節線界識爲艮、土、云、甘、竹，依識截板。其第三如石、元，第四如弓、牙，以至第五第六皆依此法截，而畫二十四節氣曲線板悉畢矣。若平晷、天頂晷與夫凡時線聚于一心，不能爲平行線之晷者，板上依本晷之法畫時線，次各線上從心定節線界識，循識截板而得也。試如甲爲晷心，從心畫諸時。次依本晷作法，從甲定第一節氣線界識爲乙、丙、丁、戊、己、庚，依識截板而得也。其第二、三、四、五、六，皆依此法截之，而二十四節氣線板備矣。相對節線如芒種，小暑，大雪，小寒，其線曲直等，故兩線共一板，板六片，而二十四節線俱可盡矣。不啻相對節線等，即一節線午前午後兩半亦等。用板半片既畫午前半節氣線，反板則作午後半節氣線，是以六半片面二十四節氣俱可盡畫矣。第用板時本晷上既畫時線，則子午後上及前後各任二三時線上各定節氣線界識，令本節線板曲邊切合晷上節氣界識，曲板上時線切加晷上時線上下正對午，對午辰，對辰未，對未。依曲邊作深線，而節氣界定矣。此式一定，任作十百晷止須表等，若改表長短，節線亦必改矣。

正表式

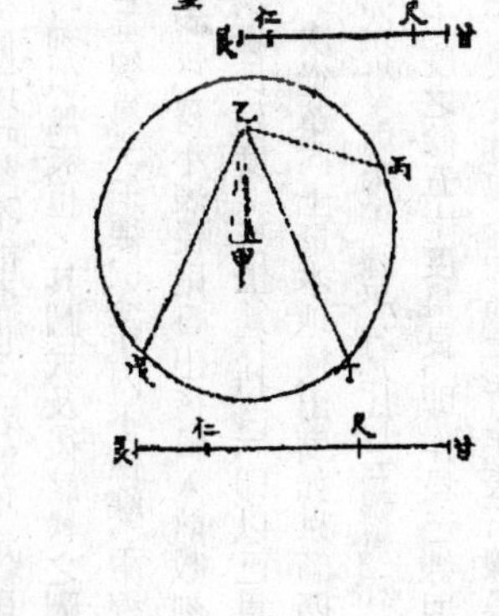

正表法

晷表立不正則指氣指及時刻俱不准，故須得法以正之。法曰，凡用直表，即以表位爲心任作一圜，次用規具一髀任指圜上，其一指表端，自圜上三處量表端，如三相遇于一，則表正矣，否則偏。試如甲爲表位，乙爲表端，即以甲爲心作丙丁戊圜，任從丙從丁從戊量乙，若俱相遇于乙，即甲乙表正立矣，否則移而正之。如欲切知自丙至乙開規二髀之度，即以甲丙本圜半徑爲度，別作己庚線，次從己立己辛爲己庚垂線，而與甲乙表長等，次以庚辛相望作線，庚辛即開規髀自圜量乙之度也。

若恐立表移動而再正之，則從甲表位任作壬土線，或與表長等如竹，或任更長如元。次任作壬土垂線，即以壬土爲度，從壬左右行截壬甘、壬艮，與壬土等，次作土甘、土艮兩斜線，即從土斜行截土牙、土坎與所定表長等，次以甘坎或艮牙爲度，于甘艮線上從甘截仁，從艮截尺，次用規，以甘仁或艮尺爲度，自甘自艮各量表端。若皆相遇乙表端，即表正，否即須正之。此圜式或特存甘尺仁艮線而深之，餘線俱礲之亦可也。

平晷第一式

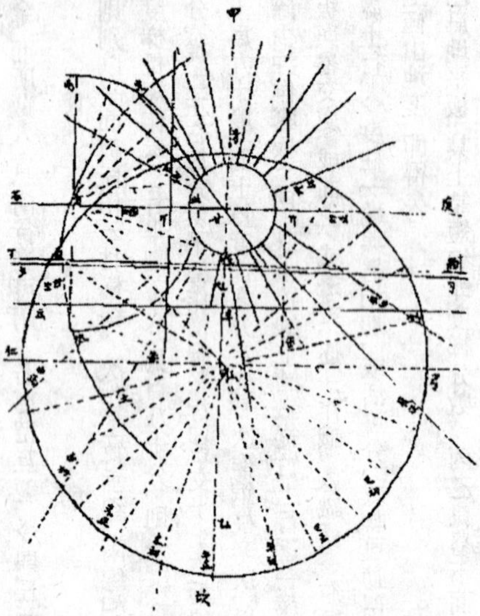

作平晷第一式法

此晷或畫於地平，或與地平平行之面，故名曰平晷。晝晷之體若定不移，則先須以三卷第一測其面與地平平否，少偏則時刻不能準也。若體不定，則用時亦須置極平無偏，然後表景指節氣及時刻俱無爽也。其圖式及後諸晷之圖式皆以京師極出地四十度爲主。先作甲乙垂線爲子午線，次作丙丁橫線，兩線交于戊，戊爲表位。次量晷小大，取一度爲表長，晷小表長則日出後日入前數刻表端景俱在晷外，不能指節氣時刻也。次以表長爲度，從戊右行持己，即以己爲心向子午線任作艮土半圜，交丙丁線于革。次從革向土量本地極出度如京師四十度爲土，即作土己線，與子午線交于辛。次從辛與丙丁線平行作竹云線爲赤道線，次從革向艮量極出之地餘度如京師四十度之餘五十度爲艮，即作艮己線與子午線交于甘，甘點即晷心，衆時刻所聚也。次從甘與丙丁線平行作庚石線爲卯酉線，次以己辛爲度，從辛依子午線下行得元。即以元爲心任作牙弓坎仁圜，平分爲九十六分，或分其平爲四十八分亦可。次以元與圜分俱相望。凡言相望皆以界尺爲圜心與圜分或切此線識及從線識不必作直線每至赤道交處即作識，次以甘與赤道上各識相望俱作斜線，即時刻線矣。其午右線皆午前時，午左線皆午後時。本宜每時八刻每刻一線，茲圖四刻作一線者恐圖小線多易混，以後凡圖式皆倣此第赤道上近子午十二刻之識其交赤道尚直，易於取准十二刻以外之識，其交太斜難于取准故，宜用別法。法曰，以辛至甘爲度，從元向甘得尺，從尺與赤道平行作勺夕線，次依前法，赤道上作識之時亦併作識于勺夕線上，以十二爲止，不必多作。次以辛己爲度，于卯酉線上從甘左行右行得斤，從斤與子午線平行作斤缶線，次從尺至夕勺線上諸識逐一爲度，從斤于斤缶線上行下行逐一作識，即赤道上第十二識與斤下第十二識相遇于一方，驗其無爽也。次從甘于斤缶線諸識相望各作斜線，即卯酉前後諸時刻線皆定矣。

又法：亦以己辛爲度，從甘於卯酉線或左或右行得斤，亦如前法作斤缶線與子午線平行，次以辛甘爲度，從斤與卯酉線或左或右行得方。以方爲心，向子午線任作屯止水半圜平分爲四十八分，止用卯酉線，上下各十二分，即以方巽止上下十二分或三分俱相望，每至斤缶線交處即作識。次以甘與斤缶線各識相望俱作斜線，則卯酉前後各十二刻亦得焉，若不用節氣線，則以戊己爲表長，立表于戊，而晷成焉。此式既畢，乃視各線宜留者深之，宜去者礲之，此圖式亦可爲平晷之母也。

平晷第二式

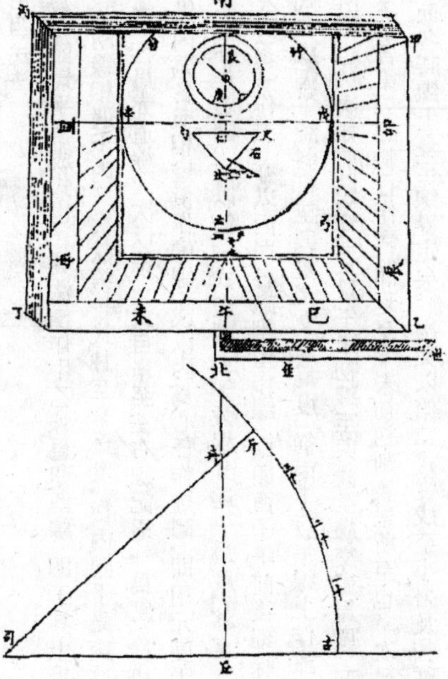

平晷第二式法

凡欲依前圖式作平晷，先備甲乙丙丁平面板，次作戊辛横線爲卯酉線，次任作時刻界線或圓或方，以待記時刻。蓋量善方圓近邊作平行二線爲界使時刻線至此而止次以規量卯酉線正中于庚，從庚立艮土線爲卯酉之垂線，即子午線。次任用一度從第一式，甘爲心，作一度圜，即用元度從此式庚爲心，亦作虛圜交子午線于云。次于第一式虛圜從午線向左右量諸時線交處逐一爲度移于此式，虛圜上從云向左右逐一作皿尹諸識。次從庚與各識相望俱作線，而本晷時刻線皆定矣。次以第一式辛戊爲度，從庚下行子午線上得坎爲五表之位，以第一式戊己爲表長，即得坎升爲本晷直表，而晷體完矣。第立春不正則時刻不准，欲得正表法則依第一卷。法以坎升表長爲度，自坎上行作識爲仁，從仁作卯酉平行短線。次以表長爲度，從仁向兩旁各作識，右爲尺，左爲勺。次作坎尺、坎勺兩斜線，次以表長爲度，從坎向尺得石，向勺得无，而正表三角形畢矣。凡立表之時用規，以尺元或勺石爲度，從尺勺各向表端量之，令表端兩俱相遇則表正矣，否則頻再正之。

第直表景長其末不顯，則指時亦難准，切須用線代之。線一端繫于庚，即子午卯酉相交處，次引線令與平面作鋭角，隨本地極出度以爲高下。假如京師極出地四十度，即以庚爲心任作弓牙圜分，從牙上行量四十度于弓線必經此四十度之識也。若立得直表于次線，必亦切遇表端也。次于平晷板之北時刻線之外立一板或一柱聯於晷板，而與晷板作直角或可闔闢，或不可闔闢，其上端鑽細孔以繫線。如圖，庚世爲線，世缶爲柱。線之一端繫于庚，一繫於世，第世孔須正對平面上午線方得不謬。而從晷面以量柱上未必確准，則于他紙横作司古線以當午線，以司爲心任作古介圜分，從古向上量四十度于介，即作介司線，次以晷心庚向兩板交處爲度，從司向古得丘，次從丘作司古線之垂線，以當堅柱或堅板交介司線于卉。即卉爲繫線之孔處也。次以卉至丘爲度，從平竪兩板交角向竪板或柱上與午線正相對處作識，即鑽孔繫線之所也。不用節氣即于平面南端開孔如艮庚圜以設羅經。次以羅經定方向，則表端表線景即指時刻焉。

平晷第三式

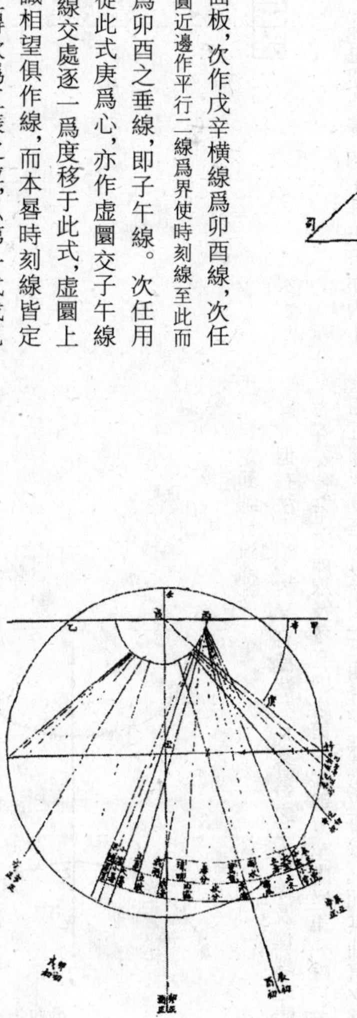

平晷第三式法

若欲加節氣光作甲乙横線爲極線，次作丙丁垂線爲赤道線，兩線相遇于丙。次于赤道左右依首卷分節氣線，次以第一式已至甘爲度，從丙左行得戊。復以第一式已至辛爲度，從丙下行得已。即以戊已相望作斜線即于午線也。更以戊爲心向丙外任作庚辛圜分，自子午線至極線定爲極出地度，稍差即不准也。次以第一式元向赤道各識逐一爲度，從丙向下于赤道線上逐一作識，即以戊與各識相望作線，即得衆時刻線也。其從戊與赤道平行者，即卯酉線。若欲作卯酉左時刻，則從戊向下作半圜，以卯酉線右交于圜者，移之左圜作識，從戊與各識作線即得。但時刻線有與赤道交遠者，則甚斜難準，更有一法，于卯酉線上從戊下行任指一點爲云，從云作云竹線與甲乙平行交午線于竹。即以云爲心，竹爲界，作竹壬艮圜，從竹或壬艮起平分爲九十六分，即以圜分竹云線上下直望每至云竹線交處即作識，次以戊與各識相望作線，即得衆時刻線也。

平晷第四式

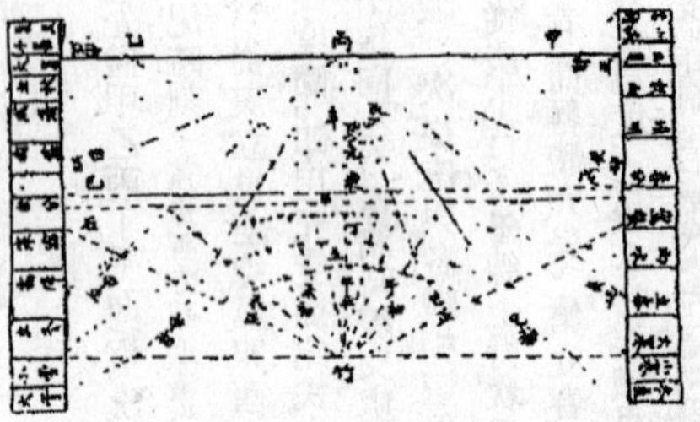

平晷第四式法

此式乃有節氣平晷成式也。其法横作甲乙線爲卯酉線，即于其上直作丙丁垂線爲午線，兩線相遇于丙。次以第一式甘至辛爲度，從丙向丁爲庚。即從庚作線與甲乙平行爲赤道線。次以第一式自辛至左右線記逐一爲度，從庚左右逐一作識，即以丙與各識相望俱作虚線，或以丙爲心任作虚圜，即用元度于第二式上，以甘爲心，亦作虚圜，次以第一式虚圜上午旁線分逐一爲度，移至本式虚圜上子午線左右逐一作識，亦以丙與各識相望作線，則卯酉子午前後刻線俱全矣。次以第三式自戊循午線斜行至與夏至交處爲度，從丙下行午線上作識，即夏至午正表景所至也。次如前以第三式量午未初線至與夏至線交處爲度，亦如前從丙于午線左右各第二線斜行作識，即夏至午未初刻表景所至也。次巳辰申卯酉皆如之，而各時線上夏至線界定矣。次又以第二式從戊至小暑及芒種交處爲度，從丙下行午線上作識，即小暑芒種初日午正表景所至也。大暑、小滿、立秋、立夏等節氣皆以是法逐一量之，則各氣各時俱定矣。次以第一卷　依諸時刻上之識作曲線，即太陽行諸節氣初日之表景所至線也。今以圖紙隘恐線混時兩節作一曲線，初日以後十四日至次節氣線表景必射兩節線之間，夏至以後景日長，冬至以後景日短也。次爲定表法量第一式甘至戊爲度，從丙下行得辛，即立表位也。次量第一式戊至己爲度，從辛右行得艮，即表長也。此立表法也。次依第一卷　正表捷法以求其正而晷成矣。

定節線界識捷式

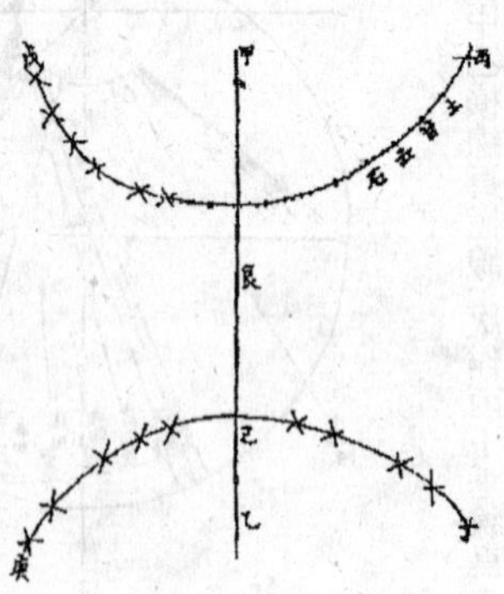

定節線界識捷法

但右法太煩，故又有捷法。凡各晷之子午線及偏晷之表線全與節線相遇者，其冬夏至之節線及冬至内之第一線與夏至内之第一線。若冬至内之第二三四五線與夏至内之第二三四五線其疏密雖不等，而其曲直必各自相等也。捷法曰，從丙於子午線上先定節氣疏密之位，如元爲夏至，土爲冬至。次以丙元爲度，從土下行得竹。次依丙心下行所作時刻線，亦從竹上行俱作虚線，作法則以丙與竹各爲心，各作半虚圜，而二圜等，乃以上圜諸時線從午線左右逐一爲度，悉移之下圜，亦午線左右逐一作識。次從竹與各識相望俱作虚線，即得矣。或平分丙竹線間于云，從云作甘云石線與赤道平行交于丙心，所出時刻線即以交處各與竹相望俱作虚線亦得也。次凡從丙向下行各時線上定夏至之位，亦從竹向上行各時線上作識，次依上下識作兩曲線，而冬夏兩相等。節氣線併定焉。餘曲直相等節氣線皆如之。但竹心及上行時線各節氣不同，則各須更畫，爲法亦煩，故又有後法更捷。

法曰，先作甲乙爲午線，次于其上依第一法定各節疏密之位，假如丁爲夏至，己爲冬至之位，次于午線或左或右，各依前法。時線上各定夏至之位爲丙土甘云石諸識。次于午線上求丁己二節之中爲艮，次從丁向上，任取甲從己向下，亦取乙而丁甲與己乙等。次以艮至第一識，丙爲度，向左作曲線爲戊。次向下午線一左一右亦各作曲線，左爲庚，右爲壬。次以甲丙爲度，從甲向戊又作曲線，兩曲線交處即本時夏至日，界位與丙界等。次用元度復從乙向壬庚各作曲線，每兩曲線交處即冬至，交二識也。土甘云石等識一一依此法皆移之作識，而冬夏二至諸界識定矣，夏至前後各第一如芒種、小暑共一線，冬至前後各第一，如大雪、小寒亦共一線，兩線曲直亦等。第三四五皆然。欲得其界識依前于午線上定上下兩位，次取兩位之中別得艮，又從兩位上行下行別得甲乙，餘俱依前法作之。

面南天頂晷第一式

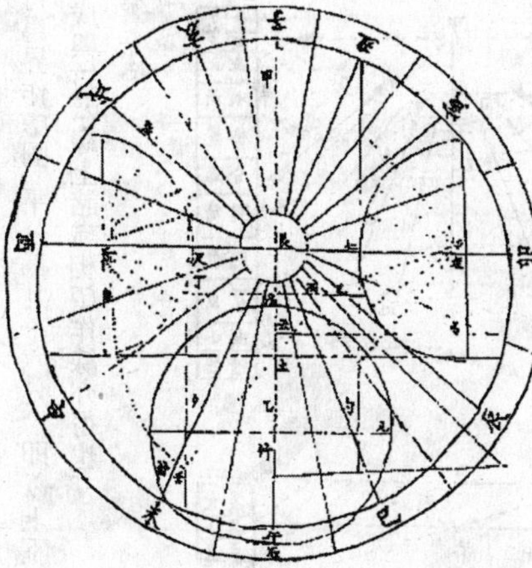

面南天頂晷第一式法

此晷與平晷大同小異，晝晷之面及其子午線直立對天頂，故名曰天頂晷。若晝晷之體定不移先須以二卷。第一測面正向南否，直立正對天頂否，若少偏于正南或天頂則節氣及時刻俱不能准也。若晝晷之體不定，用時其面亦必須置正向南直立正對天頂也。先作甲乙爲天頂線及子午線，次作丙丁虛線爲甲乙之垂線交于戊，戊即表位也。次壬取戊己度爲表長，即以己爲心向左任作虛圜分，交丙丁線于庚。從庚上行量極出地度分如京師四十度爲辛，下行量餘度分五十度爲壬，即作己辛虛線交子午線于艮。從艮即作子午之垂線即卯酉線也。又作己壬虛線交子午線于土，從土作線與卯酉平行，即赤道線也。次以土己爲度，從土下行得竹。以竹爲心任作云甘石元虛圜，平分爲九十六分，次以土艮爲度，從竹上行得牙，從牙作牙弓線與卯酉平行，次從竹心與圜分上下相望每至赤道線及弓牙線交處各作識。次從艮與赤道諸識相望作線，即時刻線矣。但赤道上十二識以後其交太斜，難以取准，故須用別法。法曰，以土己爲度于卯酉線上左行得尺，右行得仁，即從仁尺各作卯酉之垂線，右爲仁勺，左爲尺夕。次與牙弓線上諸識從牙向弓逐一爲度移之仁勺、尺夕兩線，從仁尺上下行逐一作識，其第十二識與赤道上第十二識必相值，不然必有差也。次從艮與仁勺尺夕線上諸識各作線，而卯酉前後諸時刻定矣。

又法：以土艮爲度，從尺左行得斤，從仁右行得缶，即以斤缶各爲心任作半圜，平分爲四十八分，一刻一分，或如右圜圖十二分，四刻一分。正須用卯酉線上下各三分，從心與諸分相望，每至仁勺尺夕線交處俱作識。次從艮與仁勺尺夕線各識相望俱作線，而諸時刻線亦定矣。次時線皆留之，餘虛線悉去之，立表于戊而晷成焉。若不用直表而用絲線，則其法與平晷同。第平晷上繫線與地平板作極出地如京師四十度之角，此晷作極出地餘五十度之角。平晷表在赤道南，表端向上，以北測時。此晷則表在赤道上，表端向南，以下測時也。

面南天頂晷第二式

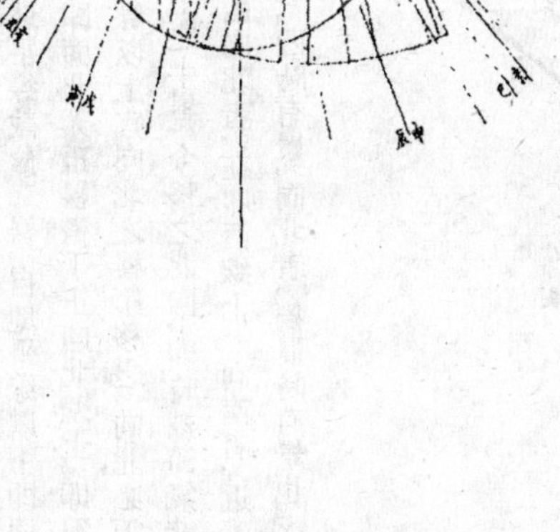

面南天頂晷第二式法

若欲加節氣線則亦如平晷第三式。先作甲乙横線爲極線，次作丙丁垂線爲赤道線，即于丙丁線左右依首卷分節氣線。次以第一式己艮爲度，從丙左行得戊。從戊作赤道平行線爲辛庚。次以第一式已土爲度，從丙向丁得己，即作戊己線爲午線。次以戊爲心，右行任作圜分，交甲乙線于壬，交午線于艮，壬艮圜分必爲極出地餘度，稍差即不准也。次以第一式行向赤道各識逐一爲度，從丙下行逐一作識，即從戊與各識作線而交節氣之時線定矣。

又法：辛庚線上任取一點爲土，從土作土竹土云線與極線平行交午線于竹，即以土爲心，竹爲界作虚圜，平分爲九十六分。即以上下分相望每至竹云線交處即作識，即以戊與竹云線上諸識相望作線亦得也。

面南天頂晷第三式

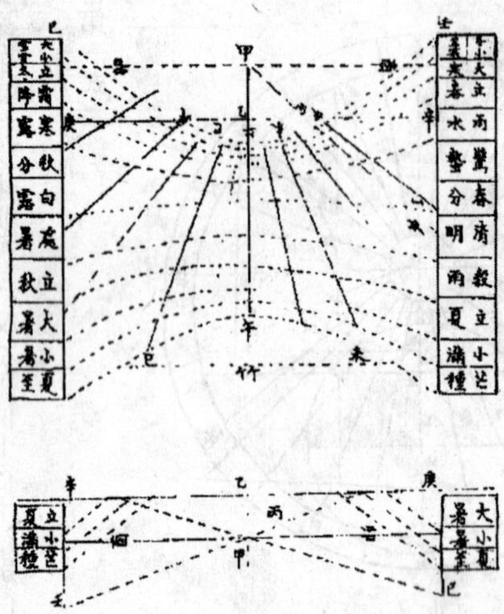

面南天頂晷第三式法

此晷第三式爲成晷，與平晷第四式作法全同，不必再細言之。第以第一式艮戊爲度移此圖式，從甲向子午線截取乙爲表位，從乙作甲乙之垂線爲地平線。次以第一式戊己爲表長立于乙。次作甲丙丁表線必切遇直表之端矣。天平晷之表直立向上，則太陽愈近于天頂，表景必愈短。太陽愈遠，表景必愈長。故夏至線極近冬至線極遠，此晷之表横立向南，則太陽愈近，於天頂表景必愈長，太陽愈遠，表景必愈短。故冬至極近而夏至極遠也。平晷合卯前酉後俱隨時有日景，此晷則辛庚地平線以下諸時皆有日景遇地平線，以上皆無日景也。向南之晷既不能過地平線上以測日景，故從辛庚地平線截分二晷，自地平線以下即面南天頂晷畫於正向南壁上，自地平線以上即面北天頂晷畫于正向北壁上，即得南晷所缺之景矣。試知辛壬庚己，即地平線以上宜向北之晷第移之，向北必須反倒用之如右圖。己庚辛壬爲地平線以上之半晷，今移之北向，即時刻節氣諸線悉行倒用。向南者，表位在卯酉線下。西向北者，在卯酉線上。向南者，近表位爲冬至線，而向北者，爲夏至線。向南者，四時有景，向北者，獨夏時有景也。

百游赤道晷式

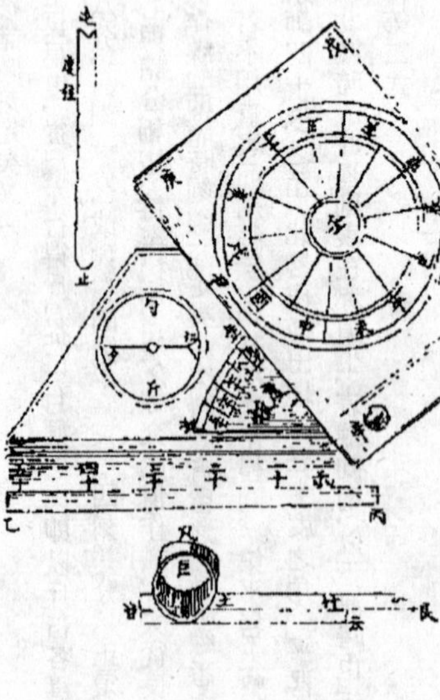

百游赤道晷法

此晷測時須全令指赤道，如中國所用時辰牌，故名赤道晷。先用牙或堅木作甲乙丙丁方形爲地平板，次用堅木或銅或牙作戊己庚辛方形爲晷板。兩板交于己辛，可任闔闢晷板，上面從正中上下作一垂線爲子午線，線上任取壬點爲心，從心作横線爲卯酉線，即以壬爲心，儘邊任作一圜爲晷外界。次進分許又作一圜，兩圜之間爲晝時之地。又進一分復作一圜爲刻分。下界近心二三分復作小圜爲時線，下界次任取近邊一圜，從午線左右平分爲十二分，即十二時，每分又平分爲八分，即每時八刻，共九十六刻也。次于壬心作細孔以立直表，其長短無度，第此晷用立表者，秋分以後上面無景，須用下面，甚爲不便。須作一銅又爲艮甘，又于尺中分土云線與尺邊平行，次作軸子晷之壬，作孔于尺之竹，令可相入，且能旋轉。次從尺孔以下直線任于左或右一邊悉去之，悉孔以下與晷之心爲一直線，次以尺孔以上之端立凡巨銅圜，名曰景圜。其兩邊與尺兩邊平行。次于地平板面上任作仁勺夕斤一圜，剜而空之，深淺大小無度，視可容羅經而止。次定極出地度分，其法非一。或上下兩板之間以首卷第　從角置缶世板名曰度板，依極出地之餘度側柱子晷板之下，即合極出地度分。或以首卷第任于地平板左邊或右邊從兩板交角起作度分如示司，每一度或兩度即鑽一細孔。次用度柱如屯止，以全度分之半爲度柱之長，其一端置一細鋭如屯，令可入度分之孔，其一端作又如止。次以柱長爲度，于晷板之側從交角上行得尹。于尹即置細銅釘，用時則令柱上微鋭入木地極出度分之孔柱，又入晷側之尹釘，則晷板正，得赤道高于地平之度，而正指赤道矣。次作羅經正其方，而以時尺移轉，令景圜與日正對，以圜內全無日光爲準，次視下半尺中線所加即得時刻也。

節尺式

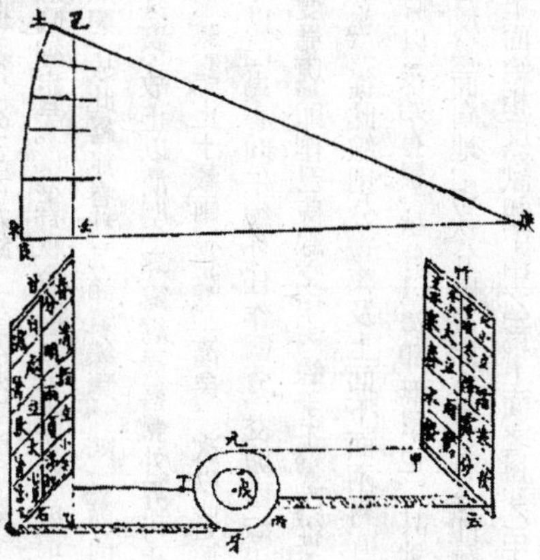

作節尺法

若欲於赤道晷上并知節氣則又有一法，先作甲乙爲銅尺，名爲時尺，次于尺作丙丁線中分之，曰信線，須令直對而左右各去尺體以就之。次兩平分尺之長于戊，次于他平板作庚辛横線以當赤道線，即以尺長爲度從庚左行得壬，從壬立壬己垂線曰節線。次以庚爲心，左行任作圜分，艮土交赤道于艮，即從艮上行量二十三度半，丁上依首卷分節氣法，悉于艮土圜分上作識，即以庚與諸識相望每至壬己線交處俱作識，即節氣疎密之度也。次于尺兩端作竹云甘石兩耳曰節耳，其長如壬己線，其廣無定度。或如全尺元牙之廣亦可。其兩端更于度外，各餘少許以待作竅之用。次于兩耳之廣各中分之作線與耳邊平行，次于兩耳中線各作一竅，春分之後十二節氣線晝于甘石，左耳自春分至芒種從上而下漸密，自夏至至白露從下而上漸疎，則右耳之竅當在上端。秋分以後十二節氣線晝于竹云右耳，自秋分至大雪從下而上漸密，自冬至至驚蟄從上而下漸疎，則右耳之竅當在下端矣。或任取一耳爲節氣耳，一爲竅耳。竅耳之中線兩端節氣晝處各作細竅，若節氣耳則春分以後十二節氣線作于中線之左，自春分至芒種從上而下漸密，自夏至至白露從下而上漸疎，此十二節之時當用對耳上竅之光也。秋分以後十二節氣線作于中線之右，自秋分至大雪從下而上漸密，自冬至至驚蟄從上而下漸疎，此十二節之時當用對耳下竅之光也。於是而一歲周焉，此尺止可用于赤道。晷時盤上尺之長宜如盤之徑，令尺之戊孔與晷心之壬軸相入可任旋轉，次以羅經正方以當用窮耳向日，令竅光透射對耳之中線，視在某節氣線即得本日太陽躔某節氣之度分也。視尺中信線所指時刻即得本時刻也。

帶節氣赤道晷式

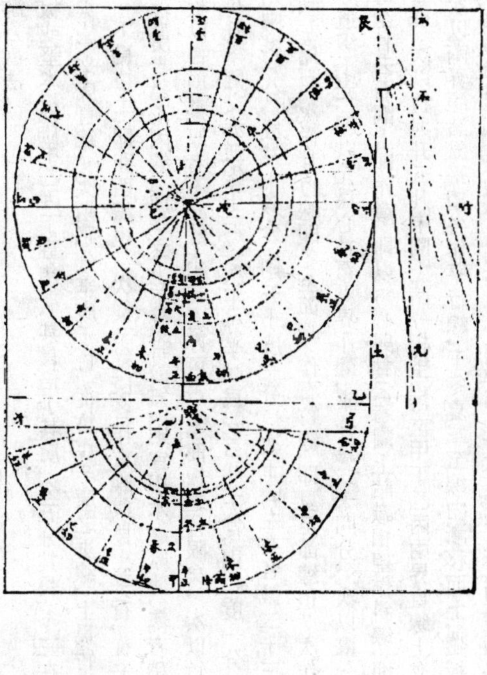

作帶節氣赤道晷法

若如今常用定時日晷，則不必節尺，可即于晷上加節氣線，先作甲乙丙丁圜心在戊，從戊作甲丙垂線爲子午線，作乙丁横線爲卯酉線，次依赤道晷法平分十二時九十六刻，次十分晷徑，以其一爲表長如戊仁，次依首卷分節氣法别作艮土、艮竹諸節氣線，止用其半，不必全作。次從艮作艮土之垂線，而截取表長爲艮云，即從云作云石元線與赤道平行，次于云元線上從云與諸節氣線交處逐一爲度，從晷心戊逐一作圜，而節氣圜線定矣。惟春秋分二日太陽正躔赤道，而此晷之面又正對赤道，則表端景長無窮，故此晷無春秋二節氣線焉。即二節前後數日表景猶長，若必欲得景則晷體必甚廣，故止以清明、寒露線爲晷體外界可也。至于此圖之式又小，則併不能及清明、寒露，止于穀雨、霜降二節矣。次以戊仁表長爲度，于卯酉線上從戊左行得己，即以己爲心向午線外任作圜分，交卯酉線于辛。從辛上行量極出地度如京師四十度爲庚，即作己庚線交甲丙線于壬。次從壬作壬牙壬弓線與卯酉線平行，即地平線也。從此線則分晝夜及上面下面兩晷，其地平線以下者爲晝晷。而晷面向天春分以後始有景，秋分以後即無景也。其地平線以上者周歲無景，故名曰夜晷。若反晷面向地，則秋分以後始有景，春分即無景也。但移之下面則其時刻及節氣與上面絶相反，試觀丁甲乙爲上面之晷，乙甲乙爲移于下面之晷，在上面爲子線者，在下面爲午線。在上面爲夏至線者，在下面爲冬至線也。若晷不定則轉移至表景指本日之節線，而方面正視表端所指時刻即當時時刻也。

百游方晷式

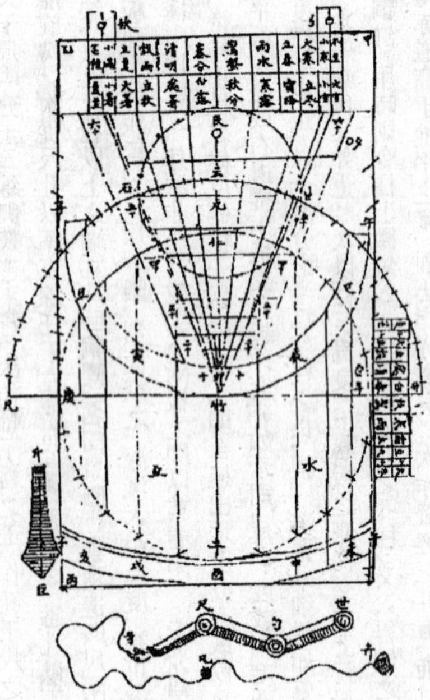

作百游方晷法

用銅板或堅木板作甲乙丙丁直角形，其長倍于其廣，次五分其長，令三在上二在下，横作一辛庚直線。次兩平分辛庚于竹，從竹作辛庚之垂線，上爲竹艮，即赤道線。下爲竹土，即卯酉線也。次從辛從庚各作直線與艮土平行，從辛者爲甲丁線，從庚者爲乙丙線，而辛之上下當言節氣，則宜視木之厚薄，薄者稍留三四分餘板以書節氣，厚者不必餘木，其邊亦可書之，而板之分限矣。次以竹爲心向上作舟凡丰圜交赤道線于云。次平分半圜爲一百八十分，則一度一分，或九十分，則兩度一分，或三十六分，則五十度一分。次于云左右各截二十三度半，右爲甘，左爲石，次作甘竹線即冬至節線，作石竹線，即夏至節線也。次作甘石線，交赤道線于元，即以元爲心甘石爲界作圜，平分爲二十四分。次以圜分上下直望，每至甘云石圜上即作識，即以竹心與甘云石圜上諸識相望作斜線，而諸節氣線得矣。次以竹與升云凡丰圜上諸分相望，每至甲丁乙丙兩界直線上交處即作識。次以兩界線諸識平望各作平行線，于冬夏二至線内漸移而上，隨板施之，若遇十數則稍出。二至線外以便紀數，而極出地度分線定矣。但度數多則晷體益高大，中國之地極出地度分不遇四十五度，或稍推廣亦以六十度爲止，更便攜持也。次以竹爲心辛庚爲界作仁庚土辛圜，交赤道線于仁，交處必與四十五度之線切合方爲的准，不然必差矣。次復以仁爲心竹爲界作半圜爲時線，上界近板，下邊亦以仁爲心任作圜分爲時線，下界令線下留空以便紀時。次于壬庚土辛圜從仁土線左右每半圜平分爲四十八分，即十二時九十六刻也。次以圜分上下直望俱作線，與竹土線平行，而十二時刻定矣。次以右界線從辛上下各取圜分二十三度半，依前法分節氣，從辛上下俱作識，即得旁節氣。或于四十五度線上從仁向左右諸節氣線交處逐一爲度，移至甲丁線上，從辛向上下逐一作識，亦得其上節氣線。從竹艮赤道線左行第一空爲春分及白露，右行第一空爲秋分及驚蟄，左行末線爲夏至界，右行末線爲冬至界也。其旁節氣線從辛向上第一空爲春分及白露，向下第一空爲秋分及驚蟄，上行末線爲夏至界，下行末線爲冬至界也。餘節氣依此推之。諸式既畢，乃視各線宜留者深之，宜去者礲之。次於節線上兩角内行，或于面上節線兩旁置右弓左坎通光，兩耳各作細孔以通日光，其孔須相望極平，從赤道上以規驗之。次用銅作世勺尺牙三節臂，可直可曲，其世端任釘于空處如夕，或于赤道上如艮，令可轉動。其牙端作一直出細孔，孔貫一線可上可下，其線末懸一銅鋭如斤巨，或線貫一細珠如丸，線末懸一墜如弄，用時移牙端切于極出地度及本日節氣線交處，若用銅鋭，則以鋭掔至界線節氣上，餘線悉從牙孔上收之，勿令有餘。或以珠亦僅，令至界線節氣上，次以坎耳對日光，令光從坎耳之孔直射弓耳之孔，乃視鋭或珠所值即得時刻也。或于晷板繫一線，線貫一針以代銅臂，仍貫細珠及墜，用時令針孔切于極出度及節線交處，以手按之，次以珠當旁節氣如前用之，亦得。假如京師極出地四十度，清明初八日測時，則令銅臂牙端切于四十度，當清明第八日交處如方點，而以銅鋭或珠移出界線上清明第八日如屯點，次令日光通耳孔丙鋭或珠乃在水點，若午前即辰正三刻，午後即申初三刻也。

依此晷即太陽出入時刻及晝夜長短俱可測，試以銅臂牙端加于本地極度及本日節氣線交處，乃正立晷體令赤道線上端直指天頂，次視鋭或珠所指即得。如欲知京師夏至日太陽出入及晝夜時刻，即以臂仁端加于極出地四十度，及夏至線上如寸點，乃正立晷體令鋭自垂所指亙點，若午前即寅正三刻爲日出時，午後即戌初二刻爲日入時也。從亙以右諸時刻即晝時刻，以左即夜時刻，遂可知其長短也。

百游空晷式

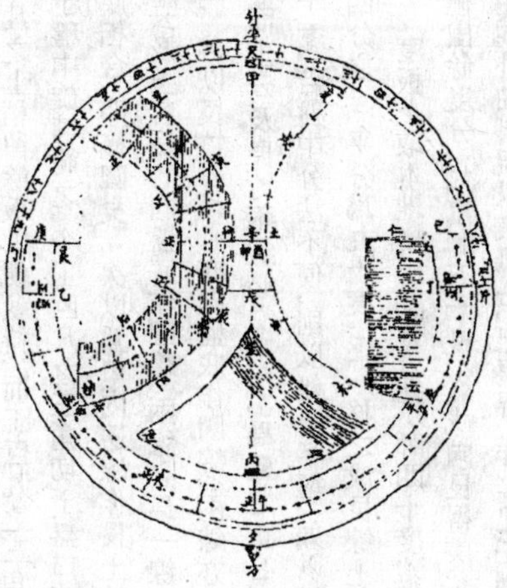

作百游空晷法

用銅板或牙或堅木約厚七八分爲甲乙丙丁圓，板心在戊，先作甲戊丙垂線，次量晷大小。從戊稍上任取辛點，從辛作己辛庚横線爲甲丙之垂線，名表度線。次于表度上從辛向近邊不逼邊處右截壬，左截艮，而辛壬與辛艮等。次從壬從艮俱作線與甲丙平行，即從壬從艮下行，亦于近邊不逼邊處右截云，左截甘，而壬云與艮甘亦等。次以壬云或艮甘爲度，從壬從艮俱作半圓名時圓，右圓交表線于土，右圓交表線于竹，但始求云甘時須先量土竹不與表線逼，而始求壬艮線時亦須先量云甘不與圓邊逼爲度。次取己庚壬艮云甘以外及半圓以内版悉剞去之，圓内面須極平極圓，壬艮角須極稜極整，次于圓内面求左右之中，作弓坎線爲赤道線，即以時圓爲度，别于地平版依首卷第一法分節氣俱作平行直線，即以此線移之晷内，從赤道左右作節氣線，自赤道以下者即春分至白露十二節，赤道以上者即秋分至驚蟄十二節也。次于壬艮角表之中與圓内赤道線相對處置微鋭如仁爲定節氣之表，若于角表面上分節氣線而作一微鋭活表以隨日就之，則圓上止作赤道線，不必分他節矣。次從土至云竹至甘勻分爲二十四分，土即酉正，竹即卯正，云甘即午也。卯酉以上依下分之，即得寅戌等時矣。其板以内兩圓以外所存者上少下多，輕重不等，難以懸時。即于下方復鑿缶世皿一空以稱之，次于晷下或作平板，用度板以倚之，法見前赤道晷或于晷邊外别作度圓以懸之，如上圖。作尺勺夕斤圓，其上半圓平分一百八十度，若晷小則每二度或五度或十度作一分，亦可用時開度圓與晷作十字形，令度圜正對晷上甲丙線，以鈎鈎度圜上本地極出之度而令晷之甲向南，若午前則視左半圓之景，午後則視右半圓之景，如節氣分于圓内，則令表上微鋭之景指本日節氣線。次視表景所值即得目下時刻也。若節氣不分于圓而分于表面上，則移活鋭置於本日節氣線，令鋭射圜内赤道線，次視表景所值亦如前得時刻，其自已至庚下半圓相連處亦可以依中線分時刻，自已至丙爲卯，至午自丙至庚爲午至，酉即赤道晷也。用時立表于戊心，其角表至内時刻即心，表至外時刻必相合也。

盤晷式

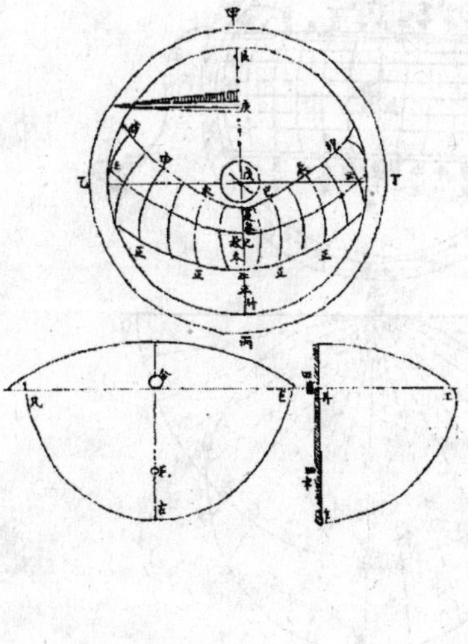

作盤晷法附百游法

此晷之形如仰盂，其法用堅木或銅或牙爲甲乙丙丁圓，盤剜其内深，半規以當周天之半。盤口頻厚分，許以備書字，又須極平，口線欲極準，規深欲極圓。宜先作一器以驗之。用銅板爲半規如巨凡古，又用銅板爲半規之規，如工丹乍。其丹乍邊合于巨凡古之中線，而丹乍邊之匹聿二柄入于巨凡古中線之今厄二孔，又于工丹與巨凡之上稍留餘板以便執持，而工巨凡之三角亦稍留餘鋭以爲界限。次竪此器于盤中旋轉範之，令工巨凡之三角切于盤口，而巨古與古凡及工乍三邊俱與盤底相合，即極圓矣。次以盤口内邊線作艮土竹云四平分，次以四分之一爲度，以云及土各爲心向盤底作圜線，兩線必爲一線，必與盤口之艮竹相遇，即午線是也。若以艮竹各爲心亦向盤底作圜線，兩線亦必爲一線，亦必與盤口之土云相遇，而土云及艮竹兩線必交于戊，爲盤之正心，稍差，必不準矣。次平分戊艮爲九十度，若盤中分法不便，則以盤口半徑，如以艮竹半徑爲度，别于平板上作全圜四分之一，平分爲九十度，逐一移之戊艮線上，即得。或以半徑爲度，于首卷第　度板上取本地極出度分，如京師四十度，從戊向竹得己。又于度板上量本地極出餘度分，如京師五十度，從戊向艮得庚。自己至庚即周天四分之一也。次用向外曲脚規以庚爲心，己爲界，作辛己壬圜線爲赤道線。次以盤口半徑爲度，于首卷分節氣法求得各節氣疏密之度。次從赤道向各節氣逐一爲度，移至盤中，從己向庚，向竹逐一作識。次以庚爲心，各識爲界，逐一作線，皆赤道平行線，而節氣定矣。次于赤道線上，從己向土，向云各爲二十四平分，即三時二十四刻也。次以曲規，于各分逐一爲心，每隔三時二十四刻爲界，逐一作線，如以午正爲心即作卯酉正線，以未正爲心即作辰正線，而時刻定矣。次立表于戊，或于庚，無定位，但須表端與盤口正平，用直尺横盤口驗之，又須表端居盤空正中，用規指盤口四面驗之。若不欲用表，即于盤口繫艮竹及土云兩線相聯，必交于盤口之正中，而又與盤口相平，以交處當表端，更準也。用時，仰晷于平處，以甲邊向南而令表端景射本日節氣線，即甲丙正直子午向矣。次視表端景所指時刻，即得。若于盤底設小羅經以正方，則不必作節線，而表端景亦指時刻也。

百游式

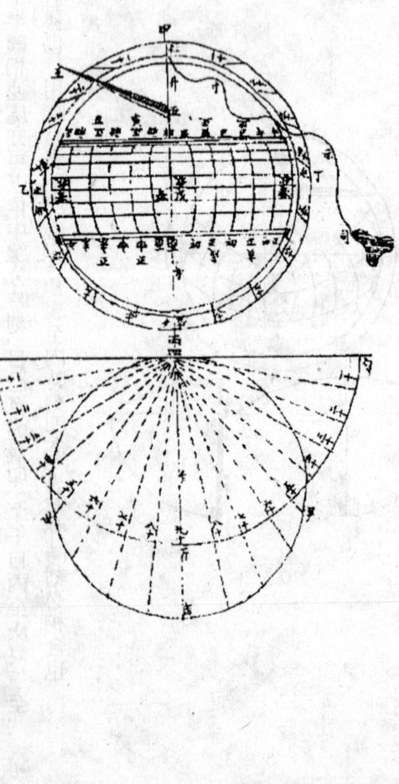

百游法

前法乃依本地極出度分而作，故獨同度之地可用。若欲百游，則節氣時刻分法悉與前同，但午正線反在盤口，卯酉正線反在盤中，而赤道線亦在盤中，與卯酉線交于戊，則稍異耳。如右圖，甲乙丙丁圜爲盤體，升方線爲卯酉，屯止線爲赤道，二線相交于戊心，卯氣線皆作于屯止線左右是也。次别于平面上以乍爲心作皿世缶尹圜，與盤面之仁止夕屯圜等。水位以皿爲心作勺斤石半圜。次作皿乍缶徑線，即從皿作皿缶之垂線，遇半圜于石，于勺。次平分半圜爲一百八十分，則每分得一度，或九十分，則每分得二度。此圖止十八分，則每分爲十度也。次從皿與各分相望作斜線，每至皿世缶尹圜上即作識，而圜之兩半各得不平分九十度矣。次從皿向左右兩半圜上諸分逐一爲度，移至盤面，後仁向左右兩半圜上逐一作識。次從仁與各識相望俱作斜線，自仁至夕每半圜各有自一至九十之數，而四方極度悉備矣。次于仁繫一線如寸示，線末懸一權如司，用時以甲邊向南，丙邊向北而側持之，午前則盤口向東，垂權線于仁屯夕邊之本地極出度上，午後則盤口向西，垂權線于仁屯夕邊之本地極出度上。次令表端景射本日節氣線，視所指時刻線即得。

百游十字晷第一式

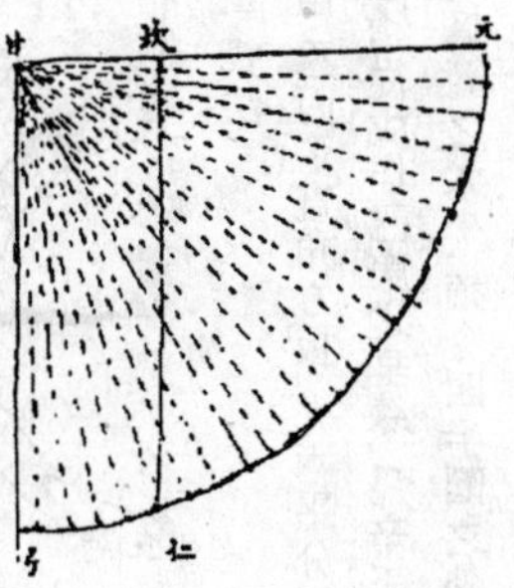

百游十字晷第一式法

先於平板上任作元甘横線，從甘作云甘之垂線，爲甘弓。次任取甘坎爲表長，即作坎仁線與甘弓平行。次以甘爲心，任作圜分截甘元線于元，甘弓線于弓。次平分元弓圜分爲二十四分，即以甘與各分相望，每至坎仁線交處即作識，而第十二分之識在坎仁線爲乍，其坎乍與表長坎甘必等，稍差即不準也。

百游十字晷第二式

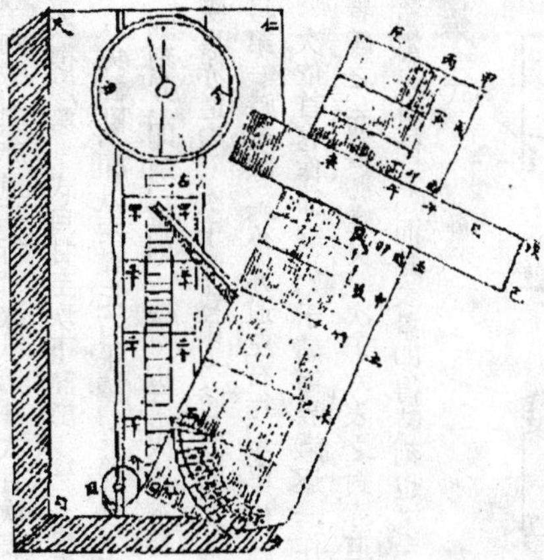

百游十字晷第二式法

次作甲乙丙丁戊己庚辛壬艮土竹十字晷體。其甲、丙、戊、己、庚、辛爲六表，甲丙至乙丁，乙壬至戊己，丁艮至庚辛爲表長，皆與第一式甘坎表長等。惟壬艮至土竹長可無量，然止須與三表等。第土竹之下宜留餘體，爲地平板交接之用，且令稍長，以東十字架。爲其體之厚薄，視表之長短，使表端冬夏二至之景皆能指時刻，足矣。大約五分體厚，以其二爲表長，而體之廣則無度也。次于第一式坎仁線上從坎向上刻分逐一爲度，移至晷上，從乙向甲，向戊，從丁向丙，向庚，從壬向己，向土，從艮向辛，向竹，逐一作識，即以諸識俱作平行線，而時刻定矣。丙至丁爲寅初初至卯初四，凡十二刻，庚辰景以漸下之。艮至竹爲卯正初至辰初四，辛景以漸下之。戊至乙爲巳初初至午初四，甲景以漸左之。丁至庚爲午正初至未正四，丙景以漸上之。土至壬爲申初初至酉初四，己景以漸左之。乙至甲爲酉正初至戌正四，戊景以漸上之也。庚辛無景時爲卯正中，戊己無景時爲酉正中，甲丙無景時爲午正中也。庚表景窮則辛得景，辛表景至竹則甲表亦得景，兩景可相驗。甲景窮則丙得景，丙景窮則己得景，己景窮則戊得景也。次作仁勺尺夕地平板。次于十字下面之下角開一孔，如乞，而地平板勺夕之間立兩銅耳，如巨，以爽晷體，用軸貫之，則晷與地平相交，而可闔闢矣。次依首卷定極出地法，或用司寸示度板，或用右介度梯及共力度柱，或别與晷側上邊，以寸爲心，儘晷體作示丘圜分，爲全圜四分之一，自示至丘平分爲九十度。次作綢權，其上作孔，如卉，其端作鋭，如互，而互鋭與卉孔爲一直線。次以卉孔釘于寸，勿稍偏，而令可旋轉。次于地平板近仁尺邊開今缶圜，以置羅經，用時上下轉晷，令互鋭垂指本地極出度分，而以羅經正方視角，表景所值即得目下時也。若晷有節線，則不必用羅經以定方向，亦以手待晷，令銅權自指本地極出度分，而移鋭表景指本日節氣，即得時刻，亦不必用地平板也。

百游十字晷第三式

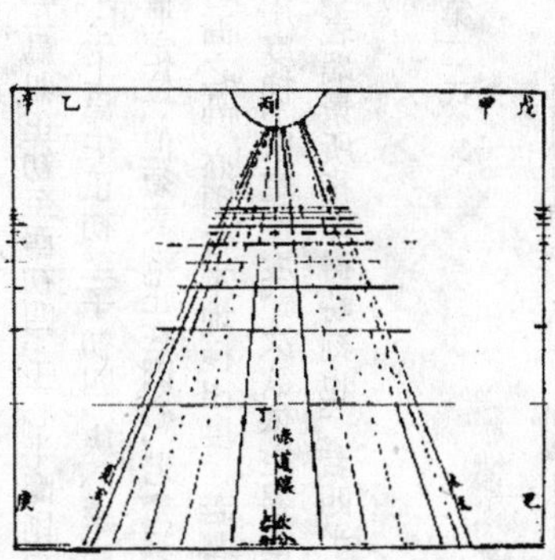

百游十字晷第三式法

此加節氣線之法也。先作甲乙横線，任取丙點。次作丙丁線爲甲乙之垂線，即赤道線。次依首卷分節線法，于丙丁左右分諸節氣線。次于丙丁左右節線外任作戊己、庚辛兩線，與赤道平行。次以第一式甘坎表長爲度，從戊向己，從辛向庚各作識。次復以第一式自甘至坎下諸識，逐一爲度，亦如前法逐一作識，每識各記其時，以免溷亂，即以兩識左右平望，從節氣線中俱作横線，密處或兩刻，或四刻，作一線刻分，即疎，每刻一線可也。次於本晷上下左右六面之正中，各作時線之垂線爲赤道線。次于此式第一時刻線從赤道左右行至諸節氣，逐一爲度，移至本晷第一時刻線，亦從赤道左右行，逐一作識。二三四以後皆如之，而節氣界定矣。次依首卷作節線法，于諸節界識逐一作曲線。次凡時線在節線内者存之，外者礱之，而晷體定矣。次于六表之對赤道線處，各置一微鋭，如戹斤，用時，令鋭景射本日節氣，而角表景即得時刻也。

百游四正向晷第一式

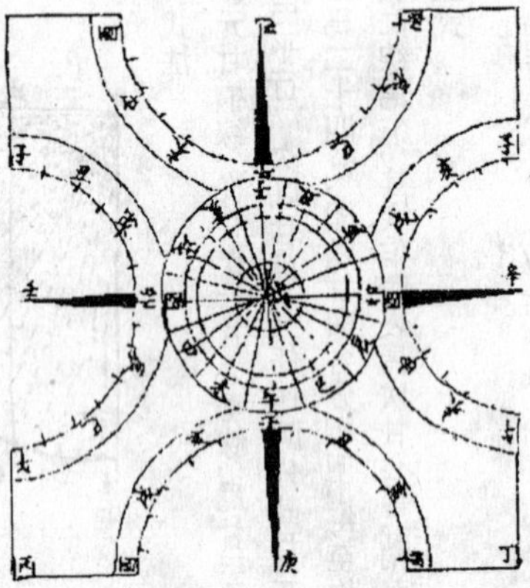

作百游四正向晷第一式法

用堅木或牙或銅作甲乙丙丁直角方板，先兩平分甲乙于己，丙丁于庚，作己庚線。次兩平分己庚于戊，從戊作己庚之垂線，爲辛壬。次以己庚辛壬俱爲心，各作半圜，視板之寬窄以爲圜之大小，須令四半圜之外尚留餘地，以爲晷體。而始造板時，亦量圜之半徑以爲板之厚薄，須分四其半徑一，以爲板之厚，庶二至時表景不出板外耳。次以圜内木悉刳去之，每半圜各平分爲六時四十八刻，其己心半圜則自右至左爲卯正初至酉初四，壬心半圜則自上至下爲子正初至午初四，辛心半圜則自下至上爲午正初至子初四，庚心半圜則自左至右爲酉正初至卯初四也。次立表無定位，但須表端正在圜心，若晝晷定不移，其己庚線須對子午，乃得正向。其晷面之高，亦須合本地極出度。若晷不定，則用時隨本地極出度分，或用度板，或用度梯，以定極度。次欲依空晷法作節氣線，或省節氣線而止用羅經以正方作，表端景所指即得時刻也。若四半圜外尚有餘地，則以戌爲心，亦可作赤道晷焉。

百游四正向晷第二式

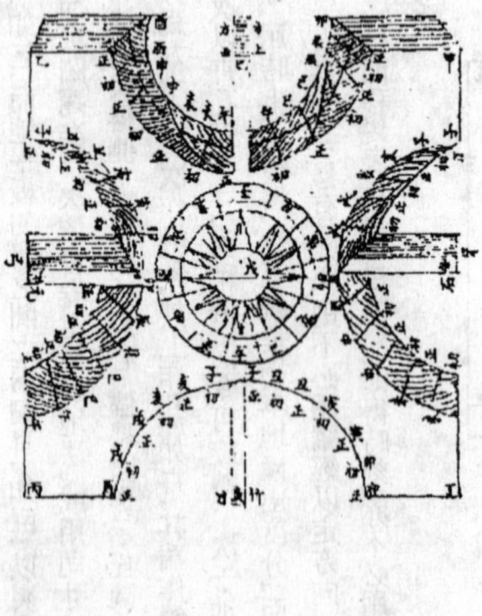

作百游四正向晷第二式法

第表鋭既細則易動，而時刻難准。當于己庚及辛壬線旁各作相近兩平行線，如云甘、土竹，與己庚平行，石元牙弓與辛壬平行。次以石、元、牙、弓、土、竹、云、甘各爲心，各從邊向内作全圜四分之一。次于心線與圜線之間悉刳去之，則石、元、牙、弓、土、竹、云、甘即爲八表，但每表角須極稜，圜分須極圓。次以每圜分平分爲三時二十四刻，亦與前同。若欲加節氣線，亦如空晷法作之。次次定極出度，悉如第一式，或次視所用之表若爲鋭表，如第一式，則以表端景移就本日節氣，即得時刻。若爲角表，則於角上正對赤道處置一微鋭，如方，用時，令方景射本日節氣線，而角表景即指旦下時刻。或如空晷法，于角表上分節氣圜，内止作赤道，而角表上置一活鋭。用時，移活鋭于本日節氣線，令鋭景圜内赤道線亦得。

百游四偏向晷式

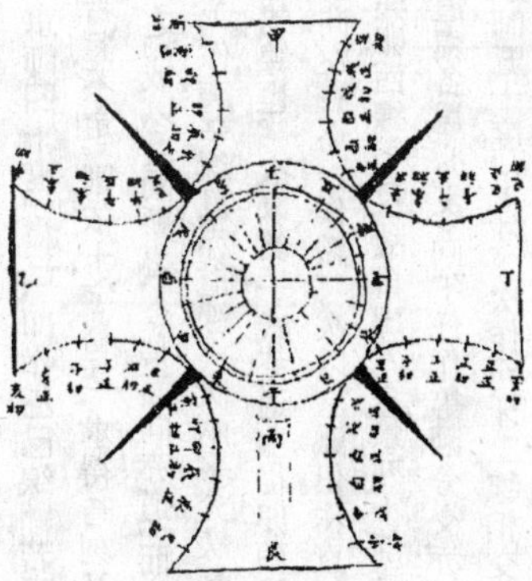

作百游四偏向晷法

此晷作法及用法與前晷無異，第分時刻及安表處不同。其上左角半圜從上至左即寅初初至未正四，下左角半圜從左至下即亥初初至辰正四，下左角半圜從下至右即申初初至丑正四，上右角半圜從右至上即巳初初至戌正四也。若欲加節氣，亦如空晷法作之，惟定極度板别有一法，此晷及前後兩晷俱可隨宜用之。當于晷板交地平板處開一空，如丙艮。次用一板，長短寬窄無度，如第二圖，丙巳戊丁斲其半，令與丙艮相入，如丙巳，其後半度可容羅經，如辛壬。次以巳爲心，儘板之厚作全圜四分之一，如丙庚。自丙至庚平分爲九十度。次于晷體艮旁兩角作一孔，與度板巳孔相連，令可闔闢。用時，令晷上艮角切指本地極出度分即得。

百游輪晷第一式

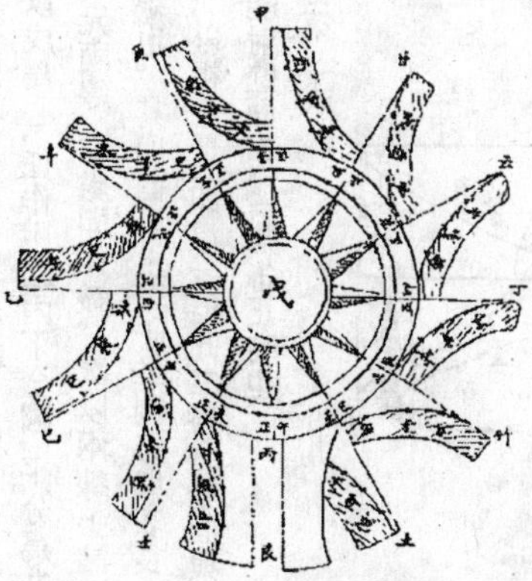

作百游輪晷法

此晷作法及用法亦與前二晷大同小異。用甲乙丙丁圓板，心在戊，即以戊爲心作赤道晷。次亦以戊爲心于赤道晷外儘邊作一圈。次以赤道晷上十二時線皆引長至外圜界。次以各線交圜處，如甲、庚、辛、乙、己、壬、艮、土、竹、丁、云、甘各爲心，從邊向内順作圜分，第圜分之界須與次線相離分許爲度，小圜分皆至界圜止，故不及全圜四分之一也。次俱如前法，以心線及圜線以内悉剞去之。次以諸圜分半徑爲度，刖與平面作全圜四分之一，平分爲三時二十四刻，逐一爲度，移之晷上。諸圜分兩面俱是内向外，逐一作識，即以兩面邊識俱作平行線，而時刻定矣。其各圜分之心即爲本圜之表。次或用度板，或用度梯及度柱，或用前晷之度板，以定極出度分，仍以羅經或子午線正方，而晷成矣。用時，每一時刻必三圜，並有表景亦相驗也。若欲加節線亦如前空晷法作之。

百游輪晷面東西面南晷第一式

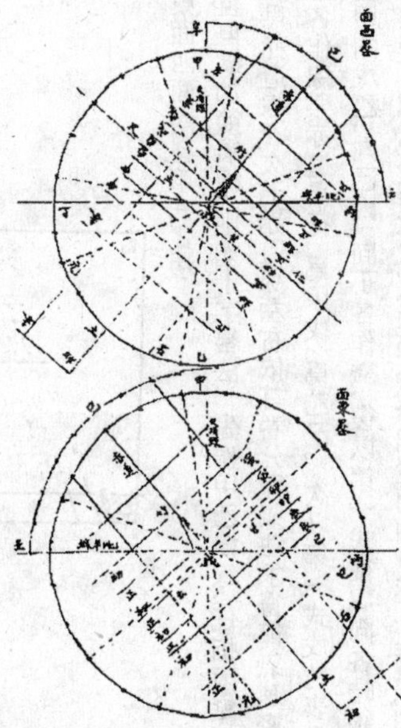

作面東面西面南晷第一式法

面東面西晷，置正向卯酉兩壁者。先於壁上以三卷第一題所作器，或以懸空之線作甲乙垂線爲天頂線。次作丙丁横線爲地平線，兩線交于戊，爲表位，即以戊爲心，從地平線向上任作全圜四分之一，如辛壬，但面東者作于天頂線左，面西者作于天頂線右，即平分辛壬爲九十度。次視本地極出度，如京師四十度，從辛向壬量四十度或從壬向辛量極出餘度五十度于己。次作戊己線，即赤道線也。次從戊作赤道之垂線仁尺，即卯酉線也。次量晷小大，任取戊竹爲表長，以表長爲度，從戊于卯酉線上右得甘，左得云，即從甘、云俱作虛線與赤道平行者，如甘石，如云元。次以戊爲心，任作甲乙丙丁全圜，平分爲九十六分。次以戊與圜相望，每至甘石、云元兩線，交處即作識。次以兩線上諸識平望，俱作直線與卯酉線平行，即時刻線也。其卯酉以上下十二刻必與表長之戊竹相等，稍差必不准也。次立表于戊，以視日景，即得。但此二晷之壁面與午線平行，日至午正初刻表景即無窮，不能射壁面，故皆無午正時也。

面東面西面南晷第二式

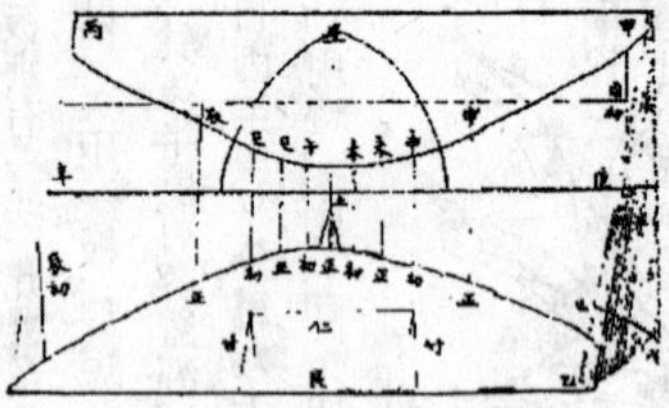

作面東西面南晷第二式法

若欲并得午正諸刻，宜別作面向赤道晷。但前二晷面東西者，正對天頂，而此晷正對北極，故如赤道晷。因其向南之邊正對赤道，故曰赤道晷。此晷向北之邊正對北極，故名曰極晷。若所用晝晷之體定不移，則先須量其面上邊正與此極對否。試如甲乙丙丁爲晝晷體，乙戊線爲地平，以乙爲心，任作戊己圜分，從地平向上量本地極出地度，如京師四十度，爲己，即作乙己線。若平面依此斜線，即此晷高于地平四十度矣。若體不定，則依十字晷法，求得時刻及節氣線，而或依度板法，以四十度之度板倚之，或以度圜懸之，令其面向赤道，而其向北邊正對北極，即得。次量甲乙之中于辛，作庚辛線爲赤道線。次兩平分庚辛線于壬，爲表位，從壬作壬艮爲庚辛垂線，即午線也。次以第一式赤道上從卯酉線向諸時線逐一爲度，移至此式，赤道上從上向左右逐一作識。次以諸識俱作直線皆與壬艮平行，即時刻線也。第此晷面亦與卯酉線平行，故日出入表景亦不能指其面。次以申初初刻及巳初初刻兩線交赤道處各爲心，各向午任作等圜分交赤道線于元，即從元循圜各量極出地餘度，如京師五十度，于牙。次作元牙二線相交于坎，即從坎作弓坎仁赤道平行線，即地平線也。日出入之際，表景必射此線，此線以下即晝晷，以上即夜時也。截地平線以上，置于向地背面，則春分以後日出入之際，表景亦指時刻也。第向上晷表及地平線皆在時刻及節氣線之上，向下背面倒置，故皆在上。向上晷爲午者，向下晷爲子午線前後時刻線，亦皆易爲子前後時刻線也。

面東面西面南晷第三式

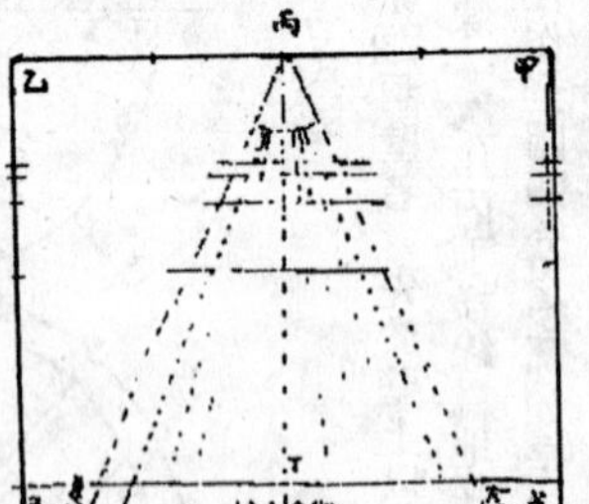

作面東西面南晷第三式法

若三晷俱欲加節氣線，則如十字晷法。先作甲乙横線，任指丙點，從丙作甲乙之垂線，爲赤道線。次于赤道線左右依首卷分節氣法求得節氣疏密之度。次從甲，從乙各作線與赤道平行，爲甲戊，爲乙己。次以第一式戊竹表長爲度，移至此式，從甲向戊乙，向己丙，向丁各作識，復以第一式從戊向各時線與甘石或云元線交處逐一爲度，移至此式，亦從甲，從乙，從丙向下逐一作識，即以諸識俱作平行線，或一刻一線，或二刻，四刻一線可也。但兩旁須即記時刻，以免混亂。

面東面西面南晷第四式

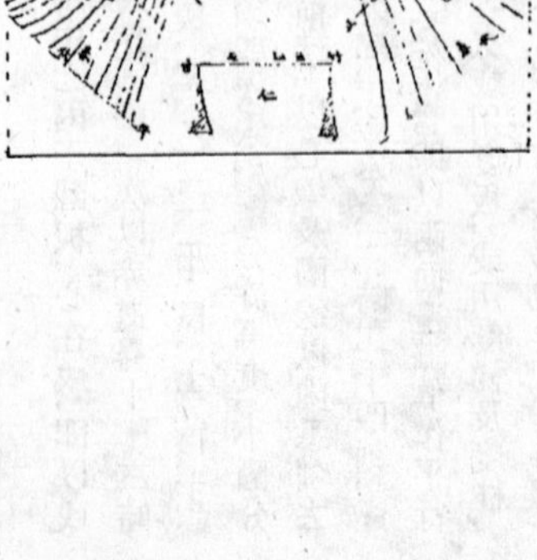

作第四式法

此本晷成式也。先于壁上如第一式作甲乙垂線爲天頂線，作丙丁横線爲地平線，作戊己線爲赤道線，作庚辛線爲卯酉線，并作卯酉平行諸時刻線。次以第三式諸時横線自赤道向左向右行至諸節氣交處逐一爲度，移至此式，各于本時線上亦赤道向左向右行逐一作識，第二三以後皆如之，而諸節線界第二式面南者依此可權位定矣。次于諸界式依首卷曲線作法作節氣線，而晷成矣。次俱立直表于土，可得日景焉。又有立表一法，尤爲明准。其法，面東西者，于卯酉兩端卯酉線外，面南者子午線兩端外，各立竹、廿二表，自相等而俱戊、土等。次以線聯于兩表之端，如云石，面東西者此線正與卯酉相對，面南之午線亦然。次貫一細珠子線，如仁，移至正對赤道處，則珠景可得節氣線景，可得時刻矣。或放小字晷法于東西晷之卯酉線，及南晷之午線，依線立一闊表，而表中正對赤道處出一微鋭，則鋭景指節氣，表景必自指時刻也。

測鑿偏于南北及偏于天頂度分第一式

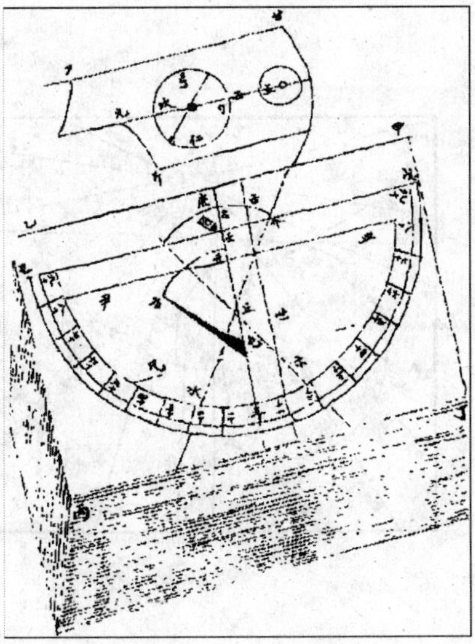

作測偏度法

凡作偏晷，若欲畫晷之體定不移，最先須知其面或正向南北，或向東西，或偏幾何度分，或正對天頂，或偏幾何度分，或與地平平行，或與地平作幾何度鋭角。測此，先作甲乙丙丁方形，近邊處作戊己線與甲乙邊平行。次從中作庚辛垂線，兩線相交于壬，即以壬爲心，儘木作半圜爲戊辛己，平分爲百八十度。次于壬立一鋭。次外又作一尺，濶寸許，爲云甘夕斤尺，中作一線爲石元。次從元至尺末刳去，石元線或左或右。次尺上開弓坎仁勺一井，其中對石元線，兩端處安羅經針。次于石元線上作一空，爲互，以入壬鋭，但須可任轉動，而測器畢矣。欲以測壁偏度時，先于壁上用懸空線畫一垂線。次畫一横線，爲直角。次以木器甲乙邊合壁面横線，轉尺令羅經兩端正對石元線，視元線所指。若切指庚辛線上，即面正向，或東，或西，俱無偏度也。若指戊己，即正向，或南或北。若指辛己或辛戊間之度，則有偏度。視從庚辛線至尺所指度分，即壁偏東西之度分也。若面向南而指辛戊之間，則偏西，辛己之間，則偏東，若面向北反是。用此法無論早晚，隨時可測。

若不用羅經，必須竢正午時方可測也。于尺上石元線上任立一直表，竢日正午，轉度尺，令表景正射石元線，如前法視尺元端所指，即知面或正向南北東西，或偏東西幾何度也。

或不用度尺，止于器面庚辛線上任立一直表于屯，俟正午時，若表景直射庚辛線，即面正向南北，射巨凡線，正向東西。若面向南而射從庚辛線向戊，即偏東，向己，即偏西，向北反是。欲知偏幾何度分，則視從表端景至庚辛線度分，即壁偏于正南或北度分也。試如屯方爲立表，其景端在方，即以屯爲心，方爲界，作方升圜分，以首卷第測方升爲幾何度圜分，即壁偏度分也。

或不用立表，第用一懸空垂線。午正初刻時，令垂線景射器面，視所射。若庚辛，或與庚辛平行，如缶世線，即面正向南。若射戊己線，或與之平行者，如皿尹，即正向東西。若垂線景與庚辛線相交成角，如示，共或水介線交庚辛線于丘，即有偏度。欲知偏幾何度，則以交處丘爲心，任作共古介圜分。次以首卷第　量自古至介，至共隔幾何度分，即壁面偏于正南之度分也。

俯度即面向上向下而俯于地平度分，亦以是可測也。第壬心須繫一線，或一活鋭，能自旋轉。即以甲乙或以丙丁邊，丙向上，丁向下，或反合面若垂線，或活鋭正加戊己線上，即面直立于地平上，與爲直角，無偏度也。若面偏而向上，即以丙丁邊合約畫晷之面，視自垂線所加度分，至庚辛線隔幾何度分，即面偏于地平度分也。若面俯偏而向下，則以甲乙邊合面，亦視垂線所加度分至庚辛線，隔幾何度分，即本面偏于地平度分也。

若欲知畫平晷之面與地平平否，則以器丙丁面合平面，如垂線或活鋭指庚辛線，則至平，否則須再正之。凡命壁上作垂線或横線，則以器下面合壁面，展轉之，令垂線或活鋭切加庚辛線上。依器或上或下邊作線，必與地平平行線。依器兩旁邊作線，即地平垂線。

南北偏東西第一式

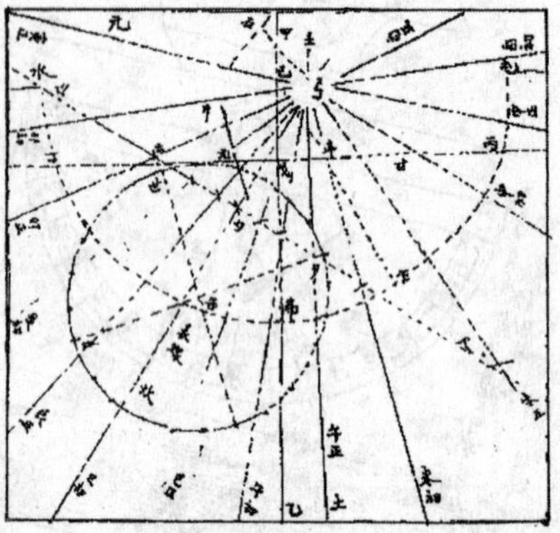

作面南北偏東西晷第一式法

此晷若不用節氣，則此式爲成晷。若更加節氣，則此式爲分時式。先作甲乙線爲天頂線，次作丙丁横線爲地平線，兩線交于戊，即表位，此從戊上行任取己爲表長。即以己爲心，下行作乍弗丈虚圜分。次循圜，從甲乙線或左或右量畫晷面偏度于正南北。面南偏東、面北偏西者，量之甲乙線右。面南偏西、面北偏東者，量之甲乙線左。此式即面南偏東三十度。故作甲乙線右量三十度，得乍，即乍與己相望，作線，與丙丁線交于辛。次即從辛作辛壬辛土線，甲乙平行者，爲子午線。次從甲乙隨晷或左或右行，量偏餘度，如此六十度，得丈。亦與己相望，作線，與地平線交于云。次以辛至己爲度，從辛任右行，得甘。即以甘爲心，向甲乙線任作圜分，爲石元。次循圜，從地平線上量極出度，如京師四十度，得石。甘石相望，作線，與壬土午線交于弓，弓點即晷心，衆時刻所聚者也。次以弓與戊相望，作弓戊坎線爲表線。次從云，作弓坎線之垂線云仁，云尺線爲赤道線。弓坎線交于勺，子午線交于夕。次以戊己表長爲度，從戊作戊斤線，爲赤道平行與表線垂線。次以弓與斤相望，作一線，名曰地樞線，斤與勺相望，作線，兩線定交爲垂線，而成一直角，稍差即不准也。次以斤至勺爲度，從勺循弓坎線下行，得缶。即以缶爲心，任作世皿夕一圜，爲時圜。次以圜心，與云相望，作一徑線。復以圜心，與夕相望，作一徑線。兩線定交爲垂線，而成四直角，圜亦分爲四平分，稍差即不準也。次以圜角，每角分爲二十四分，合成九十六分。即以圜分穿心對望，每至仁尺赤道線交處，即作識。次從弓與赤道線諸識相望，俱作線。則午線左爲午前時線，午線右爲午後時線也。其卯正線定與赤道地平三交于云，稍差，即不準也。但有時線與赤道相遇甚遠者較難耳，更有一法。以己爲心，任作一圜分，如屯乍弗水。即依此圜度，從二卷第一平晷第一式時心甘作圜。次以平晷圜上，從午線向各時逐一爲度，移之本晷圜上。從己作線，向左右逐一作識。次以己與各識相望，每至地平線交處，即作識。次從弓與各識相望，俱作線，即與前法所作時刻線同也。次立表有兩法，或以戊斤直表中立于戊，而以斤景測時，爲一法。或以弓戊斤三角表立于弓戊表線上，而以斤景端指節氣，以弓斤線指時刻，爲二法也。

第二式

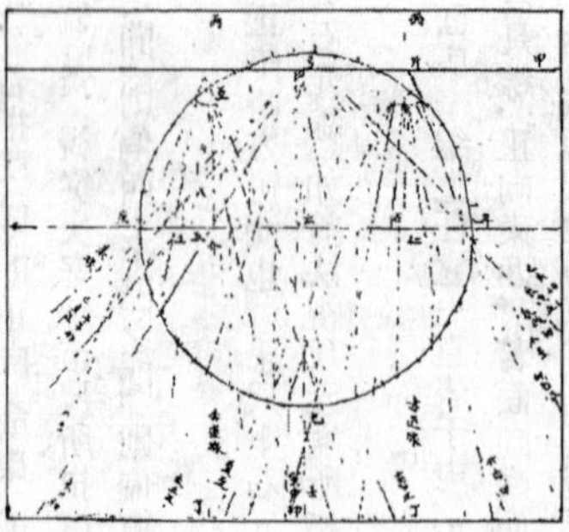

作第二式法

前式未分節氣，今欲帶節氣作晷，故又爲第二、第三式。先作甲乙横線爲極線，次作丙丁垂線爲赤道線，斤點兩線相遇，名節中。次依首卷第　亞納樗焉法，以斤爲心，從赤道左右分諸節氣線。次以第一式弓至斤爲度，此式從斤右行，得弓，名時中。次以第一式斤至勺爲度，從斤下行亦得勺，即與弓相望作斜線爲表線，而此弓斤勺三角形即與第一式弓斤勺三角形等。次以第一式缶至勹左右赤道上諸線，逐一爲度，從斤下行逐一作識。即以弓與各識相望，逐一作線。每作一線，即記爲午前後某時線。線時線俱錯雜無序，故記之以查閲也。若以第一式弓至勹左右赤道線記爲度，從弓向丙丁線驗之，兩法必相合，稍差即不準也。其諸線中，有不與赤道交而爲平行，即不平行而太遠難遇者。即以爲心，任作半圜，依左圜上疎密之度，移之右圜，即得右時刻。但此法有兩線相逼者，難于作識，更有一法。先觀表線與左第一節線交于庚，即從庚作庚辛横線，與甲乙線平行。次從弓，作弓壬垂線，與丙丁線平行，兩線相交于云。即以云爲心，庚爲界，作庚己辛弓圜分，爲十二平分，即十二時。或九十六分，即九十六刻，本圖止分二十四分，即每分四刻。以第一式缶至夕爲度，從斤下行得戊，即與弓相望，作斜線爲子午線，與庚辛線交于土。即于土上立一線，與丙丁線平行至圜，得甘。次從甘起圜分，爲二十四分也。若土甘線交圍太斜，難以准定，則以第一式。任從缶至赤道上一線，如未初線，即以缶至未初線交赤道處爲度，移之本式赤道線上。從斤至丘，即作弓丘線，交庚辛線于介。次于介立一線，爲庚辛垂線，交圜于互。即從互起分，亦可也。全圜既分定，即以庚辛上下兩半圜上諸識，各作垂線，皆至庚辛線止。其作法若晷之表線與時線合一，則圜上下識正對垂線亦必合。若表線與時線不合一，則上下識不平對線亦不合。故須以庚辛以上半圜諸實識，從庚辛線逐一爲度，移之下半圜。從庚辛線下，逐一作虛識，下半圜實識，亦移于上半圜，作虛識。次以實虛識相望，作上下線，即得其線，亦皆爲庚辛垂線丙丁平行線也。其上線定爲第一式表線，左諸線，如卯辰巳等也。次以弓與庚辛上諸垂線記相望，俱作線，即得時刻也。但以上下垂線各從弓畫斜線，恐線多易淆，則弓壬線左右各作赤道線，各分節氣線。庚辛線上止用上垂線，記與弓相望作斜線，而十二時線悉得。線少且疎，尚可畫刻線也。蓋云庚線上線記，與云辛線下線記度等。云辛線上線記，與云庚線下線記亦等。交左節氣時線者，即第一式表線右時線。交右節氣時線者，即第一式表線左時線也。若以第一式缶至云爲度，從斤下行，得石。亦與弓相望，作斜線，與庚辛線交于仁，爲卯線，與前所求卯酉線必合。稍差即不準也。若先求卯線，次以午線合驗之，亦可。即任先求一時線，次任取一時線合驗之，亦可也。

第三式

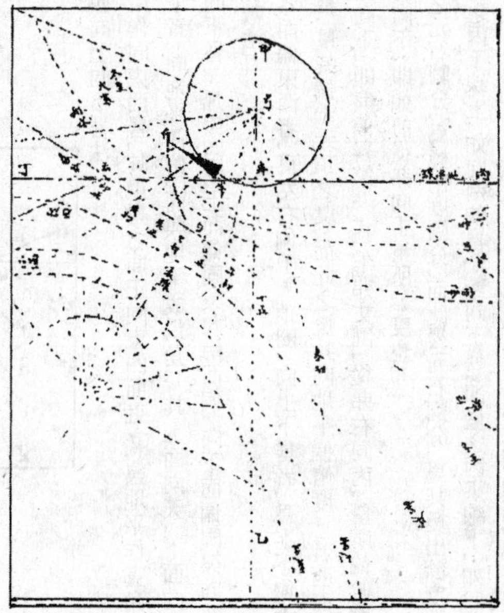

第三式作法

此帶節偏晷成式也。先作甲乙垂線爲子午線，次作丙丁横線爲地平線，兩線交于辛。次以第一式辛至弓爲度，本式從辛上行，亦得弓。即于第一式，以弓爲心，任作一圜分。依此圜度，亦以弓爲心，亦作一圜分。即以第一式子午線左右圜上各線，逐一爲度，亦與本式，從子午線左右圜上，逐一作識，即以弓與圜諸記相望，俱作斜線，而表線、時線俱得矣。次以第一式弓至勹爲度，此式從弓循表線行，亦得勹。復以第一式辛至云爲度，此式亦從辛左行，得云。云定爲卯線，遇地平線處，即以云與勹相望，作線，爲赤道線。次從第二式弓至各時，與各節交處逐一爲度，從本式弓向各時，逐一作識，俱作線，而節氣定矣。畫節氣界線法與平晷悉同，第此圖式小線多，恐昆，故每隔二節氣畫一界線也。次依第一式立表法，以測日景，即得。

偏晷第一式

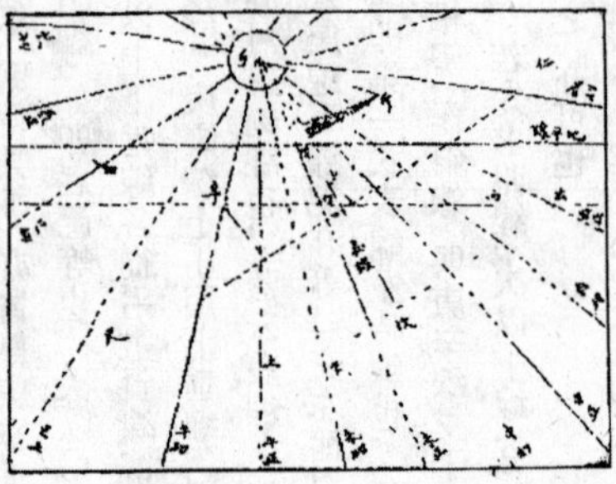

偏晷第二式

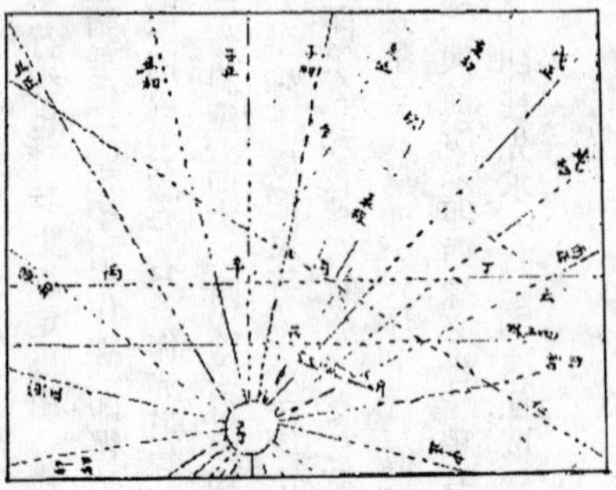

偏晷第三式

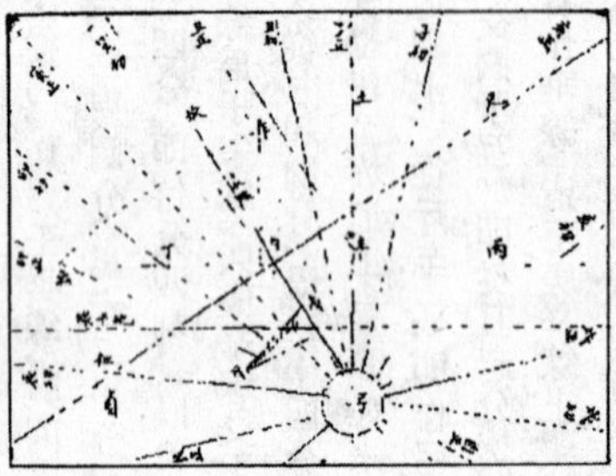

作偏晷三式法

此偏晷得一，即併得四也。試如依京師北極出地四十度，作向南偏東三十度晷，如第一式元圖。若轉之，令其左時在右，如左亨圖，則得向南偏西三十度晷。但向南偏東晷，人面北視之，自午線向表線，諸時線皆午前時線，如已辰等。若向南偏西晷，午線向表線，諸時線皆午後時線。若向南偏東三十度晷，如元。若其向上者，轉而向下，在左者，反而在右，如利圖，即得向北偏西三十度晷。但午線改作子線，人面南視之，則從子線向表線，諸時線皆子前時線也。若向南偏西三十度晷，如亨圖。如其上轉作下，左反作右，如貞圖，即得向北偏東三十度晷也。其午線亦改作子，自子向表線，諸時線皆子後線也。若先得向南偏西，或向北偏西，或向北偏東者，依此法反轉之，亦如前，併得四也。四晷地平線分爲日夜兩晷，其地平線以上皆日晷，以下皆夜晷也。其向北偏，晷夏時皆有景也。

東西向上向下晷式

作東西向上向下晷法

二卷所作向東西晷，其晝晷之面正向東西而直立，與地平作直角，而此之東西而偏上下者，向地平偃俯，而與地平成鋭角。其上面向天，下面向地，故名曰東西向上向下晷。凡東西向上而偏同與向南而偏，向下而偏同與向北而偏。其不同者，特數法耳。

向南北而偏東西者，爲左右偏于天頂圈，向上下晷者，爲上下偏于地平。故向南北偏晷，量其偏于天頂之度，而此之量其向地平偏俯度。若西而向上，如右圖式，東而向下，即與偏晷第一式，乍弗丈圜，從弗右向丙，量所偏俯度。若東而向上，西而向下，即如前從弗向丁量所偏度也。

偏晷之元石圜分，爲極出度圜分，而此晷元石圜分，爲其極出餘度圜分。若向上晷，即量之丙丁線上，如向南偏晷。若向下晷，即量之丙丁線下，如向北，偏晷也。

此晷向上者，則偏晷第一式之壬士線爲午線，左而向丁，爲午後時線，如未申等時，右而向丙，爲午前時也。向下者，則偏晷丙丁線下之午線，于此晷爲子。

從壬土左而向丁，爲午前時，右而向丙，爲午後時也。

此晷之分時，亦如偏晷時圜作法。若用偏晷分時刻線第二法，則偏晷用平晷第一式時線，以偏晷與平晷皆量極出度，故而此晷用天頂晷第一式時刻線，以此晷與天頂晷皆量極餘度，故此晷之地平線，即于酉線與赤道交處，如偏晷第一式之卯線，與赤道交處爲云。從云作子午平行線，即爲地平線，線恒在上。若向上晷，則自地平線向午線者爲有用日時線，其餘爲無用。夜晷向下晷，其自地平線向午線者，爲無用夜時線，其餘自地平線向丁，爲有用日時線也。凡東向上晷，以其左右反置之，即是西向上晷。凡西向上者，以其左右上下反倒置之，即是東向下晷。凡東向上者，反倒置之，即西向下者。故向下晷，地平線在上，午線在下。向下晷，地平線在下，子午線在上。若從地平線分，去其無用時線，則地平線定在上。

若晷不定欲用時安晷法。先于所安處求正午線，次以地平子午線正合之，則晷正向東西矣。

凡上晷，其衆時所聚之，晷心必向南，而時線俱向北。下晷其時線所聚之，晷心必向北，而時線俱在南。

南北向上向下晷

凡此四晷，各自相對。南而向上，北而向下爲一對。南而向下，北而向上爲一對，其以六箴論之。

第一

凡南而向上，北而向下，若其北邊俯偏度，與本地極出地度等，則其晷，亦與極晷二卷第　同。

第二

若其北邊俯偏度少于極出度，減去俯偏度于極出度，取其餘以作平晷。如極出四十度，俯偏三十度，減去三十于四十，存十。即于二卷第　作極出地十度平晷而得也。

安法，先求午線，次作横線與地平平行，與午線爲直角。用晷之十線對于午線，用晷之赤道合于横線。

晷南向上而人北面視之，則子後時在左，午後時在右，北而向下者反之。

南而向上則北，節氣皆在晷心與赤道間，北而向下者反之。

第三

若俯偏度多于極出度，減去極出度于俯偏度，取其餘以作平晷。如極出四十度，俯偏五十度，減去極度四十于偏度五十，則存十。亦以第二卷第一作極出十度平晷也。

安法與前無異，其所異者，南而向上，晷心在赤道上，如立晷向南。北而向下者反之。

南而向上則南，節氣在晷心與赤道間，北而向下者反之。時刻次第與前晷同。

第四

北而向上，南而向下，若南邊俯偏度與極出地餘度等，則其晷與二卷第赤道晷同。

第五

若俯偏度少于極餘度，即以俯偏度加于極出度，以作平晷。如極餘五十度，俯偏三十度，九十除五十存四十爲極出度，四十加三十得七十，即作極出七十度平晷。

安法與第二無異，其北而向上者，晷心在赤道上，南而向下者反之。晷北向上，而我南面視之，則右時皆午前時，左時皆午後時，南而向下者反之。

北而向上則北，節氣在晷心與赤道間，南而向下者反之。

第六

若俯偏度多于極餘度，即以俯偏餘度加于極餘度，以作平晷。如極餘五十度，俯偏七十度，九十除七十存二十，加五十得七十，即作極出七十度平晷。

又三式一

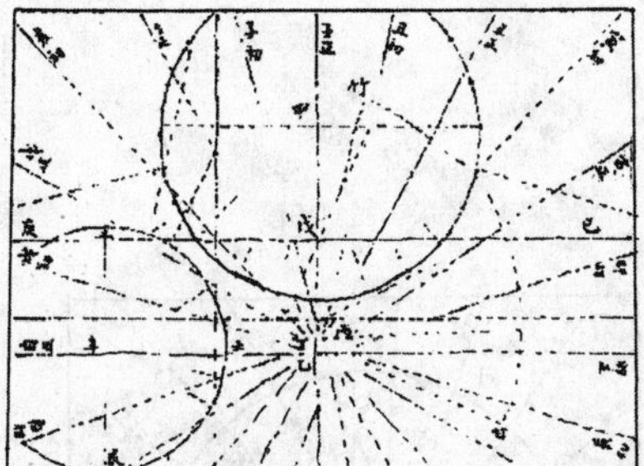

又三式二

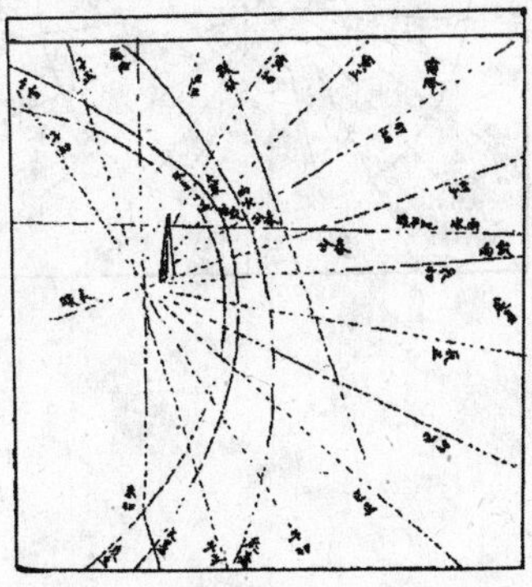

三式作法

前五箴且不畫圖式，止以第六箴作圖式，而餘皆可以用也。試如得一體，其面向天頂而偃俯于地，其俯度七十，京師極出地餘度五十。因俯度大于極餘度，則五十度上又加俯餘度二十，總七十度，即極高于本面度，即此偏面上。以二卷第一畫極出地七十度平晷，如右圖，而得其節氣線畫法，亦悉與平晷同也。

安法與第五無異，特北而向上，晷心在赤道下，如立晷向北，南而向上者反之。

作時與第五無異時，其從心向赤道，即爲子線，向南而下者反之。北而向上則北，節氣在晷心與赤道間，與前第五同，南而向下者反之。

欲求地平線，以表位與卯酉線平行，作横線于元，次以丙丁表長爲度，從表位丙向左得丁。即以丁爲心，向右任作元竹圜分。若向上晷如木圖式，即以俯餘度，從横線上量之于石。若向下晷，即以俯餘度從横線下量之。即以圜心丁與線相望作一線，其與子午線交處，本圜式爲坎，即以坎與卯酉線平行作横線，即地平線也。

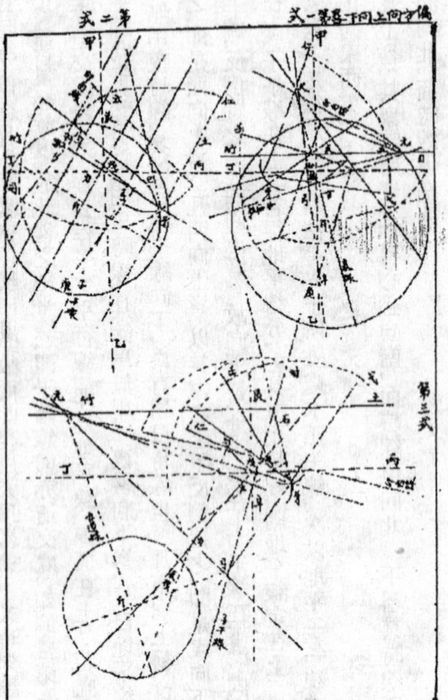

第四式

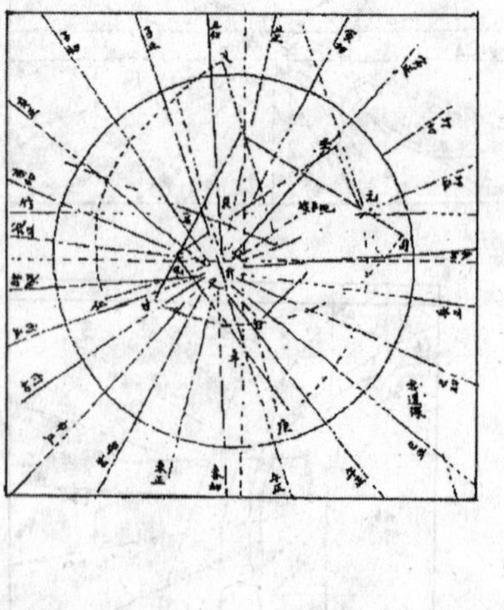

作偏方向上向下晷法

此晷自赤道以北至北極下，凡一千一百六十六萬四十晷，赤道以南至南極下亦然。蓋極度九十，面偏度三百六十，俯偏度三百六十三，相乘而得若干晷也。若以分秒别之，更不可紀極矣。今姑舉其總法，有八面。南偏東、西而向上爲第一、二面，北偏東、西而向下爲第三、四面，南偏東、西而向下爲第五、六面，北偏東、西而向上爲第七、八面。此八晷各自相對，面南偏東向上各幾何度晷，即對面北偏西向下等幾何度晷，餘各如之。

先作甲乙垂線，次作丙丁横線，兩線交于戊，爲表位。次從戊或左或右，任取表長爲己。即以己爲心，向甲乙線外任作圜分。循圜從丙丁線下量俯偏度，第一圖式爲七十度，第二爲五十一度，第三爲三十度，第四爲五十二度三分，得庚。即與己相望，作線與丙丁線交于辛。次復循圜，從甲乙線上量俯偏餘度，得壬。亦與己相望，作線與丙丁線交于艮。次從艮與甲乙線平行，作竹土横線，爲地平線。次從己艮爲度，從艮或上或下行，今上行，得云。即以云爲心，向地平線作半圜分。次循圜，從丙丁線左右量面，偏于天頂度，第一圖式爲向南偏西二十度，第二圖式向南偏東四十五度，第三圖式向北偏西二十度，第四圖式向北偏東三十度，得甘。若面南偏東者，如第二圖式，面北偏西者，如第三圖式，量之丙丁線右。若面南偏西者，如第一圖式，面北偏東者，如第四圖式，量丙丁線左。亦與云即與云相望，作線，與地平線交于石，次從面偏度對邊量偏餘度，得司。

相望，作線，與地平線交于元，元點亦爲赤道及卯酉二線相遇所。次石與辛相望作線，即子午正線。次以元與戊相望，作線，引出子午線外，必爲子午之垂線，稍差即不準也。次以辛爲心，己爲界，向元戊線任或左或右作短界線。復以石爲心，云爲界，向元戊作短界線。則兩界線交處必與元戊線相交于牙，稍差即不準也。次從牙作石牙線，次以牙爲心，任作半圜。次循圜，從牙石線量極餘度于弋。若面南而偏者，如第一、第二圖式，量之從石牙線向牙辛線。面北而偏者，如第三、第四圖式，從石牙線向牙辛線量極出地度于弋，即弋。與牙相望，作線，與子午線交于弓。即以弓與先所定元點相望，作線，爲赤道線。若有牙弋線與子午平行，如第四圖式。即從元與子午平行作線，即赤道線。次第一、第二圖式，從極餘度對邊量極出度，第三、第四圖式從極出度對邊量極出餘度于仁。亦與牙相望，作線，與子午線交于尺，尺即晷心衆時刻所聚者也。若有牙仁線與子午平行，如第二圖式，則此晷無尺，而時刻皆平行線，爲無心晷矣。次以尺與戊相望，作線，爲表線，必與赤道爲直角。若晷無尺者，如第二圖式，則從戊與子午平行作線，爲表線，而亦與赤道爲直角，稍差即不準也。次從戊作一表線之垂線，即以戊己表長爲度，從戊作表線垂線，得勹。次以尺與勹相望，作線，名爲地樞線。復從勹作尺勹線之垂線，必與表線及赤道線三相交于力。若晷無尺，如第二圖式，則從勹與表線平行作線。而此線與表線之垂線俱即赤道線。且三線相交之力點，亦即表位之戊點，稍差即不準也。次以勹至力爲度，從力循表線或上或下行，得斤。即以斤爲心，任作一圜，次以斤與弓相望，作圜徑線。復以斤與元相望，作圜徑線，兩線必交爲垂線，而必爲四直角，圜爲四平分。若晷無弓者，如第四圖式，則從斤與子午平行，作圜徑線。其線與元斤線必亦交爲直角，而圜亦分爲四平分。次復細分圜爲九十六分，即以各分穿斤心對望，每至赤道交處，即作識。次從尺與各識相望，俱作斜線，即得衆時刻。或如偏晷法，用平晷第一式時線移用之，以云爲心，任作圜。即以此圜度作之平晷，後依彼圜線移之此圜。而又必以此晷之云石線，當平晷之子午線，以平晷子午線之左右分，作此晷云石線之左右分。次以云與圜分相望，每至地平線交處，即作識。次以尺與各識相望，亦得衆時刻線，而更便也。若晷無尺，則以石爲心作圜，從子午線起，分爲九十六分。即于子午左右，以圜分兩兩對望，俱作平行線，即得衆時刻矣。晷成而定其時，則赤道在晷心下，即晷心下爲午線。赤道在晷心上，即晷心上爲午線。晷面南，而人北面視之，則午右皆午後時。晷面北，而人南面視之，則午右皆午前時。若晷無弓者，雖晷心赤道下，而晷心上爲子線，晷心下爲午線。若晷無尺者，雖無子線，而面南，則午右亦午後時，面北，則午右亦午前時。其分節氣法，俱與偏晷同，若晷無尺者，則與二卷第　面東面西晷同。

面南晷

此晷作法悉與平晷同，但平晷第一式，于橫線上量極餘度，而此晷則量極出度。平晷第二式，于節氣左量時刻線，而此晷則右量時刻線。平晷第三式，表位至赤道間，爲夏至等線，而此晷則冬至等線也。平晷第三式，表在南，以北測時，而此晷則表在上，以下測時也。平晷合卯酉線，皆有日景，而此晷過地平線，即無日景也。

面北晷

南晷既不能過地平線以測日景，故從此線截分二晷，以地平線上餘時移而向北，即得南晷所缺之景。

面東晷

此晷置西壁上正向卯位者，先作甲乙線爲天頂線，次作丙丁橫線，爲地平線，次于天頂右，平行作丙戊無線。次以丙爲心，從左下行，作角圜分爲九十度。依本地北極出地度于地平線下，與丙相望，作丙己斜線，爲極線，與天頂線交于庚，爲表度。即從庚作辛壬斜線，爲極線之垂線，即赤道線。次量晷小大，從庚循辛壬線下行，任取癸爲表位，即以此度，從癸左右，與赤道平行作乾兌離震線。次以癸爲心，任作一圜分，爲九十六分。次以癸典圜分相望，每至乾兌離震兩線交處，俱作識。次以各識兩兩相望，俱作斜直線，即時刻也。次立表于癸，以視日景，即得。

面西晷

即以面東晷左右反作，則得。

偏方立晷

此二晷，作節氣法與百游圓晷同。

凡作偏晷得一即得四，如已作向南偏東三十度晷，即以左右移置之爲向南偏西六十度晷，以左右反置之爲向南偏西三十度晷，截其地平線以上即得向北偏晷也。凡得此第一晷即得彼第二、三、四晷最捷也。若極度等而墻面不等，或墻面等而極度不等即當別作。

第一式

此晷以子午爲主或偏而東或偏而西者也。先于本墻作一垂線即作一橫線，次別于方木上依邊平行作一甲乙横線，從中作一戊己垂線，次以甲乙線合于墻上横線，戊己線對于墻上垂線，而方木之面與地平等。次于正午時別垂一線，依此線景于木上作一庚辛線，若此線與戊己線平行則北墻爲正南正北矣。若兩線相交于壬則庚壬戊成三角形，即觀庚角在戊東，則此墻爲偏東，庚角在戊西，則此墻爲偏西。次以壬爲心，從戊庚内作半圜分一方爲九十度，次視庚辛編于戊己幾度，則此墻爲偏于天頂或東或西幾度也。

第二式

此晷若不用節氣則此式爲成晷，若更加節氣則此式爲分時式。先作甲乙線爲天頂線，次作丙丁横線爲地平線，兩線交于戊爲表位。次從戊上行任取己爲表長，即從己作線與丙丁平行。爲竹上即以己爲心，竹土爲界，下行作半圜分爲百八十度，次循圜從甲乙線左右量面偏度，若面南偏東、西北偏西者，量之甲乙線右，面南偏西、面北偏東者，量之甲乙線左。今面南偏東三十度者，即右量得庚與己相望作線與地平線交于辛。次從面偏度對邊量偏餘度得壬，亦與己相望作線，與地平線交于癸。次從辛與甲乙線平行作乾兑線爲子午線。次以辛至己爲度，從辛或左或右行得難，即以離爲心，向乾兑線外任作角圜，分爲九十度。次循圜從地平線上量極出度得震，即與離相望作線，與子午線交于巽，巽點即晷心，衆時刻所聚者也。次以巽與戊相望作巽坎線爲表線，次從癸與巽坎線之垂線曰癸艮線，與巽坎線交于坤，子午線交于金，爲赤道線。次以戊己表長爲度，從戊與赤道平行作戊石線，次以巽與石相望作一線，石與坤相望作一線，兩線定交爲垂線而成一直角，稍差即不準也，而巽坤石成一大三角形，巽戊石及石戊坤各成一小三角形矣。且巽至石之度等于離至巽之度，故表度與極度等。次以石至坤爲度，從坤循巽坎線下行得絲，即以絲爲心，任作一圜爲時圜。次以圜心與癸相望作一徑線，復以圜心與金相望作一徑線，兩線定交爲時線而成四直角，稍差即不準也。次以圜角每角分爲二十四分，合成九十六分，即以圜分穿心對望，每至赤道交處即作識。次從巽與赤道線識相望俱作線，則子午線左爲午前時線，子午線右爲午後時線也。其卯正線定與赤道地平三交于癸，稍差即不準也。但此法有時線不能與赤道遇者較難耳。更有一法，以己爲心作圜，即依此圜度從平晷第一式時心作圜，次以平晷圜上從子午線向各時逐一爲度，于本晷圜上從己庚線向左右逐一作識。次以己與各識相望，每至地平線交處即作識。次從巽與各識相望俱作線，即與前法所作同也。次立表有三法，或以戊石直表中立于戊而以石景測時爲一法，或以巽坤石三角表平立于戊横線而以石景測時爲二法，或以巽戊石三角表退立于巽戊而以石景測時爲三法也。其地平線與平晷同。

第三式

前式未分節氣，今欲帶節作晷，故又爲第三、第四式。先作甲乙横線爲地平線，次作丙丁垂線爲赤道線，丙點兩線相遇，名節中。次依曷捺楞馬法，以丙爲心，從赤道左右分諸節氣。次以第二式巽至石爲度，從丙右行得戊，名時中，次以第二式石至坤爲度從丙下行得己，即與戊相望作斜線爲表線，而此丙戊己三角形即與第二式巽坤石三角形等。次以第二式絲至坤左右赤道上諸線逐一爲度，從丙下行逐一作識，即以戊與各識相望逐一作線，每作一線即記爲午前後某時線，緣時線俱錯雜無序，故記之以便查閲也。若以第二式巽至坤左右赤道線記爲度，從戊向丙丁線驗之，兩法必相合，稍差即不準也。其諸線中有不與赤道交而爲平行，即不平行而太遠難遇者，即以戊爲心，任作半圜，依左圜上疎密之度移之右圜即得右時刻。但此法有兩線相逼者，難于作識。更有一法，先觀表線與左第一節線交于庚，即從庚作辛庚横線與戊丙線平行。次從戊作戊壬垂線與丙丁線平行，兩線相交于癸，即以癸爲心，庚爲界作一圜。次以第二式絲至金爲度，從丙下行得乾，即與戊相望作斜線爲子午線，與辛庚線交于兑，即于兑上作一垂線至圜得離。次從離起分圜爲二十四分，即以上半圜分俱作垂線下至辛庚線，其上線定爲第二式表線右諸線，如巳午未等，下線定爲第二式表線左諸線，如卯辰巳等也。次以戊與庚辛線上諸垂線記，相望俱作線即得時刻也。若以第二式絲至癸爲度，從丙下行得震，亦與戊相望作斜線，與辛庚線交于巽爲卯線，與前所求卯線必合，稍差即不準也。若先求卯線，次以午線合之亦可，即任先求一時線，次任取一時線合之亦可。蓋凡晷之表線與時線合，則此圜之上下垂線必合，惟表線與時線幾何不合，則此圜之上下垂線亦幾何不合。兩線既不相合，而我欲逐一取平，殊爲煩瑣。法以辛庚爲主量上圜分之度作虚識于下圜，次以兩識相望止作上半線，又量下圜分之度作虚識于上圜，次以兩識相望止作下半線更捷也。

第四式

此帶節偏晷成式也。先作甲乙垂線爲子午線，次作丙丁横線爲地平線，兩線交于戊。次以第二式辛至巽爲度，從戊上行得己，以當第二式之巽，即于第二式以巽爲心任作一圜，依此圜度以己爲心，亦作一圜，即以第二式子午線左右圜上各線逐一爲度，亦從此式子午線左右圜上逐一作識，即以己與圜記相望俱作斜線，而表線時線俱得矣。次以第二式巽至坤爲度，從己循表線行得庚，復以第二式辛至癸爲度，從戊左行得辛，辛定爲卯線遇處，即以辛與庚相望作線，爲赤道線。次從第三式戊至各時與各節交處逐一爲度，從己向各時逐一作識，俱作線而節氣定矣。次依第二式立表法，以測日景，即得。

正方向上向下晷

凡仰俯晷皆從俯面量其離地平幾何度，故不可言俯仰晷而改作向上向下晷。

總式

作此晷先用量法，須于欲作之體作一地平線，作一垂線。次取偏晷第一式側倚于晷體使式之甲乙線合于晷之垂線，式之戊己線對于晷之地平線，而式面與晷面必成直角。次別取一垂線作于式上即偏晷之庚辛線，而偏晷爲子午線，此晷爲垂線亦如偏晷，從壬任作角圜以量其所偏度，即知此晷爲高下偏于地平幾何，遠近偏于天頂幾何也。

東西向上向下晷

凡向上而偏同于向南而偏，向下而偏同于向北而偏，其不同者特數法耳。向南北而偏東西者爲左右偏于天頂圜，而此之向東西而偏上下者爲上下偏于地平面，若面西而向上、面東而向下，即于偏晷第二式壬庚圜從乙右向丙量所偏度，若東而向上、西而向下，即如前從乙左向丁量所偏度也。

偏晷之離巽線爲極出度，而此晷則量其極餘度。若向上晷即量之丙丁線上如向南偏晷，若向下晷即量之丙丁線下如向北偏晷也。

此晷之向上者，則偏晷第二式之巽金線左而向丁爲午後時，右而向丙爲午前時也。此晷之向下者，則偏晷第二式丙丁線下之午線，于此晷爲子線，從巽金線左而向丁爲午前時，右而向丙爲午後時也。

此晷之分時，亦如偏晷時圜作法。若用偏晷別法，則偏晷用平晷第二式時在節右之數，以偏晷與平晷皆量極出度，故而此晷用面南晷第二式時在節左之數，以此晷與南晷皆量極餘度，故此晷之地平線即于酉線與赤道交處，如偏晷第二式之卯線與赤道交處爲癸，從癸與子午線平行爲地平線，其地平上至子午線者爲有用日時線，其地平線下者爲無用夜時線也。

凡東向上晷以其左右反置之即是西向上晷，以其上下倒置之即是東向下晷，以其上下左右倒置之即是西向下晷，西晷亦然。故向上晷地平線在上，子午線在下，向下晷地平線在下，子午線在上。若從地平線分去其無用線，則地平線定在上。

定晷法：先于所安處求正午線，次以地平子午線正合之，則晷正向東西矣。

凡上晷其衆時所聚之晷心必向南，而時線俱向北。下晷其衆時所聚之晷心必向北，而時線俱在南。

南北向上向下晷

凡此四晷各自相對，南而向上、北而向下爲一對，南而向下、北而向上爲一對，共以六歲論之。

第一

凡南而向上、北而向下，若俯偏度與極出度等，則其晷亦與面南晷等。

第二

若其俯偏度小于極出度，減去俯偏度取其餘以作平晷，如極出四十度俯偏三十度減去三十存十，即作極出十度平晷也。

安法：先求午線，次作横線，用晷之午線對于午線赤道合于横線，晷南向上而人北面視之，則子後時在左，午後時在右，北而向下者反之。

第三

若俯偏度多于極出度，減去極出度，取其餘以作平晷，如極出四十度，俯偏五十度，減去四十存十，亦作極出十度平晷也。

安法與前無異，其所異者，南而向上晷心在赤道上，如立晷向南，北而向下者反之。

南而向上則南，節氣在晷心與赤道間，北而向下者反之。

第四

北而向上、南而向下，若俯偏度與極餘度等，則其晷與赤道晷等。

第五

若俯偏度少于極餘度，即以俯偏度加于極出度以作平晷，如極餘五十度，俯偏三十度，九除五存四，四加三得七，即作極出七十度平晷。

安法與第二與異，其北而向上晷心在赤道上，南而向下者反之。晷北向上而我南面視之，則右時皆午前時，左時皆午後時。南而向下者反之。

北而向上則北，節氣在晷心與赤道間，南而向下者反之。

第六　若俯偏度多于極餘度，即以俯餘度加于極餘度以作平晷，如極餘五十度，俯偏六十度，九除六存三，三加五得八，即作極出八十度平晷。

安法與第五無異，特北而向上晷心在赤道下，如立晷向北，南而向上者反之。

作時與第五無異，特其從心向赤道即爲子線，向南而下者反之。北而向上則北，節氣在晷心與赤道間，與前第五同，南而向下者反之。

作地平線法

欲求地平線，以晷心與卯酉線平行作橫線，次以表長爲度，從晷心向左得點，即以爲心向右任作一圜。若向上晷即以俯餘度從橫線上量之，若向下晷即以俯餘度從橫線下量之。即與圜心相望作一線，其與丁午線交處，即從此與卯酉線平行作橫線爲地平線也。

正表法

凡正表必以直角三邊形如甲乙丙三角形，甲爲表位而其角直，甲乙、甲丙兩線與表長等。表表端在上爲丁，則甲丁與甲乙或甲丙其腰線俱等。而自乙至丁或自丙至丁，與自乙至丙其底線亦等，故立表之時以規作乙丙。度下指乙，上指丁，必令相合，更移于丙以交驗之，則表正矣。然作直角又有捷法，以表長爲度，從甲任依一線行得乙，復從甲作甲乙之垂線，截取甲丙與甲乙等，則乙丙爲乙丁、丙丁同度線矣。或以甲丁度從甲任一線行得戊，即從戊作甲戊之垂線，仍以元度右截己，左截庚，即作庚甲、己甲兩腰線，仍以元度從甲向己庚兩線，截取乙丙亦與前同。

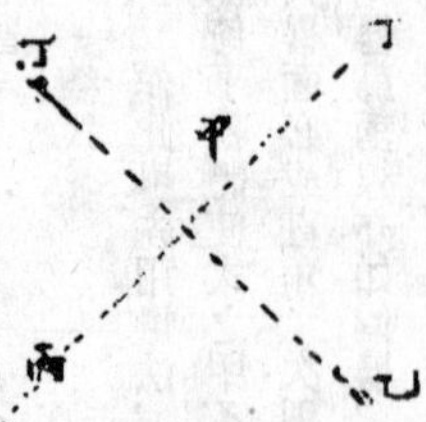

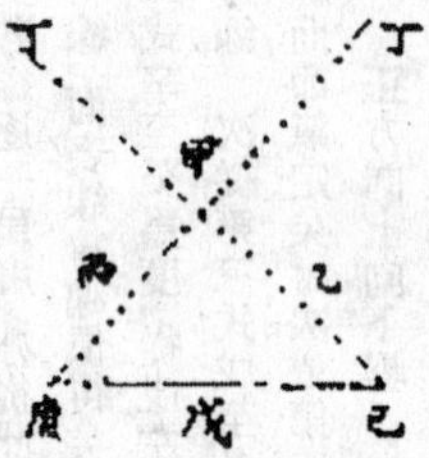

晷製

定子午法

凡定子午皆用羅經，然惟南北兩線羅經正對地，其針正值子午，離此俱漸次偏泊矣，故爲定子午法于晴日以卓或石平置于庭，切勿令動，裱紙方一二尺其上。次以規從心任作多圜，或漸外漸大，或漸內漸小，多至十數餘愈佳也。次以針立于圜心作表，即以規下指圜，上指表，三四度之以求其直。次觀表景每至一圜即作一識，自日出至日入皆有卯酉定所矣。次于諸圜兩點各求中，合作一直線即子午線也。復于次日視表景，正對此線之時，從空中設一垂線，依線景作一實線，于地即得本居之向也。隨以羅經置線上，以外盤子午相直，次視針端所差幾何即于盤上作一識，用時令針與識相對則外盤子午即爲正方矣。羅經正針地雜中圜西南可五萬里。《周禮》土圭測景正記日出入與日中。漢徐岳《數術記遺》乃有立表晝規法，亦止作一圈耳。西圜諸學士來傳此，視古法簡當十倍。至云羅經、正針，止有大浪山一帶，則從古未聞也。因疑彼數術之精如此而絕，不用陰陽諸術何故？及久與之處乃知彼方之學不精，亦不能知陰陽諸術之不足用也。

量北極法

用平板或銅或木，如矩度式作甲乙丙丁直角方形，以甲爲心，儘版大小作直角分圜形，爲全圜四分之一勻分九十度，若版式寬大得每度更分六十分愈佳也。角心置一量天尺，令可轉旋，或用權線代之亦得，左右上角亦如矩度作兩通光耳。

於午時初四正一刻之交，令兩耳日光相通視尺或權線所值若干度。次查本節氣本日太陽原躔赤道內外若干度，春分以後日躔北陸用減法，秋分以後日躔南陸用加法。假如京師看日景小暑後第三日在七十二度二十五分之上，是日原躔赤道北二十五度二十五分，減去躔度爲五十度，九除五得四，是本也離赤道四十度，即極出本地四十度也。若秋分復十三日在四十四度五十一分之上，是日原躔赤道南五度九分，加算爲五十度，是亦出地四十度也，餘倣此。

範天圖

曷捺楞馬捷法

此太陽錯行黃赤二道，分二十四氣之界限也。先任作一圜爲周天，南北圜穿心作一甲乙橫線爲極線，復作一丙丁垂線爲赤道線，兩線交于戊爲地心。次分圜爲三百六十分，于丙、丁左右各量二十三度半作己、庚、辛、壬四識，遂以四識上下相望各對作一線，己辛即夏至北陸線，庚壬即冬至南陸線也。次以四識左右相望各對作一線與赤道交于癸、于乾，即以癸乾爲心，己辛爲界各外行作半圜，正與南北陸合爲黃道圜。次分黃道兩半圜，各爲十二分，上下對直相望作十線，而赤道左右各得疏密六線矣。赤道即春秋分，次北曰清明、白露，曰穀雨、處暑，曰立夏、立秋，曰小滿、大暑，曰芒種、小暑，以及夏至，次南曰寒露、驚蟄，曰霜降、雨水，曰立冬、立春，曰小雪、大寒，曰大雪、小寒，以及冬至。而節氣定矣，其日景之射于地者則取周天所識，黃道以內緯度各與戊相望俱作斜線是也，用時以本晷圖式移作此式，上視其斜線相交處即得本晷節氣疏密之度。

分度法

凡懸晷用度圜，倚晷用度版。度圜以銅環作甲乙丙丁四平分，復細分三百六十度，以乙丁爲兩極，與晷子午交而可闔闢，用時開晷與環作縱橫十字形，别以鈎置本地極出度，或極餘度，即得日景矣。度版有兩法，皆須用地平版與晷子線交而可闔闢，次或以圜版四分之一分九十度截取本地極出度置于晷下，或以地平版與晷交處爲心上行作半圜，分爲百八十度。次于圜心左右作兩直線與晷上子午線平行。次以各度左右平望俱作横線于兩直線間，即依此線自一度至九十度截取其長之半以作度版，即以度版之長從交處上行量晷，以置度版，則版與晷聯可前可却，用時，以版指地平版上本地極出度，即得日景矣。

改表法

一晷既成而欲改作或大或小晷，即觀本表之角形。假如表位是甲，表端是乙時，心是丙，爲甲乙丙三角形而不可易，而取甲乙線移就之，或移而近則小，或移而遠則大，俱與元甲乙線平行而三角形仍相似，第節線之作乃因表以定位者，則表有短長，節必有疏密，故時線不必改作而節線則必改作。

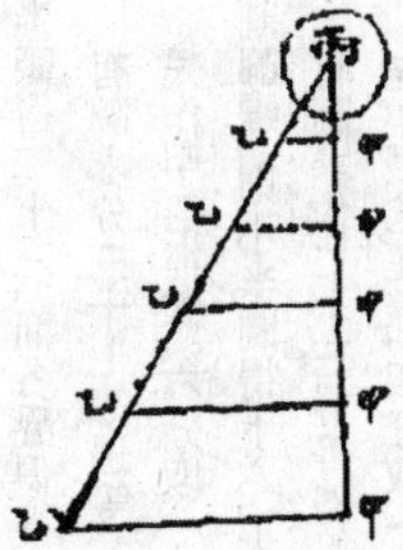

分節線法

凡各晷之子午線及偏晷之表線全與節線遇者，其冬夏至之節線曲直必等，冬至至大雪諸線、與夏至至小暑諸線其疏密雖不等，而其冬至內之第一線與夏至內之第一線，若冬至內之第二三四五線與夏至內之第二三四五線，曲直必各自相等。若干時線上逐一作識太煩矣。宜先于午線上定各節疏密之位，次以赤道至夏至諸節依本法任分或左或右半線，次以赤道上下對線，如冬至對夏至，大雪對芒種等線各自求中，從中向上下各取一位而兩位之度等，次以中至所作半線第一時爲度周圍作曲線，次以下位至所作半線第一時爲度即于本位向彼方作曲線，復于上位向兩邊作曲線，後三曲線與前三曲線相交，此交處即節氣之界也。次如前作第二以後諸時則二節線定矣。次如前作第二以後諸節則諸節線定矣。

圜分捷法

凡造各晷俱有圜分，然周天度數有三百六十爲一分法，日時有十二倍之，則月節有二十四又兩倍之，則時刻有九十六爲一分法。兩法不能細分，宜預作一平版，兩面各作大圜四分之一，一面分二十四分，一面分九十分，每作晷時依本晷圖式作圜于版，即得本圜度分，此捷法也。若欲于本晷取圜分，則更有捷法，如九十六度，先欲分圜爲六，則以自心至界爲度，即圜分六分之一也。次從各分上任意內行作曲線，則六線兩兩相交，次以兩交處穿心對望即得十二分也。如是以求二十四，如是以求九十六皆然。若三百六十度，亦如前法求十二，既得十二即于每分分爲三得三十六，次復以前法求七十二，既得七十二即于每分分爲五得三百六十。獨此圜分三、分五無定法，餘皆不可易也。若圜中先有十字線巳爲四分，則亦以自心至界爲度從直線周行得六，復從横線間行即得十二也。

曲線作法

夫直線用尺，圜線用規，而無法曲線最爲難作。蓋分時帶節則長短廣狹之間有不可以相合者，故必以本晷作法别作于薄銅板上，次依各曲線裁開，磋令極順以待作線之用，但一線一截則版細而不堅，且亦易動。須齊作二式，此式取夏至線，則彼式取小暑線，爲兩并一版，即强矣。若小晷更得齊作三式，輪取三并一者尤佳也。此式一定可任作十百，晷上須以表長爲度，表等則晷必等也。

分圜法

有圜求分七界，作七邊切形，等邊等圜

分圜者，圜心有分圜角，圜界有負圜角，故分圜必以角分三。以平邊負圜角何者，一角各當一角也。分五以二倍大之負圜角何者，一角當一角兩二倍角當四角也，則分七安得不以三倍大之負圜角乎。既欲爲三倍大之角，則必分直角爲七。平分何者，一角形中原有兩直角，而平邊角各得兩直角三分之一，二倍大之角其一小角得兩直角五分之一，其兩大角各得兩直角五分之二也。則分七之三倍大角，又安得不以兩直角七分之一爲一小角，以兩直角七分之三爲兩大角乎，故先求一直角爲七平分，即得兩角三倍大于一角形即得七分圜等角形矣。

其法先作辛甲線，兩平分之于壬，復以癸甲線兩平分之于子，次從子作辛甲線

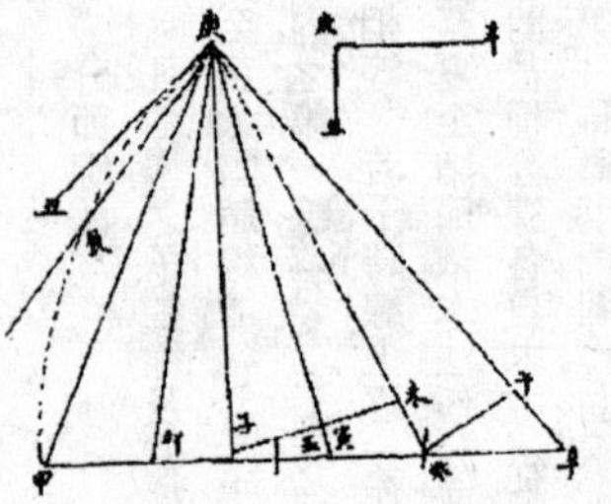

之垂線，次以辛爲心甲爲界作圜，與辛甲垂線交于庚，即作庚辛線相聯，次從庚作庚辛線。

有圜求作四十一等邊等角

先作甲乙徑線，六分取一從乙上行得丙，四分取一從甲下兩行得丁，次作丙丁割圜線則小半圜得十六，大半圜得二十五，而各界俱等。

有圜求分三十一等邊等角

先作甲乙徑線，四分取一從乙上行得丙，從甲下四行得丁，次作丙丁割圜線，則小半圜得八，大半圜得二十三，而各界俱等。

有圜求分三十七等邊等角

先作甲乙徑線，六分取一從乙上行得丙，七分取一從甲下兩行得丁，次作丙丁割圜線，則小半圜得十六，大半圜得二十一，而各界俱等。

有圜求作二十三界等邊等角

先作甲乙徑線，四分取一從乙上行得丙，十四分取五從甲下行得丁，次作丙丁割圜線，則小半圜得八，大半圜得十五，而各界俱等。

有圜求作二十九界等邊等角

先作甲乙徑線，二分取一從乙上行得丙，十六分取五從甲下三行得丁，次作丙丁割圜線，則小半圜得八，大半圜得二十一，而各界俱等。

有圜求作十七界等邊等角

先作甲乙徑線，四分取一從乙上行得丙，三分取一從甲下行得丁，即以丙丁相望作割圜線，則小半圜得八，大半圜得九，而各界俱等。

有圜求作十九界等邊等角

先作甲乙徑線，四分取一從乙上行得丙，從甲下兩行得丁，即以丙丁相望作割圜線，則小半圜得八，大半圜得十一，而各界俱等。

有圜求作十一界等邊等角

先作甲乙徑線，七分取一爲度從乙上行得丙，從甲下四行得丁，即以丙丁相望作割圜線，則小半圜得四，大半圜得七，而各界俱等。

此即微率也，徑七圍二十二。

有圜求作十三界等邊等角

先作甲乙徑線，六分取一從乙上行得丙，二分取一從甲下行得丁，即以丙丁相望作割圜線，則小半圜得五，大半圜得八，而各界俱等。

丙庚丁負圜角，則丙庚丁角爲丙辛丁角之半，而辛心圜之負圜角乃爲庚心圜之分圜角，則辛心圜分倍大于庚心圜分矣，而庚心圜安得不十四平分乎？又試令以辛庚半徑線，從庚外引長之任，取艮爲心，庚爲界，作外相切圜，而亦以庚甲、庚乙諸線各從庚引長之俱切艮心圜界，則艮心圜，亦分爲七平分。何者？丙庚丁角爲辛心圜之負圜角，而從庚引之即爲艮心圜之負圜角，既負圜角同爲兩直角七分之二，則分

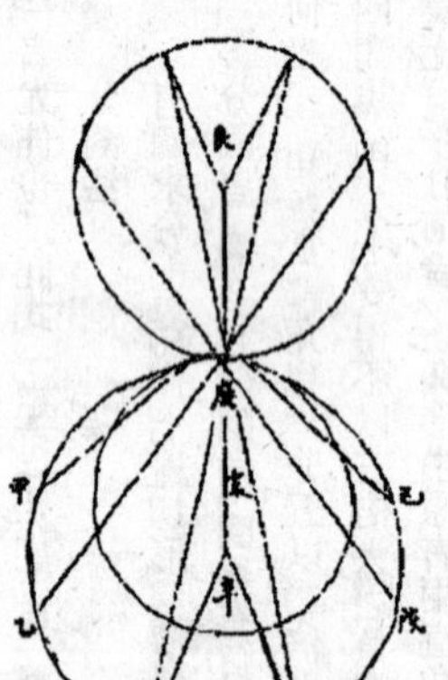

圜角同爲四直角七分之一矣。而圜分不同爲七分乎，又可知庚辛徑線從辛或前或却任取震爲心庚爲界作内相切圜，交加庚甲、庚乙諸線之上，則震心圜亦七平分矣。因此更推引徑線而任取心以爲切圜，則勿問内外、勿問大小，雖千百圜皆七分也，若以負圜角轉轉爲心，則每作一圜更分一倍。自七而十四，自十四而二十八，不可窮矣。推顯凡圜分既等，以各分任宗一分作線則與角不等。試觀甲乙丙丁戊己庚圜，任以庚角爲宗作庚甲、庚乙、庚丙、庚丁、庚戊、庚己六線，則己庚戊、戊庚丁、丁庚丙、丙庚乙、乙庚甲五角俱等。如云不然，試令乙辛截取乙坎與甲子等而從坎作乙辛之垂線必遇圜于甲于丙，餘線無不皆然。則合一圜分之線爲一角，合二圜分之線爲二角，合三四五六圜分之線爲三四五六角也。又試令以庚爲心任

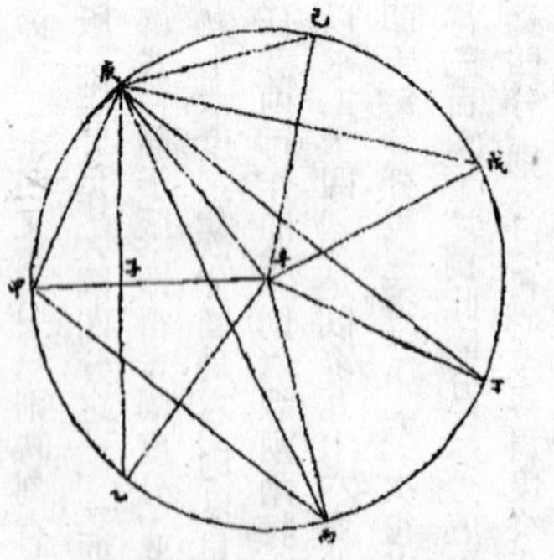

作一圜，而以庚甲、庚乙諸線各從庚引長之俱切庚心圜界，又以辛庚之庚丑垂線亦從庚引長之，亦切庚心圜界。則庚心圜分爲十四平分，何者？丙辛丁分圜角即倍大于庚之垂線，爲庚丑線而與所設辛庚丑直角等。次作庚癸庚甲線相聯，而更以癸庚子、子庚甲、甲庚丑三角各兩平分之作庚寅、庚卯、庚辰三線，則辛

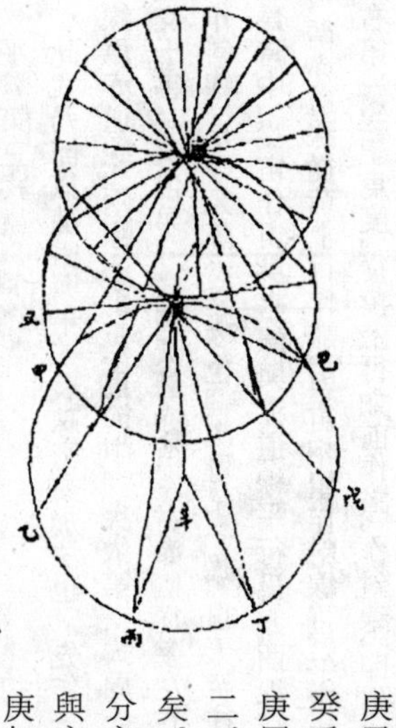

庚丑直角爲七平分而辛庚癸爲七分之一，癸庚子、子庚甲、甲庚丑各函七分之二，癸庚甲又函七分之四矣。夫辛庚癸爲一直角七分之一，試于庚辛截取庚午與庚癸等而作癸午底線，則庚午癸、庚癸午各六倍大于癸庚午，而爲兩直角七分之半矣。癸庚子爲一直角七分之二，即爲兩直角七分之一，即于庚癸截取庚未與庚子等而作子未底線，則庚未子、庚子未各三倍大于未庚子角，而爲兩直角七分之三矣。今欲求七分之圜即以辛甲線爲半徑線，依前法求庚辛線亦爲半徑線，則庚辛甲角即七分圜之一，分圜角庚甲線即七合圜之一合圜線，而辛甲庚角與甲庚辛角等，次觀辛庚甲、辛甲庚兩角與庚癸甲、庚甲癸兩角俱等。如云不然，即令于甲庚截取甲酉典甲癸等，甲辛截取甲亥與甲庚等，而作酉亥線相聯則酉亥甲與癸庚甲兩形相似而三角各等矣，今辛庚與酉亥平行則兩形亦相似，而三角各等矣。更以辛爲心，癸爲界作圜，

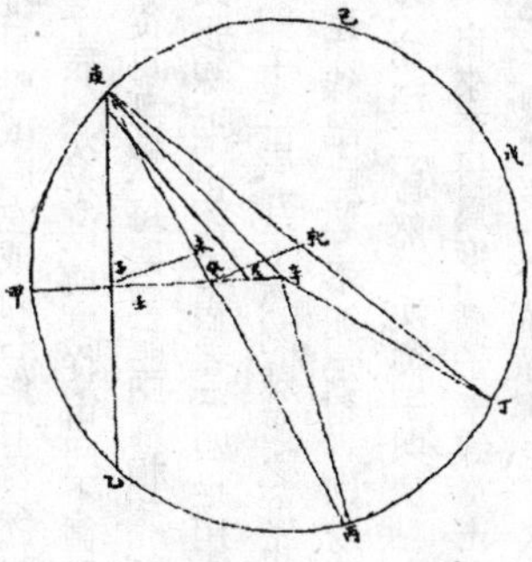

復以庚爲心，癸爲界作圜，相交於乾，即作乾庚線相聯，而乾庚辛與辛庚癸等，則乾庚癸與癸庚子亦等，而爲兩直角七分之一。次以乾癸線相聯，而庚乾癸、庚癸乾與庚未子、庚子未俱等，則亦爲兩直角七分之三，而三倍大于乾庚癸矣。即以庚癸線引長之遇圜界于丙，庚乾線引長之遇圜界于丁，爲丙庚丁負圜角。次作丙丁合圜線，亦爲七合圜之一合圜線，而庚丁丙、庚丙丁各三倍大于兩庚丁角矣。次作辛丙、辛丁兩半徑線，則丙辛丁亦爲七分圜之一分圜角，而分圜角倍大于負圜角，則得兩直角七分之二矣。夫兩直角七分之二，即一直角七分之四，而一直角七分之四即四直角七分之一，每圜有四直角，而一分圜角得四直角七分之一，則七分圜角不爲四直角七分之全乎。

日晷月晷星晷説

西庠之學事天爲大，不求趨吉避凶也。且格物窮義入渺研識，亦甚知此非吉可趨，此非凶可避。故星家之推算、日家之考擇、地家之向背，一切矯誣誑誕之事在昔有之，視中邦或更漫焉。然圜有嚴罪，天有厚罰，于今竟絶其傳，則日月星晷又曷用之。曰，爲事天設也。存省有期，瞻對有候，或偷于逸情，或奪于勞事，非是可得定乎！且使人知造物之主假我修際，一行一想，急當勘驗。辟如父母授予錢物，絲毫浪蕩，不肖寔深，豈必作罪犯過未造切實未成德迹，是時是刻悉屬廢舍，悉須追補天行健，君子自强，易謂殆是矣。故天文之士先採原本後詳法，日星諸晷特在支餘，乃其圓規直線、地絡天包、寸版分針、日趨月步，蓋非屬揣摩，咸成指諭無俟，試驗如出神思者也。第足履平地，則兩極有高下，首當天頂，則赤道有遠近。中邦作晷概主北極出地三十六度，獨中州東西周度之地可用之。若或南或北積漸差殊約三百五十里而差一度。今表長一尺則約一度而差一時。尚據此以証休咎陳禍福空譚，若手執遠事，若睫至嗟乎，妄而愚矣。故爲譯圖因而製器，自朝迄暮由昏追爽徵已往之如許。試考其前識未過之幾何，亟鞭其後，如賈人有流水簿日逐會檢，孰者費去，孰者難費猶存。且使明哲高賢細探熟悟知地體之周圖易向，則龍脉之順逆，安馬知地面之彼此殊時，則支干之生克孰定，裨補世道尤特顯切蓋一器之實。百証百虚是惟用之者而已，兹以所作成器用法明具于篇，其造法不可遽數在其本書。

平晷第一式

此式名曷捺楞馬，乃周天黄赤二道錯行二十四氣之界限也。凡算太陽出入皆準此。其法以天爲心量晷小大作一圜，爲因天圜。次横作一地玄線爲地平線，作一黄宇垂線爲天頂線，兩線相交于天，而分圜爲四。次每分分爲九十度，次各依本處北極出地與南極入地度數于地上玄下斜作一宙洪線爲極線，次以地至宙爲度，從黄左宇右斜作一荒日線爲赤道線，次于荒日左右各量二十三度半作月盈昃辰四識，遂以四識上下相望各對作一線，月昃即夏至北陸線，盈辰即冬至南陸線也。次以四識左右相望各對作一線，與赤道交于宿于列，即以宿列爲心月晨爲略各外行作半圜，與南北陸相遇爲黄道圜。次分兩黄道半圜各爲十二分，上下對直相望共作十二線，而赤道左右各得疎密六線矣。赤道即春秋分，北曰清明、白露，曰穀雨、處暑，曰立夏、立秋，曰小滿、大暑，曰芒種、小暑，以及夏至，次南曰寒露、驚蟄，曰霜降、雨水，曰立冬、立春，曰小雪、大寒，曰大雪、小寒，

以及冬至，而節氣定矣。其日景之射于地者，則取周天所識黄道以内緯度，各與天相望俱作斜線是也。次于地玄下作一張寒線與地玄平行，爲表度一線。此線與赤道交于來天頂，交于暑極線，交于往自天至暑遠近之度，即所作平晷立表長短之度，故宜量度所作平晷大小爲表圖遠近，以爲後圖宗焉。

平晷第二式

此式乃平地日晷，分十二辰疏密之界也。其法先作一天地線爲卯酉線，作玄黄垂線爲子午線，兩線相交于宇。次量第一式自來至往爲度，從宇向上循子午線截取宙點，從宙作洪荒線與卯酉線平行爲赤道線。次量第一式，自天至來爲度，從宙向上循子午線截取日點，即以日爲心任作一大圜。次分圜爲九十六分以待後作九十六刻，每分作識名圜記，或四十八分則每線二刻，或二十四則每線四刻，大都愈細愈準也。次以宙至日爲度，從日點或向左或向右作月盈線，與子午線平行。此線與卯酉線交于昃，赤道線交于辰。次復以前度從宙向下循子午線截取宿點，從宿作列張線與卯酉平行。次從日漸轉，每與圜記兩兩相望，至洪荒線及列張線交處俱作一識，名線記。其列張線上，止作近宿者三四足用而止。次從宇漸轉，與赤道線記相望，俱作斜線即十二辰九十六刻疏密之度也。其刻線詳略以圜分多寡爲準，獨卯酉與赤道相遠，線記巳窮，不能定刻。則以列張線上自宿至第一識爲度，從昃點上下各作識，第二三皆然。次從宇與昃點上下各識相望，即得卯酉細刻線也。次量第一式，自來至暑爲度，循子午線從宙下行得寒爲表位。或以第一式自暑至往爲度，循子午線從宇上行亦得寒也。次以日至宙爲度，從辰循月盈線上行得來，以待從式卯酉細刻之用，其宙至辰定當爲十二刻，視其至否以爲驗巧之法，昃點上下未識所作斜線即洪荒線，上末線記所作作識，取相遇而止，仍視其合否爲驗巧之法也

平晷第三式

此式乃節氣疏密與十二辰疏密交加法也。先作一天地線爲極線，次作玄黄垂線爲赤道線，兩線遇于黄，爲節中。次依第一式周天圜，以黄爲心作半圜與赤道交于宇。次依第一式周天圜赤道左右節氣從宇左右作識，即從黄與各識相望俱作斜線，是節氣疏密之度也。次量第二式，自天至往爲度，循極線從黄右行得宙爲時中，從宙作宙洪垂線與赤道線平行爲卯酉線。次以第二式自日至宙爲度，循赤道線從黄上行作識，與宙相望作斜線，爲午正線也。次以第二式日至宙左右第一線記爲度，從黄上行如前作識，作斜線，即午正左右第二線也。以後俱如是，是十二辰及各刻與節氣疏密交加也。獨卯酉上細刻交于赤道，太遠難分，則以第二式自來至日爲度，從黄右截取荒點作荒日線，與赤道線平行。次以第二式卯酉直線之上各斜線之與列張線交者爲識，若卯正二三酉初三四交于列張尚遠，則引出列張線合交也，以彼各交各至來爲度，從本式日點循荒日線上行作各識，與宙相望各作斜線即得卯酉細刻也。

平晷第四式

此平晷成式也。其法先作天地虚線爲卯酉線，次作玄黄虚垂線爲午線。次以第二式自宇至宙爲度，從黄循午線上行得宇點，從宇作宙洪虚線與卯酉線平行爲赤道線。次以第二式自宙至左右線記逐一爲度，從宇左右逐一作虚識于赤道線之上，即以黄與各識相望俱作虚線。次以第三式自宙循午正一刻線，斜行至與夏至線交處爲度，從黄循午線上行作識。此即夏至午正一刻表景所至也。次如前量第二式午正一刻旁，第二線至與夏至交處爲度，亦如前從黄向午旁第二虚線上作識。次第四等等線俱如之，至遇卯酉線而止，則夏至各時刻定矣。次如法逐節氣量之，俱作識，其各節氣遇各時刻線于晷體之外者，則以各虚線引長之令至，至而後截取之各作識于荒月日盈線之上也，則各節氣各時刻定矣。次視晷體以内每一節氣諸識各作一線聯之，每時刻虚線俱改作實線，則隨地景分時帶節毫髪不謬也。次爲表法，量第二式宇至寒爲度，從黄循午線上行得昃即表位也。次量第一式天至暑爲度，從昃循午線下行得辰即表長也，此立表法也。次從辰作昃辰之垂線爲宿列線，其長倍表。次自昃至宿列作兩斜線聯之，次以昃至長爲度，從昃循斜線截取張寒各作短界線。次以張至列或寒至宿爲度，從宿列相向截取來暑各作短界線。立表之時恐有未正，以規下指，于來上量表端，若與暑等則表直矣，此正表法也。

月晷

月晷須用兩盤。外盤分三十日，每日分十二時，内盤分十二時，每時分八刻。内盤邊子正處置一鋭，名時引。外盤邊置一尺，令可旋轉，下端作半鋭，上端加側圜，名月引次。作地平版一，旁與外盤晦朔之中相交，令可闔闢，用時以羅經正方，以度版本地極出度倚晷其上。次依本月合朔數算起，十二時方爲一日，即以内盤時引，指外盤本日本時。如此月寅初一刻爲合朔，即以引指每日寅初一刻也，次以月引旋轉向月，令圜中兩邊無光，以視下鋭所指即得本時。外盤若更作三百六十度，亦可測月所至之經度也。

月晷星圓晷附

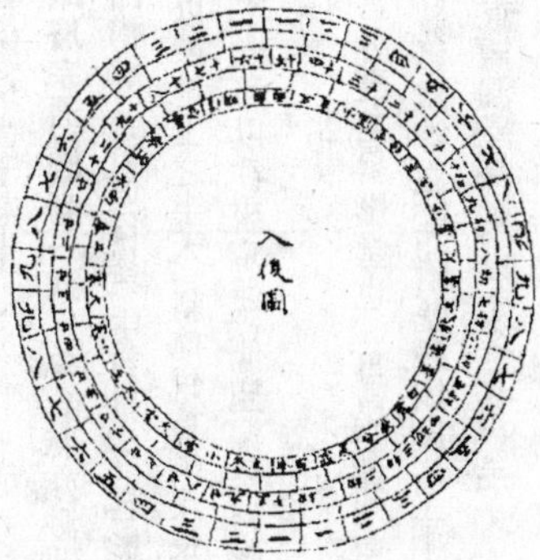

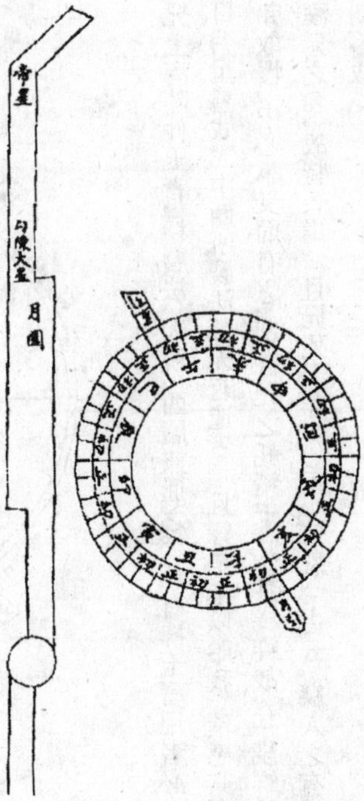

星晷圖

觀星方晷

用平板爲直角形，從中作一直線爲子午線，次于子午線上任取一心作圜，名節圜。以穀雨置子線上，依序分二十四氣。次于圜内加一圓板以書十二時刻數，午刻初四正一之交作一鋭角，名時引。板心置鋭下權，令可旋轉，用時，以時引指本節本日，以右旁直帝勾二星。次視權端所至，即得本時，如穀雨第八日子正刻，則二星直子午矣。

觀星圜晷

即用月晷式。外盤分二十四氣，別置曲上直尺于月引上，用時悉如月晷法，而以尺直引二星即得本時。第月引不能達，下至右方窮盡處，移置左方倒測之仍顛算本時亦得。如指未即是丑，指午即是子也。其外盤三百六十度即可知星度所至，云曲上直尺倨句之數以直角帶半爲度。

觀星權法

以板半規刻百八十度，中懸鋭，下權以穀雨第八日爲主，是日子正一刻則二星直子午。次每日而差一度，依此算之即得。

帶節半圓晷　又名赤道晷

此即今常用定時日晷。既無節氣短長便不合度數高下，今欲加節氣其上，用平晷第二式節氣疏密爲主二十分晷徑，以其一爲表度，以表度與赤道線或左或右平行作一直線，下與地平線遇爲中。次以中至表線與諸節氣交處逐一爲度，從心逐一作圜，圜之上半即夏至等節，下半即冬至等節也。其安晷高下不必論本地度數，只以節氣日視表景與節氣線相應即合度也。若每晷用本地度數倚之，如月晷法亦可。

或不用立表而于晷心設一旋尺，旋尺之下爲鋭首。其鋭依中線尺之上爲側圈，名景圈。用時以羅經正方，復以度板依本地極餘度移景圈向日，令圈中兩邊無光，乃視下鋭所值即得本時，此不必作兩面，亦不必用節氣線也。

夜簡平儀

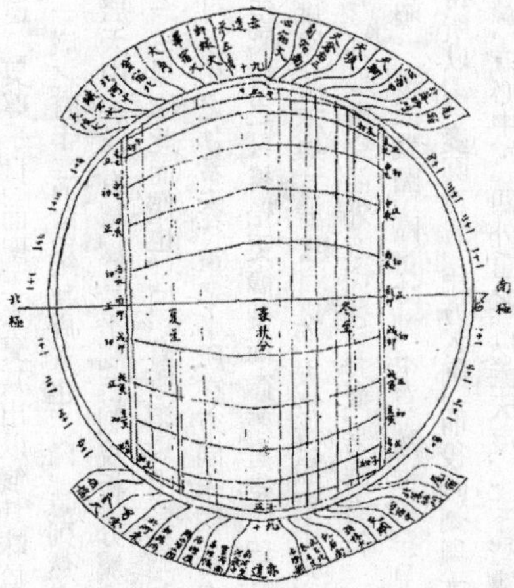

畫簡平儀

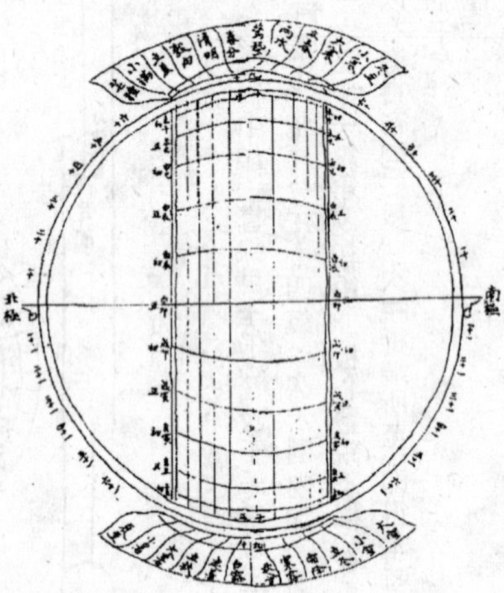

盟兄上海陸仲玉者，精曆法，大統、西曆兼通之。凡有裨于曆用者必織毫具録，故《日月星晷式》，中西所製法圖无有遺者。且録是本以貽我，琦感其所愛珍藏之而弗敢慢，中心承受而有之，則吾兄之耗精于此，其淺鮮哉，其淺鮮哉。琦恐久而湮兄之名，故特表焉。且兄死于非命，弟心何忍。古云，竊人之有而釋己能。琦則不敢。

天啟壬戌秋於越山陰蔡應琦書于燕市。

明·周述學《神道大編曆宗通議》卷一八　魯哈麻亦渺凹只漢，言春秋分晷影堂。爲屋二間，春開東西橫罅以斜通日晷，中有臺，隨晷影南高北下，上仰，置銅半環，刻天度一百八十，以準地上之半天，斜倚鋭首銅尺長六尺，濶一寸六分，上結半環之中，下加半環之上，可以往來窺運，側望漏屋晷影驗度数，以定春秋二分。

魯哈麻亦木思塔漢，言各夏至晷影堂也。爲屋五間，屋下爲坎，深二丈二尺，春開南北一罅以直通日晷，隨罅立壁，附壁懸銅尺長一丈六寸，壁仰畫天度半規，其尺亦可往來規運，直望漏屋晷影，以定冬夏二至。

論馬上日晷法

有客問予曰，日之有時何謂也？予應之曰，立時所以紀日之行也。曰，天行健，三辰隨天一周，獨紀日行，何也？曰，一元之氣，宗於日東升則明，西入則晦。明則萬物動而作事理，晦則萬物息而作事否。事有緩急，時有早晏，順之者成，違之者傾，是故天道。莫尊乎日，而聖王必寅其出以餞其昧於其行也。設十二時以識其所臨，猶一歲之有十二月以紀其周天也。曰，時則然矣。而日以晷考，其有説乎？曰，地居天中，方位有常，於是乎制百刻規板，分屬十二辰位，中立以表斜准赤道以測之，日晷由此而作也。曰，有所謂焉上影符者，何也？曰，日晷必辨方正位，然後可以用之。若夫行軍舉事所在方向未明，時奚從而取信，智者慮之。故復有是器焉，較之日晷殆更簡便而微妙者歟。曰，簡便微妙可得聞乎？曰，難言也。雖然，敢不舉其要者言之。夫景符體無定式，但取其便於懷袖之，藏馬上之用耳。其形内空而外方，迎日有竅，考時有符。符用周天四分之一，其勢斜倚而返照。每因就器，區畫時刻不齊，故惟符罕見於世。予精思有年，體認亦悉，頗得所以，因變圓爲方，用方入圓，而後時刻與天脗合。其法先隨景符長短，畫爲方圖，方必中短，四外重之，以凾天度，上下皆畫九十一度。今以京師爲例，北極出地四十度，從左至右五十度半，正當赤道之中，上下各識之。以上方爲夏至，其午影中極於赤道右二十四度，即自左至右之七十四度半也。以下方爲冬至，其午影中極於赤道左二十四度，即左至右之二十六度半也。二至午影中極相對，畫爲一線，其勢斜倚。二十四氣午影皆取正於斯焉。方圖兩旁均畫四十八度，赤道居其中，爲諸氣之距。自此而上数之，度之九十三分，爲春秋二分之畫也。六度八十分，清明、白露之畫也。一十二度四十二分，谷雨、處暑之畫也。一十七度三十三分，立夏、立秋之畫也。二十一度一分半，小滿、大暑之畫也。二十三度一十九分，芒種、小暑之畫也。二十四度，夏至之畫也。是皆從旁赤道上数者也，畫永之時也。自距而下五度一分，驚蟄、寒露之畫也。一十度八十八分，雨水、霜降之畫也。一十六度二十六分，立春、立冬之畫也。二十度四十七分，大寒、小雪之畫也。二十三度五分，小寒、大雪之畫也。二十四度，冬至之畫也。是皆從旁赤道下数者也，日短之時也。氣位既定，更當考協，於上下天度之赤道，左右分数用前逐氣之度，上下相對引証，各視午影中極無差，斯爲得矣。然後以時辰冬至午極於二十六度半，初末交於二十四度半，而巳末則代謝於一十二度，自立冬起至立春九十日日皆出辰入申，由此以見冬日之短也。夏至午極於七十四度半，初末交於七十度，而巳末則代謝於五十度，更又分辰申於二十七度，區卯酉於四度，自立夏前三日起至立秋後三日，日皆出寅入戌，由此以見夏晝之長也。上下各以其類引而界之，自然得其時刻修短之漸，此變圓爲方之妙。方圖立成，依序謄符以置之晷腹，迎陽推測，則不惟按節可以知時，雖逐日驗刻，不爽毫厘。而千歲之日至，亦不能逃範圍矣，此因方入圓之秘也。然地有南北之偏，當以北極高下爲准，極度不忒，則赤道自明，而諸法可施。但時之交際，惟以渾儀隨地驗其逐時出地爲之增損耳。質之定晷，尤便是論也。尚冀精知天道者，詳現而訂証之，豈敢自謂萬世之宗哉。

明·邢雲路《古今律曆考》卷一六 在天道曰軌，在圭景曰晷。觀晷景之進退，知軌道之升降，而悉以水漏操其權，蓋漏以定辰分於昏明，而晷景之陟降積晷之消息，晝夜長短時刻屬焉。

明·邢雲路《古今律曆考》卷七二 術七政，各以測到晷至圭面丈尺寸分或前或後相連日，以二日相減，餘爲法，以最高前丈尺寸分與最高後丈尺寸分近同者相減，餘爲實。如法而一得加減差，最高前丈尺寸分多爲加差，少爲減差，以加減最高前距後日命爲刻半之加半日刻。月五星減最高前夜半後漏刻加最高後夜半後漏刻半之。七政皆以最高前日筭外各得七政最高日餘以發斂收之得時刻。如測七政最低亦然，惟加減差反是，應加作減，應減作加。

或問：日月固有景可測矣，而五星無景，且測星之法無傳，奈何？余曰：有二術焉。以簡儀距其四正而至午有度，去極有度，漏下有刻，以法步之，其術一。以圭表據午位，人目以小表望大表，以上射五星，下識圭刻以漏記之，以法步之，其術二。或又曰：金水，當天暗於離照日沉西見何以施測余？曰：是無難，可一言蔽之，以緯距經正於午位十字之準兩望相牽，則凡星皆可代金水也。乃自金水所留之舍，以次日日步之易知簡能於測金水乎何有。或又曰：測四餘如之何？余曰：羅計稟於交食，測月交即測羅計，前術有之矣。若炁生於十閏月，生於月遲，古有此說。然二皆隱曜，孛星間見於史乘，則宜取古一孛見宿度日時刻。距今一孛見宿度日時刻，用距積年月日時刻，以月孛周天之數而一或可得也。至於紫炁，則古來所見者少，亦須候其前後兩見，依求月孛術步之亦得。然所見既少侯見，而測知何時，姑立法可也。大都炁孛二隱曜星，命家言之，於曆數無關。所關曆數者七政也。七政之數，原本於測驗，而七政之差，則由於測驗之法失其傳不見。今司天氏之所爲測驗者乎。今司天亦測日晷，每節氣闔，監官向圭表測日景畢，各畫一押，既而上疏，入告曰測矣。試問其晷長若干，作何布筭，皆曰不知也。既不知，則不如不測，測日景且不知，又安望其測月與五星？夫人病無法耳，今余法既立，且纖悉備至，有法可循，即無難可致，若疇人於此而猶泄泄然諉之曰我不能也，則吾不知之矣。

清·梅文鼎《度算釋例》卷二 第九割線舊名表心線，今按割線非表心。又割線之用甚多，非只作日晷一事，故直名割線爲是。

割線不平分，先小後大，並與切線略同。故亦只作八十度，或只作六十度亦可。

分法：用割線本表八十度之割線五七五，平分之。其初點與切線四十五度等。次依表作度加識。

用法一：三角形以割線求角。

假如有甲乙丙三角形，求甲角法。任于甲角旁之一邊截戊甲十寸，作垂線如戊丁。截又一邊于丁，得丁甲十九寸。次以十數爲割線初點之底定尺。而以十九數爲底，進退求等數，得五十八度一十七分。爲甲角之度。

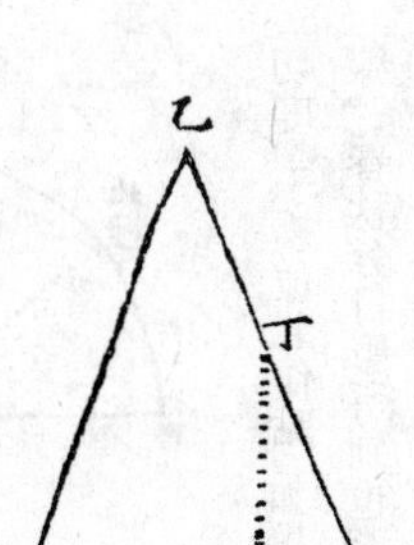

用法二：作平面日晷兼用割切二線。

法曰，先作子午直線，卯酉橫線，十字相交于甲。以甲爲午正時。從甲左右，儘橫線盡處爲度，于切線八十二度半爲底定尺。次于本線七度半取底向卯酉橫線上識之。自甲點起爲第一時，如甲丙，甲乙。次每加七度半取底，如前作識，爲各時分。如七度半加之，成十五度，即第二時。又遞加，如二十二度半，三十度，三十七度半，四十五度，五十二度半，六十度，六十七度半，七十五度，至八十二度半，合線末元定之點。若遞加三度四十五分，而取底作識，即每時四刻全矣。按，每七度半加點，乃二刻也。今每三度四十五分，則一刻加點。

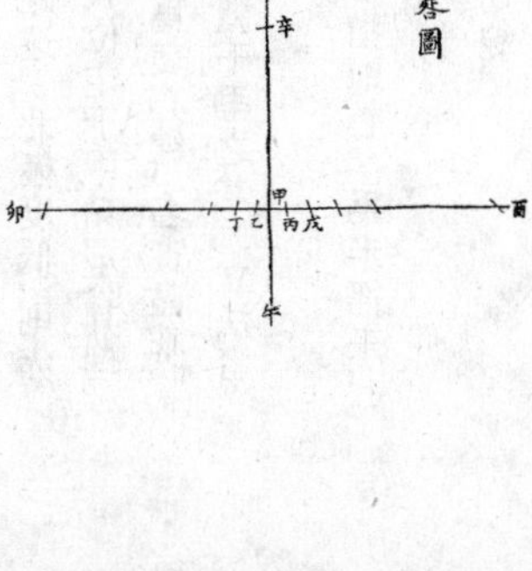

訂定法曰，橫線上定時刻訖，次取甲交點左右各十二刻之度，即元定四十五度之切線，亦即半徑全數。爲割線上北極高度之底定尺。而取割線初點之底，爲表長。如壬庚。

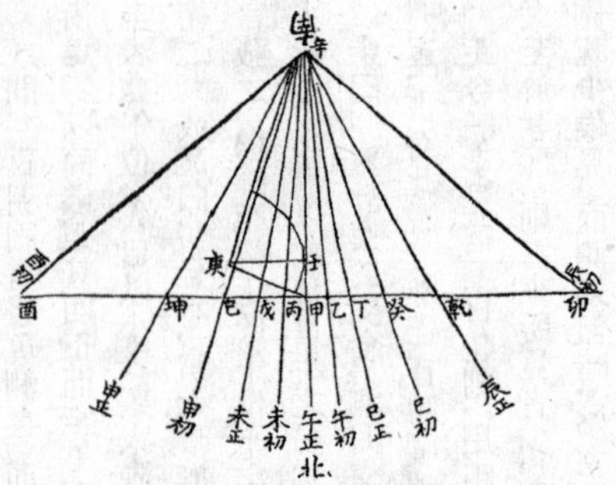

訂定日晷全圖

次以表長當半徑，爲切線四十五之底定尺。而檢北極高度之正切，取底，自甲點向南截之，如甲壬。以壬爲表位，又于北極高度之餘切線取底，自表位壬向南截之，如壬辛。以辛爲晷心，末自晷心辛，向橫線上原定時刻，作斜直線引長之，得時刻。

時刻在子午線西者，乙爲午初，丁爲巳正，癸爲巳初，又加之即辰正，又加之即辰初。在子午線東者，丙爲未初，戊爲未正，巳爲申初，又加之即申正，又加之即酉初。並遞加四刻。

謹按：卯酉線，即赤道線也。二分之日，日躔赤道，日影終日行其上。庚甲割線，正對赤道。正午時日影從庚射甲，成庚甲影弦。若巳末午初，則庚點之影不射甲而射乙。而庚甲影弦如半徑，乙甲如切線矣。以庚甲爲切線上半徑，而遞取各七度半之切線，以定左右各時刻之點。並日影從庚所射也。然此時庚甲之度無所取，故即用赤道線四十五度之切線代之。用切線，實用庚甲也。庚甲既爲切線之半徑，則必與四十五度之切線同長。

以四十五度當半徑而取切線以定時刻，此天下所同也。然赤道高度，隨各方北極之高而變，庚甲割線何以能常指赤道，則必于表之長短，及表位之遠近別之。故以庚甲當北極高度之割線，而取其初點爲表長。初點者，半徑也。本宜以半徑求割線，今先有割線，故轉以割線求半徑也。既以庚壬表長爲半徑，庚甲爲割線，則自有壬甲切線，而表位亦定矣。表位既定，則庚甲影弦能指赤道矣。何以言之，表端壬庚甲角，既爲極高度。則庚角必赤道高度，而庚甲能指赤道也。故北極度高，則庚角大，甲角小，而庚壬表短，壬甲之距遠。北極度低，則赤道高，甲角大，而庚壬表長，壬甲之距近。比例規解乃以表位定于甲點，失其理矣。遂復誤以割線爲表長，餘割線爲晷心，而强以割線名爲表心線，名實盡乖，貽誤來學。此皆習其業者原未深諳，强爲作解，而即有毫釐千里之差。立法者之精意亡矣，故特爲闡明之。

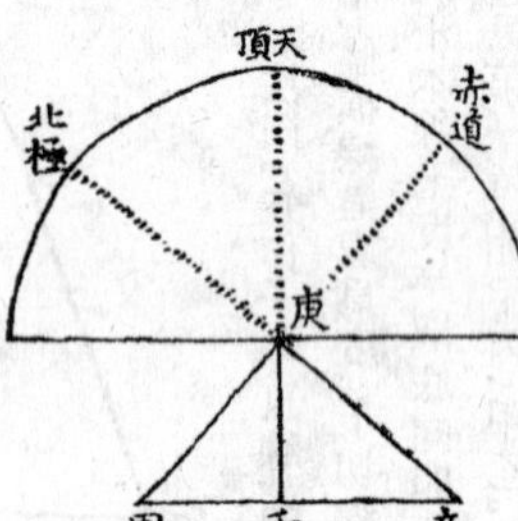

庚壬表，上指天頂，下指地心。爲半徑壬，表位壬甲爲正切線。

辛，晷心。辛壬爲餘切線。

甲角，即赤道高度。

壬庚甲角，即北極高度。與辛角等。

用法三：先有表，求作日晷。借用前圖可解。

法：先作子午直線，任于線中定一點爲表位，如壬。乃以表長數壬庚，爲切線四十五度之底定尺。而取本方北極出地度之底，得壬甲正切度，于表位北作點，如甲。次於甲點作卯酉橫線，與子午線十字相交，即赤道線。春秋分日影所到也。又取極高餘度之底得壬辛餘切線，于表位南作點，如辛，即晷心也。若自表端庚，作直線至晷心辛，即爲兩極軸線。辛指南極，庚指北極也。次以表長庚壬與壬甲正切相連作正方角，則庚壬如句，壬甲如股，而取其弦線庚甲，即極出地正割線也。次以庚甲爲切線四十五度之底定尺，而各取七度半之底，累加之于甲點左右，作識于卯酉橫線上。末自晷心辛作線，向所識點，即得午前後時刻。並如前法。

用法四：有立面。向正南作日晷，並同平面法。但以北極高度之餘切線定表位，以正切線定晷心，則自晷心作線至表端，能上指北極，爲兩極軸線。又立晷書時刻並逆旋，與平面反。然以立晷正立于北，與平晷相連，成垂線，則其時刻一一相符。

用法五：用橫表，作向東向西日晷。

假如立面向正東，法于近南作直線，上指天頂，下指地心。近上作橫線，與地平相

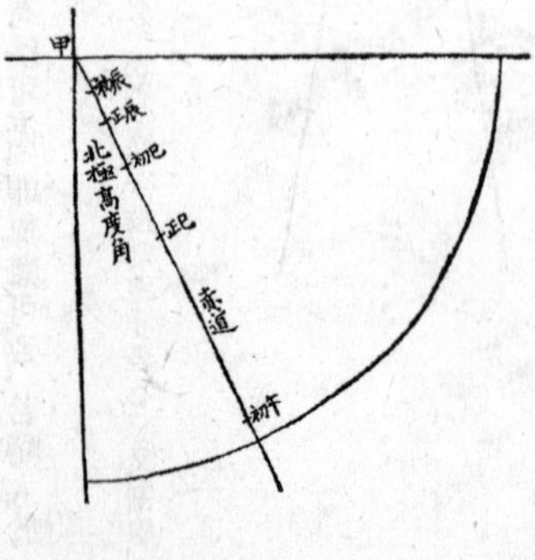

應。兩線相交于甲，以甲爲心，于兩線間作象限弧。自下起，數至本方北極出地度止。自此向甲心作斜直線，以分弧度，此線即爲赤道。次以甲爲表位，用横表乙甲之長取數，爲切線四十五度之底定尺。遞取十五度切線，從心向赤道線累加之，作識定時。即春秋分日影所到也。若分二刻，則遞取七度半。細分每刻，則遞取三度四十五分。次于甲心作横斜線如丁戊，爲赤道之垂線。其餘時刻點各作線，與丁戊平行。亦並與赤道十字相交。次于元定尺上，即以表長爲四十五度所定。取二十三度半之切線爲度，于甲左右截之爲界，如丁甲，如戊甲。即二至卯正時日影所到也。二分日卯正，則乙甲表正對日光無影。分前後則有緯度，而影亦漸生，日日不同。然不離丁戊線。至二至而極，冬至影在北如丁，夏至影在南如戊。以此爲界。向西酉正時，亦然。仍用元尺，取每十五度之黄赤距緯。切線，作于丁戊線内，從甲點左右作識。得各節氣卯正日影。或取三十度切線，則所得每月中氣，酉正亦然。

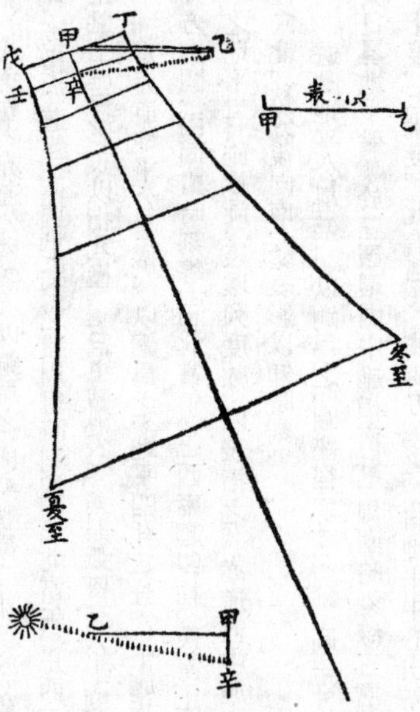

次以乙甲表長，爲割線初點之底定尺，而取十五度之割線，爲二分日在辰初刻之影弦，如乙辛。即天元赤道上日離午線十五度，其光過乙至辛所成也。就以乙辛割線，爲切線四十五度之底。而取二十三度半之底，自辛點左右截横線並如辛壬，爲冬夏至辰初刻日影所到之界。辛壬在南爲夏至，其在北爲冬至。亦然。又遞取每三十度之黄赤距緯切線，從辛至壬作點，爲各中氣界。此向南日影界乃赤道北半周節氣。其辛點向北作界，爲南半周，亦然。自此而辰正，而巳初，而巳正，以至午初，並同。乃于節氣界作線聯之，即成正東日晷。其面正西立晷，作法並同。但其時刻逆書，自下而上。最下爲未初，次未正，次申初，次申正，次酉初，而至酉正，則横表正對日光而無影矣。此亦二分日酉正也。其餘節氣，亦有短影而不出本線，與卯正同。

新增時刻線。以切線分時刻，本亦非誤。但切線無半度，取度難清。今另作一線，得數既易，時刻尤真。

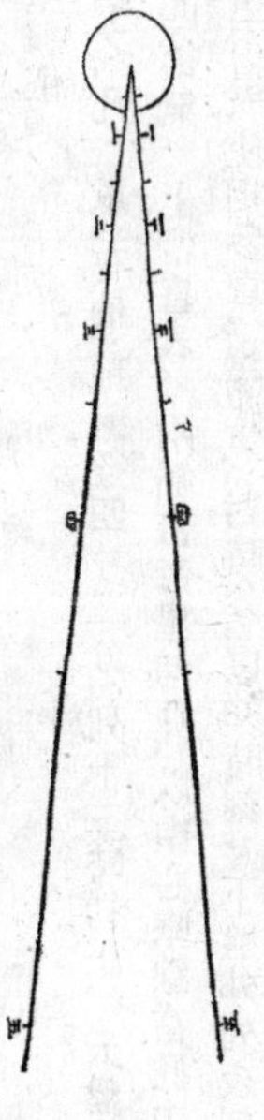

分法：依尺長短作直線，如後圖乙丙。於線端作横垂線，如乙甲，爲乙丙垂線。又作直線略短，與設線平行，交横線如十字。如甲巳線交横線于甲。以甲爲心。作象限弧，六平分之，爲時限。各一分内四平之，爲刻限。次于甲心出直線，過各時限，至直線，成六時。過各刻限者，成刻。乃作識紀之。並如後圖。尺短，移直線近甲心取之。移進線，並與原直線平行，以遇第六時第二刻爲度，如庚戊虚線。遇丁戊線于戊，即戊爲第六時之二刻。

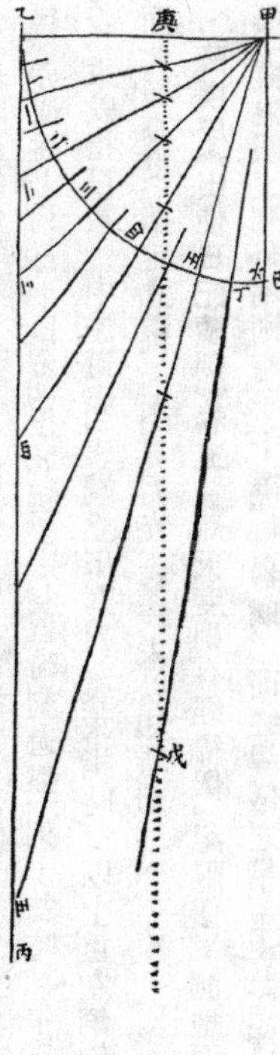

用法：凡作日晷，並以所設半徑，置第三時爲底定尺，而取各時刻之底，移于赤道線上。午前午後並起午正左右爲第一時，依次加識，即各得午正前後時刻。並如前法。

清官修《清文獻通考》卷二五八《象緯考》 地平赤道公晷儀：以銅爲之，徑七寸八分，地平盤分内外。外方盤，施露管，二螺柱，四内圓盤，列地平三百六十度。施指南針，中帶銅弧，弧上九十度，赤道環在圓盤北。銅弧入之，以定各處北極高度。環面施大遊表，表近上加立表，中有直線環，上端小圓盤，内有小遊表及半環。環上穿小孔。以大遊表對日，景從小孔透。立表中線，視大遊表下端所指，知時刻，小遊表所指，知分數。

地平經緯赤道公晷儀：以銅爲之，通高一尺，地平盤分内外。外盤畫子午線，三角植螺柱，内盤列地平三百六十度。施指南針，縱横置露管，盤上正立爲赤道經圈，上環中線爲天頂，斜倚爲赤道中。施直表，列節氣宮度，表中縫加遊表，上穿孔使透日光，經圈上平赤道。施兩表耳測日影。內盤九十度線與外盤子午線準以赤道經圈，按度對天頂，以遊表小孔對節氣，日數視日影所臨，知時刻。以赤道經圈對日，上下轉之，日影從上表耳孔透下表耳之兩點。視赤道距天頂度與九十度相減，知太陽距地平高度。視內盤距子午線度，知太陽距午正東西偏度。以外盤分數線與度數線對，知時刻。

八角立表赤道公晷儀：以銅爲之，地平盤長二寸二分，寬二寸八分，前施指南針，後爲赤道盤。橫軸上下之盤周畫時刻線，正北當午，正西南起寅，正東南止戌，正盤上施日影表以指北極。右帶高弧表。角與弧皆高六十度，驗影以知時刻。

方赤道地平公晷儀：以銅爲之，地平四寸二分。中施指南針，後爲赤道盤。外方內圓，兩面畫時刻線，正北當午，正西南起卯初，東南止酉初。盤底有機，上下之地平，右施螺旋，表環列度數，以表指之。赤道盤中施直表指南北極，春分後向北，秋分後向南，驗表影以知時刻。

遊動地平公晷儀：以銅爲之，圓座徑二寸一分，高一寸八分。內遊環三層，繫日晷地平盤。於三層環內中施指南針，周圍時刻線三層，依北極，高三十度，四十度，五十度。北有弧表，畫線亦如之。自地平中心出斜線，對弧表線以指北極。視線影以知時刻，爲舟行測驗之器。

提環赤道公晷儀：以銅爲之，外環爲子午圈，徑七寸二分，內環爲赤道，上環爲天頂。赤道北九十度爲北極，其對爲南極。中施直表列節氣，宮度及距緯度。表中縫施遊表，上穿孔以透日光，以上環對子午圈度數，以遊表孔對節氣日數，手提上環，旋直表，使影入赤道內，視所臨以知時刻。

赤道地平合璧日晷儀：以銅爲之，長一尺三寸，寬八寸六分。前爲地平盤，列二十四節氣。圓盤加直表其上，按節氣進退以就日行黃道。度外橢圓形，列時刻。西起寅初，東盡亥初，外列周天度，中施斜表，表下施垂線以指北極高度。承以半圓。以輪齒低昂之兩盤相合定南北，視表影以知時刻。

定南針指時刻日晷儀：以銅爲之，地平盤長一尺三寸五分，寬一尺一寸一分，中爲指南針，外畫時刻線七重。第一重爲二分，第七重爲二至，以次順逆數之，線各分十二時初正，兩端立表耳，中線對日，兩耳影相對，驗指南針所指以知時刻。

圓盤日月星晷儀：以銅爲之，圓盤徑四寸一分，下有柄，上爲日晷。兩立耳相距二寸四分，各穿孔以透日光。兩旁直線爲時刻線之起止，中爲半圓。其半爲北極。畫節氣線十九道，當北極爲二分線間，二線爲一。中氣往來數之。左盡夏至，右盡冬至，一線占一旬。自北極上橫分六十度爲北極高度，下分十二時，右起丑未初，左盡子午正。中施遊表，以表末對北極高度及節氣線，表末施墜線，穿小珠，對太陽所躔宮度，使兩耳孔日光正對，驗珠影以知時刻。背爲月晷，星晷。外分三百六十六日，內分十二宮。中心第一重圓盤徑二寸二分。外分十二時，初正午正出直表以指太陽。內分三十日，自直表起朔。第二重圓盤徑一寸七分，周穿圓孔，中出直表。表所指之日數，圓孔下驗晦朔弦望。自第一重對太陽宮度表，起午正數之，至第二重指日數表，所指以知時刻。第三重施直表出圓盤外，表心及末皆穿圓孔。以表心孔窺勾陳大星，以表末孔窺天樞天璇，使相參直，亦如月晷數法以知時刻。

日月晷儀：象牙爲之，凡二重。下爲日晷，地平長二寸，寬一寸四分，中施指南針，外畫時刻線，啟其上直立之，以地平中心線綰小孔內視線影以知時刻。上爲月晷，赤道盤上列三十日，從正北起，中心置時刻遊盤，列十二時。午正初刻上出表，末以指日數。中施遊表，表端立環對月，表末指時。以上重左銅鈎按下重側面北極高度，揞定立環，內不見月光，視表末以知時刻。

清・薛福成《出使日記續刻》卷五　測天度則有經緯儀，紀限儀。測地面則有測平儀，羅盤儀。測時刻則有子午儀，日晷儀。而經緯儀之精，平立二圈，小則徑三四寸，大則徑三四尺，製配甚準，分度極細，一周三百六十度，度六十分，分六十秒，規制精良，爲用自準。

清・嵇璜等《皇朝通志》卷五七　御製地平半圓日晷儀

鑄銅爲之，凡二重，地平盤長四寸三分，濶三寸五分，中施指南針，外畫時刻線，正北當午正，正西卯正，正東酉正，後直立方盤上加半圓，通徑中爲中心，兩旁各爲半徑，半徑上穿孔。地平中心線入之，視線影以知時刻。半圓中心施遊表，表兩端立耳穿中線，對太陽驗遊表，與通徑距度以準太陽高弧。

御製星晷儀

鑄銅爲之，凡二重，有柄，地盤徑四寸二分，列十二時初正。天盤徑三寸三分，列二十四節氣。上帶直表。兩端書帝星勾陳，以中心墜線當孔中轉天盤。直表兩端當兩星，使相參直，視節氣，對時分，以知時刻。下盤外列夜刻，內橫爲節氣線，縱爲更線。按節氣以定每更時刻。儀面鑴：康熙五十三年製。柄鑴康熙。

又　方月晷儀

鑄銅爲之，徑五寸五分，上下二盤。下盤外重列十二時，次内初正各四刻，次内刻各十五分。上盤外重列三百六十度，内二重列三十日，空度起朔爲日月同度，朔後月距日漸遠至九十度爲上弦。倍之，爲望三倍之爲下弦，周復爲朔，爲一月與日一會。朔弦望相距各七日半。中心施遊表。以遊表中線對上盤，日數若干度轉上盤。朔上表末使表對月，立環内無影，視表末所指以知時刻。儀面鎸乾隆甲子年製。

清《聖祖仁皇帝庭訓格言》　訓曰，明朝末年西洋人始至中國作驗時之日晷，初製一二時明朝皇帝目以爲寶而珍重之。順治十年間，世祖皇帝得一小自鳴鐘以驗時刻，不離左右。其後又得自鳴鐘稍大者，遂效彼爲之，雖能髣髴其規模，而成在内之輪環。然而上劢之法條未得其法，故不得其準也。至朕時自西洋人得作法條之法，雖作幾千百而一一可必其準。爰將向日所珍藏世祖皇帝時自鳴鐘盡行修理，使之皆準。今與爾等觀之，爾等託賴朕福，如斯少年皆得自鳴鐘十數以爲玩器，豈可輕視之，其宜永念祖父所積之福可也。

紀　事

漢・班固《漢書》卷二一上《律曆志上》　遂詔卿、遂、遷與侍郎尊、大典星射姓等議造漢曆，廼定東西，立晷儀，下漏刻，以追二十八宿相距於四方，舉終以定朔晦分至，躔離弦望。

唐・魏徵等《隋書》卷一九《天文志上》　至開皇十四年，鄜州司馬袁充上晷影漏刻。充以短影平儀，均十二辰，立表，隨日影所指辰刻以驗漏水之節。十二辰刻互有多少，時正前後，刻亦不同。

唐・令狐德棻等《周書》卷一〇五《于謹傳》　梁主退保子城。翌日，率其太子以下，面縛出降，尋殺之。虜其男女十餘萬人，收其府庫珍寶。得宋渾天儀，梁日晷、銅表，魏相風烏、銅蟠螭趺，大玉徑四尺圍七尺，及諸轝輦法物以獻，軍無私焉。

宋・李燾《續資治通鑑長編》卷六九（大中祥符元年五月）庚辰，詔諸路今年夏秋賦止於本州軍輸納。有司請，登封日，圓臺立黄麾仗，至山下壇設燿火。將行禮，然炬相屬。又出漆牌，遣執仗者傳付山下。牌至，公卿就位，皇帝就望燎位，山上傳呼萬歲，下即舉燎。皇帝還大次，解嚴。又傳呼而下，祀官始退。其社首瘞坎，亦設燿火三爲準。從之。始定公卿就位，亦重傳呼爲節，上以接神務在嚴静，遂更爲漆牌，禮畢仍聽傳呼。又恐傳付漆牌不即達，辰刻或差，先遣司天以漏壺設山之上下，及以日晷覆校，復以壇側擊版相應。又自太平頂、天門、黄峴嶺、岱嶽觀，各以長竿揭籠燈下照參候，使不愆其節云。

宋・熊克《中興小紀》卷三一　（紹興十四年）夏四月己卯，宰執奏太史局製渾儀乞依舊例。差官秦檜曰，在廷之臣，罕能通曉。上曰，此事闕典。已即宫中製成小範，可以測日晷，夜度以樞星爲則。蓋樞星中星也，非久降出，當以爲式，但廣其尺寸爾。檜曰，固天縱之將聖又多能也，聖主有焉。於是命檜提舉修製。

元・蘇天爵《元名臣事略》卷九　太史郭公

公名守敬，字若思，順德邢臺人。至元二年，由提舉諸路河渠遷都水少監。【略】三十一年拜昭文館大學士知太史院事。【略】作星晷定時儀，以上凡十三等，又作正方儀、景裏表儀、儀、座正儀凡四等，爲四方行測者所用。

元・楊瑀《山居新話》卷二　瑀嘗以簡易小日晷進之於上，其大不過三寸許，可以馬上手提測驗，深便於出入。上命太史院官重爲校勘，比之江浙日晷多半刻，再以上都校之，又長半刻，南北地勢不同者如此。

又　范舜臣（天助）汴人，世爲名醫，博學多能，尤精於天文之書。至順間爲永福營膳司令，嘗與余言：影堂長明燈，每燈一盞歲用油二十七箇，此至元間官定料例，油一箇該一十三斤，總計三百五十一斤，連年着意攷之，乃有餘五十二斤，則日晷之差短明矣。

明・宋濂等《元史》卷四八《天文志一》　世祖至元四年，扎馬魯丁造西域儀象。

明・宋濂等《元史》卷一五八《許衡傳》　十五年，詔王恂定新曆。恂以爲曆家知曆數而不知曆理，宜得衡領之。乃以集賢大學士兼國子祭酒教領太史院事召至京，衡以爲冬至者曆之本，而求曆本者在驗氣。今所用宋舊儀，自汴還至京師已自乖舛，加之歲久規環不叶。乃與太史令郭守敬等新製儀象圭表，自丙子之冬，日測晷景，得丁丑、戊寅、己卯三年冬至加時，減大明曆十九刻二十分。

明·宋濂等《元史》卷一六四《郭守敬傳》　天有赤道，輪以當之，兩極低昂，標以指之，作星晷，定時儀。

明·徐光啓等《新法算書》卷二　禮部尚書兼翰林院學士協理詹事府事加俸一級督修曆法臣徐光啓謹奏：爲日食事本年九月初八日，該臣題爲前事，本月十一日奉聖旨，這日食分數著該監局各預定晷景，臨期分投測驗以相印證。【略】於今月初一日到局督領欽天監秋官正周胤，五官司曆劉有慶，漏刻博士劉承志，天文生周士昌、薛文燦，同兩遠臣羅雅谷湯若望率在局知曆人等，預將原推時刻點定日晷，調定壺漏，又將測高儀器推定食甚刻分，應得此時日軌高於地平三十五度四十分。

明·徐光啓等《新法算書》卷三　尚有日晷星晷闚筩遠鏡三器，俱係奉旨造進者，臣亦於到任後督率該局官生夙夜製造，亦將次第告成。

明·徐光啓等《新法算書》卷八　其寺臣李天經及遠臣湯若望，中書王應遴，新局官生光禄寺署正黄宏憲等，累年所進曆書一百四十餘卷，日晷、星晷、星球、星屏、窺筒諸器，多曆學所未發，專門勞績，積有歲年，似宜量加叙録。

明·徐光啓等《新法算書》卷九九　是時宣明曆數漸差，詔太子少詹事邊岡治新曆。岡巧于用算，然實冥于本原。其上元七曜起赤道虚四度，其氣朔發斂，盈縮朓朒，定朔弦望，九道月度交會，入食限去交前後皆大衍之舊餘，雖不同亦殊塗而至者。景福元年曆成，賜名崇玄。按：岡用算巧能，立術簡捷，雖仍大衍而皆變其名，如策實曰歲實，揲法曰朔實，乾實曰周天，分之類明白使人易曉，較之閉藏閃爍者不同，是可尚也。其治晷度，準陽城日晷，前後消息加減得宜，九服中晷各於其地，立表候之在陽城之南之北者，各有距差，以加減陽城二至中晷。九服所在各於其地置水漏，以定漏率，各以陽城二至晷漏母除之，得加時黄道日躔交道有差，其術甚善。後世郭守敬倣之測驗諸方，惜未能盡用其術也。

又　一曰冬至，自至元十四年丁丑至十七年庚辰，各冬至詳測日晷，酌取至日前後同者爲準。

清·查繼佐《罪惟録》卷二　光啓等遂上節次六目爲日躔曆，爲恒星曆，爲月離曆，爲月交會曆，爲法原，爲法數，爲法筭，爲法器，爲會通，於是第次進書二十三卷，爲《日躔》三，《測天約説》二，《太測》二，《割圜》八，《線表》六，《黄道升度表》七，《黄赤距度表》二，《能表》二。次進書二十一卷，爲《測量全義》十，《恒星曆指》三，《恒星曆表》四，《恒星総圖》及《圖像二揆日解》訛一，《比例規解》一。次進書三十卷，《月離曆指》四，《月離曆表》六，《交食曆指》四，《交食曆表》二，《南北高弧表》十二，《諸方半晝分表》一，《諸方晨昏分表》二。次又進書一百十八卷，爲《黄平象限》七，《火本土》一百，《恒星表》及《週歲時刻表》三，《交食表》四，《交食曆指》三，《交食諸表用法》一，《交食簡法表》一，《五星圖》一，《木星加減表》一，《方根表》二，《上星加減表》一，《日躔表》一，《五緯總論》一，《日躔增》一，《恒星總圖》八，《火土木經度》三，《三星緯度》一，《三星表用法》一，《三星緯表》一，《日躔考》二，《大食蒙求》一，《宿中測時》一，《占交食考》一，《日月永表》二，《金水曆指》二，《日月五星會望弦等表》一，《火星如減表》一，《金水二星表》四，《高弧表》五，《甲戌乙亥》二，《年日躔細行》二，《恒星出沒》三，因揔定十議，爲脩□曆法之要。一議歲差。每歲東行漸長漸短之數，以正古來□年五十年六十六年多寡互異之説。二議歲寔。小餘昔多今少，漸次改易，及日影長短歲歲不同之因，以定冬至，以正氣朔。其三，每日測驗日行經度，以定盈縮加減真率，東西南北高下之差，以步日躔。其四，宿測日行經緯度數，以定交轉遲疾真真率，東西南北高下之差，以步月離。其五，密測列宿經緯行度，以定七政盈縮、遲疾、順逆、違離、遠近之數。其六，密察五星經緯行度，以定小輪行度遲速、留逆、伏見之數，東西南北高下之差，以推步淩犯。其七，推變黄赤道廣狹度數，密測二道距度，以候五星各道與黄道相距之度，以定交轉。其八，議日月去交遠近及真會似會之因，以定距天時差之真率，以正交食。其九，測日行考知二極出入地度數，以定週天緯度，以齊七政。其十，因月食考知東西相距地輪經緯，以定晝宿晨昏永短，以正交食有無、多寡、先後之數。隨请製器十事：一造七政象限大儀六座。二造列宿紀限大儀三座。三造平渾圓儀三架。四造交食儀一。其五造列宿經緯天球儀一座。六造萬國經緯地球儀一架。七造節氣時刻平面日晷三具。八造節氣時刻轉盤星晷三具。九造候時鐘三架。十裝脩測候七政交食遠鏡三架。且云曆學旁通十事：一凡晴雨水旱可約異預知以便脩救。二可測量水地以便疏築。三于樂律相通。四于兵行有濟。五于會計極詳。六于營建有當。七可以造機器。八可以懸度道里。九可以參利醫家。十可以意測鐘漏。

五年十月，光啓病，薦山東叅政李天經畢曆事，會内外多故不果就。或稱湯若望能治砲，可紓東顧，論者以爲不可，任遂已。

清·張岱《石匱書》卷三四　七年春正月乙巳，督修曆法山東右參政李天經疏言：七政之餘依新法，則火土金三星本年九月初旬會於尾宿之天江左右，木星於是月前犯鬼宿之積尸氣，一時五緯已有其四，非必以數合天，即天驗法之一據也。從來曆家於列宿借星有經度無緯度，雖回回曆近之，猶然古法。故臣等所推經緯度數時刻與監推各不同。如本年八月秋分，大統曆算在八月三十日未正一刻，新法算在閏八月二日未初一刻一十分，相距兩日。臣於閏八月二日同監局官生測太陽午正高五十度零六分，尚差一分，入交推變時刻應在未初一刻一十分，脗合新曆。隨取輔臣徐光啓從前測景簿，數年俱合。《春秋傳》曰：分同道也，至相過也，二語可爲今日節變差訛之一證。蓋太陽行黄道中線迨二分，而黄道與赤道相交，此晝夜之所以平而分應所由起也。迨二至則過赤道内外各二十三度有奇，夫過赤道二十三度爲真至，則兩道相交於一線，詎不爲真分乎。太陽有平行，有實行，平則每日約行若干，而實則有多有寡，不獨秋分爲然。謹將諸曜會合淩犯行度，開具禮部委司官同監局官生詳議以聞。蒲城布衣魏文魁上言：今年甲戌二月十六日癸酉曉刻月食，今曆官所訂乃二月十五日壬申夜也。八月應乙卯月食，今乃以甲寅，遂令八月之望爲晦，并白露、秋分皆非其期，訛謬尚可言哉。奉上命，文魁入京測驗。秋七月甲辰，李天經上《曆元》二十七卷，《星屏》一。冬十一月，日晷、星晷儀器告成，上命太監盧維寧、魏征至局驗之。先是西儒羅雅谷、湯若望在曆局造測儀六式，一曰象限懸儀，二曰平面懸儀，三曰象限立運儀，四曰象限座正儀，五曰象限大儀，六曰三直游儀，復有弩儀、弧矢儀，紀限儀諸器，不槩録。

清·王士禎《香祖筆記》卷七　江寧有西域賈胡，見人家几上一石，欲買之，凡數至。主人故高其直，未售也。一日重磨洗冀增其價，明日賈胡來，驚嘆曰：此至寶，惜無所用矣。石列十二孔，按十二時辰每交一時輒有紅蟢子布網其上，後網成前網即消，乃天然日晷也。今蟢子磨損，何所用之。不顧而去。

清·谷應泰《明史紀事本末》卷七三　臣伏揆古今善治曆者三家：漢太初以鍾律，唐太衍以蓍策，元授時以晷景，而晷景爲近，其所因者本也。欲正曆而不登臺測景，竊以爲皆空言臆見，非事實已。伏望許臣暫住朝參，同中官正周濂及掄選疇人子弟諳曉本業者，及冬至前詣觀象臺，晝夜推測，日記月書。

清·孫承澤《春明夢餘録》卷五八　自西洋之法入中國，上海徐光啓專習之後，湯若望嗣利瑪竇之教，而李天經、黄應遴等信奉益堅，進新曆書一百四十餘本，日晷、星晷、星球、星屏、闚筩諸器。

清·張廷玉等《明史》卷三一《曆志一》　至期，光啓率監臣預點日晷，調壺漏，用測高儀器測食甚日晷高度。又於密室中斜開一隙，置窺筩、遠鏡以測虧圓，畫日體分數圖板以定食分，其時刻、高度悉合，惟食甚分數未及二分。

又　天經又進《曆書》三十二卷，并日晷、星晷、窺筩諸儀器。八年四月，又上《乙亥丙子七政行度曆》及《參訂曆法條議》二十六則。

清·秦蕙田《五禮通考》卷一八五《嘉禮五十八》　《明史·天文志》：崇禎二年，禮部侍郎徐光啓兼理曆法，請造象限大儀六，紀限大儀三，平懸渾儀三，交食儀一，列宿經緯天球一，萬國經緯地球一，平面日晷三，轉盤星晷三，候時鍾三，望遠鏡三。報允已，又言定時之法當議者五事：一曰壺漏，二曰指南鍼，三曰表臬，四曰儀，五曰晷。漏壺水有新舊，滑濇則遲疾異，漏管有時基時磷則緩急異。正漏之初，必於正午初刻，此刻一誤，靡所不誤。故壺漏特以濟晨昏陰晦，儀晷表臬所不及，而非定時之本。指南鍼，術人用以定南北，辨方正位咸取則焉，然鍼非指正子午，曩云多偏丙午之間，以法考之，各地不同。在京師則偏東五度四十分。若憑以造晷，冬至午正，先天一刻四十四分有奇，夏至午正先天五十一分有奇。若表臬者，即考工匠人置槷之法，識日出入之影參諸日中之影，以正方位。今法置小表於地平，午正前後累測日影以求相等之兩長影爲東西。爲南北正線。既定子午卯酉之正線，因以法分布時刻，加入節氣諸線，即成平面日晷。又今所用員石欹晷，是爲赤道晷，亦用所得正子午線較定，此二晷皆可得天之正時刻，所爲晝測日也。若測星之晷，實《周禮》夜考極星之法，然古時北極星正當不動之處，今時久漸移，已去不動處三度有奇，舊法不可復用。故用重盤星晷，上書時刻，下書節氣，仰測近極二星，即得時刻，所謂夜測星也。七年，督修曆法右參政李天經言：輔臣光啟言定時之法，古有壺漏，近有輪鐘，二者皆由人力遷就，不如求端於日星，以天合天，乃爲本法。特請製日晷、星晷，望遠鏡三器。臣奉命接管，敢先言其略：日晷者，礱石爲平面，界節氣十三線内，冬夏二至各一線，其餘日行相等之節氣，皆兩節氣同一線也。平面之周列時刻線，以各節氣太陽出入爲限。又依京師北極出地度範爲三角銅表置其中。表體之全影指時刻，表中之鋭影指節氣，此日晷之大略也。星晷者，治銅爲柱，上安重盤。内盤鐫周天度數，列十二宮以分節氣。外盤鐫列時刻，中横刻一縫，用以窺星。法將外盤子正初刻移對内盤節氣，乃轉移銅盤，北望帝星與勾陳大星，使兩星同見縫中，即視盤面鋭表所指爲正時刻，此星晷之大略也。若夫望遠鏡，亦名窺筩。其製虚管，層疊相套，使可伸縮。兩端俱用玻璃，隨所視物之遠近以爲長短。不但可以窺天象，且能攝數里外物如在目前。至於日晷、星晷，皆用措置得宜，必須築臺，以便安放。新法算引太陽在地平上，人目可得而覩，謂之晝。太陽漸隱地平之下，人目無見，則謂之夜。是晝夜者，全由人居以分，隨方極出地若干。隨時太陽躔某宫。

清・劉衡《尺算日晷新義》《尺算日晷新義》自序

衡少讀《周官經》土圭測日，《攷工記》置槷以懸，眡以景，懵然不得其解，既於家藏故紙中得《泰西比例規解》一編，年來走京師遊觀象臺獲睹儀象諸巨製，伏讀《御製曆象考成》上下二編，乃始窺太陽經緯躔度。夫北極者，距赤道九十度者也。此亙古不易者也，惟天體渾圜而非平圜，北極出地隨方不同，有表，見下二卷。故日度所躔與日景所到亦遂有因地高下之異而晝夜之長短因之。極與平地齊之處每晝夜必平分，雖冬至亦同春秋兩分日。日出入在卯酉正初刻。若極出十度，則冬至日出入較兩分日約加減一刻半。知日出入于卯正酉初一二刻半也。極出二十度，則冬至日出入較兩分日約加減二刻半。知日出入于卯正二酉初一刻半也，極出三十度，則冬至日出入較兩分日約加減四刻。知日出入于辰酉初初刻也，極出四十度，則冬至日出入較兩分日約加減六刻。知日出入于辰初申正二刻也，極出五十度，則冬至日出入較兩分日約加減十刻。知日出入于辰正申初二刻也，極出六十度，則冬至日出入較兩分日約加減十六刻。知日出入于巳未正初刻也，俗所用晷不求極出度，隨處通用，嘻謬矣。夫在天一度，在地南北約二百里，此緯度也。若經度，則天一度，地東西約四百里矣。《考成》云：在天一度，在地二百里，曆家稱南行二百里，則極低一度，言緯度也。方今地域廣輪，從古無匹，竊見疇人子弟推極出表自十餘度至六十餘度，其差五十餘度，顧執一成之器而概之，薄海内外曰：此其晷也。豈但差毫釐而失千里已乎！衡不敏，以鄙意造算尺一具，專爲製晷設也。乃製晷得六則，一曰，斜立向正南之日晷。二曰，斜立向正東之日晷。三曰，斜立向正西之日晷。四曰，平面向正北之日晷。五曰，立面向正南之日晷。六曰，斜立向正北之日晷。晷式不雷同，然其用北極以定赤道之高下以求景，則區區主見所在六者毋或歧也。具圖各附説其下，説不文然不敢作晦澀語，録之成帙，帙分上下卷。上卷造尺法，下卷則治晷法也。南豐劉衡。

清・劉衡《尺算日晷新義》卷上　尺式

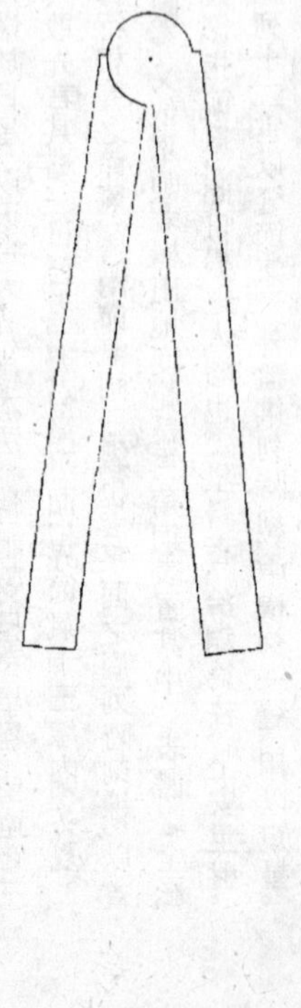

西人謂之比例規。規之云者，兩尺張翕任意，似畫圓之器也。此乃質言尺。

作尺法

用薄銅版或堅木作兩長尺扁方，任長一尺上下，廣約五分。取足作線作點書字而已。兩尺相並等長等廣，無毫髮差，然兩尺相並則無由相聯也。乃于兩尺之一端近隅處多留餘地，以隅爲心圓之。其一圓頭與尺面平而空其中，令空處之圓與尺面之圓相等，如乾，其一如坤。則剡其圓頭，上下二面俱剡令二面剡去之圓與乾尺中空之圓相等，以相入密無罅也。乃于尺隅圓頭之中心作小孔洞之而貫以樞，聯兩尺爲一樞，欲其無偏也。兩尺並欲其無罅也。樞心爲心，與兩尺相並之縫欲其中綫也。

規式

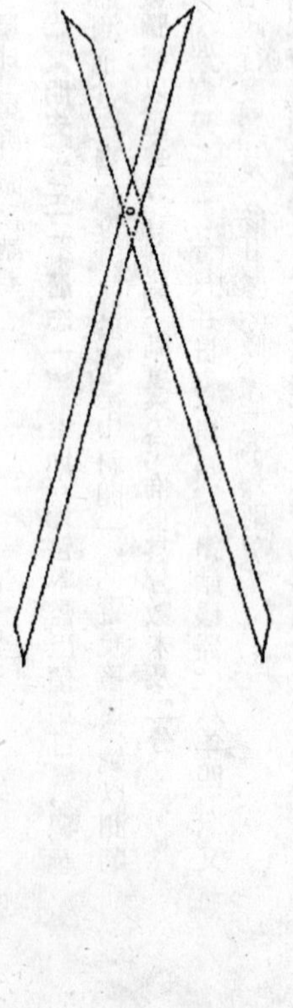

用銅或鋏爲之。鋭其兩端欲其細也。兩股交處貫以樞，欲其固也。規爲畫圓之器，尺算藉之以取諸數，故並圖其式如右。

尺上分線

西法用割線，查割線表各度之數作點識于兩尺間，名之曰表心線。得數難清取度不真，不便于用。茲作此線與切線同理，而變其數取度較真，即名之曰日晷線。

法曰：作直線如斗牛，次作橫線如斗女，與斗牛線相遇于斗。斗角爲正方角，必中矩合九十度，毋毫髮出入或鈍或鋭。次以斗爲心，以斗牛或斗女爲界，取規以一端指斗，其一端指牛或女，作弧形，得圓周四之一，成象限弧。

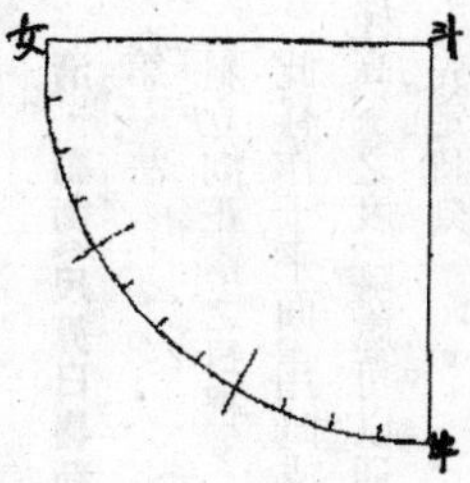

次三分其弧作點于弧識之，次于每一分内又八分之，得二十四平分，作點于弧識之。

士琳案：原稿因弧小，以十二平分當二十四限，今仍其舊，又脱點作識今補。

次于斗牛線左作直線與斗牛線平行如井亢。此線長與尺等。次從斗心向弧各點作直線聯之，每直線皆從斗心斜出過各限之點遇井亢直線而止。

惟斗牛線平行無度，終古不能與井亢線相遇。故斗牛毋庸出直線，即近斗牛一二線亦不必出直線至井亢線，恐尺短不能容也。

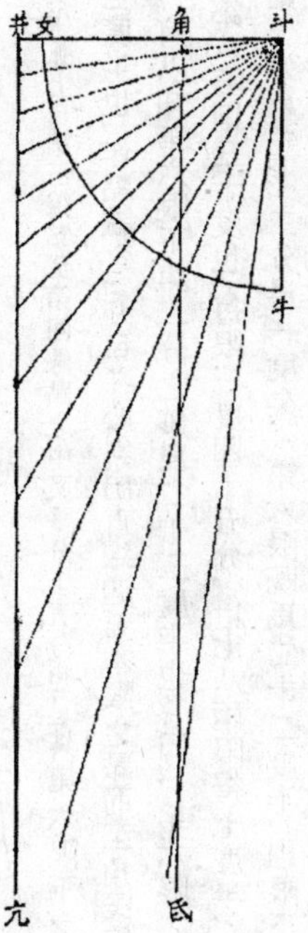

或問井亢線之義，曰：即割圓八線中之切線也。切線九十度末度平行無度，故只以八十九度立算。茲變爲二十四限，末限平行無度，故尺以二十三限具尺。每限當切線三度四十五分爲一刻，每四限當切線十五度爲半時，茲詳譜之如左。

第一限即一刻也，即切線三度四十五分。

二限即二刻也，即切線七度半。

三限即三刻也，即切線十一度十五分。

四限即四刻也，滿半時矣，即切線十五度。

五限又一刻也，即切線十八度四十五分。

六限又二刻也，即切線二十二度半。

七限又三刻也，即切線二十六度十五分。

八限又四刻也，滿半時矣，即切線三十度。

九限又一刻也，即切線三十三度四十五分。

十限又二刻也，即切線三十七度半。

十一限又三刻也，即切線四十一度十五分。

十二限又四刻也，滿半時矣，即切線四十五度。

十三限又一刻也，即切線四十八度四十五分。

十四限又二刻也，即切線五十二度半。

十五限又三刻也，即切線五十六度十五分。

十六限又四刻也，滿半時矣，即切線六十度。

十七限又一刻也，即切線六十三度四十五分。

十八限又二刻也，即切線六十七度半。

十九限又三刻也，即切線七十一度十五分。

二十限又四刻也，滿半時矣，即切線七十五度。

二十一限又一刻也，即切線七十八度四十五分。

二十二限又二刻也，即切線八十二度半。

二十三限又三刻也，即切線八十六度十五分。

若井亢線稍短，秪容二十限或十八十九限，則不足日晷時刻之用。法將井亢線進移于右，稍近斗牛線，務令本線遇二十三限或遇二十二限。不遇則再移近斗牛取之，遇則止，如角氐線。此線務與右左之斗牛井亢線平行，其長則如井亢線，務與尺等。

士琳案：原稿此下但注即用右圖可也六字，而缺圖。今據後文兩尺必等語，故取前圖各線點併入尺式以補之。

又按：日晷定各節氣須取太陽緯度二十三度半爲冬至夏至日，日影所到内本尺各限無二十三度半之度，須添設此線。法將女牛弧上第七限第八限并之而平分爲十五分。士琳案：自第六限起至第八限止，即爲第七限第八限。今以一平分當兩

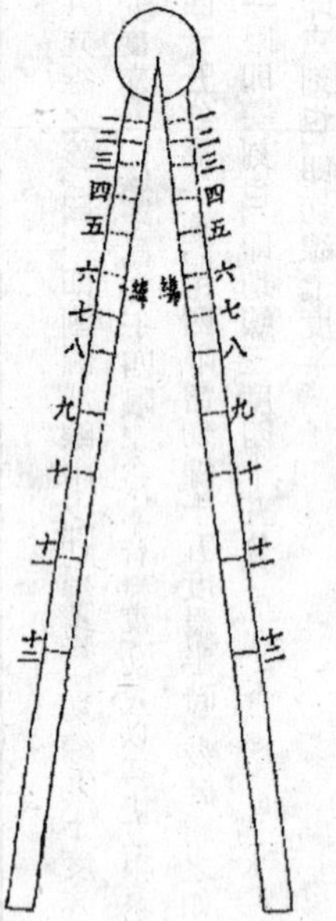

限，應于女牛弧上自第三線點至第四線點之中又平分十五分也。其第六限下之第二分即二十三度半也，作點識之，亦自斗心斜出直線遇弧本限之點而至角氐線。

問：何以知第六限下第二分之確爲二十三度半也？曰：第六限二十二度半也，而第八限則三十度也，每限三度四十五分，併七八兩限得七度半，倍之，爲十五。則一分爲半度，二分爲一度矣。第六限既爲二十二度半，則限下第一分即二十三度，而其第二分爲二十三度半無疑也。

次于角氐線上量取各限以次移于兩尺相並處，作點識之，旁書字爲記，兩尺必等。

清·劉衡《尺算日晷新義》卷下　作日晷六法

第一法

斜立向正南之日晷

此晷作于平面，用時支之，使向南斜立，其斜度視各方北極高下之度，隨處可以通用。

先定時刻

法曰：作橫線如坎離，次于坎離橫線中任定一點爲表位如兑。兑作小孔以植表也。次任取長數長約晷體九之一務直毋曲，細長如鍼，鋭其兩端爲表，如咸恒。咸——恒表植于表位兑。其一端入兑之孔，務直毋稍偏倚而表長如咸兑。次以咸兑表度置尺十二限處爲底定尺，勿令移動而取尺第一限至二十二限之各底，以次移于坎離線兑點之左右，右左自兑起以次蟬聯而至于坎離，各作點識之。每一點爲一刻，即得午前午後各刻如圖。

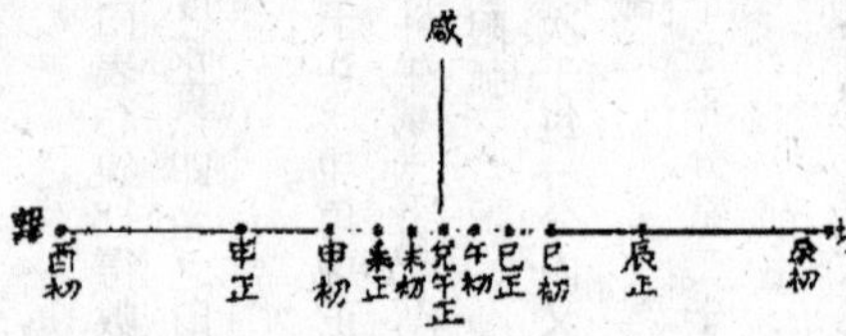

兑右左第一點午初三正初刻　右左第二點午初二正一刻

右左第三點午初一正二刻　右左第四點午初初正三刻

右左第五點巳正三未初初刻　右左第六點巳正二未初一刻

右左第七點巳正一未初二刻　右左第八點巳正初未初三刻

右左第九點巳初三未正初刻　右左第十點巳初二未正一刻

右左第十一點巳初一未正二刻　右左第十二點巳初初未正三刻

右左第十三點辰正三申初初刻　右左第十四點辰正二申初一刻

右左第十五點辰正一申初二刻　右左第十六點辰正初申初三刻

右左第十七點辰初三申正初刻　右左第十八點辰初二申正一刻

右左第十九點辰初一申正二刻　右左第二十點辰初初申正三刻

右左第二十一點卯正三申初初刻　右左第二十二點卯正二申初一刻

若晷體窄小，則近午難容密點法，並取二限爲一點，則每點爲二刻，或併取四限爲一點，則每點爲半時。然自巳未正而右左爲限漸寬，仍析取每限爲是。

問：其義云何？曰：坎離線即赤道也。每年春秋分兩日，太陽正躔赤道，日影終日行此線上，表端咸點所指之某限，即是日某時某刻也。兑即赤道之心，故二分日正午，則咸兑表直立正對太陽中心一點而無表影也。又曰：太陽射之弦割線影也，而其影度之見于平面則切線也。十二限者，切線之四十五度也，半徑也。尺上各限即切線各度也。以表度置尺十二限爲度，是以表度者半徑也。以表度當半徑而取其切線以定時刻，此恆理也。

問：以某度爲底者何也？曰：此定尺之法也。以規兩鋭張翕之量定某長短之度，如咸兑表度之類乃定規，勿令兩規張翕乃張尺以規度施于兩尺之某限，如十二限之類將兩尺張翕之以就規度。既得規度，則定尺。勿令兩尺張翕此以尺就規度，令兩尺某限相距之度如兩規相距之度也。規定而尺定于規也。

問：取某限爲底，何也？曰：此取兩尺各限之度之法也。兩尺既定矣，乃以規兩鋭張翕之量定兩尺間某限相距之度。如第一限至二十二限之類，既得尺度則定規，勿令兩規張翕，以便移其度入晷線也。此以規就尺度。令兩規相距之度如兩尺某限相距之度也。尺定而規定於尺也。

次定二至日太陽各時刻距赤道緯度

法曰：以咸兑表度置尺十二限處爲底定尺，而取兩尺間六限下第二分之底，移於晷線兑心之南與其北南北。而各截之，南如兑井，北如兑夬，乃于井夬作直線聯之，與坎離線十字正交于兑心，如下圖。

問：井夬之義，曰：井即夏至日正午日影所到也，夬即冬至日正午日影所到也。

問：何以知其然也？曰：每日自東而西者，太陽之經度也。一年之中太陽半年在赤道南，半年在赤道北。其自北而南、自南而北者，太陽之緯度也。緯度極北爲夏至，距赤道二十三度半。緯度極南爲冬至，距赤道亦二十三度半。南北兩緯相距四十七度，故冬至日太陽在赤道南二十三度半，爲太陽緯度之極南。自此以後，太陽以次漸移而北。迨北行二十三度半而到赤道上，是日爲春分。既過春分，太陽漸離赤道而北，又北行二十三度半，而到緯度之極北，是日爲夏至。夏至日太陽在赤道北二十三度半，爲太陽緯度之極北。自此以後太陽以次漸移而南，迨南行二十三度半而到赤道上，是日爲秋分。既過秋分，太陽漸離赤道而南，又南行二十三度半而到緯度之極南，是日爲冬至。此太陽終歲行度之不易者也。右法以表長當半徑。半徑，圓徑之半也，即下圖圓心至各弧界之度。以十二限當四十五度之切線，亦即半徑也。其六限下第二分即二十三度半之切線，故其度爲冬夏至日影所到也。又曰，日南行而影則見于北，日北行而影則見于南。日晷者，取影之器也。故晷面井位南，而其日影所到非南緯冬至，乃北緯夏至也。夬位北，而其日影所到非北緯夏至，乃南緯冬至也。圖則畫日道所躔，晷則畫日影所到，故其南北相反也。

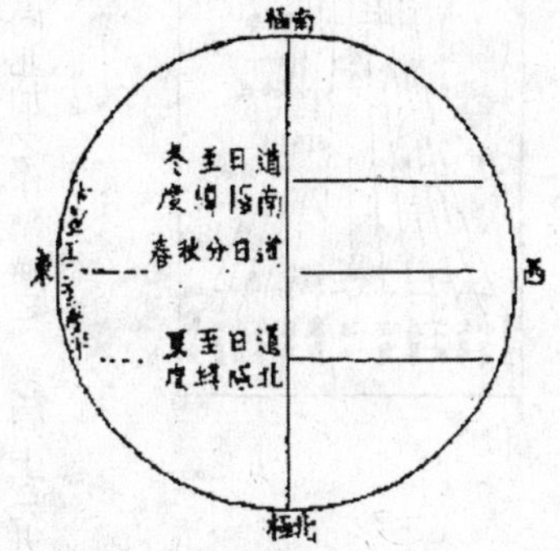

次以咸兑表長當句，而以兑心至右午初點當股。兑心至左未初點亦同乃以表端咸至右午初點之弦度，咸至左未初之弦度亦同置尺十二限爲底定尺。而取尺六限下第二分之底移于晷面午初點處，于其點之上下截之，亦移于未初點處，亦于其上下截之，各如截井夬法，亦各作直線聯之而皆與井夬線平行。即二至日午初未初日影所到也。次仍以咸兑表長當句，而以兑心至右巳左未正點當股，乃以表端咸至右巳左未正點之弦度置尺十二限爲底定尺。其取底移于晷面巳未正點處上下截之，作線聯之，悉如前法。即二至日巳未正日影所到也。

次仍用咸兑句，而以兑心至右巳左申、初點當股，乃以咸至右巳左申初點之弦度，置尺十二限爲底定尺。其取底移于晷面巳申初點處上下截之，作線聯之，悉如前法。即二至日巳申初日影所到也。自是右左而辰申正而卯酉正皆用咸兑句，而以兑心至各時刻點當股，以表端咸至各時刻點處之弦度，爲十二限之底，其取底截點作線悉同前井夬法，惟右左自巳未正而右左影度漸長，點線漸寬，若能以細分之，各刻與咸兑表長爲句股，而各取其弦度爲底以求緯度，則可得二至日各刻之日影所到也。如圖。幅短借作直圖，須横觀之。

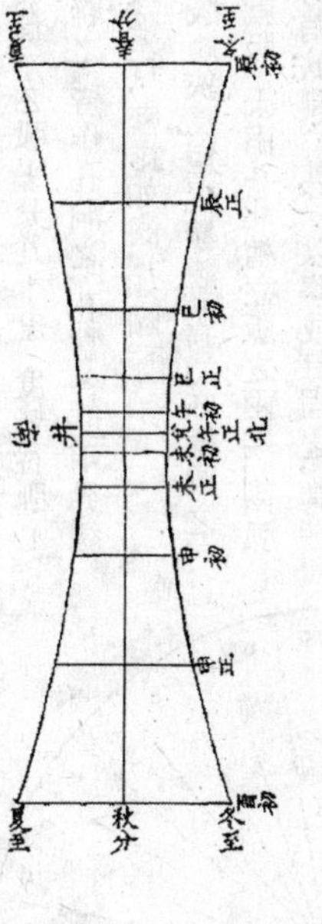

問：二至日正午以外不用表度而用各弦度爲底，有説乎？曰：天體渾圓，日晷則寫渾于平者也，故必有影差。何也？太陽惟二分日正躔赤道腰圍之一線，故晷面赤道線直必中繩，而是日日影所到亦終日不出此線。餘節氣太陽出入于南北緯度，故晷面之影不行直線，近午則短，而東西則漸弛也。非用割線則不能求其影差。各弦度者，割線也。右法表長恆爲句，即半徑也。兑心至左右各時刻點爲股，即大圈外之切線也。表端咸至各時刻點爲弦，即大圈外之割線兑井兑夬線。以半徑表度當半徑，十二限即四十五度，亦半徑也。而求二十三度半之度，其餘各線則以割線各影弦度當半徑，而求二十三度半之度，故能遞求遞潤而得其影差也。

次定各節氣

法曰：以兑井之度用兑夬亦同置尺十二限處爲底定尺，而取其第二限即七度半之切線之底，自兑心起向南兑井線加之作點識之，亦自兑心起向北兑夬線加之作點識之，北點即驚蟄、寒露日正午日影所到。南點即清明、白露日正午日影所到也。次即原定尺取第四限即十五度之切線之底，自兑心起南北向兑井夬線上加之作點識之，北南點即雨水、霜降穀雨、處暑日正午日影所到也。次即原定尺取第六限即二十二度半之切線之底，自兑心起南北向兑井夬線上加之作點識之，北南點即立春夏立秋冬日正午日影所到也。次即原定尺取第八限即三十度之切線之底，自兑心起南北向兑井夬線上加之作點識之，北南點即小雪、大寒小滿、大暑日正午日影所到也。次取原定尺取第十限即三十七度半之切線之底，自兑心起南北向兑井夬線之上加之作點識之北南點即大雪、小寒芒種、小暑日正午日影所到也。

右所定節氣二十皆本日正午日影所到也，合之，兑心爲春分、秋分，井爲夏至，夬爲冬至，則正午二十四節氣全矣。

井夬正午線之左之右各時刻線，其定節氣之法皆以本線之半或用赤道南半線或用赤道北半線之度置尺十二限處爲底定尺。而遞取其第二限、四限、六限、八限、十限各底，以次皆自本線之心起，向南亦向北加之作點識之。悉同上兑井夬線求各節氣法。幅短借作直圖，須横觀之。

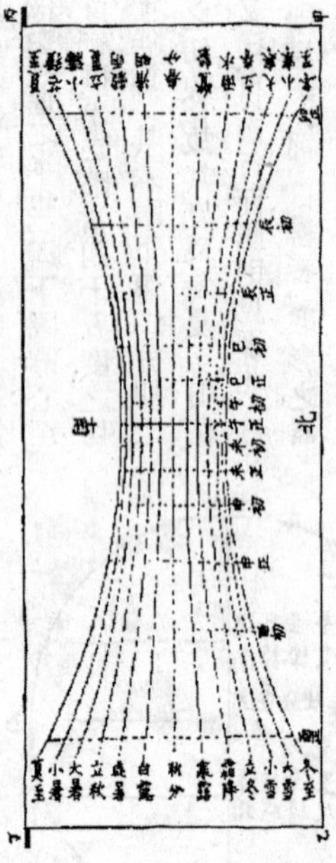

正午左右各時刻線均定節氣訖，乃于各線點識處各作横線聯之，次于各横線兩端盡處將各節氣以次書之如右圖。

士琳案：此段原稿在圖前，今移于圖後，故于圖上增一右字。

晷體横寛，北甲乙，南丙丁，西丙甲，東丁乙，廣狹長短無定度。取足畫線書字而已。丙丁盡處各餘少許爲橫軸，以入晷牀兩弧心氏小孔也。

問：尺十二限即切線之四十五度也，今分之爲六節氣，何也？曰：太陽一日行一度，十五日行十五度，爲一節氣。若六節氣則滿九十度矣。日晷尺與切線同理，切線無九十度，平行無度，終古不能與割線相遇，故不立等。不得以而用其半，故以十二限之四十五度代九十度，而所取各限亦俱用其半也。第二限七度半以代十五度，爲一節氣。第四限十五度以代三十度，爲二節氣。第六限二十二度半以代四十五度，爲三節氣。第八限三十度以代六十度，爲四節氣。第十限三十七度半以代七十五度，爲五節氣。而十二限四十五度代九十度，爲六節氣。用半實用全法，窮而巧法生矣。

問：晷面各時刻線自赤道至二至皆二十三度半也，何以又分爲九十度也？曰：太陽黄道周天三百六十度分爲四分，每分九十度，謂之象限。一象限又分爲六分，每分十五度，爲一節氣。太陽自冬至至春分，春分至夏至，夏至至秋分，秋分至冬至，每一象限各行九十度，各有六節氣，此太陽行黄道之經度也。而其行赤道之緯度則非九十度也，則仍不出二十三度半也。何也？九十度者，黄道自東而西之度，而二十三度半者，黄道與赤道相距南北之度也。

問：以九十度六節氣加于晷面，南北緯線何以不挨次蟬聯，而必逐次皆自兑心起度也？曰：天體渾圓而非平圓，故太陽所躔緯度可以平算，而不可以平視平測。自春分至清明，自秋分至寒露，日行黄道經度十五度，而其緯度則非十五度，乃六度十九分也。自立夏至小滿，自立冬至小雪，日行黄道經度亦十五度，而其緯度乃四度也。自芒種至夏至，自大雪至冬至，日行黄道經度亦十五度，而其緯度則一度弱也。蓋太陽近二分日其差多，近二至日其差少，故所取各限之底必自兑心起度而累加之也。

晷牀

用薄片作象限弧，二必等，弧半徑度與晷體丙丁度等。亦同丁乙弧平分九十度，度皆從弧心氐斜出直線聯之，皆作孔洞之，孔當各度兩界線之中，與弧線平行，密排如齒，如圖。

次用平版廣狹長短視晷體差豊，亦横置之，以兩弧斗氐就版，氐南斗北植立版之兩端，兩弧東西正對，勿稍欹側。其一以膠或釘固之，其一安晷後乃固之，版近北安指南車一具，如角。幅短改作直圖，須横觀之。

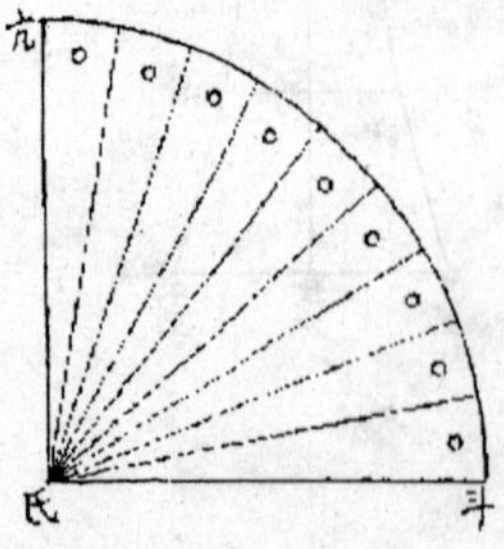

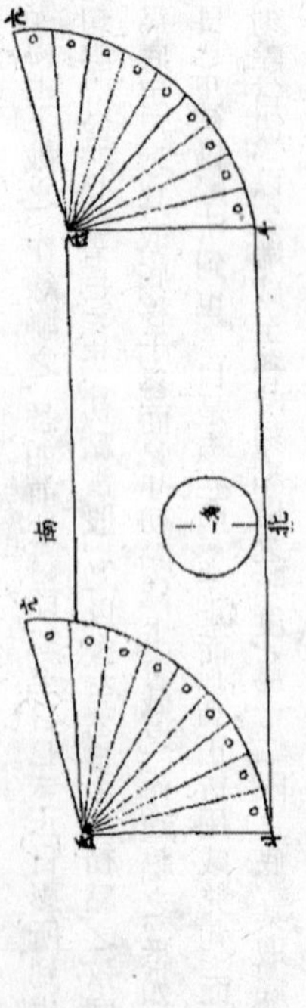

士琳案：弧版與晷牀平行，故原圖易作鈍角。次于兩弧心氐盡處各横穿圓孔一，東西正對如右圖。乃以晷體丙丁盡處兩横軸入之，令晷體低昂任意如轆轤然。

用法

定指南針，查本方北極出地平高若干度，各省北極高度見下第四法北極攷次將晷體甲乙昂起，乃數晷牀旁植兩弧之度，自北之斗處數起，至本方北極高度，以長物爲支條入本度之孔而横貫于彼弧，本度之孔以支晷，令晷體爲支條所横格斜立向南，則晷體斜度如本方北極高度，而表端咸正指本方赤道矣。

若晷體稍厚，則支條斷不可施于本度之孔，必干其下一二度之孔斟酌用之。須令晷厚體平分處與本度兩界線之中心一點相準，否則晷體厚則晷面高于本度，差毫釐失千里矣。

第二法

斜立向正東之日晷

此晷亦作于平面，用時視本方赤道之高下斟酌斜支，隨處可以通用。

法曰：作直線即赤道也如乾坤，以乾爲表位，乾作小孔以植表也。

次任取長數爲表，植之于表位乾之孔，務直，勿使偏倚。而表長如咸乾。

次以咸乾表度置尺十二限爲底定尺，而取尺第一限至二十二限之各底移于乾坤線上，自乾點起以次蟬聯順下而各作點識之。第一點乾即卯正初刻也，次卯正一刻，次卯正二刻，次卯正三刻，自是而下四點爲辰初之四刻，次四點爲辰正之四刻，次四點爲巳初之四刻，次四點爲巳正之四刻，又次爲午初。此春秋分日各時刻日影所到也。若晷小，近卯處難容密線，則併取二限爲一點，或併取四限爲一點。

次定二至日各時刻太陽距赤道緯度，次定各節氣悉同前第一法，但彼分左右，此則自上而下耳。

晷體長方剡其下，坤端綴小圓釘，如軸以入晷牀弧心氐小孔也。

晷牀

用薄片作象限弧，一弧平分九十度，度皆從弧心氐斜出直線聯之，皆作小孔洞之，孔當兩界線之中，與弧線平行，密排如齒，如後圖。

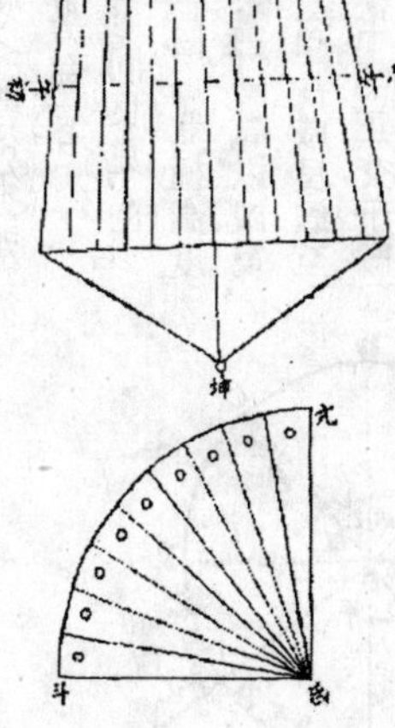

弧兩面作線必等

士琳案：原稿晷牀文一段本在圖後，故末云：如右圖。今因所空之行太狹難容晷圖地位，故移圖在文後，而改右圖爲後圖。

次用平版，長與弧氐斗等，廣視長稍殺或等，乃以弧氐斗就版，斗南氐北植立版中央，以膠或釘固之。勿令欹側弧之東或西安指南軍一具，乃于弧心氐作小圓孔洞之，以晷體坤端小圓軸入之，如轆轤然。

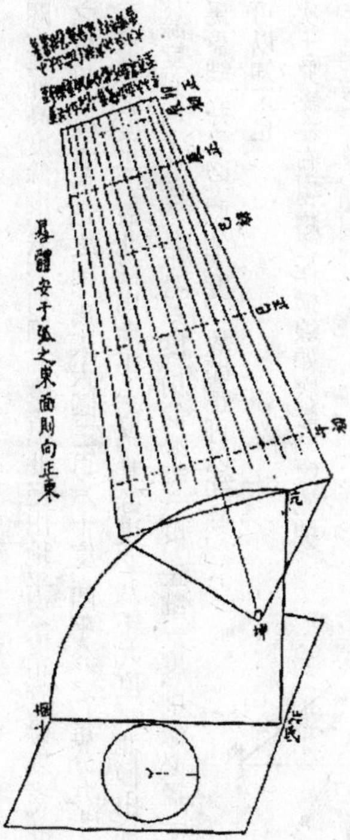

用法

定指南針，查本方赤道高若干度，赤道高度同北極餘度，見第四法北極攷乃數晷牀弧度。自南之斗數起，至本方赤道高度，將晷體上下斜轉之，令晷體乾坤線恰當本度兩界線之中，乃於乾坤線上作小孔洞之，令與本度之孔準對，以樞貫之，則乾坤線如本方赤道而成正東日晷矣。

第三法

斜立向正西之日晷

說同前

此晷作法同第二法，但面向正西，故其時刻次序皆逆行自下而上。第一點乾即酉初三刻交正也，次酉初二刻，次酉初一刻，次酉初初刻，自是而下爲申正，爲申初，爲未正，爲未初，爲午末。又其節氣惟中一線，春分、秋分同第二法，餘俱與第二法相反。如彼爲冬至，此爲夏至。彼爲芒種、小暑，此爲大雪、小寒之類。至晷牀用法俱同第二法，但彼向正東故晷體安于弧之東面，此向正西故晷體安于弧之西面耳。圖同第二法。

第四法

平卧向正北之日晷

此晷視本方北極之高下，定表之長短與表位及晷心之遠近，惟本方鄰近南北二百五十里，東西四百里以内可用，餘不能通用。

法曰：作直線如乾坤，乾南坤北。

次于乾坤直線中任定一點爲表位如艮。艮作小孔以植表也。

次作表。或銅或銕，務直毋曲，細長如針，鋭其兩端。任長一寸或數寸植立于表位艮，其一端入艮之孔。務直毋稍偏倚表長如咸艮。

次以咸艮表度置尺十二限處爲底定尺。而取兩尺間本方北極出地高度如浙江北極高三十度在尺第四限之類，若其度爲尺各限所不備者，則于相近之限上下斟酌取之。之底移于乾坤線，自表位艮向北截之，作識于艮北如兑，爲艮兑。

次即原定尺。取本方北極高度之餘度，如浙江北極餘度六十度在尺第十二限之類，若其度爲尺各限所不具者，則于相近之限上下斟酌取之。之底亦移于乾坤線，自表位艮向南截之，作識于艮南如巽，即晷心也爲艮巽。

問：北極高度餘度，云：何曰高度者，北極出地平之度也。餘度者，北極距天頂之度也。餘者對正之稱，周天大圓三百六十度，四平分之，每分九十度，即地平至天頂之度也。故北極出地平一度，其餘度必八十九度。北極出地平二度，其餘度必八十八度。正盈一度，則餘必絀一度，正絀一度，則餘必盈一度，正餘相爲盈絀，并之必滿九十度。故即正可以知餘，即餘可以知正也。

次于兑點左右引長之作横線如坎離。與乾坤直線十字正交于兑，如圖。

士琳案：圖漏坎離字今補。

問：坎離云何？曰：即赤道也。即春秋分日日影所到也。次以表長咸艮當句，以艮兑當股，而取其弦度咸兑，置尺十二限爲底定尺，而取其自第一限至二十二限之各底，次第移于坎離横線兑點之左右，右左自兑起蟬聯而至于坎離，而各識之，乃自晷心巽向各識處斜出直線，聯之，即得午前午後各時刻，如右圖。兑左右各時刻詳見第一法。

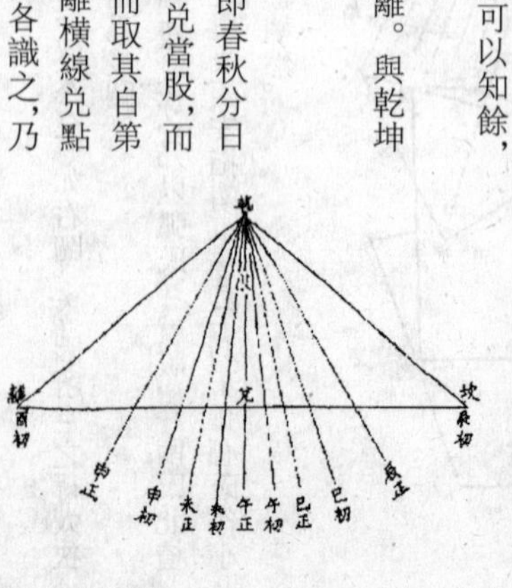

問：咸艮表，曰：半徑也。問艮巽，曰：北極高度之正切線也，問艮巽，曰：北極高度之餘切線也。何以知其然也？曰：試以咸爲心，艮爲界，作卯辰丑艮大圈，次引長咸艮線至于卯，又作截腰横線于卯辰線十字正交于圖心，如丑辰。又于卯丑弧圜形似弓背之弧故曰弧艮辰弧之間斜作直線過心如申未，次于卯辰弧艮丑弧之間亦斜作直線與申未線十字正交于圖心，如巳丁。夫大圓周天三百六十度也，卯

艮直線丑辰横線十字正交，將大圈平分爲四分，各得九十度。卯辰弧，艮辰弧，卯丑弧，艮丑弧，皆九十度也。丑辰爲地平，卯爲天頂，咸爲地心，巳丁爲赤道，申未爲北極，申丑則北極出地平之高度，申卯則北極高度之餘度也。巳辰赤道出地平之度，巳卯則赤道距天頂之度也。赤道與北極相去必九十度，相爲高低，此高則彼低，此低則彼高。故北極出地平一度，則赤道出地平必八十九度，若如京師北極出地平四十度，則京師赤道出地平必五十度，故圓中四甲度皆等，四乙度亦皆等，此天道之不易者也。咸丑也，咸辰也，咸卯也，咸艮也，咸申、咸巳、咸未、咸丁也，各得大圓徑之半，故曰半徑。凡自圓心出線至弧界皆爲半徑，即皆句也。若無圓内之正弦爲句股，則半徑又爲弦。其出圓外而與切線相遇者，曰割線。割線有二，與正切相遇者曰正割，與餘切相遇者曰餘割。正割也，餘割也，皆弦也。圓外截圓之線，其直與卯艮線平行，横與丑辰線平行，而相遇于割線者，曰切線。切線亦有二，一曰正切，一曰餘切。二線互爲正餘，此爲正則彼爲餘，彼爲正則此爲餘。割線亦然。正切也，餘切也，皆股也。圓内弦線亦爲股。句股爲正方角，無論巨細但同弦則反正順逆其形必兩兩相等，故可以互求，此算理之不易者也。如右圖。咸艮表上指天頂，下至地心，即咸卯也，亦即咸丑也。艮爲表位，咸艮兑句股形與咸丑子形等，故艮兑正切與北極高度之正切子丑必等，而咸兑正割與北極高度之正割咸子亦無不等也。巽爲晷心，咸艮巽句股形與咸卯寅形等，故艮巽餘切與北極高度之餘切卯寅必等。而咸巽餘割與北極高度之餘割卯寅亦無不等也。然則晷用艮兑實用子丑也。晷用咸兑實用咸子也。晷用艮巽實用卯寅也。玩圖自明。

又論曰：赤道高低隨各方北極之高低爲轉移，故北極度高則赤道低，低則艮兑之距遠，艮巽之距近，而咸艮表宜短。若北極度低則赤道高，高則艮兑之距近，艮巽之距遠，而咸艮表宜長。故表之長短，表位及晷心之遠近，必準乎北極之高下，然後赤道有定位。而春秋分兩日，日躔赤道表端之割線乃終日指坎離赤道線上矣。

各省北極出地度赤道高度攷北極餘度與赤道高度同

	北極出地度	赤道高度
京師	四十度	五十度
盛京	四十二度	四十八度
山西	三十八度	五十二度
山東	三十七度	五十三度
陝西	三十六度	五十四度
河南	三十五度	五十五度
江南	三十二度	五十八度
湖北	三十一度	五十九度
浙江	三十度	六十度
江西	二十九度	六十一度
四川	二十九度《天問略》作廿九度半	六十一度
福建	二十六度	六十四度
廣西	二十五度	六十五度
貴州	二十四度《天問略》作廿四度半	六十六度
廣東	二十三度《天問略》作廿三度半	六十七度
雲南	二十二度《天問略》作廿四度	六十八度

第五法

立面向正南之日晷

並同第四法。但所定艮兑之距于本方北極餘度之底取之，所定艮巽之度于本方北極高度之底取之，蓋以北極高度定晷心，以北極餘度定表位爲稍異耳。又其時刻逆旋與第四法相反也。

第六法

斜立向正北正對北極之日晷

此晷亦作于平面，用時支之使向北斜立，其斜度視各方赤道高下之度，隨處可以通用。

法曰：此晷不煩用尺，但取方版爲晷體，北如甲乙，南丙丁，西丙甲，東丁乙。其甲乙盡處餘少許爲兩横軸。晷體上下二面務極平正，以版中心一點爲晷心，作大圓于方内，平分圓周爲九十六限，其向北正中一線即正午也。午右左四限爲午初午正之四刻，次右左四限爲巳正未初之四刻，次右左四限爲巳初未正之四刻，次辰正申初四刻，次辰初申正四刻，次卯正酉初四刻，次卯初酉正四刻，將各時刻挨次書于圓外版上。其戌亥子丑寅五時，日入地平，影不能到，毋庸排寫，乃于晷心作小孔洞之，務直毋曲直貫于下面中心之一點。下面亦以孔爲心作大圓，亦平分爲九十六限，其向北正中一線亦正午也。而其左右各時刻則皆與上面相反而逆旋如圖。

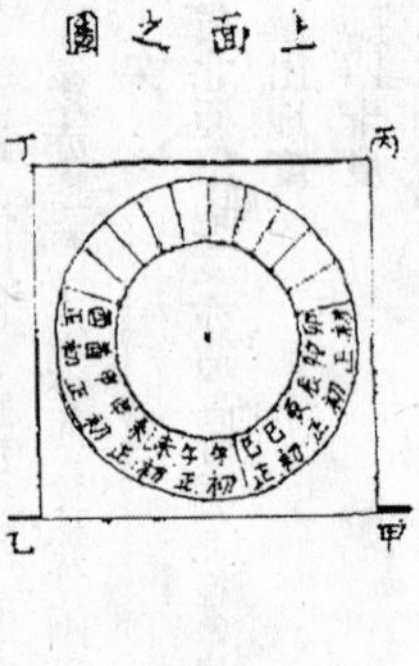

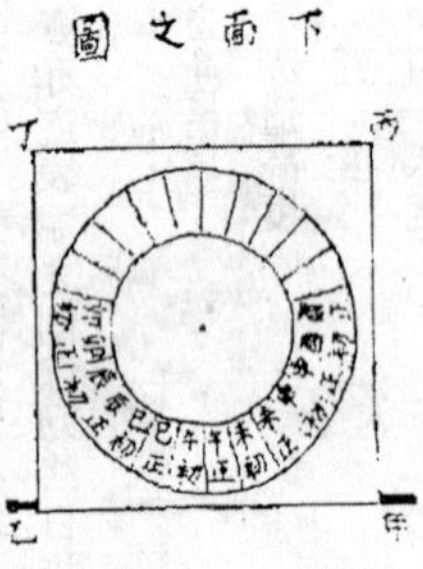

乃作表，表長短無定度，鋭其兩端，以晷心小孔爲表位乃植表，表穴孔而出于彼面，令上下二面各得表之半。

晷牀

用薄片作象限弧，二必等。弧半徑與晷體丙甲丁乙同等，其作線作孔俱如第一法。兩弧心氏盡處亦各横穿小圓孔，俱如前法。次用平版視晷體差大以兩弧氏斗就版，斗南氏北植立版，兩端兩弧東西正對，毋稍欹側。其一以膠或釘固之，其一安晷後乃固之，版近南安指南針如角。

乃以晷體甲乙兩横軸入兩弧心氏之小圓孔若轆轤然。令晷體低昂適意。

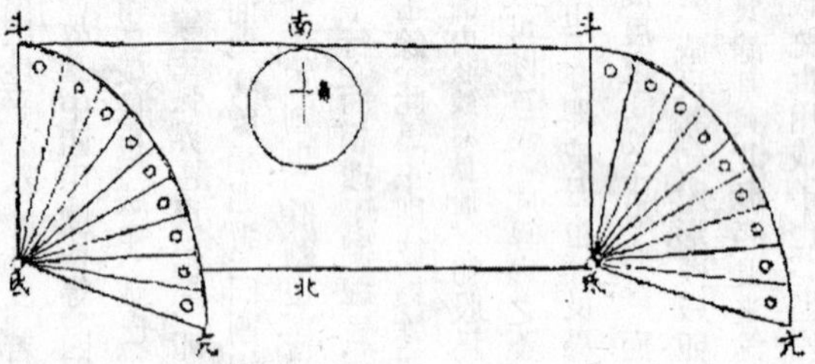

用法

定指南針，將晷體丙丁昂起，次查本方赤道高若干度，赤道高度攷見上。乃數晷牀旁植兩弧之度，自南斗數起，至本方赤道高度，以長物爲支條入本度之孔，而横貫于彼弧之孔以支晷，令晷體爲支條所横格。斜立向北則晷體斜度如本方赤道高度，而晷上面之表指北極，下面之表指南極也。故自春分以後太陽行北緯，則影見于上面而下面無影，秋分以後太陽行南緯，則影見于下面而上面無影。若春秋分兩日太陽正躔赤道，則上下二面皆無影矣。

清・印光任、張汝霖《（乾隆）澳門記略》下卷 故行度周天有遲速，皆著圖而立説焉。萬曆三十八年十一月壬寅朔日食，監官推算多謬，朝議將脩改。明年，五官正周子愚言：大西洋人龐廸我、熊三拔等深明曆法，其所攜書有中國載籍所未及者，當令譯出，以資採擇。翰林院檢討徐光啓、南京工部員外郎李之藻，亦皆精心曆理，可與廸我等同譯。疏入，留中。四十一年，之藻又以爲言。崇禎二年五月己酉朔日食，禮部侍郎徐光啓依西法預推分數，與大統、回回所推互異。已而光啓法驗，餘皆疎。禮部侍郎翁正春因請倣洪武初設回回曆科之例，令廸我等同測驗。從之。開局於首善書院，以光啓督之。光啓因舉李之藻、西洋人龍華民、鄧玉函。玉函卒，又徵西洋人湯若望、羅雅谷，譯書演算。六年十月光啓病，以山東參政李天經代之，光啓尋卒。明年，命滿城魏文魁入京測驗，立西洋爲西局，文魁爲東局，合大統、回回凡四家。天經進光啓督脩曆書二十九卷，並日晷、星晷、星屏、星球、闚筩諸器，且預推五星凌犯會合行度。其度分晷刻畢驗，而文魁説絀。

清・孫蘭《柳庭輿地隅記》卷下 意大里亞，地周一萬六千，有一千一百六十六郡。精天文，造日晷自此地始，其自鳴鐘、鐵弦琴、千里鏡，併算數窺天諸書皆在於此。

清官修《世宗憲皇帝硃批諭旨》卷一二六之十二 朕屢降諭旨，禁用黄銅器皿者，蓋欲杜燬錢製器之弊。至於銅器之中，有海洋、日晷、儀器之類，則造自外國，有古銅香爐、花瓶之類則造自前代，竝非近日民間鑄成之物。若將此等物件亦令銷燬，實屬可惜，民間亦覺滋擾，大非禁用黄銅器皿之本意。

清官修《欽定大清會典則例》卷九三 是年，西洋伊達里亞國教化王伯納第多遣使奉表慶賀登極，進貢方物厚福，水緑玻璃鳳壺，各色玻璃鼻煙壺，玻璃碁盤碁子，哩阿嘣波羅盃，蜜蠟盃，小盃，小餅，小刀柄，法瑯小圓牌，銀纍絲連座船，四輪船，餅花，大小花盤，小花餅，小漏盤，小銅日晷，水晶滿堂紅鐙，咖什倫鼻煙罐蓋杯，緑石鼻煙合，帶頭片各寶鼻煙壺，玩器圓毬，素珠實地銀花盤，花匣，小罐，素鼻煙合，花砂漏，壤寶石花線，花畫，皮畫，皮扇，面畫，繡花紙盤，花紙盤，花石鐵花盆，巴爾薩木油，阿噶達片番銀筆，裹金規矩，壤牙片瑪瑙刀柄，鼻煙壺珠，各色石鞭頭小石合，珊瑚珠香枕囊，火漆，石印紐火漆八包，顯微鏡，火鏡，照字鏡，大紅羽段，周天球鼻煙，凡六十種。

清・嵇璜等《續文獻通考》卷二一〇 （崇禎）四年正月，徐光啓進書二十四卷，又進書二十一卷。五年，又進書三十卷。六年，以病解局務，以山東叅政李

天經代之。【略】

日晷調壺漏，用測高儀器測食甚日晷高度，又於密室中斜開一隙，置窺筩遠鏡，以測虧圓。晝日體分數圖板，以定食分，其時刻高度悉合，惟食甚分數未及二分，於是光啟言今食甚之度分密合，則經度里差已無煩更定矣。獨食分未合原推者，蓋因太陽光大能減月魄，必食及四五分以上，乃得與原推相合。然此用密室窺筩，故能得此分數，倘止憑目力或水盆照映，則炫耀不定，恐少尚不止此也。時有滿城布衣魏文魁，進曆元曆測之書送局考驗。光啟摘論七事，文魁反覆論難，光啟更申前説，著爲《學曆小辨》未幾，光啟入閣，又進書三十卷。

又 七年，李天經繕進書二十九卷，星屏一具。

光啟卒後，魏文魁上言，官推交食節氣皆非是，於是命文魁入京測驗。是時，言曆者四家，大統、回回外，別立西洋爲西局，文魁爲東局。言人人殊，紛若聚訟。天經乃繕進書并星屏，皆故相光啟督率西人所造也。天經預推五星淩犯會合行度，又推水星退行順行兩經鬼宿，其度分晷刻，已而皆驗，於是文魁説詘。天經又進書三十二卷，并日晷、星晷、窺筩諸儀器。

清・嵇璜等《續通志》卷四七八 十七年，進奏曰：臣等編考自漢以來曆書四十餘家，精思推算。舊儀難用而新者未備，故日行盈縮，月行遲疾，五行周天其詳皆未精察。今權以新儀木表與舊儀所測相較，得今歲冬至晷景及日躔所在與列舍分度之差，大都北極之高下，晝夜刻長短，參以古制，創立新法，推算成辛巳曆。雖或未精，然比之前改曆者附會元曆，更日立法，全踵故習，顧亦無愧。

清・于敏中等《欽定日下舊聞考》卷四七 崇禎二年，禮部侍郎徐光啓兼理曆法，請造象限大儀六，紀限大儀三，平懸渾儀三，交食儀一，列宿經緯天毬一，萬國經緯地毬一，平面日晷三，轉盤星晷三，候時鐘三，望遠鏡三，報允。

清・趙翼《甌北詩話》卷一〇 順治元年，修政立法。西洋人湯若望進渾天毬一座，地平日晷、窺遠鏡各一具，並輿地屏圖。更請諸曆悉依西洋法推算，從之。十五年，又進相拒曆，所謂自鳴鐘，自鳴琴，蓋即是時所進創見，以爲神技也，靳注亦不之及。

清・凌揚藻《蠡勺編》卷三一 順治元年七月，湯若望進所製渾天星球一床，地平日晷、窺遠鏡各一具。

清・阮元《疇人傳》卷三二 又修曆急用儀器十事：一造七政象限大儀六座。二造列宿紀限大儀三座。三造平渾懸儀三架。四造交食儀一具。五造列宿經緯天球儀一架。六造萬國經緯地球儀一架。七造節氣時刻平面日晷三具。八造節氣時刻轉盤星晷三具。九造候時鐘三架。十裝修測候七政交食遠鏡三架。奏可。九月癸卯開局，又徵西洋人湯若望、羅雅谷等譯書演算。是月，光啓進本部尚書。十月十七日測驗月食，臺官用器不同，測時互異，有旨較勘畫一。光啓因言：臣等竊照定時之法，當議者五事。其一，壺漏等器規制甚多，今所用者水漏也。然水有新舊滑澀，則遲疾異。漏管有時而塞，有時而磷，則緩急異。定漏之初，必於午正初刻，此刻一誤，無所不誤，雖調品如法，終無益也。故壺漏者特以濟晨昏陰雨儀表所不及，而非定時之本。所謂本者，必準於天行，則用儀表以測日星是已。其二，指南鍼者今術恒用以定南北，辨方正位，皆取則焉。然所得子午非真，今以法考之，實各處不同，在京師則偏東五度四十分。若憑以造晷，則冬至正午先天一刻四十四分有奇。今觀象臺日晷一座及正方案，以法考之，正方案偏東二度，日晷先天半刻。據此以候交食時刻，其失不盡在推步也。今但用表臬或儀器以求子午真線，與舊晷較勘，差數立見矣。其三，臬表者即《周禮》匠人置槷之法。識日出入之景，參之日中之景，以正方位。今法置小表於地平午正，然後累測日景，以求相等之兩長景即爲東西，因得中間最短之景即爲真子午也。其四，本臺原有立運儀以測驗七政高度，臣等即用以定子午。於午前累測日高度分，因最高之度得最短之影，此午正時南北真線也。其五，造成平面日晷，依前儀器、表臬、南針三法參互考合，務得子午卯酉真線。因以分布時刻，加入節氣諸線，即成平面日晷。若今所用圓石欹晷，是爲赤道晷，亦用所得子午線較定。此二晷者皆可得天正時刻，所謂晝測日也。若測星，用重盤星晷，上盤書時刻，下盤書節氣，展轉相加，依近極二星，用時指垂權測知天正時刻，所謂夜測星也。惟表惟儀惟晷，悉本天行，私智謬巧，無容其間，故可爲候時造曆之準式也。今若準儀準表準針，任用一事以造日星二晷。又因二晷以較定壺漏，令遲疾如意，則天正時刻，人人通知，在在畫一矣。

清・魏源《海國圖志》卷四三《大西洋》 意大里亞之名島有三：一西齊里亞，地極豐厚，俗稱曰國之倉之庫之魂，皆美其富庶也。亦有大山噴火不絕，百年前其火特異，火燼直飛逾海，達利未亞境。山四周多草木，積雪不消，常成晶石，亦有沸泉如醋，物入便黑。其國人最慧，善談論，西土稱爲三舌人。最精天文，造日晷法自此地始。

清・魏源《海國圖志》卷九四 《疇人傳》：湯若望，字道未，明崇禎二年入中國。國朝順治二年六月，若望上言：臣於明崇禎年間，曾用西洋新法制測量日月星晷，定時考驗諸器，近遭賊毁，臣擬另制進呈。今先將本年八月初一日日食照新法推步，京師所見日食分秒并起複方位圖象，與各省所見不同之數開列呈覽。及期，大學士馮銓同若望赴台測驗，與所算密合。有旨，行用新法。十一月，以若望掌欽天監事，累加太僕太常寺卿，敕賜通微教師。十四年四月，回回科秋官正吴明烜疏言：若望所推七政書水星二八月皆伏不見，今水星於二月二十九日仍見東方，八月二十四日又夕見。又言若望舛謬二事：一刪紫炁，一顛倒觜參，一顛倒羅計。命内大臣等公同測驗水星，實不見。議明烜詐妄之罪，援赦得免。康熙四年，徽州新安衛官生楊光先上言若望新法十謬，及選擇不用正五行之誤。下王大臣等集議，若望及所屬各員俱罷黜治罪，於是廢西法，仍用大統。至康熙九年複用新法。康熙十七年若望卒。武進趙氏翼《簷曝雜記》曰：余年二十許時閲《時憲書》，即有欽天監正湯若望、副南懷仁姓名，皆西洋人，精天文。後閲蔣良騏《東華録》，則湯若望當我朝定鼎之初，即進所制渾天星球一床，地平日晷，窺遠鏡各一具，其官曰：修政立法。順治九年，湯若望又進渾天星球，地平日晷儀器。康熙七年治曆，南懷仁奏，監副吴明烜所造八年《時憲書》十二月應是九年正月。又一年兩春分，兩秋分，種種錯誤，遂革明烜職，授南懷仁爲監副。按國初至余二十許時已一百二十餘年，而二人在朝中已能製造儀器，必非少年所能當，亦在三四十歲，則余識其姓名時蓋已一百五六十歲矣。後閲《明史徐光啓傳》以崇禎時曆法舛訛，請命西洋人羅雅穀、湯若望以其國新法相參。較書成，即以崇禎元年戊辰爲曆元，是崇禎初已有湯若望，則又不止一百五六十歲，嗣後又不知以何歲卒也。○源案：阮氏《疇人傳》據《新法算書》及《四庫書總目》言湯若望卒於康熙十七年，距崇禎初亦止五十餘載，安得有乾隆初年尚存之事。至南懷仁，則《疇人傳》但言其康熙初入中國，不言卒于何時。然考蔣友仁以乾隆二三十年間入中國，進增補坤輿全圖，奉旨翻譯圖説，命禮部侍郎何國宗檢討，錢大昕詳加潤色，又命在養心殿造水法，又命友仁同何國宗攜儀器遍測新疆度數節氣早晚，增入《時憲書》。是其時，南懷仁亦久卒矣。趙氏少時所見《時憲書》列湯南二人姓名，恐是康熙初年《時憲》而誤記爲乾隆初也。又考《海島逸志》言，荷蘭人處西北寒地，人多百歲，及居葛留巴，炎暑澡浴終日發泄，至五六十歲即爲上壽，是西人壽考亦不過百歲，從無一百五六十歲之事。趙氏追憶少年之詞，并無實據。

清・龍文彬《明會要》卷二八《曆運下》 （崇禎）十四年，禮部言：寺臣李天經等所制日晷，星晷，星球，星屏，闚筩諸器，多曆家所未備。又言：舊法用日度，計日定率，西法用天度，因天立差。舊法用黄道矩度，西法用黄道緯度。雖微有不同，然其黄赤儀器，與守敬簡儀、仰儀、候極景符，玲瓏立運等儀亦皆相似，特守敬之徒沿習不察耳。

清・戴望《顔氏學記》卷一〇 馮壅，字敬南，代州人。與恕谷游道之，師事顔先生。精於算術，世傳《九章書》及《泰西算法》，人或展轉莫解。敬南見立剖生有巧恖。凡攻金、攻木、錐鑿、鈐銼之類，行則攜之。時攷次躔度，定刻漏早晚，地勢高下，皆出意表。手製小儀器，業者自謂弗如也。每言，制器今不逮古遠甚。如《攷工記》弓人一，則妙盡物曲，學士不之求，工人又没世不知。他率類是。嘗欲以所試農田、水利、軍陳、甲胄、火攻、諸器爲一書。又欲推春秋以來日食五星行度諸儒同異得失爲一書，皆未就。其成者有《諸分指掌》、《測量方程》二書。制器有簡平儀，大銅黄道儀，小時日晷，銅矩度器，銅洋儀，皮水礮諸作死時年三十八。

清・吴振棫《養吉齋叢録》卷三 《附録》明萬曆中，西洋人利瑪竇與其徒湯若望、羅雅谷等奉天主教來游中國，極言《授時曆》之誤，當時未之信也。至國朝順治元年，若望進渾天星毬、地平日晷、窺遠鏡各一具，及輿地屏圖，請依西洋新法推算。

清・王之春《國朝柔遠記》卷一 甲申順治元年

秋七月修正曆法

初明太祖取元授時爲《大統曆》，改太史院爲欽天監，兼置回回曆科，承用積久而差。萬曆九年，大西洋意大里亞國人利瑪竇來廣州香山澳後入京貢方物，其人精推步之學，士大夫皆重之。自是而龐迪我、熊三拔、龍華民、鄧玉函等後先踵至，皆善天文曆算。瑪竇以三十八年四月卒。其年十一月朔日食，曆官推算多謬。五官正周子愚請譯迪我、三拔所攜曆法諸書，以資采擇。禮部因奏取知曆儒臣與迪我、三拔同測驗。南京大僕少卿李之藻亦上西洋曆法，薦迪我等。時庶務因循未暇也。崇禎二年五月朔日食，禮部侍郎徐光啓依西法推算，與《大統》、《回回》互異。光啓法驗，擢本部尚書督修曆法。因請開局，舉之藻、華民、玉函，旋又徵西洋人湯若望、羅雅谷等供事曆局譯書演算，前後撰進曆書百卷。後山東參政李天經代爲監督，亦進曆書、星屏、儀晷。時言曆者四家，大統、回回外，别立西洋爲西局，又魏文魁以布衣言曆徵爲東局。屢測星行交食，惟天經等所推密合。十六年三月朔日食，測又獨驗。詔西法改爲大統曆法。值寇氛日亟，未及施行。明年正月，李自成逼山西。詔輔臣李建泰督師剿賊，命若望隨征，修火攻利器。行未幾，賊鋒已逼京畿，建泰入保定，没於賊。賊敗，我朝召爲内院大學士，若望隨至京師，進所製星球、日晷、遠鏡并輿地屏圖，請應用諸曆依西洋新法推算。七月上言：敬授民時，全以節氣交宫與太陽出入晝夜時刻爲重。若節氣之時日不真，則太陽出入晝夜刻分俱謬矣。曆稽《大統》、《回回》舊曆，所用節氣止泥夫古。且北直之節氣，春分、秋分前後俱差一二日，況諸方乎。新法之推太陽出入地平環也，則有此晝而彼夜，此入而彼出之理。若舊法以一處而概諸方，故種種差訛，難以枚舉。今以臣局新法，所有諸方節氣及太陽出入晝夜時刻，俱照道里遠近推算。明列篇首，開卷瞭然。得旨試行，乃以新法造《時憲書》頒行各直省。此我朝用西人治曆之始。

又 秋七月，欽天監監正湯若望進渾天星球、地平日晷儀器。

清·端方《陶齋藏石記》卷一 測景日晷

盤高八寸八分，寬九寸，日晷直徑七寸九分，卒字徑二分，篆書。

陶齋尚書賜示古製日晷玉盤及其拓本。盤厚徑寸，其心及周各有圓孔，以備立表之用。按：盤心宜立定表，其周用一遊表。令定表直指北極，則盤面與赤道平行，使遊表之景與定表相合，可知時刻。其製甚古，與近代官署所用者不同。近製背面各刓時刻線，衹立貫心軸表。從春分至秋分景居盤面，從秋分至春分景居盤背，正當二分之日則面背均無景。蓋日當赤道與盤周相應也。此製以表景相叠，無論何時皆可用之，故盤背無庸刓線。近製依新法，日十二時，時八刻，每日九十六刻。此製用古法，每日百刻，匀分全周。所刓之線從一至六十九，以篆文紀之。北至蒙古，南至瓊州，悉可通用。謹案：《御製考成》云：京師北極出地卅九度五十五分，夏晝冬夜各五十九刻五分，夏夜冬晝各卅六刻十分，其較廿二刻十分。北極愈高，其較愈多云云。然則此晷可備極高五十飲度之用，盤周本平分百分，其卅一線不並刓出者，蓋其時日已入地，無景可測，故從省也。承命題跋拓本，謹抒管見如此，未知其有當否也。湯金鑄跋。

《説文》：晷，日景也。《考工記》：置槷以縣眡以景。《前漢書·天文志》：日之去極遠近難知，要之以晷景，是古以日晷測南北，而不用以測時刻也。陶齋尚書於歸化城得古日晷，方尺有二寸，面作平圓，平分百分，蓋古曆日法百分也。空三十一分處以向日光，其六十九分皆作深孔，自心出綫，一一聯之，且逐綫紀其數。圓心一孔，徑三分，深五分許，蓋植表處也。紀數外别無方向時刻及他文字，與世之測時刻者迥殊。蓋以北極出地南北各異，黄道行天早暮有差，用平晷以求時，何異刻舟以求劍乎。故不用晷以測時而但逐時以驗晷，簡括精當，自非後人所及。其用六十九綫者，蓋古曆日法。當是百分自日出迄日入，其方向恰得此數，隱合後世寅初至戌正六十八刻之數。加戌正一綫，爲六十九綫。可見懸理古今所同，非可意爲多少也。其無南北方向者，以南北必測而後知，難預定也。其逐分皆作深孔者，蓋慮日久兩綫磨滅，有孔尚可辨識也。古人計慮深遠類如此。晷體邊角未甚刓敝者，緣測量之事，以堅植不動爲適用。或度諸臺，或承以座，非若他器之可移易者，無多疑也。紀數字篆刻極古，七皆作十，與十字等，惟以直畫長短别之，蓋西漢以前文字也。考秦本紀昭王四十二年，先書十月，後書九月。四十八年，先書十月，後又書十月，恐屬七字之譌。經史類此者正復不少，尚書考訂尤詳。是晷也，足以見古人立法之善，制器之精，計久遠而不覺煩。且以存古文之真，而資考證經史之缺。其可寶貴，當與宣王石鼓光價並重矣。

清·袁棟《書隱叢説》卷四 金陵人家有一石，有十二孔，按十二時，每到一時有紅色蜘蛛結網其上，後網成前網即消，天然日晷也。

清·曾紀澤《曾惠敏公使西日記》卷二 觀清臣所製新式日晷，昔年在金陵時，見其試作是物，屢成屢改，冥思力索，今始成也。隨時皆可取影，不必定在午正，又能察視分杪，故與常晷爲異。

清·張德彝《航海述奇》卷八《述奇第五》 初四日庚申，早晴，午後陰，申初驟雨一陣，入夜晴。英國古無鐘表時，合中國之土圭測景之法，皆用日圭看時刻。故至今凡老花園及樓房中，多有日圭古蹟鏨於石礎牆壁之上。且隨有成語，如光映影轉，晝夜無限。又時比人命忽短忽長，或彭或殤。又日圭所指，一刻不甚寬，苟失一刻，試思棄工若干。日晷之最古者，在英蘭正北坑柏蘭城之白鷗行宫。始自西曆六百七十年唐咸亨六年。又在瑶珂晒府之賽特村，有小山向南一面立石四塊，各隔四英里。以其影看時，乃一山日圭也。又在諾福府之三汀杭城，内有英君埃達倭之日圭，英主之有此名者共十，其第一係在九百零一年。係靠南牆外另立一石牌，形似座鐘。前一方面上插一針，左右與下三面寫數，乃左寫六七八九，右寫五四〇三，下横十十一十二一二，牌頂刻字一横云：我之時刻賴君指示。厥後日晷之變格乃寄諸時計。

清·王先謙《東華録》順治三 修政曆法。湯若望啟言：臣製就渾天星球一座，地平日晷、窺遠鏡各一具，並輿地屏圖恭進王覽。再照臣所修西洋新法，已蒙欽定爲《時憲實曆》。所有應用諸曆。從此永依新法推算。其頒行民曆式樣俟完曰進呈。攝政睿親王諭：所進測天儀器准留覽應用，諸曆一依新法推算，其頒行式樣作速催竣進呈。

清·王先謙《東華録》順治一九 甲戌，欽天監監正湯若望進渾天星球、地平日晷等儀器，賜朝衣、涼朝帽，鞾韈。

著録

宋·鄭樵《通志》卷六八 《黄道晷景占》一卷。

宋·葉廷珪《海録碎事》卷一八 《日晷書》。

《日晷書》三十四卷，曆書也。

宋·陳振孫《直齋書録解題》卷一二 唐《大衍曆議》十卷。

蓋《曆議》之八篇而分卦候爲二，故共爲九條。其没滅盈縮、晷漏、中星三條，則皆取之《略例》。餘曆議日晷、分野二篇則具之《天文志》。

宋·王應麟《漢藝文志考證》卷九 《日晷書》三十四卷。

宋·王應麟《玉海》卷一 藝文志天文二十一家，四百四十五卷，自《泰壹雜子星》至《圖書秘記》，有《日月五星霓雲雨之占》。曆譜有《月行帛圖》、《月五星行度》、《日晷書》。

元·馬端臨《文獻通考》卷二一九 唐《大衍歷議》十卷。

清·梅文鼎《勿菴曆算書記》 一、《日晷備攷》三卷。

吾郡日晷依赤道斜安，實爲唐製，則日晷非始西人也。西製有平晷、立晷、碗晷、十字晷諸式，廣之不啻百十餘種。余所見自《曆書》、《渾天儀説》、《比例規解》外，別有日晷耑書三種，互爲完缺。而其中作法亦有似是而非之處，則以所學有淺深，抑倣而爲者以臆叅和，厥理遂晦。天下事往往而然，而曆學爲甚，日晷其一端耳。

一、《赤道提晷説》一卷。

赤道提晷亦日晷之一，其製甚巧。友人有其器，不知所用，爲補其説，備攷中所無也，故別爲卷。

一、《勿菴揆日器》一卷。

取里差以定高度，黍珠進退，準乎節序。用二至爲端，器溢於寸，表止於分，而黄赤之理備焉。乙卯年偶爲斯製，續得日晷諸書，亦未有相同者也。

一、《揆日淺説》一卷。

日晷之書詳於法，法之理多未及也。倣作多差，不亦宜乎。故擇其尤難解者疏之，所説多渾天大意，故別爲卷。

一、《測景捷法》一卷。

精於測景之法，可以知南北之里差。既知里差，則隨地隨時可以預定其景之分寸。約而言之，惟切線一法而已。切線者，句股相求也。表如半徑，直表之景如餘切（爲以股求句），横表之景如正切（爲以句求股），並以極高度取之。（鼎）向在燕山，有以此法問者，作此應之。書成倉猝，殊覺簡明也。

清·杭世駿《道古堂全集》卷三〇 其書有《測器考》二卷，又《自鳴鐘説》一卷，《壺漏考》一卷，《日晷備考》三卷。其説曰：吾郡日晷依赤道斜安，實爲唐製，則日晷非始西人也。西製有平晷、立晷、碗晷、十字晷諸式，廣之不啻百十餘種。余所見自《曆書》、《渾天儀説》、《比例規解》外，別有日晷耑書三種，互爲完缺。而其中作法亦有似是而非之處，則以所學有淺深，抑倣而爲者以臆參和，厥理遂晦。《赤道提晷》説一卷，亦日晷之一，其説備考中所無也。《勿庵揆日器》一卷，其説曰取里差以定高度，黍珠進退，準乎節序。用二至爲端，器溢于寸，表止于分，而黄赤之理備焉。《諸方節氣加時日軌高度表》一卷，其説曰：曆書目有諸方晝夜晨昏論及其分表，今軼不傳。交食高弧表非節氣度。今依弧三角法算定，爲揆日之用。《揆日淺説》一卷，其説曰：日晷之書詳于法，法之理多未及也。倣作多差，不亦宜乎。故擇其尤難解者疏之，所説多渾天大意，故別爲卷。《測景捷法》一卷。其説曰：精于測景之法，可以知南北之里差。既知里差，則隨地隨時可以預定其景之分寸。約而言之，惟切線一法而已。切線者，句股相求也。表如半徑，直表之景如餘切，横表之景如正切，並以極高度取之。

清・紀昀等《四庫全書總目》卷一一五《子部二十五》　《奇器圖説》三卷。《諸器圖説》一卷。兩淮鹽政採進本

《奇器圖説》，明西洋人鄧玉函撰。《諸器圖説》，明王徵撰。徵，涇陽人，天啓壬戌進士，官揚州府推官。嘗詢西洋奇器之法於玉函，玉函因以其國所傳文字口授，徵譯爲是書。其術能以小力運大，故名曰重，又謂之《力藝大旨》。謂天地生物有數有度有重，數爲算法，度爲測量，重則即此力藝之學，皆相資而成。故先論重之本體，以明立法之所以然，凡六十一條。次論各色器具之法，凡九十二條。次起重十一圖，引重四圖，轉重二圖，取水九圖，轉磨十五圖，解木四圖，解石、轉碓、書架水、日晷、代耕各一圖。

清・何紹基《（光緒）重修安徽通志》卷三四一　《句陳晷度日星測時新表》，余煌著。

清・馮桂芬《（同治）蘇州府志》卷一三八　王錫闡《推步交朔》一卷。《測日小記》、《三辰晷志》、《圜解》二卷。

藝文

明・李之藻《張秋地平晷銘》（清・岳濬等《山東通志》卷三五之十）　天渾地冲，帝德埏埴，赤紘中劃，光道錯織。曆儀密移，縣象罔忒。宵晝永短，相彼辰極，南北高下，里移度革。海表儋崖，十五極側，六十二度，地距鐵勒。神京仰覸，出地四十，三十五半，張秋所得。極偃赤卬，極高赤逼。寸絫銖分，晷固殊則。東西共緯，同算交食。皇輿萬里，覆矩足測。重差句股，大較可得。神明會通，洞極玄穆。爰考地平，以造景式。建髀協度，斲石縷泐。面午負子，水準槷植。二寸四分，表體變適，貫地中天，齘景剔墨。髀弦斜倚，兩極攸植。遥矩迴射，春秋分緎。厥緎應紘，餘乃漸曲。二十四氣，同宫異洫。七衡六間，倍合歲德。升沈之景，微剖辰刻。衡若弓張，縱則矢直。縱辰横氣，散互九畟。繩繩井井，未分厥域。孰倪進退，孰辨啓昃。微乎表鋭，視厥影色。差或毫釐，謬以千億。必謹護持，勿俾蠹蝕。昔用土圭，得午瞬息。靡如兹憲，四序咸秩。司南可指，曆候乃識。匪窮玄誕，敬時是飭。河臣師禹，寸陰務嗇。因地承天，荒度孔亟。無或悠悠，以忝帝力。銘此貞珉，敢告有職。

清・錢謙益《列朝詩集》閏集卷四　日星晷

八節晨昏子半時，極星出地較高卑。君心不似天經緯，日日歸垣定不移。

清・張廷玉等《明史》卷二五《天文志一》　御製《觀天器銘》。其詞曰：「粵古大聖，體天施治，敬天以心，觀天以器。厥器伊何？璿璣玉衡。璣象天體，衡審天行。歷世代更，垂四千祀，沿制有作，其制寖備。即器而觀，六合外儀，陽經陰緯，方位可稽。中儀三辰，黄赤二道，日月暨星，運行可考。内儀四遊，横簫中貫，南北東西，低昂旋轉。簡儀之作，爰代璣衡，制約用密，疏朗而精。外有渾象，反而觀諸，上規下矩，度數方隅。别有直表，其崇八尺，分至氣序，考景咸得。縣象在天，制器在人，測驗推步，靡忒毫分。昔作今述，爲制彌工，既明且悉，用將無窮。惟天勤民，事天首務，民不失寧，天其予顧。政純於仁，天道以正，勒銘斯器，以勵予敬。」

清・全祖望《鮚埼亭詩集》卷二　明司天湯若望日晷歌得之南雷黄氏

測天量日真古學，九章五曹遠可尋。姬公商高志成法，墜緒茫茫胡陸沈。自從鮮于洛下後，累朝聚訟成商參。春秋三十六日食，衛朴沈括謬扯撏。豈期禮失求之野，歐羅巴洲有遺音。明初兼採三曆説，疏通早已開蹄涔。謂中原、泰西、回紇三曆。吾聞五洲之説頗荒誕，芋區瓜疇界莫侵。亞細亞洲居第一，神州赤縣細弗任。淵原將無出騶衍，存而不論戒狂淫。何物邪酥老教長，西行夸大傳天心。觀光厥有大里利，龐熊畢艾龍鄧俱同岑。九萬里餘來上國，星官角藝俯首空沈吟。泰西絶學乃驟貴，輸與直上靈臺罔不欽。就中大臣徐與李，心醉謂足空古今。司天大監湯瑪使，若望以通政使掌監事。日晷精妙泯差參。想當制器尚象時，不傳祕術賫南金。天子臨軒百僚集，敬授特勑夸思深。爲憶利生初戾止，一枝託跡擬微禽。香山旅舍聽夜雨，北平墓樹泣秋霖。如何所學頓昌大，不脛而走且駸駸。誰識周髀舊經在，蛛絲馬綫待神鍼。汶陽之田本吾土，廣陵之散非亡琴。坐教唐子竄大宗，重黎有知定弗歆。峩峩南雷子黄子，九流兼綜振百瘖。古松流水弄簌簌，乃悟北鲊即南鲶。可惜唐邢諸先輩，扶中抑西力不禁。容圓測圓割圓歷歷在底須，三角八線矩度别自畀釜鬵。貫穿微言得緑起，有如皎口出層陰。吴王梅氏嗣之出，廓清之功良有壬。始知中原才不乏，爝火之光都歸我

照臨。昨過南雷搜故物，片石瞥見委書林。依然二十八宿捫可拾，四游九道昭森森。大荒有此亦奇兒，摩挲置我堂之襟。吴志伊、王寅旭、梅定九皆與先生言曆相合。

清·陶澍《陶文毅公全集》卷四四　平面日晷銘

周官建國，辨方正位。月令勸民，率作興事。二十四方，二十四氣，晷以測時，三者咸備。候氣之琯，寒燠或忒，指南之鍼，癸丁或偏。維晷之綫，曰日景界，節有贏縮，景無弗届。維晷之表，用正地中，南北既定，辨乎西東。所以者何，有極高度，黄赤經緯，於是而步。天以運行，人以法測，厥道有常，所司罔忒。迺知民性，物則是依，豈其嚮化，而與令違，曷觀於天，流行不息，誰其代工，而鰥厥職。撫茲平晷，惜乃分陰，礱石垂模，爰告盍簪。

清·包世臣《小倦游閣集》卷一《正集一》　江蘇撫署平面日晷銘

經線紀時，五十七刻。緯線十三，候氣于日。氣有贏縮，景依線界，始信大浪，引鍼東殺。以晷辨方，以方正時。極高日高，求故斯知。天以法行，人以法測，敬司其儀，夙暮不忒。矧伊吾民，相近維性，誰守成憲，而有梗令。試觀天行，健以有常，誰其代工，而不自彊。粤若前哲，曾惜分陰，撫兹晷景，敢告盍簪。

清·陳澧《東塾集》卷五　團扇日晷銘

程侍郎遺集有平晷銘，其晷畫於團扇，集中無之。吾友鄒特夫如其法畫扇見貽，澧爲之銘，效侍郎體。

考工眡景，緪南北也，反復其道，鋠時刻也。逝矣哲人，傷心盡也，閉門合轍，得朋哉也。用廿三度，瀕海域也，程侍郎製此在京師北極出地四十度，特夫在南海做製故爲二十三度。若執炬行，蓋天則也。貽我齊紈，總紽緎也。鳥夷銅腥，唾且默也。謂外夷鐘表。附録：程先生北極出地四十度加節氣平晷銘并説

扇平持，柄向北，启柄底，羸丁出銅表，取表插孔中。視表尖影所指在某節綫，即得某時綫、某刻綫。蓋節綫與時綫相經緯，而南北自正，故不用南鍼。

平規置槷，識景嘖也。綫節綫時，互経緯也，経緯正矣，鍼蠟俷也，極出地表，表所既也。朔高南下，一候尉也，用四十度，丁象魏也。蓋實通渾，西法彙也。紈扇寫晷，圜且概也，手揮日光，時熏颸也。

清·梅文鼎《績學堂詩文鈔·文鈔》卷六　日晷銘

寅賓出日，寅餞納日，化國舒長，惟君子之錫福。

又　赤位知時，黄周紀歲，歲圜象天，位方法地。準以垂綫，方圓易置，觀此洗心，益我神知。

又　度紀周天，珠懸一黍。亦中亦西，自我作古。以睨哲人，惜陰爾許。

星晷銘

日軌歲周，天行時改。用星推日，知其所在。無愁長夜，有斯不昧。

又　以星測日，圖南於北。在夜知時，孔昭無忒。惟君子之闇，修萬邦爲則。

又　黄道右升，赤經左歷。天步環周，中宵不息。伊誰喆人，仰思繼日。在闇而章，與天無極。

又　吉人爲善，惟日不足。繼之以夜，媚我幽獨。

又　盤運如天，標常指日。北斗南辰，視掌斯秩。火滅脩容，相在爾室。

清·梅文鼎《績學堂詩文鈔·文鈔》卷三　日晷

旭日升扶桑，萬物斯並作。苟非夜氣存，其能平旦息，歲功成發斂，玅理在坤復。所以古哲人，朝夕守乾惕。主静以爲君，健運見天則。寬綽有餘閒，作德惟心逸。

清·金德瑛《詩存》卷三　銅晷

差恐毫釐審厥初，一針功用自優如。授時兼可明方位，制器真堪代著書。大造恢閎雖莫測，掌中握要已無餘。良工別具師承巧，斂手何人敢智予。

清·梁國治《國子監志》卷六一　賦彝倫堂前石晷　袁廷玉

流沙迢迢隔溟渤，不取昆吾鑄奇物。杏壇花開春晝遲，帝遣良工琢山骨。圓如蒲璧巨如輪，三尺瑶臺高捧雲。子午南北已定位，虔數安用羅星辰。六堂深沈更漏早，旭日扶桑照林杪。一絲影射白玉盤，萬井鐘聲報清曉。先生盛服坐皋比，獨記華磚催直時。寅賓出納著二典，赤心祇許羲和知。爰則晨昏造小子，寸陰自昔勤終始。期在涓埃答主恩，大明教化同一晷。《柳莊集》

清·唐仲冕《陶山詩録》卷一八　補稑館閒課十六事自夏徂秋效少陵體

測晷

二萬六千日，都隨漏轉銅。稀聞報蚤莫，頻驗景西東。針直信亭午，晷長疑再中。小年度岑寂，視蔭意無窮。

清·彭元瑞《思餘堂輯稿》卷三《古體詩》　日晷扇

周官肇土圭，漢志紀浮箭。星中候旦宵，日景驗賓餞。作者代云殊，後來巧合擅。銅晷天健行，蓮漏水至洊。表宜伊帶垂，鐘以自鳴銜。誰通周髀學，又寄

聚骨扇。翦紙羲車犇，裁紈媧石錬。三角線宛呈，一象限猶羨。標圖法璣衡，界畫命豪研。廿四氣均平，二六時隱現。三分而損一，八位以次嬗。圖起卯盡戌，不列夜刻。卯戌初進退，冬夏至後先。横羅磚影移，横求初正，凡八行。縱布琴徽薦。縱求節氣，凡十三行。磊磊瑶星聯，纍纍寳珠穿。紋依摺疊斜，占用啟閉便。晝表準贏縮，占度區寓縣。對爾出當心，持之半遮面。弧擎懸帆攲，卓立倚蓋奠。欻爾落寸陰，朗然悟添線。出入隙駒馳，動摇磨蟻旋。車翻半輪仄，繩繫隻手援。收如籥錯捫，張似弧空弮。清風招欲來，陰雨看不見。障塵桑榆低，傾陽蒲葵賤。秋節不須悲，夜合難爲善。用逐炎涼殊，道隨頃刻變。測月貫象環，相風轉銅片。誰知懷褏物，免使春昃眩。持贈惜陰陶，舉似談天衍。歌翻班姬行，術補京房傳。

清・彭藴章《歸樸庵叢稿》續編卷二　日晷扇銘

紈素爲扇，持之貴平。平鍼作表，義取嚮明。二十四氣，布若列星。害暑既定，朝暮有恒。杪分不忒，視影所經。夜則待旦，雨必望晴。毗陽之故，未究功能。土圭同技，刻漏難争。

清・楊錫紱《四知堂文集》卷三四　日晷

日晷永夏至，如抵一歲長。我來駐萬年，計日督舟航。舟繫程限促，曉夜趣連檣。牽輓有常分，所得必過望。汗揮不暇恤，眠食或暫忘。遂若歷歲暮，短景催陰陽。從旁多駭詫，天紀匪失常。即境易遲速，因心辨短長。揮戈迴落照，三舍留餘光。

清・李兆洛《養一齋集・文集》卷一八《贊頌銘》　日晷銘

日東景朝，辨色斯朝，惟寅宁格，茂卯賢翹。羔裘有耀，進思載勞。清明在躬，令德孔昭。面東表。日西景夕，序業其頤，申束益虔，留酉無郄。視蔭而惕，莫氣所戹。乾乾若厲，至誠不息。面西表。矩之視方，川之視平。砥此片石，以爲玉衡。直則中繩，圓則中規。置臬識景，協乎璇機。八表同流，四時得節。我守其式，維皇之極。聖人體逝，君子惜陰。位三才中，天地之心。面南地平表。

清・斌良《抱冲齋詩集》卷三五　銅晷

銅範歐邏巧製初，範銅爲日晷，真製出自歐邏巴，後流傳至中國。指南鍼準渾儀如。萬年甲子循環歷，十二元辰次第書。測景釐毫時不舛，趨公晷刻整多餘。夙聞大禹分陰惜，先聖箴規足警余。

雜録

宋・任廣《書叙指南》卷二〇　病將死，曰：晷漏之不保（朱敬則）。

元・王士點《秘書監志》卷七　阿實達實巴爾測大陽晷影一個。

明・李東陽等《明會典》卷一二一　凡十里設一鋪，每鋪設鋪長一名，鋪兵要路十名，僻路或五名或四名。於附近有丁力田糧一石五斗之上，二石之下點充，須要少壯正身。每鋪設十二時日晷一箇，以驗時刻。鋪門首置立牌門一座，并牌額全。常明燈燭一副，簿曆二本，鋪兵每名各置夾版一副，鈴襻一副，纓鎗一把，棍一條，回曆一本。

明・彭大翼《山堂肆考》卷二　宫女揆日

唐宫中以女工揆日長短，冬至後以紅線量日晷，增一線之長。

清・杭世駿《道古堂全集・文集》卷三〇《梅文鼎傳上》　月能掩日，日遠月近，其理明白而易見，不在表影。西人之測則謂太陽、太陰各高五十度時，太陽表景必短，而太陰表影必長，以是爲月近于日之徵。夫表影既有長短矣，又何以明其同高五十度乎，必不然矣。及《太陰表影辯》一卷。曆書刊本多有互異之處，恒星經緯改處尤多，帝星句陳亦然。以弧三角推之，有與所改合者，有與先刻合而所改反離者。作《二星經緯考異》一卷。定夜時之法多端，而測星以知太陽，其最確也。測星定時法亦多端，而用句陳大星及帝座，其最簡也。然恒星既隨黄道東移以生歲差，則二星亦不能定于一度。而何以定時，故作星晷者，必知現在二星之真度分，而後其用不忒。作《星晷真度》一卷。以上十一書皆因《崇禎曆書》之説，或正其誤，或補其闕也。【略】

嘗登觀象臺，流覽新製六儀及元郭守敬簡儀，明初渾球，指數其中利病，皆如素習。

清官修《大清律例》卷二二　急遞鋪每一十五里設置一所。每鋪設鋪兵四名，鋪司一名。於附近有丁力糧近一石之上，二石之下者點充，須要少壯正身，與免雜泛差役。每鋪置備各項什物：十二時輪日晷牌子一箇，紅綽屑一座，并牌額鋪册二本（上司行下一本，各府中上一本），遇夜常明燈燭。鋪兵每名合備什物：夾板一副，鈴欅一副，纓鎗一副，油絹三尺，軟絹包袱一條，箬帽簑衣各一件，紅悶棍一條，回册一本。

清·于敏中等《欽定日下舊聞考》卷一三 乾清門之内爲乾清宫，皇帝召對臣工，引見庶僚，皆御焉。宫廣九楹，深五楹，正中設寶座，左右列圖史，璇衡，彝器。殿前露臺列龜鶴各二，晷影嘉量各一，寶鼎四。中爲甬道，與乾清門相屬。左右丹陛南出者二，東西出者各一，東西丹陛之下有文石臺二，上安設社稷江山金殿。（國朝宫史）

清·阿桂等《欽定盛京通志》卷二〇 乾隆四十三年，命重設東西掖門二，左右石獅二，奏樂亭二，坊二，左曰文德，右曰武功。朝房東西各五楹，後爲直房十二楹。正南照壁一座。正殿曰崇政殿，原名篤恭殿。殿前左日晷，右嘉量。

清·永瑢等《欽定歷代職官表》卷三五 劉昭《後漢書志》注漢官儀曰：太史待詔三十七人，其六人治曆，三人龜卜，三人廬宅，四人日時，三人易筮，二人典禳。籍氏、許氏、典昌氏各三人，嘉法、請雨、解事各二人，醫一人。靈臺待詔四十二人，其十四人候星，二人候日，三人候風，十二人候氣，三人候晷景，七人候鍾律，一人舍人。

清·鄂爾泰等《國朝宫史》卷一一 前爲露臺，列龜鶴，彝器各二，日晷、嘉量各一。

清·鄂爾泰等《國朝宫史》卷一二 西暖閣扁曰温室。殿前露臺列龜鶴各二，晷影、嘉量各一，寶鼎四，中爲甬道，與乾清門相屬。

清·龔自珍《定盦全集》續集卷一 徽州人造月晷，系以詩，髹而書之。予讀之弗善也。爲之圖三十，合朔至晦備矣。又爲之子目各十有二時，加子至加亥備矣。總爲圖三百有六十，以楮皮爲之儀。我坐北面南，左東右西，以定月之所在。其魄墨之，其明粉之，加金以肖其曜，自以爲賢於徽州市之所爲。揚州羅士琳過而大笑之曰：子未知里差。天下一千三百五縣，宜每縣爲三百六十圖，當有三十七萬九千八百圖。子又未知歲差。夫日與月合朔時所加不同，一千三百五縣之三百六十圖月月不同，每月爲三十七萬九千八百圖者，十有二。每歲又十二月之其圖無祘數。假子神龜之年不足以役圖，與子千里之封以爲宫不足以庋之，子乃蠹然於不藝不學，忝爲士大夫，老與夫市估髹師同爲罔知識之民而已矣。乃再拜，求羅子教我以渾天之術。兩儀之形，求七政之行之所在。

徽州歌訣云：三辰五巳八午升，初十出未十三申。十五酉時十八戌，二十亥上見光明。二十三日子時出，二十六日丑時行。二十九日寅時見，晦與朔日卯上并。坿録。

圖表

明·（西洋）鄧玉函、王徵《奇器圖説》卷三 日晷説，先以小鐲承水，於底鑽一小孔徐徐出水，上安小搰轆。長轉軸出墻外，搰轆上纏以索，下端繫重木如a，然亦不必太重。上端繫小重如e，墻外軸端定安日晷如i，水徐徐下則重木亦必徐徐下，而日晷以時轉矣，此省便法也。

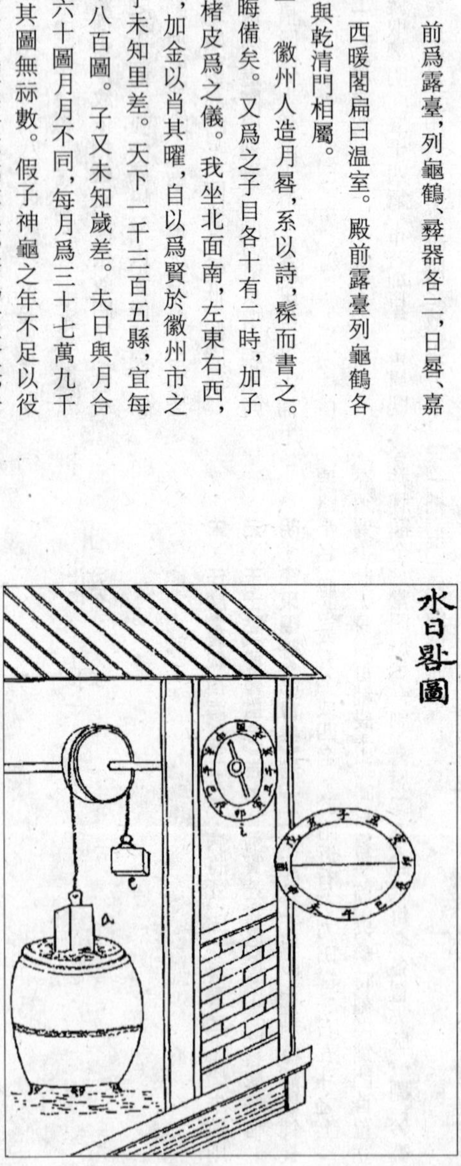

水日晷圖

明・徐光啓等《新法算書》卷一九　必先置木或銅，取四方直角平面形爲甲乙丙丁，依其長邊面內作戊己線，與甲乙爲平行線，應平分于壬。即以壬爲心，以辛爲界，作己辛戊半圈，乃平分一百八十度也。從中線壬辛左右各一象限而另設垂線于壬，則定方位之器全矣。

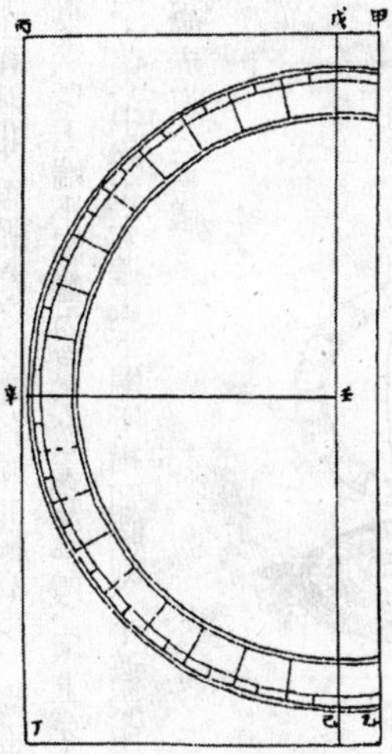

清・杜知耕《數學鑰》卷六　日晷測高

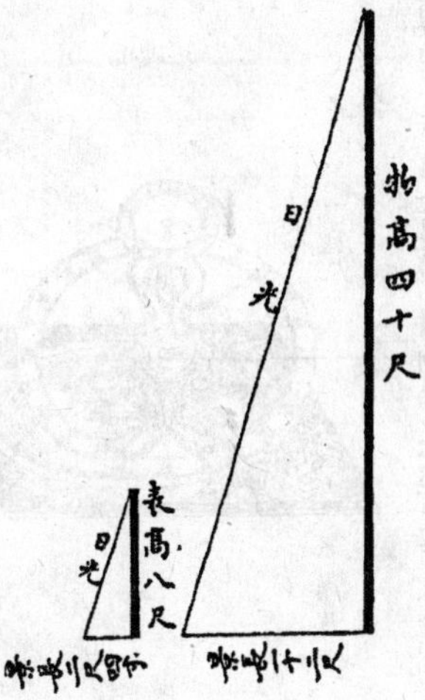

設物不知高，止得物景一十二尺，立表八尺，表景二尺四寸，求物高法。曰，置物景爲實，以表高乘之(得九十六尺)，以表景除之，得四十尺，即所求。

解曰，物高與物景，表高與表景，各以日光聯之，必皆成勾股形，而體勢等。凡兩形體勢等者，其比例必等。物高與物景之比例，必若表高之與表影也。又表影與物景之比例，必若表高之與物高也。今物景既五倍于表景，因知物高亦必五倍于表高矣。法以表高乘物景，而以表景除之者，借表景與物景之比例，因表高以求物高也。

清・允祿等《清朝禮器圖式》卷三　御製地平半圓日晷儀

謹按，地平半圓日晷儀爲聖祖仁皇帝御製，鑄銅爲之，凡二重。地平盤長四寸三分，濶三寸五分，中施指南針，外晝時刻線。正北當午正，正西卯正，正東酉正，後直立方盤上加半圓，通徑中爲中心，兩旁各爲半徑。半徑上穿孔，地平中心線入之，視線影以知時刻。半圓中心施遊表，表兩端立耳，穿中線對太陽，驗遊表與通徑距度以準太陽高弧。

又　御製星晷儀

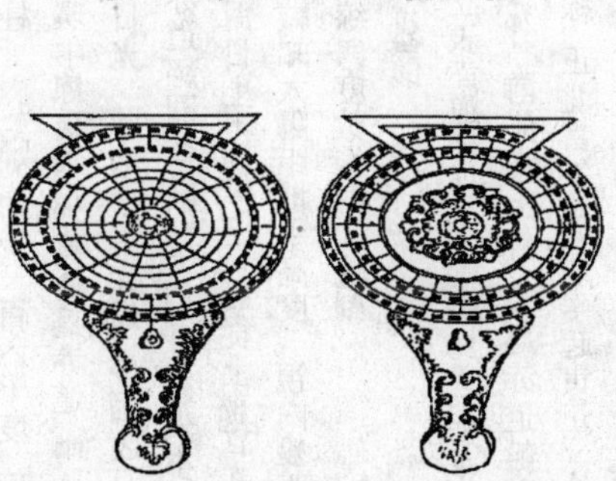

謹按，星晷儀爲聖祖仁皇帝御製，鑄銅爲之，凡二重，有柄。地盤徑四寸二分，列十二時初正。天盤徑三寸三分，列二十四節氣，上帶直表，兩端書帝星勾陳。以中心墜線當孔中轉天盤，直表兩端當兩星，使相參直。視節氣，對時分，以知時刻。下盤外列夜刻，内横爲節氣線，縱爲更線，按節氣以定每更時刻。儀面圍鐫康熙五十三年製。柄鐫康熙御製。

又　地平赤道公晷儀

謹按：本朝製地平赤道公晷儀，鑄銅爲之，徑七寸八分，地平盤分内外。外方盤施露管二，螺柱四。内圓盤列地平三百六十度，施指南針，中帶銅弧，弧上九十度。赤道環在圓盤北，銅弧入之以定各處北極高度。環面施大遊表，表近上加立表，中有直線，環上端小圓盤内有小遊表及半環，環上穿小孔。以大遊表對日景從小孔透，立表中線視大遊表下端所指知時刻，小遊表所指知分數。

又　地平經緯赤道公晷儀

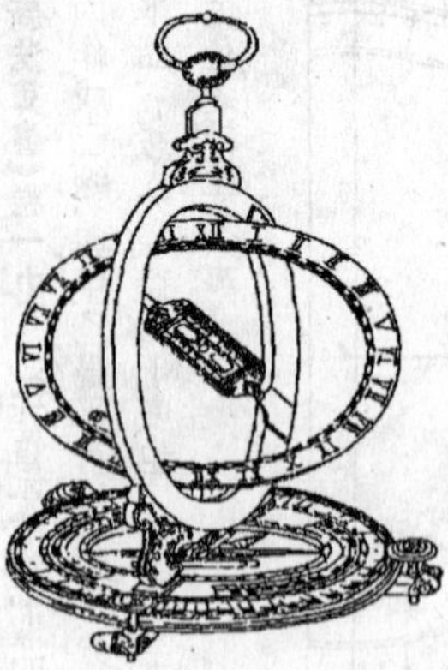

謹按：本朝製地平經緯赤道公晷儀，鑄銅爲之，通高一尺，地平盤分内外。外盤畫子午線，三角植螺柱。内盤列地平三百六十度，施指南針，縱横置露管。盤上正立爲赤道經圈，上環中線爲天頂，斜倚爲赤道，中施直表列節氣宫度。表中縫加遊表，上穿孔使透日光。經圈上平赤道，施兩表耳測日影。内盤九十度線與外盤子午線準。以赤道經圈按度對天頂，以遊表小孔對節氣日數，視日影所臨知時刻，以赤道經圈對日上下轉之，日影從上表耳孔透下表耳之兩點視赤道距天頂度，與九十度相減知太陽距地平高度。視内盤距子午線度知太陽距午正東西偏度，以外盤分數線與度數線對知時刻。

又　八角立表赤道公晷儀

謹按：本朝製八角立表赤道公晷儀，鑄銅爲之，地平盤長二寸二分，濶一寸八分，前施指南針，後爲赤道盤。横軸上下之盤周畫時刻線，正北當午正，西南起寅正，東南止戌正，盤上施日影表以指北極，右帶高弧表角與弧皆高六十度，驗影以知時刻。

又　方赤道地平公晷儀

謹按：本朝製方赤道地平公晷儀，鑄銅爲之，地平四寸二分，中施指南針，後爲赤道盤，外方内圓，兩面畫時刻線。正北當午正，西南起卯初，東南止酉初，盤底有機上下之。地平右施螺旋表，環列度數，以表指之赤道。盤中施直表，指南北極，春分後向北，秋分後向南，驗表影以知時刻。

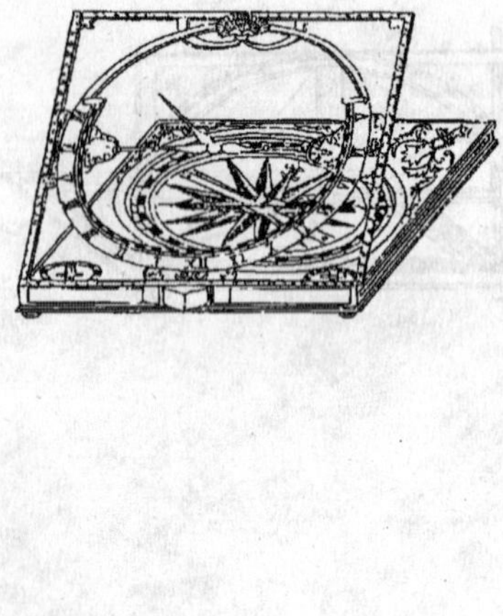

又 遊動地平公晷儀

謹按：本朝製遊動地平公晷儀，鑄銅爲之，圓座徑二寸一分，高一寸八分。內遊環三層繫日晷地平盤于三層環內，中施指南針。周圍時刻線三層，依北極高三十度，四十度，五十度。北有弧表畫線亦如之。自地平中心出斜線對弧表線以指北極，視線影以知時刻，爲舟行測驗之器。

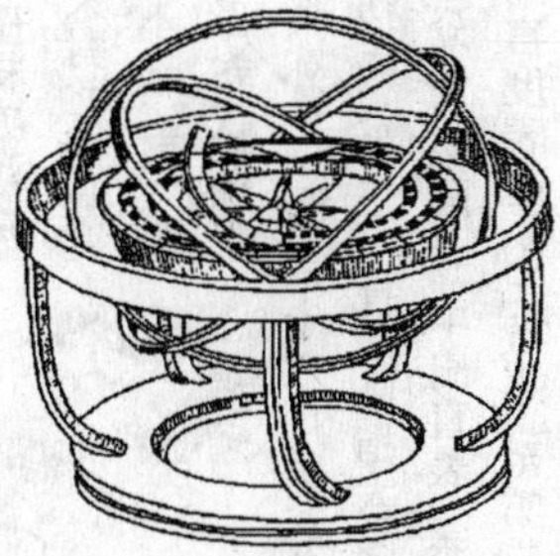

又 提環赤道公晷儀

謹按：本朝製提環赤道公晷儀，鑄銅爲之，外環爲子午圈，徑七寸二分，內環爲赤道。上環爲天頂，赤道北九十度爲北極，其對爲南極。中施直表，列節氣宮度及距緯度表。中縫施遊表，上穿孔以透日光。以上環對子午圈度數，以遊表孔對節氣日數，手提上環旋直表使影入赤道，內視所臨，以知時刻。

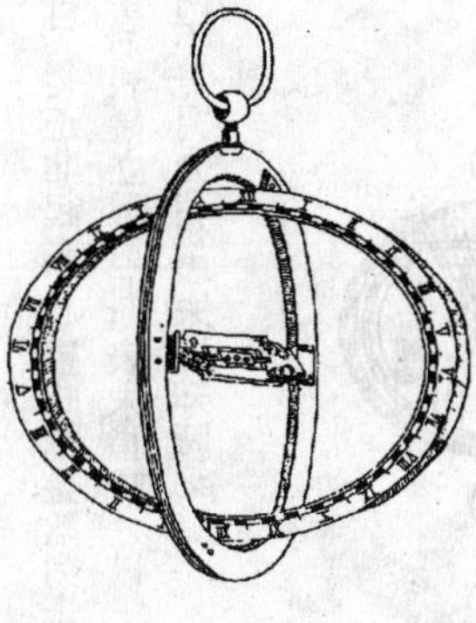

又 赤道地平合璧日晷儀

謹按：本朝製赤道地平合璧日晷儀，鑄銅爲之，長一尺三寸，濶八寸六分。前爲地平盤，列二十四節氣。圓盤加直表其上，按節氣進退以就日行黃道度。外橢圓形列時刻，西起卯正，東盡酉正。後爲赤道盤，內列時刻，西起寅初，東盡亥初，外列周天度，中施斜表，表下施墜線以指北極高度。承以半圓，以輪齒低昂之兩盤相合定南北，視表影以知時刻。

又 定南針指時刻日晷儀

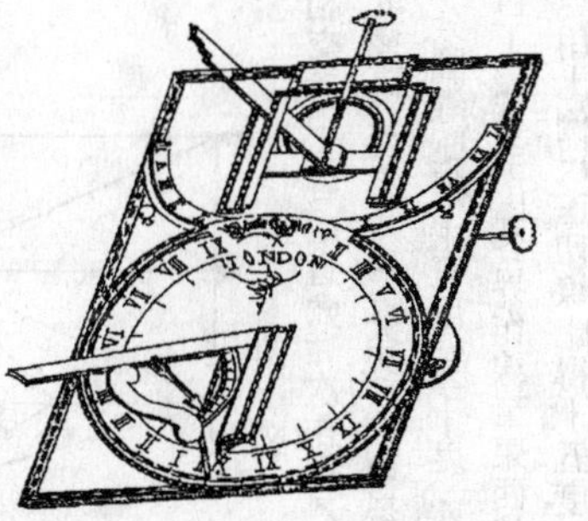

謹按：本朝製定南針指時刻日晷儀，鑄銅爲之，地平盤長一尺三寸五分，濶一尺一寸一分，中爲指南針，外畫時刻線。七重第一重爲二分，第七重爲二至，以次順逆數之。線各分十二時初正，兩端立表耳，中線對日，兩耳影相對，驗指南針所指以知時刻。

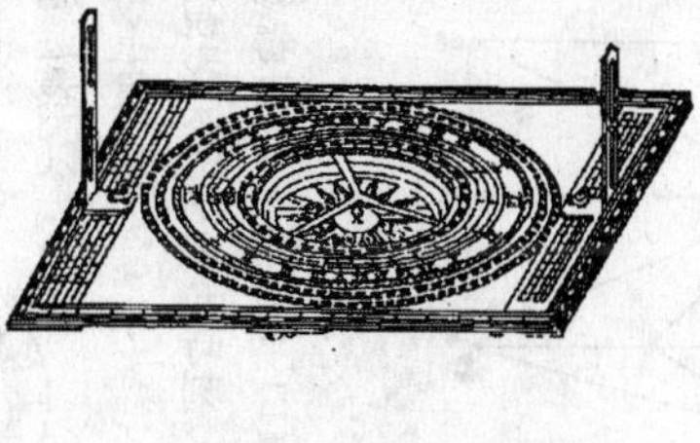

又 日月晷儀

謹按：本朝製日月晷儀，象牙爲之，凡二重。下爲日晷，地平長二寸，濶一寸四分，中施指南針，外畫時刻線。啓其上直立之，以地平中心線綰小孔，內視

線影以知時刻。上爲月晷，赤道盤上列三十日，從正北起，中心置時刻遊盤列十二時，午正初刻上出表，末以指日數，中施遊表，表端立環對月，表末指時。以上重左銅鈎按下重側面北極高度揩定。立環內不見月光，視表末以知時刻。

又　圓盤日月星晷儀

謹按：本朝製圓盤日月星晷儀，鑄銅爲之，圓盤徑四寸一分，下有柄，上爲日晷，兩立耳相距二寸四分，各穿孔以透日光。兩旁直線爲時刻線之起止，中爲半圓，其半爲北極。晝節氣線十九道，當北極爲二分線間，二線爲一。中氣往來數之。左盡夏至，右盡冬至，一線占一旬。自北極上橫分六十度爲北極高度，下分十二時，右起丑末初，左盡子午正。中施遊表，以表末對北極高度及節氣線，表末施墜線，穿小珠，對太陽所躔宮度，使兩耳孔日光正對，驗珠影以知時刻。

日晷　　月晷星晷

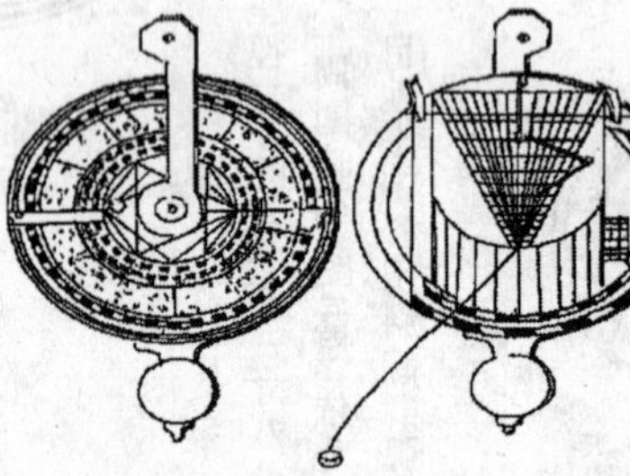

背爲月晷、星晷，外分三百六十六日，內分十二宮，中心第一重圓盤徑二寸二分，外分十二時初正。午正出直表以指太陽。內分三十日，自直表起朔。第二重圓盤徑一寸七分，周穿圓孔，中出直表，表所指之日數，圓孔下驗晦朔弦望。自第一重對太陽宮度表起午正數之，至第二重指日數表所指以知時刻。第三重施直表出圓盤外，表心及末皆穿圓孔，以表心孔窺勾陳大星，以表末孔窺天樞、天璇，使相參直，亦如月晷數法以知時刻。

又　方月晷儀

謹按：本朝製方月晷儀，鑄銅爲之，徑五寸五分，上下二盤。下盤外重列十二時，次內初、正各四刻，次內刻各十五分。上盤外重列三百六十度，內二重列三十日空度，起朔爲日月同度，朔後月距日漸遠至九十度爲上弦，倍之爲望，三倍之爲下弦，周復爲朔，爲一月與日一會。朔弦望相距各七日半。中心施遊表，以遊表中線對上盤日數若干度，轉上盤，朔上表末使表對月，立環內無影，視表末所指以知時刻。儀面鐫乾隆甲子年製。

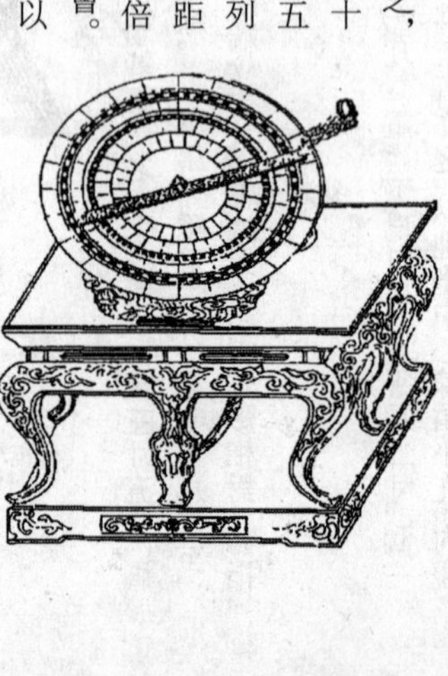

清官修《數理精蘊・下編》卷四〇　作地平日晷法（以北極出地四十度爲準）

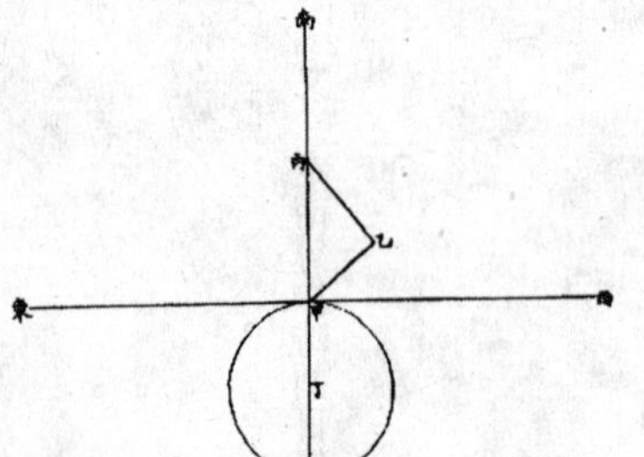

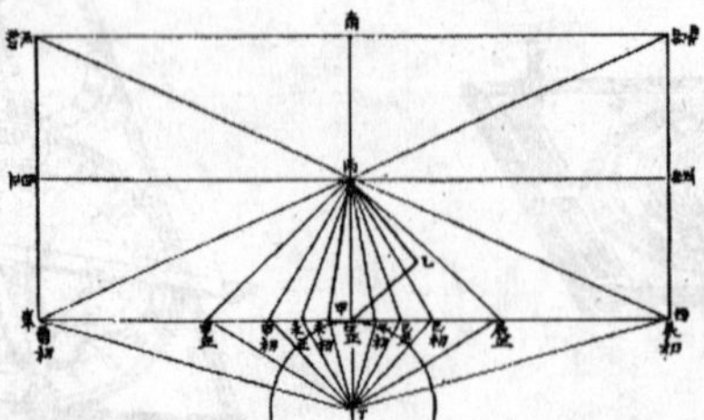

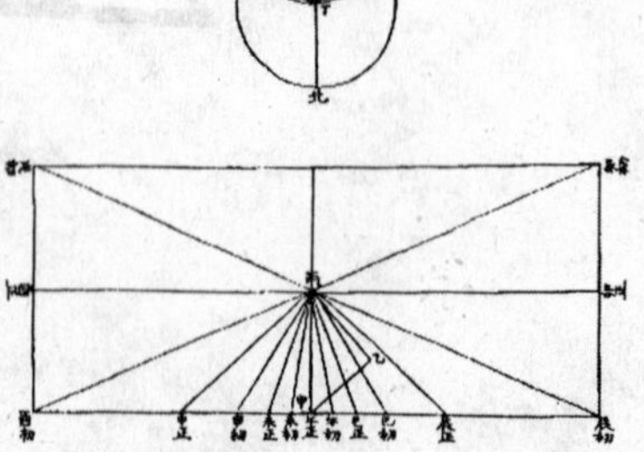

法先作南北、東西線相交於甲，各成直角。次作甲乙丙晷表。取甲角五十度爲赤道高，丙角四十度爲北極高，而乙角爲直角。次取晷表之甲乙度截南北線於丁爲半徑作圜。用比例尺分圜線比得十五度、三十度、四十五度、六十度、七十五度之各分分圜界作識，乃自丁圜心引出各界作線至東西線上，即得午正前後各初正時刻。或以甲乙爲半徑，用比例尺正切線比得十五度、三十度、四十五度、六十度、七十五度之各切線，自甲左右作識於東西線上，亦即午正前後各初正時刻。（甲爲午正，距甲十五度前爲午初，後爲未初。距甲三十度前爲巳正，後爲未正。距甲四十五度前爲巳初，後爲申初。距甲六十度前爲辰正，後爲申正。距甲七十五度前爲辰初，後爲酉初也。）乃以晷表之丙爲晷心，至各點作線，即時刻線也。卯正、酉正各距午正前後九十度，故自丙晷心與東西線平行作線，即卯正、酉正線。卯正以前、酉正以後，則日轉在北，影轉在南，故與辰初、酉初反對作線，即卯初、戌初線也。次按刻細分，則自午正甲點每加三度四十五分而得一刻，蓋十五度當四刻，而三度四十五分則當一刻也。此法蓋因北極爲天之樞，赤道爲天之帶，太陽雖由黃道而行，時刻皆以赤道而定。故以晷表之甲乙指赤道，丙乙指北極，而東西線即爲赤道線，丙乙即爲過極經圈，甲乙即爲半徑。午正太陽在正南，則影在正北，若偏東偏西若干度則其切線即其影之長。故以甲乙爲半徑作圜而分圜界者，即所以求切線。至於用比例尺正切線者，正以切線分時刻也。

又 地平日晷作節氣線法

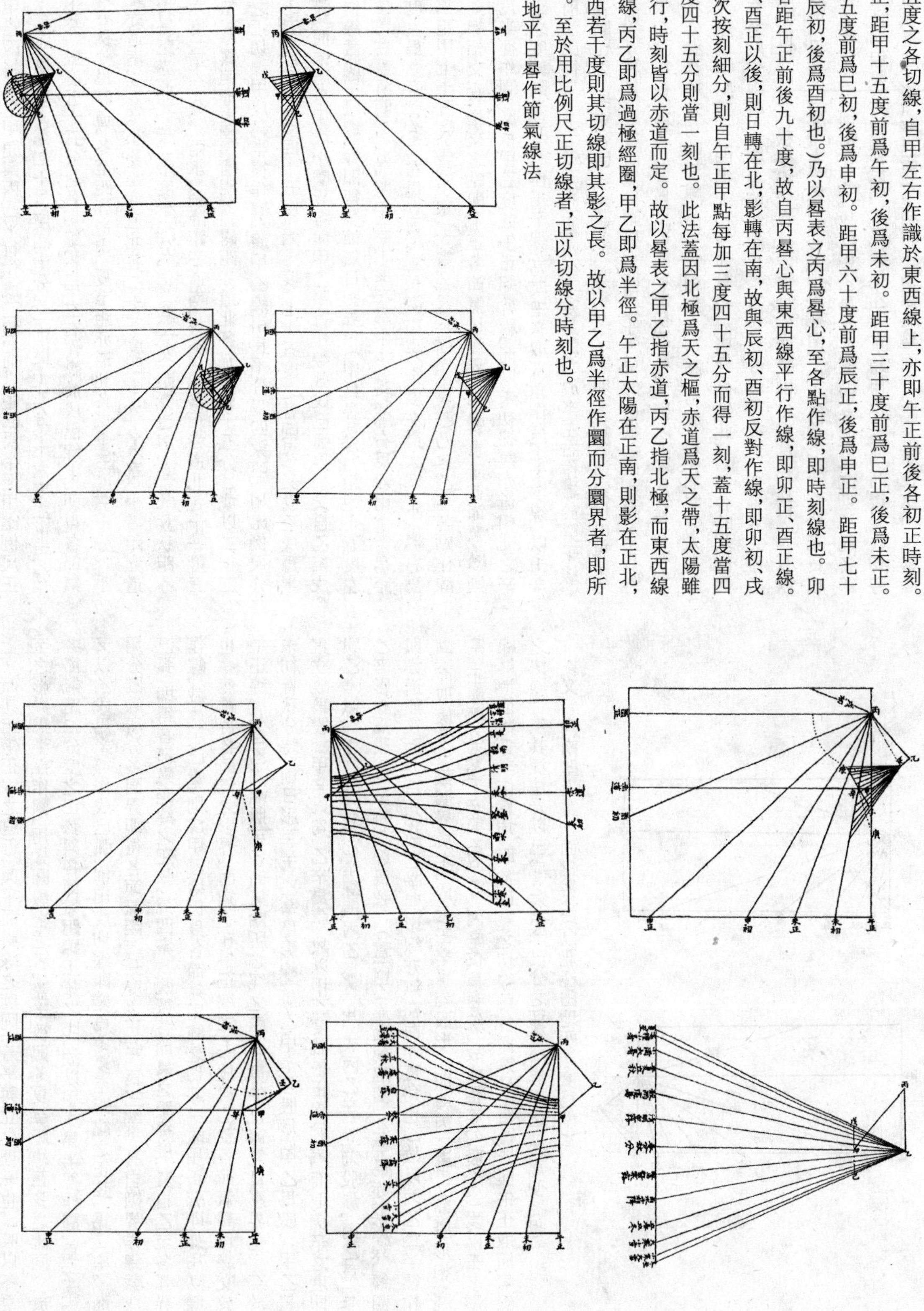

法以甲乙丙晷表之甲角與丙乙平行作戊己線，而以甲乙爲半徑用比例尺正切線比得二十三度三十分，二十二度四十分，二十度十二分，十六度二十三分，十一度三十分，五度五十五分之各切線，自甲左右作識於戊己線上，即得各節氣日影界。（春秋分爲赤道，冬至距赤道南，夏至距赤道北各二十三度三十分。小寒、大雪距赤道南，芒種、小暑距赤道北各二十二度四十分。大寒、小雪距赤道南，小滿、大暑距赤道北各二十度十二分。立春、立冬距赤道南，立夏、立秋距赤道北各十六度二十三分。雨水、霜降距赤道南，穀雨、處暑距赤道北各十一度三十分。驚蟄、寒露距赤道南，清明、白露距赤道北各五度五十五分。）或以二十三度三十分之正切線甲戊爲半徑作圜，將甲乙線引長平分爲四象限，用比例尺分圜線比得十五度、三十度、四十五度、六十度、七十五度之各圜界，又以乙戊爲半徑作戊己弧，而依所分甲戊小圜界各與甲乙平行作線截戊己弧界。又自乙至戊己各弧界作線截戊甲己線，亦即得各節氣日影界。（甲爲春秋分，距甲十五度左爲驚蟄、寒露，右爲清明、白露，距甲三十度左爲雨水、霜降，右爲穀雨、處暑，距甲四十五度左爲立春、立冬，右爲立夏、立秋，距甲六十度左爲大寒、小雪，右爲小滿、大暑，距甲七十五度左爲小寒、大雪，右爲芒種、小暑。）乃自乙至各點作線與午正時刻線相交，其相交之點即午正各節氣日影界也。若求未初節氣線，則先以丙乙爲半徑作圜，又依甲乙度截午正線於庚，而以未初線與赤道相交之辛點至庚相距之度截圜界於壬，作壬辛線，乃與壬辛取直角作癸子十字線，以壬辛爲半徑如前法比得二十三度三十分等距緯之各切線，於辛左右作識於癸子線，乃自壬至各點作線，與未初時刻線相交，其相交之點即未初各節氣日影界也。倣此類推，則得各時刻之各節氣日影界。或用捷法，另取一紙畫甲乙丙表式，將乙甲、乙戊、乙己類各節氣線俱畫長些，如求未初節氣線，則以丙合於晷心丙，而以甲乙春秋分線合於未初時刻線，與赤道相交之辛點，乃於各節氣線與未初時刻線相交之處俱作點識之，即得未初各節氣之日影界，餘倣此，乃將各時刻線與節氣線相交之點作線聯之，即成節氣線也。蓋春秋分日行赤道，而晷表之甲乙指赤道，故赤道線即爲春秋分線。春秋分時日在赤道，則午正日影在甲，春分以後，秋分以前，日在赤道北。夏至而極北，則影在南。春分以前，秋分以後，日在赤道南。冬至而極南，則影在北。故以甲乙爲半徑，而取各距度之切線爲各節氣之影界，且切線與半徑成直角，故先與甲乙取直角作十字線，而後得其切線也。（甲乙本直立之線，與之取直角則戊端應在晷面下，己端應在空中出晷面上。而其距午正線之遠近，與平面斜線之度同，蓋平與立之理一也。）其以冬夏至之影界爲半徑作圜，用分圓線求之者，蓋半徑與冬夏至距緯正弦之比，同於各節氣距二分度之正弦與各節氣距緯正弦之比，故以甲戊爲半徑作圜，爲一率。又以乙戊爲半徑作戊己弧，則甲戊切線即變爲冬夏至距緯之正弦，爲二率。而用分圓線所分各圜界即得各節氣距二分度之正弦，爲三率。其自圜界作線截戊己弧，即得各節氣距緯之正弦，爲四率。既得各節氣之距緯度，又自乙至各弧界作線，截戊甲己線，則戊甲己線仍爲各節氣距緯之切線。故用正弦即如用切線也。然雖得各節氣之影界，而猶不在午正線之上，故自乙至各節氣點作線交於午正線，乃自乙表端照至各節氣點所必經之處，故爲午正節氣日影界也。至於未初春秋分時，則日影至辛，乙辛爲影線，成乙甲辛勾股形，甲乙爲股，（甲乙表直立故爲股。）甲辛爲勾，乙辛爲弦，故以甲乙度截午正線於庚，而取庚辛之度即與乙辛影線之度等。又乙辛線與丙乙爲直角，成丙乙辛，立勾股形，丙乙爲勾，乙辛影線爲股，丙辛時刻線爲弦。（蓋丙乙爲過極經圈，乙辛爲赤道影線，經圈與赤道無在而非直角，故乙辛與影線亦無在而非直角也。）故以丙乙爲半徑作圜，而取庚辛度截圜界於壬，成丙壬辛平勾股形。即與丙乙辛立勾股形相等。（丙壬與丙乙等，壬辛與乙辛等，丙辛仍爲弦線，故成相等勾股形。）爰以壬辛影線爲半徑與壬辛作直角，取各節氣之切線爲各節氣日影界，皆與午正取節氣線之法同。至其捷法乃以已成之勾股，已分之切線轉移用之，尤爲便捷也。

又 向南壁上畫立面日晷法（以北極出地四十度爲準）

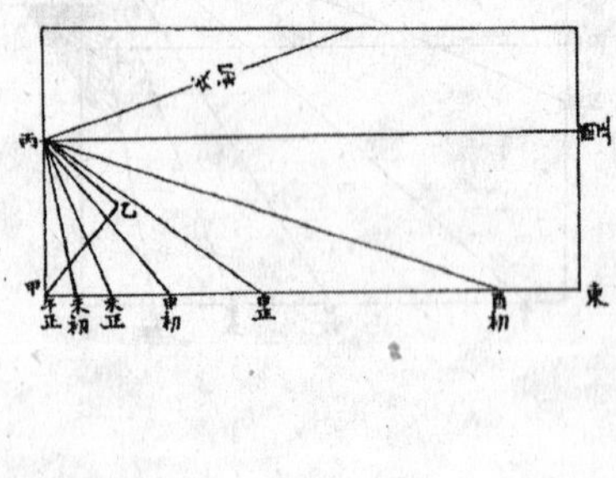

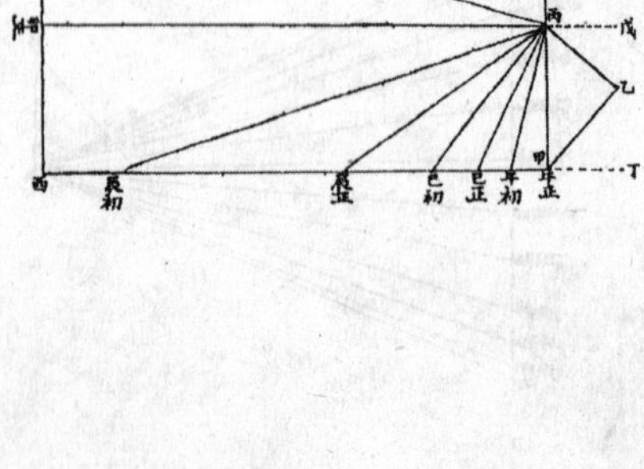

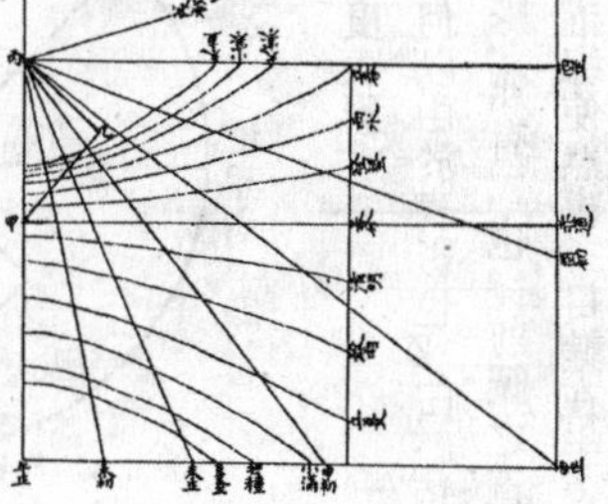

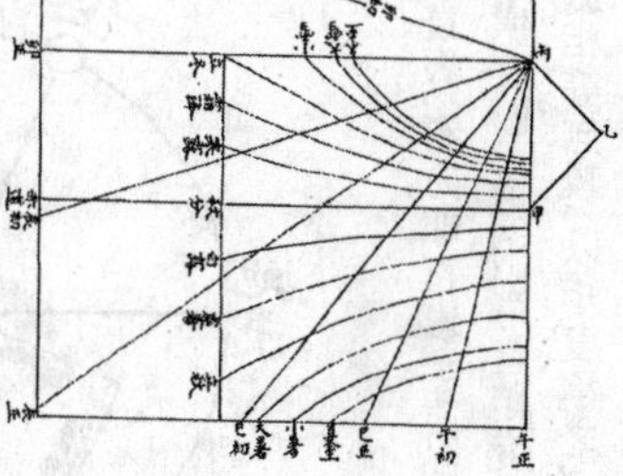

法先作直線及東西橫線相交於甲，各成直角。次作甲乙丙晷表，取甲角四十度，丙角五十度，而乙爲直角，乃依地平日晷作時刻線法求之，即得各時刻線。蓋晷表之甲丙指天頂，甲乙指赤道，故丙甲乙角定爲四十度，則乙甲丁外角爲五十度，即赤道之高度也。丙乙指南極，丙戊指地平，故甲丙乙角定爲五十度，則乙丙戊外角爲四十度，乃南極入地之度，即北極出地之度也。甲乙既指赤道，丙乙既指南極，則丙乙即爲過極經圈，甲乙即爲半徑。午正太陽在正南，則影在正北，若偏東偏西若干度，則其切線即其影之長，皆與地平日晷之法同。至於作節氣線之法亦與地平日晷同，但赤道線以上爲春分前，秋分後至冬至之節氣線。赤道線以下爲春分後，秋分前至夏至之節氣線。蓋春分以後，秋分以前日行赤道北，夏至而極北，其度高故其影在下也。秋分以後，春分以前日行赤道南，冬至而極南，其度卑故其影在上也。

又 向東壁上畫立面日晷法(以北極出地四十度爲準)

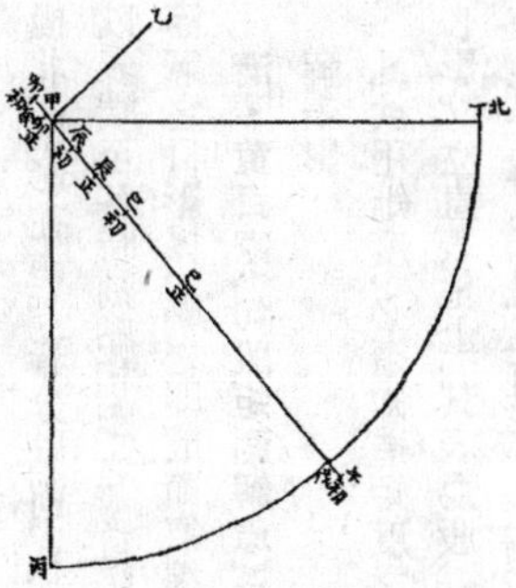

法先安甲乙直表與壁面成直角(甲乙表不拘尺寸)。次作甲丙垂線及甲丁橫線各成直角。次以甲爲心作甲丙丁象限弧，用比例尺分圓線比得赤道高五十度之弧爲丁戊。自甲至戊作甲戊赤道線，乃以甲乙表長爲半徑用比例尺正切線比得十五度，三十度，四十五度，六十度，七十五度之各切線於赤道線上作識，按識作十字線即成時刻線也。(甲點爲卯正，距甲十五度前爲卯初，後爲辰初。距甲三十度爲辰正，距甲四十五度爲巳初，距甲六十度爲巳正，距甲七十五度爲午初。)蓋時刻生於赤道春秋分時，卯正日出正東與表對射故無影，若向南若干度則其切線即其影之長。至於午正則距卯正九十度切線與割線平行，故無切線，而日影即與壁面平行，故亦無影也。若於向西壁上畫晷，則以午初爲未初，巳正爲未正，巳初爲申初，辰正爲申正，辰初爲酉初，卯正爲酉正，卯初爲戌初，餘俱與向東壁上畫晷法同。

又 向東壁上立面日晷畫節氣線法

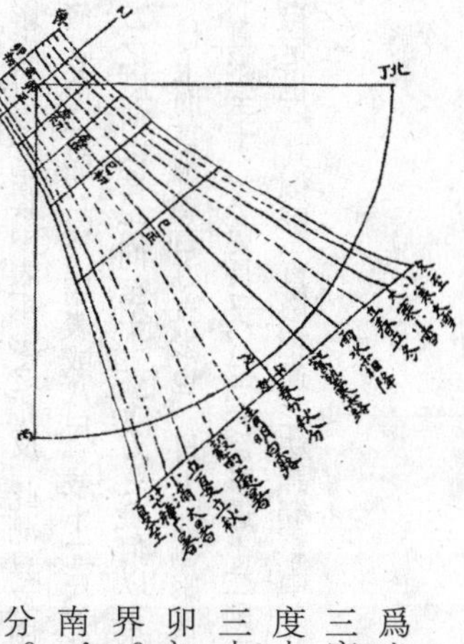

法以乙表端至卯初點相距之度爲半徑，用比例尺正切線比得二十三度三十分，二十二度四十分，二十度十二分，十六度二十三分，十一度三十分，五度五十五分之各切線，於卯初線左右作識即得各節氣日影界。(春秋分爲赤道，冬至距赤道南，夏至距赤道北各二十三度三十分。小寒、大雪距赤道南，芒種、小暑距赤道北各二十二度四十分。大寒、小雪距赤道南，小滿、大暑距赤道北各二十度十二分。立春、立冬距赤道南，立夏、立秋距赤道北各十六度二十三分。雨水、霜降距赤道南，穀雨、處暑距赤道北各十一度三十分。驚蟄、寒露距赤道南，清明、白露距赤道北各五度五十五分。)又以乙表端至卯正點相距之度(即甲乙表長)爲半徑比得各節氣距緯度之切線，於卯正線左右作識即爲卯正各節氣日影界。凡各時刻節氣俱以乙表端至各時刻點相距之度爲半徑，比得各節氣距緯度之切線，於各時刻線左右作識即得各時刻各節氣之日影界。將各點作線聯之，即成節氣線也。蓋春秋分時日在赤道，故其影界即在赤道線之上，其自表端至各時刻點

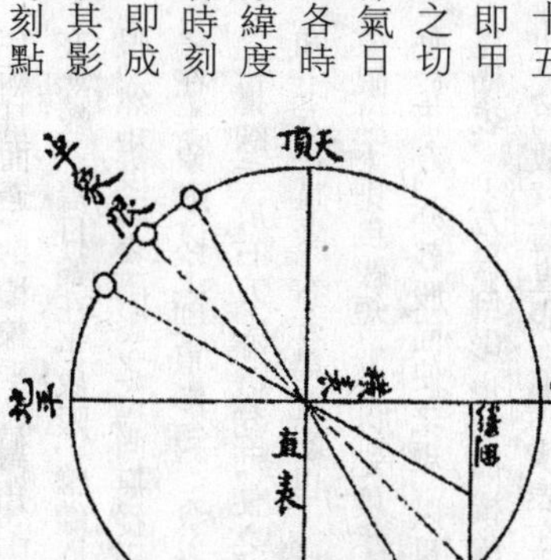

相距之度即春秋分各時刻之影線也。若春分以後，秋分以前日在赤道北，夏至而極北，則影在南。春分以前，秋分以後日在赤道南，冬至而極南，則影在北。故以表端至各時刻點相距之度爲半徑，而取各節氣距緯度之切線，即爲各時刻各節氣之日影界，聯之即成節氣線也，向西壁法同。

清・黄百家《句股矩測解原》卷上　表影圖

解表影

凡欲用矩度，必須知造矩度之源，矩度之起由平表，表之起由乎日影，故先論表影。立直表地上，其表爲股，其影爲句，日自東而上，影向西，自西而下，影向東，皆在平地，是名直影。立横表東西墻上，其表爲句，其影爲股，影皆自上而下，是名倒影。凡測影之法以直影言之，日晷自地平至天頂則所測在西，自天頂至地平則所測在東，其表一也。以倒影言之，日在東則測西表，日在西則測東表。今但言在東之理，其在西亦如是也。地平距天頂九十度爲一象限，日距地半象限，直影倒影皆與表等。在半象限以上則直影短於表，倒影長於表，在半象限以下則直影長於表，倒影短於表，此直影、倒影之别也。

又　矩度表影圖

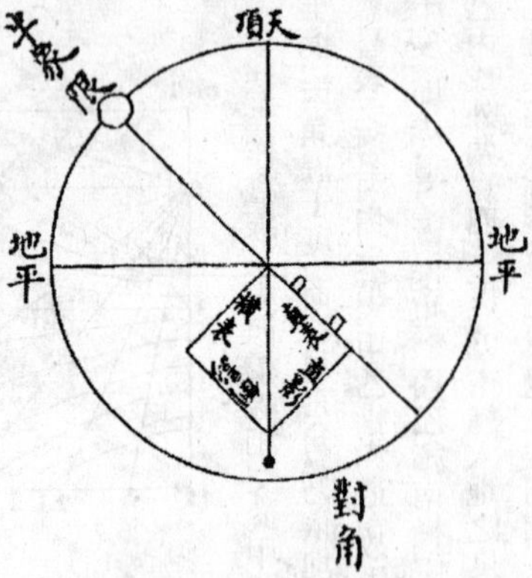

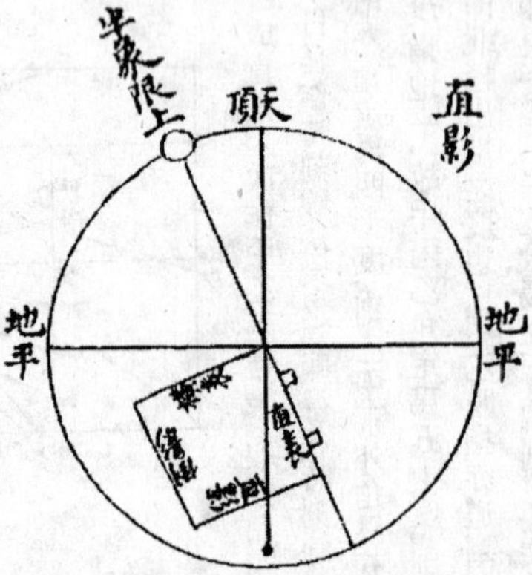

解矩度表影

矩度何以由於表影也？曰：矩度之上方即直表，右方即直影，左方即横表，下方即倒影，無有二也。前圖之直表、直横表、横直影、横倒影、直矩度反是何也？曰：權線使然也。日輪在半象限，兩表兩影相等無較，以矩度承之，使日光

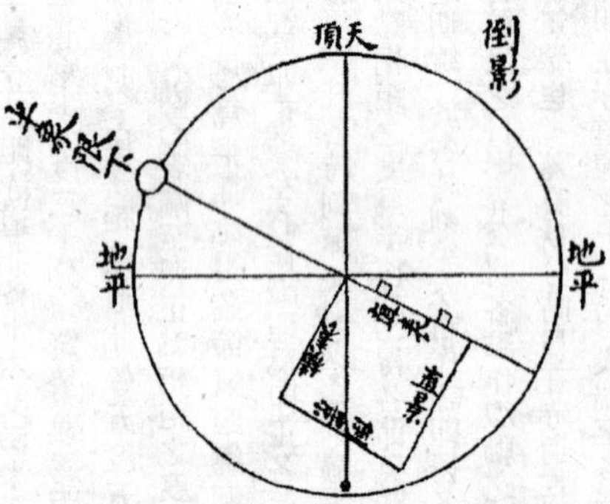

穿兩耳而過，則權線垂於對角，兩表兩影亦無較。蓋日輪在半象限，權線亦在半象限，然矩度兩表兩影之位尚無從别也。日輪在半象限以上則直影短。今以矩度承之，權線垂於右方，亦截句而使之短，以是知上方爲直表，右方爲直影也。日輪在半象限以下則倒影短。今以矩度承之，權線垂於下方，亦截股而使之短，以是知左方爲横表，下方爲倒影也。曰權線之使然也。曷故？蓋直表在地，横表在墻，其有定者也。日之或高或下以爲弦，其無定者也。以有定待無定而影得焉。矩度以耳承日，因日光以爲俯仰，是矩度之表其無定者也，而權線之下垂其有定者也。以權線之有定切矩度之無定，代日以爲弦，而影亦得焉，是其兩表兩影之相反，此測算之由生天然之巧，亦不易之理也。其度何以十二也？曰：用表或八尺，或十二尺，此十二所以識也，非日行之度也。右方之度何以自一而至十二，下方之度何以自十二而至一也？曰：日下而直影長，日上而直影銷右方直影也。日上而倒影長，日下而倒影銷下方倒影也。倒影、直影至十二不更長乎？曰：倒影過十二則直影，直影過十二則倒影，合用之而自足也。其倒影、直影相通之法詳變影中。

漏刻部

題解

《周禮》卷三〇《夏官・挈壺氏》 挈壺氏，掌挈壺以令軍井，挈轡以令舍，挈畚以令糧。【略】

凡軍事，縣壺以序聚欜。凡喪，縣壺以代哭者。皆以水火守之，分以日夜。

《春秋左傳》卷二二《昭公二》 日之數十，故有十時，亦當十位。

漢・毛萇傳述、宋・朱熹辯説《詩序》卷上 「東方未明」，刺無節也。朝廷興居無節，號令不時，挈壺氏不能掌其職焉。夏官挈壺氏下士六人。挈，縣挈之名。壺，盛水器。蓋置壺浮箭，以爲晝夜之節也。漏刻不明，固可以見其無政。然所以興居無節，號令不時，則未必皆挈壺氏之罪也。

漢・許慎《説文解字》卷一一上 漏，以銅受水，刻節，晝夜百刻。從水，屚聲。盧後切。

南朝宋・范曄《後漢書》卷九三《律曆志下》 孔壺爲漏，浮箭爲刻，下漏數刻，以考中星，昏明生焉。

唐・歐陽詢《藝文類聚》卷六八《儀飾部》 漏刻

《説文》曰：漏以銅盛水，刻節，晝夜百刻。《周官》曰：挈壺氏，掌壺，皆以水火守之，分以日夜。《東觀漢記》曰：樊梵，每當直事，常晨駐車待漏。《吴録》曰：吴範，善占侯，知風氣。關羽將降，孫權問範，範曰：期明日中。權立表下漏以待之，及中不至。權問其故，範曰：未正中。頃之，有風動帷，範曰：羽至矣。外稱萬歲，傳言得羽矣。

唐・虞世南《北堂書鈔》卷一一六《武功部四》 挈壺以令《周禮》：挈壺氏掌挈壺以令軍井，挈轡以令舍，挈畚以令糧。鄭司農注曰：挈壺以令軍井，謂爲軍穿井。井成，挈壺縣其上，令軍中士衆皆望見，知此下有井。壺所以盛飲，故以壺表井。

唐・白居易《白氏六帖事類集》卷九 挈壺氏，掌刻滿之職。金徒之職，銅史之司。分以陰陽，明晦之時不忒。賾其晝夜，短長之數無逃。金臺銀箭，陰陽雖微，天地之情可見。風雨徒晦，日夜之度不遂。苟昏曉過度，致盈縮之差。則寢興失時，有顛倒之刺。敬授人時。《周禮》：凡軍事，懸壺以序聚欜。懸壺以爲漏也，以次序更聚，擊欜備守，以警夜。及冬則以火爨鼎，水沸而沃之。冬水凍冷不下，故以炊。今沸以沃之。《説文》曰：漏，以銅盛水，刻節，晝夜百刻。待漏，《後漢》：范楚每當事，嘗曩駐車以待漏也。

唐・白居易撰、宋・孔傳續撰《白孔六帖》卷一〇 挈壺，《周禮》：挈壺氏，挈壺以令軍井。

宋・程顥、程頤《程氏經説》卷三《説解》 東方未明

政亂無節，動非其時，或早或暮，無常度也。挈壺氏司漏刻，而朝廷興居不時，是其職廢也，言其不能正時矣。非特刺是官也。折柳以樊圃，狂夫見之且驚躩，知其爲限也。柳，柔脆易折之物，折之以爲藩籬，非堅固也。狂夫以知其有限，見之則躩然而驚，晝夜之限非不明也，乃不能知，而不早則晏，言無節之甚樊籬也。營營青蠅，止於樊是也。

宋・李籍《周髀算經音義》 漏，盧侯切。漏，以銅受水，刻節，晝夜百刻。《晷漏中星略例》曰：日行有南北，晷漏有長短。然二十四氣晷差遲疾不同，句股使然也。直規中則差遲，與句股數齊則差急。隨辰極高下，所遇不同，如黄道刻漏，此乃數之淺者，近代且猶未曉。今推黄道去極，與晷影，漏刻，昏距，中星四術返覆相求，消息同率，旋相爲中，以合九服之變。

宋・任廣《書叙指南》卷三 掌刻漏人曰銅史，梁陸倕賦。又曰金徒。上下抱箭。

宋・洪芻《香譜》卷下 百刻香

近世尚奇者作香篆，其文準十二辰，分一百刻，凡然一晝夜已。

又 香篆

鏤木以爲之，以範香塵爲篆文。然於飲席或佛像前，往往有至二三尺徑者。

宋・葉庭珪《海録碎事》卷二《天部下》 刻漏門

銅龍

玉壺傳點咽銅龍。李義山詩。

刁斗

虞子陽詩：刁斗晝夜驚。注：以銅作鐎，受一斗。晝炊食，夜擊持行。

漢注。

渴烏

李蘭刻漏法云：以銅爲渴烏，以引器中水，以銀龍口中吐之。蕭貫《曉寒歌》云：渴烏涓涓不相續。

桑蔭

桑蔭不徙而大功立，言晷刻未移也。劉子曰：堯之知舜，未違桑蔭。

秋點長

李郢詩云：江風徹曙不成睡，二十五聲秋點長。金華子

蓮花漏

燕肅獻蓮花漏，而不與崇天歷合，罷在明州。又爲《海潮圖》《海潮論》。

壺郎

陸倕賦：掌漏官謂之壺郎。

金柝

潘岳謂刁斗曰：金柝大銅點亦是也。

丁丁漏水

丁丁漏水夜何長，漫漫輕雲度月光。王涯《秋夜曲》。

龍漏

唐太宗《冬宵》詩：彫宫静龍漏，綺閣宴公侯。

三嚴

唐制，日未明七刻，槌一鼓，爲一嚴。侍中奏開宫殿門及城門。未明五刻，槌二鼓，爲再嚴。侍中版奏請中嚴羣官五品以上俱集朝堂。未明二刻，槌三鼓，爲三嚴。侍中中書令以下俱詣西閤，奉迎鑾駕出宫，詣太極殿。

蘭夜

蘭夜沈沈鵠漏長。劉子儀詩。

鵠漏。見上。

嚴更

衛以嚴更之署。《西都賦》注：嚴更，督夜行鼓也。

增漏刻

《漢書》：漏刻以百二十爲度。韋昭曰：舊漏晝夜共百刻，哀帝增之。

孔壺爲漏

孔壺爲漏，浮箭爲刻。《續漢書》。

叢木

叢木乖方，擊刁舛次。注：打更木也。挈壺氏曰：凡軍事，懸壺以序聚㯿。《新刻漏銘》。

金徒抱箭

銅史司刻，金徒抱箭。注：張衡漏水轉渾天儀制曰：蓋上又鑄金銅仙人，居左壺。爲胥徒，居右壺。皆以左手抱箭，右手指刻。《新刻漏銘》。

宋・徐兢《宣和奉使高麗圖經》卷二二《雜俗一》　挈壺

挈壺之職，名實近古。逐刻以擊鼓爲節，中廷立表以揭牌。每時正則一紫衣吏捧牌立於左，一緑衣人致躬報曰：某時。然後搢笏詣表，易牌而退。

宋・黄震《黄氏日鈔》卷三〇《讀周禮》　挈壺氏

不詳刻漏之制，而挈壺以令軍井，挈轡以令舍，挈畚以令糧。

宋・王應麟《小學紺珠》卷一《天道類・律曆類》　百度

百刻也《樂記》：百度得數而有常注。《正義》：晝夜百刻。十二時，每時八刻二十分，每刻六十分。孔壺爲漏，浮箭爲刻。四十八箭。二十四氣各有晝夜。古今刻漏之法有二，曰浮漏，曰稱漏。《尚書緯》謂刻爲商。《士昏禮》目録云：日入三商爲昏。

又　四刻漏

浮箭　秤　沈箭　不息元祐初蘇頌製。《史記》注：馬融、王肅謂日長晝漏六十刻，日短晝漏四十刻。鄭玄曰：日長五十五刻，日短四十五刻。

宋・陳傅良《止齋文集》卷一一　太史局測驗渾儀刻漏所學生周奕特補挈壺正，敕某：今官類非古稱謂，而挈壺氏見於《周官》爾。以諸生馴致於此，亦宜知所職矣可。

宋・高承《事物紀原》卷一《正朔曆數部第二》　刻漏

梁《刻漏經》曰：肇於軒轅之日，宣乎夏商之代。又黄帝刻漏水制器，以分晝夜。《周禮》有挈壺氏掌之，以百刻分晝夜。

更點

起於《易・繫》，九事重門擊柝之説，自黄帝時也。

元・陰勁弦、陰復春《韻府羣玉》卷三　挈壺挈壺氏掌挈壺以令軍井。《周禮》注：軍中穿井，挈壺縣其上，令軍士望知有井。壺可盛飲。又註：漏之箭四十八，冬夏之間有長短。挈壺氏不能掌其職焉。《詩》。

元・陰勁弦、陰復春《韻府羣玉》卷一六　漏《說文》：以銅受水，刻節，晝夜百

節。亦取漏下之義，一曰泄也，《淮汜論訓》：江河不實漏卮。

又 蓮漏初，惠遠以廬山中不知更漏，乃取銅葉製器，狀如蓮花。《國史補》。李蘭刻漏法，銅爲渴烏，狀如曲鈎，以引水，銀龍口中吐出入灌器。漏水一升，秤重一斤，時經一刻。

又 馬上刻漏隋耿信作馬上刻漏，世稱其妙史。

元・陰勁弦、陰復春《韻府羣玉》卷二〇 晷刻梁賀琛，武帝與語，常移晷刻。史。漏刻王尋，王邑自以功在漏刻。《光武紀》。

又 漏十一刻唐太宗鋭意於治，每延英對宰臣率漏下十一刻。史。酒一千刻張仲吉以酒盧爲家，產其子寬。夫從予學予數將諸生過其家，把酒至夜漏下一千刻，未嘗厭倦。《備要》酒門。詩限三刻。梁謝微，武帝限三刻賦詩三十韻，微二刻，便就。

明・王三聘輯《古今事物考》卷一《天文》 晝夜。《通歷》曰：地皇氏爰定三辰，是分晝夜。

刻漏。黃帝刻漏水制器，以分晝夜。《周禮》有挈壺氏掌之，以百刻分晝夜。

明・彭大翼《山堂肆考》卷二三四《補遺》 浮箭刻漏也。《文選》：浮箭未移晷。

明・徐光啓等《崇禎曆書・治曆緣起》卷一 漏壺窺晝夜之長短。

明・周祈《名義考》卷二《天部》 百刻每日百刻。每時，初凡四刻，正凡四刻，得八刻。十二時得九十六刻。尚餘四刻，均分於十二時之中，爲初初、正初也。或以子、丑、寅、卯，獨多一刻，非。

又 更鼓

古者審時以刻漏，晝夜皆然。後用日晷與鼓，從簡便也。鼓謂之更者，率更，官名。師古曰：掌刻漏，故曰率更。以漏籌更易爲義，更鼓義又祖此。

清・李光地等《月令輯要》卷一一《六月令》 製刻漏增《玉海》：紹興二年六月十四日，詔西安進士陳元，助製刻漏一座，送尚書省。補其子爲局生。

清・李光地等《月令輯要》卷二二《晝夜令上》 挈壺增《周禮夏官》：挈壺氏，凡軍事，縣壺以序聚欜，以水火守之，分以日夜。註：鄭司農云：縣壺以爲漏，以序聚欜，以次更聚，擊欜備守也。元謂擊欜。兩木相敲，行夜時也。以水守壺者爲沃漏也。以火守壺者，夜則火視刻數也，分以日夜者，異晝夜漏也。漏之箭晝夜共百刻，冬夏之間有長短焉。太史立成法有四十八箭。

清・李光地等《月令輯要》卷二四《時刻令》 晝夜百刻。原《禮》：百度得數而有常。註：百度，百刻也。言日月晝夜不失正也。《漏刻經》：一日一夜，通計一百刻。每八刻二十分爲一時，惟寅、申、巳、亥，有九刻。皆以子午定其晝夜。《書日中星鳥》疏：古制刻漏，晝夜百刻。晝長六十刻，夜短四十刻。晝短四十刻，夜長六十刻。晝中五十刻，夜亦五十刻。增《王氏詩解》：日月之行，有冬有夏。而晝夜之晷，有長有短。先王由是分十二時於一晝一夜之間，以漏箭準十二時而爲百刻。寅、申、巳、亥、子、午、卯、酉之八時，每時各占八刻，則合而爲六十四刻。辰、戌、丑、未之四時，每時各占九刻，則合而爲三十六刻。以百刻定長短而分晝夜，於是立挈壺氏之職，以壺盛水而爲漏水，以正十二時之刻。早暮之期，於此正矣。後世挈壺氏不能掌其職，不能辰夜，不夙則莫，此詩人所以刺也。《蠡海集》：百刻之説，衆議紛紛，莫有定論。惟一説類優，以爲每刻得六十分，百刻共得六千分，散於十二時，該五百分。如此則一時占八刻零二十分，將八刻截作初正各四刻，却將二十分零數分作初初、正初，微刻各一十分也。又趙緣督一説，將十二時各分八刻，計刻九十六刻爲大刻，却將餘四刻每刻分作六十分，四刻作二百四十分，每一時中又得二十分，爲小刻。如此則一時之中得八大刻，復有二十分小刻，截作初初、正初，各得一十分爲微刻也。其他或以子午二時各得十刻者，或以子午卯酉各得九刻者，或以夜子時得四刻者，皆非也。然夜子時之説，只是在夜半之前，故稱夜子正。如冬至爲起曆之端，而居中氣，其前亦係十一月也。是以夜子正在亥時之後，故只有初刻而無正刻，子時却只有正刻而無初刻，其意可見也。

十時。原《左傳》楚邱曰：日之數十，故有十時，亦當十位。自王已下，其二爲公，其三爲卿。日上其中，食日爲二，旦日爲三。註：日中當王，食時當公，平旦爲鄉，雞鳴爲士，夜半爲早，人定爲輿，黃昏爲隸，日入爲僚，晡時爲僕，日昳爲臺，禺中日出，闕不在第等。疏：從中而右旋，配天也。晡時，謂日西食時也。日昳，謂蹉跌而下也。隅謂東南隅也。過隅未中，故爲隅中也。《日知録》左傳十時註：以爲十二時，雖不立十二支之目，然其曰夜半者，即今之所謂子也。雞鳴者，丑也。平旦者，寅也。日出者，卯也。食時者，辰也。隅中者，巳也。日中者，午也。日昳者，未也。晡時者，申也。日入者，酉也。黃昏者，戌也。人定者，亥也。一日分爲十二始見於此。【略】

十二節。增《史記歷書》：撫十二節，卒於丑。註：撫，猶循也。自平明寅至雞鳴丑，凡十二辰。辰盡丑，又至明朝寅，便一日一夜。【略】

二十四氣漏刻。原《後漢書・律歷志》：冬至晝漏四十五刻，夜漏五十五刻。小寒晝漏四十五刻八分，夜漏五十四刻二分。大寒晝漏四十六刻八分，夜漏五十三刻二分，立春晝漏四十八刻六分，夜漏五十一刻四分。雨水晝漏五十刻八分，夜漏四十九刻二分。驚蟄晝漏五十三刻三分，夜漏四十六刻七分。春分晝漏五十五刻八分，夜漏四十四刻二分。清明晝漏五十八刻三分，夜漏四十一刻七分。穀雨晝漏六十刻五分，夜漏三十九刻五分。立夏晝漏六十二刻四分，夜漏三十七刻六分。小滿晝漏六十三刻九分，夜漏三十六刻一分。芒種晝漏六十四刻九分，夜漏三十五刻一分。夏至晝漏六十五刻，夜漏三十五刻。小暑晝漏六十四刻七分，夜漏三十五刻三分。大暑晝漏六十三刻八分，夜漏三十六刻二分。立秋晝漏六十二刻三分，夜漏三十七刻七分。處暑晝漏六十刻二分，夜漏三十九刻八分。白露晝漏五十七刻八分，夜漏四十二刻二分。秋分晝漏五十五刻二分，夜漏四十四刻八分。寒露晝漏五十二刻六分，夜漏四十七刻四分。霜降晝漏五十刻三分，夜漏四十九刻七分。立冬晝漏四十八刻二分，夜漏五十一刻八分。小雪晝漏四十六刻七分，夜漏五十三刻三分。大雪晝漏四十五刻五分，夜漏五十四刻五分。

定昏明。增《後漢書·律歷志》：黄道去極，日景之生，據儀，表也。漏刻之生，𠂆去極遠近差乘節氣之差。如遠近而差一刻，𠂆相增損。昏明之生，𠂆天度乘晝漏，夜漏減三百而一，爲定度。𠂆減天度，餘爲明，加定度一爲昏。其餘四之，如法爲少。不盡，三之，如法爲强，餘半法𠂆上𠂆成强。强三爲少，少四爲度，其强二爲少弱也。又𠂆日度餘爲少强，而各加焉。

日入三商。增《儀禮·士昏禮》註：日入三商爲昏。疏：日入三商者，商謂商量，是漏刻之名，故三光靈曜亦日入三刻爲昏，不盡爲明。案馬氏云：日未出，日没後，皆云二刻半前後，共五刻，今云三商者，據整數而言，其實二刻半也。【略】

損夜益晝。增《晉書·天文志》：天之晝夜，以日出没爲分。人之晝夜，以昏明爲限。日未出二刻半而明，日入二刻半而昏。故損夜五刻以益晝，是以春秋分漏晝五十五刻。

晝夜同。增《晉書·天文志》：日晝行地上，夜行地下，俱百八十二度半彊。故日見之漏五十刻，不見之漏五十刻，謂之晝夜同。

百二十刻。增《隋書·天文志》：劉向《鴻範傳》記武帝時所用法云：冬夏二至之間，一百八十餘日，晝夜差二十刻。大率二至之後，九日而增損一刻焉。至哀帝時又改用晝夜一百二十刻，尋亦寢廢。韓愈《記夢詩》：挈攜陬維口瀾翻，百二十刻須臾間。

九十六刻增《隋書天文志》：天監六年，武帝以晝夜百刻分配十二辰，辰得八刻仍有餘分，乃以晝夜爲九十六刻，一辰有全刻八焉。

一百八刻。增《隋書·天文志》：大同十年，又改用一百八刻。依《尚書考靈曜》晝夜三十六頃之數，因而三之。冬至晝漏四十八刻，夜漏六十刻。夏至晝漏七十刻，夜漏三十八刻。春秋二分晝漏六十刻，夜漏四十八刻。昏旦之數各三刻。【略】

四時漏。增竇鞏《漏賦》：清清泠泠，日殷鳥星，送春漏於重扃。赫赫曈曈，時方祝融，傳夏漏於深宫。的的綿綿，明河爛然，耿秋漏於凉天。暗暗陰陰，濃氛鬱沈，轉冬漏於寒林。【略】

時正。增《玉海》：每時，初行一刻至四刻六分之一爲時正，終八刻三分之二則交入次時。

十二時。增《玉海》：日百刻，二十八宿晝夜迭見，而天行周十二次，故曰十二辰，亦曰十二時。《袪疑説》：地道右旋，故每日之太陽在子位爲子時，順子，丑，寅，卯，歷十二方隅而定十二時也。蓋太陽每一日順行十二方隅而爲十二時。【略】

六千分。增《三餘贅筆》：晝夜者，陰陽之象也。以晝夜而分之，則有十二時。以十二時而分之，則有百刻。以百刻而細分之，則又有六千分焉。非陰陽之數止於此也，蓋陰陽無窮盡者，愈推則愈有，姑以六千分而爲之限耳。故以一刻言之，則得六十分，八刻六八四百八十分。亦多二十分。蓋八刻有上四刻、下四刻。上四刻如初刻正也，有初初刻多十分焉，合二百四十分。所以十二時，一百刻，而總六千分也。

更點。原《虎鈐經》：每更計一十二刻，每點二刻二十四分。【略】

又卷二四《時刻令》大刻小刻。增《日知録》：歷家有大刻，有小刻。初一，初二，初三，初四，正一，正二，正三，正四，謂之大刻，合一日計之得九十六刻。其不盡者，置一初初於初一之上，置一正初於正一之上，謂之小刻。每刻止當大刻六分之一，合一日計之爲初初者十二，爲正初者十二，又得四大刻，合前爲百刻。【略】

晝多於夜五刻。增《書·堯典》疏：天之晝夜，以日出入爲分，人之晝夜，以昏明爲限。日未出前二刻半爲明，日入後二刻半爲昏。損夜五刻以裨於晝，則晝多於夜，復校五刻。古今歷術與太史所候皆云：夏至之晝六十五刻，夜三十五刻。冬至之晝四十五刻，夜五十五刻。春分秋分之晝五十五刻，夜四十五刻。此其不易之法也。

四十八箭。原《詩·東方未明》疏：漏刻之箭，晝夜共百刻。冬夏之間，則有長短焉。太史立成法，有四十八箭。按《乾象歷》及諸歷法與今太史所候皆云：冬至則晝四十五，夜五十五。夏至則晝六十五，夜三十五。春秋分則晝五十五半，夜四十四半。從春分至於夏至，晝漸長，增九刻半。從夏至至於秋分，所減亦如之。從秋分至於冬至，晝漸短，減十刻半。從冬至至於春分，所加亦如之。又於每氣之間，加減刻數，有多有少，其事在於歷術。以其算數，有多有少，不可通而爲率。故太史之官立爲法，定作四十八箭，以一年有二十四氣，每一氣之間又分爲二通率。七日强半而易一箭，故周年而用箭四十八也。增《後漢書·律歷志》：永元十四年十一月甲寅，詔曰：告司徒司空：漏所以節時分，定昏明。昏明長短，起於日去極遠近。日道周，不可以計率分，當據儀度，下參晷景。今官漏以計率分昏明，九日增減一刻，違失其實，至爲疏數以耦法。太史待詔霍融上言，不與天相應。太常史官運儀下水，官漏失天者至三刻。以晷景爲刻，少所違失，密近有驗。今下晷景漏刻四十八箭，立成斧官府當用者，計吏到，班予四十八箭。文多，故魁取二十四氣日所在，並黄道去極，晷景，漏刻，昏明中星刻於下。

挈壺。增《周禮·夏官》：挈壺氏，挈壺氏掌挈壺，皆以水火守之，分以日夜。註：縣壺以爲漏，以水守壺者，爲沃漏也。以火守壺者，夜則火視刻數也。分以日夜者，異晝夜漏也。漏之箭，晝夜共百刻。原《隋書·天文志》：昔黄帝創觀漏水，制器取則，以分晝夜，其後因以命官，《周禮》挈壺氏。總以百刻，分於晝夜。漏刻皆隨氣增損。冬夏二至之間，晝夜長短凡差二十刻，每差一刻爲一箭。冬至互起其首，凡有四十一箭。晝有朝，有禺，有中，有晡，有夕。夜有甲，乙，丙，丁，戊。昏旦有星中。每箭各有其數，皆所以分時代守，更其作役。

增《易氏詩解》：挈壺之制不可攷。以唐制推之，水海浮箭，四匱注水。始自夜天池以入於日天池，自日天池以入於平壺，以次相注，入於水海，浮箭而上，以浮箭爲刻。分晝夜計十二時，每時八刻二十分，每刻六十分。箭四十八，八箭當一氣，歲統二百一十九萬一千五百分，悉刻於箭上。銅烏引水而下注，浮箭而上登。至於晝夜之別，分至之候，冬夏長短，昏曉隱見，與周官晷影無差。

以時啟閉。增《周禮・天官》：閽人，閽人掌守王宮之中門之禁，以時啟閉。註：時漏盡。疏：漏盡者，謂若夏至，晝則日見之漏六十刻，夜則四十刻。冬至，晝則日見之漏四十刻，夜則六十刻。就時之間大判九日校一刻。

率更。增《漢書・百官》公卿表率更註：掌知漏刻，故曰率更。《唐書・百官志》：率更寺令一人，掌宗族次序，禮樂刑罰及漏刻之政。【略】

二十五箭。增何承天《請改漏刻奏》：增損舊刻，參以晷影，删定爲經，改用二十五箭。請臺勒漏郎將考驗施用。

新漏刻銘。增陸倕《新漏刻銘》序：皇帝每旦晨興，屬傳漏之音，聽雞人之響。以爲星火謬中，金水違用。時乖啟閉，箭異錙銖。爰命日官，草創新器。天監六年，太歲丁亥朔，十六日壬寅，漏成進御。以考辰正晷，測表候陰，不謬圭撮，無乖黍累。又可以校運，莫之睽合，辨分天之邪正，察四氣之盈虛，課六歷之疏密。永世貽則，傳之無窮，赫矣煥乎，無得而稱也。

測囚法。增《南史・沈洙傳》：梁代舊律，測囚之法，日一上，起自晡鼓，盡於二更。及比部郎范泉删定律令，以舊法測立時久，非人所堪，分其刻數，日再上。廷尉以爲新制過輕，請會尚書省詳議。洙議曰：夜中測立，緩急易欺，兼用晝漏，於事爲允。但漏刻賒促，今古不同。《漢書・律歷》，何承天，祖冲之，祖暅父子《漏經》，並自關鼓至下鼓，自晡鼓至關鼓，皆十三刻，冬夏四時不異。若其日有長短，分在中時前後。今用梁末改漏，下鼓之後，分其短長，夏至之日各十七刻，冬至之日各十二刻。廷尉今牒以時刻短促，致罪人不款。愚意願去夜測之昧，從晝漏之明，斟酌今古之間，參會二漏之義，捨秋冬之少刻，從夏日之長晷，不問寒暑，並依今之夏至，朝夕上測各十七刻。比之古漏，測一上多昔四刻，即用今漏，則冬至多五刻。雖冬至之時，數刻侵夜，正是少日，於事非疑。庶罪人不以漏短而爲捍，獄囚無在夜之致誣。求之鄙意，竊謂爲宜依范泉前制。【略】

更鼓。增《唐書・百官志》：左右街使，掌分察六街徼巡。凡城門坊角，有武候鋪，衛士彍騎分守，大城門百人，大鋪三十人，小城門二十人，小鋪五人，日暮，鼓八百聲而門閉。乙夜，街使以騎卒循行叫譁，武官暗探，五更二點，鼓自內發，諸街鼓承振，坊市門皆啟，鼓三千撾，辨色而止。

漏鼓。增《唐書・百官志》：宮門局掌宮門管籥。凡夜漏盡，擊漏鼓而開。夜漏上水一刻，擊漏鼓而閉。

漏刻博士。增《唐書・百官志》：司天臺五官挈壺正二人，五官司辰八人，漏刻博士六人，掌知漏刻。凡孔壺爲漏，浮箭爲刻，以考中星昏明，更以擊鼓爲節，點以擊鐘爲節。【略】

漏刻生。增《唐六典》：太史局漏刻生三百六十人，掌習漏刻之節，以時唱漏。

典鐘典鼓。增《唐六典》：太史局典鐘二百八十人，掌擊漏鐘。又太史局典鼓一百六十人，掌擊漏鼓。

改正時刻。增《五代史・馬重績傳》：重績言：漏刻之法，以中星考晝夜爲一百刻，八刻六十分刻之二十爲一時，時以四刻十分爲正，此自古所用也。今失其傳，以午正爲時始，下侵未四刻十分而爲午，由是晝夜昏曉，皆失其正，請依古改正。從之。【略】

行漏輿。增《宋史・輿服志》：行漏輿，隋大業行漏車也。制同鐘鼓樓而大，設刻漏如稱衡。首垂銅鉢，末有銅象，漆匱貯水，渴烏注水入鉢中。【略】

時辰牌。增《佩觿小牘》：張思訓製上渾儀，爲十二神，各值一時，至其時即自執辰牌，循環而出。《燕史》：文華殿後曰刻漏房，銅壺滴漏在此，凡八刻水則交一時。直殿監宿抱時辰牌，赴乾清門裏換之。牌長尺餘，石青地金字書曰：某時，途遇者必側立讓行，坐者必起立。亦敬天時之義也。【略】

蓮花漏。增《玉海》：天聖八年，龍圖閣待制燕肅上蓮花漏法。其制：琢石爲四分之壺，剡木爲四分之箭，以測十二辰、二十四氣、四隅、十干，洎百刻分布，晝夜凡四十八箭，一氣一易。歲統二百十六萬分，悉刻箭上。鑄金蓮承箭，銅烏引水，而下注金蓮，浮箭而上登，不假人力，其箭自然上下。司晨者謹視而易之。其行漏之始，又依《周官》水地置臬之法，考二交之景，得午時四刻十分爲午正，南北景中，以起漏焉。註：其法置水於櫃，引以渴烏，導以銅荷，水自荷茄下注於壺，壺中爲金蓮花覆之。荷心有竅，容箭下插。方水之未注也，箭首適與花平，逮水既至，箭則隨起。視箭所底，而時刻可以坐致矣。《金史・曆志》：初，張行簡爲禮部尚書提點司天監時，嘗製蓮花，星丸二漏，以進。章宗命置蓮花漏於禁中，星丸漏遇巡幸則用之。《蓮社高賢傳》：釋惠安患山中無刻漏，乃於水上立十二葉芙蓉，因波隨轉，分定晝夜，以爲行道之節，謂之蓮花漏。

水秤。增《玉海》：景祐二年九月乙未，詔司天監製百刻水秤，以測候晝夜。三年二月，命章得象等重定水秤刻漏。四月辛亥，得象言水行有遲疾，請增用平水壺一，渴烏二，晝夜箭二十一。又刻漏之法有水秤，以木爲衡，衡上刻疏之，曰天河，其廣長容水箭。箭有四木爲之，長三尺有五寸，著時刻更點，納於天河中，晝夜更用之。衡右端有銅鍰連鈞，爲銅覆荷形，荷下銅索三條，以繫銅壺。又爲髹漆大奩，曰水櫃。中安銅盆，曰水海。銅盆隅有銅渴烏一，引水下注壺中。衡左端有大銅鍰貫衡，鍰下大銅索連銅權，爲立象形。又有鐵竿，高五丈，於鐵蓮跗中，屈上端爲方鍰形，曰雞竿。每移改時刻，司辰者以衡尾納方鍰中，以組繩挽權上大銅鍰進退之。秤之所繫以大木，雙植有跗，如鍾簴之制，畫五采金龍爲飾，上有鐵胡

門，大鐵鉤鍰以繫之。其制度精巧，不知作者爲誰，蓋唐五代用之久矣。【略】

宫漏。增《續資治通鑒》：元順帝自制宫漏，高六七寸，廣半之。造木爲匱，藏壺其中，運水上下。匱上設三聖殿，匱腰立玉女，捧時刻籌，時至輒浮水而上。左右二金甲神，一懸鐘，一懸鉦。夜則神人自能按更而擊，無分毫差。鳴鐘鉦時，獅鳳在側者皆自翔舞。匱之東西有日月宫，飛仙六人，立宫前，遇子午時自能耦進，度仙橋達三聖殿，復退立如前。

定時鼓。增《續文獻通考》：凡遇正旦，冬至及頒詔大禮，先期欽天監官奏，設定時鼓於文樓。至期，定時，漏刻博士一員，報時，五官司辰一員，立御道東。雞唱，五官司辰一員，擊鼓，漏刻博士一員，登文樓。候上陞殿，鳴鞭已畢，報時官捧時牌，報卯時。雞唱官唱日出卯照萬方光四表，畢擊鼓五聲。【略】

晝夜時刻器。增《元史·天文志》蘸尼額都爾博多，漢言晝夜時刻之器。其制以銅如圓鏡而可掛，面刻十二辰位，晝夜時刻，上加銅條綴其中，可以圓轉。銅條兩端，各屈其首爲二竅以對望，晝則視日影，夜則窺星辰，以定時刻，以測休咎。背嵌鏡，三面刻其圖凡七，以辨東西南北日影長短之不同，星辰向背之有異，故各異其圖，以盡天地之變焉。

造籌法。增《漏刻經》：用薄木竹片皆可爲，如籤篦樣，隨尺寸高下書寫時刻，用探水定驗時辰更點，尤是簡捷。凡籌三十四分，均布十二段，每段該二分五釐。惟寅、申、巳、亥上，分外加添四分，謂維偏添之數也。閏餘成歲，折瑳之數也。今皆捷取小盂内分刻爲驗，甚徑更捷。小盂分刻處相對，先刻取二路，以浮魚指點處是也。凡一年十二月止用太平錢二十文，隨月加減鎮壓小盂。

造盂法。增《漏刻經》：其法以銅盂二隻，大一小一。大者貯水，初無定制。小者重五兩，高三寸四分，面底並闊四寸七分，上下四直。造之恐度量差殊，當以太平錢五十文準其輕重。造畢，於盂底微鑽一竅，如鍼眼大，浮於水盆上，令水顛倒，自穴外逆通，上入於盂中。用籌探之水，至子則子時，至午則午時，至一更則一更矣。他皆倣此。

下漏法。增《漏刻經》：每日天曉，日將出時，將小盂浮於大盆水面上。至日入時，自然水滿，小盂沈於水底爲度。却取出小盂，去其水，再浮水面上。至來日天曉，仍舊沈於水底。昏曉二時，俱以水滿爲度，定其晝夜。其日停水之時，切須濾出極净，毋使塵滓隘其水穴，庶幾無緩迫之失。【略】

下漏決漏。增《史記·司馬穰苴傳》：穰苴與莊賈約，曰：旦日日中會於軍門。穰苴先馳至軍，立表下漏待賈。日中不至，讓苴則僕表決漏。入，行軍勒兵，申明約束。約束既定，夕時，莊賈乃至。【略】

給漏刻。增《北史·奚斤傳》：自魏初大將行兵，唯長孫嵩拒宋武。斤征河南，獨給漏刻及十二牙旗。

增減刻法。增《隋書·天文志》：光武之初，亦以百刻九日加減法，編於《甲令》，爲《常符漏品》。至和帝永元十四年，霍融上言：官歷率九日增減一刻，不與天相應。或時差至二刻半，不如夏歷漏刻，隨日南北爲長短。乃詔用夏歷漏刻。依日行黄道去極，每差二度四分，爲增減一刻。

袁充漏刻。增《隋書·天文志》：開皇十四年，鄜州司馬袁充上晷影漏刻。充以短影平儀，均布十二辰，立表，隨日影所指辰刻，以驗漏水之節。十二辰刻，互有多少，時正前後，刻亦不同。其二至二分用箭辰刻之法，今列之云。冬至：日出辰正，入申正，晝四十刻，夜六十刻。子、丑、亥各二刻，寅、巳各六刻，卯、酉各十三刻，辰、申各十三刻，巳、未各十刻，午八刻。右十四日改箭。春秋二分，日出卯正，入酉正，晝五十刻，夜五十刻。子四刻，丑、亥七刻，寅、巳九刻，卯、酉十四刻，辰、申九刻，巳、未七刻，午四刻。右五日改箭。夏至：日出寅正，入戌正，晝六十刻，夜四十刻。子八刻，丑、亥十刻，寅、戌十四刻，卯、酉十三刻，辰、申六刻，巳、未二刻，午二刻。右一十九日，加減一刻，改箭。

馬上刻漏。原《隋書·耿洵傳》：作馬上刻漏，世稱其妙。

金丸候時。原《舊唐書》：拂菻國，一名大秦。王室凡有大門三重，列異寶雕飾。第二門門樓中，懸一大金秤，以金丸十二枚屬於衡端，以候日之十二時焉，爲一金人，其大如人，立於側，每至一時，其金丸輒落，鏗然有聲，引唱以紀日時，毫釐無失。【略】

報時鐵。原《唐詩紀事》：段成式博學强記，嘗於私第鑿池得片鐵，命尺周量之，笑而不言。寘之密室，時窺之，則有金書十二字，報十二時也。【略】

穎漏。增夏竦《潁州蓮華漏銘》序：景祐中，更爲穎漏，再考晷度。以梓潼在南，比古法晝增一刻，夜損一刻。青社稍北，晝增三刻，夜損三刻。穎處梓青之間，晝增二刻，夜損亦如之。

更點。增《事物紀原》：更點起於《易繫》九事重門擊柝之説，自黄帝時也。《演繁露》夜分五更者，以五夜更易爲名也。顔之推曰：五夜謂以甲、乙、丙、丁、戊記其次也。點者則亦下漏滴水爲名。每一更又分爲五點也。杜甫詩：五更三點入鵷行。四季須知夜有五更，更有五點，更點二十五聲。今府縣去五更後二點，又去初更前二點，首尾止二十一點。故禁人曰：一更三點。放人曰：五更三點。【略】

燈漏。增《元史·天文志》：燈漏之制，高丈有七尺，架以金爲之。其曲梁之上，中設雲珠，左日右月。雲珠之下，復懸一珠。梁之兩端，飾以龍首，張吻轉目，可以審平水之緩急。中梁之上，有戲珠龍二，隨珠俯仰，又可察準水之均調。燈毬雜以金寶爲之，内分四層，上環布四神，旋當日月參辰之所在，左轉日一週。次爲龍、虎、鳥、龜之象，各居其方，依刻跳躍，鐃鳴以應於内。又次週分百刻，上列十二辰，各執時牌，至其時，四門通報。又一人當門内，常以手指其刻數。下四隅，鐘、鼓、鉦、鐃各一人，一刻鳴鐘，二刻鼓，三鉦，四鐃，初正皆如是。其機發隱於櫃中，以水激之。【略】

夜刻。增梁元帝詩：雞人憐夜刻，鳳女念吹簫。鮑溶詩：金飈爽晨華，玉壺增夜刻。

新刻。增王褒《漏刻銘》：器導昔典，景移新刻。

舊刻。增薛道衡詩：金徒列舊刻，玉律動新灰。

晝刻。增杜甫《晚出左掖》詩：晝刻傳呼淺，春旗簇仗齊。羊士諤詩：雲披綵仗春風度，日暖香階晝刻移。

頃刻。增戴叔倫《白苧詞》：大家爲歡莫猶豫，頃刻銅龍報天曙。曹松《夏雲》詩：勢能成岳仭，頃刻長崔嵬。

短刻。增蔣防《惜分陰賦》：惜分陰於短刻，期碩學於緋緗。

三刻。增張籍詩：宫中玉漏下三刻，朱衣導騎丞相來。

五刻。增王建詩：五刻閤前卿相出，下簾聲在半天中。

七刻。增姚合《寄令狐相公》詩：拜表出時傳七刻，排班衙日有三公。【略】

四刻。增杜牧詩：雪後新正半，春來四刻長。

四百刻。增杜牧詩：飲酒論文四百刻，水分雲隔二三年。

三十刻。增方干詩：日晷未移三十刻，風騷已及四千言。

添刻。增司馬光詩：暖日初添刻，東風乍襲衣。

一刻千金。增蘇軾詩：春宵一刻直千金，花有清香月有陰。

清·張英等《淵鑑類函》卷三一七《釋教部二》 刻漏。《國史補》云：僧慧遠在廬山，以山中不知更漏，乃取銅葉製器，狀如蓮花，置水盆上，底孔漏水，半之則沉。每晝夜十二沉，爲行道之節。

清·蔡升元等《佩文韻府》卷七之五 挈壺。《詩傳》：古有挈壺氏，以水火分日夜，以告時於朝。《周禮》挈壺氏，下士六人。注：壺，盛水器也。世主挈壺水以爲漏，又挈壺氏掌挈壺以令軍井。注：謂爲軍穿井，井成挈壺縣其上，令軍士望見，知下有井。《元史》：挈壺郎二人，掌直漏刻，冠學士帽服，紫羅窄袖衫，塗金束帶，烏鞾，漏刻直御榻南。《藉田賦》：挈壺掌升降之節，宫正設門閭之蹕。孫綽《漏刻銘》：乃制妙器，挈壺是銓。《新刻漏銘》：挈壺命氏，遠哉義用，揆景測辰，儆宫戒井。守以水火，分兹日夜。王融《曲水詩序》：挈壺宣夜，辨氣朔於靈臺。蘇軾詩：縱飲誰能問挈壺。李沇《夢仙謡》：海宫蹙浪牧殘月，挈壺掌事傳更歇。又雍陶《酬歲除送酒》詩：已供時節深珍處，况許今朝更挈壺。【略】

縣壺。《周禮》：挈壺氏，凡軍事縣壺以序聚㯺。注：縣壺以爲漏。又《水經注》：費長房爲市吏，見王壺公懸壺市中，長房從之。因而自退，同入此壺，隱淪仙路。骨謝懷靈，無會而返。

清·蔡升元等《佩文韻府》卷二三之四 漏刻生。《隋書·百官志》：司辰師四人，漏刻生一百一十人。

清·蔡升元等《佩文韻府》卷二四之六 漏刻銘。《梁書·陸倕傳》，高祖雅爱倕才，乃敕撰《新漏刻銘》。其文甚美。遷太子中舍人。又詔爲《石闕銘記》，奏之。敕曰：陸倕所製《石闕銘》，詞義典雅，足爲佳作。可賜絹三十四，遷太子庶子國子博士。

清·蔡升元等《佩文韻府》卷三六之三 刻漏所。《玉海》：唐太極殿前漏刻所，亦以左契給之，右以授承天門監門，晝夜勘合，然後鳴鼓。

清·蔡升元等《佩文韻府》卷八三之一 挈壺正。《唐書·百官志》：五官挈壺正二人，正八品。又武後長安二年置挈壺正。乾元元年，與靈臺郎，保章正，司曆，司辰，皆加五品之名。

清·蔡升元等《佩文韻府》卷八四之一 漏刻聽。《後漢書·宦者傳》：郎中梁人審忠上書曰：願陛下留漏刻之聽，裁省臣表。又韓駒詩：漏聽實清越。

清·蔡升元等《佩文韻府》卷八五之三 刻漏。《周禮》：挈壺氏掌刻漏。《晉書·王濬傳》：皓送降文於濬曰：今者猥煩六軍，衡盖露次，遠臨江渚，舉國驚惶，假息刻漏。《隋書·耿洵傳》：作馬上刻漏，世稱其妙。《宋史·郭諮傳》：任顓言諮有巧思，自爲兵械皆可用，詔以所作刻漏，圓楯、獨轅弩、生皮甲来上，帝嘉之。楊炯《渾天賦》：言宣夜者，星辰不可以濶狹有常。言盖天者，刻漏不可以春秋各半。盧肇《觀雙柘枝舞賦》：聽銅壺之刻漏，瞻銀漢之明滅。喻凫詩：殘燈懸刻漏，舊夢返湘沅。閆朝隱詩：箭水泠泠刻漏長。薩都拉《秋夜京口》詩：鐵甕城頭刻漏遲，凉霜如雪撲簾飛。下漏。《史記·司馬穰苴傳》：穰苴既辭，與莊賈約，曰：旦日日中會於軍門。穰苴先馳至軍，立表下漏待賈。《吴志·吴範傳》：闞公在麥城，權使潘璋邀其徑路，覘候者還，白公已去。範曰：雖去不免。問其期，曰：明日日中。權立表下漏以待之。及中不至，範曰：時尚未正中也。頃之，有風動帷，範拊手曰：彼至矣。須臾，外稱萬歲，傳言得公。《宋史·律歷志》：昏夜雞唱，放鼓契出，發鼓，擊鐘一百聲，然後下漏。《西京雜記》：成帝時，交趾越嶲獻長鳴雞，伺雞晨即下漏驗之，晷刻無差。楊載詩：雲垂迥野鳴鞘遠，月滿高城下漏長。【略】

傳漏。《漢書·董賢傳》：哀帝立賢官爲郎，傳漏在殿下。注：傳漏，奏時刻也。《晉書·天文志》：柱史北一星，曰女史，婦人之微者，主傳漏。《唐書·盧鈞傳》：武宗以鈞寬厚，詔兼節度昭義。及潞，石雄兵已入。雄欲盡夷潞兵，鈞不聽。坐治堂上，左右皆雄親卒，擊鼓傳漏，鈞自居甚安，雄引去。陸倕《新漏刻銘》序：皇帝每旦晨興，屬傳漏之音，聽雞人之響。以爲星火謬中，金水違用。爰命日官，草刱新器。丁鶴年《元夕》詩：金鎖開關明似書，銅壺傳漏迥如年。

壺漏。《後漢書·律歷志》孔壺爲漏，浮箭爲刻，下漏數刻，以考中星，昏明生焉。梁簡文帝詩：洞門扉未掩，金壺漏已催。徐彦伯詩：夕轉清壺漏，晨驚長樂鐘。王岳靈詩：銀箭殘將盡，銅壺漏更新。【略】

待漏。《宋史·理宗紀》：帝性凝，重寡言，潔修好學，每朝參待漏，或多笑語，帝獨儼然。出入殿廷，矩矱有常。又《樂志》：待漏造王庭，威儀盛莫京。《國史補》：元和初置待漏院。梁簡文帝詩：落闕猶待漏，交戟未通車。沈約碑文：奉待漏之書，銜如絲之旨。白居易詩：入朝紆紫綬，待漏擁朱輪。鄭谷詩：鵷鷺入朝同待漏，牛羊送日獨歸村。【略】

蓮華漏。《宋史·燕肅傳》：性精巧，嘗造指南、記里鼓二車以獻，又上蓮華漏法。詔司天臺考於鐘鼓樓下。《金史·歷志》：初，張行簡爲禮部尚書提點司天監時，嘗製蓮華、星丸二漏以進。章宗命置蓮華漏于禁中，星丸漏遇車駕巡幸則用之。《翻譯名義集》：遠公之門有僧慧要，患山中無刻漏，乃於水上立十二葉芙蓉，因波而輪，以定十二時，晷景無差。今日遠公蓮華漏是也。張喬詩：遠公牕下蓮華漏，猶向山中禮六時。皮日休詩：吟多幾轉蓮華漏，坐久重燒栢子香。蘇軾《白雞》詩：還須却置蓮華漏，老怯風霜恐不鳴。周伯琦詩：栢子樹陰浮碧砌，蓮華漏水響銅壺。又鄭谷《岑上人》詩：我來能永日，蓮漏滴堦前。【略】

決漏。《史記·司馬穰苴傳》穰苴立表下漏待賈，日中不至，穰苴則仆表決漏。入，行軍勒兵，申明約束。約束既定，夕時，莊賈乃至。注：仆者卧其表也，決漏謂決去壺中漏水。

夜漏。《漢書·東方朔傳》：建元三年，帝始微行，以夜漏下十刻乃出，常稱平陽侯。《後漢書·律曆志》：立春之日，夜漏未盡五刻，京都百官皆衣青衣，立青旛。施土牛耕人于門外。又先減所入節氣夜漏之半，其餘爲晝上水之數。過晝漏去之，餘爲夜上水數。《唐書·百官志》：宫門郎掌宫門管籥，凡夜漏盡，擊漏鼓而開。夜漏上水一刻，擊漏鼓而閉。《宋史·律曆志》：冬至一陽爻生而晷道漸升，夜漏益減，象君子之道長，故曰息。庾肩吾詩：燒香知夜漏，刻燭驗更籌。皇甫曾詩：十分午夜漏，遥隔萬年枝。許渾詩：潮寒水國秋砧早，月暗山城夜漏稀。李中《聞笛》詩：長笛起誰家，秋凉夜漏賒。蘇軾《聽彈琴》詩：彈琴江浦夜漏永，斂衽竊聽獨激昂。又《戎州》詩：瘦嶺春耕少，孤城夜漏閒。官漏。《後漢書·律曆志》：一氣俱十五日，日去極各有多少。今官漏率九日移一刻，不隨日進退。夏日漏隨日南北爲長短，密近於官漏，分明可施行。陸倕《新漏刻銘》：今之官漏，出自會稽注：梁天監六年，上造新漏，以舊漏給官。張説詩：静聞官漏疎。

晷漏。《後漢書·律曆志》：孝章皇帝歷度審正，圖儀晷漏，與天相應，不可復尚。《晉書·天文志》：織女三星，在天紀東端。東足四星曰漸臺，臨水之臺也，主晷漏律吕之事。《唐書·曆志》日行有南北，晷漏有長短。然二十四氣晷差徐疾不同者，勾股使然也。左思《吴都賦》：晷漏肅唱，明宵有程。何承天《社頌》：嵗云其秋，晷漏均程。駱賓王《姚州破賊露布》：顧巢穴以靡依，延晷漏而何幾。李華《含元殿賦》：節晷漏于鐘律，架危樓之筍簴。

鼓漏。《後漢書·祭祀志》：雒陽諸陵，皆以晦望二十四氣伏臘及四時祠。廟日上飯，其親陵所宫人隨鼓漏理被枕，具盥水，陳嚴具。《齊書·皇妃傳》：上數遊幸諸苑囿，載宫人從後車。宫内深隱，不聞端門鼓漏聲，置鐘於景陽樓上，宫人聞鐘聲，早起裝飾。至今，此鐘惟應五鼓及三鼓也。【略】

儀漏。《宋書·曆志》：自非帝者有造，則儀漏或闕，豈能窮密盡微，纖毫不失。《齊書·祖沖之傳》：親量圭尺，躬察儀漏。目盡毫氂，心窮籌筴。【略】

行漏。《隋書·音樂志》：六龍矯首，七萃驚途，鼓移行漏，風轉相烏。《唐書·儀衛志》：黄麾仗一，殿中侍御史二人導，次太史監一人，書令史一人，騎引相風，行漏輦。次相風輦。《宋史·輿服志》：行漏輿，隋大業行漏車也。制同鐘、鼓樓而大，設刻漏如稱衡。庾肩吾詩：秋暉逐行漏，朔氣繞相風。庾信《華林園馬射賦》：行漏抱刻，前旌載鳶。武平一詩：行漏移三象，連營總八屯。韋濟詩：行漏通鳷鵲，離宫接建章。沈佺期詩：溪水泠泠逐行漏。盧綸《皇帝聖感》詩：高旌花外轉，行漏獄前聞。

執漏。《唐書·曆志》：觀晷景之進退，知軌道之升降。軌與晷名舛而義合，其差則水漏之所從也。總名曰執漏。

水漏。見上。

全漏。《唐書·曆志》：凡推月度，以歷分乘夜半定全漏，如刻法。【略】

卯漏。《唐書·高崇文傳》：始崇文選兵五千，常若寇至。至是，卯漏受命，辰巳出師，器良械完，無一不具。《宋史·周常傳》：時以天暑，令記注官，卯漏正，即勿奏事。

午漏。《唐書·李德裕傳》：德裕在位，雖遽書警奏，皆從容裁決。率午漏下還第，休沐輒如令，沛然若無事時。姚合詩：樹裏鳴蟬咽，宫中午漏長。蘇舜欽《地動聯句》：倒壺喪午漏，顛巢駭眠鳥。王逢詩：幕府深嚴午漏遲，曾文簾影碧參差。薩都拉詩：西宫午漏隔花深。【略】

巳漏。《唐書·楊國忠傳》：始，李林甫給帝天下無事，請巳漏出休，許之。文書填湊，坐家裁決。既成，敕吏持案詣左相陳希烈聯署，左相不敢詰，署惟謹。

浮漏。《宋史·神宗紀》：作新渾儀、浮漏。《金史·章宗紀》：奉職醜和尚進《浮漏水稱影儀簡儀圖》，命有司依式造之。

晝漏。《宋史·律曆志》：冬至晝漏四十刻，夜漏六十刻。夏至晝漏六十刻，夜漏四十刻。杜甫詩：晝漏稀聞高閣報，天顔有喜近臣知。方干詩：晝漏丁當相續滴，寒蟬計會一時鳴。皮日休詩：高談黟無盡，晝漏何太促。韓偓詩：晝漏迢迢夜漏遲。虞集詩：晝漏沈沈鼓，晨鐘灔灔杯。

輪漏。《宋史·律歷志》：自黄帝觀漏水，制器取則，三代因以命官，挈壺氏其職也。後之作者，或下漏，或浮漏，或輪漏，或權衡，制作不一。

秤漏。《宋史·選舉志》：諸秤漏官五年而轉資者，無不屬於祕書。

晚漏。《宋史·職官志》：翰林學士院，凡拜宰相及事重者，晚漏上，天子御内東門小殿，宣詔面諭，給筆札書所得旨。稟奏歸院，内侍鎖院門，禁止出入。夜漏盡，具詞進入。遲

日，白麻出。楊維楨詩：晚漏壺中水聲遠。【略】

更漏。《元史·徐履謙傳》：舊制，享祀，司天雖掌時刻，無鐘鼓更漏，往往至旦始行事。履謙白宰執，請用鐘鼓更漏，俾早晏有節從之。杜甫《江邊星月》詩：餘光隱更漏，況乃露華凝。姚合詩：月華更漏清，露葉光彩鮮。許渾《韶州驛樓》詩：主人不醉下樓去，月在南軒更漏長。薩都拉詩：隔花立馬聽更漏，帶月鳴珂趁早朝。周霆震詩：卧聽更漏鼓，雙淚落如絲。又更漏子，詞調名。【略】

勒漏。何承天《請改漏刻奏》：增損舊刻，參以晷影，删定爲經，改用二十五箭。請臺勒漏郎考驗施用。【略】

晨漏。鮑照《還都道中》詩：太息終晨漏，企我歸飈遇。【略】

朝漏。陳後主《前有一樽酒行》：莫論朝漏促，傾卮待夕筵。

鐘漏。張正見《從籍田應教》詩：洛城鐘漏息，靈臺雲霧卷。温子昇《常山公主碑》：鐘漏相催，日夜不息。川有急流，風無静樹。蘇軾詩：玉堂晝掩文書静，鈴索不摇鐘漏永。

早漏。韋元旦《早朝》詩：挈壺分早漏，伏檻耀初暾。蘇舜欽《長安春日》詩：窮閻何早漏，時燕不見投。【略】

宫漏。李益詩：似將海水添宫漏，共滴長門一夜長。楊巨源《皇壽無疆詞》：爐烟添柳重，宫漏出花遲。吴融《玉堂種竹》詩：有韻和宫漏，無香雜畹蘭。許渾詩：閶闔欲開宫漏盡，冕旒初坐御香高。鄭谷詩：鐘絶分宫漏，螢微隔御溝。蘇軾詩：不聞宫漏催晨箭，但覺簷陰轉古槐。【略】

唱漏。温庭筠詩：綺閣空傳唱漏聲。鄭谷《早入諫院》詩：紫雲車疊抱春城，廊下人稀唱漏聲。宋元《長門怨》：内官唱漏催曉籌，芙蓉夢破燕支愁。【略】

考星以漏。《漢書·王莽傳》：元煒和平，考星以漏。注：推五星行庶以漏刻。

春秋分漏。《晉書·天文志》：天之晝夜以日出没爲分，人之晝夜以昏明爲限。日未出二刻半而明，日入二刻半而昏。故損夜五刻以益晝。是以春秋分漏晝夜五十五刻。【略】

雞人伺漏。《南史·陳文帝紀》：每雞人伺漏，傳籤於殿中者，令投籤於階石上，鎗然有聲，云：吾雖得眠，亦令驚覺。

清·蔡升元等《佩文韻府》卷一〇二之六

漏刻。《漢書·百官公卿表》：秦官有太子率更。注：掌知漏刻，故曰率更。又《律曆志》：詔卿，遂，遷與侍郎尊，大典星射姓等議造漢曆。廼定東西，立晷儀，下漏刻，以追二十八宿。《後漢書·光武帝紀》：莽遣王尋、王邑將兵百萬，甲士四十二萬人，到潁川。諸將見尋，邑兵盛，反走，馳入昆陽，王邑圍之數十重，王鳳等乞降，不許。尋，邑自以爲功在漏刻，意氣甚逸。《晉書·陸賈傳》：罪人之命，懸于漏刻，東平之期，不旦則夕矣。《北史·奚斤傳》：自魏初大將行兵，唯長孫嵩拒宋武，斤征河南，獨給漏刻及十二牙旗。《舊唐書·官品志》：司天臺漏刻博士二十人。漏刻之法：孔壺爲漏，浮箭爲刻。其箭四十有八，晝夜共百刻。《唐書·百官志》：率更寺令一人，掌宗族次序、禮樂、刑罰及漏刻之政。李尤銘：乃建日官，俾立漏刻。蔡邕《讓尚書表》：抱關執鑰以守漏刻，則臣之心厭飫足矣。何承天《請改漏刻奏》：今既改用元嘉曆，刻漏與先不同，宜應改革。按相承所用漏刻，冬至後晝漏率長于冬至前，長短增減，進退無漸。徐陵《丹陽上庸路碑》：不移漏刻，纔命口占。王維《酺宴》詩：上路笙歌滿，春城漏刻長。儲光羲詩：初秋漏刻長。杜甫詩：隨肩趨漏刻。劉長卿詩：青瑣幽深漏刻長。

晷刻。《梁書·賀琛傳》：每見高祖，與語常移晷刻，故省中語曰：上殿不下有賀雅。琛容止都雅，故時人呼之。《南史·虞寄傳》：留異稱兵，寶應資其部曲，寄因書極諫曰：願將軍少戢雷霆，賒其晷刻，使得盡狂瞽之説，披肝膽之誠。《西京雜記》：武帝時，交趾獻長鳴雞，伺雞晨即下漏驗之，晷刻無差。沈約《述僧中食論》：榮名雖日用於心，要無晷刻之累。徐陵《徐則法師碑》：至人者，譬彼晨昏，方乎晷刻。滕邁《太陽合朔賦》：輝煌增焕，觀光必達于幽陰，氛祲皆消，揆影無差于晷刻。韓愈詩：所願晷刻淹。柳宗元《請復尊號表》：沐浴鴻澤者，敢懷晷刻之安？捧戴皇恩者，不知寢食之適。陳造《官務》詩：豈念南畝民，晷刻校日力。貢師泰《過仙霞嶺》詩：所當效微忠，孰敢怠晷刻？

漏下十刻。《漢書·東方朔傳》：上自此始微行，以夜漏下十刻乃出。又《唐書·文宗紀》贊：文宗鋭意於治，每延英對宰臣，率漏下十一刻。【略】

百刻。《周禮疏》：漏凡百刻。春秋分晝夜各五十刻。冬至晝四十刻，夜六十刻。夏至晝六十刻，夜四十刻。《舊唐書·天文志》：陰緯單環，皆準陽經，相銜各半，内外俱齊。謂之陰軍。内外周天百刻。《遼史·曆象志》：觀天之變，制器以候之。八尺之表，六尺之筒，百刻之漏，日月星辰示諸掌上。陸機《漏刻賦》：抱百刻以駿浮。杜牧《造刻漏記》：百刻短長，取于口，不取于數，天下多是也。白居易詩：四時輪轉春常少，百刻分支夜苦長。歐陽修詩：琴書自是千金産，日月閒銷百刻香。戴復古詩：一日一百刻，能得幾刻閒？【略】

晝刻。《南史·沈洙傳》梁舊律，測囚法，日一上，起自晡鼓，盡于二更。洙議云：夜中測立，緩急易欺，兼用晝刻，去夜促之昧，從晝刻之明，于事爲允。杜甫《晚出左掖》詩：晝刻傳呼淺，春旗簇仗齊。羊士諤詩：雲披緩仗春風度，日暖香階晝刻移。

時刻。《唐書·百官志》：司馬郎中員外郎，掌門關出入之籍，凡奏事，遣官送之。晝題時刻，夜題更籌。命婦諸親朝參者，内侍監校尉涖索。《輟耕録·時刻約法歌》：二十四氶漸差除，循環時刻四同途。【略】

辰刻。《宋史·天文志》：宋刻漏制極精巧，司天挈壺掌之所以定辰刻也。【略】

浮刻。《玉海》：自黄帝觀漏水，制器取則，三代因以命官，則挈壺氏其職也。後之作者，或下漏，或浮漏，或浮刻，或輪漏，或權衡，制作不一。【略】

八刻。《輟耕録》：十二時爲一日，如遇十三時以上，則退十二時爲一日。八刻爲一時，如遇九刻以上，則退八刻爲一時也。【略】

五刻。《輟耕録》：《推節氣歌》括云：中氣與節氣，但有半月隔。若要知仔細，兩時零五刻。謂如正月甲子日子時初刻立春，則數至己卯日寅時正一刻是雨水節也。王建詩：五刻閤前卿相出，下簾聲在半天中。【略】

舊刻。何承天奏：增損舊刻，參以晷影，删定爲經，改用二十五箭。薛道衡詩：金徒列舊刻，玉津動新灰。又戴表元《送旨上人西湖》詩：舊壁草生尋舊刻，新巖茶熟試新泉。高啓《憶周記室》詩：斷崖蒼蘚漫舊刻，往夢追想情何堪？

半刻。何承天表：春分日長，秋分日短，差過半刻。尋二分在二至之間，而有長短，因識春分近夏至，故長。秋分近冬至，故短也。【略】

司刻。陸倕《新漏刻銘》：銅史司刻，金徒抱箭。【略】

新刻。王褒《漏刻銘》：器遵昔典，景移新刻。

箭刻。楊炯《李君神道碑》：波瀾不息，箭刻無傷。【略】

十二刻。《梁書》：陶宏景以算推知漢熹平三年丁丑冬至，加時在日中，而天實以乙亥冬至，加時在夜半，凡差三十八刻，是漢曆後天二日十二刻也。

新漏刻。《梁書》：武帝天監六年，以舊漏刻乖舛，勅員外郎祖恒治之。漏刻成，太子中舍人陸倕爲《新漏刻銘》。【略】

四百刻。杜牧詩：飲酒論文四百刻，水分雲隔二三年。

三十刻。方干《贈上虞胡少府》詩：日晷未移三十刻，風騷已及四千言。

終夜刻。蘇軾詩：燭爐已殘終夜刻，槐花還似昔年忙。

百二十刻。韓愈詩：百二十刻須臾間。按《漢書·哀帝紀》：詔曰：漏刻以百二十爲度。【略】

見漏五十刻。《宋書·天文志》：日晝行地上，夜行地下，俱百八十度半强。故日見之漏五十刻，不見之漏五十刻，謂之晝夜同。

論説

《呂氏春秋》卷五《仲夏紀第五》 是月也，日長至。夏至之日，晝漏水上刻六十五，夜漏水上刻三十五，故曰長至。

《呂氏春秋》卷八《仲秋紀第八》 是月也，日夜分，雷乃始收聲，蟄蟲俯户。是月秋分。分，等也。晝漏五十刻，夜漏五十刻，故曰日夜分也。雷乃始收藏，其聲不震也。將蟄之蟲，俯近其所蟄之户。

《呂氏春秋》卷一一《仲冬紀第十一》 是月也，日短至。冬至之日，晝漏水上刻四十五，夜水上刻五十五，故曰日短至。在牽牛一度也。

漢·揚雄《太玄經》卷七 故推之以刻，參之以晷，反覆其序，軫轉其道也。

漢·佚名《太平經鈔》丁部卷四 星數之度，各有其理，未曾有移動，事輒相乘，無有復疑。皆知吉凶所起，故置曆紀。三百六十日，大小推算，持之不滿分數，是小月矣。春夏秋冬，各有分理。漏刻上下，水有遲快，參分新故，各令可知，不失分銖。各置其月，二十四氣前後，箭各七八，氣有長日，亦復七八，以用出入，祠天神地祇，使百官承漏刻期，宜不失，脱之爲不應，坐罪非一。故使晝夜有分，隨日長短，百刻爲期，不得有差。有德之國，日爲長，水爲遲，一寸十分，應法數。今國多不用，日月小短，一刻八九，故使老人歲月，當弱反壯，其年自薄，何復持長時。如使國多臣，樞機衡舒遲，後生蒙福，小得視息，不直有惡，復見伐矣。

晉·法顯譯《摩訶僧祇律》卷一七《明單提九十二事法之六》 云何沙門釋子夜食？我等在家人尚不夜食，此輩失沙門法，何道之有？諸比丘聞已，以是因緣，往白世尊。佛告諸比丘：汝等夜食，正應爲世人所嫌。從今日後，前半日聽食，當取時，若作腳影，若作刻漏。

隋·杜臺卿《玉燭寶典》卷一《正月孟春第一》 太陽之精，在天者也。在者，行過之辭，言非所常居也。昏參中，旦尾中。日入後漏三刻爲昏，日出前漏三刻爲明，星晨可見之時也。孟春立春節，日在危十度，昏明星去日八十度，畢五度中而昏，尾七度半中而明。

隋·杜臺卿《玉燭寶典》卷二《二月仲春第二》 日夜分。日者晝也，分者，晝夜漏剋之數等也。其晝漏五十六剋，夜漏四十四剋。考中星昏明者，當見星度。故昏明入夜各三剋。其以平直日入爲節，則當損晝還夜六剋，則晝夜各五十剋，故曰夜分也。

隋·杜臺卿《玉燭寶典》卷五《五月仲夏第五》 日長至，日尽也。長者，漏刻之數長也。至者，極也。夏至五月之中，其晝漏六十五刻。先之四日，後之四日，漏六十四刻有分，唯是日及先後各三日獨全五刻，故曰日長至。

唐·房玄齡等《晉書》卷一一《天文志上》 故桓君山曰：「春分日出卯入酉，此乃人之卯酉。天之卯酉，常值斗極爲天中。今視之乃在北，不正在人上。而春秋分時，日出入乃在斗極之南。若如磨右轉，則北方道遠而南方道近，晝夜漏刻之數不應等也。」

又 奎十四角五，出卯入酉，故日亦出卯入酉。日晝行地上，夜行地下，俱百八十二度半强，故日見之漏五十刻，不見之漏五十刻，謂之晝夜同。夫天之晝夜以日出没爲分，人之晝夜以昏明爲限。日未出二刻半而明，日入二刻半而昏，故損夜五刻以益晝，是以春秋分漏晝五十五刻。

唐·姚思廉《陳書》卷三三《儒林傳·沈洙》 梁代舊律，測囚之法，日一上，起自晡鼓，盡於二更。及比部郎范泉删定律令，以舊法測立時久，非人所堪，分其刻數，日再上。廷尉以爲新制過輕，請集八座丞郎并祭酒孔奂、行事沈洙五舍人會尚書省詳議。時高宗録尚書，集衆議之【略】洙議曰：「夜中測立，緩急易欺，兼用晝漏，於事爲允。但漏刻賒促，今古不同，《漢書·律曆》，何承天、祖冲之、暅之父子《漏經》，並自闗鼓至下鼓，自晡鼓至闗鼓，皆十三刻，冬夏四時不異。若其日有長短，分在中時前後。今用梁末改漏，下鼓之後，分其短長，夏至之日，各十七刻；冬至之日，各十二刻。伏承命旨，刻同勒令，檢一日之刻乃同，而四時之用不等，廷尉今牒，以時刻短促，(到)〔致〕罪人不款。愚意願去夜測之昧，從晝漏之明，斟酌古今之間，參會二漏之義，捨秋冬之少刻，從夏日之長晷，不問寒暑，並依今之夏至，朝夕上測，各十七刻。比之古漏，則上多昔四刻，即用今漏，則冬至多五刻。雖冬至之時，數刻侵夜，正是少日，於事非疑。庶罪人不以漏短而爲捍，獄囚無以在夜(之)〔而〕致誣，求之鄙意，竊謂允合。」衆議以爲宜依范泉前制，高宗曰：「沈長史議得中，宜更博議。」左丞宗元饒議曰：「竊尋沈議非頓異范，正是欲使四時均其刻數，兼斟酌其佳，以會優劇。即同牒請寫還删定曹詳改前制。」高宗依事施行。

唐·魏徵等《隋書》卷七五《元善傳》 以掌天文律度，皆不稱職，妥又上八事以諫：【略】其四事曰：臣聞《禮》云：『析言破律，亂名改作，執左道以亂政者殺。』孔子曰：『仍舊貫，何必改作！』伏見比年以來，改作者多矣。至如范威漏刻，十載不成，趙翊尺稱，七年方決。公孫濟迂誕醫方，費逾巨萬。徐道慶迴互子午，糜耗飲食。常明破律，多歷歲時，王渥亂名，曾無紀極。張山居未知星位，前已蹂藉太常，曹魏祖不識北辰，今復轔轢太史。莫不用其短見，便自夸毗，邀射名譽，厚相誣罔。請今日已後，有如此者，若其言不驗，必加重罰，庶令有所畏忌，不敢輕奏狂簡。」

宋·歐陽修等《新唐書》卷二七上《曆志三上》 大同九年，虞劆等議：「姜岌、何承天俱以月蝕衝步日所在。承天雖移岌三度，然其冬至亦上岌三日。承天在斗十三四度，而岌在斗十七度。其實非移。祖冲之謂爲實差，以推今冬至，日在斗九度，用求中星不合。自岌至今，將二百年，而冬至在斗十二度。然日之所在難知，驗以中星，則漏刻不定。漢世課昏明中星，爲法已淺。今候夜半中星，以求日衝，近於得密。而水有清濁，壺有增減，或積塵所擁，故漏有遲疾。臣等頻夜候中星，而前後相差或至三度。大略冬至遠不過斗十四度，近不出十度。」又以九年三月十五日夜半，月在房四度蝕。九月十五日夜半，月在昴三度蝕。以其衝計，冬至皆在斗十二度。自姜岌、何承天所測，下及大同，日已却差二度。而淳風以爲晉、宋以來三百餘歲，以月蝕衝考之，固在斗十三四度間，非矣。」

宋·蘇頌《蘇魏公文集》卷七二《雜著·曆者天地之大紀賦》 彼爲刻漏以考中星，但紀曉昏之度。處璇璣而觀大運，盖明氣候之因。猶未若測運動于二儀，齊往來于七政，建乃星紀，先夫算命。吾皇所以監古曆之尤疏，頒新書而考正天人之際，因以明焉。乃知夫作者謂聖。

宋·陳大猷《書集傳或問》卷上 或問：諸家所言分至晝夜刻數不同，何邪？曰：唐孔氏謂馬融云：古制刻漏，晝夜百刻。晝長六十刻，夜短四十刻。夜長六十刻，晝短四十刻。晝中五十刻，夜中亦五十刻。融之言此，據日之出没爲説。天之晝夜，以日之出没爲分；人之晝夜，以昏明爲限。日未出前二刻半爲明，日入後二刻半爲昏。損夜五刻以裨晝，則晝多於夜復五刻。古今曆術與太史所候，皆云夏至晝六十五刻，夜三十五刻；冬至晝四十五刻，夜五十五刻；春秋分晝亦多夜五刻，此不易之法也。然按今曆日分至晝夜刻數，則與馬融之言同意，亦以日之出入分晝夜歟。

元·脱脱等《宋史》卷八二《律曆志十五》 十二年九月，成忠郎楊忠輔言：「《淳熙曆》簡陋，於天道不合。今歲三月望，月食三更二點，而曆在二更二點；數虧四分，而曆虧幾五分。四月二十三日，水星據曆當夕伏，而水星方與太白同行東井間，昏見之時，去濁猶十五餘度。七月望前，土星已伏，而曆猶注見。八月未弦，金已過氐矣，而曆猶在亢。此類甚多，而朔差者八年矣。夫守疏敝之曆，不能革舊，其可哉！忠輔於《易》，粗窺大衍之旨，創立日法，撰演新曆，不敢以言者，誠懼太史順過飾非。恃刻漏則水有增損、遲疾，恃渾儀則度有廣狹、斜正。所賴今歲九月之交食在晝，而《淳熙曆》法當在夜，以晝夜辨之，不待紛争而決矣。輒以忠輔新曆推算，淳熙十二年九月定望日辰退乙未，太陰交食大分四、小分八十五，晨度帶入漸進大分一、小分七；虧初在東北，卯正一刻一十一分，係日出前；食甚在正北，辰初一刻一十分；復滿在西北，辰正初刻，並日出後。其日日出卯正二刻後，與虧初相去不滿一刻。以地形論之，臨安在岳臺之南，秋分後晝刻比岳臺差長，日當先曆而出，故知月起虧時，日光已盛，必不見食。以《淳熙曆》推之，九月望夜，月食大分五、小分二十六，帶入漸進大分三、小分四十七；虧初在東北，卯初三刻，係攢點九刻後；食甚在正北，卯正三刻後；復滿在西北，辰正初刻後，並在晝。」禮部迺考其異同，孝宗曰：「日月之行有疏數，故曆久不能無差；大抵月之行速，多是不及，無有過者。可遣臺官、禮部官同驗之。」詔遣禮部侍郎顔師魯。其夜戌正二刻，陰雲蔽月，不辨虧食。師魯請詔精於曆學者與太史定曆，孝宗曰：「曆久必差，聞来年月食者二，可俟驗否。」

又 十四年，國學進士會稽石萬言：

《淳熙曆》立元非是，氣朔多差，不與天合。按淳熙十四年曆，清明、夏至、處暑、立秋四氣，及正月望、二月十二月下弦、六月八月上弦、十月朔，並差一日。如卦候、盈、虛、没、滅、五行用事，亦各隨氣朔而差。南渡以来，渾儀草剏，不合制度，無圭表以測日景長短，無機漏以定交食加時，設欲考正其差，而太史局官尚如去年測驗太陰虧食，自二更一點還光一分之後，或一點還光二分，或一點還光三分以上，或一點還光三分以下，使更點乍疾乍徐，隨景走弄，以肆欺蔽。若依晉泰始、隋開皇、唐開元課曆故事，取淳熙曆與萬所造之曆各推而上之於千百世之上，以求交食，與夫歲、月、日、星辰之著見於經史者爲合與否，然後推而下之，以定氣朔，則與前古不合者爲差，合者爲不差，甚易見也。

然其差謬非獨此耳，冬至日行極南，黄道出赤道二十四度，晝極短，故四十刻，夜極長，故六十刻；夏至日行極北，黄道入赤道二十四度，晝極長，故六十刻，夜極短，故四十刻；春、秋二分，黄、赤二道平而晝夜等，故各五十刻。此地中古今不易之法。至王普重定刻漏，又有南北分野、冬夏晝夜長短三刻之差。今《淳熙曆》皆不然，冬至晝四十刻極短、夜六十刻極長，乃在大雪前二日，所差一氣以上；自冬至之後，晝當漸長，夜當漸短，今過小寒，晝猶四十刻，夜猶六十刻，所差七日有餘；夏至晝六十刻極長、夜四十刻極短，乃在芒種前一日，所差亦一氣以上；自夏至之後，晝當漸短，夜當漸長，今過小暑，晝猶六十刻，夜猶四十刻，所差亦七日有餘；及晝、夜各五十刻，又不在春分、秋分之下。

至於日之出入，人視之以爲晝夜，有長短，有漸，不可得而急與遲也，急與遲則爲變。今日之出入增减一刻，近或五日，遠或三四十日，而一急一遲，與日行常度無一合者。請考正《淳熙曆》法之差，俾之上不違於天時、下不乖於人事。

送祕書省、禮部詳之。

又 皇甫繼明、史元寔、皇甫迨、龐元亨等言：「石萬所撰《五星再聚曆》，乃用一萬三千五百爲日法，特竊取唐末《崇元》舊曆而婉其名爾。《淳熙曆》立法乖疏，丙午歲定望則在十七日，太史知其不可，遂注望於十六日下，以掩其過。臣等嘗陳請於太史局官對辨，置局更曆，迄今未行。今考《淳熙曆經》則又差於將来。戊申歲十一月下弦則在二十四日，太史局官必俟頒曆之際，又將妄退於二十三日矣。法不足恃，必假遷就，而朔望二弦，曆法綱紀，苟失其一，則五星盈縮、日月交會、與夫昏旦之中星、晝夜之晷刻，皆不可得而正也。渾儀、景表，壺漏之器，臣等私家無之，是以曆之成書，猶有所待。國朝以来，必假剏局而曆始成，請依改造大曆故事，置局更曆，以袪太史局之敝。」事上聞，宰相王淮奏免送後省看詳，孝宗曰：「使祕書省各司同察之，亦免有異同之論。」六月，給事中兼修玉牒官王信亦言更曆事，以爲曆法深奥，若非詳加測驗，無以見其疏密。乞令繼明與萬各造来年一歲之曆，取其無差者。詔從之。十二月，進所造曆。淮等奏：「萬等曆日與淳熙十五年曆差二朔，《淳熙曆》十一月下弦在二十四日，恐曆法有差。」孝宗曰：「朔豈可差？朔差則所失多矣。」乃命吏部侍郎章森、祕書丞宋伯嘉參定以聞。

明・楊慎《升菴集》卷七五 甲夜甲朝

晝夜刻漏，古曆百二十刻，今曆百刻，不同，何也？百二十刻用地支之數，百刻用天干之數也。晝夜之分以天干數之，《左傳》所謂天有十日，自甲至癸也。《山海經》亦有十日之説。故一鼓謂之甲夜，二鼓謂之乙夜，平旦謂之甲朝。《楚辭》云甲之鼂吾以行是也。以地支數之，則分爲十二。子、丑、寅、卯、辰、巳爲陽。午、未、申、酉、戌、亥爲陰也。

明・邢雲路《古今律曆考》卷六五《曆議六》 元大都即今順天府。《授時》

大都測影，夏至晝六十二刻，夜三十八刻，冬至晝夜刻反是。我朝洪武初，南京測影，夏至晝五十九刻，夜四十一刻，冬至反是。今欽天監以《授時》大都之曆法，布洪武南京之刻漏，冬夏二至，各差三刻。以故正統十四年曆，冬夏至六十一刻，想監官以漏記之，覺其差而改者。人駭以爲異，而不知爲順天測影宜然之數也。夫冬夏二至，盈縮之始。二至既差，則分至以次皆差。然則一期之中，盈縮損益，有一日、一時、一刻之不參差者乎？以是而頒行天下，爲民授時，空使人夢中度日，骨董懞懵也。

清·嚴虞惇《讀詩質疑》卷八 孔疏夏官挈壺氏下士六人：挈，懸繫之名。壺，盛水器。蓋置箭壺內，刻以爲節，而浮之水上。令水漏而刻下，以記晝夜昏明之度數也。虞惇按：挈壺氏不能掌其職，由朝廷興居無節，號令不時之故，非挈壺氏失職也。

綜述

漢·桓譚《桓子新論·離事第十一》 余前爲郎，典漏刻，燥濕寒温輒異度，故有昏明晝夜，晝日參以晷景；夜分御覽作「暮」。參以星宿，則得其正。《北堂書鈔》未改本一百二十、《初學記》二十五、《御覽》二。

漢·鄭玄箋、唐·陸德明音義、孔穎達疏《毛詩注疏》卷八《國風·齊》 序：《東方未明》，刺無節也。朝廷興居無節，號令不時，挈壺氏不能掌其職焉。箋：號令猶召呼也。挈壺氏，掌漏刻者。音義：朝，直遥反。注皆同。挈，苦結反，又音結。壺音胡。疏：正義曰：作《東方未明》詩者，刺無節也。所以刺之者，哀公之時，朝廷起居，或早或晚，而無常節度，號令召呼，不以其時。人君置挈壺氏之官，使主掌漏刻，以昏明告君。今朝廷無節，由挈壺氏不能掌其職事焉。故刺君之無節，且言置挈壺氏之官不得其人也。朝廷是君臣之總辭，此則非斥言其君也。興，起也。居，安坐也。言君之坐起無時節也。由起居無節，故號令不時，即經上二章是也。挈壺氏不能掌其職，卒章是也。箋正義曰：以經言自公召之，故云號令猶召呼也。挈壺氏於天子爲司馬之屬，其官士也。故《夏官》序云：挈壺氏，下士六人。注云：挈讀如挈髮之挈。壺，盛水器也。世主挈壺水以爲漏，然則挈壺者懸繫之名。刻謂置箭壺內，刻以爲節，而浮之水上，令水漏而刻下，以記晝夜昏明之度數也。以序言不能掌其職焉，故舉其所掌之事也。

東方未明，顛倒衣裳。傳：上曰衣，下曰裳。箋云：挈壺氏失漏刻之節，東方未明，而以爲明，故羣臣促遽，顛倒衣裳。羣臣之朝，别色始入。顛之倒之，自公召之。箋云：自，從也。羣臣顛倒衣裳，而朝人又從君所來而召之。漏刻失節，君又早興。音義：倒，都老反。遽，其慮反。别，彼列反。疏：正義曰：言朝廷起居無節度，於東方未明之時，羣臣皆顛倒衣裳而著之，方始倒之顛之，著衣未往，已有使者從君而來召之。起之早晚，禮有常灋。而今漏刻失節，促遽若此，故刺之。傳正義曰：上曰衣，下曰裳，此其相對定稱，散則通名曰衣。《曲禮》曰：兩手摳衣，去齊尺。注云：齊謂裳下緝也。是裳亦稱衣也。傳言此解其顛倒之意，以裳爲衣。今上者在下，是爲顛倒也。箋正義曰：解時實未明而顛倒衣裳之意，以挈壺氏失漏刻之節，每於東方未明，而爲已明告君，使之早起，羣臣當以失晚，復恐後期，故於東方未明之時，急促惶遽，不暇整理衣服，故顛倒著衣裳而朝君。此則失於侵早，故言朝之正灋，羣臣别色始入，東方未明當起也。别色始入，《玉藻》文。羣臣顛倒衣裳，方欲朝君，人已從君所來召之，是君已先起矣，故言君又早興。臣起已太早，君興又早於臣也。

東方未晞，顛倒裳衣。傳：晞，明之始升。倒之顛之，自公令之。傳：令，告也。音義：晞音希。疏：傳正義曰：晞是日之光氣。《湛露》云：匪陽不晞。謂見日之光而物乾，故以晞爲乾。《蒹葭》云：白露未晞。言露在朝旦，未見日氣，故亦爲乾義。此言東方未明，無取於乾，故言明之始升，謂將旦之時，日之光氣始升，與上未明爲一事也。

折柳樊圃，狂夫瞿瞿。傳：柳柔脆之木。樊，藩也。圃，菜園也。折柳以爲藩園，無益於禁矣。瞿瞿，無守之貌。古者有挈壺氏，以水火分日夜，以告時於朝。箋云：柳木之不可以爲藩，猶是狂夫不任挈壺氏之事。不能辰夜，不夙則莫。傳：辰，時。夙，早。莫，晚也。箋云：此言不任其事者恒失節數也。音義：折，之舌反。圃音布，又音補。樹菜蔬曰圃。瞿，俱具反。脆，七歲反。藩，方元反，本又作蕃。任音壬，下同。莫音暮。疏：正義曰：此言折柳木以爲藩菜果之圃，則柳木柔脆，無益於圃之禁，以喻用狂夫以爲挈壺之官，則狂夫瞿瞿然不任於官之職。由不任其事，恒失節度，不能時節。此夜之漏刻，不太早則太晚，常失其宜，故令起居無節。以君任非其人，故刺之。傳正義曰：言柳柔脆之木者，欲取無益於禁，故以柔脆解之。樊，藩也，釋言文。孫炎曰：樊，圃之藩也。郭璞曰：謂藩籬也。種菜之地謂之圃，其外藩籬謂之園，故云圃菜園也。太宰九職，二曰園圃毓草木。注云：樹果蓏曰圃，園其藩也。是圃內可以種菜，又可以樹果蓏，其外則藩籬以爲樊。柳是柔脆之物，以手折而爲藩，無益於禁，以喻狂夫不任挈壺之職也。《蟋蟀》云：良士瞿瞿。瞿爲良士貌。故傳云：瞿瞿然顧禮義。此言狂夫瞿瞿，謂狂愚之夫，故言瞿瞿無守之貌，爲精神不立，志無所守，故不任居官也。序云：挈壺氏不能掌其職，則狂夫爲挈壺氏矣。故又解其瞿瞿之意。古者有挈壺氏以水火分日夜，謂以水爲漏，夜則以火照之，冬則冰凍不下，又當置火於傍，故用水用火。準晝夜共爲百刻，分其數以爲日夜，以告時節於朝，職掌如此。而今此狂夫瞿瞿然志無所守，分日夜則參差不齊，告時節則早晚失度，故責之也。挈壺氏職曰：凡喪懸壺以代哭，皆以水火守之，分以日夜，及冬，則以火爨鼎水而沸之而沃之。注云：代，更也。禮，未大斂代哭。以水守壺者，爲沃漏也。以火守壺者，夜則視刻數也。分以日夜者，異晝夜漏也。漏刻之箭，晝夜共百刻，冬夏之間，則有長短焉。太史立成法，有四十八箭。是其分日夜之事。言冬夏之間有長短者，案《乾象曆》及諸曆法，與今太史所候，皆云冬至則晝四十五，夜五十五，夏至則晝六十五，夜三十五，春秋分則晝五十五半，夜四十四半，從春分至於夏至晝漸長增九刻半，從夏至至於秋分，所減亦如之。從秋分至於冬至，晝漸短減十刻半，從冬至至於春分，所加亦如之。又於每氣之間，加減刻數，有多有少，其事在於曆術，以其算數有多有少，不可通而爲率。故太史之官立爲法，定作四十八箭，以一年有二十四氣，每一氣之間，又分爲二，通率七日强半而易一箭，故周年而用箭四十八也。曆言晝夜考，以昏明爲限。馬融王肅注《尚書》，以爲日永則晝漏六十刻，夜漏四十刻；日短則晝漏四十刻，夜漏六十刻；日中宵中，則晝夜各五十刻者，以《尚書》有日出日入之語，遂以日見爲限。《尚書緯》謂刻爲商。鄭作《士昏禮目録》云：日入三商爲昏。舉全數以言耳。其實日見之前，日入之後，距昏明各有二刻半，減晝五刻以裨夜，故於曆灋皆多校五刻也。鄭於《堯典》注云：日中宵中者，日見之漏與不見者齊也。日永者，日見之漏五十五刻，日不見之漏四十五刻，又與馬王不同者，鄭言日中宵中者，其漏齊則可矣。其言日永日短之數，則與曆甚錯。馬融言晝漏六十，夜漏四十，減晝以裨夜矣，鄭意謂其未減，又減晝五刻以增之，是鄭之妄説耳。漏刻之數見在史官古今曆者，莫不符合。鄭君獨有此異，不可强爲之辭。案挈壺之職，唯言分以日夜，不言告時於朝。《春官雞人》云：凡國事爲期，則告之時。注云：象雞知時。然則告時於朝，乃是雞人。此言挈壺告時者，以序云興居無節，挈壺氏不能掌其職，明是挈壺告之失時，故令朝廷無節也。蓋天子備官，挈壺掌漏，雞人告時，諸侯兼官，不立雞人，故挈壺告也。《庭燎》箋云：王有雞人之官。是鄭意以爲唯王者有雞人，諸侯則無也。《釋訓》云：不辰，不時也。是辰爲時也。夙，早，釋詁文，暮與早對，故爲晚。

漢・鄭玄注、唐・賈公彦疏《周禮注疏》卷三〇 挈壺氏掌挈壺以令軍井，挈轡以令舍，挈畚以令糧。注：鄭司農云：挈壺以令軍井，謂爲軍穿井，井成，挈壺縣其上，令軍中士衆皆望見，知此下有井。壺所以盛飲，故以壺表井。挈轡以令舍，亦縣轡于所當舍止之處，使軍望見，知當舍止于此。轡所以駕舍，故以轡表舍。挈畚以令糧，亦縣畚于所當稟假之處，令軍望見，知當稟假于此下也。畚所以盛糧之器，故以畚表稟。軍中人多，車騎雜會讙囂，號令不能相聞，故各以其物爲表，省煩趨疾，于事便也。音義：畚音本。爲，于偽反，下爲沃同。縣音懸，下皆同。令，力呈反。盛音成，下同。稟，彼錦反。劉，力鴆反。讙，呼端反。囂，五高反，一音許驕反。省，所景反。便，婢面反。疏：釋曰：皆云挈者，謂結之於竿首挈挈然，故云挈也。先鄭注具，不復疏之也。凡軍事，縣壺以序聚欜。凡喪，縣壺以代哭者。皆以水火守之，分以日夜。注：鄭司農云：縣壺以爲漏，以序聚欜，以次更聚擊欜備守也。玄謂擊欜，兩木相敲，行夜時也。代亦更也。《禮》，未大斂，代哭。以水守壺者，爲沃漏也。以火守壺者，夜則火視刻數也。分以日夜者，異晝夜漏也。漏之箭，晝夜共百刻，冬夏之間有長短焉。大史立成灋，有四十八箭。音義：欜音託。更音庚，下同。敲，苦交反，又苦教反。行，下孟反。共，如字。疏：注釋曰：先鄭云懸壺以爲漏者，謂懸壺於上，以水沃之，水漏下入器中，以没刻爲准灋。云以序聚欜以次更聚擊欜備守也者，先鄭意持更人擊欜，玄謂擊欜，兩木相敲，行夜時也者，謂行夜者擊之。按《修閭氏》掌比國中宿互欜者，先鄭云：欜，謂行夜擊欜。《野廬氏》云：若有賓客，則令守塗地之人聚欜之。司農云：聚欜之聚擊欜以宿衞之也。彼二注後鄭皆從先鄭，及至此注不從先鄭者，以《野廬氏》無行夜者，宿人自擊，故後鄭從之。此文與《修閭氏》同有行夜者，故此不從先鄭宿者自擊之，是以《宫正》云夕擊欜而比之，注云：行夜以比直宿者。先鄭云：欜，戒守者所擊也。是亦爲行夜者所擊也。云代亦更也，《禮》，未大斂，代哭者，未殯已前，無問尊卑，皆哭不絶聲，大斂之後，乃更代而哭，亦使哭不絶聲。大夫以官、士親疏代哭，人君尊，又以壺爲漏，分更相代。云分以日夜，異晝夜漏也者，若冬至則晝短夜長，夏至則晝長夜短，二分則晝夜等。晝夜長短不同，須分之，故云異晝夜漏也。云漏之箭，晝夜共百刻，冬夏之間有長短焉者，馬氏云：漏凡百刻，春秋分晝夜各五十刻。冬至晝則四十刻，夜則六十刻。夏至晝六十刻，夜四十刻。鄭注《堯典》云：日中者，日見之漏與不見者齊。日長者，日見之漏五十五刻，於四時最長也。夜中者，日不見之漏與見者齊。日短者，日見之漏四十五刻，於四時最短。此與馬義異。以其馬云春秋分晝夜五十刻，據日見之漏。若兼日未見、日没後五刻，晝五十五刻，夜四十五刻。若夏至晝六十刻，通日未見、日没後五刻，則晝六十五刻，夜三十五刻。一年通閏有三百六十五日四分日之一，四時之間，九日有餘校一刻爲率。云大史立成灋，有四十八箭者，此據漢法而言，則以器盛四十八箭，箭各百刻，以壺盛水，懸於箭上，節而下之水，水淹一刻則爲一刻。四十八箭者，蓋取倍二十四氣也。及冬，則以火爨鼎水而沸之，而沃之。注：鄭司農云：冬水凍，漏不下，故以火炊水，沸以沃之，謂沃漏也。音義：爨，端七反。疏：注釋曰：沃如沃尸盥之沃，謂沸水稍熱，澆沃壺中使下也。

漢・鄭玄注、唐・賈公彦疏《周禮注疏》卷三六 司寤氏掌夜時。注：夜時，謂夜晚早，若今甲乙至戌。疏：注釋曰：此文與下爲目，故注云謂夜晚早，甲乙則早時，戌亥則晚時也。以星分夜，以詔夜士夜禁。注：夜士，主行夜徼候者，如今都候之屬。音義：行，下孟反，下行夜同。徼，古弔反。疏：注釋曰：云以星分夜者，若今時觀參辰知夜早晚，是以《書傳》云：春昏張中，可以種稷。夏大火中，可以種黍菽。秋虛中，可以種麥。冬昴中，可以收斂蓋藏。彼雖非分夜以詔夜士，亦是以星知早晚之類也。言行夜徼候者，若宫伯掌授八次八舍，注云於徼候便也，則行夜來往周旋，謂徼候者也。禦晨行者，禁宵行者、夜遊者。注：備其遭寇害及謀非公事。禦亦禁也，謂遏止之，無刑法也。晨，先明也。宵，定昏也。《書》曰：宵中星虛。《春秋傳》曰：夜中，星隕如雨。音義：先，悉薦反。隕，于敏反。疏：注釋曰：晨亦得名旦，《月令》云旦尾中，亦得名曰明，案《三光考靈耀》云：日入三刻爲昏，不盡三刻爲明。昏亦得名星，故奔喪云日行百里不以夜行，惟父母之喪，見星而行，見星而舍，明見星時即爲夜也。如是，宵亦得名曰昏，昏參中是也，亦名曰夜。《爾雅》云宵，夜也，然則夜是明之首，不通於前；宵是昏之末，不通於後也。惟夜中之時止一名耳。此云禁晨行者、禁宵行者，謂在道路中。《禮志》云男女夜行以燭，謂在宫中也。晨行、宵行者，惟罪人與奔父母之喪。若天子祭天之時，則通夜而行，故《禮記》云：氾掃反道，鄉爲田燭。禁夜遊者，禁其無故遊者。引《春秋》者，莊公七年，夏四月辛卯，夜中星隕如雨是也。

漢・鄭玄箋、唐・陸德明音義、孔穎達疏《禮記注疏》卷四四《喪大記》 君喪，虞人出木、角，狄人出壺，雍人出鼎，司馬縣之。乃官代哭。注：代，更也。未殯，哭不絶聲，爲其罷倦，既小斂可以爲漏刻，分時而更哭也。木，給爨竈。角，以爲㪺水斗。壺，漏水之器也。冬漏以火爨鼎，沸而後沃之。此挈壺氏所掌也，屬司馬，司馬涖縣其器。音義：壺音胡。縣音玄，及下注同。更，古行反，下同。罷音皮。倦，其卷反。漏音陋。爨，七亂反，又七官反，下爨鼎同。㪺音俱，水斗也，《隐義》云容四升也。挈，苦結反，又音結。大夫，官代哭，不縣壺。注：下君也。音義：下，户嫁反。下成君，不相下，下大夫同。士，代哭不以官。注：即以親疏哭也。君堂上二燭，下二燭。大夫堂上一燭，下二燭。士堂上一燭，下一燭。注：燭，所以照饌也，滅燎而設燭。音義：饌，仕眷反。燎，力召反，又力弔反。疏：正義曰：此一節論君及大夫，士小斂後代哭之異。君喪，虞人出木、角者，虞人，主山澤之官，故出木與角。狄人出壺者，狄人，樂吏，主挈壺漏水之器，故出壺。雍人出鼎者，雍人主亨飪，故出鼎也。所以用鼎及木者，冬月恐水凍，則壺漏遲，遲更無準，則故取鼎煖水，用虞人木爨鼎煑之，故取鼎及木也。司馬縣之者，司馬，夏官卿也。其屬有挈壺氏，掌知漏事，故司馬自臨視縣漏器之時節，故《挈壺氏》云凡喪縣壺以代哭者。乃官代哭者，縣漏分時，使均其官屬，更次相代而哭，使聲不絶也。注：正義曰：有喪則於中庭終夜設燎，至曉滅燎，而日光未明，故須燭以照祭饌也。

漢・趙爽注《周髀算經》卷下 加此時者，皆以漏揆度之。此東西南北之時。冬至日加卯、酉者，北極之正東、西日不見矣。以漏度之者，一日一夜百刻。從夜半至日中，從日中至夜半，無冬夏，常各五十刻。中分之得二十五刻，加極卯、酉之時。揆亦度也。

南朝宋・范曄《後漢書》卷九三《律曆志下》 漏刻之生，以去極遠近差乘節氣之差。如遠近而差一刻，以相增損。昏明之生，以天度乘晝漏，夜漏減（三）〔之，二〕百而一，爲定度。以減天度，餘爲明；加定度一爲昏。其餘四之，如法爲少。〔二爲半，三爲太，〕不盡，三之，如法爲强，餘半法以上以成强。强三爲少，少四爲度，其强二爲少弱也。又以日度餘爲少强，而各加焉。

北周・甄鸞《數術記遺注》 又云：四天下者，須彌山南曰閻浮提，山北曰鬱丹越，山東曰鬫提，山西曰俱瞿耶尼山。其日月一日一夜照四天下，山南日中，山北夜半；山東日中，山西夜半。及以成事驗之，則有疑矣。何者？按閻浮提人在須彌山南，及至二月，八月，春秋分晝夜停，以漏刻度之，則晝夜各五十刻也。然則日初出時，東向視日之當我之東，即漏刻，及其日浸，當我之西五十刻。其一日一夜之中，遶三天下而來，所以至曉，亦得五十刻也。胡以十萬爲億，有百倍日月？四天下等事，有所未詳也。

隋・夏侯陽《夏侯陽算經》卷上 以少呼多，因法爲母，積實爲子。二分之一爲中半，三分之二爲太半，三分之一爲少半，四分之一爲弱半，此漏刻之數也。

唐・虞世南《北堂書鈔》卷一三〇《儀飾部一》 漏刻十一

建日官。李尤《漏刻銘》云：仰鼇七曜，俯從坤德。乃建日官，俾立漏刻。昏明既序，景曜不忒。今案《百三家集》李尤銘，從作順，乃作力。注云：一作乃其題下。夾注又云：《玉海》摘昏明二句爲晉李充銘，謂見《類聚》。今考《類聚》，仍是李尤。又嚴輯《後漢文》李尤銘據《書鈔》引，從改順，並有增引，蓋照陳俞本也。制妙器。孫綽《漏刻銘》曰：乃制妙器，挈壺是銓。累筒三階，積水成淵。淵漏則盈，承虛赴下。靈虬吐注，陰虫承寫。今案《類聚》六十八引孫綽銘，無累筒二句，器作漏，淵作川，餘同。《御覽》卷二引，無乃制二句，淵滿作器滿，餘同。陳俞本筒作箇，寫作瀉，陳更綽誤紀。挈壺司刻，仙叟秉矢。王廙《洛都賦》云：挈壺司刻，漏樽瀉流。仙叟秉矢，隨水沉浮。指日命分，應則唱籌。今案：原鈔廙誤襃。考《百三家王襃集》，無《洛陽賦》。惟《御覽》卷二引此賦，襃作廙，矢作尺，無指日二句，餘同。陳俞本仍誤襃。

孔壺爲漏，浮箭爲刻。《續漢書・律曆志》云：孔壺爲漏，浮箭爲刻，下漏數刻，以考昏明焉。今案：《續漢志》同，亦見《文選》注五十六引。仰釐。已見建日官注。爰暨，崔駰《漏刻銘》云：天德動順，人以立信。乃作斯策，以咸渥慎。封掌今攬，爰暨四極。王石華校將渥慎今攬四字旁勒，未詳。今案：《百三家崔駰集漏刻銘》慎作潤，掌作傳，攬作覽，餘同。俞本已改。晝參晷景，夜分星宿。《桓子新論》云：余前爲郎，典漏刻，燥濕寒温輒異度，故有昏明晝夜，晝日參以晷景，夜分參以星宿，則得其正。今案：嚴輯《全後漢文十五新論離事篇》同謂得自未改本，即此。考《初學記》廿五引，脱晝日二字，無夜分以下，餘同。問經堂本《新論》是據陳本與《初學記》，亦同。昏明既序，景曜不忒。已見上建日官注。累筩三階。已見制器妙注。晝夜百刻。《説文》云：漏，以筩盛水，刻節，晝夜百刻。又《漢書》曰：漏刻以一百二十爲度。注曰：哀帝有短祚之期，故增之。今案：見《説文》水部。《類聚》六十八引《説文》，筩作銅，餘同。段本則筩盛作銅受，百刻作百節。注云：百節，依《韻會》所據小徐本訂。又《漢書》十一《哀帝紀》同，惟注迥異，此非近本可知。冬晝三十刻，春晝四十刻。《漢舊儀》云：冬至晝三十五刻，後九日加一刻，立春晝夜三十八刻。今案平津輯本《漢舊儀補遺》卷下作：冬至晝四十一刻，後九日加一刻，至立春晝四十六刻，夜五十四刻。此據陳俞本耳，然本鈔標目與注不對，亦有訛脱。夜漏鼓鳴，晝漏鐘鳴。《漢雜事》云：鼓以動衆，夜漏鼓鳴則起。晝漏壺乾，鐘鳴則息。崔寔《政論》曰：諸晝曰鳴漏晝易成申云不得有於者。今案：《欽定圖書集成·曆法典》卷九十九引《漢雜事》同。又《御覽》卷二引注文，鼓上有盡字，壺乾二字亦作盡字，鐘作鉦，餘亦同。陳俞本與本鈔同，然删去《政論》，以其甚舛脱，不可讀也。挈金壺以南羅，藏幽水而北戢。陸機《漏刻賦》云：既窮神以盡化，又設漏以考時云云。今案：《類聚》六十八引陸機《漏刻賦》，時下有爾乃二字，即據標目二句。《百三家》機集及陳俞本皆然。靈虬吐注，陰虫承寫。已見製妙器注。指日命分，應則唱籌。已見上仙叟秉矢註。激縣泉以遠射，跨飛途而遥集。又陸機賦云：激懸泉以遠射，跨飛途而遥集。伏冰蟲以承波，吞恒流其如揖。今案：《類聚》六十八引機《漏刻賦》及《百三家》本，俞本均冰作陰，揖作挹。陳本衹引標目二句。擊刁斗，傳五夜。《漢舊儀》云：五夜，甲、乙、丙、丁、戊夜。又相傳救守火，師内户外，數五止，宫城門擊柝云云，百官徼，直符行，衛士周廬擊木柝護，呼備水火。今案：《初學記》廿五引衛宏《漢舊儀》至戊夜二字，平津輯本引至五止二字，師作帥，謂據《書鈔》。而陳本無相傳二句，未知所據何本也。又《文選》五十六《新刻漏銘》注引舊鈔作宫城門傳五，百官直符行，衛士周廬擊木柝，讙呼備火。與原鈔小異，然知宫城以下非連文，乃再引《舊儀》者。率九日減一等。《續漢書·律曆志》云：霍融上言：官漏刻率九日減一等。今案：原鈔誤將下條董賢爲郎竄人此注，非也。已據《初學記》三十五更正。董賢傳漏。《漢書》：董賢爲郎，傳漏階下，上見而悦之。今案《漢書》九十三《賢傳》，階作殿。陳俞本亦改殿。《御覽》卷二引，階作陛，餘則加詳，此永興節録耳。原鈔誤竄人上注，當另爲一條。孫權立表。《吴録》云：吴範字文則，善占候。關羽將降，孫權問範，期日中時，立表下漏以待之。及中羽至。今案：《類聚》六十八引《吴録》無字文則三字，日上有明字，所引頗詳。陳本照增。

唐·魏徵等《隋書》卷一八《律曆志下》 倍夜半之漏，得夜刻也。以減百刻，不盡爲晝刻。每減晝刻五，以加夜刻，即其晝爲日見、夜爲不見刻數。刻分以百爲母。

求日出入辰刻：十二除百刻，十二除百刻，得辰刻數，爲法。半不見刻以半辰加之，爲日出實；又加日出見刻，爲日入實。如法而一，命子算外，即所在辰，不滿法，爲刻及分。

求辰前餘數：氣、朔日法乘夜半刻，百而一，即其餘也。

求每日刻差：每氣準爲十五日，全刻二百二十五爲法。其二至各前後於二分，而數因相加減，間皆六氣；各盡於四立，爲三氣。至與前日爲一，乃每日增太；又各二氣，每日增少；其末之氣，每日增少之小，而末六日，不加而裁焉。二(望)至前後一氣之末日，終於十少；二氣初日，稍增爲十二半，終於二十(大)〔太〕；三氣初日，二十一，終於三十少；四立初日，三十一，終於三十五太；五氣亦少增，初日三十六太，終四十一少；末氣初日，四十一少，終於四十二。每氣前後累算其數，又百八十乘爲實，各汎總乘法而除，得其刻差。隨而加減夜刻而半之，各得入氣夜(之)半〔定〕刻。其分後十五日外，累算盡日，乃副置之，百八十乘，虧總除，爲其所因數。以減上位，不盡爲所加也。不全日者，隨辰率之。

唐·魏徵等《隋書》卷一九《天文志上》 漏刻

昔黄帝創觀漏水，制器取則，以分晝夜。其後因以命官，《周禮》挈壺氏則其職也。其法，總以百刻，分于晝夜。冬至晝漏四十刻，夜漏六十刻。夏至晝漏六十刻，夜漏四十刻。春秋二分，晝夜各五十刻。日未出前二刻半而明，既没後二刻半乃昏。減夜五刻，以益晝漏，謂之昏旦。漏刻皆隨氣增損。冬夏二至之間，晝夜長短，凡差二十刻。每差一刻爲一箭。冬至互起其首，凡有四十一箭。晝有朝，有禺，有中，有晡，有夕。夜有甲、乙、丙、丁、戊。昏旦有星中。每箭各有其數，皆所以分時代守，更其作役。

漢興，張蒼因循古制，猶多疎闊。及孝武考定星曆，下漏以追天度，亦未能盡其理。劉向《鴻範傳》記武帝時所用法云：「冬夏二至之間，一百八十餘日，晝夜差二十刻。」大率二至之後，九日而增損一刻焉。至哀帝時，又改用晝夜一百二十刻，尋亦寢廢。至王莽竊位，又遵行之。光武之初，亦以百刻九日加減法，編於《甲令》，爲《常符漏品》。至和帝永元十四年，霍融上言：「官曆率九日增減一刻，不與天相應。或時差至二刻半，不如夏曆漏刻，隨日南北爲長短。」乃詔用夏曆漏刻。依日行黄道去極，每差二度四分，爲增減一刻。凡用四十八箭。終於魏，晉，相傳不改。

宋何承天，以月蝕所在，當日之衡，考驗日宿，知移舊六度。冬至之日，其影極長，測量晷度，知冬至移舊四日。前代諸漏，春分晝長，秋分晝短，差過半刻。皆由氣日不正，所以而然。遂議造漏法。春秋二分，昏旦晝夜漏各五十五刻。齊及梁初，因循不改。至天監六年，武帝以晝夜百刻，分配十二辰，辰得八刻，仍有餘分。乃以晝夜爲九十六刻，一辰有全刻八焉。至大同十年，又改用一百八刻。依《尚書考靈曜》，晝夜三十六頃之數，因而三之。冬至晝漏四十八刻，夜漏六十刻。夏至晝漏七十刻，夜漏三十八刻。春秋二分，晝漏六十刻，夜漏四十八刻。昏旦之數各三刻。先令祖暅爲《漏經》，皆依渾天黄道日行去極遠近，爲用箭日率。陳文帝天嘉中，亦命舍人朱史造漏，依古百刻爲法。周、齊因循魏漏，晉、宋、梁大同，並以百刻分于晝夜。

隋初，用周朝尹公正、馬顯所造《漏經》。至開皇十四年，鄜州司馬袁充上晷影漏刻。充以短影平儀，均布十二辰，立表，隨日影所指辰刻，以驗漏水之節。十二辰刻，互有多少，時正前後，刻亦不同。其二至二分用箭辰刻之法，今列之云：

冬至：日出辰正，入申正，晝四十刻，夜六十刻。

子、丑、亥各二刻，寅、戌各六刻，卯、酉各十三刻，辰、申各十四刻，巳、未各十刻，午八刻。

右十四日改箭。

春秋二分：日出卯正，入酉正，晝五十刻，夜五十刻。

子四刻，丑、亥七刻，寅、戌九刻，卯、酉十四刻，辰、申九刻，巳、未七刻，午四刻。

右五日改箭。

夏至：日出寅正，入戌正，晝六十刻，夜四十刻。

子八刻，丑、亥十刻，寅、戌十四刻，卯、酉十三刻，辰、申六刻，巳、未二刻，午二刻。右一十九日，加減一刻，改箭。

袁充素不曉渾天黄道去極之數，苟役私智，變改舊章。其於施用，未爲精密。

開皇十七年，張胄玄用後魏渾天鐵儀，測知春秋二分，日出卯酉之北，不正當中。與何承天所測頗同，皆日出卯三刻五十五分，入酉四刻二十五分。晝漏五十刻一十分，夜漏四十九刻四十分，晝夜差六十分刻之四十。仁壽四年，劉焯上《皇極曆》，有日行遲疾，推二十四氣，皆有盈縮定日。春秋分定日，去冬至各八十八日有奇，去夏至各九十三日有奇。二分定日，晝夜各五十刻。又依渾天黄道，驗知冬至夜漏五十九刻，一百分刻之八十六，晝漏四十刻一十四分，夏至晝漏五十九刻八十六分，夜漏四十刻一十四分。冬夏二至之間，晝夜差一十九刻，一百分刻之七十二。胄玄及焯漏刻，並不施用。然其法制，皆著在曆術，推驗加時，最爲詳審。

大業初，耿詢作古欹器，以漏水注之，獻于煬帝。帝善之，因令與宇文愷，依後魏道士李蘭所修道家上法稱漏。制造稱水漏器，以充行從。又作候影分箭上水方器，置於東都乾陽殿前鼓下司辰。又作馬上漏刻，以從行辨時刻。揆日晷，下漏刻，此二者，測天地，正儀象之本也。晷漏沿革，今古大殊，故列其差，以補前闕。

唐·顔師古《匡謬正俗》卷五　赦令。《哀紀》云：甲子詔書，非赦令皆除之。按：哀帝初用夏賀良言，改年定歷，下詔施行其事，并開恩惠，赦宥罪人。後知賀良詭惑，收正其事，依舊歷，追悔前非。但所赦人不可更覆與罪，所以云甲子詔書除赦令以外，歷及刻漏事一皆除之耳。蓋言甲子詔書，除是赦令，總遣除之。今書本令字或作他，言赦令以外，其他餘事皆改除之，兩讀爲得。

唐·孔穎達《尚書注疏》卷二　○傳日中至可知。○正義曰：其仲春，仲秋，冬至，夏至，馬融云：古制刻漏晝夜百刻。晝長六十刻，夜短四十刻。晝短四十刻，夜長六十刻。晝中五十刻，夜亦五十刻。融之此言據日出見爲說。天之晝夜以日出入爲分，人之晝夜以昏明爲限。日未出前二刻半爲明，日入後二刻半爲昏，損夜五刻以裨於晝，則晝多於夜，復校五刻。古今歷術與太史所候皆云，夏至之晝六十五刻，夜三十五刻。冬至之晝四十五刻，夜五十五刻。春分秋分之晝五十五刻，夜四十五刻。此其不易之法也。然今太史細候之法，則校常法半刻也。從春分至於夏至，晝漸長，增九刻半。夏至至於秋分，所減亦如之。從秋分至於冬至，晝漸短，減十刻半。從冬至至於春分，其增亦如之。又於每氣之間增減刻數，有多有少，不可通而爲率。漢初未能審知，率九日增減一刻，和帝時待詔霍融始請改之。鄭注《書緯考靈曜》仍云九日增減一刻，猶尚未覺誤也。鄭注此云：日長者日見之漏五十五刻，日短者日見之漏四十五刻。與曆不同。故王肅難云：知日見之漏減晝漏五刻，不意馬融爲傳已減之矣。因馬融所減而又減之，故日長爲五十五刻，因以冬至反之，取其夏至夜刻，以爲冬至晝短，此其所以誤耳。

唐・瞿曇悉達《開元占經》卷一〇三《曆法》 推定氣日晝夜漏及日出沒時：倍其氣晨前刻及分，分漏法從刻爲日不見漏，以減百刻爲日見漏，加日見漏五刻，爲晝漏刻。以晝漏刻減百刻，餘爲夜時刻。四刻十二分加晨前漏刻，命起于刻筭外，即日出晨刻。以日見漏加日出辰，刻以次如前，即日沒所在晨刻。以二十五除夜漏，得每更一筭之数。以二刻三十六分加日沒晨刻，即甲夜，即卯晨。又以更籌数加之，得甲夜一籌数，以次累滿，晨去之，即五更籌所當晨刻及分也，以配二十一前夜漏漏法。

推昏明去中星度術：每日求其晝夜漏刻數，以乘歲實二百，乘揔法而除之，得昏去其中星度。以減周天度，餘爲晨去中星度。以昏明去中星度，加其晨所在，即各其日中星度數。其梗槩粗舉者，加其夜半日度，亦各其中中星宿度。因求次日者，各置其日刻差七十三乘之，二百八十八而一，爲度差，滿十爲度。冬至後加，夏至後減，隨日加減，各得每日去中度。晨昏所距，日在黃道，中星准度以赤道。

唐・張鷟著、明・劉允鵬注《龍筋鳳髓判》卷四 刻漏一條，《隋書》黃帝創觀漏水，其後因以命官。《周禮》挈壺氏，則其職也。其法總以百刻，分於晝夜。春秋二分，各五十刻。司馬彪《續漢書》：孔壺爲漏，箭爲刻，下漏數刻，以考中星昏明焉。

漏生夜睡，不覺失明，天曉以後，仍少六刻不盡，鐘鼓既晚，司官失朝。

挈壺所掌，〔梁《刻漏經》〕肇於軒轅之日，宣乎夏商之代，至周挈壺氏掌之。〔鄭元《周禮》注。〕壺，盛水器也，挈壺水以爲漏也。司刻成班，〔桓譚《新論》〕余爲郎，典刻漏。〔賈公彥《周禮疏》〕以器盛四十八箭，箭各百刻，以壺盛水，懸於箭上，節而下之，水淹一刻，則爲一刻。四十八箭者，蓋取備二十四氣也。銅史分曹，金徒啓位。〔陸倕《刻漏銘》〕銅史司刻，金徒抱箭。〔張衡《渾天儀》〕蓋上又鑄金銅仙人居壺左，爲胥徒居壺右，皆以左手抱箭，右手指刻，以別天時早晚。陰蟲成魄，恍惚如神。〔陸機《刻漏賦》〕伏陰蟲以承波。〔《老子》〕恍兮惚兮，其中有物。靈虬吐津，希夷若鬼。〔陸倕《刻漏銘》〕靈虬承注。〔張衡《渾天儀制》〕以玉虬吐漏水。〔《老子》〕視之不見曰夷，聽之不聞曰希。〔宋玉《高唐賦》〕若生於鬼，若出於神。日不藏徃，晦明之所莫違。〔《易》〕日徃則月來。〔陸倕《刻漏銘》〕日不藏徃。〔杜預《左傳注》〕晦，夜也。明，晝也。月不爽来，寒暑由其順序。〔陸倕《刻漏銘》〕月不遁來。〔《易》〕日月運行，一寒一暑。〔《莊子》〕陰陽四時，運行各得其序。自三苗亂政，五覇任權，史官喪紀，疇人廢業。〔《漢書・律歷志》〕重黎之後，三苗亂德。五覇之末，史官亡紀，疇人子弟分散。〔如淳注〕家業世世相傳爲疇。〔陸倕《刻漏經》〕司歷亡官，疇人廢業。孟陬於焉舛候，攝提所以乖方。〔《漢書・律歷志》〕孟陬殄滅，攝提失方。〔注〕正月爲孟陬，歷紀廢絕，閏餘乖錯，不與正歲相直，謂之殄滅。攝提，星名，隨斗杓所指，建十二月。若歷誤，春三月當指辰而乃指巳，是爲失方。〔陸倕《刻漏銘》〕擊刁舛次，聚木乖方。五夜不分，六日無辨。〔陸倕《刻漏銘》〕文〔《毛萇詩傳》〕古者有挈壺氏，以水火分日夜，以告時於朝。〔衛宏《漢舊儀》〕中黄門持五夜，甲夜，乙夜，丙夜，丁夜，戊夜也。〔《淮南子》〕歲遷六日，終而復始。〔高誘注〕遷六日，今年以子冬至，後年以午冬至。聖朝修百王之弊政，舉千載之頽綱。〔陸雲《讌會詩》〕頽綱既振。龍首應時。〔《後漢書》〕張衡作地動儀，以精銅鑄成。外有八龍，首銜銅丸。下有蟾蜍，張口承之。如有地動，則龍吐丸而蟾蜍銜之。鷄人合節。〔《周禮》〕鷄人，凡國事爲期，則告之時。〔鄭注〕象鷄知時也。小大之候，共砌莢以凋榮。〔薛綜《東京賦注》〕蓂莢，端草，王者賢聖，生於階下。一日生一莢，至月半生十五莢，十六日落一莢，至晦日而盡。小月，則一莢厭不落。王者以知月之大小。堯時夾階生之。昏旦之期，逐宮槐而舒卷。〔《五經要義》〕昏，闇也。旦，明也。日入後漏三刻爲昏，日出前漏三刻爲明。〔《爾雅》〕守宮槐葉，晝聶宵炕。〔郭注〕槐葉晝日聶合，而夜炕布者，名爲守宮槐。〔孫炎注〕聶，合也。炕，張也。二分二至，無虧余遂之蹤。〔杜預《左傳注》〕分，春秋分也。至，冬夏至也。〔周王褒《刻漏銘》〕二分周道烏靈正其昏夕兩至相遇表圭測其長短。大餘小餘，允叶容成之度。〔《史記》〕大餘者，日也。小餘者，月也。蓋因其所餘以定閏。〔《史記索隱》〕《系本》及《律歷本》黃帝使羲和占日，常儀占月，臾區占星氣，伶倫遣律吕，大撓作甲子，隸首作算數，容成綜此六術而著《調歷》也。何得漏生弛慢，吐號乖宜。朝官顛倒於衣裳，〔《詩》〕東方未明，顛倒衣裳〔鄭箋〕挈壺失漏刻之節，未明而以爲明，故群臣促遽。群臣之朝，辨色始入。街吏失期於鐘鼓。注見金吾衛篇。齊君望曉，莫聽鐘聲。〔《南史》〕齊武帝以宮內不聞鼓漏，置鐘於景陽樓，以應五鼓。京尹失時，空奔馬足。〔司馬彪《續漢書》〕立秋之日，夜漏未盡五刻，京都百官，皆迎氣於西郊。〔張衡《東京賦》〕馬足未極。漏司乖錯，准法論刑。

唐・徐堅《初學記》卷二五《器用部》 漏刻第一

〔叙事〕梁《漏刻經》云：漏刻之作，蓋肇於軒轅之日，宣乎夏商之代。《周官》曰：挈壺氏以水火守之，分以日夜。及冬，則以火爨鼎水而沸之，而沃之。鄭玄注曰：冬水凍，故以火炊水沸以沃之，謂沃漏也。梁《漏刻經》云：至冬至，晝漏四十五刻。冬至之後日長，九日加一刻。以至夏至，晝漏六十五刻。夏至之後日短，九日減一刻。或秦之遺法，漢代施用。邯鄲《五經折疑》曰：漢制，又以先冬至三日晝。冬至後三日，晝漏四十五刻，夜五十五刻。先夏至三日晝，夏至後三日，晝漏六十五刻，夜三十五刻。元嘉《起居注》曰：以日出入定晝夜。冬至晝四十刻，夏至夜亦宜四十刻，夏至晝六十刻，冬至夜亦宜六十刻。春秋分，晝夜各五十刻。今減夜限，日出前，日入後，昏明際，各二刻半以益晝。夏至晝六十五刻，冬至晝四十五刻，二分晝五十五刻而已。張衡《漏水轉渾天儀制》曰：以銅爲器，再疊差置，實以清水，下各開孔，以玉虬吐漏水入兩壺。右爲夜，左爲晝。殷夔《漏刻法》曰：爲器三重，圓皆徑尺。差立於水輿踟蹰之上，爲金龍口吐水，轉注入踟蹰經緯之中，蓋上鑄金爲司辰，具衣冠，以兩手執箭。李蘭《漏刻法》曰：以銅爲渴烏，以引器中水，於銀龍口中吐之。

[事對] 權器　衡渠。李蘭《漏刻法》曰：以器貯水，以銅爲渴烏，狀如鉤曲，以引器中水。於銀龍口中吐入權器，漏水一升，秤重一斤，時經一刻。殷夔《漏刻法》曰：漏水皆於器下爲金龍口吐出，轉注入踟蹰經緯之中，流於衡渠之下。流珠　把箭。李蘭《漏刻法》曰：以玉壺玉管流珠馬上奔馳行漏。流珠者，水銀之別名。張衡《漏水轉渾天儀制》曰：以左手把箭，右手指刻，以別天時早晚。司辰　典刻。殷夔《漏刻法》曰：自午至子，亦五十刻。壺口上有蓋，其中天浮載箭出於蓋，蓋上鑄金爲司辰。桓譚《新論》曰：余爲郎，典刻漏，燥濕寒温轉異度，故有昏明晝夜，參以晷景。銅史　金徒。《晉起居注》曰：孝武太元十二年，有司奏儲宮初建，未有漏刻。案詳永安宮銅漏刻，置漏刻史。張衡《漏水轉渾天儀制》曰：鑄金銅仙人居左壺，爲金胥徒居右壺。星史　金胥。《天文要集》曰：女史一星在柱下西北，女史轉漏動静。金胥見金徒注中。三鼓　一鐘。衛宏《漢舊儀》曰：立夏，立秋晝六十二刻，夏至晝六十五刻。夜漏不盡五刻，擊五鼓。夜漏不盡三刻，擊三鼓。酈善長《水經注》曰：洛陽金墉城東門，曰含春門，北有退門，城上西面列觀五十步，睥睨居屋置一鐘，以和漏鼓也。九日　五夜。司馬彪《續漢書》曰：霍融上言：漏刻率九日增減一等，不與天相應。不如夏曆合晷景，刻漏四十八箭。晷景爲刻，少所違失。衛宏《漢舊儀》曰：五夜：甲夜，乙夜，丙夜，丁夜，戊夜。

唐·李筌《太白陰經》卷五　前茅後殿篇第五十七

經曰：《周禮》：挈壺以令軍井，挈轡以令軍舍，挈畚以令軍糧。前茅慮無，建旗幟以表之，皆古法也。令以先鋒令先探井泉、水草、宿止、賊路與鄉導計會，乃進軍戰，則有喝後，皆拔白刃以臨之，使進如退却，便斬。敵來追我，則後殿與戰，無驚擾大軍也。

唐·杜佑《通典》卷七六《禮三十六·軍一》　挈壺氏掌挈壺以令軍井，挈轡以令舍，挈畚以令糧。鄭衆云：「挈壺以令軍井，謂爲軍穿井，井成，挈壺懸其上，令軍中士衆皆望見，知此下有井。壺所以盛飲，故以壺表井。挈轡以令舍，亦懸轡於所當舍止之處，使軍望見，知當舍止於此。轡所以駕舍，故以轡表舍。挈畚以令糧，亦懸畚於其所當廩假之處，令軍望見，知當廩假於此下也。畚所以盛糧之器，故以畚表廩。軍中人多，車騎雜會讙囂，號令不能相聞，故各以其物爲表，省煩便事也。」凡軍事，懸壺以序聚欜。鄭衆云：「懸壺以爲漏，以序聚欜，以次更聚擊欜備守。」鄭玄謂「擊欜，兩木相敲，行夜時也。」欜音託。

唐·杜佑《通典》卷八五《禮四十五·凶七》　大喪，挈壺氏懸壺以代哭者，皆以水火守之，分以日夜。代亦更也。禮，未大斂代哭。以水守壺者，爲沃漏。以火守壺者，夜則視刻數。分以日夜者，異晝夜漏也。漏之箭晝夜共百刻，冬夏之間，有長短焉。諸侯喪，虞人出木角，狄人出壺，雍人出鼎，司馬懸之，乃官代哭。代，更也。未殯，哭不絶聲，爲其疲倦，既小斂，可以爲漏刻分時而更哭也。木，給爨竈。角，以爲斞水斗。壺，漏水之器也。冬漏以火爨鼎，沸而後沃之，此挈壺氏所掌。斞音九于反。大夫，官代哭，不懸壺，下君也。士，代哭不以官。自以親疎哭也。孝子始有親喪，悲哀憔悴，禮防其以死傷生，使之更哭，不絶聲而已。人君以官尊卑，士賤以親疎爲之。三日之後，哭無時。宵爲燎，堂上下皆有燭。哭尸於堂上，主人在東方，由外来者在西方，諸婦南面。由外来，謂奔喪者也。無奔喪者，婦人猶東面耳。婦人迎客送客不下堂。下堂不哭。男子出寢門見人，不哭。婦人所有事，自堂及房。男子所有事，自堂及門。非其事處而哭，猶野哭也。出門見人，謂迎賓也。其無女主，則男主拜女賓於寢門內。其無男主，則女主拜男賓於阼階下。子幼則以縗抱之，人爲之拜。

唐·白居易《白氏長慶集》卷三〇《試策問制誥》　進士策問五道　元和三年爲府試官

第二道

問：大時不齊，大信不約，大白若辱，大直若屈，此四者，先聖之格言，後學之彝訓，有國者酌之以行化也，立身者踐之以修己也。然則雷一發而蟄蟲蘇，勾萌達；霜一降而天地肅，草木衰。其爲時也大矣，斯豈不齊者乎？日月代明而晝夜分，刻漏者準之，無杪忽之失焉。春秋代謝而寒暑節，律呂者候之，無黍累之差焉，其爲信也大矣，斯豈不約者乎？堯讓天下而許由遁，周有天下而伯夷餓，其爲白也大矣，斯亦不辱者乎？桀不道，龍逢諫而死，紂不道，比干諫而死，其爲直也大矣，斯豈不屈己者乎？由是而觀，有國者，立身者惑之久矣。衆君子試爲辨之。

唐・白居易撰、宋・孔傳續撰《白孔六帖》卷一　晨夜七

白：旭日始旦。雞既鳴矣，朝既盈矣。匪雞則鳴，蒼蠅之聲。顛倒衣裳，顛之倒之。不能晨夜，不夙則暮。夜如何其夜未央。未央向晨。日云暮矣。莫夜有戎。日旰。晝爾。已上並《詩》。卜晝。未卜其夜。日入虞泉。桑榆。暮景。辨色。晨夜。時夜。《莊子》：見卵而求時夜。孔：晝長夜短。回鶻又北度則晝長夜短。晝短苦夜長，闇時多也。李石。帝嘗曰：朕觀晉君臣以曠夷致傾覆，當時卿大夫之過耶？石曰：然。晝短苦夜長，闇時多也。晝作夕休。《文粹》李翱《復性書》：晝而作夕而休者，凡人也。生晝夜。《文粹》：楊炯《渾天賦》：出于卯，入于酉，而生晝夜。陰陽運行。梁肅《磻溪銘》：天地闔闢，陰陽運行。昏旦。《文粹》：劉軻《黄巖院記》：矧卯戌之昏旦。露夕霞朝。劉禹錫《楚望賦》：露夕霞朝，望如飛動。昏曉。杜甫《望嶽》：陰陽割昏曉。沉吟坐西軒，飲食錯昏晝。《寄岑參》。渾天儀以木地爲平，今儀半在地下，晦明朔望，遲速有準。《天文志》。刻漏之法，今失其傳，以午正爲時始，下侵未四刻十分而爲午。是晝夜昏曉，皆失其正。馬重績。今夕是何年。牛僧孺《入薄后廟應教作》詩曰：香風引上大羅天，月地花宫拜洞仙。共道人間惆悵事，不知今夕是何年。《周秦行紀》。晝夜刻。《五代司天考》：晝夜刻：置日入分，以日出分減之，爲晝分。用減統法，爲夜分。各滿經法，爲晝夜刻。既夜天如曛。《天文志》：骨利幹居瀚海之北，北距大海，晝長而夜短，既夜，天如曛，不暝。夕胹羊胛，纔熟而曙，蓋近日出沒之所。挈壺正，司晨掌知漏刻，孔壺爲漏，浮箭爲刻，以考中星昏明之候焉。出《唐六典》。

後晉・劉昫等《舊唐書》卷三四《曆志三》　大衍步軌漏第五

爻統：一千五百二十。

象積：四百八十。

辰刻：八；刻分，一百六十。

昏明刻：各二；刻分，二百四十。

定氣	陟降率	消息衰	陽城日晷	漏刻	黄道去極度	距中宿度
冬至	降七十八	息空六十四	一丈二尺七寸一分十五	二十七刻二百四十	一百一十七度二十	八十二度二十七
小寒	降七十二	息十一九十一	一丈二尺三寸七十七	二十七刻一百三十五	一百一十四度	八十三度九十一
大寒	降五十三	息二十二四十二	一丈一尺二寸一分八十二	二十六刻三百八十	一百一十一度九十	八十四度七十七
立春	降三十四	息三十二十五	九尺七寸三分五十一	二十五刻四百七十五	一百八度	八十七度七十
雨水	降初限七十八	息三十五七十八	八尺二寸一分六	二十四刻四百八十	一百三度二十	九十一度三十九
驚蟄	降一	息三十九五十	六尺七寸三分八十四	二十三刻三百六十	九十七度三十	九十五度八十八
春分	陟五	息三十九六十五	五尺四寸三分十九	二十二刻二百三十	九十一度三十	一百度四十四五十
清明	陟初限	息三十八八十九	四尺三寸一分十一	二十一刻一百二十	八十五度三十	一百五度
穀雨	陟三十二	息三十三五十六	三尺三寸四十	二十刻十	七十九度四十	一百九度五十
小滿	陟六十三	息二十十一	一尺九寸五分七十六	十八刻一百	七十度七十	一百一十一度十二
芒種	陟六十四	息十十二	一尺六寸三	十七刻三百五十四	六十八度二十四	一百一十八度九十
夏至	陟六十四	消空五十一	一尺四寸七分七十九	十七刻二百五十	六十七度四十	一百一十八度六十三
小暑	降六十三	消十七十六	一尺六寸三	十七刻三百五十五	六十八度二十五	一百一十七度九十八
大暑	降五十二	消二十七十五	一尺九寸五分	十八刻一百	七十八度七十	一百一十六度十二
立秋	降三十二	消二十八九十	二尺五寸三分三十一	十九刻五	七十四度五十五	一百一十三度十九
處暑	降初限九十九	消二十四七十六	三尺三寸三十七	二十刻十	七十九度三十	一百九度五十
白露	降五	消三十八九十	四尺三寸二分十一	二十一刻一百二十	八十五度三十	一百五度
秋分	陟一	消三十九六十六	五尺四寸三分十九	二十刻二百四十	九十一度	一百度四十四五十
寒露	陟初限一	消三十九五十	六尺七寸三分八十四	二十三刻三百六十	九十七度三十	九十五度八十八
霜降	陟三十四	消二十四九十八	八尺二寸一分六	二十四刻四百七十一	一百三度二十	九十一度三十九
立冬	陟五十三	消二十九七十二	九尺七寸三分五十一	二十五刻四百七十五	一百八度五	八十七度
小雪	陟七十二	消二十一七十	一丈一尺二寸一分八十二	二十六刻三百八十	一百一十一度九十	八十四度七十

大雪	陟七十八	消十一十三七	一丈二尺二寸二分七十	二十七刻二十四十五	一百一十四度	八十二度九十一

求每日夜半漏定數　置消息定衰，滿象積爲刻，不滿爲分。各遞以息減消加其氣初夜半漏，各得每日夜半漏定數。

求晨初餘數　置夜半定漏全刻，以九千一百二十乘之，十九乘刻分從之，如三百而一，所得爲晨初餘數，不盡爲小分。

求每日晝夜漏及日出入所在辰刻　各倍夜半之漏，爲夜刻。以減百刻，餘爲晝刻。減晝五刻以加夜，即晝爲見刻，夜爲没刻。半没刻以半辰刻加之，命起子初刻算外，即日出辰刻。以見刻加之，命如前，即日入辰刻。置夜刻以五除之，得每更差刻，又五除之，得每籌差刻。以昏刻加日入辰刻，得甲夜初刻。又以更籌差加之，得次更一籌之數。以次累加，滿辰刻去之，命如前，即得五夜更籌所當辰及分也。其夜半定漏，亦名晨初夜刻。

求九服所在晝夜漏刻　冬夏至各於所在下水漏，以定當處晝夜刻數。乃相減，爲冬夏至差刻。半之，以加減二至晝夜刻數，加夏至、減冬至。爲春秋分定日晝夜刻數。乃置每氣消息定數，以當處二至差刻數乘之，如二至去極差度四十七分，八十而一，所得依分前後加減二分初日晝夜漏刻，春分前秋分後，加夜減晝；春分後秋分前，加晝減夜。各得所在定氣初日晝夜漏刻數。求次日者，置每日消息定衰，亦以差刻乘之，差度而一，所得以息減消加其氣初漏刻，各得所求。其求距中度及昏明中宿日出入所在，皆依陽城法求，仍以差度而今有之，即得也。

又術　置所在春秋分定日中晷常數，與陽城每日晷數校取同者，因其日夜半漏，即爲所在定春秋分初日夜半漏。求餘氣定日，每以消息定數，依分前後加減刻分。春分前以加，分後以減；秋分前以減，分後以加。滿象積爲刻，不滿爲分，各爲所在定氣初日夜半定漏。

宋·王溥《五代會要》卷一〇　漏刻

晉天福三年二月司天臺奏：臣等准漏刻經云：漏刻之制，起自軒轅，所以上揆天時，下著人事，是故日行有南北，晷漏有長短，以黄道去極之度，而求漏刻日移之變，夫中星晝夜一百刻，分爲十二時，每時有八刻三分之一。假令符天以六十分爲一刻，一時有八刻二十分，四刻十分爲正前，十分四刻爲正後，二十分中，必爲時正。上古以來，皆依此法。自唐室將季，黄巢犯京，既失舊經，漏刻無準。伏以見行漏刻，自午初四刻，元稱巳時，已入未時，猶打午正，若不改更，終成錯誤。今欲每時初打一刻，至四刻後，正時正牌，打八刻終一時，後一時却從初起，即上同往古，下驗將來。奉勅宜依，令本司集寮屬討定奏聞者。臣等據諸家歷數，及太霄論漏刻等經，皆以晝夜百刻，分爲十二時，每時有八刻三分之一，凡一時。以打一刻起於時初，八刻終於時正，近取到水秤較驗，方知見行漏刻差誤。假令以午時爲例，從午時五刻上行作午時一刻，侵至未時四刻，始滿八刻，方終午時，此則午未兩時中各取半合爲一時也。自日出後至日入以來時刻，皆如此例相侵，伏乞改正，從時初打一刻，至四刻後進正牌，八刻終爲一時，後時却從初起，時辰自正，晷漏無差。從之。

宋·李昉等《太平御覽》卷二《天部二》　刻漏

《説文》曰：漏，以銅盛水，刻節，晝夜百刻。

《周禮·夏官》：挈壺氏：掌挈壺以令軍井。謂軍穿井成，挈壺懸其上，令軍中士衆皆望見，知下有井也。壺所以盛飲，故以壺表井也。凡軍事，懸壺以序聚欜。凡喪，懸壺以代哭。皆以水火守之，分以日夜。鄭司農曰：懸壺以爲漏也。以序聚欜，以次更聚擊欜備守也。玄謂擊欜，兩木相敲，行夜時也。喪禮未大斂代哭，以水守壺者爲沃漏也，以火守壺者，夜則視刻數也。分以日夜者，異晝夜漏也。

《詩序》曰：《東方未明》，刺無節也，朝廷興居無節，號令不時，挈壺氏不能掌其職焉。挈壺氏掌刻漏。

《漢書》曰：董賢爲郎，傳漏陛下，上見悦之。

又《哀帝紀》曰：詔大赦天下，以建平二年改爲太初元年，號曰陳聖劉太平皇帝，韋昭曰：敷陳聖劉之德也。漏刻以百二十爲度。韋昭曰：舊漏晝夜共百刻，今增其二十也。

《續漢書·律曆志》曰：建武十年，詔施行漏刻，以日長短爲數率，日南北二度四分而增成一刻一氣。永元十年，太史霍融上言：官漏刻率，九日增減一等，不與天相應，不如夏曆。《東觀漢記》曰：樊梵每當直事，常晨駐車待漏。

《漢雜事》曰：鼓以動衆，鉦以止衆。夜漏盡，鼓鳴則起。晝漏盡，鉦鳴則息。

《吴録》曰：吴範，字文則，善占候，知風氣。關羽將降孫權，問範，範期日中，權立表下漏以待之。及中不至，權問其故，範曰：未正中也。頃之，有風動帷，範曰：羽至矣。斯須，外稱萬歲，傳言得羽。

《齊書》曰：武帝時，宫内深隱，不聞端門鼓漏聲。置鐘於景陽樓，上應五鼓及三鼓，宫人聞鐘聲，早起粧飾。

《後魏書》曰：自魏初大將行兵，長孫嵩拒宋武，奚斤征河南，獨給漏刻。

《隋書》曰：耿詢作馬上刻漏，世稱其妙。煬帝即位，進欹器，帝善之。

《東方朔別傳》曰：武帝常飲酎，以八月九月中禾稼方盛熟，夜漏下水十刻，微行乃出。

《桓子新論》曰：漏刻燥濕寒温輒異度，晝日參以晷景，暮夜參以星宿，則得其正。

陸機《漏賦》曰：激懸泉以遠射，跨飛途而遥集，伏陰蟲以承波，吞緼流其如挹。

王廙《洛都賦》曰：挈壺司刻，漏樽瀉流。仙叟秉尺，隨水沉浮。

孫綽《漏刻銘》曰：累筒三階，積水成淵，器滿則盈，承虚赴下，靈虬吐注，陰蟲承瀉。

宋·李昉等《太平御覽》卷一八九《居處部十七》 《周禮》曰：挈壺氏，掌挈壺以令軍井。

宋·李昉等《太平御覽》卷七六一《器物部六》 《周禮》曰：挈壺氏以令軍井。壺所以盛飲，故以壺表井中。凡軍事，懸壺以序聚橐。懸壺以爲備也。橐竟託。

宋·李昉等《太平廣記》卷五六《女仙一》 故步三光而立乎晷景，封九域而制乎邦國，刻漏以分晝夜，寒暑以成歲紀，兑離以正方位，山川以分陰陽，城郭以聚民，器械以衛衆，輿服以表貴賤，禾黍以備凶歉。凡此之制，上稟乎星辰，而取法乎神真，以養有形之物也。

宋·李昉等《文苑英華》卷五〇三《乾象律曆門二十三道》 曆生失度判

曆生失秒忽之度

對王冷然

律吕之本，今古攸尚：周行殷曆，孔子於是興嗟。漢襲秦正，劉歆以之條奏。莫不考於經傳，稽之氣象。惟彼曆生，稱明筭法，理湏一作辨。銅壺曉唱，則聽雞鳴，玉斗夜迴，方看蟻轉。何得輕於秒忽，失以毫釐？禆竈多言，豈知天道？羲和廢職，幾亂人時。遂令太史罷占，疇人廢業。陸佐公之漏刻，莫見新成。張平子之渾儀，但聞虚設。既失推蓂之典，何逃寘棘之刑？

宋·吴淑《事類賦》卷八《地部三》 挈壺舉微宫之職，《周禮》曰：挈壺氏掌挈壺以令軍井。注：爲軍穿井成，挈壺懸其上，令士衆知之。

宋·許洞《虎鈐經》卷七 漏法第七十五

木櫃一枚，八角，高二尺四寸，闊二尺三寸，雜色裝畫金銅鐶紐及盖水匱三片，共闊二尺四寸，厚一寸五分，布黑漆。貯水生銅鑊一口，闊一尺九寸，深一尺五寸，重七十斤。金銅引水龍一條，長二尺六寸。前脚踏虚雲朶一枚，重二十斤。龍腹中熟銅飲水渴烏一條，内空長四尺八寸，圍一寸五分。力士柱二枚，各長六尺，圍一尺二寸五分。并脚下卷荷坐水雕獅子四箇裝裱盡，力士柱頭鍍金寶珠二枚。及鐵涉一松，一作枚。闊二寸五分，長三尺六寸。金銅釘鉸水秤一梁，身長五尺六寸，徑一寸五分。金銅鐶連鏁，長一尺四寸。金銅象鎚一枚，連鏁九寸，共重七斤半。一作平。準竿一條，長六尺，竿身八楞，圍八寸五分。向本上雕一隻脚踏蓮花坐，向下卷雲座。金銅鐶紐，及曲尺金銅工正一枚，長一尺五寸。熟銅鍍金壺一枚，面闊一尺一寸，深七尺。金銅連鏁三條，各長二尺二寸。及連金銅小盖一枚，闊三寸五分，共重一十四斤四兩。銅觜一枚，重十八銖。大鼓一面，闊一尺一寸，深七寸。蟠龍遶腔彩畫鉦一面，厚四分。銅水斗一枚，平準竿一條。皆以約漏刻數之。

又 傳箭第七十六

每時有八刻二十分，一刻六十分，一日十二時，合一百刻。冬至前三日改第一箭：晝四十刻，日出辰時一刻。夜六十刻，日入申時八刻。每更一十二刻，每點二刻二十四分。後三日改第二箭：晝四十一刻，日出辰時半刻。夜五十九刻，日入酉時半刻。每更一十一刻四十八分，每點二刻二十二分。小寒初日改第三箭：晝四十二刻，日出卯時八刻。夜五十八刻，日入酉時一刻。每更一十一刻三十六分，每點二刻一十八一作九。分。後九日改第四箭：晝四十三刻，日出卯時七刻半。夜五十七刻，日入酉時一刻半。每更一十一刻二十四分，每點二刻一十六分。大寒後三日改第五箭：晝四十四刻，日出卯時七刻。夜五十六刻，日入酉時二刻。每更一十一刻一十二分，每點二刻一十四分。立春前三日改第六箭：晝四十五刻，日出卯時六刻半。夜五十五刻，日入酉時二刻半。每更一十一刻，每點二刻一十二分。後六十日改第七箭：晝四十六刻，日出卯時六刻。夜五十四刻，日入酉時三刻。每更一十刻四十八分，每點二刻九分。雨水初日改第八箭：晝四十七刻，日出卯時五刻半。夜五十三刻，日入酉時三刻半。每更一十刻三十六分，每點二刻七分。後第九日改第九箭：晝四十八刻，日出卯時五刻。夜五十二刻，日入酉時四刻。每更一十刻二十四分，每點二刻四分。驚蟄後三日改第十箭：晝四十九刻，日出卯時四刻半。夜五十一刻，日入酉時四刻半。每更一十刻十分，每點二刻二分。春分前三日改第十一箭：晝五十刻，日出卯時四刻。夜五十刻，日入酉時五刻。每更一十刻，每點二刻。後六日改第十二箭：晝五十一刻，日出卯時三刻半。夜四十九刻，日入酉時五刻半。每更九刻四十八分，每點一刻五十七分。清明初日改第十三箭：晝五十二刻，日出卯時三刻。夜四十八刻，日入酉時六刻。每更九刻三十六分，每點一刻五十五分。後九日改第十四箭：晝五十三刻，日出卯時二刻半。夜四十七刻，日入酉時六刻半。每更九刻二十四分，每點一刻五十二分。穀雨後三日改第十五箭：晝五十四刻，日出卯時二刻。夜四十六刻，日入酉時七刻。每更九刻一十二分，每點一刻五十分。立夏前三日改第十六箭：晝五十五刻，日出卯時一刻半。夜四十五刻，日入酉時七刻半。每更九刻，每點一刻四十八分。後六日改第十七箭：晝五十六刻，日出卯時一刻。夜四十四刻，日入酉時入刻。每更八刻四十八分，每點一刻四十五分。小滿初日改第十八箭：晝五十七刻，日出寅時半刻。夜四十三刻，日入戌時半刻。每更八刻五十六分，每點一刻四十二分。後九日改第十九箭：晝五十八刻，日出寅時八刻。夜四十二刻，日入酉時一刻。每更八刻二十四分，每點一刻四十分。芒種後三日改第二十箭：晝五十九刻，日出寅時七刻半。夜四十一刻，日入戌時一刻半。每更八刻一十二分，每點一刻三十分。夏至前三日改第一箭：晝六十刻，日出寅時七刻。夜四十刻，日入戌時二刻。每更八刻，每點一刻三十六分。後六日改第二箭：晝五十九刻，日出寅時七刻半。夜四十一刻，日入戌時一刻半。每更八刻一十二分，每點一刻三十八分。小暑初日改第三箭：晝五十八刻，日出寅時八刻。夜四十二刻，日入戌時一刻。每更八刻二十四分，每點一刻四十分。後九日改第四箭：晝五十七刻，日出卯時半刻。夜四十三刻，日入戌時半刻，每更八刻三十六分，每點一刻四十三分。大暑後三日改第五箭：晝五十六刻，日出卯時一刻。夜四十四刻，日入酉時八刻。每更八刻四十八分，每點一刻四十五分。立秋前三日改第六箭：晝五十五刻，日出卯時一刻半。夜四十五刻，日入酉時七刻半，每更九刻，每點一刻四十八分。後六日改第七箭：晝五十四刻，日出卯時二刻，夜四十六刻，日入酉時七刻。每更九刻一十二分，每點一刻五十分。處暑初日改第八箭：晝五十三刻，日出卯時二刻半。夜四十七刻，日入酉時六刻半。每更九刻二十四分，每點一刻五十二分。後三日改第九箭：晝五十二刻，日出卯時三刻。夜四十八刻，日入酉時六刻。每更九刻三十六分，每點一刻五十五分。白露後三日改第十箭：晝五十一刻，日出卯時三刻半。夜四十九刻，日入酉時五刻半。每更九刻四十八分，每點一刻五十七分。秋分前三日改第十一箭：晝五十刻，日出卯時四刻。夜五十刻，日入酉時五刻。每更十刻，每點二刻。後六日改第十二箭：晝四十九刻，日出卯時四刻半。夜五十一刻，日入酉時四刻半。每更十刻十二分，每點二刻二分。寒露初日改第十三箭：晝四十八刻，日出卯時五刻。夜五十二刻，日入酉時四刻。每更一十刻二十四分，每點二刻四分。後九日改第十四箭：晝四十七刻，日出卯時五刻半。夜五十三刻，日入酉時三刻半。每更一十刻三十六分，每點二刻七分。霜降後三日改第十五箭：晝四十六刻，日出卯時六刻。夜五十四刻，日入酉時三刻。每更一十刻四十八分，每點二刻九分。立冬前三日改第十六箭：晝四十五刻，日出卯時六刻半。夜五十五刻，日入酉時二刻半。每更一十一刻，每點二刻一十二分。後六日改第十七箭：晝四十四刻，日出卯時七刻。夜五十六刻，日入酉時二刻，每更一十一刻一十二分，每點二刻一十四分。小雪初日改第十八箭：晝四十三刻，日出卯時七刻半。夜五十七刻，日入酉時一刻半。每更一十一刻二十四分，每點二刻一十六分。後九日改第十九箭：晝四十二刻，日出卯時八刻。夜五十八刻，日入酉時一刻。每更一十一刻五十六分，每點二刻一十八分。大雪三日改第二十箭：晝四十一刻，日出辰時半刻。夜五十九刻，日入酉時半刻，每更一十一刻四十八分，每點二刻二十一分。

宋·曾公亮等《武經總要·前集》卷六　漏刻

凡軍中，雖置水漏，則用更牌，一晝夜一百刻。以竹爲一百牌，長三尺，濶一寸，題云：某月更牌。以探更人每更徐疾行二里，傳一牌，一日夜計行二百里，則傳一百牌。常取月中氣爲正。

雨水：正月中，夜傳牌四十九四分，一更傳牌九，餘一里一百七十三步三尺三寸。春分：二月中，夜傳牌五十，一更傳牌一十。穀雨：三月中，夜傳牌三十七六分，一更傳牌七，餘一里二十四步二分。小滿：四月中，夜傳牌三十六三分，一更傳牌七，餘一百七十步四尺八分。夏至：五月中，夜傳牌三十五一分，一更傳牌七。大暑：六月中，夜傳牌三十六三分，一更傳牌七，餘一百七十五步一尺二寸。處暑：七月中，夜傳牌三十六二分，一更傳牌七，餘一百七十五步一尺二寸。秋分：八月中，夜傳牌四十四五分，一更傳牌八，餘一里二百八十四步一尺二寸。霜降：九月中，夜傳牌四十九五分，一更傳牌八，餘一里一百八十步五尺六寸。小雪：十月中，夜傳牌五十三三分，一更傳牌一十，餘一里一百一十五步一尺二寸。冬至：十一月中，夜傳牌五十五，一更傳牌一十一。大寒：十二月中，夜傳牌五十三三分，一更傳一十，餘一里一百二十五步一尺二寸。

又法曰：行軍於外，日出日没時，檛鼓吹角爲嚴警，凡鼓三百六十五槌爲一通，角一十二變爲一疊。鼓音止，角音動。凡鼓三通，角三疊，晝夜足矣。又近代馬上法：以數珠記時，先約一晝夜爲準，餘日倣之，與刻漏無差。

宋·歐陽修等《新唐書》卷二八上《曆志四上》 爻統千五百二十。象積四百八十。

辰八刻百六十分。

昏、明二刻二百四十分。【略】

各置其氣消息衰，依定氣所有日，每以陟降率陟減、降加其分，滿百從衰，各得每日消息定衰。其距二分前後各一氣之外，陟降不等，皆以三日爲限。雨水初日，降七十八。初限，日損十二。次限，日損八。次限，日損三。次限，日損二。次限，日損一。清明初日，陟一。初限，日益一。次限，日益二。次限，日益三。次限，日益八。末限，日益十九。處暑初日，降九十九。初限，日損十九。次限，日損八。次限，日損三。次限，日損二。末限，日損一。寒露初日，陟一。初限，日益一。次限，日益二。次限，日益三。次限，日益八。末限，日益十二。各置初日陟降率，依限次損益之，爲每日率。乃遞以陟減、降加氣初消息衰，各得每日定衰。

南方戴日之下，正中無晷。自戴日之北一度，乃初數千三百七十九。自此起差，每度增一，終於二十五度，計增二十六分。又每度增二，終於四十度。又每度增六，終於四十四度，增六十八。又每度增七，終於五十五度。又每度增十九，終於六十度，增百六十。又每度增三十三，終於六十五度。又每度增三十六，終於七十度。又每度增三十九，終於七十二度，增二百六十。又度增四百四十。又度增千六十。又度增千八百六十。又度增二千八百四十。又度增四千。又度增五千三百四十。各爲每度差。因累其差，以遞加初數，滿百爲分，分十爲寸，各爲每度晷差。又累其晷差，得戴日之北每度晷數。

各置其氣去極度，以極去戴日度五十六及分八十二半減之，得戴日之北度數。各以其消息定衰所直度之晷差，滿百爲分，分十爲寸，得每日晷差。乃遞以息減、消加其氣初晷數，得每日中晷常數。

以其日所在氣定小餘，爻統減之，餘爲中後分。不足減，反相減，爲中前分。以其晷差乘之，如通法而一，爲變差。以加減中晷常數，冬至後，中前以差減，中後以差加。夏至後，中前以差加，中後以差減。冬至一日，有減無加。夏至一日，有加無減。得每日中晷定數。

又置消息定衰，滿象積爲刻，不滿爲分。各遞以息減、消加其氣初夜半漏，得每日夜半漏定數。其全刻，以九千一百二十乘之，十九乘刻分從之，如三百而一，爲晨初餘數。

各倍夜半漏，爲夜刻。以減百刻，餘爲晝刻。減晝五刻以加夜，即晝爲見刻，夜爲没刻。半没刻加半辰，起子初算外，得日出辰刻。以見刻加而命之，得日入。置夜刻，五而一，得每更差刻。又五除之，得每籌差刻。以昏刻加日入辰刻，得甲夜初刻。又以更籌差加之，得五夜更籌所當辰。其夜半定漏，亦名晨初夜刻。

又置消息定衰，滿百爲度，不滿爲分。各遞以息減、消加氣初去極度，各得每日去極定數。

又置消息定衰，以萬二千三百八十六乘之，如萬六千二百七十七而一，爲度差。差滿百爲度。各遞以息加、消減其氣初距中度，得每日距中度定數。倍之，以減周天，爲距子度。

置其日赤道日度，加距中度，得昏中星。倍距子度，以加昏中星，得曉中星。命昏中星爲甲夜中星，加每更差度，得五夜中星。

凡九服所在，每氣初日中晷常數不齊。使每氣去極度數相減，各爲其氣消息定數。因測其地二至日晷，測一至可矣，不必兼要冬夏。於其戴日之北每度晷數中，較取長短同者，以爲其地戴日北度數及分。每氣各以消息定數加減之，因冬至後者，每氣以減。因夏至後者，每氣以加。得每氣戴日北度數。各因所直度分之晷數，爲其地每定氣初日中晷常數。其測晷有在表南者，亦據其晷尺寸長短與戴日北每度晷數同者，因取其所直之度，去戴日北度數。反之，爲去戴日南度。然後以消息定數加減之。

二至各於其地下水漏以定當處晝夜刻數。乃相減，爲冬夏至差刻。半之，以加減二至晝夜刻數，爲定春秋分初日晝夜刻數。乃置每氣消息定數。以當處差刻數乘之，如二至去極差度四十七分，八十而一，所得依分前後加減初日晝夜漏刻，各得餘定氣初日晝夜漏刻。

置每日消息定衰，亦以差刻乘之，差度而一，所得以息減、消加其氣初漏刻，得次日。其求距中度及昏明中星日出入，皆依陽城法求之。仍以差刻乘之，差度而一，爲今有之數。若置其地春秋定日中晷常數與陽城每日晷數，較其同者，因其日夜半漏亦爲其地定春秋分初日夜半漏。求餘定氣初日，亦以消息定數依分前後加減刻分，春分後以減，秋分後以加。滿象積爲刻。求次日，亦以消息定衰，依陽城術求之。此術究理，大體合通。然高山平川，視日不等。較其日晷，長短乃同。考其水漏，多少殊别。以兹參課，前術爲審。

宋·歐陽修《新五代史》卷五八《司天考第一》 演紀上元甲子，距今顯德三年丙辰，積七千二百六十九萬八千四百五十二算外。

《欽天》統法：七千二百。

《欽天》經法：七十二。

《欽天》通法：一百。

歲率：二百六十二萬九千七百六十，四十。

軌率：二百六十二萬九千八百四十四，八十。

朔率：二十一萬二千六百二十，二十八。

歲策：三百六十五，一千七百六十，四十。

軌策：三百六十五，一千八百四十四，八十。

歲中：一百八十二，四千四百八十，二十。

軌中：一百八十二，四千五百二十二，四十。

朔策：二十九，三千八百二十，二十八。

氣策：一十五，一千五百七十三，三十五。

象策：七，二千七百五十五，七。

周紀：六十。

歲差：八十四，四十。

辰則：六百；八刻二十四分。

晝夜刻

置日入分，以日出分減之，爲晝分。用減統法，爲夜分。各滿經法，爲晝夜刻。

五夜辰刻

置昏分，以辰則除，爲辰數；經法除，爲刻數。命辰數子正算外，即甲夜辰刻也。倍晨分，五約之，爲更用分。又五約之，爲籌用分。用累加甲夜，滿辰則爲辰，滿經法爲刻，即各得五夜辰刻也。

九服刻漏

經法通軌中而半之，用自相乘，如其地戴中數而一；以乘二百六十三，經法除之，爲漏法。通軌中於上，置赤道内外數於下，以下減上，餘用乘之；盈漏法，爲漏分。赤道内以減、赤道外以加一千六百二十，爲其地晨分。減統法，爲昏分。置晨昏分，各如岳臺術入之，即得其地日出入辰刻、五夜辰刻、昏曉中星也。

宋·蘇頌《新儀象法要》卷上 又制刻漏四副，一曰浮箭漏，二曰稗漏，皆與今太史及朝堂所用略同。三曰沈箭漏，四曰不息漏，并採用術人所製法式置於别室，使挈壺專掌，逐時刻與儀象互相參考，以合天星行度爲正。所以驗器數與天運不差，則寒暑氣候自正也。

宋·沈括《夢溪筆談》卷七《象數一》 古今言刻漏者數十家，悉皆疏繆。曆家言晷漏者，自《顓帝曆》至今見於世謂之「大曆」者，凡二十五家。其步漏之術，皆未合天度。予占天候景，以至驗於儀象，考數下漏，凡十餘年，方粗見真數，成書四卷，謂之《熙寧晷漏》：皆非襲蹈前人之跡，其間二事尤微。一者，下漏家常患冬月水澁，夏月水利，以爲水性如此；又疑冰澌所壅，萬方理之，終不應法。予以理求之，冬至日行速。天運已朞，而日已過表，故百刻而有餘；夏至日行遲，天運未期，而日已至表，故不及百刻。既得此數，然後覆求晷景漏刻，莫不脗合。此古人之所未知也。二者，日之盈縮，其消長以漸，無一日頓殊之理。曆法皆以一日之氣短長之中者，播爲刻分，累損益，氣初日衰，每日消長常同；至交一氣，則頓易刻衰，故黄道有觚而不圜，縱有强爲數以步之者，亦非乘理用算，而多形數相詭。大凡物有定形，形有真數。方圓端斜，定形也；乘除相盪，無所附益，泯然冥會者，真數也。其術可以心得，不可以言喻。黄道環天正圜，圜之爲體，循之則其妥至均，不均不能中規衡；絶之則有舒有數，無舒數則不能成妥。以圜法相盪而得衰，則衰無不均；以妥法相盪而得差，則差有疏數。相因以求從，相消以求負，從負相入，會一術以御日行。以言其變，則秒刻之間消長未嘗同；以言其齊，則止用一衰，循環無端，終始如貫，不能議其隙。此圜法之微，古之言算者有所未知也。以日衰生日積，反生日衰，終始相求，迭爲賓主，順循之以索日變，衡别之求去極之度，合散無跡，泯如運規。非深知造算之理者，不能與其微也。其詳具予奏議，藏在史官，及予所著《熙寧晷漏》四卷之中。

宋・陸佃撰、明・牛衷增輯《增修埤雅廣要》卷三《天道門》 刻

刻，漏也，以漏箭定日晷曰刻，故因謂晷度曰刻。《書》正義之古制：晝長六十刻，夜短四十刻，晝短四十刻，夜長六十刻，晝夜中六十刻。天之晝夜以日出入爲分，人之晝夜以昏明爲限。日未出前二刻半爲明，日入後二刻半爲昏，損夜五刻以裨於晝，則晝多於五刻。夏至晝六十五刻，夜三十五刻。冬至晝三十五刻，夜六十五刻。春秋分晝五十五刻，夜四十五刻。從春分至夏至曆九刻半，夏至至秋分減亦如之。從秋分至冬至減十刻半，從冬至至春分增亦如之。漢初大率九日增減一刻，至和帝時，侍霍融始請改之。

唐・白居易撰、宋・孔傳續撰《白孔六帖》卷三一 刻漏七

白：銅渾，設象。玉漏，授時。挈壺氏，掌刻漏之職。金徒之職，銅史之司。分以陰陽，明晦之時不忒。賾其晝夜，短長之數無逃。金臺銀箭。陰陽雖微，天地之情可見。風雨如晦，日夜之度不迷。苟昏曉過度，致盈縮之差。則寢興失時，有顛倒之刺。敬授人時。《周禮》：凡軍事，懸壺以序聚㯝。懸壺以爲漏也。以次序更聚擊㯝，備守以警夜。及冬則以火爨鼎，水沸而沃之。冬水凍冷不下，故以炊令沸以沃之。《説文》曰：漏，以銅盛水，刻節，晝夜百刻。待漏，後漢范楚每常事，嘗晨駐車以待漏也。孔：改刻漏，傳奕善數，不傳。武德時所改刻漏，皆詔奕。陰亂漏刻，王翃，河中尹領節度後務。悍將凌正數干法不逞，約其徒夜斬關逐翃。翃覺之，陰亂漏刻，以差其期，衆驚，不敢發。景刻，陸贄曰：勤王之師在畿内者，急宜亟告，景刻不可差。金丸，拂菻中門，中有金巨稱一，作金人立其端，置十二丸，率時改一丸落。蓮花漏，唐李肇《國史補》：越僧靈澈得蓮花漏，乃取銅葉製器，狀如蓮花。置盆水之上，底孔漏之，水半之則沉。每晝夜十二沉，爲行道之節。雖冬夏短長，雲陰月黑，無差。咽蟾蜍，李賀云：催水咽蟾蜍。《雞跖集》。孔壺爲漏，浮箭爲刻，漏刻博士六人，掌知漏刻。凡孔壺爲漏，浮箭爲刻，以考中星昏明，更以擊鼓爲節，點以擊鍾爲節。出《唐・百官志》。置鼓以候刻，渾天銅儀以木櫃爲地平，令儀半在地下，晦明朔望，遲速有準。立木人二於地平上，其一前置鼓以候刻，至一刻則自擊之，其一前置鍾以候辰，至一辰亦自撞之。皆於櫃中各施輪軸，鈎鍵關鏁，交錯相持。置於武成殿前以示百官。無幾而銅鐵漸澀，不能自轉，遂藏於集賢院。出《唐書・天文志》。漏刻之濾，馬重績言：漏刻之濾，以中星考晝夜爲一百刻，六十分刻之二十爲一時，以四刻十分爲正，此自古所用也。今失其傳，以午正爲時始，下侵未四刻十分而爲午。由是晝夜昏曉，皆失其正，請依古改正。從之。《五代史》卷五十七。百刻短長，取於口不取於數，天下多是也。杜牧《池州刻漏記》。靈虬傳夕箭，杜詩。銀箭金壺漏水多，李白《烏棲曲》。節晷漏於鍾律，李華《含元殿賦》。

唐・白居易撰、宋・孔傳續撰《白孔六帖》卷五一 挈壺氏，掌挈壺以令軍井，壺以盛飲，故以表井。軍事，懸壺以序聚㯝，懸壺爲漏。以次更序聚㯝備守。以兩木相擊行夜。

宋・李如篪《東園叢説》卷中 地深厚之數

天體周徑，以度推考之，亦可以步里計。惟地之深厚，古人未有言其數度者。予嘗冥搜而得之，地准天度之數，厚八度八百分度之六百四十一。蓋用天輪運轉，與刻漏而推之也。其説斷然有不可易者，非臆測牽强而云爾也。蓋日入地則爲夜，出地面方爲晝。將昏時日已入地矣，更二刻半方黑。曉時日未出地面，先二刻半已明，用此爲旁照，則地之深厚數不可逃矣。夫日已入地而未黑者，蓋尚在地之側而未入地下，故光透上而未黑也。至二刻半，轉入地下而始黑矣。日未出地面而先明者，蓋已出地之下，故光透上而先明也。至二刻半，而日方出於地之面矣。日之出入，隨天體而運轉，一日一夜而一周天，周天三百六十五度四分度之一。一晝夜凡百刻，百刻之中，日隨天運轉三百六十五度四分度之一，則二刻半合轉八度八百分度之六百四十一也。予嘗以此約昏旦，地之厚薄少差，則晝夜漏刻於二十四氣之中皆差，惟是此數與歷相應。

宋・儲泳《祛疑説》 刻漏説

自古刻漏，必曰壺大幾何，受水幾何，又有水重水輕之别。渴烏之觜，吐水如髮，惟恐不細。向製此器，以備火候之用，出水入水，爲製不同，大抵一塵入水，渴烏旋塞，未嘗有三日不間斷者。中夜以思，忽得其説。但使渴烏之水，大如中針，則小小塵垢，隨水而下，不復可塞，不過倍受水之壺而已。製器一成，不復間斷，深思其故，始得其説，因著之以傳好事者。

宋・程大昌《程氏演繁露》卷一五 六更

禁中鐘鼓院，在和寧門譙上。其上鼓記五更已竟，外間通用漏刻方交五更也。殺五更後，譙上不復更擊鐘鼓，需平明漏下二刻，方椎鼓數十聲，門開。人知促配五更，不擊六鼓何義也。唐王建《宮詞》云：每夜停燈熨御衣，銀熏籠底火霏霏。遥聽帳裏君王覺，上直鐘聲始得歸。本朝王禹玉亦有詞云：焚香熏

熨赭黃衣，恐怕朝陽進御遲。禁鼓六更交早直，歸来還直立班時。以二《宫詞》詳之，禁中記更鼓，不究平曉者，蓋交更之際，翌日當直宫女，須以未曉前先来受事。則凡應奉蚤朝，皆可夙辨。若候正交五更始來，則不及事矣。王建言上直鐘聲者，禁中五更曉鐘也。王禹玉謂六更者，明宫殿五更之外，更有一更也。其實宫鼓以外間四更，促爲五更。故五鼓終竟時，蚤於外間耳，鼓節未嘗溢六也。國朝大禮，車駕宿齋青城，則齋殿門内五更，均促使短，如宫中常節。至青城門外，則五夜平分，須曉乃竟。故奉當具行禮序次，以授在事之人，皆以宫漏之外别異。其言曰街市幾更幾更，爲此也。

宋・薛季宣《浪語集》卷三〇　序輥弾漏刻

輥弾漏刻始於唐僧文誥，行於中軍，其制度在《十國紀年》，簡略不可稽據。走官東鄂，始於戍將得之。其制爲二尺屏風，縱横正等，以七尺五寸之竹，通中交解而四截之，斜倚屏中，隱其機括，蓋以銅華菡萏，承以芙蕖。爲銅弾十有二銖者十珠，投其一於菡萏，歷筩道四折而下，墮芙蕖中，其聲鏗焉。以次發其九弾，屏上列牌爲識。凡二十牌，盡十弾而轉一牌，牌盡而復，則書其數於紙。一刻爲一牌十二，牌六十復而晝夜均，十二分之，每一時而牌五復，盡八刻三分之一。總十二時而百刻之數盡。五夜更漏，去日暮漏五刻。夏至夜短極，每鼓牌四復，餘一牌有六弾，籌閱牌十六，餘三弾而差强。夜漏漸長，每增一刻，則籌加五弾而弱，累增一弾，每鼓爲二牌餘四弾。冬至晝短極，每鼓牌六復，餘九牌有六弾，籌閱牌二十有五，餘九弾而差强。此其要略也。《紀年》：鼓百二十發爲一刻，與今屏漏正同。其言輥竹三丈二尺而發一鼓，其長已甚。將《紀年》承《舊史》之誤，抑文誥所造於今有平易，徑急之殊哉？要之，徑急者其發多，平易者其行緩。舊法增今二十四尺十五寸，而皆百有二十發，前史之誤，可以無疑。在《易乾象》有之天行健君子以自强不息。後之釋者以爲勉强之强，而不知天道之自然。夫天道之自然，日行三百六十五度四分度之一。人得候其晷，以測天常之爲道也，至矣。今之爲晷漏者，其法有四：一曰銅壺，曰香篆，曰圭表，曰輥弾。銅壺一家復有數器。爲器雖異，所以占天一也。在銅壺則有苔冰遲疾之誤，在香篆則有麤細燥濕之殊，在圭表則有雨暘蚤暮之差戾，均所不免。人能莅之唯謹，而器無爽忒之事者，惟輥弾爲然。輥弾以二尺之屏，一丸之弾，仰占天道。而造次所持行之，一人見之於用。自强不息，與天爲徒，君子終日乾乾，斯其意矣。走奇其物小而可重也，將廣其傳於世，故爲序之云。

宋・孫逢吉《職官分紀》卷一七　挈壺正

《唐・百官志》：五官挈壺正二人，正八品上。五官司辰八人，正九品上。漏刻博士六人，從九品下。掌知漏刻。凡孔壺爲漏，浮箭爲刻，以考中星昏明，更以擊鼓爲節，點以擊鐘爲節。武后長安二年，置挈壺正。乾元元年，加五官之名。有刻漏生四十人，典鐘，典鼓三百五十人。初，有刻漏視品，刻漏典事，掌知刻漏，檢校刻漏，後皆省。

《六典》：挈壺正二人，從八品下。掌知漏刻。《周禮》有夏官挈壺氏，秋官司寤氏，春官鷄人氏。凡三職，咸掌其事。自漢以後，太史掌之。皇朝長安四年，始置。乾元元年，加五官之名。司辰十九人，正九品下。掌漏刻事。隋置二人，從九品下。煬帝改爲司辰師，本屬武候府。大業三年，隸于太史局。皇朝因之。久視元年，除師字。漏刻典事十六人。皇朝置，掌司漏刻之節。漏刻博士六人。隋置，有品秩。掌教漏刻生。皇朝降爲流外。乾元元年，置二十人。漏刻生三百六十人。隋置，掌習漏刻之節，以時唱治。皇朝因之，皆以中小男爲之，轉補爲典鐘，典鼓。典鐘二百八十人。皇朝置，掌擊漏鐘。乾元元年，置三百五十人，視品十人。典鼓一百六十人。皇朝置，掌擊漏鼓。乾元元年，置三百五十人。挈壺正，司辰，掌知漏刻。孔壺爲漏，浮箭爲刻，以考中星昏明之候焉。箭有四十八，晝夜共百刻，冬夏之間有長短。冬至日南，爲發，去極一百一十五度，晝漏四十刻，夜漏六十刻。夏至日北。爲斂，去極六十七度，晝漏六十刻，夜漏四十刻。春秋二分，發斂中，去極九十一度，晝夜各五十刻。秋分以後，減晝益夜，九日加一刻。春分以後，減夜益晝，九日減一刻。二至前後，則加減遲，用日多。二分之間，則加減速，用日少。凡候夜漏以爲更點之節，每夜分爲五更，每更分爲五點，更以擊鼓爲節，點以擊鐘爲節。

國朝挈壺正，掌知漏刻。司天之屬，有挈壺正，掌司辰刻，置署文德殿門内之東。漏設鼓樓、鐘樓於殿廷左右。漏刻之法，有水秤，以木爲衡，衡上刻疏文曰：天河。其廣長容水箭。箭有四木爲之，長三尺五寸，著時刻更點，納于天河中。晝夜更周之自卯至午易一箭，自午至酉易一箭，自酉至子易一箭，自子至卯易一箭。衡右端有銅鍰連鈎，爲銅覆荷形。荷下銅索三條，以係銅壺。又爲髹漆大奩，曰水樻，中安銅盆，曰水海。奩有蓋，上刻白兔一，爲飾，曰水拍。銅盆隅有銅刻烏一，引水下注壺中。衡左端有大銅鍰貫衡，鍰下大銅索連銅權，權爲立象形。又有鐵竿，高五尺。權于鐵連附中，屈上端爲方鍰形，曰鷄竿。每移改時刻，司辰者以衡尾納方鍰中，以組繩挽權上大銅鍰進退之。抨之所係，以大木雙樞有跗，如鐘簴之制。畫五彩金龍爲飾，上有鐵胡門，大鐵鈎，鍰以係之。其制度精巧，未知作者爲誰，蓋唐及五代用之久矣。漏刻每遇添減辰刻，必移報門司及皇城司與鑠門使臣。常以卯正後一刻爲禁門開鑰之節。每一時八刻二十分，每刻一擊鼓，八鼓後進時牌。牌有七，自卯至酉用之。制以象牙，刻金字填之。餘二十分爲鷄唱，唱絶擊一十五鼓，爲時正。它辰並同，唯午時擊八鼓後，鷄唱，絶，擊百五十鼓乃爲午時正。初夜放鼓，雄契出禁門。契有二，雄曰放鼓，雌曰止鼓，制以木，刻字于上。乃擊衙鼓爲發更時。鷄唱，絶，擊百鼓爲第一會，鼕鼕。又鷄唱，擊百鼓爲第二會，鼕鼕。絶，擊百鐘。又鷄唱，擊一鼓一鐘爲一更一點。每更點隨次增之，遇轉更必鷄唱，至五更三點止鼓，雌契出禁門，聲衙鼓合雌雄契入内，藏之于鐘鼓樓。至五更五點，擊百鐘後，鷄唱，擊百鼓，爲第一會，鼕鼕。又鷄唱，擊百鼓，爲第二會，鼕鼕。乃攢點，昧明有待旦一刻，一作一十刻。旦明下水，定晝漏時刻，至八刻後爲卯時正，四時皆用此法。禁中又有更點，在長春殿門之外。至于宗廟，陵寢及玉清，昭應，景靈宫，會靈觀，祥源觀皆置焉。更以鼓，點以鉦。

元祐官品令，挈壺正，正九品。

金·釋行秀《從容庵録》卷五　師云：佛祖髑髏一串穿却，然後可與佛祖爲師，可謂透出毘盧頂𩕳行，却來化佛舌頭坐。宫漏沈沈密傳箭，殷夔《漏刻法》曰：爲器三重，圓皆徑尺，差立於方輿踟躕之上，爲金龍口吐水，轉注入踟躕經緯之中。蓋上鑄金爲司晨，具衣冠，兩手執箭。又軍中密令，夜中傳箭，此言向朕兆未分以前，薦得可與佛祖爲師，纔落今時爲第二頭，且於人天路上作箇小歇場。心地觀經，電光三昧，衲僧喚作瞥地處。若是箇中人，有時佛祖頭上行，有時人天路上走，水牯牛隊裏，異類中行。王荆公《觀俳優》詩云：諸優戲場中，一貴復一賤。心知本自同，所以無欣怨。《莊子·天地篇》：黄帝遊乎赤水之北，登崐崘之丘，而南望還歸，遺其玄珠，使智索之而不得，使離朱索之而不得，使喫詬索之而不得，使象罔，象罔得之。黄帝曰：異哉！象罔乃可以得之。《養生篇》：庖丁爲文惠公解牛，曰：彼節者有閒，而刀刃者無厚，以無厚入有閒，恢恢乎其於游刃，必有餘地矣，是以十九年，而刀刃若新發於硎。文惠君曰：善哉！吾聞庖丁之言，得養生焉。此二事頌月落三更穿市過。至道綿綿密密，宫漏傳箭相似，赤心片片爲人，如游刃恢恢得珠罔象也。今人見天童用《莊子》，便將老莊雷同至道，殊不知古人借路經過，暫時光景耳。忽有箇出來道：莊子豈不知首山行履處，但向道。月落三更穿市過，是外篇？是内篇？

宋·趙與時《賓退録》卷一　韓文公《記夢》詩：百二十刻須臾閒。方氏《舉正》載董彦遠云：世間只百刻，百二十刻以星紀言也。朱文公《考異》云：星紀之説，未詳其旨。但漢哀帝嘗用夏賀良説。刻漏以百二十爲度矣，余謂董説固妄。夏賀良之説，行之不兩月而改，且衰世不典之事，韓公必不引用。按古之漏刻，晝有朝、禺、中、晡、夕，夜有甲、乙、丙、丁、戊。至梁武帝天監六年，始以晝夜百刻布之十二辰，每時八刻，仍有餘分。故今世歷家，百刻舉成數爾，實九十六刻也。每時餘分別爲初初、正初刻，一日合二十有四，每刻居六分刻之一，總而計之爲四刻，始合百刻之數。刻雖有大小，其名則百有二十，韓詩恐只取此，正不須求之遠也。

宋·魏了翁《尚書要義》卷一《堯典》　十四命羲仲主東方寅賓出日

堯於羲和之内，乃分别命其羲氏而字仲者，令居治東方嵎夷之地也。日所出處名曰暘明之谷，於此處所主之職，使羲仲主治之。既主東方之事，而日出於東方，令此羲仲恭敬導引将出之日，平均次序東方耕作之事，使彼下民務勤種植，於日晝夜中分，刻漏正等，天星朱鳥、南方七宿合昏畢見，以此天之時候，調正仲春之氣節。此時農事已起，不居室内，其時之民宜分析適野。老弱居室，丁壯就功。於時鳥獸皆孕胎卵，孶尾匹合。

又　二五晝常多於夜五刻

馬融云，古制刻漏晝夜百刻，晝長六十刻，夜短四十刻；晝短四十刻，夜長六十刻；晝中五十刻，夜亦五十刻。融之此言，據日出見爲説。天之晝夜以日出入爲分，人之晝夜以昏明爲限。日未出前二刻半爲明，日入後二刻半爲昏。損夜五刻以裨於晝，則晝多於夜，復校五刻。古今曆術與太史所候皆云，夏至之晝六十五刻，夜三十五刻。冬至之晝四十五刻，夜五十五刻。春分秋分之晝五十五刻，夜四十五刻。此其不易之法也。然今太史細候之法，則校常法半刻也。從春分至於夏至，晝漸長，增九刻半；夏至至於秋分，所減亦如之；從秋分至於冬至，晝漸短，減十刻半；從冬至至於春分，其增亦如之。又於每氣之間增減刻數有多有少，不可通而爲率。漢初未能審知率九日增減一刻。和帝時待詔霍融始請改之。鄭注書緯《考靈曜》仍云，九日增減一刻，猶尚未覺誤也。鄭注此云，日長者見日之漏五十五刻，日短者見日之漏四十五刻，與曆不同。故王肅難云，知日見之漏減晝漏五刻。不意馬融爲傳，已減之矣。因融所減而又減之，故日長爲五十五刻，因以冬至反之，取其夏至夜刻以爲冬至晝短，此其所以誤耳。

宋·衛湜《禮記集説》卷一〇五　君喪，虞人出木角，狄人出壺，雍人出鼎，司馬縣之，乃官代哭。大夫官代哭不縣壺，士代哭不以官。君堂上二燭，下二燭，大夫堂上一燭，下二燭，士堂上一燭，下一燭。

鄭氏曰：代，更也。未殯，哭不絶聲，爲其罷倦，既小斂，可爲漏刻分時而更哭也。木，給爨竈。角，以爲㪺水。斗壺，漏水之器也。冬漏以火爨鼎，沸而後沃之，此挈壺氏所掌也，屬司馬。司馬涖縣其器，大夫不縣壺，下君也。士代哭不以官，自以親疏哭也。燭所以照饌也，滅燎而設燭。

孔氏曰：此一節論君及大夫、士小斂後代哭之異。虞人，主山澤之官，故出木與角。狄人，樂吏，主挈壺漏水之器，故出壺。雍人，主亨飪，故出鼎。冬月水凍則漏遲無準，故取鼎煖水，用虞人木爨煮之也。司馬，夏官卿也。其屬有挈壺氏，故司馬自臨視縣漏器，故挈壺氏云，凡喪縣壺以代哭者，縣漏分時，使均其官屬，更次相代而哭也。有喪，則於中庭終夜設燎。至曉滅燎，而日光未明，故須燭以照祭饌也。

宋·佚名《錦繡萬花谷》續集卷六　漏刻

權器。李蘭漏刻法曰：以器貯水，以銅爲渴烏，狀如鉤曲，以引器中水於銀龍口中吐入權器。漏水一升，秤重一觔，時經一刻。

流珠馬上。又曰：以玉壺玉管流珠，馬上奔馳行漏。流珠者，水銀之别名。

金龍吐水。殷夔《漏刻法》曰：漏水皆於器下爲金龍口吐水，轉注入踟蹰經緯之中，流於衡渠之下。

司辰。又曰：自午至子亦五十刻，壺口上有蓋，其中天浮戴箭出於蓋，蓋上注金爲司辰。

别早晚。張衡漏水渾天儀制曰：以左手把箭，右手指刻，以别天時早晚。

左壺右壺。又曰：爲金仙人居左壺，爲金胥徒居右壺。

置史。孝武太元十二年有司奏：儲宫初建，未有漏刻，衆詳求安宫銅漏刻，置漏刻史。《晉起居》。

女史星。女使一星在柱下史北，女史轉漏動静。《天文要集》。

五夜。甲夜，乙夜，丙夜，丁夜，戊夜。

五鼓三鼓。衛宏《漢舊儀》曰：立夏立秋，晝六十二刻；夏至，晝六十五刻。夜漏不盡五刻，擊五鼓。夜漏不盡三刻，擊三鼓。

置鍾。洛陽金墉城東門曰含春門，北有退門，城上西面刻觀，五十步睥睨，居屋置一鍾，以和漏鼓也。酈善長《水經注》。

夏曆。霍融上言：漏刻率九日增減一等，不與天相應，不如夏曆。今晷景刻漏四十八箭，晷景爲刻，少所違失。司馬彪《續漢書》。

爲郎典刻漏。《桓譚新論》曰：余爲郎，典刻漏，燥濕寒沉轉異度，故有昏明晝日，參以晷景。

漢用秦法。梁《漏刻經》云：至冬至，晝漏四十五刻，冬至之後，日長九日加一刻。以至夏至，晝漏六十五刻，夏至之後，日短九日減一刻。或秦之遺法，漢代施用。

宋·章如愚《羣書考索》卷五六《曆數門》　刻漏。《隋志》曰：昔黄帝創觀漏水，以分晝夜。梁《刻漏經》云：刻漏之作，肇乎黄帝之世，宣乎夏周之代。其後因以命官。《周禮》：挈壺氏下士六人，掌挈壺以令軍井。凡軍事垂壺以序聚㯲，皆以水火守之，分以日夜。鄭元曰：以水守壺者，爲沃漏也。以火守者，夜則視刻數也。分以日夜者，異晝夜漏也。漏之箭晝夜共百刻，冬夏之間有長短焉。太史立成法，有四十八箭。《正義》曰：四十八箭，據漢法而言也。以器盛四十八箭，箭各百刻，四十八箭者，取倍乎二十四氣也。《隋志》曰：其總以百刻分于晝夜，凡有四十一箭，晝有朝、有禺、有中、有晡、有夕，夜有甲、乙、丙、丁、戊，昏旦有星中。每箭各有其數，所以分時代守。周衰，《齊詩·東方未明》，刺無節也。朝廷興居無節，號令不時，挈壺氏不能掌其職焉。《正義》曰：置箭壺内，刻以爲節，而浮之水上，令水漏而刻下，以記晝夜昏明之數也。周天之星二十有八，而星之辰十有二，辰之度三十有奇。十二辰之度三百六十五有奇。星辰循天而左旋，日月星辰遡天而右轉。日陽也，舒而遲，故期而周。月陰也，盛以速，故一日而周。日月舍於辰，則爲月十有二，會則爲歲。歲三百有六旬有六日，而日之短長參差不覺，先王於是刻箭沃漏以揆。此挈壺氏所由設也。蓋月之行也，斗建寅則出巳而漸北，斗建午則出艮而漸南。漸北則春分而箭加長，漸南則秋分而箭加短，不過百刻而已。故晝長六十刻，夜短四十刻，晝短四十刻，夜長六十刻，蓋天之晝夜，以日之出入爲分；人之晝夜，以天之昏明爲節。明常先於日出，昏常後於日入，則日出之前二刻半爲明，日入之後二刻半爲昏。損夜五刻以裨晝，故夏至晝六十五刻，夜三十五刻，冬至晝四十五刻，夜五十五刻。二分之晝五十五刻，夜四十五刻。自春分至夏至，晝所增者九刻有半；自夏至以至秋分，所減者亦然。自秋分以至冬至，所減者十刻有半，自冬至以至春分，所加者亦然。挈壺之法，蓋爲箭四十八以候二十四氣。大率七日太半而易其一箭。孔穎達謂：浮箭壺内以出刻爲準。賈公彦謂：漏水壺内以没箭爲度。蓋各述其聞而已。雖浮没不同，大槩一也。故以火爨鼎則使之不疑，守壺則使之不差，施之於軍事，所以嚴守警；施之於朝廷，朝夕之禮亦常以是爲節焉。然春官鷄人，凡國事爲期，則告吉時，而《齊詩》特罪挈壺氏者，盖天子備官，挈壺掌漏，鷄人告，諸侯則掌漏告時一挈壺氏而已。

漢興，武帝詔謝延等，定東西之晷儀，下漏刻，以追二十八宿，亦未盡理。哀帝又改用晝夜一百二十刻，尋亦廢。光武亦以百刻九日加减法編於甲令，爲常符漏品。和帝時，霍融言不如夏歷漏刻隨日南北爲長短。乃詔用夏歷刻漏，用四十八箭。張衡以銅爲器，以玉虬吐漏水爲兩壺，右爲夜，左地晝。此渾天儀之制也。終於魏晉，相傳不改。宋何承天以前代諸漏春分晝長，秋分晝短，差過半刻，遂造漏法，春秋二分晝夜漏各五十五刻。齊梁因而不改。至天監六年，武帝以晝夜百刻分配十二辰，得八刻仍有餘分。以晝夜爲九十六刻，一辰有全八刻焉。大同十年又改用一百八刻。是時，陸倕作《新漏水銘》曰：則于地四，參以天三，金筩員之制，飛龍吐納之規，以考辰正晷。陳文帝命太史造漏依古刻爲法。周齊因循魏漏，晉、宋、梁大同，並以百刻分于晝夜。隋開皇中，袁充上晷影漏刻，均布十二辰，立表隨日影所指辰刻，以驗漏水之節。然充以私智改舊章，未爲精密。又有張冑元、劉焯漏刻，並不施用。大業初，耿詢作古欹器，以漏水注之，獻于煬帝。善之，因令依後魏李蘭所修造。隋志。宋朝初，司天有挈壺正掌司辰刻，置文德殿門外之東偏左右。漏刻之法，有水秤以水爲衡，衡上刻曰天河，其廣長容水箭，以木爲之，著時刻更點，晝夜更用。制度精巧，未知作者誰。盖唐五代用之久矣。唐朝殿前報時舊有詞，梁以来廢。景德四年復用舊詞。如發鼓曰：日欲暮，魚鑰下，龍韜布之類。五更皆然。

天聖八年，燕肅上蓮華漏法，其制，琢石爲四分之壺，剡木爲四分之箭，以測十二辰、二十四氣、隅千百刻。分晝夜四十八箭，一氣一易，二十四氣各有晝夜，故有四十八箭。歲統二百十六萬分。刻箭上又有渴烏銅荷之制。詔王立等攷定立害，其黄道日躔不應今崇天歷，不可用，罷之。至景祐元年，燕肅奉詔與楊惟德測驗，并合天道，而寸度以爲久難行用。差章得象及馮元詳定，乃造百刻水秤，別添水壺等。凡定奪三年而卒用焉。《國朝會要》。

孔穎達謂：浮箭壺内以出刻爲準。賈公彦謂：漏水壺内以没刻爲度。盖各述其所聞而已。雖浮没不同，大槩一也。禮書。衛宏載傳呼之節，較而未詳，霍融叙分至之差，詳而不密。陸機有賦，孫綽有銘。

宋·章如愚《羣書考索》卷五八《天文門》　刻漏

周天之星二十有八星，星之辰十有二，辰之度三十有奇。而十二辰之度三百六十五有奇。星辰徇天而左旋，日月五星遡天而右轉，日陽也，舒而遲，故期而周。月陰也，蹙而速，故一月而周。日月會於辰，則爲月。十有十二會，則爲歲。歲三百有六旬有六日，而日之長短參差不齊。於是先王刻箭沃漏以揆之。故《隋志》曰：黄帝創觀漏水，制器取則，以分晝夜。則漏刻之制盖始於黄帝，其後因以命官。《周禮》挈壺氏，則其職也，及攷之鄭氏所注，則有曰：漏之箭晝夜共百刻，冬夏之間有短長焉。太史立成法有四十八箭，此亦可見周制之大畧也。漢興，因徇古制，武帝所用之法，二至之後九日而增損一刻。建武中興，歷稍後天，宋浮、許淑請更歷法，天下初定，顧猶未遑，而令甲第六漏品斯載日分百刻，率以九日爲刻增損，視夏歷爲踈焉。永平，紹隆、張盛、景防，以四分法課校弦望，術頗施行。元和，編訢、李梵推廣其術，歷用四分，而官漏之制一仍其舊，或時至差二刻以上，不與天應，迄于和帝永元之十四年，未知改作。惟霍融待詔太史，視考夏歷，露章抗議，詔刻四十八箭，以二十四氣日躔所在，洎于黄道去極，晷景，昏明中星刻于其下，隨日南北以爲長短，始終互起，凡一再周而一歲之運畢焉。四分歷法訖定于兹，然則是氣之設，實爲至妙，終于魏晉，相傳不改。故晉陸機則有《刻漏賦》，晉李充、孫綽則有《刻漏銘》，梁陸倕則又有《刻漏銘》。《唐·藝文志》則有《刻漏經》，《唐·歷志》則有一行步軌漏術，此亦可以攷歷代之大畧也。然孔穎達謂浮箭壺内以出刻爲準，賈公彦謂漏水壺内以設刻爲度，或浮或沉，此其説之異也。古今刻漏之法有浮漏，有稱漏，或浮或稱，此其制之異也。漢夏賀良則有百二十刻之説，宋何承天則有春秋二分晝夜各五十刻之説，梁武帝大同之所改用者，則又有百八十刻之説。至於陳隋，則仍用百刻之制，此又其效之不同者也。在天聖中，燕肅所上刻漏浮箭之壺爲金蓮花，則曰蓮花漏。皇祐初，舒易簡等所造刻漏以水爲權衡，增平水壺，置于文德殿，則爲文德殿刻漏。蘇頌之在元祐上《儀象法要》，於渾天儀、銅候儀、渾天象三器之外，又置刻漏四副，一曰浮箭漏，二曰稱漏，三曰沈箭漏，四曰不息漏。使挈壺專掌時刻，與儀象互相參考，以合天星行度爲正，所以驗天數。與天運爲不差，則寒暑之氣候自正也。雖然，周官挈壺氏曰：凡軍事，垂壺施之於軍，所以嚴警守，以至朝夕之禮，而常以是爲節焉。然春官雞人凡國事爲期，則告之時，而齊詩特罪挈壺氏者，蓋天子備官，挈壺氏掌漏，雞人告之。諸侯則掌漏告時一於挈壺氏而已。此不可不知也。

沈存中《筆談》云：古今言刻漏者數十家，悉皆踈謬，未合天度。予占天候景，驗儀象，考數下漏凡十餘年，方粗見真數，成書四卷，謂之《熙寧晷漏》。皆非襲蹈前人之迹，其間二事尤微其術，可以心得不可以言喻，非深知造筭之理者不能與其微也。

宋・章如愚《羣書考索・後集》卷二〇《官制門》　挈壺正。周制，夏官有挈壺氏，秋官有司寤氏，春官雞人氏，凡三職咸掌其事，自漢以後太史掌之。唐長安四年始置挈壺正，掌知刻漏。孔壺爲漏，浮箭爲刻，以考中星昏明之候。乾元元年，加五官之名。《六典》。宋初，司天監有挈壺正，元豐改太史局，而挈壺正如故。太史局官有五年一遷者，十年一遷者，有試中而遷者，惟挈壺正無遷法。《會要》。

宋・章如愚《羣書考索・別集》卷一六《曆門》　漏刻

察四時，課六曆，觀朱史《漏刻經》而知刱物之始，觀陸倕《新漏銘》而知造器之難。夫刻壺爲漏，浮箭爲刻，則于地四，參以天一，正所以察四氣之盈虛，課六曆之疎密也。故制度肇刱於黃帝，水火沃視於成周，玉蚪增廣於張衡，分箭步占於宇文愷，是皆制器之源流者也。孫綽以之而著銘，陸機以之而述賦，宋景以之而作經，殷夔以之而垂法，是皆著書以傳後者也。然衛宏載傳呼之節，較而未詳，霍融叙分至古差，詳而不密。則漏刻之難定如此。漢以百二十刻爲一晝夜，梁以百八十刻爲一晝夜，則漏刻之難定又如此。吁，亦豈終於難定哉！特考訂者不精耳。蓋日有百刻，分之以十二時，則一時有八刻，其餘四刻，又均於九十六刻之內，則晝夜長短可以推測。不然，初正之法有所未知，徒執弘度以究終始，奚足以言刻漏哉！

宋・潘自牧《記纂淵海》卷二《測候部》　刻漏

《經》：挈壺氏不能掌其職焉。《詩序》。挈壺氏，凡軍事縣壺以序聚㯻，以水火守之，分以日夜。及冬，則以火爨鼎水而沸之，而沃之。《周禮》。

《史》：立晷儀，辨刻漏。《前・天文志》。張衡漏水轉渾天儀，制曰：以銅爲器，再疊差置，實以清水。下各開孔，以玉虯吐漏水入兩壺，右爲夜，左爲晝。《後・本傳》。孔壺爲漏，浮箭爲刻，下漏數刻以考中星，昏明生焉。《天文志》。太史霍融上言，官刻漏率九日增減一刻，不與天相應，或時差至二刻半，不如夏曆密。乃詔用夏曆漏刻，隨日南北爲長短。《律曆志》。光武詔曰：漏水以節時分，定昏明。同上。宋何承天改刻漏，用二十五箭。《南史》。隋文帝每雞人伺漏傳籤於殿中者，令投籤於階石上，鎗然有聲。云，吾雖得眠亦令驚覺。同上。隋耿詢作馬上刻漏，世稱其妙。本傳。刻漏者，測天地正儀象之本也。《隋・天文志》。漢武帝考定星曆刻漏，以追天度。隋煬帝造馬上刻漏以從行，辨時刻，揆日晷。耿詢作古攲器，以漏水注之。宇文愷作候影分箭上水方器，置於東都乾陽殿前鼓下司辰。並同上。拂菻國樓中懸一大金秤，以金丸十二枚屬於衡端，以候日之十二時焉。爲一金人立於側，每至一時其金丸輒落，鏗然發聲，引唱以紀日時，毫釐無失。《唐書》。德宗延英召對，雖大臣率漏下二三刻止，韋渠牟每奏事輒五六刻乃罷。本傳。憲宗延英議論，漏下率五六刻方退。《舊史》。

傳記：漏，以銅盛水，刻節，晝夜百刻。《説文》。刻漏之作，肇於軒轅，宣於夏商之代。《刻漏經》。殷夔刻漏爲器三重，圓皆徑尺，差立於方輿踟躕之上。爲金龍口吐水，轉注入踟躕經緯之中。蓋上鑄金人爲司辰，具衣冠，以兩手執箭。殷夔《刻漏法》。以銅爲渴烏，以引器中水，以銀龍口中吐之。李蘭《刻漏法》。以玉壺玉管流珠馬上奔馳行漏。同上。掌漏官曰壺郎。《類説》。孝武置刻漏史。《晉起居注》。越僧僧徹得蓮花漏於廬山，傳江西觀察使韋丹。初，惠遠以山中不知更漏，乃取銅葉製器，狀如蓮華，置盆水上，底孔漏水，半之則沉，每晝夜十二沉，爲行道之節。《國史補》。釋慧要尤長巧思，山中無刻漏，乃於泉水中立十二葉芙蓉，因流波轉，以定十二時，晷景無差焉。《高僧傳》。燒香知夜，刻燭斂更。《歲時廣記》。

集：今之官漏出自會稽。注云：舊漏本山陰令曹丕所造。《選》陸倕《刻漏銘序》。靈虯承注，陰蟲吐吸。倏忽往來，鬼神出入。微若抽繭，逝若激電。銅史司刻，金徒抱箭。《刻漏銘》。載傳呼之節，揆景測辰。金筒方圓之制，飛流吐納之規。並同上。金壺啓夕鑰。《選詩》。銀箭金壺漏水多。李白。靈虯傳夕箭。同上。丁丁暖漏滴花影，催入景陽人不知。温庭筠。唯可瓊籤報天曙。同上。鼉鼓沈沈虯水咽。李義山。

本朝漏刻之法，有水秤，以木爲衡，衡上刻疏之曰天河。其廣長容水箭，箭有四，以木爲之，長三尺有五寸，著時刻更點，納於天河中，晝夜更用之。《會要》。天聖八年，燕肅上《蓮華漏法》。其制，琢石爲四分之壺，剡木爲四分之箭，以測十二辰、二十四氣、四隅十干洎百刻，分布晝夜，成四十八箭。其箭一氣一易，二十四氣各有晝夜，故四十八箭。又爲水匱，置銅渴烏，引水下注銅荷中，插石壺旁。銅荷承水，自荷茄中溜瀉入壺。壺上當中，爲金蓮華覆之，華心有竅，容箭下插，箭首與蓮心平。渴烏漏下，水入壺一分，浮箭上湧一分，至于登刻盈時皆如之。同上。天地之寒暑，日月之晦明，渾淪旁礴於三十萬七千里之外，而不能逃三尺之箭、五斗之餅。凡使爲吏者如餅之受水不過其量，如水之浮箭不失其平，如箭之升降，視水之上下，降不爲辱，升不爲榮，則民將靡然心服而寄我以死生矣。東坡。午漏聲初轉。歐公。風傳禁漏過。同上。孤城夜漏門。老人無睡漏聲長。夜長耿耿添漏壺。縱飲誰能問挈壺。特許門傳鑰，那知箭起蓮。並同上。

宋·潘自牧《記纂淵海》卷二九《職官部》 挈壺正

傳記：周制，夏官挈壺氏下士六人、秋官司寤氏、春官雞人凡三職，咸掌其事。自漢以來，太史掌之。唐長安四年，始置挈壺正，掌知刻漏，孔壺爲漏，浮箭爲刻，以考中星昏明之候。乾元元年，加五官之名。《六典》。

本朝司天監有挈壺正。元豐改太史局官，惟挈壺正如故。太史局官五年一遷，十年一遷，試中而遷者，惟挈壺正無遷者。《續會要》。

宋·王與之《周禮訂義》卷五〇 挈壺氏，下士六人，史二人，徒十有二人。

鄭康成曰：挈讀如絜髮之絜。壺，盛水器也。世主挈壺水以爲漏。○易氏曰：挈壺之制不可攷，以唐制推之，水海浮箭，四匱注水，始自夜天池入于日天池，自日天池入于平壺，以次相注入于水海，浮箭而上。以浮箭爲刻，分晝夜計十二時，每時八刻二十分，每刻六十分。箭四十八，二箭當一氣，歲統二百一十九萬一千五百分，悉刻于箭上。銅烏引水而下注，浮箭而上發。至於晝夜之刻，分至之候，冬夏長短昏曉隱見，與周官晷影無差。鄭鍔曰：或謂挈壺氏司漏刻以分陰陽晝夜，宜與保章馮相同列，乃列於夏官，何耶？以齊國風攷之，襄公之時，朝廷興居無節，東方未明而召羣臣至，使之顛倒衣裳，不顧時之早晚，爲挈壺氏者不能辰夜，不夙則莫。若是，類正司晝夜之事。若夫掌挈壺以令軍井，挈轡以令舍，挈畚以令糧，此行師用兵之時，舉以示師徒，安得不列爲司馬之屬哉？

掌挈壺以令軍井，挈轡以令舍，挈畚音本。以令糧。

鄭鍔曰：軍之所聚不可無井，穿井及水則舉壺示人，使見壺者知其地有井，蓋壺者所以盛水故也。乘車馬者必執轡，止則解焉。軍之所至，或當舍止則舉轡示人，使見轡者知當解鞍息馬，蓋舍則不執轡故也。盛糧者必用畚，軍於其地，或當廩給則舉畚以示人，使見畚者知其下有糧，蓋畚者盛糧之器故也。是三者非挈壺之職，皆有取於挈壺之義。蓋軍旅所屯，號令難於相聞，各以其物表之於事，便於力省也。○易氏曰：飲食居處，人之大欲存焉。故因其令軍井而兼以令之。是三者皆挈於竿首而表之，雖軍衆不齊，莫不目擊而心會，鄭氏所謂省煩趨疾是已。

凡軍事，縣音玄。壺以序聚欜，凡喪，縣壺以代哭者，皆以水火守之，分以日夜。

王昭禹曰：縣壺以盛水，分刻漏也。○鄭康成曰：擊欜，客至，則令其地之人聚欜之。修閭氏掌比國中之互欜者，秋官環人賓客所舍則令聚欜。宮正於宮中，則擊柝而比之，防患之術，尤戒於夜，況軍中乎！○鄭康成曰：代，亦更也。禮，未大斂，代哭。○易氏曰：守之以火，則均其晷刻之多少，守之以水，則知其漏箭之遷易。鄭康成曰：分以日夜者，異晝夜漏也。漏之箭，晝夜共百刻，冬夏之時間有長短焉，大史立成法有四十八箭。○賈氏曰：此據漢法而言。以器盛四十八箭，各百刻，以壺盛水懸於箭上，節而下之水，水淹刻則爲一刻，四十八箭者，取倍二十四氣也。

及冬，則以火爨鼎水而沸之，而沃之。

鄭司農曰：冬水凍，漏不下，故以火炊水沸以沃之，謂沃漏也。○薛氏曰：以火爨鼎，使之不凝，以火守壺，使之不差，施之於軍事，所以嚴守警；施之於喪事，所以嚴凶哀。朝廷朝夕之禮，亦常以是爲節，然春官雞人，凡國事爲期則告之時，而此復特掌之挈壺氏者，蓋天子備官，挈壺掌漏，雞人告時，諸侯則掌漏告時，一於挈壺氏而已。

宋·黃震《黃氏日抄》卷二二《讀禮記九》 君喪，虞人出木角，狄人出壺，雍人出鼎，司馬縣之，乃官代哭。大夫官代哭不縣壺，士代哭不以官。君堂上二燭，下二燭，大夫堂上一燭，下二燭，士堂上一燭，下一燭。

木，給爨。角，爲斛。音俱。水斗。壺，漏水器。冬漏以火爨鼎，沸而沃之，此挈壺氏所掌，屬司馬，故司馬臨縣其器。凡未殯者，哭不絶聲，故小斂後，縣漏分時，均其官屬，更代爲哭，息其罷倦。燭所以照饌，滅燎而設燭。鄭氏孔氏。

宋·王應麟《漢制攷》卷二 挈壺氏分以日夜。注：異晝夜漏也。漏之箭，晝夜共百刻，冬夏之間有長短焉。大史立成法，有四十八箭。疏：馬氏云，漏凡百刻，春秋分晝夜各五十刻，冬至晝則四十刻，夜則六十刻。夏至晝六十刻，夜四十刻。鄭注《堯典》云，日中者，日見之漏與不見者齊。日長者，日見之漏五十五刻，於四時最長也。夜中者，日不見之漏與見者齊。日短者，日見之漏四十五刻，於四時最短。此與馬義異。以其馬云，春秋分晝夜五十刻，據日見之漏。若兼日未見、日没後五刻，晝五十五刻，夜四十五刻。若夏至晝六十刻，通日未見、日没後五刻，則晝六十五刻，夜三十五刻。一年通閏，有三百六十五日四分日之一，四時之間，九日有餘較一刻爲率。云大史立成法有四十八箭者，此據漢法而言，則以器盛四十八箭，箭各百刻，以壺盛水，懸於箭上，節而下之水，水淹一刻則爲一刻。四十八箭者，蓋取倍二十四氣也。《書正義》：漢初率九日增減一刻。和帝時霍融始請改之。鄭注書緯《考靈曜》仍云，九日增減，猶未覺誤也。

《續漢・曆志》永元十四年詔曰，今官漏以計率分昏明，九日增減一刻，違失其實。大史待詔霍融上言，不與天相應。令下晷景漏刻四十八箭，立成式官府當用者，計吏到，班予四十八箭。

宋・王應麟《漢制攷》卷四　《堯典正義》：刻漏，漢初率九日增減一刻。和帝時待詔霍融始請改之。古時真曆遭戰國及秦而亡，漢存六曆，雖詳於五紀之論，皆秦漢之際假託爲之，實不得正。

宋・王應麟《六經天文編》卷上　日永短

《正義》曰：馬融云，古制，刻漏晝夜百刻，晝長六十刻，夜短四十刻。晝短四十刻，夜長六十刻。晝中五十刻，夜亦五十刻。融之此言據日出見爲説。天之晝夜以日出入爲分，人之晝夜以昏明爲限，日未出前二刻半爲明，日入後二刻半爲昏。損夜五刻以裨於晝，則晝多於夜，復校五刻。《古今曆術》與太史所候皆云，夏至之晝六十五刻，夜三十五刻。冬至之晝四十五刻，夜五十五刻。春分秋分之晝五十五刻，夜四十五刻。此其不易之法也。然今太史細候之法，則校常法半刻也。從春分至于夏至晝漸長，增九刻半；夏至至于秋分所減亦如之。從秋分至于冬至，晝漸短，減十刻半；從冬至至于春分，其增亦如之。又於每氣之間，增減刻數有多有少，不可通而爲率。漢初未能審知，率九日增減一刻。和帝時待詔霍融始請改之。鄭注《書緯考靈曜》仍云，今日增減一刻，猶尚未覺誤也。鄭注此云，日長者日見之漏五十五刻，日短者日見之漏四十五刻，與曆不同。故王肅難云，知日見之漏減晝漏五刻，不意馬融爲傳已減之矣，因馬融所減而又減之，故日長爲五十五刻，因以冬至反之，取其夏至夜刻以爲冬至晝短，此其所以誤。陳氏曰：日之行也，斗建寅則出乙而漸北，斗建午則出艮而漸南，漸北則春既分而晝加長，漸南則秋既分而晝加短。長短不過百刻。蔡氏曰：天體北高而南下，地體平著乎其中。日近北則去地遠而出早入遲，故晝長。日近南則去地近而出遲入早，故晝短。日分十二時者，歲月日時之定數，日分百刻者，古曆日分之用數。

宋・王應麟《六經天文編》卷下　挈壺漏刻

朱氏曰：夏官，挈壺氏，下士六人。挈，縣挈之名。壺，盛水器。蓋置壺浮箭以爲晝夜之節也。易氏曰：挈壺之制不可攷，以唐制推之，水海浮箭，四匱注水，始自夜天池以入于日天池，自日天池以入于平壺，以次相注，入于水海，浮箭而上。以浮箭爲刻，分晝夜計十二時。每時八刻二十分，每刻六十分，箭四十八，二箭當一氣，歲統二百一十九萬一千五百分，悉刻於箭上。銅烏引水而下注，浮箭而上登。至於晝夜之別，分至之候，冬夏長短昏曉隱見，與周官晷影無差。王氏曰：日月之行有冬有夏，而晝夜之晷有短有長，先王由是分十有二時於一晝一夜之間，以漏箭準十二時而爲百刻。寅申巳亥子午卯酉之八時，每時各占八刻，則合而爲六十四刻，辰戌丑未之四時，每時各占九刻，則合而爲三十六刻。以百刻定長短而分晝夜，於是立挈壺氏之職，以壺盛水而爲漏水，以正十二時之刻。早暮之期於此正矣。後世挈壺氏不能掌其職，不能辰夜，不夙則莫，此詩人所以刺也。陳氏曰：挈壺之法，蓋爲箭四十八，以候二十四氣，大率七日大半而易一箭。孔穎達謂浮箭壺内以出刻爲准，賈公彦謂漏水壺内以没刻爲度，蓋各述其所聞而已，雖浮没不同，大槩一也。《正義》曰：挈壺者，懸繫之名。刻，謂置箭壺内，刻以爲節而浮之水上，令水漏而刻下，以記晝夜昏明之度數也。案，乾象曆及諸曆法與今太史所候皆云，冬至則晝四十五，夜五十五。夏至則晝六十五，夜三十五。春秋分則晝五十五半，夜四十四半。從春分至於夏至，晝漸長，增九刻半，從夏至至於秋分，所減亦如之。從秋分至於冬至，晝漸短，減十刻半，從冬至至於春分，所加亦如之。又於每氣之間，加減刻數有多有少，其事在於曆術，以其算數有多有少，不可通而爲率，故太史之官立爲法，定作四十八箭，以一年有二十四氣，每一氣之間又分爲二，通率七日强半而易一箭，故周年而用箭四十八也。曆言晝夜者，以昏明爲限。馬融王肅注《尚書》，以爲日永則晝漏六十刻，夜漏四十刻，日短則晝漏四十刻，夜漏六十刻，日中宵中則晝夜各五十刻者，以尚書有日出日入之語，遂以日見爲限。《尚書緯》謂，刻爲商。鄭作《士昏禮目録》云，日入三商爲昏，舉全數以言耳。其實日見之前，日入之後，距昏明各有二刻半，減晝五刻以裨夜，故於曆法皆多校五刻也。鄭於《堯典》注云，日中宵中者，日見之漏與不見者齊也。日永者，日見之漏五十五刻，日不見之漏四十五刻。又與馬王不同者。鄭言日中宵中者其漏齊，則可矣。其言日永日短之數，則與曆甚錯。馬融言，晝漏六十，夜漏四十，減晝以裨夜矣。鄭意謂其未滅，又減晝五刻以增之，是鄭之妄説耳。漏刻之數見在史官，古今曆者莫不符合，鄭獨有此異，不可强爲之辭。《史記正義》曰：馬融以昏明爲限。鄭玄以日出入爲限，故有五刻之差。

宋・王應麟《玉海》卷一一《律曆・漏刻》 黄帝漏刻

《初學記》：梁《漏刻經》云：漏刻之作，肇於黄帝之日，宣乎夏商之代。冬至晝漏四十五刻。冬至之後日長，九日加一刻。夏至晝漏六十五刻。夏至之後日短，九日減一刻。《隋志》：黄帝創觀漏水。見《隋刻漏》。《晉志》：旗端四星南北列，曰天桴，鼓桴也，星不明，漏刻失時。前近河鼓漸臺四星，主晷漏律吕之事。《天文要集》：女史一星在柱下西北，女史轉漏。

堯刻漏

《堯典正義》：堯分命羲仲，令居治東方，於日晝夜中分，刻漏正等，天星朱鳥，南方七宿合昏畢見，以此天之時候，調正仲春之氣節。馬融云：古制，刻漏晝夜百刻。晝長六十刻，夜短四十刻。晝短四十刻，夜長六十刻。晝中五十刻，夜亦五十刻。融據日出見爲説。天之晝夜以日出入爲分，人之晝夜以昏明爲限。日未出前二刻半爲明，日入後二刻半爲昏，損夜五刻以裨晝，則晝多於夜，復校五刻。鄭注。云云。王肅難云：融爲傳已減之，因融所減而又減之，故日長爲五十五刻，因以冬至反之，取夏至夜刻以爲冬至晝短，此所以誤。《周禮疏》：馬氏云：漏凡百刻，春秋分晝夜各五十刻。冬至晝則四十刻，夜則六十刻。夏至晝六十刻，夜四十刻。鄭注《堯典》云：日中者，日見之漏與不見者齊。日長者，日見之漏五十五刻，於四時最長也。夜中者，日不見之漏與見者齊。日短者，日見之漏四十五刻，於四時最短，此與馬義異。馬云：春秋分晝夜五十刻，據日見之漏，若兼日未見、日没後五刻，晝五十五刻，夜四十五刻。若夏至晝六十刻，通日未見、日没後五刻，則晝六十五刻，夜三十五刻。一年通閏有三百六十五日四分日之一，四時之間，九日有餘校一刻爲率。

周挈壺氏漏箭

夏官挈壺氏下士六人，史二人，徒十有二人，注：挈壺水以爲漏。掌挈壺以令軍井，挈轡以令舍，挈畚以令糧。軍中人多，車騎雜會讙囂，號令不能相聞，故各以物爲表，省煩趨疾，于事便也。凡軍事，縣壺以序聚欜，以水火守之，分以日夜。先，鄭云，垂壺以爲漏，以序聚欜，以次更聚擊欜備守也。玄謂以水守壺者，爲沃漏也，以火守壺者，夜則視刻數也。分以日夜者，異晝夜漏也。漏之箭，晝夜共百刻，冬夏之間有長短焉。太史立成法，有四十八箭。疏釋曰：垂壺於上，以水沃之，水漏下，入器中，以没刻爲準法。太史立成法有四十八箭者，此據漢法而言。以器盛四十八箭，箭各百刻，以壺盛水，垂於箭上，節而下之水，水淹一刻，則爲一刻。四十八箭者，蓋取倍二十四氣也。及冬，則以火爨鼎水而沸之，而沃之。謂沃漏也。秋官司寤氏掌夜時。甲乙至戊。以星分夜，若今時觀參欲知夜早晚。詔夜士夜禁。行夜徼侯。疏：《三光考靈曜》云：日入三刻爲昏，不盡三刻爲明。春官雞人，夜嘑旦以嘂百官。夜，夜漏。疏：漏未盡三刻已前，仍爲夜，則呼旦也。嘂古弔反。凡國事爲期，則告之時。正義：天子備官，挈壺掌漏刻之節，雞人告期。《齊詩》是諸侯兼官，故挈壺氏兼告期也。《詩・東方未明》，刺無節也。朝廷興居無節，號令不時，挈壺氏不能掌其職。注：古者有挈壺氏，以水火分日夜，以告時於朝。箋云：失漏刻之節，東方未明而以爲明，庭燎。注：王有雞人之官，凡國事爲期，則告之以時，王不正其官而問夜早晚。夜未渠央。司馬穰苴傳立表下漏。《唐・曆志》：大衍日度議：周曆立夏，日在觜觿二度。於軌漏，昏角一度中，蒼龍畢見。陸佐公曰：自天觀象，昏旦之刻未分，治曆明時，盈縮之度無準。挈壺命氏，遠哉義用，揆景測辰，徼宮戒井，守以水火，分兹日夜。《月令正義》：蔡邕以星見爲夜，日入後三刻，日出前三刻，皆屬晝。《周禮鼓人注》：司馬法曰：昏鼓四通爲大鼜，夜半，三通爲晨戒，旦明，五通爲發晌。《儀禮注》：日入三商爲昏。疏曰：是漏刻之名。馬氏云：日未出、日没後皆云二刻半，前後共五刻。今云三商，據整數而言。

漢太初漏刻

《前曆志》：公孫卿等議造漢曆，立晷儀，下漏刻，以追二十八宿相距於四方。《隋・天文志》：孝武考定星曆，下漏刻以追天度。劉向《洪範傳》記武帝時所用法云：冬夏二至間百八十餘日，晝夜差二十刻，大率二至之後，九日而增損一刻。《百官表》：太子率更令。師古曰：掌知刻漏。《梁漏刻經》云：九日加減一刻，或秦之遺法，漢代施用。《宋志》：漢武正儀審漏，事在前史。《後禮儀志》：夜漏未盡七刻，鍾鳴受賀。《西域傳》：杜欽曰：斥候士百餘人，五分夜擊刁斗自守。注：夜有五更，分而持之。夏賀良言增益漏刻，哀帝詔漏刻以百二十爲度。董賢爲郎，傳漏在殿下。奏時刻，漢舊儀有傳呼。《唐・曆志》：《日度議》曰：日之所在難知，驗以中星，則漏刻不定。漢世課昏明中星，爲法已淺。今候夜半中星，以求日衝，近於得密。而水有清濁，壺有增減，或積塵所擁，故漏有遲疾。《易乾鑿度》注：八卦生物，謂歲之八節。每一卦生三氣，各得十五日。今言晝六爻，則中分之。太史司漏刻者，每氣兩箭，由是生焉。《隋志》：《漏刻經》，梁有後漢待詔霍融、何承天、楊偉等撰三卷云。《漢書》：青煒登平，考景以晷。赤煒頌平，考聲以律。白煒象平，考量以銓。元煒和平，考星以漏。漏刻。

漢漏品　漏刻四十八箭　夏曆漏　東漢晷漏　漏法令甲

《後漢・律曆志》：永元十四年，和帝。待詔太史霍融上言：官漏刻率九日增減一刻，不與天相應，或時至差二刻半，不如夏曆密。詔書下太常，令史官與融以儀校天，課度遠近。太史令舒承梵等對，案官所施漏法《令甲》第六《常符漏品》，孝宣皇帝三年十二月乙酉下，建武十年二月壬午詔書施行。漏刻以日長短爲數，率日南北二度四分而增減一刻。一氣俱十五日，日去極各有多少。今官漏率九日移一刻，不隨日進退。《詩正義》云：一年有二十四氣，又分爲二，通率七日强半而易一箭。夏曆漏隨日南北爲長短，密近於宮漏，分明可施行。其年十一月甲寅，詔曰：告司徒、司空：漏所以節時分，定昏明。昏明長短，起於日去極遠近，日道周圜，不可以計率分。當據儀度，下參晷景。今官漏以計率分昏明，九日增減一刻，違失其實，至爲疏數以耦法。霍融上言，不與天相應。太常史官運儀下水，宮漏失天者至三刻。以晷景爲刻，少所違失，密近有驗。今下晷景漏刻四十八箭，立成周禮注云：太史立成法。官府當用者，計吏到，班予四十八箭。取二十四氣日所在，并黄道去極、晷景、漏刻、昏明中星刻于下。虞恭曰：章帝曆度審正，晷漏與天相應。《選》注衛宏《漢舊儀》曰：晝夜漏起，省中用火，中黄門持五夜。甲乙丙丁戊，夜也。《唐曆議》：東漢晷漏，定於永元十四年，四分法施行後十五歲也。《書正義》：漢初率九日增減一刻，霍融始請改之。鄭注《考靈曜》仍云九日增減一刻，尚未覺誤也。《周禮疏》：漢法以器盛四十八箭，箭各百刻，蓋取倍二十四氣也。《後漢・曆志》：孔壺爲漏，浮箭爲刻，下漏數刻，以考中星，昏明生焉。漏刻之生，以去極遠近差乘節氣之差。桓譚《新論》曰：余爲郎，典刻漏。邯鄲《五經析疑》曰：漢制，又以先冬至三日晝，冬至後三日晝，漏四十五刻，夜五十五刻。先夏至三日晝，夏至後三日晝，漏六十五刻，夜三十五刻。《東觀漢記》：樊梵駐車待漏。

《初學記》：爲器三重，圓皆徑尺。差立於方輿踟蹰之上，爲金龍口吐水，轉注入踟蹰經緯之中，流於衡渠之下，蓋上鑄金爲司辰，具衣冠，以兩手執箭。此殷夔之漏刻法也。以銅爲渴烏，狀如鈎曲，以引器中水，於銀龍口中吐入權器，漏水一升，稱重一斤，時經一刻，此李蘭之漏刻法也。《選》：陸佐公曰：衛宏載傳呼之節，較而未詳，霍融敘分至之差，詳而不密。注：漢舊儀曰：夜漏起，宮中宮城門傳五伯官直符，行衛士，周廬擊木柝讙呼備火。《史記正義》：按，馬融以昏明爲限，鄭玄以日出入爲限，故有五刻之差。

漢張衡漏水轉渾天儀制

《選》注《初學記》張衡漏水轉渾天儀制曰：以銅爲器，實以清水，下各開孔，以玉虬吐漏水入兩壺，右爲夜，左爲晝，蓋上又鑄金銅仙人居左壺，爲金胥徒居右壺，皆以左手抱箭，一云左手把銀箭。右手指刻，以別天時蚤晚。即《曆志》運儀下水。

晉漏刻　賦　銘

《晉起居注》有永安宮銅漏刻，太元十二年，儲宮初建，置漏刻史。蕭子雲《東宮雜記》曰：梁天監六年造新漏，以臺舊漏給官。漏銘云咸和七年山陰令魏丕造，即會稽内史王舒所獻漏也。《水經注》：洛陽城門置一鐘以和漏鼓。《藉田賦》：挈壺掌升降之節。《宋志》：元嘉二十年，何承天奏上尚書，今既改用元嘉曆，漏刻與先不同，宜應改革。案景初曆，春分日長秋分日短，相承所用漏刻，冬至後晝漏率長於冬至前，且長短增減進退無漸，非唯先漏不精，亦各傳寫謬誤。今二至二分，各據其正，則至之前後，無復差異，更增損舊刻，參以晷影，删定爲經，改用二十五箭。請臺勒漏郎將考驗施用。從之。陸機賦：挈金壺以南羅，藏幽水而北戢。擬洪殺於編鐘，順卑高而爲級。激垂泉以遠射，跨飛途而遥集。伏陰蟲以承波，吞常流其如挹。籠八極於千分，度晝夜於一箭。口納胷吐，水無滯咽。形微獨繭之緒，逝若垂天之電。積水不過一鍾，導流不過一筳，而用天者因其敏，分地者賴其平。悟蟾蜍之棲月，識金水之相緣。李充字弘度。《漏刻銘》：昏明既序，景曜不忒。挈壺失節，刺流在詩。尺璧非寶，重此寸陰。昧旦丕顯，敬聽漏音。《藝文類聚》有後漢《李尤銘》，又有《李充銘》。孫綽《銘》：

靈虯吐流一作吐注。陰蟲，蝦蟆也。承寫。累筒三階，積水成淵。器滿則盈，乘虛赴下。王冀《洛都賦》：挈壺司刻，漏樽瀉流。仙叟秉尺，隨水沈浮。元魏安豐王延明使祖常作《欹器漏刻銘》。後周王褒銘：箭水無絶，靈虯長注。鮑照《觀漏賦》、訪金壺之盈闕，觀騰波之吞寫，視驚箭之登没。墐户牖而知天，掩雲霧而測暉。

梁漏刻銘　漏經

《通典》：天監六年，以舊漏乖舛，敕員外郎祖常治之。漏刻成，太子中舍人陸倕爲文：官漏出自會稽。魏丕造。積水違方，導流乖則。六日無辨，五夜不分。爰命日官，草創新器。俯察旁羅，登臺升庫。則于地四參以天一。言壺用金，而漏用水。建武遺蠹，咸和餘舛。金筒方員之制，飛流吐納之規，變律改經，一皆懲革。天監六年丁亥十月十六日壬寅漏成，可以校運算之暌合，辨分天之邪正，察四氣之盈虛，課六曆之疏密。金字銀書爲銘曰：一暑一寒，有明有晦。神道無跡，天工罕代。乃置挈壺，是惟熙載。氣均衡石，晷正權概。擊刁舛次，聚木乖方。爰究爰度，時惟我皇。方壺外次，圓流内襲。洪殺殊等，高卑異級。靈虯承注，陰蟲吐噏。條往忽来，鬼出神入。微若抽繭，逝如激電，耳不輟音，眼無留眄。銅史司刻，金徒抱箭。合昏權也。暮卷，蓂莢晨生。尚辨天意，猶測地情。況我神造，通幽洞靈。配皇等極，爲世作程。《梁元帝銘》曰：碧海有乾，絳川猶竭。飛流五色，涓涓靡絶。箭不停晷，聲無暫輟。用天之正，分地之平。如絃斯直，如渭斯清。玉衡稱物，金壺博施。《隋志》：梁有《天監五年脩漏刻事》一卷，《祖常漏刻經》一卷，《漏刻經》一卷，梁代撰。皇甫洪澤《雜刻漏法》十一卷。《唐志》：《刻漏經》，宋何承天一卷，梁中書舍人朱史一卷，陳太史令宋景一卷。梁武帝大同十年改用一百八刻，令祖常爲《漏經》。《初學記》引梁《漏刻經》。

隋漏刻　漏經　欹器漏水　宋元嘉漏刻又見上

《隋·天文志》：黄帝創觀漏水，制器取則，以分晝夜。其後因以命官，《周禮》挈壺氏則其職也。其法摠以百刻，分于晝夜。冬夏二至，春秋二分，減益昏旦，隨氣增損。冬夏二至之間，晝夜長短，凡差二十刻，每差一刻爲一箭。冬至互起其首，凡有四十八箭。晝有朝、有禺、有中、有晡、有夕，夜有甲乙丙丁戊，昏旦有星中。每箭各有其數，皆所以分時代守，更其作役。漢興，張蒼因循古制，猶多疏闊。及孝武考定星曆，下漏水以追天度，亦未能盡其理。劉向爲《洪範傳》，記武帝時所用法云：冬夏二至之間一百八十餘日，晝夜差二十刻，大率二至之後九日而增損一刻。哀帝又改用一百二十刻，尋亦寢廢。光武亦以百刻九日加減法，編於《甲令》，爲《常符漏品》。至和帝永元十四年，霍融上言：官曆率九日增減一刻，不與天相應。或時差至二刻半，不如夏曆漏刻，隨日南北爲長短。乃詔用夏曆漏刻。依日行黄道去極，每差二度一分，爲增減一刻。凡用四十八箭。終於魏晉，相傳不改。宋何承天以月蝕所在，當日之衡，攷驗日宿，知移舊六度。冬至之日，其影極長，測量晷度，知冬至移舊四日。前代諸漏，春分晝長，秋分晝短，長過半刻，皆由氣日不正，遂議造漏法。《南史》：承天定元嘉曆，改漏刻用二十五箭。《唐志》：承天《刻漏經》一卷。春秋二分，昏旦晝夜漏各五十五刻。齊及梁初，因循不改。至天監六年，歲在丁亥。武帝以晝夜百刻，分配十二辰，辰得八刻，仍有餘分。乃以晝夜爲九十六刻，一辰有全刻八焉。至大同十年，又改爲一百八刻。依《尚書考靈曜》，晝夜三十六頃之數，因而三之。冬至晝漏四十八刻，夜漏六十刻。夏至晝漏七十刻，夜漏三十八刻。春秋二分晝漏六十刻，夜漏四十八刻。昏旦之數各三刻。先令祖暅爲《漏經》《隋志》：一卷。皆依渾天黄道日行去極遠近，爲用箭日率。陳文帝元嘉中，亦命舍人朱史造漏，依古百刻爲法。周、齊因循魏漏。晉、宋、梁大同，並以百刻分于晝夜。隋初，用周朝尹公正、馬顯所造《漏經》。至開皇十四年，鄜州司馬袁充上晷影漏刻。以短景平儀，均布十二辰，立表，隨日影所指辰刻，以驗漏水之節。十二辰刻，互有多少，時正前後，刻亦不同。其二至二分用箭辰刻之法，今列之。袁充素不曉渾天黄道去極之數，其於施用，未爲精密。十七年，張胄元用後魏渾天鐵儀，測知春秋二分，日出卯酉之北，不正當中。與何承天所測頗同。仁壽四年，劉焯上《皇極曆》。胄元及焯漏刻，並不施行。然其法制，著在曆術，最爲詳密。大業初，耿詢作古欹器，以漏水注之，獻于煬帝。善之，因令與宇文愷依後魏李蘭一作道士李蘭。所造修道家上法稱漏，制造稱水漏器，以充行從。又作候影分箭上水方器，置於東都乾陽殿前鼓下司辰。又造馬上漏刻，以從行辨時刻。揆日晷，下漏刻，此二者，測天地、正儀象之本也。晷漏沿革，今古大殊，故列其差，以補前缺。何妥曰：比年改作者多，如范威漏刻，十載不成，趙翊尺秤，七年方决。

唐太極殿刻漏　鐘鼓樓

《車服志》：太極殿前刻漏所，亦以左契給之，右以授承天門監門，晝夜勘合，然後鳴鼓。《儀衛志》：百官班于殿庭左右，循使二人分涖于鐘鼓樓下。漢長樂宮有鐘室，南朝有端門、鼓漏、景陽樓鐘。隋唐殿庭有樓置鐘鼓。

唐漏刻　武德漏刻　《大唐漏刻經》

《志・曆算》：《大唐漏刻經》一卷，又見上。《傅奕傳》：武德時所改漏刻，皆詔奕云。《曆志》：開元大衍曆議，五曰步軌漏術。有漏刻陟降率，冬至降七十八，大雪陟七十八。陟降不等，皆以三日爲限。《百官志》：祠部掌天文漏刻。司天臺，五官挈壺正二人，司辰八人，漏刻博士六人，掌知漏刻。凡孔壺爲漏，浮箭爲刻，以考中星昏明，更以擊鼓爲節，點以擊鐘爲節。長安二年，置挈壺正。乾元元年，與靈臺郎、保章正、司曆、司辰，加五官之名。乾元三年，置春夏秋冬中五官正，掌司四時，有漏刻生四十八，典鐘鼓三百五十人。初有視品典事，後省。《六典》：周禮，夏官挈壺，秋官司寤，春官雞人，凡三職。漢已後，太史掌之。隋置漏刻生三百六十人，箭有四十八，太子率更令掌漏刻，令博士教之，掌漏典之漏童司刻，分時唱之。元和中，置百官待漏院。景龍二年十二月，太史令傅孝忠奏準漏經，南北陸並日校一分。《詩・東方未明》疏：案《乾象曆》及諸曆法，與今太史所候。

唐開元漏刻

《曆志》：大衍曆五曰步軌漏術。陟降率，漏刻：冬至降七十八，二十七刻二百三十分，至大雪陟七十八，二十七刻百三十五分。陟降不等，皆以三日爲限。各置初日陟降率，依限次損益之。二至各於其地下水漏以定當處晝夜刻數。乃相減，爲冬夏至差刻。半之，以加減二至晝夜刻數，爲定春秋分初日晝夜刻數。乃置每氣消息定數。

《會要》：金吾衛。貞元三年閏四月八日敕：四月一日已後五更二點放鼓契，九月一日已後五更三點放鼓契，日出後二刻傳點，三刻進坐牌。劉鄴《待漏院》詩有勘契之語。《含元殿賦》節晷漏於鍾律，架危樓之筍簴。《儀衛志》：有行漏轝，刻漏生四人，分左右。

《景德漏院雞唱詞》

景德四年九月辛巳，司天監言：殿前漏刻報時雞唱，唐朝有詞，自朱梁以來廢棄，止唱和音，請別制新詞習唱。自今每大禮，御殿、登樓、入閤、内宴，晝改時，夜改更，則用之。常時改點則不用。詔兩制詳定。晁迥等以爲合於周官雞人嘂旦之義，因詳正舊詞，付之習唱。其詞自朝光發至日入酉凡二十七句，自日欲暮至戊夜癸凡十八句，大抵言晝夜之節，如太階平，夢良臣，求衣始之語，則主乎規諫也。《周禮》：雞人下士二人。嘑旦，巾車鳴鈴以應之。《書》傳：太師奏雞鳴於階下，夫人鳴珮玉於房中，告去。應門擊柝，告辟也。衛宏《漢舊儀》載傳呼之節，應劭曰：楚歌今雞鳴歌。蔡質：漢儀，衛士候朱爵門外，傳雞鳴於宫中。晉武泰始二年正月庚寅，罷雞鳴歌。唐王維詩：絳幘雞人送曉籌，尚衣方進翠雲裘。本朝禁中有更點，在長春殿門之外，更以鼓，點以鉦，因警戒於夙宵，遂弗迷於風雨。始惟呼旦，取象司晨，雞既鳴矣，朝既盈矣。釋庭燎之詩者，謂不正雞人之官。

天聖蓮花漏　景祐水秤

天聖八年八月，龍圖閣待制燕肅上蓮花漏法。其制：琢石爲四分之壺，剡木爲四分之箭，以測十二辰、二十四氣、四隅、十干，洎百刻，分布晝夜，箭四觔，面二十五刻，刻六十分，四面百刻，總六千分，以效日。面千五百分，晝夜總六千分。凡四十八箭，一氣一易。二十四氣各有晝夜，故四十八箭。歲統二百十六萬分，悉刻箭上。鑄金蓮承箭，銅烏引水而下注，金蓮浮箭而上登，不假人力，其箭自然上下。司辰者謹視而易之。其行漏之始，又依周官水地置臬之法，考二交之景，得午時四刻十分爲午正，南北景中，以起漏焉。其法：置水於櫃，引以渴烏，導以銅荷，水自荷茄下注于壺，壺中爲金蓮花覆之，荷心有竅，容箭下插。方水之未注也，箭首適與荷平，逮水既至，箭則隨起，視箭所底，而時刻可以坐致矣。王肅作于梓潼，来獻闕下。九月詔司天監王立等與挈壺正考定其法於鐘鼓樓下，立等言黄道日躔進退盈縮度數不應，今《崇天曆》不可施用，罷之。景祐元年九月十一日，肅奉詔於資善堂與司天少監楊惟德測驗，並合天道。而知制誥丁度等詳定，以爲難久行。二年四月已未詔學士章得象、馮元與肅同議。九月乙未詔司天監製百刻水秤以測候晝夜。三年二月丙辰。復命得象等重定水秤刻漏。四月辛亥，得象言水行有遲疾，請增用平水壺一，渴烏二，晝夜箭二十一。於鐘鼓樓測量漏水。凡定奪三年而卒用蓮花漏焉，蓋壺以貯水，烏以引注，秤以平漏，漏以識刻。肅所至皆刻石以記其法，所臨州郡必爲之。雖巧者莫能損益。又爲《海潮論》二篇，造指南、記里鼓車。夏竦《潁州蓮華漏銘序》：舜史日永星火，晝漏多也。日短星昴，晝漏少也。周官有以火爨鼎之制，齊詩有折柳樊圃之譏。漢《令甲》第六著《常符漏品》，施於李蘭，始變古法，權器程水，以準時刻。唐之諸道，率循此制。至今器存，莫能施用。唯司天官漏迄今用之，參以中星，因時升降，而置箭之制，世不復傳。景祐中，更爲潁漏，其《漏志》一篇，刊諸左方。再考晷度，以梓潼在南，比古法晝增一刻，夜損一刻。青社稍北，晝增三刻，夜損三刻。

穎處梓青之間，晝增二刻，夜損亦如之。作室秘漏得天愈密。銘曰：極星建中，黄道營外。度有邇遐，時有明晦。聖人觀象，女史詒則。孔壺爲漏，浮箭爲刻。資始巧曆，稽合小餘。重黎是司，羲和是圖。秦氏遺法，漢京垂制。歷世彌文，舊規加麗。玉虬吐水，分灌兩壺。金龍轉注，下激衡渠。天道可觀，神化無跡。日運波澄，氣分箭易。猗嗟燕君，文學餘力。博貫舊章，肇新景式。象魏既登，潼川既營。建于青闔，作于穎廷。五夜持宵，三商定夕。《儀禮注》：日入三商爲昏。《尚書緯》謂刻爲商。杪忽無差，升降靡息。意侔造化，數窮天地。茫茫有生，孰參其智。於鑠聖宋，世祚無疆。刊此樂石，永憲萬方。徐州用衛朴所造，有壺無箭。通守傅楊得肅之法，改作蓮花漏。蘇軾爲銘：天地之寒暑，日月之晦明，昆侖旁薄於三十八萬七千里之外，而不能逃於三尺之箭，五斗之缾。如缾受水，不過其量，如水浮箭，不失其平。天有晝夜，人爲刻辰。昔在黄帝，制器以分。周設六官，挈壺令軍。惟漢暨晉，變律改經。臣肅思妙，創爲度程。壺以石琢，箭以木成。渴烏上引，荷茄仰承。水注壺口，箭湧蓮心。自子徂亥，茲焉取平。二十四氣，或虧或盈。箭實倍之，隨氣以更。辰有長短，刻因損增。惟箭無私，與水皆升。風雨不廢，如雞之鳴。銖兩莫差，如衡之稱。銘。《中興書目》：《蓮花漏法》一卷。李肇《國史補》云：越僧靈澈取銅葉製器，爲蓮花漏，置盆水之上，底孔漏水，半之則沈，每晝夜十二沈，爲行道之節。

皇祐漏刻　文德殿刻漏

《國史志》：自黄帝觀漏水制器取則，三代因以命官，則挈壺氏其職也。後之作者，或下漏，或浮漏，或浮刻，或輪漏，或權衡，制作不一。國朝司天之屬，有挈壺正掌司辰刻，置文德殿門内之東偏，設鼓樓、鐘樓於殿廷左右。刻漏之法有水秤，以木爲衡，衡上刻疏之曰天河，志云：以水爲權衡。其廣長容水箭。箭有四木爲之，長三尺有五寸，著時刻更點，納於天河中，晝夜更用之。衡右端有銅鍰連鈎，爲銅覆荷形，荷下銅索三條，以繫銅壺。又爲髹漆大奩，曰水櫃，中安銅盆，曰水海。銅盆隅有銅渴烏一，引水下注壺中。衡左端有大銅鍰貫衡，鍰下大銅索連銅權，爲立象形。又有鐵竿高五丈，於鐵蓮跗中，屈上端爲方鍰形，曰雞竿。每移改時刻，司辰者以衡尾納方鍰中，以組繩挽權上大銅鍰進退之，秤之所繫，以大木雙植，有跗，如鐘虡之制。晝五采金龍爲飾。上有鐵胡門，大鐵鈎鍰以繫之。其制度精巧，不知作者爲誰，蓋唐五代用之久矣。漏刻每遇添減，必移報門司及皇城門與鑰門使臣。常以卯正後一刻爲禁門開籥之節。每時八刻二十分，每刻一擊鼓，八鼓後進時牌。牌有七，以象牙刻金字。餘二十分爲雞唱，唱絶，擊一十五鼓爲時正。一本至景祐三年再加考定，而水有遲疾，用有司之議，增平水壺一、渴壺二、箭二十一，然時刻相侵殆半。至皇祐初，詔舒易簡、于淵、周琮更造，用平水壺，重均調水勢，分百刻於晝夜。

後晉馬重績言：漏刻之法，以中星考晝夜爲一百刻，六十分刻之二十爲一時，時以四刻十分爲正，此自古所用也，請依古改正。從之。

熙寧迎陽門觀浮漏　熙寧晷漏書　元豐浮漏又見前

神宗即位之初，星辰不正，上令别造儀漏，改正曆書，久而未成。熙寧五年九月，提舉司天監沈括言：楚州人衛朴精於術學，乞令赴監參校得失。六年六月辛巳，上令朴創造浮漏。七年六月乙酉，括乞以新製浮漏於迎陽門進呈，上從之。丁亥，上御門召輔臣觀之，令於翰林天文院安置。初，括上《浮漏議》言：凡播水之壺三，受水之壺一，曰求壺，曰度壺，曰複壺，曰建壺。又言制器之法及下漏之法。《會要》：其年六月二十一日丁亥，崇政殿召輔臣觀。

沈括云：曆家言晷漏者，自顓曆至今，見于世者二十五家，謂之大曆，其步漏之術皆未合天度。今考數下漏，成書四卷，謂之《熙寧晷漏》。元豐五年正月，學士王安禮言：詳定渾儀官歐陽發言：至道皇祐之器皆差，今造渾儀浮漏木樣進呈，臣等看詳司天監浮漏疏謬，乞依新樣改造。從之。沈括《筆談》云：更造渾儀，創爲玉壺、浮漏、銅表，皆置天文院。

元祐漏刻

元祐元年，蘇頌造渾天儀象，又製刻漏四，曰浮箭漏，曰秤漏，曰沈箭漏，曰不息漏。置别室與儀象互參考。浮箭秤漏與今太史朝堂所用略同，沈箭、不息漏采他法式。

紹興刻漏　刻漏圖

紹興二年六月十四日，詔西安進士陳元助製刻漏一座，送尚書省，補其子爲局生。乾道三年，造曆劉孝榮上二十四氣晝夜進退日出没刻立成之法。祥符三年，春官正韓顯符上二十四氣晝夜刻立成法，《會要》取其氣節之初載之。《書目》：紹興初太常博士王普撰《官曆刻漏圖》一卷，并序言：百刻分十二辰。晝夜長短，以岳臺爲定。九服之地，冬夏至晝夜刻數或與岳臺不同，則二十四氣前後易箭之日，亦皆少差。又有後記及《蓮華漏圖》。《行漏法》一卷，不知作者，以周官軍事垂壺，司馬穰苴立表下漏，此古行漏見于書者也。今此表漏測景之法，簡而易知，殆古之遺法。洪邁《新刻漏銘》：有智者創，爲一箭方，不能以尺挹水，中居竅，其顛以受箭。氣敘長短，刻于箭閒。以昔之升，爲今之降。水盡箭沈，一日終矣。又挹水如式以伺夜漏。維天蒼蒼，維地直方。日星昭光，宰其陰陽。燠夷寒涼，隱顯迭相。孰爲測量，肆有智囊。緘機翕張，制乃短長。四周其皇，如轅服箱。水聲宮商，洩若綫芒。箭之揚揚，匪棘匪詳。由高而藏，有退不卬。大明煌煌，夜漏未央。注之天漿，視我作綱。挈壺保章，周制則亡。蓮華洸洸，於用或妨。勒銘以颺，與燕鴈行。

《堯典正義》：古今曆術與太史所候皆云，夏至晝六十五刻，夜三十五刻，冬至晝四十五刻，夜五十五刻，春秋分晝五十五刻，夜四十五刻。此不易之法也。然今太史細候之法，則校常法半刻，從春分至夏至，晝漸長，增九刻半，夏至至秋分，所減亦如之。秋分至冬至，晝漸短，減十刻半，冬至至春分，增亦如之。又於每氣之間，增減刻數有多有少，不可通而爲率。《南史》陳沈洙議，漏刻今古不同，《漢書・律曆》，何承天、祖冲之父子《漏經》，並自關鼓至下鼓，晡鼓至關鼓，皆十三刻，冬夏四時不異，其日有長短，分在中時前後。今用梁末改漏，下鼓之後，分其短長，夏至之日各十七刻，冬至之日各十二刻。《易氏周禮說》云：挈壺之制，以唐制推之，水海浮箭，四匱注水，始自夜天池以入于日天池，自日天池以入于平壺，以次相注，入于水海，浮箭而上。以浮箭爲刻，分晝夜，計十二時。每時八刻二十分，每刻六十分。箭四十八，二箭當一氣，歲統二百一十九萬一千五百分，悉刻於箭上。銅烏引水而下注，浮箭而上登。至於晝夜之別，分至之候，冬夏長短，昏曉隱見，與周官晷景無差。《太玄經》：植表施景，揄漏率刻。注：揄，寫也。寫水下漏，審刻知時。

挈壺掌分數之令，太史陳立成之法，軍將以之垂，挈壺郎以之趨奏。弘度遺篇，承天垂旨。可使大禹日惜寸陰，可使宣王夜知向晨。自古在昔，挈壺有職。匪器則弊，人亡政息。其政謂何？弗棘弗遲。君子小人，興息維時。勿謂小器，雖廢何傷。齊侯見刺，顛倒衣裳。挈壺弛職，風人所譏。作器能銘，大夫之責。靈虺傳箭。凡黃道升降差二度四十分，則隨曆增減改箭。每時初行一刻至四刻六分之一爲時正，終八刻六分之一則交入次時。天道之妙，千歲可致，而基於一刻之弗差。治道之盛，庶績咸熙，而原於寸陰之無曠。昕夕監觀，宜有成則。器若小而用實重者，惟漏爲然。

宋・王應麟撰、清・翁元圻等注《困學紀聞》卷四 漏刻之法，晝夜百刻。易氏祓云：「十二時，每時八刻二十分，每刻六十分。」王昭禹云：「寅、申、巳、亥、子、午、卯、酉八時，各八刻；辰、戌、丑、未四時，各九刻。」愚謂易氏之説與古法合。《司寤氏》「掌夜時」，注謂「夜晚早，若今甲、乙至戊」，疏云「甲、乙則早時，戌、亥則晚時」。愚按衛宏《漢舊儀》「中黃門持五夜，甲、乙、丙、丁、戊夜，今謂之五更。」疏以「戊」爲「戌」，誤矣。馬融以昏明爲限，鄭康成以日出入爲限，有五刻之差。《史記正義》文。蔡邕以星見爲夜，日入後三刻，日出前三刻，皆屬晝。《月令》正義文。鄭與蔡校一刻。王伯照云：「晝夜長短，以岳臺爲定。九服之地，與岳臺不同，則易箭之日，亦皆少差。」

元圻案：《文選》注，衛宏《漢舊儀》曰：「晝夜漏起，省中用火，中黃門持五夜。」◎《初學記・漏刻門》：「衛宏《漢舊儀》曰：『五夜，甲夜、乙夜、丙夜、丁夜、戊夜也。』又梁《漏刻經》云：『至冬至，晝漏四十五刻。冬至之後，日長，九日加一刻。以至夏至，晝漏六十五刻。夏至之後，日短，九日減一刻。或秦之遺法，漢代施用。』邯鄲（綽）《五經析疑》曰：『漢制，又以先冬至三日晝，冬至後三日晝，漏四十五刻，夜五十五刻。先夏至三日晝，夏至後三日晝，漏六十五刻。』《元嘉起局注》曰：『以日出入定晝夜。冬至晝四十刻，夏至夜亦宜四十刻。夏至晝六十刻，冬至夜亦宜六十刻。春秋分晝夜各五十刻，今減夜限，日出前、日入後昏明際各二刻半，以益晝。夏至晝六十五刻，冬至晝四十五刻，二分晝五十五刻而已。』」◎《堯典》正義：「天之晝夜以日出入爲分，人之晝夜以昏明爲限。日未出前二刻半爲明，日入後二刻半爲昏，損夜五刻以裨於晝，則晝多於夜，復校五刻。」◎岳珂《九經三傳沿革例》曰：「《秋官・司寤氏》『掌夜時』注：『夜時，謂夜晚早，若今甲、乙至戊。』疏又以『甲、乙則早時，戌、亥則晚時』實其說。獨蜀本作『戊』字。竊謂戊字爲是，而疏則因傳寫之訛而曲爲之說爾。注意正指甲夜、乙夜至戊夜也。」◎王昭禹《周禮詳解》四十卷。陳振孫曰：「未詳何等人。其學皆宗王氏新說。王與之作《周禮訂義》，編類姓氏世次，列於龜山楊氏之後，曰字光遠，當爲徽、欽時人。」◎《玉海》十一：「《書目》：紹興初，太常博士王普撰《官曆刻漏圖》一卷並序，言百刻分十二辰，晝夜長短以岳臺爲定。九服之地，冬夏至晝夜刻數，或與岳臺不同，則二十四氣前後易箭之日，亦皆少差。」◎伯照蓋即王普之字。

宋・王應麟撰、清・翁元圻等注《困學紀聞》卷九 《五代史・馬重績傳》：「漏刻之法，以中星考晝夜爲一百刻，六十分刻之二十爲一時，時以四刻十分爲正，此自古所用也。」今攷《五代會要》，晉天福三年，[二]司天臺奏《漏刻經》云：「晝夜一百刻，分爲十二時，每時有八刻三分之一。六十分爲一刻，一時有八刻二十分。[三]四刻十分爲正前，十分四刻爲正後，二十分中心爲時正。上古以來，皆依此法。」歐陽公作史，於「六十分」之上闕「八刻」二字，不若《會要》之明白。

閣按：《五代史·馬重績傳》正有「八刻」二字，則王氏所見本不如今本矣。

元圻案：《明史·天文志》：「西洋之説，命日爲九十六刻，使每時得八刻無奇零，以之布算製器，甚便也。」◎《書録解題·正史類》：「《新五代史》七十四卷。歐陽修撰。其爲説曰：『昔孔子作《春秋》，因亂世而立法。余爲《本紀》以治法而正亂君，諸臣止事一朝曰「某臣傳」，其更事歷代者曰「雜傳」。』尤足以爲世訓。」又《典故類》：「《五代會要》三十卷，王溥撰。」《四庫書》著録。

宋·鮑雲龍《天原發微》卷三上　邵子曰：星爲晝。《要義》曰：日夜分，謂晝夜刻漏。

馬氏曰：晝五十刻，夜五十刻，據日出日入爲限。蔡邕云：星見於夜，日入後三刻，日出前三刻，皆屬晝。晝有五十六刻，夜有四十四刻。鄭云：日中星，以爲日見之漏五十五刻，不見之漏四十五刻，與蔡校一刻。愚按：邵子以離爲星，星爲晝，辰爲夜。日出則星没，日没則星出，皆人所共覩，故古今以此定晝夜也。

宋·謝維新《古今合璧事類備要·前集》卷一二　刻漏

事類：挈壺。《周禮》有挈壺氏。毛詩：挈壺氏不能掌其職焉。注：掌刻漏者。鑄銅。張衡制曰：鑄金銅仙人居左壺，爲胥徒居右壺。後漢。百刻漏。漏之箭，晝夜共百刻，冬夏之間有長短焉。太史立成法有四十八箭。《周禮》注。五斗瓶。天地之寒暑，日月之晦明。昆侖旁薄于三十八萬七千里之外，而不能逃三尺之箭，五斗之瓶。使凡爲吏者，如瓶之受水，不過其量。如水之浮箭，不失其平。如箭之升降，視水之上下，降不爲辱，升不爲榮，則民將靡然心服，而寄我以死生矣。東坡《徐州蓮花漏記》。分日夜。挈壺氏，凡軍事懸壺，以序聚欜，以水火守之，分以日夜。及冬，則以火爨鼎水而沸之，而沃之。《周禮》注：以水守壷者，爲沃漏也。以火守壺者，夜則視刻數也。分以日夜者，異晝夜漏也。冬水凍，漏不下，故以火㷊水，沸以沃之，謂沃漏也。測天地。刻漏者，測天地正儀象之本也。《隋·天文志》。孔壺浮箭。孔壺爲漏，浮箭爲刻，下漏數刻，以考中星，昏明生焉。《漢·律曆志》。方壺圓流。方壺外次，圓流內襲。《文選·陸佐公新漏刻銘》。殿前方器。隋宇文愷造侯影分箭上水方器，置于東都乾陽殿前。馬上刻漏。隋煬帝令宇文愷造馬上刻漏以從行。又耿詢作馬上刻漏，世稱其妙。並出《隋史》。玉虬吐水。張衡《漏水轉渾天儀制》曰：以銅爲器，實以清水，以玉虬吐漏，漏入兩壺，右爲夜，左爲晝。《漢書》。金龍注水。殷夔《刻漏法》曰：爲器三重，圓皆徑尺，差立于方輿踟蹰之上，爲金龍口吐水，轉注入踟蹰經緯之中。盖上鑄金爲司辰，其衣冠，以兩手執箭。銅烏引水。李蘭《刻漏法》：以銅爲渴烏，狀如鈎曲，以引器中水。以銀龍口中吐之入權器。漏水一升，秤重一斤，時經一刻。金丸候日。拂菻國樓中懸一大金秤，以金丸十二枚屬于衡端，以候日之十二時焉。爲一金人，其大如人，立于側。每至一時，其金丸輒落，鏗然發聲，引唱以紀日時，毫釐无失。《唐書》。金徒抱箭。《刻漏銘》云：金筒方圓之制，飛流吐納之規。又云靈虬承注，陰虫吐噏，微若抽繭，逝如激電。銅史司刻，金徒抱箭。《文選》。木人擊鼓。一行與令瓚等更鑄渾天銅儀，又立二木人于地平之上。前置鍾鼓以候辰，每一刻自然擊鼓，每辰自然撞鐘。《唐·天文志》。黄帝制器。黄帝觀漏水，制器取則，以分晝夜。《隋·天文志》。刻漏之作，肇于軒轅，宣于夏商之代。梁《刻漏經》。張蒼循制。《周禮》：挈壺氏其法，揔已百刻，分于晝夜。冬至晝漏四十刻，夜漏六十刻。夏至晝漏六十刻，夜漏四十刻。春秋二分晝夜各五十刻。漢張蒼因循古制，猶多踈闊。《隋志》。祖暅《漏經》。祖暅爲《漏經》，皆依渾天黄道日行法。《隋·天文志》。又隋初用周朝尹公正、馬顯所造《漏經》。霍融夏曆。霍融言：官漏刻率九日增減一刻，不與天相應，或時差至二刻半，不如夏曆漏刻，隨日南北爲長短。乃詔用夏曆漏刻，依日行黄道去極，每差二度四分，遂增減一刻。凡用四十八箭。終于魏晉，相傳不改。天河木箭。皇朝司天之屬，有挈壺正掌司辰刻，置文德殿門内之東偏，設鼓樓、鍾樓於殿庭左右。漏刻之法有水秤，以木爲衡，衡上刻疏之曰天河，其廣長容水箭。箭有四木爲之，長三尺有五寸，著時刻更點，納于天河中，晝夜更用之。《會要》。廬山蓮漏。越僧僧徹得蓮花漏于廬山，傳江西觀察使韋丹。初，恵遠以山中不知更漏，乃取銅葉製器，狀如蓮花，置盆水上，底孔漏水，半之則沉。每晝夜十二沉，爲行道之節。《國史補》。天聖八年，龍圖閣待制燕肅上《蓮花漏法》。其制，琢石爲四分之壺，剡木爲四分之箭，以測十二辰，二十四氣，四隅，十干。洎百刻分布晝夜，成四十八箭，其箭一氣一易，二十四氣各有晝夜，故四十八箭。嵗統二百十六萬分，悉刻箭上。又爲水匱，置銅渴烏，引水下注銅荷中，插石壺旁。銅荷承水，自荷茄中溜瀉入壺，壺上當中爲金蓮花覆之，華心有竅容箭下插，箭首與蓮心平。渴烏漏下，水入壺一分，浮箭上湧一分，至于登刻盈時皆如之矣。《會要》。

詩集：暖漏。丁丁暖漏滴花影，催入景陽人不知。温庭筠。曉箭。五夜漏聲催曉箭，九重春色醉仙桃。杜甫。金狄。玉童收夜鑰，金狄守更籌。杜。瓊籤。唯恐瓊籤報天曙。温庭筠。玉壺。玉壺傳點咽銅龍。李義山。銀箭。銀箭金壺漏水多。李太白。

宋・佚名《周禮集説》卷六　挈壺氏挈讀如絜髮之絜，苦結反。下士六人，史二人，徒十有二人。

鄭氏曰：壺，盛水器也，世主挈壺水以爲漏。王氏曰：先王分十二時於一晝一夜之間，以漏箭準十二時而爲百刻，以百刻定長短而分晝夜。於是立挈壺氏之職焉。後世挈壺氏不能掌其職，不能辰夜，不夙則莫，此詩人之所刺也。

掌挈壺以令軍井，挈轡以令舍，挈畚以令糧。凡軍事，縣壺以序聚欜。凡喪，縣壺以代哭者，皆以水火守之，分以日夜。及冬，則以火爨鼎水而沸之，而沃之。畚音本，縣音玄，欜音託，爨，七端反。

鄭氏曰：鄭司農云，挈壺以令軍井，謂爲軍穿井。井成，縣壺其上，令軍中士衆皆望見，知此下有井。壺所以盛飲，故以壺表井。挈轡以令舍，亦縣轡于所當舍止之處，使軍望見，知當舍止于此。轡所以駕馬，故以轡表舍。挈畚以令糧，亦縣畚于所當稟假之處，令軍望見，知當稟假于此下也。畚所以盛糧之器，故以畚盛糧。軍中人多，車騎雜會讙囂，號令不能相聞，故各以其物爲表，省煩趨疾，于事便也。王氏曰：凡軍事，縣壺以序聚欜。《易》曰：重門擊柝，以待暴客。軍之所處，其事尤宜致嚴。故聚欜警夜事，惟聚欜，故縣壺以盛水，分刻漏也。劉氏曰：其擊柝以戒，守者以漏刻爲更刻。鄭氏曰：代亦更也，《禮》，未大斂，代哭。以水守壺者，爲沃漏也。以火守壺者，夜則視刻數也。分以日夜者，異晝夜漏也。漏之箭，晝夜共百刻，冬夏之間有長短焉。冬水凍，漏凝不下，故以火炊水，沸以沃之，謂沃漏也。薛圖云：以火爨鼎，則使之不凝。以火守壺，則使之不差。施之於軍事，所以嚴守警。施之於喪事，所以嚴凶哀。朝廷朝夕之禮，亦常以是爲節焉。然《春官・鷄人》，凡國事爲期則告之時。而齊詩特罪挈壺氏者，蓋天子備官，挈壺掌漏，鷄人告之。諸侯則掌漏告時，一於挈壺氏而已。

元・方回《古今攷》卷三二　凡祭祀，面禳釁，共其鷄牲。鄭司農讀釁爲徽，未詳。面禳，四面禳。玄注：釁廟以羊門夾室。用鷄正義庭燎。《詩》註：王有鷄人之官，諸侯無之，故齊詩有挈壺氏之制。

元・陳櫟《定宇集》卷四《考辨論・中星考》　《堯典》中星與《月令》中星，候之必於正南午位則同，而其象與星宿不同。所以不同之由有四焉。曰：古畧而後漸詳，一也。《堯典》以中氣，《月令》以月本而不專以中氣，二也。歲差，三也。昏刻之難定，四也。周天三百六十五度四分度之一。其形之員，如弾丸，其覆地之形，如覆盂，其旋繞也，如轉轂。天半覆地上，半包地下，二十八宿亦半隱半見，隨天而旋焉。天左旋，一日繞地一周，而過一度。日亦左旋，一日繞地一周，而比天爲不及一度。積一期三百六十五日四分日之一，而日與天會。故占天者於節氣初昏之時，候某星中於正午之位，以審作曆之差否，古今一律，特詳畧不同爾，不必拘於南面聽治視時授事之説。今術家欲辨方位，必先定子午針以爲準，亦其遺法。中星無刻無之，特白日不見。他時無準，惟於節氣初昏之時，候之正午爲便爾。是故中星二字始見於《孔傳》曆象日月星辰之下，前是未見也。《堯典》候中星之法，歷一月而中星移次，歷三月而中星移方。地之四方，一定不易，而天之四象，十二次，二十八宿，運轉不停。惟春分星鳥，南星昴，西星虛，北星火東，天位與地位合。春而夏，則鳥轉而西，火轉而南，虛轉而東，昴轉而北矣。所謂中星移方者如此。倣此而推，他皆可見。《堯典》中星惟虛昴以二十八宿言，星鳥取四象，星火取十二次，互相備也。子午卯酉四正之位，四星匀停，降而求之《月令》，又降而求之《漢》《晉志》《三統》《元嘉》等曆，分至中星，不皆相對。聞之先覺曰：堯即位於甲辰，其二十一年爲甲子。甲子冬至，日在虛一度，而昏昴中盛矣哉。此天地間貞元會合之運，曠數千載而一遇者也。《月令》視《堯典》則漸詳矣，其果精密與否，未可知也。堯惟舉四仲初昏之中星，《月令》則十二月備舉之。《堯典》中星舉四象十二次，《月令》專舉二十八宿，且患井斗度濶，而別舉弧建以審細求之。《堯典》惟求之初昏，《月令》則併求之旦。而必考日行所在，以見中星去日遠近之度焉。朱子嘗曰：天無體，只二十八宿便是天體。以是知中星之轉移，即天體之轉移也。定一歲之運，實本於日之行度。春秋分百度，冬夏至一百一十八度，率一氣差三度，分至之相距必六度，故增減每十八度。此法之由來必已久矣。《堯典》雖畧，然賓出日，餞納日，夏至致日，行之惟謹。且星鳥星火星昴星虛，必冠之以日中日永日短焉，非求日之所在以定中星乎？《月令》四仲月中星，春，昏弧中，夏，昏亢中，秋，昏牽牛中，冬，昏東壁中。鄭氏曰：《呂令》與《堯典》異舉月本也。《漢志》亦引《月令章句》謂：中星當中而不中，或不當中而中，進在節初，自然契合。且又有一證，《三統曆》《後晉・志》冬至中星皆在奎度。宋《元嘉曆》方退至壁八度爾，豈有《呂令》時仲冬已昏壁中，而漢晉乃反在奎之理？《月令》仲冬惟舉月本也，此所以昏東壁中也。然唐孔氏曰：《月令》十二月日之所在，或舉月初，或舉月末，皆據大畧不細，與曆齊同，其昏明中星亦皆如此。昏明中星在一月之内有中者，皆得載之。二十八宿，其星體有廣狹，相去有遠近，或月節月中之日，昏明之時，前星已過於午，後星未至正南。又星有明暗，見有早晚，明者昏早見而旦晚没，暗者昏晚見而旦早没。所以昏明星不可正依曆法，但舉大畧爾。長樂陳氏亦曰：《月令》中星，或舉朔氣，或舉中氣，互見也。以此二家説言之，則《月令》中星亦未可斷以爲盡舉月本也。兼之歲差之説，尤所當知，而經解家之所鮮知，漢唐二孔皆不及此。至三山林氏、朱子、蔡氏，始引差法以論經。蓋天度於零分而有餘歲，日於零分而不足。天度常平運而舒，日道常内轉而縮，天漸差而西，歲漸差而東，此歲差之由。古曆簡易，未立差法，但隨時遷改，以合其變。至東晉虞喜、宋祖冲之、隋張胄玄，始用差法，率五十年退一度，何承天倍之爲百年。《皇極曆》酌二家中數爲七十五年，雖近之，未精密也。唐李淳風不主差法，一行力辨其非，謂自周迄春秋季，日已差八度，漢四百餘年日亦差五度矣。今又參之《大衍曆》及近世《景佑新書》，又謂八十三年日差一度。近年叙《會天曆》者，又謂今不及六十年輒差一度。雖歲差年數難以一説定之，而歲之必差可知矣。况古今昏刻又自不同，日長至六十刻，短至四十刻，古也。後乃謂：日未出二刻半而明，日既入二刻半而昏，一刻之間，中星常過三度半强，而昏明之刻乃争五度。使分至之日，或天氣有陰晴明晦之殊，則星之出没必有遲速難準之異。乃欲拘拘以辨千古中星同異，難矣哉。且是説也，一行常慮之矣。其説曰：何承天以月蝕衝步日所在，又驗以中星，漏刻不定。漢世課昏明中星，爲法已淺。今候夜半星以求日衝，雖近於密，而水有清濁，壺有增减，或積塵所壅，則漏有遲暮。臣等頻夜候中星，而前後相差或至三度。愚讀《唐書》至此，未嘗不喟然嘆曰：嗟乎！以昏難求而求之夜半，夜半有刻漏可憑，若可定矣，而又病於水也，壺也，積塵也，以至於三度之差。夫三度之差，幾一刻之差也。曆家用心至此，亦良苦矣。曆家有曆書，有渾儀，且世掌天官，從事專且久，而候中星之難尚如此，今吾儕僅據諸經史，而以方寸之天想象圓穹之天，乃欲定千古中星之同異，信難矣哉！革卦之大象傳曰：君子以治曆明時。曆之必不容不革，尚矣。唐二百九十年，曆凡八改。近世率二三十年，曆必一改，惟不免於差也，是以不免改革以與天合。使古曆可膠固守之，則何取於治曆？何足以明時哉？由是言之，則《吕令》上距堯時幾二千年，仲冬日自虚宿而退至斗，中星自昴宿而退至壁，無怪也。其不能不異者，不特難辨，亦不必辨也。抑又有感焉。堯甲子歲，冬至日在虚一度，昏昴。中歷三代秦漢唐，迄今日，愈益退。今大德乙巳距堯甲子三千六百四十有二年，而冬至日在箕，昏營室中，日在虚，退至箕。凡涉五宿中星，自昴退至室，亦涉六宿。以歲差中數七十五年差一度約之，則二萬餘年後，冬至中星始又退至昴宿，而與堯時合矣，而誰其見之？論至此，豈不曰俛仰終宇宙哉？豈可不遐思而永慨也哉？

元·馬端臨《文獻通考》卷四七《職官考一》　按：陶唐氏以前之官所治者天事也，虞夏以後之官所治者民事也。太古法制簡略，不可得而詳知。然以經傳所載考之，則自伏犧以至帝堯，其所命之官，大率爲治曆明時而已。蓋太古洪荒，步占之法未立，天道幽遠，非有神聖之德者不足以知之。而位天地，育萬物，定四時，成歲功，乃君相職業一大事。《月令》其帝太皞，其神勾芒。鄭氏注：以爲此蒼精之君，木官之臣。自古以來，著德立功是也。蓋此數聖人者，生則知四時之事，殁則爲四時之神。然太皞、炎帝、少皞、顓頊所歷者四時，而勾芒、祝融、蓐收、元冥、后土，則顓頊之時，始有此五人者，並世而生，能任此五官之事。至帝堯時，則占中星之法，置閏餘之法，漸已著明。然其命官猶以羲和爲第一義，自是四子之後，世守其法，居其官。至舜攝政之時，雖以在璿璣玉衡齊七政爲首事，然分命九官則皆以治民，而未嘗及天事。蓋累聖相承其法，至堯而備，世官自足以掌之，不必别求賢哲之輔，以專其任也。三代官制，至周而尤詳，然觀成王所以命官，若三公三孤，則僅有「燮理陰陽，寅亮天地」二語爲天事，而冢宰以下俱民事也，然尚承襲上古之官名。而所謂六官，則天官掌治，地官掌教，春官掌禮，夏官掌兵，秋官掌刑，冬官掌土，略不及天地四時之事。至於馮相氏、保章氏、挈壺氏，則不過三百六十屬吏之一。蓋至是而治天事之官，事采易而秩采卑矣。

元·馬端臨《文獻通考》卷一二〇《王禮考十五》　挈壺氏，挈，劉苦結反。一音結，又户結反。凡喪，縣壺以代哭者，皆以水火守之，分以日夜。鄭司農云：縣壺以爲漏也，代更也。《禮》，未大斂，代哭。以水守壺者，爲沃漏。以火守壺者，夜則視刻數也。分以日夜者，異晝夜漏也。漏之箭，晝夜共百刻，冬夏之間有長短焉。太史立成法，有四十八箭。疏曰：《禮》，未大斂，代哭者，未殯以前，無問尊卑，皆哭不絕聲。大斂之後，乃更代而哭，亦使哭不絕聲。大夫以官，士親疏，代哭。人君尊，又以壺爲漏，分更相代。君喪，虞人出木角，狄人出壺，雍人出鼎，司馬縣之，乃官代哭。代，更也，未殯，哭不絕聲，爲其罷倦，既小斂，可以爲漏刻，分時而更哭也。疏曰：虞人，掌山澤之官，故出木與角。狄人，樂吏，主挈壺漏水之器，故主壺。雍人主烹飪，故出鼎。所以用鼎及木者，冬月恐水凍，則鼎漏遲遲，更無準則。故取鼎煖水，用虞人木爨鼎煑之，故取鼎及木也。司馬，夏官，卿也，其屬有挈壺氏掌知漏事，故司馬自臨視縣漏之時節。故挈壺氏云：凡喪，縣壺以代哭者，縣漏分時，使均其官屬，更次相代而哭，使聲之不絕者也。

元·脱脱等《宋史》卷四八《天文志一》《浮漏議》曰：

播水之壺三，而受水之壺一。曰求壺、廢壺，方中皆圓尺有八寸，尺有四寸五分以深，其食二斛，爲積分四百六十六萬六千四百六十。曰複壺，如求壺之度，中離以爲二，元一斛介八斗，而中有達。曰建壺，方尺植三尺有五寸，其食斛有半。求壺之水，複壺之所求也。壺盈則水馳，壺虛則水凝。複壺之脇爲枝渠，以爲水節。求壺進水暴，則流怒以摇，複以壺，又折以爲介。複爲枝渠，達其濫溢。枝渠之委，所謂廢壺也，以受廢水。三壺皆所以播水，爲水制也。自複壺之介，以玉權釃于建壺，建壺所以受水爲刻者也。建壺一易箭，則發土室以瀉之。求、複、建壺之泄，皆欲迫下，水所趣也。玉權下水之槩寸矯而上之然後發，則水撓而不躁也。複壺之達半求壺之注，玉權半複壺之達。枝渠博皆分，高如其博，平方如砥，以爲水槩。壺皆爲之羃，無使穢遊，則水道不慧。求壺之羃龍紐，以其出水不窮也。複壺士紐，士所以生法者，複壺制法之器也。廢壺鯢紐，止水之瀋，鯢所伏也。銅史令刻，執漏政也。冬設熅燎，以澤凝也。注水以龍噣直頸附于壺體，直則易浚，附于壺體則難敗。複壺玉爲之喙，銜于龍噣，謂之權，所以權其盈虛也。建壺之執窒旐塗而彌之以重帛，窒則不吐也。管之善利者，水所溲也，非玉則不能堅良以久。權之所出高則源輕，源輕則其委不悍而溲物不利。箭不效於璣衡，則易權、洗箭而改畫，覆以璣衡，謂之常不弊之術。今之下漏者，始嘗甚密，久復先大者管泐也。管泐而器皆弊者，無權也。弊而不可復壽者，術固也。察日之晷以璣衡，而制箭以日之晷跡，一刻之度，以賦餘刻，刻有不均者，建壺有眚也。贅者磨之，創者補之，百刻一度，其壺乃善。晝夜已復，而箭有餘才者，權鄙也。晝夜未復，而壺吐者，權沃也。如是，則調其權，此制器之法也。

下漏必用甘泉，惡其垽之爲壺眚也。必用一源，泉之冽者，權之而重，重則敏於行，而爲箭之情慓；泉之鹵者，權之而輕，輕則椎於行，而爲箭之情駑。一井不可他汲，數汲則泉濁。陳水不可再注，再注則行利。此下漏之法也。

箭一如建壺之長，廣寸有五分，三分去二以爲之厚，其陽爲百刻，爲十二辰。博牘二十有一，如箭之長，廣五分，去半以爲之厚。陽爲五更，爲二十有五籌；陰刻消長之衰。三分箭之廣，其中刻契以容牘。夜算差一刻，則因箭而易牘。鐐匏，箭舟也。其虛五升，重一鎰有半。鍛而赤柔者金之美者也，然後漬而不墨，墨者其久必蝕。銀之有銅則墨，銅之有錫則屑，特銅久灂則腹敗而飲，皆工之所不材也。

元·脱脱等《宋史》卷七二《律曆志五》 二至限：一百八十二、六十二分。

一象：九十一、三十一分。

消息法：七千八百七十三。

辰法：八百八十二半，八刻三百五十三。

昏明刻：一百二十九半。

昏明餘數：二百六十四太。

冬至陽城晷景：一丈二尺七寸一分半；初限六十二，末限一百二十六、十二分。

夏至陽城晷景：一尺四寸七分，小分八十；初限一百二十六、十二分，末限六十二。

求夜半定漏：置晨分，進一位，以刻法除爲刻，不滿爲分，即每日夜半定漏。

求晝夜刻及日出入辰刻：倍夜半定漏，加五刻，爲夜刻；減一百刻，餘爲晝刻。以昏明刻加夜半定漏，命子正，算外，即日出辰刻；以晝刻加之，命如前，即日入辰刻。

求更籌辰刻：倍夜半定漏，二十五而一，爲籌差刻，五乘之，爲更差刻。以昏明刻加日入辰刻，即甲夜辰刻；以更籌差刻累加之，滿辰刻及分去之，各得每更籌所入辰刻及分。

求九服所在晝夜漏刻：冬、夏至各於所在下水漏，以定其處二至夜刻數，相減爲冬、夏至差刻。乃置陽城其日消息定數，以其處二至差刻乘之，如陽城二至差刻二十而一，所得，爲其地其日消息定數。乃倍消息定數，進一位，滿刻法約之爲刻，不滿爲分，乃加減其處二至夜刻，秋分後、春分前，減冬至夜刻；春分後、秋分前，加夏至夜刻。爲其地其日夜刻；用減一百刻，餘爲晝刻。求日出入辰刻及距中度五更中星，皆依陽城法。

元·脱脱等《宋史》卷七四《律曆志七》 消息數：因漏刻立名，義通晷景。《麟德》曆差曰屈伸率。天晝夜者，《易》進退之象也。冬至一陽爻生而晷道漸升，夜漏益減，象君子之道長，故曰息；夏至一陰爻生，而晷道漸降，夜漏益增，象君子之道消，故曰消。表景與陽爲衡，從晦者也，故與夜漏長短。今以屈伸象太陰之行，而刻差曰消息數。黄道去極，日行有南北，故晷漏有長短。然景差徐疾不同者，句股使之然也。景直晷中則差遲，與句股數齊則差急，隨北極高下，所遇不同。其黄道去極度數與日景、漏刻、昏晚中星反覆相求，消息用率，步日景而稽黄道，因黄道而生漏刻，而正中星，四術旋相爲中，以合九服之變，約而易知，簡而易從。

元・脱脱等《宋史》卷七五《律曆志八》 二至限：一百八十二日六十二分。

一象度：九十一度三十一分。消息法：一萬六百八十九。

辰法：三千二百五十。

刻法：三百九十。

半辰法：一千六百二十五。

昏明刻分：九百七十五。

昏明：二刻一百九十五分。

冬至岳臺晷景常數：一丈二尺八寸五分。

夏至岳臺晷景常數：一尺五寸七分。

冬至後初限、夏至後末限：四十五日六十二分。

夏至後初限、冬至後末限：一百三十七日。

求每日夜半定漏：置其日晨分，以刻法除之爲刻，不滿爲分，即所求日夜半定漏。

求每日晝夜刻及日出入辰刻：倍夜半定漏，加五刻，爲夜刻；用減一百刻，餘爲晝刻。以昏明刻加夜半定漏，滿辰法除之爲辰數，不滿，刻法除之爲刻，又不滿，爲刻分。命辰數從子正，算外，即日出辰刻；以晝刻加之，命如前，即日入辰刻。若以半辰刻加之，即命從辰初也。

求更點辰刻：倍夜半定漏，二十五而一，爲點差刻；五因之，爲更差刻。以昏明刻加日入辰刻，即甲夜辰刻；以更點差刻累加之，滿辰刻及分去之，各得更點所入辰刻及分。若同司辰星漏曆者，倍夜半定漏，減去待旦一十刻，餘依術求之，即同內中更點。

求九服所在晝夜漏刻：冬、夏二至各於所在下水漏，以定其地二至夜刻，乃相減，餘爲冬、夏至差刻。置岳臺其日消息定數，以其地二至差刻乘之，如岳臺二至差刻二十而一，所得，爲其地其日消息定數。乃倍消息定數，滿刻法約之爲刻，不滿爲分，乃加減其地二至夜刻，秋分後、春分前，減冬至夜刻；春分後、秋分前，加夏至夜刻。爲其地其日夜刻；用減一百刻，餘爲晝刻。其日出入辰刻及距中度五更中星，並依前術求之。

元・脱脱等《宋史》卷七七《律曆志十》 步晷漏

二至限：一百八十二日六十二分。

一象：九十一日三十一分。

消息法：九千七百三。

半法：六千一十五。

辰法：二十五。

半辰法：一十二半。

刻法：一千二百三。

辰刻：八、餘四百一。

昏明分：三百太。

昏明刻：二、餘六百一半。

冬至岳臺晷影常數：一丈二尺八寸五分。

夏至岳臺晷影常數：一尺五寸七分。

冬至後初限夏至後末限：四十五日、六十二分。

冬至後末限夏至後初限：一百三十七日、空分。

求每日夜半定漏：置晨分，進一位，如刻法而一爲刻，不滿爲刻分，即每日夜半定漏。

求每日晝夜刻及日出入辰刻：置夜半定漏，倍之，加五刻，爲夜刻；減百刻，爲晝刻。以昏明刻加夜半定漏，命子正，算外，得日出辰刻，以晝刻加之，命如前，即日入辰刻。其辰數，依發斂術求之。

求更點辰刻：置其日夜半定漏，倍之，二十五而一，爲籌差；半之，進位，爲更差。以昏明刻加日入辰刻，即甲夜辰刻；以更籌差累加之，滿辰刻及分去之，各得每更籌所在辰刻及分。若用司辰漏者，倍夜半定漏，減去待旦十刻，餘依術算，即得內中更籌也。

求九服所在晝夜漏刻：各於所在下水漏，以定二至夜刻，乃相減，餘爲二至差刻。乃置岳臺其日消息定數，以其處二至差刻乘之，如岳臺二至差刻二十除之，所得，爲其地其日消息定數，乃倍消息定數，進位，滿刻法約之爲刻，不滿爲分，以加減其處二至夜刻，春分後、秋分前，以加夏至夜刻；秋分後、春分前，以減冬至夜刻。爲其地其日夜刻；以減百刻，餘爲晝刻。求日出入差刻及五更中星，並依岳臺法求之。

元・脱脱等《宋史》卷七九《律曆志十二》 二至限： 一百八十二、分六十二、秒一十八。

象限： 九十一、分三十一、秒九。

一象度： 九十一、分二十一、秒四十三。

冬至後初限夏至後末限： 六十二日、分二十。

夏至後初限冬至後末限： 一百二十日、分四十二。

已上分秒母各同一百。

冬至岳臺晷影常數： 一丈二尺八寸三分。

夏至岳臺晷影常數： 一尺五寸六分。

昏明分： 一百八十二少。

昏明刻： 二分三百六十四半。

辰刻： 八分二百四十三。

半辰刻： 四分一百二十一半。

刻法： 七百二十九。

求每日日出入分晨昏分半晝分： 置所求日黄道去赤道内外度及分，以三百六十三乘之，進一位，如二百三十九而一，所得，以加減一千八百二十二半，赤道内以減，赤道外以加。爲所求日日出分；用減日法，爲日入分。以昏明分減日出分，爲晨分；加日入分，爲昏分；以日出分減半法，爲半晝分。

求每日晝夜刻日出入辰刻： 置日出分，倍之，進一位，滿刻法爲刻，不滿爲分，即所求日夜刻；以減百刻，餘爲晝刻；半夜刻。滿辰刻爲辰數；命子正，算外，即日出辰刻；以半辰刻加之，即命起時初。以晝刻加之，滿辰刻爲辰數；命日出，算外，即日入辰刻及分。

求每更點差刻及逐更點辰刻： 置夜刻，減去十五刻，五而一，爲更差；又五而一，爲點差。以昏明刻加日入辰刻，即初更辰刻；以更點差刻累加之，滿辰刻及分去之，各得更點所入辰刻及分。

求九服所在晝夜漏刻： 各於所在下水漏，以定其處冬夏二至夜刻，但得一至可矣，不必須要冬夏二至。乃與五十刻相減，餘爲至差刻。置所求日黄道去赤道内外度及分，以至差刻乘之，進一位，如二百三十九而一爲刻，不盡，以刻法乘之，復八而一爲分，内減外加五十刻，即所求日夜刻；減百刻，餘爲晝刻。其日日出入辰刻及更點差刻、每更點辰刻，並依岳臺術求之。

元・脱脱等《宋史》卷八〇《律曆志十三》 宣和六年七月，宰臣王黼言：

臣崇寧元年邂逅方外之士于京師，自云王其姓，面出素書一，道璣衡之制甚詳。比嘗請令應奉司造小樣驗之，踰二月，乃成璿璣，其圓如丸，具三百六十五度四分度之一，置南北極、崑崙山及黄、赤二道，列二十四氣、七十二候、六十四卦，十干，十二支，晝夜百刻，列二十八宿，并内外三垣、周天星。日月循黄道天行，每天左旋一周，日右旋一度，冬至南出赤道二十四度，夏至北入赤道二十四度，春秋二分黄、赤道交而出卯入酉。月行十三度有餘，生明于西，其形如鈎，下環，西見半規，及望而圓；既望，西缺下環，東見半規，及晦而隱。某星始見，某星已中，某星將入，或左或右，或遲或速，皆與天象脗合，無纖毫差。玉衡植於屏外，持扼樞斗，注水激輪，其下爲機輪四十有三，鈎鍵交錯相持，次第運轉，不假人力，多者日行二千九百二十八齒，少者五日行一齒，疾徐相遠如此，而同發于一機，其密殆與造物者侔焉。自餘悉如唐一行之制。

然一行舊制機關，皆用銅鐵爲之，澀即不能自運，今制改以堅木若美玉之類。舊制外絡二輪，以綴日月，而二輪蔽虧星度，仰視躔次不審，今制日月皆附黄道，如蟻行磑上。舊制雖有合望，而月體常圓，上下弦無辨，今以機轉之，使圓缺隱見悉合天象。舊制止有候刻辰鐘鼓，晝夜短長與日出入更籌之度，皆不能辨，今制爲司辰壽星，運十二時輪，所至時刻，以手指之，又爲燭龍，承以銅荷，時正吐珠振荷，循環自運。其制皆出一行之外。即其器觀之，全象天體者，璿璣也；運用水斗者，玉衡也。昔人或謂璣衡爲渾天儀，或謂有璣而無衡者爲渾天象，或謂渾儀望筒爲衡：皆非也。甚者莫知璣衡爲何器。唯鄭康成以運轉者爲璣，持正者爲衡，以今制考之，其説最近。

又月之晦明，自昔弗燭厥理，獨揚雄云：「月未望則載魄于西，既望則終魄于東，其遡於日乎？」京房云：「月有形無光，日照之乃光。」始知月本無光，遡日以爲光。本朝沈括用彈況月，粉塗其半，以象對日之光，正側視之，始盡圓缺之形。今制與三者之説若合符節。宜命有司置局如樣製，相址於明堂或合臺之内，築臺陳之，以測上象。又別製三器，一納御府，一置鐘鼓院，一備車駕行幸所用。仍著爲成書，以詔萬世。

詔以討論制造璣衡所爲名，命黼總領，内侍梁師成副之。

元・脱脱等《金史》卷二一《曆志上》 中限：一百八十二日，六十二分，一十八秒。

冬至初限，夏至末限：六十二日，二十分。

夏至初限，冬至末限：一百二十日，四十二分。

冬至地中晷影常數：一丈二尺八寸三分。

夏至地中晷影常數：一尺五寸六分。

周法：一千四百二十八。

内外法：一萬八百九十六。

半法：二千六百一十五。

日法四分之三：三千九百二十二半。

日法四分之一：一千三百七半。

昏明分：一百三十分，七十五秒。

昏明刻：二刻，一百五十六分，九十秒。

刻法：三百一十三分，八十秒。

秒母：一百。

求日出入辰刻

置日出入分，以六因之，滿辰法而一，爲辰數。不盡，刻法除之爲刻數，不滿爲分，命子正算外，即得所求。

求晝夜刻

置日出分，十二乘之，刻法而一，爲刻，不滿爲分，即爲夜刻。覆減百刻，餘爲晝刻。

求更點率

置晨分，四因，退位爲更率。二因更率，退位爲點率。

求更點所在辰刻

置更點率，以所求更點數因之，又六因，内加昏明分，滿辰法而一，爲辰數。不盡，滿刻法除之爲刻數，不滿爲分，命其辰刻算外，即得所求。

求四方所在漏刻

各於所在下水漏，以定其處冬至或夏至夜刻，乃與五十刻相減，餘爲至差刻。置所求日黄道去赤道内外度及分，以至差刻乘之，進一位，如二百三十九而一，爲刻，不盡以刻法乘之，退除爲分，内減外加五十刻，即所求日夜刻。以減百刻，餘爲晝刻。其日出入辰刻及更點差率算等，並依術求之。

元・趙友欽《革象新書》卷二 時分百刻

晝夜十二時均分爲百刻，一時有八大刻二小刻，總大刻共九十六，總小刻共二十四，小刻六準大刻一，即是共百刻也。上半時之大刻四，始初初，次初一，次初二，次初三，最後小刻名初四。下半時之大刻亦四，始曰正初，次正一，次正二，次正三，最後小刻名正四。子時之上一半在夜半前，屬昨日，下一半在夜半後，屬今日，今夜以及他夜皆然。是猶冬至得十一月中氣，一陽來復爲天道之初也。古曆又將二小刻爲始，後却各以四大刻繼之者，然不若今曆之便於籌策。俗流不知此説，却謂子午卯酉各九刻，餘皆八刻，誠可笑歟。

又 晝夜短長

冬至日躔距赤道二十四度，立冬與立春所距亦近似之，所較不甚多少。所以然者，此時黄道横而平，近南極也。從立夏及於立秋之黄道横平而近北極者亦然。蓋冬夏之日躔，東西移差多，南北移差少，春秋則黄道斜移南北，雖東西行，而南北差速於冬夏。故春秋壺箭六七日間增減晝夜一刻，若二至前後驗其晝夜短長，其增減一刻相去二十餘日矣。由是觀之，冬夏增減之日遲，春秋增減之日速，數未始均平。考於渾儀，即可以知其理。舊云：日未出二刻半而天先明，日已入二刻半而天方昏。此五刻之内，若以衆星出没論之，似乎在晝，然不論星，但太陽出始爲晝，入則爲夜也。

元・趙友欽《革象新書》卷四 經星定躔

古者逐夜測驗中星，遂知黄道各宿度數，又以渾儀比較而後定。但所謂赤道分經之度，郤是於渾儀上以黄道推之。赤道度數已定，復以赤道推變逐年黄道度數，如是算之。如恐反覆不順，今當言之。夫赤道距兩極之數，南北不殊，且十二次度均，必然萬古不易。黄道則半偏南而半偏北，各次宿度多少不等。又因日躔歲差逐年改異，理宜先測赤道，以分天體，郤以赤道推變黄道之度。古者雖以赤道推變黄道，其赤道郤是先憑黄道而測。今欲先測赤道，但地平不當天半，地上天多，地下天少，世人與天之高處相遠，四傍之低天則相近，天高處望度差於密，天低處望度差於踈，渾儀不可以測。今別作一術測之。於地中置立壺箭刻漏，雖依舊製，但用水遲速不同，木箭之刻畫亦異。箭分一百四十六畫半，一晝夜之間，其箭浮沉各五十次。如是，則一日不云百刻，乃云百箭，蓋以一日分爲百箭之久。每日天體繞地一周，則是運行三百六十六度餘四之一，天運一度，則箭之浮沉移四十畫，百箭總計一萬四千六百五十畫，乃天體遶地一周之數也。此壺漏不常用，但以推測經星度數。然一晝夜之間换水五十次，恐有參差，則時刻與天先後。當就一所置立壺漏四所，制度相同，庶幾可以互相是正。壺漏在於屋内，別於簷外置一木架，四柱而中空，不拘大小高低，内容一人坐立架上，平放長木兩條，其長與架相稱，高五寸許，濶二寸許，各鑿水溝。試令平正兩木之間留一長罅，其闊不及半寸，約三四分，首尾廣狹均停，直指子午中向。所謂中向者，正午表景最短，則憑其指南。候昏見時，人於架内窺測，其眼須當低罅一尺有餘，否則所望不定。若於長木之上，以板加之令高，則不必低罅一尺矣。然亦當用兩人以兩架測之，庶幾可以彼此參較。觀象者候視各宿，若距星來當罅中，隨即聲説，看箭者言其箭畫數目，秉筆者記之。然箭畫以五色間雜，庶幾便於夜觀。其餘中外天官，亦當如此推測，須當再驗三四夜以審訂焉。且測半周天，其餘候過半年而推測。案：此及後篇，皆泥於地上天多地下天少之謬説，於測驗極疏。

又 偏遠準則

地中之子午卯酉四嚮既正，則輪盤可正二十四嚮矣。然八方之地，各有偏嚮。何以言之？蓋因測地中而知之。春分前二日，秋分後二日，此兩日之卯酉時，太陽在地盤卯酉正位。假若地偏南北者，則卯酉表景不相直，以正卯之景定輪盤，則不對正酉，以正酉之景定輪盤，則不對正卯。北極是地盤正子之位，日中太陽是地盤正午之位。假若地偏東西者，則子午兩嚮不相直，以正午之景定輪盤，則不對正子，以正子之嚮定輪盤，則不對正午。若偏地而欲取正四嚮以分輪盤，則二十四嚮疎密不均，首尾不對矣。要當各立偏嚮，其偏卯偏酉，雖不能端指正卯正酉，然所移之數，卯酉皆均，不於正卯移多而正酉移少，不於正卯移少而正酉移多，子午之偏正亦然。但地偏南北，而不偏東西者，子午二嚮無改異，自然是卯酉均移。地偏東西而不偏南北者，卯酉二嚮無改異，自然是子午均移。若地在四隅不在四正，而四嚮偏者，必合均移，未有準則。蓋午偏而傍又偏，則四嚮皆偏矣，何所取正而均移哉？愚今思索，因得偏定卯酉之方。權置平木一條，約長三尺，闊五寸，厚三寸。東端之内五寸許，樹構短木，高二尺。西端之内五寸許，樹構短木，高一尺。短木之首俱作圓竅，以窺筒貫於其中，須令穩而不動，名曰筒架。別置一圓案如輪盤然，徑廣約三尺。不分二十四嚮，周圍三百六十輻，輻輳於中。不滿周天全度者，蓋約數也。置筒架於案上，其長短相同，使窺筒西竅齊於人目，案足高低稱之。當昏見時，窺望東方之星於筒内，將筒架於圓輻，漸遷記各星所嚮圓輻繩墨，亦記其在筒内高低偏正與夫窺見之時漏刻畫數。俟已測之星曉落西方，移轉架筒，亦於圓輻漸遷而窺望，但有一星之兩嚮相直，其窺見之時刻，又且昏曉兩數距夜半皆均，距午亦然。以此星繩墨爲準繩爲則，置一木架如地中所測經度者，其兩木所開長罅直指偏卯酉之假準繩，東西之嚮，假作偏卯偏酉準繩。猶未得偏卯偏酉之真，故曰假。所以然者，蓋爲天遠則似較低，地東者西望偏酉差南，地西者東望偏卯差南。欲求其真，且以假測望天脊之緯度。所謂天脊者，自地平子際上至北極，自北極上至嵩高，自嵩高南至地平午際，比如一環之半周，名曰天脊。平分東西於正中，皆是定體午位，凡緯度北距於極者，至天脊而最高最南，兩傍低於天脊，漸漸斜倚於北，未至天脊而少偏於東，尚自帶北而低，已過天脊而少偏於西，又復指北而低，此以一緯度論也。若於卯酉長罅之内仰觀，則見緯度不一，惟有天脊緯度，與北極最近。天脊兩傍東西之緯度在罅内者，距天脊愈偏，則距北極愈遠。倘若長罅得偏卯酉之真者，脊傍所偏度均假。若罅卯差北，而罅酉差南，其脊西之罅度相距北極較遠，脊東之緯度相距北極却近，罅卯差南，而罅酉差北者，反是。其緯度距北極之數已測，中外天官爲準而定，即制器所測横度是也。若取其偏卯偏酉之真，須移長罅而改準繩，若移定而脊傍均偏者，是得偏卯偏酉之真矣。雖然若是，不立假準繩而便約量測天脊，亦可求之。其偏卯偏酉，移對於正辰正申者有之，移對於正寅正戌者有之。偏子偏午，移對於正丑正巳者有之，移對於正亥正未者有之。其偏地二十四嚮既定，若求地偏東西之數，則置刻漏準取昏曉，折中取爲夜半。置測經度之木架，罅指偏午，於此夜半仰望中星，以較地中夜半中星，則知地偏東西之度數。又從罅内候視地中夜半之中星，以其偏地此時漏刻比較地中夜半漏刻，此又是以時刻求東西之偏數也。若求地偏南北之數，但論罅内所見天脊緯度，取其距北極之數，計之此術，固可準矣。求地中之術亦可用以相參。先定所偏子午卯酉繩墨，却就春分前二日，或秋分後二日，太陽正當赤道時分，於辰申中刻視表景而畫於地。但不用偏地刻漏之辰申，須當以偏地刻漏較取地中之辰申正時。然後將其辰申表景與所偏繩墨相較，若偏子午之繩墨近辰景而遠申景者，其地偏東；近申景而遠辰景者，其地偏西。若偏卯酉之繩墨近申景而遠辰景者，其地偏東；近辰景而遠申景者，其地偏西。量其所偏遠近，則是地偏東西之數。用辰申景而不用卯酉景者，蓋偏地而求地中卯酉兩時，恐太陽出没有遲早之不同，或二景一有一無，故用辰申也。望北極而畫定正子之嚮，以較偏子繩墨遠近，亦是地偏東西之數。用偏地刻漏較取地中午時，於偏地中候得地中午時之正，畫其表景於地以定正午之嚮，較其偏午繩墨遠近，亦是地偏東西之數。將取嚮正子正午之畫，與所偏繩墨相較。若偏卯酉之繩墨近正子之嚮畫遠正午之嚮畫者，其地偏北。近正午之嚮畫遠正子之嚮畫者，其地偏南。若偏子午之繩墨，近正午之嚮畫遠正子之嚮畫者，其地偏北。近正子之嚮畫遠正午之嚮畫者，其地偏南。量其所偏遠近，則是地偏南北之數。地中所戴是嵩高，偏地各有偏戴之處。於偏戴之下，直望在上緯度，則得所戴偏距北極之數。案：天頂地平，隨人所居而異，皆以北極爲正北。日之隨天而左，一準赤道而宗北極。故隨地可爲規識景，以正其東西南北，蓋不論偏南偏北，及偏東偏西，而皆有子午卯酉之正也。環地之周，上應天度，本無定中，惟以一方爲中，因名其南北東西爲偏。則南北相差，測北極出地高下知之；東西相差，較其月食之時刻早晚知之。此篇徒憑胷臆，附會於測驗之理，茫然無足取也。此術但憑天象推測。然世間有所謂指南針，若置偏地其所指者，正午歟？抑偏午歟？若在偏地果指偏午，則二十四嚮隨偏午而定亦可，用以測天。若指正午，則偏地難指正嚮。午雖正午，而子非正子，首尾不對。一嚮既差則二十四向皆差，是不可以不辨也。偏不嚮正之理，已於篇首詳説，不復贅辭。

元·富大用《古今事文類聚新集》卷三〇《諸監部》 挈壺郎

周制：夏官挈壺氏下士六人，秋官司寤氏，春官雞人，凡三職，咸掌其事。自漢以後，太史掌之。唐長安四年，始置挈壺正掌知刻漏，孔壺爲漏，浮箭爲刻，以考中星昏明之候。乾元元年，加五官之名。宋司天監有挈壺正，元豐改太史局官，惟挈壺正如故。太史局官有五年一遷、十年一遷，試中而遷者，惟挈壺正，無遷者。元有挈壺郎。

《羣書要語》：挈壺氏，凡軍事，縣壺以序聚欜。《周禮》。挈壺正司辰。《唐六典》。朝廷興居無節，號令不時，挈壺氏不能掌其職焉。

元·陶宗儀《説郛》卷一〇九 漏刻經闕名

嘗觀天文，皆按宣洞陽城晷漏，且自今年冬至起筭，至來年冬至日止，所謂周天之正數也。一日一夜通計一百刻，每八刻二十分爲一時，惟寅申巳亥有九刻，皆以子午定其晝夜。今者所在壺漏異常，不遵古法，務在機巧，各肆瞽術工匠一時胷臆之見。制度既無軌，則時刻宜乎？差誤有過與不及之失，今輙撰成滴漏循環之法，積年而成，不勞人力，不費工財，妙通玄微，至簡且捷，雖出五里之外，篋笥皆可附行于几案之隅。所謂天運璇璣，盡在目中矣。切見好事君子，或用表標，或用煙篆。然香燥則易爇，香潤則燼緩。天晴日表可驗，陰晦又不可考。二者俱非悠久之法。但依此造，似乎簡易而精通玄微，妙中之妙也。

造盂法

其法以銅盂二隻，大一小一。大者貯水，初無定制，但寬大過于小者足矣。如無，以磁盂代之。小者重五兩，高三寸四分，面底並闊四寸七分，上下四直造之。恐度量差殊，當以太平錢五十文準其輕重。造畢，于盂底微鑽一竅，如針眼大，浮于水盆上，令水顛倒，自穴外逆通，上入于盂中。用籌探之，水至子則子時，至午則午時，至一更則一更矣，他皆倣此。

下漏法

每日天曉日將出時，將小盂浮于大盆水面上，至日入時自然水滿，小盂沉于水底爲度。却取出小盂去其水，再浮水面上，至來日天曉仍舊沉于水底。昏曉二時俱以水滿爲度，定其晝夜。其日停水之時，切須濾出極淨，毋使塵滓隘其水穴，庶幾永無緩迫之失。

造籌法

用薄木竹片皆可爲，如籤箆樣。隨尺寸高下書寫時刻，用探水定驗時辰更點，尤是簡捷。凡籌三十四分均布十一段，每段該二分五厘，惟寅申巳亥上分外加添四分，謂維偏添之數也，閏餘成歲折瑳之數也。今皆捷取小盂内分刻爲驗，甚徑更捷。小盂分刻處相對，先刻取二路，以浮魚指點處是也。凡一年十二月，止用太平錢二十文，隨月加減，鎮壓小盂。

加減法

十一月節，晝用二十文太平錢勻鋪小盂底，夜用空盂。十二月節，晝用太平錢十九文，夜用一文。自十二月節爲始，晝減一文，夜添一文，七日一次加減。正月節，晝用十一文，夜用九文。二月節，晝用十文，夜用十文。三月節，晝用九文，夜用十一文。自三月節爲始，每七日一次，晝減一文，夜增一文。四月節，晝用一文，夜十九文。五月節，晝用空盂，夜二十文。六月節，晝用一文，夜十九文。自六月節爲始，每七日一次晝增一文，夜減一文。七月節，晝九文，夜十一文。八月節，晝夜各十文。九月節晝用十一文，夜用九文。自九月節爲始，每七日一次，晝添一文，夜減一文。十月節，晝用十一文，夜用九文。

推二十四氣

正月立春雨水節，二月驚蟄及春分，三月清明并穀雨，四月立夏小滿全，五月芒種及夏至，六月大暑小暑匀，七月立秋并處暑，八月白露及秋分，九月寒露與霜降，十月立冬小雪均，十一月大雪與冬至，十二月小寒及大寒。

定太陽出没法

正九出乙入庚方，二八出兔入鷄場。三七發甲入辛地，四六生寅入犬藏，五月生艮歸乾上，仲冬出巽入坤方。惟有十與十二月，出辰入申子細詳。

約十二時

半夜，子鷄鳴，丑平旦，寅日出，卯食時，辰禺中，巳日中，午日昃，未晡時，申日入，酉黄昏，戌眠定，亥。

明・宋濂等《元史》卷四八《天文志一》 大明殿燈漏

燈漏之制，高丈有七尺，架以金爲之。其曲梁之上，中設雲珠，左日右月。雲珠之下，復懸一珠。梁之兩端，飾以龍首，張吻轉目，可以審平水之緩急。中梁之上，有戲珠龍二，隨珠俛仰，又可察準水之均調。凡此皆非徒設也。燈毬雜以金寶爲之，内分四層，上環布四神，旋當日月參辰之所在，左轉日一週。次爲龍虎鳥龜之象，各居其方，依刻跳躍，鐃鳴以應於内。又次週分百刻，上列十二神，各執時牌，至其時，四門通報。又一人當門内，常以手指其刻數。下四隅，鍾鼓鉦鐃各一人，一刻鳴鐘，二刻鼓，三鉦，四鐃，初正皆如是。其機發隱於櫃中，以水激之。

又 兀速都兒剌不，定漢言，晝夜時刻之器。其製以銅如圓鏡而可掛，面刻十二辰位、晝夜時刻，上加銅條綴其中，可以圓轉。銅條兩端，各屈其首爲二竅以對望，晝則視日影，夜則窺星辰，以定時刻，以測休咎。背嵌鏡片，三面刻其圖凡七，以辨東西南北日影長短之不同、星辰向背之有異，故各異其圖，以畫天地之變焉。

明・宋濂等《元史》卷五五《曆志四》 大都北極，出地四十度太强。

冬至，去極一百一十五度二十一分七十三秒。

夏至，去極六十七度四十一分一十三秒。

冬至晝，夏至夜，三千八百一十五分九十二秒。

夏至晝，冬至夜，六千一百八十四分八秒。

昏明，二百五十分。

求每日半晝夜及日出入晨昏分

置所求入初末限，滿積度，去之，餘以晝夜差乘之，百約之，所得，加減其段半晝夜分，爲所求日半晝夜分；前多後少爲減，前少後多爲加。以半夜分便爲日出分，用減日周，餘爲日入分，以昏明分減日出分，餘爲晨分；加日入分，爲昏分。

求晝夜刻及日出入辰刻

置半夜分，倍之，百約，爲夜刻；以減百刻，餘爲晝刻；以日出入分依發斂求之，即得所求辰刻。

求更點率

置晨分，倍之，五約，爲更率；又五約更率，爲點率。

求更點所在辰刻

置所求更點數，以更點率乘之，加其日昏分，依發斂求之，即得所求辰刻。

求九服所在漏刻

各於所在以儀測驗，或下水漏，以定其處冬至或夏至夜刻，與五十刻相減，餘爲至差刻。置所求日黄道，去赤道内外度及分，以至差刻乘之，進一位，如二百三十九而一，所得内減外加五十刻，即所求夜刻；以減百刻，餘爲晝刻。其日出入辰刻及更點等率，依術求之。

明・宋濂等《元史》卷五六《曆志五》 中限，一百八十二日六十二分一十八秒。

冬至初限、夏至末限，六十二日二十分。

夏至初限、冬至末限，一百二十日四十二分。

冬至永安晷影常數，一丈二尺八寸三分。

夏至永安晷影常數，一尺五寸六分。

周法，一千四百二十八。

内外法，一萬八百九十六。

半法，二千六百一十五。

日法四分之三，三千九百二十二半。

日法四分之一，一千三百七半。

昏明分，一百三十分七十五秒。

昏明刻，二刻一百五十六分九十秒。

刻法，三百一十三分八十秒。

秒母，一百。

求每日日出入晨昏半晝分

各以陟降初率，陟減降加其氣初日日出分，爲一日下日出分；以增損差仍加減加減差。增損陟降率，馴積而加減之，即爲每日日出分；覆減日法，餘爲日入分；以日出分減日入分，半之，爲半晝分；以昏明分減日出分，爲晨分；加日入分，爲昏分。

求日出入辰刻

置日出入分，以六因之，滿辰法而一，爲辰數；不盡，刻法除之，爲刻，不滿爲分；命子正算外，即得所求。

求晝夜刻

置日出分，十二乘之，刻法而一，爲刻，不滿爲分，即爲（刻夜）〔夜刻〕；覆減一百，餘爲晝刻及分秒。

求更點率

置晨分，四因之，退位，爲更率；二因更率，退位，爲點率。

求更點所在辰刻

置更點率，以所求更點數因之，又六因之，内加昏明分，滿辰法而一，爲辰數；不盡，滿刻法，除之，爲刻數；不滿，爲分；命其日辰刻算外，即得所求。

求四方所在漏刻

各於所在下水漏，以定其處冬至或夏至夜刻，乃與五十刻相減，餘爲至差刻。置所求日黄道去赤道内外度及分，以至差刻乘之，進一位，如二百三十九而一，爲刻；不盡，以刻法乘之，退除爲分；内減外加五十刻，即得所求日夜刻；以減百刻，餘爲晝刻。其日出入辰刻及更點差率等，並依前術求之。

明·宋濂《文憲集》卷一五　五輪沙漏銘

沙漏之制，貯細沙於池，而注於斗。凡運五輪焉。其初輪軸長二尺有三寸，圍寸有五分。衡奠之軸端有輪，輪圍尺有二寸八分。上環十六斗，斗廣八分，深如之。軸杪傅六齒，沙傾斗運，其齒鈎二輪旋之。二輪之軸長尺圍如初。從奠之輪之圍尺有五寸，輪齒三十六。軸杪亦傅六齒，鈎三輪旋之。三輪之圍軸若此，與二輪同，其如初。軸杪亦傅六齒，鈎四輪旋之。四輪如三輪，唯奠與二輪同，輪杪亦傅六齒，鈎中輪旋之。中輪如四輪，餘輪側旋，中輪獨平旋。軸崇尺有六寸。其杪不設齒，挺然上出，貫於測景盤。盤列十二時分刻，盈百斲木爲日形，承以雲麗，於軸中五輪犬牙相入，次第運益遲。中輪日行盤一周，雲脚至處則知爲何時何刻也。餘輪各有楹附度中輪，則否輪與沙池皆藏几腹。盤露几面，旁刻黄衣童子二，一擊鼓，一鳴鉦，亦運衍沙，使之沙之進退，則日一視焉，此其大略也。初灤陽水善冰，雖爨鼎沃湯不能爲漏。新安詹君希元乃抽其精思，以沙代之，漏成，人以爲古未嘗聞。較之郭守敬七寶燈漏鐘鼓，應時而自鳴者，殆將無媿乎？浦陽鄭君永與希元游京師，因知其詳，歸而製之，請余銘。銘曰：

挈壺建漏測以水，用沙易之自詹始。水澤腹堅沙弗止，一日一周與天似。鄭君繼之制益美，請惜分陰視斯晷。

明·王禕《重修革象新書》卷下　測經度法

古法夜驗中星知黄道各宿度數，乃叅之於渾儀。而赤道分經之度，於渾儀上以黄道推之去。赤道分兩極之數，南北不殊，其十二次之度必均黄道，則半偏南而半偏北。各次宿度有多少，而又日躔歲差，理宜先測赤道以分天體，乃以赤道推變黄道之度。然其間渾儀有不能盡測者，今别立一法以測之。先求地中，准舊制置刻漏壺箭，而每箭分一百四十六晝半。按：每箭分一百四十六晝半，與後百箭總一萬四千六百五十晝，二句均有舛誤。當云每箭分一百四十六晝又十分晝之一，總一萬四千六百一十晝，方與運行三百六十五度餘四之一，其運一度則箭之浮沈爲四十晝相符。晝夜之間易水五十次，箭之浮沈亦各五十，於是一日不云百刻乃云百箭矣。天體一日繞地一周，運行三百六十五度餘四之一，其運一度則箭之浮沈爲四十晝，百箭總一萬四千六百五十晝，乃一周之數也。此壺漏不常用，止以測經星之度數。别立四木爲架，架上平列二板，其厚五寸許，二板之間留一直罅，其濶不及半寸，正指子午中向。星昏見時，當罅底尺餘仰視，俟各宿距星来當罅間，即令守壺者視箭晝之數，秉筆以記。箭晝間以五色，乃便於夜視也。然必置四壺立兩架，同時參驗，庶無差忒。且須測半周天度，俟半年後更測之也。

明·胡廣等《禮記大全》卷二一《喪大記第二十二》　君喪，虞人出木、角，狄人出壺，雍人出鼎，司馬縣之，乃官代哭。大夫官代哭不縣壺，士代哭不以官。

虞人主山澤之官，出木爲薪，以供爨鼎，蓋冬月恐漏水冰凍也。角，㪺水之斗。狄人，樂吏也，主挈壺漏水之器，故出壺。雍人，主烹飪，故出鼎。司馬，夏官，卿也，其屬有挈壺氏。司馬自臨，視其縣此漏器。乃官代哭者，未殯，哭不絶聲，爲其不食疲倦，故以漏器分時刻，使官屬以次依時相代，而哭聲不絶也。士代哭不以官者，親疏之屬與家人自相代也。

明·葉子奇《草木子》卷一上《管窺篇》 日與天會爲歲，月與日會爲月，日行地盤一位爲時，至於刻乃曆家自細分之耳。每時刻八刻六分刻之二，共成一百刻也。刻分初正，由子午中分天運，蓋子初四刻猶屬本日，正四刻始作明日算也。由銅漏刻之於籤，故有刻之名也。

明·陸深《儼山外集》卷四《河汾燕閒録下》 曆家大抵以漏刻極長於六十，極短於四十。嘗聞前輩言，惟正統己巳，官曆晝刻三十九，夜刻六十一，以爲陰過，故有土木之變。元《授時曆》則長極於六十二刻，短極於三十八刻，以爲驗於燕地稍偏北故。然外國有蒸羊脾未熟而天明者，則短又不止於三十八刻而已，豈漏刻隨日因地有不同者如此，初不全繫於陰陽之消長也？

明·陸深《儼山外集》卷一五《續停驂録上》 漏水之製，以銅作四櫃，一夜天池，二日人池，三平壺，四方分壺。自上而下，一層低一層，以次注水入海，浮箭刻分而上，每刻計水二斤八兩。二箭當一氣，每氣率差二分半，四十八箭周二十四氣。其漏箭以百刻分十二時，每時八刻二十分，每刻六十分，初初正初各十分，故每時共五百分，十二時總計六千分，歲統二百一十六萬分，悉刻之於箭。以今尺度箭之刻分，尺之一分，準刻之十分，初初正初如尺之一分，初一正一如尺之六分，此其大畧也。議者謂冬寒水澀，不能如法流行，近有以鐵丸圜轉代流水者，亦一法也。又元朝立簡儀，爲圓室一間，平置地盤二十四位於其下，屋背中間作圓竅以漏日光，可以不出户而知天運，此與日晷之用正同，才可施之晴晝爾。此外別有鐙漏沙漏，色目人又有玲瓏儀，皆巧製也。

明·郎瑛《七修類稿》卷二四《辯證類》 記里鼓

本朝嘗以記里鼓出題試士，多有不知爲何物者，知者又不知始于何時，何人創也。近墨談以楊鐵崖《記里鼓賦》數言通用之辭，即以爲制度，又無時與人也。殊不知唐元和間金忠義作。宋天聖間内侍盧道隆又造之。制見三朝志。又有候風地動儀，漢張衡造。制見本傳。水運渾儀俯視圖，亦衡造。蓮花漏，水秤，天聖中燕肅造。已上三物制，見《玉海》漏刻門。指南車起于周公，人所共知，然漢張衡，後魏郭明善，燕肅，俱嘗爲之。制見《愧郯録》。又聞元有燈漏、沙漏，此則不知何人所造，制見何書，因記里鼓並諸巧器拈出，苟欲爲者可考焉。

明·楊慎《丹鉛總録》卷一《天文類》 旁羅

《史記》：黄帝順天地之紀，旁羅日月星辰。《文選》陸佐公《新刻漏銘》：俯察旁羅，登臺升庫。《尚書考靈耀》曰：冬至日月在牽牛一度。求昏中者，取六項加三旁蠡順數之。鄭玄注曰：晝行十二項，中正而分之，左右各六項也，蠡猶羅也。昏中在日前，故言順數也。明中在日後，故言却也。據此，則旁羅乃測天度之器。如今之日晷，地羅也。十二項者，十二時分爲十二方也。此可補《史記》注之遺。

明·柯維騏《宋史新編》卷一五《志一·天文上》 刻漏

宋刻漏，仍唐五代之制，極精巧，司天挈壺掌之，所以定辰刻也。唐殿前報時有詞，梁以來廢，景德四年，復用舊詞。天聖八年，燕肅上《蓮花漏法》，詔王立等攷定。立害其黄道日躔不應曆，罷之。景祐元年，肅奉詔與楊惟德測驗，並合天道。而丁度以爲久難行用，復命章得象及馮元詳定。皇祐初，舒易簡等乃造刻漏，以木爲權衡，增平水壺。元祐中，蘇頌上《儀象法要》，於渾天儀、銅候儀、渾天象三器之外，又置刻漏四幅，一曰浮箭漏，二曰稱漏，三曰沉箭漏，四曰不息漏，與儀象互相參考，以驗天數，與天運爲不差，則寒暑之氣候自正也。熙寧中，沈括著書四卷，皆非蹈襲前人之跡，謂之《熙寧晷漏》，自謂古今言刻漏者數十家，皆疏舛未合天度，且謂其術可以心得，不可以言喻云。

明·田藝衡《留青日札》卷一二 刻，鍥也，刻漏也。鍥漏箭以候日晷曰刻，故因謂晷度曰刻。古制，晝長六十刻，夜短四十刻，晝短四十刻，夜長六十刻，晝夜中六十刻。天之晝夜以日出入爲分，人之晝夜以昏明爲限。日未出前二刻半爲明，日入後二刻半爲昏，損夜五刻以裨於晝，則晝多于夜五刻。夏至晝六十五刻夜三十五刻，冬至晝三十五刻夜六十五刻，春秋分晝五十五刻夜四十五刻。從春分至夏至增九刻半，夏至至秋分減亦如之，從秋分至冬至減十刻半，從冬至至春分增亦如之。漢初大率九日增減一刻，至和帝時待詔霍融始請改之。日晝夜百刻。律令所謂言日者，以百刻是也。百刻分布十二時，每時得八刻三分刻之一。今曆，初一二三四刻，止立初初刻，正一二三四刻，止立正初刻，各得六分刻之一，總計一時八刻之外有二小刻，二十四小刻共爲四刻，始合百刻。析而數之二十四小刻，合九十六刻，以成百二十刻。

明·章潢《圖書編》卷一二 日百刻，配十二時之數。天行之周，晝夜百刻，配十二時，一時得八刻，十時得八十刻，又二時得十六刻，總九十六刻。所餘者四刻，每刻分爲六十分，四刻該二百四十分，布之十二時之間，每一時得八刻二十分。故有初初刻者一十分，正初刻者一十分，今具于后。初初刻一十分，初一刻六十分，初二刻六十分，初三刻六十分，初四刻六十分。以上是上四刻。正初刻一十分，正一刻六十分，正二刻六十分，正三刻六十分，正四刻六十分。以上係下四刻。一日總該六千。今曆所分又不同。晝夜十二時，均分百刻，一時有八大刻，二小刻，總九十六大刻，總二十四小刻，亦准大刻一，故共爲百刻也。上半時之大刻四，始曰初初，次初一，次初二，次初三，最後小刻爲初四。下半時之大刻亦四，始曰正初，次正一，次正二，次正三，最後小刻爲四正。若子時則上半時在夜半前，屬昨日，下半時在夜半後，屬今日。亦猶冬至得十一月中氣，一陽來復，爲天道之初耳。古曆每時以二小刻爲始，初各繼以四大刻，然不若今曆之便於籌策也。世謂子午卯酉各九刻，餘皆八刻者，非是。

曆家大抵以刻漏極長于六十，極短於四十，嘗聞前輩言惟正統己巳官曆，晝刻三十九夜刻六十一，以爲陰過，故爲土木之變。元《授時曆》則長極於六十二刻，短極於三十八刻，以爲驗丁燕地稍偏北故。然外國有蒸羊胛未熟而天明者，則短又不止於三十八刻而已。豈漏刻隨日因地有不同者，如此初不全繫于陰陽之消長也歟？

刻漏總論

周天之星二十有八，星之辰十有二，辰之度三十有奇，而十二辰之度三百六十五有奇。星辰循天而左旋，日月五星遡天而右轉。日，陽也，舒而遲，故朞而周。月，陰也，蹙而速，故一月而周。日月會於辰則爲月，十有二會則爲歲。歲三百有六旬有六日，而日之長短參差不齊，於是先王刻箭沃漏以揆之。故《隋志》曰：黄帝創觀漏承，制器取則，以分晝夜。則漏刻之制蓋始於黄帝，其後因以命官，《周禮》挈壺氏，則其職也。及考之鄭氏所注則有曰：漏之箭晝夜共百刻，冬夏之間有短長焉。太史立成法有四十八箭，此亦可見周制之大略也。漢興，因拘占制。漢武所用之法，二至之後九日而增損一刻。建武中興，曆稍後天，宋浮許淑請更曆法，天下初定，顧猶未遑，而《令甲》第六《漏品》，斯載日分百刻，率以九日爲刻增損，視夏曆爲疎焉。永平紹隆張盛景倣以四分法，課校弦望，術頗施行。元和編訢李梵推廣其術，曆用四分，而宫漏之制一仍其舊。或時至差二刻以上，不與天應。迄于和帝永元之十四年，未知改作。惟霍融待詔太史，新頒夏曆，露章抗議。詔刻四十八箭，以二十四氣日躔所在，洎于黄道去極，晷景，昏明中星刻于其下。隨日南北以爲長短，始終至起，凡一再周而一歲之運畢矣。四分曆法政定于茲，然則是氣之設，實爲至妙，終于魏晉，相傳不改。故晉陸機則有《刻漏賦》，晉李充、孫焯則有《刻漏銘》，梁陸倕則又有《刻漏銘》，《唐·藝文志》則有《刻漏經》，《唐·曆志》則有一行《步晷漏術》，此亦可以考歷代之大略也。然孔穎達謂浮箭壺内以出刻爲準，賈公彦謂漏水壺内以設刻爲度，或浮或沈，此其説之異也。古今刻漏之法，有浮漏，有稱漏，或漏或稱，此其制之異也。漢夏賀良則有百二十刻之説，宋何承天則有春秋二分晝夜各五十刻之説，梁武帝大同之所改用者則又有百八十刻之説。至於陳隋，則仍用百刻之制，此又其數之不同者也。在天聖中，燕肅所上刻漏浮箭之壺，爲金蓮花，則曰蓮花漏。皇祐初，舒易簡等所造刻漏，以木爲權衡，增平水壺，置于文德殿，則爲文德殿刻漏。蘇頌之在元祐上《儀象法要》，于渾天儀、銅候儀、渾天象三器之外，又置刻漏四副：一曰浮箭漏，二曰稱漏，三曰沈箭漏，四曰不息漏，使挈壺專掌時刻，與儀象互相參考，以合天星行度爲正，所以驗天數與天運爲不差，則寒暑之氣候自正也。雖然，《周官》挈壺氏，凡軍事垂壺，施之於軍，所以嚴警守，以至朝夕之禮，而常以是爲節焉。然《春官》雞人，凡國事爲期，則告之時。而齊詩特罪挈壺氏者，蓋天子備官挈壺氏掌漏，雞人告之，諸侯則掌漏告時一於挈壺氏而已，此不可不知也。

《晉·天文志》：蓋日未出地二刻半而地上已明，即曉分時，日已入地二刻半而地上明盡，即黄昏時。世人但知以昏明爲晝夜，不知日出在已明之後，日入在未昏之前也。且世人只知十二時耳，孰知一晝一夜而太陽之所臨有二十四時乎？

明·朱載堉《聖壽萬年曆》卷一　步晷漏第四

京師北極出地四十度太。

冬至中晷恒數丈五尺九寸六分。

夏至中晷恒數二尺三寸四分。

冬至晝夏至夜三十八刻。

夏至晝冬至夜六十二刻。已上見《元志》。

岳臺北極出地三十五度。

冬至中晷恒數丈二尺八寸三分。

夏至中晷恒數尺五寸七分。

冬至晝夏至夜四十刻。

夏至晝冬至夜六十刻。已上見《宋志》。

京師譬如北辰，四方拱之，晝夜漏刻宜爲曆準。至如岳臺，乃前代測景之處，謂之地中，故晷載之，以見隨處晷漏不同。

求每日半晝夜及日出入晨昏分

置所求初末限，滿積度去之，餘以其段晝夜差乘之，百約爲分，前多後少爲減，前少後多爲加，加減其段半晝夜分，爲所求半晝夜分。以半夜分便爲日出分，用減百刻，餘爲日入分。於日出分減二刻半，餘爲晨分。於日入分加二刻半，則爲昏分。

求晝夜刻及日出入時刻

置所求半夜分，倍之，百約爲夜刻。用減百刻，餘爲晝刻。以日出入分依時刻法求之，即得所求時刻。

求更點所在時刻

置其日晨分，倍之，五約，爲更率，又五約，爲點率。各以其率乘所求更點數，用加其日昏分，內減更點率，滿百刻去之，不滿，依時刻法求之，即得所求時刻。

求九服所在漏刻

各於所在，以儀測驗，或下水漏以定其處冬至或夏至夜刻，與五十刻相減，餘爲至差刻。以所求日黃道出入赤道內外度及分秒乘之，二十三度九十分除之，所得，內減外加五十刻，即所求夜刻。以減百刻，餘爲晝刻。其九服所在，逐段晝夜差、半晝夜分及日出入晨昏分、更點、中星等率，竝準隨處晷漏脩短，依術推之。

又　步晷漏第五

京師北極出地四十度太。

冬至中晷恒數丈五尺九寸六分。

夏至中晷恒數二尺三寸四分。

冬至晝夏至夜三十八刻。

夏至晝冬至夜六十二刻。已上見《元志》。

岳臺北極出地三十五度。

冬至中晷恒數丈二尺八寸三分。

夏至中晷恒數尺五寸七分。

冬至晝、夏至夜四十刻。

夏至晝、冬至夜六十刻。已上見《宋志》。

京師譬如北辰，四方拱之，晝夜漏刻宜爲曆準。至如岳臺，乃前代測景之處，謂之地中，故略載之，以見隨處晷漏不同。

求每日半晝夜及日出入晨昏分

置所求初末限，滿積度去之，餘以其段晝夜差乘之，如律母而一，爲分。前多後少爲減，前少後多爲加，加減其段半晝夜分，爲所求半晝夜分。以半夜分便爲日出分，用減百刻，餘爲日入分。於日出分減二刻半，餘爲晨分。於日入分加二刻半，則爲昏分。

求晝夜刻及日出入時刻

置其日半夜分，二因之，如律母而一，所得爲夜刻。用減百刻，餘爲晝刻。以日出入分依時刻法求之，即得所求時刻。

求更點所在時刻

置其日晨分，二因，五約之，爲更率。又五約之，爲點率。各以其率乘所求更點數，用加其日昏分，內減更點率。滿百刻去之，不滿，依時刻法求之，即得所求時刻。

求九服所在漏刻

各於所在以儀測驗，或下水漏以定其處冬至或夏至夜刻，與五十刻相減，餘爲至差刻。以所求日黃道出入赤道內外度及分秒乘之，二十三度九十分除之，所得，內減外加五十刻，即所求夜刻。以減百刻，餘爲晝刻。

其九服所在，逐段晝夜差、半晝夜分及日出入晨昏分、更點、中星等率，竝準隨處晷漏脩短，依術推之。

明·朱載堉《律曆通融》卷四《黃鐘曆議下》　漏刻

日月帶食出入，五星晨昏伏見，曆家設法，悉因晷漏爲準。而晷漏則隨地勢南北辰極高下爲異焉。元人都燕，其《授時曆》七曜出沒之早晏，四時晝夜之永短，皆準大都晷漏筭定。國初都金陵，故《大統曆》日出入之時刻及晝夜之消長，改從南京晷漏。然當通改一番，全殊元曆可也。《大統》夏至晝、冬至夜皆五十九刻，冬至晝、夏至夜皆四十一刻。《授時》夏至晝、冬至夜皆六十二刻，冬至晝、夏至夜皆三十八刻，相差三刻有奇。今推交食分秒、南北東西等差及五星定伏定見，皆因元人舊法，而獨改其漏刻。夫地勢高下以燕爲準，漏刻消長則準金陵，互相舛悟，是以不合也。且元統改曆之時，未能預知成祖遷都之事，故不得不以南監觀象臺測驗爲準。永樂以後，頒正朔，設儀表皆自京師，則漏刻亦當宗法北監測驗，誠不爲過，所以大一統而尊帝都也。是故新法晷漏姑從元曆所推者，爲其與今京師晷漏相合也。夫晷漏生於日躔，與月無干。交食則由乎月，雖日食亦乃月之所爲也。宋《紀元曆》以晷漏繼日躔，以交會繼月離，是爲得之。元《授時曆》以月離繼日躔，以交會繼中星，則失其序矣。今從宋曆以步晷漏術，附《日躔篇後編》於上卷，而以《月離交食五星編》載下卷，蓋寓尊陽抑陰之意。

又 更點

日出謂之晝，日入謂之夜。日未出二刻半爲晨，日已入二刻半爲昏，晨昏皆屬夜而不屬晝也。舊説天之晝夜以日出入爲界，人之晝夜以天昏明爲限。日出前二刻半而明，日入後二刻半而昏。損夜五刻以裨於晝，則晝多於夜，復校五刻。春秋分晝夜五十刻，據日見之漏耳。若兼日未見及没後五刻，則春秋分晝五十五刻。夜四十五刻，此説非是。趙友欽曰：舊云日未出二刻半天先明，日已入二刻半天方昏，然此五刻不可以衆星出没論。但日出始爲晝，入則爲夜耳。此説得之。蓋日入爲昏，初星出爲昏末，昏末即起一更一點，故無初更初點，非若宿有初度，時有初刻也。元曆乃以初更初點命之，於率不通。又五更五點者，實爲晨初，其距日出惟二刻半耳。而《宋志》云：若依司晨星漏曆減去待旦十刻，即同禁中更漏。此毛詩所謂興居無節，號令不時，故挈壺氏不能掌其職也。今人或以一更三點爲更初，五更三點爲更盡，則一更一點及五更五點皆在更點外。其法不知始自何時。要之當以昏末晨初爲更點之始終，方是新法。所推中星月食更點，悉依古制，但未知近日挈壺所掌更漏起末遲速何如耳。

明・王志長《周禮注疏删翼》卷一七 挈壺氏：下士六人，史二人，徒十有二人。註：世主挈壺水以爲漏。

王氏曰：先王分十二時於一晝一夜之間，以漏箭準十二時而爲百刻，以百刻定長短而分晝夜，於是立挈壺氏之職焉。後世挈壺氏不能掌其職，不能辰夜不夙則莫，此詩人之所刺也。

明・王志長《周禮注疏删翼》卷一九 挈壺氏掌挈壺以令軍井，挈轡以令舍，挈畚以令糧。註：壺，所以盛飲，故以壺表井。轡，所以駕舍，故以轡表舍。

或曰：舍，止也，脱轡於此，則知止也。

畚，所以盛糧，故以畚表稟。軍中雜會讙囂，號令不能相聞。故各以其物爲表，省煩趨疾，於事便也。

凡軍事，縣壺以序聚欜。凡喪，縣壺以代哭者，皆以水火守之，分以日夜。註：鄭司農云：縣壺以爲漏，以序聚欜，以次更聚擊欜備守也。玄謂擊欜，兩木相敲，行夜時也。代亦更也。

劉氏曰：其擊柝以戒守者，以漏刻爲更代。

《禮》：未大斂，代哭。以水守壺者，爲沃漏也。以火守壺者，夜則視刻數也。分以日夜者，異晝夜漏也。漏之箭晝夜共百刻，冬夏之間有長短焉。

某氏曰：縣壺以爲漏者，謂縣壺於上，以水沃之，水漏下入器中，以没刻爲准，法有更漏，則擊柝者可序更矣。喪未殯，哭不絶聲，有更漏，則守尸而哭者可相代矣。

及冬，則以火爨鼎水而沸之，而沃之。註：鄭司農云冬水凍，漏不下，故以火炊水，沸以沃之，謂沃漏也。

薛氏圖云：以火爨鼎，則使之不凝。以火守壺，則使之不差。施之於軍事，所以嚴守警。施之於喪事，所以嚴凶哀。朝廷朝夕之禮，亦常以是爲節焉。然春官雞人，凡國事爲期，則告之時。而齊詩特罪挈壺氏者，蓋天子備官，挈壺掌漏，雞人告之。諸侯則掌漏告時一於挈壺氏而已。王氏曰：刻漏，古今法器，於天文爲下垣漸臺，故設官董其事。軍事嚴喪事，遽特舉以見例。

明・邢雲路《古今律曆考》卷一六《歷代八》 僧一行者，沙門大慧禪師，名一行也。張姓，初名遂，魏州長樂人。郯國公謹之孫，武功令檀之子。少聰敏，道士尹崇見而奇之曰：此後生顔子也。尋出家，遍歷天下，訪求異術。【略】其十議晷漏中星，謂日行有南北，晷漏有長短，二十四氣晷差徐疾不同者，勾股使然也。今推黄道去極與晷景漏刻昏距中星，返覆相求，旋相爲中，以合九服之變。

明・邢雲路《古今律曆考》卷四七《曆法十二》 刻漏詳推　授時

《元史》論晝夜刻，日出爲晝，日入爲夜，晝夜一周共爲百刻。以十二辰分之，每辰得八刻三分刻之一，無間南北，所在皆同。晝短則夜長，夜短則晝長，此自然之理也。春秋二分，日當赤道出入，晝夜正等，各五十刻。自春分以及夏至，日入赤道內，去極浸近，夜短而晝長。自秋分以及冬至，日出赤道外，去極浸遠，晝短而夜長。以地中揆之，長不過六十刻，短不過四十刻。地中以南，夏至去日出入之所爲遠，其長有不及六十刻者。冬至去日出入之所爲近，其短有不止四十刻者。地中以北，夏至去日出入之所爲近，其長有不止六十刻者。冬至去日出入之所爲遠，其短有不及四十刻者。今京師冬至日出辰初二刻，日入申正二刻，故晝刻三十八，夜刻六十二。夏至日出寅正二刻，日入戌初二刻，故晝刻六十二，夜刻三十八。蓋地有南北，極有高下，日出入有早晏，所以不同耳。今《授時曆》晝夜刻一以京師爲正，其各所實測高下俱各不同。

四海測驗凡二十七所。東極高麗，西至滇池，南踰朱崖，北盡鐵勒。

南海北極出地一十五度，夏至景在表南，長一尺一寸六分，晝五十四刻，夜四十六刻。

衡嶽北極出地二十五度，夏至日在表端無景，晝五十六刻，夜四十四刻。

嶽臺北極出地三十五度，夏至晷景長一尺四寸八分，晝六十刻，夜四十刻。

和林北極出地四十五度，夏至晷景長三尺二寸四分，晝六十四刻，夜三十六刻。

鐵勒北極出地五十五度，夏至晷景長五尺一分，晝七十刻，夜三十刻。

北海北極出地六十五度，夏至晷景長六尺七寸八分，晝八十二刻，夜一十八刻。

大都北極出地四十度太强，夏至晷景長一丈一尺七寸，晝六十二刻，夜三十八刻。

上都北極出地四十三度少。

北京北極出地四十二度强。

益都北極出地三十七度少。

登州北極出地三十八度少。

高麗北極出地三十八度少。

西京北極出地四十度少。

太原北極出地三十八度少。

安西府北極出地三十四度半强。

興元北極出地三十三度半强。

成都北極出地三十一度半强。

西涼州北極出地四十度强。

東平北極出地三十五度太。

大名北極出地三十六度。

南京北極出地三十四度太强。

河南府陽城北極出地三十四度太弱。

揚州北極出地三十三度。

鄂州北極出地三十一度半。

吉州北極出地二十六度半。

雷州北極出地二十度太。

瓊州北極出地一十九度太。

曆家測晷，準諸漏刻，而晷漏則隨地勢南北辰極高下爲異。元人都燕，其《授時曆》七曜出没之早晚，四時晝夜之永短，皆準大都爲筭。今我朝之順天府即元大都也。今欽天監所用推步曆術，皆元大都測驗之法也。國初都金陵，故《大統曆》日出入之時刻及晝夜之消長自南京測驗，改從南京晷漏，夏至晝、冬至夜皆五十九刻，冬至晝、夏至夜皆四十一刻。若元大都《授時》晷漏，則夏至晝、冬至夜皆六十二刻，冬至晝、夏至夜皆三十八刻，較之南京相差三刻有奇。以此推步七政，何以相符？今欽天監推日月五星曆率諸術，悉因元大都所測舊法，而乃獨用金陵晷漏，則余不知其可也。且元統改曆之時，從南監觀象臺測驗日晷，則於日晷改之，其於七政諸法率，悉仍其舊。兩相牴牾，又何惑乎？後之人以北術步南漏，貿貿焉莫知所適從也。則昏迷於天象，統實俑之耳。

明・邢雲路《古今律曆考》卷六三《曆議四》　晝夜刻

日晝夜百刻，以十二辰分之，每辰得八刻三分刻之一，無間南北，所在皆同。春秋二分，日當赤道出入之中，晝夜各五十刻。自春分以及夏至，日入赤道内，去極近，夜短而晝長。自秋分以及冬至，日出赤道外，去極遠，晝短而夜長。以地中揆之，長不過六十刻，短不過四十刻。地中以南，夏至去日出入之所爲遠，其長有不及六十刻者。冬至去日出入之所爲近，其短有不止四十刻者。地中以北，夏至去日出入之所爲近，其長有不止六十刻者。冬至去日出入之所爲遠，其短有不及四十刻者。《授時》大都偏北，冬至日出辰初二刻，日入申正二刻，故晝刻三十八，夜刻六十二。夏至日出寅正二刻，日入戌初二刻，故晝刻六十二，夜刻三十八。蓋地有南北，極有高下，日出入有早晏，所以九服皆不同耳。漏刻之法，挈壺氏掌之。其法以百刻分於晝夜，置箭壺内，刻以爲節，而浮之水，水漏而刻下，以紀晝夜昏明之數。日未出二刻半天先明，爲晨分。日已入二刻半天方暗，爲昏分。晝有朝，有禺，有中，有晡，有夕。夜有甲乙丙丁戊，昏旦有星中。每箭各有其數，所以分時代守，各隨其時而易其箭，刻乃定焉。若子半之交，則前四刻三分刻之一屬前日，後四刻三分刻之一屬當日。舊每時以初刻三分刻之一爲初初刻，而初一、初二、初三、初四之四整刻繼之。以正刻三分刻之一爲正初初刻，而正一、正二、正三、正四之整刻繼之。至《授時》，則百刻總分爲九十六刻，凡八刻爲一時，而初初、正初雖有其名，乃在空界有無間，亦覺簡便。

明・彭大翼《山堂肆考》卷九《時令》　中氣

《歲時百問》：一年三百六十日，一日十二時，一時八刻，一日百刻，此常數也。故成周挈壺氏以百刻分晝夜，至春分則晝夜各五十刻，而晝夜平分。故曰春分陽之中也，乃二月之中氣也。

明・彭大翼《山堂肆考》卷一二《時令》 刻均

《歲時百問》：一年三百六十日，一日十二時，一時八刻，一日百刻，此常數也。成周挈壺氏以百刻分晝夜，至秋分則晝夜各五十刻而均分，故曰秋分陰之中也，乃八月之中氣也。

明・彭大翼《山堂肆考》卷二五《地理》 懸壺

《周禮・夏官》挈壺氏，掌挈壺以令軍井。注云：爲軍穿井成，挈壺懸其上，令士衆知之。

明・彭大翼《山堂肆考》卷一七六《器用》 刻漏

梁《刻漏經》：刻漏之作，肇於軒轅，宣於夏商之代。《周禮》：有挈壺氏掌其事云。《文選》：孔壺爲漏，浮箭爲刻。

金徒

東漢張衡《渾天儀制》：鑄金銅仙人居左壺，爲金胥徒居右壺。又南齊陸倕《新漏刻銘》：靈虬承注，陰虫吐噏。倏忽往來，鬼神出入。微若抽繭，逝若激電。耳不輟音，眼無流眄。銅史司刻，金徒抱箭。

銅史

晉《起居注》：孝武太元二年有司奏：儲宮初建，未有漏刻，宜叅詳永安宮銅漏，置漏刻史。

分晝夜

《隋・天文志》：黄帝觀漏水，制器取則，以分晝夜。又《周禮》：挈壺氏凡軍事，懸壺以序取櫜。凡喪，懸壺以代哭者，皆以水火守之，分以日夜。注云：水以均暑刻之多少，火以燭其漏刻之遷易。又曰：以水守壺者，爲沃漏也。以火守壺者，夜視刻數也。分以日夜者，以晝夜漏也。又冬水凍漏，漏不下，故以火爨水沸以沃之。

測天地

《隋・天文志》：刻漏者，測天地正儀象之本也。

循古制

《隋志》：《周禮》挈壺氏，其法總以百刻，分於晝夜。冬至晝四十刻，夜漏六十刻。夏至晝漏六十刻，夜漏四十刻。春秋二分晝夜各五十刻。漢張蒼因循古制，猶多疎濶。

用夏制

司馬彪《續漢書》：霍融上言：宮漏刻率九日增減一刻，不與天地相應，或時差二刻半，不如夏曆漏刻，隨日南北爲長短。乃詔用夏曆漏刻，依日行黄道去極，每差二度四分遂增減一刻，凡用四十八箭。終魏晉之世，相傳不改。

金龍吐水

殷夔《漏刻法》：爲器三重，圓皆徑尺，差立於方輿踟蹰之上，爲金龍口吐水，轉注入踟蹰經緯之中，流於衡渠之下。蓋上鑄金人爲司辰，具衣冠，以兩手執箭。

銅烏引水

李蘭《漏刻法》：以銅爲渴烏，以引器中水，於銀龍口中吐之。

傳點

李義山詩：玉壺傳點咽銅龍。

報程

唐詩：郵籤報水程。郵籤即漏籌也，舟中所用以分時者。

馬顯造經

《隋・天文志》：隋初用周朝尹公正、馬顯所造《漏經》，又祖暅爲《漏經》，皆依渾天黄道日行法，雖冬夏長短雲陰月黑，無差。

擊鼓

唐開元中，詔僧一行與梁丘瓚等更鑄渾天銅儀，又立二木人於地上，前置鐘樓，每刻自然擊鼓，每辰自然撞鐘。

摇鈴

《會要》：張思訓所作木儀，起爲樓臺之狀，數層，高丈餘。以木人摇鈴、撞鐘、擊鼓，及十二辰自執時牌，循牌循環而出，其機轉之用，俱隱樓中。

殿前置器

隋煬帝令宇文愷造候影分箭上水分器，置於東都乾陽殿前。又令造馬上漏刻以從行。

衡端屬丸

《唐書》：拂菻國樓中懸一大金秤，以金丸十二枚屬於衡端，以候日之十二時。又爲一金人立於側，每至一時其丸輒落，鏗然發聲，引唱以紀日時，毫釐不差。

四分箭

《會要》：宋天聖元年，龍圖閣（侍）〔待〕制燕肅上《蓮花漏法》。其制，琢石爲四分之壺，刻木爲四分之箭，以測十二辰、二十四氣、四隅十千泊百刻。分布晝夜成四十八箭，其箭一氣一易，二十四氣各有晝夜，故四十八箭。歲統二百十六萬分，悉刻於箭上。

五斗瓶

蘇東坡《徐州蓮花漏記》：天地之寒暑，日月之晦明，昆侖旁薄於三十八萬七千里之外，而不能逃三尺之箭，五斗之瓶。使凡爲吏者，如瓶之受水不過其量，如水之浮箭不失其平，如箭之升降視水之上下，降不爲辱，升不爲榮，則民將靡然心服而寄我以死生矣。

視箭

《初學記》：視警箭之登沒。警箭，即漏刻箭也。又杜詩：玉童收夜鑰，金狄守更籌。

縣鉦

元順帝自製宮漏，高六七尺，造木爲櫃，藏壺其中，運水上下。櫃上設西方三聖殿，櫃腰立玉女，捧時刻籌，時至輒浮水而上。左右二金甲神，一縣鐘，一縣鉦，夜則神人自能按更而擊鳴鐘鉦。時獅鳳在側者皆自翔舞。櫃之東西有日月宮，飛仙六人立宮前，遇子午時自能耦進，度仙橋，達三聖殿，復退立如前。其精巧絶出人意，皆前古所未有。又元人銅漏之外有燈漏、沙漏，皆奇製也。

明·彭大翼《山堂肆考》卷二二九《補遺》　五夜

漏刻之法，甲乙丙丁戊謂之五夜，即五更也。又初更曰甲夜，夜半曰午夜。唐太宗甲夜觀事，乙夜觀書。

明·王英明《曆體略》卷上　刻漏極度

日出爲晝，日入爲夜。一周共爲百刻，以十二辰分之，每辰八刻零三分刻之一。晝短則夜長，夜短則晝長，無問南北，在所皆同。春秋二分，日之出入正當赤道，晝夜適等，各五十刻。自春分以及夏至，日入赤道內，去北極近，夜短而晝長。自秋分以及冬至，日出赤道外，去北極遠，晝短而夜長。自地中揆之，長不過六十刻，短不過四十刻。地中以南其長有不足六十刻者，短有過四十刻者；地中以北其長有過六十刻者，短有不足四十刻者。蓋此地中乃中國之中，非天地之中，而中國在赤道之北故也。晝夜長短稟之極星高低，而極星高低又係地方之距極遠近。

茲列至元二十七所所測於左。

東極高麗，西至滇地，南踰朱崖，北盡鐵勒。

大都北極出地四十度太强，夏至晷影長二尺三寸四分。日出寅正二刻，入戌初二刻。晝六十二刻，夜三十八刻。冬至日出辰初二刻，入申正二刻。晝三十八刻，夜六十二刻。即今順天府。

東平北極出地三十五度太。

益都北極出地三十七度少。

登州北極出地三十八度少。

高麗北極出地三十八度少。

西京北極出地四十度少。

太原北極出地三十八度少。

興元北極出地三十三度半强。即今漢中府。

西涼州北極出地四十度强。即今甘肅。

西安府北極出地三十四度半强。

成都北極出地三十一度半强。

大名北極出地三十六度。

南京北極出地三十四度太强。

河南陽城北極出地三十四度太弱。在今禹州西。

平陽北極出地三十五度少，夏至影長一尺五寸。

揚州北極出地三十三度。

鄂州北極出地三十一度半。即今武昌府。

雷州北極出地二十度太。

瓊州北極出地一十九度太。

吉州北極出地二十六度半。

北京北極出地四十二度强。

上都北極出地四十三度少。

南海北極出地一十五度，夏至景在表南，長一尺一寸六分。日出卯初二刻，入酉正二刻。晝五十四刻，夜四十六刻。冬至日出卯正二刻，入酉初二刻。晝四十六刻，夜五十四刻。

衡嶽北極出地二十五度，夏至日在表端無景。晝五十六刻，夜四十四刻。冬至晝夜反是。

嶽臺北極出地三十五度，夏至晷影長一尺四寸八分。日出寅正三刻，入戌初初刻。晝六十刻，夜四十刻。冬至日出辰初初刻，入申正三刻。晝四十刻，夜六十刻。

和林北極出地四十五度，夏至晷影長三尺二寸四分。晝六十四刻，夜三十六刻。冬至晝夜反是。

鐵勒北極出地五十五度，夏至晷影長五尺一分。晝七十刻，夜三十刻。冬至反是。

北海北極出地六十五度，夏至晷影長六尺七寸八分。日出丑正初刻，入亥初三刻。晝八十二刻，夜一十八刻。冬至日出巳初三刻，入未正初刻。晝一十八刻，夜八十二刻。

洪武間，金陵測得夏至日出寅正四刻，入戌初初刻。晝五十九刻，夜四十一刻。冬至日出辰初初刻，入申正四刻。晝四十一刻，夜五十九刻。

又 氣候刻漏

陰陽之運於天地間也，爲寒暑，爲晝夜，而一稟之太陽，是故曆象以測日爲第一義。而日影隨在不同，其氣候寒熱與刻漏長短隨之，兹以天準地，凡在九萬里内者悉一一著焉。

凡天下寒暑氣候爲五截，日景亦五截。赤道之下，其地四時皆燠，而春秋分爲甚，爲適當日道之下也。冬夏至稍減，而其燠則同。爲去日道僅二十三度半也。春秋分日中無景，過春分則景在南，過秋分則景在北，其地以四十五日爲一時，一年共八時，有兩春兩夏兩秋兩冬，草木一歲再榮再枯，故自赤道北二十三度半至赤道南二十三度半一帶地方立表，每歲間東西南北日影俱到也。日行南北二道之下，其地每歲一極寒，一極暑，而正相反。在北道者夏至暑，冬至寒，日有東南西三面景，而南景爲常。自赤道北二十三度半至六十六度半一帶地方皆同。在南道者反是。過此二界則黄道之所不至，日不經天頂過矣，其地四時皆寒，周圍皆有日景，而以半年爲晝，半年爲夜，草木朝生暮死。故自赤道南北各六十六度三十分至九十度一帶爲二極界内之地，晝夜永短，偏勝之極，每晝間日景東西南北周到也。蓋赤道南北各二十三度半乃黄道所經，冬夏二至之界，其六十六度半乃極南極北之界，而冬夏晝夜長短於此分焉。自赤道以北諸國觀之，日行北道則晝長夜短，至夏至而極，極則返而南。日行南道則夜長晝短，至冬至而極，極則返而北。其赤道以南諸國反是。故惟黄道與南北二極之界，相距適中之地，冲和之氣鍾焉。凡此自東周西一帶毓靈孕秀，遂多聖賢豪傑之儔。中國自距赤道十九度至四十二度，正當其處。此外過寒過燠，皆屬偏氣，雖有人類，蠢頑不靈矣。

晝夜永短關乎緯度，是故赤道距兩極各九十度，每度每分之地，其晝夜永短各各不同。略舉其大則。北極之下，長晝長一百八十二日六十二刻，蓋自春分至秋分，通爲一晝矣。漸而南五度，夏晝長一百七十七日九十八刻。又五度，夏晝長一百六十一日二十一刻。又五度，夏晝長一百三十四日二十〇刻。又五度，夏晝長一百〇四日〇四刻。又五度，夏晝長六十四日五十五刻。皆夏至前後通爲一晝無夜，餘漸有夜，至秋分而平。又五度，夏晝長八十八刻。又五度，夏晝長七十七刻。又五度，夏晝長七十一刻。又五度，夏晝長六十七刻。又五度，夏晝長六十四刻。又五度，夏晝長六十二刻。又五度，夏晝長五十九刻。又五度，夏晝長五十八刻。又五度，夏晝長五十六刻。又五度，夏晝長五十五刻。又五度，夏晝長五十三刻。又五度，夏晝長五十二刻。至九十度，夏晝長五十刻，各以減百刻爲夜刻，則赤道之下也。總之，平分於赤道，而南北反對。南爲長晝，則北爲長夜；北爲長晝，則南爲長夜。北爲夏晝，南爲冬晝。南爲夏晝，北則冬晝。其兩極之下長晝長夜，則半年有日光，半年無日光者也。已上諸説，西法製有增式渾天儀，旋轉可測算也。

明·熊三拔《簡平儀説》 約日將中時，用第一法測日軌高幾何度分，少頃，復依法累測之，日昃而止。次檢日軌最高度分爲本地本日午正初刻日軌高。若立表隨所測作線，即得子午線。

假如順天府寒露日午前用第一法測得日軌高四十度，次用刻漏或度日景，每過半刻或一刻許復依法累測，得四十一度、四十二度乃至四十四度，又測得四十三度，即四十四度爲本日午正初刻日軌最高度。依累測各作表線，得四十四度所作線爲正子午線。

明·徐光啓等《崇禎曆書·治曆緣起》卷一 度數旁通十事

其十造作鍾漏，以知時刻分秒，若日月星晷。不論公私處所，南北東西，攲斜坳突，皆可安置施用。使人人能分更分漏，以率作興事，屢省考成。

又 臣等竊照定時之法，當議者五事。一曰壺漏，二曰指南針，三曰表臬，四曰儀，五曰晷。其一壺漏等器，規制甚多，今所用者，水漏也。然水有新舊滑濇，則遲疾異。漏管有時而塞，有時而磷，則緩急異。定漏之初，必于午正初刻，此刻一誤，無所不誤，雖調品如法，終無益也。故壺漏者，特以濟晨昏陰雨，晷儀表臬所不及，而非定時之本。所謂本者必準于天行，則用表用儀用晷，晝測日，夜測星是已。

明·黄道周《榕檀問業》卷六 凡氣無寒暑，時無凉熱，寒暑凉熱皆繇日道所生。日道向北，陽氣漸升；日道向南，陽氣漸降。升而日永，刻漏晝長，陽晝以多。降而日短，刻漏晝促，陽晝以少。晝之長短皆生於日，不生於月，故云陽自升降陰，無消長也。

明·范景文《戰守全書》卷七《戰部》 持更法

《行軍須知》曰：凡營夜持更者，每鋪十人，每更二人，候漏鼓擊板一人，專聽雜事，不至睡魔。驚衆者亦須遞相警覺，臨時或添密號，鼓弓箭應之，即姦人無所施計。舊註，更鋪之次，更置狗鋪。軍在賊境，將士遠行困乏，藉狗以爲警也。

李靖兵法曰：諸軍營隊伍，每夜分更，令人巡探。人不得高聲唱號，行者敲弓一下，坐者扣弰三下，方擲軍號，以相應答。營界巡探，周而復始，擲號錯失，便即決罰。當軍折衝果毅，并押鋪宿盡更巡探，遞相分付。虞候及中軍官人通探都巡。

又 更籌

戚繼光曰：《武經總要》：凡行軍宿野，遇日晦夜暗，必須定更傳籌，知蚤晚。先以一日有百刻，分一十二時，每一時有八刻二十四分，每一刻六十分，共五百分爲一時。依二十四氣節爲十二籌，以日出入爲則。每籌長二尺四寸，上書各得本節日出入時刻，分晝夜長短之數。或不用籌，取珠二串，一串用小珠七百四十箇爲數，緊慢行數七百四十餘步，或數珠七百四十餘箇，程限該二里二十七步餘，爲一刻。行數七千四百七十餘步，程限二十里二百七十餘步，爲十刻。晝夜該七萬四千七百餘步，程限二百零八里有餘，是爲百刻。每一時八刻二十四分，該行六千二百二十五步，數珠即六千二百二十五箇，爲一時。十二時約程限與百刻同。凡定更籌晝夜各長短不同，依十二時候節氣各以長短刻數，隨時分派。朝以日出，夜以日入爲始，時定而更漏均，大同小異，可爲警備矣。且如安營，一面一百八十八步，四面共七百五十二步。行遍若傳籌五十次，共餘五百餘步，日將出矣。如冬至夜極長，夏至夜極短，二十四氣皆有異同，餘倣此一定更籌之法。一日一夜，計時百刻，人徐行二百里，每夜自初昏至黎明計五十刻，如以春分秋分晝夜兩停爲準，每刻行二里，共行一百里。如夏至前後夜極短，四十一刻行八十里盈。冬至前後夜極長，五十九刻行一百二十里縮。其餘四時照節序長短，增減計算。假如九十步安一直更，往回一百八十步發一籌更，每里癸二籌，春秋二至計二百籌，冬至二百四十籌，夏至一百六十籌。籌盡天明，其夜天曉，即以此定之。行兵以令箭代籌。

又法曰：行軍於外，日出日没時撾鼓吹角爲嚴警。凡鼓三百三十三撾爲一通，角一十二變爲一疊，鼓音止，角音動，凡鼓三通，角三疊，晝夜足矣。又近代馬上法以數珠記時，先約一晝夜爲準，餘日倣之，與刻漏無差。

又 更鼓自鳴

用木板作屏廂一副，内安金鼓，以刻香爲驗。若焚到一更，則打一更，次第而行，萬無一失。

明·方以智《物理小識》卷二《地類》 泰西漏沙，色白，小圓如一，故以之代刻漏。

明·方以智《通雅》卷一一《天文·釋天》 三商，三刻也。○《士昏禮》：日入三商爲昏。公彦曰：商謂商量。詩《東方未明》注疏云：《尚書緯》謂刻爲商。馬氏曰：日未出未没皆二刻半。三商，據整數也。夏文莊《蓮華漏銘》：五夜持宵，三商定夕。蘇子美亦云：三商而眠，高春而起。智謂，商乃漏箭所刻之處。古以刻鐫爲商，所謂商金商銀是也。刻漏者，刻其痕以驗水。又有謂三滴省作商者，升菴弱侯取之。新毗奈耶云：佛言應作商矩法，取細籌長二尺許，折一頭，四指，豎至日中，度影長短，是謂商矩。可與商刻之商互證。

明·方以智《通雅》卷一一《天文·曆測》 燈漏沙漏，皆因漏刻而名也。○曆家大抵以漏刻極長于六十，極短于四十。嘗聞前輩言，惟正統已巳官曆，晝刻三十九，夜刻六十一，以爲陰過，故有土木之變。元《授時曆》，則長極于六十二刻，短極于三十八刻，以爲驗于燕地稍偏北故。然外國有蒸羊胛未熟而天明者，則短又不止于三十八刻而已。○燈漏，今不傳其製。沙漏今多有之，以瓶貯沙，漏下定刻。皆本于水漏，以水浮箭也。遠公弟子于匡山作芙蓉漏，浮水上，便于轉水。吴處厚曰：龍圖燕公肅任梓橦青社，作蓮花漏刻，倣匡山也。○漏水之製，以銅作四櫃，一夜天池，二日人池，三平壺，四方分壺。自上而下，一層低一層，以次注水入海，浮箭刻分而上。每刻計水二斤八兩。二箭當一氣，每氣率差二分半，四十八箭周二十四氣。其漏箭以百刻分十二時，每時八刻二十分，每刻六十分，初初正初各十分，故每時共五百分，十二時總計六千分，歲統二百十六萬分，悉刻之于箭。以今尺度箭之刻分，尺之二分準刻之十分。初初正初如尺之一分，初一正一如尺之六分，此其大略也。議者謂：冬寒水澁，不能如法流行。近有以鐵丸圜轉代流水者，如今自鳴鐘，亦一法也。又元朝立簡儀，爲圓室一間，平置地盤二十四位于其下，屋背中間，作圓竅以漏日光，可以不出户而知天運。此與日晷之用正同，才可施之晴晝耳。出外別有燈漏、沙漏，色目人有玲瓏儀，皆巧製也。

明・顧炎武《日知録》卷三〇　百刻

一日十二時，計刻則以百刻爲日。今曆家每時有十刻，則一百二十刻矣。何以謂之百刻乎？曰曆家有大刻，有小刻，初一、初二、初三、初四，正一、正二、正三、正四，謂之大刻。合一日計之，得九十六刻。其不盡者，置一初初於初一之上，置一正初於正一之上，謂之小刻，每刻止當大刻六分之一。合一日計之，爲初初者十二，爲正初者十二，又得四大刻，合前爲百刻。

宋王逵《蠡海集》言百刻之説：「每刻分爲六十分，百刻共得六千分，散於十二時，每時得五百分。如此則一時占八刻零二十分，將八刻截作初正各四刻，却將二十分零數分作初初、正初微刻各二十分也。」《困學紀聞》所載易氏之説亦同。

《周禮・挈壺氏》注：「漏箭晝夜共百刻。」「刻」字始見《漢書・宣帝紀》，五鳳三年詔曰：「神光竝見，燭燿齋宮，十有餘刻。」又曰：「鸞鳳集長樂宮東闕樹上，飛下止地，留十餘刻。」《禮記・樂記》：「百度得數而有常。」注：「百度，百刻也。」《靈樞經》：「漏水下百刻以分晝夜。」《説文》：「漏以銅受水刻節，晝夜百節。」《隋書・天文志》：「昔黄帝創觀漏水，制器取則，以分晝夜。其後因以命官，《周禮》挈壺氏則其職也。其法總以百刻分於晝夜。梁天監六年，武帝以晝夜百刻，分配十二辰，辰得八刻，仍有餘分，乃以晝夜爲九十六刻，一辰有全刻八焉。」漢哀、新莽以百二十刻爲日，梁武以九十六刻爲日。是知每辰得八刻，仍有餘分者，古法也。《五代史・馬重績傳》：「重績言漏刻之法，以中星考晝夜爲一百刻，八刻六十分刻之二十爲一時，時以四刻十分爲正，此自古所用也。今失其傳，以午正爲時始，下侵未四刻十分而爲午。由是晝夜昏曉，皆失其正，請依古改正。從之。」《五代會要》：「晉天福三年，司天監奏《漏刻經》云：晝夜一百刻，分爲十二時，每時有八刻三分之一。六十分爲一刻，一時有八刻二十分。」《玉海》：「每時初行一刻，至四刻六分之一爲時正，終八刻三分之二則交入次時。《國史志》：每時八刻二十分，每刻一擊鼓，八鼓後進時牌，餘二十分爲鷄唱，唱絶，擊一十五鼓爲時正。」

清・孫承澤《春明夢餘録》卷五九《欽天監二・觀象臺》　漏刻之箭，晝夜共百刻，冬、夏之間，則有長短焉。太史立成法，有四十八箭。按《乾象曆》及諸曆法，皆云冬至則晝四十五，夜五十五；夏至則晝六十五，夜三十五；秋分則晝五十五半，夜四十四半。從春分至於夏至，晝漸長，增九刻半；從夏至至於秋分，所減亦如之。從秋分至於冬至，晝漸短，減十刻半；從冬至至於春分，所加亦如之。又於每氣之間加減刻數，有多有少，其事在於曆術，以其算數有多有少，不可通而爲率。故太史之官立爲法，定作四十八箭，以一年有二十四氣，每一氣之間又分爲二，通率七日强半而易一箭，故周年而用箭四十八也。曆言晝夜者，以昏明爲限。馬融、王肅注《尚書》，以爲日永則晝漏六十刻，夜漏四十刻；日短則晝漏四十刻，夜漏六十刻；日中、宵中則晝夜各五十刻者，以《尚書》有日出日入之語，遂以日見爲限。《尚書緯》謂刻爲商，鄭作《士昏禮目録》云：日入三商爲昏，舉全數以言耳。其實，日見之前，日入之後，距昏明各有二刻半，減晝五刻以裨夜，故於曆法皆多校五刻也。今欽天監曆日皆用馬、王之説，而長止於五十九刻，不言六十；短止於四十一刻，不言四十，以見陰陽之妙云。

清・顧景星《白茅堂集》卷四二《尺牘・復汪掌懷》　承問崇禎漏刻，嘗聞諸先君。先君曰：十二時不可移易者，天也，刻漏多寡，則人爲之。古曆晝夜百刻，冬至晝刻四十，夜刻六十。夏至晝刻六十，夜刻四十。二分晝夜各五十。一時分八刻，一刻爲分者六十，十二時共得刻九十六，爲分五千七百六十，餘刻四，餘分二百四十，而分布之十二時，每時得刻八，復得分二十。是每時得分五百，蓋初初刻得分十，初一刻、初二刻、初三刻、初四刻各得分六十，是曰時之上四刻。正初刻得分十，正一刻、正二刻、正三刻、正四刻各得分六十，是曰時之下四刻。總十二時，爲刻百，爲分六千，此古法也。漢哀帝增刻百二十。梁大同十年，增百八十。隋陳唐宋明皆用古法，《大統曆》全依元之《授時》，惟《授時》長極六十二，短極三十八，而《大統》遵古，微變其法，每一時大刻八，小刻二，一晝夜爲大刻九十六小刻二十四，以小刻六準大刻一，總爲百刻。上半時大刻四，始初初，次初一，次初二，次初三，最後小刻爲初四。下半時大刻亦四，始正初，次正一，次正二，次正三，最後小刻爲正四。子時則上半時屬昨日，下半時屬今日。

貞下起元一陽來復之義也。正統己巳曆冬至晝刻三十九,夜刻六十一,説者以爲陰過,於是有土木之變。自馬融定二分晝夜各五十,以日出入爲限,而蔡邕謂星見後爲夜,不見爲晝,日入後三刻、日出前三刻皆晝,晝漏刻五十六,夜漏刻四十四。鄭康成謂日見之漏刻五十五,不見之漏刻四十五,與蔡氏争一刻。是二分仍晝長夜短。明知晝夜平分,恒不使陰與陽敵,扶陽抑陰之義也。祖冲之法:冬至晝刻四十五,夜刻五十五;夏至晝刻六十五,夜刻三十五零二分。晝刻五十五零五分,亦扶陽義也。《崇禎曆》徐元扈用西泰法,晝刻四十八,夜刻四十八,長極五十九,短極三十六,各有零分,總爲九十六刻,除去四刻,又除去周天五度四分度之一,每度定爲六十分,以合九十六刻,計每刻三度四十五分,中星朔虚氣盈,皆與《大統》不合,此亦前輩屢欲改正之歲差也。惟除去五度四分度之一,不無疑義。先君之説大畧如此,弟於律曆,不能窺其萬一。竊謂漏壺用刻,百二十,百八十,不過增箭,用百,用九十六,不過減箭。漢法以器盛四十八箭,壺盛水,懸箭上,節而下之水,水淹一刻,則爲一刻。刻者,箭中刀刻痕也。計一箭二刻,四十八箭共九十六刻,餘四刻,正日未出已入之際也。日行雖有盈縮,而天體之廣大、度數之遠近自若也,特曆家算法不同。如《太初》以九九八十一分爲日法,太元以八九七十二爲日法,大初以四八三十二爲杪法,太元以四九三十六爲杪法,或以一千三百四十爲日法,七百二十一爲閏餘。邵子用三百六十分爲日法,《九執曆》、《回回曆》、泰西曆皆用六十,其實即《大衍》三千四之日法,一千六百一十三之閏餘也。天度古曆家亦有不同,虞喜以爲三百六十五度二十六分,何承天減半分,郝守敬以爲三百六十五度二十五分七十五杪,其實即三百六十五度四分度之一之古法也。立法雖異,理終一準,惟是人定勝天。若馬蔡鄭祖扶陽之義,不可不存,語曰:化國之日舒以長,其斯之謂與。又中星之説,今古大異,此是歲差。嘗考《大統曆》法,前後諸説不同,其曰芒種與小滿同,立秋與大暑同,爲説尤踈。至萬曆初,定冬至日在箕昏奎中,按元年癸酉十一月十九日丑正二刻冬至,日在箕五度,差《授時曆》四度。而嘉靖初,歙人鮑希正謂冬至有一定之法,多在時之八刻,其説又不精也。大約中星分杪,逐歲密移,南北昏旦地形偏正高下之異。又無漏壺,真正時刻難以針指尺量,而針性既恒偏丙,尺又遠近高低,所以難論也。中星一準,斗指無差,即知置閏得失。上天垂象最易簡,《史記》所謂舉正於中是也。見大火之西流,而後知太史之失閏,非往鑑乎?若夫歲差即久,而執一定之説以争之,亦不知會通者矣。表景之長短,星極之遠近,昏旦之早晚,日月食之分數,各有裏差,則中星東西度數分秒亦異,未知今靈臺法何如也?

清·宫夢仁《讀書紀數略》卷四《天部·律曆類》

刻漏長短數 梁《刻漏經》謂秦之遺法,漢代施用。

冬至晝漏四十五刻,冬至之後,日長九日加一刻。

夏至晝漏六十五刻,夏至之後,日短九日減一刻。

《元嘉起居注》以日出入定晝夜,冬至晝四十刻,夏至夜亦宜四十刻;夏至晝六十刻,冬至夜亦宜六十刻。春秋分晝夜各五十刻。今減夜限日出前、日入後昏明際各二刻半,以益晝。夏至晝六十五刻,冬至晝四十五刻,二分晝五十五刻而已。

元祐四刻漏。史注

浮箭漏,秤漏,沈箭漏,不息漏。

浮漏四壺。熙寧間,近陽門觀浮漏,沈括上議。

求壺,度壺,複壺,建壺。

晷漏四法。薛季宣言。

銅壺,香篆,圭表,輥彈。

刻漏四家。

何承天,朱史,宋景,唐《刻漏經》。

清·張英等《淵鑑類函》卷三六九《儀飾部三》

刻漏一

原《説文》曰:漏以銅盛水,刻節,晝夜百刻。增《玉海》曰:黄帝創觀漏水,制器取則,以分晝夜,其後因以命官。《周禮》挈壺氏則其職也。又曰:堯分命羲仲令居治東方,於日晝夜中分,刻漏正等,天星朱鳥,南方七宿合昏畢見,以此天之時候調正仲春之氣。原《周官》曰:挈壺氏掌壺,皆以水火守之,分以日夜。及冬,則以火爨鼎水而沸之,而沃之。鄭玄注曰:冬水凍,故以火炊水沸以沃之。謂沃漏也。又曰:凡軍事,懸壺以序聚㰁。懸壺以爲漏也,以次序更聚擊㰁備守,以警夜。增《詩序》曰:《東方未明》,刺無節也。朝廷興居無節,號令不時,挈壺氏不能掌其職焉。《漢書·前歷志》曰:公孫卿奏議造漢歷,立晷儀,下漏刻,以追二十八宿相距於四方。《漢·禮儀志》曰:夜漏未盡七刻,鐘鳴受賀。《後漢·律歷志》曰:和帝永平十四年,太史霍融上言:官漏刻率九日增減一刻,不與天相應,或時至差二刻半,不如夏歷密。乃詔用夏歷漏刻,隨日南北爲長短。原邯酈《五經析疑》曰：漢制又以先冬至三日晝、冬至後三日晝漏四十五刻，夜五十五刻，先夏至三日晝、夏至後三日晝漏六十五刻，夜三十五刻。衛宏《漢舊儀》曰：夜漏起宮門之外，衛士擊刁斗以傳五夜，皇城之內，衛士周廬擊木柝，護呼備水火。按五夜：甲夜、乙夜、丙夜、丁夜、戊夜也。宋《元嘉起居注》曰：以日出入定晝夜，冬至晝四十刻，夏至夜亦宜四十刻，夏至晝六十刻，冬至夜亦宜六十刻，春秋分晝夜各五十刻。今減夜限日出前、日入後昏明際各二刻半以益晝，夏至晝六十五刻，冬至晝四十五刻，二分晝五十五刻而已。增《宋志》曰：元嘉二十五年，何承天奏：今既改用《元嘉曆》，漏刻與先不同，宜應改革。按《景初曆》春分日長，秋分日短，相承所用漏刻，冬至後晝漏率長於冬至前。且長短增減，進退無漸，非惟先法不精，亦各傳寫謬誤。今二至二分，各據其正。則至之前後，無復差異。更增損舊刻，參以晷影，刪定爲經，改用二十五箭。請臺勒漏郎將考驗施用。從之。原梁《漏刻經》曰：漏刻之作，蓋肇於軒轅之日，宣乎夏商之代。又云：至冬至晝漏四十五刻，冬至之後日長，九日加一刻，以至夏至，晝漏六十五刻，夏至之後日短，九日減一刻。或秦之遺法，漢代施用。增《通典》曰：梁天監六年，以舊漏乖舛，勅員外郎祖常制之。漏刻成，太子中舍人陸倕爲文焉。《隋・天文志》曰：刻漏者，測天地、正儀象之本也。陳文帝天嘉中，亦命舍人牛史造漏，依古百刻爲法。周、齊因循魏漏。晉、宋、梁大同，竝以百刻分於晝夜。隋初，用周朝尹公正、馬顯、祖暅所造漏經。至開皇十四年，鄜州司馬袁充上晷影漏刻，以景平儀，均布十二辰，立表，隨日影所指辰刻，以驗漏水之節。十二辰刻互有多少，時正前後，刻亦不同。其二至二分用箭辰刻之法，令列之。袁充素不曉渾天黄道去極之數，其於施用，未爲精密。十七年，張胄元用後魏渾天鐵儀，測知春秋二分，日出卯酉之北，不正當中，何承天所測頗同。仁壽四年，劉焯上《皇極曆》。胄元及焯漏刻，竝不施行，然其法制著在曆術，最爲詳密。大業初，耿詢作古欹器，以漏水注之，獻於煬帝。善之。唐《車服志》曰：太極殿前刻漏所，亦以左契給之，右以授承天門監門，晝夜勘合，然後鳴鼓。唐曆制曰：《大衍曆》五曰步軌漏術，陟降率，漏刻，冬至降七十八，二十七刻二百三十分，至大雪陟七十八，二十七刻百三十五分，陟降不等，皆以三日爲限。各置初日陟降率，依限次損益之。二至各於其地下水漏，以定當處晝夜刻數，乃相減，爲冬夏至差刻。半之，以加減二至晝夜刻數，爲定春秋分初日晝夜刻數。乃置每氣消息定數。《宋會要》曰：漏刻之法有水秤，以木爲衡，衡上刻疏之，曰天河，其廣長容水箭。箭有四，以木爲之，長三尺有五寸，著時刻更點，納於天河中，晝夜更用之。又曰：天聖八年，燕肅上《蓮花漏法》，其制琢石爲四分之壺，剡木爲四分之箭，以測十二辰、二十四氣，四隅十干洎百刻，分布晝夜，成四十八箭。其箭一氣一易，二十四氣各有晝夜，故四十八箭。又爲水匱，置銅渴烏，引水下注銅荷中，插石壺旁，銅荷承水，自荷茄中溜瀉入壺，壺上當中爲金蓮華覆之，華心有竅，容箭下插，箭首與蓮心平。渴烏漏下，水入壺一分，浮箭上湧一分，至於登刻盈時皆如之。《續文獻通考》曰：元燈漏之制，高丈有七尺，架以金爲之。其曲梁之上，中設雲珠，左日右月。雲珠之下復懸一珠。梁之兩端飾以龍首，張吻轉目，可以審平水之緩急。中梁之上有戲珠龍二，隨珠俛仰，又可以察準水之均調。凡此皆非徒設也。燈毬雜以金寶爲之。內分四層，上環布四神，旋當日月參辰之所在，左轉日一週，次爲龍虎鳥龜之象，各居其方，依刻跳躍，鐃鳴以應於內。又次週分百刻，上列十二神，各執時牌，至其時四門通報，又一人當門內，常以手指其刻數。下四隅，鐘鼓鉦鐃各一人，一刻鳴鐘，二刻鼓，三鉦，四鐃。初正皆如是。其機發隱於櫃中，以水激之。

刻漏二

增《東方朔別傳》曰：武帝常飲酎，以八月九月中，禾稼盛熟，夜微行，漏下水十刻乃出。原後漢張衡《漏水轉渾天儀制》曰：以銅爲器，再疊差置，實以清水，下各開孔。以玉虬吐漏水，入兩壺，右爲夜，左爲晝。殷夔《漏刻法》曰：爲器三重，圓皆徑尺。差立於方輿踟蹰之上，漏水皆於器下，爲金龍口吐水，轉注入踟蹰經緯之中，流於衡渠之下，蓋上鑄金人爲司辰，具衣冠，以兩手執箭。《東觀漢記》曰：樊楚每當直事，常晨駐車待漏。《吴録》曰：吴範，善占候，知風氣。關羽將降孫權，問範，範曰：期明日中。權立表下漏以待之。及中不至，權問其故，範曰：未正中。頃之，有風動帷，範曰：羽至矣。外稱萬歲，傳言得羽矣。增蕭子雲《東宫雜記》曰：梁天監六年，上造新漏，以臺舊漏給官，漏銘云：咸和七年會稽山陰令魏丕造。即會稽内史王舒所獻漏也。《齊書》曰：武帝時，内宫深隱，不聞端門鼓漏聲，置鐘於景陽樓上，應五鼓及三鼓。宫人聞鐘聲，早起粧飾。《後魏書》曰：自魏初大將行兵，長孫嵩拒宋武，奚斤征河南，俱給刻漏。《隋書》曰：隋文帝每雞人伺漏傳籤於殿中者，令投籤於階石上，鎗然有聲，云吾雖得眠，亦令驚覺。又曰：隋煬帝造馬上刻漏，以從行辨時刻，揆日晷。又曰：耿詢作馬上刻漏，世稱其妙。煬帝即位，進古欹器，帝善之。又曰：宇文愷作候影分箭上水方器，置於東都乾陽殿前鼓下司晨。《唐書》曰：拂菻國樓中懸一大金秤，以金丸十二枚屬於衡端，以候日之十二時。又爲一金人立於側，每至一時，其金丸輒落，鏗然發聲引唱，以紀時日，毫釐無失。又曰：德宗延英殿召對，雖大臣率漏下二三刻止。韋渠牟每奏事，輒五六刻乃罷。又曰：憲宗延英議論，漏下率五六刻方退。《唐國史補》曰：越僧僧徹得蓮花漏於廬山，傳江西觀察使韋丹。初，惠遠以山中不知更漏，乃取銅葉製器，狀如蓮花，置水盆上，底孔漏水，半之則沉，每晝夜十二沉爲行道之節。《高僧傳》曰：釋慧要尤長巧思。山中無刻漏，乃於泉水中立十二葉芙蓉，因流波轉，以定十二時，晷景無差。《元文類》曰：郭守敬於世祖朝進七寶燈漏，大明殿每朝會，張設之。其中鐘鼓，皆應時自鳴。

刻漏三

原權器。衡渠。李蘭《漏刻法》曰：以器貯水，以銅爲渴烏，狀如鉤曲，以引器中水，於銀龍口中吐入權器，漏水一升，秤重一斤，時經一刻。下詳刻漏二。流珠。把箭。李蘭《刻漏法》曰：以玉壺玉管流珠馬上奔馳行漏。流珠，水銀別名。張衡《漏水轉渾天儀制》曰：以左手把箭，右手指刻，以別天時早晚。司辰。典刻。殷夔《漏刻法》曰：自午至子，亦五十刻，壺口上有蓋，其中水浮載箭出於蓋，蓋上鑄金人爲司辰。桓譚《新論》曰：余爲郎，典刻漏，燥濕寒温，旋轉異度，有昏明晝夜，參以晷景。銅史。金徒。《晉起居注》曰：孝武太元十二年，有司奏：儲宮初建，未有漏刻，宜參詳永安宮銅漏刻，置漏刻史。張衡《漏水制》曰：鑄金仙人，居左壺，爲金胥徒，居右壺。三鼓。一鐘。衛宏《漢舊儀》曰：立夏立秋晝六十二刻，夏至晝六十五刻。夜漏不盡五刻，擊五鼓，夜漏不盡三刻，擊三鼓。酈道元《水經注》曰：洛陽金墉城東門曰含春門，北有退門，城上四面列觀，五十步睥睨。居室置一鐘，以和漏鼓也。增傳點。報程。唐李義山詩曰：玉壺傳點咽銅龍。唐詩：鄆籤報水程。鄆籤，即漏籤也，舟中所用，以分時者。滴花。催曉。唐温庭筠詩曰：丁丁暖漏滴花叢。唐杜甫詩曰：五夜漏聲催曉箭。四分箭。五斗瓶。上詳刻漏二。宋蘇東坡《徐州蓮花漏記》曰：天地之寒暑，日月之晦明，混淪旁薄于八十三萬七千里之外，而不能逃三尺之箭，五斗之瓶。女史星。挈壺氏。《天文要集》曰：女史一星在柱下西北，女史轉漏動靜。下詳刻漏一。仙叟秉矢。玉女捧籌。漢王褒《洛都賦》曰：挈壺司刻，漏樽瀉流。仙叟秉矢，隨水沉浮。指日命分，應則唱籌。《續資治通鑑》曰：元至正中，順帝自制宮漏，高六七尺，廣半之，造木爲匱，藏壺其中，運水上下。匱上設三聖殿，匱腰立玉女捧時刻籌，時至，輒浮水而上。左右二金甲神，一懸鐘，一懸鉦，夜則神人自能按更而擊，無分毫差。鳴鐘鉦時，獅鳳在側者，皆自翔舞。匱之東西有日月宮，飛仙六人立宮前，遇子午時自能耦進，度仙橋，達三聖殿，復退立如前。其精巧絶出人意，皆前所未有。金狄守更。瓊籤報曙。唐李商隐詩曰：玉童收夜鑰，金狄守更籌。唐温庭筠詩曰：唯恐瓊籤報天曙。廬山蓮花。泉水芙蓉。俱詳刻漏二。

刻漏四

增玉虬。金龍。俱詳刻漏二。銅鉢。《文獻通考》曰：隋大業行漏車，制同鐘、鼓樓而大，設刻漏如桶。衡首垂銅鉢，末有鉢象。漆櫃貯水，渴烏注水入鉢中。牙牌。《東京夢華録》曰：大慶殿庭設兩樓，上有太史局，保章正測驗刻漏，逐時刻執牙牌奏。唱漏。《唐六典》曰：隋置漏刻生，掌習漏刻之節，以時唱漏。唐因之。稱漏。《小學紺珠》曰：古今刻漏之法有二，曰浮漏，曰稱漏。螭漏。《文獻通考》曰：宋司天臺主螭漏。蓮漏。詳刻漏二。輥彈。《小學紺珠》曰：薛季宣云，今之爲晷漏者，其法有四：銅壺、香篆、圭表、輥彈。浮箭。又曰：四刻漏曰：浮箭、秤、沉箭、不息。元祐初，蘇頌製。分晝夜。測天地。俱詳刻漏一。金丸候日。詳刻漏三。渴烏引水。詳刻漏一。原董賢傳漏。《漢書》曰：董賢隨太子官爲郎，傳漏殿下，爲人美麗自喜。哀帝望見，悦其儀貌，拜爲黄門郎。孫權立表。詳刻漏二。增張蒼循古。《隋志》曰：漢張蒼因循古制，猶多踈濶。霍融用夏。詳刻漏一。原孔壺爲漏，浮箭爲刻。《後漢書・律歷志》曰：孔壺爲漏，浮箭爲刻，下漏數刻，以考中星，昏明生焉。增燒燭知夜，刻燭斂更。《歲時廣記》云云。原夜漏鼓鳴，晝漏鐘鳴。漢《雜事》曰：鼓以動衆。夜漏鼓鳴則起，晝漏壺乾，鐘鳴則息。增每刻擊鼓，每辰撞鐘。唐開元中，詔僧一行與梁丘瓚立二木人於地上，前置鐘樓，每刻自然擊鼓，每辰自然撞鐘。又《會要》曰：張思訓所作木儀，起爲樓臺之狀，以木人摇鈴、撞鐘、擊鼓，十二辰自執時牌循環而出。原冬晝四十一刻春夜五十四刻。《漢書》舊儀曰：冬至晝四十一刻，後九日加一刻，至立春晝四十六刻，夜五十四刻。增元嘉二十五箭，蓮花四十八箭。詳刻漏一。原金壺。銀箭。唐李白詩曰：銀箭金壺漏水多。銅渾設象。玉漏授時。增難經百刻。《小學紺珠》曰：難經百刻圖。昏禮三商。又曰：《尚書緯》謂刻爲商。又注：《士昏禮目録》云：日入三商爲昏。原分以陰陽，明晦之時不忒。賾其晝夜，短長之數無逃。陰陽雖微，天地之情可見；風雨如晦，日夜之度不迷。苟昏曉過度，致盈縮之差，則寢興失時，有顛倒之刺。

清・梅文鼎《大統曆志》卷二　里差刻漏

北京北極出地四十度九十五分。寔測半弧背。

二至黄赤道内外度二十三度九十分。寔測半弧背。

二至黄赤道内外半弧弦二十三度七十一分。又爲黄赤道大勾，又爲小三斜中弦。

北京二至出入差股一十五度二十九分。又爲小三斜中股，又爲小股。

二至出入差半弧弦一十九度八十七分。又爲小弦。

二至出入差半弧背一十九度九十六分一十四秒。

度差八十四分一十九秒。

冬至去極一百一十五度二十一分七十三秒。

夏至去極六十七度四十一分一十三秒。

夏至晝冬至夜六十一刻八十四分。

冬至晝夏至夜三十八刻一十六分。

求二至差股及出入差。術曰：置所測北極出地四十度九十五分爲半弧背，以前割圓弧矢法，推得出地半弧弦三十九度二十六分，爲大三斜中股。置測到二至黃赤道内外度二十三度九十分，爲半弧背，以前法推得内外半弧弦二十三度七十一分。又爲黃赤道大勾，大小三斜弦。置内外半弧弦自之爲勾羃，周天半徑自之爲弦羃，二羃相減，開方得股。以股轉減周天半徑，得餘四度八十一分，爲二至出入矢，即黃赤道内外矢。夏至日南至地平七十四度二十六分半，爲半弧背，求得日下至地半弧弦五十八度四十五分。半圓徑六十〇度八十七分半，爲大三斜中弦。置大三斜中股三十九度二十六分，以二至内外半弧弦二十三度七十一分乘之爲寔，以半徑六十〇度八十七分半爲法，除之，得一十五度二十九分，爲小三斜中股。又爲小股。置小三斜中股一十五度二十九分，去減日下至地半弧弦五十八度四十五分，餘四十三度一十六分，爲大股。以出入矢四度八十一分，去減半徑六十〇度八十七分半，餘五十六度〇六分半，爲大股法。置大股弦，以小股一十五度一九乘之爲寔，大股四十三度一六爲法，除寔，得一十九度八十七分，爲小弦，即爲二至出入差半弧弦。置二至出入差半弧弦，依法求到二至出入差半弧背一十九度九十六分一十四秒。置二至出入差半弧背一十九度九六一四，以二至黃赤道内外半弧弦二十三度七十一分除之，得八十四分一十九秒，爲度差分。

求黃道每度晝夜刻。術曰：置所求每度黃赤道内外半弧弦，以二至出入差半弧背乘之爲寔，二至黃赤道内外半弧弦爲法，除之，爲所求每度出入差半弧背。又術：置黃赤道内外半弧弦，以度差八十四分一十九秒乘之，亦得出入差半弧背。置周天半徑，内減所求黃赤道内外矢。又術：以赤黃道内外矢倍之，以減周天全徑，餘數三因加一度，爲日行百刻，度亦同。置每度出入半弧背，以百刻乘之爲實，日行百刻度爲法除之，得數爲出入差刻。置二十五刻，以出入差刻黃道在赤道内加之，在赤道外減之，得數爲半晝刻，倍之，爲晝刻，以減百刻，爲夜刻。

如求冬至後四十四度晝夜刻，術曰：置所求冬至後四十四度，黃赤道内外半弧弦一十七度二十五分六十九秒。又爲黃赤道小弧弦，前立成中敘之。以二至出入差半弧背一十九度九十六分一十四秒乘之爲寔，以二至黃赤道内外半弧弦二十三度七十一分爲法，除之，得一十四度五十二分八十五秒，爲所求出入半弦背。又法：置黃赤道内外半弧弦一十七度二五六九，以度差〇度八四一九乘之，亦得一十四度五二八五爲出入半弧背。置周天半徑六十〇度八七五，以四十四度黃赤道内外矢二度五十一分八十一秒，又爲赤道二弦差，前條立成中貶之。減之，餘五十八度三十五分六十九秒，即赤道小弦。倍之，得一百一十六度七十一分三十八秒。三因之加一度，得三百五十一度一十四分一十四秒，爲日行百刻度。又術：倍黃赤道内外矢得五度〇三分六十二秒，以減周天全徑一百二十一度七十五分，亦得一百一十六度七十一分三十八秒，三因加一，爲日行百刻度，並同。置出入半弧背一十四度五十二分八十五秒，以百刻乘之爲寔，以日行百刻度三百五十一度一十四分一十四秒爲法，除之，得四刻一十三分七十五秒，爲出入差刻。置二十五刻，以出入差刻四刻一十三分七十五秒減之，因冬至後四十四度黃道在赤道外，故減。餘二十〇刻八十六分二十五秒，爲半晝刻，倍之，得四十一刻七十二分半，爲晝刻。以晝刻減百刻，餘五十八刻一十七分半，爲夜刻。又術：置出入差刻四刻一十三分七十五秒，倍之，得八刻二十七分半，以減春秋分晝夜五十刻，得四十一刻七十二分半，爲晝刻。以倍刻加五十刻，得五十八刻二十七分半，爲夜刻。晝減故夜加，餘倣此。

清·梅文鼎《大統曆志》卷六 又按，《大衍曆》有九服交食法。《庚午元曆》有里差。自宋以前，曆皆有晷漏所在差數。今所定只據《授時曆經》所載大都食法，其日出入據立成所載，或是順天漏刻也，餘處再消息之。

清·梅文鼎《曆算全書》卷二二《曆學駢枝卷二》 又按，《大衍曆》有九服交食法。庚午元曆有里差。自宋以前，曆法皆有晷漏所在差數。今所定只據《授時曆經》所載大都食法，其日出入據立成所載，蓋是應天漏刻也。元統作《通軌》，是洪武中，故用南都漏刻。《授時》立法時宜有諸方漏刻及里差推步之術，今皆失傳，故只據《通軌》。

清·梅文鼎《曆算全書》卷四四《方程論卷五·測量》 凡測量之法，有測器，又有水漏，則雖陰雲，可以所見者得其度。若但有測器而無水漏，可以所見兩星之距度取之，如前所列陰雲不知宿度之法是也。乃又無測器而但據目見，則當以宿度取之。蓋宿有一定之度，借以爲兩星之和度、較度，因所知以求不知，此則方程之法，可爲測量者助也。至於諸星行率，古今曆術不同，學者通其意，無拘其數焉其可。

清・陳元龍《格致鏡原》卷一《乾象類一》 刻漏。《羣書考索》：歲三百有六旬有六日，而日之長短參差不齊，於是先王刻箭沃漏以揆之。故《隋志》曰：黄帝創觀漏水，制器取則，以分晝夜，則漏刻之制蓋始於黄帝。其後因以命官，《周禮》挈壺氏則其職也。羅頎《物原》：軒轅始造刻漏，周公始分更點。《隋・天文志》：刻漏者，測天地正儀象之本也。《後漢書・律曆志》：孔壺爲漏，浮箭爲刻，下漏數刻，以考中星，昏明生焉。《説文》：漏以銅盛水，刻節，晝夜百刻。《正義》：置箭壺内，刻以爲節，而浮之水上，令水漏而刻下，以記晝夜昏明之數也。《周禮》：挈壺氏，凡軍事，懸壺以序聚欜，以水火守之，分以日夜。及冬則以火爨鼎水而沸之，而沃之。鄭玄注：水以均晷刻之多少，火以燭其漏刻之遷易。又以水守壺者，爲沃漏也。以火守壺者，夜視刻數也。分以日夜者，以晝夜漏也。又冬水凍，漏不下，故以火𤇯水沸以沃之。《隋志》：《周禮》挈壺氏，其法總以百刻分於晝夜，冬至晝漏四十刻，夜漏六十刻，夏至晝漏六十刻，夜漏四十刻，春秋二分晝夜各五十刻。凡有四十八箭。晝有朝、有禺、有中、有晡、有夕，夜有甲、乙、丙、丁、戊，昏旦有星中，每箭各有其數，所以分時代守。《羣書考索》：漢興，因循古制，武帝所用之法，二至之後，九日而增損一刻。司馬彪《續漢書》：和帝時，霍融上言：漏刻率九日增減一等，不與天相應，不如夏曆合晷景，刻漏四十八箭。晷景爲刻，少所違失。張衡《漏水轉渾天儀制》：以銅爲器，再疊差置，實以清水，下各開孔。以玉虯吐漏水入兩壺，右爲夜，左爲晝。鑄金銅仙人居左壺，爲金胥徒居右壺。殷夔《漏刻法》：爲器三重，圓皆徑尺，差立于方輿踟躕之上，爲金龍口吐水，轉注入踟躕經緯之中，流於衡渠之下。壺上有蓋，蓋上鑄金人爲司辰，具衣冠，以兩手執箭。後魏李蘭《漏刻法》：以器貯水，以銅爲渴烏，狀如鉤曲，以引器中水，於銀龍口中吐入權器，漏水一升，稱重一觔，時經一刻。以玉壺玉管流珠馬上奔馳行漏。流珠者，水銀之别名。李肇《國史補》：越僧僧徹得蓮花漏于廬山，傳之江西觀察使魏丹。初，惠遠以山中不知更漏，乃取銅葉製器，狀如蓮花，置盆水上，底孔漏水，半之則沉。每晝夜十二沉，爲行道之節，雖冬夏短長，雲陰月黑，無所差也。《隋書》：隋煬帝令宇文愷造馬上刻漏以從行。又耿詢作馬上刻漏，世稱其妙。《羣書考索》：孔穎達謂，浮箭壺内以出刻爲準。賈公彦謂，漏水壺内以設刻爲度，或浮或沉，此其説之異也。古今刻漏之法有浮漏、有稱漏，或浮或稱，此其制之異也。漢夏賀良則有百二十刻之説，宋何承天則有春秋二分晝夜各五十刻之説，梁武帝大同之所改用者，則又有百八十刻之説。至於陳隋，則仍用百刻之制，此又其效之不同者也。《便覽》：唐時漏刻，晝夜百刻，一遵古制，但以鐘鼓爲節。凡孔壺爲漏，浮箭爲刻，更以擊鐘爲節，點以擊鼓爲節。而其法立有四匱，一曰夜天池，二曰日天池，三曰平壺，四曰萬分壺。又有水海浮箭，四匱注水，始自夜天池以入于日天池，自日天池入于平壺，至於萬分壺及水海，浮箭而上，以爲刻分。《宋會要》：國朝司天之屬，有挈壺正掌司辰刻，置文德殿門内之東偏，設鼓鐘樓於殿庭左右。漏刻之法，有水秤，以木爲衡，衡上刻疏之曰：天河，其廣長容水箭。箭有四木爲之，長三尺有五寸，著時刻更點，納於天河中，晝夜更用之。天聖八年，龍圖閣待制燕肅上《蓮花漏法》，其制琢石爲四分之壺，剡木爲四分之箭，以測十二辰、二十四氣、四隅十干洎百刻，分布晝夜，成四十八箭。其箭一氣一易，二十四氣各有晝夜，故四十八箭。歲統二百十六萬分，悉刻箭上。又爲水匱，置銅渴烏引水下注銅荷中，插石壺旁。銅荷承水，自荷茹中溜瀉入壺。壺上當中爲金蓮花覆之。華心有竅，容箭下插，箭首與蓮心平。渴烏漏下，水入壺一分，浮箭上湧一分，至於登刻盈時，皆如之。《羣書考索》：蘇頌在元祐時上《儀象法要》，又置刻漏四幅，一曰浮箭漏，二曰稱漏，三曰沉箭漏，四曰不息漏。使挈壺專掌時刻，與儀象互相參考，以合天星行度爲正，所以驗天數。與天運爲不差，則寒暑之氣候自正也。陶宗儀《元氏掖庭記》：元順帝自製宮漏，高六七尺，廣半之。造木爲匱，藏壺其中，運水上下。匱上設三聖殿，匱腰立玉女捧時刻籌，時至輒浮水而上。左右二金甲神，一縣鐘，一縣鉦，夜則神人自能按更而擊，無分毫差。鳴鐘鉦時，獅鳳在側，皆自翔舞。匱之東西有日月宮，飛仙六人立宮前，遇子午時自能耦進，度仙橋，達三聖殿，復退立如前。《朝鮮外集》：欽敬閣在康寧殿西，鑄銅爲山，高七尺許，置閣中，内設巧機，用玉漏水激之，使自輪轉。五雲繞日，朝夕出没。又設司辰、武士、玉女及十二神之像，每時至，武士擊鐘，玉女奉時牌而出。十二神各於方所輒自起立。時盡則玉女還入，神亦還伏，其運如神，莫測其妙。山之四面陳豳風四時之景，以爲候象授時敬天勤民之所。《唐書》：拂菻國樓中懸一大金秤，以金丸十二枚屬於衡端，以候日之十二時。又爲一金人立于側，每至一時，其丸輒落，鏗然發聲引唱，以紀日時，毫釐不差。洪邁《夷堅志》：唐宗朝有十二玉碁子，上有十二時字，用盆貯水，置於水中，逐時浮出，不差晷刻。《唐詩紀事》：段成式嘗於私第鑿池得片鐵，命尺周量之，笑而不言。實之密室，時窺之，則有金書二字，報十二時也。《高僧傳》：釋慧要尤長巧思，山中無刻漏，乃於泉水中立十二葉芙蓉，因流波轉，以定十二時，晷景無差。謝肇淛《五雜俎》：西僧利瑪竇製自鳴鐘，中設機關，每遇一時輒鳴，經歲無頃刻差訛也。

清・張廷玉等《明史》卷二五《天文志一》 崇禎二年，禮部侍郎徐光啓兼理曆法，請造象限大儀六，紀限大儀三，平懸渾儀三，交食儀一，列宿經緯天球一，萬國經緯地球一，平面日晷三，轉盤星晷三，候時鍾三，望遠鏡三。報允。已，又言：定時之法，當議者五事：一曰壺漏，二曰指南鍼，三曰表臬，四曰儀，五曰晷。

漏壺，水有新舊滑濇則遲疾異，漏管有時塞時磷則緩急異。正漏之初，必於正午初刻。此刻一誤，靡所不誤。故壺漏特以濟晨昏陰晦儀晷表臬所不及，而非定時之本。

清・張廷玉等《明史》卷三一《曆志一》 二十三年，鄭世子載堉進《聖壽萬年曆》、《律曆融通》二書。疏畧曰：「高皇帝革命時，元曆未久，氣朔未差，故不改作，但討論潤色而已。積年既久，氣朔漸差。《後漢志》言『三百年斗曆改憲』。今以萬曆爲元，而九年辛巳歲適當『斗曆改憲』之期，又協『乾元用九』之義，曆元正在是矣。臣嘗取《大統》與《授時》二曆較之，考古則氣差三日，推今則時差九刻。夫差雖九刻，處夜半之際，所差便隔一日。節氣差天一日，則置閏差一月。閏差一月，則時差一季。時差一季，則歲差一年。其失豈小小哉？蓋因《授時》減分太峻，失之先天；《大統》不減，失之後天。因和會兩家，酌取中數，立爲新率，編撰成書，大旨出於許衡，而與衡曆不同。黄鍾乃律曆本原，而舊曆罕言之。新法則以步律吕爻象爲首。堯時冬至日躔宿次，何承天推在須女十度左右，一行推在女、虚間，元人曆議亦云在女、虚之交。而《授時曆》考之，乃在牛宿二度。《大統曆》考之，乃在危宿一度。相差二十六度，皆不與《堯典》合。新法上考堯元年甲辰歲，夏至午中，日在柳宿十二度左右，冬至午中，日在女宿十度左右，心昴昏中，各去午正不逾半次，與承天、一行二家之説合。此皆與舊曆不同之大者，其餘詳見《曆議》。望敕大臣名儒參訂採用。」

【略】其議漏刻也，曰：「日月帶食出入，五星晨昏伏見，曆家設法悉因晷漏爲準。而晷漏則隨地勢南北，辰極高下爲異焉。元人都燕，其《授時曆》七曜出没之早晏，四時晝夜之永短，皆準大都晷漏。國初都金陵，《大統曆》晷漏改從南京，冬夏至相差三刻有奇。今推交食分秒，南北東西等差及五星定伏定見，皆因元人舊法，而獨改其漏刻，是以互相舛誤也。故新法晷漏，照依元舊。」

清・張廷玉等《明史》卷三三《曆志三》 里差刻漏

求二至差股及出入差。術曰：置所測北極出地四十度九十五分爲半弧背，以前割圓弧矢法，推得出地半弧弦三十九度二十六分，爲大三斜中股。置測到二至黄赤道内外度二十三度九十分爲半弧背，以前法推得内外半弧弦二十三度七十一分。又爲黄赤道大句，又爲小三斜弦。置内外半弧弦自之爲句冪，半徑自之爲弦冪，二冪相減，開方得股，以股轉減半徑，餘四度八十一分爲二至出入矢，即黄赤道内外矢。夏至日，南至地平七十四度二十六分半爲半弧背，求得日下至地半弧弦五十八度四十五分。半徑六十〇度八十七分半，爲大三斜中弦。置大三斜中股三十九度二十六分，以二至内外半弧弦二十三度七十一分乘之爲實，以半徑六十〇度八十七分半爲法除之，得一十五度二十九分，爲小三斜中股。又爲小股。置小三斜中股一十五度二十九分，去減日下至地半弧弦五十八度四十五分，餘四十三度一十六分，爲大股。以出入矢四度八十一分，去減半徑六十〇度八十七分半，餘五十六度〇六分半，爲大股弦。置大股弦，以小股一十五度二九乘之爲實，大股四十三度一六爲法除之，得一十九度八十七分爲小弦，即爲二至出入差半弧弦。置二至出入差半弧弦，依法求到二至出入差半弧背一十九度九十六分一十四秒。置二至出入差半弧背一十九度九六一四，以二至黄赤道内外半弧弦二十三度七十一分除之，得八十四分一十九秒，爲度差分。

求黄道每度晝夜刻。術曰：置所求每度黄赤道内外半弧弦，以二至出入差半弧背乘之爲實，二至黄赤道内外半弧弦爲法除之，爲每度出入差半弧背。又術：置黄赤道内外半弧弦，以度差八十四分一十九秒乘之，亦得出入差半弧背。置半徑内減黄赤道内外矢，即赤道二弦差，見前條立成。餘數倍之，又三因之，得數加一度，爲日行百刻度。又術：以黄赤道内外矢倍之，以減全徑餘數，三因加一度，爲日行百刻度，亦同。置每度出入半弧背，以百刻乘之爲實，日行百刻度爲法除之，得數爲出入差刻。置二十五刻，以出入差刻視黄道，在赤道内加之，在赤道外減之，得數爲半晝刻，倍之爲晝刻，以減百刻，爲夜刻。

如求冬至後四十四度晝夜刻。術曰：置冬至後四十四度黄赤道内外半弧弦一十七度二十五分六十九秒，又爲黄赤道小弧弦，前立成中取之。以二至出入差半弧背一十九度九十六分一十四秒乘之爲實，以二至黄赤道内外半弧弦二十三度七十一分爲法除之，得一十四度五十二分八十五秒，爲出入半弧背。又法：置黄赤道内外半弧弦一十七度二五六九，以度差〇度八四一九乘之，亦得一十四度五二八五，爲出入半弧背。置半徑六十〇度八七五，以四十四度黄赤道内外矢二度五十一分八十一秒又爲赤道二弦差，前立成中取之。減之，餘五十八度三十五分六十九秒，即赤道小弦。倍之，得一百一十六度七十一分三十八秒，三因之，加一度，得三百五十一度一十四分一十四秒，爲日行百刻度。又術：倍黄赤道内外矢得五度〇三分六十二秒，以減全徑一百二十一度七十五分，亦得一百一十六度七十一分三十八秒，三因加一度，爲日行百刻度，亦同。置出入半弧背一十四度五十二分八十五秒，以百刻乘之爲實，以日行百刻度三百五十一度一十四分一十四秒爲法除之，得四刻一十三分七十五秒，爲出入差刻。置二十五刻，以出入差刻四刻一十三分七十五秒減之，因冬至後四十四度，黄道在赤道外，故減。餘二十〇刻八十六分二十五秒，爲半晝刻。倍之得四十一刻七十二分半，爲晝刻。以晝刻減百刻，餘五十八刻二十七分半，爲夜刻。又術：置出入差刻四刻一十三分七十五秒，倍之，得八刻二十七分半，以減春秋分晝夜五十刻，得四十一刻七十二分半，爲晝刻。以倍刻加五十刻，得五十八刻二十七分半，爲夜刻。晝減故夜加，餘倣此。

清·秦蕙田《五禮通考》卷一八五《嘉禮五十八·觀象授時》《周禮》夏官挈壺氏。注：壺，盛水器也。世主挈壺水以爲漏。凡軍事，縣壺以序欜。凡喪，縣壺以代哭者，皆以水火守之，分以日夜。注：以水守壺者，爲沃漏也。以火守壺者，夜則火視刻數也。分以日夜者，異晝夜漏也。漏之箭共百刻，冬夏之間有長短焉。秋官司寤氏掌夜時，注：夜時，謂夜晚早，若今甲乙至戍。疏：此文與下爲目，故注云謂夜晚早，甲乙，則早時，戍亥，則晚時也。以星分夜，以詔夜士夜禁。注：夜士，主行夜徼候者，如今都候之屬。疏：以星分夜者，若今時觀參辰知夜早晚。是以書傳云：春昏張中可以種稷，夏大火中可以種黍菽，虚中可以種麥，冬昴中可以收斂。蓋藏彼雖非分夜以詔夜士，亦是以星知早晚之類也。

蕙田案：《素問》曰：一日一夜五分之。《漢書·西域傳》：杜欽曰：斥候士五分夜擊刁斗自守。《隋志》曰：晝有朝、有禺、有中、有晡、有夕，夜有甲、乙、丙、丁、戊，昏旦有中星。《顏氏家訓》曰：漢魏以來，謂爲甲夜、乙夜、丙夜、丁夜、戊夜，亦云一更、二更、三更、四更、五更，皆以五爲節。此鄭注甲乙至戍，戍譌作戍。賈疏遂言，戍亥非也。以星分夜者，視星移次某星中，或某星見爲甲夜、乙夜也。

《隋書·天文志》：昔黄帝創觀漏水，制器取則，以分晝夜。其後因以命官。《周禮》挈壺氏，則其職也。其法總以百刻分于晝夜，冬至晝漏四十刻，夜漏六十刻。夏至晝漏六十刻，夜漏四十刻。春秋二分，晝夜各五十刻。日未出前二刻半而明，既没後二刻半乃昏。減夜五刻以益晝漏，謂之昏旦。漏刻皆隨氣增損，冬夏二至之間，晝夜長短凡差二十刻。每差一刻爲一箭，冬至互起其首，凡有四十一箭。晝有朝、有禺、有中、有晡、有夕，夜有甲、乙、丙、丁、戊，昏旦有星中，每箭各有其數，皆所以分時代守，更其作役。漢興，張蒼因循古制，猶多踈濶。及孝武考成星術，下漏以追天度，亦未能盡其理。劉向《鴻範傳》記武帝時所用法云：冬夏二至之間一百八十餘日，晝夜差二十刻。大率二至之後，九日而增損一刻焉。至哀帝時，又改用晝夜一百二十刻，尋亦寢廢。至王莽竊位，又遵行之。光武之初，亦以百刻九日加減法編於《甲令》，爲《常符漏品》。至和帝永元十四年，霍融上言：官術率九日增減一刻，不與天相應，或時差至二刻半，不如夏術漏刻，隨日南北爲長短。乃詔用夏術漏刻，依日行黄道去極，每差二度四分爲增減一刻，凡用四十八箭。終於魏晉，相傳不改。宋何承天以月蝕所在當日之衡考驗日宿，知移舊六度。冬至之日，其影極長，測量晷度，知冬至移舊四日。前代諸漏春分晝長，秋分晝短，差過半刻，皆由氣日不正所以而然。遂議造漏法，春秋二分，昏旦晝夜漏各五十五刻。齊及梁初，因循不改。至天監六年，武帝以晝夜百刻分配十二辰，辰得八刻仍有餘分，乃以晝夜爲九十六刻，一辰有全刻八焉。至大同十年，又改用一百八刻。依《尚書考靈曜》晝夜三十六頃之數，因而三之，冬至晝漏四十八刻，夜漏六十刻。夏至晝漏七十刻，夜漏三十八刻。春秋二分晝漏六十刻，夜漏四十八刻。昏旦之數各三刻。先令祖暅爲《漏經》，皆依渾天黄道日行去極遠近爲用箭日率。陳文帝天嘉中，亦命舍人朱史造漏，依古百刻爲法。周齊因循魏漏，晉宋梁大同並以百刻分於晝夜。隋初用周朝尹公正、馬顯所造《漏經》。至開皇十四年，鄜州司馬袁充上晷影漏刻，充以短影平儀均布十二辰，立表，隨日影所指辰刻以驗漏刻之節。十二辰刻互有多少，時正前後，刻亦不同。袁充素不曉渾天黄道去極之數，苟役私智，變改舊章。其於施用，未爲精密。開皇十七年，張胄元用後魏渾天鐵儀測知春秋二分日出卯酉之北，不正當中，與何承天所測頗同，皆日出卯三刻五十五分，入酉四刻五十五分。晝漏五十刻一十分，夜漏四十九刻四十分，晝夜差六十分刻之四十。仁壽四年，劉焯上皇極術，有日行遲疾，推二十四氣，皆有盈縮定日。春秋分定日，去冬至各八十八日有奇，去夏至各九十三日有奇。二分定日，晝夜各五十刻。又依渾天黄道，驗知冬至夜漏五十九刻一百分刻之八十六，晝漏四十刻一十四分，夏至晝漏五十九刻八十六分，夜漏四十刻一十四分。冬夏二至之間，晝夜差一十九刻一百分刻之七十二。胄元及焯漏刻並不施用，然其法制皆著在算術，推驗加時，最爲詳審。大業初，取詢作古欹器，以漏水注之，獻於煬帝。帝善之，因令與宇文愷依後魏道士李蘭所修道家上法稱漏，制造稱水漏器，以充行從。又作候影分箭上水方器，置於東都乾陽殿前鼓下司辰。又作馬上漏刻，以從行辨時刻。揆日晷，下漏刻，此二者測天地正儀象之本也。晷漏沿革，今古大殊，故列其差，以補前闕。

《困學紀聞》：考《五代會要》，晉天福三年，司天臺奏《漏刻經》云：晝夜一百刻分爲十二時，每時有八刻三分之一，六十分爲一刻，一時有八刻二十分，四刻十分爲正前，十分四刻爲正後，二十分中心爲時正。上古以來，皆依此法。

沈括《晷漏議》：予占天候景，以至驗於儀象，考數下漏，凡十餘年。下漏家常患冬月水澀，夏月水利，以爲水性如此。又疑冰澌所壅，萬方理之，終不應法。予以理求之，冬至日行速，天運已朞而日已過表，故百刻而有餘。夏至日行遲，天運未朞而日已至表，故不及百刻。既得此數，然後覆求晷景漏刻，莫不脗合，此古人之所未知也。

《宋史志》：淳熙十四年，國學進士會稽石萬言：淳熙術立元非是，氣朔多差，不與天合。南渡以來，渾儀草創，不合制度，無圭表以測日景長短，無機漏以定交食加時。設欲考正其差，而太史局官尚如去年測驗太陰虧食，自一更一點還光一分，之後或一點還光二分，或一點還光三分以上，或一點還光三分以下，更點乍疾乍徐，隨影走弄，以肆欺蔽。然其差謬非獨此耳。冬至日行極南，黄道出赤道二十四度，晝極短，故四十刻，夜極長，故六十刻。夏至日行極北，黄道入赤道二十四度，晝極長，故六十刻，夜極短，故四十刻。春秋二分，黄赤二道平而晝夜等，故各五十刻。此地中古今不易之法。至王普重定刻漏，又有南北分野，冬夏晝夜長短三刻之差。今淳熙術皆不然。冬至晝四十刻極短，夜六十刻極長，乃在大雪前二日，所差一氣以上。自冬至之後晝當漸長，夜當漸短。今過小雪晝猶四十刻，夜猶六十刻，所差七日有餘。夏至晝六十刻極長，夜四十刻極短，乃在芒種前一日，所差亦一氣以上。自夏至之後晝當漸短，夜當漸長。今過小暑，晝猶六十刻，夜猶四十刻，所差亦七日有餘。及晝夜各五十刻，又不在春分秋分之下。至於日之出入，人視之以爲晝夜，其長短有漸，不可得而急與遲也。今日之出入增減一刻，近或五日，遠或三四十日，而一急一遲，與日行常度無不合者。請考正淳熙法之差，俾之上不違於天時，下不違於人事。送秘書省、禮部詳之。《明史·天文志》：崇禎二年，禮部侍郎徐光啓兼理曆法，請造象限大儀六，紀限大儀三，平懸渾儀三，交食儀一，列宿經緯天球一，萬國經緯地球一，平面日晷三，轉盤星晷三，候時鍾三，望遠鏡三。報允已，又言：定時之法，當議者五事，一曰壺漏，二曰指南鍼，三曰表臬，四曰儀，五曰晷。漏壺水有新舊滑濇則遲疾異，漏管有時塞時磷則緩急異。正漏之初，必於正午初刻。此刻一誤，靡所不誤。故壺漏特以濟晨昏陰晦儀晷表臬所不及，而非定時之本。指南鍼，術人用以定南北，辨方正位咸取則焉。然鍼非指正子午，曩云多偏丙午之間。以法考之，各地不同。在京師則偏東五度四十分。若憑以造晷，冬至午正先天一刻四十四分有奇，夏至午正先天五十一分有奇。若表臬者，即《考工》匠人置槷之法，識日出入之影，參諸日中之影，以正方位。今法置小表於地平，午正前後累測日影，以求相等之兩長影爲東西，因得中間最短之影爲正子午，其術簡甚。儀者，本臺故有立運儀，測驗七政高度。臣用以較定子午，於午前屢測太陽高度，因最高之度，即得最短之影，是爲南北正線。既定子午卯酉之正線，因以法分布時刻，加入節氣諸線，即成平面日晷。又今所用員石欹晷，是爲赤道晷，亦用所得正子午線較定。此二晷皆可得天之正時刻，所爲晝測日也。若測星之晷，實《周禮》夜考極星之法。然古時北極星正當不動之處，今時久漸移，已去不動處三度有奇，舊法不可復用。故用重盤星晷，上書時刻，下書節氣，仰測近極二星，即得時刻，所謂夜測星也。七年，督修曆法右參政李天經言：輔臣光啓言定時之法，古有壺漏，近有輪鐘，二者皆由人力遷就，不如求端於日星，以天合天，乃爲本法。特請製日晷、星晷、望遠鏡三器。臣奉命接管，敢先言其略。日晷者，礱石爲平面，界節氣十三線，內冬夏二至各一線，其餘日行相等之節氣，皆兩節氣同一線也。平面之周列時刻線，以各節氣太陽出入爲限。又依京師北極出地度，範爲三角銅表置其中。表體之全影指時刻，表中之鋭影指節氣。此日晷之大略也。星晷者，治銅爲柱，上安重盤。内盤鐫周天度數，列十二宫以分節氣。外盤鐫列時刻，中横刻一縫，用以窺星。法將外盤子正初刻移對内盤節氣，乃轉移銅盤，北望帝星與勾陳大星，使兩星同見縫中，即視盤面鋭表所指，爲正時刻。此星晷之大略也。若夫望遠鏡，亦名窺筩，其製虚管層疊相套，使可伸縮，兩端俱用玻璃，隨所視物之遠近以爲長短。不但可以窺天象，且能攝數里外物如在目前。至於日晷、星晷皆用措置得宜，必須築臺，以便安放。《新法算引》：太陽在地平上，人目可得而覩，謂之晝。太陽漸隱地平之下，人目無見，則謂之夜。是晝夜者，全由人居以分，隨方極出地若干。隨時。太陽躔某宫。其晝夜刻分皆可依法推算焉。然而法算與目見恒異，蓋太陽體大，算法皆以體心出地爲晝始，而人目以一見日輪即爲晝始。又日出没升降度有斜正不同，又地平各曜出没之界受清蒙氣有變，凡此皆非人目能辨，故術家立有視差法也。一晝一夜平分爲十二時，時各八刻，一日十二時共刻九十有六，此恒率也。其晝夜永短，遞遷之故，則不但日行南陸北陸不同而已，亦由北極出地高卑互異而永短因焉。如赤道正過天頂之地，兩極合於地平，其晝夜均停，絶無永短。又極在天頂，赤道與地平平行，其下晝夜亦無長短之較，但太陽百八十日恒見，百八十日恒隱耳。此外諸方各有永短，顧其一歲之中晝夜均停者四日。握算者引而伸之，據四日之一日逐漸加減，因得九十日之晝夜長短，隨可以推終歲之數也。晨昏者，分晝分夜之二界也。太陽將出未出數刻之前，其光東發，星光漸爲所奪，是名爲晨。太陽已入，廻光返照，亦經數刻始逌然滅盡，是名爲昏。其久暫分數亦因冬夏而分短長。新法以日在地平下十八度内爲晨昏之限，但太陽行此十八度又各方各宫不等，因有五刻、七刻、十刻之别。若論極高七十二度以上之度，則夏月晨昏相切，雖至丙夜，無甚黯黑也。

《欽定協紀辨方書》：日出入之早晚，晝夜永短所由分也。而早晚之故有二，一由於日行之内外，一由於人居之南北。蓋日行黄道，與赤道斜交。春秋分，日行正當交點，與地平交於卯酉也。平上下之度相等，故晝夜適均。春分以後，日行赤道内，至夏至而極，其距等圈與地平交於寅戌，地平上下之度上多下少，故晝長夜短。秋分以後，日行赤道外，至冬至而極，其距等圈與地平交於辰申，地平上下之度上少下多，故晝短夜長。二分前後，距交不遠，黄道勢斜則緯行疾，故數日而差一刻。二至前後，黄道勢平則緯行遲，故半月而差一刻。此由日行之内外而生者也。至於人居有南北，則北極出地有高下，於是見日之出入早晚隨地不同。中國在赤道北，北極出地上，南極出地下，故夏晝長，冬晝短。自京而北，北極愈高，則永短之差愈多。至於北極之下，則赤道當地平，夏則有晝而無夜，冬則有夜而無晝，蓋以半年爲晝，半年爲夜矣。所居之地愈南，北極漸低，則永短之差漸少。至於赤道之下，則兩極當地平，而晝夜常均矣。赤道以南與北相反，此由人居之南北而生者也。

朦影者，古所謂晨昏分也。太陽未出之先，已入之後，距地平下一十八度皆有光，故以十八度爲朦影限。然十八度同也，而時刻則隨時隨地不同。隨時不同者，天度使然也。蓋十八度者，大圈之度也。赤道亦爲大圈，其度濶，自赤道而南北皆距等圈，其度狹。近二分者，以濶度當濶度，故刻分少。近二至者，以狹度當濶度，故刻分多也。隨地不同者，地南則赤道距天頂近，太陽正升正降，其度徑。地北則赤道距天頂遠，太陽斜升斜降，其度紆。故愈北則朦影之刻分愈多，愈南則朦影之刻分愈少也。若夫北極出地四十八度半以上，則夏至之夜半猶有光，愈北則愈不夜矣。南至赤道下則二分之刻分極少，而二至之刻分相等，赤道以南反是。

顧氏炎武曰：術家有大刻，有小刻，初一、初二、初三、初四，正一、正二、正三、正四，謂之大刻。合一日計之，得九十六刻。其不盡者，置一初初於初一之上，置一正初於正一之上，謂之小刻，每刻止當大刻六分之一。合一日計之，爲初初者十二，爲正初者十二，又得四大刻，合前爲百刻。宋王逵《蠡海集》言：百刻之説，每刻分爲六十分，百刻共得六千分，散于十二時，每時得五百分，如此則一時占八刻零二十分。將八刻截作初正各四刻，却將二十分零數分作初初、正初微刻，各一十分也。《周禮》挈壺氏注：漏箭，晝夜共百刻。《禮記·樂記》：百度得數而有常。注：百度，百刻也。《靈樞經》：漏水下百刻以分晝夜。《説文》：漏以銅受水，刻節，晝夜百刻。《五代史·馬重績傳》：重績言漏刻之法，以中星考晝夜爲一百刻。八刻六十分刻之二十爲一時，時以四刻十分爲正，此自古所用也，今失其傳。以午正爲時始，下侵未四刻十分而爲午，由是晝夜昏曉，皆失其正，請依古改正。從之。《玉海》：每時初行一刻，至四刻六分之一爲時正，終八刻三分之一則交入次時。《國史志》：每時八刻二十分，每刻一擊鼓，八鼓後進時牌。餘二十分爲雞唱。唱絶，擊一十五鼓爲時正。

李氏光地曰：今日用九十六刻，蓋得易之真數，八卦六爻互相乘之數也。

蕙田案：古刻法晝夜共百刻，每刻六分之爲六小刻，每小刻又十分之，故晝夜六千刻，每刻六十分也。其散於十二辰，每一辰四大刻二小刻，共得五百分。漢建平中，改百刻爲百二十刻。若不改分，則五十分爲一刻，十刻爲一辰也。梁天監中，改用整刻九十六。若不改分，則每刻得六十二分有半。二法皆不若古用八大刻二小刻之密。回回晝夜刻法亦用整刻九十六，每一辰八整刻，而以四刻爲一小時，猶夫古法之有初初、初一、初二、初三、初四，正初、正一、正二、正三、正四也。每小時六十分，猶夫古法每刻六十分之意，而變用之也。其度法有初度，有一度，亦猶古法有初初、初一、正初、正一也。周天用三百六十度，亦猶晝夜三十六頃之説也。今歐邏巴刻法悉同回回。

清·戴震《經考》卷四　異晝夜漏

王應麟曰：漏刻之法，晝夜百刻。易氏祓云：十二時，每時八刻二十分，每刻六十分。王昭禹云：寅、申、巳、亥、子、午、卯、酉，八時各八刻。辰、戌、丑、未，四時各九刻。愚謂易氏之説，與古法合。馬融以昏明爲限，鄭康成以日出入爲限，有五刻之差。蔡邕以星見爲夜，日入後三刻，日出前三刻，皆屬晝。鄭與蔡校一刻。王伯照云：晝夜長短以岳臺爲定，九服之地與岳臺不同，則易箭之日亦皆少差。

按：晝夜永短，隨地之南北不同。漸北則夏永者益永，冬短者益短。以至於北極下，半年爲晝，半年爲夜矣。漸南則夏永者漸減，而冬短者漸增。以至於赤道下，一歲恒如春秋分，無復永短矣。言其近者，南北萬裏而永短即殊。因其北極高下不同，可以推算知之也。

又按：古漏刻之法，晝夜百刻，每一刻爲六十分，以十分爲一小刻，分隸十二辰，每一辰八大刻，二小刻。梁天監中改用九十六刻，每一辰惟八刻，始變古法，旋廢不用。今歐邏巴以晝夜爲二十四小時，一小時四刻，合之凡九十六刻，蓋本於梁天監中所改者耳。

清·錢塘《溉亭述古録》卷一　《堯典》中星漏刻解

中星者，距日前後之星也。晝夜有永短，則漏刻有進退，而昏明中星去日之度亦殊。故言中星，必推漏刻。知漏刻，而南方正中之爲何星，可得而定矣。釋《堯典》中星言漏刻者二家，馬季長也，鄭康成也。二家於晝夜適均之漏，同爲五十刻。其長短之極，馬氏以六十刻爲最長，四十刻爲最短。而鄭氏最長僅有五十五刻，最短乃有四十五刻。孔仲達據歷家之術，益晝漏昏明五刻，因以馬氏所言爲不易之法，而斥鄭爲妄。於乎！烏知鄭固未嘗妄乎？漏刻隨地之南北而差，九服之地，漏刻同者，唯二分爲然。日之出入正中，人之所見無異也。至其餘月，日行有南北，而人之見其出入，又有早晏。于是日永日短之中，又有漏刻之不齊焉。故地近南，則晝夜漸平；地近北，則晝夜絶遠，固其理也。古歷昏明中星，冬至去日八十二度，春秋分百度，夏至百一十八度，率一氣差三度，九日差一刻，此地處南北正中之度也。馬氏所言漏刻，即本此術。以每日百刻周天三百六十度立算，冬至晝四十刻，加昏明五刻。天行一百六十三度，中之得八十一度。夏至晝六十刻，加昏明五刻。天行二百三十四度，半之得一百十七度。春秋分晝五十刻，加昏明五刻。天行百九十八度，半之得九十九度。各于算外得星，此四率比例法。而未及乎南北之差，蓋其説已略矣。唐世造《大衍曆》，援以爲歲差之證，謂堯時冬至日在虚一度，則春分昏張一度中，秋分虚九度中，冬至胃二度中，昴距星直午正之東十二度，未中。夏至尾十一度中，心後星直午正之西十二度。過中。四序進退，不離午正間。然二至中星既東西十二度，則其星之正中，不先後十二日乎？雖其先後未盈十五日，尚在一月之中，第所謂日中宵中者，必限在二分。則日永日短，亦必以二至爲限，固不容有先後于其間矣。鳥火虚昴，言星者二，言宿者亦二。火謂大火，非謂心星，鄭志固已言之。而昴者，冬至之中星也。昴之未中，猶有十二度，追其中也，已非日短之極矣。即尾十一度者，雖不必以夏至之日正中，而入于析木之次，謂之大火，可乎？從鄭氏漏刻，則冬至日在虚五度，昏中星去日九十一度，昴初度中。夏至昏中星去日百九度，尾三度中。尾三度者，大火之次也。依前法立算，加昏明五刻，冬至五十刻。天行百八十度，半之得九十度。夏至六十刻，天行二百十六度，半之得百八度。各于算外得星，其二分去日各九十九度。春分張五度中，秋分虚九度中也。以虚五爲冬至日所在，則大火終于尾九度。此其地必處中國之極南。而二氣差三度，十有八日差一刻，倍于南北正中之數。故校馬氏所言五刻也，不然。康成之注《考靈曜》，固嘗言九日而增減一刻矣。豈不知馬氏漏刻之術，而顧爲是説歟？然則《堯典》何以舍其所者冀州之中星，而顧言中國極南之中星，且其地果何在也？曰：堯時中國極南之地，即義叔所宅之南交。司馬貞以爲交阯者也。叔于南交，致日中星，以日爲宗，因而考驗焉。《堯典》所記，即叔上之于朝者耳。記南交之中星，則自南交以北，皆可差次而知，故不必記冀州之中星也。元時四海測驗，南海衡岳，夏至晝漏，皆與鄭氏所言相近。南海五十四刻，衡岳五十六刻。今廣州爲天下之最南，而冬至晝漏四十二刻四分，不過當古之四十四刻耳。古漏百刻，今法九十六刻，比例得之。南交又在廣州之南，則冬至之晝，當長于廣州。我于是知鄭氏所言，必南交無疑矣。若然，里歲二差，堯時已有之，康成已知之歟？何以後世始言之也？曰：古無此二者，則《堯典》必不言日永星火，日短星昴。康成必不言日見之漏五十五刻，于四時最長。日見之漏四十五刻，于四時最短。蓋古固有之，中間偶失其傳耳。康成之注，必有所據，安知非諸儒不知而鄭氏獨知之也？古虞夏七術，冬至日躔往往不同，是即歲差之理。其遺文至今猶可考見，即里差可知矣。冬至日所在，何以不言虛一度？曰：古歲差無定説，是以虞喜、何承天、祖冲之之徒，所言歲數不同。《大衍》以爲虛一度者，特就其術推之耳。今據漏刻以求冬至之昴中，則日當在五度。又參以日行遲速，而四仲中星皆合。予故不取《大衍》之説也。《隋書·張胄元傳》曰：日行自秋分以後至春分，其行遠，計一百八十二日而行一百七十六度。自春分以後至秋分，日行遲，計一百八十二日而行一百九十度。案此與後世盈縮術相似，今依其法推之，二分距冬至前後九十五度，距夏至前後八十八度。冬至日在虛五度，則春分日在昴六度，張八度中。夏至日在星二度，尾三度中。秋分日在氐十度，虛九度中也。《春秋左氏傳》曰：元枵，虛中也。又曰：婺女，元枵之維首。元枵起婺女之初，則其中爲虛四度，歲之差而東也，直一度耳。我安知左氏所言者，不即在唐虞之世乎？然則馬氏之説非歟？曰：何可非也？馬氏據洛陽言之。今河南晝短三十八刻八分，即古之四十刻。洛陽去冀州不遠，可以推知陶唐帝都之中星，特釋《堯典》之文，不若鄭氏爲尤密也。

古之昏明刻，今之曚影也。古昏明五刻，即今曚影十八度。但今法時地不同，曚影亦異。古則定爲五刻耳。依今術求得堯時極南之地，二分曚影三刻半，日後九十九度得中星。冬至，曚影四刻，日後九十度得中星。夏至，曚影五刻半，日後百十度得中星。俱爲近之。又今廣州冬夏至，晝夜較十一刻十四分，依鄭注止較十刻，則又在廣州南無疑。古無曚影率，故文中不言。

清·錢塘《淮南天文訓補注》卷下　禹以爲朝晝昏夜。

補曰：《論衡·説日篇》云：五月之時，晝十一分，夜五分。六月，晝十分，夜六分。從六月往至十一月，月減一分。歲日行天十六道也。王充所説十六道，與此十六所合，然則此即漏刻矣。日有百刻，以十六約之，積六刻百分刻之二十五而爲一所。二分晝夜平，各行八所。二至晝夜短長，極則或十一與五。而分至之間，以此爲率而損益焉。《尚書正義》：馬融云：古制刻漏，晝夜百刻。晝長六十刻，夜短四十刻。晝短四十刻，夜長六十刻。晝中五十刻，夜亦五十刻。今置二分之漏五十刻，十之，如六刻百分刻之二十五而一，適得八所。夏至則多八刻百分刻之七十五，冬至則少百刻百分刻之七十五。所以然者，夏至晝六十刻，謂日出寅末，入戌初，而此出寅中，入戌中。冬至晝四十刻，謂日出辰初，入申未，而此出辰中，入申中。各較三十度故也。蓋蒙谷子也，暘谷癸丑間也，咸池艮也，扶桑寅甲間也，曲阿卯也，曾泉乙辰間也，桑野巽也，衡陽已丙間也，昆吾午也，鳥次丁未間也，悲谷坤也，女紀申庚間也，淵虞酉也，連石辛戌間也，悲泉乾也，虞淵亥壬間也。其命名之義，因此可想。虞淵，蒙汜諸名，見於《楚詞》。而《尚書》言暘谷，洵乎其傳古矣。

清·錢大昕《三史拾遺》卷五《律曆志三》　昏明之生，以天度乘晝漏，夜漏減三百而一，爲定度。以減天度，餘爲明。加定度一，爲昏。其餘四之，如法爲少。不盡，三之，如法爲强，餘半法以上以成强。强三爲少，少四爲度，其强二爲少弱也。又以日度餘爲少强，而各加焉。李鋭曰：夜漏減三百而一，當作夜漏減之，二百而一。如法爲少下當有二爲半，三爲太六字。天度者，三百六十五度二十五分也。按星從天而鹵，日行一周，當漏刻一百。其自明至中，自中至昏，當晝漏之半。以晝漏乘天度，二百而一，則得自明至中之度，亦即自昏右旋至中之度，爲昏中星度。以減天度，餘爲自明右旋至中之度，爲明中星度。日遠天而東，自夜半至昏明，又自有行分。今既以二百爲度法，即以夜漏爲日行，自夜半至明之分，以加明中星度，爲明定度。以夜漏減二百，餘爲日行，自夜半至昏之分，以加昏中星度，爲昏定度。爲術，當以天度乘晝漏，加二百，減去夜漏，爲昏定度之實。今先減夜漏，而後加一度，其得數正同。又減定明定度而後加一者，蓋合昏明定度，當得三百六十五度四分一。今所減者是周天度，故減定而後加一也。依法求得昏明定度，各與其氣日所在度相加，又以昏明度餘及日度餘，各爲少半大强弱，相并如法除命，則得其氣昏明中星宿度及餘也。然求昏明星度，當與其氣夜半日所在相加。而節氣加辰有早晚，故後條又有減之之法，入元紀蔀初季，即以所加之日度餘減之。

清·桂馥《説文解字義證》卷三五　漏，以銅受水，刻節，晝夜百刻。從水屚聲。盧后切。

《周禮·夏官》敘官挈壺氏注云：世主挈壺水以爲漏。《喪大記》：君喪，虞人出木角，狄人出壺，雍人出鼎。注云：木，給爨竈。角，以爲斢水斗。壺，漏水之器也。冬漏以火爨鼎，沸而後沃之。《易乾鑿度》注：八卦生物，謂載之八節。一卦生三氣，各得十五日。今言晝六爻，則中分之。大史司漏刻者，每氣兩箭，由是生焉。《史記·司馬穰苴傳》：立表下漏。索隱：下漏，謂下滴漏以知刻數也。桓譚《新論》：余爲郎，典刻漏，燥濕寒温輒異度，故有昏明，晝參以晷景，暮夜參以星宿，則得其正。《漢書·王莽傳》：考星以漏。應劭曰：推五星行度以漏刻也。《漢雜事》：鼓以動衆，夜漏鼓鳴則起。晝漏壺乾，鐘鳴則息。

《後漢書・律曆志》：孔壺爲漏，浮箭爲刻，下漏數刻，以考中星，昏明生焉。張衡《漏水轉渾天儀制》：以銅爲器，再疊差置，實以清水。下各開孔，以玉虬吐漏水入兩壺，右爲夜，左爲晝。又云：鑄金銅仙人居左壺，爲金胥徒居右壺，皆以左手把箭，右手指刻，以別天時早晚。陸機《漏刻賦》：爾乃挈金壺以南羅，藏幽水而北戢。擬洪殺於編鐘，順卑高而爲級。激懸泉以遠射，跨飛途而遥集。伏陰蟲以承波，吞恒流其如挹。王廙《洛都賦》：挈壺司刻，漏尊瀉流。仙叟秉尺，隨水沈浮。指日命分，應則唱籌。鮑照《觀漏刻賦》：歷玉階而升奥，訪金壺之盈闕。觀騰波之吞瀉，視金箭之登没。箭既没而後登，波長瀉而弗歸。注沈穴而海漏，射懸途而電飛。孫綽《漏刻銘》：乃制妙器，挈壺是銓。累筒三階，積水成淵。器滿則盈，乘虚赴下。靈虬吐注，陰蟲承瀉。陸倕《新漏刻銘序》：今之官漏，出自會稽。漏水違方，導流乖則。六日無辨，五夜不分。於是俯察旁羅，登臺升庫。測於地四，參以天一。建武遺蠹，咸和餘舛。金筩方員之制，飛流吐納之規。變律改經，一皆懲革。以考辰正晷，測表候陰。不謬圭撮，無乖黍累。殷夔《漏刻法》：爲器之重，圓皆徑尺，差立於水輿踟躕之上。爲金龍口吐水，轉注入踟躕經緯之中，流於衡渠之下。自午至子，亦五十刻。壺口上有蓋，其中天浮載箭，出於蓋。蓋上鑄金爲司辰，具衣冠，以兩手執箭。李蘭《漏刻法》：以銅爲渴烏，以引器中水，於銀龍口中吐之。以玉壺玉管流珠馬上奔馳行漏。流珠者，水銀之别名。《唐書・官品志》：率更令掌漏刻。

以銅受水，刻節，晝夜百刻者，《藝文類聚》引作盛水，李善注劉琨《荅盧諶詩序》引作以銅盆受水。分時，晝夜百刻也。《洪武正韻》：刻，鍥也。鍥漏以候曰晷，曰刻，故因謂晷度曰刻。時分八刻，晝夜共百刻。馥案：李善所引分時即時分八刻，當於分時絶句。《詩・東方未明傳》云：挈壺氏，掌漏刻者。正義：刻，謂置箭壺内，刻以爲節，而浮之水上。令水漏而刻下，以記晝夜昏明之度數也。馥案：刻以爲節，即本書刻節。本書當有闕文。《周禮・挈壺氏》：凡軍事，縣壺以序聚㯀。凡喪，縣壺以代哭者。皆以水火守之，分以日夜。鄭注：以火守壺者，夜則明火視刻數也。分以日夜者，異晝夜漏也。漏之箭，晝夜共百刻，冬夏之閒有長短焉。太史立成法，有四十八箭。《樂記》：百度得數而有常。注云：百度，百刻也。《春秋・莊七年左氏經》：夜中，星隕如雨。杜注：夜中者，以水漏知之。正義：漏者，晝夜百刻。於時春分之月，夜當五十刻，二十五刻而夜半也。《鬻子》：有冥，有旦，有晝，有夜。然後以爲數。逢行珪注云：天有三百六十度，一日一度，三百六十日一周天。一日之中，晝夜百刻，以定之爲數也。《靈樞經》：漏水下百刻以分晝夜。《漢書・哀帝紀》：漏刻以百二十爲度。顔注：舊漏晝夜百刻，今增其二十。此本齊人甘忠可所造，今賀良等重言，遂施行之。馥案：後以良等所言無驗，復蠲除。《宣帝紀》：神光竝見，燭燿齋宫，十有餘刻。又云：鸞皇集長樂宫東闕樹上，飛下止地，留十餘刻。馥案：此言晝漏。《昌邑王傳》：夜漏未盡一刻。《東方朔傳》：微行以夜漏下十刻乃出。馥案：此言夜漏。《漢舊儀》：冬至晝四十一刻，後九日加一刻，至立春晝四十六刻，夜五十四刻。《後漢書・律曆志》：永元十四年，待詔太史霍融上言：官漏刻率九日增減一刻，不與天相應，或時差至二刻半，不如夏曆密。詔書下太常，令史官與融以儀校天，課度遠近。太史令舒承梵等對：案官所施漏法《令甲》第六《常符漏品》，孝宣皇帝三年十二月乙酉下，建武十年二月壬午詔書施行。漏刻以日長短爲數，率日南北二度四分而增減一刻。一氣俱十五日，日去極各有多少。今官漏率九日移一刻，不隨日進退。夏曆漏隨日南北爲長短，密近於官漏，分明可施行。詔令計吏到，班予四十八箭。邯鄲《五經析疑》：漢制又以先冬至三日晝，冬至後三日晝，漏四十五刻，夜五十五刻。先夏至三日晝，夏至後三日晝，漏六十五刻，夜三十五刻。《元嘉起居注》以日出入定晝夜，冬至晝四十刻，夏至夜亦宜四十刻，夏至晝六十刻，冬至夜亦宜六十刻。春秋分晝夜各五十刻。今減夜限日出前，日入後昏明際各二刻半，以益晝。夏至晝六十五刻，冬至晝四十五刻，二分夜五十五刻而已。梁《漏刻經》：漏刻之作，肇於黄帝之日，宣乎夏商之代。冬至晝漏四十五刻，冬至之後日長，九日加一刻。夏至晝漏六十五刻，夏至之後日短，九日減一刻。《隋天文志》：黄帝創觀漏水，制器取則，以分晝夜。其法，總以百刻，分於晝夜。冬夏二至，春秋二分，減益昏旦，隨氣增損。冬夏二至之閒，晝夜長短，凡差二十刻。每差一刻爲一箭，冬至互起其首，凡有四十一箭。晝有朝，有禺，有中，有晡，有夕。夜有甲、乙、丙、丁、戊。昏旦有星中。每箭各有其數，皆所以分時代守，更其作役。梁天監六年，武帝以晝夜百刻分配十二辰，辰得八刻，仍有餘分。乃以晝夜爲九十六刻，一辰有全刻八焉。《五代史・馬重績傳》：重績言：漏刻之法，以中星考晝夜爲一百刻，八刻六十分刻之二十爲一時，時以四刻十分爲正，此自古所用也。今失其傳，以午正爲時始，下侵未四刻十分而爲午。由是晝夜昏曉，皆失其正，請依古改正。《堯典正義》：馬融云：古制刻漏晝夜百刻。晝長六十刻，夜短四十刻。晝短四十刻，夜長六十刻。晝中五十刻，夜亦五十刻。融之此言據日出見爲説。天之晝夜以日出入爲分，人之晝夜以昏明爲限。日未出前二刻半爲明，日入後二刻半爲昏。損夜五刻以裨於晝，則晝多於夜，復校五刻。古今歷術與太史所候皆云夏至之晝六十五刻，夜三十五刻。冬至之晝四十五刻，夜五十五刻。春分秋分之晝五十五刻，夜四十五刻。此其不易之法也。然今太史細候之法，則校常法半刻也。從春分至於夏至，晝漸長，增九刻半。夏至至於秋分，所減亦如之。從秋分至於冬至，晝漸短，減十刻半。從冬至至於春分，其增亦如之。又於每氣之閒增減刻數，有多有少，不可通而爲率。漢初未能審知，率九日增減一刻。和帝時，待詔霍融始請改之。鄭注《書緯考靈曜》仍云九日增減一刻，猶尚未覺誤也。《詩・東方未明正義》：太史之官，立爲法定，作四十八箭，以一年有二十四氣，每一氣之閒，又分爲二，通率七日强半而易一箭，故周年而用箭四十八也。歷言晝夜，考以昏明爲限。馬融王肅注《尚書》，以爲日永則晝漏六十刻，夜漏四十刻；日短則晝漏四十刻，夜漏六十刻，日中宵中則晝夜各五十刻者，以《尚書》有日出日入之語，遂以日見爲限。《尚書緯》謂刻爲商。鄭作《士昏禮目録》云：日入三商爲昏，舉全數以言耳。其實日見之前，日入之後，距昏明各有二刻半。減晝五刻以裨夜，故於歷法皆多校五刻也。鄭於《堯典注》云：日中宵中者，日見之漏與不見者齊也。日永者，日見之漏五十五刻，日不見之漏四十五刻。又與馬王不同者。鄭言日中宵中者其漏齊，則可矣。其言日永日短之數，則與歷甚錯。馬融言：晝漏六十，夜漏四十，減晝以裨夜矣。鄭意謂其未減，又減晝五刻以增之，是鄭之妄説耳。漏刻之數，見在史官，古今歷算，莫不符合。鄭君獨有此異，不可强爲之辭。顧炎武曰：一日十二時，計刻則以百刻爲日。今歷家每時有十刻，則一百二十刻矣。何以謂之百刻乎？曰歷家有大刻，有小刻。初一，初二，初三，初四，正一，正二，正三，正四，謂之大刻。合一日計之，得九十六刻。其不盡者，置一初初於初一之上，置一正初於正一之上，謂之小刻，每刻只當大刻六分之一。合一日計之，爲初初者十二，爲正初者十二，又得四大刻，合前爲百刻。宋王逵《蠡海集》言百刻之説：每刻分爲六十分，百刻共得六千分，散於十二時，每時得五百分。如此則一時占八刻零二十分，將八刻截作初正各四刻，却將二十分零數分作初初、正初微刻，各一十分也。《困學紀聞》所載易氏之説亦同。

清・嵇璜等《續通志》卷一〇二《天文略六》 刻漏

昔黃帝創觀漏水，制器取則，以分晝夜。其後因以命官，《周禮》挈壺氏則其職也。其法，總以百刻，分於晝夜。冬至晝漏四十刻，夜漏六十刻。夏至晝漏六十刻，夜漏四十刻。春秋二分，晝夜各五十刻。日未出前二刻半而明，既没後二刻半乃昏。減夜五刻，以益晝漏，謂之昏旦。漏刻皆隨氣增損。冬夏二至之間，晝夜長短，凡差二十刻。每差一刻爲一箭，冬至互起其首，凡有四十一箭。晝有朝，有禺，有中，有晡，有夕。夜有甲、乙、丙、丁、戊。按：周官司寤氏掌夜時。鄭注：夜時，謂夜晚早。若今甲、乙至戊。賈公彦疏云：甲乙則早時，戌亥則晚時，非也。鄭自以甲、乙、丙、丁、戊五分夜爲定，或訛戊爲戌。賈疏遂承其訛而言戌亥耳。《顔氏家訓》云：漢魏以來，謂爲甲夜、乙夜、丙夜、丁夜、戊夜，亦云一更、二更、三更、四更、五更。是其証也。昏旦有星中。每箭各有其數，皆所以分時代守，更其作役。漢興，張蒼因循古制，猶多踈闊。及孝武考定星術，下漏以追天度，亦未能盡其理。劉向《洪範傳》記武帝時所用法云：冬夏二至之間，一百八十餘日，晝夜差二十刻。大率二至之後，九日而增損一刻焉。至哀帝時，又改用晝夜一百二十刻，尋亦寖廢。至王莽竊位，又遵行之。光武之初，亦以百刻九日加減法，編於《甲令》，爲《常符漏品》。至和帝永元十四年，霍融上言：官術率九日增減一刻，不與天相應。或時差至二刻半，不如夏術漏刻，隨日南北爲長短。乃詔用夏術漏刻。依日行黃道去極，每差二度四分，爲增減一刻。凡用四十八箭。終於魏、晉，相傳不改。宋何承天以月蝕所在當日之衡，考驗日宿，知移舊六度。冬至之日，其影極長，測量晷度，知冬至移舊四日。前代諸漏，春分晝長，秋分晝短，差過半刻，皆由氣日不正，所以而然。遂議造漏法。春秋二分，昏旦晝夜漏各五十五刻。齊及梁初，因循不改。至天監六年，武帝以晝夜百刻分配十二辰，辰得八刻，仍有餘分。乃以晝夜爲九十六刻，一辰有全刻八焉。至大同十年，又改用一百八刻，依《尚書考靈曜》晝夜三十六頃之數，按《周髀算經》趙君卿注引《考靈曜》曰：分周天爲三十六頭，頭有十度九十六分度之十四。長日分於寅，行二十四頭，入於戌，行十二頭。短日分於辰，行十二頭，入於申，行二十四頭。此之謂也。又考李籍《周髀音義》全録趙注亦作三十六頭。《隋志》云三十六頃，未詳孰是。因而三之。冬至晝漏四十八刻，夜漏六十刻。夏至晝漏七十刻，夜漏三十八刻。春秋二分，晝漏六十刻，夜漏四十八刻。昏旦之數各三刻。先令祖暅之爲《漏經》，皆依渾天黃道日行去極遠近，爲用箭日率。陳文帝天嘉中，亦命舍人朱史造漏，依古百刻爲法。周、齊因循魏漏。晉、宋、梁大同，並於百刻分於晝夜。隋初，用周朝尹公正、馬顯所造《漏經》。至開皇十四年，鄜州司馬袁充上晷影漏刻。充以短影平儀均布十二辰，立表，隨日影所指辰刻，以驗漏水之節。十二辰刻，互有多少，時正前後，刻亦不同。袁充素不曉渾天黃道去極之數，苟役私智，變改舊章。其於施用，未爲精密。開皇十七年，張冑元用後魏渾天鐵儀，測知春秋二分，日出卯酉之北，不正當中。與何承天所測頗同，皆日出卯三刻五十五分，入酉四刻二十五分。晝漏五十刻一十分，夜漏四十九刻四十分，晝夜差六十分刻之四十。仁壽四年，劉焯上《皇極術》，有日行遲疾，推二十四氣，皆有盈縮定日。春秋分定日，去冬至各八十八日有奇，去夏至各九十三日有奇。二分定日，晝夜各五十刻。又依渾天黃道，驗知冬至夜漏五十九刻、一百分刻之八十六，晝漏四十刻一十四分，夏至晝漏五十九刻八十六分，夜漏四十刻一十四分。冬夏二至之間，晝夜差一十九刻、一百分刻之七十二。冑元及焯漏刻，並不施用。然其法制，皆著在算術，推驗加時，最爲詳審。大業初，耿詢作古欹器，以漏水注之，獻於煬帝。帝善之，因令與宇文愷依後魏道士李蘭所修道家上法稱漏，制造稱水漏器，以充行從。又作候影分箭上水方器，置於東都乾陽殿前鼓下司辰。又作馬上漏刻，以從行辨時刻。唐《大衍術晷漏中星晷例》曰：日行有南北，晷漏有長短。然二十四氣晷差徐疾不同者，句股使然也。直規中則差遲，與句股數齊則差疾。按：一行此論，即升度時差之法。其所謂規中，即過二極二至經圈也。蓋黃道與赤道斜交，二分以後，黃道如弦，赤道如股，故黃道一度，赤道一度不足。赤道之度既少，則時刻加矣。二至以腰圍大圜之度，當赤道距等小圈之度，故黃道一度，赤道一度有餘，赤道之度既多，則時刻減矣。隨辰極高下，所遇不同，如黃道刻漏。此乃數之淺者，近代且猶未曉。今推黃道去極，與晷景，漏刻，昏距，中星四術反覆相求，消息率旋相爲中，以合九服之實。其《步軌漏術》：爻統千五百二十。象積四百八十。辰八刻百六十分。昏明二刻二百四十分。各置其氣消息衰，依定氣所有日，每以陟降率陟減、降加其分，滿百從衰，各得每日消息定衰。其距二分前後各一氣之外，陟降不等，皆以三日爲限。各置初日陟降率，依限次損益之，爲每日率。乃遞以陟減，降加氣初消息衰，各得定衰。其陟降率消息衰，具詳本術。南方戴日之下，正中無晷。自戴日之北一度，乃初數。自此起差，每度增之，爲每度差。因累其差，以遞加初數，滿百爲分，分十爲寸，各爲每度晷差。又累其晷差，得戴日之北每度晷數。又各置其氣去極度，以極去戴日度減之，得戴日之北度數。各以消息定衰，得每日晷差及每日中晷常數。又加減之，得每日中晷定數。置消息定衰，滿象積爲刻，不滿爲分。各遞以息減、消加其氣初夜半漏，得每日夜半漏定數。其全刻，以九千一百二十乘之，十九乘刻分從之，如三百而一，爲晨初餘數。各倍夜半漏，爲夜刻。以減百刻，餘爲晝刻。減晝五刻以加夜，即晝爲見刻，夜爲没刻。半没刻加半辰，起子初算外，得日出辰刻。以見刻加而命之，得日入。宋初，復挈壺之職，專司辰刻，署於文德殿門内之東偏，設鐘樓鼓樓於殿庭之左右。其制有銅壺、水稱、渴烏、漏箭、時牌、契之屬：壺以貯水，烏以引注，稱以平其漏，箭以識其刻，牌以告時於晝，牌有七，自卯至酉用之，制以牙，刻字填金。契以發鼓於夜，契有二：一曰放鼓，二曰止鼓。制以木，刻字於上。常以卯正後一刻爲禁門開鑰之節，盈八刻後以爲辰時，每時皆然，以至於酉。每一時，直宮進牌奏時正，雞人引唱，擊鼓一十五聲，惟午正擊鼓一百五十聲。至昏夜雞唱，放鼓契出，發鼓，擊鐘一百聲，然後下漏。每夜分爲五更，更分爲五點，更以擊鼓爲節，點以擊鐘爲節。每更初皆雞唱，轉點即移水稱，以至五更二點，止鼓契出，凡放鼓契出，禁門外擊鼓，然後衙鼓作，止鼓契出亦然，而更鼓止焉。五點擊鐘一百聲，雞唱，擊鼓，是謂攢點，至八刻後爲卯時正，四時皆用此法。大中祥符三年，春官正韓顯符上《銅渾儀法要》，其中有二十四氣晝夜進退、日出没刻數立成之法。熙寧七年，沈括上《浮漏議》曰：播水之壺三，而受水之壺一。曰求壺、廢壺，按：廢壺，《玉海》作度壺。據後文云：枝渠之委，所謂廢壺也，以受廢水。則《玉海》作度爲誤。方中皆圓尺有八寸，尺有四寸五分以深，其食二斛，爲積分四百六十六萬六千四百六十。曰復壺，如求壺之度，中離以爲二，元一斛介八斗，按：元字下疑有訛誤。而中有達。曰建壺，方尺植三尺有五寸，其食斛有半。求壺之水，復壺之所求也。壺盈則水馳，壺虛則水凝。復壺之脇爲枝渠，以爲水節。求壺進水暴，則流怒以摇，復以壺，又折以爲介。復爲枝渠，達其濫溢。枝渠之委，所謂廢壺也，以受廢水。三壺皆所以播水，爲水制也。自復壺之介，以玉權釃於建壺，建壺所以受水爲刻者也。建壺一易箭，則發上室以瀉之。求、複、建壺之泄，皆欲追下，水所趣也。玉權下水之槩寸矯而上之然後發，則水撓而不躁也。複壺之達半求壺之注，玉權半複壺之達。枝渠博皆分，高如其博，平方如砥，以爲水槩。壺皆爲之羃，無使穢遊，則水道不慧。求壺之羃龍紐，以其出水不窮也。複壺士紐，士所以生法者，複壺制法之器也。廢壺鯢紐，止水之瀋，鯢所伏也。銅史令刻，執漏政也。冬設熅燎，以澤凝也。注水以龍噣，直頸附於壺體，直則易浚，附於壺體則難敗。複壺玉爲之喙，銜於龍噣，謂之權，所以權其盈虛也。建壺之執窐旒塗而彌之以重帛，窐則不吐也。管之善利者，水所溲也，非玉則不能堅良以久。權之所出高則源輕，源輕則其委不悍而溲物不利。箭不效於璣衡，則易權、洗箭而改晝，覆以璣衡，謂之常不弊之術。今之下漏者，始嘗甚密，久復先大者管泐也。管泐而器皆弊者，無權也。弊而不可復壽者，術固也。察日之晷以璣衡，而制箭以日之晷跡，一刻之度，以賦餘刻，刻有不均者，建壺有眚也。贅者磨之，創者補之，百刻一度，其壺乃善。晝夜已復，而箭有餘才者，權鄙也。晝夜未復，而壺吐者，權沃也。如是，則調其權，此制器之法也。下漏必用甘泉，惡其垽之爲壺眚也。必用一源，泉之冽者，權之而重，重則敏於行，而爲箭之情慓。泉之鹵者，權之而輕，輕則椎於行，而爲箭之情鶩。一井不可他汲，數汲則泉濁。陳水不可再注，再注則行利。此下漏之法也。箭如建壺之長，廣寸有五分，三分去二以爲之厚，其陽爲百刻，爲十二辰。博牘二十有一，如箭之長，廣五分，去半以爲之厚。陽爲五更，爲二十有五籌。陰刻消長之衰。三分箭之廣，其中刻契以容牘。夜算差一刻，則因箭而易牘。鐐匏，箭舟也。其虛五升，重一鎰有半。鍛而赤柔者，金之美者也，然後漬而不墨，墨者其久必蝕。銀之有銅則墨，銅之有錫則屑，特銅久瀾則腹敗而飲，皆工之所不材也。淳熙十四年，國學進士會稽石萬言：淳熙術立元非是，氣朔多差，不與天合。南渡以來，渾儀草創，不合制度，無圭表以測日景長短，無機漏以定交食加時，設欲考正其差，而太史局官尚如去年測驗太陰虧食，自一更一點還光一分之後，或一點還光二分，或一點還光三分以上，或一點還光三分以下，使更點乍疾乍徐，隨影走弄，以肆欺蔽。然其差謬非獨此耳，冬至日行極南，黄道出赤道二十四度，晝極短，故四十刻，夜極長，故六十刻。夏至日行極北，黄道入赤道二十四度，晝極長，故六十刻，夜極短，故四十刻。春秋二分，黄赤二道平而晝夜等，故各五十刻。此地中古今不易之法。至王普重定刻漏，又有南北分野、冬夏晝夜長短三刻之差。今淳熙術皆不然，冬至晝四十刻極短，夜六十刻極長，乃在大雪前二日，所差一氣以上。自冬至之後，晝當漸長，夜當漸短，今過小寒，晝猶四十刻，夜猶六十刻，所差七日有餘。夏至晝六十刻極長，夜四十刻極短，乃在芒種前一日，所差亦一氣以上。自夏至之後，晝當漸短，夜當漸長，今過小暑，晝猶六十刻，夜猶四十刻，所差亦七日有餘。及晝、夜各五十刻，又不在春分、秋分之下。至於日之出入，人視之以爲晝夜，其長短有漸，不可得而急與遲也。今日之出入增減一刻，近或五日，遠或三四十日，而一急一遲，與日行常度無一合者。請考正淳熙法之差，俾之上不違於天時，下不乖於人事。送秘書省、禮部詳之。

明崇禎二年，禮部侍郎徐光啓兼理算法，請造象限大儀六，紀限大儀三，平懸渾儀三，交食儀一，列宿經緯天球一，萬國經緯地球一，平面日晷三，轉盤星晷三，候時鐘三，望遠鏡三。報允。已，又言：定時之法，當議者五事：一曰壺漏，二曰指南鍼，三曰表臬，四曰儀，五曰晷。漏壺，水有新舊滑濇則遲疾異，漏管有時塞時磷則緩急異。正漏之初，必於正午初刻。此刻一誤，靡所不誤。故壺漏特以濟晨昏陰晦儀晷表臬所不及，而非定時之本。指南鍼，術人用以定南北，辨方正位咸取則焉。然鍼非指正子午，曩云多偏丙午之間。以法考之，各地不同。在京師則偏東五度四十分。若憑以造晷，冬至午正先天一刻四十四分有奇，夏至午正先天五十一分有奇。若表臬者，即《考工》匠人置槷之法，識日出入之影，參諸日中之影，以正方位。今法置小表於地平，午正前後累測日影，以求相等之兩長影爲東西，因得中間最短之影爲正子午，其術甚簡。儀者，本臺故有立運儀，測驗七政高度。臣用以較定子午，於午前屢測太陽高度，因最高之度，即得最短之影，是爲南北正線。既定子午卯酉之正線，因以法分布時刻，加入節氣諸線，即成平面日晷。又今所用員石欹晷是爲赤道晷，亦用所得正子午線較定。此二晷皆可得天之正時刻，所爲晝測日也。若測星之晷，實《周禮》夜考極星之法。古時北極星正當不動之處，今時久漸移，已去不動處三度有奇，舊法不可復用。故用重盤星晷，上書時刻，下書節氣，仰測近極二星即得時刻，所謂夜測星也。七年，督修算法右參政李天經言：輔臣光啓言定時之法，古有壺漏，近有輪鐘，二者皆由人力遷就，不如求端於日星，以天合天，乃爲本法，特請製日晷、星晷、望遠鏡三器。臣奉命接管，敢先言其略。日晷者，礱石爲平面，界節氣十三線，内冬夏二至各一線，其餘日行相等之節氣，皆兩節氣同一線也。平面之周列時刻線，以各節氣太陽出入爲限。又依京師北極出地度，範爲三角銅表置其中。表體之全影指時刻，表中之鋭影指節氣。此日晷之大畧也。星晷者，治銅爲柱，上安重盤。内盤鐫周天度數，列十二宫以分節氣，外盤鐫列時刻，中横刻一縫，用以窺星。法將外盤子正初刻移對内盤節氣，乃轉移銅盤北望帝星與勾陳大星，使兩星同見縫中，即視盤面鋭表所指，爲正時刻。此星晷之大畧也。若夫望遠鏡，亦名窺筩，其製虛管層疊相套，使可伸縮，兩端俱用玻璃，隨所視物之遠近以爲長短。不但可以窺天象，且能攝數里外物如在目前。至於日晷、星晷，皆用措置得宜，必須築臺，以便安放。天經又請造沙漏。明初，詹希元以水漏至嚴寒水凍輒不能行，故以沙代水。然沙行太疾，未協天運，乃於斗輪之外復加四輪，輪皆三十六齒。厥後周述學病其竅太小，而沙易堙，乃更制爲六輪，其五輪悉三十六齒，而微裕其竅，運行始與晷協。天經所請，殆其遺意歟。《新法算書》：太陽在地平上，人目可得而覩，謂之晝。太陽漸隱地平之下，人目無見，則謂之夜。是晝夜者，全由人居以分，隨方極出地若干。隨時，太陽躔某宮。其晝夜刻分皆可依法推算焉。然而法算與目見恒異，蓋太陽體大，算法皆以體心出地爲晝始，而人目以一見日輪即爲晝始。又日出没升降度有斜正不同，又地平各曜出没之界受清蒙氣有變，凡此皆非人目能辨。故術家立有視差法也。一晝一夜平分爲十二時，共刻九十有六，此恒率也。其晝夜永短，遞遷之故，則不但日行南陸北陸不同而已，亦由北極出地高卑互異，而永短因焉。如赤道正過天頂之地，兩極合於地平平行，其晝夜亦均停，絶無永短。又極在天頂，赤道與地平平行，其下晝夜亦無長短之較，但太陽百八十日恒見，百八十日恒隱耳。此外諸方各有永短，顧其一歲之中晝夜均停者四日，握算者引而伸之，據四日之一日逐漸加減，因得九十日之晝夜長短，隨可以推終歲之數也。晨昏者，分晝分夜之二界也。太陽将出未出數刻之前，其光東發，星光漸爲所奪，是名爲晨。太陽已入，迴光返照，亦經數刻始逌然滅盡，是名爲昏。其久暫分數亦因冬夏而分短長。新法以日在地下十八度内爲晨昏之限，但太陽行此十八度又各方各宮不等，因有五刻、七刻、十刻之别。若論極高七十二度以上之地，則夏月晨昏相切，雖至丙夜，無甚黯黑也。

臣等謹按：晝夜永短，以日出入之早晚而分。而早晚之故有二：一由於日行之内外，一由於人居之南北。蓋日行黄道，與赤道斜交。春秋分日行正當交點，與地平交於卯酉，地平上下之度相等，故晝夜適均。春分以後日行赤道内，至夏至而極，其距等圈與地平交於寅戌，地平上下之度，上多下少，故晝長夜短。秋分以後，日行赤道外，至冬至而極，其距等圈與地平交於辰申，地平上下之度，上少下多，故晝短夜長。二分前後，距交不遠，黄道勢斜則緯行疾，故數日而差一刻。二至前後，黄道勢平則緯行遲，故半月而差一刻，此由日行之内外而生者。至於人居有南北，則北極出地有高下，於是見日之出入早晚隨地不同。中國在赤道北，北極出地上，南極入地下，故夏晝長冬晝短。所居之地愈北，北極愈高，則永短之差愈多。至於北極之下，則赤道當地平，夏則有晝而無夜，冬則有夜而無晝，蓋以半年爲晝，半年爲夜矣。所居之地愈南，北極漸低，則永短之差漸少。至於赤道之下，則北極當地平，而晝夜常均，並無永短，蓋一歲爲四時者各二矣。赤道以南與北相反，此由人居之南北而生者也。攷之古術，《周髀算經》曰：冬至晝極短，日出辰而入申，陽照三不覆九，東西相當。正南方夏至晝極長，日出寅而入戌，陽照九不覆三，東西相當。正北方日出左，而入右，南北行故冬至從坎，陽在子，日出巽而入坤，見日光少，故曰寒。夏至從離，陰在午，日出艮而入乾，見日光多，故曰暑。大衍術曰：二十四氣晷差徐疾不同，由句股使然也。直規中則差遲，與句股數齊則差疾，皆言日行之内外也。《周髀算經》言七衡曰：北極之下，不生萬物。北極左右，夏有不釋之冰。中衡左右，冬有不死之草，五穀一歲再熟。凡北極之左右，物有朝生暮穫。趙君卿云：北極之下從春分至秋分爲晝，從秋分至春分爲夜，此即以地緯度分寒暖五帶，晝夜永短各處不同之法。又《唐宋志》所載各家步晷漏之陽城術，其陟降加減之衰，亦皆言人居之南北也。

臣等又按孔穎達《尚書正義》馬融云：古制刻漏，晝夜百刻，晝長六十刻，夜短四十刻。晝短四十刻，夜長六十刻。融之此言據日出見爲説，天之晝夜以日出入爲分，人之晝夜以昏明爲限，日未出前二刻半爲明，日入後二刻半爲昏，損夜五刻以裨於晝，則晝多於夜，復校五刻。古今算術所候皆云：夏至之晝六十五刻，夜三十五刻，冬至之晝四十五刻，夜五十五刻，春分秋分之晝五十五刻，夜四十五刻，此其不易之法也。然今太史細候之法則校常法半刻也。從春分至於夏至，晝漸長，增九刻半，夏至至於秋分，所減亦如之。又於每氣之間，增減刻數有多有少，不可通而爲率。漢初未能審知，率九日增減一刻。和帝時，待詔霍融始請改之。鄭注《書緯考靈曜》仍云九日增減一刻，猶尚未覺誤也。鄭注此云：日長者，日見之漏五十五刻，日短者，日見之漏四十五刻，與算不同。故王肅難云：知日見之漏減晝漏五刻，不意馬融爲傳已減之矣，因馬融所減而又減之，故日長爲五十五刻，因以冬至反之，取其夏至夜刻以爲冬至晝短，此其所以誤耳。此所云昏明之限，即朦影限也。太陽未出之前、已入之後距地平一十八度皆有光，故以十八度爲朦影限，然其時刻則隨時隨地不同。其隨時不同者，天度使然也。差十八度，此大圈之度也。赤道亦爲大圈，其度濶，自赤道而南北皆距等圈，其度狹，近二分者以濶度當濶度，故刻分少，近二至者以狹度當濶度，故刻分多也。隨地不同者，地南則赤道距天頂近，太陽正升正降，其度徑。地北距天頂遠，太陽斜升斜降，其度紆。故愈北則朦影之刻分愈多，愈南則朦影之刻分愈少也。若北極出地四十八度半以上，則夏至之夜半猶有光，愈北則愈不夜矣。南至赤道下，則二分之刻分極少，而二至之刻分相等。赤道以南反是。

臣等又按：古今漏法之刻分，多寡不一，皆可，以便於算也。術家有大刻，有小刻。初一、初二、初三、初四，正一、正二、正三、正四，謂之大刻，合一日計之，得九十六刻。其不盡者，置一初初於初一之上，置一正初於正一之上，謂之小刻，每刻正當大刻六分之一。合一日計之，爲初初者十二，爲正初者十二，又得四大刻，合前爲百刻。宋王逵《蠡海集》言百刻之説：每刻爲六十分，百刻共得六千分，散於十二時，每時得五百分。如此則一時占八刻零二十分，將八刻截作初正各四刻，却將二十分零數分作初初、正初微刻各一十分也。《周禮·挈壺氏》注：漏箭晝夜共百刻。《禮記·樂記》：百度得數而有常。注：百度，百刻也。《靈樞經》：漏水下百刻以分晝夜。《説文》：漏以銅受水刻節，晝夜百刻。《五代史·馬重績傳》：重績言漏刻之法：以中星考晝夜爲一百刻，八刻六十分刻之二十爲一時，時以四刻十分爲正，此自古所用也。今失其傳，以午正爲時始，下侵未四刻十分而爲午。由是晝夜昏曉，皆失其正，請依古改正。從之。《玉海》：每時初行一刻，至四刻六分之一爲時正，終八刻六分之二則交入次時。蓋古制法晝夜共百刻，每刻六分之，爲六小刻。每小刻又十分之，故晝夜六千刻，每刻六十分也。其散於十二辰，每一辰四大刻二小刻，共得五百分。漢建平中，改百刻爲百二十刻，若不改分，則五十分爲一刻，十刻爲一辰也。梁天監中，改用整刻九十六，若不改分，則每刻得六十二分有半。二法皆不若古用八大刻二小刻之密。《回回》晝夜刻法亦用整刻九十六分，每一辰八整刻，而以四刻爲一小時，猶夫古法之有初初、初一、初二、初三、初四，正初、正一、正二、正三、正四也。每小時六十分，猶夫古法每刻六十分之意而變用之也。其法度有初度，有一度，蓋亦猶夫古法有初初、初一，正初、正一也。周天用三百六十度，亦猶晝夜三十六頃之説也。

清·嵇璜等《清文獻通考》卷二五八《象緯考三·儀器》 十一年四月，重製壺漏成。以銅爲播水壺，方形，承以木架。上曰日天壺，面寬一尺九寸，底寬一尺三寸，高一尺七寸，水欲常滿。次曰夜天壺，次曰平水壺，形制遞減一寸。在平水壺後稍下曰分水壺，形制如平水壺。又爲受水壺，圓形，置架前地平上，曰萬水壺，徑一尺四寸，高三尺一寸。壺皆有蓋。播水壺前面近下皆爲龍口玉滴，以次漏於受水壺。又平水壺後面近上穿孔，洩於分水壺，以均水平漏。受水壺上爲銅人，抱箭，長三尺一寸，鐫兩晝夜時刻，上起午正，下盡午初。壺中安箭舟，如銅鼓形，水長舟浮則箭上出，水盈箭盡則洩之於池。

御製銘曰：粤昔重黎，分司地天。迎日揆景，舉分測辰。明時敬授，欽若昊乾。予承百王，省歲祈年。齊政協紀，命彼疇人。徵宫戒井，斟衡酌權。範金規木，製兹漏蓮。玉注金筩，水火燥寒。協其高卑，别以方圓。九十六刻，成一日焉。視彼陽晷，明晦無愆。較自鳴鐘，淫巧徒傳。攝提有紀，孟陬用平。於以考時，寢興慎旃。於以熙績，勤民禮賢。業業兢兢，俯察仰觀。器與道偕，是驗是虔。作銘垂戒，貽百曾元。

臣等謹按：《宋史·天文志》沈括議浮漏之制：有求壺、廢壺，複壺以播水，建壺以受水，玉權以釃水，銅史以令刻。今之日天壺即求壺遺制，夜天壺即複壺遺制，平水壺、分水壺即廢壺遺制，萬水壺即建壺遺制。至於龍口玉滴，銅人抱箭，亦即玉權銅史遺制。蓋其制自宋以來，大畧相同，惟舊法每日十二時，分一百刻，今釐爲九十六刻，此則有異者也。

清·嵇璜等《清通志》卷五七《器服畧二·儀器》 壺漏

播水壺三，形方。上曰日天壺，即宋之求壺，面濶一尺九寸，底濶一尺三寸，高一尺七寸，水欲常滿。次曰夜天壺，即宋之複壺。又次曰平水壺。高濶遞減一寸，層累而下，承以朱座。有亭覆之，亭座通高一丈八尺四寸。分水壺一，形方，即宋之廢壺。高濶如平水壺，在平水壺下少後。受水壺一，形圓，曰萬水壺，即宋之建壺。徑一尺四寸，高三尺一寸，在座前地平上。壺皆有蓋。播水三壺前近下皆爲龍口玉滴，以次漏於受水壺。平水壺後近上穿孔，洩於分水壺，以均水平漏。受水壺上爲銅人，抱箭，長三尺一寸，鐫兩晝夜時刻，上起午正，下盡午初。壺中安箭舟，如銅鼓形，水長舟浮則箭上出，水盈箭盡則洩之於池。壺面俱鐫大清乾隆年製。平水壺面鐫御製銘，後款識乾隆歲在乙丑孟夏之月御銘。

清·嚴榮《管窺圖説》卷五 按：《周禮》夏官有挈壺氏，凡軍事，懸壺以序聚欜。凡喪，懸壺以代哭者。皆以水火守之，分以日夜。及冬，則火爨鼎水而沸之，而沃之。注云：挈壺，主定刻漏者。壺以盛水，故懸以爲漏，所以明時刻而更代均也。守以水，則晷刻定。守以火，則漏箭明。分日夜者，晝夜共百刻，四時有長短也。火爨而又沸沃者，冬水凍，恐漏不下也。按：孔壺謂之漏，浮箭謂之刻。蓋一歲二十四氣，晝夜長短，參差不齊，先王於是刻箭沃漏以揆之。箭用四十八，倍二十四氣之數也。每箭百刻，皆分晝夜之數。其大畧，則晝有朝、有禺，有中、有晡、有夕。夜有甲、有乙，有丙、有丁、有戊。凡七日半有奇而易一箭。然則一箭具七日半有奇之刻數也。孔潁達謂：浮箭壺内，以出刻爲準。

賈公彦謂：漏水壺内，以没箭爲度。各述所聞，雖浮没不同，其實則一耳。用此法則足以節時分，定晨昏，考中星，揆晷景，追天度，驗葭灰。故古人言：刻漏者，測天地正儀象之本也。天地之寒暑，日月之晦明，渾淪磅礴於太虚之表，而不能逃三尺之箭，五斗之缾也。又考古法，以一晝夜爲百刻。新法以十二時平分，每時八刻，一日共九十六刻。又測時刻有地平晷、百游晷、通光晷、十字晷等數種。遇陰雨則又有自鳴鐘、沙漏、水漏之製。今之水漏與古法異，古以水入壺而時箭浮，今以水出壺而時牌轉，壺體並不開孔。

清·徐灝《通介堂經説》卷二〇《禮儀一》 士昏禮

日入三商

鄭《目録》云：日入三商爲昏。賈疏曰：商是漏刻之名。故三光靈曜亦日入三刻爲昏，不盡爲明。灝案：日入尚有朦影，故入後三刻爲昏。《漢書□風志》：商之爲言章也。《管子·勿躬篇》：臣不苦弦章。《韓子外儲説左篇》《新序雜事篇》並作弦商。是商與章通，或謂之章，或謂之節，或謂之刻，其義一也。

清·偉烈亞力、李善蘭《談天》卷三《測量之理》 古測時用水漏沙漏，沙漏最疎。而未有鐘表時，水漏製造亦甚精，今因不及鐘表，故廢之，獨用鐘表。近代武弁迦得，以法令水銀恒滿器中，下開微穴，恒漏而不淺。測時，承以斜溝，令注他器。測畢，去其溝，秤他器水銀之輕重，即得二時中間之分秒。此法甚妙可用也。

清·閻鎮珩《六典通考》卷一四四《司天考·漏刻》 昔黄帝創觀漏水，制器取則，以分晝夜。其後因以命官，《周禮》挈壺氏則其職也。其法，總以百刻，分於晝夜。冬至晝漏四十刻，夜漏六十刻。夏至晝漏六十刻，夜漏四十刻。春秋二分，晝夜各五十刻。日未出前二刻半而明，既没後二刻半乃昏。減夜五刻，以益晝漏，謂之昏旦。漏刻皆隨氣增損。冬夏二至之間，晝夜長短，凡差二十刻。每差一刻爲一箭。冬至互起其首，凡有四十一箭。晝有朝，有禺，有中，有晡，有夕。夜有甲、乙、丙、丁、戊。昏旦有星中。每箭各有其數，皆所以分時代守，更其作役。

挈壺氏。壺，盛水器也。世主挈壺水以爲漏。凡軍事，縣壺以序聚㰦。凡喪，縣以代哭者。皆以水火守之，分以日夜。以水守壺者，爲沃漏也。以火守壺者，夜則火視刻數也。分以日夜者，異晝夜漏也。漏之箭共百刻，冬夏之間有長短焉。司寤氏掌夜時。夜時，謂夜晚早，若今甲乙至戊。以星分夜，以詔夜士夜禁。夜士，主行夜徼候者，如今都候之屬。

漢興，張蒼因循古制，猶多疏闊。及孝武考定星曆，下漏以追天度，亦未能盡其理。劉向《鴻範傳》記武帝時所用法云：冬夏二至之間，一百八十餘日，晝夜差二十刻。大率二至之後，九日而增損一刻焉。至哀帝時，又改用晝夜一百二十刻，尋亦罷廢。至王莽竊位，又遵行之。

後漢永元十四年，待詔太史霍融上言：官漏刻率九日增減一刻，不與天相應。或時差至二刻半，不如夏曆密。詔書下太常，令史官與融以儀校天，課度遠近。太史令舒承梵等對：案官所施漏法《令甲》第六《常符漏品》，孝宣皇帝三年十二月乙酉下，建武十年二月壬午詔書施行。漏刻以日長短爲數，率日南北二度四分而增減一刻。二氣俱十五日，日去極各有多少。今官漏率九日移一刻，不隨日進退。夏曆漏隨日南北爲長短，密近於官漏，分明可施行。其年十一月甲寅，詔曰：告司徒、司空：漏所以節時分，定昏明。昏明長短，起於日去極遠近，日道周，不可以計率分，當據儀度，一參晷景。今官漏以計率分昏明，九日增減一刻，違失其實，至爲疏數以耦法。太史待詔霍融上言：不與天相應。太常史官運儀下水，官漏失天者至三刻。以晷景爲刻，少所違失，密近有驗。今下晷景漏刻四十八箭，立成斧官府當用者，計吏到，班予四十八箭。文多，故魁取二十四氣日所在，並黄道去極，晷景，漏刻，昏明中星刻於下。

宋元嘉二十年，何承天奏上尚書：今既改用《元嘉曆》漏刻與先不同，宜應改革。按《景初曆》春分日長，秋分日短，相承所用漏刻，冬至後晝漏率長於冬至前。且長短增減，進退無漸，非唯先法不精，亦各傳寫謬誤。今二至二分，各據其正。則至之前後，無復差異。更增損舊刻，參以晷影，刪定爲經，改用二十五箭。請臺勒漏郎將考驗施用。從之。遂定春秋二分昏旦，晝夜漏各五十五刻。

齊及梁初，因循不改。至天監六年，武帝以晝夜百刻分配十二辰，辰得八刻，仍有餘分。乃以晝夜爲九十六刻，一辰有全刻八焉。至大同十年，又改用一百八刻。依《尚書考靈曜》晝夜三十六頃之數，因而三之。冬至晝漏四十八刻，夜漏六十刻。夏至晝漏七十刻，夜漏三十八刻。春秋二分，晝漏六十刻，夜漏四十八刻。昏旦之數各三刻。先令祖暅爲《漏經》，皆依渾天黄道日行去極遠近，爲用箭日率。

陳天嘉中，亦命舍人朱史造漏，依古百刻爲法。周、齊因循魏漏。晉、宋、梁大同，並以百刻分於晝夜。

隋初，用周朝尹公正、馬顯所造《漏經》。至開皇十四年，鄜州司馬袁充上晷影漏刻。充以短影平儀，均布十二辰，立表，隨日影所指辰刻，以驗漏刻之節。

十二辰刻，互有多少，時正前後，刻亦不同。袁充素不曉渾天黄道去極之數，苟役私智，變改舊章。其於施用，未爲精密。開皇十七年，張胄玄用後魏渾天鐵儀，測知春秋二分，日出卯酉之北，不正當中。與何承天所測頗同，皆日出卯三刻五十五分，入酉四刻二十五分。晝漏五十刻一十分，夜漏四十九刻四十分，晝漏差六十分刻之四十。仁壽四年，劉焯上《皇極曆》，有日行遲疾，推二十四氣，皆有盈縮定日。春秋分定日，去冬至各八十八日有奇，去夏至各九十三日有奇。二分定日，晝夜各五十刻。又依渾天黄道，驗知冬至夜漏五十九刻一百分刻之八十六刻，晝漏四十刻一十四分；夏至晝漏五十九刻八十六分，夜漏四十刻一十四分。冬夏二至之間，晝夜差一十九刻一百分刻之七十二。胄玄及焯漏刻，並不施用。然其法制，皆著在曆術，推加驗時，最爲詳審。大業初，耿詢作古欹器，以漏水注之，獻於煬帝。帝善之，因令與宇文愷依後魏道士李蘭所修道家上法稱漏，制造稱水漏器，以充行從。又作候影分箭上水方器，置於東都乾陽殿前鼓下司辰。又作馬上漏刻，以從行辨時刻。揆日晷，下漏刻。

唐挈壺正、司辰掌知漏刻。孔漏爲漏，浮箭爲刻，以考中星昏明之候。箭有四十八，晝夜共百刻，冬夏之間有長短。冬至日南，爲發，去極一百一十五度，晝漏四十刻，夜漏六十刻。夏至日北，爲斂，去極六十七度，晝漏六十刻，夜漏四十刻。春秋二分，發斂中，去極九十一度，晝夜各五十刻。秋分已後，減晝益夜，九日加一刻。春分已後，減夜益晝，九日減一刻。二至前後，則加減遲，用日多。二分之間，則加減速，用日少。凡候夜漏以爲更點之節，每夜分爲五更，每更分爲五點，更以擊鼓爲節，點以擊鐘爲節。典鐘二百八十人，掌擊漏鐘。典鼓一百六十人，掌擊漏鼓。

後晉司天監馬重績上言：漏刻之法，以中星考晝夜爲一百刻，八刻六十分刻之二十爲一時，時以四刻十分爲正，此自古所用也。今失其傳，以午正爲時始，下侵未四刻十分而爲午。由是晝夜昏曉，皆失其正，請依古改正。從之。《五代會要》：天福三年，司天臺奏：《漏刻經》云：晝夜一百刻，分爲十二時，每時有八刻三分之一。六十分爲一刻，一時有八刻二十分。四刻十分爲正前，十分四刻爲正後，二十分中心爲時正，上古以來皆依此法。

宋淳熙十四年，會稽石萬言：淳熙術立元非是，氣朔多差，不與天合。太史局去年測驗太陰虧食，自一更一點還光一分之後，或一點還光二分，或一點還光三分以上，或一點還光三分以下，更點乍疾乍徐，隨影走弄，以肆欺蔽。然其差謬非獨此耳。冬至日行極南，黄道出赤道二十四度，晝極短，故四十刻，夜極長，故六十刻。夏至日行極北，黄道入赤道二十四度，晝極長，故六十刻，夜極短，故四十刻。春秋二分，黄赤二道平而晝夜等，故各五十刻。此地中古今不易之法。至王普重定刻漏，又有南北分野、冬夏晝夜長短三刻之差。今淳熙術皆不然，冬至晝四十刻極短，夜六十刻極長，乃在大雪前二日，所差一氣以上。自冬至後，晝當漸長，夜當漸短，今過小寒，晝猶四十刻，夜猶六十刻，所差七日有餘。夏至晝六十刻極長，夜四十刻極短，乃在芒種前一日，所差亦一氣以上。自夏至後，晝當漸短，夜當漸長，今過小暑，晝猶六十刻，夜猶四十刻，所差亦七日有餘。及晝、夜各五十刻，又不在春分、秋分之下。至於日之出入，人視之以爲晝夜，其長短，有漸，不可得而急與遲也。今日之出入增減一刻，近或五日，遠或三四十日，而一急一遲，與日行常度無一合者。請考正其差。命送秘書省、禮部詳之。沈括《晷漏議》：下漏家常患冬月水澀，夏月水利，以爲水性如此，又疑冰澌所壅，萬方理之，終不應法。子以理求之，冬至日行速，天運已期，而日已過表，故百刻而有餘。夏至日行遲，天運未期，而日已至表，故不及百刻。此古人所未知也。

明崇禎二年，禮部侍郎徐光啓言：定時之法，五事：一曰壺漏，二曰指南鍼，三曰表臬，四曰儀，五曰晷。漏壺，水有新舊滑濇則遲疾異，漏管有時塞時磷則緩急異。正漏之初，必於正午初刻。此刻一誤，靡所不誤。故壺漏特以濟晨昏陰晦儀晷表臬所不及，而非定時之本。指南鍼，術人用以定南北，辨方正位咸取則焉。然鍼非指正子午，曩云多偏丙午之間。以法考之，各地不同。在京師則偏東五度四十分。若憑以造晷，冬至午正先天一刻四十四分有奇，夏至午正先天五十一分有奇。若表臬者，即《考工》匠人置槷之法，識日出入之影，參諸日中之影，以正方位。今法置小表於地平，午正前後累測日影，以求相等之兩長影爲東西，因得中間最短之影爲正子午，其術簡甚。儀者，本臺故有立運儀，測驗七政高度。臣用以較定子午，於午前屢測太陽高度，因最高之度，即得最短之影，是爲南北正線。既定子午卯酉之正線，因以法分布時刻，加入節氣諸線，即成平面日晷。又今所用員石欹晷是爲赤道晷，亦用所得正子午線較定。此二晷皆可得天之正時刻，所爲晝測日也。古時北極星正當不動之處，今時久漸，已移去不動處三度有奇，舊法不可復用。故用重盤星晷，上書時刻，下書節氣，皆測近極二星即得時刻，所謂夜測星也。七年，右參政李天經言：定時之法，古有壺漏，近有輪鐘，二者皆由人力遷就，不如求端於日星，請製日晷、星晷、望遠鏡三器。日晷者，礲石爲平面，界節氣十三線，内冬夏二至各一線，其餘日行相等之節氣，皆兩節氣同一線。平面周列時刻線，以各節氣太陽出入爲限。又依京師北極出度，範爲三角銅表置其中。表體之全影指時刻，表中之鋭影指節氣。此日晷大略也。星晷者，冶銅爲柱，上安重盤。内盤鐫周天度數，列十二宫以分節氣，外盤鐫列時刻，中横刻一縫，用以窺星。法將外盤子正初刻移對内盤節氣，乃轉移銅盤北望帝星與句陳大星，使兩星同見縫中，即視盤面鋭表所指，爲正時刻。此星晷大略也。望遠鏡，亦名窺筩，其製虚管層疊相套，使可紳縮，兩端俱用玻璃，隨所視遠近以爲長短焉。凡晝夜刻分，依法推算，與目見恒異。蓋太陽體大，算法皆以體心出地爲晝始，而人目以見日輪爲晝始。又日出没升降度有斜正不同，又地平各曜出没之界受清蒙氣有變，皆非人目能辨。故術家有視差法。一晝一夜平分爲十二時，時各八刻，一日十二時，共刻九十有六。其永短遞遷，不但日行南陸北陸不同，亦由北極出地高卑互異，而永短因焉。如赤道正過天頂之地，兩極合於地平平行，其下晝夜亦無長短之較，但太陽百八十日恒見，百八十日恒隱耳。此外諸方各有永短，顧一歲之中晝夜均停者四日，據四日之一日逐漸加減，因得九十日之晝夜長短，隨可以推終歲之數也。晨昏者，分晝分夜之二界。太陽將出未出數刻前，其光東發，星光漸爲所奪，是名爲晨。太陽已入，迴光返照，數刻始盡，名爲昏。其久暫分數亦因冬夏而分短長。今以日在地平下十八度内爲晨昏之限，但太陽行此十八度又各方各宫不等，因有五刻、七刻、十刻之别。

顧炎武曰：術家有大刻，有小刻，初一、初二、初三、初四，正一、正二、正三、正四，謂之大刻。合一日計之，得九十六刻。其不盡者，置一初初於初一之上，置一正初於正一之上，謂之小刻，每刻止當大刻六分之一。合一日計之，爲初初者十二，爲正初者十二，又得四大刻，合前爲百刻。宋王逵《蠡海集》，言百刻之説：每刻分爲六十分，百刻共得六千分，散於十二時，每時得五百分。如此則一時占八刻零二十分，將八刻截作初正各四刻，却將二十分零數分作初初、正初微刻各一十分也。《周禮·挈壺氏》注：漏箭晝夜共百刻。《禮記·樂記》：百度得數而有常。注：百度，百刻也。《靈樞經》：漏水下百刻以分晝夜。《説文》：漏以銅受水刻節，晝夜百刻。《玉海》：每時初行一刻，至四刻六分之一爲時正，終八刻三分之一則交入次時。《國史志》：每時八刻二十分，每刻一擊鼓，八鼓後進時牌，餘二十分爲雞唱，唱絶，擊一十五鼓爲時正。

紀事

《竹書紀年》卷下 懿王之世，興居無節，號令不時，挈壺氏不能共其職，諸侯於是攜德。

漢·司馬遷《史記》卷六四《司馬穰苴列傳》 穰苴先馳至軍，立表下漏待賈。賈素驕貴，以爲將己之軍而己爲監，不甚急；親戚左右送之，留飲。日中而賈不至。穰苴則仆表決漏，入，行軍勒兵，申明約束。約束既定，夕時，莊賈乃至。

漢·班固《漢書》卷一一《哀帝紀》 待詔夏賀良等言赤精子之讖，漢家曆運中衰，當再受命，宜改元易號。詔曰：「漢興二百載，曆數開元。皇天降非材之佑，漢國再獲受命之符，朕之不德，曷敢不通！夫基事之元命，必與天下自新，其大赦天下。以建平二年爲太初(元將)元年。號曰陳聖劉太平皇帝。漏刻以百二十爲度。」

七月，以渭城西北原上永陵亭部爲初陵。勿徙郡國民，使得自安。

八月，詔曰：「(時)〔待〕詔夏賀良等建言改元易號，增益漏刻，可以永安國家。朕過聽賀良等言，冀爲海内獲福，卒亡嘉應。皆違經背古，不合時宜。六月甲子制書，非赦令也，皆蠲除之。賀良等反道惑衆，下有司。」皆伏辜。

漢·班固《漢書》卷二六《天文志》 二年二月，彗星出牽牛七十餘日。傳曰：「彗所以除舊布新也。牽牛，日、月、五星所從起，曆數之元，三正之始。彗而出之，改更之象也。其出久者，爲其事大也。」其六月甲子，夏賀良等建言當改元易號，增漏刻。詔書改建平二年爲太初(元將)元年，號曰陳聖劉太平皇帝，刻漏以百二十爲度。八月丁巳，悉復蠲除之，賀良及黨與皆伏誅流放。其後卒有王莽篡國之禍。

漢·班固《漢書》卷七五《李尋傳》 哀帝久寢疾，幾其有益，遂從賀良等議。於是詔制丞相御史：「蓋聞《尚書》『五曰考終命』，言大運壹終，更紀天元人元，考文正理，推曆定紀，數如甲子也。朕以眇身入繼太祖，承皇天，總百僚，子元元，未有應天心之效。即位出入三年，災變數降，日月失度，星辰錯謬，高下貿易，大異連仍，盜賊並起。朕甚懼焉，戰戰兢兢，唯恐陵夷。惟漢興至今二百載，曆紀開元，皇天降非材之右，漢國再獲受命之符，朕之不德，曷敢不通夫受天之元命？必與天下自新。其大赦天下，以建平二年爲太初（元將）元年，號曰陳聖劉太平皇帝。漏刻以百二十爲度。布告天下，使明知之。」後月餘，上疾自若。賀良等復欲妄變政事，大臣争以爲不可許。賀良等奏言大臣皆不知天命，宜退丞相御史，以解光、李尋輔政。上以其言亡驗，遂下賀良等吏，而下詔曰：「朕獲保宗廟，爲政不德，變異屢仍，恐懼戰栗，未知所繇。待詔賀良等建言改元易號，增益漏刻，可以永安國家。朕信道不篤，過聽其言，幾爲百姓獲福。卒無嘉應，久旱爲災。以問賀良等，對當復改制度。皆背經誼，違聖制，不合時宜。夫過而不改，是爲過矣。六月甲子詔書，非赦令也，皆蠲除之。賀良等反道惑衆，姦態當窮竟。」皆下獄，光禄勳平當、光禄大夫毛莫如與御史中丞、廷尉雜治，當賀良等執左道，亂朝政，傾覆國家，誣罔主上，不道。賀良等皆伏誅。尋及解光減死一等，徙敦煌郡。

漢·荀悦《前漢紀》卷二八《孝哀一》 六月庚申，太后丁氏崩，葬定陶，發濟陰陳留近郡五萬人穿土。待詔賀良等奏：《天官曆包元太平經》十二卷言：漢家曆運中衰，當再受命，宜改元易號。《太平經》者，成帝時齊人甘忠詐造。云：天帝使真人赤松子教我此道。時劉向奏言：忠可殺，假鬼神惑衆。下獄治服，未斷，病死。而賀良受其書。劉歆以爲不合五經，不可施行。司隸解光，平陵李尋好之，勸上從賀良等議。時上多病，乃赦天下，改年爲太初元年，號陳聖劉太平皇帝，刻漏以一百二十爲度。秋七月，以渭城永陵亭部爲初陵。賀良等又欲變亂政事，大臣争以爲不可。賀良等奏言大臣皆不知天命，宜退丞相御史大夫，以解光、李尋輔政。時上疾自若，以其言無驗，遂下賀良等議，皆伏誅。光、尋等減死一等，徙燉煌。

南朝宋·范曄《後漢書》卷九二《律曆志中》 永元十四年，待詔太史霍融上言：「官漏刻率九日增減一刻，不與天相應，或時差至二刻半，不如夏曆密。」詔書下太常，令史官與融以儀校天，課度遠近。太史令舒、承、梵等對：「案官所施漏法《令甲》第六《常符漏品》，孝宣皇帝三年十二月乙酉下，建武十年二月壬午詔書施行。漏刻以日長短爲數，率日南北二度四分而增減一刻。一氣俱十五日，日去極各有多少。今官漏率九日移一刻，不隨日進退。夏曆漏（刻）隨日南北爲長短，密近於官漏，分明可施行。」其年十一月甲寅，詔曰：「告司徒、司空：漏所以節時分，定昏明。昏明長短，起於日去極遠近，日道周（圜），不可以計率分，當據儀度，下參晷景。今官漏以計率分昏明，九日增減一刻，違失其實，至爲疏數以耦法。太史待詔霍融上言，不與天相應。太常史官運儀下水，官漏失天者至三刻。以晷景爲刻，少所違失，密近有驗。今下晷景漏刻四十八箭，立成斧官府當用者，計吏到，班予四十八箭。」文多，故魁取二十四氣日所在，并黄道去極、晷景、漏刻、昏明中星刻于下。

南朝梁·沈約《宋書》卷一三《律曆志下》 元嘉二十年，承天奏上尚書：「今既改用《元嘉曆》，漏刻與先不同，宜應改革。按《景初曆》春分日長，秋分日短，相承所用漏刻，冬至後晝漏率長於冬至前。且長短增減，進退無漸，非唯先法不精，亦各傳寫謬誤。今二至二分，各據其正。則至之前後，無復差異。更增損舊刻，參以晷影，删定爲經，改用二十五箭。請臺勒漏郎將考驗施用。」從之。

南朝梁·蕭子顯《南齊書》卷五九《芮芮虜傳》 芮芮王求醫工等物，世祖詔報曰：「知須醫及織成錦工、指南車、漏刻，竝非所愛。南方治疾，與北土不同。織成錦工，竝女人，不堪涉遠。指南車、漏刻，此雖有其器，工匠久不復存，不副爲悞。」

南朝梁·釋慧皎《高僧傳》卷六《義解三》 遠有弟子慧要，亦解經律，而尤長巧思。山中無刻漏，乃於泉水中立十二葉芙蓉，因流波轉，以定十二時，晷景無差焉。亦嘗作木鳶，飛數百步。

北齊·魏收《魏書》卷九一《術藝傳·張淵》 時有河間信都芳，字王琳，好學，善天文算數，甚爲安豐王延明所知。延明家有羣書，欲抄集《五經》算事爲《五經宗》及古今樂事爲《樂書》；又聚渾天、欹器、地動、銅烏漏刻、候風諸巧事，并圖畫爲《器準》。並令芳算之。會延明南奔，芳乃自撰注。後隱於并州樂平之東山。太守慕容保樂聞而召之，芳不得已而見焉。於是保樂弟紹宗薦之於齊獻武王，以爲中外府田曹參軍。芳性清儉質樸，不與物和。紹宗給其騾馬，不肯乘騎；夜遣婢侍以試之，芳忿呼毆擊，不聽近己。狷介自守，無求於物。後亦注重差勾股，復撰《史宗》，仍自注之，合數十卷。武定中卒。

唐·魏徵等《隋書》卷七八《耿詢傳》 耿詢字敦信，丹陽人也。滑稽辯給，伎巧絶人。陳後主之世，以客從東衡州刺史王勇於嶺南。勇卒，詢不歸，遂與諸越相結，皆得其歡心。會郡俚反叛，推詢爲主。柱國王世積討擒之，罪當誅。自言有巧思，世積釋之，以爲家奴。久之，見其故人高智寶以玄象直太史，詢從之受天文算術。詢創意造渾天儀，不假人力，以水轉之，施於闇室中，使智寶外候天時，合如符契。世積知而奏之，高祖配詢爲官奴，給使太史局。後賜蜀王秀，從往益州，秀甚信之。及秀廢，復當誅，何稠言於高祖曰：「耿詢之巧，思若有神，臣誠爲朝廷惜之。」上於是特原其罪。詢作馬上刻漏，世稱其妙。

煬帝即位，進欹器，帝善之，放爲良民。歲餘，授右尚方署監事。七年，車駕東征，詢上書曰：「遼東不可討，師必無功。」帝大怒，命左右斬之，何稠苦諫得免。及平壤之敗，帝以詢言爲中，以詢守太史丞。宇文化及弑逆之後，從至黎陽，謂其妻曰：「近觀人事，遠察天文，宇文必敗，李氏當王，吾知所歸矣。」詢欲去之，爲化及所殺。著《鳥情占》一卷，行於世。

唐·李百藥《北齊書》卷四九《方伎傳·信都芳》 信都芳，河間人。少明算術，爲州里所稱。有巧思，每精研究，忘寢與食，或墜坑坎。嘗語人云：「算之妙，機巧精微，我每一沉思，不聞雷霆之聲也。」其用心如此。以術數干高祖爲館客，授參軍。丞相倉曹祖珽謂芳曰：「律管吹灰，術甚微妙，絶來既久，吾思所不至，卿試思之。」芳遂留意，十數日，便云：「吾得之矣，然終須河内葭莩灰。」後得河内葭莩，用其術，應節便飛，餘灰即不動也。不爲時所重，竟不行，故此法遂絶。又著《樂書》、《遁甲經四術》、《周髀宗》。芳又私撰曆書，名爲《靈憲曆》，算月有頻大頻小，食必以朔，證據甚甄明。每云：「何承天亦爲此法，不能精，《靈憲》若成，必當百代無異議。」書未就而卒。

唐·李延壽《南史》卷三三《何承天傳》 先是，《禮論》有八百卷，承天删減并合，以類相從，凡爲三百卷，并《前傳》、《雜語》、所《纂文》及文集，並傳於世。又改定《元嘉曆》，改漏刻用二十五箭，皆從之。

唐·李延壽《北史》卷二〇《奚斤傳》 太武之爲皇太子，臨朝聽政，以斤爲左輔。宋廢主義符立，其國内離阻。乃遣斤收河南地，假斤節，都督前鋒諸軍事，司空、晉兵大將軍、行揚州刺史，率吴兵將軍公孫表等南征。用表計攻滑臺，不拔，求濟師。帝怒其不先略地，切責之。乃親南巡，次中山。斤自滑臺趣洛陽，長驅至武牢，遂平兗、豫諸郡。還圍武牢。及武牢潰，斤置守宰以撫之。自魏初大將行兵，唯長孫嵩拒宋武，斤征河南，獨給漏刻及十二牙旗。

唐·李延壽《北史》卷八九《信都芳傳》 信都芳字玉琳，河間人也。少明算術，兼有巧思，每精心研究，或墜坑坎。常語人云：「算曆玄妙，機巧精微，我每一沈思，不聞雷霆之聲也。」其用心如此。後爲安豐王延明召入賓館。有江南人祖暅者，先於邊境被獲，在延明家，舊明算曆，而不爲王所待。芳諫王禮遇之。暅後還，留諸法授芳，由是彌復精密。延明家有羣書，欲抄集《五經》算事爲《五經宗》，及古今樂事爲《樂書》，又聚渾天、欹器、地動、銅烏、漏刻、候風諸巧事，并圖畫爲《器準》，並令芳算之。會延明南奔，芳乃自撰注。

後隱於并州樂平之東山，太守慕容保樂聞而召之，芳不得已而見焉。於是保樂弟紹宗薦之於齊神武，爲館客，授中外府田曹參軍。芳性清儉質樸，不與物和。紹宗給其羸馬，不肯乘騎；夜遣婢侍以試之，芳忿呼毆擊，不聽近己。狷介自守，無求於物。後亦注重差、勾股，復撰《史宗》。

芳精專不已，又多所闚涉。丞相倉曹祖珽謂芳曰：「律管吹灰，術甚微妙，絶來既久，吾思所不至，卿試思之。」芳留意十數日，便報珽云：「吾得之矣，然終須河内葭莩灰。」祖對試之，無驗。後得河内灰，用術，應節便飛，餘灰即不動也。不爲時所重，竟不行用，故此法遂絶。

又著《樂書》、《遁甲經》、《四術周髀宗》。其序曰：「漢成帝時，學者問蓋天，楊雄曰：『蓋哉，未幾也。』問渾天，曰：『落下閎爲之，鮮于妄人度之，耿中丞象之，幾乎，莫之息矣。』此言蓋差而渾密也。蓋器測影而造，用之日久，不同於祖，故云『未幾也』。渾器量天而作，乾坤大象，隱見難變，故云『幾乎』。是時，太史令尹咸窮研晷蓋，易古周法，雄乃見之，以爲難也。自昔周公定影王城，至漢朝蓋器一改焉。渾天覆觀，以《靈憲》爲文；蓋天仰觀，以《周髀》爲法。覆仰雖殊，大歸是一。古之人制者，所表天效玄象。芳以渾算精微，術機萬首，故約本爲之省要，凡述二篇，合六法，名《四術周髀宗》。」

又上黨李業興撰新曆，自以爲長於趙敗、何承天、祖沖之三家，芳難業興五□。又私撰曆書，名曰《靈憲曆》，算月頻大頻小，食必以朔，證據甚甄明。每云：「何承天亦爲此法，而不能精。《靈憲》若成，必當百代無異議者。」書未成而卒。

唐·白居易撰、宋·孔傳續撰《白孔六帖》卷七二 武德三年，改儀曹郎曰禮部郎中。龍朔二年，改禮部曰司禮。光宅元年，改禮部曰春官。同上。祠部掌祠祀、饗祭、天文、漏刻、國忌、廟諱、卜筮、醫藥、僧尼之事。龍朔二年，改祠部曰司禋。

唐·杜牧《樊川文集》第一〇 池州造刻漏記

百刻短長，取於口不取於數，天下多是也。某大三年佐沈吏部江西府。暇日，公與賓史環城，見銅壺銀箭，律如古法，曰：建中時，嗣曹王皐命處士王易簡爲之。公曰：湖南府亦曹王命處士之所爲也。後二年，公移鎮宣城，王處士尚存，因命工就京師授其術，創置於城府。某爲童時，王處士年七十，常來某家。

精大演數與雜機巧，識地有泉，鑿必湧起。韓文公多與之遊。大和四年，某自宣城使于京師，處士年餘九十，精神不衰。某拜于牀下，言及刻漏，因圖授之。會昌五年，歲次乙丑，夏四月，始造于城南門樓。京兆杜某記。

唐·許嵩《建康實録》卷七《晉顯宗成皇帝》（五年）二月己巳，會稽太守王舒表獻銅漏刻，詔置端門西塾之西。

唐·許嵩《建康實録》卷一二《宋太祖文皇帝》（二十一年）十一月何承天上《元嘉曆》，云：君當順天以求合，非爲合以驗天也。堯時冬至日在須女十度，漢《太初曆》冬至日在牽牛初，後漢《四分》及魏《景初》法同在斗二十一度。臣以月蝕驗之，則《景初》冬至應在斗十七度。又後漢至春分日長，秋分日短，差過半刻。則二至之間而有短長，誠由春分近夏至，故長，秋分近冬至，故短也。又奏改刻漏二十五箭，帝並從之。

後晉·劉昫等《舊唐書》卷七九《傅奕傳》傅奕，相州鄴人也。尤曉天文曆數。隋開皇中，以儀曹事漢王諒。用諒舉兵，謂奕曰：「今茲熒惑入井，是何祥也？」奕對曰：「天上東井，黄道經其中，正是熒惑行路所涉，不爲怪異；若熒惑入地上井，是爲災也。」諒不悦。及諒敗，由是免誅，徙扶風。

高祖爲扶風太守，深禮之。及踐祚，召拜太史丞。太史令庾儉以其父質在隋言占候忤煬帝意，竟死獄中，遂懲其事，又恥以數術進，乃薦奕自代，遂遷太史令。奕既與儉同列，數排毁儉，而儉不之恨，時人多儉仁厚而稱奕之率直。奕所奏天文密狀，屢會上旨，置參旗、井鉞等十二軍之號，奕所定也。武德三年，進《漏刻新法》，遂行於時。

後晉·劉昫等《舊唐書》卷一九八《西戎傳》拂菻國，一名大秦，在西海之上，東南與波斯接，地方萬餘里，列城四百，邑居連屬。其宫宇柱櫳，多以水精瑠璃爲之。【略】其都城疊石爲之，尤絶高峻，凡有十萬餘户，南臨大海。城東面有大門，其高二十餘丈，自上及下，飾以黄金，光輝燦爛，連曜數里。自外至王室，凡有大門三重，列異寶雕飾。第二門之樓中，懸一大金秤，以金丸十二枚屬於衡端，以候日之十二時焉，爲一金人，其大如人，立於側，每至一時，其金丸輒落，鏗然發聲，引唱以紀日時，毫釐無失。

宋·薛居正等《舊五代史》卷九六《晉書二十二·馬重績傳》馬重績，字洞微，少學數術，明太一、五紀、八象、三統大曆，居於太原。仕晉，拜太子右贊善大夫，遷司天監。天福三年，重績上言：「曆象，王者所以正一氣之元，宣萬邦之命，而古今所記，考審多差。《宣明》氣朔正而星度不驗，《崇玄》五星得而歲差一日。以《宣明》之氣朔，合《崇玄》之五星，二曆相參，然後符合。自前世諸曆，皆起天正十一月爲歲首，用太古甲子爲上元，積歲愈多，差闊愈甚。臣輒合二曆，創爲新法，以唐天寶十四載乙未爲上元，雨水正月中氣爲氣首。」詔下司天監趙仁琦、仁琦，原本作「人琦」，今從《五代會要》改正。（影庫本粘籤）張文皓等考覈得失，仁琦等言：「明年庚子正月朔，用重績曆考之，皆合無舛。」乃下詔班行之，號《調元曆》。行之數歲輒差，遂不用。重績又言：「漏刻之法，以中星考晝夜爲一百刻，八刻六十分刻之二十爲一時，時以四刻十分爲正，此自古所用也。今失其傳，以午正爲時始，下侵未四刻十分而爲午，由是晝夜昏曉，皆失其正，請依古改正。」從之。重績卒年六十四。《永樂大典》卷一萬一千二百四十。

宋·李昉等《太平御覽》卷八九《皇王部十四》孝哀皇帝

建平二年，待詔夏賀良等言赤精子之讖：漢運中衰，當再受命，今宜改元易號。乃赦天下，以建平二年爲太初元年，號曰陳聖劉太平皇帝，漏刻以百二十爲度。八月，詔曰：夏賀良等言皆違經背古，不合時宜，甲子制書，非赦令也，皆蠲除之。

宋·李昉等《太平御覽》卷五九〇《文部六》劉璠《梁典》曰天監六年，帝以舊國漏刻乖舛，乃勅員外郎祖暅治漏成，命太子舍人陸倕爲文。其序曰：乃詔臣爲銘。按倕集曰：銘一字，至尊所改也。

宋·王欽若等《册府元龜》卷六三《帝王部·發號令第二》十二年正月，詔曰：近日漏刻失時，或早或晚。宜令太史謹脩盡職，勿使更然。如有愆違，委御史彈奏。

宋·王欽若等《册府元龜》卷八二《帝王部·赦宥》六月，待詔夏賀良等言赤精子之讖，詔以材技徵召，未有正官，故曰待詔。高祖感赤龍而生，自謂赤帝之精，賀良等因是作讖文。漢家曆運中衰，當再受命，宜改元易號。詔曰：漢興二百載，歷數開元，皇天降非材之佑，漢國再獲受命之符，朕之不德，曷敢不通夫基事之元命？基，始也。始爲大事之命。必與天下自新。其大赦天下，以建平二年爲太初元年，號曰陳聖劉太平皇帝。陳，舜後。王莽，陳之後。謬語以明莽當篡立而不知。漏刻以百二十爲度。八月，詔曰：待詔夏賀良等建言改元易號，增益漏刻，可以永安國家。朕過聽其言，冀爲海内獲福。卒亡嘉應。皆違經背古，不合時宜。六月甲子制書，非赦令也，皆蠲除之。言非赦書事，皆除之。

宋・王欽若等《册府元龜》一五二《帝王部・明罰》 哀帝建平二年秋八月，詔曰：待詔夏賀良等建言改元易號，增益漏刻，可以永安國家。朕過聽賀良等言，過，誤也。冀爲海内獲福。卒亡嘉應，皆違經悖古，不合時宜。六月甲子制書，非赦令也，皆蠲除之。改元易號，大赦天下，以求延祚而不蒙福。哀帝悔之，故更下制書，諸非赦罪事皆除之。謂改制易號，今皆復故也。非赦令也，猶言自非赦令耳。也，語終辭也，而讀者不曉，輒改也爲他字，失本文也。賀良等反道惑衆，下有司，皆伏辜。

宋・王欽若等《册府元龜》卷一七五《帝王部・悔過》 哀帝建平二年六月，寢疾。待詔夏賀良等言赤精子之讖：漢家曆運中衰，當再受命，宜改元易號。詔以建平二年爲太初二年，號曰陳聖劉太平皇帝，漏刻以百二十爲度。月餘，帝疾自若，賀良等復欲妄變政事，大臣争以爲不可許。賀良等奏言大臣皆不知天命，宜退丞相御史，以解光、李尋輔政。帝以其言不驗，遂下賀良等吏，下詔曰：朕獲保宗廟，爲政不得，變易屢仍，恐懼戰栗，未知所繇。待詔賀良等建言改元易號，增益漏刻，可以永安國家。朕信道不篤，過聽其言，過，誤也。幾爲百姓獲福。卒無嘉應，久旱爲災。以問賀良等，對當復改制度，皆背經義，違聖制，不合時宜。夫過而不改，是謂過矣。六月甲子詔書，非赦令也，皆蠲除之。准赦令不改，餘皆除之。賀良等反道惑衆，姦態當窮究，皆下獄。光禄勳平當、光禄大夫毛莫如與御史中丞、廷尉雜治，當賀良等執左道，亂朝政，當爲處正其罪名。傾覆國家，誣罔主上，不道。賀良等皆伏誅。李尋及解光減死一等，徙敦煌郡。

宋・王欽若等《册府元龜》卷一八〇《帝王部・失政》 哀帝即位，待詔夏賀良等言赤精子之讖：漢家歷運中衰，當再受命，今宜改元易號。乃以建平三年爲太初元年，號曰陳聖劉太平皇帝，漏刻以百二十爲度。

宋・王欽若等《册府元龜》卷三八一《將帥部・褒異第七》 太武之爲皇太子，臨朝，以斤爲左輔。時宋少帝立，其大臣不附，乃收宋武帝前侵河南地，假斤節，都督前鋒諸軍事，司空公，晉兵大將軍南征。自魏國初大將行師，唯長孫嵩拒宋武，斤征河南，獨給漏刻及十二牙旗。後爲萬騎大將軍，征平凉州。戰功賜僮隸七十户。大武以斤元老，賜安車。平決刑獄，諮訪朝政。

宋・王欽若等《册府元龜》卷七八六《總録部・博學》 信都芳，好學善天文筭數，甚爲安豐王延明所知。延明家有群書，欲抄集《五經》筭事爲《五經宗》及古今樂事爲《樂書》。又取渾天、歌器、地動、銅烏、漏刻、候風諸圖爲《器準》，並令芳筭之。會延明南奔，芳乃自撰注。位中外府田曹參軍。

宋・王欽若等《册府元龜》卷九〇八《總録部・工巧》 耿詢字敦信，丹陽人。滑稽辯給，伎巧絶人。陳後主之世，以客從東衡州刺史王勇於嶺南。勇卒，詢不歸，遂與諸越相結，皆得其歡心。會郡俚反叛，推詢爲王。柱國王世積討擒之，罪當誅。自言巧思，世積釋之，以爲家奴。久之，見其故人高智寶以玄象直太史，詢從之受天文算術。詢創意造渾天儀，不假力，以水轉之，施於闇室中，使智寶外候天時，合如符契。世積知而奏之，高祖配詢爲官奴，給使太史局。又作馬上刻漏，世稱其妙。帝初即位，進欹器，帝善之，放爲良民。歲餘，授右尚方署監事。

宋・王欽若等《册府元龜》卷九一〇《總録部・僞政》 十一月甲子，莽奏太后曰：陛下至聖，遭家不造，遇漢十二世三七之阸，承天威命，詔臣莽居攝，受孺子之託，任天下之寄。臣莽兢兢業業，懼於不稱。宗室廣饒侯劉京上書言：七月中，齊郡臨淄縣昌興亭長辛當一暮數夢，曰：吾，天公使也。天公使我告亭長曰：攝皇帝當爲真。即信我，此亭中當有新井。亭長晨起視亭中，誠有新井，入地且百尺。十一月壬子，直建冬至，壬子之日冬至，而其日當建。巴郡石牛，戊午，雍石文，皆到于未央宫之前殿。臣與太保安陽侯舜等視，天風起，塵冥，風止，得銅符帛圖於石前，文曰：天告帝符，獻者對侯。承天命，用神令。騎都校尉崔發等眂說。言視其文而説其意也。及前孝哀皇帝建平二年六月甲子下詔書，更爲大初元將元年，案其本事，甘忠可、夏賀良讖書藏蘭臺。蘭臺，掌圖籍之所。臣莽以爲元將元年者，大將居攝改元之文也，於今信矣。《尚書・康誥》王若曰：孟侯，朕其弟，小子封。孟，長也。孟侯者，言爲諸侯之長也。封者，衛康叔之名。此周公居攝稱王之文也。《春秋》隱公不言即位，攝也。此二經孔子，周公所定，蓋爲後法。孔子曰：畏天命，畏大人，畏聖人之言。臣莽敢不承用！臣請其事神祇宗廟，奏言太皇太后，孝平皇后，皆稱假皇帝。其號令天下，天下奏言事，毋言攝。以居攝三年爲初始元年，漏刻以百二十爲度，用應天命。臣莽夙夜養育隆就孺子，隆，長也。其使我許之長大也。今與周之武王比德，宣明太皇太后威德於萬方，期於富而教之。孺子加元服，復子明辟，如周公故事。奏可。衆庶知其奉符命，指意群臣博議別奏，以視即真之漸矣。

宋・王欽若等《册府元龜》卷九二一《總録部・妖妄》 哀帝久寢疾，幾其有益。幾讀曰冀。遂從賀良等議，於是詔制丞相御史：蓋聞《尚書》五曰考終命，言大運一終，更紀天元人元，考文正理，推歷定紀，數如甲子也。朕以眇身入繼太祖，承皇天，總百僚，子元元，未有應天心之效。即位出入三年，災變數降，日月失度，星辰錯謬，高下貿易，言山摧川竭也。大異連仍，盜賊竝起。仍，頻也。朕甚懼焉，戰戰兢兢，唯恐陵夷。屢漸滅亡也。惟漢至今二百歲，歷紀開元，皇天降非材之右，漢國再獲受命之符，右讀曰祐。祐，助也。帝自言不材而得天助也。朕之不德，曷敢不通夫受天之元命？必與天下自新。其大赦天下，以建平二年爲太初元年，號曰陳聖劉太平皇帝。漏刻以百二十爲度。布告天下，使明知之。後月餘，帝疾自若，竟誅賀良等。

宋·王欽若等《册府元龜》卷九九九《外臣部·請求》 芮芮王求醫工等物，武帝詔報曰：知須醫及織成錦工、指南車、漏刻，竝非所愛。南方治疾，與北土不同。織成錦工，竝女人，不堪涉遠。指南車、漏刻，此雖有其器，工匠久不復存，不副爲恨。

宋·歐陽修等《新唐書》卷一〇七《傅奕傳》 傅奕，相州鄴人。隋開皇中，以儀曹事漢王諒。諒反，問奕：「今兹熒惑入井，果若何？」對曰：「東井，黄道所由，熒惑之舍，烏足怪邪？若入地上井，乃爲災。」諒怒。俄及敗，奕以對免，徙扶風。高祖爲扶風太守，禮之。及即位，拜太史丞。會令庾儉以父質占候忤煬帝死，懲其事，恥以術宦，薦奕自代。奕遷令，與儉同列，數排毀之，儉不爲恨。於是人多儉仁，罪奕遽且忿。

時國制草具，多仍隋舊，奕謂承亂世之後，當有變更，乃上言：「龍紀、火官，黄帝廢之，《咸池》、《六英》，堯不相沿，禹弗行舜政，周弗襲湯禮。《易》稱『巳日乃孚，革而信也』，故曰『革之時大矣哉』。有隋之季，違天害民，專峻刑法，殺戮賢俊，天下兆庶同心叛之。陛下撥亂反正，而官名、律令一用隋舊。且懲沸羹者吹冷齏，傷弓之鳥驚曲木，況天下久苦隋暴，安得不新其耳目哉？改正朔，易服色，變律令，革官名，功極作樂，治終制禮，使民知盛德之隆，此其時也。然官貴簡約，夏后官百不如虞氏五十，周三百不如商之百。」又曰：「夏有亂政而作《禹刑》，商有亂政而作《湯刑》，周有亂政而作《九刑》。衛鞅爲秦制法，增鑿顛、抽脅、鑊亨等六篇，始皇爲挾書律，此失於煩，不可不監。」

是時，太僕卿張道源建言：「官曹文簿繁總易欺，請減之以鈐吏姦。」公卿舉不爲然，奕獨是之，爲衆沮訾，不得行。

武德七年，上疏極詆浮圖法曰：

西域之法，無君臣父子，以三塗六道嚇愚欺庸。追既往之罪，窺將來之福，至有身陷惡逆，獄中禮佛，口誦梵言，以圖偷免。且生死壽夭，本諸自然；刑德威福，繫之人主。今其徒矯託，皆云由佛，攘天理，竊主權。《書》曰：「惟辟作福，惟辟作威，惟辟玉食。臣有作福作威玉食，害于而家，凶于而國。」

五帝三王，未有佛法，君明臣忠，年祚長久。至漢明帝始立胡祠，然惟西域桑門自傳其教。西晉以上，不許中國髡髮事胡。至石、苻亂華，乃弛厥禁，主庸臣佞，政虐祚短，事佛致然。梁武、齊襄尤足爲戒。昔褒姒一女，營惑幽王，能亡其國。況今僧尼十萬，刻繒泥像，以惑天下，有不亡乎？陛下以十萬之衆自相夫婦，十年滋産，十年教訓，兵農兩足，利可勝既邪？昔高齊章仇子他言僧尼塔廟，外見毁宰臣，内見疾妃嬙，陽讒陰謗，卒死都市，周武帝入齊，封寵其墓，臣竊賢之。

又上十二論，言益痛切。帝下奕議有司，唯道源佐其請。中書令蕭瑀曰：「佛，聖人也，非聖人者無法，請誅之。」奕曰：「禮，始事親，終事君。而佛逃父出家，以匹夫抗天子，以繼體悖所親。瑀非出空桑，乃尊其言，蓋所謂非孝者無親。」瑀不答，但合爪曰：「地獄正爲是人設矣。」帝善奕對，未及行，會傳位止。

初，九年，太白躔秦分，奕奏秦王當有天下，帝以奏付王。及太宗即位，召賜食，謂曰：「向所奏，幾敗我！雖然，自今毋有所諱而不盡言。」又嘗問：「卿拒佛法，奈何？」奕曰：「佛，西胡黠人爾，欺訹夷狄以自神。至入中國，而孅兒幻夫摸象莊、老以文飾之，有害國家，而無補百姓也。」帝異之。

貞觀十三年，卒，年八十五。奕病，未嘗問醫，忽酣臥，蹶然悟曰：「吾死矣乎！」即自誌曰：「傅奕，青山白雲人也。以醉死，嗚呼！」遺言戒子：「《六經》名教言，若可習也；妖胡之法，慎勿爲。吾死當倮葬。」奕雖善數，然嘗自言其學不可以傳。又注《老子》，并集晉、魏以來與佛議駁者爲《高識篇》。武德時，所改漏刻，定十二軍號，皆詔奕云。

宋·歐陽修《新五代史》卷五七《雜傳·馬重績》 馬重績字洞微，其先出於北狄，而世事軍中。重績少學數術，明太一、五紀、八象、《三統大曆》，居于太原。唐莊宗鎮太原，每用兵征伐，必以問之，重績所言無不中，拜大理司直。明宗時，廢不用。

晉高祖以太原拒命，廢帝遣兵圍之，勢甚危急，命重績筮之，遇《同人》，曰：「天火之象，乾健而離明。健者君之德也，明者南面而嚮之，所以治天下也。同人者人所同也，必有同我者焉。《易》曰：『戰乎乾。』乾，西北也。又曰：『相見乎離。』離，南方也。其同我者自北而南乎？乾，西北也，戰而勝，其九月十月之交乎？」是歲九月，契丹助晉擊敗唐軍，晉遂有天下。拜重績太子右贊善大夫，遷司天監。明年，張從賓反，命重績筮之，遇《隨》，曰：「南瞻析木，木不自續，虛而動之，動隨其覆。歲將秋矣，無能爲也！」七月而從賓敗。高祖大喜，賜以良馬、器幣。

天福三年，重績上言：「曆象，王者所以正一氣之元，宣萬邦之命。而古今所紀，考審多差，《宣明》氣朔正而星度不驗，《崇玄》五星得而歲差一日，以《宣明》之氣朔，合《崇玄》之五星，二曆相參，然後符合。自前世諸曆，皆起天正十一月爲歲首，用太古甲子爲上元，積歲愈多，差闊愈甚。臣輒合二曆，創爲新法，以唐天寶十四載乙未爲上元，雨水正月中氣爲氣首。」詔下司天監趙仁錡、張文皓等考覈得失。仁錡等言：「明年庚子正月朔，用重績曆考之，皆合無舛。」乃下詔班行之，號《調元曆》。行之數歲輒差，遂不用。

重績又言：「漏刻之法，以中星考晝夜爲一百刻，八刻六十分刻之二十爲一時，時以四刻十分爲正，此自古所用也。今失其傳，以午正爲時始，下侵未四刻十分而爲午。由是晝夜昏曉，皆失其正，請依古改正。」從之。

重績卒年六十四。

宋・郭若虛《圖畫見聞志》卷三《紀藝中》 燕肅，字穆之，其先燕薊人，後徙家曹南。位龍圖閣直學士，以尚書禮部侍郎致政。文學治行外尤善畫山水寒林，澄懷味象，應會感神，蹈摩詰之遐蹤，逼咸熙之懿範。太常寺有所畫屏風。玉堂，刑部，景寧坊居弟，暨許雒佛寺中，皆有畫壁。公以壽終於康定元年，贈太尉。公畫與所藏古筆僅百卷，皆取入禁中，故人間所傳圖軸幾稀矣。公凡莅州郡，作刻漏法最精。又嘗被旨造指南車，皆出奇思。

宋・周紫芝《太倉稊米集》卷六一 興國軍重修刻漏

凡郡必有城，城必有譙門，門必設鼓、角、漏三物，所以壯軍容，令昏曉，使興居有節，不失其時，其爲制舊矣。余始至郡，每月影下，罘罳聞鼓，紞紞然，鳴於闉闍之間，明日天且白，雞三號，則鼓又鳴，率以此而候夜旦。然夜漏不設，常使守埤者占天星以候百刻，風雨晦冥則笳鼓失節，往往夜半奏角，黎明而受初更者，猶弗易也。余慨然念之，乃賦財於邑，鳩工於野，丐法於旁郡，而一新之。越兩月而漏成。始，余命有司使治是漏，客有聞而竊笑者，謂吾：邦雖無事而歲入不足備供億。凡邦之祭祀、賓客、兵食、廩稍與夫不時之需，一有闕焉，事急上聞，則使咄嗟罷去，顧暇卹於斯乎？余曰：是非君所知也。古者朝必辨色而後入，禮也。設庭燎而朝羣臣，非禮也。今郡國吉月必拜朔於廟，又望而拜於廷，是亦朝也。一失其時，則爲弗欽於君。季氏逮闇而祭，繼之以燭，《禮經》譏之。他日子路以質明而始行事，宴朝而退，孔子以爲知禮。今律釋奠於文宣王，月用仲春，時以丑刻，以七月用仲秋，時以丑刻以一。至於社稷飌靁雨師則異於是，反是則爲失其時，亦曰弗欽於神。夫朝，人臣之節也，祀，國之大事也，斯而失焉，國非國矣。雖有粟，我得而食諸？然則余之爲是漏，豈可謂無意於其間哉？噫！時有遷徙，事隨廢興，前人爲之，安知後人不從而隳之也？昔杜牧之嘗謂百刻短長，取於口不取於數，天下多是，獨宣、池、荆三郡皆大和間嗣曹王皐用處士王易簡之法爲之。宣於余爲鄉邦，見其法尚存而牧之之文也。今無易簡之法，又無牧之之文，而欲保其不墮於後人，理豈有是哉？謂百刻不取於口而取於數，斯亦可傳矣，安得復有如二人者乎？紹興壬申四月十五日，周某記。

宋・鄭樵《通志》卷一七三《儒林傳第二》 沈洙，字弘道，吳興武康人也。祖休季，梁餘杭令。父山卿，梁國子博士，中散大夫。洙少方雅好學，不妄交遊。通《三禮》、《春秋左氏傳》。精識彊記，《五經》章句，諸子史書，問無不答。仕梁，爲尚書祠部郎，時年蓋二十餘。大同中，學者多涉獵文史，不爲章句，而洙獨積思經術，吳郡朱异、會稽賀琛甚嘉之。及异、琛於士林館講制旨義，常使洙爲都講。侯景之亂，洙竄於臨安，時文帝在焉，親就習業。及武帝入輔，除國子博士，與沈文阿同掌儀禮。武帝受禪，加員外散騎常侍，位揚州別駕從事史、大匠卿。有司奏建康令沈孝軌門生陳三兒牒稱主人翁靈柩在周，主人奉使關右，固欲迎喪，久而未成。三月晦即是再周，主人弟見在此者，爲至月末除靈，內外即吉？爲待主人還情禮申竟？以事諮左丞江德藻，德藻議謂：王衛軍云：久喪不葬，唯主人不變，其餘親各終月數而除。此蓋引《禮》文論在家內有事故未得葬者耳。孝軌既在異域，雖已迎喪，還期無指，諸弟若遂不除，永絕婚嫁，此於人情，或爲未允。中原淪陷以後，理有事例，宜諮沈常侍詳議決。洙議曰：禮有變正，又有從宜。《禮喪服小記》云：久而不葬者，唯主喪者不除，其餘以麻終月數者除喪。《記注》云：其餘謂傍親。如鄭所解，衆子皆應不除，王衛軍所引，蓋禮之正也。但魏氏東關之役，既失亡屍柩，葬禮無期，時議以爲禮無終身之喪，故制使除服。晉氏喪亂，或死於虜庭，無由迎殯，江左故復申明其制。李允之祖，王華之父，並存亡不測，其子孫制服依時釋衰，此並變禮之宜也。孝軌雖因奉使便欲迎喪，而還期未剋。宜依東關故事，在此者，並應釋除衰麻，毀靈祔祭，若喪柩得還，别行改葬之禮。自天下寇亂，西朝傾覆，若此之徒，諒并一二，寧可喪期無數，而弗除衰服，朝廷自應爲之限制，以義斷恩。德藻依洙議，奏可。文帝即位，累遷光禄卿，侍東宫讀。廢帝嗣位，歷尚書左丞、衡陽王長史，行府國事。梁代舊律，測囚之法，日一上，起自晡鼓，盡于二更。及比部郎范泉删定律令，以舊法測立時久，非人所堪，分其刻數，日再上。廷尉以爲新制過輕，請集八坐丞郎并祭酒孔奂，行事沈洙五舍人會尚書省詳議。時宣帝録尚書，集衆議之，都官尚書周弘正議曰：凡小大之獄，必應以情，政言依準五聽，驗其虚實，豈可令恣考掠，以判刑罪？且測人時節，本非古制，近代以来，方有此法。起自晡鼓，迄於二更，豈是常人所能堪忍？所以重械之下，危墮之上，無人不服，誣枉者多。朝晚二時，同等刻数，進退而求，於事爲衷。若謂小促前期数，致實罪不服，如復時節延長，則無愆妄款。且人之所堪，既有彊弱，人之立意，固亦多途。至如貫高榜笞刺爇，身無完者，戴就熏針並極，困篤不移，豈關時刻長短，掠測優劣？夫與殺不辜，寧失不經，罪疑唯輕，功疑唯重，斯則古之聖王，垂此明法。愚謂依范泉著制爲允。洙議曰：夜中測立，緩急易欺，兼用晝漏，於事爲允。但漏刻賒促，今古不同，《漢書・律曆》，何承天、祖冲之、祖暅父子《漏經》，並自關鼓至下鼓，自晡鼓至關鼓，皆十三刻，冬夏四時不異。若其日有長短，分在中時前後。今用梁末改漏，下鼓之後，分其短長，夏至之日，各十七刻，冬至之日，各十二刻。廷尉今牒，以時刻短促，致罪人不欵。愚意願去夜測之昧，從晝漏之明，斟酌今古之間，參會二漏之議，捨秋冬之少刻，從夏日之長晷，不問寒暑，並依今之夏至，朝夕上測，各十七刻。比之古漏，則一上多昔四刻，即用今漏，則冬至多五刻。雖冬至之時，数刻侵夜，正是少日，於事非疑。庶罪人不以漏短而無捍，獄囚無在夜之致誣，求之鄙意，竊謂宜依范泉前制。宣帝曰：沈長史議得中，宜更博議。左丞宗元饒議曰：沈議非頓異范，正是欲使四時均其刻数。請寫還删定曹詳改前制。宣帝依事施行。洙以太建元年卒。

宋・李攸《宋朝事實》卷一一《儀注一》 太祖乾德元年八月六日，太常禮院言：南郊壇衆星位版，并刻漏時辰，司天臺，應奉豫申嚴辦。從之。太宗淳化四年五月三日，吏部侍郎陳恕言：郊壇祭祀，其神位席褥，望自今並委逐司長官封送祀所。禮畢，監祭使封還。從之。

宋・李燾《續資治通鑑長編》卷一一六《仁宗》 己未，翰林學士承旨章得象、天章閣待制燕肅與翰林侍讀學士馮元祥定刻漏。

宋・李燾《續資治通鑑長編》卷一一八《仁宗》 又命章得象等重定刻漏水秤。既而得象等言，水行有遲速，請增置平水壺一、渴烏二、晝夜箭二十一，從之。

宋・李燾《續資治通鑑長編》卷二四八《神宗》 提舉司天監所言：「據造曆衛朴等言，測渾儀景表刻漏差誤，不可爲則。」詔元管勾當官楊茂先送開封府劾罪以聞。

宋・李燾《續資治通鑑長編》卷三三五《神宗》 編修天文書所上所修天文書十六卷，乞本監收掌外，仍頒降翰林天文院、測驗渾儀刻漏所。從之。

宋・李燾《續資治通鑑長編》卷四二三《哲宗》 詳定製造水運渾儀所奏：「太史局直長趙齊良狀：『伏覩宋以火德王天下，所造渾儀，其名水運，甚非吉兆，乞更水名，以避刑剋火德之忌。』案張衡謂之刻漏儀，一行謂之水運俯視圖，張思訓所造，太宗皇帝賜名『太平渾儀』，名稱並各不同。今新制備二器而通三用，乞特賜名，以稱朝廷制作之意。」詔以「元祐渾天儀象」爲名。四年四月八日事，附許將等言前。

翰林學士許將等言：「詳定元祐渾天儀象所先被旨製造水運渾儀木様進呈，差官試驗，如候天不差，即别造銅器。今周日嚴、苗景等晝夜校驗，與天道已得參合，臣等試驗，晝夜亦不差。」詔以銅造，仍以「元祐渾天儀象」爲名。其後本所又言：「前所謂渾天儀者，其外形如丸，其内則有璣有衡。其外形如丸，即可徧布星度，大率若本所造渾象之制；其内有璣有衡，即可仰窺天象，大率若本所造渾儀之制。若渾天儀，則兼二器有之，同爲一器。既言渾天，則其爲象可知；然於渾象中設璣、衡，使人内窺天象，以占測爲主，故可總謂之渾天儀，其實兼儀、象而有之也。今所建渾儀、渾象，别爲二器，而渾儀占測天度之真數，又以渾象置之密室，自爲天運，與儀參合。若并爲一器，即象爲儀，以同正天度，則渾天儀、象兩得之矣，此亦本朝備具典禮之一法也。乞更重作渾天儀。」從之。

宋・韓元吉《南澗甲乙稿》卷一五 浦城縣刻漏記

古之觀天有二道，曆以應于時也，漏以應于曆也。嘗考之《詩》，春秋諸侯之國，不得爲曆，而得爲漏。蓋曆者所以參天地而成四時，此君人者之事也。故《春秋》書王正月。漏者所以正晨昏之度，爲朝會起居之節而已。故挈壺氏不能掌其職，則齊譏焉。今郡縣實古諸侯比也。朝廷每以嗣歲，頒正朔於天下。而郡縣之閒，更籌取具，無刻漏之器者多矣。浦城縣號閩之望，其地視子男爲侈。異時樓觀雖設，而刻漏亦不能備。夜行者窺星，趣事者候雞，風雨冥晦，則居若聾瞶然。爲政者往往視爲不急也。吾友趙君益卿，來宰是邑，銳意成之，浮箭視刻，率如古制。書來告曰：器雖微，然所以示民者，亦足以知信，子爲記之。夫爲政之道，貴不欺于民。不欺之先，要在一其視聽。今郡縣之閒，于所謂晨昏之節者，已不能一民之視聽，而況于他乎？使今之示于民者，舉如是之信，雖古之爲政者，無以易此也。是道也，今之所忽，而古之所重。益卿不習于今之忽，而趨于古之重，則既知所先後矣，其進于古也優哉。予樂其有志于古也，因爲之書。紹興二十五年七月既望，潁川韓元吉記。

宋·吕祖謙《大事記解題》卷一二 夏五月，正曆，以正月爲歲首。

解題曰：按《律曆志》，武帝元封七年，漢興百二歲矣，太中大夫公孫卿、壺遂、太史令司馬遷等言：曆紀壞廢，宜改正朔。是時御史大夫兒寬明經術，上乃詔寬曰：與博士共議，今宜何以爲正朔？服色何上？寬與博士賜等議，皆曰：帝王必改正朔，易服色，所以明受命於天也。創業變改，制不相復，推傳序文，則今夏時也。於是乃詔御史：其以七年爲元年。遂詔卿、遂、遷與侍郎尊、大典星射姓等議造漢曆。乃定東西，此定方位也。立晷儀，晷測日景也，儀占天象也。下漏刻，定一日百刻與二十四氣晝夜長短也。以追二十八宿相距於四方，定二十八宿度分。舉終，舉終者，天運之終數，下文四千六百一十七歲之終也。當考。以定晦朔分至，躔離弦望。朔，晦，日月所會。躔，離，日月所歷。近一遠三，謂之弦。日月相對，謂之望。分至，二至二分之氣也。

宋·樓昉《兩漢詔令》卷一六《東漢四》 班刻漏四十八箭詔十四年十一月。見《律曆志》。

告司徒、司空：漏所以節時分，定昏明。昏明長短，起於日去極遠近，日道周，不可以計率分，當據儀度，下參晷景。今官漏以計率分昏明，九日增減一刻，違失其實，至爲疏數以耦法。太史待詔霍融上言：不與天相應。太常史官運儀下水，官漏失天者至三刻。以晷景爲刻，少所違失，密近有驗。今下晷景漏刻四十八箭，立成斧官府當用者，計吏到，班予四十八箭。

宋·佚名《南宋館閣録·館閣續録》卷二《省舍》 刻漏紹熙四年十月置，以西廊公使庫之南舊補寫庫貯之，太史局差局生二人調節時刻。

宋·佚名《南宋館閣録·館閣續録》卷六《故實》 覺察太史局占候天象

慶元四年八月，臣僚言：竊聞太史局合用參照案籍文書，類多散失，乃徧加搜訪，僅得一二。刻漏之器既已無有，而測驗之具又復不備，不知何所參考而免至疏略哉！漢元鳳間，上林、清臺課諸曆疏密，凡十一家，與張壽王異議，不決。及考之經籍，驗之《帝王録》，然後是非洞見，不可得而隱。元和間，以《太初曆》違天益遠，晦朔失實，使治曆者修之，以無文証驗，雜議蠭起，越三年而始定。此無他，不得當世儒者以捴提其綱，防閑不密，故多散失而不備也。成周之時，馮相氏、保章氏志日月星辰之運動，而冢宰實捴之。漢初曆官，猶宰屬也。熙寧間，司馬光嘗提舉司天監，甄別吏員，以示奬勸。沈括亦嘗提舉司天監，參校得失。當時曆數明審，法度嚴密，盖得當世儒者捴提其要而鎮服之也。臣愚欲望聖慈特降睿旨，命醇正儒臣常兼提舉之職，以專其責，庶幾太史局上下整肅，學術精詳，文籍不至散失，是非有所折衷，實今日之急先務也。秘書省供到紹興元年四月内秘書省狀：《省記》到舊来條制，本省所轄太史局測驗渾儀刻漏所、文德殿鐘皷院等處，季一詣諸處點檢，内有係在禁中置放者，前期報皇城司，及經由門户，聽入。長、貳、丞、郎輪當點檢。《紹興重修太史局令》：諸本局占候事，聽本局官聞奏，餘申秘書省。有旨，依舊来條制點檢外，其占候一節，今後須管秘書省官隨時覺察，毋令隱匿。

宋·李心傳《建炎以來繫年要録》卷六二 尚書工部員外郎袁正功獻渾儀木式。是月壬戌進呈。太史局令丁師仁等請折半製造，許之。初，京東渾儀凡四座，至道儀在刻漏所，皇祐儀在翰林天文院，熙寧儀在太史局，元祐儀在合臺，每座約重二萬斤。此據太史局所申云爾。沈括《筆談》：司天監銅渾儀，景德中曆官韓顯符所造，依倣劉曜時孔挺、晁崇、斛蘭之法，失於簡略。天文院渾儀，皇祐中，冬官正舒易簡所造，乃用唐梁令瓚、僧一行之法，頗爲詳備，而失於難用。熙寧中，予更造渾儀，并刱爲玉壺浮漏銅表，皆置天文院，別設官領之。天文院渾儀送朝物法物庫，以備講求。括所記與此差不同，今附見。城破，皆爲金所索。揚州之陷也，吕頤浩收得渾儀法物二事，獻諸朝。金索渾儀，據《欽宗實録》云耳。而吕頤浩又奏渾儀法物二事，豈金但取其一乎？當考。至是折半，計用銅八千斤有奇，既而卒不就。三年十一月甲戌可參考。

宋·章如愚《羣書考索》卷五四《曆數門·曆類》 南朝宋武帝永初元年，改《泰始曆》爲《永初曆》。文帝元嘉二十二年，何承天撰《元嘉新曆》，刻漏改二十五箭。

宋·章如愚《羣書考索·續集》卷四《經籍門》 羲和象中星，定四時。正義曰：羲氏、和氏敬順昊天之命，曆此法家。其日之甲乙，月之大小，昏明遁中之星，日月所會之辰，定其所行之數以爲一歲之曆。乃依此曆，敬授乎人以天時之早晚。其總爲一歲之曆，其分有四時之異，既舉總目，更別序之。堯命羲仲居嵎夷之地，主東方耕作之事，於日晝夜中分，刻漏正等，天星朱鳥，南方七宿合昏畢見，以此天時之候調正仲春之氣節。又重命羲叔居南方，與南交，主南方化育之事，於日正長，晝漏最多，天星大火，東方七宿合昏畢見，以此天時之候調正仲夏之氣節。又分命和仲居昧冥之谷，主西方成物之事，於晝夜中分，漏刻正等，天星之虛，北方七宿合昏畢見，以此天時之候調正仲秋之氣節。又重命和叔居幽都之地，治北方歲改之事，於日正短，晝漏最少，天星之昴，西方七宿合昏畢見，以此天時之候調正仲冬之氣節。以此氣曆告時授事，信能和治百官，使之衆助皆廣也。

宋・陳耆卿《赤城志》卷五《公廨門二》 鼓樓在子城南門，上榜曰：台州乾道八年趙守思重建。刻漏則皇祐四年浮屠可榮所作。歲久寖差，紹興三十二年黄守章重造。按：可榮所建，用減水鐵壺二十一箭，下有甃桶以受水焉。皆穴其底，窒以綿。其最異者，大寒，壺不凍。後欲改造添水壺，則凍矣。方改造時，掘其甃桶，牢不可動，遂止不掘，因得復用之。又其出水銅管或爲滓塞，則以竹通之，而歷百餘年，管不消闕，莫知其法也。或曰乾道八年，陳曠易之。嘉定四年，黄守畓又更箭籌，治屏壺，新作鼓角，如舊制。州扁乃蔡待制修所書，後改用徐待制兢篆書，會水災，棄去，復用舊額云。

宋・顔頤仲《銅壺漏箭制度》 明州新造蓮華刻漏記　許僉判　克昌

事有若緩而不切者，在閒暇之日，智者或有所能，而多事之際，則雖智者，不暇問也。惟其才有餘而識濟之，故能兼舉而無遺。紹興三十一年秋，金虜大舉入寇，震驚淮甸，聲言舟師自膠西航海以犯浙江，明州適當其衝。朝廷分衛卒，益以四州弓弩，調泉福水軍雜以鄉兵幾萬人，爲三屯，扼烈港，守定海與東城，而以前左丞相吴興沈公總之。其年冬，虜酋爲其下所弑，全師遁去。詔諸將經略青齊諸屯，相繼撤而北征，丞相引年，得請以去。上仍以東藩爲重，思得雄俊之臣以繼之，乃起大常伯韓公仲通於外祠，付以郡事。是時，師旅之後，軍事蕭然，倉庾之積，尤可哀痛。客軍既去，州軍寡弱，亡命嘯集，乘間竊發。商賈稀少，公私俱困，識者憂之。公既視事，則檢柅吏姦，搜剔蠹漏，罷無事之食，損無名之費。財用充足，又有贏餘。寇擾海道不止，即遣使諭降之，使以其衆歸環師，一境晏安。公精明而勇決，嚴而不殘，號令簡信，人甚畏服，州以辦治。譙門舊有水稱，則晝夜漏之長，歲久刓弊，不可取信。而司鍾鼓者皆慵老無知之卒，增減水不以時，又無測景器，率以意斟酌，不與天相應。開垣啓閉，唱籌鼓鼜，皆不合節。公慨然曰：事若緩而不可忽者，此也。避秦之人以花開落爲春秋，治世之人可使以星出沒爲晝夜乎？吾爲之牧，坐視其顛冥昏瞢，不知蚤莫，因恬而不加卹，且得無恧乎？是不可以郡務繁，無暇末節爲解，況此非末節。乃訪知數者，得吴人祝岷，迹古制，治銅爲蓮華漏。其上爲二天池，爲平，覆壺。其旁爲減水壺，下爲萬分壺，注水相灌輸，分晝夜百刻爲二十有一箭，有合二分二至短長之候。其數則採於曆家，而其度則考以日中之景也。又惟古之爲漏者，必有表。穰苴典莊賈期，設表下漏，即其事也。蓋水增減不常，而司之者懃怠不可保，始或稍差，未必大謬。則又爲測景盤，浮針以定南北之極，半規以正東西之景。使漏失而求之景，則雖千歲之日，可坐致也。爲器之銅則取於没入之減，工治之費則取於公帑之餘。公之贍於計，而雖一毫不以擾於民也。如此，既命克昌銘之矣，又使爲之記。克昌竊惟先王制器，尚象以前民用，而無用之器不作也。四璉六瑚，用於古之禮而不必施於今之祭。蕢桴土鼓，用於古之樂而不必設於今之廷。如明堂九鼎，有無皆可以爲國者，君子不苟作也。若夫孔壺爲漏，浮箭爲刻，以合天度，以授人時，古有其法，萬世豈敢廢哉？克昌既美公之有識，知所謂若緩而不可忽者，又深服其才，於多事之日而有餘力於此，爲可書也。公頃帥金陵，逆知虜有動意，即密爲戰，守備未朞年，積鏹幾百餘萬緡。及上親征至江上，而軍須以濟。其雄材遠略，朝野推之，謹并書於末，以告將來。

又　奉國樓銅壺事件

夜天池　日天池　平壺

覆壺　百刻萬分壺　減水壺

銘并序

紹興三十二年，太常伯韓公仲通來撫明州。惟晝夜漏之弗中，使興居亡節。迺更舊水稱爲蓮華萬分壺，㠯齊天度。命節度判官許克昌銘之：

官有常職，㠯時興息。小人食力，工在晷刻。
挈壺之失，是爽天則。于何敢康，㠯引歲日。
迺考璇璣，器水以測。智者創之，謹正朝夕。
嗟牧之良，立民之極。

今四方無遠近知有四明刻漏者，以王金陵之銘也。南渡燬于兵火，遺蹟餘墨，無所於考。惟蓮華漏者，紹興末郡侯韓公仲通之新製也。壺表具存，銘識如故。而挈壺無職，則器之垢弊，水之塵腐，箭之遲速，寧無毫厘分寸之差？是舉一州之耳目視聽於一日四時之間，皆爲守者誤之也，余懼焉。一日取籌箭試加測驗，則昏明之候不啻差一中朔。於是洗滌其器，易小之中，而一新之池。壺不移而晨昏以正，大小興居之節，風雨晦冥之候，俾皆於是取則而無爽焉。仍擇其稍通於曆者，謹視以時，使有常職，庶乎亦足以盡吾之心爾。又慮承襲之交，易至舛戾。乃取李龍眠刻漏之製併王之銘，韓之刻漏之製併王之銘，韓之刻，並鋟于梓，後之知爲政者，當於此有攷云。淳祐丁未授衣節日，郡守龍溪顏頤仲書于進思堂。

宋・歐陽守道《巽齋文集》卷一五　袁州慈化院刻漏記

宜春郡南泉山慈化院僧道果作刻漏，請記於廬陵歐陽某，某許之。方隆暑，未能秉筆。僧五至，請益勤。座適有他客，問果曰：爾之寺作刻漏，何也？今夫刻漏，內自天子之宮禁，外至於朝廷百司，若諸道州縣之治所，莫不有焉，爲聽政也。昧爽櫛冠，平旦視朝，以至於嚮晦入宴息，不敢虛棄寸陰，雖夜未央，夜未艾，而不知安枕之適，此臨政者之事，挈壺氏之職，所以不可曠也。爾之徒所爲晝夜有事者，亦簡矣，昏曉以鐘爲候，既不啻足，而又刻漏云乎哉。雞初鳴，咸盥漱，衣冠佩帶，以適父母之所，士之家禮，禮也。日出而作，日入而息，農之田業也。昏明蚤夜之候固不必家有刻漏矣。然而其事有常無先後時者，爾之徒棄親從釋，非有定省之嚴，粥鼓齋魚，聞聲而食，非有耕稼之苦，而又何以刻漏爲也？僧笑而應曰：然誠無事乎此也，抑是問也，知刻漏之爲器矣。夫刻漏，則器也。然吾昔者有悞入焉，因作以示吾之徒云：爾豈真謂昏明早夜之無辨而須此哉？客遂請其說，僧曰：作在我，悟在人，而焉用切言之？雖然，予亦有問乎君。夫自子至亥謂之時，自一至百謂之刻，分之者天與？抑人也？冥然而運者，天也，何時與刻之知？人則巧矣，以一分之爲十二，十二各分之爲八，八而不能滿百，又分之爲初，初，是皆人實分之，而天何與焉？然而天冥然而運，曾無一息之差，人巧矣而測度，常失之秒忽，是何也？人之分是時刻也，豈不能以意爲之？而又何爲取信於是器之水？夫水安知時之爲刻，刻之爲一爲百哉？然浮箭有常，誰爲之者？君亦知之乎？人惟巧故差，水惟無情故信。天之冥然而運也，水之升降流注也，其無情一也。嗚呼！孰謂有情而無情者，有情而無情，天且不遠矣。君無於我乎問也，君其問諸水。某忻然而作，曰：予不能作記，爾之言亦可書也，吾爲爾書，是爲記。

宋・潛説友《咸淳臨安志》卷一二　測驗渾儀所

臺上有渾儀，下有土圭，長一丈五尺，表長八尺。並准尺。堂有刻漏。惟土圭以石爲之，餘皆銅。景定中創。

宋・王應麟《玉海》卷一〇《律曆・曆法》　若漏刻，則有何承天、朱史、宋景、唐《刻漏經》四家。

宋・王應麟《玉海》卷九〇《器用》　後魏欹器

《傳》：安豐王延明使祖暅之作《欹器漏刻銘》。

宋・王應麟《玉海》卷一五一《兵制》　郭諮以所作刻漏、圓楯、獨轅弩、生皮甲來上，帝頗嘉其簡要。

宋・周密《齊東野語》卷一五　《北史》：信都芳明算術，有巧思，聚渾天欹器、地動銅烏、刻漏、候風諸巧事，令算之，皆無遺策。隋臨孝恭，嘗著《地動遺經》一卷，今皆傳焉。

宋・宇文懋昭《重訂大金國志》卷三三　國初用兵行師，未知有時日。支干孤虛，王相之法，天文之官，亦未備。自後剗遼疆之半，始得遼之太史如特布莽威嘉們三數人，皆明天文占驗，數中始有挈壺供奉等官。方斡里雅布南下之際，宋徽宗內禪，太史占帝星復明，大驚，欲回。郭藥師時在燕山，謂南朝未必有備，不如姑行。其後京城之圍，金太史占十一月二十五日午時宋京城當破，後果然。

宋・扈仲榮等《成都文類》卷二六《記・官宇一》　銅壺閣記　吳拭

府門稍東垂五十步，慶曆四年，知府事蔣公堂作漏閣，以直午門。嘉祐中，先公簽書府幕事，拭侍行，猶及見閣，以八分大字題其額，曰銅壺。巋然南向，一府之冠也。崇寧元年七月乙酉，閣灾。政和元年三月乙卯，拭承乏尹事，始至府，視閣故處，累土如臺然。問吏，吏曰：前尹蔣即臺爲門，治材畧具，朝廷亦嘗賜度牒，售錢六百萬有奇。尹去，弗克成。問錢與材今安在，曰：材爲他所繕修輙用之，錢則帑官專輒兑費矣。拭曰：午門即臺門也，茲唯閣之宜，奚臺之有？即日便徹累土，圖閣如慶曆時。戒府以本末聞計臺，願給帑官向所輙費錢，檄旁郡市木若石，餘悉從府辦，計使者然之。於是，府委倅路侯康國，安侯章，成都譚令愈，華陽趙令申錫，供奉官城外巡檢段希戡，供奉官監養馬務高士若，總領分涖凡役事。拭謂是舉也，非聞諸朝以期限趣其成，則弛而姑置之，猶前日也。亟馳驛以章上，被旨曰可，賜之限者半年，占於龜筮，得九月壬申。於是命工如所卜日，迄十一月戊寅告成。通閣上下一十有四間，其高一丈六尺有五寸，廣十丈，深五丈有六尺。審曲面勢，丹堊是飾。瓴覆甓甃，厥有彝度。中設鬬鍵，闢闔惟謹。此邦士夫，若稚若老，相與讙曰：吾邦之壯觀矣！使地理書而可信，吾邦自是其罔弗吉矣。他日，大合樂以落之。酒行，拭語客曰：《周官》：挈壺以令軍井，挈轡以令舍，挈畚以令粮。蓋號令不能相聞，故令之各以其物。省煩趨疾，以便事也。然則漏刻之作，《周官》之所甚重，夫豈末務也哉？《齊詩》：顛之倒之，自公召之，倒之顛之，自公令之，不能晨夜，不夙則莫，則挈壺氏不能掌其職故也。按閣初置天聖中，燕梓州肅所制蓮花漏於其下，閣灾漏毁。閲十載，更六尹於兹。今吾閣成，漏悉如燕製，匱一，壺一，泉一，箭四十有八。銅烏逼水而下，金蓮浮箭而上。氣二十四，候七十二，百刻，十二辰，率是箭而定。凡我將佐若掾屬、吏士，時其寢興，悉心公家，以弗懈厥職，尚何瞿瞿狂夫之聽哉？雖然，閣成非難，不擾於民者是爲難。上既賜以閣成之期，又慮夫因閣而擾也，迺勑提點刑獄，走馬承受官以警察其事。夫爲民之長而不知愛民，使民不自聊而困於力役，故其官府園觀，卜築締搆，殆無虛日，而藻繪鏤刻，窮極技巧，曾不以殫財蠹民之爲念。此曹不擊於中執法，不劾於司財，非幸何也？今營閣以嚴漏刻，正《周官》之法，上猶以謂擾則民受茈，德音督訓，至申言之，此君等所具聞者。請與君等體上之所以仁民愛物之至意，終身銘之，以庶幾不忍人之政。於是客皆起，曰：敢不拜！幸公録今日語，并以屬來者覽觀焉。

宋·扈仲榮等《成都文類》卷二七《記·官宇二》　惜陰亭記　京鏜

予聞乖崖張公鎮蜀時，通夕宴坐郡樓上，鼓番漏水，歷歷分明，一刻差誤必詰之，守籤者服爲神明。公謂鼓角爲中軍號令，不可不謹爾。自予至成都，首訪遺事。所謂郡樓，即今之銅壺閣也。樓屹然自若，銅壺則亡其實矣。因詢其漏法，則寅、申、巳、亥陟降其水者凡四，既無所依據，其箭以七日半爲等，日升一刻，必驟進之。前部頻數，不無差忒。因喟然曰：此人而不天，豈東坡所謂毋意毋我，而得萬物之平者耶？知成都縣事臨邛宋朝英，於漏法甚精，予屬其鑄壺刻箭，始更其法。測午中之晷爲升箭之初，畢百刻而後易，仍以曆象考七十二候。初末昏明，晝夜短長之數，日異旬殊，差布於箭，似能以自然之理求之天者。復爲圖鑱諸石，且名以惜陰。有問其然，予告之曰：人性勤惰，得知天而不可强也。使後世皆陶士衡，則此圖爲贅。人不能皆上智下愚。凡有懼心者，即可進於善。矧人生誰能滿百？藉令滿百，亦不過三萬六千日而已。幼稚耄期之時，且三之一。前賢功業，窘束於二萬四千日之境。人以壺漏爲盈也，而不知其年之縮也。人以箭刻爲升也，而不知其年之降也。以器之進，知年之退。苟能充其涓滴之善於其身，如水之盈，能積其圭黍之功於其民，如刻之升，則予在蜀之日，尚無負。予惟懼也，尚借此圖以銘諸坐右云。

宋·林表民《赤城集》卷二　台州新造刻漏記此碑今亡其半　馬仲甫

天道之大，其啓閉代謝之運，藏功於神用，杳不可見。聖人設法以求其端，於是載諸曆象，而有按據之制，則漏刻之用興于其初矣。若夫分至相承，寒暑相推，裁昏明之早晚，節晝夜以動息。時有緩疾，景有長短，乘氣之差，參以增損，故數不能逃，晷不能逾，風雨雖晦，抑無失其準的。非漏刻以視其應，孰從而審哉？且百刻十二辰之法，百代不易之用也。第數之盈縮，繫於二十四氣。以鈞校之，晝夜之多少，固可見矣。《周官》挈壺氏以水火守之，分以日夜，盖其職焉。《禮》天子宮禁暨官府皆建漏刻，有師興則隨次舍設之，示不可闇事也。雖測籌之數與所造之儀度，今古迭變，形範各别，然測景揆辰，大槩一也。天台郡漏刻自置守以來有之矣。歷年既久，積習差錯，鍾水無實法，流無定準，規模踈簡，一不如制；叫時發皷，皆司役之吏詳天色以驗旦暮耳，此其誤尤甚。又況陰晦弗復辨，其失不亦遠乎？故晷候之違，制度之紊，節理適然也。乃命浮圖可榮改作之。榮心智機巧，頗能施其術。揆測增減之法，參之於曆，皆有次序。若用器，屏壺之屬。惟事事率以新意，創始咸適其宜。既訖，工依其術試之，果得晝夜之正。遲速來往，指刻可驗，觀者得以知之。舉曰：嚮日之漏甚踈，庶幾乎不繆，故識其歲月，以垂諸後云。皇祐壬辰三月朔日記。

元　陸文圭《牆東類稿》卷七　江陰州新作刻漏記

《夏官》：挈壺氏，下士六人。壺，浮箭之器。以水火守之，水以沃漏，火以夜視刻，冬爨鼎也。漏之箭刻，晝夜各五十。冬夏之間，有長短焉，故有四十八箭，古法則然。夫曆象以授時，曆，步天之數，象，測天之器也。天之蒼蒼，不可俄而度，豈真有神人淩倒景，薄日月，往參乎其間，而寸量之哉？行度之逆順遲速，其初孰從而知之，且制器以象之耶？盖造端創始，非上哲不能，若成法已具，則一有司之職掌，足以專之矣。然東方未明，顛倒衣裳，從來已有不得其職者，而非挈壺氏之罪也。近世州縣治所，各寘刻漏於譙門之上，與軍中鼓角相應，所以節興居時號令也。所在廢置不常，規制亦異。暨之譙樓，徐侯蒧作於宋治平二年之乙巳，明年丙午，銅壺漏刻成，軍判官唐淑問記之，距今三百一十有六年矣。中更多故，壺毀不存。延祐中，初置陰陽博士員。而蘇臺王君實來江陰搜訪舊聞，懼爲缺典，請範銅爲之州長官下，咸主其議。鳩工集費，踰年而就，案驗如式。俾郡人陸文圭識其歲月，而爲之銘曰：智者創物，循環不忒。晝夜有經，維政之則。志其始，貽後代，善視之，俾勿壞。至治改元，重光作噩之歲立秋日記。

元・于欽《齊乘》卷四 静治堂　沂州公署後堂，宋人建。有元祐六年新刱蓮花漏碑云：刻漏之法，莫如燕公潼川之制。訪求，得之於晉丘之白門，蓋歐陽文忠公因燕公之舊而新之者。又參取翰林蘇公子瞻所爲彭門記者而制焉。静治堂後舊有香林館、思賢堂、雨聲軒、三休亭、平野亭，惟静治、平野、三休在焉。至元初碑云：宋時，郡治堂宇壯麗，耆舊猶能道之。兵後，焚毀無遺，僅存而可攷者，惟金防御使鄭景純一碑而已，景純有南柯子十愛詞。右刻王黄華雨聲軒碑亦存。

元・吴師道《禮部集》卷一二 蘭溪州治，即門爲樓，猶故宋爲縣時所建。規制宏壯，相傳且二百年矣。今置漏刻樓鼓角其上。

元・脱脱等《宋史》卷四八《天文志一》 熙寧七年七月，沈括上《渾儀》、《浮漏》、《景表》三議。

元・脱脱等《宋史》卷六六《五行志四》 宋以周顯德七年庚申得天下。圖讖謂「過唐不及漢，一汴、二杭、三閩、四廣」，又有「寒在五更頭」之謡，故宫漏有六更。按漢四百二十餘年，唐二百八十九年。開慶元年，宋祚過唐十一年，滿五庚申之數；至德祐二年正月降附，得三百一十七年，而見六庚申，如宫漏之數。

元・脱脱等《宋史》卷七六《律曆志九》 真宗祥符初，韓顯符作渾儀，但遊儀雙環夾望筩旋轉，而黄、赤道相固不動。皇祐初，又命日官舒易簡、于淵、周琮等參用淳風、令瓚之制，改鑄黄道渾儀，又爲漏刻、圭表，詔翰林學士錢明逸詳其法，内侍麥允言總其工。既成，置渾儀於翰林天文院之候臺，漏刻於文德殿之鐘鼓樓，圭表於司天監。

元・脱脱等《宋史》卷八〇《律曆志十三》 熙寧六年六月，提舉司天監陳繹言：「渾儀尺度與《法要》不合，二極、赤道四分不均，規、環左右距度不對，游儀重澀難運，黄道映蔽横簫，游規璺裂，黄道不合天體，天樞内極星不見。天文院渾儀尺度及二極、赤道四分各不均，黄道、天常環、月道映蔽横簫，及月道不與天合，天常環相攻難轉，天樞内極星不見。皆當因舊修整，新定渾儀，改用古尺，均賦辰度，規、環輕利，黄赤道、天常環並側置，以北際當天度，省去月道，令不蔽横簫，增天樞爲二度半，以納極星，規、環、二極，各設環樞，以便游運。」詔依新式製造，置於司天監測驗，以較疎密。七年六月，司天監呈新製渾儀、浮漏於迎陽門，帝召輔臣觀之，數問同提舉官沈括，具對所以改更之理。尋又言：「準詔，集監官較其疎密，無可比較。」詔置於翰林天文院。七月，以括爲右正言，司天秋官正皇甫愈等賞有差。初，括上《渾儀》、《浮漏》、《景表》三議，見《天文志》，朝廷用其説，令改造法物、曆書。至是，渾儀、浮漏成，故賞之。

又 元豐五年正月，翰林學士王安禮言：「詳定渾儀官歐陽發所上渾儀、浮漏木様，具新器之宜，變舊器之失，臣等竊詳司天監浮漏，疎謬不可用，請依新式改造。其至道皇祐渾儀、景表亦各差舛，請如法條奏修正。」從之。

元・脱脱等《宋史》卷二九八《燕肅傳》 燕肅字穆之，青州益都人。父峻，慷慨任俠，楊光遠反時，率其屬迎符彦卿，遂家曹州。肅少孤貧，游學。舉進士，補鳳翔府觀察推官。寇準知府事，薦改秘書省著作佐郎、知臨邛縣。縣民嘗苦吏追擾，肅削木爲牘，民訟有連逮者，書其姓名，使自召之，皆如期至。知考城縣，通判河南府。召爲監察御史，準方知河南，奏留之。

遷殿中侍御史、提點廣南西路刑獄，遷侍御史，徙廣南東路。還，爲丁謂所惡，出知越州。徙明州，俗輕悍喜鬥，肅下令獨罪先毆者，於是鬥者爲息。直昭文館，爲定王府記室參軍，判尚書刑部。建言：「京師大辟一覆奏，而州郡之獄有疑及情可憫者上請，多爲法司所駁，乃得不應奏之罪。願如京師，死許覆奏。」遂詔疑獄及情可憫皆上請，語在《刑法志》。其後大辟上請者多得貸，議自肅始。

擢龍圖閣待制、權知審刑院、知梓州，還，同糾察在京刑獄，再判刑部，累遷左諫議大夫、知亳州，徙青州。屬歲歉，命兼京東安撫使。入判太常寺兼大理寺，復知審刑。肅言：「舊太常鐘磬皆設色，每三歲親祠，則重飾之。歲既久，所塗積厚，聲益不協。」乃詔與李照、宋祁同按王朴律，即劑滌考擊，合以律準，試於後苑，聲皆協。又詔與章得象、馮元詳刻漏。進龍圖閣直學士、知潁州，徙鄧州。官至禮部侍郎致仕，卒。

肅喜爲詩，其多至數千篇。性精巧，能畫，入妙品，圖山水罨布濃淡，意象微遠，尤善爲古木折竹。嘗造指南、記里鼓二車及欹器以獻，又上《蓮花漏法》。詔司天臺考於鐘鼓樓下，云不與《崇天曆》合。然肅所至，皆刻石以記其法，州郡用之以候昏曉，世推其精密。在明州，爲《海潮圖》，著《海潮論》二篇。子度，孫瑛。

元·脱脱等《宋史》卷四六一《王處訥傳》 王處訥，河南洛陽人。少時有老叟至舍，煑洛河石如麪，令處訥食之，且曰：「汝性聰悟，後當爲人師。」又嘗夢人持巨鑑，星宿燦然滿中，剖腹納之，覺而汗洽，月餘，心胸猶覺痛。因留意星曆、占候之學，深究其旨。晉末之亂，避地太原，漢祖時領節制，辟置幕府。即位，擢爲司天夏官正，出補許田令，召爲國子尚書博士，判司天監事。

周祖嘗與處訥同事漢祖，雅相厚善，及自鄴舉兵入汴，遽命訪求處訥，得之甚喜，因問以劉氏祚短事。對曰：「人君未得位，嘗務寬大；既得位，即思復讎。漢氏據中土，承正統，以曆數推之，其載祀猶永。第以高祖得位之後，多報讎殺人及夷人之族，結怨天下，所以運祚不長。」周祖蹶然太息。適發兵圍漢大臣蘇逢吉、劉銖等家，待旦將行孥戮，遽命止之。逢吉已自殺。止誅劉銖，餘悉全活。

廣順中，遷司天少監。世宗以舊曆差舛，俾處訥詳定。曆成未上，會樞密使王朴作《欽天曆》以獻，頗爲精密，處訥私謂朴曰：「此曆且可用，不久即差矣。」因指以示朴，朴深然之。

至建隆二年，以《欽天曆》謬誤，詔處訥別造新曆。經三年而成，爲六卷，太祖自製序，命爲《應天曆》。處訥又以漏刻無準，重定水秤及候中星、分五鼓時刻。俄遷少府少監。太平興國初，改司農少卿，並判司天事。六年，又上新曆二十卷，拜司天監。歲餘卒，年六十八。子熙元。

元·脱脱等《宋史》卷四六一《韓顯符傳》 韓顯符，不知何許人。少習三式，善察視辰象，補司天監生，遷靈臺郎，累加司天冬官正。顯符專渾天之學，淳化初，表請造銅渾儀、候儀。詔給用度，俾顯符規度，擇匠鑄之。至道元年渾儀成，於司天監築臺置之，賜顯符雜綵五十匹。顯符上其《法要》十卷，序之云：

伏羲氏立渾儀，測北極高下，量日影短長，定南北東西，觀星間廣狹。帝堯即位，羲氏、和氏立渾儀，定曆象日月星辰，欽授民時，使知緩急。降及虞舜，則璇璣玉衡以齊七政。《通占》又云：「撫渾儀，觀天道，萬象不足以爲多。」是知渾儀者，實天地造化之準，陰陽曆數之元，自古聖帝明王莫不用是精詳天象，預知差忒。或鑄以銅，或飾以玉，置之內庭，遣日官近臣同窺測焉。

自伏羲甲寅年至皇朝大中祥符三年庚戌歲，積三千八百九十七年。五帝之後訖今，明曆象之玄，知渾天之奧者，近十餘朝，考而論之，臻至妙者不過四五；自餘徒誇重於一日，不深圖於久要，致使天象無準，曆算漸差，占候不同，盈虛難定。陛下講求廢墜，爰造渾儀，漏刻星躔，曉然易辨。若人目窺於下，則銅管運於上，七曜之進退盈縮，衆星之次舍遠近，占逆順，明吉凶，然後修福俾順其度，省事以退其災，悉由斯器驗之。

昔漢洛下閎修渾儀，測太初曆，云：「後五百年必當重製。」至唐李淳風，果合前契。貞觀初，淳風又言前代渾儀得失之差，因令銅鑄。七年，太宗起凝暉閣於禁中，俾侍臣占驗。既在宮掖，人莫得見，後失其處所。玄宗命沙門一行修《大衍曆》，蓋以渾儀爲證。又有梁令瓚造渾儀木式，一行謂其精密，思出古人，遂以銅鑄。今文德殿鼓樓下有古本銅渾儀一，制極疎略，不可施用。且曆象之作，非渾儀無以考真僞；算造之士，非占驗不能究得失。渾儀之成，則司天歲上細行曆，益可致其詳密。

其制有九，事具《天文志》。自是顯符專測驗渾儀，累加春官正，又轉太子洗馬。

大中祥符三年，詔顯符擇監官或子孫可以授渾儀法者。顯符言長子監生承矩善察躔度，次子保章正承規見知算造，又主簿杜貽範、保章正楊惟德皆可傳其學。詔顯符與貽範等參驗之。顯符後改殿中丞兼翰林天文。六年卒，年七十四。又詔監丞丁文泰嗣其事焉。

元·脱脱等《遼史》卷四《太宗紀下》 三月丙戌朔，以蕭翰爲宣武軍節度使，賜將吏爵賞有差。壬寅，晉諸司僚吏、嬪御、宦寺、方技、百工、圖籍、曆象、石經、銅人、明堂刻漏、太常樂譜、諸宮縣、鹵簿、法物及鎧仗，悉送上京。磁州帥梁暉以相州降漢，已酉，命高唐英討之。

元·脱脱等《遼史》卷四四《曆象志下》 歷代儀象表漏，各具于志。太宗大同元年，得晉曆象、刻漏、渾象。後唐清泰二年已稱損折不可施用，其至中京者概可知矣。古之鍊銅，黑黄白青之氣盡，然後用之，故可施於久遠。唐沙門一行鑄渾天儀，時稱精妙，未幾銅鐵漸澀，不能自轉，置不復用。金質不精，水性不行，況移之沍寒之地乎？

又 刻漏

晉天福三年造。《周官》挈壺氏懸壺必爨之以火。地雖沍寒，蓋可施也。

元·脱脱等《金史》卷二二《曆志下》 初，張行簡爲禮部尚書提點司天監時，嘗製蓮花、星丸二漏以進，章宗命置蓮花漏于禁中，星丸漏遇車駕巡幸則用之。貞祐南渡，二漏皆遷于汴，汴亡廢毀，無所稽其製矣。

元・蘇天爵《滋溪文稿》卷二　歸德府新修譙門記

至元三年冬十月，汝陰李侯守中知歸德府事，偕監郡鼎安戮力爲治。未幾，政清訟簡，封内無事，所屬州四、縣十有一，莫不趍其約束，安其政令。侯與監郡議修弊立廢，郡故有譙門在府治南，歲久將壓，侯命改爲。同知不答失里、判官孛羅罕、推官梁思温、幕府吴興祖合議允同，共捐俸金，度材庀工，徹而新之。經始于四年孟春，落成于是歲孟夏。增崇其垣高二十有五尺，廣大其屋爲二十有四楹。規模宏偉，克稱郡制。憲度政教布設于斯，賓客士吏觀聽于斯。至於伐鼓鳴鐘以警朝昏，傳更下漏以節晝夜，則又新是數器，陳列於上。董其役者，郡吏秦弼、馬德修也。走書京師，請紀其成績于石。

嘗聞周官挈壺氏掌漏刻以正時，朝廷興居咸中乎節，而皷角之制所以嚴暮警夜肅齊乎衆，郡縣尤不可不備也。昔有中使聞更鼓而知邑令之賢，蓋爲政者必於事事而致謹焉。然則是役之興，豈徒然歟。夫以内外之官，近民者莫切於郡縣，敷政者莫先於守令，有國者尚焉。今海宇承平歲久，法制寬簡，郡縣之吏能者舞文以黷貨，下者因循以苟禄，故事功隳而廉耻喪，唯君子常思作新其政而後能有爲也。歸德爲郡，南控江淮，北臨大河，境大壤沃，方數千里。侯始下車，愛其土風厚完，民生樸茂，第未學以成其性爾。郡中又多昔賢名人遺蹟，足以風礪其人，振起其俗。於是既新學宫兩廡像設，又搆三皇祠宇，而微子、張巡、許遠亦葺其廟。招延耆儒，貳其校官，擇民俊秀、吏之開敏者，執經授學。旦望舍菜，侯率同列躬詣學宫，以程其業。而吏舍、河防，悉加繕治。侯之在官第數月爾，凡養民化俗，興利補弊，皆勇爲之而不憚也，故因紀譙門之成，并書其事以告于後人焉。侯爲人方正有守，不畏强禦，施于爲政，子愛其民。歷典郡邑，名聲流聞，民咸鏤石，以頌遺愛，不獨歸德之民始稱其善也。雖然，天下之事豈一人所能爲，監郡鼎安、知府李侯政固善矣，非僚寀幕府同心贊輔，則亦曷能至是乎！嗚呼，使列郡爲政者皆然，則治化何患乎不興，斯民何患乎不被其澤也哉。四年戊寅六月朔記。

元・蘇天爵《滋溪文稿》卷九　元故太史院使贈翰林學士齊文懿公神道碑銘

都城刻漏以木爲之，其形如碑，中設曲筒，範銅爲丸，自碑首轉行而下，擊鐃以爲節，既久廢壞，晨昏愆度。公按圖考訂蓮花、寶山漏製，俾工改爲，訖今用之。

元・陶宗儀《説郛》卷二六下　桂苑叢談馮翊

靈徹

越僧靈徹得蓮花漏於廬山，傳江西廉使丹。以惠遠山中不知刻漏，乃得銅葉制器，狀如蓮花，置盆水之上，底孔漏水，半之則沉，每晝夜十二沉之節，雖冬夏雲陰月黑無所差矣。

元・陶宗儀《説郛》卷五七下　東林蓮社十八高賢傳亡名氏

釋惠安患山中無刻漏，乃于水上立十二葉芙蓉，因波隨轉，分定晝夜，以爲行道之節，謂之蓮花漏。

元・佚名《宋史全文》卷三二　壬申，詔出封樁庫千緡下祕書省，修渾儀刻漏，從太史局之請也。

明・宋濂等《元史》卷四三《順帝紀六》　又自製宫漏，約高六七尺，廣半之，造木爲匱，陰藏諸壺其中，運水上下。匱上設西方三聖殿，匱腰立玉女捧時刻籌，時至，輒浮水而上。左右列二金甲神人，一懸鐘，一懸鉦，夜則神人自能按更而擊，無分毫差。當鐘鉦之鳴，獅鳳在側者皆翔舞。匱之西東有日月宫，飛僊六人立宫前，遇子午時，飛僊自能耦進，度僊橋，達三聖殿，已而復退立如前。其精巧絶出，人謂前代所鮮有。

明・宋濂等《元史》卷一七二《齊履謙傳》　齊履謙字伯恒，父義，善算術。履謙生六歲，從父至京師；七歲讀書，一過即能記憶；年十一，教以推步星曆，盡曉其法；十三，從師，聞聖賢之學。自是以窮理爲務，非洙、泗、伊、洛之書不讀。

至元十六年，初立太史局，改治新曆，履謙補星曆生。同輩皆司天臺官子，太史王恂問以算數，莫能對，履謙獨隨問隨答，恂大奇之。新曆既成，復預修《曆經》、《曆議》。二十九年，授星曆教授。都城刻漏，舊以木爲之，其形如碑，故名碑漏，内設曲筒，鑄銅爲丸，自碑首轉行而下，鳴鐃以爲節，其漏經久廢壞，晨昏失度。大德元年，中書俾履謙視之，因見刻漏旁有宋舊銅壺四，於是按圖考定蓮花、寶山等漏制，命工改作；又請重建鼓樓，增置更鼓并守漏卒，當時遵用之。

明・朱同《覆瓿集》卷五　休寧縣重建皷樓記

會稽杜君貫道宰海陽之明年，政平廢舉，民既悦服，迺即其故址重建皷樓於官署前。其邑民某等具述公重創之故，與夫經營施設之方，徵文刻石，以志永久。僕嘗稽之《周官》，挈壺氏軍事縣壺以叙櫜，則司馬掌之，鼓人軍旅夜鼓鼜，則司徒掌之，二者俱施之軍旅者也。至司寤氏掌夜時，禦晨行，禁宵行夜遊，而屬之司寇，是則王城之官，意者當時侯國亦必有是。而後世凡城若邑必有壺漏之水，五夜之皷樓於署前以總之者，葢本是職復兼二者而有之歟。夫明時聽政，禁暴禦奸，一視聽，齊衆庶者，王政之先務也。重黎分司，羲和分職，聖人所以順天時授人事，不爲不重矣。後世乃視爲不急之察，亦獨何哉？此公所以構樓之意也。楹之數若干，高若干，延若干，袤若干，因故趾，仍舊制，不華飭以美觀，不因循以就圮，此公構斯樓之宏規也。考民之趨事而等其殿最，明約束，罰怠頑，以供瓦木百工之費，不動編民，不糜國用，政舉而勸懲立，樓成而民不知，一舉而兩得焉，此又公設施經營之有道也。今始奮峻起伏，吞吐雲烟，圍平野，接霄漢，若將環繞峙立，以聽命於斯樓者，闤闠之集，蜂房蟻陣，凭欄一覽，萬狀呈露，此樓成之勝概也。斯樓也，固足以見公爲政之大端矣。彼食焉而怠若事，吏胥之弊不革，貧富之役不均，一有所徵，事未集而民已病。視公之事，寧不忸怩於中乎？斯樓之毁者屢矣。歲乙酉，前朝吴興唐子華來宰是邑，遂鼎新之，不幾載而復毁，至今始遇公焉。二公俱浙産也。斯樓之遭，豈偶然也耶？昔子游宰武城，以得澹臺滅明爲喜。僕於是邑爲桑梓之鄉，於公固所敬慕。然竊取昔人遺意，非公事未嘗一見。又公善政之施，民有頌聲，上有大比，亦非僕固陋所能悉書。第此一舉，亦足見公之爲政之先務，得設施之良法，且因邑民之請，不可以莫之記也。於是乎書。

明·李繼本《一山文集》卷五　文安縣譙門記

洪武二十有六年，制詔天下郡縣作譙門，一制度也。先是，有司踵近代之弊，事無鉅細，往往因陋就簡，玩歲愒日以幸其解去，鮮克殫竭心思，興舉廢墜，以潤色昭代不刊之典，識者病焉。文安知縣尚侯，登甲戌進士第。歲之夏五眎政於兹，月易六弦晦矣。雖其政務填委，應接不暇，而能綜核名實，悉歸條法，以其鍊習治體，洞達民情，簡慎自持以事其所事耳。矧譙門在所當爲宜，其不敢後也。門距縣治不盡一射，而歷歲滋久，摧剥於風雨震凌之餘。乃卜日之吉，墮殘墉，撤敗屋，擇材之良而重修之。門上有樓，樓之四周繚以闌檻，棲鼓角以警晨夜，挈壺水以定刻漏，嚴廵邏以防寇暴，與夫啟閉之謹，譏察之密，前此未有也。自始役迄告成，前後兩閱月，而城郭田野不知官府之有興作，而民之蜂屯蟻附，樂於勸助者固自若也。嗚呼！讀《詩》之鮮民之生而知民之勞苦，觀《春秋》之新作南門而知興作之不時，夫孰知説以使民，民忘其勞有由然哉？予以侯善用民，而於國家之制度虔恭而張大之，故喜，書其槩，俾邑之人誦而傳之，以示永久焉。是役也，主簿王某贊其事，宜牽聯得書。侯名肅，字惟知，濟南人。

明·何喬新《椒邱文集》卷一三　江西治城新建譙樓記

皇明奄甸九有，稽用周漢唐宋之制，分畫天下爲十有三道，各設都布，按三司以統理之。江西爲南服大藩，南昌則古之豫章郡，三司之治所在焉。舊有譙樓，在城南普賢寺，洪武中始徙建於治城東湖之上，廣濟橋之南。外爲飛簷五層，内爲重屋三層，鐘鼓畫角列置其上。樓之後爲陰陽學，前爲臺以奠日圭，爲室以置壺漏及居昕夕之司其事者。歲久寖圮，雖屢脩葺，僅支其欹仄，補其敝漏而已，比年以來則岌乎將壓矣。鎮守太監鄧公原謀於巡按監察御史鄧公公輔，欲改作之，以歲艱民病，未暇爲既。而御史鄧公代還，公又與監察御史張公、縉王公恩議曰：譙樓之設，所以謹節候而授民時也。顧傾圮日甚，及今圖之，猶有材瓦可用者，一旦壓焉，將榱折瓦破，而勞民傷財滋甚。今歲豐政簡，庶可興役乎？二公皆以爲然。公又合三司長貳謀之，亦皆以爲政體攸繫，相與贊其興作，退而鳩工庀財，諏日興事。求大木於湖湘，得瓌傑之材可爲柱者四。公喜曰：是可以任重矣，風雨震凌不能動也。分命有司斬木山巔，陶瓦水次，命南昌府同知張汝舟撤而新之。其故材舊瓦堅緻可用者，亦所不棄。於是拓其舊址而築之，圜周四十丈，因其舊規而構之，其崇七丈。重屋飛簷皆如其舊，陰陽之署，壺漏之室，司事者棲息之所，以次新之，凡爲屋十有八間。徙日圭之臺於大門外，欲便於測景也。又以舊路狹隘，市民地以廣之，湖波蕩激，築石隄以捍之，作門以臨通衢，扁曰授時。凡用木以株計者，新舊九千三百六十有六，瓦以片計者，新舊二十四萬九千三百四十有四，鉄石黝堊之需大率稱是。始事於弘治甲寅冬，告成於丙辰春閏三月。然費出公帑，工出傭賃，而勞費不及兵民。崇簷翬飛，踈櫺虚敞。自遠望之，崒然若出霄漢之上。登高臨之，超然若在埃壒之表。咸以宏壯瑋麗，前所未有，稱其爲南服大藩者。公曰：是役之勞與費亦大矣，不可以無紀。於是憲副吴公瓊具事之顛末，屬予記之。予惟時以作事，事以厚生，爲政者之先務也。今鄧公與諸君子，汲汲脩葺是樓，伐鼓鳴角以警昏昕，測景眎刻以節晝夜，非急所先務者乎？曾文定公有言：禮必有隆，不得而殺，政有必舉，不得而廢。若兹樓之建是也。是役也，協謀勸相者布政使祁公順、洪公鍾，按察使陸公珩，參政洪公漢、閭公鉦，副使吴公瓊、趙公良、談公俊，參議潘公祺、王公有恬，僉事黄公仲昭、張公源潔、郭公秉昭、茆公欽、沈公清，指揮同知何公昇，僉事馮公泰、單公暠、楊公泰、戴公賢。詳書其實，俾是邦之人百世之下於諸公之勤尚有考焉。

明・柳瑛《成化中都志》卷六　燕肅，青州人，舉進士，累官龍圖閣直學士。嘗知潁州，有善政，知審刑院，寃獄盡釋。性巧，嘗造指南、記里鼓二車及欹器蓮花刻漏，人服其精。

明・王鏊《姑蘇志》卷二二《官署中》　譙樓即鼓角樓，唐節度使入境，州縣立節樓，迎以鼓角，故稱。或謂宋淳化二年六月，詔州府監縣應所受詔勑並藏勑書樓，今之鼓角樓是也。政和二年，樓燬，三年重作，復更兵燹。紹興二年，席益鳩工，三年，李擢成之。十九年，王晚始作刻漏。二十年，徐兢篆平江府額，但立正門之樓，而兩挾猶未復。咸淳九年，倪普去任，留羨餘錢十萬，大脩之。其更鼓之節，凡日之晡，則吹角一疊，鼓十數聲，謂之小引。申時換牌，樓上立兩旗指外，春曰青陽，夏曰朱明，秋曰白藏，冬曰玄冥，各如方色。黄昏吹角五人，爲三疊，過鼓者六人，每角止撾鼓數千，爲三徧，徧三搞六擂，凡三角三鼓而止。四更則奏角而不鼓，亦謂之小引。三點乃再發，至五更止，謂之大角動云。按：宋軍防格，節鎮鼓角有十二。建炎兵火後重建，元大德五年又壞於風，總管董章重建之。樓設鼓角，點鐘，日天池，夜天池，平水壺，益水壺，減水壺，滴水壺，二十四氣箭。

明・王鏊《姑蘇志》卷四一《宦蹟五》　王文雍，寶祐中尹常熟，重修城闉及譙樓，置刻漏，創兩務官廳，濬市河，福山塘，築新隄，葺亭甃衢，飭整版籍，蓋使民有義者也。

明・石珤《熊峯集》卷五　重修陽和樓記

真定爲京師輔郡，當南北襟喉之衝。諸方文軌，道必由郡而入我國家。重熙累洽，化導百餘年。禮樂名物大復先王之舊，非復元季喪亂之日。故雖池臺樓榭苟可以爲民表者，亦皆巍然煥然，若今陽和樓是也。陽和，舊傳爲郡子城南門。以今揆之，適當城之中，負坎嚮離，地局平正。市廛井陌，環列四周。上置五更漏刻，有星人司焉，以候晨夜。蓋古者登靈臺，望雲物，占象考瑞，以授人時，其制度之大焉，而不可闕者也。今太守南昌熊公，既下車之明年，興滯補敝，百物薦舉，迺暇日登斯樓而望之，東瞻青徐，西瞰關塞，而其南則見滹沱迅流，帶以清漳，千里達于大河。韓來魏趨，秦驅蜀走，復有重譯而至者西南之人。卓乎偉哉！此非一郡之勝圖，實四方之奇觀也。于是慨然有風雨鳥鼠之憂焉。迺徧召郡民之有秩者，播告於庭，諭以大法，俾葺而新之。令既下，諸執事奉以奔走。貲者貲，粟者粟，舁石於山，升木於淵，羣工庶黎，各獻其力。蓋經始於弘治己未之三月，不十旬而功告成矣。君子曰：何其不煩哉？使之以其道故也。於乎！天下之事，固莫不有興有廢。然其興也，亦未始不由豪傑廉静之士以道使之。故岳之岳陽，得宗諒而益彰。黄之竹樓，至今誦玄之者未已。苟非其人焉，則功立而讟興，事成而名隳。雖十倍兹樓，猶將無取也哉！猶將無取也哉！

明・婁性《皇明政要》卷二《戒嗜欲第四》　洪武元年十月，司天監進元主所製水精宫刻漏，備極機巧，中設二木偶人，能按時自擊鉦鼓。太祖覽之，謂侍臣曰：廢萬幾之務，而用心於此，所謂作無益害有益也。使移此心以治天下，豈至滅亡？命左右碎之。

明・黄光昇《昭代典則》卷一《太祖高皇帝》　胡粹中曰：古百工執藝事以諫，懼作爲奇巧以蠱惑上心也。今龍舟刻漏，皆帝所自製式樣，則非工之罪矣。故當時都人爲之諺曰：帝也斧鑿，太子鼓鈸。父子如此，欲無危亡，其可得乎？

明・章潢《圖書編》卷二七　洪武初，召集天下通知律曆名家者赴京，議曆法，占天象。三年，立欽天監，設官。凡玄象圖書，非其職不得習。其習業者分四科，曰天文，曰刻漏，曰《大統曆》，曰《回回曆》。自五官正而下，至天文生，各專科肄焉。靈臺郎辨日月星辰之躔次分野以占候。保章正專志天文之變，辨吉凶之占。挈壺正知漏，孔壺爲漏，浮箭爲刻，以考中星昏明之度，而統于監正丞。

明・彭大翼《山堂肆考》卷一三〇《文學》　刻漏銘

劉璠《梁典》：天監六年，帝以舊漏乖舛，乃勑員外郎治之。既成，太子中舍人陸佐公倕爲之銘。

明・彭大翼《山堂肆考》卷一四七《釋教》　刻漏

《國史補》：唐僧慧遠在廬山，以山中不知更漏，乃取銅葉製器，狀如蓮花，置水盆上，底孔漏水，半之則沈，每晝夜十二沈，爲行道之節。後越僧靈澈得蓮花漏於廬山，傳於江西觀察使韋丹。唐張喬詩：遠公獨刻蓮花漏，猶向山中禮六時。

明・顧起元《說略》卷四《時序》　唐張喬詩：遠公窻下蓮花漏，猶向山中禮六時。按佛藏：遠公弟子惠要患山中無刻漏，乃於水上製十二銅葉芙蓉，因波隨轉，分別旦夕，以爲行道之節，名蓮花漏。何兆詩：芙蓉十二池心漏，薝蔔三千灌頂香是也。六時，僧規以六時經行，六時燕坐。經行六時曰：幽谷時寅也，高山時卯也，日照高山平地時辰也，可中時巳也，正中時午也，鹿苑時未也，至申則旦過而退。劉長卿詩亦云：六時行徑空秋草。

明・曹學佺《蜀中廣記》卷四《名勝記第四》 銅壺閣亦稱郡樓，乖崖公鎮蜀時，通夕宴坐郡樓上，鼓番漏水，歷歷分明，一刻差誤必詰之，守籤者服爲神明。公謂鼓角爲中軍號令，不可不謹爾。京鏜帥成都，首訪茲閣，屹然自若，銅壺漸失實矣。因詢其漏法，則寅、申、巳、亥陟降其水者凡四，既無所依據，且其箭以七日半爲等，日升一刻，必驟進之。前郤頻數，不無差忒。知成都縣事臨邛宋朝英於是始更其法。測午中之晷爲升箭之初，畢百刻而後易，仍以曆象考七十二候。初末昏明，晝夜長短之數，日異旬殊，差布于箭。乃爲亭，其下圖刻漏製，鑱諸石，且名以惜陰。建安吴栻記云：府門稍東垂五十步，慶曆四年，知府事蔣公堂作漏閣，以直午門。以八分大字題額曰銅壺，巋然南向，一府之冠也。崇寧初，閣灾。政和元年，栻承乏尹事，始至府，視閣故處，累土如臺然。問吏，吏曰：前尹蔣即臺爲門，治材略具。朝廷亦嘗賜度牒，售錢六百萬有奇。尹去，弗克成。問錢與材今安在，曰：材爲他所繕修輟用之，錢則帑官專輒兑費矣。栻曰：午門者，臺門也，茲唯閣之宜，奚臺之有？即日便撤累土，圖閣如慶曆時。通閣上下一十有四間，其高一丈六尺有五寸，廣十丈，深五丈有六尺。審曲面勢，丹堊是飾。瓴覆甓甃，厥有彝度。中設關鍵，闢闔惟謹。閣成初，置天聖中燕梓州肅所制蓮花漏於其下，閣灾漏毁。閱十載，更六尹於茲，而閣成，漏悉如燕製，匱一，壺一，泉一，箭四十有八。銅烏逼水而下，金蓮浮箭而上。氣二十四，候七十二，百刻，十二辰，率是箭而定云。

明・杜應芳《補續全蜀藝文志》卷五四《器物譜》 晉刻漏

嘉定州舊有銅壺滴漏，相傳爲郭景純守嘉州日製，規制奇絶，後移置會省，在今鍾皷樓上。宋范成大有《銅壺閣落成》詩。

清・谷應泰《明史紀事本末》卷七三《修明曆法》 三年六月，改司天監爲欽天監。設欽天監官，其習業者分四科：曰天文，曰漏刻，曰《大統曆》，曰《回回曆》，自五官正而下，至天文生，各耑科肄焉。五官正理曆法，造曆。歲造《大統曆》《御覽月令曆》《六壬遁甲曆》《御覽天象》《七政躔度曆》。凡曆註上御曆三十事，民曆三十二事，壬遁曆六十七事。靈臺郎辨日月星辰之躔次分野以占候。保章正專志天文之變，辨吉凶之占。挈壺正知漏，孔壺爲漏，浮箭爲刻，以考中星昏明之度，而統於監正丞。

清・孫承澤《元朝典故編年考》卷四 立太史局

至元十六年，初立太史局。局中刻漏舊以木爲之，其形如碑，故名碑漏。內設曲筒，鑄銅爲丸，自碑首轉行而下，鳴鐃以爲節。其漏經久廢壞，晨昏失度。大德元年，中書俾履謙視之，因見刻漏旁有宋舊銅壺四，於是按圖考定蓮花、寶山等漏制，命工改作。又請重建鼓樓，增置更鼓并守漏卒，當時遵用之。

清・張英等《淵鑑類函》卷一二《歲時部一》 曆二

【略】《南史》曰：何承天，東海郯人也，改定《元嘉曆》，改刻漏二十五箭，皆從之。【略】《函史》曰：明吴元年，劉基造《戊申大統曆》，上之。曆注上御曆三十事，民曆三十二事，壬遁曆六十七事。靈臺郎辨日月星辰之躔次分野以占候。保章正專志天文之變，辨吉凶之占。挈壺正知漏，孔壺爲漏，浮箭爲刻，以考中星昏明之度。

清・趙宏恩等《江南通志》卷一一三《職官志・名宦二》 王文雍，寶祐中尹常熟，修城闉及譙樓，置刻漏，創兩務官廨，濬河築堤，葺亭甃衢，整飭版籍。《南畿志》。

清・謝旻等《江西通志》卷七七《人物十二》 黄九衢字伯路，吉水人，博學，多才識。所製渾天儀、刻漏壺，曲盡其巧。爲本縣訓導。守令每造請問以禮樂原委，九衢一一折衷，皆可施行。同上。

清・邁柱等《湖廣通志》卷四八《鄉賢志》 徐麟，《楚紀》廣濟人。洪武初，授宣武衛鎮撫，歷河南府同知。時降臣宋玉集散卒謀夜叛，以刻漏爲期。麟廉知之，戒司漏者故遲滯，寇疑不發，黎明遣邏卒盡獲之。以功陞秩，賜金帛。後調蘄州，歷永、道、房三州，俱有政聲。

清・金鉷等《廣西通志》卷三四《城池》 梧州府蒼梧縣附郭

府城在大雲山麓，東北跨山，西臨桂水，南遶大江。宋開寶元年，砌以磚，周二里一百四十步，高二丈五尺。皇祐四年，寇毁。至和二年，展築，周三里二百三十七丈，闢四門。明洪武十二年，復展八百六十丈，爲門五。有樓，東曰正東，西曰西江，北曰大雲，南曰南薫，西南曰德政，覆以串樓一百九十六間。濠環城東西南三面，北因山爲險。正統十年毁，十一年知府諸忠重修，置刻漏於德政門樓上。天順七年，大藤峽賊陷城。八年，知府袁衷重修。成化二年，總督都御史韓雍增高一丈，造串樓五百六十九間，遍覆之。城下設窩鋪三十六間，宿守夜軍士。浚濠深三丈，濶一丈五尺，濠內外皆樹木。柵長三千三百五十丈。四年，作東、南、北門甕城，重建五門樓、鐘鼓樓。正德初，都御史陳金重修。萬曆五年，南門樓、鐘鼓樓、串廊復毁，知府李橡重建。八年，知府陸萬垓重建德政門。十三年，知府林喬楠重修串樓五百二十五間。四十六年，南門、西門、德政門大樓復毀，知府陳鑑，石廷舉相繼重修，添設西門甕城。天啟三年，知縣梁子璠改爲陽城，每城樓環設窩舖八間。崇禎八年，湖南寇熾，知府章金鉉加高城雉。

清·覺羅石麟等《山西通志》卷九一《名宦九》 郭諮字仲謀，趙州平棘人。聰敏過人，第進士，精千步方田法。慶曆中，知忻州，開渭渠，導汾水，興水利，置屯田。轉運使任顓言諮有巧思，自爲兵械，皆可用。詔以所作刻漏、圓楯、獨轅弩、生皮甲來上，上嘉之。又知汾州，未上，尋徙潞州。作鹿角車、陷馬槍，請廣獨轅弩於他道。詔諮置弩千，分給并潞。召還，提舉百司，卒。

清·覺羅石麟等《山西通志》卷一四八《寓賢二》 信都芳，字玉琳，河間人。好學，善天文算數，甚爲安豐王延明所知。延明家有羣書，欲抄集《五經》算事爲《五經宗》及古今樂事爲《樂書》。又聚渾天、欹器、地動、銅烏、漏刻、候風諸巧事，并圖畫爲《器準》。並令芳算之。會延明南奔，芳乃自撰注。後隱於并州樂平之東山。太守慕容保樂聞而召之，芳不得已而見焉。於是保樂弟紹宗薦之於齊獻武王，以爲中外府田曹參軍。芳性清儉質樸，不與物和。紹宗給其騾馬，不肯乘騎。夜遣婢侍以試之，芳憤呼毆擊，不聽近己。狷介自守，無求於物。後亦注重差勾股，復撰《史宗》，仍自注之，合數十卷。武定中卒。

清·覺羅石麟等《山西通志》卷一六一《藝術》 王友古，高平人，博物洽聞，尤精天文及《九章》法，且布算而知人之隱。嘗集渾天、欹器、銅烏、漏刻、候風諸巧製，并圖之以爲準。

清·李衛等《畿輔通志》卷九八《記·明》 宣府鎮城記　羅亨信

【略】復即城東偏之中築重臺，建高樓七間，崇四丈七尺餘五寸，深四丈五尺，廣則加深二丈五尺五寸焉。上置鼓角、漏刻，以司曉昏、晝夜，十二時之節。

清·黃廷桂等《四川通志》卷四六《藝文》 晉刻漏。嘉定州舊有銅壺滴漏，相傳爲郭景純守嘉州日製，規制奇絕，後移置會省，在今鐘鼓樓上。宋范成大有《銅壺閣落成》詩。

清·郝玉麟等《福建通志》卷六七《雜記·叢談三》 陳普，寧德人。七歲時，坐田間，時有白鷺飛止，有士人戲語之曰：汝能賦詩乎？普應聲曰：我在這邊坐，汝來那里歇。青天無片雲，飛下數點雪。人已知其不凡。後更精於陰陽璣衡之說。乃聚銅自鑄刻漏壺，應時升降，無纖毫爽。福建布政司譙樓銅壺即其所製也。先是，鼓鑄於里中仁豐寺，既成，草木焦枯者年餘。《寧德縣志》

清·鄂爾泰等《貴州通志》卷四一《藝文·記二》 重修鐘鼓樓碑記　郭子章

萬曆己亥夏六月，余奉天子命來撫黔。故事，三日謁文廟，廟在城北隅道鐘鼓樓下。余仰視之，規頗昂崇，勢若阤崩，心識之，謂當釐改也。於時有夜郎之役，亡論藏匱弗克，民敝弗振，即吾儕心思弗暇。及庚子六月六日，夜郎平，貴陽劉太守文光來黔。仲秋稍隟，守偕徐丞庭綬請於余及柱史宋公曰：挈壺之政，匪棘匪遲，君子小人，興息維時，以司晨昏，以嚴更漏，惟鼓與鐘是賴。此黃帝所推迎，唐堯所敬授者。茲樓且圯，守甚懼亡以爲民觀也，葺之亟。余與宋公敬諾，下監司議。司檄守會而稽之，材若干章，竹若干箇，墍若干畚，糇若干鍾，赭堊青黝若干色，剞劂鉤繩若干匠，錢若干緡，守與丞總之。中軍官劉岳，指揮楊師震、李棟材槌鼛役之。千户金鱗、李東生，百户王懋勳，吏目張大紀護作之。辛丑六月，劉守遷憲副署平越府，經理夜郎去。天子命宋公徃按滇，命柱史畢公代之。畢公至趣其役，徐丞竭力已事，以某月落成，而請紀其成於石。余諗之曰：危哉樓也！寧獨貯鐘鼓刻漏已乎？寧獨辨朝夕，弗迷風雨已乎？黃鐘生一，一生萬物。君子鑠金爲鐘，四時九乳，故鐘調則君道得。五音十二律，鼓無當焉而弗鼓，弗和其聲，一也。刻漏法，漏水一升，重一觔，時經一刻。故鐘爲聲氣之母，鼓爲衆樂之君，刻漏爲中星之驗，惟其一也。一也者，所以一民視聽之不一也。《周禮》六典，夏官挈壺，秋官司寤，春官雞人，漢以後太史掌之。隋置刻漏，令掌以率更，教以博士，典以掌漏，司刻分時，唱之漏童。更以擊鼓爲節，點以擊鐘爲節。故《含元賦》曰：節晷漏於鐘律，架危樓之筍虡。鐘鼓之有樓，舊矣。黔當珍夷歛霧，三渡息波之後，舉斯樓而更新之。景鐘高縣，夔鼓雷鳴，玉衡稱物，金壺博施。曉而鐘耶？吾儕莅茲土者，何以修天子之業命，考其國職，講其庶政？士何以受業？何以講貫？自戍卒庶人而下，明而動，何以耕食？何以鑿飲？何以蒐苗、獮狩？夕而鐘耶？鼓而嚴耶？吾儕莅茲土者，何以序其業，糾其典型，儆百工，使無慆淫，而後即安？士何以習復？何以計過？無憾而後即安？自戍卒庶人而下，晦而休，何以宵綯？何以夜績？庀其家事，而後即安？庶幾日惜寸陰，夜知向晨，斯樓之新爲，不徒矣。嗟嗟！余以斯樓廢興之故，而重有感也。樓創於成化甲午，實自鄭都知忠始。記出白少保圭筆，其語周覈。《通志》亦稱忠有心計，與總兵李貴撫捕諸苗，貴人爲立祠，尸祝之。今銀璫左貂，充斥宇內，飛而食人，在在重足。黔以瘠土，大兵後，主上閔而不遺。而吾儕得以韜戈撤堠之餘，因革明時，乘隟葺樓，以都知始者，以吾儕新，不可謂非大幸。故若鄭都知者，自今視之，固亦鐵中之錚錚與，而況創樓？故碑猶言言也。監司郡縣衛所與是役者，例得書姓氏於石之右。

清·張廷玉等《明史》卷二五《天文志一》 明太祖平元，司天監進水晶刻漏，中設二木偶人，能按時自擊鉦鼓。太祖以其無益而碎之。

又 明年，天經又請造沙漏。明初，詹希元以水漏至嚴寒水凍輒不能行，故以沙代水。然沙行太疾，未協天運，乃以斗輪之外復加四輪，輪皆三十六齒。厥後周述學病其竅太小，而沙易堙，乃更制爲六輪，其五輪悉三十齒，而微裕其竅，運行始與晷協。天經所請，殆其遺意歟。

清·張廷玉等《明史》卷三一《曆志一》 吳元年十一月乙未冬至，太史院使劉基率其屬高翼上戊申《大統曆》。太祖諭曰：「古者季冬頒曆，太遲。今於冬至，亦未善。宜以十月朔，著爲令。」洪武元年改院爲司天監，又置回回司天監。詔徵元太史院使張佑、回回司天太監黑的兒等共十四人，尋召回回司天臺官鄭阿里等十一人至京，議曆法。三年改監爲欽天，設四科：曰天文，曰刻漏，曰《大統曆》，曰《回回曆》。以監令、少監統之。

清·鄂爾泰等《國朝宮史》卷一二《宮殿二·内廷一》 乾清宮後爲交泰殿，滲金圓頂，制如中和殿。聖祖仁皇帝御筆扁曰：無爲。御筆聯曰：恒久咸和，迓天休而滋至。關雎麟趾，立王化之始基。殿中設寶座，左安銅壺刻漏，右安自鳴鐘。國朝御用寶璽二十有五，俱尊藏於殿中。

清·李清馥《閩中理學淵源考》卷二七 司農詹元善先生體仁

詹體仁，字元善，建寧崇安人。父慥，與胡五峯、劉屏山游。先生登隆興元年進士第，調饒州浮梁尉。郡上先生獲盜功狀當賞，謝不就。爲泉州晉江丞。程尚書大昌、司馬侍郎汲相繼爲守，賞待特異，郡有疑獄，必諮焉。宰相梁克家，泉人也，始知先生，薦於朝。入爲太學録，遷太學博士，尋遷太常博士。時高宗廟謚或謂宜稱堯宗，先生言：謚法雖有之，於古無據，且大行功莫盛於中興，請比殷武丁，謚爲高。議遂決。累官太常少卿。時上以積疑成疾，久不過重華宮，先生陛對，首陳父子至恩，引《易》睽孤之説以開廣聖意。孝宗崩，先生率同列抗疏，請駕詣重華宮親臨祥祭。時趙汝愚将定大策，外庭無預謀者，密令先生及左司郎官徐誼達意少保吴琚，請憲聖太后垂簾爲援立計。寧宗登極，天下晏然，先生密贊汝愚之力也。時議大行皇帝謚，先生言：壽皇帝事德壽二十餘年，極天下之養，諒陰三年，不御常服，漢唐以來未之有，宜謚曰孝。卒用其言。先生深於禮，故前後定兩朝廟謚，異論莫能奪，議者韙之。孝宗将復土，先生言：永阜陵地勢卑下，非所以妥安神靈。與宰相異議。除太府卿，尋直龍圖閣，知福州。言者竟以前論山陵事罷之。屏處者八年，退居霅川，日以經史自娱，人莫窺其際。始復直龍圖閣，知静江府，移守鄂州，除司農卿，復總湖廣餉事。時歲凶艱食，即以便宜，發廩賑救而後以聞。侂胄議開邊，一時争談兵以規進用。先生移書廟堂，言兵不可輕動。皇甫斌自以将家子，好言兵，先生語僚屬，謂斌必敗，已而果然。開禧二年卒，年六十四。先生天姿超邁，志守卓然。自擢第歸，即從朱先生遊，講質疑義。其學以存誠慎獨爲主，患世儒論經多失本旨，曰：惟皇上帝，降衷於下民，若有恒性，克綏厥猷惟后，此即天命之謂性，率性之謂道，修道之謂教也。人能知此，則知觀書之要，而無穿鑿之患矣。博覽羣書，自天文地理、卜筮醫藥、百氏雜説靡不通，於渾儀、漏刻俱自親製，以測驗皆合。趙渙造新曆以獻，先生爲作序。中書舍人黄裳一見嗟異，因以定交。爲文若不經意而明白暢遂，悉根於理致。神識恬暢，喜論説古今，遇佳士良友，窮日夜語不厭。立朝當官，自信所學，於辭受出處之際尤不苟。周公必大當國，先生嘗疏薦三十餘人，皆當世知名士，後多所收擢。郡人真公德秀早從之遊，嘗問居官莅民之法，先生曰：盡心、平心而已，盡心則無愧，平心則不偏。世服其確論云。所著《象數總義》、《曆學啟蒙》、《莊子解》諸書。真西山撰行狀，《閩書》。

清·嵇璜等《續文獻通考》卷二一〇《象緯考》 遼太宗大同元年，國始有曆。

聖宗統和十二年，頒行《大明曆》。

初，太宗自晉汴京收百司寮屬、伎術、曆象遷於中京，實始有曆，即晉天福四年司天監馬重績所上《乙未元曆》是也。其後穆宗時，司天王白、李正等復進是書。至是，汴州刺史賈俊進新書曰《大明曆》。《大明曆》，宋武帝大明六年祖沖之所上之書，未及施用。高麗所志《大遼古今録》稱統和十二年始頒正朔，信矣。

臣等謹按：《遼史志》言：大同元年，得晉刻漏、渾象。後唐清泰二年已稱損折不可用，其至中京者槩可知矣。據此，則是遼雖得晉渾象，仍未施用，故不書。

又 明太祖洪武三年，初定，歲上曆書。

先是，洪武元年改太史院爲司天監，又別置回回司天監。至是，改司天爲欽天，設四科：曰天文，曰漏刻，曰《大統曆》，曰《回回曆》。設監令、少監統之。歲造《大統民曆》、《御覽月令》、《七政躔度》、《六壬遁甲》、《四季天象占驗》、《御覽天象録》，各以時上。其日月交食，分秒時刻，起復方位，先期以聞。

清·梁詩正等《西湖志纂》卷九　鎮海樓　在吴山下，《西湖遊覽志》：舊名朝天門。吴越王錢鏐建元至正間，平章康里慶童改名拱北樓。明洪武八年改爲來遠樓，後行省叅政徐本改名鎮海樓。成化十年燬，十一年重建。《吴山志》：宋元時貯鐘鼓以司刻漏，至今人稱鼓樓。

清·于敏中等《日下舊聞考》卷一四《國朝宫室》　〔臣等謹按〕交泰殿滲金圓頂，制如中和殿。殿内恭懸聖祖御書額曰無爲。皇上御書聯曰：恒久咸和，迓天休而滋至；關睢麟趾，立王化之始基。殿中設寶座，左安銅壺刻漏，右安自鳴鐘。國朝御用寶璽二十有五，俱尊藏於殿中。

清·于敏中等《日下舊聞考》卷三三《宫室·明一》　皇極門之東曰會極門，門東曰文華殿，有精一堂、恭默室、九五齋，殿之後曰玉食館，北曰省愆居，殿之口曰崇本門，殿之後曰刻漏房，銅壺驗時之所。

清·于敏中等《日下舊聞考》卷三四《宫室·明二》　原會極門東向南者，文華殿也。有扁曰學二帝三王治天下大經大法者，神廟御筆也。繩愆糾謬者，小臣杜詩筆也。有精一堂、恭默室、九五齋，殿之後曰玉食館。西北曰省愆居，其底用木爲通透之基，高三尺餘，下不令牆壁至地，四圍亦不與别處接。凡遇災眚，駕居此以示修省。殿之西曰崇本門，殿之後曰刻漏房。銅壺滴漏在此，凡八刻水則交一時，直殿監宿抱時辰牌赴乾清門裏换之。牌長尺餘，石青地金字書曰某時，途遇者必側立讓行，坐者必起立，亦敬天時之義也。《蕪史》

清·于敏中等《日下舊聞考》卷五四《城市·内城北城》　增鐘樓在金臺坊東，即萬寧寺之中心閣。《圖經志書》

增鐘樓京師北省東鼓樓北，至元中建，閣四阿，簷三重，懸鐘於上，聲遠愈聞之。《析津志》

增鐘樓之制雄敞高明，與鼓樓相望。本朝富庶殷實，莫盛於此，樓有八隅四井之號，蓋東西南北街道最爲寬廣。同上。

原危素爲翰林學士，居鐘樓街。會稽王山農冕遊大都，嘗見其文而不相識。一日，危騎而過出農所，與之坐，不問其姓名。徐曰：君非鐘樓街住耶？危曰：然。不出他語而罷。人問之，山農曰：吾觀其文有詭氣，目其人舉止亦然，料知必危太樸也。《霏雪録》

原張怡雲能詩詞，善諧笑，名重京師。趙松雪、裔正叔、高房山爲寫怡雲圖以贈。姚牧庵、閻静軒每於其家小酌。一日過鐘樓街，遇史中丞，中丞欲偕行，速從者歸攜酒饌，因共造海子上之居。姚閻呼曰：怡雲！今日有佳客，此中丞史公子也。張便取酒壽史，歌雲間貴公子，玉骨秀横秋，水調歌一闋。史甚喜。有頃，酒饌至，史取銀二錠酬歌。席終，左右欲徹金玉酒器，史云：休將去。賞音如此。《青樓集》

〔臣等謹按〕《明一統志》：鐘樓，明永樂十八年建，蓋遷都北京營繕宫闕時也。後亟燬於火。本朝乾隆十年奉旨重建，十二年落成。有御製《重建鐘樓碑記》。

增御製重建鐘樓碑記　皇城地安門之北，有飛簷傑閣翼如焕如者，爲鼓樓。樓稍北，崇基並峙者，爲鐘樓。其來舊矣。而鐘樓亟燬於火，遂廢弗葺治。朕惟神京陸海，地大物博，通闤别隧，黎庶阜殷。夫物龐則識紛，非有器齊壹之，無以示晨昏之節。器鉅則用廣，非藉樓表式之，無以肅遠近之觀。且二樓相望，爲紫禁後護。當五夜嚴更，九衢啟曙，景鐘發聲，與宫壺之刻漏、周廬之鈴欜，疾徐相應。清宵氣肅，輕颸遠颺，都城内外十有餘里，莫不聳聽。仿挈壺雞人之遺制，宵衣待漏，均有警焉。爰飭所司，重加經度。基仍舊址，搆用新製。凡柱棁榱題之用，悉甃以甎石，俾規制與鼓樓相稱。經始於乾隆十年，閲二年工竣。所司請紀之石以式於後。夫春秋之義，興作必書。矧兹樓之成，昭物軌，定衆志，體國誠民，著在令典，修而舉之，以重其事，弗可以已也。乃爲之銘曰：鳧氏賦形，鼓盪元音。體乾作則，爲圜爲金。式鎔九乳，儆壹衆心。啟閉出入，罔敢不欽。京邑翼翼，四方之極。洪鐘萬鈞，司寤所職。鏗以立號，協於箭刻。巍樓高峘，乘風屴崱。昔罹鬱攸，久廢不修。咨彼工師，審揆其由。木母火子，長風颼飀。鼓之則熾，匪藉人謀。聿規新制，瓴埴比次。巧斲山骨，輸我匠契。尺木不階，屹然巨麗。拔地切雲，穹窿四際。岌嶪峥嶸，金瓴繡甍。鳥革翬飛，震燿華鯨。不窕不槬，桐魚應聲。偕是雷鼓，鏜鞳砰訇。宣養九德，振肅庶類。作息以時，品物咸遂。以器節時，以時出治。宵旰攸資，亦宣堙滯。聲與政通，碩大龐洪。正宫堂皇，元氣昭融。導和利用，警聽達聰。億萬斯年，揚我仁風。

原齊政樓在府西海子東岸，元建，取齊七政之義。《明一統志》

原齊政樓，都城之麗譙也。東中心閣，大街東去即都府治所，南海子橋、澄清閘，西斜街，過鳳池坊北，鐘樓。此樓正居都城之中，樓下三門。樓之東南轉角街市俱是針鋪。西斜街臨海子，率多歌臺酒館，有望湖亭，昔日皆貴官遊賞之地。樓之左右俱有果木餅麪柴炭器用之屬。齊政者，《書》璇璣玉衡以齊七政之義。上有壺漏鼓角，俯瞰城堙，宫牆在望，宜有禁。《析津志》。

增鼓樓在金臺坊，舊名齊政。上置銅刻漏，制極精妙，故老相傳，以爲先宋故物。其制爲銅漏壺四，上曰天池，次曰平水，又次曰萬分，下曰收水。中安鐃神，設機械，時至，則每刻擊鐃者八，以壺水滿爲度。涸則隨時增添，冬則用温水云。《圖經志書》。

〔臣等謹按〕今鼓樓不用銅壺等物，惟以時辰香定更次，鼓則鑾儀衛派旗鼓手專司，香則欽天監所掌。漏壺室今猶存，銅刻漏無考。

清・阮元《疇人傳》卷三《後漢一》 霍融

霍融，太史待詔也。永元十四年，上言：官漏刻，率九日增減一刻，不與天相應。或時差至二刻半，不如夏曆密。詔書下太常，令史官與融以儀校天，課度遠近。太史令舒承梵寺對：案官所施漏法《令甲》第六《常符漏品》，孝宣皇帝三年十二月乙酉下，建武十年二月壬午詔書施行。漏刻以日長短爲數，率日南北二度四分而增減一刻。一氣俱十五日，日去極各有多少。今官漏率九日移一刻，不隨日進退。夏曆漏隨日南北爲長短，密近於官曆，分明可施行。其年十有一月甲寅，詔曰：告司徒司空，漏所以節時分，定昏明。長短起于日去極遠近，日道周，不可以計率分，當據儀度，下參晷景。今官漏以計率分昏明，九日增減一刻，違失其實，至爲疏數以耦法。太史待詔霍融上言，不與天相應。太常史官運儀下水，官漏失天者至三刻。以晷景爲刻，少所違失，密近有驗。今下晷景刻漏四十八箭，立成斧官府當用者，計吏到，班子四十八箭。文多，故魁取二十四氣日所在，并黄道去極、晷景、漏刻、昏明中星刻于下。《續漢書・律曆志》。

論曰：冬至日在赤道南二十四度，夏至日在赤道北二十四度，二至相去四十八度，以二度四分增減一刻率之，則四十八度應增減二十刻。故冬夏二至漏刻差二十刻。此夏術之法也。自冬至至夏至，或自夏至至冬至，俱歷一百八十日，以九日增減一刻率之，則一百八十日，亦增減二十刻。此官術之法也。兩法相課，夏術自密于官術矣。

清・阮元《疇人傳》卷七《宋》 錢樂之

錢樂之，太史令也。先是，張衡所造渾儀，傳至魏晉，中華覆敗，沈没北方。王蕃舊器，亦不復存。晉義熙十四年，高祖平長安，得衡舊器，儀狀雖舉，不綴經星七曜。元嘉十三年，詔樂之更鑄渾儀，徑六尺八分少，周一丈八尺二寸六分少。地在天内，立黄、赤二道，南、北二極，規二十八宿。北斗極星五分爲一度，置日月五星于黄道之上。置立漏刻，以水轉儀，昏明中星與天相應。十七年又作小渾天，徑二尺二寸，周六尺六寸，以分爲一度，安二十八宿中外官，以白、黑珠及黄三色爲三家星，日月五星，悉居黄道。《宋書・天文志》。

又 何承天

何承天，東海郯人也。義旗初，爲陶延壽輔國府參軍。宋臺建召爲尚書祠郎。元嘉時除著作佐郎，轉太子率更令。先是魏景初術日中晷景，即用漢四分法，漸就乖差，其推五星，則甚疎闊。【略】元嘉二十年承天奏上尚書：「今既改用《元嘉曆》，漏刻與先不同，宜應改革。按《景初曆》，春分日長，秋分日短。相承所用漏刻，冬至後晝漏，率長于冬至前。且長短增減進退無漸，非唯先法不精，亦各傳寫謬誤。今二至二分，各據其正，則至之前後，無復差異。更增損舊刻，參以晷影，删定爲經，改用二十五箭。請臺勒漏郎將考驗施用。」從之。

清・阮元《疇人傳》卷一一《北齊》 信都芳

信都芳，字玉琳，河間人也。明算術，有巧思。嘗云：「算曆玄妙，機巧精微，我每一沉思，不聞雷霆之聲也。」其用心如此。江南人祖暅以諸法授芳，由是彌復精密。安豐王延明欲抄集《五經》算事爲《五經宗》，又聚渾天、欹器、地動、銅烏、漏刻、候風諸巧事，并圖畫爲《器準》，并令芳算之。會延明南奔，芳乃自撰注。慕容紹宗薦之于高祖，爲館客，授中外府田曹參軍。芳注《重差句股》，又著《四術周髀宗》。其序曰：「漢成帝時，學者問蓋天。揚雄曰：「蓋哉，未幾也。」問渾天，曰：「落下閎爲之，鮮于妄人度之，耿中丞象之，幾乎，莫之息矣。」此言蓋差而渾密也。蓋器測影而造，用之日久，不同于祖，故云「未幾」也。渾器量天而作，乾坤大象，隱見難變，故云「幾乎」。是時，太史令尹咸窮研晷蓋，易古周法，雄乃見之，以爲難也。自昔周定影王城，至漢朝，蓋器一改焉。渾天覆觀，以《靈憲》爲文；蓋天仰觀，以《周髀》爲法。覆仰雖殊，大歸是一。古之人制者所表，天效玄象。芳以渾算精微，術幾萬首，故約本爲之省要。凡述二篇，合六法，名《四術周髀宗》。」時上黨李業興撰新曆，自以爲長于趙敺、何承天、祖冲之三家。芳難業興五星差殊，語見《業興傳》。芳又私撰曆書，名曰《靈憲曆》。算月頻大頻小，食必以朔，證據甚甄明。每云：「何承天亦用此法，而不能精，《靈憲》若成，必當百代無異議者。」書未成而卒。《北齊書・方技傳》、

《北史·藝術傳》。

論曰：梁崔靈恩以渾蓋爲一，芳亦云覆仰雖殊，大歸是一，蓋明于度數者，所見如合一轍矣。《靈憲》算月頻大頻小，乃用何承天法。而云承天用此不精，《靈憲》成，當百代無異議，其然豈其然乎？

清·阮元《疇人傳》卷一八《後晉》　馬重績

馬重績，字洞微。其先出于北方，居太原。唐莊宗時拜大理司直。晉有天下，拜太子右贊善大夫，遷司天監。天福三年二月，重績奏：「臣等準《漏經》云，漏刻之制，起自軒轅，乃以上揆天時，下著人事。是故日行有南北，漏晷自長，以黄道去極之度，而求漏刻自移之變。夫中星晝夜一百刻，分刻爲十二時，每時有八刻三分之一。假令符天六十分爲一刻，一時有八刻二十分，四刻十分爲正前十分，四刻爲正，後二十分爲中，必爲時正。上古以來，皆依此法。自唐室將季，黄巢犯京，既失舊經，漏刻無准。伏以見行漏刻，升于初四刻，元稱巳時，已入未時，猶打午正，若不改更，終成錯誤。今欲每時初打四刻，至四刻後正時辰正牌打八刻，終一時。後一時却從初起，即上同往古，下驗將來。奉勅宜依令本司集寮計定奏聞者，臣等據諸家術數及《太霄論》、《漏刻》等經，皆以晝時有刻分爲十二時，每時有八刻三分之一。凡一時以打一刻起于時初，八刻終于時正，近取到水秤較驗，方知見行漏刻差誤。假令以十時爲例，從午時五刻上行作午時一刻，浸至未時四刻始漏，八刻方終于午時。此則午未兩時中各取畢合爲一時也。自日出後至日入以來，時刻皆如此例相侵。伏乞改正，從時初打一刻，至四刻後進正牌八刻終爲一時。後時却從初起，時辰自正，晷漏無差。」從之。先是五代之初，因唐之故，用《崇元術》。四年八月，重績更造新術，上言：「臣聞爲國者正一氣之元，宣萬邦之命。受茲術象，以立章程。《長慶》《宣明》雖氣朔不踰節，而星躔罕驗。《景初》《崇元》縱正麗甚工，而年差一日。今以《宣明》氣朔、《崇元》星緯二術相參，然後符合。自古諸術皆以天正十一月爲歲首，循太古甲子爲上元，積歲彌多，差闊尤甚。臣改定元朔，爲新術一部，二十一卷，七章。上下經奏等草二卷，立成十二卷。取天寶十四年乙未歲爲上元，以雨水正月朔爲歲首。」其所譔新術，謹詣閤門上進。遂命司天少監趙仁錡、張文結、秋官正徐皓文、參謀趙延義、杜崇龜等，以新術與《宣明》《崇元》覆校得失。仁錡等言：「明年庚子正月朔，用重績術考之，皆合無舛。」乃下詔頒行之，勅賜號《調元術》，令翰林學士承旨和凝譔序。行之五年，輒差不可用，乃復用《崇元術》。重績卒，年六十四。《五代史·司天考》、《五代會要》。

清·阮元《疇人傳》卷一九《宋一》　王處訥　子熙元

王處訥，河南洛陽人也。漢祖領節制，辟置幕府；即位，擢爲司天。周廣順中，遷司天少監。世宗以舊曆差舛，俾處訥詳定，曆成未上。會樞密使王朴作《欽天術》以獻，頗爲精密。處訥私謂朴曰：「此曆且可用，不久即差矣。」因指以示朴，朴深然之。至建隆二年五月，以《欽天術》推驗稍疏，詔處訥別造新術。四年四月，新法成，爲書六卷。太祖自製序，賜號《應天術》。其法上元木星甲子距建隆三年壬戌，歲積四百八十二萬五千五百五十八，元法一萬二，歲盈二十六萬九千三百六十五，月率五萬九千七十三。處訥又以漏刻無準，重定水稱，及候中星分五鼓時刻。俄遷少府少監。太平興國初，改司農少卿，并判司天事。時有上言《應天術》氣朔漸差，詔付本監集官詳定。六年，處訥又上新術二十卷。拜司天監。會吴昭素等各獻新術，處訥所上術遂不行。歲餘卒，年六十八。子熙元。《宋史·方技傳》、《律曆志》。

論曰：歲盈二十六萬九千三百六十五，李尚之鋭以爲當作「歲總七十三萬六百三十五」是也。五因歲總得三百六十五萬三千一百七十五，如元法而一，得三百六十五不盡二千四百四十五，即一歲之日及斗分。戴東原震《歲實考》無《應天術》之數，依例推之，其歲實小餘萬萬分日之二千四百四十四萬五千一百一十也。

熙元幼習父業，開寶中補司天曆算，端拱初改監丞，累遷太子洗馬，兼春官正加殿中丞。景德中同判監事，後拜少監。奉詔于後苑績《陰陽事》十卷上之，真宗爲製序，賜名《靈臺秘要》，及作詩紀之。初上所脩《儀天術》，秋官正趙昭益言其二年後必差，又熒惑度數稍謬，後果驗，熙元頗服其精一。上嘗對宰相言及曆算事，曰：「曆象陰陽家流之大者，以推步天道、平秩人事爲功。」且言詔益能專其業，人鮮及也。玉清昭應宮成，以祇事之勤抵司天監，坐擇日差謬，降爲少監，以目疾致仕。天禧二年卒，年五十八。《宋史·方技傳》。

清·阮元《疇人傳》卷二一《宋三》　王普

王普，字伯照。官左朝散大夫，行太常博士。著《官術刻漏圖》二卷，自序言：「官術漏刻，以岳臺爲定。九服之地，冬夏至晝夜刻數，或與岳臺不同，則二十四氣前後易箭之日，亦皆少差。」其後建陽林氏，衍四刻餘分均諸衆時之先後，作小漏款識，視普爲備。《欽定四庫全書總目》。

著録

唐・魏徵等《隋書》卷三四《經籍志三》《漏刻經》一卷何承天撰。梁有後漢待詔太史霍融、何承天、楊偉等撰三卷，亡。

《漏刻經》一卷祖暅撰。

《漏刻經》一卷梁中書舍人朱史撰。

《漏刻經》一卷梁代撰。梁有《天監五年修漏刻事》一卷，亡。

《漏刻經》一卷陳太史令宋景撰。

《雜漏刻法》十一卷皇甫洪澤撰。

《晷漏經》一卷

後晉・劉昫等《舊唐書》卷四七《經籍志下》《刻漏經》一卷何承天撰。

又一卷朱史撰。

又一卷宋景撰

《大唐刻漏經》一卷

宋・歐陽修等《新唐書》卷五九《藝文志三》何承天《宋元嘉曆》二卷

又《刻漏經》一卷

朱史《刻漏經》一卷

宋景《刻漏經》一卷

《大唐刻漏經》一卷

宋・鄭樵《通志》卷六八《藝文略第六》《漏刻經》一卷，後漢待詔太史霍融撰。又一卷，梁朱史撰。又一卷，陳太史令宋景撰。又一卷，祖暅之撰。又一卷。梁代撰。《天監五年修漏刻事》一卷。《雜漏刻法》十一卷。皇甫洪澤撰。《晷漏經》一卷。《唐刻漏經》一卷。《東川蓮花漏圖》一卷。燕肅撰。《蓮花漏法》一卷。《更漏圖》一卷。《造漏法》一卷。《晝夜刻漏日出長短圖經》一卷。趙業撰。《刻漏記》一卷。

右刻漏，十五部二十五卷。

宋・鄭樵《通志》卷七二《圖譜略第一》《刻漏圖》。《九江刻漏圖》。

宋・尤袤《遂初堂書目》《銅壺漏編》。《刻漏規矩》。《官曆刻漏圖》。

宋・陳振孫《直齋書録解題》卷一二《曆象類》《官歷刻漏圖》一卷，《蓮花漏圖》一卷，太常博士王普伯照撰。

宋・趙希弁《郡齋讀書後志》卷二《刻漏圖》一卷

右皇朝燕肅撰。肅有巧思，上《蓮花漏法》。嘗知潼川，有石刻存焉。洛陽宋君者增損肅之法，爲此圖。

元・王士點《秘書監志》卷七《司屬・司天監》撒那的阿剌忒《造渾儀香漏》八部

黑牙里《造香漏并諸般機巧》二部

元・脱脱等《宋史》卷二〇六《藝文志五》歐陽發《渾儀》十二卷

又《刻漏》五卷

豐稷《渾儀浮漏景表銘詞》四卷

元・脱脱等《宋史》卷二〇七《藝文志六》吕才《刻漏經》一卷

《行漏法》一卷

燕肅《蓮花漏法》一卷

錢明逸《刻漏規矩》一卷

王普《小漏款識》一卷

《官曆刻漏圖》一卷

明・楊士奇《文淵閣書目》卷一五《漏刻圖》一部二册，闕。《官曆漏刻圖》一部一册，闕。《銅壺漏箭制度》一部一册，闕。《準齋九漏新式》一部一册，完全。

明・焦竑《國史經籍志》卷四《子類》《漏刻經》一卷，漢霍融。又一卷，梁朱异。又一卷，陳宋景。又一卷，祖暅之。又一卷，梁代。《天監五年脩漏刻事》一卷。《雜漏刻法》十一卷。皇甫洪澤。《晷漏經》一卷。《唐刻漏經》一卷。《東川蓮花漏圖》一卷。燕肅。《蓮花漏圖》一卷。王曾。《更漏圖》一卷。《遺漏法》一卷。《晝夜刻漏日出長短圖經》一卷。趙業。《刻漏記》一卷。

右刻漏。

清・梅文鼎《勿菴曆算書記・壺漏考》《壺漏攷》一卷

自《周官》有挈壺氏，歷代用之。史每言晝漏若干下，是也。五宣譙樓有宋製銅壺滴漏，明天啓間尚存。而遠公在廬山有蓮華漏。《宛陵集》有《田家水漏詩》。然則隱者之居，東作之務，蓋亦有資之爲用者，故爲之博攷，以存古義。宋景濂先生有《五輪沙漏銘》，今西人四刻沙與之同理，故各附一則。

清・查郎阿等《陝西通志》卷七五《經籍第二》《奇器圖說》三卷，《續奇器圖說》一卷，按察僉事涇陽王徵撰。

序曰：關西王公《奇器圖說》一書，採輯者爲卷三，創置者爲卷一。蓋公贍智宏材，披天根而漱地軸，所製自行車、自行磨，已足厓行武侯。而虹吸、鶴飲之脩旱潦，輪壺之傳刻漏，水銃之滅火災，連弩之禦大敵，代耕之省牛馬，因風趁水之不煩人力，其有裨於飛輓、轉運、軍旅、農商、瑣細、米鹽，小大悉備，逸勞相萬矣。則公之書固非常偉業，是胡可以不傳也？因手繪而授之梓。本書武位中序。

清・嵇璜等《續通志》卷一六一《藝文略・天文類第七》《官曆刻漏圖》二卷。宋王普撰。

藝文

晉・陸機《陸士衡文集》卷四《賦四》 漏刻賦

偉聖人之制器，妙萬物而爲基。形罔隆而弗包，理何遠而不之。寸管俯而陰陽効其誠，尺表仰而日月與之期。元鳥懸而八風以情應，玉衡立而天地不能欺。既窮神以盡化，又設漏以考時。爾乃挈金壺以南羅，藏幽水而北戢。擬洪殺於編鍾，順卑高而爲級。激懸泉以遠射，跨飛途而遥集。伏陰蟲以承波，吞恒流其如挹。是故来象神造，去猶鬼幻。因勢相引，乘靈自薦。口納胸吐，水無滯咽。形微獨繭之緒，逝若垂天之電。偕四時以合最，指昏明乎無殿。籠八極於千分，度晝夜乎一箭。抱百刻以駿浮，仰胡人而利見。夫其立體也簡，而効績也誠。其假物也粗，而致用也精。積水不過一鍾，導流不過一筵。而用天者因其敏，分地者賴其平。微聽者假其察，貞觀者借其明。考計曆之潛慮，測日月之幽情。信探賾之妙術，雖無神其若靈。

南朝梁・蕭統編、唐・李善注《文選》卷五六 新刻漏銘一首 并序。

陸佐公劉璠《梁典》曰：天監六年，帝以舊漏乖舛，乃勑員外郎祖暅治之。漏刻成，太子中舍人陸倕爲文。司馬彪《續漢書》曰：孔壺爲漏，浮箭爲刻，下漏數刻，以考中星，昏明星焉。

夫自天觀象，昏旦之刻未分。治曆明時，盈縮之度無準。挈壺命氏，遠哉義用。揆景測辰，徵宫戒井。守以水火，分兹日夜。而司曆亡官，疇人廢業。孟陬殄滅，攝提無紀。衛宏載傳呼之節，較而未詳。霍融敘分至之差，詳而不密。陸機之賦，虛握靈珠。孫綽之銘，空擅崑玉。弘度遺篇，承天垂旨。布在方册，無彰器用。譬彼春華，同夫海棗。寧可以軌物字民，作範垂訓者乎？且今之官漏出自會稽，積水違方，導流乖則。六日無辨，五夜不分。歲躔閹茂，月次姑洗。皇帝有天下之五載也，樂遷夏諺，禮變商俗。業類補天，功均柱地。河海夷晏，風雲律吕。坐朝晏罷，每旦晨興。屬傳漏之音，聽雞人之響。以爲星火謬中，金水違用，時乖啓閉，箭異錙銖。爰命日官，草創新器。於是俯察旁羅，登臺升庫。則于地四，參以天一。建武遺壺，咸和餘舛。金筒方員之制，飛流吐納之規。變律改經，一皆釐革。天監六年，太歲丁亥，十月丁亥朔，十六日壬寅，漏成進御。以考辰正晷，測表候陰。不謬圭撮，無乖黍累。又可以校運筭之睽合，辨分天之邪正。察四氣之盈虛，課六曆之踈密。永世貽則，傳之無窮，赫矣煥乎，無得而稱也。昔嘉量微物，盤盂小器，猶其昭德記功，載在銘典。況入神之制，與造化合符，成物之能，與坤元等契。勳倍楹席，事百巾机。寧可使多謝曾水，有陋昆吾，金字不傳，銀書未勒者哉？乃詔小臣，爲其銘曰：一暑一寒，有明有晦。神道無跡，天工罕代。乃置挈壺，是惟熙載。氣均衡石，晷正權概。世道交喪，禮術銷亡。遽遷水火，争倒衣裳。挈刀舛次，聚木乖方。爰究爰度，時惟我皇。方壺外次，圓流内襲。洪殺殊等，高卑異級。靈虬承注，陰蟲吐噏。倏往忽來，鬼出神入。微若抽繭，逝如激電。耳不輟音，眼無留眄。銅史司刻，金徒抱箭。履薄非兢，臨深罔戰。授受靡暨，登降弗爽。惟精惟一，可法可象。月不遁來，日無藏往。分以符契，至猶影響。合昏暮卷，蓂莢晨生。尚辨天意，猶測地情。況我神造，通幽洞靈。配皇等極，爲世作程。

北周・庾信《庾子山集》卷四 奉和夏日應令

朱簾捲麗日，翠幕蔽重陽。五月炎蒸氣，三時刻漏長。麥隨風裏熟，梅逐雨中黄。開冰帶井水，和粉雜生香。衫含蕉葉氣，扇動竹花涼。早菱生軟角，初蓮開細房。願陪仙鶴舉，洛浦聽笙簧。

北周・庾信《庚子山集》卷五　和潁川公秋夜

泬寥空色遠，葉黄凄序變。洞浦落遵鴻，長飈送巢燕。千秋流夕景，百籟含宵囀。峻雉聆金柝，層臺切銀箭。

唐・歐陽詢《藝文類聚》卷六八《儀飾部》　宋鮑昭《觀漏賦》曰：歷玉階而升陝，訪金壺之盈闕。觀騰波之吞寫，視驚箭之登設。謹户牖而知命，掩雲霧而測暉。創百齡於纖隱，積千里於空微。彼崢崢而行溢，此冉冉而逾衰。撫寸心而未改，指分光而永違。貫古今而并念，信寡易而多難。時不留乎激矢，生乃急於走丸。神怵迫而忘慮，心坎懔而趂歎。望天涯而佇念，櫂雄劍而長歎。嗟生民之永迷，躬與後而皆恤。死零落而無二，生差池而非一。

又　後漢李尤《漏刻銘》曰：昧旦丕顯，敬聽漏音。思我王度，如玉如金。晉孫綽《漏刻銘》曰：二儀貞運，聖鑒通玄。數以微器，理以象宣。乃制妙漏，挈壺是銓。近取諸物，遠贊自然。川滿則盈，乘虚赴下。靈虯吐注，陰蟲承寫。昏明無隱其晷度，陰陽是效其屈伸。不下堂而天地理得，設一器而萬事同倫。梁元帝《漏刻銘》曰：玉衡稱物，金壺博施。司南司火，未符茲義。帝曰欽哉，納隍斯譬。實惟簡在，窮神體智。宫槐晚合，月桂宵暉。清臺莫爽，解谷胥依。七分六日，五祀三微。事齊幽贊，乃會通幾。碧海有乾，絳川猶竭。飛流五色，涓涓靡絶。龍首傍注，仙衣俯裂。箭不停晷，聲無暫輟。用天之貞，分地之平。如絃斯直，如渭斯清。【略】周王褒《漏刻銘》曰：竊以混元開闢，天迴地旋。曆象運行，暑來寒往。二分同道，烏靈正其昏夕。兩至相遇，表圭測其長短。雖則晦朔先後，失於公羊之説；次舍盈縮，惑於丘明之傳。至乎出卯入酉，黄道青録。季孟相推，啓閉從序。挈壺掌分數之令，太史陳立成之法。軍將以之懸井，壺郎以之趨奏。百王垂訓，千祀餘烈者焉。銘曰：玄儀西運，逝水東流。甘川浴日，深壑藏舟。測茲秘象，是曰神謀。正震治曆，下武惟周。忽微以測，積空成數。圭表弗差，光陰斯赴。箭水無絶，靈虯長注。經寸日輪，四分天度。器遵昔典，景移新刻。荆山既鐫，昆吾且勒。以福眉壽，百王垂則。李尤《刻漏銘》曰：昔在先聖，配天垂則。仰釐七曜，俯順坤德。乃建日官，俾立漏刻。昏明既序，景曜不忒。唐命羲和，敬授人時。懸象著明，帝以崇熙。季末不虔，德衰于茲。挈壺失節，刺流在詩。

唐・魏徵等《隋書》卷一四《音樂志中》　皇帝還便坐，奏《皇夏》：

庭闕四始，筵終三薦。顧步階墀，徘徊餘奠。六龍矯首，七萃警途。鼓移行漏，風轉相烏。翼翼從事，綿綿四時。惟神降嘏，永言保之。

唐・王勃《王子安集》卷一　春思賦紫陌青樓照月華，珠帷黼帳七香車。蛾眉畫來應幾様，蟬鬢梳時半欲斜。恨雕鞍之届晚，痛銀箭之更賒。行行避葉，步步看花。因狂夫之蕩子，成賤妾之倡家。

唐・宋之問《宋之問集》卷下　壽陽王花燭圖

仙媛乘龍日，天孫捧鴈來。可憐桃李徑，更繞鳳凰臺。燭照香車入，花臨寶扇開。莫令銀箭曉，爲盡合歡杯。

唐・李白《李太白集》卷三　烏棲曲

姑蘇臺上烏棲時，吴王宫裏醉西施。吴歌楚舞歡未畢，青山欲銜半邊日。銀箭金壺漏水多，起看秋月墜江波，東方漸高奈樂何。

唐・皇甫曾《二皇甫集》卷八　奉寄中書王舍人

腰金載筆謁承明，至道安禪得此生。西掖幾年綸綍貴，東山遥夜薜蘿情。風傳漏刻星河曙，月上梧桐雨露清。聖主好文誰爲薦，閉門空賦子虚成。

唐・令狐楚《御覽詩》　和直禁省

宵直丹宫近，風傳碧樹涼。漏稀銀箭滴，月度網軒光。鳳詔裁多暇，蘭燈夢更長。此時顔范貴，十步舊連行。

唐・白居易《白氏長慶集》卷一九　紫薇花

絲綸閣下文書静，鐘鼓樓中刻漏長。獨坐黄昏誰是伴，紫薇花對紫薇郎。

唐・王建《王司馬集》卷八　宫詞一百首

秘殿清齋刻漏長，紫微宫女夜焚香。拜陵日近公卿發，鹵簿分頭出太常。

唐・李賀《李賀歌詩集》歌詩編第一　河南府試十二月樂辭并閏月

十月

玉壺銀箭稍難傾，缸花夜笑凝幽明。碎霜斜舞上羅幕，燭龍兩行照飛閣。珠帷怨卧不成眠，金鳳刺衣著體寒，長眉對月鬬彎環。

唐・李商隱《李義山詩集》卷四　夜思

銀箭耿寒漏，金缸凝夜光。綵鸞空自舞，别燕不相將。寄恨一尺素，含情雙玉璫。會前猶月在，去後始宵長。往事經春物，前期托報章。永令虚粲枕，長不掩蘭房。覺動迎猜影，疑來浪認香。鶴應聞露警，蜂亦爲花忙。古有陽臺夢，今多下蔡倡。何爲薄冰雪，消瘦滯非鄉。

又　擬意

銀箭摧摇落，華筵慘去留。幾時銷薄怒，從此抱離憂。

唐・韓偓《韓内翰別集》 雨後月中玉堂閒坐

銀臺直北金鑾外，暑雨初晴皓月中。唯對松篁聽刻漏，更無塵土翳虛空。綠香熨齒冰盤果，清冷侵肌水殿風。夜久忽聞鈴索動，玉堂西畔響丁東。

宋・李昉等《文苑英華》卷二四《歲時四・刻漏附》 漏賦　竇翬

《易》曰：天垂象，聖人則之。故備以人事，法乎天時。定損益之道，察盈虛之期。嗟歲運兮倏忽，眷年容之透遲。景苒苒而難駐，晷銖銖而在兹。蓋以重金壺之器，建銅史之司。致用久而不易，循環因而可推。爾其漏之所作，漏之所託，至精至微，惟寂惟寞。水滴瀝而潛響，箭差池而靡錯。俯通軒禁，上應寥廓。亘千門兮連萬户，左彤階兮右丹闕。亂微唱於晨雞，雜幽聲於夜鶴。清清泠泠，日殷鳥星，送春漏於重扃。赫赫曈曈，時方祝融，傳夏漏於深宫。的的綿綿，明河爛然，耿秋漏於凉天。暗暗陰陰，濃氛鬱沉，轉冬漏於寒林。觀夫修短之意，見乎造化之心。信晷刻之道廣，知挈壺之用深。故能度量萬物，均分四序。既不忒於盈縮，亦無差於寒暑。順之則千載可通，逆之則寸陰是阻。應乎日月，合乎律吕。蓋漏亡則時昧，漏存則政舉。寔邦國之是務，諒樞衡之所與。悲夫天轉氣流，人生悠悠。景有虧而有滿，時或沉而或浮。恥功名之未立，懼容華之先秋。所以懷寶獻玉，彈冠振裘。歌聖明而不已，肯休暇於林丘。

第二　符子璋

昔南正重司天，北正黎司地。迎日推策，舉分定至。將以綱紀曆象，察明躔次。筭氣候爲晝夜之刻，立渾儀驗晦明之異。故歲時環迴而有準，國家憲章以成事。唐虞承用以大興，夏商恭行而無墜。其後疇人失業，挈壺不舉。詩刺東方之未明，史書南風之乖序。測辰屢舛於杓建，揆景頗謬於寒暑。千官鮮視以權衡，萬姓孰寧其安處。何不謂漏之既定而人自正，漏之既衰而人自疑，故有國者不可以不明其事。今上都咸陽，理天下。道歸簡易，政被風雅。人皆得真，事則無假。至於掌漏，尤足稱也。其本則披甲子而求範，得黄鍾而下生。如因三以窮數，隔八以循行。課六曆之疎密，齊七曜之經營。俾攝提之有紀，寔孟陬之用成。其器則方圓列陛，高卑中度。制陰蟲以吐輪，設靈虬以水注。銅史應其方，金箭刻其數。則於道如符契之合，精於微無黍累之誤。每至雞人起唱，鼍鼓相催。九重初曉，千門以開。國史奏事於平樂，羣官謁帝於金臺。不失其度，及時而廻。自邇及遠，識往知來。漏之爲義，實大矣哉。

第三　闕名

仰察天文，俯觀地理。參律吕而權度，審衡平而潛擬。則閏餘之數乖曆，攝提之運無紀。空跡馬遷之能，竟絶邵平之美。時運紛其鼎革，禮術於焉中圮。樵夫恥王道之不談，天子愍挈壺之闕史。乃分建斯官，疇咨此職。將啓閉合叙以繩平，俾夙夜在公而端直。於是金徒抱箭，銅史司刻。尊靈虬吐納之規，揆抽繭高卑之力。信是模範，可爲法則。體象陰陽，代爲作式。故雞人合唱，洪殺無差。鶴蓋成陰，員流不息。夫其開闔之勢，財成之規。準度毫釐之末，錙銖圭撮之儀。則離婁失其精思，班匠亡其所爲。將運功於不測，當稱物以平施。乃若鑑持日夜，書備明晦。爰受授而是司，考事事而必載。雲物順其端序，寒暑成而不昧。雖未代於天工，亦無預於權槩。能收視返聽，周流六虛。策勤補拙，寅亮三餘。校擊刁之有則，均櫜木之不疎。察銅衡兮氣混混，純積水兮来徐徐。臨泉非誠危之懼，巢幕寧誠安之居。是使名勲合道，彰國器於周書。則知漏之爲器，其大矣哉。聖人資之以端拱，日月順之以行藏。賢者不能減其分度，智者不能損其纖芒。存之則雙美，廢之則兩傷。是用齊天長兮地久，均國祚兮無疆。

刻漏賦以叶心理馳箭爲韻　顔舒

原夫陰陽遁運，日月分馳。星紀之輪還或爽，律吕之踈密難知。迨皇王之有作，命壺氏以緝規。爰置水於刻漏，載以火而守之。則晦明之期可準，興寢之候無差。爾其高卑列級，洪殺順理。靈虬屹以俯開，陰蟲矯而仰止。上流注而不竭，下吞挹而無已。既泓澄而泉澮，亦驚激而波起。則良工之妙著焉，睿哲之心見矣。是用斟乾，晷測時變。視盈闕於金壺，觀騰波於銀箭。惟箭馳而壺減，固流續而波薦。筒列之數，與運而無乖。輝景之移，閉户而可見。懿其節正斯代，事沿往牒。信古往而今来，必用之而道叶。罷衣裳之顛倒，配皇極而調燮。不假軒闥之鳳凰，何用堯堦之蓂莢。別有希榮片玉，庇影環林。驅疾風之早厲，知寒漏之已侵。恐年華之不與，更悄悄而傷心。

宋・王禹偁《小畜集》卷七 送羅著作奉使湖湘

使星躔次入長沙，曉別延英去路賒。數刻漏中承密旨，幾重湖外奉皇華。山行馬拂湘川石，寺宿僧供岳麓茶。迴日期君直西掖，當階紅藥正開花。

宋・夏竦《文莊集》卷二五 潁州蓮華漏銘

夫迎日推策，帝鴻之憲天也。治曆明時，成湯之應人也。日月有發斂，晝夜有增減。非在璿不能測盈縮，非運儀不能定昏明。以是曆數起焉，漏刻生焉。

晝參乎晷景，夜驗乎次舍。雖上天之運，不能逃矣。舜史曰永星火者，晝漏多也。日短星昴者，晝漏少也。《周官》有以火爨鼎之制，《齊詩》有折柳樊圃之譏。由是觀之，挈壺之設，其來尚矣。漢承周秦，圖籍最備。其《令甲》第六著《常符漏品》，二十四氣各爲二箭，刻日所在并黄道去極、晷景刻數、昏明中星於其下，班之計吏。自兹厥後，踵事增華逮施。於李蘭始變古法。權器程水，以準時刻。唐之諸道率循此制，至今器有存者，而莫能施用。唯司天官漏，迄今用之。參以中星，因時升降。而置箭之制，世不復傳。上躬至聖之姿，極攸縱之美。稽古典學，勵精百度。討論希闊，講求禮術。天聖中，有今龍圖閣直學士給事中燕君肅始考七經載籍，作蓮華漏于梓潼，來獻闕下。其制爲四分之壺，參差置水器于上。刻木爲四分之箭，箭四觚，面二十五刻，刻六十分，四面百刻，總六千分，以效日。凡四十八箭，一氣一易。鑄金蓮承箭，銅烏引水，下注金蓮，浮箭而上。有司唯謹視而易之，爲行漏之始。又依《周官》水地置臬之法，考二交之景，得午時四刻一十分爲五，正南北景中以起漏焉。時予備職樞府，弗獲熟視君。未幾作藩青社，建兹漏於白樓。予出守汝陰，亟往代君，因得細睹，其制精妙參神。景祐中，君復厭承明，求刺于潁。予亦内徙睢陽，封圻接畛。慶問時通，因請更爲潁漏，以廣其傳。君由是再考晷度，以梓潼在南，比古法，晝增一刻，夜損一刻。青社稍北，晝增三刻，夜損三刻。潁處梓青之間，晝增二刻，夜損亦如之。仍作屋祕漏，得天愈密。予舊隸史局，粗親此學。以爲乾體左旋，七曜運舍皆動物也。赤道横帶，黄道斜截，復有進退。夫物動而有進退者，勢久必差。故昔賢制術，以天度乘晝、夜漏減三百而一爲定度。以減天度，以爲明，加正度，以爲昏。所以追晷景之實，防節氣之差。然三百歲斗曆改憲，而異人出焉，今燕君其當之乎？夫六藝羣書，唯天文數術，探賾索隱，鉤深致遠，最爲難明。若心所不達，雖通人前識，詎測其方？而世之俗儒，或以爲非薦紳先生之所稱道，何其誤歟？仲尼作《春秋》，每於朔閏發文，以宣明曆數，此聖人之深意也。《書》不云乎敬授人時？《禮》不云乎百度得數而有常？後之觀者，幸無忽焉。其《漏志》一篇，亦刊諸左方，期於不朽云爾。銘曰：極星建中，黄道營外。度有邇遐，時有明晦。聖人觀象，古史詒則。孔壺爲漏，浮箭爲刻。資始巧曆，稽合小餘。重黎是司，羲和是圖。秦氏遺法，漢京垂制。歷世彌文，舊規加麗。玉虬吐水，分灌兩壺。金龍轉注，下激衡渠。天道可觀，神化無跡。日運波澄，氣分箭易。原本脱四字。都邑屢遷。寂寥罔詔，世失其傳。猗嗟燕君，文學餘力。博貫舊章，肇新景式。象魏既登，潼川既營。建於青闈，作於潁庭。五夜持宵，三商定夕。杪忽無差，升降靡息。意侔造化，數窮天地。茫茫有生，孰參其知？於鑠聖宋，世祚無疆。刊此樂石，永憲萬方。

宋·宋祁《景文集》卷二四　皇帝閣十二首

轂管灰飛盡，金胥刻漏長。歡情與和氣，併入萬年觴。

宋·韓琦《安陽集》卷二三　揚州蓮花漏銘

慶曆六年五月日，揚州新作漏刻成，知軍州事資政殿學士右諫議大夫韓某乃爲銘曰：

天運雖大，信則不渝。智者善作，器乃冥符。以漏考辰，始乎渴烏。以箭定刻，發乎金徒。覆視晷景，弗差毫銖。節候既正，鼓鐘以孚。晝訪爾治，夜安爾居。政則不怠，監哉挈壺。

宋·王安石《臨川先生文集》卷一一　和聖俞農具詩十五首

田漏

占星昏晚中，寒暑已不疑。田家更置漏，寸晷亦欲知。汗與水俱滴，身隨陰屢移。誰當哀此勞，往往奪其時。

宋·王安石《臨川先生文集》卷三八　明州新刻漏銘

戊子王公，始治于明。丁亥孟冬，刻漏具成。追謂屬人，嗟汝予銘。自古在昔，挈壺有職。匪器則弊，人亡政息。其政謂何？弗棘弗遲。君子小人，興息維時。東方未明，自公召之。彼寧不勤，得罪于時。厥荒懈廢，乃政之疵。嗚呼有州，謹哉維兹。兹惟其中，俾我後思。

宋·畢仲遊《西臺集》卷一二　刻漏告成祝文

立表下漏，以考昏晝，天之所以周也。三百六十五度，地之所以升降也。一千餘里皆不出夫五斗之壺，三尺之箭。凡交于奎而合于角，出于卯而入于酉。繭絲之水，準若權石，而不差乎圭黍之候。雖因物致用，智之所創，而見于天地之情，莫知其所以然者，必寄乎神之所佑。金壺一新，玉虬初溜。用告厥成，無斁于後。

宋·秦觀《淮海集》卷一〇　圓通院白衣閣

白衣閣外遶朱欄，人在琉璃菡萏間。誰把此花爲刻漏，修行不放一時閑。

宋·計敏夫《唐詩紀事》卷一五　王岳靈

《聞漏詩》云：建禮含香處，重城待漏臣。徐聞傳鳳詔，曉唱辨雞人。銀箭殘將盡，銅壺漏更新。催籌當午夜，移刻及三辰。杳杳從天遠，泠泠出禁頻。直宜殘漏曙，肅肅對鈎陳。

宋・周必大《文忠集》卷九二《詞科舊稿二》 天聖蓮花漏銘

天聖八年八月，龍圖閣待制臣肅言：臣聞百刻之分，晝夜不齊。二至之間，長短殊異。昔在黄帝，制器取則。逮至成周，其法益詳。故挈壺置氏，列於夏官。不能掌職，取譏詩人。漢晉以來，代有儀矩。肆陛下憲天御極，欽曆授時。銅史金徒，益精制作。臣妄以末學，仰窺天度。琢石爲四分之壺，所以注測漏之水。刻木爲四分之箭，所以紀百刻之數。其法，置水於櫃，引以渴烏，而導以銅荷，水自荷茄下注於壺。壺中則爲合蓮花覆之，花心有竅，容箭下插。方水之未注也，箭首適與花平。逮水既至，箭則隨起。視箭所底，而時刻可以坐致矣。雖然晝夜一周，固不出於百刻十二辰。而一歲之間，氣之易者二十有四。晝夜之長短，盖隨氣而迭變焉。臣則爲箭四十有八以統之，其半所以别晝，其半所以别夜也。敢昧死以聞有詔。司天監王立等，集官考定。厥後雖微加損益，而大要皆如肅言。臣竊惟刻漏之作尚矣，陸機有賦，孫綽有銘，顧在聖朝其可獨闕？謹稽首再拜而獻銘曰：

天有晝夜，人爲刻辰。昔在黄帝，制器以分。周設六官，挈壺令軍。惟漢暨晉，變律改經。式法雖異，稽考則均。於赫聖皇，執古御今。玉曆法密，金徒制精。臣肅思妙，創爲度程。壺以石琢，箭以木成。櫃也旁列，水焉是停。渴烏上引，荷茄仰承。水注壺口，箭擁蓮心。自子徂亥，茲焉取平。二十四氣，或虧或盈。箭實倍之，隨氣而更。辰有長短，刻因損增。惟箭無私，與水皆升。風雨不廢，如鷄之鳴。銖兩莫差，如衡之稱。帝用嘉止，有司載評。乃咨共工，制作其新。乃召太史，揆測於廷。遲速不爽，終始可尋。校功晷景，通幽洞靈。豈無土圭，莫考中星。亦有銅渾，無見於明。孰若茲器，昏明畢陳。梁氏武帝，刻漏有聞。注以靈虬，耳不輟音。侯令之制，坐致靡勤。有隋耿詢，巧思若神。作於馬上，大簡莫遵。侯令之制，久而可行。民時既謹，邦儀益振。可使大禹，日惜寸陰。可使宣王，夜知向晨。匪肅之美，惟聖爲能。下臣稽首，訂是休銘。

宋・衛博《定庵類稿》卷四 平江府刻漏銘 并序

平江，今股肱郡。官府庶事，既復升之舊。唯刻漏草創，其制非是，無以示民早晚。郡守王晌實命改作，某月朔漏成。銘曰：

挈壺水兮任衡石，公無私兮見天則，察四氣兮正六律，時無易兮政不忒，通晝夜兮永無極。

宋・朱熹《晦庵先生朱文公文集》卷三 刻漏

無疑莫詣君平肆，任運休尋季主家。謾設銅壺候尺咫，閑參玉表驗分差。不妨啓處知時節，那更榮枯紀歲華。却羡昇平好官府，日高三丈放朝衙。

宋・高似孫《緯略》卷九 漏刻銘

孫綽《漏刻銘》曰：累筒三階，積水成淵。器滿則盈，承虚赴下。靈虬吐注，陰蟲承瀉。陸機《刻漏賦》曰：激懸泉以遠射，跨飛途而遥集。伏陰蟲以成波，吞組流其如挹。此並用陰蟲承瀉。梁元帝《新漏銘》曰：方壺外次，圓流内襲。靈虬承注，陰蟲吐吸。微若抽繭，逝如激電。銅史司刻，金徒抱箭。皆有所襲。唐符子章《刻漏賦》曰：方圓列陛，高卑中度。制陰蟲以吐輸，設靈虬以承注。銅史應其方，金箭刻其數。顔舒《刻漏賦》曰：高卑列級，洪殺順理。靈虬屹以俯開，陰蟲矯而仰止。上流注而不竭，下吞挹而無已。二賦皆仿六朝人制作，各盡其趣。王廙《洛都賦》曰：挈壺司刻，漏尊瀉流。山叟秉尺，隨水沈浮。此四句亦佳。

宋・高似孫《緯略》卷一〇 五夜

漢舊儀曰：中黄門待五夜，謂甲、乙、丙、丁、戊也。唐太宗所謂甲夜理事、乙夜觀書者，本此。《顔氏家訓》曰：或問一夜五更何所訓？答曰：漢魏以來，謂甲夜、乙夜、丙夜、丁夜、戊夜，又謂之五更，皆以五爲節。《西都賦》曰：衛以嚴更之署。必以五爲節者，言自夕至旦，經涉五時。雖冬夏之晷，長短參差。而盈不盡六，縮不至四。進退五時之間，故曰五更也。唐韋珣嘗問劉禹錫曰：五夜者，甲、乙、丙、丁、戊相更迭耳。而又有子夜何耶？晉時有子夜者，善歌。子夜，女子名也。故李義山云：鶯能歌子夜。又云：心酸子夜歌。太白亦有子夜歌行。韋珣以子夜爲五更之數，非也。又有所謂午夜者，爲半夜時如日之午也。李長吉《七夕》詩：羅幃午夜愁。韋少陵所謂午夜漏聲催曉箭是也。獨更點之制，無所著見。韓愈詩：雞三號，更五點。李郢詩：江風徹曙不成睡，二十五點秋夜長。李商隱詩：金毁銷香閉綺籠，玉壺傳點咽銅龍。惟此三詩言點也。陳伏知道從軍五更轉詩曰：一更刁斗鳴，校尉趋連城。遥聞射鵰騎，懸憚將軍名。二更愁未央，高城寒夜長。試將弓學月，聊持劍比霜。三更夜警新，横吹獨吟春。强聽梅花落，誤憶柳園人。四更星漢低，落月與雲齊。依稀北風裏，胡笳雜馬嘶。五更催送籌，曉色映山頭。城烏初起堞，更人悄下樓。

禁城鐘鼓，五更已竟。而外間刻漏，方交五更。殺五更後，禁城不復更擊鐘。需平明漏下二刻，方椎鼓數十聲門開。唐王建詞：每夜停燈熨御衣，銀熏籠底火霏霏。遥聽帳裏君王覺，上直鐘聲始得歸。本朝王岐公宫詞：焚香先熨赭黄衣，恐怕陽臺進御遲。禁鼓六更交早直，歸來還是立班時。質之二詞，禁中更鼓不究平曉者，盖交更之際，翼日當直宫女，須以未曉前先表受事，則凡應奉早朝，皆可夙辦。若候正交五更始來，則不及事矣。王建所謂上直鐘聲者，禁中五更曉鐘也。岐公所謂六更者，明宫殿五更之外更有一更也。其實宫中以外間四更促爲五更耳。至如郊祀大祀，車駕宿齋青城，則齋殿門外内五更均促使短。如宫中常節至青城門外，則五更平分，須曉乃竟，故奉常禮皆於宫漏之外。

宋·何夢桂《鐵牛翁遺稿》 鼓角樓

警昏戒曉復司更，矢棘翬飛結構成。角韻唤醒晨過客，鼓聲催動夜巡兵。龍吟一奏霜飛瓦，鼉吼三通月滿城。自是太平無暴客，金壺漏箭要分明。

宋·劉辰翁《須溪四景詩集》卷四 至後日初長

至後晴堪定，陽來藹未央。是雖年已晚，最喜日初長。自報黄鍾動，誰將弱線量？荒寒無刻漏，宿昔已昏黄。天上開南陸，人間入壽鄉。魯陽驚昨夢，辛苦繫扶桑。

宋·釋道璨《柳塘外集》卷二 薦福刻漏 并序

坐禪爲入道要門，緩急後先必中度，然後久之而不動。予作院以是爲先務。寺距譙樓數里而中隔重關。風雨晦明，遲速疾徐，付之一夫之手，予病甚。比丘浄智，自鑑湖山中來，爲置滴漏。爲壺五，爲籌二十有四，鳴鼓以限，更爲丁寧，以節點滴。凡吐納抑縱之具以備，緩急有度，起卧有節。予之病至是而辭去。予嘉之爲飛樓百尺，東序南向而貯焉，施雖微而所關也大，此予所以不易之也。予一再來湖寺，自門至寢無數室，並不書，而獨書此，可以覘予心之所存矣。銘曰：

一點一滴，神動天隨。機括自行，操之者誰？翕張夜旦，盈縮四時。千歲日至，毫髮不移。燈寒夜短，月老雲淒。咨爾學人，無怠無疲。熾然作用，一物不爲。坐以待旦，何思何惟？勿迫而激，勿荒而迷。勿拘而泥，勿肆而支。八萬塵勞，我其已之。十二時辰，我其使之。辰乎辰乎，去速來遲。更籌有語，勉而勉而。

宋·魏齊賢、葉棻《五百家播芳大全文粹》卷八九《樂語·御宴》 壽寧節

楊大年

今者天高氣爽，日暖風和。銅壺之漏刻初長，玉斝之歡娱正洽。

宋·章樵註《古文苑》卷一三 李尤

漏刻銘

昔在先聖，配天垂則。仰釐七曜，俯順坤德。乃建日官，俾立漏刻。昏明既序，景曜不忒。唐命羲和，敬授人時。懸象著明，序以崇熙。季末不虔，德衰于兹。挈壺失職，刺流在詩。聖哲稽古，帝則是欽。尺璧非寶，重此寸陰。昧旦丕顯，敬聽漏音。思我王度，如玉如金。

金·元好問《元遺山詩集》卷一四 七夕

天街奕奕素光移，雲錦機閑漏箭遲。誰與乘槎問銀漢，可無風浪借佳期？

金·李獻甫、元好問《中州集》卷一〇 李户部獻甫

秋風怨

疎星耿耿明天河，夜凉翠幕生微波。碧梧委葉傅金井，一夕秋風將奈何。春風令人和，秋風感人悲。妾愁自與秋風期，秋風争管人别離。燈炧垂紅粉泥暗，龜甲屏風雲影亂。絡緯弔月啼不斷，蓮漏壓荷夜未半。凉飈蕭蕭入疎竹，枕底寒聲碎瓊玉。敲愁撼睡睡不明，花露盈盈泫魚目。秋風且莫吹，念妾守空閨。嫁狗隨走雞隨飛，九死莫作蕩子妻。郎薄倖，妾薄命，花自無言絮無定。碧雲暮合郎未歸，幾度粧成掩明鏡。

元·薩都剌《雁門集》卷二 京口夜坐

鐵甕城頭刻漏遲，凉霜如雪撲簾飛。雁聲墮地夢迴枕，月色滿城人擣衣。塞北將軍猶索戰，江南游子苦思歸。呼鷹腰箭從圍獵，苜蓿秋深馬正肥。

元·吴師道《禮部集》卷一一 蘭溪州新刻漏銘自序

至元重紀之五年，歲在己卯。七月，蘭溪州新刻漏成。先是，監州貫某首輟餐錢以率同僚。市銅募工，鑄爲圓器。浮箭識刻，至是竣事。顧惟舊樓，旦暮警致。板級頓撼，欋失常節。乃闢屋於大門之左，以安處之。惟州縣之政固非一端，正時示民實急先務。故挈壺廢職，詩刺其非。更鼓分明，人知其政，所繫豈小哉？蘭溪由縣内附二十年而爲州，爲州四十有五年而刻漏始有。修廢舉墜，民聽用新。邦侯之績，不可無紀，乃述而爲銘，銘曰：範金爲壺，斷木置箭。節度以水，晷刻斯辨。惟國有制，莫先正時。號令興居，是用不迷。猗歟賢侯，廢典肇舉。爰度爰謀，處以新宇。匪宇之崇，器則惟新。匪器之尚，存乎其人。昭以啟昏，順以正忒。作此銘詩，以示無極。

元·許有壬《至正集》卷六六 彰德路刻漏銘

燕吴秉彛守相，舉墜理棼，朞月就緒。身施於政，殆無遺者。器關乎治，復有資焉。惟相地劇民夥，晨昏有禁，鐘鼓之吏，候驗以臆，公私趨事，遲速無節，

過悮滋敝，吏則非矣。亦由無所考質而至於斯也。資糧扉履，前政是急。正儀審漏，有不暇焉。吴侯懼事之墮，人之病也。旁諏其制則而治之。八壺既陳，一刻無忒。屬銘於郡人許有壬，以彰其勤，以最其繼，以永其制。吁！可以觀政矣。銘曰：

在昔觀漏水而制器也，實惟羲皇，開物混茫。蒼姬秩職，挈壺始彰。興居無節，瞿瞿剌狂。沿襲曠代，不胥以亡。損益庚貞，寒暑乖方。制昧洪殺，景差短長。爰折其衷，咨洽孔良。金壺儲精，玉虯引吭。委於尾閭，原於天潢。盈科線出，激電矢卬。允符儀晷，無間雨暘。流珠適用，聚榛靡亢。析因夷隩，安時吉康。昏明示信，率猶天常。信則民立，我治以臧。焯茲永憲，嗣罔不蘉。

元·張翥《蜕菴集》卷三　南山蓮社偕韓友直伯清昆季游龍井寺

長憶東林遠法師，三生張野有前期。經書貝葉繙重譯，漏刻蓮花禮六時。長老布金多滿地，高僧卓錫自成池。不妨隨喜諸天上，扶得風篁玉一枝。

元·蘇天爵《元文類》卷一七　漏刻鐘銘　姚燧

靈臺設簴巍以尊，元閒大呂非其昴。摯曠善鼓手自煩，宫商良諧等釜盆。請無以聲以功論，一日之中兩昕昏。一鳴一刻有度存，九圍一圍折柳樊。黔首時作時饔飧，日月如是相告敦。三辰聽命循軌垣，四序不忒迭寒暄。萬物生翕盈乾坤，何獨治曆逌此源。凝熙帝績高羲軒，積世而運會而元。吉金之舌慎莫捫，輟響誰其代天言。

元·顧瑛《草堂雅集》卷一四　釋良琦

招復見心書記見心，豫章人，時留山中遠公菴。

坐對芭蕉樹，題詩憶豫章。高秋居石室，落日卧藤牀。衣薄雲霞濕，心清草木涼。亮公名不忝，遠老約難忘。栢子香烟細，蓮花漏刻長。了知無罣礙，底爲有身忙。苔色青當檻，桐陰緑覆岡。能來一談笑，共待月流光。

元·錢惟善《江月松風集》卷二　和沈若水山居韻

誰識山中隱者廬，白雲無路問樵夫。閒將槲葉紉衣佩，静試蓮花刻漏壺。入海已憐方士拙，卧雲偏羡列仙癯。甕頭春色多藏酒，更有琴書足自娱。

元·脱脱等《宋史》卷七〇《律曆志三》　殿前報時雞唱，唐朝舊有詞，朱梁以來，因而廢棄，止唱和音。景德四年，司天監請復用舊詞，遂詔兩制詳定，付之習唱。每大禮、御殿、登樓、入閤、内宴、晝改時、夜改更則用之，常時改刻改點則不用。五更五點後發鼓曰：

朝光發，萬户開，羣臣謁。平旦寅，朝辨色，泰時昕。日出卯，瑞露晞，祥光繞。食時辰，登六樂，薦八珍。禺中巳，少陽時，大繩紀。日南午，天下明，萬物覩。日昳未，飛夕陽，清晚氣。晡時申，聽朝暇，湛凝神。日入酉，羣動息，嚴扃守。

初夜發鼓曰：

日欲暮，魚鑰下，龍韜布。甲夜巳，設鉤陳，備蘭錡。乙夜庚，杓位易，太階平。丙夜辛，清鶴唳，夢良臣。丁夜壬，丹禁静，漏更深。戊夜癸，曉奏聞，求衣始。

元·脱脱等《宋史》卷一四〇《樂志十五》　《六州》　嚴夜警，銅蓮漏遲遲。清禁肅，森陛戟，羽衛儼皇闈。角聲勵，鉦鼓攸宜。金管成雅奏，逐吹逶迤。薦蒼璧，郊祀神祇，屬景運純禧。京坻豐衍，羣材樂育，諸侯述職，盛德服蠻夷。殊祥萃，九苞丹鳳來儀。膏露降，和氣洽，三秀焕靈芝。鴻猷播，史册相輝。張四維，卜世永固丕基。敷玄化，蕩蕩無爲，合堯、舜文思。混并寰宇，休牛歸馬，銷金偃革，蹈詠慶昌期。

又《六州》　良夜永，玉漏正遲遲。丹禁肅，周廬列，羽衛遶皇闈。嚴鼓動，畫角聲齊。金管飄雅韻，遠逐輕颸。薦嘉玉，躬祀神祇，祈福爲黔黎。升中盛禮，增高益厚，登封檢玉，《時邁》合《周詩》。汾陰云：「方丘盛禮，精嚴越古，陳牲檢玉，《時邁》展鴻儀。」玄文錫，慶雲五色相隨。甘露降，醴泉涌，汾陰云：「嘉禾合。」三秀發靈芝。皇猷播，史册光輝。受鴻禧，萬年永固丕基。吾君德，蕩蕩巍巍，邁堯、舜文思。從今寰宇，休牛歸馬，耕田鑿井，鼓腹樂昌期。

又《降僊臺》　升煙既罷，良夜未曉，天步下神丘。鏘鏘鳴玉佩，煒煒照金蓮，杳靄雲裘。綵仗初轉，回龍馭，旌旆悠悠。星影疎動與天流，漏盡五更籌。大明升，東海頭。杲杲靈曜，倒影射旗旒。輦路具修，鬱葱瑞光浮。歸來雙闕，看御樓，有僊鶴銜書赦囚。萬方喜氣，均祉福，播歌謳。

元·陶宗儀《南村詩集》卷三　又次氷雪翁韻

碧空湛湛露華清，萬籟沈沈一鑑明。節序俄驚今夕是，光陰只使老懷驚。栢盤小酌雙瓶盡，賓主高談四坐傾。童子煮茶來報説，蓮花漏刻已三更。

明·朱希晦《雲松巢集》卷三　秋夜長

明星爛爛銀漢横，銅壺滴滴刻漏長。

明·凌雲翰《柘軒集》卷二　南明軒爲指南宗上人賦

山對南明景益奇，軒因高敞望偏宜。倚牕好寄陶潛傲，留客須吟杜甫詩。隴月更圓誰共宿，碧雲暮合爾同思。如何又向東林去，刻漏蓮花禮六時。

明・林鴻《鳴盛集》卷三 新秋浮亭夜集

海國新凉一鴈來，衣冠高會壯懷開。浮亭夜月樽前滿，古樹秋聲笛裏哀。白髮朋遊嗟落魄，青山故業怨低摧。燈殘酒醒還成別，刻漏應愁曉箭催。

明・唐之淳《唐愚士詩》卷一 二月望日

蝶銜花雨燕争泥，晝夜相停漏刻齊。心在故鄉身在客，不寒不暖過淮西。

明・徐有貞《武功集》卷二《登瀛稿》 送珩上人還錢唐報國寺

萬松深處寺，幽意愜栖禪。地比匡廬勝，人如惠遠賢。經翻千葉貝，漏刻一枝蓮。他日扁舟便，相尋會有緣。

明・黄仲昭《未軒文集》 内閣試譙樓記

國都之有譙樓，尚矣。莊子曰：君亦必無盛鶴列於麗譙之間。蓋自周時已有之也。我太宗皇帝徙都北京，凡朝市、祖社、城郭、官署之類所以爲民者，莫不一稽諸古，以次營建。又以譙樓亦古之制，國都之不可無者也，乃於順天府治之西，度地創之。樓之制，廣若干尺，深若干尺，高視廣加若干尺。經始於某年月日，迄工於某年月日。凡材木匠石之費，皆出於帑藏之所素積，而民不與焉。樓成，前臨瓊島，北峙居庸。玉河之水匯其左，金臺之山繞其右。面勢宏壯，風氣爽塏。簷阿軒舉而干雲，金碧熒煌而絢日。國都之制，至是蓋無不備矣。夫譙，望也。一曰樓之別稱譙樓，謂門上爲高樓以望，故樓之美麗者謂之麗譙。其所以創之者，蓋將置壺箭於是，以明時刻，棲鼓角於是，以警晨昏也。昔者帝堯命羲和敬授人時，成周設挈壺氏以察刻漏之長短。古先聖王之爲治，未嘗不以是爲重也。至魏武建麗譙，命曹子建撰《畫角三弄》。其初弄曰：爲君難，爲臣亦難。爲臣難，難，難。次弄曰：創業難，守成亦難。守成難，難，難。三弄曰：起家難，保家亦難。保家難，難，難。則又所以警人於晨昏之間，使之感悟而有所懲創也，爲治者於是亦豈可少哉？我朝譙樓之設，建日官，立刻漏，即挈壺氏所掌，而羲和敬授人時之事也。晨昏之間，必撾鼓三通，奏子建《畫角三弄》。其所以警人，使之感悟而懲創者，亦至矣。然則是樓之建，其有裨於治道，豈淺淺耶？周古公建國之初，立皋門、應門。詩人美之曰：乃立皋門，皋門有伉。乃立應門，應門將將。夫二門之設，不過高大嚴正，足以壯國都之氣象而已。而詩人尚揄揚之。若此况今譙樓之建，時刻以明，晨昏以警。其高大嚴正足以壯國都之氣象者，特其餘事也。而未聞有咏歌以揄揚之者，非缺典歟？予忝以文字爲職業，愧無古詩人之才，謹記其顛末，以俟作者之采擇焉。

明・朱誠泳《小鳴稿》卷四 春宵

宫壺傳漏刻，刻刻價非輕。楊柳風初軟，梨花月正明。秋千微有影，檀板寂無聲。怪底長門内，通宵夢不成。

明・李濂《汴京遺蹟志》卷一六《藝文三》 河南省城重脩鼓樓碑 李濂

夫樓奚以鼓稱也，貯壺漏，戒昏曉，嚴晷度，敬人時，王政之所必先者也。古之聖人，配天作則，仰鳌七曜，俯順五辰，乃建日官，俾典壺漏。籌無停刻，枹無紊舉，晝夜聿分，節序靡忒。是故堯欽曆象，舜在璣衡，周專挈壺，其道一也。曾謂更鼓非王政之先務乎？

河南省城，宋之京都也，舊有鼓樓，傾圮弗治。景泰庚午，嘗脩之，適霪雨而罷。天順辛巳再脩之，適河決而罷。人皆曰：「無葺鼓樓，葺必有水患。」故日就頹廢，久無議脩之者。

嘉靖元年，内官監太監陽信吕公憲來鎮是邦，矚樓之敝，憮然而嘆曰：「樓以藏鼓，鼓以傳漏，凡我出作入息之氓，咸聽此以從事，顧可使傾圮如此哉！」乃咨於撫、按、臺臣暨藩臬、郡庶尹，咸是之。或有以雨潦河漲沮者，公颺言於衆曰：「霪雨者，陰陽之愆也；河決者，地道之變也。夫何預於樓？吾苟役民以時，動民以道，不侈財，不妨稼，則陰陽和而地道順矣。夫何雨、河之慮乎！」於是，選吏董工，鳩徒獻力，程藝稽勞，賞勤作怠。公日臨臺趾以勸相之。是故財無耗竊，工無簡畧，不踰年而告成。亦竟無雨、河之患。

是役也，經始於丁亥之春，基築於夏，臺畢於秋，樓完於冬。更漏分明，四境遐聞，形勢岧嶤，一方壯觀。蓋百餘年因循未舉者，而一旦舉之。非公識治體，重民時，得人心，服衆口，而能若是乎！

汴之卿大夫里居者，謂公排浮議以脩廢墜，吾民宜百世思之。乃買石樹碑，謁余文以紀其事。余聿嘉厥功之有成也，輒敢原王政以爲説如此。嗚呼！登斯樓者，其尚知所自哉！

明・李開先《李中麓閑居集》詩卷四 贈造刻漏者有序

濱人王堯弼，善製更鼓器，極精巧。黄昏後發鼓三鼕，鐘聲緊慢一百八杵，而二十五更點無爽，二十四節氣平分。黎明鐘鼓亦如之。夜之早晚，時之短長，或就寢，或啓行，或工作，或耕種，不失其宜而生。子女又得真正時刻。雖僻村下邑，亦與通都大聚相同。爲予舊嘗有作，日久損壞，今再修補。將行，遂贈之以小詩，短序，以竢有同嗜好者重其器，因以知其人。

身携奇仗足爲生，至處令人倒履迎。更鼓分明知早暮，勿論荒塢與山城。

明・馮惟訥《古詩紀》卷九〇《梁第十七》 庾肩吾

奉和春夜應令

春牖對芳洲，珠簾新上鈎。燒香知夜漏，刻燭驗更籌。天禽下北閣，織女入西樓。月皎疑非夜，林疎似更秋。水光懸蕩壁，山翠下添流。詎假西園讌？無勞飛蓋遊。

明・歐大任《歐虞部集十五種・蘧園集》卷二 送李參知伯英入賀

海邦玉帛向燕州，曾是中朝第一流。花簇鳴騶趨紫闥，露寒飛鵲遶彤樓。銅籠刻漏星光曉，金爵觚稜月色秋。既醉君懽承曲讌，也應西拜富民侯。

明・梅鼎祚《東漢文紀》卷一〇 崔駰

刻漏銘

天德順動，人以立信。乃作斯策，以咸渥潤。封傳今覽，爰暨四極。

明・周永年《鄧尉聖恩寺志》卷一七 登玄墓山遊天壽聖恩禪寺，寺新賜額，從碧潭禪師請也此下係之寺　王越

萬峰形勝出塵埃，中有名僧惠遠才。佛法早從三藏得，聖恩新自九天來。蓮花刻漏金壺滴，貝葉翻經寶藏開。到此宛同廬嶽景，諸山空説舊香臺。

明・吴蕃昌《祗欠庵集》卷七 擬修漏刻進表

自昔披圖得歷，浮來緑甲之龜。御籙乘時，佇見蒼鱗之蟄。雲紀著官，始臨河而刻玉。鳥司成象，爰登殿以吹銅。勾陳方照，夏翟成雙。閶闔初開，春絃正五。恭逢陛下，天衡垂古，地軸乘新。當八風之登室，玉律調鍾。適十日之經天，金精動宿。以此二十八宿，共集紫微于帝庭，三百餘年不爽。元夷于天籙，圭晷二時，已著天官之洽。煙埃八代，無煩太史之明。正南正北爲職，尊于虎門。二至二分舉事，稽于龍闕。何取夏后之器，不貴恭王之宫。猶以銅壺載刻，詎且籌差。玉管吹音，久而穴燥。爰鑄毫螯于金閣，稽銖尺于玉池。三釁沐以登堂，十沸炊而定制。原夫漏刻之設，體蹊轅氏，官號挈壺。夜分日以短長，水共火之明晦。花綴金龍之輿，浪自翻爲經緯。泉吐玉虬之乳，金以鑄其衣冠。銅烏知渴，日飲數升。珠馬能奔，宵飛千里。無羽而箭，有玉爲壺。載地成車，浮天若蓋。雒陽有城上之鐘，列觀百步。長樂應宫中之鼓，刻擊三更。陰蟲吐霧，長電走而乘天。累黍測毫，幻鬼入而通妙。苦抽絲于繭，不輟流徽。數莢于蓂，無關運算。欲識百秋之縮，先窺五夜之盈。縣象著明，雕李尤之箴。維皇作極，鑄陸倕之序。共紀導水旋風之法，皆揚擊刁聚木之奇。然而達人揆景，悵士悲時，耳悼捷聲，眼驚流盼。不識有扈之失正，庸罪羲和之罔聞。水東逝以不還，玉南羅而無舛。抱箭之手欲脱，扶輪之人已衰。騰波一滴，若決江河。注海于層，不舍晝夜。堂榭移乎秋月，髮鬢凋于春花。雀臺鵠舞，但知枕上之星。鳳沼鶯歌，詎問樓頭之影？吹笙殿上，開元空負，沉香夜火。擊鼓宫中，上苑難開，芍藥晨花。此猶太守之銅尺，虚稱于始平，而明皇之玉簫，終咽于灞水。臣某憂亡典刻，恩斷司辰。左右之見，豈遜殷夔？登設之悲，有如鮑遠。仰鼇天曜，近審泉流。金徒在右，金胥在左，重分動静之官。銅史在下，柱史在上，始盡踟蹰之狀。變律改經，小儒捧長衡之制。登臺升庫，天王傳寸管之祥。俾彼驗風受吏，來島氏于海中。驚候廻恩，起蟄倫于土底。身叩玉階之雲霧，技通金牖之風雷。何殊坐以窺天，無任慙而入地。

清・王鴻緒《横雲山人集》卷五《山暉集》 上學士田遜庵先生

天禄名登第一流，銀魚朝佩入龍樓。風飄漏刻銅壺轉，日暖香烟桂殿浮。每譯封章清禁晚，時裁綸誥紫宸留。鳳凰池上神仙客，可念窮途阮籍愁。

清・張英等《淵鑑類函》卷三六九《儀飾部三》 刻漏五

增詩，元張翥《寒漏明》詩曰：寒漏明，時一聆。夜長不能寐，月色明階庭。西風落葉爭秋聲，雞啼未啼霜滿城。城中有思婦，正促征衣成。東家西家砧杵急，使我起坐時時驚。歸心如廢弓，屢折不可檠。寒漏明，時一聆。

【略】梁鮑泉《觀刻漏賦》曰：佩流歎於馳年，纓華思於奔月。結蘭苕以望楚，弄參差以歌越。撫凝肌於廷帶，監彫容於晃髮。景有墜而易昏，憂無方而難歇。歷玉階而升隩，訪金壺之盈闕。觀騰波之吞瀉，視驚箭之登没。箭既没而復登，波長瀉而弗歸。注洑穴而海漏，射懸途而電飛。墐户牖而知天，掩雲霧而測暉。創百齡於纖隐，積千里於空微。彼峥峥而行溢，此冉冉而逾衰。撫寸心而未改，指分光而永違。貫古今而并念，信寡易而多難。時不留乎激矢，生乃急於走丸。神怵迥而多慮，心輱轑而尠歡。望天涯而佇念，擢雄劍而長嘆。嗟生民之永迷，躬與後而皆恤。死零落而無二，生差池而非一。

清・謝旻等《江西通志》卷一五三《藝文・詩七》 次萍鄉　歐陽鐸

明發宣風館，秋陰得氣饒。雲昏山欲斷，泥濘路偏遥。近縣峰頭塔，横江屋底橋。舊時銅漏刻，强半土中焦。

清・嵇曾筠等《浙江通志》卷二六八《藝文十》 浦江縣漏刻銘并序　明陳

公凱

婺屬邑浦江舊有漏刻，歲久器敝。知縣事何宗姚續置，且法最詳，人皆准而信之。後爲當路者取去，莫知所留矣。至大己酉，達嚕噶齊呼都克婁實克敦武慨思舊典，遂依式重造且處。其所以守之者，非勤政而知所先務歟？前婺州路月泉書院山長陳公凱爲之銘曰：

撫字之官，大要以剸繁治劇，興滯補敝爲最厥。有懈廢匪政之成，其政維何必也。寛猛克濟，弗棘弗遲。然後愛民之仁，推而爲創物之智，而咸服其精。故三尺之箭，五斗之缾。不贏不虧，以正以平。晝夜晷刻，申縮合度。可以測陰陽，寒暑，四時之運行。凡任於兹者，盍思古人挈壺氏之有職，前賢蓮花漏之有銘。後之視今，今之視昔，亦庶幾更點之分明矣。

清·許容等《甘肅通志》卷四九《藝文》 李中行《宿伏羌》詩 西來曙色鬱蒼蒼，獨宿孤城刻漏長。雲盡千峯山似戟，天開萬里月如霜。人家漁火明沙溆，井樹風烟鎖夕陽。何事欲眠愁不穩，無端羌笛到繩牀。

清·于敏中等《日下舊聞考》卷八〇 乾隆九年御製慈雲普護詞調寄菩薩蠻 一徑界重湖間，藤花垂架，鼠姑當風。有樓三層，刻漏鐘表在焉。殿供觀音大士，其傍爲道士廬。宛然天台，石橋幽致。渡橋即爲上下天光。偎紅倚緑簾櫳好，鶯聲瀏栗南塘曉。高閣漏丁丁，春風多少情。 幽人醒午夢，樹底濃陰重。蒲上便和南，樅樅聲色參。

清·寶鋆《文靖公遺集》卷八 適園席上作

觥籌交錯主賓歡，羨煞梁園禮數寛。銀箭金壺紆漏刻，瓊林玉樹蔚芝蘭。洞庭張樂饒奇趣，庾亮登樓極大觀。寄語司天臺上客，德星須向斗宫看。

雜録

《六韜》卷六《犬韜》 分兵

武王問太公曰：王者帥師，三軍分爲數處，將欲期會合戰，約誓賞罰，爲之奈何？太公曰：凡用兵之法，三軍之衆，必有分合之變。其大將先定戰地，戰日，然後移檄書與諸將吏，期攻城圍邑，各會其所，明告戰日，漏刻有時。大將設營而陣，立表轅門，清道而待。諸將吏至者，校其先後，先期至者賞，後期至者斬。如此則遠近奔集，三軍俱至，并力合戰。

漢·佚名《太平經鈔》丁部卷四 星數之度，各有其理，未曾有移動，事輒相乘，無有復疑。皆知吉凶所起，故置曆紀。三百六十日，大小推算，持之不滿分數，是小月矣。春夏秋冬，各有分理，漏刻上下，水有遲快，參分新故，各令可知，不失分銖。各置其月，二十四氣前後箭各七八，氣有長日亦復七八，以用出入，祠天神地祇，使百官承漏刻期，宜不失，脱之爲不應，坐罪非一。故使晝夜有分，隨日長短，百刻爲期，不得有差。有德之國，日爲長，水爲遲，一寸十分，應法數。今國多不用，日月小短，一刻八九，故使老人歲月，當弱反壯，其年自薄，何復持長時，如使國多臣，樞機衡舒遲，俊生蒙福，小得視息，不直有惡，復見伐矣。

漢·佚名《太平經鈔》壬部卷九 如懈惰不時送者，司農輒上明堂大神，上白天君出教，下司農，令郡國催促，不失後書。置時日漏刻相授，各有分别，勿有所亂。皆令同文，各有所副文。天上自無水旱之災，不得有增減之文。

漢·蔡邕《獨斷》卷下 鼓以動衆，鍾以止衆。故舊本無，據禮儀志注補。夜漏盡，鼓鳴則起，晝漏盡，鍾鳴則息也。

漢·衛宏《漢官舊儀》卷下 掖庭令晝漏未盡八刻，廬監以茵次上婕好以下至後庭，訪白録所録，所推當御見。刻盡，去簪珥，蒙被入禁中，五刻罷，即留。女御長入，扶以出。御幸賜銀鐶，令書得鐶數。計月日無子，罷廢，不得復御。

晉·皇甫謐《甲乙經》卷一 氣息周身五十營四時日分漏刻第九

黄帝問曰：五十營柰何？岐伯對曰：周天二十八宿，宿三十六分，人氣行一週千八分。人經絡上下左右前後二十八脈，週身十六丈二尺，以應二十八宿。漏水下百刻，以分晝夜。故人一呼脈再動，氣行三寸，一吸脈亦再動，氣行三寸，呼吸定息，氣行六寸。十息脈行六尺，日行二分。二百七十息，氣行十六丈二尺，氣行交通於中，一周於身，下水二刻，日行二十分有奇。五百四十息，氣行再周於身，下水四刻，日行四十分有奇。二千七百息，氣行十周於身，下水二十刻，日行五宿二百十分有奇。一萬三千五百息，氣行五十營於身，水下百刻，日行二十八宿，漏水皆盡，脈已終矣。王冰曰：此略而言之也。細言之，則常以一千周加一分又十分之六，乃奇分盡也。所謂交通者，并行一數也。故五十營備得盡天地之壽矣，氣凡行八百一十丈也。一日一夜五十營，以營五藏之精。不應數者，謂之狂生。所謂五十營者，五藏皆受氣也。此段舊在經脈根結之末，今移在此。

北周・庾季才撰、宋・王安禮等重修《靈臺秘苑》卷二《星總》 以北一星，曰女史，主記禁傳漏，婦人之微者，漢之侍史也。

又 北四星曰天桴，主刻漏桴鼓之事。

北周・庾季才撰、宋・王安禮等重修《靈臺秘苑》卷一二《北方七宿》 天桴

天桴距中大星，去極九十四度，入斗二十四度半。不明則漏刻失時。若前近河鼓，或相直動搖及金火守之，皆爲桴鼓用。客星干犯，占如不明。

隋・杜臺卿《玉燭寶典》卷一一《十一月仲冬第十一》 《白虎通》曰：冬至前後，君子安身靜體，百官絶事，不聽政，擇吉辰而後省事。絶事之日，夜漏未盡五刻，京都百官皆衣皂。聽事之日，百官皆衣絳。崔寔《四民月令》：日十一月，冬至之日，薦黍羔，先薦玄冥于井，以及祖禰。齊饌掃滌，如薦黍豚。其進酒尊長，及修謁判賀君師耆老，如正月。是月也。

唐・孫思邈《備急千金要方》卷八四《平脉》 凡人稟形，氣有中適，有躁靜，各各不同。氣脉潮動，亦各隨其性韻，故一呼而脉再至，一吸而脉再至，呼吸定息之間復一至，合爲五至，此爲平和中適者也。春秋日夜正等，無餘分時也。其餘日則其呼而脉至多，吸而脉至少，或吸而脉至多，呼而脉至少，此則不同，如冬夏日夜長短之異也。凡氣脉呼吸法，晝夜變通傚四時，然於呼吸定息應五至之限，無有虧僻，猶晷刻與四時有長短，而歲功日數無遺也。若人有羸有壯，其呼吸雖相壓遏，而晝夜息度隨其漏刻，是謂：呼吸象晝夜，變通傚四時。夫診脉，當以意先自消息，壓取病人呼吸以自同，而後察其脉數，計於定息之限，五至者爲平人，若有盈縮，尋狀論病源之所宜也。

唐・房玄齡等《晉書》卷一一《天文志上》 柱史北一星曰女史，婦人之微者，主傳漏，故漢有侍史。

又 旗端四星南北列，曰天桴，鼓桴也。星不明，漏刻失時。

唐・長孫無忌等《唐律疏義》卷一八《賊盜二》 諸夜無故入人家者，笞四十。主人登時殺者，勿論。若知非侵犯而殺傷者，減鬭殺傷二等。

疏義曰：夜無故入人家。依刻漏法，晝漏盡爲夜，夜漏盡爲晝。謂夜無事故輒入人家，笞四十。家者謂當家宅院之内。登於入時被主人格殺之者，勿論。若知非侵犯，謂知其迷誤或因醉亂，及老小疾患并及婦人不能侵犯而殺傷者，減鬭殺傷二等。若殺他人奴婢，合徒三年，得減二等，徒二年之類。

唐・李淳風《觀象玩占》卷二八《斗宿雜座》 天桴

總敘

天桴四星，在左旗南端，南北列，天之桴鼓也。主漏刻，其星不明則漏刻失時，動摇則桴鼓用，桴鼓相值亦然。《黄帝占》曰：天桴移近河鼓，則軍鼓用。

雜干犯占

太白守犯天桴，兵起。

客星守天桴，漏刻失時。

唐・蕭嵩等《大唐開元禮》卷二《序例中》 大駕鹵簿

導駕先萬年縣令，次京兆牧，次太常卿，次司徒，次御史大夫，次兵部尚書。自縣令已下並正道威儀，各乘軺。其鹵簿各依本品給之。【略】次㭊鼓金鉦各一，司辰一人，典事一人，刻漏生四人，分左右，次前漏轝，正道匠一人，轝士四十人。

唐・蕭嵩等《大唐開元禮》卷三《序例下》 凡職事官三品已上有公爵者，嫡子婚，聽假以四品冕服。若五品以下子孫，九品以上子及五等爵，皆聽假以爵弁服。若庶人婚，聽假以絳公服。若刻漏生、漏童，服青袴褶總角之服。

唐・瞿曇悉達《開元占經》卷七〇《巫咸中外官》 天桴星占二十二

巫咸曰：天桴四星，在河鼓左旗端南北列。《黄帝占》曰：天桴者，一名奚仲星，在河鼓東，天桴前近河鼓則鼓用。又曰：天桴動，桴鼓用。石氏曰：天桴星明，軍鼓鳴。《荆州占》曰：天桴星不明，度數改，漏刻失時。巫咸讚曰：天桴應度，節漏省時。天桴，鼓槌也。謂應漏刻時節也。

唐・瞿曇悉達《開元占經》卷八四《客星占八》 客星犯天桴六

《荆州占》曰：客星守天桴，度數改，漏刻失時。

唐・朱法滿《要修科儀戒律鈔》卷九 監齋鈔

《千真科》曰：居常齋，厨下監厨一人，先自檢校厨頭，果菜調和，生熟氣味，並令得所。次看日時圭影，天陰取漏刻。正齋時，齋時至巳，鳴鍾召食，各送食器於齋堂，量坐處位次。安置歛鍾訖，行道歡願。歡願竟，各坐定矣。

後晉・劉昫等《舊唐書》卷四五《輿服志》 總角髻，青袴褶，漏刻生、漏童服之。

五代・彭曉《周易參同契通真義》卷上《牝牡四卦章第二》 凡修金液還丹，鼎中有金母華池，亦謂之金胎神室。乃用乾、坤、坎、離四卦爲鼎器藥物。槖籥

者，樞轄也。覆冒者，包裹也。則有陰鼎陽爐，剛火柔符，皆依約六十四卦，周而復始，循環互用。又於其間運春夏秋冬，分二十四氣，劈七十二候，以一年十二月氣候蹙于一月之内，以一月氣候攢于一晝夜，十二辰中，定刻漏，分二弦，隔子午，按陰陽，通晦朔，合龍虎，依天地之大數，叶陰陽之化機。其或控御不差，運移不失，則外交陰陽之符，内生龍虎之體，故云：善工者，準繩墨以無差。能御者，執銜轡而不撓，合其規矩軌轍也。

五代·彭曉《周易參同契通真義》卷上《圣人不虚生章第十二》 聖人不虚生，上觀顯天符。天符有進退，詘伸以應時，故易統天心。

虙犧聖人仰觀俯察，定易象之數，知萬物之情，留示後人。俾未達者，既得知天地之竅，盗陰陽之精，識造化之根，辨符應之體，相生相尅，進退詘伸，皆在乎掌握，故云：易統天心也。是以設法象採至精，具鼎爐，運符火，循刻漏，行卦爻，定時辰，分節候，以盡天地之大數也。

五代·彭曉《周易參同契通真義》卷中《二至改度章第四十四》 二至改度，乖錯委曲。隆冬大暑，盛夏霜雪，二分縱横，不應刻漏。風雨不節，水旱相伐，蝗蟲湧沸，羣異旁出。天見其怪，山崩地裂。孝子用心，感動皇極。近出己口，遠流殊域。或以招禍，或以致福，或興太平，或造兵革。四者之來，由乎胷臆。

夏至冬至，春分秋分，此四者謂子、午、卯、酉於十二辰間，分擘四季疆界，復有土德巡遊四季之末，生成龍虎金木之形。非只以四季爲文，更於十二辰間，又分二十四氣，七十二候，象一年之氣數也。如纖毫刻漏參差，咫尺日月失度，晦朔偏陂，晝夜不等。或陽火過刻，水旱不調，則隆冬變爲大暑。或陰符失節，寒暖相侵，則盛夏返作濃霜。金宫既砂汞不萌，一鼎乃蟲螟互起。大則山崩地圮，金虎與木龍沸騰。小則雨暴風飄，坎男共離女奔逸。金虎、木龍乃東西之魂魄。坎男，離女是南北之夫妻。孝子迸散者，則胎中真汞被火候過差，飛走不住，以至皇極鼎口因而迸出殊域也。或吉或凶，或興或起，四者及以上變證，皆由運火之士胷臆也。若能軌範天機，衡量日月，細意調燮，至誠運圖，召和氣於鼎内而産乾精，俾真宰於胎中而生坤粹，號曰真水銀是也。

宋·張君房《雲笈七籤》卷七〇《内丹訣法》 凡運節符火數，一一皆依約刻漏，晝夜一百刻，分四時，五行，二十四氣，七十二候，不可分毫差矣。若使四季不調，五緯失度，即真砂真汞不産，龍虎不交。故經云：纖芥不正，悔吝爲賊是也。

宋·張君房《雲笈七籤》卷一二二《道教靈驗記》 青城絶頂上清宫天池驗

青城絶頂上清宫有天池焉，距宫之下東南十步，深三尺，廣亦如之。水常深尺許，滯雨不加，積旱不減。每春遊山致齋者，多則一二百人，少或三五十人。飲用其水，亦無涸竭。經夏霖霔，無人汲水，水亦不亦。或人所汙穢，立致竭焉。頃因遊禮，有府中健步一人，隨余登山，令以椀汲水，誤投足於其間，頃刻即涸。數月經雨，竟亦無水。余宿於上清宫，焚香祈謝，一夕復舊矣。昔黄帝命甯君爲五嶽丈人，嶽神一月再朝虚中灑水，以代刻漏，陽時則颯然而下，陰時即無。晝夜凡六時灑水，故號六時水焉。其所出處，在天倉巨巖之前，宗玄觀之南，三師壇側。其下有明皇御容碑。水所落處，側石爲六角池，濶三四尺，以貯之焉。上無泉源，亦無流注，應時懸降，勢若暴雨。人或炷香執鑪，祝而引之，自東自西，隨香而灑，可移數步之内。乾符己亥年，觀未興修，水常如舊。忽有飛赴寺僧，竊據明皇真碑舍中，擬侵占靈境，創爲佛院，其水遂絶。半歲餘，僧爲飛石所驚，蛇虺所擾，奔出山外。縣令崔正規，秋醮入山，聞鄉閭所説，芟薙其下，焚香以請，水乃復降，至今不絶。

宋·歐陽修等《新唐書》卷二三上《儀衛志上》 次鼓吹。次黄麾仗一，執者武弁、朱衣、革帶，二人夾。次殿中侍御史二人導。次太史監一人，書令史一人，騎引相風、行漏輿。次相風輿，正道匠一人，輿士八人，服如正道匠。次掆鼓、金鉦，司辰、典事匠各一人，刻漏生四人，分左右。次行漏輿，正道匠一人，輿士十四人。

宋·歐陽修等《新唐書》卷二四《車服志》 漏刻生、漏童，總角髻，皆青絲布袴褶。

又 太極殿前刻漏所，亦以左契給之，右以授承天門監門，晝夜勘合，然後鳴鼓。

宋·歐陽修《太常因革禮》卷二二《總例二十二·輿服二》 鐘、鼓樓輿各一，本隋大駕鐘車、鼓車也。皆刻木爲屋，中置鐘、鼓，下施木臺長竿，如鉦鼓。輿士各二十四人。行漏輿，隋大業行漏車也。制同鐘、鼓樓而大，設刻漏如桶。衡首垂銅鉢，末有銅象，漆櫃貯水，渴烏注水入鉢中。長竿四，輿士六十人。

宋·高承《事物紀原》卷五《秘殿掌貳部二十五》 挈壺正

又夏官司馬之屬有挈壺氏，掌挈壺以令軍井，然則亦周置官也。唐乾元元年始改太史爲司天，其小吏有靈臺郎、保章正也。

金·成無己《傷寒論注釋》卷一 出入升降，漏刻周旋。水下二刻，一周循環。

人身之脉，計長一十六丈二尺。一呼脉行三寸，一吸脉行三寸，一呼一吸爲一息，脉行六寸。一日一夜，漏水下百刻，人一萬三千五百息，脉行八百一十丈，五十度周於身。則一刻之中，人一百三十五息，脉行八丈一尺。水下二刻，人二百七十息，脉行一十六丈二尺，一周於身也。脉經之行，終而復始，若循環之無端也。

宋·鄧名世《古今姓氏書辯證》卷三四 漏。《姓苑》曰：世掌刻漏之官，因爲氏焉。

宋·孟元老《東京夢華録》卷一 入宣德樓正門，乃大慶殿，庭設兩樓，如寺院鐘樓，上有太史局，保章正測驗刻漏，逐時刻執牙牌奏。每遇大禮車駕齋宿及正朔朝會於此殿。

宋·孟元老《東京夢華録》卷一〇 冬至前三日，駕宿大慶殿。殿庭廣闊，可容數萬人。盡列法駕儀仗於庭，不能周徧。有兩樓對峙，謂之鐘鼓樓。上有太史局生，測驗刻漏。每時刻作雞唱鳴鼓一下，則一服緑者執牙牌而奏之，每刻曰某時幾棒鼓，一時則曰某時正。

宋·李燾《續資治通鑑長編》卷三二〇《神宗》 詳定禮文所言：「古者宗廟九獻，王及后各四，諸臣一。自漢以來爲三獻，后無入廟之事，相循至今。若時享則有事于室而無事于堂，禘祫則有事于堂而無事于室，室中神位不在奥，堂上神位不在扆，有饋食而無朝踐，此古今之制所以不同也。然古禮有不必復者，事尸與王后入廟是也；有須復而後禮意備者，祼將于室，朝踐于堂，饋食于室是也。蓋獻之屬重于祼，而朝踐薦腥，所以貴本而備上古之食，以神道事之也；饋食薦熟，所以親用而備後世之食，以人道事之也。三者交神之大節，必須人主親之。」遂撰定可行典禮以聞。且言：「此所謂度今之宜而備古九獻之意，室事與堂事本末兼舉，僖祖以下八廟之祭，可一日而畢。」又言：「臣等勒禮直官、大樂令同行試習，并勒司天監刻漏官記其時刻，凡一廟纔占二刻，其合有皇帝入次食息、百官齋班等，更破二刻，即八廟行禮四時可畢。舊儀以五時行禮，即至辰時末禮畢。」詔送禮院，候廟制成日取旨。禮文四年十一月二十二日送禮院，今附本月日。元年九月己丑初詔詳定可行典禮，朱本云云，合參考并修。

宋·張敦頤《六朝事迹編類》卷下 銅螭署

臺城刻漏署西，本洛陽之舊物，宋平姚秦遷于此。魏明帝爲太子時玩，以玉手扳刺螭口中，因入不出，後人常見白蝘蜓在其中。梁元帝移之江陵，此物後遂不復見。楊修詩云：挈壺傳箭逼天聰，鑄出蟠螭巧範同。何事腹中藏怪物，人驚蝘蜓氣如虹。

金·佚名《大金集禮》卷二七《儀仗上》 行仗

天眷三年九月，幸燕，儀衛用法駕，共一萬四千五十六人。總數稍異，具行幸門。攝官六百九十九人，將軍大將軍四十三人，折衝果毅一百二十六，校尉五十六，郎將三十四，帥兵官二百四十六，統軍六，都頭六，千牛一，旅帥二，部轄指揮使二，押纛二，押衙四，四色官四，押旗二，引駕官四，進馬四，押仗通直二，押仗大將二，碧襴一十六，長史二，鼓吹令二，鼓吹丞二，典事五，太史令一，太史正一，司丞一，府牧一，刻漏生四，縣令一，御史大夫一，僚佐一十，進輅職掌二，夾輅將軍二，陪輅將軍二，教馬官二，四省局官八，導駕官四十八。

金·佚名《大金集禮》卷四〇《朝會下》 合差司天臺官，晝日於宫中報時。刻漏壺箭，乞令較定，臣寮班列，合依位置牌。閤門宣制贊喝，其聲高低，擬更調習，假寧休務日。具休假門。

宋·章如愚《羣書考索》卷四六《禮器門》 唐木契符。木契符者，以重鎮守，謹出納，畿内三，畿外五。皇帝巡幸，太子監國，有軍旅之事則用之，王公征討皆給焉，左右各十九。太極殿前刻漏所，亦以左契給之，晝夜勘合，然後鳴鼓。玄武門苑内諸門有唤人木契，左以進内，右以授監門，有勑召者用之。

宋·王應麟《玉海》卷七九《車服·車輿》 開寶鉦鼓行漏十二神輿

《三朝志》：相風烏輿上載長竿，竿杪刻木爲烏，垂鵝毛筩紅綬帶，下承以小盤，周以緋裙，繡烏形。交龍鉦鼓輿各一，皆刻木爲二青龍相交，一挂畫鼓，一挂金鉦，有緋蓋，亦繡交龍。鐘鼓樓各一，本隋大駕鐘車鼓車也。刻木爲屋，中置鐘鼓，下施木臺長竿。行漏輿，隋大業行漏車也。設刻漏如稱，衡首垂銅鉢，末有銅像，漆槽貯水，渴烏注水入鉢中。十二神輿赤質四門，旁刻十二辰神，緋繡輪衣絡帶。自鉦鼓以下，舊禮令無文，開寶定禮所增。景德二年詔王欽若脩飾。《唐儀衛志》：相風轝正道匠一人，行漏轝正道匠一人，刻漏生四人。隋《大業雜記》：大駕有行漏車，鍾鼓車。

宋·王應麟《玉海》卷一二二《官制·六卿》 挈壺氏，下士六人。世主挈壺水以爲漏。掌挈壺以令軍井，挈轡以令舍，挈畚以令糧。軍事，縣壺以序聚欜，以水火守之，分以日夜。《詩·東方未明》，刺無節也。興居無節，號令不時，挈壺氏不能掌其職。注：掌漏刻者。疏：挈者，垂繫之名。置箭壺內以爲節，而浮於水上，令水漏而刻下。

宋·鮑雲龍《天原發微》卷三上　東壁十星曰天厩，主馬之官，主驛亭，主刻漏與晷刻並馳。

宋·吴自牧《夢粱録》卷五　鐘鼓樓上有太史局生員官，測驗刻漏。每刻作雞鳴擊鼓一下，則服緑者一人執牙牌至殿下奏曰：某時幾刻。或曰：某時正也。

宋·佚名《周禮集説》卷九上　司寤氏

下士二人，徒八人。

王氏曰：寐而覺，謂之寤，使掌夜時。非覺而不寐者安能定其刻漏之早晚哉？所以謂之司寤氏也。以宣王之時去成王之世未遠，而君子之趨朝，或以夜未央，或以夜未艾，則司寤氏之職廢而不行可知矣，此詩人所以箴之也。

掌夜時，以星分夜，以詔夜士夜禁，禦晨行者，禁宵行者、夜遊者。

劉氏曰：此謂施於國中也。日出而作，不得不勤。日入而息，不得不止。所以順天之道，養育大衆也。故以星見爲夜時，星没爲曉時，而詔守夜之士，行夜禁。鄭氏曰：夜士，主行夜徼候者，如今都侯之屬。王氏曰：自始夜至半曰宵，日未出之時爲晨。王介甫曰：禦晨行者，則禦使須明而行。禁宵行者，則禁之使止也。劉氏曰：其晨侵於夜而行者，暮侵於宵而行者，不可測其奸非也。夜而遊遨者，妨衆息也。皆禁之焉。

元·張鉉《至大金陵新志》卷一二上　刻漏署。故事：銅蟠螭，置在臺城。宋平姚秦，遷洛陽舊物，蟠螭在焉。

元·王士點《秘書監志》卷七《司屬·司天監》　司辰漏刻科備將試中之人試驗聲口禮數，陞降名次。

所習經書

《宋天文》內《漏經》舊例試《宣明》《符天》漏經目。今見行《宋天文·漏經》，合試此書。

試格

假令二道

假令問冬至五月夜半定漏。

假令問立春五日中晷常數之類。

義題二道

假令問四時晝夜刻數不同何義之類。

假令問四時中晷常數不同何義之類。

又　一、本臺已行安置浮漏，見設漏刻科管勾長行人等，所據前項漏刻，不見常川調品，仰臺官親行點視，令本科人員輪番晝夜，常川調品行漏，無致時刻間斷，如違究治。

元·脱脱等《宋史》卷四九《天文志二》　女史一星，在柱史北，婦人之微者，主傳漏。

元·脱脱等《宋史》卷五〇《天文志三》　漸臺四星，在織女東南，臨水之臺也，主晷漏、律吕事。明，則陰陽調，而律吕和；不明，則常漏不定。客星、彗星犯之，陰陽反戾。

又　天桴四星，在牽牛東北横列，一曰在左旗端，鼓桴也，主漏刻。暗，則刻漏失時。曰：「主桴鼓之用。」動摇，則軍鼓用；前近河鼓，若桴鼓相直，皆爲桴鼓用。太白、熒惑守之，兵鼓起。客星犯之，主刻漏失時。

又　天厩十星，在東壁之北，主馬之官，若今驛亭也，主傳令置驛，逐漏馳騖，謂其急疾與晷漏競馳也。月犯之，兵馬歸。彗星入，馬厩火。客星入，馬出行。流星入，天下有驚。

元·脱脱等《宋史》卷一〇四《禮志七》　十月戊子朔，禁天下屠殺一月。帝自告廟，即屏葷蔬食，自進發至行禮前，並禁音樂。有司請登封日圜臺立黄麾仗，至山下壇設權火。將行禮，然炬相屬，又出朱字漆牌，遣執仗者傳付山下。牌至，公卿就位，皇帝就望燎位，山上傳呼萬歲，下即舉燎。皇帝還大次，解嚴，又傳呼而下，祀官始退。社首瘞坎，亦設權火三爲準。遣司天設漏壺山之上下，命中官覆校日景，復於壇側擊板相應。自太平頂、天門、黄峴嶺、岱嶽觀，各豎長竿，揭籠燈下照，以相參候。

元·脱脱等《宋史》卷一二二《禮志二十五》　有司言：「改卜陵寢，宣祖合用哀册及文班官各撰歌辭二首。吉仗用大駕鹵簿。凶仗用大升轝、龍輴、鵝茸纛、魂車、香輿、銘旌、哀謚册寶車、方相、買道車、白幰弩、素信幡、錢山輿、黄白紙帳、暖帳、夏帳、千味臺盤、衣輿、拂纛、明器輿、漆梓宫、夷衾、儀椁、素翣、包牲、倉瓶、五穀輿、瓷甒、瓦甒、辟惡車。進玄宫有鐵帳覆梓宫，藉以椶櫚褥，鐵盆、鐵山用然漆燈。宣祖衮冕，昭憲皇后花釵、翬衣，贈玉。十二神、當壙、當野、祖明、祖思、地軸及留陵刻漏等，並制如儀。」

元·脱脱等《宋史》卷一四五《儀衛志三》　自太祖易繡衣鹵簿後，太宗、真宗皆增益之。仁宗即位，儀典多襲前世，宋綬定鹵簿，爲《圖記》十卷上之，詔以付祕閣。凡大駕，用二萬六十一人，大率以太僕寺主車輅，殿中省主輿輦、繖扇、御馬，金吾主纛、矟、十六騎，引駕細仗，牙門，六軍主槍仗，尚書兵部主六引諸隊、大角、五牛旗，門下省主寶桉，司天臺主鐘漏，太常主鼓吹，朝服法物庫出旗器、名物、衣冠、幰蓋，軍器庫出箙、弩、矢，内弓箭庫出戎裝、雜仗。凡六引導駕、太僕卿，千牛將軍，殿中侍御史，司天監少府監僚佐局官，乘黄令，大將軍，金吾上將軍，將軍，六統軍，皆以京朝官内諸司使、副使以下攝事。仗内用禁軍諸班直：捧日、天武、拱聖、神勇、宣武、驍騎、武勝、寧朔、虎翼兵。大將軍、將軍以軍主、都虞候攝。中郎將、郎將、都尉以指揮使、副指揮使攝。校尉、主帥、旅帥、隊正以軍使、副兵馬使、都頭、副都頭、十將攝。餘法駕、鸞駕、黄麾仗，則遞減其數。

又 大駕鹵簿。象六，中道，分左右。次六引，中道。第一，開封令；第二，開封牧；駕從餘州縣出者，所在刺史、縣令導駕，準此。第三，太常卿；第四，司徒；第五，御史大夫；第六，兵部尚書。以上各用本品鹵簿。次纛十二。每纛一人持，一人托，四人捧，騎二人押。次㩧矟騎八，押衙四人騎引。左右金吾上將軍四人，將軍四人，大將軍各一人，折衝都尉一人。大將軍、都尉並夾以㩧矟二，每矟一人執，二人夾，纛矟皆中道。【略】

次司天監一人，騎，引相風、刻漏，中道。令史一人，排列官二人，騎從。相風烏輿一，匠人一。交龍鉦、鼓各一，司晨、典事各一人騎從。鐘樓、鼓樓各一，行漏輿一，漏刻生四人從。清道二人，十二神輿一。司天官一人押。

元・脱脱等《宋史》卷一四六《儀衛志四》 政和大駕鹵簿。象六，分左右。次六引：開封令、開封牧、大司樂、少傅、御史大夫、兵部尚書。各用本品鹵簿。次金吾纛、矟。左右皂纛各六，執、托各一人，紖四人。押衙四人，並騎。㩧矟八，執各一人。本衛上將軍、將軍各四人，本衛大將軍二人，並騎。㩧矟四，夾大將軍。執各一人，夾二人，並騎。法駕，㩧矟減二，本衛上將軍、將軍各減二人。【略】

次太史相風、行漏等輿。太史令及令史各一人，並騎。相風烏輿一，輿士四人。交龍鉦、鼓各一，輿士各六人。司辰、典士各一人，並騎。漏刻生四人，鼓樓、鐘樓、行漏輿各一，輿士各一百人。太史正一人，清道二人，十二神輿一。輿士十四人。法駕，行漏輿一，輿士減四十人。神輿一，輿士多大駕二人。宣和，鼓、鐘樓並改爲輿，太史正前有捧日副指揮使二人，捧日節級十人，神輿輿士增十。

元・脱脱等《宋史》卷一四八《儀衛志六》 大駕鹵簿巾服之制：【略】持鈒隊、殿中黄麾、繖、扇、腰輿、香蹬、華蓋、指南、進賢等車駕士，相風、鐘漏等輿士，並服武弁、緋繡衫。【略】排列官、令史、府史，服黑介幘、緋衫、白袴、白勒帛。司辰、典事、漏刻生，服青袴褶冠、革帶。

元・脱脱等《宋史》卷一四九《輿服志一》 行漏輿，隋大業行漏車也。制同鐘、鼓樓而大，設刻漏如稱衡，首垂銅鉢，末有銅象，漆匱貯水，渴烏注水入鉢中。長竿四，輿士六十人。

元・脱脱等《遼史》卷五八《儀衛志四》 鹵簿儀仗人數馬匹

步行擎執二千四百一十二人，坐馬擎執二百七十五人，坐馬樂人二百七十三人，步行教坊人七十一人，御馬牽攏官五十二人，御馬二十六匹，官僚馬牽攏官六十六人，坐馬挂甲人五百九十八人，步行挂甲人百六十人，金甲二人，神輿十二人，長壽仙一人，諸職官等三百五人，内侍一人，引稍押衙二人，赤縣令一人，府牧一人，府吏二人，少尹一人，司録一人，功曹一人，太常少卿一人，太常丞一人，太常博士一人，司徒一人，太僕卿一人，鴻臚卿一人，大理卿一人，御史大夫一人，侍御史二人，殿中侍御史二人，監察御史一人，兵部尚書一人，兵部侍郎一人，兵部郎中一人，兵部員外郎一人，符寶郎一人，左右諸衛將軍三十五人，左右諸折衝二十一人，左右諸果毅二十八人，尚乘奉御二人，排仗承直二人，左右夾騎二人，都頭六人，主帥一十四人教坊司差，押纛二人，左右金吾四人，虞候佽飛一十六人，鼓吹令二人，漏刻生二人，押當官一人，司天監一人，令史一人，司辰六人，統軍六人，千牛備身二人，左右親勳二人，左右郎將四人，左右拾遺二人，左右補闕二人，起居舍人一人，左右諫議大夫二人，給事中書舍人二人，左右散騎常侍二人，門下侍郎二人，中書侍郎二人，鳴鞭二人内侍内差，侍中一人，中書令一人，監門校尉二人，排列官二人，武衛隊正一人，隨駕諸司供奉官三十人，三班供奉官六十人，通事舍人四人，御史中丞二人，乘黄丞二人，都尉一人，太僕卿一人，步行太卜令一人。職官乘馬三百四匹，進馬四匹，駕車馬二十八匹。人之數凡四千二百三十有九，馬之數凡千五百二十。

元・脱脱等《金史》卷二五《地理志中》 南京路，國初曰汴京，貞元元年更號南京。【略】

儀鸞局東曰小東華門，更漏在焉。

元・脱脱等《金史》卷四一《儀衛志上》 天眷法駕人數。攝官六百九十九人：將軍、大將軍四十三人，折衝、果毅一百二十六人，校尉五十六人，郎將三十四人，帥兵官二百四十六人，統軍六人，都頭六人，千牛一人，旅帥二人，部轄指揮使二人，押纛二人，押衙四人，四色官四人，押旗二人，引駕官四人，進馬四人，押仗通直二人，押仗大將二人，碧襴一十六人，長史二人，鼓吹令二人，鼓吹丞二人，典事五人，太史令一人，太史正一人，司丞一人，府牧一人，刻漏生四人，縣令一人，御史大夫一人，僚佐一十人，進輅職掌二人，夾輅將軍二人，陪輅將軍二人，教馬官二人，四省局官八人，導駕官四十八人，抱駕頭官一人，執扇筤一人，尚輦奉御二人，殿中少監二人，供奉職官二人，令史四人，書令史四人，押仗二人，殿中侍御史二十四人。

元·滑壽《難經本義》卷下 切脈而知之者，診其寸口，視其虛實，以知其病在何藏府也。

診寸口，即第一難之義。視虛實，見六難并四十八難。王氏脈法讚曰：脈有三部，尺寸及關。榮衛流行，不失衡銓。腎沈心洪，肺浮肝弦。此自常經，不失銖分。出入升降，漏刻周旋。水下二刻，脈一周身。旋復寸口，虛實見焉。此之謂也。

元·李克家《戎事類占》卷九《星類三》 天桴四星，在牽牛東北横列，鼓桴也。主漏刻，暗則刻漏失時，動摇則軍鼓用，前近河鼓若桴鼓相直，皆爲桴鼓用。太白、熒惑守，兵鼓起。客星犯，刻漏失時。

明·宋濂等《元史》卷八〇《輿服志三》 殿上執事

挈壺郎二人，掌直漏刻。冠學士帽，服紫羅窄袖衫，塗金束帶，烏鞾。漏刻直御榻南。

司香二人，掌侍香，以主服御者國語曰速古兒赤。攝之。冠服同挈壺。香案二，在漏刻東西稍南。司香侍案側，東西相向立。

明·楊慎《升菴集》卷七八 斟溪

王韶之《始興記》：連州水下流有斟溪，一日十溢十竭。安寧州有潮泉，一日三溢三竭。貴州城外有漏汋，一日百盈百涸，應漏刻焉。

明·柯維騏《宋史新編》卷三三《志十九·輿服》 行漏輿，隋創之。制同鐘鼓樓而大，設刻漏，輿士六十人。十二神輿，刻十二辰神，輿士十二人。

明·田汝成《西湖遊覽志》卷一三 鎮海樓，舊名朝天門，吴越王錢氏建。規石爲門，上架危樓。樓基疊石高四仞有四尺，東西五十六步，南北半之。中爲通道，横架交梁，承以藻井。牙柱壁立三十有四，東西閲門對闢，名曰武臺，夷敞可容兵士百許。武臺左右，北轉登石級兩曲，達於樓上。樓之高六仞有四尺，連基而會十有一仞，貯鼓鐘以司漏刻。

明·陳耀文《天中記》卷九 六時水。蜀青城有延慶宫，西有常道觀，其南有六時水，六時洒水以代漏刻，於陽時即洒然而下，陰時即無。晝夜凡六時洒水，故名六時水。《方輿記》。

明·劉節《嘉靖南安府志》卷一三《職制》 陰陽學正術一人，秩從九品。領陰陽生習讀陰陽諸書，推測陰陽以授民事，及看守銅壺刻漏報定昏曉。以本學精通陰陽者爲之，不支俸。近例始以仕宦子弟相兼，納銀選補陰陽生十五人。

明·盧翰《掌中宇宙》卷一《仰觀篇上》 天厩十星

東壁十星，曰天厩，主馬之官，主驛亭，主刻漏與晷刻並馳。

明·章潢《圖書編》卷一六 河鼓，天子之路。鼓，天桴所以擊鼓，亦主漏刻鼓擊之事。左旗，右旗，天子之太常，皆天子巡行之所。

明·章潢《圖書編》卷一七 旗端四星南北列，曰天桴，鼓桴也。星不明，漏刻失時，動摇，軍鼓用，桴支相宜亦然。【略】

東足四星曰漸臺，臨水之臺也，主刻漏律吕之事。

明·方有執《傷寒論條辨》卷七 出入升降，漏刻周旋。水下二刻，一周循環。

出而升，氣之上，來也。入而降，氣之下，去也。漏刻，以一日一夜漏水下百刻而言也。周旋，以周身之流行旋轉而言也。下二句乃申上文而詳言之也。滑氏曰：《内經平人氣象論》云：人一呼，脉再動，一吸，脉再動，呼吸定息，脉五動，閏以太息，命曰平人。故平人一呼，脉行三寸，一吸，脉行三寸，呼吸定息，脉行六寸。以呼吸之數言之，一日一夜，凡一萬三千五百息，每刻一百三十五息，每二刻二百七十息，脉行一十六丈二尺，爲一周身也。積而盈之，每時八刻，計一千八十息，脉行六十四丈八尺。榮衛四周於身，十二時九十六刻，計一萬二千九百六十息，脉行七百七十七丈六尺，爲四十八周身。刻之餘分得五百四十息，脉分行二周身，得三十二丈四尺，合一萬三千五百四十息，總之爲五十度周身，脉得八百一十丈也。此呼吸之息，脉行之數，周身之度，合晝夜百刻之詳也。

明·柯尚遷《周禮全經釋原》卷一〇《秋官司寇第五》 司寤氏，下士二人，徒八人。

釋曰：王氏曰：寤而覺，謂之寤，使掌夜時。非覺而不寤者，安能定其刻漏之早晚哉？所以謂之司寤氏也。以宣王之時去成王之世未遠，而君子之來朝或以夜未央、未艾，則司寤之職不行可知矣，此詩人所以箴之也。

明・王圻《續文獻通考》卷一一八《王禮考》 殿上執事 挈壺郎二人，掌直刻漏，冠學士帽，服紫羅窄袖衫，塗金束帶，烏鞾。漏刻直御榻南。司香二人，掌侍香，以主服御者攝之，冠服同挈壺。香案二，在漏刻東西稍南，司香侍案側，東西相向立。酒人凡六十人，主酒二十人，主漚二十人，主膳二十人，冠唐帽，服同司香。酒海直漏南，酒人北面立酒海南。護衛四十人，以質子在宿衛者攝之，冠交角幞頭，紫梅花羅窄袖衫，塗金束帶，白錦汗胯帶，弓矢，佩刀，執骨朵，分立東西宇下。警蹕三人，以控鶴衛士爲之，冠交角幞頭，服紫羅窄袖衫，塗金束帶，烏靴，捧立于露階。每乘輿出入，則鳴鞭以警衆。

明・王士性《廣志繹》卷五 余善水刻漏。李日山謂滇中夏日不甚長，余以漏準之，果短二刻。今以月食驗之，良然。萬曆二十年五月十六望，月食，據欽天監，行在乙亥夜，月食八分一十九秒。月未入，見食七分一十七秒。月已入，不見食一分二秒。初虧在寅一刻五更三點，正東。食甚在卯初刻。在晝復圓，卯正三刻，正西。食甚月離黃道箕宿七度八十八分二十七秒，據此稱月食不見一分，乃卯初。余在雲南救護，月生光一半以上不及三分尚見，豈地高耶？抑算者入晝，總以不見稱耶？又已食八分，天止將明，未及晝也。則信似日稍短耳。

明・利瑪竇、李之藻《同文算指・通編》卷二《合數差分法第四上》 問：刻漏一壺，貯水令漏，開三孔。其一孔最大，漏水二時而盡。一孔次之，三時而盡。一孔最細，六時而盡。假如三孔俱洩，則幾刻水盡？其法：先以三孔與時刻相較，以各時爲第一率，以一壺爲二率，以最小時爲第三率，要見大孔二時漏盡一壺，則六時漏盡三壺，其餘倣此而推。

一	二時大	三時次	六時小
二	一壺		
三	六時		
四	三壺	二壺	一壺

又法：總而計之，凡六時漏盡六壺，知三孔俱開則其水一時漏盡，只以分數算之。

一	二時	三時	六時
二	一壺		
三	一時		
四	二分水之一	三之一	六之一積之共一壺，即是一時盡一壺也。

右三數偶滿一時，其法易算。若併有奇零者，另法求之。

又 問：漏壺一座，上有渴烏注水，下有天池洩水。今塞其下竅，注水于壺，四時而水滿。開其下竅，洩水壺外，六時而洩盡。若使上注下洩相併，則此壺須幾時可滿？法以四時爲一率，以一壺爲二率，以一時爲三率，測之而得一時之所注。四分壺之一。又以六時爲一率，一壺爲二率，一時爲三率，亦得一時之注。六分壺之一。乃以四之一減六之一，得十二之一。於是又以十二之一爲第一率，以一時爲第二率，以一壺爲第三率，得四率。以十二時注滿。凡用準測法者三。

一	四時	六時	十二分壺之一
二	一壺	一壺	一時
三	一時	一時	一壺
四	四分壺之一	六分壺之一	十二時

問：塞下竅，四時水滿。通下竅，六時水盡。今上注下泄，則四箇時滿幾分？曰：六時盡者，四時泄三分之二，以除全壺，餘三分之一，爲水滿數。又問如此則幾時可滿一壺？曰：依前法，當以十二時滿。又問：假如塞下竅，注上竅，三時而滿。塞上竅，開下竅，八時而盡。若上注下洩，須幾時可滿？曰：以三時滿者，一時之率三之一。以八時盡者，一時之率八之一。就三之一減八之一，餘二十四之五，爲一時之率。則全壺得四時零五分時之四也。又問：一壺既以三時而滿，假如四時又五分時之三可滿幾壺？曰：滿一壺又十五分壺之八。又問：八時盡一壺，若四時又五分時之四該幾何？曰：此五分壺之三，即于前數一時滿一壺者除之，便得。問：八時盡一壺，三時得幾何？曰：三時泄得八分之三，以除前壺，餘八分之五，是三時滿八分之五。又問：三時滿八分之五，則全壺幾時滿？曰：四時零五分時之四。

明・王志長《周禮注疏刪翼》卷一二 大祭祀，夜嘑旦以嘂百官。註：夜，夜漏未盡，雞鳴時也。呼旦，以警起百官，使夙興。

凡國之大賓客、會同、軍旅、喪紀，亦如之。凡國事爲期，則告之時。註：象雞知時也。告其有司主事者。《少牢》曰：宗人朝服北面白：請祭期。主人曰：比於子。宗人曰：明旦行事。告時者，至此旦明而告之。

疏：祭期由宗人，宗人請主人者，敬主人，若不敢自由然，故讓之也。按庭燎詩注：王有雞人之官，國事爲期，則告之以時。王不正其官而問夜早晚，非也。按《齊詩東方未明》序云：《東方未明》，刺無節也。朝廷興居無節，號令不時，挈壺氏不能掌其職焉。

明·王志長《周禮注疏删翼》卷二二　司寤氏，下士二人，徒八人。註：寤，覺也，主夜覺者。

疏：人有夜寐忽覺而漫出門者，故謂之夜覺也。王氏曰：寐而覺，謂之寤，使掌夜時。非覺而不寐者，安能定其刻漏之早晚哉？所以謂之司寤氏也。以宣王之時去成王之世未遠，而君子之趨朝，或以夜未央，或以夜未艾，則司寤氏之職廢而不行可知矣，此詩人所以箴之也。

明·劉若愚《酌中志》卷一六《内府衙門職掌》　刻漏房，官十數員，不係靈臺，專管每日時刻。晝則文華殿後，每一時至，即令直殿監官入宫换牌。每夜攢點後，至天明，則隆宗門外，報幾刻水之第一聲，而答應長隨接報第二聲，如某時初一至初四，某時正一至正四之類，爲接班起早之候也。

明·呂毖《明宫史》卷一《宫殿規制》　會極門東向南者，曰文華殿也。【略】殿之後曰刻漏房，銅壺滴漏在此。凡八刻水交一時，直殿監官抱時辰牌赴乾清門裏换之。牌長尺餘，濶數寸，石青地，金字：某時。凡道途遇之者，必側立讓行，坐者必起立，亦敬天時之義也。

明·方以智《物理小識》卷二　潮者，夜不見也。外紀尼毆白亞，海潮一日七次。《玄中記》：貴州城外有漏汋，一日百盈百涸應刻漏，或云五十盈五十渴。安寧州有潮泉，一日三溢三蘸。連州水下流有斟泉，一日十溢十渴。

清·方中通《數度衍》卷一七《合率差分法》　式十：刻漏一壺貯水，令開三孔漏水。大孔二時而盡，中孔三時而盡，小孔六時而盡。如三孔齊洩，則幾時水盡？曰：一時漏盡。術以三孔與時相較，各時爲各首率，一壺爲次率，最小時爲三率，求得大孔六時漏盡三壺，中孔六時漏盡二壺，小孔原係六時漏盡一壺，合計六時三孔共漏盡六壺，因知一時共漏盡一壺也。又術以二時、三時、六時爲各首率，一壺爲次率，一時爲三率，求得大孔一時漏水二之一，中孔一時漏水三之一，小孔一時漏水六之一，合計二之一、三之一、六之一，共十分，亦合。右三數偶滿一時，若并有奇零者，另法求之。【略】

式十一：漏壺上注下洩。塞下竅注水，四時而滿。開下竅洩水，六時而盡。若上注下洩相并，則幾時可滿？曰：十二時。術用三次測法。先以四時爲首率，一壺爲二率，一時爲三率，求得一時之所法乃四分壺之一。次以六時爲首率，一壺爲二率，一時爲三率，求得一時之所洩乃六分壺之一。以四之一與六之一相減，餘十二之一。奇零減法。乃以十二之一爲首率，一時爲次率，一壺爲三率，求得十二時。

通曰：以四時較六時，則有二時不洩。欲得六時俱不洩，必須三回注四時矣。亦合十二時之數也。

問：上注下洩，四時滿幾分？曰：六時盡者，四時洩三分之二，以除全壺，餘三分之一，爲水滿數。又問：如塞下竅，三時而滿。開下竅，八時而盡。若上注下洩，須幾時可滿？曰：以三時滿者，一時之率三之一。以八時盡者，一時之率八之一。就三之一減八之一，餘二十四之五，爲一時之率。則全壺得四時零五分時之四也。又問：一壺既以三時而滿，如四時又五分時之四可滿幾壺？曰：滿一壺又十五分壺之八。又問：八時盡一壺，若四時又五分時之四該幾何？曰：此五分壺之三，即於前數一時滿一壺者除之，便得。問：八時盡一壺，三時得幾何？曰：三時洩得八分之三，以除全壺。餘八五之五，是三時滿八分之五。又問：三時滿八分之五，則全壺幾時滿？曰：四時零五分時之四也。

清·謝旻等《江西通志》卷一〇《山川四·撫州府》　連礬水在府城西北五里，源出長岡，過品橋，歷仙臨山，由西高、和尚二橋出黄塘橋，至合處，凡四十里。水比諸水特重，昔人取以充漏刻。

清·趙宏恩等《江南通志》卷一四《輿地志·山川四》　包老湖在泰州東北四十里，雞雀湖東南。畿志云：水清無滓，雖與他水會而不雜。挈壺氏嘗以此水供滴漏。

清·徐文靖《管城碩記》卷二四《正字通四》　桴，注云：編竹木代舟，大曰筏，小曰桴。又天官有天桴四星，横渡河漢，與天津九星並象形。

按：巫咸星簿讚曰：天桴應節度，漏省時。注曰：天桴，鼓槌也，謂應刻漏時節也。石氏曰：天桴星明，軍鼓鳴。何得以此爲桴筏之桴？

清·嵇璜等《續文獻通考》卷九六《王禮考·乘輿車騎鹵簿》　漢仗

鹵簿儀仗人數馬匹：步行擎執二千四百一十二人，坐馬擎執二百七十五人，坐馬樂人二百七十三人，步行教坊人七十一人，御馬牽攏官五十二人，御馬二十六匹，官僚馬牽攏官六十六人，坐馬挂甲人五百九十八人，步行挂甲人百六十人，金甲二人，【略】鼓吹令、漏刻生各二人，押當官一人，司天監、令史、司辰各一人。

又 行仗法駕

天眷三年幸燕用之法駕人數：攝官六百九十九人，將軍大將軍四十三人，折衝果毅一百二十六人，校尉五十六人，【略】鼓吹令丞各二人，典事五人，太史令一人，太史正一人，司丞一人，府牧一人，刻漏生四人，縣令一人，御史大夫一人，僚佐一十人，進輅職掌二人。

清·嵇璜等《續文獻通考》卷九七《王禮考·乘輿車騎鹵簿》 儀衛殿上執事 挈壺郎二人，掌直漏刻，冠學士帽，服紫羅窄袖衫，塗金束帶，烏鞾。漏刻直御榻南。司香二人，掌侍香，以主服御者國語曰：速古兒赤。攝之，冠服司挈壺。香案二，在漏刻東西稍南，司香侍案側，東西相向立。

清·嵇璜等《續文獻通考》卷一〇九《樂考·樂器》 更鼓

《齊履謙傳》曰：元太史院使齊履謙考定刻漏之制，因請重建鼓樓，增置更鼓。

清·秦蕙田《五禮通考》卷二一九《嘉禮九十二》 刻漏房。掌房一員，僉書無定員。更鼓房。有罪内官職司之。

清·來保等《大清會典則例》卷一五八《欽天監·時憲科》 漏刻科一選擇六十事：祭祀，祈福，求嗣，上册受封，上表章，襲爵受封，會親友，入學，冠帶，出行，上官赴任，臨政親民，結婚姻，納采問名，嫁娶，進人口，移徙，遠廻，安牀，解除，沐浴，剃頭，整手足甲，求醫療病，療目，針刺，裁衣，築隄防，修造動土，竪柱上梁，修倉庫，鼓鑄，苫蓋，經絡，醞釀，開市，立券，交易，納財，開倉庫，出貨財，修置產室，開渠穿井，安碓磑，補垣塞穴，掃舍宇，修飾垣牆，平治道塗，破屋壞垣，伐木，捕捉，畋獵，取魚，乘船渡水，栽種，牧養，納畜，破土，安葬，啓攢。

清·嵇璜等《續通典》卷六四《禮二十》 行漏輿，制同鐘、鼓樓輿而大，設刻漏如稱，衡首垂銅鉢，末有銅象，漆匱貯水，渴烏注水入鉢中。長竿四，輿士六十人。

清·嵇璜等《續通典》卷一二五《器服署四》 其政和大駕鹵簿之制：象六，分左右，次六引：開封令、開封牧、大司樂、少傅、御史大夫、兵部尚書，次金吾纛稍，左右皂纛各六，押衙四人，㦸稍八，本衛上將軍、將軍各四人，【略】次太史、相風、行漏等輿，太史令及令史各一人，相風烏輿一，交龍鉦、鼓各一，司辰、典事各一人，按：《宋史·儀衛志》於國初鹵簿條内作典事，於政和鹵簿條内作典士。據新舊唐書及《文獻通考》載唐鹵簿，均作典事，則宋志此條士字實誤，今改正。漏刻生四人，鼓樓、鐘樓、行漏輿各一，太史正一人，清道二人。

又 大同元年三月，太宗將幸中京鎮陽，詔收鹵簿法物，委所司押領，先往。未幾，鎮陽入漢，鹵簿法物隨世宗歸於上京。其儀仗：步行擎執二千四百一十二人，坐馬擎執二百七十五人，坐馬樂人二百七十三人，步行教坊人七十一人，御馬牽攏官五十二人，御馬二十六匹，官僚馬牽攏官六十六人，坐馬挂甲人五百九十八人，步行挂甲人一百六十人，金甲二人，神輿十二人，長壽仙一人，諸職官等三百五人，【略】鼓吹令二人，漏刻生二人，押當官一人，司天監一人，令史一人，司辰一人，統軍六人，千牛備身二人，左右親勳二人。

清·閻鎮珩《六典通考》卷三《設官考》 挈壺氏。春秋列國得置挈壺氏，見《詩小序》。秦漢無聞，後周有司農中士、下士。隋設漏刻博士及生員。唐曰挈壺正，宋因之。金有漏刻科三十五人。元復爲挈壺正。明改曰挈壺郎。

圖表

唐·一行《大衍曆·步晷漏》（宋·歐陽修等《新唐書》卷二八上《曆志四上》）

定氣	陟降率	消息衰	陽城日晷	漏刻	黃道去極度	距中星度
冬至	降七十八	息空六十四	丈二尺七寸一分五十	二十七刻二百三十分	百一十七度二十分(八)	八十二度二十六分
小寒	降七十二	息十一九十一	丈二尺二寸二分七十七	二十七刻百三十五分	百一十四度三十五分	八十二度九十一分
大寒	降五十三	息二十二四十二	丈一尺二寸一分八十二	二十六刻三百八十分	百一十一度九十分	八十四度七十七分
立春	降三十四	息三十二十五	九尺七寸三分五十一	二十五刻四百七十五分	百八度五分	八十七度七十分
雨水	降初限七十八	息三十五七十八	八尺二寸一分六	二十四刻四百七十分	百三度二十分	九十一度三十九分

（續　表）

定氣	陟降率	消息衰	陽城日晷	漏刻	黃道去極度	距中星度
驚蟄	降一	息三十九五十	六尺七寸三分八十四	二十三刻三百六十分	九十七度三十分	九十五度八十八分
春分	陟五	息三十九六十五	五尺四寸三分十九	二十二刻二百三十分	九十一度三十分	百度四十四分五十
清明	陟初限一	息三十八八十九	四尺三寸二分十一	二十一刻百二十分	八十五度三十分	百五度一分
穀雨	陟三十二	息三十三五十六	三尺三寸四十七	二十刻十分	七十九度三十分	百九度五十分
立夏	陟五十二	息二十八三十八	二尺五寸三分三十一	十九刻五分	七十四度五十五分	百十三度十九分
小滿	陟六十三	息二十十二	尺九寸五分七十六	十八刻百分	七十度七十分	百一十六度十二分
芒種	陟六十四	息十十二	尺六寸三	十七刻三百三十五分	六十八度二十五分	百一十七度九十八分
夏至	降六十四	消空五十二	尺四寸七分七十九	十七刻二百五十分	六十七度四十分	百一十八度六十三分
小暑	降六十三	消十七十六	尺六寸三	十七刻三百三十五分	六十八度二十五分	百一十七度九十八分
大暑	降五十二	消二十七十五	尺九寸五分七十六	十八刻百分	七十度七十分	百一十六度十二分
立秋	降三十二	消二十八九十	二尺五寸三分三十一	十九刻五分	七十四度五十五分	百一十三度十九分
處暑	降初限九十九	消三十四五十五分	三尺三寸四十七	二十刻十分	七十九度三十分	百九度五十分
白露	降五	消三十八九十	四尺三寸二分十一	二十一刻百二十分	八十五度三十分	百五度一分
秋分	陟一	消三十九六十六	五尺四寸三分十九	二十二刻二百三十分	九十一度三十分	百度四十四分五十

（續　表）

定氣	陟降率	消息衰	陽城日晷	漏刻	黃道去極度	距中星度
寒露	陟初限一	消三十九五十	六尺七寸三分八十四	二十三刻三百六十分	九十七度三十分	九十五度八十八分
霜降	陟三十四	消廿四九十八	八尺二寸一分六	二十四刻四百七十分	百三度二十分	九十一度三十九分
立冬	陟五十三	消二十九七十二	九尺七寸三分五十一	二十五刻四百七十五分	百八度五分	八十七度七十分
小雪	陟七十二	消二十一七十	丈一尺二寸一分八十二	二十六刻三百八十分	百一十一度九十分	八十四度七十七分
大雪	陟七十八	消十一十三	丈二尺二寸二分七十七	二十七刻百三十五分	百一十四度三十五分	八十二度九十一分

宋·蘇頌《新儀象法要》卷下　天池壺一，平水壺一。平水壺上有準水箭。自河車發水，入天河以注天池壺。天池壺受水有多少，緊慢不均，故以平水壺節之，即注樞輪。受水壺晝夜停勻，時刻自正。

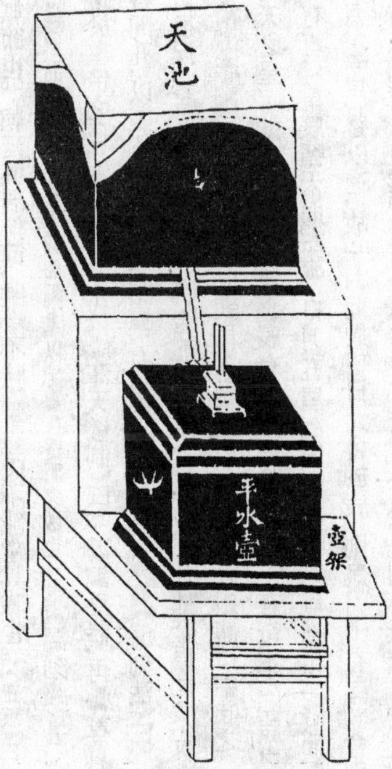

宋·陳祥道《禮書》卷三五　壺箭

挈壺漏刻之圖

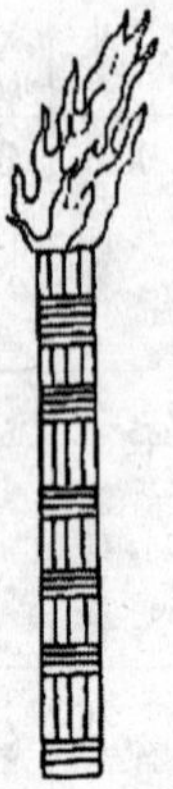

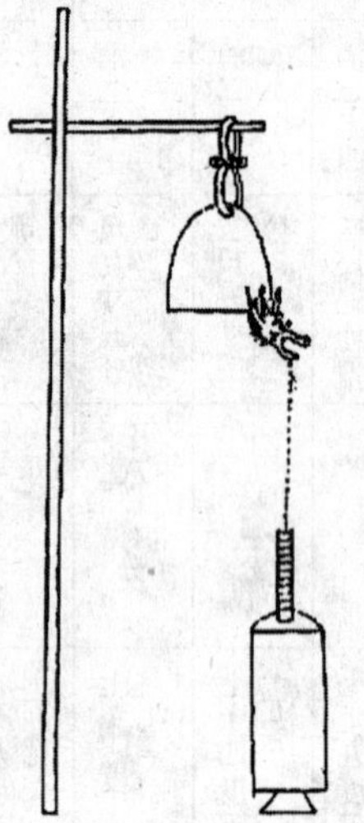

正月節晝四十八六分，夜五十一四分。中晝五十八分，夜四十九二分。
二月節晝五十三三分，夜四十六七分。中晝五十五八分，夜四十四二分。
三月節晝五十八三分，夜四十七分。中晝六十五分，夜三十九五分。
四月節晝六十三四分，夜三十七六分。中晝六十三九分，夜三十六一分。
五月節晝六十四九分，夜三十五一分。中晝六十三，夜三十五。
六月節晝六十四七分，夜三十五三分。中晝六十三八分，夜三十六二分。
七月節晝六十二三分，夜三十七七分。中晝六十二分，夜三十九八分。
八月節晝五十七八分，夜四十二二分。中晝五十五二分，夜四十四八分。
九月節晝五十二六分，夜四十七四分。中晝五十三分，夜四十九七分。
十月節晝四十八二分，夜五十一八分。中晝四十六七分，夜五十三三分。
十一月節晝四十五五分，夜五十四五分。中晝四十五，夜五十五。
十二月節晝四十五八分，夜五十四二分。中晝四十六八分，夜五十三二分。

壺箭

《周禮》：挈壺氏，下士六人，掌挈壺以令軍井。凡軍事，縣壺以序聚欜。凡喪，縣壺以代哭者。皆以水火守之，分以日夜。以火守壺者，夜則視刻數也。分以日夜者，異晝夜刻也。漏之箭，晝夜共百刻。冬夏之間，有長短焉。太史立成法有四十八箭。挈壺謂結之於竿首。挈，挈然也。及冬，以火爨鼎水而沸之，而沃之。《正義》曰：鄭謂太史立成法有四十八箭者，此據漢法而言，則以器盛四十八箭，箭各百刻。以壺盛水，懸於箭上，節而下之，水淹一刻。四十八箭者，取倍二十四氣也。雞人大祭祀，夜嘑旦以嘂百官。夜，夜漏未盡雞鳴時也。呼旦以警起百官，使夙興。凡國事爲期，則告之時。《齊詩・東方未明》，刺無節也。朝廷興居無節，號令不時，挈壺氏不能掌其職也。《正義》曰：置箭壺內，刻以爲節，而浮之水上，今水漏而刻下，以記晝夜昏明之數也。梁《漏刻經》云：漏刻之作，蓋肇於皇帝之日，宣乎夏商之代。《渾天儀制》曰：以銅爲器，再疊差置，實以清水，下各開孔，以玉虬吐漏水入兩壺，右爲夜，左爲晝。殷夔《漏刻法》曰：爲器三重，圓皆徑尺，差立於方輿之上，爲金龍口吐水，轉注之。其鑄金爲司辰，具衣冠，以兩手執箭。李蘭《刻漏法》曰：以銅爲渴烏，以引器中水，以銀龍口中吐之。

周天之星，二十有八。而星之辰有十二，辰之度三十有奇，十二辰之度三百六十五有奇。星辰循天而左旋，日月五星遡天而右轉。日，陽也，舒而遲，故朞而周。月，陰也，蹙以速，故一月而周。日月會於辰，則爲月十有二。會則爲歲，歲三百有六旬有六日，而日有長短參差不齊，先王於是刻箭沃漏以揆之，此挈壺氏所以設也。蓋日之行也，斗建寅則出乙而漸北，斗建午則出艮而漸南。漸北則春既分而晝加長，漸南則秋既分而晝加短。長短不過百刻而已，故晝長六十刻，夜短四十刻，晝短四十刻，夜長六十刻。然天之晝夜以日之出入爲分，人之晝夜以天之昏明爲節。明常先於日出，昏常後於日入，則日出之前二刻半爲明，日入之後二刻半爲昏。損夜五刻以裨於晝，故夏至晝六十五刻，夜三十五刻，冬至晝四十五刻，夜五十五刻，二分之晝五十五刻，夜四十五刻。自春分以至夏至，晝所增者九刻有半。自夏至以至秋分，所減者亦然。自秋分至於冬至，晝所減者十刻有半，自冬至以至春分，所加者亦然。挈壺之法，蓋爲箭四十八，以候二十四氣，大率七日大半而易一箭。孔穎達謂浮箭壺內以出刻爲准，賈公彦謂漏水壺內以没刻爲度，蓋各述其所聞而已，雖浮没不同，大槩一也。《渾儀制》曰：鑄金銅人爲胥徒，居壺之左右，以左手握箭，右手指刻，以别早晚。則出刻之説，與此合歟。挈壺氏曰：凡軍事，懸壺以序聚欜，凡喪，縣壺以代哭者。皆以水火守之，分以晝夜。及冬則以火爨鼎水而沸之，而沃之。則以火爨鼎使之不凝，以火守壺使之不差，施之於軍事所以嚴警守，施之於喪事所以嚴凶哀，以至朝廷朝夕之禮，亦常以是爲節焉。然《春官雞人》：凡國事爲期，則告之時。而《齊詩》特罪挈壺氏者，蓋天子備官，挈壺掌漏，雞人告之，諸侯則掌漏告時一於挈壺氏而已。

宋・楊甲《六經圖》卷三　齊國風《東方未明》，刺無節也。朝廷興居無節，號令不時，挈壺氏不能掌其職焉。按《周禮》，夏官之屬挈壺氏，掌漏刻者也。鄭氏曰：漏之箭，晝夜共百刻，冬夏之間有長短焉。太史立成法有四十八箭，其制莫考。今因舊圖，取唐之呂才、今之燕肅所制，列之于圖。

唐制呂才定

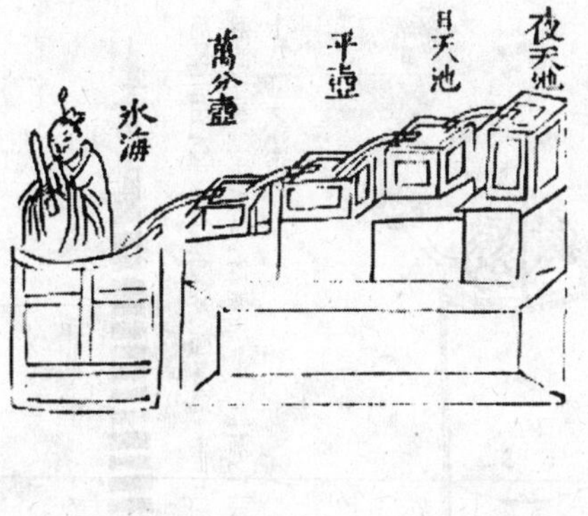

今制燕肅定

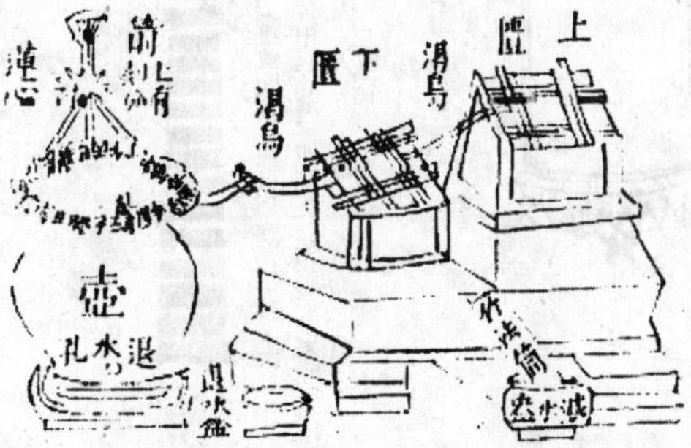

齊國風挈壺氏之圖

唐制有四匱：一夜天池，二日天池，三平壺，四萬分壺，又有水海。以水海浮箭，以四匱注水，始自夜天池以入于日天池，自日天池以入于平壺，以次相注，入于水海，浮箭而上，每以箭浮爲刻分也。

今制有二匱，二渴烏，一石壺，四十八箭，竹注筒一，銅節水小筒一，減水盎一，退水盆一。匱二，漆木爲之，深一尺二寸，徑三尺一寸五分。壺以石爲之，深二尺一寸五分，徑一尺三寸二分，內圍四尺一寸。渴烏二，銅爲之。上者長三尺二寸，受水口徑三分，出水口一分半。下者長二尺八寸，受水口徑二分，出水口一分。

箭以漆桐爲之，長四尺，徑六分，重四兩有半，刻蓮花爲首飾。上一尺六寸刻節候，中一尺五寸分二十五刻，每刻六分，下九分，安在蓮心。減水盎，竹注筒、銅節水小筒三物設在下匱之旁，以平水勢。退水盆設于壺竅之下，以受退水。

稱漏水法：

晝夜計十二時，每時八刻二十分，每刻六十分，計水一斤八兩。箭四十八，二箭當一氣，歲統二百一十六萬分，悉刻于箭上。銅烏引水，而下注蓮心，浮箭以上登。至于晝夜之別，分至之候，冬夏長短，昏曉隱見，與周官水臬晷影無差。

宋·顏頤仲《銅壺漏箭制度》 夫更漏箭壺，高三尺，徑一尺，重四鈞，其內別爲銅浮蓮以泛箭，闊七寸，高三寸，重叁拾兩。壺面盤徑一尺三寸，八斤。捧箭仙人重八斤，床二十五兩。前雀右虎各二斤，二斤二兩，後龜一斤七兩，皆銅爲之。仙人坐盤中，鐶以四手，捧小盤。箭穿其中，隨水之積以生時刻。箭長三尺六寸，徑四分，面各爲二十五刻，晝夜四易而百刻同。每時出盤心，即朱雀吐朱，繫下銅盤，以警守者。盤連莖重四十三兩。壺之前有盆，深一尺，徑二尺五寸，重二百斤，以貯乾坤艮巽四時易箭之退水。壺下有臺，高七寸，面徑一尺三寸，重三鈞，以承壺，使龜首吐水而登於盆。箭揔二十五枝，每氣用上下二箭，二至各用一箭而始終之，揔太史四十八箭之法也。龜負荷承下斛，渴烏之水注壺中。渴烏長一尺八寸，水竅容一中芥子。斛方一尺五寸，深一尺二寸，重七鈞，傍臨脣一寸作螭首，爲減水之穴。承以小斗，斗長廣皆一尺，重一百斤，使斛水常平，而均渴烏之水勢。下斛之上，木爲蓋。又植一銅荷，承上櫃渴烏之水。烏竅稍大，而長加二寸。櫃長二尺，深廣如下斛，重二百八十斤。櫃斛斗盆座皆冶鐵爲之。櫃斛之下爲暗爐，置火以休漏布羃。櫃上以濾水，新舊相半，亢則小差遲速。龍眠李伯詩序。

櫃長二尺，深廣如下斛，重二百八十斤。櫃斛之下爲暗爐，冬置火。

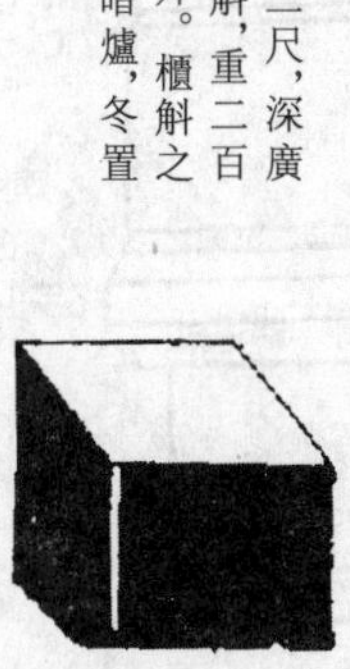

斛方一尺五寸，深一尺二寸，重七鈞，傍臨脣一寸作螭首，爲減水之穴，使斛水常平而均，用木爲蓋。

小㪷長廣皆一尺，重一百斤。櫃斛㪷盆座皆冶鐵爲之。

盆深一尺，徑二尺五寸，重二百斤，以貯乾坤艮巽易箭之退水。

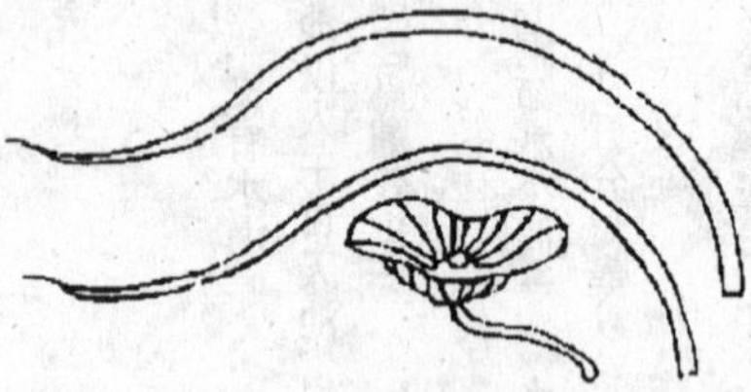

下渴烏長一尺八寸，水竅容一中芥子。上渴烏比下竅稍大，而長加二寸。銅荷各重二斤，中有穴如錢眼大。蒂虛長一尺五寸，面闊一尺。

箭長三尺六寸，方徑四分，面各爲二十五刻，晝夜四易而百刻同，每時出於盤心。總二十五枝，每氣用上下二箭，二至各用一箭，而始終之，總太史四十八箭之法也。

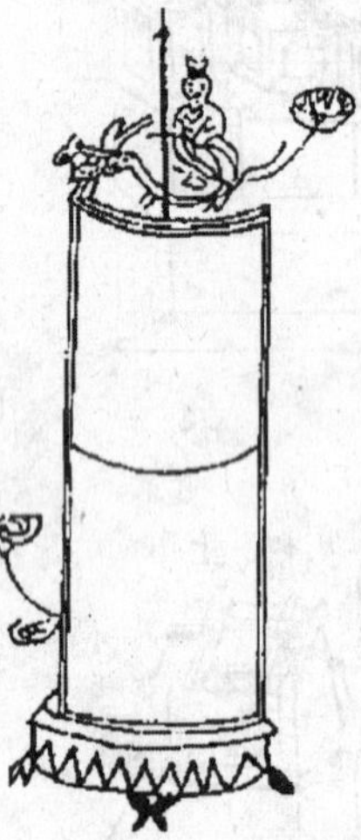

壺高三尺，徑一尺，重四均。其内別有銅浮蓮，空中以泛箭，闊七寸，重叁拾兩。壺面盤徑一尺三寸，重十八斤。捧箭仙人重八斤，床二十五兩。前雀右虎各二斤，左龍二斤二兩，後龜一斤七兩，皆銅爲之。仙人坐盤中，鐶以四神，手捧小盤，箭穿其中，隨水之積以生時刻。

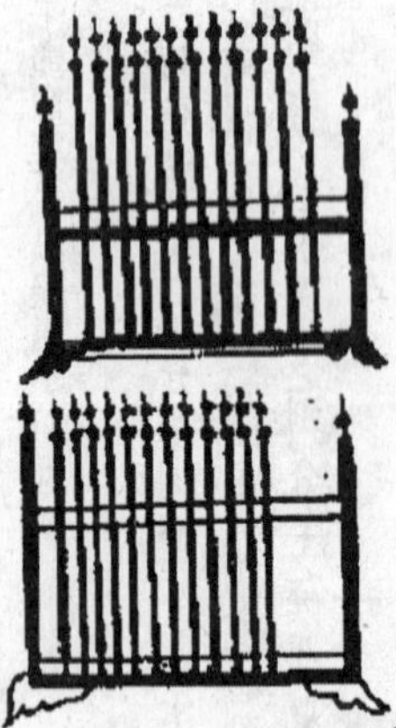

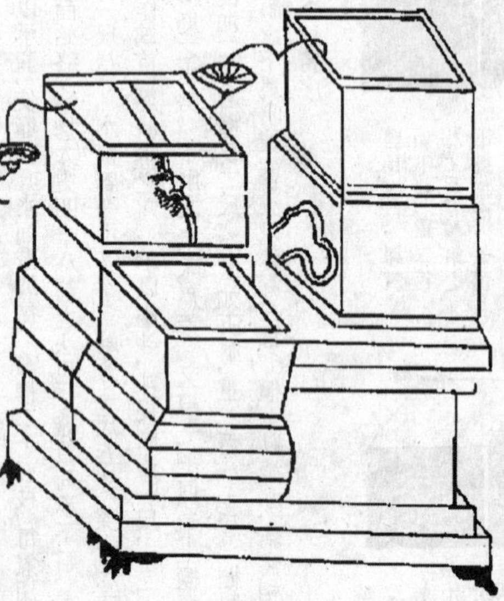

百刻冬至上箭此箭獨用

日出辰一刻	日入申七刻四十分
晝四十刻	夜六十刻
每更一十一刻	每點二刻　分

艮艮寅寅寅寅甲甲卯卯卯卯乙乙辰辰辰辰巽巽
（寅初……正　五更　卯初……正……曉　辰初　日出　正）

巽巽巳巳巳巳丙丙午午午午丁丁未未未未坤坤
（巳初　正　午初　正　未初　正）

坤坤申申申申庚庚酉酉酉酉辛辛戌戌戌戌乾乾
（申初　正　日入　酉初　一更　正……戌初……正　二更）

乾乾亥亥亥亥壬壬子子子子癸癸丑丑丑丑艮艮
（亥初……正……　三更　子初……正……丑初　四更　正）

百刻冬至下箭大雪下箭同用

日出辰三十五分	日入申八刻五分
晝四十刻五十分	夜五十九刻一十分
每更一十刻五分	每點二刻一十分

艮艮寅寅寅寅甲甲卯卯卯卯乙乙辰辰辰辰巽巽
（寅初　正　五更　卯初……正……曉　辰初　日出　正）

巽巽巳巳巳巳丙丙午午午午丁丁未未未未坤坤
（巳初　正　午初　正　未初　正）

坤坤申申申申庚庚酉酉酉酉辛辛戌戌戌戌乾乾
（申初　正　日入　酉初　一更　正……戌初……正　二更）

乾乾亥亥亥亥壬壬子子子子癸癸丑丑丑丑艮艮
（亥初……正……　三更　子初……正……丑初　四更　正……）

百刻小寒上箭大雪上箭同用

日出辰一十分	日入酉一十分
晝四十一刻四十分	夜五十八刻二十分
每更一十刻四十分	每點二刻八分

艮艮寅寅寅寅甲甲卯卯卯卯乙乙辰辰辰辰巽巽
（寅初……正　五更　卯初……正……曉　辰初　日出　正）

巽巽巳巳巳巳丙丙午午午午丁丁未未未未坤坤
（巳初　正　午初　正　未初　正）

坤坤申申申申庚庚酉酉酉酉辛辛戌戌戌戌乾乾
（申初　正　日入　酉初　一更　正……戌初……正　二更）

乾乾亥亥亥亥壬壬子子子子癸癸丑丑丑丑艮艮
（亥初……正……　三更　子初……正……丑初　四更……）

百刻小寒下箭小雪下箭同用

日出卯八刻五分	日入酉三十五分
晝四十二刻三十分	夜五十七刻三十分
每更一十刻三十分	每點二刻六分

艮艮寅寅寅寅甲甲卯卯卯卯乙乙辰辰辰辰巽巽
（寅初……正　五更……卯初……正　曉　辰初　日出　正）

巽巽巳巳巳巳丙丙午午午午丁丁未未未未坤坤
（巳初　正　午初　正　未初　正）

坤坤申申申申庚庚酉酉酉酉辛辛戌戌戌戌乾乾
（申初　正　日入　酉初　一更　正……戌初……正　二更）

乾乾亥亥亥亥壬壬子子子子癸癸丑丑丑丑艮艮
（亥初……正　三更　子初……正……丑初　四更　正……）

百刻大寒上箭小雪上箭同用

日出卯七刻四十分	晝四十三刻二十分	每更一十刻二十分
日入酉一刻	夜五十六刻四十分	每點二刻四十分

艮艮寅寅寅寅甲甲卯卯卯卯乙乙辰辰辰辰巽巽（寅初……五更正……卯初……正 晚……日出 辰初……正）

巽巽巳巳巳巳丙丙午午午午丁丁未未未未坤坤（巳初 正 午初 正 未初 正）

坤坤申申申申庚庚酉酉酉酉辛辛戌戌戌戌乾乾（申初 正 酉初 日入 正 一更……戌初……正 二更）

乾乾亥亥亥亥壬壬子子子子癸癸丑丑丑丑艮艮（亥初……正……子初 三更……正……丑初 四更 正……）

百刻大寒下箭立冬下箭同用

日出卯七刻一十五分	晝四十四刻一十分	每更一十刻一十分
日入酉一刻二十五分	夜五十五刻五十分	每點二刻二分

艮艮寅寅寅寅甲甲卯卯卯卯乙乙辰辰辰辰巽巽（寅……初 五更正 卯初……正 晚 日出 辰初 正）

巽巽巳巳巳巳丙丙午午午午丁丁未未未未坤坤（巳初 正 午初 正 未初 正）

坤坤申申申申庚庚酉酉酉酉辛辛戌戌戌戌乾乾（申初 正 酉初 日入 正 一更 戌初……正…… 二更）

乾乾亥亥亥亥壬壬子子子子癸癸丑丑丑丑艮艮（亥初……正…… 三更 子初……正……丑初 四更 正……）

百刻立春上箭立冬上箭同用

日出卯六刻五十分	晝四十五刻	每更一十刻
日入酉一刻五十分	夜五十五刻	每點二刻

艮艮寅寅寅寅甲甲卯卯卯卯乙乙辰辰辰辰巽巽（寅初……五更正……卯初……正 晚 日出 辰初 正）

巽巽巳巳巳巳丙丙午午午午丁丁未未未未坤坤（巳初 正 午初 正 未初 正）

坤坤申申申申庚庚酉酉酉酉辛辛戌戌戌戌乾乾（申初 正 酉初 日入 正 一更 戌初……正 二更）

乾乾亥亥亥亥壬壬子子子子癸癸丑丑丑丑艮艮（亥初……正……子初 三更 正……丑初 四更 正……）

百刻立春下箭霜降下箭同用

日出卯六刻二十五分	晝四十五刻五十分	每更九刻五十分
日入酉二刻二十五分	夜五十四刻一十分	每點一刻五十八分

艮艮寅寅寅寅甲甲卯卯卯卯乙乙辰辰辰辰巽巽（寅初……五更正……卯初……正 晚 日出 辰初 正）

巽巽巳巳巳巳丙丙午午午午丁丁未未未未坤坤（巳初 正 午初 正 未初 正）

坤坤申申申申庚庚酉酉酉酉辛辛戌戌戌戌乾乾（申初 正 酉初 日入 正 一更 戌初……正…… 二更）

乾乾亥亥亥亥壬壬子子子子癸癸丑丑丑丑艮艮（亥初……正……子初 三更 正……丑初 四更 正……）

百刻雨水上箭霜降上箭同用

日出卯六刻	晝四十六刻四十分	每更九刻四十分
日入酉二刻四十分	夜五十三刻二十分	每點一刻五十六分

艮艮寅寅寅寅甲甲甲卯卯卯卯卯乙乙辰辰辰辰辰巽巽
寅初 五更 正 卯初 正曉 日出 辰初 正

巽巽巳巳巳巳丙丙丙午午午午午丁丁丁未未未未坤坤
巳初 正 午初 正 未初 正

坤坤申申申申庚庚庚酉酉酉酉酉辛辛辛戌戌戌戌乾乾
申初 正 酉初 日入正 一更 戌初 正 二更

乾乾亥亥亥亥壬壬壬子子子子子癸癸癸丑丑丑丑艮艮
亥初 正 子初 三更 正 丑初 四更 正

百刻雨水下箭寒露下箭同用

日出卯五刻三十五分	晝四十七刻三十分	每更九刻三十分
日入酉三刻五分	夜五十二刻二十分	每點一刻五十四分

艮艮寅寅寅寅甲甲甲卯卯卯卯卯乙乙辰辰辰辰辰巽巽
寅初 五更 正 卯初 正曉 日出 辰初 正

巽巽巳巳巳巳丙丙丙午午午午午丁丁丁未未未未坤坤
巳初 正 午初 正 未初 正

坤坤申申申申庚庚庚酉酉酉酉酉辛辛辛戌戌戌戌乾乾
申初 正 酉初 日入正 戌初 正 二更

乾乾亥亥亥亥壬壬壬子子子子子癸癸癸丑丑丑丑辰辰
亥初 正 子初 三更 正 丑初 四更 正

百刻驚蟄上箭寒露上箭同用

日出卯五刻一十分	晝四十八刻二十分	每更九刻二十分
日入酉三刻三十分	夜五十一刻四十分	每點一刻五十二分

艮艮寅寅寅寅甲甲甲卯卯卯卯卯乙乙辰辰辰辰辰巽巽
寅初 五更 正 卯初 曉正 日出 辰初 正

巽巽巳巳巳巳丙丙丙午午午午午丁丁丁未未未未坤坤
巳初 正 午初 正 未初 正
日入

坤坤申申申申庚庚庚酉酉酉酉酉辛辛辛戌戌戌戌乾乾
申初 正 酉初 正 一更 戌初 正 二更

乾乾亥亥亥亥壬壬壬子子子子子癸癸癸丑丑丑丑艮艮
亥初 正 子初 三更 正 丑初 四更 正

百刻驚蟄下箭秋分下箭同用

日出卯四刻四十五分	晝四十九刻一十分	每更九刻一十分
日入酉三刻五十五分	夜五十刻五十分	每點一刻五十分

艮艮寅寅寅寅甲甲甲卯卯卯卯卯乙乙辰辰辰辰辰巽巽
寅初 五更 正 卯初 曉 正日出 辰初 正

巽巽巳巳巳巳丙丙丙午午午午午丁丁丁未未未未坤坤
巳初 正 午初 正 未初 正
日入

坤坤申申申申庚庚庚酉酉酉酉酉辛辛辛戌戌戌戌乾乾
申初 正 酉初 正 一更戌初 正 二更

乾乾亥亥亥亥壬壬壬子子子子子癸癸癸丑丑丑丑艮艮
亥初 正 子初 三更 正 丑初 四更 正

百刻春分上箭秋分上箭同用

日出卯四刻二十分	晝五十刻	每更九刻
日入酉四刻二十分	夜五十刻	每點一刻四十八分

艮艮寅寅寅寅甲甲甲卯卯卯卯乙乙乙辰辰辰辰巽巽（寅初 五更 正…… ……卯……初 曉 正 日出 辰初 正）

巽巽巳巳巳巳丙丙丙午午午午丁丁丁未未未未坤坤（巳初 正 午初 正 未初 正）

坤坤申申申申庚庚庚酉酉酉酉辛辛辛戌戌戌戌乾乾（申初 正 酉初 正日入 一更戌初 …… 正…… …… 二更）

乾乾亥亥亥亥壬壬壬子子子子癸癸癸丑丑丑丑艮艮（亥初 …… 正…… …… 子初 三更 正…… …… 丑初 四更 正 …… …… ……）

百刻春分下箭白露下箭同用

日出卯三刻五十五分	晝五十刻五十分	每更八刻五十分
日入酉四刻四十五分	夜四十九刻一十分	每點一刻四十六分

艮艮寅寅寅寅甲甲甲卯卯卯卯乙乙乙辰辰辰辰巽巽（寅初 五更 正…… …… ……卯初曉 日出正 辰初 正）

巽巽巳巳巳巳丙丙丙午午午午丁丁丁未未未未坤坤（巳初 正 午初 正 未初 正）

坤坤申申申申庚庚庚酉酉酉酉辛辛辛戌戌戌戌乾乾（申初 正 酉初 正 日出 戌初 一更 …… 正…… ……）

乾乾亥亥亥亥壬壬壬子子子子癸癸癸丑丑丑丑艮艮（亥初 二更 …… 正…… …… 子初 三更 ……正…… …… 丑初 四更 正…… …… ……）

百刻清明上箭白露上箭同用

日出卯三刻三十分	晝五十一刻四十分	每更八刻四十分
日入酉五刻一十分	夜四十八刻二十分	每點一刻四十四分

艮艮寅寅寅寅甲甲甲卯卯卯卯乙乙乙辰辰辰辰巽巽（寅初 五更 ……正…… ……卯初曉 正 日出 辰初 正）

巽巽巳巳巳巳丙丙丙午午午午丁丁丁未未未未坤坤（巳初 正 午初 正 未初 正）

坤坤申申申申庚庚庚酉酉酉酉辛辛辛戌戌戌戌乾乾（申初 正 酉初 正日出 戌初 一更 …… 正…… ……）

乾乾亥亥亥亥壬壬壬子子子子癸癸癸丑丑丑丑辰艮（亥初 二更 …… 正…… …… 子初 三更 ……正…… …… 丑初 四更 正…… …… ……）

百刻清明下箭處暑下箭同用

日出卯三刻五分	晝五十二刻三十分	每更八刻三十分
日入酉五刻三十五分	夜四十七刻五十分	每點一刻四十二分

艮艮寅寅寅寅甲甲甲卯卯卯卯乙乙乙辰辰辰辰巽巽（寅初 五更 …… 正…… …… 卯初曉 正 日出 辰初 正）

巽巽巳巳巳巳丙丙丙午午午午丁丁丁未未未未坤坤（巳初 正 午初 正 未初 正）

坤坤申申申申庚庚庚酉酉酉酉辛辛辛戌戌戌戌乾乾（申初 正 酉初 正 日入 戌初 一更 …… 正 …… ……）

乾乾亥亥亥亥壬壬壬子子子子癸癸癸丑丑丑丑艮艮（亥初 二更 …… 正…… …… 子初 三更 ……正…… …… 丑初 四更 正…… ……）

百刻穀雨上箭處暑上箭同用

日出卯二刻四十分	日入酉六刻
晝五十三刻二十分	夜四十六刻四十分
每更八刻二十分	每點一刻四十分

五更 寅初 艮艮寅……正……寅寅甲 卯初晚 甲卯卯 日出 正 卯卯乙乙 辰初 辰辰 正 辰辰巽巽

巳初 巽巽巳巳 正 巳巳丙丙 午初 午午 正 午午丁丁 未初 未未 正 未未坤坤

申初 坤坤申申 正 申申庚庚 酉初 酉酉 正 酉酉 日入 辛辛 戌初一更 戌戌 正 戌戌乾乾

亥初 二更 乾乾亥亥 正 亥亥壬壬 子初 三更 子子 正 子子癸癸 丑初 四更 丑丑 正 丑丑艮艮

百刻穀雨下箭立秋下箭同用

日出卯二刻一十五分	日入酉六刻二十五分
晝五十四刻一十分	夜四十五刻五十分
每更八刻一十分	每點一刻三十八分

五更 寅初 艮艮寅……正……寅寅甲 卯初 晚 甲卯卯 日出 正 卯卯乙乙 辰初 辰辰 正 辰辰巽巽

巳初 巽巽巳巳 正 巳巳丙丙 午初 午午 正 午午丁丁 未初 未未 正 未未坤坤

申初 坤坤申申 正 申申庚庚 酉初 酉酉 正 酉酉 日入 辛辛 戌初一更 戌戌 正 戌戌乾乾

亥初 二更 乾乾亥亥 正 亥亥壬壬 子初 三更 子子 正 子子癸癸 丑初 四更 丑丑 正 丑丑艮艮

百刻立夏上箭立秋上箭同用

日出卯一刻五十分	日入酉六刻五十分
晝五十五刻	夜四十五刻
每更八刻	每點一刻三十六分

五更 寅初 艮艮寅……正……寅寅甲 晚卯初 甲卯卯 日出 正 卯卯乙乙 辰初 辰辰 正 辰辰巽巽

巳初 巽巽巳巳 正 巳巳丙丙 午初 午午 正 午午丁丁 未初 未未 正 未未坤坤

申初 坤坤申申 正 申申庚庚 酉初 酉酉 正 酉酉 日入 辛辛 戌初 一更 戌戌 正 戌戌乾乾

亥初二更 乾乾亥亥 正 亥亥壬壬 子初 一更 子子 正 子子癸癸 丑初 四更 丑丑 正 丑丑艮艮

百刻立夏下箭大暑下箭同用

日出卯一刻二十五分	日入酉十刻一十五分
晝五十五刻五十分	夜四十四刻一十分
每更七刻五十分	每點一刻三十分

寅初 艮艮寅……正……寅寅甲 晚 卯初 甲卯卯 日出 正 卯卯乙乙 辰初 辰辰 正 辰辰巽巽

巳初 巽巽巳巳 正 巳巳丙丙 午初 午午 正 午午丁丁 未初 未未 正 未未坤坤

申初 坤坤申申 正 申申庚庚 酉初 酉酉 正 酉酉 日入戌初 一更 辛辛戌戌 正 戌戌乾乾

亥初 二更 乾乾亥亥 正 亥亥壬壬 子初 三更 子子 正 子子癸癸 丑初 四更 丑丑 正 丑丑艮艮

百刻小滿上箭大暑上箭同用

日出卯一刻	晝五十六刻四十分	每更七刻四十分
日入酉七刻四十分	夜四十三刻四十分	每點一刻三十二分

艮艮寅寅寅寅甲甲卯卯卯卯乙乙辰辰辰辰巽巽
（寅初……　……　正……　晚卯初　日出　正　辰初　正）
巽巽巳巳巳巳丙丙午午午午丁丁未未未未坤坤
（巳初　正　午初　正　未初　正）
坤坤申申申申庚庚酉酉酉酉辛辛戌戌戌戌乾乾
（申初　正　酉初　正　日入戌初　一更　正……　……）
乾乾亥亥亥亥壬壬子子子子癸癸丑丑丑丑艮艮
（亥初……　二更　正……　……　……子初　三更　正……　……　……　丑初　四更　……　正……　……　五更）

百刻小滿下箭小暑下箭同用

日出卯三十五分	晝五十七刻二十分	每更七刻三十分
日入酉八刻五分	夜四十二刻三十分	每點一刻三十分

艮艮寅寅寅寅甲甲卯卯卯卯乙乙辰辰辰辰巽巽
（寅初……　……　正……　晚　卯初　日出　正　辰初　正）
巽巽巳巳巳巳丙丙午午午午丁丁未未未未坤坤
（巳初　正　午初　正　未初　正）
坤坤申申申申庚庚酉酉酉酉辛辛戌戌戌戌乾乾
（申初　正　酉初　正　戌初　日入　一更正　……　……）
乾乾亥亥亥亥壬壬子子子子癸癸丑丑丑丑艮艮
（亥初……　二更　正……　……　子初　三更　……　正……　……　丑初　四更　……　正……　……　五更）

百刻芒種上箭小暑上箭同用

日出卯一十五分	晝五十八刻二十分	每更七刻二十分
日入戌一十分	夜四十一刻四十分	每點一刻二十八分

艮艮寅寅寅寅甲甲卯卯卯卯乙乙辰辰辰辰巽巽
（寅初……　……　正……　晚　卯初　日出　正　辰初　正）
巽巽巳巳巳巳丙丙午午午午丁丁未未未未坤坤
（巳初　正　午初　正　未初　正）
坤坤申申申申庚庚酉酉酉酉辛辛戌戌戌戌乾乾
（申初　正　酉初　正　戌初　日入　一更　正　……　……）
乾乾亥亥亥亥壬壬子子子子癸癸丑丑丑丑艮艮
（亥初……　二更　正……　……　……　子初　三更　正……　……　丑初　四更……　……　正……　……　五更）

百刻芒種下箭夏至下箭同用

日出寅刻五分	晝五十九刻一十分	每更七刻一十分
日入戌三十五分	夜四十刻五十分	每點一刻二十六分

艮艮寅寅寅寅甲甲卯卯卯卯乙乙辰辰辰辰巽巽
（寅初……　……　正……　晚　卯初　日出　正　辰初　正）
巽巽巳巳巳巳丙丙午午午午丁丁未未未未坤坤
（巳初　正　午初　正　未初　正）
坤坤申申申申庚庚酉酉酉酉辛辛戌戌戌戌乾乾
（申初　正　酉初　正　戌初日入　正　一更　……　……）
乾乾亥亥亥亥壬壬子子子子癸癸丑丑丑丑艮艮
（亥初……　二更　正　……　……　子初　三更　……　正……　……　丑初　四更　……　正……　……　五更）

百刻夏至上箭此箭獨用

日出寅七刻四十分	日入戌一刻
晝六十刻	夜四十刻
每更七刻	每點一刻二十五分

寅初……正……曉　日出　卯初　正　辰初　正
艮艮寅寅寅寅甲甲卯卯卯卯乙乙辰辰辰辰巽巽

巳初　正　午初　正　未初　正
巽巽巳巳巳巳丙丙午午午午丁丁未未未未坤坤

申初　正　酉初　正　戌初　日入　正……　一更
坤坤申申申申庚庚酉酉酉酉辛辛戌戌戌戌乾乾

亥初　二更　正……　……　子初　三更　……正……　……　丑初　四更　……正……　……　五更
乾乾亥亥亥亥壬壬子子子子癸癸丑丑丑丑艮艮

宋·孫逢吉《準齋心製几漏圖示》

器用上下兩壺　盖架　濾水箭　浮匏籌箭一套　景輪　髮透子　圖式

昔挈壺氏之制漏壺也，有四，其一曰天地，其二曰平水，三曰受水，四曰減水。規模宏大，惟可施之官府，若夫燕居則煩矣。近時雖有異製，多是不準，盖推測不得其法故也。只知百刻平分，殊不究水之昇降，方其滿則速，淺則遲，差舛由此。逢吉以心法創兹小壺，因水之淺滿昇降推測，上契天運，昏曉相符，晝參日景，夜應中星，略無頃刻之差。尤且水之去來不露，内可施之堂奧，外可帶之舟車，至於夙夜在公，優游燕處，皆可置之坐隅，備知時刻之正，寂便宜士大夫出入起居之用，豈云小補哉？箭分兩面，自卯至酉爲晝，自酉至[illegible]夜。下卯酉之餘刻，以備晝夜長短之候。裝水之法，遇早以濾水箭搭[illegible]日，以新水和舊水濾入壺中，但取接此時刻晝際，晚亦如之。或遇日[illegible]以景輪，圭格印證，其端的無分毫爽。器不洗〔擢〕(濯)則〔挨〕(埃)[illegible]隙，水不篩濾則塵垢成積，或有滯澁，當以猪髮透之。此荆公《明州刻漏銘》所謂匪器則弊，人存政舉者也。几晝夜百刻，節序短長。日出爲晝，日入爲夜，發更皆在日入二刻半後，攢點皆在日出二刻半前。分界定數二十有五箭，如冬至後自第一箭順數用之，夏至後自二十五箭逆數用之，卻依日曆，參照節候。今序分晝夜更點昏曉之度，圖述于後。惟此小壺準的，随水校定，功在一竅，蕪孔竅微細，僅通絲髮，惟要澄濾水清，畧無塵滓，不滯水道爲佳。上壺水滿則疾，流注如線，水至半壺漸遲，將滴至下，水淺，其滴尤慢。盖水有重輕，流有遲疾，不可視之常流。或有垢滯，只可用猪髮穿透，切不可用竹木與針動及竅眼，繞畧有分毫侵損，便成廢器，切宜慎之。如遇收拾湏管，拭抹乾净，常以猪髮穿透，庶毋蹇塞之弊也。事宜畢備用賛。

第一箭自冬至用至小寒後四日

晝三十八刻
夜六十二刻

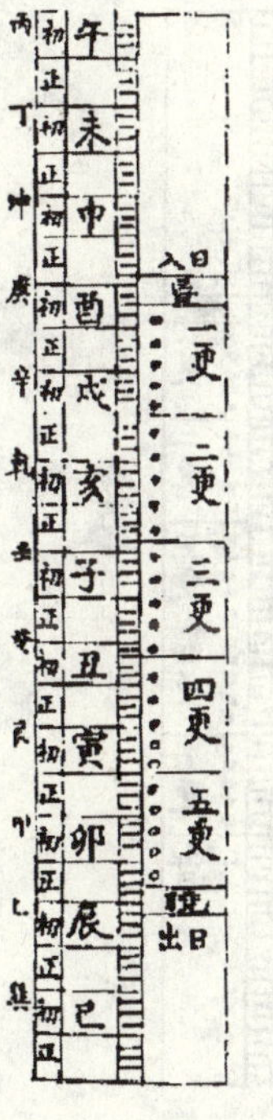

第二箭自小寒後五日用至大寒前一日，自大雪前四日用至冬至前一日

晝三十九刻
夜六十一刻

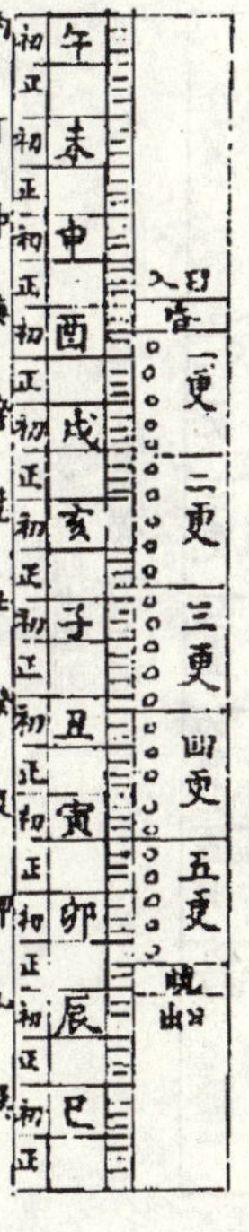

第三箭自大寒日用至大寒後五日，自小雪後一日用至大雪前五日

晝四十刻

夜六十刻

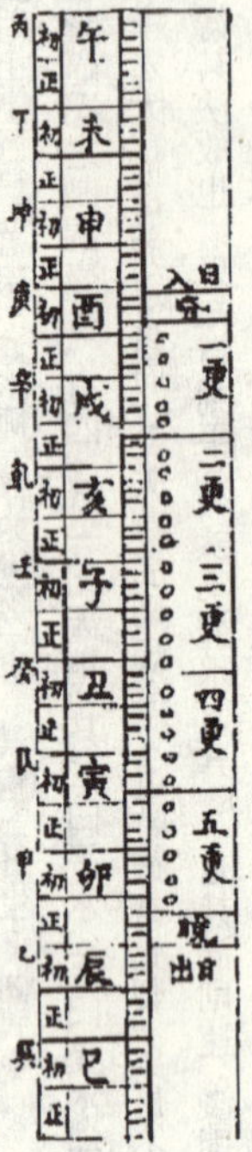

第四箭自大寒後六日用至立春前三日，自小雪前七日用至小雪日

晝四十一刻

夜五十九刻

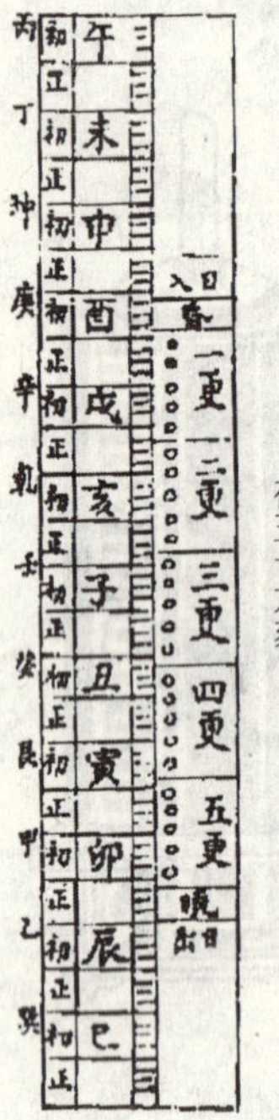

第五箭自立春前二日用至立春後三日，自立冬後二日用至立冬後七日

晝四十二刻

夜五十八刻

第六箭自立春後四日用至雨水前六日，自立冬前四日用至立冬後一日

晝四十三刻

夜五十七刻

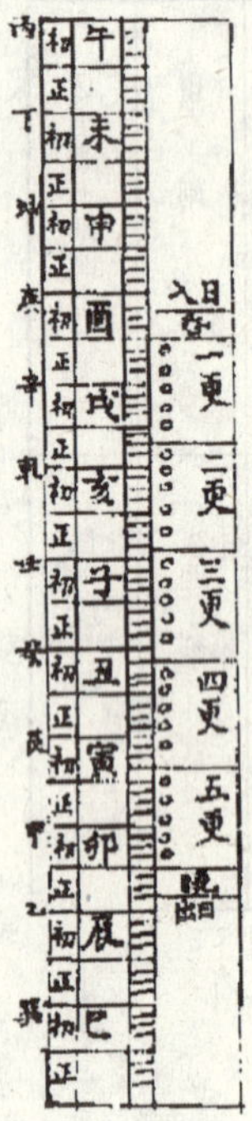

第七箭自雨水前五日用至雨水前一日，自霜降後三日用至立冬前五日

晝四十四刻

夜五十六刻

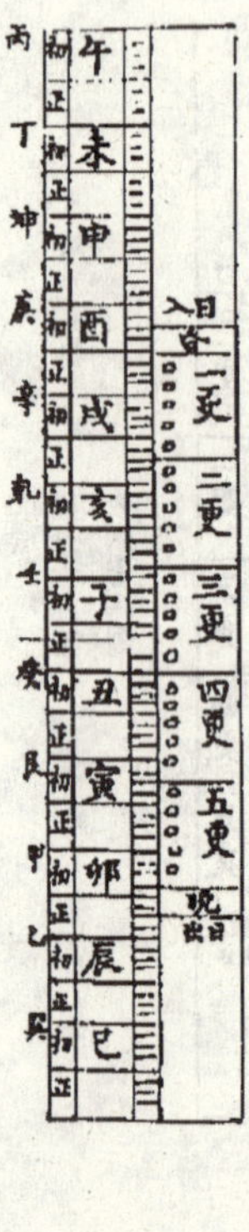

第八箭自雨水日用至雨水後五日，自霜降前一日用至霜降後四日

晝四十五刻

夜五十五刻

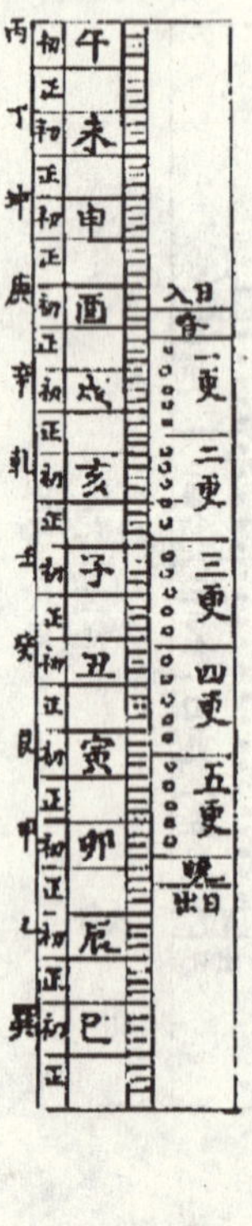

第九箭自雨水後六日用至驚蟄前五日，自霜降前六日用至霜降前二日

晝四十六刻

夜五十四刻

第十箭自驚蟄前四日用至驚蟄後一日，自寒露後三日用至霜降前七日

晝四十七刻

夜五十三刻

第十一箭自驚蟄後二日用至驚蟄後六日，自寒露前二日用至寒露後二日

晝四十八刻
夜五十二刻

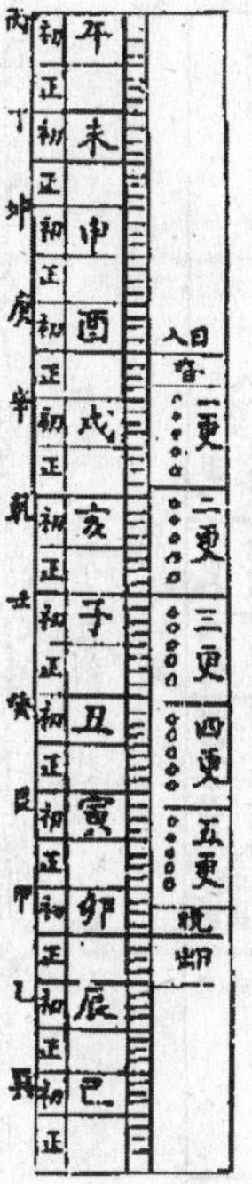

第十二箭自驚蟄後七日用至春分前四日，自寒露前八日用至寒露前三日

晝四十九刻
夜五十一刻

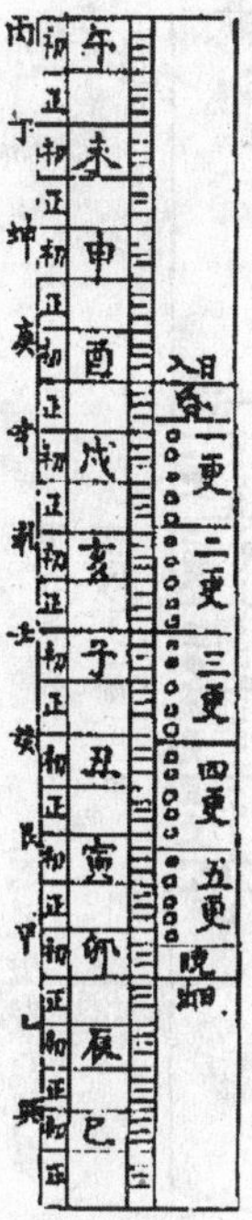

第十三箭自春分前三日用至春分後一日，自秋分後三日用至秋分後七日

晝五十刻
夜五十刻

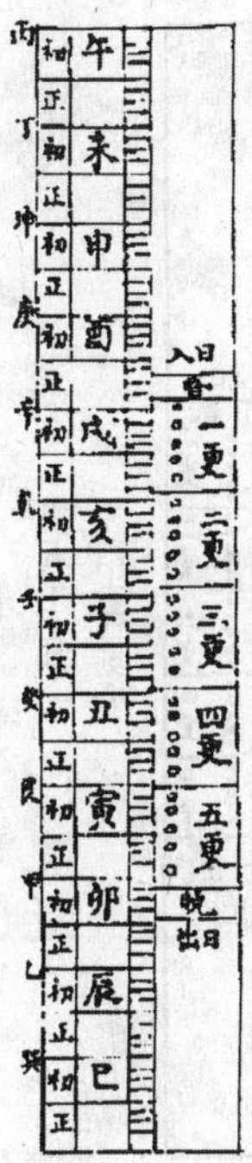

第十四箭自春分後二日用至春分後七日，自秋分前三日用至秋分後二日

晝五十一刻
夜四十九刻

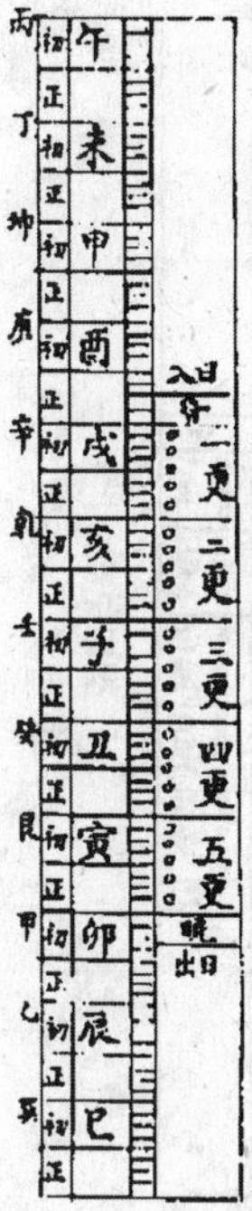

第十五箭自清明前七日用至清明前二日，自秋分前八日用至秋分前四日

晝五十二刻
夜四十八刻

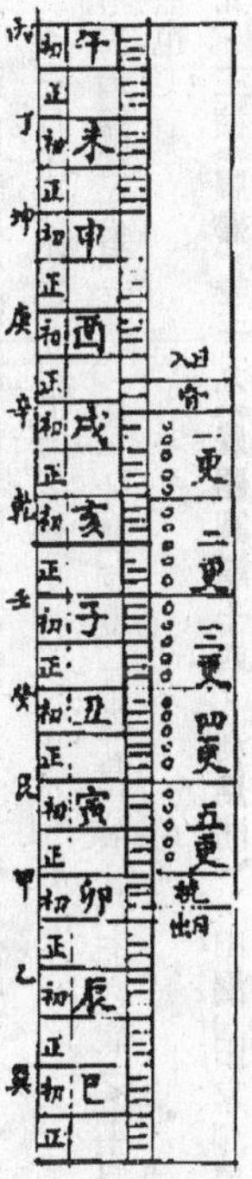

第十六箭自清明前一日用至清明後三日，自白露後一日用至白露後六日

晝五十三刻
夜四十七刻

第十七箭自清明後四日用至穀雨前六日，自白露前五日用至白露日

晝五十四刻
夜四十六刻

第十八箭自穀雨前五日用至穀雨日，自處暑後五日用至白露前六日

晝五十五刻
夜四十五刻

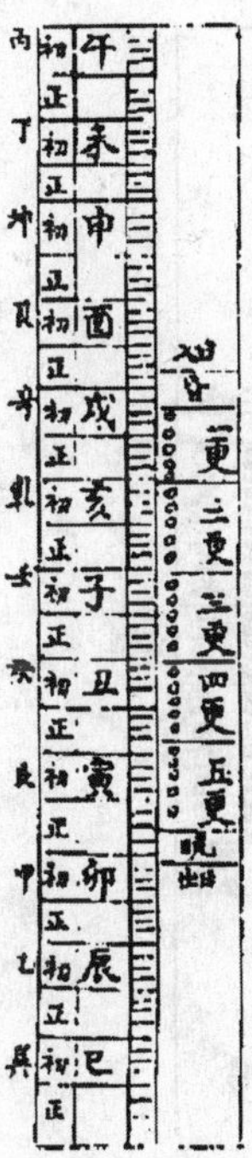

第十九箭自穀雨後一日用至穀雨後六日，自處暑前一日用至處暑後四日

晝五十六刻

夜四十四刻

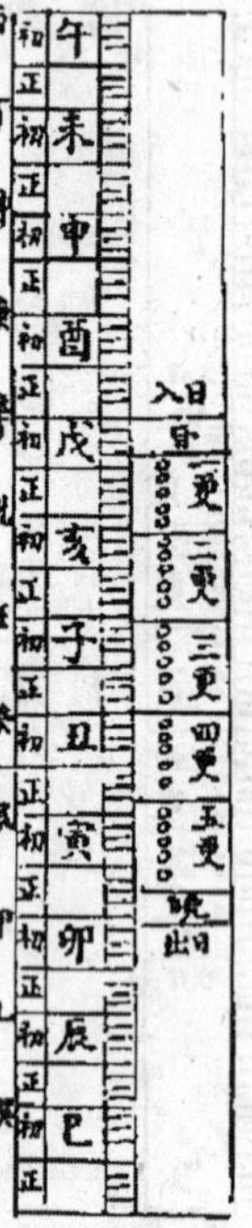

第二十箭自穀雨後七日用至立夏前三日，自處暑前七日用至處暑前二日

晝五十七刻

夜四十三刻

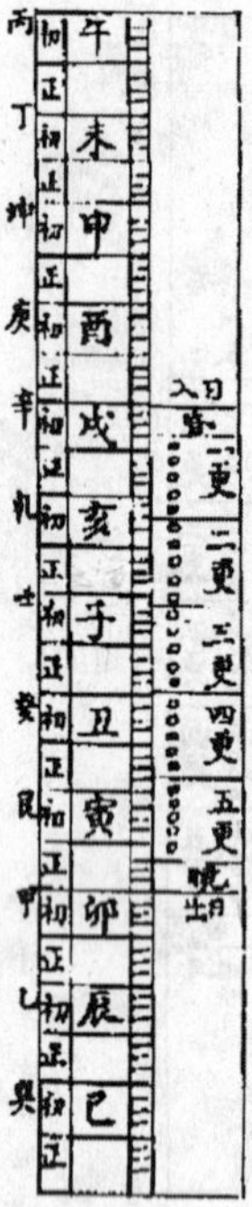

第二十一箭自立夏前二日用至立夏後四日，自立秋後二日用至處暑前八日

晝五十八刻

夜四十二刻

第二十二箭自立夏後五日用至小滿前四日，自立秋前五日用至立秋後一日

晝五十九刻

夜四十一刻

第二十三箭自小滿前三日用至小滿後七日，自大暑後三日用至立秋前六日

晝六十刻

夜四十刻

第二十四箭自芒種前七日用至夏至前一日，自小暑後七日用至大暑後二日

晝六十一刻

夜三十九刻

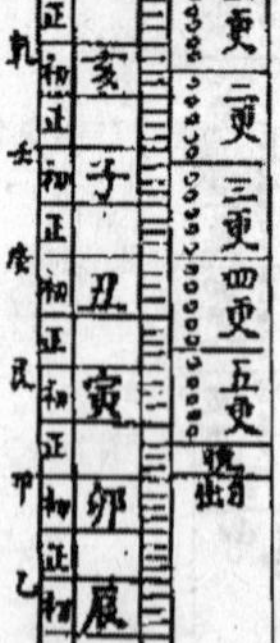

第二十五箭自夏至日用至小暑後六日

晝六十二刻

夜三十八刻

宋・薛尚功《歷代鐘鼎彝器款識法帖》卷一九　丞相府漏壺

二十一斤十二兩六年三月己亥年史神工譚正丞相府

考古云銘二十有一字。按：此器制度，其蓋有長方孔，而壺底之上有流筩，乃漏壺也。

元・王禎《農書》卷一九《農器圖譜十四・利用門》　田漏，田家測景水器也。凡寒暑昏曉，已驗于星，若占候時刻，惟漏可知。古今刻漏有二，曰稱漏，曰浮漏。夫稱漏以權衡作之，殆不如浮漏之簡要。今田漏概取其制，置箭壺內，刻以爲節，既壺水下注，即水起箭浮，時刻漸露。自巳初下漏，而測景焉，至申初爲

三辰，得二十五刻，倍爲六辰，得五十刻。晝之于箭，視其下，尚可增十餘刻也。乃於卯酉之時，上水以試之，今日午至來日午，而漏與景合，且數日皆然，則箭可用矣。如或有差，當隨所差而損益之，改晝辰刻，又試如初，必待其合也。農家置此，以揆時計工，不可闕者。大凡農作，須待時氣，時既至，耕種耘耔，事在晷刻，苟或違之時不再來，所謂寸陰可競，分陰當惜，此田漏之所以作也。兹刊爲圖譜，以示準式。梅聖俞詩云：占星昏曉中，寒暑已不疑。田家更置漏，寸晷亦欲知。汗與水俱滴，身隨陰屢移。誰當哀此勞，往往奪其時。

宋・王處訥《應天曆・步晷漏》（元・脱脱等《宋史》卷六九《律曆志二》）

二十四氣午中晷景乾元同	去極度	黃道乾元謂之距中度	晨分乾元同
冬至一丈二尺七寸一分乾元同	一百一十五	二十乾元八十二二十二	二千七百四十八乾元八百八
小寒一丈二尺三寸一分乾元一丈二尺三寸	一百一十四	五十八乾元八十二五十九	二千七百三十五乾元八百二

（續表）

二十四氣午中晷景乾元同	去極度	黃道乾元謂之距中度	晨分乾元同
大寒一丈二尺二寸一分乾元同	一百一十二乾元	三十二乾元八十四八十四	二千六百八十八乾元七百八十六
立春九尺七寸一分乾元九尺七寸三分	一百八	六十七乾元八十七九十四	二千六百一十二乾元七百六十一
雨水八尺二寸一分乾元同	一百三	八十一乾元九十一六十七	二千五百八乾元七百三十二
驚蟄六尺七寸四分乾元六尺七寸三分	九十七	九十三乾元九十六一十四	二千三百八十八乾元六百九十九
春分五尺四寸三分乾元同	九十一	三十一乾元一百度二十四	二千三百五十乾元六百六十六
清明四尺三寸一分乾元同	八十四	七十七乾元一百五二十四	二千二百一十二乾元六百二十四
穀雨三尺三寸一分乾元三尺三寸	七十八	七十九乾元一百九五十六	一千九百九十二乾元五百八十九
立夏二尺五寸三分乾元二尺五寸	七十三	九十二乾元一百一十三二十九	一千八百八十八乾元五百五十八
小滿一尺九寸六分乾元一尺九寸三分	七十度	二十七乾元一百一十六一十五	一千八百一十二乾元五百三十四
芒種一尺六寸乾元同	六十八	二乾元一百一十八一十四	一千七百六十五乾元五百十九
夏至一尺四寸八分乾元一尺四寸七分	六十七	三十九乾元一百一十八五十八	一千七百五十二乾元五百一十五
小暑一尺六寸乾元同	六十八	二乾元一百一十八一十四	一千七百六十五乾元五百十九
大暑一尺九寸二分乾元一尺九寸五分	七十度	二十七乾元一百一十六一十五	一千八百一十二乾元五百三十四
立秋二尺五寸三分乾元同	七十三	九十二乾元一百一十三三十	一千八百八十八乾元五百五十八

（續　表）

二十四氣午中晷景乾元同	去極度	黃道乾元謂之距中度	晨分乾元同
處暑三尺三寸一分乾元三尺三寸	七十八	七十九乾元一百九五十六	一千九百九十二乾元五百八十五
白露四尺三寸一分乾元同	八十四	七十七乾元一百五十六　九	二千一百一十二乾元六百二十四
秋分五尺四寸三分乾元同	九十一	三十一乾元一百度二十四	二千二百五十乾元六百一十六
寒露六尺七寸四分乾元六尺七寸三分	九十七	九十一乾元九十六十六	二千三百八十八乾元六百九十九
霜降八尺二寸一分乾元同	一百三	八十二乾元九十一六十九	二千五百八乾元六百三十
立冬九尺七寸一分乾元九尺七寸三分	一百八	六十七乾元八十七九十五	二千六百一十二乾元七百六十二
小雪一丈一尺二寸一分乾元同	一百一十二	三十二乾元八十四八十四	二千六百八十八乾元七百八十六
大雪一丈二尺三寸一分乾元同	一百一十四	五十八乾元八十一五十九	二千七百三十五乾元八百三。儀天不置六成法

晝夜分：《乾元》謂之晝夜刻。《儀天》謂之求每日夜半定漏、求每日晝夜刻。倍日出分，爲夜分；減元法，爲晝分；百約，爲晝夜分。《乾元》置日入分，以日出分減之爲晝分，以減元率爲夜分，以五因之，以刻法除爲晝夜刻分。《儀天》先求夜半定漏，置其日晷漏母，以刻法除之爲刻，不滿，三因爲分，爲夜半定漏及分。置夜半定漏刻及分，倍之，其分滿刻法爲刻，不滿爲分，即得夜刻及分。以夜刻減一百刻，餘者爲晝刻及分，減晝五刻，加夜刻，爲日出没刻之數。

元·脫脫等《宋史》卷七〇《律曆志三》　漏刻，《周禮》挈壺氏主挈壺水以爲漏，以水火守之，分以日夜，所以視漏刻之盈縮，辨昏旦之短長。自秦、漢至五代，典其事者，雖立法不同，而皆本於《周禮》。惟後漢、隋、五代著于史志，其法甚詳，而歷載既久，傳用漸差。國朝復挈壺之職，專司辰刻，署置於文德殿門内之東偏，設鼓樓、鐘樓於殿庭之左右。其制有銅壺、水稱、渴烏、漏箭、時牌、契之屬：壺以貯水，烏以引注，稱以平其漏，箭以識其刻，牌以告時於晝，牌有七，自卯至酉用之，制以牙，刻字填金。契以發鼓於夜，契有二：一曰放鼓，二曰止鼓。制以木，刻字於上。常以卯正後一刻爲禁門開鑰之節，盈八刻後以爲辰時，每時皆然，以至於酉。每一時，直官進牌奏時正，雞人引唱，擊鼓一十五聲，惟午正擊鼓一百五十聲。至昏夜雞唱，放鼓契出，發鼓、擊鐘一百聲，然後下漏。每夜分爲五更，更分爲五點，更以擊鼓爲節，點以擊鐘爲節。每更初皆雞唱，轉點即移水稱，以至五更二點，止鼓契出，凡放鼓契出，禁門外擊鼓，然後衙鼓作，止鼓契出亦然，而更鼓止焉。五點擊鐘一百聲。雞唱、擊鼓，是謂攢點，至八刻後爲卯時正，四時皆用此法。禁中又別有更點在長春殿門之外，玉清昭應宫、景靈宫、會靈觀、祥源觀及宗廟陵寢，亦皆置焉，而更以鼓爲節，點以鉦爲節。大中祥符三年，春官正韓顯符上《銅渾儀法要》，其中有二十四氣晝夜進退、日出没刻數立成之法，合於宋朝曆象，今取其氣節之初，載之于左：

二十四氣	日出	日没	晝刻	夜刻
冬至	卯四刻一百四十四半	申三刻五十一半	四十刻五	五十九刻一百四十二
小寒	卯四刻一百一十九半	申三刻七十六半	四十刻五十五	五十九刻九十二
大寒	卯四刻三十四半	申四刻十四半	四十一刻七十八	五十八刻六十九
立春	卯三刻五十六半	申四刻一百三十九半	四十三刻三十四	五十六刻一百一十三
雨水	卯二刻五十八半	申五刻一百三十七半	四十五刻三十	五十四刻一百一十七
驚蟄	卯一刻四十半	申七刻八半	四十七刻六十六	五十二刻八十一
春分	卯初空	酉初空	五十刻空	五十刻空
清明	寅七刻八	酉一刻四十半	五十二刻八十一	四十七刻六十六
穀雨	寅五刻一百二十七半	酉二刻六十八半	五十四刻一百三十七	四十五刻十
立夏	寅四刻一百四十九半	酉三刻七十六半	五十七刻六	四十二刻一百四十一
小滿	寅三刻一百四十六半	酉四刻四十九半	五十八刻九十九	四十一刻四十八
芒種	寅三刻七十一半	酉四刻一百二十四半	五十九刻一百二	四十刻四十五
夏至	寅三刻五十一半	酉四刻一百四十四半	五十九刻一百四十二	四十刻五

（續　表）

二十四氣	日出	日沒	晝刻	夜刻
小暑	寅三刻七十二半	酉四刻一百二十四半	五十九刻一百二	四十刻四十五
大暑	寅三刻一百四十六半	酉四刻四十九半	五十八刻九十九	四十一刻四十八
立秋	寅四刻一百一十九半	酉三刻七十六半	五十七刻六	四十二刻一百四十一
處暑	寅五刻一百二十七半	酉二刻六十八半	五十四刻一百三十七	四十五刻十
白露	寅七刻八半	酉一刻四十半	五十二刻八十一	四十七刻六十六
秋分	卯初空	酉初空	五十刻空	五十刻空
寒露	卯一刻四十半	申七刻八半	四十七刻六十六	五十二刻八十一
霜降	卯二刻五十八半	申五刻一百三十七半	四十五刻三十	五十四刻一百一十七
立冬	卯三刻五十六半	申四刻六十九半	四十三刻三十四	五十六刻一百一十三
小雪	卯四刻三十四半	申四刻十四半	四十一刻七十八	五十八刻六十九
大雪	卯四刻一百十九半	申三刻七十六半	四十刻五十五	五十九刻九十二

元·脱脱等《宋史》卷七六《律曆志九》　皇祐漏刻

自黄帝觀漏水，制器取則，三代因以命官，則挈壺氏其職也。後之作者，或下漏，或浮漏，或輪漏，或權衡，制作不一。宋舊有刻漏及以水爲權衡，置文德殿之東廡。景祐三年，再加考定，而水有遲疾，用有司之請，增平水壺一、渴烏二、晝夜箭二十一。然常以四時日出傳卯正一刻，又每時正已傳一刻，至八刻已傳次時，即二時初末相侵殆半。皇祐初，詔舒易簡、于淵、周琮更造其法，用平水重壺均調水勢，使無遲疾。分百刻於晝夜，冬至晝漏四十刻，夜漏六十刻；夏至晝漏六十刻，夜漏四十刻；春秋二分晝夜各五十刻。日未出前二刻半爲曉，日没後二刻半爲昏，減夜五刻以益晝漏，謂之昏旦漏刻。皆隨氣增損焉。冬至、夏至之間，晝夜長短凡差二十刻，每差一刻，別爲一箭，冬至互起其首，凡有四十一箭。晝有朝、有禺、有中、有晡、有夕，夜有甲、乙、丙、丁、戊，昏旦有星中，每箭各異其數。凡黄道升降差二度四十分，則隨曆增減改箭。每時初行一刻至四刻六分之一爲時正，終八刻六分之二則交次時。今列二十四氣、晝夜日出入辰刻、昏曉中星，以備參合。

冬至		小寒		大寒		立春		雨水		驚蟄	
晝四十刻	夜六十刻	晝四十刻	夜五十九刻	晝四十一刻	夜五十八刻	晝四十二刻	夜五十七刻	晝四十四刻	夜五十五刻	晝四十七刻	夜五十二刻
分空	分空	一十九分	四十一分	十九分	四十一分	五十四分	六分	五十八分	五十分	二十四分	三十六分
		三日後晝四十一刻		二日後晝四十二刻	十一日後晝四十三刻	三日後晝四十四刻	十一日後晝四十五刻	昏中星畢八度	曉中星尾五度	五日後晝四十九刻	十一日後晝五十刻
日出卯正五刻	日入申正三刻	日出卯正四刻	日入申正三刻	日出卯正四刻	日入申正四刻	日出卯正三刻	日入申正四刻	日出卯正二刻	日入申正五刻	日出卯正一刻	日入申正七刻
分空	二十分	五十分	三十分	二十分	分空	二十二分	四十八分	三十分	五十分	十七分	三分
昏中星壁初度	曉中星角初度	昏中星奎六度	曉中星亢二度	昏中星婁八度	曉中星氐七度	昏中星昴初度	曉中星房四度	昏中星畢八度	曉中星尾五度	昏中星參九度	曉中星尾十六度

（續　表）

春分	晝五十刻	分空	夜五十刻	分空	三日後晝五十一刻，九日後晝五十二刻，十五 日後晝五十三刻	日出卯正初刻	分空	日入酉正初刻	分空	昏中星井十九度	曉中星箕九度
清明	晝五十二刻	三十五分	夜四十七刻	二十五分	六日後晝五十四刻 十二日後晝五十五刻	日出寅正七刻	三分	日入酉正一刻	十七分	昏中星柳三度	曉中星斗八度
穀雨	晝五十五刻	三分	夜四十四刻	五十七分	四日後晝五十六刻 十一日後晝五十七刻	日出寅正五刻	五十分	日入酉正二刻	二十分	昏中星張一度	曉中星斗一十九度
立夏	晝五十七刻	五分	夜四十二刻	五十五分	四日後晝五十八刻 十四日後晝五十九刻	日出寅正四刻	四十八分	日入酉正三刻	三十二分	昏中星翼二度	曉中星牛四度
小滿	晝五十八刻	四十分	夜四十一刻	二十分	十四日後晝六十刻	日出寅正四刻	分空	日入酉正四刻	二十分	昏中星軫二度	曉中星女九度
芒種	晝五十九刻	四十分	夜四十刻	二十分		日出寅正三刻	三十分	日入酉正四刻	五十分	昏中星角二度	曉中星危初度
夏至	晝六十刻	分空	夜四十刻	分空		日出寅正三刻	二十分	日入酉正五刻	分空	昏中星亢六度	曉中星危十四度
小暑	晝五十九刻	四十分	夜四十刻	二十分		日出寅正三刻	三十分	日入酉正四刻	五十分	昏中星氐十二度	曉中星室十三度

（續　表）

大暑	晝五十八刻	四十分	夜四十一刻	二十分	四日後晝五十八刻 十一日後晝五十七刻	日出寅正四刻	分空	日入酉正四刻	二十分	昏中星尾初度	曉中星奎五度
立秋	晝五十七刻	五分	夜四十二刻	五十五分	八日後晝五十六刻 十五日後晝五十五刻	日出寅正四刻	四十分	日入酉正三刻	三十六分	昏中星尾十二度	曉中星婁七度
處暑	晝五十五刻	三分	夜四十四刻	五十七分	七日後晝五十四刻 十三日後晝五十三刻	日出寅正五刻	五十分	日入酉正二刻	三十分	昏中星箕六度	曉中星昴初度
白露	晝五十二刻	三十五分	夜四十七刻	二十五分	五日後晝五十二刻 十一日後晝五十一刻	日出寅正七刻	三分	日入酉正一刻	十七分	昏中星斗五度	曉中星畢九度
秋分	晝五十刻	分空	夜五十刻	分空	初日後晝五十刻，七日 後晝四十九刻，十三日 後晝四十八刻	日出卯正初刻	分空	日入酉正初刻	分空	昏中星斗六度	曉中星井一度
寒露	晝四十七刻	二十四分	夜五十二刻	三十六分	四日後晝四十七刻 十日後晝四十六刻	日出卯正一刻	十七分	日入申正七刻	三分	昏中星牛初度	曉中星井二十一度
霜降	晝四十四刻	五十八分	夜五十五刻	二分	初日後晝四十五刻，八 日後晝四十四刻，十四 日後晝四十三刻	日出卯正二刻	三十分	日入申正五刻	五十分	昏中星女三度	曉中星柳五度

（續表）

立冬	晝四十二刻	五十四分	八日後晝四十二刻	日出卯正三刻	三十二分	昏中星虛三度
	夜五十七刻	六分		日入申正四刻	四十八分	曉中星張二度
小雪	晝四十一刻	十九分	三日後晝四十一刻	日出卯正四刻	二十分	昏中星危五度
	夜五十八刻	四十八分	十五日後晝四十刻	日入申正四刻	分空	曉中星翼二度
大雪	晝四十刻	十九分		日出卯正四刻	五十分	昏中星室一度
	夜五十九刻	四十一分		日入申正三刻	三十分	曉中星軫一度

明·章潢《圖書編》卷二二　刻漏制度

古漏圖

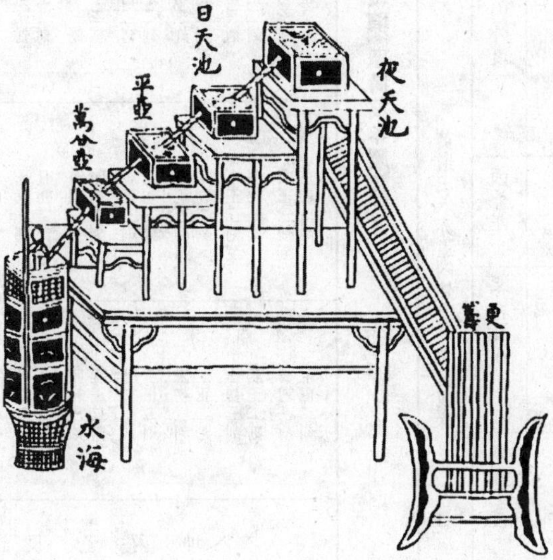

黃帝創漏水制器，以分晝夜。成周挈壺氏以百刻分晝夜。冬至晝漏四十刻，夜六十刻。夏至晝漏六十刻，夜四十刻。春秋二分晝夜各五十刻。漢哀帝改爲百二十刻。梁武帝大同十年，又改用一百八十刻。或增或減，類皆疎謬。至唐，晝夜百刻，一遵古制。而其前有四匱，一夜天池，二日天池，三平壺，四分壺，又有水海。水海浮箭，四匱注水，始自夜天池以入于日天池，自日天池以入于平壺，以次入于水海，浮箭而上以爲刻分。

今漏圖

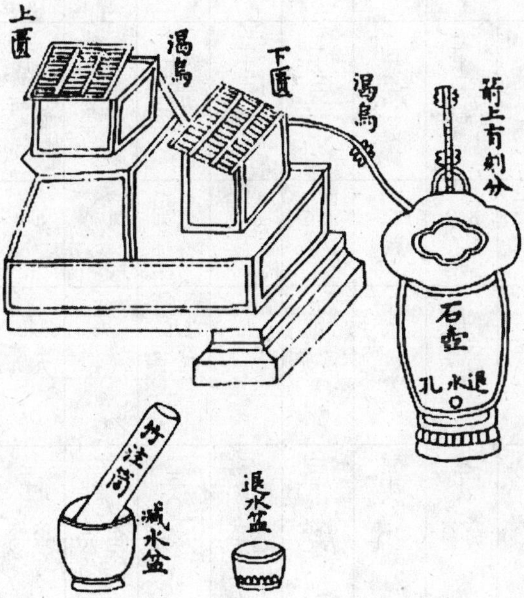

宋朝所用之制，亦如唐。而其法以晝夜百刻分十二時，每時有百刻二十分，每刻六十分，計水二斤八兩。箭四十八，二箭當一氣，歲統二百一十六萬分，悉刻于箭上。銅烏別水，而下注蓮心，浮箭以上登。其二十四氣，大凡每氣差二分半。冬至日極短，春分日均平。冬至後行盈，夏至後行縮，乃陰陽升降之期也。

晝夜循環時刻圖

子	寅	辰	午	申	戌
子初三刻至正二刻	寅初三刻至正二刻	辰初三刻至正二刻	午初三刻至正二刻	申初三刻至正二刻	戌初三刻至正二刻
癸	甲	巽	丁	庚	乾
子正三刻至丑初二刻	寅正三刻至卯初二刻	辰正三刻至巳初二刻	午正三刻至未初二刻	申正三刻至酉初二刻	戌正三刻至亥初二刻
丑	卯	巳	未	酉	亥
丑初三刻至正二刻	卯初三刻至正二刻	巳初三刻至正二刻	未初三刻至正二刻	酉初三刻至正二刻	亥初三刻至正二刻
艮	乙	丙	坤	辛	壬
丑正三刻至寅初二刻	卯正三刻至辰初二刻	巳正三刻至午初二刻	未正三刻至申初二刻	酉正三刻至戌初二刻	亥正三刻至子初二刻

明·朱載堉《聖壽萬年曆》卷一

黄道出入赤道内外度及半晝夜分

積度	内外度	内外差	冬晝夏夜	夏晝冬夜	晝夜差
初	二十三九〇三〇	〇〇三三	十九刻〇七九六	三十刻九二〇四	〇〇〇九
一	二十三八九九七	〇〇九九	十九〇八〇五	三十〇九一九五	〇〇二九
二	二十三八八九八	〇一六六	十九〇八三四	三十〇九一六六	〇〇四七
三	二十三八七三二	〇二三一	十九〇八八一	三十〇九一一九	〇〇六六
四	二十三八五〇一	〇二九九	十九〇九四七	三十〇九〇五三	〇〇八五
五	二十三八二〇二	〇三六五	十九一〇三三	三十〇八九六八	〇一〇四
六	二十三七八三七	〇四三二	十九一一三六	三十〇八八六四	〇一二三
七	二十三七四〇五	〇四九八	十九一二五八	三十〇八七四二	〇一四一

（續表）

積度	内外度	内外差	冬晝夏夜	夏晝冬夜	晝夜差
八	二十三六九〇七	〇五六五	十九一四〇〇	三十〇八六〇〇	〇一六一
九	二十三六三四二	〇六三六	十九一五六一	三十〇八四三九	〇一七九
十	二十三五七〇六	〇七〇二	十九一七四〇	三十〇八二六〇	〇一九九
十一	二十三五〇〇四	〇七六九	十九一九三九	三十〇八〇六一	〇二一八
十二	二十三四二三五	〇八三九	十九二一五七	三十〇七八四三	〇二三七
十三	二十三三三九六	〇九〇八	十九二三九四	三十〇七六〇六	〇二五六
十四	二十三二四八八	〇九七五	十九二六五〇	三十〇七三五〇	〇二七四
十五	二十三一五一三	一〇四七	十九二九二四	三十〇七〇七六	〇二九四
十六	二十三〇四六六	一一一四	十九三二一八	三十〇六七八二	〇三一四
十七	二十二九三五二	一一八五	十九三五三二	三十〇六四六八	〇三三〇
十八	二十二八一六七	一二五四	十九三八六二	三十〇六一三八	〇三五一
十九	二十二六九一三	一三二五	十九四二一三	三十〇五七八七	〇三六九
二十	二十二五五八八	一三九五	十九四五八二	三十〇五四一八	〇三八八
二十一	二十二四一九三	一四六六	十九四九七〇	三十〇五〇三〇	〇四〇七

（續表）

積度	内外度	内外差	冬晝夏夜	夏晝冬夜	晝夜差
二十二	二十二 二七 二七	一五 三七	十九 五三 七七	三十〇 四六 二三	〇四 二六
二十三	二十二 一一 九〇	一六 〇六	十九 五八 〇三	三十〇 四一 九七	〇四 四三
二十四	二十一 九五 八四	一六 七八	十九 六二 四六	三十〇 三七 五四	〇四 六二
二十五	二十一 七九 〇六	一七 四七	十九 六七 〇八	三十〇 三三 九二	〇四 八〇
二十六	二十一 六一 五九	一八 二〇	十九 七一 八八	三十〇 二八 一二	〇四 九八
二十七	二十一 四三 三九	一八 九〇	十九 七六 八六	三十〇 二三 一四	〇五 一六
二十八	二十一 二四 四九	一九 六〇	十九 八二 〇二	三十〇 一七 九八	〇五 三五
二十九	二十一 〇四 八九	二〇 二七	十九 八七 三七	三十〇 一二 六三	〇五 四九
三十	二十〇 八四 六二	二〇 九九	十九 九二 八六	三十〇 〇七 一四	〇五 六七
三十一	二十〇 六三 六三	二一 六八	十九 九八 五三	三十〇 〇一 四七	〇五 八五
三十二	二十〇 四一 九五	二二 三五	二十〇 〇四 三八	二十九 九五 六一	〇六 〇一
三十三	二十〇 一九 六〇	二三 〇三	二十〇 一〇 三九	二十九 八九 六一	〇六 一六
三十四	十九 九六 五七	二三 七一	二十〇 一六 五五	二十九 八三 四五	〇六 三三
三十五	十九 七二 八六	二四 三七	二十〇 二二 八八	二十九 七七 一二	〇六 四八

（續表）

積度	内外度	内外差	冬晝夏夜	夏晝冬夜	晝夜差
三十六	十九 四八 四九	二五 〇三	二十〇 二九 三六	二十九 七〇 六四	〇六 六三
三十七	十九 二三 四六	二五 六六	二十〇 三五 九九	二十九 六四 〇一	〇六 七八
三十八	十八 九七 八〇	二六 二一	二十〇 四二 七七	二十九 五七 二三	〇六 九二
三十九	十八 七一 四九	二六 九三	二十〇 四九 六九	二十九 五〇 三一	〇七 〇五
四十	十八 四四 五六	二七 五二	二十〇 五六 七四	二十九 四三 二六	〇七 一九
四十一	十八 一七 〇四	二八 一二	二十〇 六三 九三	二十九 三六 〇七	〇七 三二
四十二	十七 八八 九二	二八 七四	二十〇 七一 二五	二十九 二八 七五	〇七 四四
四十三	十七 八〇 一八	二九 二九	二十〇 七八 六九	二十九 二一 三一	〇七 五六
四十四	十七 三〇 八九	二九 八四	二十〇 八六 二五	二十九 一三 七五	〇七 六八
四十五	十七 〇一 〇五	三〇 三八	二十〇 九三 九三	二十九 〇六 〇七	〇七 七八
四十六	十六 七〇 六七	三〇 九〇	二十一 〇一 七一	二十八 九八 二九	〇七 八九
四十七	十六 三九 七七	三一 四一	二十一 〇九 六〇	二十八 九〇 四〇	〇七 九八
四十八	十六 〇八 三六	三一 九一	二十一 一七 五八	二十八 八一 四一	〇八 〇八
四十九	十五 七六 四五	三二 三六	二十一 二五 六六	二十八 七四 三四	〇八 一七

（續　表）

積度	内外度	内外差	冬晝夏夜	夏晝冬夜	晝夜差
五十	十五 四四 〇九	三二 八五	二十一 三三 八三	二十八 六六 一七	〇八 二六
五十一	十五 一一 二四	三三 二六	二十一 四二 〇九	二十八 五七 九一	〇八 三二
五十二	十四 七七 九八	三三 六四	二十一 五〇 四一	二十八 四九 五九	〇八 四〇
五十三	十四 四四 三四	三四 〇七	二十一 五八 八一	二十八 四一 一九	〇八 四六
五十四	十四 一〇 二七	三四 四五	二十一 六七 二七	二十八 三三 七三	〇八 五四
五十五	十三 七五 八二	三四 八一	二十一 七五 八一	二十八 二四 一九	〇八 五九
五十六	十三 四一 〇一	三五 一五	二十一 八四 四〇	二十八 一五 六〇	〇八 六四
五十七	十三 〇五 八六	三五 四七	二十一 九三 〇四	二十八 〇六 九六	〇八 六九
五十八	十二 七〇 三九	三五 七八	二十二 〇一 七三	二十七 九八 二七	〇八 七五
五十九	十二 三四 六一	三六 〇七	二十二 一〇 四八	二十七 八九 五二	〇八 七八
六十	十一 九八 五四	三六 三三	二十二 一九 二六	二十七 八〇 七四	〇八 八一
六十一	十一 六二 二一	三六 五九	二十二 二八 〇七	二十七 七一 九三	〇八 八四
六十二	十一 二五 六二	三六 八三	二十二 三六 九一	二十七 六三 〇九	〇八 八九
六十三	十〇 八八 七九	三七 〇五	二十二 四五 八〇	二十七 五四 二〇	〇八 九〇

（續　表）

積度	内外度	内外差	冬晝夏夜	夏晝冬夜	晝夜差
六十四	十〇 五一 七五	三七 二四	二十二 五四 七〇	二十七 四五 三〇	〇八 九二
六十五	十〇 一四 五〇	三七 四四	二十二 六三 六二	二十七 三六 三八	〇八 九四
六十六	九 七七 〇六	三七 六一	二十二 七二 五六	二十七 二七 四四	〇八 九七
六十七	九 三九 四五	三七 七六	二十二 八一 五三	二十七 一八 四七	〇八 九七
六十八	九 〇一 八九	三七 九一	二十二 九〇 五〇	二十七 〇九 五〇	〇八 九八
六十九	八 六三 七八	三八 〇七	二十二 九九 四八	二十七 〇〇 五二	〇九 〇〇
七十	八 二五 七一	三八 一七	二十三 〇八 四八	二十六 九一 五二	〇九 〇〇
七十一	七 八七 五四	三八 二八	二十三 一七 四八	二十六 八二 五二	〇九 〇一
七十二	七 四九 二六	三八 三八	二十三 二六 四九	二十六 七三 五一	〇九 〇一
七十三	七 一〇 八八	三八 四七	二十三 三五 五〇	二十六 六四 五〇	〇九 〇一
七十四	六 七二 四一	三八 五四	二十三 四四 五一	二十六 五五 四九	〇九 〇一
七十五	六 三三 八七	三八 六二	二十三 五三 五二	二十六 四六 四八	〇九 〇一
七十六	五 九五 二五	三八 六七	二十三 六二 五三	二十六 三七 四七	〇九 〇一
七十七	五 五六 五八	三八 七三	二十三 七一 五四	二十六 二八 四六	〇九 〇〇

（續　表）

積度	内外度	内外差	冬晝夏夜	夏晝冬夜	晝夜差
七十八	五 一七 八五	三八 七七	二十三 八〇 五四	二十六 一九 四六	〇九 〇〇
七十九	四 七九 〇八	三八 八一	二十三 八九 五四	二十六 一〇 四六	〇九 〇〇
八十	四 四〇 二七	三八 八五	二十三 九八 五四	二十六 〇一 四六	〇九 〇〇
八十一	四 〇一 四二	三八 八八	二十四 〇七 五四	二十五 九二 四六	〇九 〇〇
八十二	三 六二 五四	三八 八九	二十四 一六 五四	二十五 八三 四六	〇八 九七
八十三	二 二三 六五	三八 九〇	二十四 二五 五一	二十五 七四 四九	〇八 九七
八十四	二 八四 七五	三八 九二	二十四 三四 四八	二十五 六五 五二	〇八 九七
八十五	二 四五 八三	三八 九三	二十四 四三 四五	二十五 五六 五五	〇八 九七
八十六	二 〇六 九〇	三八 九四	二十四 五二 四二	二十五 四七 五八	〇八 九六
八十七	一 六七 九六	三八 九四	二十四 六一 三八	二十五 三八 六二	〇八 九六
八十八	一 二九 〇二	三八 九五	二十四 七〇 三四	二十五 二九 六六	〇八 九六
八十九	九〇 〇七	三八 九五	二十四 七九 三〇	二十五 二〇 七〇	〇八 九六
九十	五一 一二	三八 九五	二十四 八八 二六	二十五 一一 七四	〇八 九五
九十一	一二 一七	三八 九五	二十四 九七 二一	二十五 〇二 七九	〇八 九五
九十一 三一 二五	空	空	二十五	二十五	空

明·邢雲路《古今律曆考》卷四七《曆法十二》

《授時》大都實測日出入并晝夜漏刻（大都即今順天觀象臺）	冬至盈曆	夏至縮曆
初日	出辰初二刻　晝三十八刻 入申正二刻　夜六十二刻	出寅正二刻　晝六十二刻 入戌初二刻　夜三十八刻
一日		
二日		
三日		
四日		
五日		
六日		
七日		
八日		
九日		
十日		
十一日		
十二日		
十三日		

（續表）

	冬至盈曆	夏至縮曆
十四日		
十五日		
十六日		
十七日		
十八日		
十九日		
二十日	晝三十九刻 夜六十一刻	
二十一日		
二十二日		晝六十一刻 夜三十九刻
二十三日		
二十四日		
二十五日	入申正三刻	
二十六日		
二十七日	出辰初一刻	出寅正三刻
二十八日		

（續表）

	冬至盈曆	夏至縮曆
二十九日		入戌初一刻
三十日	晝四十刻 夜六十刻	
三十一日		
三十二日		晝六十刻 夜四十刻
三十三日		
三十四日		
三十五日		
三十六日		
三十七日		
三十八日	晝四十一刻 夜五十九刻	
三十九日		
四十日		晝五十九刻 夜四十一刻
四十一日	入申正初刻	
四十二日	出辰初初刻	
四十三日	入酉初初刻	

（續表）

	冬至盈曆	夏至縮曆
四十四日	出卯正四刻 晝四十二刻 夜五十八刻	出寅正四刻
四十五日		入戌初初刻
四十六日		出卯初初刻
四十七日		入酉正四刻 晝五十八刻 夜四十二刻
四十八日		
四十九日		
五十日	晝四十三刻 夜五十七刻	
五十一日		
五十二日		
五十三日		晝五十七刻 夜四十三刻
五十四日		
五十五日	入酉初一刻	
五十六日	出卯正三刻 晝四十四刻 夜五十六刻	
五十七日		
五十八日		出卯初一刻

（續表）

	冬至盈曆	夏至縮曆
五十九日		入酉正三刻 晝五十六刻 夜四十四刻
六十日		
六十一日	晝四十五刻 夜五十五刻	
六十二日		
六十三日		
六十四日		
六十五日		晝五十五刻 夜四十五刻
六十六日	入酉初二刻	
六十七日	出卯正二刻 晝四十六刻 夜五十四刻	
六十八日		
六十九日		
七十日		出卯初二刻
七十一日		入酉正二刻 晝五十四刻 夜四十六刻
七十二日	晝四十七刻 夜五十三刻	
七十三日		

（續表）

	冬至盈曆	夏至縮曆
七十四日		
七十五日		
七十六日		晝五十三刻 夜四十七刻
七十七日	入酉初三刻	
七十八日	出卯正一刻 晝四十八刻 夜五十二刻	
七十九日		
八十日		
八十一日		出卯初三刻
八十二日		入酉正一刻 晝五十二刻 夜四十八刻
八十三日	晝四十九刻 夜五十一刻	
八十四日		
八十五日		
八十六日		
八十七日		
八十八日	入酉初四刻	晝五十一刻 夜四十九刻

（續表）

	冬至盈曆	夏至縮曆
八十九日	出卯正初刻 晝五十刻 夜五十刻	
九十日	入酉正初刻	
九十一日	出卯初四刻	
九十二日		出卯初四刻
九十三日		入酉正初刻
九十四日		出卯正初刻 晝五十刻 夜五十刻
九十五日	晝五十一刻 夜四十九刻	入酉初四刻
九十六日		
九十七日		
九十八日		
九十九日		
一百日		晝四十九刻 夜五十一刻
一百○一日	入酉正一刻 晝五十二刻 夜四十八刻	
一百○二日	出卯初三刻	
一百○三日		

（續表）

	冬至盈曆	夏至縮曆
一百〇四日		
一百〇五日		出卯正一刻 晝四十八刻 夜五十二刻
一百〇六日		入酉初三刻
一百〇七日	晝五十三刻 夜四十七刻	
一百〇八日		
一百〇九日		
一百一十日		
一百一十一日		晝四十七刻 夜五十三刻
一百一十二日	入酉正二刻 晝五十四刻 夜四十六刻	
一百一十三日	出卯初二刻	
一百一十四日		
一百一十五日		
一百一十六日		出卯正二刻 晝四十六刻 夜五十四刻
一百一十七日		入酉初二刻
一百一十八日	晝五十五刻 夜四十五刻	

（續表）

	冬至盈曆	夏至縮曆
一百一十九日		
一百二十日		
一百二十一日		
一百二十二日		晝四十五刻 夜五十五刻
一百二十三日		
一百二十四日	入酉正三刻 晝五十六刻 夜四十四刻	
一百二十五日	出卯初一刻	
一百二十六日		
一百二十七日		出卯正三刻 晝四十四刻 夜五十六刻
一百二十八日		入酉初一刻
一百二十九日		
一百三十日	晝五十七刻 夜四十三刻	
一百三十一日		
一百三十二日		
一百三十三日		晝四十三刻 夜五十七刻

（續　表）

	冬至盈曆	夏至縮曆
一百三十四日		
一百三十五日		
一百三十六日	入酉正四刻 晝五十八刻 夜四十二刻	
一百三十七日	出卯初初刻	
一百三十八日	入戌初初刻	
一百三十九日	出寅正四刻	出卯正四刻 晝四十二刻 夜五十八刻
一百四十日		入酉初初刻
一百四十一日		出辰初初刻
一百四十二日		入申正四刻
一百四十三日	晝五十九刻 夜四十一刻	
一百四十四日		
一百四十五日		晝四十一刻 夜五十九刻
一百四十六日		
一百四十七日		
一百四十八日		
一百四十九日		

（續　表）

	冬至盈曆	夏至縮曆
一百五十日		
一百五十一日	晝六十刻 夜四十刻	
一百五十二日		
一百五十三日		晝四十刻 夜六十刻
一百五十四日	入戌初一刻	
一百五十五日		
一百五十六日	出寅正三刻	出辰初一刻
一百五十七日		
一百五十八日		入申正三刻
一百五十九日		
一百六十日		
一百六十一日	晝六十一刻 夜三十九刻	
一百六十二日		
一百六十三日		晝三十九刻 夜六十一刻
一百六十四日		
一百六十五日		

（續 表）

	冬至盈曆	夏至縮曆
一百六十六日		
一百六十七日		
一百六十八日		
一百六十九日		
一百七十日		
一百七十一日		
一百七十二日		
一百七十三日		
一百七十四日		
一百七十五日		
一百七十六日		
一百七十七日		
一百七十八日		
一百七十九日		
一百八十日		
一百八十一日		
一百八十二日		

明·熊三拔《泰西水法》卷三 水庫一圖

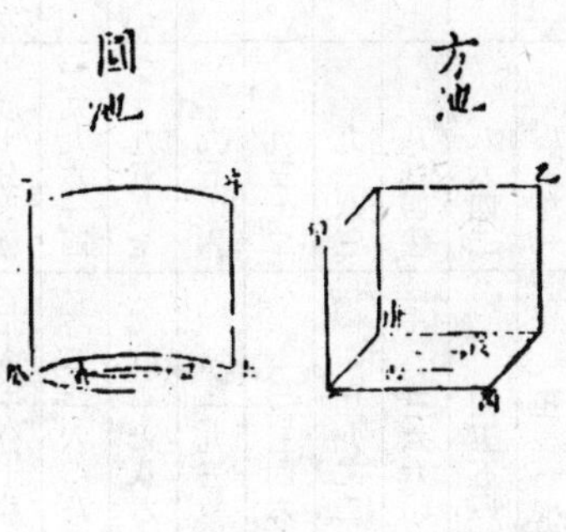

水庫一圖

明·王徵《諸器圖說》 輪壺圖說

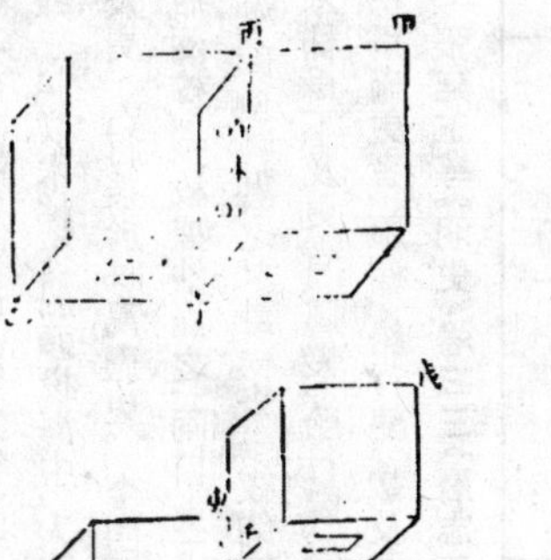

以文木爲櫝，櫝之製上下兩層，上層高四寸，下層高二尺三寸。上層爲活蓋，中藏更漏。兩槽及各筒用盛鉛彈，俱有機。其盖前面掩上二寸內藏十二時辰小牌，下二寸明露，容小木人於中，可自前行，應時撥動其牌，垂時以示人也。木人之行，則機係於下層櫝中。總輪之架，總輪之架安櫝下層中央空處，外有門二扇，可開可闔。櫝寬長二尺六寸，側則各一尺二寸，其中央安輪架空處，寬可一尺，兩旁各八寸，一安鐘，一安鼓，門各從側面開閉。下層兩端留二寸，作足，以三寸作抽匣三個，即依中間一尺兩旁各八寸爲之。其輪架之製，先爲兩鐵柱，

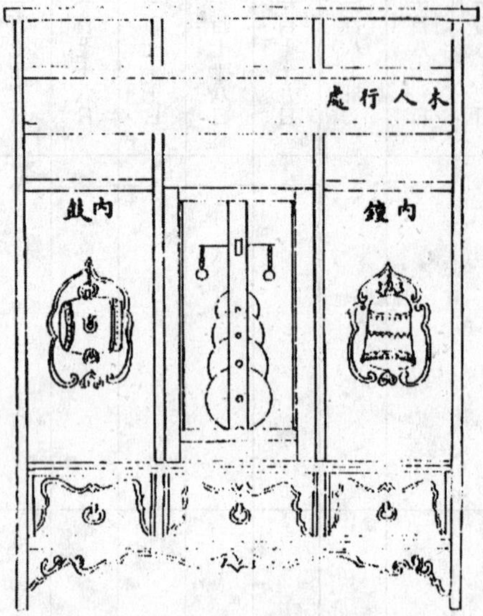

輪壺圖

以次遞安其輪，輪皆以精鐵爲之。首鋸齒小輪爲丁，次丙輪，次乙輪，次甲輪，甲之齒六十，乙齒四十八，丙齒三十六，乃乙丙丁三輪之軸之齒，則均用六數，不多也。甲軸獨無齒，然有索直上，貫於木人之足，而以鉛重垂而下墜，所爲轉木人之總樞也。甲動催乙，乙催丙，丙催丁，而丁之所催者，則另有十字，分左分右之撥齒。蓋諸輪遞催，轉行甚速，而撥齒於中，一似左推右阻，故使之遲遲其行者，此微機也。輪壺之妙，全在於此，此難悉以筆楮，亦未可盡圖繪。至兩旁鼓鐘安置之法，與夫更漏遞自傳報之法，皆有機爲連絡，亦俱未便圖說。總之，此壺作用全在於輪，輪則轉動木人，木人因而自行擊鼓報時。又能帶動諸機，時至則擂鼓撞鐘，又能按更按點一一自報分明，不似昔人所爲懸羊餓馬不甚清楚也。此於明時、惜陰二義，或者不無少補。比之璇璣、刻漏、銅壺之製，似亦易作。嚮曾製一具，在都中，見者多人，當亦諒其匪妄也。

銘

泰圓轂轉，坱軋無垠。兩輪遞運，萬象更新。睠彼晝夜，終古相因。流光難追，往哲競辰。嗟予小子，歲月空淪。爰製斯器，寸陰是珍。義取叶壺，名被以輪。韞櫝而藏，静遠囂塵。應時傳響，發若有神。斡旋元化，密衍絲綸。屋漏有天，日月爲隣。可襄七政，可利四民。可資整旅，可藉怡真。能大能小，觸類引伸。晦明風雨，天路永遵。考鐘伐鼓，晷漏畢陳。聞聲動念，警我因循。銘之座右，蚤夜惟寅。

清・徐葆光《中山傳信録》卷一　更定更法

玻璃漏

針盤

海中船行里數，皆以更計。或云百里爲一更，或云六十里爲一更，或云分晝夜爲十更。今問海舶夥長，皆云六十里之説爲近。

舊録云：以木柹從船頭投海中，人疾趨至梢，人柹同至謂之合更，人行先於柹爲不及更，人行後於柹爲過更。今西洋舶用玻璃漏定更，簡而易曉。細口大腹玻璃瓶兩枚，一枚盛沙滿之，兩口上下對合，通一線以過沙。懸針盤上，沙過盡爲一漏，即倒轉懸之。計一晝一夜約二十四漏，每更船六十里約二漏半有零。人行先木柹爲不及更者，風慢，船行緩，雖及漏刻，尚無六十里，爲不及更也。人行後於柹爲過更者，風疾，船行速，當及漏刻，已踰六十里，爲過更也。

清・張廷玉等《明史》卷三三《曆志三》　黄道每度晝夜刻立成

黄道積度	出入半弧背	日行百刻度	出入差刻分	冬至前後晝 夏至前後夜	冬至前後夜 夏至前後晝
十度十分	十度十分十秒	百十度十分十秒	刻十分十秒	十刻十分十秒	十刻十分十秒
初	一九九六一四	三三七一六〇八	五九二〇四	三八一五九二	六一八四〇八
一	九五八七	一六八六	九一九五	一六一〇	八三九〇
二	九五〇六	一九三八	九一六六	一六六八	八三三二
三	九三七二	二三四六	九一一九	一七六二	八二三八
四	九一八三	二九二二	九〇五三	一八九四	八一〇六
五	八九四〇	三六六〇	八九六八	二〇六四	七九三六
六	八六四二	四五五四	八八六四	二二七二	七七二八
七	八二九一	五六一六	八七四二	二五一六	七四八四
八	七八八四	六八四〇	八六〇〇	二八〇〇	七二〇〇

（續表）

黃道積度 十度十分	出入半弧背 十度十分十秒	日行百刻度 百十度十分十秒	出入差刻分 刻十分十秒	冬至前後晝 夏至前後夜 十刻十分十秒	冬至前後夜 夏至前後晝 十刻十分十秒
九	七四二二	八二二六	八四三九	三一二二	六八七八
一〇	六九〇六	九七八〇	八二六〇	三四八〇	六五二〇
一一	六三三三	三三八一四九〇	八〇六一	三八七八	六一二二
一二	五七〇五	三三五六	七八四三	四三一四	五六八六
一三	五〇二一	五三七八	七六〇六	四七八八	五二一二
一四	四二八〇	七五六八	七三五〇	五三〇〇	四七〇〇
一五	三四八三	九九二〇	七〇七六	五八四八	四一五二
一六	二六二八	三三九二四〇〇	六七八二	六四三六	三五六四
一七	一七一八	五〇六八	六四六八	七〇六四	二九三六
一八	〇七四九	七八六四	六一三八	七七二四	二二七六
一九	一八九七二三	三四〇〇八一〇	五七八七	八四二六	一五七四
二〇	八六三八	三九一二	五四一八	九一六四	〇八三六
二一	七四九六	七一五二	五〇三〇	九九四〇	〇〇六〇
二二	六二九四	三四一〇五三六	四六二三	三九〇七五四	六〇九二四六
二三	五〇三四	四〇五二	四一九七	一六〇六	八三九四
二四	三七一六	七七一二	三七五四	二四九二	七五〇八
二五	二三三九	三四二一四九二	三二九二	三四一六	六五八四
二六	〇九〇三	五四〇四	二八一二	四三七六	五六二四
二七	一七九四〇八	九四三六	二三一四	五三七二	四六二八
二八	七八五四	三四三三五九四	一七九八	六四〇四	三五九六
二九	六二四二	七九八〇	一二六三	七四七四	二五二六
三〇	四五七二	三四四二二三四	〇七一四	八五七二	一四二八
三一	二八四二	六七一六	〇一七四	九七〇六	〇二九四

（續表）

黃道積度 十度十分	出入半弧背 十度十分十秒	日行百刻度 百十度十分十秒	出入差刻分 刻十分十秒	冬至前後晝 夏至前後夜 十刻十分十秒	冬至前後夜 夏至前後晝 十刻十分十秒
三二	一〇五五	三四五一二九四	四九五六二	四〇〇八七六	五九九一二四
三三	一六九二一〇	五九五六	八九六一	二〇七八	七九二二
三四	七三〇九	三四六〇七〇八	八三四五	三三一〇	六六九〇
三五	五三五〇	五五三八	七七一二	四五七六	五四二四
三六	三三三五	三四七〇四四〇	七〇六四	五八七二	四一二八
三七	二二六四	五四一四	六四〇一	七一九八	二八〇二
三八	一五九一三九	三四八〇四四二	五七二三	八五五四	一四四六
三九	六九五九	五五一八	五〇三一	九九三八	〇〇六二
四〇	四七二六	三四九〇六四二	四三二六	四一一三四八	五八八六五二
四一	二四四二	五八〇二	三六〇七	二七八六	七二一四
四二	〇一〇七	三五〇〇九八六	二八七五	四二五〇	五七五〇
四三	一四七二〇	六一九四	二一三一	五七三八	四二六二
四四	五二八五	三五一一四一四	一三七五	七二五〇	二七五〇
四五	二八〇三	六六四〇	〇六〇七	八七八六	一二一四
四六	〇二七四	三五二一八六六	三九八二九	四二〇三四二	五七九六五八
四七	一三七七〇〇	七〇八〇	九〇四〇	一九二〇	八〇八〇
四八	五〇八二	三五三三二七〇	八二四〇	三五一六	六四八四
四九	二四二一	七四四二	七四三四	五一三二	四八六八
五〇	一二九七二〇	三五四二五七八	六六一七	六七六六	三二三四
五一	六九七七	七六七二	五七九一	八四一八	一五八二
五二	四一九九	三五五二七一八	四九五九	四三〇〇八二	五六九九一八
五三	一三八八	七七一〇	四一一九	一七六二	八二三八
五四	一一八五三九	三五六二六三六	三二七三	三四五四	六五四六

（續表）

黃道積度	出入半弧背	日行百刻度	出入差刻分	冬至前後晝 夏至前後夜	冬至前後夜 夏至前後晝
十度十分	十度十分十秒	百十度十分十秒	刻十分十秒	十刻十分十秒	十刻十分十秒
五五	五六五七	七五〇二	二四一九	五一六二	四八三八
五六	二七四三	三五七二二八四	一五六〇	六八八〇	三一二〇
五七	一〇九八〇〇	六九九四	〇六九六	八六〇八	一三九二
五八	六八二八	三五八一六〇二	二九八二七	四四〇三四六	五五九六五四
五九	三八二九	六一三二	八九五二	二〇九六	七九〇四
六〇	〇八〇五	三五九〇五六〇	八〇七四	三八五二	六一四八
六一	九七七五八	四八八六	七一九三	五六一四	四三八六
六二	四六八九	九一〇四	六三〇九	七三八二	二六一八
六三	一五九七	三六〇三二〇八	五四二〇	九一六〇	〇八四〇
六四	八八四八七	七一九二	四五三〇	四五〇九四〇	五四九〇六〇
六五	五三六〇	三六一一〇〇八	三六三八	二七二四	七二七六
六六	二二一五	四八一二	二七四四	四五一二	五四八八
六七	七九〇五四	八四二四	一八四七	六三〇六	三六九四
六八	五八八二	三六二一九〇四	〇九五〇	八一〇〇	一九〇〇
六九	二六九五	五二六四	〇〇五二	九八九六	〇一〇四
七〇	六九四九四	八四八六	一九一五一	四六一六九六	五三八三〇四
七一	六二八五	三六三一五七〇	八二五二	三四九六	六五〇四
七二	三〇六五	四五一六	七三五一	五二九八	四七〇二
七三	五九八三七	七三一八	六四五〇	七一〇〇	二九〇〇
七四	六六〇〇	九九八二	五五四九	八九〇二	一〇九八
七五	三三五七	三六四二四九六	四六四八	四七〇七〇四	五二九二九六
七六	〇一〇八	四八七〇	三七四七	二五〇六	七四九四
七七	四六八五四	七〇八六	二八四六	四三〇八	五六九二

（續表）

黃道積度	出入半弧背	日行百刻度	出入差刻分	冬至前後晝 夏至前後夜	冬至前後夜 夏至前後晝
十度十分	十度十分十秒	百十度十分十秒	刻十分十秒	十刻十分十秒	十刻十分十秒
七八	三五九四	九一五六	一九四六	六一〇八	三八九二
七九	〇三三一	三六五一〇八二	一〇四六	七九〇八	二〇九二
八〇	三七〇六四	二八六四	〇一四六	九七〇八	〇二九二
八一	三七九四	四四九〇	〇九二四六	四八一五〇八	五一八四九二
八二	〇五七八	五九六六	八三四六	三三〇八	六六九二
八三	二七二四九	七二九二	七四四九	五一〇二	四八九八
八四	三九七三	八四七四	六五五二	六八九六	三一〇四
八五	〇六九六	九五〇〇	五六五五	八六九〇	一三一〇
八六	一七六一八	三六六〇三七〇	四七五八	四九〇四八四	五〇九五一六
八七	四一四〇	一一〇八	三八六二	二二七六	七七二四
八八	〇八六二	一六七八	二九六六	四〇六八	五九三二
八九	〇七五八二	二〇九八	二〇七〇	五八六〇	四一四〇
九〇	四三〇三	二三七四	一一七四	七六五二	二三四八
九一	一〇二四	二四九四	〇二七九	九四四二	〇五五八
九一三一	〇〇〇〇	三六六二五〇〇	〇〇〇〇	五〇〇〇〇〇	五〇〇〇〇〇

右《曆草》所載晝夜刻分，乃大都即燕京。晷漏也。夏晝、冬夜極長，六十一刻八十四分，冬晝、夏夜極短，三十八刻一十六分。明既遷都於燕，不知遵用。惟正統已巳奏准頒曆用六十一刻，而羣然非之。景泰初仍復用南京晷刻，終明之世未能改正也。

清・允禄等《清朝禮器圖式》卷三　壺漏　謹按《周禮・夏官》挈壺氏注：主挈壺水以爲漏。《後漢書志》：孔壺爲漏，浮箭爲刻。《隋書志》：黄帝創觀漏水，制器取則，以分晝夜。《宋史》有求壺、複壺、廢壺、建壺及平水壺之制。

御製壺漏銘

粵昔重黎，分司地天。迎日揆景，舉分測辰。明時敬授，欽若昊乾。予承百王，省歲祈年。齊政協紀，命彼疇人。徵宮戒井，斟衡酌權。范金規木，製茲漏蓮。玉注金箭，水火燥寒。協其高卑，別以方圓。九十六刻，成一日焉。視彼陽晷，明晦無愆。較自鳴鐘，淫巧徒傳。攝提有紀，孟陬用平。于以考時，寢興慎旃。于以熙績，勤民禮賢。業業兢兢，俯察仰觀。器與道偕，是驗是虔。作銘垂誡，貽百曾元。

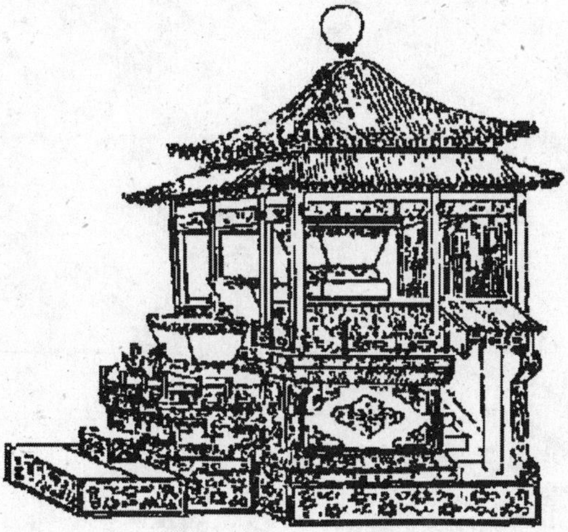

本朝製壺漏，播水壺三，形方。上曰日天壺，即宋之求壺，面濶一尺九寸，底濶一尺三寸，高一尺七寸，水欲常滿。次曰夜天壺，即宋之複壺。又次曰平水壺。高濶遞減一寸，層累而下，承以朱座。有亭覆之，亭座通高一丈八尺四寸。分水壺一，形方，即宋之廢壺。高濶如平水壺，在平水壺下少後。受水壺一，形圓，曰萬水壺，即宋之建壺。徑一尺四寸，高三尺一寸，在座前地平上。壺皆有蓋。播水三壺前近下皆爲龍口玉滴，以次漏於受水壺。平水壺後近上穿孔，洩于分水壺，以均水平漏。受水壺上爲銅人，抱箭，長三尺一寸，鐫兩晝夜時刻，上起午正，下盡午初。壺中安箭舟，如銅鼓形，水長舟浮則箭上出，水盈箭盡則洩之于池。壺面俱鐫大清乾隆年製。平水壺面鐫：御製銘後欵識乾隆歲在乙丑孟夏之月御銘。

清·允祹等《大清會典》卷八六　漏壺

謹按：《隋志》云：黄帝創觀漏水，制器取則，以分晝夜，其後因以命官，《周禮》挈壺氏則其職也。《宋志》有求壺、複壺、廢壺、建壺及平水壺之制。

本朝因前明舊制，播水壺三，形方，承以木架。上名日天壺，即宋之求壺，水欲常滿，上濶一尺九寸，下濶一尺三寸，高一尺七寸。次名夜天壺，即宋之複壺。次名平水壺。高濶皆遞減一寸。分水壺一，如平水壺之度，置於平水壺後稍下，即宋之廢壺。受水壺一，形圓，徑一尺四寸，高三尺一寸，置於架前地平上，名萬水壺，即宋之建壺。播水三壺前面近下皆有龍口，以次漏於萬水壺。平水壺後面近上開孔，洩於分水壺，以平其水而均其漏。萬水壺盖安銅人，抱時刻漏箭。下安箭舟浮於水面，水長則箭上出周日，水盈箭盡則啟其下口洩之於地，而時刻復起午正。壺安室内，各設水盖，龍口小管以玉爲之。

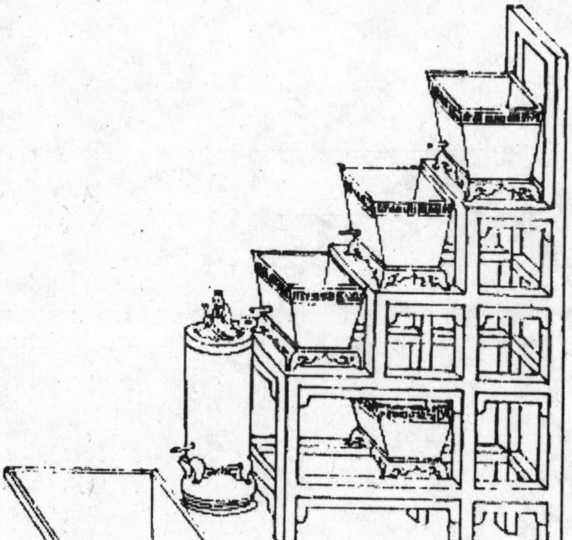

引用書目

時代	著者	書名	版本
		尚書注疏	清嘉慶二十年南昌府學重刊宋本十三經注疏本
		毛詩注疏	清文淵閣四庫全書本
		禮記注疏	清文淵閣四庫全書本
		周禮注疏	明崇禎汲古閣十三經注疏本
		春秋左傳	台灣商務印書館一九七一年注譯本
		竹書紀年	商務印書館萬有文庫本
周	呂望	六韜	清平津館叢書本
戰國	呂不韋	呂氏春秋	中國書店據一九三五年清華大學影印本
漢	班固	漢書	中華書局一九六二年點校本
漢	蔡邕	獨斷	叢書集成初編本
漢	桓譚	桓子新論	上海人民出版社一九七六年本
漢	司馬遷	史記	中華書局一九五九年點校本
漢	衛宏	漢官舊儀	清武英殿聚珍版叢書本
漢	許慎	説文解字	中華書局影印清同治刻本
漢	徐幹	中論	四部叢刊影明嘉靖本
漢	徐岳	數術記遺	清文淵閣四庫全書本
漢	荀悦	前漢紀	清文淵閣四庫全書本
漢	揚雄	太玄經	上海中華書局據明刻本校刊本
漢	揚雄	法言	中華書局新編諸子集成本
漢	佚名	三輔黄圖	清文淵閣四庫全書本
漢	佚名	周髀算經	文物出版社影印上海圖書館藏宋本
漢	佚名	太平經	明正統道藏本
晉	法顯	摩訶僧祇律	大正新修大藏經本
晉	郭璞	葬書	清文淵閣四庫全書本
晉	皇甫謐	甲乙經	明古今醫統正脈全書本

晉	陸機	陸士衡文集	清嘉慶宛委別藏本
南朝宋	范曄	後漢書	中華書局一九七三年點校本
南朝梁	沈約	宋書	中華書局一九七四年點校本
南朝梁	釋慧皎	高僧傳	大正新修大藏經本
南朝梁	蕭統	文選	中華書局影印清嘉慶刻本
南朝梁	蕭子顯	南齊書	中華書局一九七二年點校本
北齊	魏收	魏書	中華書局一九七四年點校本
北周	庾季才	靈臺秘苑	清文淵閣四庫全書本
北周	庾信	庾子山集	四部叢刊影明屠隆本
北周	甄鸞	五經算術	清文淵閣四庫全書本
隋	杜臺卿	玉燭寶典	古逸叢書影日本鈔卷子本
隋	夏侯陽	夏侯陽算經	清武英殿聚珍版叢書本
唐	白居易	白孔六帖	清文淵閣四庫全書本
唐	白居易	白氏長慶集	四部叢刊影日本翻宋大字本
唐	白居易	白氏六帖事類集	民国影宋本
唐	杜牧	樊川文集	四部叢刊影明翻宋本
唐	杜佑	通典	中華書局一九八八年點校本
唐	房玄齡等	晉書	中華書局一九七四年點校本
唐	韓偓	韓内翰別集	清文淵閣四庫全書本
唐	皇甫冉、皇甫曾	二皇甫集	清文淵閣四庫全書本
唐	李白	李太白集	宋刻本
唐	李百藥	北齊書	中華書局一九七二年點校本
唐	李淳風	觀象玩占	明鈔本
唐	李賀	李賀歌詩集	四部叢刊影金刊本
唐	李筌	太白陰經	叢書集成初編影印清守山閣叢書本
唐	李商隱	李義山詩集	四部叢刊影明嘉靖本
唐	李延壽	北史	中華書局一九七四年點校本
唐	李延壽	南史	中華書局一九七五年點校本
唐	令狐楚	御覽詩	明崇禎元年唐人選唐詩本
唐	令狐德棻等	周書	中華書局一九七一年點校本

唐	駱賓王	駱賓王文集	四部叢刊影明翻元本
唐	歐陽詢	藝文類聚	中華書局一九六五年點校本
唐	瞿曇悉達	開元占經	清文淵閣四庫全書本
唐	釋道宣	四分律行事鈔	大正新修大藏經本
唐	宋之問	宋之問集	四部叢刊續編影明本
唐	孫思邈	備急千金要方	清文淵閣四庫全書本
唐	王勃	王子安集	四部叢刊影明崇禎張燮刻本
唐	王建	王司馬集	清文淵閣四庫全書本
唐	魏徵等	隋書	中華書局一九七三年點校本
唐	蕭嵩等	大唐開元禮	清文淵閣四庫全書本
唐	許嵩	建康實録	清文淵閣四庫全書本
唐	徐堅	初學記	中華書局一九六二年排印本
唐	顔師古	匡謬正俗	商務印書館萬有文庫影印清同治小學彙函本
唐	姚思廉	陳書	中華書局一九七二年點校本
唐	虞世南	北堂書鈔	天津古籍出版社影印清光緒十四年萬卷堂刻本
唐	長孫無忌等	唐律疏義	四部叢刊三編影宋本
唐	張九齡等	唐六典	清文淵閣四庫全書本
唐	張鷟	龍筋鳳髓判	叢書集成初編本
唐	朱法滿	要修科儀戒律鈔	明正統道藏本
後晉	劉昫等	舊唐書	中華書局一九七五年點校本
五代	彭曉	周易參同契通真義	清文淵閣四庫全書本
宋	鮑雲龍	天原發微	清文淵閣四庫全書本
宋	畢仲游	西臺集	叢書集成初編本
宋	曾公亮	武經總要	清文淵閣四庫全書本
宋	曾敏行	獨醒雜志	清文淵閣四庫全書本
宋	晁載之	續談助	叢書集成初編補印本
宋	陳傅良	止齋文集	四部叢刊影明弘治本
宋	陳大猷	書集傳或問	清文淵閣四庫全書本
宋	陳耆卿	(嘉定)赤城志	清文淵閣四庫全書本
宋	陳祥道	禮書	清文淵閣四庫全書本

宋	陳振孫	直齋書録解題	叢書集成初編本
宋	程大昌	程氏演繁露	明萬曆刻本
宋	程顥、程頤	程氏經説	清文淵閣四庫全書本
宋	程顥、程頤	二程遺書	清文淵閣四庫全書本
宋	儲泳	祛疑説	清文淵閣四庫全書本
宋	鄧名世	古今姓氏書辯證	清文淵閣四庫全書本
宋	高承	事物紀原	清惜陰軒叢書本
宋	高似孫	緯略	叢書集成初編本
宋	郭若虚	圖畫見聞志	明津逮秘書本
宋	郭知達	九家集注杜詩	清文淵閣四庫全書本
宋	韓琦	安陽集	明刻安氏校正本
宋	韓元吉	南澗甲乙稿	叢書集成初編本
宋	何夢桂	鐵牛翁遺稿	清文淵閣四庫全書本
宋	洪芻	香譜	宋百川學海本
宋	胡宏	皇王大紀	清文淵閣四庫全書本
宋	黄倫	尚書精義	清文淵閣四庫全書本
宋	黄震	古今紀要	清文淵閣四庫全書本
宋	黄震	黄氏日鈔	清文淵閣四庫全書本
宋	計有功	唐詩紀事	清文淵閣四庫全書本
宋	金履祥	書經注	清十萬卷樓叢書本
宋	李昉等	太平廣記	清文淵閣四庫全書本
宋	李昉等	太平御覽	四部叢刊三編影宋本
宋	李昉等	文苑英華	中華書局一九六六年影印宋本配明隆慶本
宋	李籍	周髀算經音義	文物出版社影印上海圖書館藏宋本
宋	李如篪	東園叢説	叢書集成初編本
宋	李燾	續資治通鑑長編	中華書局點校本
宋	李心傳	建炎以來繫年要録	中華書局重印商務印書館國學基本叢書本
宋	李攸	宋朝事實	叢書集成初編本
宋	林表民	赤城集	清文淵閣四庫全書本
宋	林岊	毛詩講義	清文淵閣四庫全書本

宋　林虙、樓昉　兩漢詔令　清文淵閣四庫全書本
宋　林希逸　考工記解　清文淵閣四庫全書本
宋　林之奇　尚書全解　清文淵閣四庫全書本
宋　劉辰翁　須溪四景詩集　清文淵閣四庫全書本
宋　陸佃　增修埤雅廣要　明萬曆三十八年孫弘範刻本
宋　羅泌　路史　清文淵閣四庫全書本
宋　吕祖謙　大事記解題　清文淵閣四庫全書本
宋　孟元老　東京夢華録　清文淵閣四庫全書本
宋　歐陽守道　巽齋文集　清文淵閣四庫全書本
宋　歐陽修　歸田録　叢書集成初編本
宋　歐陽修　太常因革禮　清廣雅書局叢書本
宋　歐陽修　新五代史　中華書局一九七四年點校本
宋　歐陽修等　新唐書　中華書局一九七五年點校本
宋　潘自牧　記纂淵海　清文淵閣四庫全書本
宋　潛説友　咸淳臨安志　清文淵閣四庫全書本
宋　秦觀　淮海集　清文淵閣四庫全書本
宋　任廣　書敘指南　宋乾道刻紹興重修本
宋　沈括　夢溪筆談　中華書局印胡道静校證本
宋　釋道璨　柳塘外集　清文淵閣四庫全書本
宋　司馬光　資治通鑑　中華書局一九五六年點校本
宋　宋祁　景文集　叢書集成初編本
宋　蘇頌　蘇魏公文集　清文淵閣四庫全書本
宋　蘇頌　新儀象法要　清守山閣叢書本
宋　孫逢吉　職官分紀　清文淵閣四庫全書本
宋　孫逢吉　準齋心製几漏圖式　通彙影印清道光癸未年黄氏士禮居抄本
宋　滕珙　經濟文衡　清文淵閣四庫全書本
宋　王安石　臨川先生文集　中華書局一九五九年本
宋　王安石　周官新義　清文淵閣四庫全書本
宋　王安禮　王魏公集　清文淵閣四庫全書本
宋　王觀國　學林　清文淵閣四庫全書本

宋	王溥	唐會要	清文淵閣四庫全書本
宋	王溥	五代會要	叢書集成初編本
宋	王益之	西漢年紀	清文淵閣四庫全書本
宋	王欽若等	册府元龜	中華書局影明本
宋	王應麟	小學紺珠	叢書集成初編本
宋	王應麟	漢藝文志考證	清文淵閣四庫全書本
宋	王應麟	漢制考	清文淵閣四庫全書本
宋	王應麟	困學紀聞	上海古籍出版社點校本
宋	王應麟	玉海	清文淵閣四庫全書本
宋	王應麟	六經天文編	清文淵閣四庫全書本
宋	王禹偁	小畜集	商務印書館萬有文庫本
宋	王與之	周禮訂義	清文淵閣四庫全書本
宋	王昭禹	周禮詳解	清文淵閣四庫全書本
宋	衛博	定庵類稿	清文淵閣四庫全書本
宋	衛湜	禮記集説	清文淵閣四庫全書本
宋	魏了翁	尚書要義	清嘉慶宛委别藏補配文淵閣四库全書本
宋	魏齊賢、葉棻	五百家播芳大全文粹	清文淵閣四庫全書本
宋	吴曾	能改齋漫録	清文淵閣四庫全書本
宋	吴淑	事類賦	明校刻宋本
宋	夏竦	文莊集	清文淵閣四庫全書本
宋	謝維新	古今合璧事類備要	清文淵閣四庫全書本
宋	熊克	中興小紀	清文淵閣四庫全書本
宋	許洞	虎鈐經	清粤雅堂叢書本
宋	徐兢	宣和奉使高麗圖經	天禄琳琅叢書影宋澂江本
宋	徐天麟	西漢會要	清文淵閣四庫全書本
宋	徐天麟	東漢會要	清文淵閣四庫全書本
宋	薛季宣	浪語集	清文淵閣四庫全書本
宋	薛居正等	舊五代史	中華書局一九七六年點校本
宋	薛尚功	歷代鐘鼎彝器款識法帖	清文淵閣四庫全書本
宋	顔頤仲	銅壺漏箭制度	通彙影印清道光癸未年黄氏士禮居鈔本

宋　陽枋　字溪集　清文淵閣四庫全書本
宋　楊甲　六經圖　明八編類纂本
宋　楊侃　兩漢博聞　叢書集成初編本
宋　葉時　禮經會元　清文淵閣四庫全書本
宋　葉庭珪　海録碎事　清文淵閣四庫全書本
宋　佚名　南宋館閣續録　清文淵閣四庫全書本
宋　佚名　錦繡萬花谷　清文淵閣四庫全書本
宋　佚名　周禮集説　清文淵閣四庫全書本
宋　易祓　周官總義　清文淵閣四庫全書本
宋　尤袤　遂初堂書目　叢書集成初編本
宋　俞庭椿　周禮復古編　清文淵閣四庫全書本
宋　宇文懋昭　大金國志　清文淵閣四庫全書本
宋　袁樞　通鑑紀事本末　中華書局一九五五年本
宋　袁説友等　成都文類　清文淵閣四庫全書本
宋　樂史　太平寰宇記　清文淵閣四庫全書本
宋　章定　名賢氏族言行類稿　清文淵閣四庫全書本
宋　章樵　古文苑　清惜陰軒叢書本
宋　章如愚　群書考索　清文淵閣四庫全書本
宋　張敦頤　六朝事迹編類　明古今逸史本
宋　張君房　雲笈七籤　齊魯書社影印明正統道藏本
宋　趙希弁　郡齋讀書後志　清文淵閣四庫全書本
宋　赵與時　賓退録　叢書集成初編本
宋　鄭剛中　北山集　清文淵閣四庫全書本
宋　鄭樵　通志　清文淵閣四庫全書本
宋　周必大　文忠集　清文淵閣四庫全書本
宋　周密　齊東野語　中華書局校印唐宋史料筆記叢刊本
宋　周紫芝　太倉稊米集　清文淵閣四庫全書本
宋　朱申　周禮句解　清文淵閣四庫全書本
宋　朱熹　晦庵先生朱文公文集　四部叢刊影明嘉靖本
宋　朱熹　儀禮經傳通解　清文淵閣四庫全書本

金	成無己	傷寒論注釋	四部叢刊影明嘉靖汪濟明刊本
金	李獻甫、元好問	中州集	中華書局一九五九年本
金	釋行秀	從容庵録	大正新修大藏經本
金	佚名	大金集禮	叢書集成初編本
金	元好問	元遺山詩集	人民文學出版社一九五八年本
元	陳櫟	定宇集	清文淵閣四庫全書本
元	陳友仁	周禮集説	清文淵閣四庫全書本
元	方回	古今考	清文淵閣四庫全書本
元	富大用	古今事文類聚新集	清文淵閣四庫全書本
元	顧瑛	草堂雅集	清文淵閣四庫全書本
元	郝經	續後漢書	商務印書館國學基本叢書本
元	滑壽	難經本義	明古今醫統正脈全書本
元	黄鎮成	尚書通考	清文淵閣四庫全書本
元	李克家	戎事類占	續修四庫全書影印明萬曆二十五年猒原山館刻本
元	梁益	詩傳旁通	清文淵閣四庫全書本
元	陸文圭	牆東類稿	清文淵閣四庫全書本
元	馬端臨	文獻通考	清文淵閣四庫全書本
元	毛應龍	周官集傳	清文淵閣四庫全書本
元	納新	河朔訪古記	清文淵閣四庫全書本
元	錢惟善	江月松風集	清文淵閣四庫全書本
元	薩都剌	雁門集	清文淵閣四庫全書本
元	蘇天爵	元名臣事略	清文淵閣四庫全書本
元	蘇天爵	元文類	商務印書館萬有文庫本
元	蘇天爵	滋溪文稿	中華書局一九九七年點校本
元	陶宗儀	南村詩集	明元人十種詩本
元	陶宗儀	説郛	清文淵閣四庫全書本
元	脱脱等	宋史	中華書局一九七七年點校本
元	脱脱等	遼史	中華書局一九七四年點校本
元	脱脱等	金史	中華書局一九七五年點校本
元	王士點	秘書監志	浙江古籍出版社元代史料叢刊點校本

元	王禎	農書	商務印書館萬有文庫本
元	吴師道	禮部集	清文淵閣四庫全書本
元	許有壬	至正集	清文淵閣四庫全書本
元	楊瑀	山居新話	清文淵閣四庫全書本
元	佚名	宋史全文	清文淵閣四庫全書本
元	陰勁弦、陰復春	韻府羣玉	清文淵閣四庫全書本
元	于欽	齊乘	清文淵閣四庫全書本
元	張理	易象圖説	清文淵閣四庫全書本
元	張鉉	至大金陵新志	清文淵閣四庫全書本
元	張翥	蜕菴集	清文淵閣四庫全書本
元	趙友欽	原本革象新書	清文淵閣四庫全書本
明	曹學佺	蜀中廣記	清文淵閣四庫全書本
明	陳耀文	天中記	清文淵閣四庫全書本
明	陳子龍	明經世文編	續修四庫全書影印明崇禎平露堂刻本
明	鄧玉函、王徵	奇器圖説	清文淵閣四庫全書本
明	杜應芳	補續全蜀藝文志	明萬曆刻本
明	范景文	戰守全書	明崇禎刻本
明	方以智	通雅	中國書店一九九〇年影印清康熙刻本
明	方以智	物理小識	商務印書館萬有文庫本
明	方有執	傷寒論條辨	清文淵閣四庫全書本
明	馮惟訥	古詩紀	清文淵閣四庫全書本
明	顧起元	説略	清文淵閣四庫全書本
明	郝敬	周禮完解	明九部經解本
明	韓邦奇	苑洛志樂	清文淵閣四庫全書本
明	何喬新	椒邱文集	清文淵閣四庫全書本
明	何喬遠	名山藏	江蘇廣陵古籍刻印社影明崇禎刻本
明	胡廣等	禮記大全	清文淵閣四庫全書本
明	胡廣等	書經大全	清文淵閣四庫全書本
明	黄道周	榕壇問業	清文淵閣四庫全書本
明	黄光昇	昭代典則	北京大學出版社影印明萬曆刻本

明	黃仲昭	未軒文集	清文淵閣四庫全書補配清文津閣四庫全書本
明	焦竑	國史經籍志	中華書局一九八五年本
明	柯尚遷	周禮全經釋原	清文淵閣四庫全書本
明	柯維騏	宋史新編	新文豐出版公司一九七四年本
明	郎瑛	七修類稿	明刻本
明	李東陽等	明會典	清文淵閣四庫全書本
明	李繼本	一山文集	清文淵閣四庫全書本
明	李開先	李中麓閑居集	明刻本
明	李濂	汴京遺蹟志	中華書局一九九九年點校本
明	利瑪竇、李之藻	同文算指	台灣學生書局影印明天學初函本
明	林鴻	鳴盛集	清文淵閣四庫全書補配清文津閣四庫全書本
明	凌雲翰	柘軒集	清武林往哲遺著本
明	劉節	嘉靖南安府志	明嘉靖刻本
明	劉若愚	酌中志	中華書局一九八五年本
明	柳瑛	成化中都志	明弘治刻本
明	婁性	皇明政要	明正德二年刻本
明	盧翰	掌中宇宙	明萬曆刻本
明	陸楫	古今説海	清文淵閣四庫全書本
明	陸深	儼山外集	清文淵閣四庫全書本
明	羅洪先	念菴文集	清文淵閣四庫全書本
明	吕毖	明宫史	清文淵閣四庫全書本
明	梅鼎祚	西漢文紀	清文淵閣四庫全書本
明	梅鼎祚	東漢文紀	清文淵閣四庫全書本
明	梅鼎祚	隋文紀	清文淵閣四庫全書本
明	梅鼎祚	宋文紀	清文淵閣四庫全書本
明	歐大任	歐虞部集十五種	清刻本
明	彭大翼	山堂肆考	清文淵閣四庫全書本
明	丘濬	大學衍義補	清文淵閣四庫全書本
明	邵寶	容春堂集	清文淵閣四庫全書本
明	邵經邦	弘簡録	續修四庫全書影印復旦大學圖書館藏清康熙二十七年邵遠平刻本

明　石珤　熊峰集　清文淵閣四庫全書本
明　宋濂　文憲集　清文淵閣四庫全書本
明　宋濂等　元史　中華書局一九七六年點校本
明　孫瑴　古微書　清文淵閣四庫全書本
明　湯若望　遠鏡説　清藝海珠塵本
明　唐之淳　唐愚士詩　清文淵閣四庫全書本
明　田汝成　西湖遊覽志　清文淵閣四庫全書本
明　田藝蘅　留青日札　明萬曆重刻本
明　王鏊　姑蘇志　清文淵閣四庫全書本
明　王圻　續文獻通考　明萬曆三十年松江府刻本
明　王樵　尚書日記　清文淵閣四庫全書本
明　王三聘　古今事物考　中華書局一九八五年本
明　王士性　廣志繹　清康熙十五年刻本
明　王褘　重修革象新書　清文淵閣四庫全書本
明　王英明　曆體略　清文淵閣四庫全書本
明　王應電　周禮傳　清文淵閣四庫全書本
明　王應電　周禮圖説　清文淵閣四庫全書本
明　王徵　諸器圖説　清文淵閣四庫全書本
明　王志長　周禮注疏刪翼　清文淵閣四庫全書本
明　王志慶　古儷府　清文淵閣四庫全書本
明　吴蕃昌　祇欠庵集　清嘉慶刻本
明　邢雲路　古今律曆考　清文淵閣四庫全書本
明　熊明遇　格致草　明函宇通本
明　熊三拔　表度説　清文淵閣四庫全書本
明　熊三拔　簡平儀説　清文淵閣四庫全書本
明　熊三拔　泰西水法　台灣學生書局影印明天學初函本
明　徐光啓等　崇禎曆書　上海古籍出版社二〇〇八年影印潘鼐彙編本
明　徐光啓等　新法算書　清文淵閣四庫全書本
明　徐有貞　武功集　清文淵閣四庫全書本
明　楊慎　丹鉛總録　清文淵閣四庫全書本

明	楊慎	升菴集	清文淵閣四庫全書本
明	楊士奇	文淵閣書目	中華書局一九八五年本
明	楊士奇等	歷代名臣奏議	清文淵閣四庫全書本
明	葉子奇	草木子	中華書局元明史料筆記叢刊本
明	佚名	日月星晷式	通彙影印中國國家圖書館藏鈔本
明	章潢	圖書編	清文淵閣四庫全書本
明	周述學	神道大編曆宗通議	續修四庫全書影印南京圖書館藏明鈔本
明	周祈	名義考	清文淵閣四庫全書本
明	周永年	鄧尉聖恩寺志	明崇禎十七年刻本
明	朱同	覆瓿集	清文淵閣四庫全書本
明	朱誠泳	小鳴稿	清文淵閣四庫全書本
明	朱希晦	雲松巢集	清文淵閣四庫全書本
明	朱載堉	律曆融通	清文淵閣四庫全書本
明	朱載堉	聖壽萬年曆	清文淵閣四庫全書本
清	阿桂等	盛京通志	清文淵閣四庫全書本
清	阿桂等	平定兩金川方畧	清文淵閣四庫全書本
清	包世臣	小倦遊閣集	清小倦遊閣鈔本
清	包世榮	毛詩禮徵	清木犀軒叢書本
清	寶鋆	文靖公遺集	清光緒三十四年羊城刻本
清	斌良	抱沖齋詩集	清光緒五年崇福湖南刻本
清	畢沅	續資治通鑑	清嘉慶六年遞刻本
清	蔡孔炘	經學提要	清道光五年刻本
清	蔡升元等	佩文韻府	清文淵閣四庫全書本
清	曾紀澤	曾惠敏公使西日記	清光緒刻曾惠敏公遺集本
清	查繼佐	罪惟録	四部叢刊三編影手稿本
清	查郎阿等	(雍正)陝西通志	清文淵閣四庫全書本
清	陳澧	東塾集	清光緒十八年菊坡精舍刻本
清	陳元龍	格致鏡原	清文淵閣四庫全書本
清	陳忠倚	清經世文三編	清光緒石印本
清	成本璞	九經今義	清末長沙刻本

清　程川　朱子五經語類　清文淵閣四庫全書本
清　戴進賢等　儀象考成　通彙影印清乾隆二十一年刻本
清　戴望　顔氏學記　清同治冶城山館刻本
清　戴震　經考　民國安徽叢書戴東原先生全集本
清　丁韙良　西學考略　清光緒九年同文館本
清　丁晏　頤志齋感舊詩　民國四年羅氏雪堂叢刻本
清　杜知耕　數學鑰　清文淵閣四庫全書本
清　端方　陶齋藏石記　清宣統元年石印本
清　段玉裁　戴東原先生年譜　經韻樓本
清　鄂爾泰　國朝宫史　清文淵閣四庫全書本
清　鄂爾泰等　(乾隆)貴州通志　清文淵閣四庫全書本
清　鄂爾泰等　授時通考　清文淵閣四庫全書本
清　鄂爾泰等　周官義疏　清文淵閣四庫全書本
清　方苞　周官集注　清文淵閣四庫全書本
清　方濬師　蕉軒隨録　續修四庫全書影印清同治十一年刻本
清　方中通　數度衍　清文淵閣四庫全書本
清　葛士濬　清經世文續編　清光緒石印本
清　宫夢仁　讀書紀數略　清文淵閣四庫全書本
清　龔自珍　定盦全集　清光緒二十三年萬本書堂刻本
清　谷應泰　明史紀事本末　清文淵閣四庫全書本
清　顧景星　白茅堂集　四庫全書存目叢書本影印福建省圖書館藏清康熙刻本
清　顧炎武　日知録　安徽大學出版社陳垣校注本
清　官修　大清一統志　清文淵閣四庫全書本
清　官修　大清會典則例　清文淵閣四庫全書本
清　官修　大清律例　清文淵閣四庫全書本
清　官修　歷代賦彙　清文淵閣四庫全書本
清　官修　聖祖仁皇帝庭訓格言　清文淵閣四庫全書本
清　官修　世宗憲皇帝硃批諭旨　清文淵閣四庫全書本
清　官修　數理精蘊　清文淵閣四庫全書本
清　官修　韻府拾遺　清文淵閣四庫全書本

清	桂馥	說文解字義證	清道光蓮雲簃叢書本
清	桂馥	札樸	清嘉慶十八年李宏信小李山房刻本
清	杭世駿	道古堂全集	續修四庫全書影印清乾隆四十一年刻光緒十四年汪曾唯修本
清	郝玉麟等	(乾隆)福建通志	清文淵閣四庫全書本
清	何焯	義門讀書記	中華書局一九八七年點校本
清	何焯等	分類字錦	清文淵閣四庫全書本
清	何國宗、梅瑴成等	曆象考成	清文淵閣四庫全書本
清	何紹基等	(光緒)重修安徽通志	續修四庫全書影印上海古籍出版社藏清光緒四年刻本
清	弘曆	歷代通鑑輯覽	清文淵閣四庫全書本
清	胡承珙	毛詩後箋	清道光十七年求是堂刻本
清	黄百家	句股矩測解原	清文淵閣四庫全書本
清	黄叔琳	文心雕龍輯注	清文淵閣四庫全書本
清	黄廷桂等	(雍正)四川通志	清文淵閣四庫全書本
清	嵇曾筠	(雍正)浙江通志	清文淵閣四庫全書本
清	嵇璜等	清朝通志	清文淵閣四庫全書本
清	嵇璜等	清朝文獻通考	清文淵閣四庫全書本
清	嵇璜等	續通典	商務印書館一九三五年十通本
清	嵇璜等	續通志	清文淵閣四庫全書本
清	嵇璜等	續文獻通考	清文淵閣四庫全書本
清	紀昀等	四庫全書總目	清乾隆武英殿刻本
清	江永	禮書綱目	清文淵閣四庫全書本
清	江永	周禮疑義舉要	清文淵閣四庫全書本
清	金德瑛	詩存	清乾隆三十三年刻本
清	金鉷等	(雍正)廣西通志	清文淵閣四庫全書本
清	金永森	西被考略	清光緒二十九年武昌刻本
清	覺羅石麟等	(雍正)山西通志	清文淵閣四庫全書本
清	李光地	榕村語録	清文淵閣四庫全書本
清	李光地等	月令輯要	清文淵閣四庫全書本
清	李光坡	禮記述註	清文淵閣四庫全書本
清	李鍇	尚史	清文淵閣四庫全書本

清 李清馥 閩中理學淵源考 清文淵閣四庫全書本
清 李衛 (雍正)畿輔通志 清文淵閣四庫全書本
清 李兆洛 養一齋集 續修四庫全書影印山東省圖書館藏道光二十三年活字印四年增修本
清 李鍾倫 周禮纂訓 清文淵閣四庫全書本
清 凌揚藻 蠡勺編 清嶺南遺書本
清 梁國治 國子監志 清文淵閣四庫全書本
清 梁詩正等 西湖志纂 清文淵閣四庫全書本
清 劉衡 尺算日晷新義 清六九軒算書五種本
清 劉錦藻 清續文獻通考 商務印書館一九三五年十通本
清 劉獻廷 廣陽雜記 續修四庫全書影印南京圖書館藏清同治四年周詒家鈔本
清 劉智 天方至聖實録 清乾隆金陵啓承堂刻五十年袁國祥印本
清 龍文彬 明會要 續修四庫全書影印浙江省圖書館藏清光緒十三年永懷堂刻本
清 羅士琳 舊唐書校勘記 清道光懼盈齋刻本
清 馬驌 繹史 清文淵閣四庫全書本
清 毛奇齡 續詩傳鳥名卷 清文淵閣四庫全書本
清 邁柱等 (雍正)湖廣通志 清文淵閣四庫全書本
清 梅文鼎 大統曆志 清文淵閣四庫全書本
清 梅文鼎 度算釋例 兼濟堂纂刻梅勿菴先生曆算全書本
清 梅文鼎 曆算全書 清文淵閣四庫全書本
清 梅文鼎 勿菴曆算書記 清文淵閣四庫全書本
清 梅文鼎 績學堂詩鈔 續修四庫全書影印清乾隆梅瑴成刻本
清 梅文鼎 績學堂文鈔 續修四庫全書影印清乾隆梅瑴成刻本
清 南懷仁 靈臺儀象志 通彙影印清康熙十三年刻本
清 潘耒 遂初堂集 續修四庫全書影印清康熙刻本
清 彭元瑞 恩餘堂輯稿 清道光七年刻本
清 彭蘊章 歸樸龕叢稿 清同治刻彭文敬公全集本
清 杞廬主人 時務通考 清光緒二十三年點石齋石印本
清 錢大昕 三史拾遺 清嘉慶刻本
清 錢謙益 列朝詩集 清順治九年毛氏汲古閣刻本
清 錢塘 溉亭述古録 叢書集成初編本

清	錢塘	淮南天文訓補注	清指海本
清	錢泳	履園叢話	清道光十八年述德堂刻本
清	秦蕙田	五禮通考	清文淵閣四庫全書本
清	岳濬等	(乾隆)山東通志	清文淵閣四庫全書本
清	全祖望	鮚埼亭詩集	四部叢刊影清鈔本
清	阮元	疇人傳	廣陵書社二〇〇九年疇人傳彙編點校本
清	沈欽韓	漢書疏證	清光緒二十六年浙江官書局刻本
清	沈廷芳	十三經注疏正字	清文淵閣四庫全書本
清	孫承澤	春明夢餘録	北京古籍出版社一九九二年點校本
清	孫承澤	元朝典故編年考	清文淵閣四庫全書本
清	孫蘭	柳庭輿地隅記	清光緒蟄園叢書本
清	唐仲冕	陶山詩録	清嘉慶十六年刻道光增修本
清	陶澍	陶文毅公全集	清道光刻本
清	田雯	古懽堂集	清文淵閣四庫全書本
清	汪紱	參讀禮志疑	清文淵閣四庫全書本
清	王鴻緒	橫雲山人集	清康熙刻增修本
清	王家弼	天學闡微	續修四庫全書影印中國科學院圖書館藏清慈蔭堂鈔本
清	王士禎	香祖筆記	清文淵閣四庫全書本
清	王嗣槐	桂山堂詩文選	清康熙青筠閣刻本
清	王韜	弢園文録外編	清光緒九年本
清	王先謙	東華録	清光緒十年長沙王氏刻本
清	王先謙	日本源流考	清光緒二十八年刻本
清	王玉樹	退思易話	清道光十年芳梫堂刻本
清	王之春	國朝柔遠記	清光緒十七年廣雅書局刻本
清	偉烈亞力、李善蘭	談天	上海商務印書館一九三四年排印本
清	魏源	海國圖志	續修四庫全書影印北京大學圖書館藏清光緒二年魏光燾平慶涇固道署刻本
清	吴儀洛	本草從新	上海科學技術出版社一九五八年排印本
清	吴振棫	養吉齋叢録	清光緒刻本
清	謝旻等	江西通志	清文淵閣四庫全書本
清	許伯政	全史日至源流	清文淵閣四庫全書本

清　許容等　(乾隆)甘肅通志　清文淵閣四庫全書本
清　徐葆光　中山傳信録　清康熙六十年刻本
清　徐灝　通介堂經説　清咸豐四年刻本
清　徐乾學　資治通鑑後編　清文淵閣四庫全書本
清　徐文靖　管城碩記　清文淵閣四庫全書本
清　徐文靖　竹書統箋　清文淵閣四庫全書本
清　薛福成　出使日記續刻　續修四庫全書影印清光緒二十四年刻本
清　薛允升　唐明律合編　民國退耕堂徐氏刊本
清　閻鎮珩　六典通考　清光緒刻本
清　嚴榮　管窺圖説　清嘉慶刻本
清　嚴虞惇　讀詩質疑　清文淵閣四庫全書本
清　楊光先　不得已　清鈔本
清　楊錫紱　四知堂文集　清嘉慶十一年楊有涵等刻本
清　姚之駰　後漢書補逸　清文淵閣四庫全書本
清　姚之駰　元明事類鈔　清文淵閣四庫全書本
清　印光任、張汝霖　(乾隆)澳門記略　清乾隆西阪草堂刻本
清　永瑢等　歷代職官表　清文淵閣四庫全書本
清　于敏中等　日下舊聞考　北京古籍出版社一九八五年本
清　袁棟　書隱叢説　清乾隆刻本
清　允祹等　大清會典　清文淵閣四庫全書本
清　允禮　静遠齋詩集　清刻本
清　允禄等　清朝禮器圖式　清文淵閣四庫全書本
清　允禄等　西清古鑑　清文淵閣四庫全書本
清　允禄等　子史精華　清文淵閣四庫全書本
清　張岱　石匱書　續修四庫全書影印南京圖書館藏稿本補配清鈔本
清　張德彝　航海述奇　稿本
清　張廷璐　咏花軒詩集　清乾隆刻本
清　張廷玉等　明史　中華書局一九七四年點校本
清　張廷玉等　駢字類編　清文淵閣四庫全書本
清　張英等　淵鑒類函　清文淵閣四庫全書本

清	趙宏恩等	（乾隆）江南通志	清文淵閣四庫全書本
清	趙懷玉	亦有生齋集	清道光元年刻本
清	趙翼	甌北詩話	清嘉慶湛貽堂刻本
清	鄭方坤	經稗	清文淵閣四庫全書本
清	鍾淵映	歷代建元考	清文淵閣四庫全書本
清	朱鶴齡	尚書埤傳	清文淵閣四庫全書本
清	朱軾	史傳三編	清文淵閣四庫全書本
清	朱彝尊	經義考	清文淵閣四庫全書本
清	祝德麟	悅親樓詩集	清嘉慶二年姑蘇刻本

《中華大典》辦公室

主　任：于永湛

副主任：伍　傑
　　　　姜學中

編　審：趙含坤
　　　　崔望雲

秘　書：宋　陽

裝幀設計：章耀達

《中華大典·天文典·儀象分典》

責任編輯：楊希之
　　　　　李盛强
　　　　　康聰斌

責任校對：曾祥志
　　　　　李盛强
　　　　　康聰斌

特邀校對：南京展望文化發展有限公司
　　　　　校對組

出版人：羅小衛

圖書在版編目(CIP)數據

中華大典. 天文典. 儀象分典/《中華大典》工作委員會,《中華大典》編纂委員會編纂. —重慶: 重慶出版社, 2015.9

ISBN 978-7-229-10258-6

Ⅰ. ①中… Ⅱ. ①中…②中… Ⅲ. ①百科全書—中國②古天文儀器—中國 Ⅳ. ①Z227 ②P111.1

中國版本圖書館 CIP 數據核字(2015)第 182838 號

中華大典·天文典·儀象分典

編纂:《中華大典》工作委員會
《中華大典》編纂委員會

出版: 重慶出版集團
重慶出版社
(重慶市南岸區南濱路 162 號　郵政編碼　400061)

發行: 重慶出版集團圖書發行有限公司
(重慶市南岸區南濱路 162 號　郵政編碼　400061)

排版: 南京展望文化發展有限公司
(南京市夢都大街 176—4 號　郵政編碼　210019)

印刷: 成都東江印務有限公司
(成都市鹽井村 11 組　郵政編碼　610091)

開本: 787×1092 毫米　1/16

印張: 38.25　　字數: 1 220 千字

2015 年 9 月第 1 版　　2015 年 9 月第 1 次印刷

印數: 1 000 册

書號: ISBN 978-7-229-10258-6

定價: 180.00 圓